Gary Jennings

Der Azteke

Roman

Aus dem Amerikanischen
von Werner Peterich

Fischer Taschenbuch Verlag

Für Zyanya

Ungekürzte Ausgabe
Veröffentlicht im Fischer Taschenbuch Verlag GmbH,
Frankfurt am Main, Mai 1990

Lizenzausgabe mit freundlicher Genehmigung
der Meyster Verlag GmbH, München
Die Originalausgabe erschien unter dem Titel ›Aztec‹
im Verlag Atheneum Publishers, New York

Umschlaggestaltung: Friederike Simmel
Druck und Bindung: Clausen & Bosse, Leck
Printed in Germany
ISBN 3-596-10356-8

Du sagst mir, ich müsse vergehen
Wie die Blumen, die ich liebe.
Von meinem Namen bleibe nichts,
Und nichts zurück von meinem Ruhm?
Aber die Gärten, die ich pflanzte, sind noch jung,
Die Lieder, die ich sang, man wird sie immer singen!

Huéxotzin
Prinz von Texcóco
um 1484

Für den interessierten Leser befinden sich am Ende des Bandes Übersichtskarten sowie ein Glossar mit wichtigen aztekischen Begriffen.

Hof von Castilien
Valladolid

An den Legaten und Hofkaplan Seiner Majestät, Fray Don Juan de Zumárraga, seit kurzem ernannt zum Bischof des Bistums Mexíco in Neuspanien, ein Befehl an ihn:

Auf daß wir eingehendere Kenntnis erlangen über unsere Kolonie Neuspanien, ihre Besonderheiten, ihre Reichtümer, die Menschen, in deren Besitz sie sich vormals befand, den religiösen Glauben samt Gebräuchen und Zeremonien, welchem sie bisher anhingen, wünschen wir aufgeklärt zu werden über alle Angelegenheiten, betreffend die Indianer und ihr Leben in besagtem Land vor dem Eintreffen unserer Befreiungstruppen, Gesandten, Verkünder des Glaubens und Kolonisatoren.

Dieserhalb befehlen wir, daß Ihr Euch (nachdem Ihr ihnen unter Eid das Versprechen abgenommen habt, die reine Wahrheit zu sprechen) bei älteren Indianern erkundigt nach der Historie ihres Landes, ihren Regierungen, ihren Traditionen, ihren Sitten und Gebräuchen &c. Zusätzlich zu den Berichten, deren Ihr Euch von den Zeugen versichert, werdet Ihr veranlassen, daß Euch sämtliche schriftlichen Zeugnisse, Inschriften oder andere Aufzeichnungen über die vorangegangene Zeit vorgelegt werden, so sie geeignet sind, das Berichtete zu bestätigen. Ihr werdet Eure Mönche veranlassen, unter den Indianern nach derlei Zeugnissen zu suchen und zu fahnden.

Da es sich um eine Angelegenheit von größter Bedeutung handelt, höchst angetan, das Gewissen Seiner Majestät zu erleichtern, befehlen wir Euch, bei der Durchführung besagter Untersuchung nicht zu säumen, sondern Euch größter Sorgfalt und größten Eifers zu befleißigen, auf daß Euer Bericht möglichst ausführlich ausfalle.

(ecce signum)
Carolus R ✠ I
Rex et Imperator
Hispaniae Carolus Primus
Sacri Romani Imperi Carolus Quintus

IHS

S.C.C.M.

Seiner Allerkatholischsten Majestät, Kaiser Karl V., Unserem Allerdurchlauchtigsten König und Herrn:

Mögen die Gnade, der Frieden und die Barmherzigkeit Unseres Herrn Jesus Christus mit Eurer Majestät sein, Don Carlos, von Gottes Gnaden – nach göttlichem Ratschluß gemeinsam mit Eurer erlauchtigsten Königinmutter, Doña Juana, Herrscher von Castilien, León, Aragon, Beider Sizilien, Jerusalem, Navarra, Granada, Toledo, Valencia, Galicien, Mallorca, Sevilla, Sardinien, Córdoba, Murcia, Jaén, der Karibischen Inseln, von Algeciras, Gibraltar und der Kanarischen Inseln, von Ost- und West-Indien, der Inseln und Länder im Ozean; Grafen von Flandern und Tirol, &c.

Vom Glück Begünstigter und Erhabenster Fürst: aus der Stadt Tenochtítlan, Mexíco, Hauptstadt Eures Besitztums Neuspanien, am zwölften Tage nach Mariä Himmelfahrt im Jahre des Herrn eintausendfünfhundertundneunundzwanzig, entbieten wir Euch unseren untertänigsten Gruß.

Euer Majestät, es sind noch keine achtzehn Monate vergangen, daß wir uns, wiewohl der niedrigsten Eurer getreuen Untertanen einer, anschickten, dem Befehl Eurer Majestät nachzukommen, das dreifache Amt als erster ernannter Bischof von Mexíco, Protektor der Indianer, und Apostolischer Inquisitor zu übernehmen und alle diese Ämter in unserer eigenen unwürdigen Person zu vereinen. Seit unserer und unserer Mönche Ankunft in dieser Neuen Welt sind erst neun Monate vergangen, und es erwartete uns allhier eine Fülle von Aufgaben, die dringlichst der Erledigung harrten.

Eingedenk des mit unserer Ernennung verbundenen Auftrags, haben wir uns mit Eifer bemüht, »die Indianer in ihrer Pflicht zu unterweisen, den Einen Wahren Gott im Himmel anzuerkennen und zu verehren, durch Welchen ein jegliches Geschöpf auf Erden lebt und gedeiht« sowie gleichermaßen »die Indianer vertraut zu machen mit Seiner Höchstunbesieglichen und Allerkatholischsten Majestät, Kaiser Don Carlos, durch Göttliche Vorsehung auserkoren, daß die ganze Erde Ihm gehorche und untertan sei«.

Diese Lektionen zu erteilen, ist alles andere als leicht gewesen, Sire, und wird immer noch ein gerüttelt Maß an Zeit erfordern. Unter unseren Landsleuten, den Spaniern allhier, geht ein Wort um, das lange vor unserer Ankunft aufkam: »Die Indianer können nicht hören, es sei denn, mit ihrem Hinterteil.« Gleichwohl bemühen wir uns, stets des Umstands eingedenk zu sein, daß diese unglücklichen und geistlich benachteiligten Indianer – oder Azteken, wie unsere Spanier nunmehr diesen besonderen Stamm oder dieses Volk hier nennen – auf niedrigerer Stufe stehen als die ganze Menschheit sonst und dieserhalb und um ihrer Bedeutungslosigkeit willen unserer Duldung und Nachsicht bedürfen.

Abgesehen davon, daß wir uns der Unterweisung der Indianer widmen – daß es nur Einen Gott im Himmel und den Kaiser hienieden gibt, dessen Untertanen sie sämtlichst geworden und dem sie dienen müssen –, und abgesehen von vielen anderen kirchlichen und weltlichen Dingen, um die wir uns kümmern, haben wir uns bemüht, dem dringlichen persönlichen Ersuchen Eurer Majestät nachzukommen; so bald als möglich einen Bericht zu verfassen betreffs der Verhältnisse dieser *terra paena-incognita,* der Lebensformen und Lebensführung ihrer Bewohner, ihrer Sitten und Gebräuche &c., wie sie vordem in diesem unwissenden Lande usus waren.

In Eurer Allerdurchlauchtigsten Majestät Schreiben heißt es ausdrücklich, daß wir beim Verfassen der Chronik uns »von alten Indianern« berichten lassen sollten. Selbiges hat so etwas wie eine Nachforschung notwendig gemacht, alldieweil nach der totalen Auslöschung dieser Stadt durch den Capitángeneral Hernándo Cortés nur sehr wenige alte Indianer übriggeblieben sind, von denen wir uns einen glaubwürdigen mündlichen Bericht erhoffen konnten. Selbst die Arbeiter, die im Augenblick dabei sind, die Stadt wieder aufzubauen, setzen sich vornehmlich aus Frauen, Kindern, Tölpeln und schwachsinnigen Alten zusammen, die nicht geeignet waren, bei der Belagerung gegen die Conquistadores zu kämpfen, einfältige Bauern, wie man sie in den umliegenden Ländereien und Gebieten ausgehoben hat. Strohköpfe, alle miteinander.

Desungeachtet ist es uns gelungen, *einen* noch aus der alten Zeit stammenden Indianer von einigen dreiundsechzig Jahren ausfindig zu machen, welcher imstande ist, den gewünschten Bericht zu liefern. Dieser *Mexícatl* – er lehnt die Bezeichnung Azteke ebenso ab wie die Indianer – ist von einer (für seine Rasse) hohen Intelligenz, versteht es, sich auszudrücken, ist im Besitze aller Bildung, wie sie vormals in dieser Weltgegend geboten ward und ist früher beamteter Schreiber gewesen, so man dasjenige, worin diese Leute sich ausgedrückt haben, eine Schrift nennen will.

Neben seiner Tätigkeit als Schreiber hat dieser Mann in seinem Leben zahllose Berufe ausgeübt: er war Krieger, Hofmann, reisender Händler, ja sogar eine Art Emissär, den der verblichene vormalige Herrscher dieser Stadt zu den ersten castilischen Befreiern geschickt hat und welcher durch seine Obliegenheiten sich eine passable Kenntnis unserer Sprache angeeignet hat. Wiewohl sein Castilisch ihn selten im Stich läßt, legen wir selbstverständlich Wert auf größte Genauigkeit in allen Einzelheiten. Aus diesem Grunde haben wir einen Dolmetsch hinzugezogen, einen jungen Burschen mit einer beträchtlichen Beherrschung des Náhuatl (wie diese Azteken ihre kehlige, aus umständlichen und wenig wohlklingenden

Wörtern bestehende Sprache nennen). Des weiteren haben wir vier unserer eigenen Schreiber im Befragungsraum untergebracht. Diese Ordensbrüder verstehen sich auf jene Kunst des schnellen Schreibens der Tironischen Noten, wie sie in Rom verwendet werden, um noch die kleinste Äußerung Seiner Heiligkeit, ja, selbst den gesamten Verlauf von Beratungen festzuhalten, an denen viele Menschen teilnehmen.

Wir ersuchten den Azteken, Platz zu nehmen und uns seine Lebensgeschichte zu erzählen. Die vier Patres machten hurtig ihre Tironischen Krakel und haben weder da noch später auch nur ein einziges von den Wörtern ausgelassen, die von den Lippen des Indianers tropften. *Tropften?* Besser sagte man: ein Schwall von Wörtern, die sich stoßweise, widerwärtig und ätzend aus seinem Mund ergießen. Ihr werdet bald sehen, was ich meine, Sire. Vom ersten Augenblick, da er den Mund auftat, hat der Azteke Respektlosigkeit gegenüber uns, unserem geistlichen Gewand und unserem Amt als von Eurer Allerdurchlauchtigsten Majestät höchstselbst ausgewählten Sendboten gezeigt, welchselbige Respektlosigkeit implicite eine Beleidigung unseres Souveräns darstellt.

Wir lassen unseren erläuternden Einführungsworten nunmehr die ersten Seiten des Berichts unseres Indianers folgen. Versiegelt und nur für Eure Augen bestimmt, Sire, wird das Konvolut Tezuítlan de la Vera Cruz übermorgen verlassen, anvertraut der Obhut von Capitán Sánchez Santoveña von der Caravelle *Gloria*.

Da die Weisheit, Klugheit und das Verständnis Eurer Allererlauchtigsten Majestät allgemein bekannt sind, sind wir uns darüber im klaren, daß wir Gefahr laufen, uns Euren kaiserlichen Zorn zuzuziehen, wollten wir uns anmaßen, den beigefügten Seiten ein *caveat* voranzuschicken, doch in unserer Eigenschaft als Priester und durch unser apostolisches Amt fühlen wir uns verpflichtet, es dennoch zu tun. Es ist unser aufrichtiger Wunsch, der *cédula* Eurer Majestät zu entsprechen und Euch einen wahrheitsgetreuen Bericht über alles zuzuleiten, was es an Wissenswertem über dieses Land gibt. Doch nicht nur wir werden Eurer Majestät erklären, daß die Indianer erbärmliche Geschöpfe sind, in denen sich kaum irgendwelche Spuren von Menschlichkeit finden; welche nicht einmal über eine verständliche Schriftsprache verfügen; welche nie schriftlich niedergelegte Gesetze gekannt haben, sondern nur barbarische Gepflogenheiten und Überlieferungen; welche allen möglichen Arten von Zügellosigkeit, heidnischer Abgötterei, Grausamkeiten und fleischlichen Lüsten verfallen waren und noch verfallen sind und welchselbige bis vor kurzem im Namen ihrer schändlichen »Religion« ihre eigenen Landsleute gefoltert und geschunden haben.

Wir können nicht glauben, daß man von einem Zeugen wie diesem anmaßenden Azteken oder irgendeinem anderen Eingeborenen, und sei er noch so sehr imstande, sich verständlich mitzuteilen, einen erbaulichen Bericht erhalten kann, den zu lesen die Mühe lohnt. Auch können wir nicht glauben, daß unseren gottgesalbten Kaiser Don Carlos anderes als Entsetzen packen kann, angesichts des schändlichen, unflätigen und gottlosen Geschwätzes dieses überheblichen Angehörigen eines so minderwertigen Volkes. Wir haben bezüglich des Beigefügten als vom ersten Teil der Chronik des Indianers gesprochen. Und hoffen inbrünstig und vertrauen darauf, daß es – auf das zu erwartende Wort Eurer Majestät hin – auch der letzte sein wird.

Möge Gott der Herr Seine Hand über Leib und Leben Eurer geheiligten Person und das weltumspannende Reich Eurer Majestät halten und Eure Besitztümer und Herrschaften sich noch auf ungezählte Jahre hinaus vermehren, wie Euer königliches Herz es begehrt.

Euer S. C. C. M. allergetreuester Diener und Hofkaplan,

(ECCE SIGNUM)
FR. JUAN DE ZUMÁRRAGA
BISCHOF VON MEXÍCO
APOSTOLISCHER INQUISITOR
PROTEKTOR DER INDIANER

Incipit:

Chronik eines älteren Indianers männlichen Geschlechts aus dem gemeinhin Azteken genannten Stamme, berichtet Seiner Exzellenz, dem Hochwürdigsten Herrn Juan de Zumárraga, Bischof von Mexíco, und *verbatim ab origine* aufgezeichnet von

P. Gaspar de Gayana J.
P. Toribio Vega de Aranjuez
P. Jerónimo Muñoz G.
P. Domingo Villegas e Ybarra
Alonso de Molina, interpres

Dixit:

Mein Herr

Verzeiht mir, mein Herr, daß ich nicht weiß, in welcher Form ich Euch geziemend anzureden habe, doch denke ich, ich laufe nicht Gefahr, Euch zu beleidigen, mein Herr. Ihr seid ein Mann, und kein Mann unter all den Männern, denen ich im Laufe meines Lebens begegnet bin, hatte jemals etwas dawider, als »Herr« angeredet zu werden. Also, mein Herr

Euer Exzellenz, dann?

Ayyo, noch vornehmer – das, was wir hierzulande einen *Ahuaquáhuitl* nennen würden, einen Baum großen Schattens. Soll es also Euer Exzellenz sein. Um so mehr beeindruckt es mich, daß eine so hervorragende Persönlichkeit jemanden wie mich hat rufen lassen, in Gegenwart Eurer Exzellenz das Wort zu ergreifen.

O nein, Euer Exzellenz, begrabt Euer Mißtrauen, auch wenn es scheint, als ob ich Eurer Exzellenz schmeichelte. Der Ruf, den Ihr ganz allgemein in dieser Stadt genießt, und diese Eure Diener hier haben mir deutlich gemacht, welch erlauchter Mann Ihr seid, Euer Exzellenz, wohingegen ich nichts bin als ein ausgefranstes, fadenscheiniges Tuch, nur mehr ein Hauch von dem, was ich einst war. Euer Exzellenz stehen stattlich gekleidet da, selbstbewußt und von Eurer überragenden Bedeutung durchdrungen, wohingegen ich nur ich bin.

Nun begehren Euer Exzellenz von dem zu hören, was ich einst war. Auch das hat man mir erklärt. Euer Exzellenz wünschen zu erfahren, wie es meinem Volk ergangen ist, wie es in diesem Lande ausgesehen hat und welch ein Leben wir geführt haben in den Jahren und in den vielen Schock Jahren, ehe der König Eurer Exzellenz, seine Kreuzesträger und Armbrustschützen geruhten, uns vom Joch unserer Barbarei zu befreien.

Stimmt das? Dann ist es freilich keine Kleinigkeit, was Euer Exzellenz da von mir verlangen. Denn wie soll ich in diesem kleinen Raum, mit meinem kleinen Verstand und in dem bißchen Zeit, das die Götter – der Herrgott – mir vielleicht noch zugestehen, meine Wege und meine Tage zu beenden, die Unendlichkeit dessen wieder heraufbeschwören, was unsere Welt war, die bunte Vielfalt der Völker, die darin lebten, die Ereignisse in Schock um Schock Jahre.

Bemüht Eure Phantasie und stellt Euch vor, *Ihr* wäret dieser Baum großen Schattens, Euer Exzellenz! Seht im Geiste, wie groß er ist, die mächtigen Äste und die Vögel darauf, das üppige Laub, die Sonne, die darin spielt, die Kühle, welche er einem Haus spendet, einer Familie, dem Mädchen und dem Knaben, die meine Schwester und ich waren. Könnten Euer Exzellenz diesen Baum großen Schattens zurückverwandeln in die Ecker, die der Vater Eurer Exzellenz einst zwischen die Beine Eurer Mutter warf?

Yya ayya, ich habe den Unmut Eurer Exzellenz erregt und Eure Schreiber entsetzt. Verzeiht mir, Euer Exzellenz. Ich hätte wissen müssen, daß der Umgang, den die weißen Männer in ihren vier Wänden mit ihren weißen Frauen pflegen, anders sein muß – von größerer Zartheit – als jener, zu dem ich sie unsere Frauen vor aller Augen habe mit Gewalt zwingen sehen. Und der christliche eheliche Umgang, aus dem Eure Exzellenz hervorgegangen sind, ist gewiß noch

Ja, ja, Euer Exzellenz, ich höre auf.

Aber Euer Exzellenz erkennen meine Schwierigkeit. Wie nur soll ich Euer Exzellenz dazu bringen, auf einen Blick den Unterschied zwischen unserem niedrigen *Damals* und unserem höheren *Heute* zu begreifen? Vielleicht genügen nur wenige Striche, und Ihr braucht Euch nicht die Mühe zu machen, weiter zuzuhören.

Seht Euch Eure Schreiber an, Euer Exzellenz, oder wie sie in unserer Sprache heißen, die »Wortkundigen«. Ich bin selbst Schreiber gewesen und weiß noch sehr wohl, wie schwierig es war, auf Kitzhaut, Faser- oder Borkenpapier das allen Fleisches beraubte Knochengerüst historischer Daten und Geschehnisse einigermaßen zutreffend festzuhalten. Manchmal fiel es sogar mir selbst schwer, meine eigenen Bilder ohne Stocken vorzulesen, und sei es auch nur nach den wenigen Augenblicken, die es dauerte, bis die Farben trocken waren.

Aber Eure Wortkundigen und ich, wir haben geübt, während wir auf die Ankunft Eurer Exzellenz warteten, und ich bin erstaunt, ja, überwältigt, wozu ein jeder von Euren verehrten Schreibern fähig ist. Sie sind nicht nur imstande, den Inhalt dessen, was ich sage, niederzuschreiben und mir samt allen Betonungen, Pausen und Hervorhebungen meiner Rede wieder vorzulesen. Ich hätte das für eine besondere Begabung an Gedächtnis und Ausdrucksvermögen gehalten – denn auch wir hatten unsere Wort*erinnerer* –, doch sagen sie mir, ja zeigen und beweisen mir, daß all dies auf ihrem Papier steht. Euer Exzellenz, ich schätze mich glücklich, Eure Sprache so fließend sprechen gelernt zu haben, wie es meinem armen Kopf und meiner armen Zunge möglich war – zu *schreiben* wie Ihr, das würde ich nie schaffen!

In unserer Bilderschrift waren es die Farben, die sprachen, die Farben, die sangen oder weinten, die Farben, die unabdingbar dazugehörten. Wie viele verschiedene es deren gab: Magentarot, Ockergold, Ahuácatlgrün, Türkisblau, Chocólatl, das Rotgelb des Zirkonsteins, Tonerdengrau und Mitternachtsschwarz. Und trotz dieser Vielfalt waren sie nicht imstande, jedes einzelne Wort mitzubekommen, ganz zu schweigen von den feineren Unterschieden und den gefälligen Wendungen. Genau darauf versteht sich jedoch jeder einzelne von Euren Wortkundigen: jede Silbe für immer festzuhalten, und das nur mit einem Federkiel statt mit einer Handvoll Rohr und Pinseln. Und das Wunderbarste von allem – *mit nur einer Farbe,* diesem rostschwarzen Absud, von dem sie mir gesagt haben, es sei Tinte.

Sehr wohl, Euer Exzellenz: Da habt Ihr es in einer Ecker – den Unterschied zwischen uns *Indianern* und euch weißen Männern, zwischen unserer Unwissenheit und eurem Wissen, zwischen unserer alten Zeit und eurem neuen Heute. Erfüllt es Euer Exzellenz mit Genugtuung, daß mir allein der Strich eines Federkiels das Recht Eures Volkes vor Augen geführt hat, zu herrschen und unseres Volkes Schicksal, beherrscht zu werden? Weiter bedürfen Euer Exzellenz doch gewiß nichts von uns *Indianern:* als einer Bestätigung, daß der Sieg des Conquistadors vorbestimmt ist, und zwar nicht durch seine Waffen und seine Feuerkraft, nicht einmal durch seinen Allmächtigen Gott, sondern kraft seiner eingeborenen und natürlichen Überlegenheit über tieferstehende Wesen wie uns. Euer Exzellenz sind gewiß nicht mehr auf mich oder meine Worte angewiesen.

Meine Frau ist alt und leidend, niemand kümmert sich um sie. Ich will nicht so tun, als ob meine Abwesenheit ihr Kummer bereitete, aber es ärgert sie. Da sie kränkelt und von aufbrausendem Wesen ist, tut Ärger ihr nicht gut. Und mir auch nicht. Daher möchte ich Eurer Exzellenz für den Empfang, den Eure Exzellenz mir altem Wurm gewährt haben, danken und Euch bitten

Verzeihung, Euer Exzellenz. Wie Ihr sagtet, ich habe nicht Eure Erlaubnis zu gehen, wann es mir paßt. Ich stehe Euer Exzellenz zu Diensten, solange

Nochmals Verzeihung. Es war mir weder klar, daß ich in diesem kurzen Gespräch mehr als dreißigmal »Euer Exzellenz« gesagt habe, noch daß ich es in einem besonderen Tonfall gesagt hätte. Aber der peinlich genauen Zählung Eurer Schreiber kann ich nicht widersprechen. Fürderhin werde ich mich also bemühen, meine Ehrerbietung und meine Begeisterung für Euren Titel zu zügeln, Señor Bischof, und mich eines untadeligen Tons befleißigen. Und weiter fortfahren, wie Ihr befehlt.

Nur, was soll ich sagen? Womit könnte ich Eure Ohren geneigt machen, mir zuzuhören?

Nach unseren Begriffen bin ich hochbetagt. Ich bin nicht in meiner Kindheit gestorben, wie es so viele von unseren Kindern tun. Auch bin ich weder den Kriegertod noch den heiligen Opfertod gestorben, wie es so viele bereitwillig getan haben. Ich bin weder übermäßigem Pulquegenuß noch dem Angriff eines Raubtiers, noch dem schleichenden Verfall derer zum Opfer gefallen, die von den Göttern mit Auszehrung geschlagen werden. Auch bin ich nicht daran gestorben, daß ich mir eine der gefürchteten Krankheiten zugezogen hätte, die mit euren Schiffen gekommen sind und an denen Tausende und Abertausende zugrunde gegangen sind. Ich habe sogar die Götter überlebt, denen der Tod nie etwas hatte anhaben können, und die für immer hatten unsterblich sein sollen. Ich bin nunmehr länger am Leben als ein volles Schock Jahre und habe daher viel gesehen und erfahren, woran ich mich heute noch erinnere. Aber kein Mensch kann alles wissen, nicht einmal all das, was zu seinen eigenen Lebzeiten geschehen ist, und das Leben dieses Landes begann unermeßlich lange vor der Zeit, da ich selbst das Licht der Welt erblickte. Ich kann also nur von meinem eigenen sprechen, nur meinem eigenen Leben in eurer rostschwarzen Tinte zu einem Schattendasein verhelfen ...

»Und hell blitzten die Speere, hell blitzten die Speere!«

Mit diesen Worten begann ein alter Mann von unserer Insel Xaltócan stets seine Schlachterzählungen. Wir Zuhörer waren dann augenblicklich ganz Ohr und lauschten weiterhin gebannt, selbst wenn es sich um eine ganz unbedeutende Schlacht handelte, von der er berichtete, und es sich herausstellte – nachdem er erzählt, wie es dazu kam und was dabei herauskam –, daß es möglicherweise eine höchst nebensächliche Geschichte war, kaum wert, sie überhaupt zu erzählen. Nur war es nun mal seine Gewohnheit, gleich mit dem packenden Höhepunkt herauszuplatzen und von dort aus den Faden zurück- und voranzuspinnen. Im Gegensatz zu ihm, kann ich nur mit dem Anfang beginnen und in der Zeit weiter voranschreiten, wie ich sie erlebt habe.

Alles, was ich jetzt darlege und erkläre, hat sich wirklich zugetragen. Ich berichte nur das, was geschehen ist, ohne etwas hinzuzufügen und ohne etwas zu verfälschen. Ich küsse die Erde. Das heißt: Das schwöre ich.

Oc ye nechca – oder, wie ihr sagen würdet: »Vor langer, langer Zeit« – war dieses hier ein Land, in dem sich nichts schneller bewegte als unsere Schnellboten laufen konnten, außer wenn die Götter sich bewegten, und in dem kein Geräusch lauter war als unsere Weitrufer rufen konnten, außer wenn die Götter sprachen. An dem Tag, den wir Sieben Blume nannten, im Mond des Aufsteigenden Gottes im Jahr Dreizehn Kaninchen sprach der Regengott Tlaloc in einem tosenden Sturm mit seiner lautesten Stimme. Das war ziemlich ungewöhnlich, da die Regenzeit längst hätte zu Ende sein müssen. Die Tlalóque-Geister, welche dem Gott Tlaloc zur Seite standen, teilten mit ihren gegabelten Blitzstäben Schläge aus, daß die großen Wolkentonnen grollend und rumpelnd aufsprangen und heftige Regengüsse daraus auf die Erde niedergingen.

Am Nachmittag dieses Tages, im Aufruhr dieses Sturmgewitters kam ich in einem kleinen Haus auf der Insel Xaltócan aus meiner Mutter hervor und begann mein Sterben.

Um es für Eure Chronik deutlicher zu machen – Ihr seht, ich habe mir die Mühe gemacht, auch euren Kalender zu lernen –, habe ich ausgerechnet, daß der Tag meiner Geburt der zwanzigste jenes Mondes gewesen sein muß, den ihr September nennt, und nach eurer Zeitrechnung das Jahr eintausendvierhundertsechsundsechzig. Das war zur Zeit der Herrschaft Motecuzóma Iluicamínas, was soviel bedeutet wie Der Zornige Herr, oder Derjenige, Der Pfeile In Den Himmel Schießt. Er war unser Uey-Tlatoáni, der Verehrte oder Große Sprecher; ihr würdet ihn euren König oder Kaiser nennen. Doch damals bedeutete mir weder der Name von Motecuzóma noch von irgend jemand sonst sonderlich viel.

Im Augenblick, da ich gerade warm aus dem Mutterschoß herausgekommen war, machte es mir zweifellos weit größeren Eindruck, daß man mich augenblicklich in einen Krug mit atemberaubend kaltem Wasser eintauchte. Keine Hebamme hat sich jemals die Mühe gemacht, mir zu erklären, warum, doch nehme ich an, wenn ein Neugeborenes diesen furchtbaren Schock überlebt, kann es sämtliche Krankheiten überleben, die es in seiner Kindheit befallen. Doch wie dem auch sei, höchstwahrscheinlich beschwerte ich mich lauthals, als die Hebamme mich wickelte, während meine Mutter ihre Hände von dem Strick mit den dicken Knoten daran löste, der von der Decke herabhing und den sie gepackt gehalten hatte, als sie sich hinkniete, mich auf den Boden hinauszupressen, und mein Vater sorgsam meine abgetrennte Nabelschnur um den kleinen hölzernen Kriegsschild wickelte, den er geschnitzt hatte.

Dieses Zeichen übergab mein Vater bestimmt dem ersten Mexícatl-Krieger, dem er begegnete; von ihm wiederum durfte man erwarten, daß er den kleinen Schild irgendwo auf dem nächsten Schlachtfeld, auf das er befohlen wurde, in den Boden steckte. Fortan hätte mein *Tonáli* – Geschick, Bestimmung, Schicksal, wie immer Ihr es nennen wollt – mich ständig drängen sollen, Soldat zu werden, also den ehrenvollsten Beruf zu ergreifen, den es für unsere Schicht gab, und in der Schlacht zu fallen, mithin den für Angehörige unseres Standes ehrenvollsten Tod zu sterben. Ich sage: »Hätte sollen«, denn wiewohl mein Tonáli mich häufig verlockt oder gedrängt hat, ausgefallene Wege einzuschlagen, selbst den aufs Schlachtfeld, habe ich nie das Verlangen gespürt, zu kämpfen oder vor meiner Zeit einen gewaltsamen Tod zu sterben.

Vielleicht sollte ich noch erwähnen, daß die Nabelschnur meiner Schwester Neun Rohr, wie es die Sitte bei Neugeborenen weiblichen Geschlechts erheischte, knapp zwei Jahre zuvor unter der Feuerstelle des Raumes vergraben worden war, in dem wir beide geboren wurden. Ihre Nabelschnur hatte mein Vater um ein winziges Spinnrad aus Ton gewikkelt; was gewährleisten sollte, daß sie zu einer guten, arbeitsamen langweiligen Hausfrau heranwuchs. Das allerdings tat sie nicht. Neun Rohrs Tonáli gestaltete sich nicht minder wechselhaft als meines.

Nachdem sie mich eingetaucht und gewickelt hatte, wandte die Hebamme sich mit feierlichen Worten unmittelbar an mich – sofern sie sich bei meinem Geschrei überhaupt hat Gehör verschaffen können. Ich brauche wohl kaum zu betonen, daß ich nicht aus der Erinnerung von den Dingen erzähle, die sich bei meiner Geburt abspielten. Aber ich kenne alle mit einer Geburt verbundenen rituellen Handlungen. Die Worte, welche die Hebamme an jenem Nachmittag zu mir sprach, habe ich seither an so manchen neugeborenen Knaben richten hören, denn so geschah es bei allen unseren Neugeborenen männlichen Geschlechts. Es gehörte zu den vielen Ritualen, wie sie aus der Zeit vor aller Zeit auf uns überkommen und nie vergessen worden waren: so gaben die Vorfahren über die Lebenden ihre Weisheit an die Neugeborenen weiter.

Die Hebamme sprach mich mit Sieben Blume an. Diesen Namen – also den Namen des Tages meiner Geburt – sollte ich behalten, bis ich die Gefahren der Kindheit hinter mir hatte, ich sieben Jahre alt war und man annehmen konnte, daß ich weiterleben und großwerden würde, so daß es sich verlohnte, mir einen weniger allgemeinen und eigenen Erwachsenennamen zu geben.

Sie sprach: »Sieben Blume, mein sehr geliebtes und zärtlich zur Welt gebrachtes Kind, dies sind die Worte, die uns vor langer Zeit von den Göttern gegeben wurden. Du bist dieser Mutter und diesem Vater nur geboren worden, um ein Krieger und ein Diener der Götter zu werden. Der Ort hier, an dem du gerade geboren worden bist, ist nicht deine wirkliche Heimat.«

Und sie sprach: »Sieben Blume, du bist dem Schlachtfeld versprochen. Deine höchste Pflicht ist es, der Sonne das Blut deiner Gegner zu trinken zu geben. Erweist dein Tonáli sich als stark, wirst du nur für eine kurze Zeit bei uns und an diesem Orte bleiben. Deine wirkliche Heimat findest du im Land des Sonnengottes Tonatíu.«

Und sie sprach: »Sieben Blume, falls du aufwächst, um als Xochimíqui zu sterben – als einer, der das Glück hat, im Krieg oder durch Opfer den Blumentod zu sterben –, wirst du für immer im glücklichen Tonatíucan, der Gegenwelt der Sonne leben, wirst Tonatíu ewig und immerdar dienen und frohlocken in seinem Dienst.«

Ich sehe, daß Ihr Euch innerlich windet, Euer Exzellenz. Das wäre auch mir so ergangen, hätte ich damals diese bedrückenden Willkommensworte begriffen, mit denen ich in dieser Welt begrüßt wurde, oder die Worte, die unsere Nachbarn und Verwandten sprachen, die hereindrängten, einen Blick auf das Neugeborene zu werfen, wobei ein jeder sich mit dem traditionellen Gruß über mich neigte. »Du bist gekommen, um zu leiden. Um zu leiden und zu erdulden.« Würden Kinder mit der Fähigkeit geboren, eine solche Begrüßung zu verstehen, würden sie sich alle eiligst wieder zurückschlängeln in den Schoß ihrer Mutter und schrumpfen, bis sie wieder so klein wären wie der Samen, aus dem sie gewachsen sind.

Aber zweifellos sind wir auf die Welt gekommen, um zu leiden und zu erdulden; welchem Menschen wäre das je anders ergangen? Doch die Worte, welche die Hebamme über Kriegsdienst und Opfer sprach, waren nur nachgeplappert wie von einer Spottdrossel. Wie viele andere solche erbaulichen Ansprachen habe ich nicht zu hören bekommen – von meinem Vater, von meinen Lehrern, von unseren Priestern – und euren –, die alle gedankenlos wiederholten, was sie selbst von Generationen derer gehört hatten, die längst vergangen sind. Ich persönlich bin zu der Überzeugung gelangt, daß die Längstverstorbenen keineswegs weiser waren als wir, auch nicht, als sie noch lebten, und daß ihr Totsein ihrer Weisheit auch keinen Glanz verliehen hat. Ich habe die feierlichen Worte der Toten stets *yca mapilxocoítl*, mit meinem kleinen Finger genommen – mit einem Gran Salz, wie es bei euch heißt.

Wir wachsen heran und blicken hinab, wir werden alt und blicken zurück. *Ayyo*, doch was es hieß, ein Kind zu sein, ein Kind! Vor dem sich alle Wege und Tage unendlich weit erstrecken und in die Höhe führen, ohne daß man auch nur einen einzigen verpaßt oder verschwendet hätte, oder welche, die man bedauerte, gegangen zu sein oder gelebt zu haben! Alles in der Welt noch unbekannt und neu, wie einst für Ometecútli und Omecíuatl, unser Herrscherpaar, die ersten Lebewesen in der ganzen Schöpfung.

Mühelos entsinne ich mich, rufe ich mir in die Erinnerung, welche Geräusche das Morgengrauen auf unserer Insel Xaltócan begleiteten, habe ich sie wieder in meinen altersschwachen Ohren. Erwachen tat ich beim Ruf des Frühvogels Pápan, der seine vier Töne zwitscherte – »Papaquíqui, papaquíqui!« – und die Welt aufforderte: »Aufstehen, singen, tanzen, glücklich sein!« Manchmal wachte ich auch zu dem noch frühmorgendlicheren Geräusch auf, das meine Mutter machte, wenn sie den Mais im Métlatl-Stein mahlte oder klatschend den Maismehlteig zu den großen dünnen Rundfladen des Tláxcala-Brotes formte, die ihr heute Tortillas nennt.

Mühelos, ohne mich anstrengen zu müssen, erinnere ich mich der heißen Mittage, da Tonatíu – die Sonne – in all seiner jugendlichen Kraft heftig seine Flammenspeere schwenkte, während er auf dem Dach des Universums stand und mit dem Fuß aufstampfte. Im schattenlosen Blaugold der Mittagszeit schienen die Berge um den See Xaltócan herum zum Greifen nahe. Wenn ich's recht bedenke, ist das vielleicht sogar meine früheste Erinnerung – ich muß damals knapp zwei Jahre alt gewesen sein und kann noch nicht gewußt haben, was Entfernungen sind –, denn der Tag und die Welt um mich herum lechzten nach Luft, und es verlangte mich, etwas Kühles zu berühren. Noch heute weiß ich, wie baß erstaunt ich war, als ich den Arm ausstreckte und das Blau des bewaldeten Berges, der doch so klar und greifbar nahe vor mir aufragte, *nicht* berühren konnte.

Genauso mühelos erinnere ich mich, wie die Tage endeten, da Tonatíu zum Schlafen seinen schimmernden Federumhang um sich zog und sich herabsinken ließ auf sein weiches Lager aus vielfarbigen Blütenblättern und darin in Schlaf versank. Er hatte sich an Den Dunklen Ort, Míctlan, zurückgezogen, wo wir ihn nicht mehr sehen konnten. Von den vier Gegenwelten, in denen unsere Toten weilen konnten, war Míctlan die am tiefsten gelegene Wohnstatt der ganz und gar und unerlösbar Toten, der Ort, wo *nichts* geschieht, jemals geschehen ist oder geschehen wird. Nur aus Mitleid pflegte Tonatíu Dem Dunklen Ort der hoffnungslos Toten eine Zeitlang sein Licht zu spenden (eine kurze Zeit nur verglichen damit, wie lange er uns damit beschenkte).

Mittlerweile stieg in Der Einen Welt – oder zumindest auf Xaltócan, der einzigen Welt, die ich kannte – blaßblauer Dunst vom See auf, so daß die dunkelnden Berge ringsum darauf zu schweben schienen, zwischen dem roten Wasser und dem violetten Himmel. Dann blinkte eben über dem Horizont, wo Tonatíu verschwunden war, für eine Weile Omexóchitl, der Abendstern Nach Blume auf. Dieser Stern kam, Nach Blume ließ uns nicht im Stich, sondern versicherte uns, daß – wiewohl die Dämmerung einsetzte – wir nicht zu fürchten brauchten, *diese* Nacht werde so finster werden wie das Vergessensdunkel des Dunklen Ortes. Die Eine Welt lebte und würde auch weiterhin am Leben bleiben.

Mühelos kommt mir die Erinnerung an die Nächte und an eine Nacht im besonderen. Metztli, der Mond, hatte seine monatliche Sternenmahlzeit beendet und war rund und satt, hatte sich den Bauch bis zum Bersten vollgeschlagen, so daß die Gestalt des Kaninchen im Mond deutlich darauf zu erkennen war wie eine Steinmetzarbeit an einer Tempelwand. In dieser Nacht – ich muß damals drei oder vier Jahre alt gewesen sein – setzte mein Vater mich auf seine Schulter und hielt mich fest an den Fußgelenken gepackt. Seine weitausgreifenden Schritte trugen mich durch den kühlen Schimmer und das noch kühlere Dunkel: durch das gesprenkelte Mondlicht und den Mondschatten unter den weitausladenden Ästen und Blättern des »ältesten der ältesten« Bäume, der Ahuehuétque-Zypresse.

Ich war damals alt genug, um von den schrecklichen Dingen gehört zu haben, die nächtens eben hinter dem Gesichtskreis der Menschen lauerten. Da war Chocacíutl, die Weinende Frau, die erste aller Mütter, die im Kindbett starb, nun ewig unterwegs, ihr verlorenes Kind und ihr eigenes verlorenes Leben beklagend. Da waren die namen-, kopf- und gliederlosen Leiber, denen es irgendwie gelang zu stöhnen, während sie sich blind und hilflos auf dem Boden wanden und zuckten. Da waren die entkörperlichten, fleischlosen Totenschädel, die kopfhoch durch die Luft trieben und Reisende scheuchten, die unterwegs von der Nacht überrascht wurden.

Manch anderes, was im Dunkel weste, war nicht ganz so sehr zu fürchten. Da war zum Beispiel der Gott Yoáli Ehécatl, Nacht Wind, der nächtens die Straßen entlangfegte und versuchte, jeden zu packen, der so unvorsichtig war, noch in der Dunkelheit unterwegs zu sein. Aber Nacht Wind war launisch wie jeder andere Wind auch. Manchmal packte er einen Menschen, ließ ihn dann jedoch wieder frei, und wenn das geschah, wurden dem Betreffenden auch noch die Erfüllung seines Herzenswunsches und ein langes Leben zuteil, sich daran zu erfreuen. Deshalb hatten unsere Leute in der Hoffnung, den Gott stets nachsichtig und mildgestimmt zu halten, schon vor langer Zeit an verschiedenen Wegkreuzungen auf der Insel Steinbänke aufgestellt, damit Nacht Wind sich bei seinem ungestümen Umherfegen darauf ausruhen könnte. Wie gesagt, ich war alt genug, die Geister der Dunkelheit zu kennen und zu fürchten. Doch in dieser Nacht, da ich auf den breiten Schultern meines Vaters saß und eine Zeitlang größer war als ein ausgewachsener Mann, mein Haar die Zypressenzweige streifte und mein Gesicht von gesprenkeltem Mondschein liebkost wurde, hatte ich keine Angst.

An diesen Abend erinnere ich mich deshalb so ganz besonders mühelos, weil mir in dieser Nacht zum erstenmal erlaubt wurde, einer Zeremonie beizuwohnen, bei der Menschenopfer gebracht wurden. Es handelte sich nur um eine recht unbedeutende feierliche Handlung, die zu Ehren einer weniger bedeutenden Gottheit vollzogen wurde: Atláua, des Gottes der Vogelsteller. (In jenen Tagen wimmelte es auf dem See Xaltócan von Enten und Gänsen, die auf ihren Wanderzügen hier einfielen, um sich auszuruhen und zu fressen – und von uns gegessen zu werden.) So sollte in dieser Nacht des bis zum Bersten gesättigten Monds, zu Beginn der Zeit, da die Wasservögel einfielen, nur ein Xochimíqui zur höheren Ehre des Gottes Atláua rituell getötet werden, nur ein einziger Mann. Es handelte sich nicht einmal um einen Kriegsgefangenen, der seinem Blumentod heiter oder schicksalsergeben entgegengehen sollte, sondern um einen Freiwilligen, der ihn recht wehmütig erwartete.

»Ich bin schon tot«, hatte er den Priestern erklärt. »Ich schnappe nach Luft wie ein Fisch auf dem Trockenen. Meine Brust ringt nach mehr und mehr Luft, doch nährt sie mich einfach nicht mehr. Meine Glieder werden immer schwächer, mein Augenlicht schwindet, in meinem Kopf schwimmt alles, ich falle in Ohnmacht und stürze zu Boden. Ich möchte lieber auf einen Schlag sterben, als wie ein Fisch herumzuzappeln, bis mir die Luft schließlich endgültig abgedrückt wird.«

Der Mann war ein Sklave, der vom Volk der Chinantéca weit im Süden zu uns gekommen war. Diese Menschen wurden und werden immer noch von einer merkwürdigen Krankheit befallen, die sich in bestimmten Familien zu vererben scheint: Die Chinantéca und wir nannten das die Gemalte Krankheit, weil die Haut eines Befallenen sich stellenweise leuchtendblau färbt, und ihr Spanier wiederum nennt die Chinantéca *pueblo pinto* oder Pintos. Nach und nach schafft der Körper eines solchen Kranken es nicht mehr, die Luft zu verarbeiten, die er einatmet, und so stirbt er einen qualvollen Erstickungstod, genauso, wie ein Fisch, den man aus seinem Lebenselement herausgerissen hat.

Mein Vater und ich langten am Ufer des Sees an, wo ein wenig auseinander zwei kräftige Pfosten in den Boden hineingetrieben worden waren. Die Nacht rings umher erhellten Feuer in Becken, und sie war erfüllt von Schwaden schwelenden Weihrauchs. Durch diesen Dunst hindurch tanzten die Priester des Atláua: alte Männer, ganz schwarz, die Gewänder schwarz und die Gesichter geschwärzt, das lange Haar mit Oxitl verklebt, dem schwarzen Kiefernteer, mit dem unsere Vogelsteller sich Beine und Unterleib einschmieren, um sich vor der Kälte zu schützen, wenn sie in das Wasser des Sees hinauswaten. Zwei Priester dudelten die rituellen Melodien auf Flöten aus menschlichen Schienbeinknochen, während ein anderer auf eine Trommel schlug. Es handelte sich um eine besondere Trommel, die für diese Gelegenheit besonders geeignet war; sie bestand aus einem mächtigen getrockneten Kürbis, der zum Teil mit Wasser gefüllt war, so daß die Trommel bis zur Hälfte im seichten Wasser versank und schwamm. Mit Schlegeln aus Hüftknochen bearbeitet, gab die Wassertrommel einen dumpfen Trommelwirbel von sich, der von den rings um den See unsichtbar aufragenden Bergen widerhallte.

Der Xochimíqui wurde in das Rund aus rauchigem Licht hereingeführt. Er war nackt und trug nicht einmal ein Maxtlatl, mit dem die Männer sonst Lenden und Scham verhüllten. Selbst im flackernden Zwielicht konnte ich erkennen, daß sein Körper nicht von blaugesprenkelter Fleischfarbe war, sondern von einem Totenblau, das hier und da einen fleischfarbenen Sprenkel aufwies. Er wurde mit abgespreizten Gliedern zwischen den Uferpfosten festgebunden, ein Fuß- und ein Handgelenk jeweils an einem Pfosten. Ein Priester, der einen Pfeil schwenkte wie einen Taktstock, stimmte einen Beschwörungsgesang an.

»Den Lebenssaft dieses Mannes geben wir dir, Atláua, vermischt mit dem Lebenswasser unseres geliebten Sees Xaltócan. Wir bringen es dir zum Geschenk dar, Altáua, auf daß du die Güte besitzen mögest, Schwärme köstlicher Vögel in die Netze unserer Vogelsteller gehen zu lassen ...« Und so weiter.

Lange zog sich das hin, so lange, bis es mich langweilte – und Atláua vermutlich längst. Dann, ohne jede Warnung und ohne jegliche rituelle Gebärde senkte der Priester unvermittelt den Pfeil, riß ihn mit aller Kraft hoch und drehte ihn im Geschlecht des blauen Mannes. Mochte das Opfer auch noch so heiß ersehnt haben, vom Leben befreit zu werden, jetzt stieß es einen Schrei aus. Es gellte diesen Schrei hinaus, schrill wehklagend, daß es den Klang der Flöten, der Trommel und des Gesanges übertönte. Es schrie, aber es schrie nicht lange.

Der Priester mit dem blutigen Pfeil zog ein Kreuz über die Brust des Mannes: das Ziel, und alle Priester tänzelten im Kreis um ihn herum, ein jeder mit einem Bogen und vielen Pfeilen in den Händen. Wer jeweils vor dem Xochimíqui stand, schickte einen Pfeil in die blau sich hebende und senkende Brust. Nachdem der Tanz vorüber und alle Pfeile verschossen waren, sah der Tote aus wie ein überlebensgroßes Tier, das wir Kleines Stachelschwein nennen. Weiter geschah in der Zeremonie sonst nichts. Der Leichnam wurde von den Pfosten losgebunden und mit Strikken hinten an dem auf den Strand gezogenen Acáli eines Vogelstellers festgemacht. Der Vogelsteller ruderte sein Kanu hinaus auf den See, bis wir ihn nicht mehr sehen konnten; dabei hatte er den Leichnam im Schlepptau, bis dieser durch das Wasser, welches durch seine natürlichen Körperöffnungen und die Pfeillöcher eindrang, so schwer geworden war, daß er unterging. Dergestalt nahm Atláua sein Opfer entgegen.

Mein Vater hob mich wieder auf seine Schultern und trat weit ausgreifend den Rückweg über die Insel an. Während ich sicher und unversehrt dort oben auf- und abhüpfte, schwor ich mir knäbisch und überheblich eines. Sollte es jemals mein Tonáli sein, für den Blumentod oder als Opfer auserwählt zu werden, und wäre es auch für eine fremde Gottheit – ich würde nicht schreien, was immer man mir auch antun und welche Schmerzen ich auch erleiden sollte.

Törichtes Kind. Damals dachte ich, der Tod, das hieße nur sterben, und zwar entweder tapfer oder jämmerlich. Doch wie hätte ich damals, in der elterlichen Geborgenheit meines unbedrohten jungen Lebens, da ich auf starken Schultern einem süßen Schlaf entgegengetragen wurde, aus dem ich erst durch den Ruf des Frühvogels geweckt werden sollte – wie hätte ich damals wissen sollen, was der Tod wirklich ist?

Wir glaubten in jener Zeit, einen im Dienst eines mächtigen Herrn gefallenen oder zu Ehren einer hohen Gottheit geopferten Helden erwarte mit Gewißheit ein ewiges Leben in der strahlendsten aller Gegenwelten, in der er für immerdar mit Glückseligkeit belohnt und beschenkt werden würde. Jetzt erfahren wir durch das Christentum, daß wir auf ein späteres Leben in einem ähnlich strahlenden Himmel hoffen dürfen. Doch überlegt. Selbst der heldischste Held noch, der im Dienste der allerehrenwertesten Sache stirbt, ja sogar der frömmste christliche Märtyrer, der in der Gewißheit stirbt, in den Himmel zu kommen – nicht einmal der wird jemals wieder die Liebkosung des Mondscheins *dieser* Welt auf seinem Gesicht spüren, wenn er unter den raschelnden Zypressen *dieser* Welt dahingeht. Ein harmloses Vergnügen – klein, so schlicht, so gewöhnlich –, aber es nie wieder zu erleben!

Euer Exzellenz bekunden Ungeduld. Verzeiht, Señor Bischof, daß mein alter Geist manchmal vom geraden Pfad abweicht und sich auf gewundenen Nebenwegen ergeht. Ich weiß, manches, was ich erzählt habe und anderes, wovon ich noch erzählen werde, betrachtet Ihr vielleicht nicht gerade als streng historischen Bericht. Aber ich bitte Euch um Geduld, denn ich weiß nicht, ob ich jemals wieder Gelegenheit haben werde, diese Dinge zu sagen. Und bei allem, was ich sage, sage ich doch nicht alles, was gesagt werden könnte ...

Zu unserer Zeit gab es nur wenige Gesetze – absichtlich wenige, damit jedermann sie alle in seinem Kopf und in seinem Herzen haben und sich nicht mit Nichtwissen herausreden konnte, wenn er gegen sie verstieß.

Diese Gesetze wurden nicht niedergeschrieben wie die euren, und auch nicht an öffentlichen Plätzen angeschlagen, wie ihr es macht, so daß man ständig gezwungen ist, die lange Liste von Verordnungen, Regeln und Gesetzen zu befragen, weil man sich bei euch auch noch in der geringsten seiner Handlungen nach dem »Du sollst« und »Du sollst nicht« richten muß. Für eure Begriffe mögen unsere wenigen Gesetze sich lax oder launisch ausnehmen und die Strafen, die für Verstöße gegen dieselben verhängt wurden, unangemessen hart. Dennoch wirkten sich unsere Gesetze für uns alle zum Guten aus – und da jedermann die furchtbaren Folgen kannte, die ein Verstoß nach sich zog, richtete sich jeder nach ihnen. Und wer es nicht tat – nun, der verschwand.

Ein Beispiel. Nach den Gesetzen, die ihr aus Spanien mitbrachtet, wird ein Dieb mit dem Tode bestraft. So war das früher bei uns auch. Nur gilt nach euren Gesetzen ein Hungriger, der etwas Nahrung stiehlt, als Dieb. Nicht so bei uns. In einem unserer Gesetze hieß es, daß von jedem Maisfeld, das an einer öffentlichen Straße angelegt wird, die vier der Straße zunächstliegenden Reihen dem Vorübergehenden zur Verfügung stünden. Jeder hungrige Reisende konnte also so viele Maiskolben brechen, wie sein Bauch brauchte. Jemand jedoch, der sich aus Habgier zu bereichern trachtete und das Maisfeld plünderte, um einen Sackvoll nach Hause zu tragen oder zu verkaufen, mußte, wenn er dabei erwischt wurde, sterben. So sorgte das Gesetz für zweierlei Gutes zugleich: dafür, daß jemand, der stahl, für immer von seiner Dieberei geheilt wurde, und dafür, daß der Hungrige niemals zu verhungern brauchte.

Unser Leben wurde weniger von Gesetzen geregelt als vielmehr von althergebrachten Sitten und Gebräuchen. Die meisten davon bestimmten das Verhalten von Erwachsenen, von Familienverbänden und ganzen Gemeinden. Gleichwohl wurde ich mir schon als Kind, das noch nicht über den Namen Sieben Blume hinausgewachsen war, bewußt, welch ganz besonderen Wert die Tradition darauf legte, daß ein Mann tapfer, stark, mutig, arbeitsam und ehrlich zu sein habe und eine Frau bescheiden, sittsam, sanft, arbeitsam und zurückhaltend.

Die Zeit, die ich nicht mit meinen Spielzeugen verbrachte – das meiste davon kleine Kriegswaffen und Nachbildungen des Arbeitsgeräts, das mein Vater für sein Handwerk brauchte – und die Zeit, in der ich nicht mit Chimáli und Tlatli und anderen Jungen meines Alters spielte, verbrachte ich, sofern er nicht im Steinbruch arbeitete, in der Gesellschaft meines Vaters. Wiewohl ich ihn selbstverständlich Tete nannte, wie alle Kinder ihren Vater nennen, hieß er eigentlich Tepetzálan, was soviel bedeutet wie Tal, und zwar nach dem tiefliegenden Ort zwischen den Festlandbergen, in dem er geboren war. Da er die meisten Männer bei uns um Haupteslänge überragte, klang dieser Name, den er im Alter von sieben Jahren bekommen hatte, für einen Erwachsenen ziemlich lächerlich. Alle unsere Nachbarn und die anderen Steinbrucharbeiter riefen ihn bei einem Spitznamen, der eine Anspielung auf seine Größe enthielt: Handvoll Sterne, Kopf Neiger und dergleichen. Und in der Tat mußte er den Kopf weit bis zu mir herunterneigen, wenn er mir eine der traditionellen Predigten halten wollte, wie Väter sie nach altem Brauch ihren Söhnen halten. Erwischte er mich etwa dabei, wie ich frech den schlurfenden Gang des alten Buckligen nachahmte, der bei uns im Dorf die Abfälle einsammelte, redete mein Vater mir streng ins Gewissen:

»Paß auf, daß du dich nicht lustig machst über die Alten, die Krüppel, oder diejenigen, die irgend etwas Törichtes getan oder sich eine Gesetzesübertretung haben zuschulden kommen lassen. Beleidige und verachte sie nicht, sondern erniedrige dich vor den Göttern und zittere, auf daß sie dich nicht mit dem gleichen Elend strafen.«

Oder wenn ich wenig Interesse zeigte für das, was er mir von seinem Handwerk beibringen wollte – von jedem Macehuáli-Jungen, der nicht den Ehrgeiz besaß, das Handwerk des Kriegers zu erlernen, wurde erwartet, daß er in die Fußstapfen seines Vaters trat –, neigte er sich wohl zu mir herab und erklärte mit großem Ernst:

»Drücke dich nicht vor der Arbeit, welche die Götter dir zugewiesen haben, mein Sohn, sondern sei es zufrieden. Ich bete darum, daß sie dir Verdienste und Glück schenken mögen, doch was immer sie dir auch zuteilen, nimm es dankbar entgegen. Ist es nur eine bescheidene Gabe, verachte sie nicht, denn die Götter können dir auch dieses Wenige noch wieder nehmen. Gewähren sie dir aber Großes, schenken sie dir vielleicht eine bedeutende Gabe, sei nicht stolz und werde nicht übermütig, sondern denke daran, daß die Götter dieses Tonáli einem anderen vorenthalten haben, um es dir geben zu können.«

Bisweilen hielt mein Vater mir ohne jeden ersichtlichen Grund und mit leicht gerötetem Gesicht eine kleine Predigt, aus der ich damals überhaupt nicht schlau wurde. Sie ging etwa folgendermaßen:

»Führe ein sauberes Leben und sei nicht ausschweifend, sonst erzürnst du die Götter und sie überhäufen dich mit Schande. Sei enthaltsam, mein Sohn, bis du das Mädchen kennenlernst, das die Götter dir zur Frau bestimmt haben, denn die Götter verstehen sich darauf, alle Dinge richtig zu ordnen. Vor allem aber vergnüge dich nie mit der Frau eines anderen Mannes.«

Das wollte mir damals als überflüssiges Gebot erscheinen, denn ich führte ja ein sauberes Leben. Genauso wie jeder andere Mexícatl – mit Ausnahme der Priester – badete ich zweimal täglich in heißer Seifenlauge, schwamm häufig im See und schwitzte in bestimmten Abständen alle mir noch verbliebenen schlechten Säfte in unserem ofenheißen Schwitzbad aus. Ich reinigte mir morgens wie abends die Zähne mit einer Mischung aus Bienenhonig und weißer Asche. Und was das Sichvergnügen betraf, so kannte ich keinen Mann auf der Insel, der eine Frau meines Alters hatte, und Mädchen bezog keiner von uns Jungen in seine Spiele mit ein.

Meine Mutter war ganz und gar untypisch für eine Frau unserer Schicht auf Xaltócan: Sie war die wahrscheinlich wenigst bescheidene, wenigst fügsame und am wenigsten zurückhaltende Frau, die man sich vorstellen konnte. Sie war ein schrillstimmiges, zänkisches Weib, ein Hausdrachen für unsere kleine Familie und eine Plage für alle unsere Nachbarn. Dabei brüstete sie sich, ein Muster aller weiblichen Tugenden zu sein, was zur Folge hatte, daß sie in einem Zustand ständiger und zorniger Unzufriedenheit mit allem und jedem um sie herum lebte. Falls ich überhaupt etwas Nützliches von meiner Tene mitbekommen habe, dann, daß ich manchmal unzufrieden *mit mir selber* war.

Daß ich von meinem Vater körperlich gezüchtigt worden wäre, ist, soweit ich mich erinnere, nur ein einziges Mal vorgekommen. Wir Jungen durften auf Vögel schießen, wie etwa auf Krähen und Stare, die sich an den Früchten unseres Gartens gütlich taten, ja, wurden sogar dazu ermuntert, es zu tun; und wir taten das mit Blasrohren, aus denen spitz zulaufende kleine Tongeschosse herauskamen. Eines Tages zielte ich aus irgendeiner boshaften Regung heraus nach der zahmen Wachtel, die wir in unserem Haus hielten. (Die meisten Familien hielten einen solchen Hausvogel, damit er Skorpione fernhielt und Raupen und Würmer vertilgte.) Um mein Vergehen zu vertuschen, versuchte ich, meinem Freund Tlatli die Schuld am Tode des Vogels in die Schuhe zu schieben.

Mein Vater brauchte nicht lange, um hinter die Wahrheit zu kommen. Hätte die Tatsache, daß ich die harmlose Wachtel umgebracht hatte, mir nur eine bescheidene Strafe eingetragen, so war das bei der streng verbotenen Sünde des *Lügens* nicht möglich. Für das »Speichel und Schleim Sprechen«, wie wir das Lügen nannten, mußte mein Tete die dafür vorgeschriebene Bestrafung an mir vollziehen. Er wand sich innerlich, als er es tat: mir nämlich mit dem Dorn des Maguey-Strauchs die Unterlippe durchbohrte und diesen bis zum Schlafengehen darin ließ. *Ayya ouíya,* dieser Schmerz, diese Schande, dieser Schmerz, diese Tränen der Reue, dieser Schmerz!

Die Bestrafung hinterließ einen so nachhaltigen Eindruck bei mir, daß ich diesen wiederum in den Archiven unseres Landes hinterlassen habe. Wenn Ihr unsere Bilderschrift gesehen habt, dann habt Ihr Figuren von Menschen oder anderen Geschöpfen gesehen, denen ein geringeltes, schriftrollenähnliches Zeichen entwächst. Dieses Zeichen bedeutet ein Náhuatl, das heißt: eine Zunge, Sprache, Rede oder Klang. Es deutet an, daß die Figur spricht oder irgendeinen Laut von sich gibt. Ist das Náhuatl geringelter als sonst, und wird es noch erweitert durch das Zeichen für Schmetterling oder Blume, dann spricht die Figur Dichtung oder singt ein Lied. Als ich selber Schreiber wurde, fügte ich unserer Bilderschrift noch eine Erweiterung hinzu: ein von einem Maguey-Dorn durchbohrtes Náhuatl ist ein Zeichen, das alle unsere anderen Schreiber bald übernommen haben. Seht Ihr dieses Zeichen vor einer Figur, so wißt Ihr, daß jemand eine Lüge spricht.

Meine Mutter, die weit häufiger mit Züchtigungen bei der Hand war als mein Vater, teilte diese ohne zu zögern, ohne Gewissensbisse und ohne Mitleid aus, ja, ich vermute, sogar mit einer gewissen lustvollen Genugtuung daran, uns neben der Zurechtweisung auch noch Schmerz zuzufügen. Diese Bestrafungen mögen sich nicht auf die Bildergeschichte unseres Landes ausgewirkt haben wie das Zeichen der vom Dorn durchbohrten Zunge, um so nachdrücklicher jedoch auf das Leben von mir und meiner Schwester. Ich sehe noch heute vor mir, wie meine Mutter das Hinterteil meiner Schwester wütend mit einem Bündel Nesseln bearbeitete, so daß es flammend rot wurde, weil das Mädchen sich der Sünde der Schamlosigkeit schuldig gemacht hatte. An dieser Stelle sollte ich vielleicht erklären, daß Schamlosigkeit bei uns nicht notwendigerweise das gleiche bedeutete, was es offensichtlich bei euch weißen Männern bedeutet: die unanständige Zurschaustellung des unbekleideten Körpers.

Überhaupt – was die Kleidung betrifft, liefen wir Kinder beiderlei Geschlechts, sofern das Wetter es zuließ, bis zum Alter von vier oder fünf Jahren vollkommen nackt herum. Danach bekleideten wir unsere Nacktheit mit einem langen, groben, rechteckigen Tuch, welches wir über einer Schulter zusammenknoteten und das bis zur Hälfte des Oberschenkels hinunterreichte. Sobald wir erwachsen wurden – das heißt, mit dreizehn Jahren –, trugen wir Jungen unter unserem Überwurf noch ein Maxtlatl-Schamtuch, das jetzt aus feinerem Stoff bestand. Etwa im gleichen Alter, je nachdem, wann sie ihre erste Blutung bekamen, trugen die Mädchen dann Frauenröcke und -blusen sowie ein Untergewand, das so ähnlich aussah wie das, was ihr eine Windel nennt.

Verzeiht, wenn ich mich bei unbedeutenderen Einzelheiten aufhalte, aber ich versuche, mir darüber klarzuwerden, wann etwa es zu dieser Nesselzüchtigung bei meiner Schwester kam. Aus Neun Rohr war vor einiger Zeit Tzitzitlíni geworden – der Name bedeutet soviel wie »Glöckchengeläut« –, also muß sie älter als sieben gewesen sein. Allerdings hatte ich gesehen, daß ihr Hinterteil brennend rot war, was bedeutet, daß sie kein Untergewand trug, also noch keine dreizehn Jahre alt war. Alles bedacht, muß sie dann wohl zehn oder elf gewesen sein. Und alles, womit sie sich ihre Züchtigung verdient hatte – das einzige, dessen sie sich schuldig gemacht –, bestand darin, daß sie verträumt gemurmelt hatte: »Ich höre Trommeln und Musik. Ob sie heute abend wohl tanzen?« Für unsere Mutter war das schamlos. Tzitzi sehnte sich offensichtlich nach leichtfertiger Tändelei, wo sie sich doch hätte an den Webrahmen setzen oder etwas ähnlich Langweiliges tun sollen.

Eines Tages – ich war damals vier oder fünf Jahre alt – saß ich zusammen mit Tlatli und Chimáli im Hof unseres Hauses und spielte das Patóli-Bohnenspiel mit ihnen. Dabei handelte es sich nicht um das gleichfalls Patóli genannte Glücksspiel der erwachsenen Männer, welches gelegentlich eine Familie ihr Vermögen kostete oder eine tödliche Familienfehde nach sich zog. Nein, wir drei Jungen hatten nur einen Kreis auf dem Boden gezogen, und jeder von uns hatte eine Springbohne in die Mitte gelegt; bei diesem Spiel geht es darum, wessen von der Sonnenwärme in Tätigkeit versetzte Bohne als erste über das Kreisrund hinausspringt. Meine Bohne schien ziemlich träge, und so belegte ich sie mit irgendeinem Fluch. Vielleicht habe ich »Pochéoa« oder etwas Ähnliches gesagt.

Plötzlich fühlte ich mich in die Höhe gerissen und hing mit dem Kopf nach unten. Meine Tene hatte mich bei den Fußgelenken gepackt. Ich sah die umgekehrten Gesichter von Chimáli und Tlatli, die Mund und Augen vor Überraschung weit aufrissen, dann wurde ich ins Haus hineingetragen und neben der Kochstelle abgesetzt. Meine Mutter veränderte ihren Zugriff, so daß sie eine Hand frei hatte, mit der sie ein paar getrocknete rote Chili-Schoten ins Feuer warf. Als sie knisterten und einen dichten gelben Rauch entwickelten, packte meine Tene mich abermals bei den Fußgelenken und hielt mich kopfüber in diesen beizenden Rauch hinein. Sich auszumalen, was in den nächsten paar Augenblicken geschah, überlasse ich Eurer Phantasie, jedenfalls war mir fast, als müßte ich sterben. Ich weiß noch, daß mir die Augen einen halben Mond hinterher tränten und ich kaum etwas sehen konnte; auch konnte ich keinen Atemzug tun, ohne das Gefühl zu haben, ich atmete Flammen und Funken ein.

Gleichwohl muß ich wohl von Glück sagen, denn es war bei uns nicht Sitte, daß ein Knabe viel Zeit in der Gesellschaft seiner Mutter verbrachte; von nun an nutzte ich jedoch jede Gelegenheit, es nicht zu tun.

Ich mied sie hinterher wie mein Freund mit dem störrischen Wirbelhaar, Chimáli, den Priestern der Insel aus dem Wege ging. Selbst wenn sie nach mir suchte, um mir irgendeine Besorgung oder einen Botengang aufzutragen, konnte ich mich stets auf dem Hügel mit den Kalköfen in Sicherheit bringen. Die Steinbrucharbeiter glaubten, keine Frau dürfe jemals ihren Kalköfen nahekommen, sonst werde der Kalk nicht gut; und nicht einmal meine Mutter wagte es, diesen Hügel zu betreten.

Aber die arme Tzitzitlíni hatte keinen solchen Zufluchtsort. Im Einklang mit der Sitte und ihrem Tonáli mußte ein Mädchen die Fertigkeiten von Frauen und Ehefrauen erlernen – Kochen, Spinnen, Weben, Nähen und Sticken –, und so mußte meine Schwester den größten Teil eines jeden Tages unter dem scharfen Auge und der zänkischen Zunge meiner Mutter zubringen. Ihre Zunge ließ keine Gelegenheit aus, eine der herkömmlichen, langatmigen Ermahnungen über Tzitzi ergehen zu lassen, wie Mütter sie nun einmal Töchtern zuteil werden lassen. Einige davon, die Tzitzi mir wiederholte, waren – darin stimmten wir überein – von einer, wer weiß welcher, längst verstorbenen Ahnin mehr zum Wohle der Mutter als dem der Tochter ersonnen worden.

»Befleißige dich stets des Dienstes an den Göttern, Mädchen, und strebe unablässig danach, das Wohl deiner Eltern zu mehren. Wenn deine Mutter dich ruft, laß dich nicht zweimal bitten, sondern komme augenblicklich. Erteilt man dir einen Auftrag, erhebe keine frechen Widerworte und säume nicht, ihm auf der Stelle nachzukommen. Ja, mehr noch: Wenn deine Tene jemand anders ruft und dieser andere nicht sogleich kommt, dann komme *du*, um zu sehen, was sie wünscht, mache *du* es dann und mache es gut.«

»Wenn du auf der Gasse oder sonst in der Öffentlichkeit einem passenden jungen Mann begegnest, beachte ihn nicht und gib ihm kein Zeichen, denn das könnte seine Leidenschaften entzünden. Hüte dich vor ungehörigen Vertraulichkeiten mit Männern, gib den niederen Regungen deines Herzens nicht nach, sonst verdirbt Wollust deinen Charakter so wie Schlamm klares Wasser.«

Tzitzitlíni hätte dieses einzige vernünftige Verbot wahrscheinlich nie übertreten. Als sie jedoch zwölf Jahre alt geworden war, spürte sie, ganz natürlich, so etwas wie sexuelle Regungen in sich und war voller Neugier, was diese zu bedeuten hätten. Vielleicht wollte sie das, was sie für unschickliche und unaussprechliche Gefühle hielt, verheimlichen, und versuchte, wenn niemand sie sah, allein und insgeheim diesen Gefühlen Luft zu verschaffen. Ich weiß nur, daß meine Mutter eines Tages unerwartet früh von einem Gang zum Markt nach Hause zurückkam und meine Schwester dabei überraschte, wie sie – von der Hüfte abwärts nackt – auf ihrem Nachtlager lag und etwas tat, dessen Bedeutung ich damals noch nicht verstand. Sie wurde dabei ertappt, wie sie mit ihren Tipíli-Teilen spielte und sich dazu einer kleinen hölzernen Spindel bediente.

Ihr murmelt halblaut vor Euch hin, Euer Exzellenz, und rafft die Falten Eurer Soutane geradezu schützend zusammen. Habe ich Euch mit meinem freimütigen Bericht dessen, was geschah, vielleicht verletzt? Ich habe mich sehr wohl bemüht, keine unflätigen Ausdrücke zu benutzen.

Und da es in unser beider Sprachen eine Fülle unflätiger Ausdrücke gibt, muß ich annehmen, daß die Akte, die sie beschreiben, bei den Menschen unserer beider Völker nichts Ungewöhnliches sind.

Um Tzitzitlínis Vergehen gegen ihren eigenen Körper zu bestrafen, packte unsere Tene sie, ergriff das Gefäß mit dem Chili-Pulver und rieb die freiliegenden, zarten Tipíli-Teile wütend mit dem scharfen, brennenden Gewürz ein. Obwohl sie die Schreie ihrer Tochter mit dem Bettzeug zu ersticken versuchte, hörte ich sie, kam herbeigelaufen und fragte atemlos: »Soll ich den Arzt holen?«

»Nein! Keinen Arzt!« fuhr meine Mutter mich an. »Was deine Schwester getan hat, ist zu schändlich, als daß es außerhalb dieser vier Wände bekannt werden dürfte.«

Tzitzi unterdrückte ihr Schluchzen und schloß sich der Bitte unserer Mutter an: »Es tut nicht besonders weh, kleiner Bruder. Hol keinen Arzt. Sag keinem Menschen etwas davon, auch Tete nicht. Versuch, so zu tun, als ob du nichts wüßtest. Ich bitte dich inständig.«

Über meine tyrannische Mutter hätte ich mich vielleicht hinweggesetzt, doch nicht über die flehentlichen Bitten meiner geliebten Schwester. Wenngleich ich nicht wußte, aus welchem Grunde sie jede Hilfe abgelehnt hatte, respektierte ich das und schlich mich davon, machte mir in aller Stille Sorgen und zerbrach mir den Kopf darüber, was eigentlich geschehen sei.

Hätte ich doch nur nicht auf sie beide gehört und doch etwas unternommen! Nach dem, was später geschah, nehme ich an, daß die Grausamkeit, die meine Mutter bei dieser Gelegenheit bewiesen hatte und die eigentlich hatte dazu dienen sollen, Tzitzis erwachendes sexuelles Verlangen zu unterdrücken, genau das Gegenteil bewirkte. Ich glaube, von da an prickelten die Tipíli-Teile meiner Schwester wie ein chiliversengter Rachen, brannten und dürsteten danach, befriedigt zu werden. Ich meine, es hätten noch viele Jahre vergehen können, ehe meine geliebte Tzitzitlíni »rittlings auf die Straße ging«, wie wir von einer verworfenen und wahllos sich Männern an den Hals werfenden Frau sagen. Tiefer konnte eine Mexícatl-Frau nicht sinken – zumindest glaubte ich das, bis ich von dem noch weit schlimmeren Schicksal erfuhr, das meiner Schwester schließlich zuteil wurde.

Wie sie sich später verhielt, was aus ihr wurde und wie sie zuletzt genannt wurde, werde ich an passender Stelle berichten. Hier möchte ich nur eines sagen. Ich möchte ausdrücklich erklären, daß sie für mich immer Tzitzitlíni war und immer bleiben wird – »Glöckchengeläut«.

IHS

✠

S.C.C.M.

SEINER ALLERKATHOLISCHSTEN MAJESTÄT, KAISER KARL V.,
UNSEREM ALLERDURCHLAUCHTIGSTEN KÖNIG UND HERRN:

Möge das klare und wohltätige Licht Unseres Herrn Jesus Christus ewig leuchten über Eurer Majestät, Don Carlos, von Gottes Gnaden Kaiser &c, &c.

Allerdurchlauchtigste Majestät: Aus der Stadt Mexíco, Hauptstadt Neuspaniens, entbieten wir Euch am Vorabend des Festes des Heiligen Michael und Aller Engel, im Jahre des Herrn eintausendfünfhundertundneunundzwanzig unseren untertänigsten Gruß.

Euer Majestät befehlen, daß wir fortfahren, weitere Teile der sogenannten Azteken-Geschichte zu schicken, »so schnell die Seiten fertiggestellt sind«. Das überrascht und kränkt Euren wohlmeinenden Kaplan, Sire. Um aller Besitztümer in Euer Majestäts Reich willen würden wir nicht im Traum daran denken, die Wünsche und Beschlüsse unseres Souveräns infrage zu stellen. Wir glaubten jedoch in unserem letzten Schreiben unsere Einwände gegen diese Chronik – die von Tag zu Tag verabscheuungswürdiger gerät – deutlich zum Ausdruck gebracht zu haben und hofften, daß Euer Majestät sich über die Empfehlung des persönlich von Eurer Majestät ernannten Bischofs nicht so beiläufig hinwegsetzen würden.

Wir sind uns Eurer Allergnädigsten Majestät eingehenden Interesses an sehr ins einzelne gehender Information auch noch über die niedrigsten Eurer Untertanen bewußt, auf daß Ihr sie um so weiser und verständnisvoller regieren könnt. Und in der Tat haben wir diese lobenswerte Absicht schon seit der ersten Aufgabe respektiert, die Euer Majestät uns persönlich übertragen haben: die Ausrottung der Hexen von Navarra. Diese einst auf Abtrünnigkeit bedachte Provinz ist seit jener erhabenen und wunderbaren Läuterung durch den Scheiterhaufen der gehorsamsten und untertänigsten Provinzen einer in Euer Majestät ganzem Reich. Euer demütiger Diener beabsichtigt, sich bei der Ausrottung des uralten Bösen in diesen neueren Besitzungen – beim Versuch, dem Laster die Zügel anzulegen und die Tugend anzuspornen – eines gleichen Maßes an Eifer und Beharrlichkeit zu befleißigen, und sie dadurch gleicherweise zur Unterwerfung unter Euer Majestät und das Heilige Kreuz zu bringen.

Gewiß kann im Dienst Eurer Majestät nichts getan werden, was nicht den Segen Gottes besäße. Und gewißlich sollten Eure Machtvolle Majestät über dieses Land eingehend Bescheid wissen, sintemal es von einer Größe und Herrlichkeit ist, daß Eure Majestät Sich nicht weniger stolz Sein Kaiser nennen können als Kaiser von Deutschland, welchselbiges Land durch die Gnade Gottes jetzt auch zu den Besitztümern Eurer Majestät gehört.

Nichtsdestoweniger – Gott allein weiß, wie erbost, außer uns und bis zur Übelkeit gereizt wir bei der Überwachung der Niederschrift der Geschichte dessen sind, was heute Neuspanien heißt, denn der Wortschwall und die Ergüsse des Erzählers waren durch nichts aufzuhalten. Dieser Azteke ist eine Äolsharfe mit einem unerschöpflichen Vorrat an Wind. Darob allein hätten wir keinen Grund, uns zu beschweren, beschränkte er sich auf das, worum wir ihn gebeten haben – *id est*, um einen Bericht in der Art des Heiligen Gregor von Tours und anderer klassischer Geschichtsschreiber mit den Namen bedeutender Persönlichkeiten, einer kurzen Zusammenfassung ihrer Laufbahn, wichtigen Daten, Orten, Schlachten &c.

Doch dieser Sturzbach in Menschengestalt läßt sich von seinen Exkursen über die greulichsten und abstoßendsten Aspekte der Geschichte seines Volkes und seiner eigenen Person durch nichts abhalten. Zugegeben, dieser Indianer war bis zu seiner Taufe vor nur wenigen Jahren ein Heide. Die infernalischen Scheußlichkeiten, die er selbst begangen und denen er in seinem Leben beigewohnt hat, müssen wir nachsichtig als in Unkenntnis der christlichen Moral begangen oder zugelassen betrachten. Gleichwohl ist er heute zumindest dem Namen nach ein Christ. Wenn er sich also über die bestialischen Episoden seines Lebens und seiner Zeit so ausführlich auslassen muß, sollte man doch erwarten, daß er sich dabei zerknirscht zeigte, wie Anstand und Demut es erheischen, und wie es den Schrecken angemessen ist, die er so genüßlich in allen Einzelheiten ausmalt.

Doch nichts dergleichen. Er zeigt angesichts dieser Ungeheuerlichkeiten keinerlei Entsetzen. Er errötet nicht einmal bei den vielen Beleidigungen Unseres Herrgotts und des allgemeinen Anstands, welche er den Ohren unserer ehrwürdigen Mönchsschreiber zumutet und als da sind: Götzendienst, Vortäuschung von Zauberei, Aberglaube, Blutrünstigkeit und Blutvergießen, unzüchtige und widernatürliche Handlungen und andere Sünden von solcher Schändlichkeit, daß wir uns hüten, sie auch nur beim Namen zu nennen. Hätten Euer Majestät nicht ausdrücklich befohlen, alles »möglichst ins Einzelne gehend« darzulegen, würden wir unseren Schreibern nicht erlauben, Teile von dem, was der Azteke berichtete, dem Pergament zu überantworten.

Doch als getreuer Diener Eurer Majestät sind wir noch nie einem allerhöchsten Befehl Eurer Majestät mit Ungehorsam begegnet.

Wir werden uns bemühen, das bösartige Geschwätz des Azteken nur als Beweis dafür zu betrachten, daß der Widersacher ihn in seinem Leben auf alle möglichen Arten in Versuchung geführt und auf die Probe gestellt und der Allmächtige selbiges in der Absicht zugelassen hat, die Seele des Azteken zu stärken. Das – sagen wir uns immer wieder – ist kein geringer Beweis für die Größe Gottes, denn Er sucht Sich nicht nur die Weisen und Starken, sondern auch die Einfältigen und Schwachen aus, auf daß sie gleichermaßen zu Werkzeugen wie Nutznießern Seiner Gnade werden. Das Gesetz Gottes, so sagen wir uns, verpflichtet uns, jenen, auf deren Lippen die Milch der frommen Denkart noch nicht getrocknet ist, mit mehr Nachsicht und Duldsamkeit zu begegnen als jenen, so sie bereits in sich aufgesogen und sich zu eigen gemacht haben.

Deshalb bemühen wir uns, unseren Abscheu im Zaum zu halten. Wir werden den Indianer bei uns behalten und werden zulassen, daß er weiterhin seinen Unflat von sich gibt, zumindest solange, bis wir hören, wie Euer Majestät auf diese weitere Sendung seiner Geschichte reagieren. Zum Glück benötigen wir seine fünf Schreiber im Augenblick nicht für andere dringende Aufgaben. Der einzige Lohn dieses Geschöpfes besteht darin, daß wir ihm gestatten, unsere kargen Mahlzeiten mit uns zu teilen, und ihm in den Nächten, da er nicht die Reste von unserer Tafel zu seiner anscheinend kränkelnden Frau trägt und ihr über Nacht seinen Beistand zuteil werden läßt, in einem unbenutzten Vorratsraum hinter dem Kloster eine Strohschütte zur Verfügung zu stellen.

Dennoch vertrauen wir darauf, daß wir des Azteken und seiner üblen Ausdünstungen, die unserer Meinung nach von ihm ausgehen, bald ledig sein werden. Wir wissen, Sire, daß Ihr, sobald Ihr die folgenden Seiten gelesen haben werdet – welchselbige noch unbeschreiblich viel haarsträubender sind als die der vorhergehenden Sendung –, unseren Abscheu teilen und ausrufen werdet; »Nichts mehr von diesem Schmutz!«, genauso wie weiland David rief: »Verkündet's nicht auf den Gassen, daß nicht frohlocken die Ungläubigen.« Ungeduldig – nein, begierig – erwarten wir mit dem nächsten Kurierschiff den Befehl Eurer Hochverehrten Majestät, daß alle in der Zwischenzeit fertiggestellten Seiten vernichtet werden und wir diesen frevelhaften Barbaren aus unserem Kloster hinauswerfen können.

Möge Gott der Herr über Euer Allerdurchlauchtigsten Majestät wachen und Euch noch für viele Jahre in Seinem heiligen Dienste wirken lassen.

Euer Allerkatholischsten Majestät ergebener und fürbittender Kaplan,

(ECCE SIGNUM)
ZUMÁRRAGA

Altera Pars

Seine Exzellenz sind heute nicht anwesend, meine Herren Schreiber? Soll ich dann überhaupt fortfahren? Oh, ich verstehe, Er wird meine Worte von Euren Seiten ablesen, sobald er Muße dazu hat.

Wohlan denn! Lassen wir fürs erste die übertrieben persönliche Chronik meiner Familie und eigenen Person beiseite. Damit nicht der Eindruck entsteht, als hätte ich und die wenigen anderen Personen, die ich erwähnt habe, in einer Art Abgeschiedenheit gelebt, weit entfernt vom Rest der Menschen; gestattet, daß ich einen größeren Überblick gebe. Ich werde in meinen Gedanken und in meiner Erinnerung gleichsam beiseite- und zurücktreten, auf daß ich euch besser begreiflich mache, wie unsere Beziehungen zur Welt insgesamt aussahen. Jener Welt, die wir *Cem-Anáhuac* nannten, was soviel bedeutet wie Die Eine Welt.

Eure Forschungsreisenden kamen bald dahinter, daß sie zwischen zwei endlose Ozeane im Osten und im Westen eingebettet liegt. Die heißen Feuchtgebiete an den Rändern der Meere erstrecken sich nicht weit ins Landesinnere hinein, dann geht es schon aufwärts und ragen hohe Gebirgsketten, wobei zwischen der Kette im Osten und der im Westen wiederum eine Hochebene eingebettet ist. Diese Hochebene ist dem Himmel so nahe, daß die Luft dort dünn und rein und von strahlender Klarheit ist. Unsere Tage hier sind fast immer von frühlingshafter Milde, selbst während der mittsommerlichen Regenzeit – bis der trockene Winter kommt, da es Tititl, Gott der kürzesten Tage des Jahres gefällt, einige dieser Tage frostig, wenn nicht gar bitterkalt zu machen.

Der am dichtesten bevölkerte Teil der gesamten Einen Welt ist das große Becken oder die Senke in der Hochebene, die ihr jetzt das Tal von Mexíko nennt. Dort drängen sich die Seen, welche dieses Gebiet so verlockend machten als Wohnstatt für die Menschen. Eigentlich handelt es sich nur um einen einzigen gewaltigen See, welcher an zwei Stellen durch weit in den See vorstoßende Hochflächen eingedrückt wird, so daß insgesamt drei ausgedehnte Wasserflächen vorhanden sind, die vergleichsweise enge Wasserstraßen miteinander verbinden. Der kleinste und südlichste dieser Seen enthält Süßwasser und wird von klaren Flüssen gespeist, welche Schmelzwasser von den schneebedeckten Bergen herunterführen. Der am weitesten im Norden gelegene See, wo ich meine Kindheit verbrachte, besteht aus rötlichem, recht salzigem Wasser, weil er von mineralhaltigem Land umgeben ist, welches seine Salze an das Wasser abgibt. In dem See in der Mitte, Texcóco-See – größer als die beiden anderen zusammengenommen –, vermengen sich Salzwasser und Süßwasser, was dazu führt, daß das Wasser des Texcóco leicht brackig ist.

Obwohl es nur ein einziger See ist – oder drei, wenn ihr wollt –, haben wir ihn immer mit fünf Namen aufgeteilt. Nur der schwärzlichbraune Texcóco-See trägt einen einzigen Namen. Der südliche und kristallklare See heißt in seinem oberen Teil »Der Blumengarten«, weil das ihn säumende Land die Pflanzschule kostbarer Pflanzen für das gesamte umliegende Gebiet ist. Der Unterteil des Sees heißt Chalco nach dem Volk der Chalca, das an diesen Gestaden sitzt. Der See im Norden, wiewohl nur eine einzige Wasserfläche, ist gleichfalls unterteilt. Die Menschen, die auf der darin liegenden Insel Tzumpánco, der Schädelförmigen Insel wohnen, nennen die obere Hälfte Tzumpánco-See. Und die Menschen meiner Heimat Xaltócan, Insel der Feldmäuse, nennen ihren Teil den Xaltócan-See.

Für einen Geographen gibt es nur einen einzigen See in dem Tal. Für einen Bootsfahrer, der mühselig mit dem Paddel sein Acáli vorantreibt, gibt es drei ausgedehnte und miteinander verbundene Wasserflächen. Für die Menschen, die auf dem See und um ihn herum leben, gibt es deren fünf, die sie mittels verschiedener Namen voneinander unterscheiden. Genauso trug keiner unserer Götter oder Göttinnen nur ein Gesicht, eine Verantwortung, einen Namen. Gleich unserem aus drei Seen bestehenden See, konnte ein einziger Gott eine Dreifaltigkeit von Teilbereichen verkörpern ...

Warum runzelt ihr die Stirn, ehrwürdige Patres? Nun gut, ein Gott konnte *zwei* Gestalten haben, oder fünf. Oder zwanzig.

Je nach der Jahreszeit – Regenzeit oder Trockenzeit, lange oder kurze Tage, Pflanzzeit oder Erntezeit – und je nach den Umständen – Krieg oder Frieden, Überfluß oder Hungersnot, freundliche Herrscher oder grausame – unterschieden sich die Pflichten eines Gottes, desgleichen seine Einstellung zu uns, und unsererseits die Art und Weise, wie wir ihn verehrten, ihn feierten oder beschwichtigten. Oder, anders betrachtet, unser Leben und der Ertrag unserer Felder, unsere Siege oder unsere Niederlagen konnten vom Wesen und von den vorübergehenden Stimmungen des betreffenden Gottes abhängen. Wie die drei Seen konnte er bitter oder süß oder ganz und gar gleichgültig sein, ganz wie es ihm beliebte.

Dabei wurden die vorherrschende Stimmung des Gottes und dasjenige, was sich gerade in unserer Welt abspielte, von verschiedenen Anhängern dieses Gottes durchaus unterschiedlich eingeschätzt. Ein Sieg für eine Armee bedeutet die Niederlage einer anderen, ist es nicht so? Daher konnte der Gott oder die Göttin gleichzeitig als jemand angesehen werden, der belohnte und der bestrafte, der forderte und gab oder Gutes und Böses bewirkte. Wenn ihr euch die unendlich vielfältigen möglichen Kombinationen von Umständen vergegenwärtigt, solltet ihr eigentlich auch imstande sein, die Vielfalt von Merkmalen zu begreifen, die wir in jedem Gott sahen, die Mannigfaltigkeit von Erscheinungsformen, die jeder annahm, und selbst die womöglich noch größere Vielfalt von Namen, die wir einem jeden von ihnen gaben – Ehrfurcht und Achtung, Dankbarkeit und Furcht verratende Namen.

Aber ich will darauf nicht weiter herumreiten. Laßt mich vom Geheimnisvoll-Unerklärlichen zurückkehren zum Körperlich-Greifbaren und Handfesten. Ich werde jetzt von Dingen sprechen, welche den fünf Sinnen begreiflich sind, die selbst rohe Tiere besitzen.

Die Insel Xaltócan ist im Grunde ein gigantischer, nahezu ganz aus einem einzigen festen Gestein bestehender Felsen, der sich weitab vom Festland im salzigen roten See erhebt. Hätte es dort nicht drei natürliche Süßwasserquellen gegeben, die sprudelnd dem Felsgestein entsprangen, die Insel hätte nie besiedelt werden können; zu meiner Zeit lebten jedoch an die zweitausend Menschen darauf, die sich auf zwanzig Dörfer verteilten. Auch bot der Felsen in mehr als nur einer Hinsicht Lebensmöglichkeiten, denn er bestand aus Tenéxtetl-Kalkstein, einem wertvollen Material. Im natürlichen Zustand ist diese Art Kalkstein ziemlich weich und läßt sich leicht brechen, selbst mit unseren primitiven Werkzeugen aus Holz, Stein, stumpfem Kupfer oder sprödem Obsidian, die euren Werkzeugen aus Eisen und Stahl so unterlegen sind. Mein Vater war ein Meistersteinhauer, einer von mehreren, welche die weniger sachkundigen Arbeiter beaufsichtigten. Ich begleitete ihn häufig, doch erinnere ich mich besonders an eine Gelegenheit, da er mich mitnahm in den Steinbruch, um mich in seinem Handwerk zu unterweisen.

»Sehen kannst du sie nicht«, sagte er zu mir, »aber hier – und hier – verlaufen die haarfeinen natürlichen Spalten und Risse dieser besonderen Schicht des Steins. Wenn sie auch für das ungeübte Auge unsichtbar sind, du wirst lernen, sie aufzuspüren.«

Das sollte zwar nie geschehen, doch er hörte nie auf zu hoffen. Ich sah zu, während er die Stirnwand des Steins mit Klecksen von schwarzem Oxitl kennzeichnete. Andere Arbeiter kamen – vom schweißverklebten Staub sahen sie ganz bleich aus – und trieben an den Stellen, die er angegeben hatte, Holzkeile in die winzigen Spalten. Dann gossen sie Wasser über die Keile. Wir gingen nach Hause, und es vergingen mehrere Tage, in denen die Arbeiter die Keile immer wieder mit Wasser übergossen und naß hielten, damit sie sich vollsaugten, anschwollen und im Inneren des Steins zunehmend Druck ausübten. Dann gingen mein Vater und ich abermals zum Steinbruch. Als wir oben am Rand standen, blickten wir hinab. Mein Vater sagte: »Und jetzt paß gut auf!«

Es war, als ob der Stein auf sein Eintreffen und seine Erlaubnis gewartet hätte, denn plötzlich und ohne jedes Zutun von Menschenhand gab die Felswand einen durch Mark und Bein gehenden Knall von sich und platzte auseinander. Gestein kam in mächtigen Quadern heruntergepoltert, anderes löste sich in flachen, ungefähr viereckigen Scheiben vom Muttergestein, und alles fiel unversehrt in die Netze aus dicken Stricken, die aufgespannt worden waren, sie aufzufangen, auf daß sie nicht unten auf dem Boden des Steinbruchs auseinanderbrachen. Wir gingen hinunter, und zufrieden begutachtete mein Vater sie.

»Wenn man sie jetzt noch ein wenig mit Beilen zurechtschlägt«, sagte mein Vater, »und sie mit einem Brei aus fein zerstoßenem Obsidian und Wasser glättet, ergeben diese hier« – er zeigte auf die Kalksteinblöcke – »vorzügliche Bauquadern, während diese dort« – Platten, so groß wie der

Boden unseres Hauses und dick wie mein Arm – »zum Verkleiden und Verblenden dienen.«

Ich rieb auf der Oberfläche eines der Blöcke herum, der mir bis zur Hüfte reichte. Sie fühlte sich wächsern und pulverig zugleich an.

»Ach, frisch vom Muttergestein gelöst, sind sie viel zu weich, als daß man sie zum Bauen gebrauchen könnte«, erklärte mein Vater, und fuhr mit dem Daumennagel darüber hinweg, was eine tiefe Rille hinterließ. »Wenn man sie jedoch eine Zeitlang der frischen Luft aussetzt, verfestigen sie sich, werden hart und unverwüstlich wie Granit. Aber solange er noch weich ist, läßt unser Stein sich leicht bearbeiten, kann man ihn mit jedem härteren Stein behauen oder mit einem Sägeseil, das mit Obsidiangrit besetzt ist, durchsägen.«

Der größte Teil des auf unserer Insel gewonnenen Kalksteins wurde auf das Festland oder in die Hauptstadt hinübergeschafft und diente dort als Baumaterial für Mauern, Fußböden und Decken. Da er sich in frischgebrochenem Zustand jedoch leicht bearbeiten ließ, gab es im Steinbruch auch Steinmetze. Diese Künstler suchten sich die Blöcke von der besten Beschaffenheit aus und meißelten, während sie noch weich waren, Standbilder unserer Götter, Herrscher und anderer Helden daraus. Aus den brauchbarsten Kalksteinplatten fertigten sie Flachrelieffriese und Türstürze, um Tempel und Paläste damit zu schmücken. Aus den Abfallbrokken schnitzten die Künstler jedoch auch die kleinen Hausgötter, die jede Familie ihr eigen nannte und die hochgeschätzt wurden. Wir in unserem Haus hatten selbstverständlich Figürchen von Tonatíu und Tlaloc, aber auch von der Maisgöttin Chicomecóatl und der Herdgöttin Chántico. Meine Schwester Tzitzi hatte sogar ihr eigenes kleines Standbild von Xochiquétzal, der Göttin der Liebe und der Blumen, zu der alle jungen Mädchen um einen passenden und liebevollen Ehemann beteten.

Die Steinsplitter und anderen Abfälle im Steinbruch wurden in den Kalköfen verbrannt, die ich bereits erwähnt habe; dadurch entstand Kalk, ein weiteres wertvolles Baumaterial. Kalk brauchte man als Zusatz zum Mörtel, um die Quadern beim Bau miteinander zu verbinden. Außerdem läßt sich daraus Stuck herstellen, um Häuser aus geringerem Material damit zu verblenden. Mit Wasser vermischt, wird der Kalk zum Enthülsen der Maiskolben benutzt, und die Maiskörner wiederum werden von unseren Frauen zu Mehl zermahlen, um daraus die Tlaxáltin-Fladen zu bakken und andere Gerichte zu kochen. Selbst der Schönheitspflege diente der Kalk; eine bestimmte Klasse von Frauen bleichte damit ihr schwarzes oder braunes Haar, so daß es eine unnatürliche Gelbtönung annahm, so wie sie manche eurer eigenen Frauen aufweisen.

Selbstverständlich geben die Götter nichts umsonst, und von Zeit zu Zeit forderten sie für den Reichtum von Kalkstein, den wir auf Xaltócan brachen, ihren Tribut. Zufällig war ich einmal bei meinem Vater im Steinbruch, als die Götter beschlossen, ein solches Dankopfer von uns zu fordern.

Eine Anzahl von Trägern war dabei, einen gewaltigen, frisch abgesprengten Quaderstein jene lange Rampe hinaufzuschleifen, die sich in sanft ansteigender Windung vom Boden des Steinbruchs bis oben an den Rand hinaufzog. Die Männer schafften das ausschließlich mit ihrer Muskelkraft. Ein jeder hatte sich ein Zugseil über die Stirn gelegt, dessen

Ende mit einem Netz aus dicken Stricken verknüpft war, und gemeinsam zogen sie damit den Block in die Höhe. Irgendwo ziemlich weit oben auf der Rampe rutschte der Block zu weit an den Rand oder kippte aufgrund irgendeiner Unregelmäßigkeit im Boden auf die Seite. Wie auch immer, jedenfalls fiel er langsam aber unerbittlich in die Tiefe. Es gab viel Geschrei, und wenn die Träger nicht augenblicklich die Zugseile von der Stirn abgeworfen hätten, wären sie zusammen mit dem Block in die Tiefe gerissen worden. Ein Mann jedoch, der tief unten im Lärm des Steinbruchs arbeitete, hörte die warnenden Rufe nicht. Der Quaderstein fiel direkt auf ihn, und eine der Kanten traf ihn wie die Schneide einer Steinaxt genau in der Leibesmitte.

Der Kalksteinblock hatte eine so tiefe Kerbe in den Boden des Steinbruchs geschlagen, daß er auf der scharfen Kante waagrecht liegen blieb. Daher war es meinem Vater und den anderen Männern, die an die Unglücksstelle eilten, ein Leichtes, den Quader hochzuheben und zu kippen. Zu ihrer Verwunderung stellten sie fest, daß das Opfer der Götter noch am Leben, ja, bei vollem Bewußtsein war.

In der ganzen Aufregung kam ich unbemerkt näher und sah den Mann, der jetzt aus zwei Teilen bestand. Von der Hüfte aufwärts war sein nackter verschwitzter Körper unverletzt, hatte er nicht eine Schramme abbekommen. Seine Hüfte jedoch war breit- und flachgequetscht, so daß sein Oberkörper selbst einer Axt oder einem Meißel glich. Der Stein hatte ihn – samt Haut, Fleisch, Eingeweiden und Rückgrat – genau in der Mitte durchgetrennt und gleichzeitig die Wunde so säuberlich zusammengedrückt, daß kein Tropfen Blut zu sehen war. Er hätte genausogut eine Baumwollpuppe sein können, die man in der Mitte durchgeschnitten und deren Schnitt man wieder zugenäht hatte. Seine untere Hälfte – noch mit seinem Schamtuch bekleidet – lag abgetrennt vor ihm, säuberlich zugedrückt und gleichfalls ohne Spur von Blut; seine Beine allerdings zuckten ein wenig, und außerdem gab diese Hälfte des Körpers große Mengen Urin und Kot von sich.

Der ungeheuerliche Schnitt mußte all seine durchtrennten Nerven lahmgelegt und empfindungslos gemacht haben, so daß der Mann nicht einmal Schmerzen spürte. Er hob den Kopf und betrachtete mit einem leicht verwunderten Gesichtsausdruck seine beiden nicht mehr zusammenhängenden Körperhälften. Um ihm den grausigen Anblick zu ersparen, trugen die anderen Männer ihn – das heißt, seinen Oberkörper – rasch und behutsam beiseite und lehnten ihn gegen die Wand des Steinbruchs. Er streckte die Arme, machte die Hände auf und schloß sie wieder, drehte den Kopf und sagte mit schreckenerfüllter Stimme:

»Ich kann mich bewegen und reden. Ich sehe euch alle, meine Kameraden. Ich kann die Hand ausstrecken, euch berühren und auch fühlen. Ich höre die Axtschläge. Ich rieche den bitteren Kalkgeruch. Ich bin noch immer am Leben. Es ist nicht zu fassen!«

»Das ist es wahrhaftig nicht«, sagte mein Vater mit belegter Stimme. »Aber lange kann das nicht andauern, Xícama. Es hat nicht einmal Sinn, nach einem Arzt zu schicken. Was du brauchst, ist ein Priester. Von welchem Gott, Xícama?«

Der Mann überlegte einen Moment. »Bald kann ich alle Götter begrüßen, wenn ich auch sonst zu nichts mehr nütze bin. Aber solange ich noch sprechen kann, möchte ich noch mit Kot Fresserin reden.«

Der Ruf wurde bis an den Rand des Steinbruchs hinauf weitergegeben, und von dort aus machte sich ein Läufer auf, einen Priester der Erdgöttin Tlazoltéotl oder Kot Fresserin herbeizuholen. Trotz ihres so ganz und gar nicht lieblichen Namens, war sie eine höchst mitleidige Göttin. Ihr pflegten Sterbende all ihre Sünden und Mißtaten zu beichten – und sehr häufig auch Männer, die noch gar nicht an den Tod dachten, aber wegen eines Unrechts, das sie verübt hatten, besonders bedrückt und niedergeschlagen waren –, auf daß Tlazoltéotl ihre Sünden vertilgte, womit diese Sünden dann getilgt wären, als wären sie nie begangen worden. Deshalb belasteten sie einen Mann auch nicht mehr, sprachen nicht mehr gegen ihn und suchten auch seine Erinnerung nicht mehr heim, gleichgültig, in welche Gegenwelt er einging.

Während wir auf den Priester warteten, hielt Xímaca die Augen betont von jener Stelle seines Körpers abgewandt, wo dieser in einen Spalt im Felsboden hineingedrückt zu sein schien, und redete ruhig, ja fast heiter mit meinem Vater. Er trug ihm Botschaften an seine Eltern, seine Witwe und seine verwaisten Kinder auf, machte Vorschläge, wie sein geringes Hab und Gut verteilt werden sollte, und überlegte laut, was seine Familie nun anfangen werde, wenn ihr Ernährer nicht mehr da wäre.

»Mach dir deswegen keine Sorgen«, erklärte mein Vater. »Es ist dein Tonáli, daß dich die Götter zu sich nehmen im Austausch gegen den Wohlstand von uns, die wir zurückbleiben. Als Anerkennung für dein Opfer werden wir und unser Tecútli, der unserer Ratsversammlung vorsteht, dafür sorgen, daß deine Witwe angemessen entschädigt wird.«

»Dann wird ihr ein erkleckliches Erbe zufallen«, sagte Xícama erleichtert. »Sie ist aber auch noch jung und eine schöne Frau. Bitte, Kopf Neiger, rede ihr gut zu, daß sie wieder heiratet.«

»Das werde ich tun. Sonst noch etwas.«

»Nein«, sagte Xícama, blickte um sich und lächelte. »Ich hätte nie gedacht, daß ich es einmal bedauern würde, diesen traurigen Steinbruch zum letztenmal zu sehen. Weißt du was, Kopf Neiger? Selbst diese Grube im Felsen hier sieht im Augenblick schön und einladend aus. Die weißen Wolken da oben, dann der blaue Himmel und hier unten die weißen Steine ... als ob über und unter dem Blau Wolken zögen. Allerdings wünschte ich, ich könnte die grünen Bäume oben sehen ...«

»Das wirst du«, versprach mein Vater ihm, »aber erst, wenn du mit dem Priester gesprochen hast. Bis dahin sollten wir besser nicht versuchen, dich zu bewegen.«

Der Priester kam im ganzen Schwarz der wallenden schwarzen Gewänder, des blutverkrusteten schwarzen Haars und des nie gewaschenen, rußschwarzen Gesichts. Er war das einzige, was mit seiner Düsternis und Dunkelheit das reine Blau und Weiß besudelte, von dem Xícama so schweren Herzens Abschied nahm. Alle anderen Männer gingen fort, um die beiden allein zu lassen und nicht zu stören. (Mein Vater erspähte mich unter ihnen und gab mir mit einer ärgerlichen Handbewegung zu verstehen, ich solle verschwinden; ein solcher Anblick war nichts für einen Jungen meines Alters.) Während Xícama mit dem Priester beschäftigt war, hoben vier Männer seine stinkende und immer noch zuckende untere Hälfte auf, um sie nach oben zu tragen. Einer von ihnen erbrach sich unterwegs.

Xícama hatte offensichtlich kein besonders sündiges Leben geführt; er brauchte nicht lange, Kotfresserin zu beichten, was er getan zu haben bereute oder zu tun unterlassen hatte. Als der Priester ihn im Namen der Göttin freigesprochen und alle rituellen Worte gesprochen sowie alle rituellen Gebärden vollführt hatte, trat er zurück. Vier andere Männer hoben behutsam den noch immer lebenden oberen Teil von Xícama auf und trugen ihn so schnell es ging, ohne ihn durch heftige Bewegungen zu erschüttern, die Rampe hinauf, die zum Rand des Steinbruchs emporführte.

Wir hofften, daß er noch lange genug am Leben bleiben würde, um sein Dorf zu erreichen, sich von seinen Angehörigen zu verabschieden und zum Abschied noch allen jenen Göttern seine Verehrung bekunden könne, denen er persönlich den Vorzug gegeben hatte. Aber irgendwo auf der sich in die Höhe schraubenden Rampe platzte sein unten zusammengeklemmter Körper plötzlich auf und heraus tropften sein Blut, sein Morgenessen und etliche andere Substanzen. Xícama hörte auf zu sprechen und zu atmen, schloß die Augen und sollte die grünen Bäume doch nicht mehr zu sehen bekommen.

Etliches von dem Kalkstein Xaltócans war schon vor langer Zeit zum Bau der *Icpac Tlamanacáli* und *Teocáltin* unserer Insel verwendet worden – oder, wie ihr sagen würdet: unserer Pyramide und mehrerer Tempel. Ein bestimmter Anteil von dem gebrochenen Stein wurde stets bereitgestellt, um unsere Steuern, die wir an das Schatzamt unseres Volkes abführten, sowie den jährlichen Tribut an den Verehrten Sprecher und seinen Obersten Rat zu bezahlen. (Der Uey-Tlatoáni Motecúzoma war gestorben, als ich drei Jahre als war; damals waren Herrschaft und Thron an seinen Sohn Axayácatl – Wassergesicht – übergegangen.) Ein weiterer Anteil der Kalksteinausbeute ging an unseren Tecútli oder Gouverneur sowie einige andere hochstehende Adlige, und noch ein anderer Teil diente dazu Dinge zu bezahlen, die allen auf der Insel zugute kamen: den Bau von Kanus etwa, die dem Warentransport auf dem Wasser dienten, den Ankauf von Sklaven, welche die niederen Arbeiten zu verrichten hatten, die Entlohnung der Steinbrucharbeiter und dergleichen mehr. Gleichwohl blieb noch ein beträchtlicher Teil des Kalksteins übrig für den Verkauf nach außerhalb und für den Tauschhandel.

Auf diese Weise konnte Xaltócan Handelsgüter einführen und gelangte in den Besitz von Zahlungsmitteln, die unser Tecútli je nach Rang und Verdienst unter seine Untertanen aufteilte. Darüber hinaus gestattete er allen Bewohnern der Insel – bis auf die Sklaven und andere Niedrigstehende, versteht sich –, ihre Häuser aus dem in so reichem Maße zur Verfügung stehenden Baumaterial zu errichten. Daher unterschied Xaltócan sich von allen anderen Gemeinwesen hierzulande, wo die Häuser zumeist aus luftgetrockneten Lehmziegeln, Holz oder Rohrgeflecht bestanden, wo viele Familien sich in einem großen Gemeinschaftshaus drängten, oder wo manche sogar in Berghöhlen lebten. Wiewohl das Haus meiner Eltern nur drei Räume hatte, bestand sogar der *Fußboden* aus großen geglätteten weißen Kalksteinplatten. Es gab nicht viele Paläste in Der Einen Welt, die aus edlerem Material gebaut worden wären. Daß wir den Stein für den Hausbau verwendeten, bedeutete darüber hinaus, daß die Wälder auf unserer Insel keinem Kahlschlag zum Opfer gefallen waren, wie das sonst häufig der Fall war.

Zu meiner Zeit hieß unser Tecútli Tlauquécholtzin, Herr Rot Reiher –

ein Mann, dessen Vorfahren zu den ersten Mexíca-Siedlern auf der Insel gehört hatten und der damit zum höchsten Adel bei uns zählte. Wie es in den meisten Bezirken und Gemeinwesen Brauch war, sicherte ihm dieser Umstand auf Lebenszeit die Ämter als unser Tecútli, als Mitglied des Obersten Rates unter dem Vorsitz des Verehrten Sprechers, sowie als Herrscher der Insel, ihrer Steinbrüche, des sie umgebenden Sees und über jeden einzelnen Bewohner der Insel – bis in gewissem Maße auf die Priester, die darauf pochten, nur den Göttern Treue schuldig zu sein.

Nicht jedes Gemeinwesen hatte das Glück, einen Tecútli zu haben wie wir auf Xaltócan. Von den Angehörigen der Adelsschicht erwartete man, daß sie ihrem Rang alle Ehre machten – das heißt, wahrhaft *edel* waren –, doch das konnte man nicht von allen behaupten. Auch konnte kein Pili, der in den Adelsstand hineingeboren war, jemals abgesetzt oder in eine niedrigere Schicht zurückgestuft werden, mochte sein Verhalten auch noch so unedel sein. (War sein Benehmen jedoch in den Augen seiner Mit-Pípiltin durch nichts zu entschuldigen, verstießen sie ihn aus seiner Stellung und überantworteten ihn unter Umständen sogar dem Tod.) Desgleichen sollte ich an dieser Stelle vielleicht noch erwähnen, daß die Mehrzahl der Adligen durch ihre Geburt diesem Stand angehörten, es jedoch gleichwohl für einen ganz gemeinen Mann möglich war, in die Oberschicht aufzusteigen.

Ich erinnere mich an zwei Xaltócaner, die von Macehuáltin zu Pípiltin aufstiegen und auf Lebenszeit ein beträchtliches Einkommen erhielten. Colótic-Mitztli, ein ehemaliger älterer Kriegsmann, hatte seinem Namen – Wilder Berglöwe – alle Ehre gemacht und in einem längst vergessenen Krieg gegen einen früheren Feind irgendeine große Heldentat vollbracht. Dabei hatte er solche Narben davongetragen, daß er hinterher ganz entstellt und grausig anzusehen war; gleichzeitig hatte ihm das aber auch die begehrte Nachsilbe *-tzin* an seinen Namen eingetragen, und so hatte er fortan Miztzin, *Herr* Berglöwe geheißen. Bei dem anderen handelte es sich um Quali-Améyatl oder Guter Quell, einen freundlichen und umgänglichen jungen Baumeister, der nichts Bemerkenswerteres getan hatte, als die Anlage einiger Gärten des Tecútli-Palasts zu planen. Doch war Améyatl ebenso schön wie Miztzin häßlich war, und so hatte er während seiner Arbeit im Palast das Herz eines Mädchens namens Tautropfen gewonnen, die zufällig die Tochter des Tecútli war. Er heiratete sie und wurde dadurch zu Améyatzin, *Herr* Quell.

Ich habe versucht, deutlich zu machen, daß Herr Rot Reiher ein leutseliger und großzügiger, vor allem aber gerechter Mann war. Als seine eigene Tochter, Tautropfen, ihres niedriggeborenen Herrn Quell überdrüssig und beim Ehebruch mit einem schon durch Geburt blaublütigen Pili ertappt wurde, verurteilte Rot Reiher beide – sie und den Ehebrecher – zum Tode. Viele andere Adlige verwendeten sich dafür, daß die Frau nicht getötet, sondern nur von der Insel verbannt werde. Selbst ihr Gatte schwor, er verzeihe seiner Frau den Ehebruch; er und Tautropfen würden die Insel verlassen und in ein fernes Land ziehen, doch der Tecútli ließ sich nicht erweichen, obgleich er – wie wir alle wußten – gerade dieser Tochter ganz besonders zugetan war.

Er sagte: »Man würde mich der Ungerechtigkeit zeihen, wenn ich – wo es um meine eigene Tochter geht – ein Gesetz beuge, das sonst bei meinen Untertanen mit Strenge durchgesetzt wird.« Und er sprach zu

Herrn Quell: »Das Volk würde eines Tages behaupten, Ihr hättet meiner Tochter nur aus Achtung vor meinem Amt verziehen, nicht jedoch aus freien Stücken.« Und er befahl, daß jede andere Frau und jedes junge Mädchen in seinen Palast komme und Zeugin der Urteilsvollstreckung werde. »Besonders die ledigen Mädchen im heiratsfähigen Alter«, sagte er, »denn in ihnen lodert das Feuer gleichfalls. Möglich, daß sie Verständnis für die Liebelei meiner Tochter aufbringen oder sie vielleicht sogar darum beneiden. Ihr Sterben sollte heilsam für sie sein; es ist besser, sie denken einmal darüber nach, was für schwerwiegende Folgen so etwas haben kann.«

Folglich ging meine Mutter zur Hinrichtung und nahm Tzitzitlíni mit. Hinterher erzählte meine Mutter, Tautropfen und ihr Geliebter seien vor aller Augen mit Stricken erdrosselt worden, die man in Blumengirlanden versteckt habe; die junge Frau habe ihre Bestrafung alles andere als würdevoll über sich ergehen lassen, sei von Entsetzen gepackt gewesen, habe gefleht und sich gewehrt – und ihr betrogener Ehemann habe um sie geweint; der Herr Rot Reiher jedoch unbewegten Gesichts zugesehen. Tzitzi sagte nichts zu dem Schauspiel. Dafür vertraute sie mir an, im Palast den jüngeren Bruder der Verurteilten getroffen zu haben, Rot Reihers Sohn Pactli.

»Lange hat er mich angeblickt«, sagte sie und erschauerte. »Er lächelte mich an und entblößte dabei die Zähne. Ist so etwas zu begreifen – an einem solchen Tag; und *wie* er mich angesehen hat – ich habe richtig eine Gänsehaut dabei bekommen.«

Ich hätte die Hand dafür ins Feuer gelegt, daß Rot Reiher an diesem Tag nicht lächelte. Aber ihr begreift, warum alle Menschen auf der Insel unseren unparteiischen und auf Gerechtigkeit bedachten Tecútli so schätzten.

Inzwischen blühte und gedieh unser Gemeinwesen, und wir führten ein bequemes und ungestörtes Leben. Wir, die wir das Glück hatten, auf Xaltócan zu leben, brauchten nicht unser ganzes Denken und Trachten und all unsere Kraft darauf zu richten, unseren Lebensunterhalt zu sichern. Wir konnten sogar über den Bereich unserer Inseln hinausschauen und den Blick zu ferneren Horizonten und zu Höhen erheben, die über jenen lagen, in die wir hineingeboren worden waren. Wir durften uns Wunschträumen hingeben, wie etwa meine Freunde Chimáli und Tlatli. Beider Väter waren Steinmetze und Bildhauer in den Steinbrüchen, und im Gegensatz zu mir, wollten diese beiden Jungen in die Fußstapfen ihrer Väter treten und Künstler werden, nährten dabei jedoch einen größeren Ehrgeiz, als ihre Väter es je getan hatten.

»Ich möchte als Bildhauer *besser* werden als mein Tete«, erklärte Tlatli und schnitzte an einem weichen Stein herum, der allmählich die Gestalt eines Falken annahm – jenes Vogels, nach dem er benannt worden war.

Er fuhr fort: »Ich werde Bildwerke schaffen – anders als alles, was bisher gemacht worden ist. Und keine zwei davon – nicht einmal meine eigenen – werden sich gleichen. Trotzdem werden sie alle als mein Werk zu erkennen sein, und die Leute werden ausrufen: ›*Ayyo,* eine Statue des Tlatli!‹ Ich werde sie nicht einmal mit meinem Falkensymbol zu zeichnen brauchen.«

Doch unser gemeinsamer Freund Chimáli richtete den Blick in womöglich noch weitere Fernen als Tlatli. Ihm schwebte vor, die Kunst der Malerei so sehr zu verfeinern, daß das Gemalte auf jede erhabene Arbeit darunter verzichten könnte. Er nährte den Ehrgeiz, ein Maler von Bildern auf Tafeln und Wandgemälden zu werden.

Wenn die Götter nichts dawider hatten, wollte ich mein Glück an dem Ort in Der Einen Welt versuchen, der zwar die größten Anforderungen und schwierigsten Herausforderungen stellte, gleichwohl aber auch die größten Belohnungen bereithielt – in der Hauptstadt des Uey-Tlatoáni selber, wo sich der Wettbewerb unter den ehrgeizigen jungen Männern am gnadenlosesten abspielte und Formen annahm, daß nur die Besten hoffen konnten, wirklich Großes zu erreichen und sich auszuzeichnen – in der strahlenden, der wunderbaren, der ehrfurchtgebietenden Stadt Tenochtítlan.

Wenn ich auch noch nicht wußte, wie mein Beruf aussehen sollte, so wußte ich doch zumindest, wo ich ihn ausüben wollte, hatte das seit meinem ersten und einzigen Besuch dort gewußt, jenem Besuch, den mein Vater mir zu meinem siebten Geburtstag zum Geschenk gemacht hatte, dem Tag, an dem ich meinen Namen erhielt.

Als dieses Ereignis herannahte, hatten meine Eltern mit mir im Schlepptau dem auf unserer Insel lebenden Tonalpóqui oder Kenner des Tonálmatl, des traditionellen Namensgebungsbuchs, einen Besuch abgestattet. Nachdem er die gefalteten Seiten des Buches in ganzer Länge auseinandergenommen hatte – womit fast der gesamte Boden seines Zimmers ausgefüllt war –, vertiefte der alte Seher sich lange, und dabei stumm die Lippen bewegend, in jede einzelne Erwähnung der Sternkonstellationen und des göttlichen Wirkens, die mit dem Tag Sieben Blume und dem Mond des Aufsteigenden Gottes im Jahre Dreizehn Kaninchen in Beziehung standen. Dann nickte er, faltete das Buch ehrfurchtsvoll wieder zusammen, nahm seine Bezahlung entgegen – einen Ballen feines Baumwolltuch –, besprenkelte mich mit einem besonderen Weihwasser und erklärte, mein Name solle in Erinnerung an das Gewitter, das bei meiner Geburt getobt habe, fortan Chicóme-Xochitl Tlitéctic-Mixtli lauten. Was hieß, daß ich fürderhin streng genommen Sieben Blume Dunkle Wolke hieß, gemeinhin und weniger förmlich jedoch Mixtli gerufen wurde.

Dieser Name gefiel mir nicht schlecht, denn immerhin klang er sehr männlich; was weniger Eindruck auf mich gemacht hatte, war die Art und Weise gewesen, wie er ausgewählt worden war. Selbst im zarten Alter von sieben Jahren hatte ich, Dunkle Wolke, bereits sehr eigene Vorstellungen. Laut erklärte ich, daß dies hätte jeder tun können, ja, ich selbst hätte es tun können, rascher und billiger dazu, woraufhin ich streng zum Schweigen ermahnt wurde.

Im frühen Morgengrauen des bedeutungsvollen Geburtstages wurde ich zum Palast gebracht, wo der Herr Rot Reiher in höchsteigener Person uns freundlich und umständlich empfing. Er strich mir übers Haar und sagte väterlich-gütig: »Wieder ein *Mann*, der zum Ruhme Xaltócans herangewachsen ist, eh?« Eigenhändig trug er dann meine Namenszeichen –

sieben Punkte, das dreiblütenblättrige Blumenzeichen und ein tongraues, baumwollbauschartiges Gebilde, das eine dunkle Wolke darstellen sollte – in das Tocayámatl, das offizielle Register aller Inselbewohner, ein. Meine Seite sollte darin bleiben, solange ich auf Xaltócan lebte, und nur vernichtet werden, wenn ich starb, eines ungeheuerlichen Verbrechens wegen verbannt wurde oder für immer irgendwoandershin zog. Ich frage mich: Wie lange mag Sieben Blume Dunkle Wolkes Seite inzwischen aus diesem Buch verschwunden sein?

Für gewöhnlich wäre ein solcher Namensgebungstag durch manches andere gefeiert worden, wie zum Beispiel der meiner Schwester: sämtliche Nachbarn und unsere Verwandten wären mit Geschenken gekommen, meine Mutter hätte eine Fülle besonderer Leckereien gekocht, die Männer hätten Röhren mit Picíetl geraucht und die alten Leute dem Octli zugesprochen, bis sie betrunken gewesen wären. Mir machte es jedoch nichts aus, daß ich auf all dies verzichten sollte, denn mein Vater hatte zu mir gesagt: »Heute geht eine Ladung Tempelfriese nach Tenochtítlan ab, und es ist noch Platz an Bord für dich und mich. Auch heißt es, ein großes Fest soll in der Hauptstadt gefeiert werden – zu Ehren einer neuen Eroberung oder Ähnlichem – und das soll dein Namensgebungsfest sein, Mixtli.« Daher folgte ich, kaum, daß meine Mutter und meine Schwester mir mit einem Kuß auf die Wange Glück gewünscht hatten, meinem Vater hinunter zur Schiffslände des Steinbruchs.

Auf all unseren Seen herrschte ein ständiges Kommen und Gehen von Kanus, die wie unzählige Wasserläufer über die Wasserfläche dahineilten. In der Mehrzahl handelte es sich um die Ein- oder Zwei-Mann-Acáltin der Vogelsteller und Fischer, die aus einem einzigen ausgehöhlten Baumstamm bestanden und die Form einer Bohnenschote hatten. Es gab aber auch größere, bis hinauf zu den Sechzig-Mann-Kriegskanus, und unser Fracht-Acáli bestand aus acht Bordwand an Bordwand vertäuten Booten von nahezu der gleichen Größe. Unsere aus kunstvoll behauenen Kalksteinplatten bestehende Fracht war sorgsam an Deck aufeinandergeschichtet, und jeder einzelne Stein war zum Schutz vor Beschädigungen in dicke Fasermatten eingehüllt worden.

Mit einer so schweren Ladung an Bord eines so ungefügen Fahrzeugs kamen wir selbstverständlich nur sehr langsam voran, wiewohl mein Vater einer von den zwanzig Männern war, die ruderten (oder stakten, wenn es durch seichtes Wasser ging). Wegen der gewundenen Route – erst in südwestlicher Richtung durch den Xaltócan-See, nach Süden hinein in den Texcóco-See, dann wiederum in südwestlicher Richtung auf die Stadt zu – mußten wir sieben von den Entfernungen zurücklegen, die wir Ein Langer Lauf nannten, und was etwa der Länge eurer spanischen Legua entspricht. Es galt also, sieben Leguas zurückzulegen, wobei unser großes Flachboot oder Floß sich selten schneller vorwärtsbewegte, als ein Mensch gehen kann. Wir legten eine ganze Weile vor Mittag von unserer Insel ab, doch war die Nacht schon weit vorangeschritten, als wir in Tenochtítlan festmachten.

Eine Zeitlang sah ich nichts, was mir nicht vertraut gewesen wäre: den rotgefärbten See, den ich so gut kannte. Dann lief das Land von beiden Seiten aufeinander zu, wir glitten durch die südliche See-Enge, das Wasser verblaßte und nahm nach und nach eine graubraune Färbung an, je weiter wir in den riesig großen Texcóco-See hineinliefen. Dieser erstreckte sich so weit nach Osten und nach Süden, daß das Land dahinter nur ein dunkler, gezackter Strich am Horizont war.

Eine Weile bewegten wir uns langsam wieder in südwestlicher Richtung voran, doch hüllte Tonatíu, die Sonne, sich bereits in das Strahlen seines Schlafgewandes, als unsere Ruderer sich gegen die Riemen stemmten, um unser schwerfälliges Fahrzeug vor dem Großen Deich zum Halten zu bringen. Diese Schutzsperre besteht aus einer Doppelreihe von Baumstämmen, die dicht einer neben dem anderen in den Grund des Sees hineingetrieben worden waren, während man den Raum dazwischen fest mit Felsbrocken und Erde aufgefüllt hatte. Er diente dazu, vom Ostwind hochgepeitschte Wellen daran zu hindern, die tiefgelegene Inselstadt zu überfluten. In regelmäßigen Abständen waren Zufahrtstore in den Deich eingelassen, die von den Deichwärtern die größte Zeit des Jahres über offengehalten wurden. Da der Schiffsverkehr, welcher der Stadt zustrebte, beträchtlich war, mußte unser Frachtkahn in einer Reihe mit anderen Fahrzeugen vor der Öffnung warten, ehe er hindurchkonnte.

Während wir das taten, zog Tonatíu die dunklen Decken der Nacht über sein Bett, und der Himmel färbte sich violett. Die Berge im Westen, direkt vor uns, verloren unversehens alle Tiefe und nahmen scharfe Umrisse an, als wären sie aus schwarzem Papier ausgeschnitten. Über ihnen kam es erst zu einem zaghaften Glimmen, dann wurde aus dem Glimmen plötzlich ein lebhaftes, zuversichtliches Strahlen: Nach Blume versicherte uns, daß abermals eine von den vielen Nächten angebrochen war, nicht die letzte und nimmerendende Nacht.

»Jetzt sperr die Augen weit auf, Sohn Mixtli!« rief mein Vater von seiner Ruderbank aus.

Als ob Nach Blume ein Feuerzeichen gegeben hätte, tauchte jetzt ein zweites Licht auf, dieses freilich unterhalb der Zackenlinie der schwarzen Berge. Dann noch ein Lichtpunkt und noch einer, dann zwanzig und aberzwanzig flackernde Lichter. Und so erblickte ich Tenochtítlan zum erstenmal in meinem Leben: nicht als eine Stadt aus steinernen Türmen, reichgeschnitztem Holz und leuchtender Farbe, sondern als eine Stadt aus Licht. In dem Maße, wie Lampen und Laternen, Kerzen und Fackeln entzündet wurden – in Fensteröffnungen, auf den Straßen, die Kanäle entlang, auf den Terrassen der Häuser, an Straßenecken und auf den Dächern –, verdichteten die einzelnen Lichtpunkte sich zu Trauben, verschmolzen die Lichttrauben miteinander und bildeten Bänder aus Licht, die wiederum die Umrisse der Stadt zeichneten.

Die Häuser selbst waren aus der Ferne nur als undeutliche dunkle Masse zu erkennen. Aber die Lichter, *ayyo, die Lichter*! Gelbe, weiße, rote, zirkonbraune und von den vielfältigsten Flammenfarben – hier und da, wo man Salze ins Altarfeuer eines Tempels oder Feilspäne vom Kupfer hineingestreut hatte, grüne oder blaue. Und jede einzelne von diesen schimmernden Perlen, Trauben und Bändern aus Licht blinkte doppelt auf, denn ein jedes spiegelte sich noch einmal auf der glatten Oberfläche des Sees. Selbst die steinernen Dammstraßen, welche sich von der Insel zum Festland hinüberspannten, selbst diese waren über ihre ganze Länge in bestimmten Abständen von Laternen auf hohen Pfählen erleuchtet. Von unserem Acáli aus konnte ich nur zwei dieser künstlichen Dammstraßen sehen – diejenigen, die in südlicher und in nördlicher Richtung von der Stadt hinwegführten. Jede von ihnen nahm sich aus wie eine schlanke, mit funkelnden Edelsteinen besetzte Kette, die sich um den Hals der Nacht schlang, während die Stadt in der Mitte wie ein großer, strahlend blitzender Anhänger auf dem Busen der Nacht ruhte.

»Tenochtítlan, Cem-Anáhuac Tlali Yolóco«, murmelte mein Vater. »Das hier ist wahrhaftig Herz und Mittelpunkt Der Einen Welt.« Ich war so gebannt und verzaubert gewesen von dem herrlichen Anblick, daß ich gar nicht gemerkt hatte, wie er am Bug unseres Frachtkahns neben mich getreten war. »Sieh lange hin, Sohn Mixtli. Kann sein, daß du dieses Wunder und viele andere Wunder mehr als einmal erlebst. Aber ein erstes Mal gibt es immer nur einmal.«

Ohne zu blinzeln und oder meine Augen von der Pracht abzuwenden, der wir uns nur allzu langsam näherten, lag ich bäuchlings auf einer dikken Fasermatte und starrte unentwegt hinüber, bis mir, wie ich zu meiner Schande gestehen muß, die Augen zufielen und ich einschlief. Wiewohl der Lärm, die Geschäftigkeit und das Getriebe bei unserer Landung beträchtlich gewesen sein müssen, kann ich mich daran genausowenig erinnern wie daran, daß mein Vater mich in die nahegelegene Herberge für die Bootsleute trug, in der wir die Nacht verbrachten.

Als ich aufwachte, fand ich mich auf einer Strohschütte in einem ganz gewöhnlichen Raum wieder, in dem mein Vater und noch ein paar andere Männer schnarchend auf ihren eigenen Strohschütten lagen. Als mir aufging, daß wir in einer Herberge waren und vor allem, in welcher *Stadt* sich diese Herberge befand, sprang ich auf und lief an die Fensteröffnung, um mich hinauszulehnen – und einen kurzen Augenblick hindurch wurde mir ganz schwindelig, als ich von meiner Höhe hinunterblickte auf den gepflasterten Weg unten. Es war das erstemal, daß ich mich in einem Haus befand, welches auf einem anderen Haus stand. Oder zumindest glaubte ich das damals, bis mein Vater mir später von draußen zeigte, daß unser Raum im obersten Stockwerk der Herberge gelegen war.

Ich hob die Augen und schaute hinüber zu der Stadt jenseits des Hafengebietes. Sie schimmerte, sie waberte und glomm weiß im Licht der frühen Morgensonne. Ihr Anblick erfüllte mich mit Stolz auf meine Heimatinsel, denn sämtliche Häuser, die nicht geradezu aus weißem Kalkstein errichtet waren, waren mit weißem Stuck verkleidet, und ich wußte, daß der größte Teil des Materials aus Xaltócan stammte. Selbstverständlich trugen die Gebäude Wandbilder und waren mit Bändern und Gefachen aus leuchtenden Farben und Mosaiken geschmückt, doch der beherrschende Eindruck, der von der Stadt ausging, war der von einem blendenden, nahezu silbrigen Weiß, daß es den Augen fast wehtat.

Die Lichter vom gestrigen Abend waren jetzt alle gelöscht. Einzig ein noch schwelendes Tempelfeuer ließ irgendwo träge einen Rauchfaden in die Luft aufsteigen. Aber jetzt erblickte ich ein neues Wunder: Vom Dach eines jeden Hauses, Tempels oder Palastes in der Stadt, auf jedem höchsten Punkt erhob sich ein Fahnenmast, und von jedem Mast herab wehte ein Banner. Keine viereckigen oder dreieckigen Schlachtenbanner, sondern vielmehr schmale Wimpel, um ein Vielfaches länger als breit. Und alle waren sie weiß, bis auf das farbige Wappen in der Mitte. Manche von diesen Zeichen waren mir vertraut – das der Stadt selbst, das des Verehrten Sprechers Axayácatl sowie diejenigen mancher Götter –, andere jedoch kannte ich nicht: die Wappenzeichen der Tenochtítlaner Adelsfamilien und besonderer Stadtgötter, wie ich annahm.

Die Flaggen von euch weißen Männern sind stets aus Tuch und oft sehr eindrucksvoll aufgrund ihrer reichen Stickerei, gleichwohl jedoch einfache Tücher, die entweder schlaff vom Mast herabhängen oder lustlos daran flattern und knattern wie Wäsche, die eine Bäuerin zum Trocknen auf die Kaktusdornen gelegt hat. Im Gegensatz dazu waren die unglaublich langen Banner Tenochtítlans aus Federn gewirkt – aus Federn, die von ihren Kielen befreit waren, wobei nur die allerleichtesten Daunen überhaupt verwendet wurden. Auch waren sie weder bemalt noch gefärbt, vielmehr waren die Wimpel kunstvoll in den natürlichen Farben der Federn verarbeitet: den Untergrund bildeten weiße Reiherfedern, und die Wappenzeichen bestanden aus den unterschiedlich rotgetönten Federn von Papageien, Kardinalsvögeln und Langschwanzsittichen, den mannigfaltig getönten Blaufedern von Hähern und Reihern, den Gelbtönen von Tukanen und Tanagrameisen. *Ayyo,* ich erzähle euch die reine Wahrheit, ja, ich küsse die Erde – was ich dort erblickte, waren Farben und Leuchtkraft, wie sie nur in der lebendigen Natur vorkommen, nicht aber in den Farbtöpfen der Menschen.

Das Wunderbarste von allem aber war, daß die Banner weder schlaff herabhingen noch flatterten, sondern vielmehr schwebten. Kein Lüftchen regte sich an diesem Morgen. Einzig die Bewegungen der Menschen auf den Straßen und der Acáltin auf den Kanälen ließen leichte Luftströmungen entstehen, welche genügten, die sehr langen, aber nahezu gewichtslosen Wimpel in der Schwebe zu halten. Großen Vögeln gleich, die keine Lust hatten fortzufliegen, sondern es zufrieden waren, träumerisch in der Luft zu schweben, hingen die Banner vollständig ausgebreitet in der Luft. Sanft wogten die Tausende von Federbannern, lautlos und wie von Zauberhand gehalten, über den Türmen und Zinnen dieser magischen Inselstadt.

Wenn ich mich gefährlich weit zur Fensteröffnung hinauslehnte, konnte ich weit im Südosten die beiden Vulkanspitzen von Popocatépetl und Ixtaccíuatl sehen, den weihrauchspeienden Berg und Die Weiße Frau. Obwohl die Trockenzeit gerade erst angefangen hatte und die Tage warm waren, waren beide Berge mit einer weißen Haube bedeckt – dem ersten Schnee, den ich sah –, und der schwelende Weihrauch, der tief aus dem Inneren des Popocatépetl aufstieg, strich als duftige blaue Rauchfahne über den Berg dahin, so träge wie die Federbanner über Tenochtítlan. Eilends sprang ich vom Fenster zurück, um meinen Vater zu wecken. Er muß noch müde gewesen sein und hatte eigentlich weiterschlafen wollen, stand jedoch ohne Murren auf und lächelte verständnisvoll über meinen Eifer, so bald als möglich hinauszugehen in die Stadt.

Entladung und Weitertransport der Fracht gehörten zu den Aufgaben des Frachtmeisters, und so hatten mein Vater und ich den Tag für uns. Er mußte eine Besorgung machen – irgend etwas kaufen, was meine Mutter ihm aufgetragen hatte mitzubringen –, und deshalb machten wir uns zuerst in nördlicher Richtung nach Tlaltelólco auf.

Wie ihr wißt, ehrwürdige Patres, ist jener Teil der Insel – den ihr heute Santiago nennt – vom Südteil der Stadt nur durch einen breiten Kanal getrennt, den etliche Brücken überspannten. Aber Tlaltelólco war über viele Jahre hinweg eine selbständige Stadt unter einem eigenen Herrscher und wetteiferte heftig mit Tenochtítlan darum, Hauptstadt der Mexíca zu sein. Tlaltelólcos Überlegenheitswahn war lange Zeit hindurch gutmütig von unseren Verehrten Sprechern geduldet worden. Als jedoch der inzwischen verstorbene Herrscher Moquíhuix die Stirn hatte, eine Tempelpyramide zu bauen, die höher war als jede in den vier Ecken von Tenochtítlan, war der Uey-Tlatoáni Axayácatl zurecht verärgert und befahl seinen Zauberern, den nunmehr unerträglichen Nachbarn keine Ruhe mehr zu geben.

Wenn stimmt, was man sich erzählte, sprach ein gemeißeltes Steingesicht in Moquíhuix' Thronsaal plötzlich zu ihm. Was es sagte, war so beleidigend für sein Mannestum, daß er eine Kriegskeule ergriff und das Bildwerk zertrümmerte. Als er dann mit seiner Ersten Gemahlin zu Bett stieg, sprachen auch ihre Tipíli-Teile zu ihm und versehrten sein Mannestum. Abgesehen davon, daß diese Ereignisse Moquíhuix selbst bei seinen Nebenfrauen kraftlos machten, jagten sie ihm große Angst ein; dennoch weigerte er sich immer noch, sich dem Verehrten Sprecher zu unterwerfen und ihm Treue zu schwören. Deshalb hatte Axayácatl ein Jahr, bevor ich anläßlich meines Namensgebungstages zu Besuch in die Stadt kam, Tlatelólco mit Waffengewalt genommen. Axayácatl höchstpersönlich stieß Moquíhuix von der höchsten Spitze der Emporkömmlingspyramide herab und zerschmetterte ihm den Schädel. Nur wenige Monde später, als mein Vater und ich Tlatelólco betraten, war es zwar immer noch eine schöne Stadt voller Tempel, Paläste und Pyramiden, gab sich jedoch damit zufrieden, der fünfte Stadtteil von Tenochtítlan zu sein, das Marktplatzanhängsel der Stadt.

Der immense Marktplatz unter freiem Himmel wollte mir so riesig vorkommen wie die ganze Insel Xaltócan, und noch reicher und noch wimmelnder von Menschen und bei weitem geräuschvoller. Gänge teilten den riesigen Platz in regelmäßige Gevierte auf, in denen die Händler auf Steinbänken oder Bodentüchern ihre Waren ausbreiteten, und jedes Geviert oder jedes aus vielen Gevierten bestehende Viereck war für verschiedene Warenarten bestimmt. Da war der Bereich der Gold- und Silberschmiede, ein eigener Bereich für die Federarbeiter, für die Verkäufer von Gemüse und Lebensmitteln, Fleisch und lebenden Tieren, für Tuch- und Lederwaren, für Sklaven und Hunde, irdenes Geschirr und Kupfergetriebenes, Medizin und Schönheitsmittel, für Seilerwaren, Bindegarn und gesponnene Fäden, rauhstimmige Vögel und kreischende Affen und andere Schoßtiere. Ich weiß, dieser Markt ist wiederaufgebaut worden und ihr habt ihn zweifellos gesehen. Obgleich mein Vater und ich bereits zu früher Morgenstunde dort erschienen, wimmelte es bereits von Kauflustigen. Die meisten waren Macehuáltin wie wir, aber es waren auch Damen und Herren dort, die herrisch auf bestimmte Waren zeigten, die sie haben wollten, und die das Gefeilsche um den Preis ihren Dienstboten überließen, die sie begleiteten.

Wir hatten Glück, so früh dorthin zu kommen, oder zumindest ich hatte Glück, denn es gab einen Verkaufsstand auf dem Markt, an dem etwas so Leichtvergängliches feilgeboten wurde, daß es schon vor der Mittagsstunde verdorben sein würde – die köstlichste aller Leckereien, die ringsum zum Verkauf standen: Schnee. Dieser Schnee wurde durch sich ablösende Schnellboten, welche die Kühle der Nacht nutzten, die zehnmal Ein Langer Lauf vom Gipfel des Ixtaccíuatl nach Tenochtítlan heruntergeschafft, wo der Händler den kostbaren Schnee in dickwandigen irdenen Krügen unter dicken Lagen von Fasermatten bis zum Morgen kühlhielt. Eine Portion kostete zwanzig Kakaobohnen. Das war ein ganzer Tageslohn für den Durchschnittsarbeiter der Mexíca. Für vierhundert Bohnen bekam man schon einen annehmbaren, kräftigen Sklaven, der seinem Herrn ein ganzes Leben lang diente. Schnee war also seinem Gewicht nach teurer als alles andere auf dem Tlaltelólco-Markt, das kostbarste edelsteinbesetzte Geschmeide auf den Ständen der Goldschmiede nicht ausgenommen. Nur wenige außer den Adligen konnten es sich leisten, von dieser erlesenen Erfrischung zu kosten. Trotzdem, so sagte der Schneeverkäufer, verkaufe er stets seinen ganzen Morgenvorrat, ehe er geschmolzen sei.

Mein Vater brummte anerkennend vor sich hin. »Ich erinnere mich noch an die Schwere Zeit. Im Jahr Ein Kaninchen fiel sechs Tage hintereinander Schnee vom Himmel herab. Damals konnte nicht nur jeder sich soviel Schnee nehmen, wie er wollte, nein, der Schnee war eine schlimme Plage.« Doch selbstverständlich gab er meinem Drängen nach und sagte zu dem Verkäufer, dem das nicht gleichgültiger hätte sein können: »Nun, da der Junge seinen Namensgebungstag hat . . .«

Er band seinen Schultersack auf und zählte die zwanzig Kakaobohnen ab. Der Händler untersuchte eine jede einzelne ganz genau, um sich zu vergewissern, daß es sich nicht um eine geschnitzte Fälschung aus Holz handelte, oder um eine ausgehöhlte und mit Erde gefüllte Bohne. Dann machte er einen seiner Krüge auf, kratzte einen Löffel voll der köstlichen Leckerei heraus, drückte sie in eine Tüte aus zusammengerolltem Blatt, ließ reichlich süßen Sirup darüberfließen und reichte es mir.

Gierig biß ich hinein und hätte die Tüte um ein Haar fallen lassen, so überrascht war ich von der Kälte. Meine Zähne im Unterkiefer und meine Stirn schmerzten mich; trotzdem war es das köstlichste, was ich bis dahin in meinem jungen Leben gekostet hatte. Ich hielt die Tüte meinem Vater zum Probieren hin. Er fuhr einmal mit der Zunge darüber hin und genoß es offensichtlich genausosehr wie ich, gab jedoch vor, nicht mehr zu mögen. »Du mußt nicht hineinbeißen, Mixtli, sondern lecken«, sagte er. »Dann hast du länger was davon.«

Nachdem mein Vater erstanden, was meine Mutter sich gewünscht, und einen Träger damit zu unserem Boot geschickt hatte, wandten wir uns wieder nach Süden in Richtung Stadtmitte. Wiewohl viele der gewöhnlichen Häuser Tenochtítlans zwei- und sogar dreistöckig gebaut waren – und die meisten von ihnen noch höher ragten, da sie auf Pfeilern ruhten, um die Feuchtigkeit abzuhalten –, erhebt sich die Insel selbst an keiner Stelle mehr als in doppelter Mannshöhe über den Spiegel des Texcóco-Sees. Daher gab es damals fast genausoviele Kanäle wie Straßen, welche die Stadt nach allen Richtungen hin durchkreuzten. An manchen Stellen liefen Kanäle und Straßen unmittelbar nebeneinander her; Fußgänger unterhielten sich dabei mit Bootsfahrern. An manchen Stellen konnten wir ganze Menschenströme sehen, die geschäftig hin und her eilten; an anderen sahen wir Kanus vorübergleiten. Manche davon konnte man mieten, um Leute, die es besonders eilig hatten, schneller von einem Punkt der Stadt zum anderen zu bringen, als sie es zu Fuß hätten schaffen können. Wieder andere waren Privat-Acáltin der Adligen, und diese waren schön bemalt und verziert und in der Mitte von Baldachinen überragt, um die Herren und Damen vor der Sonne zu schützen. Die Straßen bestanden aus hartgestampftem, eingeebnetem Ton, die Ufer der Kanäle aus Mauerwerk. An vielen Stellen, wo das Wasser der Kanäle fast die Höhe der Straßen erreichte, ließen sich die Fußgängerbrücken beiseitedrehen, um die Boote hindurchzulassen.

Genauso, wie das Netz von Kanälen den Texcóco-See praktisch mit in die Stadt einbezog, sorgten die drei Dammstraßen dafür, die Stadt an das Festland anzubinden. Wo diese Straßen die Insel verließen, wurden sie zu breiten Straßen aus Stein, über welche man fünf verschiedene, auf dem Festland gelegene Städte im Norden, Westen und Süden erreichen konnte. Außerdem gab es noch eine weitere Verbindung, bei der es sich freilich nicht um eine Straße, sondern um ein Aquädukt handelte. Dieser barg eine Rinne aus gewölbten Ziegeln, tiefer und breiter, als ein Mann seine beiden Arme ausstrecken konnte, und diese Rinne führt noch heute Süßwasser von der im Südwesten auf dem Festland gelegenen Chapultépec-Quelle in die Stadt.

Da alle Straßen des Landes und alle Wasserstraßen der Seen hier in Tenochtítlan zusammenliefen, erlebten mein Vater und ich den ständigen Handelsaustausch innerhalb des ganzen Mexíca-Volkes und mit anderen Völkern. Überall ächzten Träger unter der Last, die sie mit Hilfe von Tragriemen, der ihnen über die Stirn ging, auf dem Rücken trugen. Überall sah man hochbeladene Kanus aller Größen mit ihren Waren dem Markt von Tlatelólco zustreben oder von dort kommen, oder die Kanus mit den Tributlieferungen unterworfener Völker, die in die Paläste, das Schatzhaus oder die nationalen Lagerhäuser gebracht wurden.

Allein die bunten Körbe mit den Früchten vermittelten schon eine Vorstellung davon, wie ausgedehnt der Markt war. Da waren Guaven und Zimtäpfel aus dem Gebiet der Otomí im Norden, Ananas aus dem Land der Totonáca am Rand des Meeres im Osten, gelbe Papayas aus dem westlich gelegenen Michihuácan, rote Papayas von den weit im Süden lebenden Chiapán und von den nicht ganz so weit südlich lebenden Tzapotéca die Tzapótin-Marmeladenpflaumen, die dem Gebiet den Namen gegeben haben.

Ebenfalls aus Tzapotéca-Land kamen die Säcke mit den getrockneten kleinen Insekten, aus denen man verschiedene rote Farbstoffe gewinnt. Aus dem nahen Xochimílco kamen Blumen und Pflanzen die Fülle – man hätte nicht für möglich gehalten, daß es überhaupt so viele verschiedene Arten gibt. Aus den fernen Dschungeln im Süden kamen Kisten mit bunten Vögeln oder ganze Ballen mit Vogelfedern. Aus den Heißen Ländern im Osten wie im Westen kamen Säcke mit Kakao zum Bereiten des Schokoladentranks und die schwarzen Orchideenschoten, die ihr *vainilla* nennt. Aus den südöstlichen Küstengebieten der Olméca kam jenes Erzeugnis, das dem Volk seinen Namen gegeben hat: *óli*, Streifen von dehnbarem Gummi, die – ineinander verflochten – jene harten Bälle ergaben, wie wir sie zu unserem *Tlachtli*-Spiel brauchten. Selbst unsere Rivalen, die Texcála, Erbfeinde von uns Mexíca, schickten das kostbare Copáli, duftendes Harz, das zur Herstellung von Wohlgerüchen und Weihrauch dient.

Von überall her kamen Kisten und Körbe voller Mais, Bohnen und Baumwolle; und Bündel lebendiger glucksender Huaxolóme (jener großen, schwarzen Vögel mit den roten Kämmen und Ohrlappen, die ihr

Gallipavos – Truthähne – nennt) sowie ganze Kisten mit Truthahneiern; und Käfige mit den unbehaarten und eßbaren Techíchi-Hunden, die nicht bellen; und mächtige Hirschkeulen, Hasen und Wildschweine; und Krüge mit dem wasserklaren süßen Saft der Maguey-Pflanze oder dem sämigeren weißen Gärungsprodukt eben dieses Saftes, das berauschende Getränk Octli ...

Mein Vater zeigte mir all diese Herrlichkeiten und nannte mir ihre Namen, als uns plötzlich eine Stimme unterbrach: »Für nur zwei Kakaobohnen, mein Herr, werde ich Euch die Wege und Tage deuten, die sich jenseits Eures Sohnes Mixtli Namensgebungstag erstrecken.«

Mein Vater drehte sich um. Unmittelbar neben ihm und nicht viel höher hinaufreichend als bis zu seinem Ellbogen stand ein Mann, der selbst einer Kakaobohne gar nicht unähnlich war. Er trug ein zerrissenes und schmutziges Schamtuch, und seine Haut hatte die Farbe des Kakaos: sie war von einem so dunklen Braun, daß es fast schon violett wirkte. Sein Gesicht war über und über mit Runzeln bedeckt, genau wie die Kakaobohne. Möglich, daß er früher einmal wesentlich größer gewesen war, jetzt aber stand er gebeugt, in sich zusammengesunken und geschrumpft da von der Last der Jahre, die niemand hätte schätzen können. Recht bedacht, muß er ungefähr so ausgesehen haben wie ich heute. Den Handteller nach oben, streckte er seine Affenhand aus und wiederholte noch einmal: »Zwei Bohnen, Herr.«

Mein Vater schüttelte den Kopf und sagte höflich: »Wenn ich etwas über die Zukunft erfahren will, gehe ich zu einem Weitseher.«

»Habt Ihr jemals einen dieser Seher aufgesucht«, fragte der Gebeugte, »und erlebt, daß er Euch augenblicklich als Meistersteinhauer von Xaltócan erkannt hätte?«

Mein Vater machte ein verblüfftes Gesicht, und es entfuhr ihm: »Dann *seid* Ihr ein Seher. Ihr habt das Gesicht. Wieso denn ...«

»Wieso ich in Lumpen herumlaufe und die Hand ausstrecke? Weil ich die Wahrheit sage und die Menschen wenig auf die Wahrheit geben. Die Seher nehmen den heiligen Pilz zu sich und träumen Träume für Euch, weil sie für Träume mehr verlangen können. Mein Herr, die feinen Runzeln auf Euren Knöcheln sind weiß vom Kalkstaub, aber Eure Hände weisen keine Schwielen auf, wie sie der Steinbrucharbeiter oder der Steinmetz durch sein Handwerkszeug bekommt. Seht Ihr? Die Wahrheit ist so billig, daß ich sie sogar umsonst weggeben kann.«

Ich lachte, und mein Vater stimmte in dies Lachen mit ein. »Ihr seid ein altes Schlitzohr. Aber wir haben noch anderswo viel zu tun ...«

»Wartet«, sagte der Mann und ließ nicht locker. Er beugte sich noch tiefer und schaute mir in die Augen, wobei er den Kopf freilich nicht wesentlich weiter zu senken brauchte. Ich hielt seinem forschenden Blick stand und wich ihm nicht aus.

Man hätte annehmen können, daß der bettelnde alte Gauner sich in der Nähe herumgedrückt hatte, als mein Vater mir den gesüßten Schnee kaufte, und dabei mitbekommen hatte, daß ich meinen so bedeutsamen siebenten Geburtstag feierte – und uns für Einfaltspinsel vom Lande hielt, die in der Stadt ihr Geld mit vollen Händen ausgaben und leicht zu prellen waren. Doch viel später, als die Ereignisse in meinem Leben mich dazu brachten, mir den Kopf darüber zu zerbrechen, was genau er gesagt hatte ...

Forschend blickte er mir in die Augen und murmelte: »Jeder Seher kann weit die Wege und die Tage entlang sehen. Selbst wenn er etwas erkennt, was sich wirklich bewahrheiten wird, wird das weit, weit entfernt in Zeit und Raum geschehen, und so betrifft es den Seher selbst weder so noch so und bedroht ihn auch nicht. Das Tonáli dieses Jungen ist es jedoch, die Dinge und das Geschehen der Welt ganz, ganz aus der Nähe zu betrachten, sie nahe vor seinen Augen zu haben, sie ganz deutlich zu erkennen und zu begreifen, was sie zu bedeuten haben.«

Er richtete sich auf. »Anfangs wird dir das hinderlich im Weg stehen, Junge, doch könnte diese Art von Nahsehen dich Wahrheiten erkennen lassen, welche die Weitseher übersehen. Solltest du es fertigbringen, diese Gabe zu deinem Vorteil zu nutzen, müßte sie dich eigentlich reich und groß machen.«

Mein Vater seufzte geduldig und griff in seinen Sack.

»Nein, nein«, wehrte der Mann ab. »Ich prophezeie Eurem Sohn weder Reichtümer noch Ruhm. Ich verspreche ihm auch nicht die Hand einer wunderschönen Prinzessin oder daß er ein vornehmes Geschlecht gründet. Euer Sohn Mixtli wird die Wahrheit sehen, ja. Unglücklicherweise wird er aber auch die Wahrheit aussprechen, die er erkennt. Und das trägt häufig mehr Verleumdung und böse Nachrede ein als Belohnungen. Für die Vorhersage einer so zweifelhaften Gabe, mein Herr, verlange ich keinen Dank.«

»Nehmt diese trotzdem«, sagte mein Vater und nötigte ihm eine einzelne Kakaobohne auf. »Sagt uns nur nicht noch mehr voraus, alter Mann.«

Im eigentlichen Zentrum der Stadt herrschte nur wenig gewerbliches Treiben, doch alle Bürger, die nichts Dringendes vorhatten, fingen an, sich für die Zeremonie, von der mein Vater gehört hatte, auf dem großen Platz einzufinden. Er fragte einen Vorübergehenden, worum es sich überhaupt handele, woraufhin der Mann sagte: »Nun, selbstverständlich, um die Weihe des Sonnensteins und um die Eingliederung von Tlaltelólco zu feiern.« Die meisten der Versammelten waren schlichtes Volk wie wir, doch standen auch viele Pípiltin herum, genug, eine nicht gerade kleine Stadt ausschließlich mit Edelleuten zu bevölkern. Doch wie dem auch sei, mein Vater und ich hatten uns absichtlich zeitig eingefunden. Wiewohl bereits mehr Menschen auf dem Platz versammelt waren als ein Kaninchen Haare hat, füllten sie das Riesengeviert bei weitem noch nicht. Wir hatten Raum genug, um gemächlich umherspazieren und alles Sehenswerte betrachten zu können.

Gleichwohl hatte der Platz für einen Jungen vom Lande wie mich etwas Ehrfurchtgebietendes. Mein Vater erzählte mir, er habe ihn einst auf einer geraden Linie abgeschritten, indem er Fuß vor Fuß gesetzt, und dabei habe er genau sechshundert seiner Füße gezählt. Dieser ganze gewaltige Raum – rund sechshundert Männerfüße von Norden nach Süden und von Ost nach West – war mit Marmor gepflastert, der noch weißer war als selbst der Kalkstein aus Xaltócan, war poliert, geglättet und blitzte wie ein Tezcatl-Spiegel. Viele Menschen waren an diesem Tag darauf versammelt, die, wenn sie Sandalen trugen, auf denen man leicht ausrutschte, diese ausziehen und barfuß gehen mußten.

Die drei breitesten Prachtstraßen der Stadt – jede so breit, daß zwanzig Mann nebeneinander darauf entlangmarschieren konnten – nahmen ihren Ausgang von diesem Platz und führten nach Norden, Westen und Süden und gingen dann in voller Breite in die Dammstraßen über, die bis zum Festland hinüberführten. Der Platz selbst war damals noch nicht so voll von Tempeln, Altären und Denkmälern, wie das in späteren Jahren der Fall sein sollte. Gleichwohl standen bereits bescheidene Teocáltin, die Standbilder der Hauptgötter beherbergten. Es stand auch bereits das wunderbar geschmückte Gerüst, auf welchem die Schädel der erlauchteren Xochimíque, die dem einen oder anderen unserer Götter geopfert worden waren, zur Schau gestellt wurden. Und da war noch unseres Verehrten Sprechers privater Ballplatz, auf dem besondere rituelle Tlachtli-Spiele ausgetragen wurden.

Des weiteren stand dort das Haus des Liedes, das bequeme Wohn- und Übungsräume für die besten Musiker, Sänger und Tänzer barg, die bei religiösen Festlichkeiten auf dem Platz auftraten. Das Haus des Liedes ist nicht wie alle anderen Bauten auf dem Platz zusammen mit der ganzen Stadt vernichtet worden. Es wurde wiederaufgebaut, und bis die Kathedrale des Heiligen Francisco fertiggestellt sein wird, dient es als eures Herrn Bischof Diözesan-Kanzlei und Residenz. Ja, es ist so, daß wir in einem der Räume des Hauses des Liedes sitzen, meine Herren Schreiber.

Mein Vater ging zurecht davon aus, daß ein Siebenjähriger kaum von religiösen und architektonischen Meisterwerken hingerissen sein würde, und so nahm er mich mit zu einem weitläufigen, an der Südostecke des Platzes gelegenen Gebäude. Darin war des Uey-Tlatoáni Sammlung wilder Tiere und Vögel untergebracht, doch die war damals längst noch nicht so groß, wie sie in späteren Jahren sein sollte. Den Anfang mit der Menagerie hatte der verstorbene Motecuzóma gemacht, dem es darum gegangen war, ein Beispiel jeder Art von Land- und Lufttieren auszustellen, die in den verschiedenen Teilen dieses Landes lebten. Das Gebäude war in zahllose Räume unterteilt – manche nur kleine Zellen, einige fast schon Säle –, und Rinnen, die von einem nahegelegenen Kanal herführten, sorgten mit Hilfe des ständig darin fließenden Wassers dafür, daß aller anfallende Unrat und Kot sogleich hinausgespült wurden. Jeder Raum ging auf einen Besuchergang hinaus, war jedoch von diesem durch ein Netz oder in manchen Fällen auch durch kräftiges Gitterwerk getrennt. Jedes Tier oder aber mehrere Exemplare verschiedener Arten, die verträglich miteinander auskamen, hatte einen Raum für sich.

»Machen die immer einen solchen Lärm?« fragte ich meinen Vater mit lauter Stimme über das Gebrüll und Geheul und Gekreisch hinweg.

»Das weiß ich nicht«, erklärte er. »Aber im Augenblick sind manche von ihnen sehr hungrig, weil sie absichtlich eine Zeitlang nichts zu fressen bekommen haben. Bei dem Fest werden Opfer dargebracht, und die Leichen werden hierhergebracht, als Futter für die Jaguar- und Pumakatzen, für die Coyótin-Wölfe und die Tzopilótin-Geier.«

Ich betrachtete gerade das größte bei uns heimische Tier – den häßlichen und unförmigen trägen Tapir; er wackelte mit seinem Greifrüssel –, da vernahm ich plötzlich eine vertraute Stimme hinter mir: »Meister Steinhauer, warum zeigt Ihr dem Jungen nicht die Tequáni-Halle?«

Es war der gebeugte braune Mann, dessen Bekanntschaft wir vor kurzem auf der Straße gemacht hatten. Mein Vater bedachte ihn mit einem entsetzten Blick und wollte wissen: »Folgt Ihr uns, zudringlicher Alter?«

Der Mann zuckte mit den Achseln. »Ich habe meine alten Knochen nur hierhergeschleppt, um der Einweihung des Sonnensteins beizuwohnen.« Dann wies er mit einer wedelnden Handbewegung auf eine geschlossene Tür am anderen Ende des Ganges und sagte zu mir: »Dort, mein Junge, gibt es wahrhaftig etwas zu sehen! Menschentiere, weit interessanter als diese dumpfen Geschöpfe hier. Eine Tlacaztáli-Frau, zum Beispiel. Weißt du, was ein Tlacaztáli ist? Ein Mensch, leichenweiß, am ganzen Körper, Haut und Haar und alles, bis auf die Augen, die rosarot sind. Und dann ist da ein Zwerg, der nur einen halben Kopf hat, der . . .«

»Still!« gebot mein Vater streng. »Dies soll ein Freudentag für den Jungen sein. Ich will nicht, daß sich ihm beim Anblick dieser mißgestalteten Wesen der Magen umkehrt.«

»Ach, ach«, sagte der alte Mann. »Manchen bereitet es Vergnügen, die Mißgestalteten und Verstümmelten zu sehen.« Mit glitzernden Augen blickte er mich an. »Aber sie werden noch da sein, junger Mixtli, wenn du groß und überlegen genug bist, dich über sie lustig zu machen und sie aufzuziehen. Ich möchte sogar meinen, daß bis dahin sogar noch mehr Kuriositäten in der Tequáni-Halle zu sehen sein werden, die für dich zweifellos noch unterhaltsamer und erbaulicher sein werden, als diejenigen, die jetzt dort sind.«

»Werdet Ihr jetzt schweigen?« knurrte mein Vater.

»Verzeiht, mein Herr«, sagte der gebeugte alte Mann und kroch womöglich noch mehr in sich zusammen. »Laßt mich meine Dreistigkeit wieder gutmachen. Es ist fast Mittag, und die Zeremonie wird bald beginnen. Wenn wir jetzt gehen und uns gute Plätze sichern, kann ich Euch und dem Jungen manches erklären, was Ihr sonst vielleicht nicht versteht.«

Mittlerweile hatte sich der Platz mehr als gefüllt, standen die Menschen Schulter an Schulter. Wir wären niemals auch nur in die Nähe des Sonnensteins gelangt, wären nicht in letzter Minute immer mehr Adlige eingetroffen, die sich stolz auf vergoldeten und gepolsterten Tragstühlen herbeitragen ließen. Die dicht gedrängt stehenden Angehörigen der Mittelschicht und der niederen Klassen traten ohne Murren beiseite und machten Platz, um sie hindurchzulassen, und der braune Mann suchte sich schlangengleich, mit uns im Gefolge, hinter ihnen seinen Weg, bis wir fast bis zu den vordersten Reihen der eigentlichen Würdenträger vorgestoßen waren. Ich selbst würde immer noch von allen Seiten eingeschlossen und ohne etwas zu sehen dagestanden haben, hätte mein Vater mich nicht emporgehoben und mich auf seine Schulter gesetzt. Mit einem Blick hinunter auf unseren Führer, sagte er: »Ich kann Euch auch hochheben, alter Mann.«

»Ich danke Euch, daß Ihr daran denkt, mein Herr«, sagte dieser, »aber ich bin schwerer, als ich aussehe.«

Aller Augen waren auf den Sonnenstein gerichtet, der eigens weithin sichtbar auf einer Terrasse zwischen zwei breiten Treppen der noch unfertigen Großen Pyramide aufgestellt worden war. Freilich war er unseren Augen vorläufig noch durch eine Hülle aus glänzender weißer Baumwolle entzogen. Daher beschäftigte ich mich damit, die eintreffenden Adligen zu bewundern, deren Tragstühle und Gewänder mich tief beeindruckten. Männer und Frauen gleichermaßen trugen ganz und gar aus Federn gewebte Umhänge, manche bunt, und manche in einem einzigen, schimmernden Farbton. Die Damen hatten sich, wie es an einem besonderen Tag wie diesem Sitte war, das Haar violett getönt und hielten die Hände in die Höhe, damit auch jedermann die gehämmerten und reichverzierten Ringe an ihren Fingern bewundern könne. Die Herren waren jedoch weit reicher geschmückt als die Damen. Alle trugen sie Diademe, Goldquasten oder reichen Federschmuck im Haar. Manche hatten an Ketten schwere goldene Medaillons um den Hals hängen, und ihre Hand- und Fußgelenke sowie ihre Arme waren mit goldenen Reifen geschmückt. Andere trugen goldene oder edelsteingeschmückte Pflöcke im Ohrläppchen, in Nasenflügeln oder in der Unterlippe – einige sogar in allen dreien.

»Da kommt der Oberschatzmeister«, sagte unser Führer. »Ciuacóatl, die Weibliche Schlange, die im Rang gleich nach dem Verehrten Sprecher selbst kommt.«

Begierig richtete ich meinen Blick auf die Weibliche Schlange, von der ich vermutete, daß sie aussähe wie eines dieser »Menschentiere«, die ich nicht hatte sehen dürfen. Aber es war nur ein Pili wie die anderen auch und überdies keine Frau, sondern ein Mann, der sich höchstens dadurch auszeichnete, daß er womöglich noch prächtiger geschmückt war als die meisten anderen Adligen. Der Lippenpflock, den er trug, war so schwer, daß die Unterlippe ganz herabgezogen wurde und es aussah, als schmolle er. Freilich handelte es sich bei diesem Lippenpflock um ein höchst kunstsinniges Schmuckstück: eine kleine goldene Schlange, dergestalt gearbeitet, daß ihr die winzige züngelnde Zunge aus dem Maul heraus- und wieder hereinfuhr, während der Oberschatzmeister auf seinem Tragstuhl wippend durch die Menge getragen wurde.

Unser Führer mußte über mich lachen; er hatte wohl bemerkt, daß ich enttäuscht war. »Weibliche Schlange – das ist nur ein Titel, mein Junge, und hat mit dem Mann selber nichts zu tun«, sagte er. »Jeder Oberschatzmeister ist von jeher Ciuacóatl genannt worden; dabei kann dir höchstwahrscheinlich keiner sagen, aus welchem Grund eigentlich. Ich könnte mir jedoch denken, daß der Grund darin zu suchen ist, daß Schlangen wie Frauen sich gleichermaßen um Kostbarkeiten ringeln und festhalten, was sie einmal an Schätzen besitzen.«

Unversehens legte sich Schweigen über die Menge, die bisher leise murmelnd gewartet hatte; der Uey-Tlatoáni selbst war eingetroffen. Irgendwie war er ungesehen angekommen, vielleicht hatte man ihn vorher aber auch vor den Blicken der anderen verborgen, denn jetzt stand er plötzlich neben dem verhüllten Sonnenstein. Axayácatls Antlitz war der großen Pflöcke wegen, die er in der Unterlippe, den Nasenflügeln und den Ohrläppchen trug, kaum zu sehen und wurde überdies noch beschattet von der Sonnenkrone aus scharlachroten Arafedern, die seinen Kopf von einer Schulter zur anderen einrahmte. Auch von seinem übrigen Körper war kaum etwas zu sehen. Sein Umhang aus goldenen und grünen Papageienfedern reichte ihm bis auf die Füße. Auf der Brust trug er ein großes und verwirrend kompliziert gearbeitetes Rundbild, sein Schamtuch war aus prächtigstem roten Leder, und seine Füße staken in Sandalen, die offenbar aus purem Gold gearbeitet und am Bein bis zum Knie mit goldenen Schnüren festgeschnürt waren.

Eigentlich hätten wir alle auf dem Platz ihn der Sitte gemäß mit dem Tlalqualíztli begrüßen müssen, der Geste des Niederkniens, wobei man mit dem Finger die Erde berührte und diesen dann an die Lippen zu führen hatte. Doch dazu war einfach nicht genug Raum; die Menge ließ eine Art lauten Zischens vernehmen, ein allgemeines leichtes Schmatzen von Küssen. Schweigend erwiderte der Verehrte Sprecher Axayácatl den Gruß, nickte leicht, so daß die prachtvolle Federkrone wippte, und hob seinen aus Mahagoniholz und Gold gearbeiteten Amtsstab.

Er war umgeben von einer Schar Priester, die in ihren schmutzstarrenden schwarzen Gewändern, den schmutzverkrusteten schwarzen Gesichtern und dem blutverklebten langen Haar einen finsteren Gegensatz zu den prächtigen Gewändern des Axayácatl bildeten. Der Verehrte Sprecher legte uns die Bedeutung des Sonnensteins dar, und die Priester stimmten jedesmal, wenn er innehielt, um Atem zu holen, Gebete und Beschwörungen an. Ich kann mich heute nicht mehr an die genauen Worte Axayácatls erinnern und habe sie damals vermutlich auch nicht alle begriffen, doch liefen sie auf folgendes hinaus: Wenn auch der Sonnenstein das Bild der Sonne Tonatíu trage, werde alle Ehre, die ihm gezollt werde, gleichzeitig auch Tenochtítlans Hauptgott Huitzilopóchtli, dem Südlichen Kolibri, zuteil.

Ich habe euch bereits dargelegt, daß unsere Götter ganz unterschiedliche Gesichter und Namen tragen konnten. Nun, Tonatíu *war* die Sonne, und die Sonne war unverzichtbar, denn ohne sie würde alles Leben auf Erden zugrundegehen. Wir Xaltócaner und die Bewohner vieler anderer Gemeinden waren es zufrieden, ihn *als Sonne* zu verehren. Nur lag es auf der Hand, daß die Sonne Nahrung brauchte, um stark zu bleiben, und daß man sie ermutigen mußte, ihre tägliche Arbeit nicht zu vernachlässigen – und womit konnten wir ihr mehr Lebenskraft geben und sie mehr für ihr Tun begeistern als mit dem, was sie uns gab? Was heißt: das menschliche Leben selbst. Deshalb trug der mildtätig-freundliche Sonnengott auch noch das Antlitz des wilden Kriegsgottes Huitzilopóchtli, der uns Mexíca auf allen unseren Kriegszügen anführte, die wir unternahmen, um Gefangene für dieses notwendige Opfer zu machen. So wurde er in der strengen Gestalt des Huitzilopóchtli hier in Tenochtítlan am meisten verehrt, denn Tenochtítlan war der Ort, wo alle unsere Kriege geplant und erklärt und die dafür nötigen Krieger ausgehoben wurden. Unter noch einem anderen Namen – Tezcatlipóca – Glühender Spiegel – war die Sonne der Hauptgott unseres Nachbarvolkes, der Acólhua. Und wie ich nachgerade argwöhne, müssen zahllose andere Völker, die ich nie kennengelernt habe – sogar Völker jenseits des großen, großen Meeres, über das ihr Spanier herübergekommen seid – gleicherweise diesen selben Sonnengott verehren, wobei sie ihn nur anders nennen, je nachdem, wie sie ihn sehen: lächelnd oder finster dreinschauend.

Während der Uey-Tlatoáni weitersprach, die Priester zwischendurch ihre Gesänge sangen und eine Anzahl von Musikanten begann, auf Flöten, Riffelknochen und hautbespannten Trommeln zu spielen, hielt uns unser kakaobrauner alter Führer einen Vortrag über die Geschichte des Sonnensteins.

»Im Südosten von hier liegt das Land der Chalca. Als der verstorbene Motecuzóma sie vor nunmehr zweiundzwanzig Jahren unterwarf, waren die Chalca selbstverständlich verpflichtet, den siegreichen Mexíca ein ansehnliches Tributopfer zu bringen. Zwei junge Chalca-Brüder erboten sich freiwillig, jeweils ein Monument aus Stein zu meißeln, das hier Im

Herzen Der Einen Welt aufgestellt werden sollte. Sie suchten sich ähnliche Steine aus, nahmen sich aber jeder ein anderes Thema vor und arbeiteten ganz unabhängig voneinander. Kein Mensch bekam es jemals zu sehen, und auch keiner der Brüder bekam zu sehen, was der andere meißelte.«

»Nun, ihre Frauen werden ja wohl heimlich mal einen Blick darauf geworfen haben«, sagte mein Vater, der eine solche Frau hatte.

»Kein Mensch bekam es jemals zu sehen«, wiederholte der alte Mann, »in all den zweiundzwanzig Jahren, die sie die Steine bearbeiteten und bemalten – und in dieser Zeit erreichten sie ihr mittleres Mannesalter und Motecuzóma ging in die Gegenwelt ein. Dann verhüllten sie unabhängig voneinander ihr fertiges Werk in Fasermatten, und der Herr der Chalca brachte wohl an die tausend stämmige Träger auf, die Steine hierher in die Hauptstadt zu schaffen.«

Er wies mit der Hand auf den immer noch verhüllten Gegenstand auf der Terrasse über uns. »Wie ihr seht, ist der Sonnenstein gewaltig groß: er mißt mehr als zwei mal zwei ausgewachsene Männer übereinander – und ist ungeheuer schwer: er wiegt soviel wie dreihundertundzwanzig Männer zusammen. Der andere Stein war ungefähr genauso groß und schwer. Herbeigeschafft wurden sie über holprige Wege und durch völlig unwegsames Gelände. Man rollte sie mit Hilfe von Rundhölzern voran, schleifte sie auf hölzernen Kufen, brachte sie mit mächtigen Flößen über die Flüsse. Überlegt nur, welche Kraft das gekostet hat, welchen Schweiß, wie viele gebrochene Knochen und wie viele Tote, die einfach umfielen, wenn sie nicht mehr stehen und ziehen oder die Peitschenhiebe der Aufseher ertragen konnten.«

»Und wo ist der andere Stein?« fragte ich, doch ging er darüber einfach hinweg.

»Zuletzt kamen sie an die Seen Chalco und Xochimílco, welche sie gleichfalls mit Flößen überwanden, und gelangten so an die große Dammstraße, die in nördlicher Richtung auf Tenochtítlan zuführt. Von dort aus war es eine breite Straße, schnurgerade und nicht länger als doppelt so lang wie Ein Langer Lauf bis hierher zu diesem Platz. Erleichtert atmeten die Künstler auf. Sie hatten schließlich schwer geschafft, und soviele andere Männer hatten mittlerweile auch so schwer geschafft, aber jetzt endlich waren die beiden Bildwerke in Reichweite ihres Bestimmungsortes . . .«

Ein Raunen ging durch die Menge. Die rund zwanzig Männer, mit deren Lebensblut der Sonnenstein an diesem Tag geweiht werden sollte, standen in einer Reihe hintereinander, und der erste stieg die Treppenstufen der Pyramide hinauf. Offensichtlich handelte es sich nicht um einen gefangengenommenen feindlichen Krieger, sondern einfach um einen stämmigen Mann, etwa im Alter meines Vaters, der nur ein rein weißes Schamtuch trug und ausgemergelt und unglücklich dreinschaute, gleichwohl jedoch bereitwillig, ungefesselt und ohne von irgendwelchen Wachen getrieben zu werden in die Höhe stieg. Oben angekommen, stand er da und blickte stumpf über die Menge hinweg, während die Priester ihre rauchenden Weihrauchgefäße schwenkten und mit Händen und Stäben rituelle Gebärden vollführten. Dann ergriff ein Priester den Xochimíque, drehte ihn sanft um und half ihm, sich vor dem verhüllten Stein rücklings auf einen Block zu legen. Bei dem Block handelte es sich um einen kniehohen Stein, der selbst an eine kleine Pyramide erinnerte, so daß, nachdem der Mann sich darauf ausgestreckt hatte, sein Körper die Brust herausdrückte wie in inständiger Erwartung der Klinge.

Er lag der Länge nach vor uns; Arme und Beine wurden ihm von vier Priestern festgehalten, hinter ihm stand der Oberpriester, der Vollstrecker des Opfers, und hielt das breite, fast wie eine Kelle aussehende schwarze Obsidianmesser in der Hand. Noch ehe der Priester das Opfermesser reckte und zum Stoß ausholte, hob der auf dem Opferstein festgehaltene Mann den hinten herunterhängenden Kopf und sagte etwas. Weitere Worte wurden zwischen den auf der Terrasse Versammelten gewechselt, und dann reichte der Priester seine Klinge Axayácatl. Die Menge stieß Laute der Verwunderung und Verwirrung aus. Diesem Opfer sollte aus irgendeinem Grund offenbar die hohe Ehre zuteil werden, von des Uey-Tlatoáni höchsteigener Hand zu sterben.

Weder zögerte Axayácatl noch stellte er sich in irgendeiner Weise ungeschickt an. Genauso gekonnt wie nur irgendein Priester stieß er dem Mann die Messerspitze auf der linken Seite in die Brust, eben unterhalb der Brustwarze und zwischen zwei Rippen, machte dann einen blitzschnellen Längsschnitt und vollführte mit der breiten Klinge eine Kreisbewegung, um die Rippen zu durchtrennen und die Wunde weiter zu öffnen. Mit der anderen Hand griff er dann in die feuchte rote Öffnung, packte das unbeschädigte und immer noch schlagende Herz und riß es vom Geflecht der Blutgefäße los, an dem es hing. Erst jetzt ließ der Xochimíque seinen ersten Schmerzenslaut ertönen – ein blubberndes Wimmern –, und das war der letzte Lebenslaut, den er von sich gab.

Während der Verehrte Sprecher das schimmernde, tropfende und dunkelrote Herz in die Höhe reckte, zog ein Priester irgendwo an einer verborgenen Schnur, die Hülle des Sonnensteins fiel zu Boden, und die Menge stieß ein bewunderndes allgemeines »*Ay-y-yo-o!*« aus. Axayácatl vollführte eine Kehrtwendung, reckte den Arm noch höher und drückte das Herz des Opfers genau in die Mitte des kreisrunden Steins hinein, in den Mund von Tonatíu, der dort herausgemeißelt worden war. Er drehte und drückte das Herz, bis es nur noch ein Brei auf dem Stein und in seiner Hand nichts mehr übrig war. Priester haben mir berichtet, daß der Spender des Opferherzens für gewöhnlich noch lange genug lebte, um zu sehen, was mit seinem Herzen geschah. Dieser hier jedoch kann nicht viel gesehen haben. Als Axayácatl fertig war, war vom Blut und dem zerriebenen Fleisch kaum etwas zu erkennen, weil das gemeißelte Antlitz der Sonne bereits in einer Farbe prangte, welche der des Herzblutes sehr ähnlich war.

»Sauber gemacht«, sagte der gebeugte Mann neben meinem Vater. »Ich habe schon oft erlebt, wie ein Herz noch so kräftig fortfuhr zu schlagen, daß es dem Vollzieher des Opfers aus den Fingern sprang. Aber ich glaube, das Herz dieses Mannes war bereits vorher gebrochen.«

Jetzt lag der Xochimíqui regungslos da, nur seine Haut zuckte hier und dort wie das Fell eines Hundes, der von Flöhen geplagt wird. Die Priester rollten den Leichnam vom Stein herab und ließen ihn höchst unfeierlich einfach von der Terrasse herunterfallen, während schon ein zweites Opfer die Stufen heraufkam. Axayácatl erwies an diesem Tag keinem weiteren Opfer die Ehre, durch seine Hand zu sterben, sondern überließ den Rest den Priestern. Während die Prozession der Opfer weiter vorrückte – und jedes herausgerissene Herz dazu diente, den Sonnenstein zu salben –, sah ich mir den riesigen Rundstein genau an, um ihn später meinem Freund Tlatli beschreiben zu können, der bereits damals angefangen hatte, sich in der Kunst des Bildhauens zu üben, indem er Puppenfiguren aus Holz schnitzte.

Yyo, ayyo, ehrwürdige Patres, hättet ihr den Sonnenstein doch nur einmal sehen können! Euren Gesichtern entnehme ich, daß ihr die Weihezeremonie mißbilligt – aber hättet ihr den Stein jemals gesehen, wüßtet ihr, daß er all die Mühe, die jahrelange Arbeit und die Menschenleben wert gewesen ist, die er gekostet hat.

Die Arbeit des Herausmeißelns allein übersteigt alle Vorstellung, denn er bestand aus Porphyr, einem Stein, hart wie Granit. Genau in der Mitte prangte das Gesicht Tonatíus mit starrenden Augen und weit geöffnetem Mund, und zu beiden Seiten des Kopfes wuchsen Klauen heraus, welche die Menschenherzen packten, die seine Speise waren. Den Kopf umringten die vier Symbole jener Weltzeitalter, welche dem Zeitalter vorausgingen, in dem wir leben, sowie ein Kreis mit den Symbolen unserer zwanzig Tagesnamen, und darum wiederum ein Kreis, der abwechselnd die Zeichen für Jade und Türkis enthielt, jene Edelsteine, die von allen bei uns gefundenen Kostbarkeiten im höchsten Ansehen standen. Dieses Kreisband wiederum wurde umringt von den Sonnenstrahlen des Tages, die abwechselten mit den Sternen der Nacht. Und all dies umfassend schließlich die Gestalten zweier Feuerschlangen der Zeit; ihre Schwänze lagen oben auf der Steinscheibe, die Körper bildeten die Rundung und unten trafen beider Köpfe aufeinander. In einem einzigen Stein hatte ein einziger Künstler unser ganzes Universum, unsere gesamte Zeit eingefangen.

Angemalt war der Stein mit kühnen Farben, säuberlich genau auf jene Stellen aufgetragen, wohin eine jede Farbe gehörte. Und doch machte sich das eigentliche Können des Malers gerade dort besonders bemerkbar, wo überhaupt keine Farbe aufgetragen worden war. Der Porphyr ist ein Stein, der Einsprengsel von Glimmer, Feldspat und Quarz enthält. Wo immer diese kristallinen Einsprengsel sichtbar wurden, hatte der Künstler die Farbe ausgespart. Da nun der Sonnenstein voll den Mittagsstrahlen Tonatíus ausgesetzt war, blitzten und funkelten diese winzigen kleinen Edelsteine wie reinstes Sonnenlicht inmitten der schimmernden Farben. Die ganze riesige Scheibe schien weniger gefärbt als vielmehr *von innen erleuchtet.* Doch um mir das zu glauben, so meine ich, müßtet ihr den Stein in seiner ganzen ursprünglichen Herrlichkeit einmal gesehen haben. Oder durch die klareren Augen und in dem klareren Licht, dessen ich mich damals erfreute. Oder vielleicht mit der ganzen Eindrucksfähigkeit eines damals noch unaufgeklärten kleinen Heidenjungen ...

Doch wie dem auch sei: Ich wandte meine Aufmerksamkeit von dem Stein ab und unserem Führer zu, der fortfuhr zu berichten, unter welchen Schwierigkeiten und unendlichen Mühen die Riesenscheibe hierhergekommen war:

»Ein derartiges Gewicht hatte die Dammstraße bis dahin noch nie auszuhalten gehabt. Die mächtigen Steine der beiden Brüder rollten auf den kräftigen Rundhölzern langsam voran, einer hinter dem anderen, als die Straße unter der gewaltigen Last des ersten nachgab und dieser Stein samt seiner Umhüllung hinunterglitt bis auf den Grund des Texcóco-

Sees. Den Trägern, die den zweiten heranrollten – diesen Sonnenstein hier –, gelang es, ihn kurz vor der Bruchstelle der Dammstraße zum Halten zu bringen. Er wurde ein letztes Mal auf ein Floß verladen und um die Insel herum hierhergerudert, und so wurde nur er gerettet, allein für uns, auf daß wir ihn heute bewundern können.«

»Und der andere?« fragte mein Vater. »Nach all der vielen Arbeit, die darauf verwendet worden ist – hätte man da nicht noch ein wenig mehr tun können?«

»Oh, das hat man selbstverständlich getan, mein Herr. Die geschicktesten Taucher stießen immer und immer wieder in die Tiefe hinab. Aber der Boden des Texcóco-Sees besteht aus einem weichen, möglicherweise bodenlosen Schlamm. Die Taucher stocherten mit langen Stangen in der Tiefe herum, haben ihn jedoch nie gefunden. Der Stein – wie immer er ausgesehen haben mag – muß mit der Kante nach unten hinuntergesackt sein.«

»Wie immer er ausgesehen haben mag?« wiederholte mein Vater echogleich seine Worte.

»Niemand außer dem Künstler selbst hat ihn jemals zu sehen bekommen. Vielleicht ist er sogar noch prächtiger gewesen als dieser hier« – der alte Mann zeigte auf den Sonnenstein –, »aber das werden wir nie erfahren.«

»Wird der Künstler es uns denn nicht sagen?«

»Er hat es nie getan.«

Ich ließ nicht locker. »Nun, könnte er ihn nicht ein zweitesmal meißeln?« Eine Aufgabe, zu der man zwanzig Jahre benötigt, wollte mir damals längst nicht so schwierig erscheinen, wie es das heute tut.

»Vielleicht könnte er das, aber er wird es nie tun. Er faßte das Unglück als einen Wink seines Tonáli auf, als ein Zeichen dafür, daß die Götter seine Opfergabe verschmäht hätten. Er war es, dem der Verehrte Sprecher vorhin höchstselbst die Ehre des Blumentodes erwiesen hat. Der zurückgewiesene Künstler hat sich als erstes Opfer für den Sonnenstein hingegeben.«

»Dem Werk seines Bruders«, murmelte mein Vater. »Aber, was ist mit dem Bruder?«

»Er wird mit Ehren und reichen Geschenken überhäuft werden und wird fortan seinem Namen das *-tzin* anfügen dürfen«, sagte unser Führer. »Aber alle Welt wird sich für alle Ewigkeit genauso wie er fragen, ob nicht ungesehen in der Tiefe des Texcóco-Sees ein womöglich noch erhabeneres Kunstwerk liegt als der Sonnenstein selbst.«

Mein Vater und ich fuhren noch in dieser Nacht wieder nach Hause zurück, denn unsere zu einem mächtigen Floß zusammengetäuten Acális waren randvoll mit Gütern beladen worden, die der Frachtmeister uns hatte verschaffen können. Ihr habt von den bedeutenderen und erinnerungswürdigsten Ereignissen dieses Tages gehört – dieser Feier meines siebten Geburtstages, der zugleich auch mein Namensgebungstag war. Ich glaube, es war der schönste Geburtstag, den ich erlebt habe, und ich habe deren mehr erlebt, als mir eigentlich zustehen.

Ich bin froh, daß ich Tenochtítlan damals erlebt habe, denn so sollte ich es nie wiedersehen. Ich meine das nicht nur, weil die Stadt wuchs und sich veränderte, oder weil ich von anderen Erlebnissen erfüllt und nicht mehr ganz so zu beeindrucken war, als ich dorthin zurückkehrte. Ich meine das ganz buchstäblich: ich habe *nie wieder irgend etwas* mit meinen eigenen beiden Augen so klar gesehen wie damals.

Zu Anfang habe ich davon gesprochen, daß ich imstande war, das gemeißelte Kaninchen im Mond zu erkennen und Nach Blume im Zwielicht des abendlichen Himmels und die Einzelheiten der Wappenzeichen auf den Federbannern Tenochtítlans und die verschlungenen und verwirrenden Einzelheiten auf dem Sonnenstein. Fünf Jahre nach diesem meinem siebenten Geburtstag hätte ich Nach Blume auch dann nicht mehr erkennen können, wenn irgendein Himmelsgott eine Richtschnur vom Stern bis zu meinem Auge gezogen haben würde. Metztli, der bis zum Bersten gesättigte und in voller Leuchtkraft scheinende Mond wurde für mich zu einem form- und gesichtslosen, verschwommenen hellen Fleck, und seine einst scharf gezogenen Umrisse gingen unterschiedslos in den Himmel über.

Kurz gesagt, von meinem achten Lebensjahr an verlor ich die Schärfe meines Augenlichts. Ich wurde damit zu etwas Besonderem, aber nicht in einem beneidenswerten Sinne. Bis auf die wenigen Blindgeborenen oder diejenigen, die durch eine Verwundung oder Krankheit erblinden, erfreuen sich fast alle unsere Leute eines Augenlichts, welches dem des Adlers und Geiers in nichts nachsteht. Mein sich ständig verschlechterndes Sehvermögen war etwas bei uns praktisch Unbekanntes, und ich schämte mich deswegen, sprach nicht davon und bemühte mich, es als schmerzliches Geheimnis für mich zu behalten. Wenn jemand den Finger ausstreckte und sagte: »Sieh mal da!« pflegte ich auszurufen: »Ah, ja!«, wiewohl ich nicht wußte, ob ich nun die Augen aufreißen oder den Blick abwenden sollte.

Die Undeutlichkeit des Gesichts kam nicht plötzlich und auf einmal über mich, sondern nach und nach, allerdings unerbittlich. Als ich neun oder zehn war, konnte ich genausogut sehen wie alle anderen auch, freilich nur auf eine Entfernung von vielleicht zwei Armeslängen. Hinter diesen zwei Armeslängen fing alles an zu verschwimmen, als ob ich es durch eine zwar durchsichtige, aber verzerrende Schicht Wasser hindurch erblickte. Bei größerer Entfernung – so etwa, wenn man von einem Hügel aus über die Landschaft hinwegblickt – verschwammen die Umrisse der Dinge in solchem Maße, daß sie sich vermischten und miteinander verschmolzen, und so war eine Landschaft für mich nichts weiter als eine eigenwillig gemusterte Decke aus form- und gestaltlosen Farbflecken. Damals, in jenen Jahren, konnte ich mich jedoch immerhin mit klarer Sicht auf zwei Armeslängen bewegen und umhergehen, ohne über Dinge zu fallen. Wenn man mir auftrug, irgend etwas aus einem der Räume unseres Hauses zu holen, konnte ich das tun, ohne wie blind danach zu tappen.

Freilich, mein Sehfeld begann sich immer mehr einzuengen, und als ich dreizehn Jahre alt wurde, konnte ich nur noch auf eine Armeslänge klar etwas erkennen. Damals konnte ich auch nicht mehr so tun als ob, ohne daß man mir etwas angemerkt hätte. Eine Zeitlang haben meine Eltern und Freunde mich wohl nur für tolpatschig, unachtsam und vielleicht ein wenig beschränkt gehalten. Mit dem verbohrten Stolz der Jugend wäre es mir lieber gewesen, als Tolpatsch zu gelten denn als Krüppel. Nur wurde nach und nach unweigerlich jedermann klar, daß es mir an einem der wichtigsten unserer fünf Sinne gebrach. Meine Eltern, meine Schwester und Freunde reagierten höchst unterschiedlich auf die Tatsache, daß plötzlich einer unter ihnen lebte, der anders war als sie.

Meine Mutter gab der Familie meines Vaters die Schuld. Offenbar hatte es da einmal einen Onkel gegeben, der im Octli-Rausch nach irgendeinem Krug mit einer ähnlich weißen Flüssigkeit darin gegriffen und den Inhalt hinuntergestürzt hatte, ehe er merkte, daß es sich um Xocóyatl, sehr starken Ätzkalk handelte, der zur Reinigung und zum Bleichen von arg verschmutztem Kalkstein diente. Dieser Onkel überlebte das zwar, rührte jedoch fortan nie wieder einen Krug Octli an, war für den Rest seines Lebens mit Blindheit geschlagen und hatte – so der Gedanke meiner Mutter – dieses beklagenswerte Erbe an mich weitergegeben.

Mein Vater gab niemandem die Schuld und suchte auch nicht nach irgendwelchen weit hergeholten Erklärungen, sondern versuchte vielmehr, mich zu trösten: »Ach, ein Meistersteinhauer muß die Dinge ganz von nahem betrachten, Mixtli. Du wirst keinerlei Schwierigkeiten haben, die Spalten und die haarfeinen Risse im Gestein zu finden.«

Meine Altersgenossen – und Kinder stechen instinktiv und mitleidslos zu wie die Skorpione – pflegten immer wieder laut auszurufen: »Sieh dort!« Dann strengte ich mich an, kniff die Augen zusammen und sagte: »Oh, ja.«

»Dort ist doch wirklich etwas zu sehen, oder?«

Verzweifelt kniff ich die Augen noch mehr zusammen: »Ja, das ist es wahrhaftig.«

Woraufhin sie dann in Lachen ausbrachen und prustend und höhnisch riefen: »Überhaupt nichts ist dort zu sehen, Tozáni.«

Anderen wie etwa meinen beiden besten Freunden Chimáli und Tlatli rutschte zwar auch gelegentlich ein »Sieh mal, dort!« heraus, sie fügten dann jedoch eilends etwa hinzu: »Ein Schnellbote kommt auf den Palast des Herrn Rot Reiher zugelaufen. Er trägt den grünen Umhang der guten Nachrichten. Irgendwo muß eine siegreiche Schlacht geschlagen worden sein.«

Meine Schwester Tzitzitlíni sagte zwar kaum etwas, verstand es jedoch immer so einzurichten, daß sie mich begleitete, wenn ich weiter fort oder irgendwohin mußte, wo ich mich nicht auskannte. Sie nahm mich dann wohl bei der Hand, als wäre das nichts weiter als die liebevolle Geste einer älteren Schwester, und führte mich, ohne daß man es merkte, um Dinge herum, die im Wege standen und die ich nicht ohne weiteres erkennen konnte.

Doch der anderen Kinder waren so viele, und sie nannten mich so hartnäckig Tozáni, daß ihre Eltern mich bald gleichfalls so nannten – gedankenlos, aber keineswegs aus Unfreundlichkeit heraus –, und so nannte mich schließlich bis auf meine Mutter, meinen Vater und meine Schwester dann jeder. Selbst als ich mich an meine Behinderung gewöhnt hatte und es schaffte, nicht mehr so ungeschickt zu sein, also anderen Menschen kaum noch Grund gab, meine Kurzsichtigkeit zu bemerken, blieb mir der Spitzname immer noch. Ich selber fand, daß der Name

Mixtli, den ich erhalten hatte und der soviel wie Wolke bedeutete, ironischerweise jetzt besser zu mir passe als zuvor; aber für alle Welt sonst hieß ich nun einmal Tozáni, Maulwurf.

Dann jedoch schien das mich immer mehr bedrängende Dämmer sein Vordringen plötzlich zu verlangsamen und auf Armeslänge von mir entfernt innezuhalten. In Wirklichkeit tat es das zwar nicht, doch war nach diesen Anfangsjahren sein weiteres Fortschreiten weniger merkbar. Heute kann ich ohne Hilfsmittel das Gesicht meiner Frau nur dann erkennen, wenn es eine Handspanne von mir entfernt ist. Aber heute, wo ich alt bin, ficht mich das nicht mehr an, doch damals, in meiner Jugend, war es schon sehr wichtig.

Gleichwohl – nach und nach schickte ich mich drein und paßte mich an meine Begrenzungen an. Jener sonderbare Mann in Tenochtítlan hatte recht gehabt, als er mir vorhergesagt hatte, mein Tonáli sei es, einfache, in der Nähe liegende Dinge zu sehen. Aus reiner Notwendigkeit heraus bewegte ich mich nicht mehr so ungebärdig, sondern wurde bedächtig in meinen Bewegungen, saß oft still da und untersuchte alles sehr genau, statt flüchtig mit dem Auge darüber hinzugehen wie früher. Wo andere eilten, faßte ich mich in Geduld. Wenn andere davonstürzten, schritt ich mit Bedacht aus. Ich lernte zu unterscheiden zwischen ziel- und zweckgerichteter Bewegung und bloßem Sichbewegen, zwischen zielbewußtem Vorgehen und bloßem Tun. Wo andere in ihrer Ungeduld ein Dorf sahen, sah ich dessen Bewohner. Wo andere Menschen sahen, sah ich einzelne Persönlichkeiten. Wo andere einen Fremden wahrnahmen, nickend grüßten und weitereilten, bemühte ich mich, den Betreffenden genau zu erkennen, und pflegte dann später jede Linie seiner Gestalt zu zeichnen, so daß selbst ein Könner und Künstler wie Chimáli ausrief: »Aber Maulwurf, du hast den Mann ja genau getroffen, er sieht ganz lebensecht aus.«

Ich fing an, Dinge zu bemerken, die, wie ich meine, die meisten Menschen nicht sehen, so gut ihre Augen auch immer sein mögen. Habt *ihr*, meine Herren Schreiber, jemals bemerkt, daß der Mais nachts schneller wächst als bei Tage? Ist euch jemals aufgefallen, daß jeder Maiskolben eine *gerade* Anzahl von Körnerreihen aufweist? Oder zumindest *fast* jeder? Einen mit einer *ungeraden* Anzahl von Körnerreihen zu entdecken, ist schwieriger, als ein vierblättriges Kleeblatt zu finden. Habt ihr jemals festgestellt, daß keine zwei Finger – auch nicht eure eigenen – sich jemals ganz genau gleichen, in der gesamten Menschheit nicht, falls meine eigenen Beobachtungen euch dafür Beweis genug sind? – niemals genau dasselbe Linienmuster aus Wirbeln und Bögen aufweisen, wie sie an Finger- und Daumenspitze eingegraben sind? Falls ihr mir nicht glaubt, vergleicht eure eigenen. Oder vergleicht sie untereinander. Ich warte.

Oh, ich weiß, daß es keinerlei Bedeutung hatte und mir keinerlei Vorteile brachte, wenn mir derlei Dinge auffielen. Es handelte sich nur um belanglose Einzelheiten, an denen ich meine neue Neigung ausprobierte, Dinge genau und eingehend zu betrachten. Aber diese Tugend, die ich aus meiner Not machte, im Verein mit meiner Fähigkeit, genau zu zeichnen, was ich sah, führte mich schließlich dazu, mich für die Bilderschrift unseres Volkes zu interessieren. Es gab zwar keine Schule in Xaltócan, in der in einem so abstrusen Fache unterrichtet wurde, aber ich nahm mir jedes bißchen Geschriebene vor, dessen ich habhaft werden konnte, vertiefte mich hinein und kämpfte damit herauszulesen, was es bedeutete.

Die Bedeutung der Zahlenzeichen, glaube ich, hätte wohl ein jeder leicht herausgefunden. So etwa, daß das Muschelzeichen für Null stand, oder ein Punkt oder ein Finger für Einser, die Flaggen für Zwanziger oder die kleinen Bäume für Hunderter. Aber ich erinnere mich, welch wohliger Schauder mich überlief, als ich zum erstenmal die Bedeutung eines Bilder*wortes* ergründete.

Eines Tages nahm mein Vater mich mit, als er aus beruflichen Gründen unseren Tecútli aufsuchen mußte. Damit ich etwas zu tun hatte, während sie sich in einem anderen Zimmer unter vier Augen unterhielten, gestattete der Tecútli mir, mich in seine Kanzlei zu setzen und die Liste aller seiner Untertanen durchzusehen. Zuerst wandte ich mich jener Seite zu, die für mich selber reserviert war. Sieben Punkte, Blumenzeichen, graue Wolke. Dann arbeitete ich mich mit der allergrößten Behutsamkeit durch die anderen Seiten hindurch. Manche Namen waren genauso leicht zu entziffern wie mein eigener, einfach deshalb, weil ich sie kannte. Nicht weit von meiner Seite entfernt stieß ich auf die von Chimáli, dessen Namen ich selbstverständlich sofort erkannte: drei Finger, entenschnäbeliger Kopf – das Zeichen für Wind –, zwei umeinandergewundene Ranken – Rauch –, die sich über einer federngesäumten Scheibe emporringelten – Yei-Ehécatl Pocuía-Chimáli: Drei Wind Rauchender Schild.

Es kamen Symbole vor, die sich häufiger wiederholten, und hinter deren Sinn zu kommen, war nicht weiter schwierig. Schließlich kannten wir nur zwanzig Tagesnamen. Was mich jedoch überraschte, war die nicht sogleich ins Auge fallende Wiederholung von Elementen in Chimális und meinem eigenen Namen. Eine Seite ziemlich hinten, die also erst vor kurzer Zeit gemacht worden sein konnte, wies sechs Punkte auf, dann eine Form, die aussah wie eine auf dem Kopf stehende Kaulquappe, dann das entenschnäbelige Symbol und noch etwas mit drei Blütenblättern. *Ich konnte es lesen!* Ich wußte, wessen Seite es war: die von Sechs Regen Wind Blume, Tlatlis kleiner Schwester, die erst die Woche zuvor ihren Namensgebungstag gefeiert hatte.

Nunmehr irgendwie weniger zögerlich, blätterte ich in den steifen gefalteten Blättern hin und her, betrachtete die Bilderreihen auf beiden Seiten der Falten und suchte nach weiteren Wiederholungen und erkennbaren Symbolen, die sich miteinander in Verbindung bringen ließen. Der Tecútli und mein Vater kehrten kurz nachdem ich wieder einen Namen entziffert hatte oder glaubte, es getan zu haben, in die Kanzlei zurück. Mit einer Mischung aus Schüchternheit und Stolz sagte ich:

»Verzeiht, Herr Rot Reiher. Würdet Ihr die Güte haben, mir zu sagen, ob ich recht habe – daß auf dieser Seite der Name von jemand steht, der Zwei Rohr Gelber Eckzahn heißt?«

Er sah mich an und sagte, nein, so heiße es nicht. Er muß mir meine Enttäuschung angesehen haben, denn geduldig erklärte er mir:

»Es steht Zwei Rohr Gelbes *Licht* da, der Name einer Wäscherin hier im Palast. Zwei Rohr erklärt sich von selbst. Und Gelb – Coztic – läßt sich leicht dadurch andeuten, daß man einfach diese Farbe verwendet, wie du ganz richtig erraten hast. Aber Tlanixtélotl – ›Licht‹ oder besser: ›Element des Auges‹ –, wie soll man etwas so Ungreifbares wiedergeben? Deshalb habe ich statt dessen das Bild für Zahn – Tlanti – hingesetzt, welches zwar nicht die Bedeutung, dafür aber den Klang von *tlan* am Anfang des Wortes wiedergibt, und dann das Bild eines Auges – Ixtelólotl –, welches dann Klarheit in das Ganze bringt. Verstehst du es jetzt? Tlanixtélotl. Licht.«

Ich nickte und kam mir ziemlich dumm vor. Es ging bei der Bilderschrift offenbar doch um mehr als nur darum, das Zeichen für Zahn zu erkennen. Wenn mir das bis jetzt noch nicht klargeworden war – der Tecútli machte es mir ganz deutlich:

»Schreiben und Lesen ist für solche, die in diesen Künsten ausgebildet und geübt sind, Sohn des Tepetzálan.« Damit klopfte er mir wie von Mann zu Mann auf die Schulter. »Da muß man viel lernen und es gehört viel Übung dazu; nur der Adel hat die Muße, sich mit solchen Dingen zu befassen. Aber ich bewundere deinen Scharfsinn. Welchen Beruf du auch einmal ergreifen wirst, junger Mann, ich meine, du wirst es weit darin bringen.«

Der Tecútli hatte mir einen wichtigen Fingerzeig gegeben, und zwar einen, den ich *nicht* einfach in den Wind schlagen konnte. Er hatte mir klargemacht, daß die Zeichen unserer Bilderschrift nicht immer nur das bedeuteten, was sie darstellten, sondern auch das, was in ihnen anklang, wenn man es aussprach. Nicht mehr und nicht weniger. Freilich war das aufschlußreich und quälend genug, so daß ich weiterhin nach allem Ausschau hielt, was irgendwo geschrieben stand – an Tempelmauern, in der Liste der Tributverpflichtungen, die im Palast auslag, auf jedem Fetzen Papier, den ein durchreisender Händler mit sich führte – und tat mein bestes und bemühte mich ernsthaft, sie zu entziffern, wiewohl ich jeder Anleitung dazu entbehren mußte.

Ich suchte sogar den alten Tonalpóqui auf, der mir vor vier Jahren meinen Namen ausgesucht hatte, und fragte ihn, ob ich mir nicht sein ehrwürdiges Namensbuch ansehen dürfe, wenn er es gerade nicht brauche. Er hätte nicht heftiger zurückzucken können, wenn ich ihn gebeten haben würde, ob ich nicht eine seiner Enkelinnen als Kebsweib benutzen dürfe, wenn sie sonst gerade nichts zu tun hätte. Er wies mich mit dem Hinweis zurück, die Kunst des Tonálmatl-Kennens sei den Abkommen der Tonalpóque vorbehalten, nicht aber hergelaufenen und eingebildeten Gassenjungen. Möglich, daß dem so war. Ich allerdings möchte wetten, daß er sich entweder daran erinnerte, wie ich erklärt hatte, ich hätte mir selber genausogut einen Namen geben können wie er, oder – was wahrscheinlicher ist – daß er ein alter Betrüger war, der die Tonálmatl genausowenig lesen konnte wie ich damals und jetzt Angst hatte, daß man ihm auf die Schliche kam.

Dann, eines Abends, begegnete ich einem Fremden. Chimáli, Tlatli und ich sowie ein paar andere Jungen hatten den Nachmittag über gespielt, was hieß, daß Tzitzitlíni nicht dabei war. Weit von unserem Dorf entfernt hatten wir am Ufer ein leck geschlagenes und schon halb vermodertes Acáli gefunden und so selbstvergessen Bootsmänner gespielt, daß wir völlig überrascht wurden, als Tonatíu seine Rot-Himmel-Warnung von sich gab, was bedeutete, daß er im Begriff stand, sich zur Ruhe zu begeben. Unser Heimweg war weit, und Tonatíu begab sich schneller zur Ruhe als wir gehen konnten, weshalb die anderen Jungen sich in Trab setzten. Bei Tageslicht hätte ich mithalten können, doch die Dämmerung sowie mein schlechtes Sehvermögen zwangen mich, langsamer voranzugehen und mir sorgsam meinen Weg zu suchen. Wahrscheinlich haben die anderen mich nie vermißt; jedenfalls hatten sie mich bald hinter sich gelassen.

Ich gelangte an eine Kreuzung, an der eine steinerne Bank stand. Zwar war ich hier schon längere Zeit nicht vorübergekommen, doch fiel mir jetzt ein, daß in die Bank etliche Symbole eingemeißelt waren, und sogleich war alles andere für mich vergessen. Ich vergaß, daß es fast schon zu dunkel für mich war, sie zu entziffern. Ich vergaß, zu welchem Zwecke die Bank dort aufgestellt worden war und vergaß alles Lauernde, das mich packen konnte, wenn die Nacht sich herabgesenkt hatte. Ich hörte in der Nähe sogar eine Eule schreien, achtete jedoch nicht auf diese Zeichen böser Vorbedeutung. Da war etwas, was ich lesen oder zu lesen versuchen konnte, und eine solche Gelegenheit konnte ich nicht vorübergehen lassen.

Die Bank war lang genug, daß ein Mann sich darauf ausstrecken konnte, wenn es ihm nichts ausmachte, unbequem auf den Riffeln einer behauenen Steinbank zu liegen. Ich beugte mich über die Zeichen, starrte sie an und fuhr mit den Fingern ebenso über sie hin wie mit den Augen, ging von einem zum anderen und zum nächsten – und wäre um ein Haar einem Mann in den Schoß gefallen, der dort saß. Ich fuhr zurück, als hätte er mich versengt, und brachte stotternd eine Entschuldigung vor:

»M-mixpantzínco. In Eurer erhabenen Gegenwart . . .«

Verdrossen, aber immerhin höflich, gab er die übliche Antwort: »Ximopanólti. Wie es dir beliebt . . .«

Dann starrten wir uns eine Weile an. Ich vermute, er sah nur einen ziemlich abgerissenen Jungen von einigen zwölf Jahren, der angestrengt die Augen zusammenkniff. Ich konnte ihn nicht in allen Einzelheiten erkennen, teils, weil es mittlerweile wirklich dunkel geworden war, teils aber auch deshalb, weil ich in meinem Schrecken zu weit vor ihm zurückgefahren war. Immerhin erkannte ich, daß er ein Fremder auf der Insel war, oder zumindest mir nicht bekannt, daß sein Umhang – wenn auch verschmutzt von der langen Reise – aus gutem Material bestand, daß seine Sandalen vom vielen Gehen zerschlissen waren und seine kupferfarbene Haut staubig vom langen Weg.

»Wie heißt du, Junge?« fragte er mich schließlich.

»Hm, ich werde Maulwurf genannt . . .«, begann ich.

»Das kann ich mir vorstellen, aber das ist doch nicht dein richtiger Name.« Und noch ehe ich antworten konnte, stellte er mir eine weitere Frage. »Was hast du da eben eigentlich gemacht?«

»Ich habe gelesen, Yanquícatzin.« Ich weiß wirklich nicht, was er an sich hatte, aber es brachte mich dazu, ihn als Herr Fremder anzureden. »Ich habe gelesen, was auf der Bank geschrieben steht.«

»Wirklich?« sagte er in einem Ton, der gelinde Ungläubigkeit verriet. »Ich hätte nie gedacht, daß du ein gebildeter junger Adliger bist. Was steht hier denn geschrieben?«

»Es heißt: Von den Bewohnern von Xaltócan – ein Ruheplatz für den Herrn Nacht Wind.«

»Das hat dir irgend jemand gesagt.«

»Nein, Yanquícatzin. Verzeiht, aber . . .« Ich trat näher heran, um mit dem Finger auf die Zeichen zeigen zu können. »Dieses entenschnäbelige Zeichen steht für Wind.«

»Das ist kein Entenschnabel«, fuhr er mich an. »Das ist die Trompete, durch welche der Gott die Winde hindurchbläst.«

»Ach so? Danke, daß Ihr mir das sagt, mein Herr. Aber auf jeden Fall steht es für Ehécatl. Und dieses Symbol hier – all die geschlossenen Augenlider – bedeutet Yoáli. Yoáli Ehécatl, Nacht Wind.«

»Du kannst wirklich lesen?«

»Ein wenig, Yanquícatzin. Nicht viel.«

»Wer hat es dich gelehrt?«

»Niemand, Herr. Es gibt auf Xaltócan niemanden, der diese Kunst lehrte. Das ist sehr schade, denn ich würde so gern mehr lernen.«

»Dann mußt du anderswohin gehen.«

»Ja, das werde ich wohl, Herr Fremder. Mixpantzínco.«

»Ximopanólti.«

Einmal drehte ich mich noch um, um einen letzten Blick auf ihn zu werfen, doch er befand sich bereits außerhalb meines begrenzten Gesichtskreises, oder die Dunkelheit hatte ihn verschluckt, oder er war einfach aufgestanden und fortgegangen.

Daheim wurde ich vom Chor meines Vaters, meiner Mutter und meiner Schwester begrüßt, der eine Mischung war aus Sorge, Erleichterung, Verblüffung und Zorn darüber, daß ich solange allein draußen im gefährlichen Dunkel geblieben war. Doch selbst meine Mutter verstummte, nachdem ich berichtet hatte, daß ich von dem neugierigen Fremden aufgehalten worden war. Sie sagte kein Wort mehr, und sie und meine Schwester blickten meinen Vater mit geweiteten Augen an. Mein Vater wiederum sah mich mit geweiteten Augen an.

»Du bist ihm begegnet«, sagte er mit belegter Stimme. »Du bist dem Gott begegnet, und er hat dich ziehen lassen. Der Gott Nacht Wind.«

Eine ganze schlaflose Nacht hindurch versuchte ich – ohne großen Erfolg –, in dem staubbedeckten, müden und mürrischen Wanderer einen Gott zu sehen. War es jedoch wirklich Nacht Wind gewesen, dann würde mir, so wollte es die Überlieferung, die Erfüllung meines größten Herzenswunsches zuteil werden. Das jedoch war eine vertrackte Sache. Wenn der Wunsch, Lesen und Schreiben zu lernen, nichts galt, wußte ich nicht, welch größten Herzenswunsch ich hatte. Oder wußte es nicht, bis es mir zuteil wurde, falls es das ist, was mir zuteil wurde.

Es geschah an einem Tag, da ich im Steinbruch meines Vaters meine erste Aufgabe als Lehrjunge zu erfüllen hatte; ich war zum Wächter der großen Grube ernannt worden für die Zeit, da alle Arbeiter Werkzeug und Gerät fallen ließen und nach Hause gingen, um dort zu Mittag zu essen. Nicht, daß große Gefahr vor Dieben bestanden hätte; nur, wenn man die Werkzeuge unbewacht herumliegen ließ, kamen kleine wilde Tiere und nagten des Salzes wegen, das durch den Schweiß der Arbeiter vom Holz aufgesaugt worden war, an Griffen und Heften der Arbeitsgeräte.

Wie jeden Tag kam Tzitzitlíni um die Mittagsstunde von daheim hergelaufen und brachte mir mein Essen. Sie schüttelte die Sandalen ab und setzte sich zu mir auf den grasbewachsenen und sonnenbeschienenen Rand des Steinbruchs, plapperte fröhlich, während ich meine Portion Weißfischfladen verzehrte – Weißfische aus unserem See, die nur kleine Gräten aufwiesen und von denen ein jeder zusammengerollt und in einer Tortilla gebacken worden war. Sie waren in ein Tuch eingeschlagen und noch ganz heiß vom Herd. Meine Schwester machte, wie mir auffiel, gleichfalls einen leicht erhitzten Eindruck; dabei war es an diesem Tag recht kühl. Ihr Gesicht war gerötet, und sie hob die Bluse von den Brüsten und fächelte sich immer wieder Luft in den quadratisch geschnittenen Ausschnitt, um sich Kühlung zu verschaffen.

Die Fischfladen hatten einen ungewöhnlichen, leicht bitteren Geschmack. Ich sann darüber nach, ob wohl Tzitzi sie gebacken habe und nicht meine Mutter und ob sie wohl deshalb so munter daherschwatzte, weil sie mich davon abhalten wollte, sie ihrer mangelnden Kochkünste wegen aufzuziehen. Unangenehm war der Geschmack jedoch nicht; außerdem war ich hungrig, und so fühlte ich mich hinterher wohlig gesättigt. Tzitzi meinte, ich solle mich hinlegen und die Mahlzeit bequem verdauen; sie werde statt meiner aufpassen, daß sich keine kleinen Stachelschweine näherten.

Ich legte mich auf den Rücken und schaute hinauf zu den Wolken, die ich früher so klar und deutlich vor dem Himmelsblau hatte erkennen können; jetzt waren es nichts weiter als formlose weiße Flecken unter formlosen blauen Flecken. Daran hatte ich mich längst gewöhnt. Unversehens geschah jedoch etwas weit Beunruhigenderes mit meinem Augenlicht. Das Weiß und das Blau begannen zu wirbeln, langsam erst, dann immer schneller, als ob ein Gott dort oben den Himmel mit einem Schokoladenbesen umrührte. Verwundert wollte ich mich schon aufsetzen, fühlte mich aber plötzlich so schwindlig, daß ich mich wieder zurückfallen ließ ins Gras.

Mir war ganz sonderbar zumute, und ich muß ein paar merkwürdige Laute ausgestoßen haben, denn Tzitzi lehnte sich über mich und sah mir forschend ins Gesicht. So bleiern müde und verwirrt ich auch war, gewann ich doch den Eindruck, als warte sie darauf, daß etwas mit mir geschehe. Ihre Zungenspitze lugte zwischen den blendend weißen Zähnen hervor, und ihre zusammengekniffenen Augen betrachteten mich, als suche sie nach irgendeinem Zeichen. Dann verzogen sich ihre Lippen zu einem mutwilligen Lächeln, sie netzte sie mit der Zunge, und in ihren Augen leuchtete fast so etwas wie Triumph auf. Sie machte eine Bemerkung über meine eigenen Augen, und ihre Stimme schien merkwürdig zu klingen, wie ein von weit herkommendes Echo.

»Deine Pupillen sind ganz groß geworden, mein Bruder.« Da sie immer noch lächelte, sah ich keinen Grund zur Beunruhigung. »Deine Iris ist kaum noch braun, sondern fast schwarz. Was siehst du mit diesen Augen?«

»Ich sehe dich, meine Schwester«, sagte ich mit belegter Stimme. »Aber irgendwie siehst du anders aus. Du siehst . . .«

»Ja?« forderte sie mich zum Weitersprechen auf.

»Du siehst so schön aus.« Ich konnte nicht anders. Ich mußte es einfach sagen.

Wie jeder Junge meines Alters wurde von mir erwartet, Mädchen gering zu schätzen und zu verachten – falls ich mich überhaupt herabließ, sie zu beachten –, und die eigene Schwester war selbstverständlich noch mehr zu verachten als jedes andere Mädchen. Allerdings hätte ich immer gewußt, daß Tzitzitlíni schön war, selbst wenn die Erwachsenen – Männer wie Frauen in gleicher Weise – es nicht jedesmal ausdrücklich erklärt hätten, wenn ihnen beim ersten Anblick der Atem stockte. Kein Bildhauer hätte je die biegsame Anmut ihres jungen Körpers einfangen können, denn Stein oder Ton sind starr, und bei ihr hatte man den Eindruck, als wäre sie immer und unentwegt in fließender Bewegung begriffen, selbst wenn sie ganz ruhig dasaß. Keinem Maler auch wäre es gelungen, den Goldton ihrer Haut zu treffen oder die Farbe ihrer Augen; rehbraun und goldgesprenkelt...

Doch an diesem Tag war noch etwas Magisches hinzugekommen, und das war der Grund, warum ich nicht hatte umhinkönnen, ihr zu sagen, wie schön sie sei, selbst wenn ich das nicht gewollt hätte. Der Zauber ging deutlich von ihrer ganzen Gestalt aus, umgab sie gleichsam wie der Dunst aus Wassergeschmeide am Himmel, wenn die Sonne unmittelbar im Anschluß an einen Regenschauer wieder durchbricht.

»Da sind Farben«, sagte ich mit merkwürdig belegter Stimme. »Farbstreifen wie der Dunst von Wassergeschmeide. Sie umstrahlen dein ganzes Gesicht, meine Schwester. Ein Schimmer von Rot... und am Rand violett... und... und...«

»Dann bereitet es dir also Vergnügen, mich anzuschauen?« fragte sie.

»Das tut es wahrhaftig. Ja. Vergnügen.«

»Dann schweig stille, mein Bruder, und laß mich dir Vergnügen bereiten.«

Ich schluckte. Ihre Hand fuhr unter meinen Umhang. Und vergeßt nicht, ehrwürdige Patres – ich war um ein knappes Jahr soweit, daß ich ein Schamtuch hätte tragen müssen. Ich hätte den kühnen Zugriff meiner Schwester als unerhörte Verletzung meiner Scham betrachten müssen, nur, daß es mir jetzt durchaus nicht als solche erschien und ich mich im übrigen viel zu benommen fühlte, um auch nur die Arme zu heben und sie abzuwehren. Ich spürte fast nichts, außer daß es in einem Teil meines Körpers zu wachsen schien, wo ich zuvor nicht besonders merklich gewachsen war. Doch auch mit Tzitzis Körper ging eine Veränderung vor. Ihre jungen Brüste zeichneten sich für gewöhnlich nur als bescheidene Hügel unter ihrer Bluse ab, doch jetzt, während sie über mir kniete, waren ihre Brustwarzen geschwollen und stießen kleinen Fingerspitzen gleich gegen das dünne Tuch, das sie bedeckte.

Es gelang mir, den schweren Kopf zu heben und trüben Auges auf mein Tepúli in ihrer hurtigen Hand zu starren. Nie zuvor wäre es mir in den Sinn gekommen, daß man die Haut meines Gliedes bis ganz hinunter hätte schieben und es ganz hätte enthüllen können. Es war das erstemal, daß ich mehr sah als die Spitze und den gekräuselten kleinen Mund, der jetzt, wo die äußere Haut zurückgeschoben war, eher wie ein strotzender Pilz aussah, der Tzitzis fest zupackenden Fingern entwuchs.

»Oéya, yoyolcatíca«, murmelte sie, und ihr Gesicht war fast so feuerübergossen wie mein Glied. »Er wächst, er regt sich. Siehst du?«

»Tóton... tlapeztía«, brachte ich keuchend heraus. »Er wird glühend heiß...«

Mit ihrer freien Hand hob Tzitzi ihren Rock und befreite sich ungeduldig und etwas ungeschickt von ihrem windelähnlichen Untergewand.

Um es vollends loszuwerden, mußte sie die Beine spreizen, und so sah ich ihr Tipíli so nahe vor mir, daß ich es klar erkennen konnte. Vordem war da nichts zwischen ihren Beinen gewesen als eine Art dichtgeschlossener Spalt oder ein längliches Grübchen, und selbst das war kaum zu erkennen gewesen, weil es unter einem kleinen Büschel feiner Haare halb verborgen gewesen war. Doch jetzt öffnete sich ihr Spalt ganz von selbst, wie...

Ayya, Pater Domingo hat sein Tintenfaß umgestoßen und zerbrochen. Und jetzt verläßt er uns. Weil es ihm um diese Ungeschicklichkeit leid tut, zweifellos.

Wo ich schon unterbrochen worden bin, sollte ich vielleicht erwähnen, daß zwar einige unserer Männer und Frauen einen dünnen Flaum von Ymáxtli an dieser heimlichen Stelle zwischen den Beinen aufweisen. Die meisten von uns weisen weder dort noch sonst am Körper irgendwelche Behaarung auf, nur das üppige Haupthaar. Selbst unsere Männer haben kaum Bartwuchs, und daß jemand einen starken Bart hat, gilt als unschöne Entstellung. Die Mütter pflegen ihren Söhnen im Babyalter mit siedendheißem Kalkwasser das Gesicht zu waschen, und in den meisten Fällen – wie beispielsweise bei mir – verhindert diese Behandlung das ganze Leben eines Mannes hindurch, daß ihm ein Bart sprießt.

Pater Domingo kommt nicht wieder. Soll ich warten, meine Herren, oder fortfahren?

Sehr wohl. Dann kehre ich also zurück zum Rand des Steinbruchs, wo ich vor so langer Zeit und sehr weit von hier entfernt auf dem Rücken lag, vor mich hinstarrte und nicht wußte, wie mir geschah, während meine Schwester behende daran arbeitete, sich meinen Zustand zunutze zu machen.

Wie ich schon sagte, öffneten ihre Tipíli-Teile sich selbst, wurden zu einem Blütenkelch und zeigten auf dem Hintergrund ihrer makellos rehfarbenen Haut rosige Blütenblätter. Diese Blütenblätter glänzten feucht, wie von Tau benetzt. Mir war, als ob Tzitzitlínis frischerblühter Blütenkelch einen feinen Moschusgeruch verströmte wie Ringelblumen. Und die ganze Zeit über wehten immer noch die unerklärlichen Bänder und Wellen verschiedener Farben über meine Schwester, ihr Gesicht, ihre ganze Gestalt und die nun entblößten Körperteile dahin.

Sie schob meinen Umhang, der sie offenbar störte, beiseite und hob dann eines ihrer schlanken Beine an, um sich rittlings über meinen Unterkörper zu hocken. Ihre Bewegungen hatten etwas Drängendes, verrieten aber gleichwohl ihre Nervosität und ihre Unerfahrenheit. Mit einer zitternden Hand hielt sie zielbewußt mein Tepúli, und mit der anderen schien sie zu versuchen, den Kelch ihrer Tipíli-Blüte noch weiter zu öffnen. Wie ich zuvor schon berichtet habe, besaß meine Schwester Tzitzi einige Erfahrung in der Verwendung einer hölzernen Spindel; doch als sie jetzt versuchte, sich meiner genauso zu bedienen, war sie ihres Chitóli-Häutchens wegen immer noch verschlossen und innen ganz eng. Und was mich selbst betrifft, so war mein Tepúli bei weitem noch nicht so groß wie der eines erwachsenen Mannes. (Wiewohl ich mir darüber im klaren bin, daß die Behandlung, die Tzitzi ihm da angedeihen ließ, sehr dazu beitrug, ihn anzuspornen, seine vollausgereifte Größe zu erreichen – oder noch darüber hinauszuwachsen, wenn ich einigen Frauen glauben darf.) Doch wie dem auch sei, Tzitzi war immer noch jungfräulich verschlossen, doch mein Glied war zumindest größer als jeder dünne Spindelersatz.

Es kam zu einem Augenblick banger Erwartung. Meine Schwester hatte die Augen fest geschlossen, atmete jedoch schnell wie ein Läufer und wartete verzweifelt darauf, daß etwas geschah. Ich würde geholfen haben, hätte ich gewußt, was es eigentlich sein sollte, und wäre ich nicht in jedem Körperteil bis auf diesen einen so unendlich benommen gewesen. Dann, unversehens, wurde die Schwelle überschritten. Tzitzi und ich stießen gleichzeitig einen Schrei aus, ich vor Überraschung, sie entweder vor Schmerz oder vor Lust, es könnte beides gewesen sein. Zu meiner grenzenlosen Verwunderung – und wieso, konnte ich immer noch nicht ganz begreifen – war ich *in meiner Schwester drin,* war von ihr umfangen, wurde von ihr erwärmt und genetzt – und dann sanft von ihr gerieben, als sie begann, sich in langsamem Rhythmus auf mir zu heben und zu senken.

Ich war überwältigt von der Empfindung, die von meinem warm umhüllten und langsam bearbeiteten Tepúli bis in alle anderen Körperteile ausstrahlte. Der Dunst des Wassergeschmeides um meine Schwester herum schien heller zu glänzen und immer strahlender zu werden und auch mich zu umfassen. Meine Schwester hielt mehr als nur eine kleine Verlängerung meiner selbst; ich fühlte mich vollkommen von ihr aufgesogen, hineingezogen in Tzitzitlíni, in den Klang feinen Glöckchengeläuts. Mein Entzücken steigerte sich, bis ich meinte, es nicht mehr ertragen zu können. Und dann entlud es sich in einem womöglich noch köstlicheren Ausbruch, wie die Schote der Seidenpflanze, die bei Berührung aufspringt und ihre behaarten weißen Samenkörner dem Wind preisgibt. Im selben Augenblick gab Tzitzi ein tiefes, sanftes Stöhnen von sich, in dem ich in meiner Unwissenheit und selbst halb unbewußt in meinem eigenen süßen Delirium die Erlösung erkannte, die ihr zuteil wurde.

Dann fiel sie der Länge lang schlaff über mir zusammen, und ihr langes weiches Haar fächelte über mein Gesicht. So lagen wir eine Zeitlang da, rangen heftig nach Atem, und langsam wurde ich mir bewußt, daß die sonderbaren Farben verblaßten und sich auflösten und der Himmel über mir aufgehört hatte, sich in Wirbeln zu drehen. Ohne den Kopf zu heben und mich anzublicken, sagte meine Schwester, das Gesicht an meiner Brust geborgen, ganz leise und scheu: »Bedauerst du es, Bruder?«

»Es *bedauern?*« rief ich so laut aus, daß ich eine Wachtel aufschreckte, die aus dem Gras in der Nähe aufschwirrte.

»Dann können wir es also wieder tun?« murmelte sie, immer noch, ohne mich dabei anzusehen.

Ich überlegte. »*Kann* man es denn nochmals tun?« fragte ich. Die Frage war gar nicht so lächerlich und dumm, wie sie klang; ich fragte ja aus verständlicher Unwissenheit heraus. Mein Glied war aus ihr herausgeglitten und nun wieder genauso feuchtkalt und klein, wie ich es bisher gekannt hatte. Man kann sich kaum lustig über mich machen, dafür, daß ich meinte, einem Mann werde ein solches Erlebnis vielleicht nur ein einziges Mal in seinem ganzen Leben zuteil.

»Nicht jetzt, meine ich«, sagte Tzitzi. »Die Arbeiter werden gleich wiederkommen. Aber an einem anderen Tag?«

»*Ayyo*, jeden Tag, wenn wir können!«

Sie stemmte sich mit den Armen in die Höhe und sah auf mein Gesicht hernieder, wobei ihre Augen wieder mutwillig lächelten. »Dann brauche ich dich das nächstemal nicht zu übertölpeln?«

»Zu übertölpeln?«

»Die Farben, die du gesehen hast, dieses Schwindelgefühl und die Benommenheit. Ich habe etwas höchst Verworfenes getan, mein Bruder. Ich habe aus dem Gefäß im Pyramidentempel einen ihrer Pilze entwendet und sie mit in deine Fischfladen verbacken.«

Abgesehen davon, daß es eine große Sünde war, hatte sie etwas außerordentlich Gewagtes und Gefährliches getan. Wir nannten die kleinen schwarzen Pilze Teonanácatl – Götterfleisch –, was schon darauf hindeutet, wie selten und kostbar sie sind. Die Priester bezogen die Pilze unter großem Kostenaufwand von irgendeinem heiligen Berg tief im Mixtéca-Land. Sie durften nur von bestimmten Priestern und Sehern genossen werden, und das auch nur bei jenen besonderen Gelegenheiten, da es sich als nötig erwies, in die Zukunft zu schauen. Tzitzi wäre ohne Zweifel auf der Stelle umgebracht worden, hätte man sie dabei erwischt, wie sie die heiligen Pilze stahl.

»Nein, tu das nicht wieder«, sagte ich. »Aber warum hast du es nur getan?«

»Weil ich tun wollte, was wir gerade eben getan haben, und ich Angst hatte, du würdest dich sträuben, wenn du klar wüßtest, worum es ging.«

Ob ich das wohl wirklich getan hätte? Ich bin mir da nicht ganz sicher. Jedenfalls widersetzte ich mich weder bei diesem ersten Mal noch bei den vielen Malen hinterher und empfand jedesmal aufs neue die gleiche Beseligung, auch ohne künstlich nachzuhelfen, ohne Schwindelgefühl und Farbenrausch.

Im Laufe der nächsten Jahre, als ich noch zu Hause lebte, paarten meine Schwester und ich uns unzählige Male – wann immer sich uns Gelegenheit dazu bot, während der Essenspause im Steinbruch, am verlassenen Strand des Sees, zwei- oder dreimal sogar in unserem eigenen Hause, wenn unsere Eltern fort waren und unseres Wissens lange genug wegblieben. Wechselseitig lernten wir, nicht mehr ganz so täppisch zu sein wie beim erstenmal, aber selbstverständlich waren wir beide unerfahren – keiner von uns hätte daran gedacht, es mit jemand anders zu tun –, und so konnten wir uns gegenseitig nicht sonderlich viel beibringen. Es dauerte sogar eine ganze Weile, bis wir dahinterkamen, daß wir es auch machen konnten, wenn ich oben lag; hinterher allerdings dachten wir uns selbst etliche verschiedene Stellungen aus.

Jetzt löste meine Schwester sich von mir und streckte sich wohlig. Unser beider Bauch war feucht: gerötet von dem bißchen Blut, welches beim Zerreißen ihrer Chitóli geflossen war, und einer anderen Flüssigkeit, meinem eigenen Omícetl, genauso weißlich wie Octli, aber klebriger. Tzitzi tauchte eine Handvoll trockenes Gras in einen kleinen Krug Wasser, den sie mir fürs Essen mitgebracht hatte, und säuberte uns beide, auf daß unsere Kleidung keine verräterischen Zeichen aufweise. Dann umwickelte sie sich wieder mit ihrem Untergewand, glättete ihre zerdrückten Oberkleider, drückte mir einen Kuß auf die Lippen, sagte »Vielen Dank« – was eigentlich ich als erster hätte sagen sollen –, schlang den kleinen Wasserkrug ins Tuch und lief fröhlich hüpfend den grasbewachsenen Abhang hinunter.

Da und dort, meine Herren Schreiber, und auf diese Weise endeten die Wege und Tage meiner Kindheit.

IHS

S.C.C.M.

Seiner Allerkatholischsten Majestät, Kaiser Karl V., unserem Allerdurchlauchtigsten König und Herrn:

Erhabenste Majestät: aus der Stadt Mexíco, Hauptstadt Neuspaniens, entbieten wir Euch am Tage Allerseelen im Jahr des Herrn eintausendfünfhundertneunundzwanzig unseren untertänigsten Gruß.

Da wir Euer Majestät nunmehr auf Euer Majestät ausdrückliches Geheiß hin eine weitere Folge der Historie des Azteken senden, bittet Euer selbstredend gehorsamer, wiewohl immer noch widerstrebender Diener um Erlaubnis, Varius Geminus zu zitieren, Worte, die selbiger benutzte, als *er* mit einer *vexata quaestio* an seinen Kaiser herantrat: »Wer immer es wagt, vor dir zu sprechen, o Caesar, kennt deine Größe nicht; wer immer es nicht wagt, vor dir zu sprechen, kennt deine Güte nicht.«

Wiewohl wir Gefahr laufen, Euch zu kränken und uns Euren Unmut zuzuziehen, ersuchen wir Euch inständig, uns Euer Einverständnis mitzuteilen, dieses verruchte Unternehmen abzubrechen.

In Ansehung der Tatsache, daß Euer Majestät im vorhergehenden Teil des Manuskripts, welches in Eure königlichen Hände gelangte, das freimütige, ja geradezu genüßliche Geständnis des Indianers gelesen haben, sich der schändlichen Sünde des Inzest schuldig gemacht zu haben – eines Akts, der überall, in der zivilisierten wie unzivilisierten Welt gleichermaßen geächtet wird; eines Akts, welcher selbst bei so entarteten Völkern wie den Basken, Griechen und Engländern als fluchwürdig gilt; eines Akts, wie selbst die magere *lex non scripta* ihn untersagt, welche die Mitbarbaren des Indianers anerkennen; und derzufolge eines Aktes, nicht nur zu verurteilen, weil er begangen wurde, ehe der Sünder irgendwelche Kenntnis von christlicher Moral haben konnte – in Ansehung all dieser Gründe hatten wir zuversichtlich erwartet, daß Eure Gottesfürchtige Majestät genügend erschrocken sein würde, der Redeflut des Azteken unverzüglich ein Ende zu setzen, wo nicht gar dem Azteken selbst ein Ende zu bereiten.

Gleichwohl, Euer Majestät getreuer Kleriker hat einem Befehl seines obersten Lehnsherrn noch nie zuwidergehandelt. Wir fügen hier das Konvolut von Seiten an, die sich seit der letzten Sendung angesammelt haben. Und werden Sorge tragen, daß die Schreiber und der Dolmetsch bei ihrer erzwungenen und verhaßten Beschäftigung ausharren und noch weitere Seiten vollschreiben, bis es unserem hochverehrten Kaiser gefällt, sie von dieser Aufgabe zu entbinden. Wir legen Euch nur ans Herz und bitten Euch, Sire, wenn Ihr Euch diesen letzten Abschnitt der Lebensgeschichte des Azteken zu Gemüte geführt haben werdet – Passagen, welche selbst in Sodom Entsetzen geweckt haben würden –, es Euch noch einmal zu überlegen, ob diese Chronik wirklich fortgeführt werden soll.

Daß die reine Erleuchtung Unseres Herrn Jesus Christus alle Wege Eurer Majestät erhellen mögen, ist der ergebene Wunsch Eures S. C. C. M. ergebenen Sendboten.

(ECCE SIGNUM)
ZUMÁRRAGA

Tertia Pars

Zu der Zeit, von der ich gesprochen und da man mir den Namen Maulwurf gegeben, besuchte ich noch die Schule. Jeden Tag, wenn die Sonne unterging und des Tages Arbeit getan war, suchte ich und suchten alle anderen Knaben über sieben Jahren aus sämtlichen Dörfern und Wohnsitzen Xaltócans entweder das Haus der Leibesstärkung oder – Knaben und Mädchen gemeinsam – das Haus des Manierenlernens auf.

In ersterer Schule mußten wir Jungen uns sehr harten Leibesübungen unterziehen, wurden wir in der Kunst des Tlachtli-Ballspiels sowie im Umgang mit Kriegswaffen unterwiesen. In letzterer Schule erhielten wir und die Mädchen unseres Alters einen skizzenhaften Überblick über die Historie unseres Volkes und anderer Völker; etwas eingehender wurden wir in dem Wesen unserer Götter und den zahlreichen ihnen gewidmeten Festen unterwiesen und lernten die Kunst des Tempelgesangs, des Tempeltanzes und der Beherrschung der verschiedenen Musikinstrumente, wie sie zur Feier aller dieser religiösen Feste dazugehörten.

Nur in diesen Telpochcáltin oder Niederen Schulen hatten wir als Gleichgestellte Umgang mit den Kindern des Adels, aber auch mit einigen nachweislich aufgeweckteren Sklavenkindern, welche dieses Vorrecht verdienten. Diese einfache Bildung, bei welcher es vornehmlich um Höflichkeit, Frömmigkeit, Anmut und Geschicklichkeit ging, wurde für uns Kinder der Gemeinfreien als ausreichend angesehen und galt für die Handvoll Sklavenkinder, die man für wert und fähig erachtete, überhaupt einer Ausbildung teilhaftig zu werden, als eine besondere Ehre.

Gleichwohl konnte keiner der Sklavenjungen und nur wenige von uns Gemeinfreien – Mädchen ohnehin niemals, nicht einmal die Töchter der Adligen – jemals eine höhere Bildung erlangen als diejenige, wie sie in den beiden Häusern der Leibesstärkung und des Manierenlernens vermittelt wurde. Die Söhne des Adels verließen für gewöhnlich die Insel, um eine der Calmécactin zu besuchen, da es solche Höheren Schulen auf Xaltócan nicht gab. Den Lehrkörper für diese gehobenen Stätten des Lernens stellte ein besonderer Priesterorden, und wer dort studierte, wurde entweder später selbst Priester oder Regierungsbeamter, Schreiber, Historiker, Künstler oder Heilkundiger oder ergriff irgendeinen anderen Beruf, der einer besonderen Ausbildung bedurfte. Der Besuch einer Calmécac war einem Jungen von einfachem Herkommen zwar nicht versagt, doch waren Unterricht und Unterbringung dort so teuer, daß die meisten Familien der Gemeinfreien ihn sich nicht leisten konnten – es sei denn, jemand hätte sich in der Niederen Schule so hervorgetan, daß er ohne Bezahlung aufgenommen wurde.

Und ich muß gestehen, daß ich mich überhaupt nicht auszeichnete, weder im Haus des Manierenlernens noch im Haus der Leibesstärkung. Wie gut ich mich erinnere! Als ich zum erstenmal am Musikunterricht in der Schule des Manierenlernens teilnahm, forderte mich der Lehrmeister der Knaben auf, etwas vorzusingen, damit er meine Stimme beurteilen könne. Ich tat, wie geheißen, er fällte sein Urteil und sagte: »Das zu hören war schon erstaunlich – nur glaube ich nicht, daß es Gesang war. Wir werden sehen, wie du dich an einem Instrument machst.«

Als ich mich gleichermaßen unfähig erwies, auf der Flöte mit den vier Löchern auch nur die einfachste Melodie zu spielen, und nicht einmal den unterschiedlich gestimmten Trommeln etwas Wohltönendes zu entlocken vermochte, steckte der Lehrmeister mich ärgerlich in eine Gruppe, welche einen der Anfängertänze, genannt Donnerschlange, einübte. Dabei macht jeder Tänzer unter Stampflauten einen Sprung vorwärts, vollführt dann eine volle Kehrtwendung, läßt sich auf ein Knie nieder, dreht sich in dieser hockenden Stellung nochmals um sich selbst und vollführt unter Gestampf nochmals einen Sprung vorwärts. Führen Jungen und Mädchen, die sich in einer Reihe aufgestellt haben, diese Bewegungen in rascher Folge nacheinander aus, entsteht ein ständiges Geräusch des Schleifens und wird dem Auge die Vorstellung vermittelt, als winde eine lange Schlange sich vorwärts. Zumindest sollte dieser Eindruck erweckt werden.

»Das ist die erste Donnerschlange mit einem Knoten darin, die ich erlebe!« rief die Lehrmeisterin der Mädchen.

»Raus aus der Reihe, Malínqui!« rief der Lehrmeister der Knaben laut.

Von Stund an war ich für ihn Malínqui, Knoten. Und mein einziger Beitrag zu Musik und Tanz, wenn die Schüler bei feierlichen Anlässen auf dem Pyramidenplatz unserer Insel öffentlich auftraten, bestand darin, die Schildkrötentrommel mit einem Paar kleiner Hirschhörner zu bearbeiten oder mit jeder Hand ein paar Krebsscheren rasseln zu lassen. Glücklicherweise hielt wenigstens meine Schwester bei solchen Ereignissen die Familienehre hoch, war sie doch stets diejenige, welcher beim Tanzen die Soloparts übertragen wurden. Tzitzitlíni konnte auch ohne jede Musikbegleitung tanzen und die Zuschauer glauben machen, sehr wohl Musik zu hören.

Allmählich hatte ich das Gefühl, überhaupt niemand zu sein, oder aber so viele Personen auf einmal, daß ich nicht wußte, welche ich nun als die mir wirklich angemessene anerkennen sollte. Daheim war ich Mixtli gewesen, Wolke. Für alle anderen Xaltócaner war ich Tozáni, Maulwurf. Im Haus des Manierenlernens war ich Malínqui, Knoten. Und im Haus der Leibesstärkung wurde ich bald zu Poyaútla, Umnebelt.

Zu meinem Glück mangelte es mir an Körperkraft nicht gleichermaßen wie an Musikbegabung, denn ich hatte die Statur und Kraft meines Vaters geerbt. Mit vierzehn war ich größer als die Jungen in der Klasse zwei Jahre über mir. Vermutlich kann ja auch ein Stockblinder die Streck-, Sprung- und Gewichtshebungsübungen machen. Infolgedessen hatte unser Lehrmeister im Sport an meinen Leistungen nichts auszusetzen – bis wir zum Mannschaftssport übergingen.

Wäre beim Tlachtli-Spiel die Benutzung der Hände und Füße gestattet gewesen, hätte ich vielleicht besser gespielt, denn Hände und Füße bewegt man ja nahezu instinktiv. Doch darf bei diesem Spiel der harte Óli-Ball nur mit dem Knie, der Hüfte, dem Ellbogen und dem Gesäß getrieben werden, und wenn ich den Ball überhaupt sehen konnte, war er nur ein verschwommener Fleck, der für mich noch um so undeutlicher zu erkennen war, als er mit so großer Geschwindigkeit durch die Luft flog. Infolgedessen trug ich ständig blaue Flecken und Prellungen davon, obgleich wir Spieler Kopf und Hüftschützer sowie Ledermanschetten zum Schutz von Knie und Ellbogen trugen, und der Rest unseres Körpers durch dick mit Baumwolle gefütterte Steppanzüge geschützt wurde.

Aber schlimmer noch: nur selten gelang es mir, meine eigenen Mannschaftskameraden von den Spielern der gegnerischen Mannschaft zu unterscheiden. Wenn ich – was selten genug vorkam – den Ball einmal mit Knie oder Hüfte vorwärtstrieb, konnte es durchaus geschehen, daß ich ihn durch die falschen niedrigen Steinbögen schoß, jene kniehohen Tore, die den verzwickten Spielregeln zufolge am Ende des Ballplatzes ständig hin- und hergeschoben wurden. Den Ball durch einen der hoch an der Mittellinie der beiden Umfassungsmauern des Ballplatzes angebrachten Steinringe zu schießen – was in jedem Fall den sofortigen Sieg bedeutet hätte, egal, wie viele Tore die eine oder die andere Mannschaft bereits hatte erzielen können –, war fast ein Ding der Unmöglichkeit selbst für die erfahrensten Spieler und gelang äußerst selten und nicht einmal durch Zufall; für mich, Umnebelt, wäre es das reinste Wunder gewesen.

So dauerte es auch nicht lange, bis der Lehrmeister des Sports auf mich als Mitspieler verzichtete. Ich wurde Betreuer und hatte dafür zu sorgen, daß stets Wasserkrüge und Schöpfkellen sowie Dornstichel und Saugröhrchen bereitstanden, mit deren Hilfe der Heilkundige der Schule den Spielern die Steifheit nahm, indem er die Blutergüsse anstach und das Schwellungen verursachende schwarze Blut absaugte.

Dann kamen die Kriegsspiele und Waffenübungen unter der Aufsicht eines älteren und narbenbedeckten Cuachic, eines »alten Adlers«, wie voller Hochachtung jene genannt wurden, die ihre Kampftüchtigkeit bereits unter Beweis gestellt hatten. Sein Name lautete Extli-Quani oder Blut Schwelger, und er muß gut über vierzig gewesen sein. Bei diesen Kriegsspielen durften wir Jungen weder den Federschmuck noch die Farben oder andere prächtige und eindrucksvolle Abzeichen der echten Krieger anlegen. Wohl aber hatten wir zu unserer Größe passende Schilde aus Holz oder lederbezogenem Weidengeflecht. Die einheitliche Feldkleidung, die wir trugen, bestand aus dick gefütterten Baumwollanzügen, die noch zusätzlich in Salzlauge eingeweicht wurden, um sie fester zu machen, und sie bedeckte uns vom Hals bis zu den Arm- und Fußgelenken. Sie gewährten uns ein vernünftiges Maß an Bewegungsfreiheit und sollten uns vor Pfeilen schützen – jedenfalls zumindest vor den aus einiger Entfernung abgeschossenen –, aber *ayya!*, die war heiß, kratzte und brachte uns zum Schwitzen, wenn wir sie über einen längeren Zeitraum tragen mußten.

»Als erstes lernt ihr jetzt die verschiedenen Schlachtrufe«, erklärte Blut Schwelger. »In der Schlacht selbst werden euch selbstverständlich Muschelhornbläser und Trommler mit dumpfen Trommeln begleiten. Dazu muß aber noch euer eigenes Feldgeschrei kommen und müßt ihr mit der Faust oder euren Waffen gegen eure Schilde schlagen. Aus eigener Erfahrung, meine jungen Freunde, weiß ich, daß ein überwältigendes Getöse eine Waffe an sich sein kann. Das kann einen Mann schon das Fürchten lehren, sein Blut verwässern, seine Sehnen schwächen, ja, ihn sogar dazu bringen, Blase und Darm zu entleeren. Ihr *müßt* diesen Lärm einfach machen; ihr werdet feststellen, daß es euch in doppelter Weise hilft: er stärkt eure eigene Kampfentschlossenheit und jagt dem Gegner Schrecken ein.«

Und so übten wir wochenlang, noch ehe wir irgendwelche Spielzeugwaffen tragen durften, gellend den Schrei des Adlers auszustoßen, das heisere Fauchen des Jaguars, den langgezogenen Schrei der Eule und das *Alalala*-Gekreisch des Papageien. Wir lernten, durch Sprünge vorgetäuschte Schlachtenlüsternheit zu bekunden, durch Drohgebärden einzuschüchtern, wilde Fratzen zu schneiden, um zu bedrohen und auf unsere Schilde zu trommeln, bis sie sich vom Blut unserer Fäuste röteten.

Andere Völker kämpften mit anderen Waffen als jenen, auf die wir Mexíca uns verließen; etliche von unseren Kampfverbänden waren mit Waffen ausgerüstet, die besonderen Zwecken dienten; außerdem stand es jedem einzelnen frei, die Waffe zu benutzen, in deren Handhabung er es am weitesten gebracht hatte. Zu diesen zählten: die Lederschlinge zum Schleudern von Steinen, die stumpfe Steinaxt zum Umsichschlagen, der aus Knochen bestehende Dreizackspeer, dessen Ende Einkerbungen aufwies, die besonders bösartige Wunden rissen, sowie das einfach aus der gezahnten Schnauze des Sägerochens bestehende Schwert. Doch die Grundausrüstung der Mexíca-Krieger bestand aus vier Waffen.

Zur Eröffnung der Feindseligkeiten auf große Entfernung hin dienten Pfeil und Bogen. Wir Schüler übten lange Zeit mit Pfeilen, an denen statt einer Spitze aus scharfem Obsidian ein weicher Pfropf aus Óli saß. Nun ließ unser Lehrmeister an die zwanzig von uns Jungen in einer Reihe Aufstellung nehmen und sagte:

»Stellt euch vor, der Feind steht bei jenem Nopáli-Kaktus dort drüben.« Mit diesen Worten deutete er auf etwas, was rund hundert Schritt entfernt war und sich meinen umnebelten Augen nur als verschwommener grüner Fleck darbot. »Ich möchte, daß ihr die Bogensehne ganz zurückzieht und die Pfeile in einem Winkel genau in die Mitte zwischen Sonne und Horizont hochhaltet. Fertig? Schießhaltung einnehmen! Auf den Kaktus zielen. Und laßt abschwirren! Los!«

Dem Schwirren der Pfeile folgte ein allgemeines enttäuschtes Aufstöhnen der Jungen. Sämtliche Pfeile waren in schönem Bogen rund hundert Schritt entfernt und erstaunlich dicht beieinander niedergegangen, was jedoch nur daran gelegen hatte, daß Blut Schwelger Winkel und Bogenspannung angegeben hatte. Daß die Jungen aufstöhnten, lag daran, daß sie einer wie der andere das Ziel kläglich verfehlt hatten; die Pfeile waren weit links vom Kaktus niedergegangen. Erwartungsvoll richteten sich aller Blicke auf unseren Lehrmeister, daß er uns erkläre, warum wir so weit vorbeigeschossen hatten.

Er zeigte auf die quadratischen und rechteckigen Schlachtstandarten, die zuvor rings um uns her mit ihren Stangen in den Boden gepflanzt worden waren. »Wozu dienen diese Tuchfahnen?« fragte er.

Wir sahen einander an. Dann erwiderte Pactli, Sohn des Herrn Rot Reiher: »Das sind die Standarten, die uns von unseren Gruppenführern in der Schlacht vorangetragen werden. Sollten wir während der Schlacht auseinandergerissen werden, zeigen diese Standarten uns, wo wir uns wieder sammeln können.«

»Richtig, Pactzin«, sagte Blut Schwelger. »Aber die andere Fahne dort drüben, der lange Federnwimpel – wozu dient der?«

Abermals sahen wir uns fragend an, bis Chimáli sich ein Herz faßte und sagte: »Die tragen wir, um zu zeigen, wie stolz wir darauf sind, Mexíca zu sein.«

»Das ist eine mannhafte, aber falsche Antwort«, erklärte der Lehrmeister. »Deshalb wirst du nicht geprügelt werden. Aber schaut euch den Wimpel an, wie er vom Wind getragen wird, meine jungen Freunde.«

Alle sahen wir hin. An diesem Tag genügte der Wind nicht, den Wimpel waagerecht von seiner Stange abstehen zu lassen. In spitzem Winkel wies er auf den Boden und ...

»Der Wind kommt von rechts«, rief ein anderer Junge ganz aufgeregt. »Falsch gezielt haben wir nicht! Nur hat der Wind unsere Pfeile vom Ziel abgelenkt.«

»Wenn ihr euer Ziel verfehlt«, erklärte der Lehrmeister trocken, »habt ihr falsch gezielt. Es auf den Wind zu schieben, ist keine Entschuldigung. Wenn ihr richtig zielen wollt, müßt ihr die Stärke und die Richtung berücksichtigen, in welcher Ehécatl seine Windtrompete bläst. Um das zu erkennen, dazu ist der Federwimpel da. Die Richtung, in die er zeigt, ist gleichzeitig auch die Richtung, in der eure Pfeile abgetrieben werden. Und wie *hoch* er hängt, zeigt euch, wie *stark* der Wind die Pfeile abtreiben wird. Jetzt marschiert alle miteinander hin und holt euch eure Pfeile wieder, macht kehrt, bildet ein Glied und zielt auf mich. Der erste Junge, der mich trifft, dem sollen selbstverdiente Prügelstrafen für zehn Tage erlassen bleiben.«

(Wir marschierten nicht, wir rannten zu unseren Pfeilen und schickten sie fröhlich zu unserem Cuachic zurück, doch keiner traf.)

Zum Kampf unter Pfeilschußweite diente der Wurfspieß, eine schmale kurze, zugespitzte Obsidianklinge vorn an einem kurzen Schaft. Der Schaft dieser Waffe war ungefiedert, so daß Zielgenauigkeit und Durchschlagskraft einzig davon abhingen, daß sie mit äußerster Kraft geschleudert wurde.

»Deshalb schleudert ihr den Wurfspieß nicht ohne Hilfsmittel, sondern bedient euch des Atlatl-Wurfholzes«, sagte Blut Schwelger. »Was aber ist so ein Wurfholz? Wenn ihr zuerst damit umgeht, mag es euch furchtbar umständlich erscheinen, doch nach einiger Übung merkt ihr, was dieser Atlatl ist: eine Verlängerung eures Arms und eine Verdoppelung eurer Kraft. Auf eine Entfernung von dreißig langen Schritten könnt ihr mit seiner Hilfe einen Wurfspieß durch einen mannsdicken Stamm treiben. Also stellt euch vor, meine jungen Freunde, was geschieht, wenn ihr ihn auf einen *Menschen* schleudert.«

Des weiteren gab es den Langspeer mit der breiteren und schwereren Obsidianspitze, der zum Stoßen, Werfen und Durchbohren dient, ehe man mit dem Feind wirklich handgemein wird. Doch dafür, den unvermeidlichen Nahkampf, gab es das Maquáhuitl genannte Schwert. Der Name, der soviel bedeutet wie »Jagdholz« klingt recht harmlos, dennoch war das Schwert die schrecklichste und mörderischste Waffe unseres Arsenals.

Das Maquáhuitl war ein abgeflachter Knüttel aus Hartholz, armlang und handbreit; die beiden Schneiden waren über die ganze Länge mit Obsidiansplittern besetzt. Der Griff des Schwertes war lang genug, es sowohl ein- als auch beidhändig zu führen und war so geschnitzt, daß es sich der Hand des Schwertkämpfers am besten anpaßte. Die Obsidiansplitter waren nicht nur in das Holz eingeklemmt; von diesem Schwert hing so viel ab, daß selbst Zauberei nicht verschmäht wurde, es zu stärken. Die scharfen und harten Splitter wurden fest mit einem verzauberten Kleister aus flüssigem Óli, dem kostbaren und wohlduftenden Copáli-Harz und frischem Blut verkittet, das die Priester des Kriegsgottes Huitzilopóchtli spendeten.

Obsidian ergibt furchterregend aussehende Pfeil- und Speerspitzen oder Schwertklingen, blitzend wie Quarzkristall, doch so schwarz wie Mictlan, die Gegenwelt. Richtig aufgesplittert, ist der Stein so scharf, daß er genauso sauber schneiden kann wie manche harten Gräser, und Wunden von einer Tiefe zu schlagen vermag wie eine Streitaxt. Der einzige Nachteil des Obsidian ist seine Sprödigkeit; prallt er gegen den Schild eines Feindes oder gegen dessen Schwert, kann er zersplittern. Aber in der Hand eines erfahrenen Kämpfers vermag das obsidianbewehrte Maquáhuitl Fleisch und Knochen ebenso sauber zu durchschneiden wie ein Büschel Schilfrohr – und in unseren bedingungslosen und erbitterten Kriegen sind die Feinde nichts anderes als Schilfrohre, die es umzumähen gilt, wie Blut Schwelger nicht müde wurde, uns immer wieder einzubleuen.

Genauso, wie unsere Spielzeugpfeile, -wurfspieße und -speere mit Pfropfen aus Óli-Gummi unschädlich gemacht wurden, wurde auch unserem Spielzeug-Maquáhuitl die Schärfe genommen. Der abgeflachte Knüttel bestand aus leichtem weichen Holz, damit das Schwert eher zerbrach, als daß es einen allzu gefährlichen Hieb austeilte. Und statt mit Obsidiansplittern waren die Schneiden mit Daunenfedern besetzt. Ehe zwei Schüler mit dem Schwert gegeneinander kämpften, tränkte der Lehrmeister die Federn mit roter Farbe, so daß jeder Streich, den man empfing, lebhaft als blutige Wunde am Körper und im Gesicht zu erkennen war, und mir war es unendlich peinlich, wenn man mich dergestalt gezeichnet in der Öffentlichkeit sah. Eben dieses brachte mich dazu, um eine Unterredung unter vier Augen mit unserem Cuachic zu bitten. Er war ein kampferprobter alter Mann, hart wie Obsidian und vermutlich in allem anderen bis auf das Kriegshandwerk völlig ungebildet – aber dumm war er nicht.

Ich bückte mich, um die Geste des Erdeküssens zu vollführen, und sagte dann, immer noch auf den Knien: »Meister Blut Schwelger, Ihr wißt, daß ich schlecht sehen kann. Ich fürchte, Ihr verschwendet Eure Zeit und Eure Geduld, wenn Ihr versucht, einen Soldaten aus mir zu machen. Wären diese Male an meinem Körper echte Wunden, würde ich schon längst tot sein.«

»So?« meinte er ungerührt. Dann ging er in die Hocke, so daß sein Gesicht etwa in gleicher Höhe mit dem meinen war. »Umnebelt, von Mann zu Mann – ich will dir einmal erzählen, daß ich unten in Quautemálan, dem Strauchland, einen Mann getroffen habe. Die Angehörigen dieses Volkes, das weißt du vielleicht, haben alle große Angst vor dem Tod. Dieser Mann, von dem ich spreche, nahm vor allem Reißaus, was auch nur entfernt nach Gefahr aussah. Er ging den selbstverständlichsten Wagnissen des Lebens aus dem Weg und verkroch sich in Sicherheit und Geborgenheit. Er umgab sich mit Heilkundigen, Priestern und Zauberern. Er nahm nur die nahrhaftesten Speisen zu sich und trank gierig jeden lebenserhaltenden Trank in sich hinein, von dem er hörte. Kein Mensch hat jemals besser acht gegeben auf sein Leben. Er lebte nur, um weiterzuleben.«

Ich wartete, ob er noch mehr zu sagen hätte, doch es kam nichts, und so fragte ich: »Und was ist aus ihm geworden, Meister Cuachic?«

»Er starb.«

»Ist das alles?«

»Was sonst soll einem Menschen geschehen? Ich kann mich nicht einmal mehr an seinen Namen erinnern. Nichts blieb von ihm in meiner Erinnerung haften, außer, daß er lebte und starb.«

Als er nochmals schwieg, sagte ich: »Meister, ich weiß, wenn ich in der Schlacht falle, diene ich den Göttern damit zur Nahrung und sie werden mich in der Gegenwelt reichlich dafür belohnen; vielleicht wird sogar mein Name nicht vergessen werden. Aber könnte ich nicht eine Zeitlang in *dieser* Welt von Nutzen sein, bevor ich meinen Tod erlange?«

»Du brauchst in der Schlacht nur einen einzigen wirksamen Schlag auszuteilen, mein Junge. Selbst wenn du dann im nächsten Augenblick erschlagen wirst, hast du *etwas* in deinem Leben getan. Mehr als all die Menschen, die sich nur plagen, um zu leben, bis die Götter es leid werden, ihrer Vergeblichkeit zuzusehen und sie mit einem Handstreich ins Vergessen befördern.« Blut Schwelger stand auf. »Hier, Umnebelt, dies ist mein eigenes Maquáhuitl. Es hat mir lange wohl gedient. Fühl nur, wie wunderbar es in der Hand liegt.«

Ich gebe gern zu, daß es mich ungeheuer erregte, als ich zum erstenmal ein richtiges Schwert in der Hand hielt und nicht ein Spielzeugschwert aus Korkholz und Federn. Es war ganz furchtbar schwer, doch flüsterte allein sein Gewicht mir zu: *»Ich bin Stärke.«*

»Ich sehe, daß du es mit einer Hand hochheben und schwingen kannst«, meinte der Waffenmeister. »Das schafft sonst kein Knabe deines Alters. Jetzt komm hierher, Umnebelt. Das hier ist ein kräftiger Nopáli. Versetz ihm den Todesstreich.«

Der Kaktus war alt und nahezu baumhoch. Seine stachligen Glieder waren wie Paddel und sein rissiger Stamm so dick wie mein Leib. Versuchsweise schwang ich das Maquáhuitl zunächst mit der rechten Hand, und seine Obsidianschneide fraß sich mit einem hungrigen *Tschnukkk* in das Kaktusholz. Ich lockerte die Klinge, packte den Griff mit beiden Händen, holte aus, so weit ich konnte und schlug dann mit aller Kraft zu. Ich hatte erwartet, daß die Klinge noch ein Stück tiefer hineingehen würde und war daher völlig überrascht, als sie sauber den ganzen Kaktusstamm durchtrennte und dieser – farblosem Blut gleich – seinen Saft verspritzte. Krachend fuhr der Nopáli hernieder, und der Waffenmeister und ich mußten behende zurückspringen, um nicht von der Masse der Stacheln böse zerkratzt zu werden.

»*Ayyo,* Umnebelt!« entfuhr es Blut Schwelger bewundernd. »Welche Fähigkeiten auch immer dir abgehen mögen, auf jeden Fall besitzt du die Stärke des geborenen Kriegers.«

Vor Freude und Stolz errötete ich, mußte aber trotzdem noch einmal erklären: »Jawohl, Meister, ich kann zuschlagen und töten. Aber was ist mit meiner großen Kurzsichtigkeit? Angenommen, ich treffe den falschen Mann, einen der Unsrigen?«

»Kein Cuachic, dem die Neukrieger anvertraut sind, würde dich je dort einsetzen, wo das geschehen könnte. In einem Blumenkrieg könnte er dich den Feßlern zuteilen, welche die Stricke tragen, mit denen die Gefangenen gefesselt werden, um sie zum Opfer hierherzubringen. Oder in einem richtigen Krieg den zur Nachhut gehörigen Garausmachern, die gnädig jene Kameraden und Gegner von ihrer Qual erlösen, die verwundet zurückbleiben, wenn die Schlacht über sie hinweggegangen ist.«

»Feßler und Garausmacher«, knurrte ich halblaut. »Das sind für einen tapferen Mann kaum Aufgaben, sich der Belohnung in der Gegenwelt zu versichern.«

»Du hast von *dieser* Welt gesprochen«, erinnerte der Waffenmeister mich, »von Dienen und nicht von Heldentum. Selbst der Geringste kann noch dienen. Ich erinnere mich noch daran, wie es war, als wir in die hochmütige Stadt Tlaltelólco einmarschierten, um sie unserem Tenochtítlan einzuverleiben. Die Krieger dieser Stadt kämpften selbstverständlich in den Straßen gegen uns, aber ihre Frauen, Kinder und Greise standen auf den Hausdächern und warfen große Steine und Nester voll wütender Wespen auf uns herab, manchmal sogar Hände voll von ihrem eigenen Kot.«

Meine Herren Schreiber, dies ist wohl die geeignete Stelle, euch klarzumachen, daß unter den verschiedenen Arten von Kriegen, die wir Mexíca führten, die Schlacht um Tlaltelólco eine Ausnahme bildete. Unser Verehrter Sprecher Axayácatl hielt es einfach für notwendig, diese anmaßende Stadt zu unterwerfen, ihr die Unabhängigkeit zu nehmen und ihre Bewohner zu zwingen, unserer großen Inselhauptstadt Tenochtítlan Treue zu geloben. Doch im allgemeinen ging es bei unseren Kriegen gegen andere Völker nicht um Eroberungen – zumindest nicht in dem Sinne, wie eure Heere Neuspanien erobert und zu einer niedrigen Kolonie eures Mutterlandes Spanien gemacht haben.

Nein, wir vermochten ein anderes Volk zwar zu besiegen und zu demütigen, doch niemals vertilgten wir es von dieser Erde. Wir kämpften, um unsere eigene Macht zu beweisen und um die weniger Mächtigen tributpflichtig zu machen. Streckte ein Volk die Waffen und gelobte uns Mexíca Lehnstreue, wurde ihm ein Verzeichnis der Rohstoffe und Landeserzeugnisse übergeben – Gold, Gewürze, Óli, was auch immer –, die es in ganz bestimmten Mengen fürderhin jährlich an unseren Verehrten Sprecher abzuliefern hatte. Außerdem mußte es gewärtig sein, daß wir waffenfähige Männer unter ihnen aushoben, wenn es sich als nötig erwies, daß sie zusammen mit uns Mexíca ins Feld zogen.

Aber sein Name und seine Souveränität wurden diesem Volk nicht genommen, auch nicht sein Herrscher, seine hergebrachte Lebensweise und die Art von Religion, die es bevorzugte. Auch zwangen wir ihm keines unserer Gesetze, Sitten und Gebräuche oder Götter auf. Unser Kriegsgott Huitzilopóchtli zum Beispiel war *unser* Gott. Unter seiner besonderen Fürsorge hoben wir uns von den anderen ab und erhoben uns über sie; daher ließen wir nicht zu, daß andere ihn mit uns teilten oder wir ihn mit ihnen. Im Gegenteil. Bei vielen besiegten Völkern entdeckten wir neue Götter oder neue Erscheinungsformen von uns bekannten Göttern, und wenn sie uns gefielen, brachten unsere Armeen Abbilder ihrer Statuen für uns mit zurück, die wir in unseren eigenen Tempeln aufstellten.

Des weiteren muß ich euch sagen, daß es durchaus Völker gab, bei denen es uns nie gelang, sie tributpflichtig zu machen oder ihnen die Lehnstreue abzuringen. So lag zum Beispiel im Osten an uns angrenzend Cuautexcálan, das Land der Adlerklippen, von uns für gewöhnlich einfach Texcála genannt, Die Klippen. Aus irgendeinem unerfindlichen Grunde nennt ihr Spanier dieses Land Tlaxcála, was uns zum Lachen reizt, da es einfach »Fladen« bedeutet.

Texcála war vollkommen von Ländern umgeben, die mit uns Mexíca verbündet waren, weshalb es gezwungen wurde, ein Leben zu führen wie eine belagerte Insel. Aber die Texcála blieben hart wie Obsidian, wenn es darum ging, sich auch nur im geringsten zu unterwerfen, was immerhin bedeutete, daß sie von der Einfuhr vieler lebensnotwendiger Dinge abgeschnitten waren. Würden die Texcaltéca sich nicht, wenn auch noch so zähneknirschend, bereitgefunden haben, das Copáli-Harz mit uns zu tauschen, sie hätten nicht einmal Salz gehabt, ihre Speisen damit zu würzen.

Wie die Dinge lagen, erlegte unser Uey-Tlatoáni – immer in der Hoffnung, sie zu unterwerfen – dem Umfang des Handels zwischen uns und den Texcaltéca harte Beschränkungen auf, und so mußten die eigensinnig-stolzen Texcaltéca ständig demütigende Entbehrungen auf sich nehmen. So mußten sie zum Beispiel ihren mageren Ertrag an Baumwolle strecken, was bedeutete, daß sogar ihre Edelleute gezwungen waren, Umhänge zu tragen, in die nur zum geringsten Teil Baumwolle hineinverwoben war und die im übrigen aus dem harten Hanf und den Fasern des Maguey-Strauchs bestanden – Kleidung, wie sie bei uns in Tenochtítlan nur Sklaven und Kindern zugemutet wurde. Jetzt könnt ihr wohl verstehen, warum die Texcaltéca einen tiefen Haß auf uns Mexíca hegten, was, wie ihr wohl wißt, böse Folgen für uns, die Texcaltéca selbst und überhaupt das ganze Land zeitigte, das heute Neuspanien heißt.

»Im Augenblick«, erklärte Waffenmeister Blut Schwelger mir an jenem Tage, da wir unter vier Augen miteinander sprachen, »haben unsere Heere sich in den Kampf mit einem widerspenstigen Volk im Westen verbissen. Wir sind bei dem Versuch des Verehrten Sprechers, in Michihuácan, Das Land der Fischer, einzufallen, auf höchst schmachvolle Weise zurückgeworfen worden. Axayácatl hatte sich einen leichten Sieg erhofft, aber sie haben unsere Heere in die Flucht getrieben. Diese Purémpecha sind immer nur mit Kupferschwertern bewaffnet gewesen, aber sie haben unsere Heere nicht nur abgewehrt, sondern sie so geschlagen, daß sie in heilloser Flucht davonliefen.«

»Aber wie das?« fragte ich. »Ein unkriegerisches und überdies nur mit weichen Kupferwaffen ausgerüstetes Volk? Wie haben sie sich uns unbesiegbaren Mexíca gegenüber behaupten können?«

Der alte Krieger zuckte mit den Achseln. »Unkriegerisch mögen die Purémpecha sein, aber sie kämpfen wie die Jaguare, wenn es darum geht, ihre Heimat Michihuácan mit ihren Seen und Flüssen und gut bewässerten Ackergebieten zu verteidigen. Außerdem, so heißt es, haben sie irgendein Zaubermetall entdeckt, das sie ihrem Kupfer noch im geschmolzenen Zustand beimischen. Wird diese Mischung dann zu Schwertern geschmiedet, werden diese so hart, daß unser Obsidian wie Borkenpapier daran zerbröckelt.«

»Fischer und Ackerbauern«, murmelte ich, »die dem gut ausgebildeten Heer des Axayácatl eine Niederlage beibringen ...«

»Ach, wir werden schon einen neuen Versuch unternehmen, da kannst du Gift drauf nehmen«, sagte Blut Schwelger. »Diesmal ging es Axayácatl nur um den Zugang zu ihren fischreichen Gewässern und fruchtbaren Tälern. Jetzt jedoch wird er hinter das Geheimnis dieses magischen Metalls kommen wollen. Er wird die Purémpecha erneut herausfordern, und wenn er das tut, brauchen seine Heere jeden, der mitmarschieren kann.« Der Waffenmeister hielt inne und fügte dann spitz hinzu: »Selbst alte Cuáchictin mit steifen Gliedern wie mich, selbst solche, die nur zu Feßlern und Garausmachern taugen, ja sogar die Verkrüppelten und Umnebelten. Es ziemt sich, daß wir dann ausgebildet und abgehärtet bereitstehen, mein Junge.«

Wie sein Tonáli es wollte, starb Axayacátl, ehe er neuerlich in Michihuácan einfallen konnte, das ein Teil jenes Gebietes ist, welches ihr Nueva Galicia nennt. Unter mehreren Verehrten Sprechern nacheinander gelang es uns Mexíca und den Purémpecha, einen Zustand aufrechtzuerhalten, bei dem beide Seiten in wechselseitiger Achtung voreinander lebten. Ich brauche euch wohl kaum daran zu erinnern, ehrwürdige Patres, daß es eurem Beltrán de Guzmán, welcher als der erbarmungsloseste unter euren Feldhauptleuten gilt, bis heute nicht gelungen ist, die zähen und hartnäckigen Purémpecha um den Chapálan-See herum und in anderen abgelegenen Gebieten der Nueva Galicia zu unterwerfen, wo sie sich bis auf den heutigen Tag weigern, euren König Carlos und euren Herrgott anzuerkennen.

Ich habe von unseren Strafkriegen gesprochen, denn das waren sie schließlich, und erzählt, wie es bei ihnen zuging, was gewiß selbst euer blutrünstiger Guzmán verstehen kann; doch bin ich sicher, daß es ihm – wie übrigens den meisten von euch – unmöglich ist, sich einen Krieg vorzustellen, bei dem das besiegte Volk einfach unabhängig weiterbesteht. Jetzt jedoch laßt mich von unseren Blumenkriegen sprechen, denn die scheinen euch weißen Männern allen unbegreiflich. »Wie ist es nur möglich gewesen«, habe ich euch fragen hören, »daß es zu so vielen durch nichts provozierten und völlig überflüssigen Kriegen zwischen befreundeten Völkern kommen konnte? Kriegen, bei denen keine Seite auch nur den Versuch machte, zu gewinnen?«

Ich will mich bemühen, das zu erklären.

Selbstverständlich war unseren Göttern *jede* Art von Krieg wohlgefällig. Jeder Krieger, der fiel, vergoß sein Lebensblut und brachte damit das kostbarste Opfer, das ein Mensch überhaupt darbringen kann. In einem Strafkrieg ging es stets um den entscheidenden Sieg; infolgedessen kämpften beide Seiten, um zu töten oder aber getötet zu werden. In einem solchen Krieg waren die Feinde, wie mein alter Waffenmeister es auszudrücken beliebte, Unkraut, das hingemäht werden mußte. Dabei wurden vergleichsweise wenige Gefangene gemacht, die man mit in die Heimat zurückbrachte, um sie später den Blumentod sterben zu lassen. Allerdings, ob ein Krieger auf dem Schlachtfeld starb oder auf dem Opferstein – in beiden Fällen galt sein Tod als Blumentod, ehrenvoll für ihn selbst und den Göttern wohlgefällig. Die einzige Schwierigkeit – falls ihr die Güte haben würdet, es einmal vom Standpunkt der Götter aus zu betrachten – bestand jedoch darin, daß solche Strafkriege nicht häufig genug geführt wurden. Wiewohl dabei viel Blut floß, das den Göttern als Speise diente, und viele Krieger in die Gegenwelt eingingen, wo sie den Göttern dienten, kam es nur hin und wieder zu solchen Kriegen. Es konnte geschehen, daß die Götter viele Jahre hindurch warten und Hunger und Durst leiden mußten. Das jedoch mißfiel ihnen, und im Jahre Ein Kaninchen sorgten sie dafür, daß wir es zu spüren bekamen.

Das war etwa zwölf Jahre vor meiner Geburt, aber mein Vater erinnerte sich sehr lebhaft daran und erzählte uns häufig kopfschüttelnd davon. In jenem Jahr schickten die Götter unserer Hochebene die bitterste Winterkälte, die wir je erlebt hatten. Abgesehen von der schneidenden Kälte und den eisigen Winden, denen viel zu früh viele kleine Kinder, sieche ältere Leute und unsere Haustiere, ja, sogar die Tiere auf freier Wildbahn zum Opfer fielen, schneite es auch noch sechs Tage hindurch ununterbrochen, was unsere ganze Wintersaat vernichtete. Geheimnisvolle Lichterscheinungen wurden am Himmel sichtbar; wabernde Streifen aus kaltfarbenem Licht, welche mein Vater folgendermaßen beschrieb: „Das sind die Götter, die unheilverkündend über den Himmel schreiten, wobei nichts von ihnen zu sehen ist außer ihren Umhängen aus weißen, grünen und blauen Reiherfedern.«

Doch das war erst der Anfang. Der Frühling setzte nicht nur der Kälte ein Ende, sondern brachte auch noch sengende Hitze; die Regenzeit kam, aber sie brachte keinen Regen; die Trockenheit vernichtete Ernten und Tiere genauso, wie es zuvor der Schnee getan. Doch damit nicht genug. Die folgenden Jahre waren genauso erbarmungslos, denn Hitze und Kälte und Trockenheit wechselten einander ab. In der bitteren Kälte froren unsere Seen zu; in der Trockenzeit schrumpften sie, das Wasser wurde lauwarm und reicherte sich mit Bittersalz an, so daß die Fische starben, mit blinkendem Bauch oben auf dem Wasser trieben und die Luft mit einem pestilenzialischen Gestank erfüllten.

Das ging fünf oder sechs Jahre hindurch so; die älteren Leute in meiner Jugend sprachen davon als von den Harten Zeiten. *Yya, ayya,* böse Zeiten müssen das wahrhaftig gewesen sein, denn unserem Volk, unseren stolzen und aufrechten Macehuáltin, blieb oft nichts anderes übrig, als sich in die Sklaverei zu verkaufen. Denn, wie ihr wissen müßt, andere Völker außerhalb unserer Hochebene im südlichen Bergland und in den heißen Zonen an der Küste wurden von dieser Klimakatastrophe nicht betroffen. Sie boten uns einen Teil ihrer immer noch üppigen Ernten zum Tausch an, doch geschah das nicht aus Großherzigkeit; nein, sie wußten sehr wohl, daß wir kaum etwas anderes dagegen eintauschen konnten als uns selbst. Diese anderen Völker, zumal jene, die tief unter uns standen und uns feindselig gesonnen waren, waren nur allzu froh, »diese großspurigen Mexíca« als Sklaven zu kaufen und uns obendrein auch noch dadurch zu demütigen, daß sie grausam niedrige und erbärmliche Preise für sie zahlten.

Der gängige Preis für einen Mann im arbeitsfähigen Alter betrug fünfhundert Maiskolben und für eine Frau, die noch Kinder bekommen konnte, vierhundert. Besaß eine Familie ein verkäufliches Kind, gleichgültig, ob Knabe oder Mädchen, so gab sie es her, auf daß vom Erlös der Rest der Familie essen könne. Besaß eine Familie nur kleine Kinder, verkaufte sich der Vater. Aber wie lange konnte eine Familie sich schon von vier- oder fünfhundert Maiskolben ernähren? Und wenn diese verzehrt waren – was oder wer blieb dann noch, es zu verkaufen? Selbst wenn die Guten Zeiten unversehens wiederkommen sollten – wie sollte eine Familie ohne die Arbeit des Vaters überleben? Aber die Guten Zeiten kamen nicht wieder ...

All dies geschah unter der Regierung des Ersten Motecuzóma, der in dem Versuch, die Not seines Volkes zu lindern, sowohl die Schatzkammern des Volkes als auch seine eigenen leerte und hinterher auch noch die Bestände sämtlicher Lagerhäuser und Kornspeicher verteilen ließ. Nachdem alles, was man hatte zurücklegen können, aufgezehrt und überhaupt alles vergangen war bis auf die Harten Zeiten, beriefen Motecuzóma und seine Weibliche Schlange den Staatsrat ein und luden sogar noch sämtliche Seher und Wahrsager hinzu, ob sie einen Rat wüßten. Ich kann es zwar nicht beschwören, aber die Ratssitzung soll folgendermaßen verlaufen sein:

Ein altehrwürdiger Zauberer, der Monate damit zugebracht hatte, die Zukunft aus geworfenen Knöcheln herauszulesen und die Heiligen Bücher zu befragen, berichtete feierlich: »Hoher Gebieter, die Götter haben uns mit Hunger geschlagen, um uns vor Augen zu führen, daß *sie* hungern. Seit unserem letzten Einfall in Texcála hat es keinen Krieg mehr gegeben, und das war im Jahre Neun Haus. Seit jener Zeit haben wir den Göttern nur kümmerliche Blutopfer dargebracht – ein paar Gefangene, die wir zu diesem Zwecke aufgespart hatten, gelegentlich ein Gesetzesübertreter und hin und wieder ein Jüngling oder eine Jungfrau. Die Götter verlangen ganz offensichtlich mehr Nahrung.«

»Wieder einen Krieg führen?« sann Motecuzóma. »Selbst unsere tapfersten Krieger sind so schwach, daß sie nicht einmal bis an die Grenze des Feindes marschieren könnten, ganz davon zu schweigen, diese etwa zu überwinden.«

»Gewiß, Verehrter Sprecher. Aber es gibt eine Möglichkeit, zu einem Massenopfer zu kommen ...«

»Sollen wir unsere Leute hinschlachten, ehe sie verhungern?« fragte Motecuzóma ingrimmig. »Sie sind so ausgemergelt und vertrocknet, daß das ganze Volk noch nicht einmal einen Becher Blut hergeben würde.«

»Gewiß, Verehrter Sprecher ... Überdies wäre das eine so armselige Geste, daß die Götter sie vermutlich noch nicht einmal annehmen würden. Nein, Hoher Gebieter, was wir brauchen, ist ein Krieg, freilich *eine andere Art von Krieg* ...«

Das – so hat man mir berichtet, und das glaube ich auch – war der Beginn der Blumenkriege, und auf folgende Weise wurde der erste in die Wege geleitet:

Die mächtigsten und zugleich am zentralsten gelegenen Mächte in diesem Tal bildeten einen Dreibund: Wir Mexica mit unserer Hauptstadt auf der Insel Tenochtítlan, die Acólhua mit ihrer am östlichen Gestade des Texcóco-Sees gelegenen Hauptstadt gleichen Namens und die Tecpanéca mit ihrer Hauptstadt Tlácopan am Westufer. Im Südosten saßen drei weniger mächtige Völker: die Texcaltéca, von denen ich bereits gesprochen habe, mit ihrer Hauptstadt Texcála, die Huéxotin mit ihrer Hauptstadt Huexotzínco und die einst mächtigen Tya Nuü – oder Mixtéca, wie wir sie nannten –, deren Reich so geschrumpft war, daß es praktisch aus kaum mehr als der Hauptstadt Cholólan bestand. Erstere waren, wie ich schon gesagt habe, unsere Feinde; letztere waren uns seit langer, langer Zeit tributpflichtig und – ob es ihnen nun gefiel oder nicht – gelegentlich auch unsere Verbündeten. Alle drei Völker wurden jedoch genauso wie unsere drei Völker von den Harten Zeiten heimgesucht.

Nachdem Motecuzóma sich mit seinem Staatsrat besprochen hatte, beratschlagte er auch mit den Herrschern von Texcóco und Tlácopan. Alle drei gemeinsam unterbreiteten den drei Herrschern in den Städten Texcála, Chólan und Huexotzínco einen Vorschlag, den sie gemeinsam entwarfen und gemeinsam abschickten. In den Grundzügen lief dieser Vorschlag auf folgendes hinaus:

»Laßt uns alle Krieg führen, damit wir alle überleben. Wir sind verschiedene Völker, leiden aber gemeinsam unter den Harten Zeiten. Die weisen Männer sagen, daß es für uns nur eine Hoffnung gibt, um weiter fortzubestehen: die Götter durch Blutopfer zu sättigen und zu beschwichtigen. Deshalb schlagen wir vor, daß die Heere unserer drei Völker auf der neutralen Ebene von Acatzínco, welche in sicherer Entfernung von allen unseren Ländern im Südosten liegt, gegen die Heere eurer drei Völker zum Kampf antreten. Beim Kampf soll es weder um Land noch um Herrschaft, noch um Töten gehen, und auch nicht um Plündern, sondern ausschließlich darum, Gefangene in die Hand zu bekommen, denen der Blumentod gewährt werden soll. Wenn alle am Kampf teilnehmenden Streitkräfte eine genügende Anzahl von Gefangenen gemacht haben, um sie ihren verschiedenen Göttern zum Opfer zu bringen, wird das gemeinsam allen Oberkommandierenden bekanntgegeben und der Kampf abgebrochen.«

Mit diesem Vorschlag, von dem ihr Spanier behauptet, ihr fändet ihn unglaublich, waren alle Beteiligten einverstanden – die Krieger nicht ausgenommen, die ihr »hirnverbrannt selbstmörderisch« geheißen habt, weil sie aus keinem anderen ersichtlichen Grund gegeneinander kämpften, als – was außerordentlich wahrscheinlich war – ihr eigenes Leben bald zu beenden. Nun, sagt mir, welcher von euren wohlausgebildeten Soldaten würde einen Vorwand zum Kämpfen ungenutzt verstreichen lassen und statt dessen lieber langweiligen Friedensdienst in der Garnison machen? Unsere Krieger hatten immerhin den Ansporn zu wissen, daß sie des Dankes aller gewiß sein konnten, wenn sie im Kampf oder auf einem fremden Altar ihr Leben ließen; daß sie etwas den Göttern Wohlgefälliges taten und für sich selbst das Göttergeschenk eines Lebens in einer seligen Gegenwelt errangen. Da in diesen Harten Zeiten so viele einen unrühmlichen Hungertod starben, hatte ein Mann nur um so mehr Grund, lieber durchs Schwert oder durchs Opfermesser zu sterben.

So wurde diese erste Schlacht geplant und auch wie geplant geschlagen – wiewohl die Ebene von Acatzínco von überallher nur durch einen langen und beschwerlichen Marsch zu erreichen war, so daß alle sechs

Heere sich einen oder zwei Tage ausruhen mußten, ehe das Signal zum Beginn der Feindseligkeiten gegeben werden konnte. Entgegen jeder Absicht fiel doch eine ansehnliche Zahl von Kriegern; manche unabsichtlich, durch Zufall und durch Unglücksfälle; manche auch, weil sie oder ihre Gegner allzu begeistert bei der Sache waren. Für einen Krieger, dessen Geschäft das Töten ist, ist es schwierig, sich zurückzuhalten und nicht zu töten. Aber die meisten hielten sich an die allgemeine Vereinbarung, nur mit der stumpfen Seite des Maquáhuitl zuzuschlagen und nicht mit der Obsidianschneide. Die auf diese Weise benommen gemachten Krieger wurden nicht von den Garausmachern erledigt, sondern von den Feßlern rasch gefesselt. Schon nach zwei Tagen kamen die Priester, welche ein jedes Heer begleiteten, zu dem Schluß, nun seien genug Gefangene gemacht worden, um sie und ihre Götter zufriedenzustellen. Einer nach dem anderen entrollten die sechs Oberkommandierenden die Banner, auf die man sich vorher geeinigt hatte; die Knäuel der noch miteinander Kämpfenden auf der Ebene entwirrten sich, die sechs Heere sammelten sich und marschierten müde und abgekämpft mit ihren womöglich noch müderen und abgekämpfteren Gefangenen nach Hause.

Der erste noch zaghafte Blumenkrieg fand im Hochsommer – für gewöhnlich auch der Höhepunkt der Regenzeit – statt, doch herrschte in diesen Harten Zeiten wieder eine nicht enden wollende Trockenheit. Und noch etwas war von den sechs Herrschern der sechs Völker vereinbart worden: daß sämtliche Gefangenen in ihren sechs Hauptstädten an ein und demselben Tag geopfert werden sollten. Niemand erinnert sich an die genaue Zahl, aber ich nehme an, daß an diesem Tag etliche tausend Männer in Tenochtítlan, Texcóco, Tlácopan, Texcála, Cholólan und Huexotzínco den Tod fanden. Ihr mögt es einen Zufall nennen, ehrwürdige Patres, denn der Herrgott hatte selbstverständlich nichts mit alledem zu tun, aber an diesem Tag brachen die Wolkentonnen endlich auseinander, Regen ergoß sich über die gesamte Hochebene, und die Harten Zeiten waren vorüber.

An diesem selben Tag konnten viele Menschen in den sechs Städten sich zum erstenmal seit Jahren den Bauch vollschlagen, indem sie sich über die Überreste der geopferten Xochimíque hermachten. Die Götter waren es zufrieden, nur mit den herausgerissenen Herzen gespeist zu werden, die sich auf den Altären häuften; für das, was von den Geopferten übrigblieb, hatten sie keinerlei Verwendung, wohl aber die Menschen, die sich versammelt hatten. Als daher die noch warmen Leichen der Xochimíque die steilen Treppen all der Pyramiden heruntergerollt kamen, zerlegten die Fleischzerteiler sie in ihre eßbaren Teile und verteilten diese unter den begierig auf den Tempelplätzen Wartenden.

Die Schädel wurden aufgebrochen und das Hirn herausgeholt, Arme und Beine wurden in handliche Teile zerlegt, Geschlechtsteile und Hinterbacken abgetrennt und Leber und Nieren herausgeschnitten. Diese Fleischportionen wurden nicht einfach einer geifernden Menge vorgeworfen; vielmehr wurden sie mit bewundernswerter Zucht verteilt, und die Bevölkerung wartete mit nicht minder bewundernswerter Zurückhaltung. Es lag auf der Hand, daß die Hirne den Priestern und Weisen vorbehalten blieben, die muskulösen Arme und Beine den Kriegern und die Geschlechtsteile den jungen Ehepaaren; die weniger wichtigen Hinterteile und Innereien wurden an Schwangere, stillende Mütter und Familien mit vielen Kindern verteilt. Was übrigblieb, wie Köpfe, Hände, Füße und Brustkörbe – Teile, die mehr Knochen enthielten als Fleisch –, wurde beiseitegelegt, um später damit das Ackerland zu düngen.

Möglich, daß dieses Festmahl mit frischem Fleisch von denen, welche den Blumenkrieg geplant hatten, als zusätzlicher Vorteil vorhergesehen worden war, vielleicht aber auch nicht, ich weiß es nicht. Die verschiedenen Völker in diesem Land hatten schon vor langer Zeit jedes wilde Tier aufgegessen, das es noch gegeben hatte, jeden gezähmten Vogel und jeden Hund, der hatte gemästet werden sollen. Sie hatten sich an Eidechsen, Insekten und Kakteen gütlich getan. Niemals jedoch hatten sie ihre Verwandten oder Nachbarn angerührt, die den Harten Zeiten zum Opfer gefallen waren. Vielleicht könnte man es als unvernünftige Verschwendung verfügbarer Nahrung betrachten – aber in allen Völkern hatten die Hungernden ihre verhungerten Mitmenschen entweder der Erde oder dem Feuer überantwortet, wie es bei ihnen Sitte war. Jetzt verfügten sie jedoch dank des Blumenkrieges über eine Fülle von Leichen, die nicht mit ihnen verwandt, sondern ihre Feinde waren – selbst wenn man sie nur dann als Feinde bezeichnen konnte, wenn man den Sinn dieses Wortes übertrieb – und deshalb machten sie sich kein Gewissen daraus, sie zu verspeisen.

Im Gefolge späterer Kriege sollte es nie wieder zu einer solchen Schlächterei und Schlingerei kommen. Es gab aber auch nie wieder einen solchen Heißhunger aller zu stillen, und deshalb stellten die Priester Regeln und Rituale auf, um den Verzehr von Gefangenenfleisch in eine bestimmte rituelle Form zu bringen. Die siegreichen Teilnehmer späterer Kriege nahmen nur zum Schein einen Bissen von den muskulösen Teilen ihrer toten Feinde zu sich und das im Verlauf einer genau festgelegten Zeremonie. Alles andere Menschenfleisch wurde an die wirklich Armen ausgeteilt – was für gewöhnlich die Sklaven bedeutete – oder an die Tiere in jenen Städten verfüttert, die wie Tenochtítlan einen öffentlichen Tierzwinger unterhielten.

Menschenfleisch ergibt wie fast jedes andere Fleisch – sofern es genügend abgehangen, gewürzt und richtig zubereitet – ein schmackhaftes Mahl und kann durchaus als Nahrung dienen, wenn kein anderes Fleisch da ist. Doch, genauso, wie nachgewiesen werden kann, daß die Heirat von engen Verwandten unter unseren adeligen Familien nicht zu überlegener Nachkommenschaft führt, sondern oft vielmehr zum Gegenteil, meine ich, ließe sich gleichfalls genauso nachweisen, daß Menschen, die sich ausschließlich von Menschen ernähren, zu einem ähnlichen Niedergang verurteilt sind. Wenn das Blut einer Familie sich am besten dadurch verbessern läßt, daß außerhalb der engeren Verwandtschaft geheiratet wird, wird das Blut eines Menschen am besten dadurch gekräftigt, daß er andere Tiere verzehrt. So wurde, nachdem die Harten Zeiten vorübergingen, die Gepflogenheit, die erschlagenen Xochimíque zu verspeisen, für alle – mit Ausnahme der verzweifelten und heruntergekommenen Armen – zu nichts weiter als einer weiteren religiösen Übung – und einer von minderer Bedeutung dazu.

Aber dieser erste Blumenkrieg erwies sich – ob das nun Zufall war oder nicht – als ein solcher Erfolg, daß dieselben sechs Völker auch weiterhin in regelmäßigen Abständen einen solchen Krieg gegeneinander führten, um sich vor einem künftigen Unmut der Götter zu schützen und es nicht noch einmal zu so Harten Zeiten kommen zu lassen. Allerdings waren wir Mexíca kaum darauf angewiesen, zu dieser List Zuflucht zu nehmen, denn Motecuzóma und die Verehrten Sprecher, die ihm nachfolgten, ließen nie wieder Jahre zwischen *richtigen* Kriegen verstreichen. Es gab fürderhin selten Zeiten, da wir kein Heer im Felde stehen hatten, das den Bereich der uns Tributpflichtigen immer weiter ausdehnte. Doch die Acólhua und Tecpanéca, welche in dieser Hinsicht kaum irgendwelchen Ehrgeiz entwickelten, waren weiterhin auf die Blumenkriege angewiesen, um sich mit Opfern zu versorgen, die den Blumentod für die Götter starben. Und da Tenochtítlan nun einmal den Anstoß zu dieser Gepflogenheit gegeben hatte, erklärte es sich bereitwillig einverstanden, weiterhin mitzumachen; der Dreibund gegen die Texcaltéca, Mixtéca und Huéxotin.

Für die Krieger spielte das keine Rolle. Ob Strafkrieg oder Blumenkrieg – jeder Mann hatte gleichermaßen die Chance, darin den Tod zu finden. Außerdem hatte er dadurch Gelegenheit, sich als Held hervorzutun oder in einen der Ritterorden aufgenommen zu werden, gleichgültig, ob er nun auf irgendeinem umkämpften Feld eine große Anzahl von Feinden tot zurückließ oder von der Ebene von Acatzínco eine bemerkenswerte Anzahl Gefangener lebendig mit nach Hause brachte.

»Denn eines mußt du wissen, Umnebelt«, sagte Waffenmeister Blut Schwelger an jenem Tag, von dem ich gesprochen habe, »kein Krieger, ob in einem richtigen Krieg oder einem Blumenkrieg, sollte jemals erwarten, zu den Gefallenen oder Gefangengenommenen zu gehören. Er sollte vielmehr sein ganzes Trachten darauf richten, den Krieg zu überleben und als Held daraus hervorzugehen. Ach, ich will nicht heucheln, mein Junge. Jawohl, er kann durchaus sterben, während er noch gebannt versucht, letzterer Erwartung gerecht zu werden. Aber wenn er in die Schlacht zieht, *ohne* die selbstverständliche Erwartung, daß seine Seite den Sieg davontragen und er selbst Ruhm erringen wird, fällt er ganz bestimmt.«

Ohne kleinmütig erscheinen zu wollen, versuchte ich ihm klarzumachen, daß ich keineswegs Angst vorm Sterben hätte, allerdings auch nicht besonders erpicht darauf war zu sterben. In welcher Art von Krieg auch immer, offenbar war mir nichts Höheres bestimmt, als Garausmacher oder Feßler zu werden. Und eine solche Aufgabe, so bedeutete ich ihm, könne ebensogut Frauen übertragen werden. Ob ich den Mexíca, ja, der ganzen Menschheit, keinen größeren Dienst erwiese, wenn man mir gestatte, meine anderen Gaben zum Tragen zu bringen?

»Was für andere Gaben?« knurrte Blut Schwelger.

Diese Frage warf mich für einen Augenblick aus dem Gleichgewicht. Dann meinte ich, wenn ich es zum Beispiel schaffte, die Kunst der Bilderschrift zu meistern, könne ich das Heer als Schlachtenbeschreiber begleiten. Dann würde ich ein wenig abseits, vielleicht auf einem alles überragenden, einen guten Überblick gewährenden Hügel sitzen und zur Erbauung späterer Oberkommandierender eine Beschreibung der in jeder Schlacht befolgten Art der Kriegführung, des taktischen Vorgehens und des Schlachtverlaufs überhaupt anfertigen.

Erzürnt sah der alte Haudegen mich an. »Erst willst du mir weismachen, du kannst nicht weit genug sehen, um einem Gegner im Nahkampf gegenüberzutreten. Und jetzt behauptest du, du willst das ganze verworrene Kampfesgetümmel zweier aufeinanderprallender Heere überblicken! Umnebelt, wenn du versuchen willst, von den Waffenübungen dieser Schule freigestellt zu werden, spare dir deine Worte. Ich könnte dich nicht einmal freistellen, wenn ich es wollte. In deinem besonderen Falle ist mir eine Verpflichtung abgenommen worden.«

»Eine Verpflichtung?« wiederholte ich wie vor den Kopf geschlagen. »Eine Verpflichtung – von wem, Waffenmeister?«

Er legte die Stirn in Falten, gleichsam als wäre ihm etwas herausgefahren, was er nicht hatte sagen wollen, und dann knurrte er: »Eine Verpflichtung, die ich mir selbst auferlegt habe. Ich bin der aufrichtigen Überzeugung, daß jeder Mann einmal in seinem Leben einen Krieg oder wenigstens eine Schlacht mitgemacht haben muß. Denn, wenn er mit dem Leben davonkommt, wird er den Rest seines Lebens um so mehr auskosten und dankbar dafür sein. Aber genug jetzt! Ich erwarte, daß du dich morgen um die Dämmerstunde genauso auf dem Übungsfeld einfindest wie sonst.«

So kehrte ich denn nach Hause zurück und nahm in den Tagen und Monaten, die folgten, weiter an der Kampfausbildung und dem Unterricht teil. Zwar wußte ich immer noch nicht, was die Zukunft für mich bereithielt, doch eines wußte ich. Wenn es mir bestimmt war, irgendeine mir nicht genehme Aufgabe zu erfüllen, gab es nur zwei Möglichkeiten, dem zu entgehen: mich dazu entweder als unfähig oder aber als zu gut dafür zu erweisen. Und gute Schreiber wurden jedenfalls nicht zu Schilfrohren gemacht, welche die Schärfe des Obsidian niedermähte. Das ist der Grund, warum ich – wenngleich ich klaglos weiterhin das Haus der Leibesstärkung und das Haus des Manierenlernens besuchte – insgeheim und für mich fieberhaft und mit aller Intensität daran weiterarbeitete, Rätsel und Geheimnisse der Kunst der Wortkunde zu lösen.

Ich würde die Geste des Erdeküssens vollführen, Euer Exzellenz, wenn das heute noch der Brauch wäre. Statt dessen strecke ich meine alten Knochen und erhebe mich wie Eure Mönche, um Euer Eintreten zu ehren.

Ich betrachte es als eine Ehre, daß Euer Exzellenz unseren kleinen Kreis wieder mit Eurer Gegenwart beehren und von Euch zu hören, daß Ihr die gesammelten Seiten meiner Geschichte bis hierher überprüft und Euch zu Gemüte geführt habt. Allerdings stellen Euer Exzellenz bohrende Fragen in Hinblick auf bestimmte darin erwähnte Ereignisse, und ich muß gestehen, daß diese Fragen mich vor Verlegenheit, ja, sogar mit einer gewissen Scham die Lider senken lassen.

Jawohl, Euer Exzellenz, meine Schwester und ich fuhren während dieser Jahre des Heranwachsens, von denen ich vor kurzem gesprochen habe, fort, uns gegenseitig zu beglücken. Und jawohl, ich weiß, daß wir damit gesündigt haben, Euer Exzellenz.

Tzitzitlíni war sich vermutlich von Anfang an im klaren darüber gewesen, ich war jedoch jünger als sie, und so ging mir erst nach und nach auf, daß das, was wir taten, unrecht war. Im Laufe der Jahre bin ich zu der Überzeugung gelangt, daß unsere Frauen immer mehr von den Geheimnissen des Geschlechts und auch früher davon wußten als die Männer.

Vermutlich ist das bei den Frauen aller Rassen so, eure nicht ausgenommen. Denn von klein auf scheint es ihnen ein tiefes Bedürfnis zu sein, untereinander zu tuscheln und die Geheimnisse auszutauschen, die sie über ihren Körper sowie den Körper des Mannes in Erfahrung bringen – und sich darüber hinaus auch mit alten Witwen und überhaupt alten Frauen zusammenzutun, die – vielleicht, weil ihr eigenes Feuer erloschen ist – nichts mehr genießen, als junge Mädchen mit Lust und bisweilen auch nicht ganz ohne Bosheit in weibliche Listen, Tücken und Irreführungen einzuweihen.

Ich bedaure aufrichtig, daß ich selbst heute noch nicht genug über meine neue christliche Religion weiß, um alle zu diesem Bereich gehörigen Regeln und Vorschriften zu kennen, wenngleich ich vermute, daß sie durchgehend jeden Ausdruck des Geschlechtlichen – mit der einen Ausnahme der gelegentlichen Paarung zwischen einem christlichen Ehemann und seiner christlichen Gattin zum Zwecke der Zeugung eines christlichen Kindes – mit Mißtrauen und Stirnrunzeln betrachtet. Aber selbst wir Heiden haben hinsichtlich anerkannten geschlechtlichen Verhaltens einige Gesetze und eine ganze Menge Tradition beachtet.

Ein Mädchen mußte bis zu seiner Heirat Jungfrau bleiben. Außerdem ermunterte man sie, nicht jung zu heiraten, denn unsere Religion berücksichtigte durchaus den Umstand, daß unser Lebensraum und die Dinge, welche die Natur uns bot, um leben zu können, bald zu eng und erschöpft sein würden, wenn jede Generation mehr als eine vernünftige Zahl von Kindern in die Welt setzte. Außerdem brauchte ein Mädchen nicht unbedingt zu heiraten, sondern konnte in die Reihen der Auyaníme eintreten, deren Dienst an unseren Soldaten als durchaus angesehener, wo nicht gar als ein besonders ehrenvoller weiblicher Beruf galt. Kam sie für die Ehe nicht in Frage, weil sie häßlich oder irgendwie sonst zu kurz gekommen war, konnte sie eine Maátitl werden, sich um Bezahlung Männern hingeben und, wie wir es nannten, »rittlings auf die Straße gehen«. Es gab auch einige Mädchen, welche ihre Jungfräulichkeit bewahrten, um die Ehre zu erringen, in einer Zeremonie, zu der eine Jungfrau gehörte, sich als Opfer darbieten zu können; und andere, damit sie ihr Leben lang wie eure Nonnen den Tempelpriestern dienen könnten – wiewohl viel darüber geredet wurde, welcher Art dieser Dienst wohl sei und wie lange diese Jungfräulichkeit anhalte.

Von unseren Männern wurde Keuschheit vor der Ehe nicht im gleichem Maß erwartet. Immerhin standen ihnen jederzeit die Maátime und die Sklavenfrauen zur Verfügung, ob letztere nun wollten oder nicht; außerdem läßt sich die Jungfräulichkeit beim Mann genausowenig beweisen wie das Gegenteil. Bei den Frauen übrigens auch nicht, wie ich euch im Vertrauen sagen möchte – so wie Tzitzi es mir im Vertrauen sagte –, sofern sie Zeit haben, sich auf die Hochzeitsnacht vorzubereiten. Es gibt alte Frauen, die Tauben hielten, welche sie mit den dunkelroten Samenkörnern einiger nur ihnen bekannter Pflanzen fütterten; die Eier dieser Tauben verkauften sie an Möchtegern-Jungfrauen. Ein Taubenei ist so klein, daß es sich mit Leichtigkeit tief im Inneren einer Frau verbergen läßt, und seine Schale ist so zerbrechlich, daß ein erregter junger Ehemann sie zerbricht, ohne etwas davon zu merken; das Eigelb dieser besonderen Tauben hat genau die gleiche Farbe wie das Blut. Des weiteren verkaufen die alten Weiber den jungen Frauen eine Salbe, welche aus einer Beere bereitet wird, die ihr Kreuzdorn nennt und die auch noch die erschlaffteste und geweitetste Öffnung zu jungfräulicher Straffheit zusammenzieht...

Wie Ihr befehlt, Euer Exzellenz, ich werde mich bemühen, von gewissen Einzelheiten Abstand zu nehmen.

Ein Verbrechen wie Notzucht kam bei uns nur selten vor, und zwar aus drei Gründen. Erstens war es fast unmöglich zu begehen, ohne dabei erwischt zu werden, da alle unsere Gemeinwesen so klein waren, daß jeder jeden kannte und Fremde ganz besonders auffielen. Zweitens war es ein höchst überflüssiges Vergehen, da Maátime und Sklavinnen in großer Anzahl zur Verfügung standen, um die dringendsten Bedürfnisse eines Mannes zu befriedigen. Und drittens wurde Notzucht mit dem Tode bestraft. Das galt übrigens auch für Ehebruch und für Cuilónyotl, den Verkehr zwischen Mann und Mann – sowie für Patlachúia – den Verkehr zwischen Frau und Frau. Diese Verbrechen kamen vermutlich gar nicht so selten vor, kamen jedoch kaum je ans Tageslicht, es sei denn, die Betreffenden wurden dabei ertappt. Im übrigen entziehen solche Sünden sich dem Nachweis genauso wie die Jungfräulichkeit.

Ich möchte mit allem Nachdruck sagen, daß ich hier nur von jenen Gepflogenheiten spreche, die bei uns Mexíca als strafwürdig, verboten waren und auf jeden Fall zu meiden galten. Bis auf einige Freiheiten und Bekundungen, die während mancher unserer Fruchtbarkeitsriten erlaubt waren, ging es bei uns Mexíca im Vergleich zu so vielen anderen Völkern recht streng zu. So erinnere ich mich, daß ich mich – als ich zum erstenmal zu den weit im Süden lebenden Maya reiste – beim Anblick einiger Tempel recht vor den Kopf gestoßen fühlte, deren Regenspeier die Gestalt männlicher Tepúlis aufwiesen und während der Regenzeit unablässig ihr Wasser abschlugen.

Die Huaxtéca, die im Nordosten am Ufer des Ost-Meeres leben, beweisen in geschlechtlicher Hinsicht ein besonders derbes Verhalten. Ich habe dort aus Stein gehauene Tempelfriese mit Darstellungen der vielen Stellungen gesehen, die Mann und Frau einnehmen können. Jeder Huaxtécatl-Mann mit einem überdurchschnittlichen Tepúli pflegte damals auch in der Öffentlichkeit und beim Besuch irgendwelcher zivilisierteren Stätten ohne jedes Schamtuch umherzugehen. Durch dieses prahlerische Herumstolzieren gelangten die Huaxtéca-Männer in den Geruch unbändiger Virilität – ob verdienter- oder unverdientermaßen, vermag ich nicht zu sagen. Allerdings, wenn gelegentlich gefangengenommene Huaxtéca-Krieger auf dem Sklavenmarkt zum Verkauf kamen, habe ich des öfteren beobachtet, wie unsere adligen Mexíca-Frauen – verschleiert und sich am Rand der Menge haltend – ihren Dienern Zeichen gaben, für diesen oder jenen Huaxtécatl auf dem Verkaufsblock ein Gebot abzugeben.

Die in Michihuácan lebenden Purémcheca westlich von hier sind die in Sachen Geschlechtsleben laxesten und nachsichtigsten von allen. So wird zum Beispiel der Geschlechtsverkehr zwischen Mann und Mann nicht nur nicht geahndet, sondern wird verziehen und akzeptiert. Er ist sogar in ihre Bilderschrift eingegangen. Vielleicht wißt ihr, daß das Zeichen für die Tipíli einer Frau die Schneckenschale ist? Nun, wenn es darum geht, den Verkehr von zwei Männern untereinander auszudrükken, zeichneten die Purémcheca schamlos das Bild eines nackten Mannes, dessen Organ von einer Schneckenhausschale verdeckt wird.

Was nun den Verkehr zwischen meiner Schwester und mir betrifft – Inzest ist das Wort, das ihr dafür gebraucht? – jawohl, Euer Exzellenz, ich glaube, der war bei allen bekannten Völkern verpönt. Und Ihr habt recht, wir riskierten den Tod, wenn man uns erwischte. Für die Paarung zwischen Bruder und Schwester, Vater und Tochter, Mutter und Sohn, Onkel und Nichte und so weiter sah das Gesetz besonders schauerliche Formen der Hinrichtung vor. Freilich galt dieses Gebot nur für uns Macehuáltin, die Gemeinfreien, also die überwiegende Mehrheit der Bevölkerung. Wie ich schon zuvor bemerkt habe, gab es Adelsgeschlechter, die dadurch, daß sie ausschließlich nahe Verwandte heirateten, danach trachteten, das zu erhalten, was sie die »Reinheit des Blutes« nannten; es ist jedoch nie bewiesen worden, daß die aus solchen Ehen stammende Nachkommenschaft sich je besonders hervorgetan oder etwas Besonderes geleistet hätte. Und was sich in der Masse der Sklaven abspielte – Notzucht, Inzest, Ehebruch, was ihr wollt –, so nahmen selbstverständlich weder das Gesetz noch die Tradition, noch die Menschen ganz allgemein irgendwelche Notiz davon.

Aber Ihr fragt, wie meine Schwester und ich während der langen Zeit, da wir der Sünde frönten, der Entdeckung entgingen. Nun, da wir wegen weit geringerer Vergehen schon so hart von unserer Mutter gezüchtigt worden waren, hatten wir beide gelernt, in all diesen Dingen außerordentlich vorsichtig zu sein. Es kam die Zeit, da ich mondelang von Xaltócan fort war; dann sehnte ich mich schmerzlich nach Tzitzitlíni und sie sich nach mir. Kam ich dann jedoch heim, gab ich ihr nur einen kühlen brüderlichen Kuß auf die Wange, setzten wir uns nicht nebeneinander und verbargen den Aufruhr, der in uns tobte, solange ich unseren Eltern und den stets auf Neuigkeiten brennenden Verwandten und Freunden von all den vielen Geschehnissen in der Welt außerhalb Xaltócans berichtete. Es konnten Tage vergehen, ehe Tzitzi und ich Gelegenheit fanden oder suchten, insgeheim und ohne Gefahr allein zusammenzusein. Ah, aber dann: das hastige Entkleiden, die erregten Zärtlichkeiten, die erste Erlösung – als ob wir beide auf dem Hang unseres eigenen kleinen, geheimen und erwachenden Vulkans lägen – und später die gemächlicheren Liebkosungen und die nüchterneren und um so köstlicheren Entladungen ...

Daß ich jedoch von der Insel abwesend war, dazu kam es erst später. Jedenfalls wurden meine Schwester und ich bis dahin nie beim Zusammensein überrascht. Selbstverständlich wären wir in allergrößte Schwierigkeiten geraten, hätten wir bei einer einzigen oder, wie die Christen, bei jeder Paarung ein Kind bekommen. Der Gedanke daran mag mir selber nie gekommen sein: Welcher Junge kann sich schon vorstellen, Vater zu sein? Aber Tzitzi war eine Frau und damit weiser in diesen Dingen. Infolgedessen hatte sie Vorsorge getroffen, nicht schwanger zu werden.

Jene alten Frauen, von denen ich vorhin gesprochen habe, verkauften unverheirateten jungen Mädchen in aller Heimlichkeit – so wie die Heilkundigen und Heilkräuterverkäufer ganz offen an jene verheirateten Paare, die nicht jedesmal ein Kind bekommen wollten, wenn sie miteinander ins Bett gingen – ein Pulver, das aus gemahlenem Tlatlaohuéhuetl gewonnen wird, wie die Süßkartoffel ein Knollengewächs, nur hundertmal größer; ihr nennt sie die Jalapa-Wunderblume. Eine Frau, die täglich ein wenig fein zerstoßener Wunderblumen-Knolle zu sich nimmt, läuft nicht Gefahr, schwanger zu werden.

Verzeiht, Euer Exzellenz, ich hatte keine Ahnung, etwas Gotteslästerliches zu sagen. Bitte, nehmt wieder Platz.

Ich muß freilich gestehen, daß ich persönlich sehr wohl Gefahr lief, entdeckt zu werden, selbst, wenn ich nicht in Tzitzis Nähe war. Während unserer abendlichen Unterweisung im Kriegshandwerk im Haus der Leibesstärkung wurden regelmäßig kleine Gruppen von sechs oder acht Jungen an abgelegene Plätze oder in Baumgruppen geschickt, wo wir vorgeblich »Wache hielten, um einen Überfall auf die Schule zu vereiteln«. Das war immer besonders langweilig, und so vertrieben wir uns die Zeit damit, daß wir mit Springbohnen Patóli spielten.

Doch dann – wer es war, weiß ich heute nicht mehr – entdeckte einer von den Jungen den »einsamen Akt«. Der Junge war dieserhalb weder verlegen, noch behielt er seine Entdeckung für sich, sondern führte uns anderen augenblicklich sein neu erlerntes Kunststück vor. Von da an vergaßen die Jungen die Springbohnen, wenn sie Wache hielten: sie trugen ihr Spielzeug immer bei sich. Denn darauf lief alles hinaus: auf ein Spiel. Wir veranstalteten Wettbewerbe und schlossen Wetten darüber ab, wer am meisten Omícetl herausspritzen und wie oft wir es hintereinander machen konnten. Es war wie in unseren noch jüngeren Tagen, da wir miteinander gewetteifert hatten, wer am weitesten spucken und sein Wasser abschlagen konnte. Doch bei diesem neuen Wettstreit war ich in Gefahr.

Denn seht, oft stieß ich zu diesen Spielen, nachdem ich mich kurz zuvor aus Tzitzis Umarmung gelöst hatte, und ihr könnt euch vorstellen, daß ich meinen Vorrat an Omícetl ziemlich verausgabt hatte, ganz zu schweigen von meiner Fähigkeit, mein Glied in die Höhe zu bekommen. Infolgedessen schaffte ich im Gegensatz zu meinen Kameraden bestenfalls ein paar wenige Tropfen, und manchmal wollte mein Tepúli überhaupt nicht steif werden. Eine Zeitlang buhten meine Freunde und machten sich lustig über mich, doch dann fingen sie an, mich mit besorgten, wenn nicht gar mitleidigen Blicken zu bedenken. Etliche von den mitleidigeren Jungen schlugen mir Heilmittel gegen meine Schwäche vor – sie meinten, ich sollte rohes Fleisch essen, ausgiebig im Schwitzbad sitzen und dergleichen. Meine beiden besten Freunde, Chimáli und Tlatli, waren dahintergekommen, daß sie es unvergleichlich viel aufregender fanden, wenn jeder das Tepúli des anderen bearbeitete, statt es selbst zu tun. Deshalb schlugen sie vor ...

Unflat? Unzucht? Es beleidigt Eure Ohren, mich diese Dinge sagen zu hören? Es tut mir leid, wenn ich den Unmut Eurer Exzellenz errege – und euren, meine Herren Schreiber –, doch berichte ich von diesen Dingen nicht aus Geilheit. All das sollte sich später auf weit weniger belanglose Ereignisse auswirken, Dinge, die geradezu eine Folge hiervon waren. Wenn Ihr mir weiter zuhören wolltet?

Schließlich kamen einige der älteren Jungen auf die Idee, ihre Tepúltin dorthin zu stecken, wo sie hingehörten. Ein paar unserer Kameraden, darunter Pactli, der Sohn unseres Tecútli, machten sich auf, sich in dem unserer Schule zunächst gelegenen Dorf umzuschauen. Dort fanden sie eine Sklavin von einigen zwanzig, vielleicht aber auch schon dreißig Jahren, und machten sie uns dienstbar. Passenderweise hieß sie auch noch Tetéo-Temacáliz, Göttergeschenk. Auf jeden Fall war sie ein Geschenk für die Wachtposten, welche sie fürderhin fast jeden Tag aufsuchte.

Pactli besaß die Autorität, ihr zu befehlen, sich einzufinden, doch glaube ich, es bedurfte eines solchen Befehls gar nicht. Sie erwies sich als äußerst willige, ja sogar eifrige Teilnehmerin an unseren sexuellen Spielen. *Ayya*, ich glaube, das arme Luder hatte seine eigenen Gründe dafür. Auf der Nase saß ihr eine komische Knolle, sie war ausgesprochen mollig und besaß ausladende Schenkel, und vermutlich hatte sie kaum Hoffnung, einen richtigen Mann zu finden, nicht einmal in ihrer eigenen Schicht der Tlacótli. Folglich ergab sie sich ihrem neuen Gewerbe als Straßenmädchen mit hemmungsloser Lüsternheit.

Wie gesagt, mit großer Wahrscheinlichkeit hielten immer sechs bis acht Jungen im Freien Wache. Sobald Gottesgeschenk einem jeden zu Diensten gewesen war, pflegte der erste im allgemeinen wieder soweit zu sein, es von neuem zu tun, und so begann die Runde noch einmal. Ich bin sicher, Gottesgeschenk war so geil, daß es ihretwegen die ganze Nacht über hätte weitergehen können. Aber nach einiger Zeit war sie so voll von Omícetl, war sie dermaßen verschmiert und verschleimt und gab nachgerade einen Geruch von sich wie ein verwesender Fisch, daß die Jungen von sich aus Schluß machten und sie heimschickten.

Doch am nächsten Nachmittag war sie unweigerlich wieder zur Stelle, lag vollkommen nackt da, die Beine weit gespreizt und wartete keuchend darauf, daß es losging. Ich hatte mich an diesem Treiben nie beteiligt, sondern nur zugesehen, bis Pactli ihr eines Abends, nachdem er Göttergeschenks Dienste in Anspruch genommen, etwas zuflüsterte und sie dorthin kam, wo ich saß.

»Du bist Maulwurf«, sagte sie durchtrieben, »und Pactzin hat mir gesagt, du hast da Schwierigkeiten.« Sie vollführte aufreizende Bewegungen, ließ die schlaffen Tipíli-Lippen unmittelbar vor meinem brennenden Gesicht kreisen. »Vielleicht hätte dein Speer es ganz gern, statt in der eigenen Faust einmal in mir zu stecken.« Ich murmelte, ich hätte im Augenblick kein Bedürfnis danach, konnte jedoch nicht allzu heftig protestieren, da sechs oder sieben von meinen Kameraden herumstanden und über meine Verlegenheit feixten.

»*Ayyo!*« rief sie aus, als sie mit der Hand meinen Umhang hochhob und mir mein Schamtuch löste. »Du hast da ja etwas ganz Besonderes, junger Maulwurf!« Sie ließ ihn in ihrer Hand auf- und abhüpfen. »Selbst im Ruhezustand ist er ja noch größer als die Tepúli aller älteren Jungen. Größer selbst als der des edlen Pactzin.« Meine Kameraden lachten und stießen sich in die Seite. Ich hütete mich, Rot Reihers hochgeborenen Sohn anzublicken, wußte aber ganz genau, daß Göttergeschenk mir soeben jemand zum Feind gemacht hatte.

»Ein gütiger Macehuáli wird doch einer demütigen Tlacótli bestimmt kein Vergnügen verweigern«, sagte sie. »Laß mich meinem Krieger eine Waffe geben.« Damit nahm sie mein Glied zwischen ihre großen weichen Brüste, drückte sie mit einem Arm zusammen und fing an, mich mit ihnen zu massieren. Nichts geschah. Dann machte sie noch andere Dinge mit mir und ließ mir eine Behandlung angedeihen, welche sie nicht einmal Pactli hatte zuteil werden lassen. Mit rotübergossenem Gesicht und wütender Miene drehte er sich um und stolzierte davon. Immer noch geschah nichts, wiewohl sie sogar ...

Jawohl, jawohl, ich beeile mich schon, diese Episode zu Ende zu bringen.

Verärgert gab Göttergeschenk ihre Bemühungen schließlich auf. Sie klatschte mir mein Tepúli gegen den Bauch und meinte frech: »Zweifellos hebt dieser eingebildete Neu-Krieger seine Jungfräulichkeit für eine Frau seiner eigenen Schicht auf.« Sie spie auf den Boden, ließ mich unvermittelt stehen, griff sich einen anderen Jungen, zog ihn mutwillig zu Boden und fing an zu bocken wie eine Hirschkuh, die eine Wespe gestochen hat ...

Nun.

Euer Exzellenz haben mich aufgefordert, von Geschlecht und Sünde zu sprechen, oder nicht, meine verehrten Patres? Gleichwohl scheint er nie lange zuhören zu können, ohne genauso violett anzulaufen wie seine Soutane und sich woanders hinzubegeben. Es wäre mir aber zumindest daran gelegen, daß er mitbekommt, worauf ich eigentlich hinauswollte. Aber selbstverständlich – ich hatte das ganz vergessen –, Seine Exzellenz können es ja lesen, wenn sie sich beruhigt haben. Darf ich dann fortfahren, meine Herren?

Chimáli kam und setzte sich neben mich. »Ich habe nicht zu denen gehört, die über dich gelacht haben, Maulwurf. Mich erregt sie nämlich auch nicht.«

»Es liegt nicht so sehr daran, daß sie häßlich und schlampig wäre«, sagte ich und erzählte Chimáli dann, was mein Vater mir vor kurzem erklärt hatte – daß die Nanáua-Krankheit, unter der so viele eurer spanischen Soldaten leiden und welche sie schicksalsergeben »Frucht der Erde« nennen, von unsauberem Geschlechtsverkehr kommen kann.

»Von Frauen, die ihr Geschlecht nicht besudeln, steht nichts zu befürchten«, erklärte ich Chimáli. »Die Auyaníme unserer Krieger zum Beispiel halten sich sauber und werden überdies auch noch regelmäßig von den Heilkundigen im Heer untersucht. Die Maátime aber, die für jedermann die Beine spreizen und für so viele, wie nur wollen, die meidet man am besten. Die Krankheit entsteht an unsauberen Körperteilen. Und was diese Frau betrifft – wer weiß, welchen schmutzigen Sklavenmännern sie schon zu Diensten gewesen ist, ehe sie zu uns kommt? Steckst du dich jemals mit Nanáua an, ist dagegen kein Kraut gewachsen. Dein Tepúli kann so sehr davon zerfressen werden, daß er dir schließlich abfällt, und es kann sogar dein Gehirn zerfressen, bis du ein stolpernder, stammelnder Schwachsinniger bist.«

»Ist das wahr, Maulwurf?« fragte Chimáli mit aschgrauem Gesicht. Sein Blick wanderte zu Göttergeschenk und zu dem auf ihr liegenden schwitzenden und stoßenden Jungen. »Dabei hatte ich schon vor, sie auch zu nehmen – bloß um nicht zum Gespött der anderen zu werden. Aber zu verblöden – nein, da ist es mir schon lieber, ich gelte als unmännlich.«

Er ging augenblicklich hin und setzte Tlatli ins Bild. Dann müssen sie das Gehörte weiterverbreitet haben, denn die Zahl derer, die nach Göttergeschenk Schlange standen und darauf warteten, an die Reihe zu kommen, wurde nach diesem Abend immer kleiner, und im Schwitzbad sah ich oft, wie meine Kameraden sich verstohlen nach Anzeichen der Krankheit der Fäulnis untersuchten. Nach und nach setzte sich für die geile Sklavin eine Abwandlung ihres Namens durch: Tetéo-Tlayo, Götter*auswurf*. Einige von den Schülern fuhren jedoch bedenkenlos weiter fort, sie zu bespringen; einer davon war Pactli. Meine Verachtung für ihn muß genauso offenkundig gewesen sein wie seine Abneigung gegen mich, denn eines Tages kam er zu mir und sagte drohend:

»Dem Maulwurf ist seine Gesundheit also zu kostbar, als daß er sich mit einer Maátitl besudeln möchte? Ich weiß, das ist nur eine Ausrede, um deine bedauernswerte Zeugungsunfähigkeit zu verbergen; es liegt aber auch Kritik an *meinem* Verhalten darin, und ich warne dich: du solltest deinen künftigen Schwager nicht verleumden.« Fassungslos starrte ich ihn an. »Ja, ehe ich, wie du vorhersagst, verfaule, will ich deine Schwester heiraten. Und selbst wenn ich ein verseuchter und stolpernder Schwachsinniger werde, einen Edelmann kann sie nicht zurückweisen. Laß dir das gesagt sein, künftiger Schwager: Ein einziges Wort zu Tzitzitlíni, daß ich mich mit Götterauswurf vergnüge, und ich bringe dich um.«

Ohne eine Erwiderung von mir abzuwarten, zu der ich im Augenblick aber ohnehin nicht fähig gewesen wäre, stolzierte er davon. Ich war vor Angst wie benommen. Nicht, daß ich persönlich vor Pactli Angst gehabt hätte, denn ich war um ein weniges größer und vermutlich auch stärker als er. Doch selbst wenn er ein schwächlicher Zwerg gewesen wäre – er war immer noch der Sohn unseres Tecútli, und jetzt war er böse auf mich. Seit die Jungen mit ihren einsamen Sexspielen angefangen hatten, und vor allem, seit sie mit Götterauswurf rammelten, war ich von bänglicher Erwartung erfüllt gewesen. Meine jämmerliche Leistung und das Gelächter, das sie mir eingetragen und das ich ertragen hatte, all diese Peinlichkeiten hatten weniger meine Eitelkeit verletzt als vielmehr dafür gesorgt, daß mir die Furcht in mein Glied gefahren war. Ich mußte in den Augen der anderen ja *wirklich und wahrhaftig* als impotent und unmännlich gelten. Mochte Pactli auch ebenso beschränkt wie hochmütig sein – sollte er jemals hinter den wahren Grund meiner vorgeblich schwach ausgebildeten Geschlechtlichkeit kommen, und daß ich sie in vollen Zügen anderswo verausgabte – so dumm, um sich nicht zu fragen, *wo*, war er nicht. Auf unserer kleinen Insel würde er nicht lange brauchen, um festzustellen, daß ich mit keinem anderen weiblichen Wesen zusammenkam außer mit . . .

Zuerst hatte Tzitzitlíni Pactlis Wohlgefallen erregt, als sie noch ein knospendes Mädchen gewesen war, damals, als sie den Palast aufgesucht hatte, um der Hinrichtung seiner ehebrecherischen Schwester, der Prinzessin, beizuwohnen. Vor noch nicht so langer Zeit hatte Tzitzi beim Frühlingsfest des Großen Erwachens die Tänzerinnen auf dem großen Pyramidenplatz angeführt – wobei Pactli sie gesehen hatte und von ihr völlig hingerissen gewesen war. Seither hatte er es wiederholt so eingerichtet, ihr in der Öffentlichkeit zu begegnen, ja, er hatte sie sogar angesprochen, ein unerhörter Verstoß gegen die guten Manieren für jeden Mann, selbst einen Pili. Außerdem hatte er vor kurzem angefangen, Vorwände zu finden, in unser Haus zu kommen und mit Tepetzálan »über

Angelegenheiten des Steinbruchs zu sprechen«, wo man ihm unmöglich die Tür hatte weisen können. Die Kühle, mit der Tzitzi ihm begegnet war und ihre unverhohlene Abneigung gegen ihn hätten jeden anderen jungen Mann entmutigt davonschleichen lassen.

Und jetzt besaß dieser widerwärtige Pactli die Stirn, mir zu sagen, er werde Tzitzi *heiraten*. Nachdem ich an diesem Abend heimgegangen war, wir um das Abendbrottuch herumsaßen und nachdem unser Vater den Göttern für das gute Essen gedankt hatte, das vor uns stand, konnte ich nicht mehr an mich halten, und es brach aus mir heraus:

»Pactli hat mir heute erklärt, er habe vor, Tzitzitlíni zur Frau zu nehmen. Nicht vielleicht, oder falls sie seinen Antrag annimmt oder die Familie einverstanden ist. Sondern daß er das vorhat und es tun wird.«

Meine Schwester wurde stocksteif und starrte mich an. Flüchtig fuhr sie sich mit der Hand übers Gesicht, wie unsere Frauen es immer zu tun pflegen, wenn etwas sie überrascht. Unser Vater machte ein unbehagliches Gesicht. Nur meine Mutter aß seelenruhig weiter und sagte dann genauso seelenruhig: »Er hat davon gesprochen, Mixtli, gewiß. Pactzin wird die Niedere Schule bald hinter sich haben, muß dann aber noch etliche Jahre die Calmécac-Schule besuchen, ehe er heiraten kann.«

»Er kann Tzitzi nicht zur Frau nehmen«, sagte ich. »Pactli ist ein beschränkter, habgieriger, verdorbener Mensch . . .«

Meine Mutter lehnte sich über das Tuch herüber und versetzte mir mit aller Macht eine Maulschelle. »Dafür, daß du so respektlos von unserem zukünftigen Tecútli sprichst! Wer bist du, wie überhebst du dich, daß du es wagst, einen Edelmann zu verunglimpfen?«

Ich schluckte häßlichere Worte hinunter, die mir auf die Lippen kommen wollten, sagte jedoch immerhin: »Ich bin nicht der einzige auf dieser Insel, der weiß, daß Pactli ein abgrundtief verdorbener und verachtenswerter . . .«

Sie versetzte mir noch eine Maulschelle. »Tepetzálan«, wandte sie sich an unseren Vater. »Noch ein Wort von diesem aufsässigen jungen Mann, und du mußt ihn bestrafen.« Und zu mir gewandt, sagte sie: »Wenn der hochgeborene Pili-Sohn des Herrn Rot Reiher Tzitzitlíni heiratet, werden wir anderen auch zu Pípiltin. Welche großen Aussichten hast du denn, ohne Beruf, nur mit dem eitlen Ehrgeiz, Wort-Bilder zu lernen, unserer Familie eine so erlauchte Stellung zu verschaffen?«

Unser Vater räusperte sich und sagte: »Ich bin nicht besonders darauf erpicht, das *-tzin* an unseren Namen zu hängen, aber noch weniger bin ich auf Unhöflichkeit und Schande erpicht. Einem Edelmann eine Bitte abzuschlagen – insbesondere, die Ehre abzulehnen, die es für uns bedeuten würde, wenn Pactli um die Hand unserer Tochter bitten sollte – würde heißen, ihn vor den Kopf zu stoßen, und würde uns in eine Schande stürzen, die wir nie überleben würden. Falls man uns überhaupt gestatten würde weiterzuleben, auf jeden Fall müßten wir Xaltócan verlassen.«

»Nein, ihr anderen nicht.« Tzitzitlíni sprach zum erstenmal und mit fester Stimme. »Ich werde gehen. Wenn dieser heruntergekommene Unhold Pactli . . . Erhebe nicht die Hand noch einmal gegen mich, Mutter. Ich bin eine erwachsene Frau, und ich schlage zurück.«

»Du bist meine Tochter, und dies ist mein Haus!« zeterte meine Mutter.

»Kinder, was ist in euch gefahren?« sagte mein Vater.

»Ich sage nur soviel«, fuhr Tzitzi fort. »Wenn Pactli um mich anhält und ihr euch einverstanden erklärt, werdet weder ihr noch er mich je wiedersehen. Dann verlasse ich diese Insel für immer. Und wenn ich mir kein Acáli leihen oder entwenden kann, werde ich schwimmen. Erreiche ich das Festland nicht, werde ich ertrinken. Weder Pactli noch irgendein anderer Mann wird mich je berühren, nur ein Mann, dem ich mich *aus freien Stücken* hingeben kann.«

»Auf ganz Xaltócan«, stotterte meine Mutter, »gibt es keine Tochter, die so undankbar, so ungehorsam und so trotzig ist wie du, daß . . . .«

Diesmal wurde sie von meinem Vater zum Schweigen gebracht, der erklärte – es feierlich erklärte: »Tzitzitlíni, wenn jemand deine ungehörigen Worte außerhalb dieser Wände gehört hat, könnte nicht einmal ich dir verzeihen oder verhindern, daß du geziemend bestraft wirst. Man würde dir die Kleider vom Leib reißen und dir den Kopf scheren. Unsere Nachbarn würden es tun, wenn ich es nicht täte, um ein Exempel für ihre eigenen Kinder zu statuieren.«

»Es tut mir leid, Vater«, sagte sie mit gleichbleibender Stimme. »Du mußt wählen. Eine pflichtvergessene Tochter oder gar keine.«

»Ich danke den Göttern, daß ich mich nicht heute entscheiden muß. Wie deine Mutter gesagt hat, werden noch ein paar Jahre vergehen, ehe der junge Herr Freude heiraten kann. Wollen wir bis dahin nicht mehr davon sprechen, weder im Zorn noch sonst. Wer weiß, was bis dahin alles geschieht.«

Unser Vater hatte recht: Vieles sollte noch geschehen. Ich wußte nicht, ob es Tzitzi mit allem ernst war, was sie gesagt hatte, und fand auch keine Gelegenheit, sie zu fragen, weder an diesem Abend noch am nächsten Tag. Wir wagten nicht mehr, als von Zeit zu Zeit einen besorgten und sehnsüchtigen Blick zu tauschen. Aber ob sie sich an ihren Vorsatz halten würde oder nicht, die Aussicht war trostlos. Wenn sie vor Pactli floh, würde ich sie verlieren. Wenn sie nachgab und ihn heiratete, würde ich sie verlieren. Sollte sie das Bett mit ihm teilen, so verstand sie sich bestimmt auf die Kunstgriffe, ihn davon zu überzeugen, daß sie noch unberührt sei. Sollte Pactli jedoch noch vorher argwöhnen, daß sie einem anderen Mann beigewohnt hatte – und daß auch noch *ich* dieser Mann war –, seine Wut würde grenzenlos sein, seine Rache unvorstellbar. Zu welch grauenhafter Art auch immer er sich dann entschied, uns zu vernichten – Tzitzi und ich würden einander für immer verloren haben.

Ayya, es geschahen in der Tat viele Dinge, und eines davon war folgendes. Als ich im Abenddämmer des nächsten Tages ins Haus der Leibesstärkung ging, stellte ich fest, daß mein Name sowie der von Pactli auf Blut Schwelgers Wachplan stand, gleichsam, als hätte sich ein Gott ein diebisches Vergnügen daraus gemacht. Götterauswurf war bereits zur Stelle, nackt, hielt die Beine gespreizt und war bereit. Zu Pactlis und unserer anderen Kameraden Verwunderung riß ich mir sofort das Schamtuch herunter und stürzte mich auf sie.

Ich machte es so linkisch, wie es mir irgend möglich war, tat alles, um die anderen Jungen glauben zu machen, es sei für mich das erstemal; und vermutlich hat es der armen Schlampe genausowenig Vergnügen bereitet wie mir. Als ich meinte, die Vorbereitung habe jetzt lange genug gedauert, bereitete ich mich darauf vor, mich zu entladen; doch dann überwältigte mich unversehens doch der Ekel, und ich erbrach mich – über ihr Gesicht und ihren ganzen nackten Leib. Die Jungen brüllten vor Lachen und kugelten sich auf dem Boden. Selbst die bedauernswerte Götterauswurf begriff, welch eine Beleidigung das war. Sie hob ihre Kleider auf und bedeckte damit ihre Blöße; dann lief sie davon, um nie wieder zurückzukehren.

Nicht lange nach diesem Zwischenfall geschahen Schlag auf Schlag noch vier Dinge von einiger Bedeutung – zumindest sehe ich es so, daß sie schnell eines auf das andere folgten.

Es geschah, daß der Uey-Tlatoáni starb – sehr jung und infolge von Verwundungen, die er sich im Kampf gegen die Purémpecha zugezogen hatte – und sein Bruder, Tixoc, Anderes Gesicht, bestieg den Thron von Tenochtítlan.

Es geschah, daß ich zusammen mit Chimáli und Tlatli die einzige Art von Schulen abschloß, die es auf Xaltócan gab. Von nun an galt ich als »ausgebildet«.

Es geschah, daß der Tecútli unserer Insel eines Abends einen Boten zu unserem Haus schickte und mich auf der Stelle zu seinem Palast befahl.

Und es geschah, daß ich nun endlich doch von Tzitzitlíni, meiner Schwester und meiner Geliebten, getrennt wurde.

Doch am besten berichte ich über die vier Vorkommnisse mehr ins einzelne gehend und in der Reihenfolge, wie sie sich ereigneten.

Der Herrscherwechsel berührte uns in der Provinz kaum. Doch selbst in Tenochtitlan erinnerte man sich an die Regierungszeit Tixocs höchstens als einer Zeit, da er, wie seine beiden Vorgänger, an der Großen Pyramide im Herzen Der Einen Welt weiterbaute. Allerdings fügte Tixoc dem Platz noch etwas Eigenes hinzu. Er ließ von Steinmetzen den Schlachtstein meißeln, ein massives flaches Rund aus Vulkangestein, das wie ein Stapel riesiger Tortillas zwischen der immer noch unvollendeten Großen Pyramide und dem Sockel für den Sonnenstein aufragte. Der Schlachtstein war fast mannshoch und maß vier Schritt im Durchmesser. Den flachen Rand schmückten ringsum die Flachreliefs von Mexíca-Kriegern, deutlich erkennbar unter ihnen Tixoc, wie er kämpfte und Gefangene machte. Die runde und ebene Oberfläche stellte eine Plattform für eine Art öffentlichen Zweikampfs dar, an dem ich – viel später und auf höchst ungewöhnliche Weise – Gelegenheit hatte, am Rande teilzuhaben.

Von weitaus unmittelbarerer Bedeutung war damals für mich die Beendigung der Schulzeit. Da ich nicht von Adel war, war ich selbstverständlich auch nicht berechtigt, eine Calmécac oder Höhere Ausbildungsstätte zu beziehen. Und mein Ruf als Malínqui – Knoten – in der einen Schule und als Poyaútla – Umnebelt – in der anderen war nicht gerade geeignet gewesen, eine der höheren Ausbildungsstätten auf dem Festland zu bewegen, mich aufzufordern, kostenlos dort zu studieren.

Was mich besonders erboste, war folgendes: Während ich vergeblich danach fieberte, mehr zu lernen als das bißchen, was unsere Telpochcáltin an Wissen zu vermitteln vermochten, erhielten meine beiden Freunde, Chimáli und Tlatli, denen es kein Deut um irgendwelche weitere schulische Ausbildung ging, in der Tat von verschiedenen Calmécatin – noch dazu beide in Tenochtítlan, nach dem ich mich im Traum verzehrte – eine solche Aufforderung. Während ihrer Jahre im Xaltócaner Haus der Leibesstärkung hatten sie sich als Tlachtli-Spieler und als Neu-Krieger ausgezeichnet. Wiewohl ein eleganter Edelmann wohl gelächelt hätte über die »Manieren«, welche den beiden Jungen im Haus des Manierenlernens beigebracht worden waren, hatten sie dort dennoch geglänzt dadurch, daß sie für die an hohen Festtagen abgehaltenen Zeremonien höchst einfallsreiche Kostüme und Kulissen entworfen hatten.

»Ein Jammer, daß du nicht mit uns kommen kannst, Maulwurf«, sagte Tlatli wohl ganz aufrichtig, wenn auch nicht weniger erfreut über das Glück, das ihm selbst widerfahren war. »Du könntest an dem ganzen langweiligen Unterricht teilnehmen, und wir könnten ungehindert unserer Arbeit in den Werkstätten nachgehen.«

Entsprechend den Aufnahmebedingungen sollten beide Jungen neben dem Unterricht, den die Calmécac-Priester erteilten, auch noch als Lehrlinge zu Tenochtítlaner Künstlern in die Lehre gegeben werden: Tlatli bei einem Meisterbildhauer und Chimáli bei einem Meistermaler. Ich war sicher, daß keiner sich ein Bein ausreißen würde, am Unterricht in Geschichte, Schreiben, Lesen, Rechnen und ähnlichem teilzunehmen, den Dingen, nach denen ich mich am meisten sehnte. Doch wie dem auch sei: ehe sie Xaltócan verließen, sagte Chimáli: »Hier – ein Abschiedsgeschenk von mir, Maulwurf. Alle meine Farben und Rohre und Pinsel. In der Stadt bekomme ich ohnehin bessere. Vielleicht kannst du sie bei deinen Schreibübungen gut gebrauchen.«

Ja, ich ging immer noch ohne Anleitung und ohne Lehrer der Erlernung der Künste des Lesens und Schreibens nach, wiewohl jetzt wirklich kaum noch irgendwelche Hoffnung für mich bestand, jemals ein Wortkundiger zu werden, und mein Traum, nach Tenochtítlan zu ziehen, würde sich wohl nie verwirklichen. Da mein Vater nun seinerseits die Hoffnung aufgegeben hatte, daß ich jemals ein guter Steinhauer werden würde, war ich jetzt auch zu alt, um noch länger am verlassenen Steinbruch zu sitzen und die schädlichen Nager fernzuhalten. Deshalb hatte ich mich schon seit geraumer Zeit als gemeiner Landarbeiter verdingt, um meinen Lebensunterhalt zu verdienen und zu dem unserer Familie beizutragen.

Selbstverständlich wird auf Xaltócan kein richtiger Ackerbau betrieben, dazu mangelt es zu sehr an fruchtbarer Ackerkrume, um Feldfrüchte wie den Mais darauf zu pflanzen, die für ihre Wurzeln auf einen tiefreichenden Boden angewiesen sind. Deshalb baut Xaltócan – wie alle auf kleinen Inseln gelegenen Gemeinwesen – den größten Teil seines Gemüses auf den ausgedehnten und immer weiter sich ausdehnenden Chinámpa an, die ihr »Schwimmende Gärten« nennt. Jedes Chinámitl ist ein aus vielen eng verflochtenen Zweigen und Ästen bestehendes, schwimmendes Floß, das am Rand des Sees verankert und dann mit vielen, vielen Ladungen fruchtbarsten Bodens beladen wird, den man eigens vom Festland herbeischafft. Während das Wurzelgeflecht der angebauten Pflanzen von Jahr zu Jahr dichter wird und neue Wurzeln an den alten in die Tiefe wachsen, klammern sie sich zuletzt am Boden des Sees fest, so daß es ein Ding der Unmöglichkeit ist, das Floß jetzt noch bewegen zu wollen. Neue Gärten werden gebaut und neben den bereits angewachsenen verankert, und so ist jede bewohnte Insel in all unseren Seen, Tenochtítlan eingeschlossen, von einem breiten Ring dieser Chinámpa umgeben. Auf etlichen der fruchtbareren Inseln ist es schwierig zu unterscheiden, wo das gottgemachte Land aufhört und die menschengemachten Felder beginnen.

Man braucht weder bessere Augen noch mehr Intelligenz als ein Maulwurf zu besitzen, um solche Gärten zu bestellen, und so kümmerte ich mich um die meiner Familie und einiger Nachbarn in unserem Viertel. Besonders anstrengend war die Arbeit nicht, und so blieb mir viel Zeit, daß ich mich – mit Hilfe der Farben, die Chimáli mir geschenkt hatte – weiterhin dem Malen von Wort-Bildern hingab. Ich bemühte mich, die kompliziertesten Symbole zu vereinfachen, sie zu stilisieren und kleiner zu gestalten. So unwahrscheinlich es damals auch aussah, insgeheim nährte ich immer noch die Hoffnung, daß meine Selbsterziehung mir dazu verhelfen werde, das Los, welches mir im Leben bestimmt war, zu verbessern. Heute muß ich mitleidig lächeln, wenn ich mich daran erinnere, wie ich als junger Mann – eingehüllt vom strengen Geruch des aus tierischen Eingeweiden und Fischköpfen bestehenden Düngers – auf einem Gartenfloß zwischen Mais-, Bohnen- und Chilischößlingen dahockte, meine Schreibübungen machte und meinen ehrgeizigen Träumen nachhing.

So spielte ich zum Beispiel mit dem Gedanken, einer der reisenden Pochtéca-Kaufleute zu werden und auf diese Weise hinunterzugelangen ins Land der Maya, wo ein Wundertäter unter den Heilkundigen mir mein Augenlicht wiedergab, und ich durch geschickten Handel unterwegs auch noch reich wurde. Ach, wie viele Listen ich mir ausdachte, um ein paar erbärmliche Handelsgüter in ein riesiges Vermögen zu verwandeln, himmelstürmende Pläne, von denen ich überzeugt war, daß kein Händler vor mir jemals darauf gekommen war. Das einzige, was einem sicheren Erfolg im Wege stand – wie Tzitzi mir sehr deutlich machte, als ich ihr einige meiner Gedanken anvertraute –, war, daß mir selbst das geringfügige bißchen Kapital fehlte, welches ich, wie ich annahm, brauchte, um überhaupt einen Anfang machen zu können.

Und dann kam eines Nachmittags, nachdem ich meine Arbeit getan hatte, einer von Herrn Rot Reihers Boten an unsere Haustür. Er trug einen Mantel von nichtssagender Farbe, welcher weder gute noch schlechte Nachrichten verhieß, und begrüßte meinen Vater mit einem höflichen »Mixpantzínco«.

»Ximopanólti«, erwiderte mein Vater und forderte ihn durch eine Handbewegung auf einzutreten.

Der junge Mann, welcher ungefähr in meinem Alter stand, trat nur einen einzigen Schritt herein und sagte: »Der Tecútli Tlauquécholtzin, unser gemeinsamer Gebieter, befiehlt, daß Euer Sohn Chicóme-Xochitl Tliléctic-Mixtli sich augenblicklich im Palast einfinde.«

Mein Vater und meine Schwester machten ein ebenso erstauntes wie erschrockenes Gesicht – und ich, wie ich annehme, nicht minder. Meine Mutter hingegen nicht. Sie brach augenblicklich in laute Klagen aus: »*Yya ayya,* ich hab's gewußt, daß der Junge eines Tages die Edelleute oder die Götter beleidigen würde oder ...« Sie hielt inne und fragte den Boten: »Was hat Mixtli angestellt? Der Herr Rot Reiher braucht sich nicht die Mühe zu machen, ihn auszupeitschen oder die Strafe, die sonst verhängt worden ist, auszuführen. Wir werden das gern übernehmen.«

»Ich wüßte nicht, daß irgend jemand irgend etwas getan hätte«, erklärte der Bote. »Ich führe nur meinen Auftrag aus. Ihn unverzüglich hinzubringen.«

Und ich begleitete ihn unverzüglich. Was immer mich im Palast auch erwarten mochte, es war mir lieber als alles, was meine Mutter sich an Gemeinheiten ausdenken konnte. Neugierig war ich, gewiß, aber mir fiel beim besten Willen nichts ein, weshalb ich hätte zittern sollen. Wäre eine solche Aufforderung früher gekommen, ich hätte befürchtet, daß der niederträchtige Pactli sich irgend etwas ausgedacht haben würde, mich anzuschwärzen. Doch der junge Herr Freude hatte schon vor zwei oder drei Jahren eine Tenochtítlaner Calmécac bezogen, die nur hochadlige Sprößlinge aufnahm, welche später selbst einmal Herrscher werden sollten. In dieser ganzen Zeit war Pactli nur während der Ferien nach Xaltócan zurückgekommen, und während dieser Aufenthalte hatte er unserem Hause immer nur dann Besuche abgestattet, wenn ich nicht dagewesen war; infolgedessen hatte ich ihn nicht mehr gesehen, seit wir Götterauswurf kurz miteinander geteilt hatten.

Der Bote hielt sich respektvoll ein paar Schritte hinter mir, als wir den Thronsaal des Palastes betraten und ich mich auf die Knie niederließ, um die Geste des Erdeküssens zu vollführen. Neben Herrn Rot Reiher saß ein Mann, den ich nie zuvor auf der Insel gesehen hatte. Und wenngleich der Fremde – wie es sich geziemte – auf einem niedrigeren Stuhl saß, tat er doch dem Hauch von Gewichtigkeit, welchen unser Tecútli für gewöhnlich ausstrahlte, beträchtlichen Abbruch. Selbst mit meiner Maulwurfskurzsichtigkeit konnte ich erkennen, daß er einen glänzenden Federumhang und einen so reichen Schmuck trug, wie ihn kein Edelmann auf Xaltócan besaß.

Rot Reiher sagte zu seinem Besucher: »Der Auftrag lautete: einen Mann aus ihm zu machen. Nun, unsere Häuser der Leibesstärkung und des Manierenlernens haben getan, was sie konnten. Dies hier ist er.«

»Man hat mich ersucht, ihn auf die Probe zu stellen«, sagte der Fremde. Er zog eine kleine Rolle Borkenpapier hervor und reichte sie mir.

»Mixpantzinco«, begrüßte ich die beiden Adligen, ehe ich die Rolle entrollte. Es stand nichts darauf, worin ich eine Prüfung hätte erkennen können – nichts weiter als eine einzelne Reihe von Wort-Bildern, und die kannte ich alle.

»Du verstehst sie zu lesen?« erkundigte sich der Fremde.

»Ach ja, das vergaß ich zu erwähnen«, erklärte Rot Reiher, als hätte er selbst es mich gelehrt. »Mixtli kann mit einigem Verständnis ein paar einfache Dinge lesen.«

Ich sagte: »Ich kann dies lesen, meine Herren. Es heißt ...«

»Lassen wir das«, fiel mir der Fremde in die Rede. »Sag mir nur eines: Was bedeutet das entenschnäbelige Gesicht?«

»Es bedeutet Ehécatl, den Wind, mein Herr.«

»Und noch etwas?«

»Nun, mein Herr, in Verbindung mit dem anderen Symbol, dem der geschlossenen Augen, bedeutet es Nachtwind. Aber ...«

»Ja. Sprich nur, junger Mann.«

»Wenn der Herr mir meine Dreistigkeit nachsehen will: dieses eine Zeichen weist keinen Entenschnabel auf, sondern vielmehr die Windtrompete, durch welche der Windgott . . .«

»Genug. Das reicht!« Damit wandte der Fremde sich Rot Reiher zu. »Kein Zweifel, er ist es, Tecútli. Dann habe ich also Eure Erlaubnis?«

»Aber selbstverständlich, selbstverständlich«, sagte Rot Reiher geradezu unterwürfig. Und zu mir gewandt: »Das hier ist Herr Stark Knochen, Weibliche Schlange von Nezahualpíli, Uey-Tlatoáni von Texcóco. Herr Stark Knochen überbringt des Verehrten Sprechers persönliche Einladung an dich, an den Hof von Texcóco zu kommen und dort zu studieren und zu dienen.«

»Texcóco!« entfuhr es mir. Ich war noch nie dort gewesen, ja, überhaupt nirgendwo im Land der Acólhua. Ich kannte dort niemand, und kein Acóhuatl konnte dort jemals von mir gehört haben – ganz gewiß jedenfalls nicht der Verehrte Sprecher Nezahualpíli, welcher in allen diesen Ländern, was Macht und Ansehen betrifft, gleich nach Tixoc, dem Uey-Tlatoáni von Tenochtítlan kam. Ich war dermaßen überwältigt, daß ich ohne nachzudenken und gegen jedes Gebot der guten Manieren mit einem »*Warum?*« herausplatzte.

»Es handelt sich nicht um einen Befehl«, erklärte die Weibliche Schlange von Texcóco barsch. »Du wirst eingeladen, und du kannst annehmen oder ablehnen. Aber du bist nicht berechtigt, das Angebot in Frage zu stellen.«

Ich murmelte eine Entschuldigung, und Herr Rot Reiher kam mir zu Hilfe, indem er sagte: »Verzeiht dem Jüngling, mein Herr. Ich bin sicher, er ist wie vor den Kopf geschlagen, wie ich es im übrigen die ganzen Jahre über gewesen bin – daß eine so erhabene Persönlichkeit wie Nezahualpíli sein Augenmerk ausgerechnet diesem unter meinen vielen Macehuáltin zugewendet hat.«

Die Weibliche Schlange stieß nur ein leichtes Knurren aus, und so fuhr Rot Reiher fort: »Man hat mir nie eine Erklärung dafür abgegeben, warum Euer Gebieter sich ausgerechnet für diesen Macehúatl so besonders interessiert. Selbstverständlich erinnere ich mich an Euren letzten Gebieter, jenem Baum großen Schattens, den weisen und gütigen Herrn Hungernder Kojote, und weiß, daß er allein und in Verkleidung auf der Suche nach tüchtigen Männern, die seiner Gunst würdig sein könnten, Die Eine Welt zu durchstreifen pflegte. Setzt sein erlauchter Sohn Nezahualpíli diese wohltätige Gepflogenheit fort? Und wenn das zutrifft – was um alles auf der Welt sieht er in unserem jungen Untertan Tliléctic-Mixtli?«

»Das vermag ich nicht zu sagen, Tecútli.« Rot Reiher wurde von dem stolzen Edelmann eine ähnlich barsche Abfuhr zuteil wie mir zuvor. »Niemand stellt Gedanken und Absichten des Verehrten Sprechers in Frage. Und ich habe noch anderes zu erledigen, als darauf zu warten, bis ein unentschlossener junger Grünschnabel sich entscheidet, ob er eine so ungewöhnliche Ehre annimmt oder nicht. Morgen früh, sobald Tezcatlipóca aufsteht, kehre ich nach Texcóco zurück. Kommst du mit mir oder nicht?«

»Selbstverständlich komme ich mit, mein Gebieter«, sagte ich. »Ich brauche nur ein paar Kleider, Papier und Farben zusammenzupacken.

Oder soll ich irgend etwas Bestimmtes mitbringen?« fügte ich mutig hinzu in der Hoffnung, auf diese Weise irgendeinen Hinweis darauf zu ergattern, *warum* und *für wie lange* ich mitsollte.

Doch er sagte nur: »Alles Notwendige wird bereitgestellt.«

Rot Reiher sagte: »Sei bei Tonatíu-Aufgang am Landesteg des Palasts zur Stelle, Mixtli.«

Herr Stark Knochen bedachte erst unseren Tecútli und dann mich mit einem kühlen Blick und sagte dann: »Du tust gut daran, den Sonnengott von nun an Tezcatlipóca zu nennen, junger Mann.«

Von jetzt an *für immer*? überlegte ich, als ich allein nach Hause eilte. Sollte ich für den Rest meines Lebens von den Acólhua als einer der ihren aufgenommen werden und zu den Acólhua-Göttern beten?

Als ich meinen wartenden Eltern und meiner Schwester berichtete, was geschehen war, sagte mein Vater aufgeregt: »Nacht Wind! Genauso, wie ich es dir gesagt habe, Sohn Mixtli! Es war der Gott Nacht Wind, dem du vor Jahren an der Wegkreuzung begegnet bist. Und Nacht Wind ist es auch, der dir die Erfüllung deines Herzenswunsches gewährt.«

Tzitzi machte ein besorgtes Gesicht und meinte: »Aber angenommen, es ist nur eine List? Angenommen, Texcóco braucht zufällig nur einen Xochimíque von einer bestimmten Größe und einem bestimmten Alter für irgendein besonderes Opfer . . .«

»Nein«, erklärte unsere Mutter. »Mixtli ist weder schön noch anmutig oder tugendhaft genug, als daß man ihn besonders für irgendeine Zeremonie ausgesucht haben könnte, von der ich weiß.« Das klang so, als sei sie verstimmt, daß ihr diese Angelegenheit aus den Händen genommen worden war. »Gleichwohl hat die ganze Sache etwas höchst Verdächtiges. Während er sich mit diesen Bilderschriften abmühte und träge auf den Chinámpa schaukelte, hat Mixtli nichts tun können, auch nur die Aufmerksamkeit eines Sklavenhändlers zu erregen, geschweige denn, die eines Königshofes.«

Ich sagte: »Nach dem, was im Palast gesprochen wurde, und nach dem bißchen Geschriebenen, das Herr Stark Knochen bei sich hatte, glaube ich, kann ich mir schon einiges denken. Nicht einem Gott bin ich in jener Nacht an der Wegkreuzung begegnet, sondern einem Acólhuatl-Wanderer, vielleicht einem Höfling oder gar Nezahualpili persönlich; wir haben nur einfach gedacht, es sei Nacht Wind. In den Jahren, die seither vergangen sind, hat Texcóco mich immer im Auge behalten, wenn ich auch nicht weiß, warum. Doch wie dem auch sei, es sieht so aus, als sollte ich eine Calmécac in Texcóco besuchen, wo ich die Kunst der Wortkunde erlernen soll. Ich werde Schreiber werden, wie ich es mir immer gewünscht habe. Zumindest«, schloß ich mit einem Achselzucken, »nehme ich das an.«

»Und das alles nennst du Zufall«, sagte mein Vater unnachgiebig streng. »Nein, Sohn Mixtli – genausogut ist es möglich, daß du Nacht Wind begegnet bist, einem Gott, den du für einen Sterblichen gehalten hast. Genauso wie Menschen, können auch Götter verkleidet und unerkannt umherwandern. Jedenfalls hat sich diese Begegnung für dich zum Guten ausgewirkt, und so könnte es nicht schaden, Nacht Wind deinen Dank abzustatten.«

»Du hast recht, Vater Tepetzálan. Das werde ich tun. Ob Nacht Wind nun mittelbar oder unmittelbar mit der Sache zu tun hat, er vermag Herzenswünsche zu erfüllen, wenn er will, und es ist nun mal mein Herzenswunsch, der anfängt, in Erfüllung zu gehen.«

»Freilich nur *einer* meiner Herzenswünsche«, sagte ich zu Tzitzi, als wir endlich einen Augenblick unter vier Augen zusammen waren. »Wie soll ich den Klang leisen Glöckchengeläuts verlassen?«

»Wenn du auch nur einen Funken Verstand besitzt, gehst du tanzend und frohlockend von hier fort«, sagte sie praktisch, wie Frauen nun einmal sind; nur vermochte ich kein bißchen Frohlocken aus ihrer Stimme herauszuhören. »Du kannst nicht dein Leben damit zubringen, Unkraut zu jäten, Mixtli, und nutzlosen Träumereien nachhängen wie etwa der, ein Händler zu werden. Wie immer es dazu gekommen sein mag, jedenfalls steht dir jetzt eine Zukunft offen, und zwar eine strahlendere, als sie jemals einem Xaltócaner Macehuáli geboten worden ist.«

»Aber wenn Nacht Wind oder Nezahualpíli oder wer weiß ich sonst mir diese Gelegenheit bietet – es könnten auch noch andere, noch bessere kommen. Ich habe immer davon geträumt, nach Tenochtítlan zu gehen, nicht nach Texcóco. Ich kann das Angebot immer noch ausschlagen – das hat Herr Stark Knochen ausdrücklich gesagt – und abwarten. Warum sollte ich das eigentlich nicht tun?«

»Weil du gesunden Menschenverstand besitzt, Mixtli! Als ich noch das Haus des Manierenlernens besuchte, hat uns die Aufseherin der Mädchen einmal gesagt, Tenochtítlan möge vielleicht der starke Arm des Dreibunds sein, der Kopf jedoch, das Gehirn, sei Texcóco. Am Hofe von Nezahualpíli herrscht mehr als nur Pracht und Macht. Man blickt dort auf ein langes Erbe von Dichtung, Kultur und Weisheit zurück. Außerdem hat die Aufseherin gesagt, von allen Ländern, in denen man Náhuatl spreche, sprächen die Bewohner von Texcóco die reinste Form unserer Sprache. Welch bessere Bestimmung könnte es für einen angehenden Gelehrten geben? Du mußt hingehen, und du wirst hingehen. Du wirst studieren, du wirst lernen, und du wirst dich hervortun. Und wenn du erst einmal wirklich die Gönnerschaft des Verehrten Sprechers errungen hast – wer weiß, was er noch alles Großes mit dir vorhat? Du weißt, es ist unsinnig, wenn du davon sprichst, das Angebot auszuschlagen.« Und jetzt wurde ihre Stimme ganz leise. »Und du tust es ja auch nur meinetwegen.«

»Unseretwegen.«

Sie stieß einen tiefen Seufzer aus. »Irgendwann mußten wir ja mal erwachsen werden.«

»Aber ich hatte immer gehofft, wir würden es zusammen tun.«

»Hoffen können wir immer. In Festzeiten wirst du nach Hause kommen. Dann werden wir zusammen sein. Und wenn du die Schule hinter dir hast – nun, vielleicht wirst du reich und mächtig? Du könntest ein Mixtzin werden, und ein Adliger kann heiraten, wen er will.«

»Worauf ich hoffe, ist ein tüchtiger Wortkundiger zu werden, Tzitzi. Das ist Ehrgeiz genug für mich. Und nur wenige Schreiber schaffen es, das *-tzin* an ihren Namen anzuhängen.«

»Nun ... vielleicht schickt man dich zur Arbeit in eine abgelegene Acólhua-Provinz, wo man nicht weiß, daß du eine Schwester hast. Laß es mich nur wissen, und ich komme. Deine erkorene Braut von deiner Heimatinsel.«

»Aber das würde doch noch Jahre dauern«, wandte ich ein. »Und du näherst dich bereits jetzt dem heiratsfähigen Alter. In der Zwischenzeit kommt der verfluchte Pactli gleichfalls für die Ferien heim nach Xaltócan. Längst, ehe ich mit meiner Ausbildung fertig bin, wird er zurückkehren und hier bleiben. Du weißt, was er will, und was er will, fordert er, und was er fordert, kann man ihm nicht abschlagen . . .«

»Abschlagen nicht, aber es vielleicht hinauszögern«, sagte sie. »Ich werde mein möglichstes tun, den Herrn Freude zu entmutigen. Und vielleicht besteht er gar nicht so hartnäckig auf seinen Forderungen« – mutig lächelte sie mich an –, »jetzt, wo ich einen Verwandten und Beschützer am mächtigeren Hof von Texcóco habe. Verstehst du? Du mußt gehen.« Ihr Lächeln geriet zu einem Zittern. »Die Götter wollen, daß wir eine Zeitlang getrennt sind, auf daß wir nicht für immer voneinander getrennt werden.« Das Lächeln wurde zag und immer zager, bis es ganz verschwunden war. Und sie weinte.

Das Acáli des Herrn Stark Knochen war aus Mahagoni, reich geschnitzt, mit einem fransenbesetzten Baldachin ausgestattet und geschmückt mit Jadezeichen und Federnwimpel, die seinen Rang verkündeten. Es fuhr an der unten am See gelegenen Stadt Texcóco vorüber – die ihr Spanier heute San Antonio de Padua nennt –, fuhr noch etwa Ein-Langer-Lauf in südlicher Richtung weiter und hielt auf einen mittelgroßen Berg zu, der unmittelbar vom Seeufer aufstieg. »Texcotzínco«, sagte die Weibliche Schlange, das erste Wort überhaupt, dessen er mich während der gesamten vormittäglichen Fahrt von Xaltócan hierher würdigte. Ich kniff die Augen zusammen, um zum Berg hinüberzuspähen, denn auf der anderen Seite lag der Landpalast von Nezahualpíli.

Der Große Einbaum glitt an den solide gebauten Landesteg heran, die Ruderer nahmen ihre Ruder hoch, und der Steuermann sprang an Land, um das Boot festzumachen. Ich wartete, bis die Bootsleute Herrn Stark Knochen aus dem Boot herausgeholfen hatten, kletterte dann selbst auf den Landesteg hinauf und klemmte mir den Weidenkorb unter den Arm, in dem ich meine Habseligkeiten verstaut hatte. Die wortkarge Weibliche Schlange zeigte auf eine Steintreppe, die sich vom Landesteg in die Höhe wand, und sagte: »Dort hinauf, junger Mann« – die einzigen weiteren Worte, die er an diesem Tag an mich richtete. Ich zögerte und überlegte, ob die Höflichkeit es wohl erheischte, daß ich auf ihn wartete, doch überwachte er persönlich noch, daß all die vielen Geschenke aus dem Acáli ausgeladen wurden, welche Herr Rot Reiher bei dieser Gelegenheit an Nezahualpíli geschickt hatte. Deshalb schulterte ich meinen Korb und stieg mühselig die Treppe hinauf.

Einige der Stufen waren Steinplatten, von Menschenhand hier eingelassen, andere waren aus dem lebenden Fels herausgemeißelt worden. Nach der dreizehnten Stufe gelangte ich auf einen Absatz, auf welchem eine kleine Bank zum Verschnaufen sowie die Statue eines kleinen, mir unbekannten Gottes aufgestellt waren. Die nächste Treppe führte schräg von diesem Treppenabsatz aus weiter in die Höhe. Wieder dreizehn Stufen, und abermals ein Treppenabsatz. Auf diese Weise stieg ich im Zickzack hügelan, um dann – bei der zweiundfünfzigsten Stufe – auf eine ebene Terrasse hinauszutreten, ein großes Geviert, welches aus dem Hang des Berges herausgehauen worden war und in der ganzen Pracht eines üppigen Blumengartens prangte. Nach dieser zweiundfünfzigsten Stufe trat ich auf einen plattenbelegten Weg hinaus, dem ich folgte, wie er sich unter herrlichen Bäumen sanft durch Blumenbeete wand, vorüber an sich schlängelnden Bächen und leise plätschernden kleinen Wasserfällen, bis der Weg wieder in eine Treppe überging. Abermals dreizehn Stufen und ein Absatz mit Bank und Statue ...

Der Himmel hatte sich seit einiger Zeit bezogen, und jetzt rauschte der Regen hernieder, wie er es stets während unserer Regenzeit tut – ein Wolkenbruch, als ob das Ende der Welt gekommen sei. Als der Regen jetzt einsetzte, hatte ich bereits auf einem der Treppenabsätze Zuflucht gesucht, dessen Bank von einem reetgedeckten Dach geschützt war. Während ich wartete, bis das Unwetter vorüberging, sann ich über die Bedeutung nach, die sich in den Zahlen der im Zickzack hinaufführenden Treppe verbarg und lächelte über den genialen Einfall dessen, der einst den Plan für diese Treppe gefaßt hatte.

Genauso wie ihr weißen Männer auch, richteten wir uns in unserem Leben nach einem Jahreskalender, welcher auf der Bahn beruht, den die Sonne am Himmel zurücklegt. So bestand unser Sonnenjahr – genauso wie das eure – aus dreihundertundfünfundsechzig Tagen; dieses Kalenders bedienten wir uns für alle gewöhnlichen Zwecke: um zu bestimmen, wann welche Saat ausgebracht werden mußte, wann wir mit dem Einsetzen der Regenzeit rechnen konnten und so fort. Dieses Sonnenjahr teilten wir in achtzehn Monde von je zwanzig Tagen ein, zu denen noch die Nemontémtin kamen – die »leblosen« oder »hohlen« Tage –, jene fünf Tage also, die nötig waren, um auf ein Jahr von dreihundertundfünfundsechzig Tagen zu kommen.

Gleichwohl hielten wir uns aber auch noch an einen anderen Kalender, welcher nicht auf dem täglichen Gang der Sonne beruhte, sondern auf dem nächtlichen Erscheinen jenes funkelnden Sterns, den wir nach unserem uralten Gott Quetzalcóatl, der Gefiederten Schlange, benannten. Bisweilen diente Quetzalcóatl als Nacht Blume, welche unmittelbar nach Sonnenuntergang aufblinkte; manchmal wanderte er jedoch auch auf die andere Seite des Himmels hinüber, wo er dann als letzter Stern sichtbar wurde, ehe die Sonne aufging und alles andere überstrahlte. Jeder von unseren Astronomen könnte euch all dies anhand von genauen graphischen Darstellungen erklären, doch habe ich mich in der Sternkunde nie besonders gut ausgekannt. Allerdings weiß ich, daß die Bewegungen der Sterne sich durchaus nicht so regellos und zufällig vollziehen, wie es den Anschein hat, und daß unser Zeremonialkalender sich nach den Bewegungen jenes Sterns richtete, den wir nach Quetzalcóatl benannten. Dieser Kalender war auch für das gewöhnliche Volk nützlich, wenn es darum ging, die neugeborenen Kinder zu benennen. Unsere Historiker und Schreiber benutzten ihn, um besondere Ereignisse zeitlich genau zu bestimmen und festzuhalten, wie lange unsere Herrscher jeweils regierten. Weit wichtiger jedoch war, daß unsere Seher sich seiner bedienten, um die Zukunft vorauszusagen, um uns vor bevorstehenden Verhängnissen zu warnen und günstige Tage auszuwählen, an denen bedeutsame Unternehmen begonnen wurden.

Im Seherkalender umfaßte jedes Jahr zweihundertundsechzig Tage, die dergestalt benannt wurden, daß man an die Zahlen eins bis dreizehn je eines von zwanzig altüberkommenen Zeichen wie Kaninchen, Rohr,

Messer und so weiter anhängte; die Sonnenjahre wiederum wurden nach der Zeremonialzahl und dem Zeichen des ersten Jahrestages unterschieden. Wie ihr euch denken könnt, überschnitten Sonnen- und Ritualkalender einander ständig; einmal hinkte der eine hinterher, oder aber er eilte dem anderen voraus. Aber wenn man sich bemüht, es genau nachzurechnen, wird man feststellen, daß sie über insgesamt zweiundfünfzig gewöhnliche Sonnenjahre eine ganz genau gleiche Anzahl von Tagen abdeckten. Das Jahr, in dem ich geboren wurde, hieß zum Beispiel Dreizehn Kaninchen, und kein einziges späteres Jahr trug diese selbe Bezeichnung wieder, bis mein zweiundfünfzigster Geburtstag kam.

Daher war die Zahl zweiundfünfzig sehr bedeutsam für uns – ein Schock Jahre nannten wir einen solchen Zeitraum –, denn ebenso viele Jahre wurden von beiden Kalendern gleichzeitig abgedeckt; außerdem waren zweiundfünfzig mehr oder weniger das höchste an Jahren, was ein durchschnittlicher Mensch – wenn man von Unfall, Krankheit oder Krieg einmal absieht – hoffen konnte zu leben. Die Steintreppe, die sich den Texcotzinco-Hügel hinaufzog, spiegelte mit den Treppenabsätzen zwischen je dreizehn Stufen die dreizehn Ritualzahlen und mit den zweiundfünfzig Stufen zwischen jeweils zwei Terrassen ein Schock Jahre. Als ich endlich auf die Kuppe des Berges hinaufgelangte, hatte ich insgesamt fünfhundertundzwanzig Stufen gezählt. Alles in allem waren damit zwei der Zeremonialjahre von jeweils zweihundertundsechzig Tagen abgedeckt, gleichzeitig aber auch zehn Schock aus jeweils zweiundfünfzig Jahren. Jawohl, höchst sinnreich!

Als der Regen aufhörte, setzte ich meinen Aufstieg fort. Allerdings legte ich die restlichen Stufen nicht in einem einzigen stürmischen Aufstieg auf einmal zurück, wiewohl ich sicher bin, daß ich das damals mit der ganzen Kraft meiner jungen Jahre hätte tun können, sondern verweilte auf jedem neuen Treppenabsatz lange genug, um zu sehen, ob ich nicht herausfinden könnte, welche Göttin oder welchen Gott die dort aufgestellte kleine Statue darstelle. Etwa die Hälfte von ihnen war mir bekannt: Tezcatlipóca, der Sonnengott, oberste Gottheit der Acólhua; Quetzalcóatl, von dem ich schon gesprochen habe; Ometecútli und Omecíuatl, unser Erstes Götterpaar . . .

In den Gärten verweilte ich länger. Hier, auf dem Festland, herrschte weder Mangel an Ackerkrume, noch war zuwenig Platz vorhanden, und Nezahualpíli war offenbar jemand, der Blumen liebte, denn Blumen wuchsen überall. Die Gärten am Hang waren säuberlich in Beete aufgeteilt, die Terrassen jedoch nicht durch Mauern beengt. Infolgedessen ergossen sich die Blumen in großer Fülle über den Rand hinweg, und die Rankengewächse ließen ihre leuchtenden Blüten fast bis zur darunterliegenden Terrasse hinunterwachsen. Ich weiß, daß ich jede Blumenart sah, die ich zuvor in meinem Leben gesehen hatte, doch darüber hinaus zahllose andere, die ich noch nicht kannte; viele davon müssen unter großen Kosten von anderen Ländern hierhergebracht worden sein. Nach und nach ging mir dabei auf, daß die zahlreichen Wasserrosenteiche und blitzenden Wasserbecken, die Fischteiche, murmelnden Bäche und Wasserfälle zu einem Bewässerungssystem gehörten, welches mit Hilfe der Schwerkraft durch irgendeine, hoch oben auf der Spitze des Hügels gelegene Quelle gespeist werden mußte.

Falls der Herr Stark Knochen hinter mir hergestiegen war – zu sehen sollte ich ihn nicht bekommen. Allerdings stieß ich auf einem der höheren Terrassengärten auf einen anderen Mann, der sich dort auf einer Steinbank räkelte. Als ich nahe genug herangekommen war, um ihn einigermaßen deutlich zu erkennen – seine runzlige, kakaobraune Haut, sein zerschlissenes Schamtuch, das einzige, womit er bekleidet war –, erinnerte ich mich, daß ich ihm schon einmal begegnet war. Er erhob sich, zumindest bis zu der Höhe, wie seine gebeugte und verhutzelte Gestalt es zuließ. Ich war ihm mittlerweile über den Kopf gewachsen.

Ich bedachte ihn mit dem traditionellen höflichen Gruß, sagte dann jedoch vermutlich barscher, als ich wollte: »Ich hatte Euch für einen Tlaltelólcoer Bettler gehalten, alter Mann. Was tut Ihr hier?«

»Ein Heimatloser ist überall zu Hause«, erklärte er, als wäre das etwas, worauf man stolz sein könne. »Ich bin hier, dich im Land der Acólhua willkommen zu heißen.«

»Ihr!« entfuhr es mir, denn der kleine Mann paßte in diesen üppigen Garten womöglich noch weniger als unter die buntscheckige Menge auf dem Markt.

»Ja, hast du denn erwartet, vom Verehrten Sprecher höchstpersönlich begrüßt zu werden?« sagte er spöttisch grinsend und ließ dabei seine Zahnlücken sehen. »Willkommen im Palast von Texcotzínco, junger Mixtli. Oder junger Tozáni, junger Malínqui oder junger Poyaútla – wie immer du willst.«

»Vor langer Zeit wußtet Ihr schon, wie ich heiße. Und jetzt kennt Ihr alle meine Spitznamen.«

»Jemand, der sich aufs Zuhören versteht, hört auch Dinge, die noch nicht einmal ausgesprochen worden sind. Du wirst später noch andere Namen erhalten.«

»Seid Ihr denn wirklich ein Seher, alter Mann?« fragte ich und wiederholte damit unbewußt die Worte meines Vaters vor vielen Jahren. »Woher habt Ihr gewußt, daß ich hierherkommen würde?«

»Ach, daß du hierherkommst!« sagte er. »Ich schmeichle mir, einen kleinen Teil dazu beigetragen zu haben, daß das geschehen würde.«

»Dann wißt Ihr wesentlich mehr als ich, und ich wäre Euch sehr dankbar, wenn Ihr mich ein wenig aufklärtet.«

»Dann wisse, daß ich dich vor jenem Tag in Tlaltelólco niemals gesehen habe – damals, als ich zufällig hörte, daß dein Namensgebungstag sei. Aus reiner Neugier habe ich die Gelegenheit benützt, dich ein wenig genauer anzusehen. Als ich deine Augen betrachtete, erkannte ich, daß du bald in zunehmendem Maße der Gabe des Weitsehens verlustig gehen würdest. Dieses Leiden kommt selten genug vor, so daß die Form des befallenen Augapfels einen unmißverständlichen Hinweis darstellt. Infolgedessen konnte ich mit Gewißheit voraussagen, daß es dir bestimmt sein würde, die Dinge aus großer Nähe und in ihrem wahren Wesen zu erkennen.«

»Ihr habt aber auch gesagt, daß ich die Wahrheit über diese Dinge aussprechen würde.«

Er zuckte mit den Achseln. »Für einen Jungen deines Alters schienst du mir aufgeweckt genug, um mit Sicherheit vorhersagen zu können, daß du einigermaßen intelligent werden würdest. Und jemand, der seines schwachen Sehvermögens wegen gezwungen ist, alles in dieser Welt aus größter Nähe zu betrachten und überdies noch mit einem gesunden Menschenverstand gesegnet ist, neigt für gewöhnlich dazu, die Welt so zu beschreiben, wie sie wirklich ist.«

»Ihr seid ein Schlitzohr«, sagte ich lächelnd. »Doch was hat all das damit zu tun, daß man mich hierher nach Texcóco geholt hat?«

»Jeder Herrscher, Fürst und Tecútli ist von einem Schwarm dienstbarer Geister und Speichellecker umgeben, die ihm sagen, was er hören will oder was sie wollen, daß er hört. Jemand, der nur die Wahrheit spricht, stellt einen weißen Raben unter dem Schwarm der Höflinge dar. Ich war der Meinung, daß du zu einem solchen weißen Raben werden könntest und deine Fähigkeiten an einem edleren Fürstenhof als dem von Xaltócan mehr geschätzt werden würden als woanders. Infolgedessen ließ ich hier ein Wort fallen und dort...«

»Ihr«, fragte ich, »besitzt das Ohr eines Mannes wie Nezahualpíli?«

Er bedachte mich mit einem Blick, der bewirkte, daß ich mir plötzlich wieder wie ein kleiner Junge vorkam. »Ich habe dir vor langer Zeit gesagt – und habe ich dir das denn immer noch nicht bewiesen? –, daß auch ich die Wahrheit spreche, und das durchaus zu meinem eigenen Nachteil, könnte ich doch ohne weiteres als allwissender Götterbote auftreten. Nezahualpíli ist nicht so zynisch wie du, junger Maulwurf. Er ist geneigt, auch noch dem Geringsten sein Ohr zu leihen, wenn dieser Mann nur die Wahrheit spricht.«

»Ich bitte Euch um Verzeihung«, sagte ich nach einigem Nachdenken. »Ich sollte Euch danken, statt an Euch zu zweifeln. Und ich bin Euch aufrichtig dankbar dafür, daß...«

Mit einer Handbewegung wehrte er ab. »Ich habe das nicht ausschließlich für dich getan, und es war nicht ganz uneigennützig von mir. Für gewöhnlich bekomme ich durchaus den Preis für das, was ich entdecke. Sieh du nur zu, daß du dem Uey-Tlatoáni treu dienst, und wir werden beide unseren Lohn empfangen. Jetzt geh!«

»Aber wohin? Niemand hat mir gesagt, wohin ich gehen oder an wen ich mich wenden soll. Brauche ich denn bloß über diesen Hügel hinwegzugehen und zu hoffen, daß man mich erkennt?«

»Ja. Der Palast liegt auf der anderen Seite, und du wirst erwartet. Ob der Sprecher selbst dich erkennen wird, wenn ihr das nächstemal zusammentrefft, vermag ich nicht zu sagen.«

»Wir sind uns *nie* begegnet«, klagte ich. »Wir können einander nicht kennen.«

»So? Nun, dann kann ich dir nur raten, die Gunst von Tolána-Tecíuapil, der Dame von Tolan, zu erringen, denn sie ist die Favoritin unter den sieben angetrauten Ehefrauen Nezahualpílis. Bei der letzten Zählung hatte er außerdem vierzig Kebsweiber. Deshalb gibt es drüben im Palast einige sechzig Söhne und fünfzig Töchter des Verehrten Sprechers. Ich bezweifle, daß er selbst die letzte Aufstellung genau kennt. Vielleicht, daß er dich für einen vergessenen, außerehelichen Sproß hält, den er auf einer seiner Wanderungen in der Fremde gezeugt hat – für einen Sohn einfach, der jetzt heimgekommen ist. Aber keine Angst, Maulwurf, man wird dich gastlich willkommen heißen.«

Ich wandte mich zum Gehen, drehte mich dann jedoch nochmals um. »Könnte ich zuvor Euch irgendwie zu Diensten sein, Verehrungswürdiger? Vielleicht könnte ich Euch helfen, den Hügel hinaufzukommen?«

Er sagte: »Ich danke dir für dieses freundliche Anerbieten, aber ich werde noch eine Weile weiter hier rasten. Das beste ist, du steigst allein hinauf, denn auf der anderen Seite erwartet dich das ganze Leben, das noch vor dir liegt.«

Das klang vielversprechend, ich sah jedoch einen kleinen Trugschluß darin und lächelte über meinen eigenen Scharfsinn. »Gewiß wartet mein Leben auf mich, gleichgültig, in welche Richtung ich mich wende und ob ich allein gehe oder nicht.«

Der Kakaomann lächelte gleichfalls, allerdings ironisch. »Richtig, in deinem Alter warten viele Lebenswege. Gehe, wohin es dir beliebt. Geh allein oder in Begleitung. Deine Gefährten können eine lange oder eine kurze Strecke Wegs gemeinsam mit dir zurücklegen. Aber am Ende deines Lebens wirst du gelernt haben, was alle lernen müssen – gleichgültig, wie bevölkert die Wege und Tage deines Daseins gewesen sein mögen. Und dann wird es zu spät sein, noch einmal von vorn anzufangen, zu spät für alles, außer für Bedauern. Deshalb erfahre es jetzt. Kein Mensch hat bis jetzt jemals mehr als ein Leben gelebt, jenes, das er sich selbst ausgesucht hat, und das den größten Teil dieses Lebens über allein.« Er sprach nicht weiter, sein Blick hielt den meinen gebannt. »Also, Mixtli – welchen Weg schlägst du nun von dieser Stelle aus ein? Und in Gesellschaft von wem?«

Ich drehte mich um und stieg den Hügel weiter hinan – allein.

IHS
✠
S.C.C.M.

Seiner Allerkatholischsten Majestät, Kaiser Karl V., unserem Allerdurchlauchtigsten König und Herrn:

Allertugendhafteste Majestät, unser Weiser Monarch: aus der Stadt Mexico, Hauptstadt Neuspaniens, entbieten wir Euch am Fest der Beschneidung im Jahre des Herrn eintausendfünfhundertundneunundzwanzig unseren alleruntertänigsten Gruß.

Schweren Herzens, doch mit gehorsamer Hand, sendet Euer ergebener Kaplan Eurer Kaiserlichen Majestät wie befohlen ein weiteres Konvolut der von unserem immer noch bei uns weilenden Azteken – oder Asmodeus, als welchen ihn zu betrachten Euer Majestät Diener mehr und mehr geneigt ist – diktierten Niederschrift.

Welchselbiger Gottesmann Verständnis hat für Euer Majestät ironischen Kommentar, die Chronik besagten Indianers sei »bei weitem aufschlußreicher als sämtliche Fanfarronadas, die Wir unablässig von dem neu ernannten Marqués, dem Señor Cortés selber, zu hören bekommen, welcher Uns augenblicklich mit seiner Anwesenheit bei Hofe beehrt«. Und selbst ein sorgengebeugter und verdrossener Bischof versteht Euer Majestät vielsagenden Scherz, wenn Ihr schreibt, daß »die Mitteilungen des Indianers die ersten aus Neuspanien überhaupt sind, mit denen nicht versucht wird, Uns einen Titel, umfangreiche Ländereien in der Neuen Welt, oder ein Darlehen abzuschwatzen«.

Gleichwohl, Sire, sträuben sich uns vor Entsetzen die Haare, wenn Ihr schreibt, daß Eure Erhabene Majestät *und Eure Hofleute* »völlig hingerissen und gebannt lauschen, wenn aus diesen Seiten laut vorgelesen wird«. Wir sind überzeugt, daß wir unsere Pflichten und Aufgaben als Untertan Eurer Allererhabensten Majestät keineswegs auf die leichte Schulter nehmen, doch unsere heiligen Gelübde verpflichten uns, mit allem gebotenen Ernst und *ex officio et de fides* davor zu warnen, diese verruchte Geschichte unterschiedslos weiterhin zu verbreiten.

Euer Scharfsinnigen Majestät kann keineswegs entgangen sein, daß in den vorhergehenden Sendungen so abscheuliche Sünden zur Sprache gekommen sind als da sind: Totschlag, Abtreibung der Leibesfrucht, Handanlegen an sich selbst, Menschenfresserei, Inzest, Hurerei, Folter, Götzendienst und Verstoß gegen das Gebot, Vater und Mutter zu ehren – und das alles völlig gleichmütig, ohne jede Reue und Zerknirschung. Wenn, wie es heißt, Sünden Wunden der Seele sind, muß dieses Indianers Seele aus jeder Pore bluten.

Falls jedoch die hintersinnigeren Anspielungen besagten Indianers der Aufmerksamkeit Eurer Majestät entgangen sein sollten, gestattet uns, darauf hinzuweisen, daß dieser sonderliche Azteke die Stirn gehabt hat anzudeuten, sein Volk rühme sich einer höchst vagen direkten Abstammung von einem Ersten Götterpaar auf Erden, welchselbiges nur als heidnische Parodie auf Adam und Eva aufzufassen ist. Des weiteren deutete er an, *wir Christen selbst seien götzendienerisch* in Hinblick auf einen ganzen Pantheon, welcher vergleichbar sei der brodelnden Dämonenschar, die sein Volk anbetete. Nicht minder gotteslästerlich hat er angedeutet, daß so hochheilige Sakramente wie die Taufe und die Absolution durch die Beichte, ja, selbst das Tischgebet bereits *vor und unabhängig* von jedem Wissen um Unseren Herrn und die Einsetzung der Heiligen Sakramente durch Unseren Heiland hierzulande befolgt worden seien. Sein frevelhaftestes Sakrileg besteht aber vielleicht, wie Euer Majestät bald lesen werden, in seiner Behauptung, einer der früheren heidnischen Herrscher dieses Volkes sei *von einer Jungfrau geboren worden.*

Euer Majestät stellen beiläufig eine Nachfrage in Eurem letzten Schreiben. Wiewohl wir selbst von Zeit zu Zeit der Berichterstattung des Indianers persönlich beigewohnt haben – und selbiges, sofern unsere Zeit es uns erlaubt, auch weiterhin zu tun gedenken, um ihm besondere Fragen zu stellen oder um ihn um eingehendere Erläuterungen einiger seiner Kommentare zu bitten, die wir gelesen haben –, müssen wir Euer Majestät ergebenst darauf hinweisen, daß der Bischof von Mexíco auch andere dringende Aufgaben zu erledigen hat, welche es ihm unmöglich machen, irgendwelche Aufschneidereien oder Beteuerungen dieses Schwätzers nachzuprüfen oder nachzuweisen, daß sie nicht stimmen.

Nun erbitten Euer Majestät eingehendere Informationen bezüglich einer der haarsträubenderen Behauptungen des Indianers, und wir hoffen aufrichtig, daß selbige Nachfrage nichts weiter sein möge als wieder einer von Euer Majestät gutmütigen Späßen. In jedem Fall müssen wir antworten: Nein, Sire, wir besitzen keinerlei Kenntnis von den Eigenschaften, welche der Azteke der Knolle der Jalapa-Wunderblume zuschreibt. Wir können nicht bestätigen, daß selbige Knolle, sofern in Spanien auf den Markt gebracht, »in Gold aufgewogen werden würde«. Wir wissen nichts, was angetan sein könnte, dem »Getuschel der Damen Eures Hofstaates« ein Ende zu bereiten. Allein die Vorstellung, Unser Herrgott habe eine Pflanze geschaffen, welche die Kraft besäße, die Empfängnis christlichen Lebens zu verhüten, empfinden wir als abstoßend und als eine Beleidigung der Gefühle.

Verzeiht den Tintenklecks, Sire. Unsere Erregung läßt unsere federführende Hand zittern. Doch *satis superque...*

Wie Euer Majestät befehlen, werden die Patres und der junge Laienbruder fortfahren, diese Seiten zu füllen bis – umgehend, wie wir bitten – Euer Majestät befehlen, daß sie von ihrer bedauernswerten Pflicht entbunden werden. Oder bis sie selber sich außerstande sehen, dieser Aufgabe weiter nachzukommen. Wir glauben, uns keiner Verletzung des Beichtgeheimnisses schuldig zu machen, wenn wir allgemein bemerken, daß die eigenen Beichten besagter Patres in den letzten Monaten phantasmagorisch bis zum Äußersten und grauenhaft anzuhören waren und uns nötigten, ihnen um der Absolution willen die allerhärtesten Bußen aufzuerlegen.

Möge Unser Erlöser und Herr, Jesus Christus, stets Euer Majestät zum Trost gereichen und Euch wappnen gegen die Listen unseres Widersachers – selbiges ist ständiges und inständiges Gebet Euer S.C.C.Ms.s Kaplan,

(ECCE SIGNUM)
ZUMÁRRAGA

Quarta Pars

Die andere Seite des Hügels war womöglich noch schöner als die dem Texcóco-See zugewandte. Der Hang fiel leicht ab, die Gärten zogen sich sanft gewellt unter mir talabwärts, manche streng formal angelegt, andere ganz und gar natürlich, und überall schimmerten Teiche, Brunnen und Badebecken. Es gab ausgedehnte grüne Rasenflächen, auf denen eine Reihe zahmer Hirsche äste. Es gab ebenso schattige Haine wie gelegentlich einzeln stehende Bäume, welche man in der Gestalt von Tieren oder Vögeln gestutzt und zurechtgeschnitten hatte. Weiter unten, am Fuße des Hügels, erstreckten sich viele Gebäude, kleine und große, alle jedoch in ihren Ausmaßen dem Auge angenehm und weder zu dicht noch zu weit voneinander entfernt errichtet. Ich glaubte sogar, reich gekleidete Menschen auf den Wegen zwischen den einzelnen Häusern ausmachen zu können – jedenfalls bewegten sich dort leuchtende Farbkleckse. War der Palast des Herrn Rot Reiher auf Xaltócan schon ein geräumiges und durchaus eindrucksvolles Gebäude gewesen, stellte der Texcotzíncoer Palast des Uey-Tlatoáni Nezahualpili eine ganze unabhängige ländliche Gemeinde dar.

Die Kuppe des Hügels, auf der ich stand, war mit den »ältesten der alten« Zypressen bestanden, manche davon so dick, daß wohl zwölf Männer mit ausgestreckten Armen sie kaum hätten umspannen können, und so hoch, daß das graugrün gefiederte Laub in das Azurblau des Himmels überzugehen schien. Ich blickte mich um, und wiewohl sie geschickt verborgen waren, entdeckte ich die großen Tonrohre, welche die Gärten und die Häuser unten mit Wasser versorgten. Wenn ich es richtig beurteilte, führten die Rohre in der Ferne zu einem im Südosten gelegenen noch höheren Berg, von wo sie ohne Zweifel das Wasser eines reinen Quells herbeibrachten und es verteilten, indem sie ihm gestatteten, sich bei sanftem Gefälle selbst seinen Weg zu suchen.

Da ich nicht umhin konnte, zu verweilen und die verschiedenen Gartenanlagen und Parks zu bewundern, durch welche ich hinunterschritt, war es nahezu Sonnenuntergang geworden, als ich schließlich unten am Fuße des Hügels herauskam. Ich ging blumengesäumte weiße Kiespfade entlang und begegnete vielen Menschen: Edelleuten und Edelfrauen in reichgeschmückten Umhängen, Rittern mit gefiedertem Kopfputz und vornehm aussehenden älteren Herren. Ein jeder von ihnen entbot mir freundlich seinen Gruß oder nickte mir huldvoll zu, als ob ich hierhergehörte, doch war ich zu schüchtern, diese eleganten Leute zu fragen, wohin ich mich nun eigentlich wenden solle. Dann jedoch traf ich auf einen jungen Mann etwa meines eigenen Alters, der offensichtlich nichts Besonderes zu tun hatte. Er stand neben einem weißen Hirsch, dem gerade das Gehörn zu sprießen begann, und kraulte ihm müßig die Hornansätze zwischen den Ohren. Vielleicht jucken sprießende Hörner; auf jeden Fall schien das Tier das Kraulen zu genießen.

»Mixpantzínco, Bruder«, grüßte der junge Mann mich. Ich nahm an, daß er einer von Nezahualpilis Sprößlingen sei und er mich gleichfalls für einen solchen hielt. Doch dann bemerkte er den Korb, den ich unterm Arm trug, und er sagte: »Du bist der neue Mixtli.«

Ich sagte, ja, der sei ich, und erwiderte seinen Gruß.

»Ich bin Huexotl«, sagte er; der Name bedeutet soviel wie »Weide«. »Wir haben schon mindestens drei andere Mixtlis hier, deshalb müssen wir uns einen anderen Namen für dich ausdenken.«

Da ich kein Bedürfnis verspürte, wieder einen anderen Namen zu bekommen, wechselte ich das Thema. »Ich habe noch nie Hirsche unter Menschen umhergehen sehen, nicht eingesperrt und so ohne jede Angst.«

»Wir bekommen sie, wenn sie noch kleine Kitze sind. Die Jäger finden sie, wenn eine Hirschkuh erlegt worden ist, und dann bringen sie die Kälber hierher. Eine Amme mit vollen Brüsten, die aber im Augenblick kein Baby zu nähren hat, findet sich immer irgendwo, und so säugt sie dann das Kitz. Ich glaube, sie wachsen alle auf und denken, sie sind auch Menschen. Bist du eben erst angekommen, Mixtli? Möchtest du gern essen? Oder dich ausruhen?«

Ich sagte, ja, ja. »Ich weiß wirklich nicht, was ich hier tun soll. Oder wohin ich gehen soll.«

»Die Erste Dame meines Vaters weiß bestimmt Rat. Komm, ich bringe dich zu ihr.«

»Ich danke dir, Huéxotzin«, sagte ich, redete ihn also mit *Herr* Weide an, denn offensichtlich hatte ich richtig geraten: Er war ein Sohn von Nezahualpili und damit ein Prinz.

Als wir durch das ausgedehnte Palastgelände gingen und die Hirsche zwischen und neben uns einhersprangen, erklärte der junge Prinz mir die vielen Gebäude, an denen wir vorüberkamen. Ein riesiges, zweistöckiges Gebäude umfaßte drei Seiten eines Innenhofes, welcher reizvoll als Garten angelegt war. Der linke Flügel, erzählte Weide mir, enthalte seine Gemächer sowie die all der anderen Königskinder, wohingegen im rechten die vierzig Konkubinen Nezahualpilis untergebracht waren. Der Mitteltrakt enthalte Wohnungen für die Berater des Verehrten Sprechers und die Weisen Männer, die stets zu seinem Hofstaat gehörten, ob er nun in der Stadt weilte oder im Palast draußen auf dem Lande: auch wohnten hier andere Tlamatíntin: Philosophen, Dichter, Männer der Wissenschaft, deren Arbeit der Sprecher fördere. Auf dem Gelände ringsumher standen überall kleine Pavillons mit Marmorsäulen davor, in welche ein Tlamatíni sich zurückziehen konnte, wenn er in Ruhe schreiben, etwas ersinnen oder vorhersagen oder nur meditieren wollte.

Der eigentliche Palast war gewaltig groß und so wunderschön verziert wie nur irgendeiner in Tenochtitlan. Zwei Stockwerke hoch und mindestens tausend Männerfüße an der Vorderfront messend, enthielt er den Thronsaal, die Ratskammer, Säle für höfische Feste, Unterkünfte für die Wachen und den Gerichtssaal, in welchem der Uey-Tlatoáni regelmäßig mit jenen zusammentraf, die Schwierigkeiten oder Klagen vorzubringen hatten. Außerdem befanden sich in ihm die Gemächer Nezahualpílis persönlich sowie die seiner sieben angetrauten Ehefrauen.

»Alles in allem dreihundert Räume«, sagte der Prinz, um mir dann verschwörerisch grinsend anzuvertrauen: »Und alle möglichen Geheimgänge und -treppen, damit mein Vater diese oder jene seiner Frauen aufsuchen kann, ohne daß die anderen eifersüchtig werden.«

Wir ließen den Hirsch stehen und betraten den Palast durch das große Mittelportal, wobei Wache stehende Ritter zu beiden Seiten Hab-acht-Stellung einnahmen und den Speer kerzengerade vor sich in die Höhe hielten. Weide führte mich durch eine weiträumige Halle mit federgewirkten Wandbehängen, dann eine ausladende steinerne Treppe hinauf und eine mit Schilfmatten ausgelegte Galerie entlang bis zu den elegant ausgestatteten Wohngemächern seiner Stiefmutter. Also war gleich der zweite Mensch, den ich hier kennenlernte, eben jene Tolána-Tecíuapil, welche der alte Mann oben auf dem Hügel erwähnt hatte, die Erste Dame und die vornehmste aller Edelfrauen. Sie war gerade in einer Unterhaltung mit einem finster blickenden jungen Mann mit buschig vorstehenden Brauen begriffen, wandte sich jedoch lächelnd uns zu und forderte uns durch eine Geste auf, einzutreten.

Prinz Weide erklärte ihr, wer ich sei, und ich beugte den Rücken, und schickte mich an, die Geste des Erdeküssens zu vollführen. Die Dame von Tolan hob mich mit eigener Hand sanft aus meiner knienden Stellung empor und stellte mich wiederum dem jungen Mann vor: »Mein ältester Sohn, Ixtlil-Xochitl.« Augenblicklich fiel ich wieder aufs Knie, um die Erde zu küssen, denn dieser dritte Mensch, den ich jetzt kennenlernte, war Kronprinz Schwarze Blume, bestimmt, dermaleinst Nezahualpílis Thronerbe zu werden. Mir wurde nachgerade ein wenig schwindlig, und nicht nur vom ständigen Niederknien und Aufstehen. Da war ich, Sohn eines einfachen Steinhauers, und machte die Bekanntschaft von drei der bedeutendsten Persönlichkeiten in Der Einen Welt, und zwar Schlag auf Schlag. Schwarze Blume mit seinen dunklen Augenbrauen nickte mir zu, dann verließ er zusammen mit seinem Halbbruder den Raum.

Die Erste Dame betrachtete mich von oben bis unten, während ich insgeheim sie musterte. Ihr Alter vermochte ich nicht zu erraten, wiewohl sie schon weit in den mittleren Jahren stehen, also mindestens vierzig sein mußte und bereits einen Sohn im Alter des Kronprinzen Schwarze Blume hatte, doch ihr Gesicht wies keinerlei Runzeln auf, war wunderschön anzusehen und sehr freundlich.

»Mixtli also?« sagte sie. »Aber wir haben schon so viele Mixtlis unter den jungen Leuten, und – ach! – es fällt mir so schwer, Namen zu behalten.«

»Manche nennen mich Tozáni, meine Dame.«

»Nein, du bist viel größer als ein Maulwurf. Du bist ein großer Mann und wirst noch größer werden. Ich werde dich Kopf Neiger nennen.«

»Wie es Euch beliebt, meine Dame«, sagte ich und seufzte schicksalsergeben auf. »Das ist der Spitzname meines Vaters.«

»Aber dann werden wir beide ihn gut behalten können, oder? Doch jetzt komm, ich will dir deine Wohnung zeigen.«

Sie muß an einem Klingelzug gezogen haben, denn als ich auf den Gang hinaustrat, wartete dort ein von zwei stämmigen Sklaven getragener Tragstuhl. Sie ließen ihn für sie hernieder, damit sie einsteigen und Platz nehmen konnte, und trugen sie dann die Galerie entlang, die Treppe hinunter (wobei sie achtgaben, den Tragstuhl sorgsam in der Waagerechten zu halten), zum Palast hinaus und hinein in die zunehmende Dämmerung. Ein weiterer Sklave lief mit einer Kienholzfackel voraus, ein vierter hinterher, das Banner, das den Rang der Dame anzeigte, in der Hand. Ich selbst lief neben dem Tragstuhl her. In dem großen Gebäude mit den beiden Seitenflügeln, das Weide mir bereits gezeigt hatte, führte die Dame von Tolan mich die Treppe hinauf, um ein paar Ecken herum und weit in den linken Flügel hinüber.

»Da wären wir«, sagte sie und ließ eine Tür aufschwenken, die aus Tierhaut bestand, welche man über einen Holzrahmen gespannt hatte und die dann mit Lack steif gemacht worden war. Die Tür lehnte nicht etwa einfach vor der Öffnung, sondern drehte sich oben und unten in Zapfen. Der Sklave trug die Fackel hinein, um mir den Weg zu erleuchten, doch ich steckte nur den Kopf hinein und sagte dann unsicher: »Es scheint aber ganz leer zu sein, meine Dame.«

»Aber selbstverständlich. Es ist schließlich deins.«

»Ich dachte, in einer Calmécac schliefen alle Studenten gemeinsam in einem großen Schlafsaal.«

»Richtig, aber dies hier gehört zum Palast, und hier wirst du wohnen. Mein Gatte hat für diese Schulen und ihre Lehrer-Priester nichts als Verachtung übrig. Du bist nicht hier, um eine Calmécac zu besuchen.«

»Nicht . . . ? Aber ich dachte, ich sei hergekommen, um zu studieren?«

»Das wirst du auch, sehr hart sogar, allerdings gemeinsam mit den Palastkindern, denen von Nezahualpíli und seiner Edelleute. Unsere Kinder werden nicht von ungewaschenen Zelotenpriestern unterrichtet, sondern von den weisen Männern, die mein Gatte selbst ausgesucht hat, Männern, die ein jeder bereits Beachtliches geleistet haben auf dem Gebiet, auf dem sie unterrichten. Hier lernst du vielleicht nicht viel Zauberei und Beschwörungsgesänge, Kopf Neiger, sondern richtige, echte, nützliche Dinge, die einen Mann aus dir machen werden, welcher der Welt etwas Bedeutendes zu geben hat.«

Wenn ich nicht schon jetzt Mund und Augen aufgesperrt hatte, dann bestimmt gleich darauf, als ich sah, wie der Sklave mit seiner Fackel umherging und Bienenwachskerzen entzündete, die auf Wandleuchtern steckten. »Ein ganzes Zimmer für mich allein?« entfuhr es mir. Dann trat der Mann durch einen Bogen in einen weiteren Raum, und ich brachte fassungslos hervor: »Sogar zwei? Aber Gebieterin, dieses hier ist ja schon fast so groß wie mein ganzes Elternhaus.«

»An die Bequemlichkeit wirst du dich schon gewöhnen«, sagte sie lächelnd. Sie mußte mich förmlich hineinstoßen. »Dieses hier ist dein Studierzimmer. Dahinter liegt die Badestube. Die wirst du vermutlich zuerst benutzen wollen, um dich nach der Reise frisch zu machen. Zieh nur am Klingelzug, und dein Diener wird kommen, dir behilflich zu sein. Dann iß tüchtig und schlaf gut, Kopf Neiger. Wir werden uns bald wiedersehen.«

Der Sklave folgte ihr aus dem Raum hinaus und schloß die Tür. Mir tat es von Herzen leid, daß eine so freundliche Dame mich allein ließ, gleichzeitig war ich jedoch auch froh darüber, denn jetzt konnte ich mich endlich in meiner Wohnung umsehen, wirklich wie ein Maulwurf, der kurzsichtig Einrichtung und Ausstattung genau in Augenschein nahm. Das Studierzimmer war mit einem niedrigen Tisch und einem kissenbesetzten niedrigem Icpáli-Stuhl sowie einer Truhe aus Weidengeflecht für Kleider und Bücher sowie einem Kohlebecken aus Lavagestein ausgestattet, in dem bereits Mizquitl-Scheite übereinandergelegt waren; außerdem war noch ein reichlicher Vorrat an Kerzen vorhanden, damit ich auch nach Einbruch der Dunkelheit noch bequem arbeiten konnte, sowie ein Spiegel aus poliertem Tezcatl – jenem seltenen klaren Kristall, in dem man sich wirklich wiedersah und nicht wie in der billigeren, dunkleren Art, wo man sein Gesicht nur undeutlich erkennen konnte. Der Raum wies eine Fensteröffnung mit einer Matte aus gespaltenem Rohr davor auf, das man mit Hilfe einer Zugvorrichtung aus Schnur hochrollen und ganz hinunterlassen konnte.

Die Schlafkammer enthielt keine Lagerstatt aus geflochtenem Rohr, sondern eine erhöhte Plattform, auf der zehn oder zwölf, offenbar mit Daunen gefüllte dicke Decken übereinanderlagen; jedenfalls bildeten sie einen Stapel, der sich wolkenweich anfühlte. Wollte ich schlafen, konnte ich zwischen jede Lage kriechen, die ich wollte, je nachdem, wie weich ich es unter mir und wie warm ich es über mir haben wollte.

Die Badestube hingegen gab mir zuerst manches Rätsel auf. Im Boden befand sich eine mit Platten ausgekleidete Vertiefung, in welcher man sitzen und baden konnte, doch sah ich nirgends Wasserkrüge, das Becken damit zu füllen. Außerdem stand noch ein Behältnis da, auf dem man sich niederhocken konnte, um seine Notdurft zu verrichten, doch war dieses fest in den Boden eingelassen und ließ sich offensichtlich nicht nach jedem Gebrauch leeren. Jedes von den beiden – die Badewanne und das Toilettenbecken – wies an der Wand darüber ein eigentümlich gebogenes, aus der Wand kommendes Rohr auf, doch kam aus keinem von beiden Wasser heraus oder diente, soweit ich feststellen konnte, irgendeinem anderen erkennbaren Zweck. Nun, ich hätte nie daran gedacht, daß ich mir von irgendwoher eine Anleitung holen müsse, wie ich mich zu reinigen und meine Notdurft zu verrichten hätte, doch nachdem ich die Einrichtung eine Weile völlig verblüfft studiert hatte, ging ich hinüber, betätigte den Klingelzug und wartete einigermaßen verlegen darauf, daß der mir zugeteilte Tlacótli erscheinen sollte.

Der frischgesichtige kleine Junge, der an meine Tür kam, sagte munter: »Ich bin Cozcatl, Herr. Ich bin neun Jahre alt und diene all den jungen Herren in den sechs Wohnungen an diesem Ende des Korridors.«

Cozcatl bedeutet »Juwelenbesetztes Halsband«, war also ein recht hochtrabender Name für jemand wie ihn, doch lachte ich nicht darüber. Da ein namengebender Tonalpóqui sich niemals herablassen würde, seine Seherbücher für ein Sklavenkind zu befragen, selbst wenn die Eltern es sich leisten könnten, besaß ein solches Kind niemals einen richtig eingetragenen Namen. Er oder seine Eltern wählten einfach nach Lust und Laune selber einen aus, und damit konnten sie manchmal weit danebenliegen, wie etwa im Falle von Göttergeschenk. Cozcatl schien wohlgenährt und wies keinerlei Striemen von Schlägen auf, auch gab er sich mir gegenüber nicht kriecherisch und trug neben dem sonst für einen männlichen Sklaven üblichen Schamtuch noch einen kurzen, makellos weißen Umhang. Infolgedessen nahm ich an, daß die niederen Schichten bei den Acólhua oder zumindest im Palastbereich einigermaßen anständig behandelt wurden.

Der Junge schleppte einen gewaltigen Tonkrug mit dampfend heißem Wasser herbei, und so trat ich rasch beiseite, woraufhin er ihn ins Badezimmer hinübertrug und das Wasser in das eingelassene Becken hineingoß. Auch ersparte er mir die Demütigung, ihn zu bitten, mir zu zeigen, wie die Badestubeneinrichtungen funktionierten. Selbst wenn Cozcatl mich für einen Edelmann gehalten haben würde, hätte er nicht unbedingt annehmen müssen, daß auch ein Adliger aus der Provinz mit derlei Luxus vertraut sei – und damit hätte er recht gehabt. Ohne darauf zu warten, daß er gefragt wurde, erklärte er:

»Das Badewasser könnt Ihr auf diese Weise abkühlen, wie Ihr es gern habt, Herr.« Er zeigte auf das Tonrohr, das aus der Mauer hervorkam. Kurz vor dem Ende war dieses Rohr von einem kürzeren Rohr durchbohrt, welches er jetzt nur ein wenig drehte, woraufhin klares kaltes Wasser daraus hervorsprudelte.

»Das lange Rohr bringt Wasser von unserer Hauptleitung hierher. Das kurze Rohr weist in der Seite ein Loch auf, und wenn Ihr es dreht, so daß diese Öffnung in das lange Rohr hineinzeigt, kann das Wasser fließen, wie man es braucht. Wenn Ihr mit Eurem Bad fertig seid, braucht ihr nur den Óli-Stopfen auf dem Boden herauszuziehen, und das Wasser fließt durch ein weiteres Rohr darunter ab.«

Danach zeigte er auf das seltsamerweise feststehende Toilettenbecken und sagte: »Das Axixcáli funktioniert genauso. Wenn Ihr Eure Notdurft verrichtet habt, dreht einfach am kurzen Rohr darüber, und ein kräftiger Wasserstrahl spült alles durch ein Loch im Boden fort.«

Dieses Loch war mir zuvor nicht einmal aufgefallen, und so fragte ich entsetzt und erschrocken: »Dann fällt der Kot in den darunterliegenden Raum?«

»Nein, nein, Herr. Wie das Badewasser in ein Rohr, durch welches es fortgeschwemmt wird. In einen Teich, aus dem die Dungmänner den Dünger für die Äcker herausschaufeln. Jetzt werde ich dafür sorgen, daß das Abendessen des Herrn bereitet wird, damit es bereitsteht, wenn Ihr Euer Bad genommen habt.«

Am Morgen nach meiner Ankunft kam der Sklave Cozcatl mit meinem Frühstück und einem Armvoll neuer Kleider für mich – mehr Kleider, als ich in meinem bisherigen Leben jemals getragen und aufgetragen hatte. Da waren Schamtücher und Umhänge aus schimmernder, schön bestickter weißer Baumwolle. Da waren Sandalen aus unterschiedlichem geschmeidigem Leder, darunter ein Paar vergoldete, die ausschließlich bei Zeremonien getragen und fast bis zum Knie hinauf geschnürt wurden. Die Dame von Tolan ließ mir sogar eine kleine Schnalle aus Gold und Heliotrop schicken für meinen Umhang, den ich bis dahin immer nur über der Schulter verknotet hatte.

Nachdem ich eines dieser eleganten Gewänder angelegt hatte, führte

Cozcatl mich noch einmal durch das Palastgelände und zeigte mir die Gebäude, in denen die Unterrichtsräume lagen. Es standen mehr Lerngruppen zur Verfügung als in jeder Calmécac. Am brennendsten interessierte ich mich selbstverständlich für jene, in denen Wortkunde, Geschichte, Geographie und dergleichen betrieben wurde. Sofern mich die Lust dazu überkam, konnte ich genausogut solche besuchen, in denen Poesie, Gold- und Silberschmiedearbeiten, Federarbeiten, Steinschneiden und etliche andere Künste gelehrt wurden.

»Unterricht, zu dem man weder Gerät noch Sitzgelegenheit braucht, wird nur bei schlechtem Wetter drinnen erteilt«, sagte mein kleiner Führer. »An schönen Tagen wie diesem arbeiten die Meister und ihre Schüler mit Vorliebe draußen im Freien.«

Ich sah Gruppen auf dem Rasen beisammensitzen, während andere wiederum sich um marmorne Pavillons scharten. Als Lehrmeister einer jeden solchen Gruppe erwies sich ein älterer Mann, der gleich daran zu erkennen war, daß er einen gelben Umhang trug, während seine Schüler einen bunten Haufen bildeten: Knaben und Männer der unterschiedlichsten Größe und aller Altersstufen, auch einmal ein Mädchen oder eine Frau oder ein Sklave, der ein wenig abseits von den anderen saß.

»Die Schüler werden nicht altersmäßig in Lerngruppen eingeteilt?« erkundigte ich mich.

»Nein, Herr, sondern nach ihren Fähigkeiten. Manche sind in einem Fach wesentlich weiter fortgeschritten als in einem anderen. Wenn Ihr das erstemal teilnehmt, wird der Lehrmeister Euch einer eingehenden Befragung unterziehen, um zu entscheiden, in welche Klasse Ihr wohl am besten hineinpaßt – jene der Anfänger zum Beispiel, der Lernenden, der bereits Fortgeschrittenen und so weiter. Er wird Euch je nach dem Wissen einteilen, das Ihr bereits besitzt, und außerdem danach, wie er Eure Lernfähigkeit einschätzt.«

»Und die Frauen? Und Sklaven?«

»Die Töchter der Adligen haben alle das Recht, sämtliche Klassen bis zu den höchsten Graden durchzumachen, sofern sie die Fähigkeit und den Wunsch dazu haben. Sklaven ist es gestattet zu studieren, soweit es sich mit ihren jeweiligen Aufgaben vereinbaren läßt.«

»Du selbst sprichst für einen so jungen Tlacótli ein sehr gewähltes Náhuatl.«

»Vielen Dank, Herr. Ich bin so weit gekommen, gutes Náhuatl, Betragen und die Grundzüge der Haushaltsführung zu lernen. Wenn ich älter bin, bewerbe ich mich vielleicht um weitere Ausbildung, weil ich hoffe, eines Tages Schlüsselmeister in einem vornehmen Haus zu werden.«

Würdevoll, überschwenglich und großmütig zugleich sagte ich: »Falls ich jemals ein vornehmes Haus habe, so verspreche ich dir diese Stellung, Cozcatl.«

Ich meinte nicht »falls«, sondern »sobald«. Ich erging mich nicht mehr in müßigen Träumereien von künftiger Größe, sondern sah sie bereits greifbar nahe vor mir. Da stand ich in diesem herrlichen Park, meinen Diener zur Seite, stand stolz aufgereckt in meinen prachtvollen neuen Kleidern da und lächelte, als ich daran dachte, was für ein großer Mann ich einmal sein würde. Und jetzt sitze ich hier unter euch, ehrwürdige Patres, gebeugt und verhutzelt in meinen Lumpen und lächle, wenn ich darüber nachdenke, was für ein aufgeblasener junger Laffe ich damals war.

Der Lehrmeister für Geschichte, Neltitica, der so alt aussah, als ob er die ganze Menschheitsgeschichte erfahren hätte, verkündete seiner Klasse: »Heute haben wir einen neuen Píltontli-Studenten bei uns, einen Mexícatl namens Kopf Neiger.«

Daß er mich als einen »jungen adligen« Studenten einführte, schmeichelte mir so sehr, daß mir der Spitzname gar nichts ausmachte.

»Vielleicht, Kopf Neiger, hast du die Güte, uns einen kurzen Überblick über die Geschichte deines Volkes, der Mexíca, zu geben ...«

»Jawohl, Meister«, sagte ich voller Zuversicht. Ich erhob mich, und aller Augen wandten sich mir zu. Ich räusperte mich und berichtete, was man mir im Xaltócaner Haus des Manierenlernens beigebracht hatte.

»Wisset also, daß mein Volk ursprünglich weit im Norden dieses Landes lebte, in Aztlan, Dem Ort Der Schneeweißen Reiher. Daher nannten sie sich damals Aztlantláca oder Aztéca – Reiher-Volk. Aber Aztlan war ein hartes Land, und ihre oberste Gottheit, Huitzilopóchtli, berichtete ihnen von einem lieblicheren Land im Süden. Er sagte, bis dorthin werde es eine lange und mühselige Reise sein, doch würden sie ihre neue Heimat daran erkennen, daß dort ein Goldener Adler auf einem Nopáli-Kaktus sitzen werde. Deshalb verließen alle Aztéca ihre schönen Häuser, Paläste, Pyramiden, Tempel und Gärten und brachen nach Süden auf.«

Irgend jemand in der Klasse kicherte.

»Die Wanderung dauerte Schock um Schock Jahre, und sie mußten durch die Länder vieler anderer Völker hindurchziehen. Manche von diesen waren ihnen feindlich gesonnen, kämpften gegen sie und versuchten, die Aztéca zurückzudrängen. Andere jedoch waren gastfreundlich und gestatteten, daß die Aztéca sich bei ihnen ausruhten, manchmal für eine kurze Weile, manchmal jedoch auch viele Jahre hindurch. Das vergalten die Aztéca ihnen damit, daß sie ihnen ihre edle Sprache brachten und sie in den Künsten und Wissenschaften unterwiesen, die nur sie, die Aztéca kannten.«

Jemand in der Klasse murmelte, und ein weiterer gluckste unterdrückt.

»Als die Aztéca schließlich in dieses Tal gelangten, wurden sie vom Volk der Tecpanéca am Westufer des Sees freundlich empfangen, und es wurde ihnen Chapultépec als Stätte zum Ausruhen zugewiesen. Auf diesem Grashüpfer-Berg lebten die Aztéca, während ihre Priester auf der Suche nach dem Adler auf dem Nopáli-Kaktus weiterhin das Tal durchstreiften. Nun heißt der Nopáli-Kaktus im Tecpanéca-Dialekt unserer Sprache Tenóchtli, so daß die Tecpanéca die Aztéca Tenóchca nannten und die Aztéca zuletzt selbst den Namen Kaktus-Menschen annahmen. Dann – wie Huitzilopóchtli es versprochen hatte – stießen die Priester tatsächlich auf das Zeichen – auf einen Adler, der auf einem Kaktus hockte – und selbiger Kaktus wuchs auf einer bislang unbewohnten Insel im See. Augenblicklich und voller Freude zogen alle Tenóchca-Aztéca von Chapultépec auf diese Insel.«

Jetzt lachte jemand in der Klasse ganz unverhohlen.

»Auf der Insel bauten sie zwei große Städte. Die eine nannten sie Tenochtítlan, Ort der Kaktus-Menschen, und die andere Tlaltelólco, den Felsigen Ort. Während sie diese Städte bauten, bemerkten die Tenóchca, daß sie jede Nacht von ihrer Insel aus sehen konnten, wie der Mond Metztli sich in den Wassern des Sees spiegelte. Deshalb nannten sie ihre neue Wohnstatt auch Metztli-Xictli, In der Mitte des Mondes, was sie mit der Zeit zu Mexítli und noch später zu Mexíco verkürzten, während sie selbst sich schließlich zuletzt Mexíca nannten. Zu ihrem Wappenzeichen erkoren sie das Symbol des auf dem Kaktus hockenden Adlers, und dieser Adler hält in seinem Schnabel ein bandgleiches Symbol, das Krieg bedeutet.«

Inzwischen lachte eine ganze Reihe meiner neuen Klassenkameraden, was mich freilich nicht davon abhielt, unbeirrt fortzufahren.

»Dann begannen die Mexíca, ihren Herrschafts- und Einflußbereich weiter auszudehnen. Viele Völker haben ihr Gutes davon gehabt, entweder dadurch, daß sie sich voll und ganz den Mexíca anschlossen, sich mit ihnen verbündeten oder in Handelsbeziehungen zu ihnen traten. Sie lernten, unsere Götter oder Abwandlungen von ihnen zu verehren, und sie ließen zu, daß wir ihre Götter übernahmen. Sie lernten, nach unserem Rechensystem zu zählen und die Zeit nach unseren Kalendern zu bestimmen. Sie zahlen uns in Form von Waren oder Geld Tribut, weil sie unsere unbezwinglichen Heere fürchten. Sie sprechen aus Hochachtung vor unserer Überlegenheit unsere Sprache. Die Mexíca haben die mächtigste in dieser Welt bekannte Zivilisation aufgebaut, und genau in seiner Mitte steht Mexíco-Tenochtítlan – In Cem Anáhuac Yoyótli, Das Herz Der Einen Welt.«

Ich küßte die Erde vor dem betagten Meister Neltitica und nahm wieder Platz. Meine Klassenkameraden schwenkten alle die Hände, um die Erlaubnis zum Sprechen zu bekommen, und vollführten dabei einen Lärm, der von Lachen bis zu höhnischem Gebuhe ging. Gebieterisch machte der Meister eine Handbewegung, und die Gruppe saß still und schweigend da.

»Vielen Dank, Kopf Neiger«, sagte er höflich. »Ich hatte mich schon gefragt, welche Version die Lehrer der Mexíca ihren Schülern heutzutage eintrichtern. Von Geschichte weißt du so gut wie nichts, und das wenige, was du weißt, stimmt fast in keiner Einzelheit.«

Ich stand nochmals auf, und mein Gesicht brannte mir, als hätte man mich geohrfeigt. »Meister, Ihr habt mich um einen knappen Überblick gebeten. Ich kann auch mehr in die Einzelheiten gehen.«

»Sei so gut und erspare uns das«, sagte er. »Und um dir das zu vergelten, will ich nur eine einzige Einzelheit zurechtrücken, die du uns bereits dargelegt hast. Die Wörter Mexíca und Mexíco leiten sich nicht von Metztli, dem Mond her.« Er gab mir durch eine Handbewegung zu verstehen, ich solle wieder Platz nehmen, und wandte sich dann der Klasse zu.

»Meine jungen Damen und Herren Studenten, ihr habt nunmehr vor Augen geführt bekommen, was ich euch schon oft zuvor gesagt habe. Bewahrt euch Mißtrauen den vielen verschiedenen Versionen von der Geschichte der Welt gegenüber, die ihr wahrscheinlich noch zu hören bekommen werdet, denn manche davon strotzen ebenso von Hirngespinsten wie von Eitelkeit. Ja, mehr noch: ich habe überhaupt noch nie irgendeinen echten Gelehrten kennengelernt, der es verstanden hätte, sein Werk auch nur mit einem Hauch von Humor, Spaß oder Frohsinn zu würzen. Ich habe nie einen erlebt, der nicht sein besonderes Fach als das gewichtigste und bedeutungsvollste aller Studienfächer angesehen hätte. Nun will ich gern zugeben, daß die Arbeit von Gelehrten wirklich wichtig ist – aber muß Wichtigkeit denn immer das lange Gesicht der Strenge und des tierischen Ernstes tragen? Historiker mögen ernsthafte Menschen sein und die Geschichte selbst bisweilen von einer Düsterkeit, die traurig stimmt. Aber es sind die *Menschen,* welche die Geschichte machen, und diese Menschen spielen dabei so manchen Streich und Schabernack. Das wird durch die echte Geschichte der Mexíca nur bestätigt.«

Jetzt wandte er sich wieder direkt mir zu. »Kopf Neiger, deine Vorfahren, die Aztéca, haben nichts in dieses Tal gebracht: keine uralte Weisheit, keine Künste, keine Wissenschaft und keine Kultur. Sie haben nichts weiter gebracht als sich selber: ein feiges, unwissendes Nomadenvolk, eingehüllt in abgerissene Tierhäute, auf denen es von Würmern wimmelte, und ein Volk, das einen abscheulich-schaurigen Gott des Schlachtens und Blutvergießens verehrte. Dieser Abschaum wurde von jedem anderen, bereits entwickelten Volk in dieser Weltgegend verachtet und abgewiesen. Welches zivilisierte Volk würde auch das Eindringen von ungehobelten Habenichtsen freudig begrüßen? Die Aztéca ließen sich nicht auf dieser Insel inmitten der Ufersümpfe des Sees nieder, weil ihr Gott ihnen ein Zeichen geschickt hätte, und sie taten es auch keineswegs besonders freudig. Sie besiedelten sie, weil sie sonst nirgendwo hinkonnten und niemand sonst sich etwas aus diesem Buckel von Land machte, das von lauter Morästen umgeben war.«

Aus den Augenwinkeln heraus beobachteten meine Klassenkameraden mich. Ich bemühte mich, nicht unter Neltitícas Worten zusammenzuzucken.

»Sie errichteten auch nicht gleich große Städte oder sonst irgend etwas; sie mußten all ihre Zeit und Kraft darauf verwenden, erst einmal etwas zu essen zu finden. Es wurde ihnen nicht gestattet zu fischen, denn die Fischereirechte gehörten den Völkern, die um den See herum lebten. Daher fristeten deine Vorfahren eine lange Zeit hindurch nur ihr Leben – und zwar wirklich nicht mehr als das –, indem sie ekelerregende Dinge wie Würmer und Wasserinsekten sowie die schleimigen Eier dieser Geschöpfe aßen – und die einzige Pflanze, die in diesen Sümpfen gedieh: das Mexíxin, die gemeine Kresse oder Pfeffergras, ein zottiges, bitter schmeckendes Kraut. Wenn deine Vorfahren sonst vielleicht auch nichts hatten – eines besaßen sie: einen beißenden Sinn für Humor. Denn mit trockener Ironie fingen sie an, sich *Mexíca* zu nennen.«

Allein der Name rief ein wissendes Gekicher unter meinen Klassenkameraden hervor. Neltitíca fort:

»Zuletzt ersannen die Mexíca das Chinámitl-System, um richtig eßbares Gemüse und Mais anpflanzen zu können. Doch selbst dann bauten sie für ihren eigenen Gebrauch nur das Notwendigste an gewöhnlichen Hauptnahrungsmitteln wie Mais und Bohnen an. Ihre Chinámpas dienten hauptsächlich dazu, seltenere Gemüse und Kräuter anzubauen – Tomaten, Salbei, Koriander, Süßkartoffeln –, Dinge, die ihre überheblichen Nachbarn nicht für sich anbauen wollten. Gegen diese Leckereien handelten die Mexíca sich andere lebensnotwendige Dinge ein wie Bauwerkzeuge und -materialien, Stoffe und Waffen, welche die Völker auf dem Festland ihnen sonst wohl kaum freiwillig gegeben hätten. Von da an machten sie rasche Fortschritte in Richtung auf Zivilisation, Kultur und militärische Macht. Aber nie haben sie das schlichte Kraut vergessen, mit dem sie sich zu Anfang am Leben erhalten hatten, das Mexíxin, und sie haben auch späterhin nie den Namen aufgegeben, welchen sie von diesem Kraut übernommen haben. Heute ist der Name Mexíca in unserer ganzen Welt bekannt, geachtet und gefürchtet, aber er bedeutet nichts anderes als . . .«

Mit Bedacht hielt er inne und lächelte, während mein Gesicht sich wieder mit flammender Röte übergoß und die ganze Klasse einstimmig rief: *»Die Kraut-Menschen.«*

»Man hat mir berichtet, junger Herr, daß du den Versuch unternommen hast, dir selbst einiges Lesen und Schreiben beizubringen«, sagte der Meister der Wortkunde ein wenig verdrießlich, als hielte er solchen Selbstunterricht für etwas Unmögliches. »Und ich habe gehört, du hast einige Proben deiner Arbeit mitgebracht.«

Respektvoll reichte ich ihm den zusammengefalteten Borkenpapierstreifen, auf den ich sehr stolz war, hatte ich ihn doch sehr sorgfältig vollgezeichnet und die Zeichnungen mit den leuchtenden Farben ausgemalt, die Chimáli mir geschenkt hatte. Der Meister nahm das gefaltete und gebündelte Buch und begann langsam, die Seiten auseinanderzufalten.

Es handelte sich um den Bericht über ein berühmtes Ereignis in der Geschichte der Mexíca, als sie zuerst in dieses Tal gekommen und die Culhua das mächtigste Volk hier gewesen waren. Der Anführer der Culhua, Coxcox, hatte dem Volk der Xochimílco den Krieg erklärt und die neu angekommenen Mexíca aufgefordert, als seine Verbündeten mitzukämpfen. Als der Krieg vorüber war und die Culhua-Krieger ihre Xochimílca-Gefangenen heimbrachten, brachten die Mexíca überhaupt keine mit, woraufhin Coxcox sie schmähte und als Feiglinge bezeichnete. Daraufhin machten die Mexíca-Krieger die Säcke auf, die sie trugen, und schütteten einen ganzen Berg Ohren auf – alles linke Ohren –, welche sie der riesigen Menge von Xochimílca abgenommen, die sie überwältigt hatten. Coxcox war baß erstaunt und froh zugleich, und von Stund an galten die Mexíca als Kämpfer, mit denen man rechnen mußte.

Ich bildete mir ein, dieses Ereignis sehr gut dargestellt zu haben, insbesondere dadurch, daß ich fein säuberlich all die vielen linken Ohren gezeichnet und die Überraschung auf dem Gesicht des Coxcox wiedergegeben hatte. Infolgedessen glühte ich jetzt innerlich vor Selbstzufriedenheit und wartete darauf, daß der Meister mein Werk hoch loben würde.

Der jedoch runzelte die Stirn, als er die Seiten auseinandernahm und den Blick von einem Ende des auseinandergefalteten langen Streifens bis zum anderen wandern ließ, und sagte schließlich: »Von wo nach wo soll ich das lesen?«

Völlig verwirrt, sagte ich: »In Xaltócan, Meister, falten wir die Seiten von links nach rechts auseinander – damit jeder Abschnitt von links nach rechts gelesen werden kann.«

»Ja, ja«, fuhr er mich an. »Wir sind es schließlich alle gewöhnt, von links nach rechts zu lesen. Doch in deinem Buch findet sich kein Hinweis, daß wir das tun sollten.«

»Hinweis?« fragte ich.

»Einmal angenommen, du wirst aufgefordert, eine Inschrift zu verfassen, die in einer anderen Richtung gelesen werden soll – auf einem Tempelfries oder einer Säule zum Beispiel, wo die Architektur es erfordert, daß von rechts nach links gelesen wird, oder gar von oben nach unten.«

Diese Möglichkeit war mir noch nie in den Sinn gekommen, und das sagte ich ihm.

Woraufhin er ungeduldig meinte: »Wenn ein Schreiber zwei Menschen oder zwei Götter wiedergibt, die miteinander sprechen, müssen sie sich selbstverständlich die Gesichter zuwenden. Doch *eine* Grundregel gilt es stets zu beachten. Die Mehrheit der Zeichen *muß in die Richtung weisen, in welcher das Geschriebene gelesen werden soll.*«

Ich glaube, ich habe vernehmlich geschluckt.

»Diese einfachste Regel des Bilderschreibens hast du nie begriffen?« sagte er schneidend. »Und hast die Stirn, mir das hier zu zeigen?« Ohne es auch nur wieder zusammenzufalten, schob er es mir wieder hin. »Wenn du morgen zum erstenmal am Wortkunde-Unterricht teilnehmen wirst, geh zu der Gruppe dort drüben.«

Er wies über den Rasen hinweg auf eine Gruppe, die sich um einen der Pavillons herum versammelte. Ich machte ein langes Gesicht, und aller Stolz verflog. Selbst aus dieser Entfernung konnte ich erkennen, daß alle Schüler dort höchstens halb so groß waren wie ich.

Die Dame von Tolan hatte nicht übertrieben, als sie mir sagte, an dieser Schule würde ich hart arbeiten müssen, aber ich will euch, ehrwürdige Patres, weder mit Berichten über meine tägliche Arbeit und die weltlicheren Ereignisse meines jungen Lebens, noch mit der Aufzählung von den vielen Schock Arbeiten langweilen, die ich am Ende eines jeden Tages heimtrug in meine Wohnräume. Ich werde euch nur sagen, daß ich Rechnen und Kontenführung lernte, die Umrechnung der verschiedenen in Umlauf befindlichen Zahlungsmittel – alles Fertigkeiten, die mir in späteren Jahren sehr zupaß kommen sollten. Ich lernte ungefähr die Geographie dieses Landes kennen, wenngleich damals nicht viel bekannt war über jene Länder, die hinter denen unserer unmittelbaren Nachbarn lagen, wie ich später selbst herausfinden sollte, als ich diesen Fragen nachging.

Am meisten Spaß machte mir der Unterricht in der Wortkunde, und davon hatte ich auch am meisten, das heißt, ich lernte zunehmend müheloser und fließender Lesen und Schreiben. Genausoviel, glaube ich allerdings, habe ich auch vom Geschichtsunterricht gehabt, selbst wenn dort die prahlerischen Lieblingsvorstellungen der Mexica nicht gelten gelassen wurden. Meister Neltitica schenkte uns großzügig seine Zeit und gab einigen von uns sogar Privatstunden, damit wir besser mitkämen. Besonders erinnere ich mich noch an eine, da er sich zusammen mit mir und einem sehr jungen Knaben, namens Poyec hinsetzte, dem Sohn eines der vielen Texcócoer Edelleute.

»Es gibt eine beklagenswerte Lücke in der Geschichte der Mexíca«, sagte Neltitíca, »breit wie der Spalt, den ein Erdbeben in die feste Erde reißen kann.«

Während er uns unterwies, stopfte er sich eine Poquíetl, um zu rauchen. Bei der Poquíetl handelt es sich um ein schlankes Rohr aus Schilf oder Jade, reich geschnitzt, mit einem Mundstück am einen Ende. Ins andere Ende wird ein trockenes Schilfblatt oder ein Stück Papier gesteckt, welches fest gestopft ist mit den fein zerkleinerten, getrockneten Blättern der Picíetl-Pflanze, die bisweilen mit Kräutern und Gewürzen vermischt sind, um ein besonderes Aroma oder Duft zu erzielen. Der Raucher hält die Röhre zwischen den Fingern und setzt das äußerste Ende des Blattes oder Papiers in Brand, welchselbiges dann samt dem Inhalt zu Asche verschwelt, während der Raucher das Mundstück ab und zu an die Lippen hebt, um einen Mundvoll Rauch herauszusaugen, ihn in die Lungen zu ziehen und ihn wieder auszuatmen.

Nachdem er es sich mit einem Stück Glut aus einem Kohlebecken in Brand gesetzt hatte, sagte Neltitíca: »Es war kaum ein Schock Jahre vergangen, seit der damalige Verehrte Sprecher der Mexíca, Itzcóatl – Obsidian Schlange –, den Dreibund zwischen Mexíca, Acólhua und Tecpanéca schmiedete – in dem die Mexíca selbstverständlich die beherrschende Rolle spielten. Nachdem er seinem Volk diese herausragende Stellung verschafft, gebot Obsidian Schlange, daß alle Bücher der vergangenen Tage verbrannt und neue Berichte verfaßt würden, um die Vergangenheit der Mexíca zu verherrlichen und den Mexíca den Anschein von altehrwürdiger Tradition zu verleihen.«

Ich blickte zu dem blauen Rauch auf, der sich von seiner Poquíetl emporringelte und murmelte: »Bücher ... verbrannt ...« Es versetzte mir einen Stich, mir vorzustellen, daß es jemand über sich brachte, so etwas Kostbares, Unersetzliches und Ehrwürdiges zu verbrennen wie Bücher – selbst, wenn es sich dabei um einen Uey-Tlatoáni handelte.

»Obsidian Schlange tat es«, fuhr unser Meister fort, »und zwar in dem Bemühen, sein Volk glauben zu machen, es sei von jeher der wahre Hüter der Kunst und der Wissenschaft gewesen und es sei infolgedessen seine Pflicht, jedem tiefer stehenden Volk die Zivilisation aufzuzwingen. Doch nicht einmal die Mexíca können die Zeugnisse anderer und verfeinerterer Zivilisationen leugnen, die hier geblüht hatten, lange bevor sie hierhergekommen waren. Daher haben sie phantasievolle Legenden ersonnen, um diese Zeugnisse zu erklären.«

Poyec und ich dachten darüber nach, und dann fragte der Knabe: »Ihr meint Dinge wie Teotihuácan? Den Ort, Wo Sich Die Götter Versammelten?«

»Das ist ein gutes Beispiel, Póyectzin. Diese Stadt ist heute eine verlassene und von Kraut überwachsene Ruine, war jedoch offensichtlich einstmals eine größere und menschenreichere Stadt, als Tenochtítlan es jemals werden kann.«

Ich sagte: »Uns wurde gelehrt, Meister, sie sei von den Göttern errichtet worden, als sie alle sich versammelten, um sich darüber klarzuwerden, ob die Erde samt Menschen, Tieren und allem Lebendigen darauf geschaffen werden solle ...«

»Selbstverständlich hat man euch das beigebracht. Große Dinge, die nicht von den Mexíca geschaffen wurden, dürfen nicht auf irgendwelche anderen Sterblichen zurückgeführt werden.« Schnaubend ließ er seinen Nasenlöchern eine Rauchwolke entsteigen. »Doch wenn Obsidian Schlange auch die Vergangenheit der Mexíca auszulöschen vermochte – die Bibliotheken unseres Texcóco und anderer Städte konnte er nicht verbrennen. Wir besitzen immer noch Zeugnisse, aus denen hervorgeht, wie es hier in diesem Tal ausgesehen hat, ehe die Aztéca-Mexíca hierherkamen. Obsidian Schlange konnte nicht die gesamte Geschichte Der Einen Welt verändern.«

»Und diese unveränderten Geschichtsbücher«, fragte ich, »wie weit reichen die zurück?«

»Bei weitem nicht weit genug zurück. Wir geben nicht vor, Zeugnisse zu haben, welche zurückgehen auf das Erste Götterpaar. Ihr kennt die Legenden. Diese beiden waren die ersten Bewohner der Erde, dann all die anderen Götter, und danach ein Volk von Riesen.« Nachdenklich zog Neltitica an seiner Poquiétl. »Die Legende über die Riesen könnte sogar auf Wahrheit beruhen, wißt ihr. Von einem Bauern ist ein alter verwitterter Knochen ausgegraben worden; er wird noch heute in Texcóco aufbewahrt. Ich habe ihn selbst gesehen, und die Wundärzte behaupten steif und fest, es handele sich um einen Oberschenkelknochen. Dabei ist er so lang, wie ich groß bin.«

Der kleine Poyec lachte voller Unbehagen und sagte: »Da hätte ich aber keine Lust, dem Mann zu begegnen, dessen Oberschenkelknochen daswar.«

»Nun«, sagte unser Meister, »Götter und Riesen – darüber sollen die Priester sich den Kopf zerbrechen. Wofür ich mich interessiere, das ist die Geschichte *der Menschen,* insbesondere der ersten Menschen in diesem Tal, der Menschen, die Städte wie Teotihuácan und Tolan erbauten. Denn alles, was wir haben, ist von ihnen auf uns überkommen. Alles, was wir wissen, haben wir von ihnen gelernt.« Er saugte ein letztes Mal an seiner Poquíetl und entfernte das heruntergebrannte Ende aus seinem Picíetl-Rohr. »Vielleicht werden wir nie erfahren, warum oder wann sie verschwanden, wenngleich die angekohlten Balken ihrer zerfallenen Gebäude darauf hindeuten, daß sie von Räubern vertrieben wurden. Wahrscheinlich waren es die wilden Chichiméca, das Hunds-Volk. Wir vermögen nur noch wenig von den erhalten gebliebenen Wandgemälden, Schnitzereien und Bilderschriften zu entziffern, und aus keinem dieser Dinge geht hervor, wie auch nur der Name dieses verschwundenen Volkes gelautet hat. All diese Dinge sind jedoch so kunstvoll gearbeitet, daß wir ihre Schöpfer voller Hochachtung Toltéca nennen – Meisterhandwerker – und seit vielen Schock Jahren haben wir uns bemüht, dem, was sie geleistet haben, nachzueifern.«

»Aber«, meinte Poyec, »wenn die Toltéca seit so langer Zeit verschwunden sind, begreife ich nicht, wie wir von ihnen gelernt haben sollen.«

»Weil ein paar von ihnen überlebt haben werden, selbst wenn sie als Volk insgesamt verschwunden sind. Gewiß hat es einige Überlebende gegeben, die sich in den hochgelegenen Bergtälern und in der Tiefe der Wälder verborgen haben. Und diese Toltéca, die nicht untergehen wollten, haben in ihren Verstecken überlebt – ja, möglicherweise sogar einige ihrer Bücher des Wissens aufbewahrt –, in der Hoffnung, ihre Kultur durch ihre Kinder und Kindeskinder weiterzugeben, während diese sich mit Angehörigen anderer Stämme vermischten. Unglücklicherweise waren die einzigen anderen Völker in diesem Gebiet um jene Zeit völlig primitive Stämme: die beschränkten und schwerfälligen Otomí, die leichtfertigen Purémpecha und selbstverständlich das ewig und überall vorhandenen Hunds-Volk.«

»*Ayya*«, sagte der junge Poyec.

»Die Otomí haben es noch nicht einmal bis zur Kunst des Schreibens gebracht. Und die Chichiméca fressen bis auf den heutigen Tag ihren eigenen Kot.«

»Aber selbst unter Barbaren findet sich unter Umständen eine Handvoll besonderer Menschen«, sagte Neltitíca. »Wir müssen von der Annahme ausgehen, daß die Toltéca ihre Ehegesponse sehr sorgfältig aussuchten, und ihre Kinder und Kindeskinder desgleichen, so daß sich auf diese Weise wenigstens ein paar hervorragende Familien erhalten haben. Es muß so etwas wie eine heilige Familienverpflichtung gegeben haben, vom Vater auf den Sohn weiterzugeben, was er vom alten Wissen der Toltéca noch bewahrte. Bis zuletzt aus dem Norden neue Völker in dieses Tal eindrangen – gleichfalls primitive Stämme, gleichwohl jedoch imstande, diesen Schatz an Wissen richtig einzuschätzen und sich zunutze zu machen. Neue Völker, begabt mit dem Willen, die langgehütete Glut wieder zu entfachen.«

Der Meister schwieg eine Weile, um ein neues Röhrchen in seinen Halter zu stecken. Viele Männer behaupteten, sie rauchten die Poquiétl, weil ihre Dämpfe ihr Gehirn klar und gesund hielten. Ich selbst habe mir später, als ich älter war, diese Gewohnheit zu eigen gemacht, und gefunden, daß sie mir beim Nachdenken durchaus eine Hilfe war. Aber Neltitíca rauchte mehr als jeder andere Mann, den ich je erlebt habe, und vielleicht sind seine ungewöhnliche Weisheit und sein langes Leben auf diese Angewohnheit zurückzuführen.

Er fuhr fort: »Die ersten, die aus dem Norden kamen, waren die Culhua. Danach kamen die Acólhua, deine und meine Vorfahren, Póyetzin. Hinterher all die anderen, die sich um den See herum niederließen: die Tecpanéca, die Xochimílca und so fort. Damals wie heute gaben sie sich unterschiedliche Namen, und nur die Götter wissen, woher sie ursprünglich stammen; dennoch sprachen all die umherschweifenden Volksstämme, die hierherzogen, irgendeinen Dialekt der Náhuatl-Sprache. Und hier, im Becken des Sees, lernten sie von den Abkommen der Toltéca kennen, was von den uralten Künsten und Fertigkeiten der Toltéca noch am Leben geblieben war.«

»All das kann sich aber nicht an einem Tag vollzogen haben«, sagte ich. »Ja, nicht einmal in einem Schock Jahre.«

»Nein, vielleicht nicht einmal in vielen Schock Jahre«, bestätigte Neltitíca. »Doch wo das Lernen nur auf flüchtigen Hinweisen beruht und sich aufgrund von Versuchen und Irrtümern vollzieht und dadurch, daß man Dinge, die erhalten geblieben sind, nachahmt – nun, je mehr Menschen an diesem Lernprozeß beteiligt sind, desto schneller verbreitet sich das Wissen dann bei allen. Glücklicherweise vermochten all die Culhua, Acólhua und Tecpanéca sich in einer gemeinsamen Sprache zu verständigen und arbeiteten sie alle Hand in Hand. Die weniger hochstehenden Völker wurden von ihnen aus diesem Gebiet vertrieben. Die Purémpecha zogen nach Westen, die Otomí und die Chichiméca nach Norden. Nur die Náhuatl sprechenden Völker blieben hier und nahmen ungefähr in gleicher Weise an Wissen und Können zu. Erst nachdem diese Volksstämme sich ein gewisses Maß an Kultur angeeignet hatten, hörten sie auf, sich gegenseitig zu unterstützen und versuchten, die Oberhand über die anderen zu gewinnen. Und das war der Augenblick, da die noch von keiner Kultur veredelten Aztéca hier eintrafen.«

Unser Meister richtete seine Augen auf mich.

»Die Aztéca oder Mexíca ließen sich inmitten einer bereits recht entwickelten Gesellschaft nieder – einer Gesellschaft freilich, die nach und nach in miteinander rivalisierende Gruppen auseinanderbrach. Und den

Mexíca gelang es, sich solange am Leben zu erhalten, bis Coxcox von den Culhua sich herabließ, einen seiner Edelleute, Acamapíchtli, zu ihrem ersten Verehrten Sprecher zu ernennen. Acamapíchtli führte sie in die Kunst der Wortkunde ein und machte sie dann mit all dem anderen Wissen bekannt, welches von den bereits länger hier ansässigen Völkern gemeinsam gerettet worden war. Die Mexíca erwiesen sich als sehr lernbegierig, und was sie mit ihrem neu erworbenen Wissen anfingen, wissen wir ja. Sie spielten die miteinander rivalisierenden Gruppen in diesem Lande gegeneinander aus, ließen ihre Unterstützung mal diesen, mal jenen zuteil werden, bis sie selbst zuletzt die militärische Überlegenheit über alle anderen erlangt hatten.«

Der kleine Poyec bedachte mich mit einem Blick, als wäre ich verantwortlich für die Aggressivität meiner Vorfahren, doch Neltitica fuhr mit der Leidenschaftslosigkeit des objektiven Gelehrten fort zu sprechen:

»Wir wissen, in welchem Maße die Mexíca seither aufgeblüht und reich geworden sind. Was Reichtum und Einfluß betrifft, haben sie jene anderen Völker, die einst die Nase über sie rümpften, weil sie sie für bedeutungslos hielten, weit hinter sich gelassen. Ihr Tenochtítlan ist zur reichsten und üppigsten Stadt geworden, die seit den Toltéca gebaut worden ist. Obwohl man in Der Einen Welt unzählige Sprachen spricht, haben die im ganzen Land umherziehenden Heere der Mexíca unser Náhuatl zur zweiten Sprache aller Völker zwischen den Wüsten im Norden und den Dschungeln im Süden gemacht.«

Er muß die Spur eines selbstgefälligen Lächelns auf meinem Gesicht gesehen haben, denn unser Meister schloß mit den Worten:

»Alles, was sie in dieser Beziehung erreicht haben, sollte, wie ich meine, genug sein, damit großzutun, doch hat ihnen das zur Selbstverherrlichung nicht genügt. Sie haben die Geschichtsbücher neu und umgeschrieben in dem Versuch, sich und andere davon zu überzeugen, daß sie von jeher das führende Volk in dieser Weltgegend gewesen sind. Mögen die Mexíca sich selbst und vielleicht auch Historikern vieler kommender Generationen etwas vormachen – ich glaube, ich habe hinreichend dargelegt, daß die Mexíca, die sich so vieles angemaßt haben, *nicht* die wiederauferstandenen großen Toltéca sind.«

Die Dame von Tolan lud mich auf eine Schale Schokolade in ihre Gemächer, und ich – eine brennende Frage im Herzen – beeilte mich, dieser Einladung nachzukommen. Als ich eintrat, weilte ihr Sohn, der Kronprinz, bei ihr, und solange sie über mindere Angelegenheiten der Palastverwaltung redeten, schwieg ich. Als sich in ihrem Gespräch jedoch eine Pause einschlich, faßte ich mir ein Herz und fragte:

»Ihr stammt aus Tolan und seid dort geboren, Gebieterin, und Tolan war einst eine Stadt der Toltéca. Seid Ihr eine Toltécatl?«

Mutter und Sohn zeigten Verwunderung, doch dann lächelte sie. »Jeder aus Tolan – jeder Mensch überall in Der Einen Welt – wäre stolz darauf, auch nur einen Tropfen Toltéca-Blut in den Adern zu haben. Doch *ayya* – ehrlich gesagt kann ich das nicht behaupten. Solange Menschen zurückdenken können, hat Tolan zum Gebiet der Tecpanéca gehört, folglich habe ich Tecpanéca-Blut in den Adern – obwohl ich insgeheim den Verdacht habe, daß auch der eine oder andere Otomítl zu meinen Vorfahren gehört – aus der Zeit, ehe dieses Volk vertrieben wurde.«

Voller Enttäuschung sagte ich: »Dann läßt sich in Tolan keine einzige Spur von den Toltéca nachweisen?«

»Wie soll man das bei Menschen mit Sicherheit sagen? Was die Stadt selbst betrifft, ja: Da sind die Pyramiden, die Terrassen und die weiten, mauerumschlossenen Höfe. Die Pyramiden sind verwittert, die Terrassen brüchig geworden und voller Risse, die Mauern an manchen Stellen eingefallen. Aber die wunderschönen Muster, nach denen die Steine ineinandergefügt wurden, sind immer noch zu erkennen, und hier und da auch noch Flachreliefs, ja gelegentlich sogar noch Reste von Malereien. Die eindrucksvollsten und am wenigsten vom Zahn der Zeit angenagten Dinge sind jedoch die vielen Standbilder.«

»Götterbilder?« fragte ich.

»Das glaube ich nicht, denn alle weisen sie ein und dasselbe Gesicht auf. Sie sind alle von der gleichen Form und Größe, schlichte, wirklichkeitsgetreue Nachbildungen – nicht so verschnörkelt wie heute. Es handelt sich um zylindrische Säulen, als ob sie einst ein schweres Dach zu tragen gehabt hätten. Nur sind es eben Säulen in Menschengestalt, falls du dir Menschen vorstellen kannst, die dreimal so groß sind wie diejenigen, die wir heute kennen.«

»Vielleicht sind es Abbilder der Riesen, die nach den Göttern die Erde bevölkert haben«, meinte ich und mußte dabei an den ungeheuerlichen Oberschenkelknochen denken, von dem Neltitica erzählt hatte.

»Nein, ich glaube, es sind Darstellungen der Toltéca selbst, nur eben überlebensgroß wiedergegeben. Ihre Gesichter blicken weder streng noch grausam, noch hochmütig, wie man es von Göttern oder Riesen erwarten würde. Ihr Ausdruck zeugt von heiterer Wachsamkeit. Viele von diesen Säulen sind in den Staub gefallen und liegen zerbrochen auf dem Boden herum, andere hingegen stehen immer noch auf den Höhen und schauen über das Land hin, als ob sie ruhig und geduldig auf etwas warteten.«

»Auf was warten, meint Ihr, Gebieterin?«

»Vielleicht darauf, daß die Toltéca wiederkommen.« Es war Schwarze Blume, der antwortete und seiner Antwort dann ein schrilles Lachen folgen ließ. »Darauf, daß sie von dort wieder auftauchen, wo sie all die vielen Schock Jahre ihre Zeit abgewartet haben. Um machtvoll und wie ein Wirbelwind wiederzukommen, uns Eindringlinge zu unterwerfen und wieder Anspruch zu erheben auf dieses Land, das einst ihnen gehört hat.«

»Nein, mein Sohn«, sagte die Erste Dame. »Sie waren nie ein kriegerisches Volk und wollten es auch nicht sein; gerade das war ihr Verderben. Könnten sie wirklich einmal wiederkommen, sie kämen in Frieden.«

Sie nippte an ihrer Schokolade und verzog das Gesicht; das Getränk war schal geworden. Von einem Tisch zu ihrer Seite nahm sie einen aus einem einzigen Stück aromatischer Zeder gearbeiteten Schaumschläger, der aus kleineren und größeren hölzernen Ringen bestand, die locker und leicht klappernd um einen Mittelstab herum aufgezogen waren. Diesen Schaumschläger tunkte sie in ihre Schale, hielt den Mittelstab zwischen den Handflächen und zwirbelte ihn rasch, so daß die Ringe unregelmäßig kreisten und das rote Getränk wieder schaumig und fest wurde. Nachdem sie nochmals einen kleinen Schluck genommen hatte, leckte sie sich den Schaum von der Oberlippe und sagte zu mir:

»Besuch doch irgendwann einmal die Stadt Teotihuácan, Kopf Neiger, und sieh dir an, was dort von den Wandmalereien erhalten geblieben ist. Nur auf einem einzigen ist ein Toltéca-Krieger zu sehen, und auch der *spielt* nur Krieg. Sein Speer weist keine scharfe Spitze auf, sondern einen Federbausch, und seine Pfeile sind an der Spitze mit Óli-Kugeln bewehrt, ähnlich denen, die wir heute benutzen, um Knaben das Bogenschießen beizubringen.«

»Jawohl, Gebieterin. Ich habe bei den Kriegsspielen selbst solche Pfeile benutzt.«

»Den anderen Wandbildern kannst du entnehmen, daß die Toltéca ihren Göttern nie Menschen zum Opfer gebracht haben, sondern Schmetterlinge, Blumen, Wachteln und ähnliche Gaben. Die Meisterhandwerker waren ein friedliches Volk, weil ihre Götter friedfertigen und sanften Wesens waren. Einer von ihnen war Quetzalcóatl, jener, der auch heute noch nah und fern von allen Völkern verehrt wird. Die Vorstellung, welche die Toltéca von der Gefiederten Schlange hatten, verrät uns viel über diese Menschen. Nur ein weises und freundliches Volk hat uns einen Gott vererben können, der Erhabenheit und liebevolle Fürsorge in sich vereinigte, findest du nicht? Das furchterregendste und gleichzeitig anmutigste aller Geschöpfe, die Schlange, nicht in ihre harten Panzerringe gehüllt, sondern in das wunderschöne weiche Federkleid des Quetzal Tototl-Vogels.«

Ich sagte: »Wir haben als Knaben gelernt, die Gefiederte Schlange habe einst wirklich hier in diesem Land gelebt und werde eines Tages wiederkommen.«

»Jawohl, Kopf Neiger, nach dem, was wir dem entnehmen können, was von den Schriften der Toltéca erhaltengeblieben ist, hat Quetzalcóatl in der Tat hier einst gelebt. Er war einer der ganz frühen Uey-Tlatoáni oder wie immer die Toltéca ihre Herrscher genannt haben, und zwar muß er ein sehr guter gewesen sein. Es heißt, er selber soll die Schrift, die Kalender, die Sternenkarten und die Zahlen erfunden haben, die wir heute benutzen. Es heißt sogar, er habe uns das Rezept für Ahuacamóli und all die anderen Moli-Saucen hinterlassen, obwohl ich mir diesen Quetzalcóatl einfach nicht vorstellen kann, wie er in einer Küche den Koch spielt.«

Lächelnd schüttelte sie den Kopf, dann wurde sie wieder ernst. »Wie es heißt, sollen die Bauern während seiner Regierungszeit nicht nur weiße Baumwolle auf ihren Feldern geerntet haben, sondern solche in allen möglichen Farben, als ob die Baumwolle bereits eingefärbt wäre. Ein einziger Maiskolben soll so schwer gewesen sein, daß ein Mann ihn gerade eben tragen konnte. Auch soll es in dieser Zeit keine Wüstengebiete gegeben haben, sondern überall Blumen und Früchte in Hülle und Fülle gewachsen sein und die Luft schwer von all den Düften, die sie verströmten . . .«

Ich fragte: »Ist es denn möglich, daß er einmal wiederkommt, Gebieterin?«

»Nun, den Legenden zufolge soll Quetzalcóatl unwillentlich eine so furchtbare Sünde begangen – oder etwas getan haben, was seinen eigenen Verhaltensregeln zuwiderlief –, daß er freiwillig auf seinen Thron verzichtet habe. Er begab sich ans Gestade des östlichen Meeres und baute sich dort ein Floß – aus Federgewirk, behaupten einige, und andere aus ineinander verschlungenen Schlangen. In seinen letzten Worten an die gramgebeugten Toltéca versprach er, eines Tages wiederzukommen. Danach ruderte er davon und verschwand hinter dem östlichen Horizont des Meeres. Seither ist die Gefiederte Schlange zu einem Gott geworden, der von allen uns bekannten Völkern verehrt wird. Und alle Toltéca sind seither gleichfalls verschwunden, und wir warten immer noch auf die Wiederkunft Quetzalcóatls.«

»Vielleicht ist er schon längst wieder da, warum nicht?« sagte ich. »Die Priester sagen, die Götter weilten oft unerkannt unter uns.«

»Genauso wie mein Herr Vater«, sagte Schwarze Blume lachend. »Nur glaube ich, daß man die Gefiederte Schlange nicht so leicht für jemand anders halten könnte. Die Wiederkunft einer so ausgeprägten Gottheit würde gewiß ungeheures Aufsehen erregen. Sei gewiß, Kopf Neiger – falls Quetzalcóatl jemals wiederkommt, mit oder ohne sein Toltéca-Gefolge, wir werden ihn erkennen.«

Ich hatte Xaltócan gegen Ende der Regenzeit des Jahres Fünf Messer verlassen, doch abgesehen davon, daß ich mich häufig nach Tzitzitlínis Gegenwart sehnte, war ich so sehr in meine Studien vertieft und genoß ich das Leben im Palast dermaßen, daß ich kaum merkte, wie rasch die Zeit verging. Deshalb war ich baß erstaunt, als Prinz Weide mir sagte, übermorgen sei der erste der kommenden Nemontémtin, der fünf leblosen Tage. Ich mußte an den Fingern nachzählen, ehe ich glauben konnte, daß ich seit fast einem Jahr von daheim fort war und dieses Jahr sich jetzt seinem Ende näherte.

»Während der fünf hohlen Tage kommt alle Tätigkeit zum Erliegen«, sagte der junge Prinz. »Deshalb werden wir in diesem Jahr die Gelegenheit wahrnehmen zu packen und mit dem gesamten Hof in unseren Palast in Texcóco umzuziehen, um den Mond des Cuáhuitl Ehua dort feiern zu können.«

Das war der erste Mond unseres Sonnenjahres. Sein Name bedeutet: Der Baum Ist Aufgerichtet, was sich auf die vielen Feierlichkeiten bezieht, in deren Verlauf die Menschen aller Stämme den Regengott Tlaloc anzuflehen pflegten, die Regenzeit im kommenden Sommer möge reichliche Regengüsse bringen.

»Und du wirst bei der Gelegenheit deine Familie wiedersehen wollen«, fuhr Weide fort. »Deshalb bitte ich dich, mach mir die Freude und sei einverstanden, wenn ich dir mein persönliches Acáli zur Verfügung stelle, dich dorthin zu bringen. Am Ende des Cuáhuitl Ehua werde ich es wieder hinschicken, dann kannst du dich dem Hof von Texcóco wieder anschließen.«

Das kam alles sehr plötzlich, doch ich nahm an und dankte ihm, so fürsorglich an mich gedacht zu haben.

»Nur eines«, sagte er. »Kannst du dich morgen früh schon zeitig bereithalten? Denn, verstehst du, Kopf Neiger, meine Ruderer wollen selbstverständlich vor Beginn der leblosen Tage sicher wieder am heimatlichen Gestade gelandet sein.«

Ah, der Herr Bischof! Wieder freue ich mich und fühle ich mich geehrt, daß Euer Exzellenz sich unserem kleinen Kreis wieder beigesellen. Und abermals nimmt Euer unwürdiger Diener allen Mut zusammen, Euer Exzellenz ehrerbietig zu begrüßen und willkommen zu heißen.

... Jawohl, ich verstehe, Euer Exzellenz. Ihr sagt, ich hätte bisher noch nicht ausführlich genug davon berichtet, wie mein Volk seine Religion ausgeübt hat; und daß Ihr insbesondere mit eigenen Ohren zu hören wünscht, wieso und warum wir von einer so abergläubischen Furcht vor den hohlen Tagen erfüllt waren; daß Ihr aus erster Hand einen Bericht über die einen ganzen Mond hindurch andauernden heidnischen Bittrituale an den Regengott zu hören begehrt. Ich verstehe, Euer Exzellenz, und ich werde Euren verehrten Ohren nichts vorenthalten. Sollten meine alten Gedanken in der Erinnerung abschweifen oder meine Zunge allzu leichtfertig über Einzelheiten von Bedeutung hinweggehen, bitte, zögert nicht, mich zu unterbrechen und mich um eingehendere Erklärungen zu bitten.

Wißt also, daß Prinz Weides schöngeschnitztes, mit Banner und Sonnensegel ausgestattetes Acáli mich am sechstletzten Tag des Jahres Sechs Haus wieder am Landesteg von Xaltócan an Land steigen ließ. Mein prachtvolles geliehenes Boot mit den sechs Ruderern ließ das sonnensegellose, zweiruderige Kanu des Herrn Rot Reiher, welches zufällig an eben diesem selben Tag seinen Sohn für den Zeremonial-Mond Cuáhuitl Ehua von der Schule abgeholt hatte, recht schäbig daneben erscheinen. Ich war sogar auffallend besser gekleidet als dieser junge Provinzprinz, und Pactli bedachte mich unwillkürlich mit einem gewinnenden Kopfnikken, ehe er mich erkannte und sein Gesicht zu einer eisigen Maske erstarrte.

In meinem Elternhaus wurde ich willkommen geheißen wie ein Held, der aus einem Krieg heimkehrt. Mein Vater legte mir die Hände auf die Schultern, welche nunmehr nahezu genauso hoch und breit waren wie die seinen. Tzitzitlíni schlang beide Arme um mich und drückte mich in einer herzlichen Geste an sich, die jedem Zuschauer als nichts weiter denn schwesterlich erscheinen mußte, der nicht sah, daß sie mir sanft und doch vielsagend ihre Fingernägel in den Rücken grub. Mit Absicht hatte ich meinen allerschönsten reichbestickten Umhang mit der Blutsteinspange umgelegt und die vergoldeten Sandalen angezogen, deren Verschnürung fast bis zum Knie hinaufreichte.

Freunde, Verwandte und Nachbarn drängten herein, um den heimgekehrten weitgereisten Sohn zu bestaunen. Unter ihnen befanden sich, wie ich voller Freude feststellte, auch Chimáli und Tlatli, die beide gebeten hatten, auf einem Fracht-Acáltin, der Kalkstein nach Tenochtítlan gebracht hatte, mitgenommen zu werden, und der jetzt die leblosen Tage dümpelnd an seiner Vertäuung verbrachte. In den drei Zimmern meines Elternhauses, die mir merkwürdig klein geworden vorkamen, und im Garten drängten sich die Besucher. Ich schob das nicht darauf, daß ich persönlich so beliebt gewesen wäre, sondern auf die Tatsache, daß um Mitternacht die hohlen Tage begannen, während derer keinerlei geselliges Beisammensein möglich war.

Nur wenige der hier Versammelten mit Ausnahme meines Vaters und einiger anderer Steinhauer waren jemals von unserer Insel fortgewesen, und so war es nur allzu natürlich, daß sie begierig waren zu hören, wie es in der Welt draußen aussah. Aber sie stellten nur wenige Fragen; sie schienen es zufrieden, mir und Chimáli und Tlatli zuzuhören, die wir Erfahrungen über unsere verschiedenen Schulen austauschten.

»Schulen!« schnaubte Tlatli verächtlich. »Für die Arbeit in der Schule bleibt uns nur sehr wenig Zeit. Jeden Morgen bei Tagesanbruch wecken uns die dreckigen Priester, und dann müssen wir unsere Wohnräume und alle anderen Räumlichkeiten des ganzen Gebäudes ausfegen. Dann geht es hinaus an den See, um die Chinámpa der Schule zu bearbeiten und Mais und Bohnen für die Schulküche zu brechen und zu pflücken. Oder wir müssen aufs Festland hinüber, um Holz für die heiligen Feuer zu schlagen und Beutel mit Dornen des Maguey-Strauchs zu holen.«

Ich sagte: »Das mit dem Gemüse und dem Feuerholz kann ich verstehen, aber wozu die Dornen?«

»Zur Kasteiung und Bestrafung, Freund Maulwurf«, knurrte Chimáli. »Verstößt du auch nur im geringsten gegen die Vorschriften, wirst du von einem Priester gezwungen, dich selbst wiederholt mit einem Dorn zu stechen. In die Ohrläppchen, die Daumen und Arme, ja selbst in dein Tepúli. Ich bin am ganzen Körper von Stichen übersät.«

»Aber selbst diejenigen, die sich tadellos benehmen, haben zu leiden«, fügte Tlatli hinzu. »Einen um den anderen Tag ist bestimmt der Festtag des einen oder anderen Gottes, darunter viele, von denen ich noch nie gehört habe, und dann muß jeder Junge Blut als Opfergabe spenden.«

Einer der Zuhörer fragte: »Und wann *habt* ihr Zeit zum Studieren?«

Chimáli schnitt ein Gesicht. »Das bißchen Zeit, das uns bleibt, hilft uns nicht sonderlich. Die Priester sind keine gelehrten Männer. Sie wissen nichts weiter als das, was in den Schulbüchern steht, und diese Bücher sind alt und schmutzig, und die Borkenfasern, aus denen sie beste hen, zerbröseln.«

Tlatli sagte: »Chimáli und ich haben allerdings Glück. Wir sind ja nicht hingegangen, um aus Büchern zu lernen, und deshalb ficht es uns nicht sonderlich an, daß wir dazu kaum Zeit haben. Dafür verbringen wir den größten Teil unserer Tage in den Werkstätten der großen Kunstmeister, die ihre Zeit nicht mit Geschwätz über Religiöses vertrödeln. Sie nehmen uns ganz schön ran, und deshalb lernen wir wirklich, wozu wir eigentlich hingegangen sind.«

»Ein paar andere Jungen tun das auch«, sagte Chimáli. »Man hat sie gleichfalls in die Lehre gegeben – bei Wundärzten, Federarbeitern, Musikern und so weiter. Leid tun mir diejenigen, die hingekommen sind, um Dinge zu lernen, die auf reinem Schulwissen beruhen wie die Kunst der Bilderschrift. Wenn sie nicht gerade an Ritualen und Bußübungen teilnehmen und niedere Arbeiten verrichten, werden sie von Priestern unterrichtet, die genauso unwissend sind wie die Schüler selber. Du kannst von Glück sagen, Maulwurf, daß du nicht eine Calmécac besuchst. Dort gibt es wenig zu lernen, es sei denn, du hättest den Wunsch, selber Priester zu werden.«

»Und kein Mensch«, erklärte Tlatli und erschauderte, »würde Priester irgendeines Gottes werden wollen, es sei denn, er hätte den Wunsch, niemals mit einer Frau zu verkehren, niemals Octli zu trinken oder auch nur ein einziges Mal in seinem Leben ein Bad zu nehmen. Und es sei denn, er genösse es, sich selbst Schmerzen zuzufügen und zuzusehen, wie andere Menschen Schmerzen erleiden.«

Einst war ich neidisch auf Tlatli und Chimáli gewesen, als sie ihre besten Umhänge umnahmen und auf ihre verschiedenen Schulen zogen. Jetzt saßen sie da, trugen immer noch dieselben Umhänge, und jetzt war ich es, den sie beneideten. Ich brauchte kein einziges Wort über das luxuriöse Leben zu verlieren, das ich am Hofe Nezahualpílis führte. Sie waren schon beeindruckt genug, als ich erzählte, daß unsere Lehrbücher auf geräucherter Kitzhaut gemalt waren, damit sie länger hielten; und als ich vom Fehlen religiöser Unterbrechungen berichtete, von den wenigen Regeln und der geringen Strenge, der Bereitwilligkeit unserer Lehrmeister, uns zusätzlich einzeln zu unterrichten.

»Man stelle sich das einmal vor!« murmelte Tlatli. »Lehrer, die wirklich etwas von dem verstehen, was sie unterrichten.«

»Und Lehrbücher aus Kitzhaut!« murmelte Chimáli.

Bewegung entstand unter denen, die der Tür zunächst standen, und plötzlich trat Pactli ein, als ob er bewußt den Zeitpunkt gewählt hätte, uns das überlegene Produkt der vornehmsten und angesehensten Calmécac vorzuführen. Viele fielen auf die Knie, um vor dem Sohn ihres Tecútli die Erde zu küssen, doch war nicht Raum genug, daß alle das hätten tun können.

»Mixpantzínco«, grüßte mein Vater ihn unsicher.

Pactli behandelte ihn, als wäre er Luft; ohne auch nur den herkömmlichen Gruß zu erwidern, sprach Pactli unmittelbar mich an: »Ich bin gekommen, weil ich deine Hilfe brauche, Maulwurf.« Damit reichte er mir einen Streifen gefalteten Borkenpapiers und sagte so verschwörerhafteinträchtig, wie es ihm nur irgend möglich war: »Soviel ich weiß, konzentrierst du dich ja auf die Kunst der Wortkunde; daher bitte ich dich, mir zu sagen, was du von einer meiner Bemühungen hältst, ehe ich sie meinem Meister zur Begutachtung vorlege.« Doch noch während er mit mir sprach, wanderten seine Augen zu meiner Schwester hinüber. Es muß den Herrn Freude unendlich viel an Überwindung gekostet haben, mich als Vorwand zu benutzen, uns zu besuchen, ehe die Mitternachtsstunde einen solchen Besuch unmöglich machte.

Wiewohl es ihn nicht im geringsten kratzte zu erfahren, was ich von seinen Schreibkünsten hielt – denn jetzt schaute er meine Schwester mit unverhohlener Lüsternheit an –, blätterte ich die zusammengefalteten Blätter durch und sagte gelangweilt: »Von wo nach wo soll ich das lesen?«

Etliche Anwesenden machten ein erschrockenes Gesicht, als sie meinen Ton hörten, und Pactli grunzte, als ob ich ihm eine Maulschelle versetzt hätte. Zornfunkelnd sah er mich an und stieß mit zusammengebissenen Zähnen hervor: »Von links nach rechts, Maulwurf, wie du ganz genau weißt.«

»Für gewöhnlich von links nach rechts, jawohl, aber nicht immer«, sagte ich. »Die erste und grundlegendste Regel beim Schreiben, die du offensichtlich noch nicht begriffen hast, besteht darin, daß die Mehrheit der von dir wiedergegebenen Wortbilder alle in die Richtung weisen müssen, in der gelesen werden soll.«

Ich muß mir durch meine verfeinerte Kleidung ganz ungewöhnlich erhaben vorgekommen sein. Hinzu kam die Tatsache, daß ich gerade von einem Hofe heimgekehrt war, der unendlich viel kultivierter war als der Pactlis, und daß ich in einem Haus voller Freunde und Verwandten den

Mittelpunkt der Aufmerksamkeit bildete – sonst hätte ich es vermutlich niemals gewagt, sämtliche Gebote der Untertänigkeit in den Wind zu schlagen. Ohne mir die Mühe zu machen, das Geschriebene weiter durchzusehen, faltete ich es zusammen und reichte es ihm zurück.

Ist Euch je aufgefallen, daß die gleiche zornige Regung verschiedene Menschen unterschiedlich anlaufen lassen kann, Euer Exzellenz? Pactlis Gesicht war nahezu violett übergossen, das meiner Mutter ganz weiß wie Maismehl. Tzitzi fuhr sich in der Geste der Überraschung leicht mit der Hand über den Mund, doch dann lachte sie; und Tlatli und Chimáli stimmten kurz in dieses Lachen ein. Pactli ließ seinen unheilvollen Blick von mir zu ihnen und sodann über alle Anwesenden wandern, von denen die meisten wünschten, sie könnten in womöglich noch einer anderen Farbe anlaufen – in der unsichtbaren Farbe der Luft. Wütend zerknüllte der Herr Freude das Papier in seiner Faust und stapfte hinaus, wobei er jene anrempelte, die nicht schnell genug beiseitetreten konnten.

Nahezu alle anderen gingen augenblicklich auseinander, gleichsam als könnten sie sich dadurch von meiner Aufsässigkeit distanzieren. Sie taten das unter dem Vorwand, ihre Häuser seien mehr oder weniger weit vom unsrigen entfernt, und sie wollten heim, ehe der Abend sich herniedersenkte, um sicherzugehen, daß auch nicht ein einziges Stück Glut in ihrer Feuerstelle weiterglimmte. Während dieser Massenauszug sich vollzog, grinsten Chimáli und Tlatli mich verschwörerisch an, drückte Tzitzi mir die Hand, setzte mein Vater ein höchst bekümmertes Gesicht auf und sah meine Mutter aus, als wäre sie zu einer Bildsäule erstarrt. Einige von den Gästen besaßen immerhin den Mumm, keinerlei Befürchtungen angesichts meiner Aufsässigkeit zu bekunden, die ich – noch dazu am Vorabend der leblosen Tage – gezeigt hatte.

Denn versteht, in diesen kommenden fünf Tagen galt *alles*, was man unternahm, als unbesonnen – als von vornherein zum Scheitern verurteilt und möglicherweise sogar als gefahrbringend. Die Tage waren nicht eigentlich richtige Tage, sondern nur die unumgängliche Lücke zwischen dem letzten Mond des Jahres, Xiutecútli, und dem ersten Mond des nächsten Jahres, Cuáhuitl Ehua; als Tage waren sie nicht vorhanden. Aus diesem Grunde sorgten wir dafür, daß unser eigenes Dasein sich so wenig wie möglich bemerkbar machte. Es war die Zeit des Jahres, welche die Götter mit Nichtstun und im Dämmerzustand verbrachten. Selbst die Sonne war blaß, gab keine rechte Wärme ab und stand niedrig am Himmel. Kein vernünftiger Mensch würde etwas tun, was geeignet wäre, die Götter in ihrer Müdigkeit zu stören und sich ihren Zorn zuzuziehen.

So ruhte während dieser fünf hohlen Tage alles Tun. Alle Tätigkeit hörte auf, ausgenommen die allerlebensnotwendigste und unvermeidbare. Alle Herdfeuer und Lichter wurden gelöscht. Es wurde nicht gekocht, es gab nur karges kaltes Essen. Niemand war unterwegs, besuchte andere oder traf sich mit ihnen. Männer und Frauen enthielten sich des Beischlafs. (Desgleichen taten sie während der entsprechenden Zeit vor dem Nemontémtin oder trafen sonst Vorsorge; denn ein Kind, das während der leblosen Tage zur Welt kam, würde diese nur selten überleben.) Überall in unserem Land blieben die Menschen damals zuhause und beschäftigten sich mit belanglosen Dingen, um sich die Zeit zu vertreiben, schliffen ihre Werkzeuge, flickten ihre Netze oder saßen einfach nur herum und bliesen Trübsal.

Da die hohlen Tage selbst als von böser Vorbedeutung galten, war es wohl nur natürlich, daß diejenigen, die an diesem Abend in unserem Haus geblieben waren, sich über Omen und Vorbedeutungen unterhielten. Chimáli, Tlatli und ich saßen ein wenig abseits von den anderen und fuhren fort, unsere Ausbildungsstätten miteinander zu vergleichen, doch schnappte ich dabei das eine oder andere von dem auf, was die Älteren redeten.

»Vor einem Jahr ist Xopan über ihr Töchterchen hinweggestiegen, das auf dem Küchenboden herumkrabbelte. Ich hätte Xopan gleich sagen können, was sie damit dem Tonáli ihrer kleinen Tochter antat. Das Mädchen ist das ganze Jahr hindurch, seit ihre Mutter über sie hinweggestiegen ist, keinen Fingerbreit gewachsen. Sie wird eine Zwergin bleiben, wartet's nur ab.«

»Früher habe ich mich darüber lustig gemacht, aber jetzt weiß ich, daß wahr ist, was man sich über Träume erzählt. Eines Nachts träumte mir, ein Wasserkrug sei zerbrochen, und am nächsten Tag ist dann mein Bruder Xícama gestorben. Er kam im Steinbruch ums Leben, wißt ihr noch?«

»Manchmal machen sich die unheilvollen Folgen erst viel, viel später bemerkbar, so daß man vergessen könnte, welche Gedankenlosigkeit sie hervorgerufen haben. Wie damals, vor Jahren, als ich Teoxíhuitl warnte, sie solle vorsichtig mit ihrem Kehrbesen umgehen, und dann doch sah, daß sie ihrem Sohn, der auf dem Boden spielte, damit über den Fuß fegte. Und tatsächlich – als der Junge heranwuchs, heiratete er eine Witwe, fast so alt wie seine Mutter Teoxíhuitl, und machte sich im ganzen Dorf lächerlich damit.«

»Ein Schmetterling gaukelte mir um den Kopf herum. Erst einen Monat später erfuhr ich, was das zu bedeuten hatte. Meine einzige Schwester Cuepóni war am selben Tag in ihrem Haus in Tlácopan gestorben. Dabei hätte ich das selbstverständlich schon am Kreisen des Schmetterlings merken müssen, denn sie war meine nächste und liebste Blutsverwandte.«

Ich konnte nicht umhin, über zwei Dinge nachzudenken. Zum einen darüber, daß alle Xaltócaner in der Tat ein sehr wenig feines Náhuatl sprachen, verglichen mit der gepflegten Sprache in Texcóco, an die ich mich in der letzten Zeit gewöhnt hatte. Zum anderen aber darüber, daß von den Omen, von denen unter den Älteren die Rede war, nicht ein einziges jemals etwas anderes verhieß als Unglück, Entbehrungen, Elend oder Leid. Dann wurde ich abgelenkt durch etwas, was Tlatli erzählte und was er von seinem Meisterbildhauer erfahren hatte.

»Menschen sind die einzigen Geschöpfe, die Nasen haben. Nein, lach nicht, Maulwurf. Von allen Lebewesen, die wir schnitzen, besitzen nur Mann und Frau eine Nase, die nicht Teil eines Rüssels oder Schnabels ist, sondern für sich allein aus dem Gesicht herausragt. Und da wir unsere Standbilder mit so vielen schmückenden Einzelheiten ausstatten, hat mein Meister mich gelehrt, eine Menschengestalt immer mit einer etwas übertriebenen Nase darzustellen. Deshalb kann jeder, selbst wenn er sonst gar nichts von Kunst versteht, auch noch bei der verwirrendsten Statue auf den ersten Blick erkennen, daß es sich um einen Menschen handelt und nicht um einen Jaguar oder eine Schlange oder, wenn du willst, um die froschgesichtige Wassergöttin Chalchihuitlicué.«

Ich nickte und nahm mir vor, mir das zu merken. Von dieser Zeit an verfuhr ich in meinen Schriftbildern genauso, und später taten andere Schreiber es mir nach und statteten Männer und Frauen stets mit deutlich erkennbaren Nasen aus. Wenn es allen Stämmen bestimmt ist, von der Erde zu verschwinden wie die Toltéca, werden jedenfalls unsere Bücher zurückbleiben. Dann wird jeder zukünftige Leser unserer Bilderschriften den fälschlichen Eindruck gewinnen, jeder Bewohner unseres Landes habe eine gewaltige Nase gehabt wie die Maya; aber zumindest sollten sie keinerlei Schwierigkeiten haben, Menschenbilder von Tier- und Götterbildern in Tiergestalt zu unterscheiden.

»Dank deiner, Maulwurf, habe ich mir eine ganz besondere Signatur für meine Bilder ausgedacht«, sagte Chimáli und setzte ein verlegenes Grinsen auf. »Andere Künstler signieren ihre Werke mit ihren Namenssymbolen, ich aber verwende dieses hier.« Er zeigte mir ein Brettchen etwa in der Größe seiner Sandale, dessen Oberfläche über und über mit winzigen, gleichwohl messerscharfen Obsidianplättchen besetzt war. Entsetzt fuhr ich zusammen, als er mit der offenen Handfläche hart gegen das Brettchen schlug und sie mir dann immer noch grinsend hinhielt, so daß ich sah, wie das Blut aus seiner Handfläche und aus den Fingern heraussickerte. »Es mag noch andere Künstler namens Chimáli geben, aber du, Maulwurf, hast mich darauf aufmerksam gemacht, daß keine zwei Hände einander gleich sind.« Seine Hand war jetzt vollständig mit seinem Blut bedeckt. »Und so habe ich jetzt eine Signatur, die niemand nachmachen kann.«

Er schlug mit der Hand gegen den neben ihm stehenden dickbauchigen Wasserkrug, auf dessen brauner Tonoberfläche jetzt rot der Abdruck seiner Hand prangte. Wenn Ihr durch unsere Lande reist, Euer Exzellenz, werdet Ihr diese selbe Signatur auf vielen Wandbildern und in Tempeln und Palästen wiederfinden. Chimáli schuf sehr, sehr viele Kunstwerke, ehe er aufhörte zu arbeiten.

Er und Tlatli waren an diesem Abend die letzten Gäste, die unser Haus verließen. Beide blieben absichtlich so lange, bis wir die Trommeln und Muscheltrompeten von den Tempelpyramiden vernahmen, die den Beginn des Nemontémtin anzeigten. Während meine Mutter im Haus umherhuschte, um alle Lichter zu löschen, nahmen meine Freunde die Beine in die Hand, um ihr Elternhaus zu erreichen, ehe das Trommeln und Trompeten aufhörte. Das war leichtsinnig von ihnen – denn waren schon die hohlen Tage schlimm, die lichtlosen Nächte waren weit schlimmer –, doch daß die beiden noch geblieben waren, rettete mich davor, wegen meiner Beleidigung des Herrn Freude gezüchtigt zu werden. Weder mein Vater noch meine Mutter konnten während der folgenden Tage etwas so Ernsthaftes wie eine Bestrafung vornehmen, und als das Nemontémtin zu Ende ging, war die ganze Angelegenheit vergessen.

Gleichwohl vergingen diese Tage für mich nicht gänzlich ereignislos. Zunächst nahm mich Tzitzi beiseite und flüsterte mir eindringlich zu: »Ich muß wohl hingehen und noch einen heiligen Pilz stehlen.«

»Wie kannst du nur so gottvergessen sein, Schwester!« zischte ich, wenn auch kaum ernstlich entsetzt. »In dieser Zeit beisammenzuliegen, ist selbst für Eheleute verboten.«

»*Nur* für Eheleute. Für dich und mich ist es immer verboten, also laufen wir keine besondere Gefahr.«

Ehe ich irgend etwas entgegnen konnte, stand sie neben dem hüfthohen Tonkrug, in dem unser Wasservorrat für den Haushalt aufbewahrt wurde und der jetzt Chimális blutrotes Handzeichen trug. Sie stieß mit aller Macht dagegen, daß er umfiel und zerbrach und das Wasser sich über den Kalksteinboden ergoß. Unsere Mutter kam hereingestürmt und ließ ihr übliches Gezänk auf Titzitlíni herniedergehen. Ungeschicktes Ding ... ihn zu füllen, braucht man einen ganzen Tag ... sollte bis zum letzten Tag des Nemontémtin reichen ... keinen Tropfen Wasser im Haus und auch kein Behältnis in dieser Größe ...

Ungerührt sagte meine Schwester: »Mixtli und ich können mit den größten von unseren anderen Krügen zur Quelle gehen und zusammen auf einmal genausoviel zurückbringen.«

Von diesem Vorschlag hielt unsere Mutter nicht viel, und so zeterte sie noch lange weiter fort, doch blieb ihr gar nichts anderes übrig, als uns schließlich ziehen zu lassen. Beide verließen wir das Haus mit einem dickbauchigen Henkelkrug in jeder Hand, die wir jedoch bei der ersten Gelegenheit auf dem Boden absetzten.

Zuletzt habe ich Tzitzitlíni als in der ersten Blüte ihres knospenden Frauentums stehend beschrieben; jetzt war sie voll erblüht, hatten ihre Hüften und ihr Gesäß sich zu vollen anmutigen weiblichen Rundungen entwickelt. Jede ihrer Brüste quoll über meine Hände hinweg, mit denen ich sie umfaßt hielt. Ihre Brustwarzen stellten sich steiler auf als zuvor, der Hof hatte sich vergrößert und war von dunklerer Farbe, einem schimmernden Rotbraun, das sich von der ihn umgebenden Haut wunderschön abhob. Außerdem war Tzitzi womöglich noch rascher erregt als zuvor und heißblütiger in ihren Reaktionen und Bewegungen. In dem kurzen Zwischenspiel, das wir uns zwischen Haus und Quelle gestatteten, erreichte sie mindestens dreimal den Höhepunkt. Ihre größer gewordene Fähigkeit zur Leidenschaft sowie ihre merklich fortgeschrittene körperliche Reife gaben mir einen ersten Hinweis auf eine Voraussetzung dafür, und meine Erfahrungen mit anderen Frauen in späteren Jahren haben dies immer wieder bestätigt. Daher betrachte ich es nicht als eine Vermutung, sondern als etwas Erwiesenes, bei dem es um folgendes geht:

Die Sinnlichkeit einer Frau steht in direktem Verhältnis zur Größe und der dunklen Färbung ihres Brustwarzenhofes. Mag sie auch im Gesicht noch so schön sein und von verlockender Wohlgestalt; und gleichgültig, wie willfährig oder zurückhaltend sie sich auch gibt. Diese Dinge können irreführend sein, ja, sogar bewußt von ihr eingesetzt werden. Gleichwohl – *einen* verläßlichen Hinweis auf die Sinnlichkeit ihres Wesens gibt es. Eine Frau mit großen und dunklen Höfen um ihre Brustwarzen ist unweigerlich heißblütig, selbst, wenn sie es nicht sein möchte. Eine Frau, die nur eine Brustwarze ohne Hof aufweist – ähnlich wie die Andeutung von Brustwarze beim Mann – ist unweigerlich kalt, auch dann, wenn sie selber sich allen Ernstes für das Gegenteil hält oder sich schamlos aufführt, um den Anschein des Gegenteils zu erwecken. Selbstverständlich gibt es gradmäßige Unterschiede in Bezug auf Größe und Färbung des Brusthofs, doch die auszuloten lernt man nur durch Erfahrung. Folglich braucht ein Mann es nur zu schaffen, einen einzigen Blick auf die bloße Brust einer Frau zu werfen, und ohne Zeit zu verlieren oder auf die Möglichkeit gefaßt sein zu müssen, enttäuscht zu werden, kann er beurteilen, wie leidenschaftlich sie ...

Euer Exzellenz wünschen, daß ich dieses Thema abschließe. Nun gut, zweifellos halte ich mich deshalb so lange dabei auf, weil es meine ganz persönliche Theorie ist. Sie ist mir immer lieb gewesen, ich habe sie gern auf die Probe gestellt, und niemals ist sie entkräftet worden. Ich meine nach wie vor, daß das Wissen um die Beziehung zwischen der Sinnlichkeit einer Frau und ihrem Brustwarzenhof auch außerhalb der Schlafkammer durchaus von Nutzen sein kann.

Yyo ayyo! Wißt Ihr was, Euer Exzellenz? Mir fällt gerade ein, daß diese Erkenntnis für Eure Kirche von größtem Interesse sein kann. Sie könnte sich meiner Theorie bedienen, um rasch und ohne große Mühe jene Mädchen auszusuchen, die sich am besten eignen, als Nonne in Eure ...

Ich höre ja schon auf, Exzellenz.

Laßt mich nur noch erwähnen, daß – als Tzitzi und ich unter der Last der vier schweren Krüge wankend endlich unser Elternhaus wieder erreichten – unsere Mutter uns keifend schalt, solange fortgeblieben zu sein, und noch dazu an einem solchen Tag. Meine Schwester, die noch vor wenigen Augenblicken ein wildes, hemmungsloses Tier gewesen war – stöhnend um sich geschlagen und mir in ihrer Ekstase ihre Nägel in die Haut gegraben hatte –, log nun so beiläufig und glatt wie nur je ein Priester.

»Du kannst uns nicht schelten, daß wir säumig gewesen wären oder gebummelt hätten. Es waren noch andere da, die darauf warteten, Wasser aus dem Quell zu holen. Da nahes Beisammenstehen an einem solchen Tage verboten ist, mußten Mixtli und ich in einiger Entfernung warten, bis wir an die Reihe kamen, und Stück um Stück näher heranrücken. Wir haben nicht getrödelt.«

Am Ende der trübseligen hohlen Tage stieß Die Eine Welt einen tiefen Seufzer der Erleichterung aus. Ich weiß nicht genau, was Ihr meint, Euer Exzellenz, wenn Ihr etwas von »Parodie auf die Fastenzeit« murmelt, doch am ersten Tag des Monds, da der Baum aufgerichtet wird, begann eine Runde allgemeinen Frohsinns. Die folgenden Tage wurde überall in den größeren Häusern des Adels und der wohlhabenderen unter den Gemeinfreien sowie in den Tempeln der verschiedenen Dörfer in kleinem Kreise gefeiert, und Gäste wie Gastgeber, Priester und Tempelbesucher frönten im Übermaß jenen Dingen, die sie während des Nemontémtin hatten entbehren müssen.

Diese einleitenden Festlichkeiten mögen in jenem Jahr ein wenig gedämpft verlaufen sein, da wir die Nachricht erhielten, daß unser Uey-Tlatoáni Tixoc gestorben sei. Seine Regierungszeit war allerdings die kürzeste aller Herrscher der Mexica gewesen und auch eine, die sich durch nichts Besonderes ausgezeichnet hatte. Es ging sogar das Gerücht um, Tixoc sei vergiftet worden – entweder von den Mitgliedern seines Staatsrates, die unzufrieden waren, daß Tixoc so gar kein Interesse zeigte, sich auf neue Kriegszüge einzulassen, oder aber von seinem Bruder Ahuítzotl – Wasser Ungeheuer –, dem nächsten Thronanwärter, der vom Ehrgeiz verzehrt wurde beweisen zu können, um wieviel glänzender er zu regieren verstünde. Jedenfalls war Tixoc eine so farblose Gestalt, daß er nicht sonderlich vermißt und betrauert wurde. So kam es, daß unsere große Lob- und Bittzeremonie für den Regengott Tlaloc, die auf dem Pyramidenplatz im Herzen von Xaltócan abgehalten wurde, gleichzeitig der Thronbesteigung des neuen Verehrten Sprechers Ahuítzotl gewidmet war.

Die Feierlichkeiten begannen nicht, bevor nicht Tonatíu sich in seinem Bett im Westen zur Ruhe begeben hatte; es hätte ja sein können, daß der Gott der Wärme zusah und eifersüchtig auf die Ehren wurde, welche seinem Bruder, dem Gott des Regens, erwiesen wurden. Dann jedoch fanden sich – von den Rändern des offenen Platzes und den Hängen herunterkommend, die um den Platz aufragten – sämtliche Bewohner der Insel auf dem Platz ein, mit Ausnahme derer, die zu alt, zu jung oder krank oder sonst behindert waren, oder die daheim bleiben mußten, diese zu pflegen. Sobald die Sonne untergegangen war, huschten auf dem Platz, der Pyramide und oben auf dem Tempel aufgeregt die schwarzgewandeten Priester umher; sie kümmerten sich um die letzten Vorbereitungen, setzten Unmengen von Fackeln und die künstlich gefärbten Urnenfeuer sowie die süß schwelenden Weihrauchgefäße in Brand. Der Opferstein oben auf der Pyramide sollte in dieser Nacht nicht benutzt werden. Statt dessen war am Fuß der Pyramide, wo jeder Zuschauer hineinblicken konnte, ein gewaltiges steinernes Becken aufgestellt worden, welches bis zum Rand gefüllt war mit Wasser, das zuvor durch besondere Beschwörungen geweiht worden war.

Als die Dunkelheit sich vertiefte, leuchtete es auch in dem Hain neben und hinter der Pyramide auf: Man hatte zahllose kleine Öllämpchen entzündet, die flackerten, gleichsam als würden die Bäume des Hains von allen Glühwürmchen der Welt umschwirrt. Die Äste der Bäume schwankten unter der Last der Kinder: sehr jungen und kleinen, aber behenden Mädchen und Knaben, angetan mit liebevoll von ihren Müttern gefertigten Kostümen. Manche von den kleinen Mädchen steckten in steifen Papierkugeln, entsprechend angemalt, um verschiedene Früchte darzustellen; andere trugen Halskrausen und Papierröcke, zugeschnitten und gefärbt, um verschiedene Blumen darzustellen. Die Jungen waren womöglich noch farbenprächtiger gekleidet: einige waren über und über mit angeleimten Federn bedeckt, weil sie Vögel darstellen sollten, andere trugen durchsichtige Flügel aus Ölpapier und spielten die Rollen von Schmetterlingen und Bienen. Die ganze Nacht während der feierlichen Zeremonien sprangen die Knaben-Vögel und Knaben-Insekten gewandt von Ast zu Ast und taten so, als »saugten sie den Nektar« aus den Mädchen-Früchten und Mädchen-Blumen.

Als die Nacht sich gänzlich herniedergesenkt und die gesamte Bevölkerung der Insel sich versammelt hatte, erschien oben auf der Spitze der Pyramide der Oberpriester Tlalocs. Er stieß in sein Muschelhorn, reckte dann gebieterisch die Arme, und nach und nach verstummte der Lärm, den die Menge vollführte. Er hielt die Arme emporgereckt, bis vollkommene Stille auf dem Platz herrschte. Dann ließ er die Arme sinken, und im selben Augenblick sprach Tlaloc selbst mit einem ohrenbetäubenden Donnerschlag – *ba-ra-romm!* –, der lange nachgrollte und von den Bergen widerhallte. Der ungeheure Krach ließ buchstäblich die Blätter der Bäume, die Weihrauchschwaden, die Feuerflammen und den Atem erzittern, den wir erschrocken in unsere Lungen eingesogen hatten. Selbstverständlich war es nicht Tlaloc selbst, der da sprach, sondern die mächtige »Donnertrommel«, auch »Trommel, welche die Herzen herausreißt«, genannt. Das aus dicker, straff gespannter Schlangenhaut bestehende

Trommelfell wurde wie rasend mit schweren Óli-Schlegeln bearbeitet. Das Grollen der Donnertrommel ist noch in einer Entfernung von zweimal Ein Langer Lauf zu hören; ihr könnt euch also vorstellen, wie es den ganz in der Nähe Schulter an Schulter sich drängenden Menschen in den Ohren dröhnte.

Das markerschütternde Getrommel ging weiter, bis wir das Gefühl hatten, gleich müsse uns das Fleisch von den Knochen fallen. Dann nahm es langsam an Stärke ab, wurde leiser und immer leiser, bis es eins wurde mit dem Erdröhnen der kleineren »Göttertrommel«, die nur leise brummte, während der Oberpriester die traditionelle Begrüßung und Anrufung Tlalocs hinaussang. In bestimmten Abständen hielt er inne, damit die Menge im Chor mit dem langgezogenen Eulenschrei – »Hoo-oo-ooo . . .« antwortete – so, wie bei euch die Besucher des Gottesdienstes »Amen« sagen. An anderen Stellen hielt er gleichfalls inne, und dann traten seine Unterpriester vor, griffen in ihre Gewänder und zogen kleine Wassertiere hervor – einen Frosch, einen Axólotl-Salamander, eine Schlange –, hielten die sich windenden Geschöpfe in die Höhe und schluckten sie dann bei lebendigem Leibe unzerkaut hinunter.

Der Oberpriester schloß seinen Eingangsgesang mit den altehrwürdigen Worten, so laut er sie hinausrufen konnte: *»Tehuan tiezquiáya in ahuéhuetl, in Pochotl, Tláclocztin«*, was heißt: »Wir möchten unter der Zypresse stehen, unter dem Kapok-Baum, Herr Tlaloc!« – was soviel bedeutet wie: »Wir möchten dich um deinen Schutz bitten, daß du über uns herrschest.« Und als er das hinausschrie, streuten überall auf dem Platz Priester Wolken feingemahlenen Maismehls in die Urnenfeuer, daß es knisterte und blendend aufflammte, als ob ein Blitz zwischen uns herniedergefahren sei. Das *Ba-ra-rommm* der Donnertrommel fiel uns wieder an und dröhnte weiter, bis uns die Zähne klapperten, als ob sie locker in unseren Kiefern säßen.

Doch abermals erstarb ihr Grollen nach und nach, und als unsere Ohren wieder imstande waren zu hören, drangen die Klänge von Tonflöten an unsere Ohren, die wie die Süßkartoffeln geformt waren; und die Klänge, welche hängenden Kürbissen unterschiedlicher Größe entlockt wurden, die fünf verschiedene Töne von sich gaben, wenn man mit einem Stecken dagegenschlug; und die Töne der Flöten, die aus fünf nebeneinander befestigten Rohren verschiedener Länge bestehen; während der Rhythmus für all dies von dem »Starken Knochen« angegeben wurde, dem zahnbesetzten Unterkieferknochen eines Hirsches, der mit einer Schnur gestrichen wurde. Mit der Musik kamen die Tänzer, Männer und Frauen, die sich im Reigen aufeinander zu und voneinander weg bewegten und den Schilfrohrtanz aufführten. An Fußgelenken, Knien und Ellbogen hatten sie getrocknete Samenhülsen befestigt, die je nach ihren Bewegungen raschelten, wisperten und rasselten. Die Männer in ihren wasserblauen Kostümen trugen ein jeder ein armlanges und handgelenkdikkes Rohrende. Die Frauen trugen Hemden und Röcke in der blaßgrünen Farbe jungen Schilfs, und Tzitzitlini war die Vortänzerin.

Anmutig glitten Tänzer und Tänzerinnen zu den Klängen der heiteren Musik durcheinander, die Frauen schwenkten die Arme über dem Kopf, so daß man das Gefühl hatte, ein Schilffeld woge sanft im Wind. Die Männer schüttelten die dicken Stecken, die sie trugen, und man meinte, das trockene Rascheln von Schilfrohr in der Brise zu vernehmen. Dann verstärkte sich die Musik, wurde lauter, und die Frauen fanden sich in der Mitte des Platzes zusammen und tanzten auf ein und derselben Stelle weiter, während die Männer einen Kreis um sie herum bildeten und taten, als ob sie mit ihren dicken Schilfenden Wurfbewegungen ausführten, wobei klar wurde, daß jedes nicht ein einzelnes Rohrende war, sondern aus mehreren bestand, von denen das dickere das jeweils dünnere umschloß, welches noch wieder ein dünneres umschloß und so fort.

Vollführte ein Mann die Wurfbewegung, glitten sämtliche inneren Schilfrohre aus dem dicksten, das er in der Hand hielt, heraus und es entstand ein langes schlankes, gebogenes Rohr, dessen Spitze sich mit den Spitzen all der anderen traf. Die tanzenden Frauen tanzten wie unter einer zarten Käfigkuppel aus Schilfrohr, und abermals ließ die Menge der Zuschauer ein bewunderndes »Ho-oo-ooo« vernehmen. Mit einer gekonnten Handbewegung ließen die Männer daraufhin die Rohrlängen wieder ineinander zurückgleiten in ihre Hand. Dieses geschickte Kunststück wurde in unterschiedlichen Mustern immer und immer wiederholt; so bildeten die Männer zum Beispiel einmal zwei Reihen, und jeder warf sein Rohr, daß es hinausglitt und sich mit der Spitze dessen berührte, der ihm gegenüberstand und ein Bogengang entstand, durch welchen die Frauen hindurchtanzten.

Als der Schilfrohrtanz vorüber war, kam es zu einem lustigen Zwischenspiel. Alle jene alten Leute, die an irgendeiner Krankheit der Knochen oder der Gelenke litten, kamen auf den feuererhellten Platz herausgeschlurft und gehinkt. Ihre Gebrechen bewirken, daß sie stets mehr oder weniger gebückt und verkrüppelt sind, doch aus irgendeinem Grunde ist das während der Regenmonde besonders schmerzhaft. Daher mühten diese alten Männer und Frauen sich ab, an dieser Feier teilzunehmen und vor Tlaloc zu tanzen in der Hoffnung, daß er diesmal beim Einsetzen der Regenzeit Mitleid mit ihnen habe und ihre Schmerzen lindere.

Ihnen war es mit dem, was sie beabsichtigten, selbstverständlicherweise ernst, doch ihr Tanz wirkte nur grotesk, und so fingen die Zuschauer an, erst leise zu kichern und dann schließlich lauthals zu lachen, bis die Tänzer selber merkten, wie lächerlich sie wirkten. Daraufhin begann einer nach dem anderen, den Possenreißer zu spielen und sein Gehumpel oder Nachziehen des Beins bis ins Groteske zu steigern. Zuletzt hüpften sie auf allen Vieren herum wie die Frösche, krochen seitwärts wie die Krebse oder verrenkten die hageren Hälse wie die Kraniche während der Paarungszeit – und das, bis die Zuschauermenge brüllte und sich die Bäuche hielt vor Lachen. Die immerhin betagten Tänzer und Tänzerinnen ließen sich dermaßen hinreißen, ihr ebenso abscheuliches wie zum Lachen reizendes Gehopse und Gespringe so sehr in die Länge zu ziehen, daß die Priester sie fast mit Gewalt vom Platz vertreiben mußten. Vielleicht interessiert es Euer Exzellenz zu erfahren, daß dieses flehentliche Bemühen Tlaloc niemals bewogen hat, auch nur einem einzigen Krüppel zu helfen – ganz im Gegenteil, viele von ihnen mußten von dieser Nacht an für immer das Bett hüten –, doch diejenigen alten Narren, die dazu noch in der Lage waren, kamen Jahr für Jahr wieder, um ihre grotesken Tänze aufzuführen.

Als nächstes kam der Tanz der Auyaníme, jener Frauen, deren Leib dem Dienst an Kriegern und Rittern vorbehalten war. Der Tanz, den sie aufführten, wurde Quequezcuícatl – »Reiz-Tanz« – genannt, weil er bei den Zuschauern – gleichgültig, ob Mann oder Frau, jung oder alt – derartige Gefühle weckte, daß sie oft mit Gewalt daran gehindert werden mußten, nicht zwischen die Tänzerinnen zu springen und etwas ungeheuerlich Frevelhaftes zu tun. Der Tanz war in seinen Bewegungen so eindeutig, daß man – wiewohl die Auyaníme nur allein tanzten und das auch noch einzeln – hätte schwören mögen, sie hätten unsichtbare, nackte Partner, mit denen sie ...

Ja, nun, nachdem die Auyaníme – völlig außer Atem, schweißglänzend, mit aufgelösten Haaren und weichen Knien – den Platz geräumt hatten, traten zum hungrigen Gedröhn der Göttertrommel in einem reichgeschmückten, von Priestern getragenen Tragstuhl ein Knabe und ein Mädchen auf, die beide etwa vier Jahre alt sein mochten. Da der verblichene und unbeklagte Verehrte Sprecher Tixoc äußerst lax gewesen war, was das Kriegführen betrifft, standen für das nächtliche Opfer keine gefangenen Kinder anderer Volksstämme zur Verfügung; daher waren die Priester gezwungen gewesen, sie zwei ortsansässigen Sklavenfamilien abzukaufen. Die vier Eltern saßen in einer der vordersten Reihen und schauten stolz zu, wie ihre Kinder bei mehreren Umzügen rund um den Platz vorgezeigt wurden.

Eltern wie Kinder hatten allen Grund, stolz und erfreut zu sein, denn der kleine Junge und das kleine Mädchen waren schon so lange im Voraus durch Kauf erworben worden, daß man sie gut versorgt und wohlgefüttert hatte. Sie waren jetzt pummelig und frech und winkten ihren Eltern und allen, die ihnen zuwinkten, fröhlich zu. Sie waren besser gekleidet, als sie es sich jemals hätten erhoffen können, sollten sie doch die Tlalóque-Geister darstellen, die dem Regengott aufwarten. Ihre kleinen Umhänge waren aus der feinsten Baumwolle gewebt, von blaugrüner Farbe mit silbernen Regentropfen darin und hatten an den Schulterblättern wolkenweiße Papierflügel sitzen.

Wie schon bei jeder früheren Zeremonie zu Ehren Tlalocs, hatten die Kinder nicht die geringste Ahnung, was man von ihnen erwartete. Sie waren so entzückt von der Aufregung, den Farben, den Lichtern und der Musik, daß sie sich vor Lachen kugelten und strahlten wie die Sonne selbst. Das war selbstverständlich genau das Gegenteil dessen, was sie eigentlich tun sollten. Deshalb mußten die Priester, die ihren Tragstuhl trugen, des öfteren hinauflangen und sie ins Hinterteil zwicken. Zuerst waren die Kinder völlig verwirrt, dann aber tat es ihnen doch weh. Der Junge und das Mädchen fingen an, sich zu beklagen, dann zu weinen und schließlich ein klagendes Wehgeschrei auszustoßen, wie es sich gehörte. Je mehr Geheul, desto mehr Gewitter standen zu erwarten. Je mehr Tränen, desto mehr Regen.

Die Menge fiel in das Geheul ein, wie man es von ihr erwartete und wozu man sie ermunterte; selbst die erwachsenen Männer und hartgesottenen Krieger heulten und schluchzten, bis es von den Hügeln ringsum widerhallte von Gestöhn und Geschluchze und Sich-an-die-Brust-Schlagen. Jede andere Trommel und jedes Musikinstrument, das zur Verfügung stand, verstärkte jetzt das Dröhnen der Gottestrommel und das Wehklagen der Menge, als die Priester den Tragstuhl nun am hinteren Ende des steinernen Wasserbeckens vor der Pyramide niedersetzten. Alle Geräusche zusammengenommen waren so unglaublich laut, daß wahrscheinlich nicht einmal der Oberpriester die Worte hören konnte, die er über den beiden Kindern sang, als er sie hochhob und sie eines nach dem anderen dem Himmel entgegenreckte, auf daß Tlaloc sie sähe und sich mit ihnen einverstanden erkläre.

Dann näherten sich zwei Priestergehilfen, der eine mit einem kleinen Topf, der andere mit einem Quast. Der Oberpriester beugte sich über den Knaben und das Mädchen, und wiewohl niemand es hören konnte, wußten wir alle, daß er den Kindern sagte, sie sollten jetzt Masken anlegen, damit das Wasser ihnen nicht in die Augen komme, wenn sie in dem heiligen Bassin schwämmen. Sie schnieften immer noch und lächelten keineswegs, und ihre Wangen waren feucht von Tränen. Sie sträubten sich jedoch nicht, als die Priester ihnen reichlich flüssiges Óli übers Gesicht strichen und nur ihren knospengleichen Mund freiließen. Was für ein Gesicht sie machten, als der Priester sich umdrehte und – immer noch, ohne daß irgend jemand etwas hörte – singend das letzte Flehen vorbrachte, Tlaloc möge ihr Opfer annehmen und ihnen als Morgengabe eine reiche Regenzeit schicken und so weiter.

Die Helfer hoben den Jungen und das Mädchen ein letztesmal in die Höhe, und der Priester schmierte ihnen rasch die klebrige Flüssigkeit über den unteren Teil ihres Gesichtes, so daß Mund und Nasenlöcher bedeckt waren; dann ließen die Gehilfen die Kinder ins Bassin fallen, wo die Kälte des Wassers den Kautschuk augenblicklich erstarren ließ. Wie ihr wissen müßt, verlangte das Opfer, daß sie *im* Wasser starben und nicht *durch* das Wasser. So ertranken sie nicht, sondern erstickten langsam unter ihren dicken, durch nichts zu entfernenden und unzerreißbaren Óli-Masken, während sie verzweifelt mit den Armen um sich schlugen, untergingen, wieder auftauchten und wieder untergingen, die Menge vor Trauer in Wehklagen ausbrach und Trommeln und Musikinstrumente ihr Gott anrufendes, mißtönendes Konzert vollführten. Die Kinder spritzten und kämpften immer schwächer, bis erst das Mädchen und dann der Knabe ganz aufhörten, sich zu bewegen und nur schlaff und undeutlich unter der Wasseroberfläche trieben, während ihre weißen Flügel weit ausgebreitet reglos obenauf schwammen.

Kaltblütiger Mord, Euer Exzellenz? Aber es waren doch Sklavenkinder. Sonst hätten der Junge und das Mädchen ein tierisches Leben geführt, hätten sich vielleicht gepaart, wenn sie erwachsen waren, und weitere tierische Wesen zur Welt gebracht. Wären sie dann einmal gestorben, hätten sie einen völlig sinnlosen Tod gefunden, ohne den geringsten Sinn, und hätten eine Ewigkeit im Dunkel und Nichts von Míctlan geschmachtet. Statt dessen starben sie zu Ehren Tlalocs und zum Wohle von uns, die wir weiterlebten; und durch ihren Tod errangen sie sich ein glückliches Leben im üppigen Grün der Gegenwelt Tlálocan.

Barbarischer Aberglaube, Euer Exzellenz? Doch die nächste Regenzeit fiel so reichlich aus, wie auch ein Christ sie sich nicht besser hätte erflehen können, und gewährte uns eine reichliche Ernte.

Grausam? Herzzerreißend? Hm, j . . . Ja, *ich* zumindest erinnere mich daran, daß es so war, denn es war der letzte glückliche heilige Tag, den Tzitzitlíni und ich jemals gemeinsam genießen sollten.

Als Prinz Weides Acáli kam, mich abzuholen, langte es erst weit nach Mittag an, denn es war die Zeit der rasenden Winde, und die Ruderer hatten eine stürmische Überfahrt hinter sich. Nicht minder rauh erwies sich die Rückfahrt – das Wasser war zu einer unruhigen See aufgewühlt, und der Wind riß Gischt von den Wogenkämmen – weshalb wir erst in Texcóco landeten, als die Sonne sich schon fast zur Ruhe begeben hatte.

Obgleich die Häuser und Gassen der Stadt gleich hinter den Hafenanlagen begannen, war dies nur eine Randsiedlung mit Werkstätten und Wohnungen von Handwerkern, die auf irgendeine Weise mit dem See zu tun hatten: Bootswerften; Werkstätten zur Herstellung von Netzen und Tauwerk, Angelhaken und dergleichen; die Häuser von Schiffern, Fischern und Vogelstellern. Das Zentrum der Stadt lag etwa die Hälfte von Ein Langer Lauf weiter landeinwärts. Da niemand aus dem Palast gekommen war, mich abzuholen, erboten Prinz Weides Ruderer sich, mich einen Teil des Weges zu begleiten und mir die Sachen zu tragen, die ich mitgebracht hatte: ein paar zusätzliche Kleider, noch einen Satz Farben, die Chimáli mir geschenkt hatte, und einen Korb mit Naschwerk, das Tzitzi für mich gebacken hatte.

Meine Gefährten blieben einer nach dem anderen zurück, sobald wir in das Viertel kamen, in dem sie wohnten. Doch der letzte erklärte mir, wenn ich einfach weiter geradeaus ginge, könne ich den Palast auf dem großen Platz mitten in der Stadt nicht verfehlen. Es war inzwischen stockfinster geworden, und es waren nicht viele andere Leute in dieser windigen Nacht unterwegs. Gleichwohl waren die Straßen beleuchtet. In jedem Haus brannten Lampen mit Kokosnußöl, Ahúacatl-Öl oder Fischtran oder welches Brennmaterial die Leute im Haus sich jeweils leisten konnten. Ihr Licht drang durch die Fensteröffnungen nach außen, selbst durch jene, welche mit Gitterwerk oder durch Stoffvorhänge geschlossen waren. Zusätzlich ragte an den meisten Straßenecken eine Fackel in die Höhe: auf hohen Ständern mit durchbrochenen Kupferkörben, in denen Kienspan brannte, und von denen der Wind Funken aufstieben und gelegentlich auch kleine Tropfen brennendes Harz hinausblies. Diese Ständer steckten in Löchern, welche man durch die Faust stehender oder sitzender steinerner Standbilder der verschiedenen Götter gebohrt hatte.

Ich war noch nicht weit gegangen, da beschlich mich Müdigkeit; ich schleppte so viele Bündel und wurde auch vom Wind sehr gebeutelt. Erleichtert atmete ich daher auf, als ich in der Dunkelheit unter einem rotblühenden Tapachíni-Baum eine steinerne Bank stehen sah. Dankbar ließ ich mich darauf nieder, saß eine Weile da und genoß es, von den scharlachroten Blütenblättern berieselt zu werden, die der Wind herunterwehte. Dann merkte ich, daß die Bank unter mir Erhebungen und Einkerbungen eines gemeißelten Musters aufwies. Ich brauchte nur anzufangen, die Zeichnung mit dem Finger nachzuziehen – und in der Dunkelheit nicht einmal meine Augen anzustrengen –, da wußte ich, daß es sich um die Zeichen einer Bilderinschrift handelte – und wußte auch genau, was sie bedeutete.

»Ein Ruheplatz für den Herrn Nacht Wind«, zitierte ich laut und lächelte selbstgefällig.

»Genau dasselbe hast du auch gelesen«, ließ sich eine Stimme im Dunkel vernehmen, »als wir uns vor etlichen Jahren auf einer anderen Bank begegneten.«

Überrascht fuhr ich zusammen, verengte dann die Augen und erkannte am anderen Ende der Bank eine Gestalt. Wieder trug sie einen Umhang und Sandalen von guter Qualität, wenngleich beides vom vielen Wandern abgenutzt war. Und wieder war die Gestalt vom Staub der Straße bedeckt, so daß ihre kupferfarbenen Züge nicht deutlich zu erkennen waren. Doch diesmal war ich vermutlich genauso verstaubt, und ich überlegte, wie er mich wohl erkannt haben mochte. Nachdem ich meine Stimme wiedergefunden hatte, sagte ich:

»Jawohl, Yanquícatzin, es ist ein ungewöhnlicher Zufall.«

»Du solltest mich nicht als Herr Fremder anreden«, knurrte er genauso kratzbürstig, wie ich seine Stimme in Erinnerung hatte. »Schließlich bist *du* hier der Fremde.«

»Richtig, Herr«, sagte ich. »Allerdings habe ich inzwischen mehr als nur die einfachen Schriftzeichen auf Bänken am Wege lesen gelernt.«

«Das will ich auch hoffen«, sagte er trocken.

»Und zwar dank dem Uey-Tlatoáni Nezahualpíli«, erklärte ich. »Aufgrund seiner großmütigen Einladung habe ich in den Unterrichtsräumen bei Hofe viele Monde der höheren Unterweisung genossen.«

»Und womit verdienst du dir derlei Gunstbeweise?«

«Nun, ich würde *alles* tun, denn ich bin meinem Wohltäter dankbar und brenne darauf, ihm seine Wohltat zu vergelten. Doch bis jetzt habe ich den Verehrten Sprecher noch nicht kennengelernt, und außer Schulaufgaben gibt mir niemand etwas zu tun auf. Das erfüllt mich mit Unbehagen und ich habe das Gefühl, nur ein Schmarotzer zu sein.«

»Vielleicht hat Nezahualpíli bis jetzt nur abgewartet. Um zu sehen, ob du dich wirklich als vertrauenswürdig erweist. Um von dir selbst zu hören, daß du alles für ihn tun würdest.«

»Das würde ich tun. Alles, was er von mir verlangt.«

»Nun, vermutlich wird er irgendwann einmal etwas von dir verlangen.«

«Das hoffe ich, Herr.«

Schweigend saßen wir eine Weile da, und nur der Wind fuhr ächzend zwischen den Häusern hin und her, wie Chocacíuatl, die Weinende Frau, die für immer umherirrt und ihr verlorenes Kind sucht. Schließlich sagte der staubbedeckte Mann sarkastisch:

»Du brennst darauf, dem Hof nützlich zu sein, und dabei sitzt du hier, während der Palast dort drüben ist.« Mit einer Handbewegung wies er die Straße hinunter. Ich wurde genauso wortkarg entlassen wie das letzte Mal.

Ich stand auf, nahm meine Bündel und sagte ein wenig spitz: »Wie mein ungeduldiger Herr vorschlägt. Ich gehe. Mixpantzínco.«

»Ximopanólti«, kam es gedehnt und gleichgültig von seinen Lippen.

Unter dem Fackelgerüst an der nächsten Ecke blieb ich stehen und blickte zurück, doch das Licht reichte nicht weit genug, um die Bank zu beleuchten. Wenn der mit Reisestaub bedeckte Fremde immer noch dasaß, konnte ich seine Gestalt jedenfalls nicht erkennen. Ich sah nichts weiter als einen kleinen roten Wirbel von Tapachíni-Blütenblättern, der vom Nachtwind durch die Straße getrieben wurde.

Schließlich fand ich den Palast und den kleinen Sklaven Cozcatl, der auf mich wartete, um mich in meine Gemächer zu führen. Der Palast von Texcóco war weit größer als der von Texcotzínco – er muß wohl tausend

Räume enthalten haben –, denn mitten in der Stadt stand nicht genügend Raum für all die vielen notwendigen Nebengebäude zur Verfügung, die sich auf dem Lande weitläufig um den Palast verteilten. Gleichwohl war das Palastgelände immer noch beeindruckend, und Nezahualpíli wollte augenscheinlich auch mitten in seiner Hauptstadt nicht auf seine Gärten, seine schattigen Lauben, Springbrunnen und dergleichen verzichten.

Selbst ein Irrgarten befand sich auf diesem Gelände, groß genug, daß zehn Familien durch Ackerbau ihren Lebensunterhalt daraus hätten ziehen können. Angelegt hatte ihn ein längst verstorbener königlicher Ahne Nezahualpílis, und seither war er stetig gewachsen und die Hecken immer fein säuberlich gestutzt worden. Jetzt war dieser Irrgarten eine Allee schnurgerade nebeneinander verlaufender, undurchdringlicher Dornenhecken von doppelter Mannshöhe, die um Ecken herumführte, sich verzweigte und wieder auf sich selbst zurückführte. Die äußere Umfassungshecke wies nur einen einzigen Zugang auf, und es hieß, jeder, der ihn betrete, würde nach langem Hin- und Herwandern durch verschlungene Alleen im Herzen des Irrgartens zuletzt auf eine kleine, grasbewachsene Lichtung gelangen, doch sei es ein Ding der Unmöglichkeit, jemals den Weg zurück und hinauszufinden. Einzig der alte Obergärtner des Palastes kannte den Rückweg – ein Geheimnis, das in seiner Familie vom Vater auf den Sohn vererbt und traditionellerweise selbst vor dem Uey-Tlatoáni geheim gehalten wurde. Infolgedessen durfte niemand hinein, es sei denn, in Begleitung des Gärtners – oder allein, zur Bestrafung. Gelegentlich wurde ein überführter Gesetzesbrecher dazu verurteilt, allein und nackt in diesen Irrgarten hineingetrieben zu werden – nötigenfalls mit Waffengewalt. Nach etwa einem Monat ging dann der Gärtner hinterher und brachte zurück, was von dem verhungerten, dornenzerfetzten, von Vögeln angepickten und wurmzerfressenen Leichnam übriggeblieben war.

Am Tag nach meiner Rückkehr wartete ich auf den Unterrichtsbeginn, als Prinz Weide zu mir trat. Nachdem er mich wieder im Palast willkommen geheißen hatte, sagte er ganz beiläufig: »Übrigens, mein Vater würde sich freuen, dich im Thronsaal zu begrüßen, wenn du Zeit hast, Kopf Neiger.«

Wenn ich Zeit hatte! Mit welch ausgesuchter Höflichkeit auch noch der ranghöchste Acólhua den niedrigsten Fremden, welcher sich seiner Gastfreundschaft erfreute, vor sein Angesicht zitierte. Selbstverständlich verließ ich augenblicklich das Klassenzimmer und wäre durch die Galerie des Palastes fast gerannt, so daß ich ganz außer Atem war, als ich mich auf der Schwelle zum riesigen Thronsaal auf ein Knie niederließ und die Geste des Erdeküssens vollführte und sagte: »In Eurer erhabenen Gegenwart, Verehrter Sprecher.«

»Ximopanólti, Kopf Neiger.« Als ich demütig in meiner knieenden Stellung verharrte, sagte er: »Du kannst aufstehen, Maulwurf.« Als ich mich zwar erhob, doch stehenblieb, wo ich war, sagte er: »Tritt nur näher, Dunkle Wolke.« Und als ich auch das tat – langsam und voller Ehrerbietung – lächelte er und sagte: »Du hast so viele Namen wie ein Vogel, der über alle Völker Der Einen Welt dahinfliegt und von jedem Stamm anders genannt wird.« Mit einem Fliegenwedel wies er auf einen von mehreren Icpáltin-Stühlen, die im Halbrund vor dem Thron aufgestellt waren, und sagte: »Nimm Platz.«

Nezahualpílis eigener Stuhl war auch nicht größer oder eindrucksvoller als der kurzbeinige, auf dem ich saß, nur stand er auf einem Podest, so daß ich zu ihm aufschauen mußte. Er hatte die Beine nicht förmlich gekreuzt oder die Knie sittsam nebeneinandergestellt, sondern lässig weit von sich gestreckt und die Fußgelenke übereinandergeschlagen. Wiewohl der Thronsaal mit federgewirkten Wandteppichen und Wandbildern ausgestattet war, wies er keine andere Einrichtung auf als eben jenen erhöhten Thron und die niedrigen, für die Besucher bestimmten Stühle – sowie, unmittelbar vor dem Uey-Tlatoáni, einen niedrigen Tisch mit schwarzer Onyxplatte, auf welcher ihm zugewandt ein schimmernder weißer Totenschädel stand.

»Den hat mein Vater, Hungernder Kojote, dorthin stellen lassen«, erklärte Nezahualpíli, als er bemerkte, daß meine Augen darauf ruhten. »Warum, weiß ich nicht. Vielleicht war es irgendein besiegter Feind, an dessen Anblick er sich weidete. Oder der Kopf einer Geliebten, welche er nicht aufhören konnte zu betrauern. Vielleicht aber hat er ihn dort auch aus dem gleichen Grund stehen gehabt wie ich.«

Woraufhin ich nur sagen konnte: »Und das wäre, Hoher Gebieter?«

»Weil dies das lauterste und aufrichtigste Gesicht ist, das ein Mensch aufsetzen kann. Ohne Schminke und Verkleidung, ohne Arglist und Verstellung, ohne verschlagenes Augenzwinkern noch einnehmendes Lächeln. Nichts weiter als ein festgefrorenes ironisches Grinsen, Ausdruck des Spotts über alle drängenden menschlichen Bedürfnisse. Wenn ein Besucher mich bittet, daß ich hier und jetzt irgendein Machtwort spreche, versuche ich, Zeit zu gewinnen, verstelle ich mich, rauche ich ein oder zwei Poquíetl und versenke mich in den Anblick des Totenschädels. Der erinnert mich daran, daß jedes der Worte, die ich spreche, möglicherweise länger lebendig und wirksam bleibt als mein eigenes Fleisch, und lange, lange Zeit hindurch als königliche Verordnung das Leben der Menschen bestimmt – und wer weiß, auf welche Weise sie sich auf diejenigen auswirken, die dann leben? *Ayyo,* dieser Schädel hat mich oft davor bewahrt, eine ungeduldige und der Regung des Augenblicks entspringende Entscheidung zu fällen.« Nezahualpíli wandte den Blick vom Schädel ab, blickte mich an und lachte: »Wer weiß, als er noch am Leben war, war es vielleicht der Kopf eines stammelnden Schwachsinnigen; jetzt jedoch, wo er tot ist und stumm, dient er mir wahrhaftig als Ratgeber.«

Ich sagte: »Ich glaube, kein Ratgeber wäre von irgend welchem Nutzen, Herr, es sei denn, einem Mann, der weise genug ist, auch auf einen Rat zu hören.«

»Das nehme ich als Kompliment, Kopf Neiger. Vielen Dank. Nun denn, war es weise von mir, dich aus Xaltócan hierherzuholen?«

»Das kann ich nicht sagen, Gebieter. Ich weiß ja nicht, was Euch dazu bewogen hat.«

»Seit den Zeiten von Hungernder Kojote ist die Stadt Texcóco berühmt als Mittelpunkt des Wissens und der Kultur, nur entwickelt eine solche Kultur sich nicht notwendigerweise von selbst weiter. Noch die edelsten Familien können Dummköpfe und Faulpelze hervorbringen – ich könnte dir sogar ein paar von mir selbst gezeugte nennen –, und deshalb sehen wir keinen Anlaß, uns zu scheuen, Begabungen von anderswoher zu uns zu holen und sind selbst einer Zufuhr fremden Bluts nicht abgeneigt. Du schienst vielversprechend, und deshalb bist du hier.«

»Um auch weiterhin hier zu bleiben, Verehrter Sprecher?«

»Das liegt an dir oder deinem Tonáli, oder an Umständen, die weder du noch wir vorhersehen können. Doch deine Lehrer haben bisher nur Gutes von dir berichtet, und deshalb meine ich, ist es an der Zeit, daß du ein wenig tatkräftiger an unserem Hofleben teilnimmst.«

»Ich hatte gehofft, Euch Eure Großzügigkeit einmal vergelten zu können, Gebieter. Soll das heißen, daß mir eine nützliche Beschäftigung zugewiesen wird?«

»Sofern sie dir zusagt. Als du vor kurzem fort warst, habe ich eine weitere Frau genommen. Sie heißt Chálchiunénetl – Jadestein Puppe.«

Ich schwieg und überlegte verwirrt, ob er wohl aus irgendeinem Grunde vielleicht das Thema gewechselt hätte. Doch fuhr er fort:

»Sie ist die älteste Tochter von Ahuítzotl, ein Geschenk von ihm anläßlich seiner Thronbesteigung als neuer Uey-Tlatoáni von Tenochtítlan. Sie ist Mexícatl wie du auch, und erst fünfzehn Jahre alt, könnte also deine jüngere Schwester sein. Unsere Vermählung ist gebührend gefeiert worden, doch wird der körperliche Vollzug der Ehe selbstverständlich noch hinausgeschoben werden, bis Jadestein Puppe reifer geworden ist.«

Ich schwieg immer noch, wiewohl selbst ich dem weisen Nezahualpíli einiges über die körperlichen Fähigkeiten heranwachsender Mexíca-Mädchen hätte erzählen können.

Er fuhr fort: »Man hat ihr ein kleines Heer von Frauen zugeteilt, die ihr aufwarten, sowie den gesamten Ostflügel als Wohnung für sie selbst, Unterkunft für die Dienerschaft und eine eigene Küche; ein eigener kleiner Hofstaat, wenn du so willst. Was die Bequemlichkeit, Bedienung und weibliche Gesellschaft betrifft, so dürfte es ihr an nichts mangeln. Doch jetzt möchte ich gern wissen, ob du dich einverstanden erklären könntest, in ihren Hofstaat einzutreten, Kopf Neiger. Die Gesellschaft von jedenfalls einem männlichen Wesen wäre gewiß gut für sie, zumal es sich dabei auch noch um einen Bruder-Mexícatl handeln würde. Gleichzeitig würdest du dadurch mir dienen: das Mädchen in unseren Sitten und Gebräuchen unterweisen, ihr unsere Texcócoer Sprechweise beibringen, sie darauf vorbereiten, eine Gemahlin zu sein, auf die ich stolz sein kann.«

Ausweichend sagte ich: »Chálchiunénetzin ist aber möglicherweise nicht sonderlich erbaut davon, wenn ich zu ihrem Aufseher ernannt werde, Verehrter Sprecher. Junge Mädchen können launisch und schwer zu gängeln sein, begierig nach Freiheit . . .«

»Wie gut ich das weiß«, sagte Nezahualpíli seufzend. »Ich habe selber zwei oder drei Töchter in diesem Alter. Und da Jadestein Puppe als Tochter eines Uey-Tlatoáni Prinzessin und die Königsgemahlin eines anderen ist, könnte es durchaus sein, daß sie noch lebenssprühender ist als die anderen. Meinen ärgsten Feind würde ich nicht dazu verurteilen, Aufseher über eine feurige junge Frau zu sein. Doch meine ich, Maulwurf, daß du sie zumindest angenehm anzuschauen finden wirst.«

Er mußte schon eine Weile zuvor an einem verborgenen Klingelzug gezogen haben, denn er forderte mich durch eine Handbewegung auf, mich umzudrehen, und als ich es tat, sah ich ein schlankes Mädchen, in ein reich geschmücktes Zeremonialgewand, -bluse und -kopfputz gekleidet, langsam und doch königlich auf das Podest zuschreiten. Ihr Gesicht war vollkommen ebenmäßig, den Kopf trug sie aufrecht, und die Augen hatte sie sittsam niedergeschlagen.

»Meine Liebe«, sagte Nezahualpíli. »Das hier ist Mixtli, von dem ich dir schon gesprochen habe. Möchtest du ihn in deinem Hofstaat haben, als Gefährten und Beschützer?«

Sie hob die langbewimperten Augen, sah mich an, und ihre Augen waren wie unergründlich tiefe Waldseen. Später kam ich dahinter, daß sie sich stets Tropfen vom Saft des Camopalxíhuitl-Krauts in die Augen zu tröpfeln pflegte, welche ihre Pupillen enorm weiteten und ihren Augen Glanz verliehen, als wären es Edelsteine. Freilich zwang diese Gewohnheit sie auch, hellen Lichterglanz, ja, selbst das Tageslicht zu meiden, denn dann sah sie mit ihren geweiteten Pupillen fast genausowenig wie ich mit meinen Augen.

»Nun denn«, sagte der Verehrte Sprecher und rieb sich befriedigt die Hände. Mir schwante nichts Gutes, als ich darüber nachdachte, wie lange er sich wohl mit seinem Totenschädel beraten haben mochte, ehe er sich zu diesem Arrangement entschlossen hatte. Zu mir sagte er:

»Ich verlange nichts weiter, als daß du ihr brüderlichen Rat und Lenkung zuteil werden läßt. Auf keinen Fall erwarte ich, daß du die Dame Jadestein Puppe züchtigst oder schlägst. Es wäre in jedem Fall ein Schwerverbrechen, wenn ein Gemeinfreier Hand oder Stimme gegen eine Adlige erhöbe. Auch erwarte ich nicht, daß du den Gefängnisaufseher, Spitzel oder Verräter dessen spielst, was sie dir anvertraut. Was mich hingegen freuen würde, Maulwurf, wäre, wenn du deiner Landsmännin jene Zeit widmen würdest, welche du von deiner Arbeit in der Schule und von deinen Studien erübrigen kannst. Ich erwarte, daß du ihr mit der gleichen Hingabe und Verschwiegenheit dienst, mit welcher du mir oder der Ersten Dame Tolána-Tecíuapil dienst. Jetzt geht, meine jungen Freunde, ximopanólti, und lernt Euch erstmal kennen.«

Wir bezeugten ihm den gebührenden Respekt und verließen den Thronsaal. Im Korridor schenkte Jadestein Puppe mir ein bezauberndes Lächeln und sagte: »Maulwurf, Kopf Neiger, Mixtli. Wie viele Namen hast du eigentlich?«

»Meine Herrin mag mich nennen, wie immer es ihr beliebt.«

Daraufhin wurde ihr Lächeln womöglich noch bezaubernder, legte sie die Kuppe eines Fingers an das kleine Kinn. »Ich werde dich . . .« Ihr Lächeln wurde immer süßer, und sie sagte mit einer Süße, die schmeckte wie der klebrige Maguey-Sirup: »Ich werde dich Qualcuíe nennen!«

Dieses Wort ist die Befehlsform dritte Person Singular des Verbs »holen« und wird stets mit Nachdruck und in befehlendem Ton ausgesprochen. »Hole!« Mein Herz wurde mir schwer. Wenn mein neuester Name Hole! lautete, schienen meine bösen Vorahnungen hinsichtlich dieses Arrangements gerechtfertigt. Und ich hatte recht damit. Wiewohl sie weiterhin mit dieser magueysirupsüßen Stimme redete, ließ die junge Königin jeden Anschein von Zurückhaltung, Lenkbarkeit und Ergebenheit fallen und sagte höchst hoffärtig:

»Du brauchst deine Arbeiten tagsüber nicht zu vernachlässigen, Hole! Nur möchte ich, daß du mir abends zur Verfügung stehst und – falls nötig – nachts, wenn ich dich rufen lasse. Bitte, bringe alle deine Sachen in die Wohnung genau gegenüber der meinen auf der anderen Seite der Halle.« Und ohne auch nur das geringste Wort der Zustimmung von mir abzuwarten, ja, ohne auch nur ein höfliches Abschiedswort von ihr, machte sie kehrt und ging den Gang hinunter.

Jadestein Puppe. Sie wurde nach dem Mineral Chalchíhuitl gerufen, welches – wiewohl weder seltener noch sonst von größerem Wert – von uns Mexícatl deswegen so hochgeschätzt wurde, weil es von der Farbe Des Mittelpunkts Von Allem war. Im Gegensatz zu euch Spaniern, die ihr nur die vier Himmelsrichtungen kennt, wie sie auf dem eingezeichnet sind, was ihr einen Kompaß nennt, gab es in unserer Vorstellung deren fünf, die jeweils mit einer anderen Farbe gekennzeichnet wurden. Genauso wie ihr, hatten wir den Osten, Norden, Westen und Süden, von denen wir freilich als von der Richtung von Rot, Schwarz, Weiß und Blau sprachen. Außerdem hatten wir zusätzlich noch die Richtung Grün: um gleichsam den Mittelpunkt des Kompasses zu kennzeichnen – jenen Ort, an dem der Mensch in jedem Augenblick gerade *war* samt dem ganzen Raum über dieser Stelle bis hinauf in den Himmel sowie allem darunter bis hinunter in die Míctlan-Unterwelt. Aus diesem Grunde bedeutete die Farbe Grün uns sehr viel, galt uns der grüne Jadestein als besonders kostbar und hatte nur ein Kind edler Abkunft und von hoher Berufung ein Anrecht darauf, Jadestein Puppe genannt zu werden.

Genau wie mit der Jade, galt es, mit dieser Mädchen-Königin äußerst behutsam umzugehen. Gleich einer Puppe, war sie von erlesenem Aussehen, wunderschön und das Werk göttlicher Schaffenskraft. Doch – auch darin einer Puppe gleich – besaß sie weder ein menschliches Gewissen, noch kannte sie irgendwelche Bedenken. Und – wiewohl ich diese böse Vorahnung nicht sogleich als solche erkannte – war es ihr wie einer Puppe bestimmt, zerbrochen zu werden.

Ich muß zugeben, daß ich die verschwenderische Pracht meiner neuen Wohnung im höchsten Maß genossen habe. Drei Räume, und neben der Badestube auch noch ein eigenes abgeschlossenes Dampfbad! Das Bett in der Schlafkammer bestand aus einem noch höheren Stapel weicher Dekken, die unter einer ausladenden Tagesdecke aus Hunderten winziger, weißgebleichter und zusammengenähter Eichhörnchenfelle fast verschwanden. Über dem ganzen war ein fransenbesetzter Baldachin aufgespannt, von welchem nahezu unsichtbar feinmaschige Vorhänge herunterhingen, die ich um das Bett herum zuziehen konnte, um mich vor Moskitos und Nachtfaltern zu schützen.

Der einzige Nachteil an der Wohnung war, daß sie weit von jenen anderen entfernt war, für die der Sklave Cozcatl sorgen mußte. Als ich das Jadestein Puppe gegenüber erwähnte, wurde der kleine Cozcatl von einem Tag auf den anderen von seinen übrigen Pflichten entbunden, damit er sich ausschließlich um mich und meine Bedürfnisse kümmerte. Der Junge war unendlich stolz auf seine Beförderung, und ich selbst kam mir jetzt wie ein verwöhnter junger Herr vor. Später, als Jadestein Puppe und ich in Ungnade gefallen waren, sollte ich froh sein, daß Cozcatl stets bei mir gewesen und so loyal war, zu meinen Gunsten auszusagen.

Denn eines sollte mir bald klar werden: wenn Cozcatl mein Sklave war, dann war ich der von Jadestein Puppe. An jenem ersten Abend, als mich eine ihrer Zofen in ihre großartigen Wohngemächer eintreten ließ, lauteten die ersten Worte der jungen Königin:

»Ich bin froh, daß du mir geschenkt wurdest, Hole!, denn es fing nachgerade an, mich sterblich zu langweilen, wie ein seltenes Tier in diesem Käfig eingesperrt zu leben.« Ich versuchte, Einspruch gegen den Ausdruck »geschenkt« zu erheben, doch ließ sie mich gar nicht erst zu

Wort kommen. »Pitza« – und damit zeigte sie auf eine ältere Zofe, die hinter ihrer kissenbelegten Ruhebank kniete – »hat mir gesagt, du verstündest dich trefflich darauf, die Ähnlichkeit eines Menschen auf dem Papier festzuhalten.«

»Ich schmeichle mir, Gebieterin, daß Leute sich und sich gegenseitig auf meinen Zeichnungen erkannt haben. Allerdings ist es schon eine Zeitlang her, daß ich mich darin geübt habe.«

»Dann wirst du dich jetzt an mir üben! Pitza, geh zu Cozcatl und laß ihn das Gerät herüberbringen, das Hole! braucht.«

Der kleine Junge brachte mir etliche Kreidestifte und ein paar Bogen Borkenpapier – jenes braune, das billigste, nicht mit Kalk überzogene, welches ich für flüchtige Skizzen meiner Bilderschriftsymbole brauchte. Auf meine Handbewegung hin ging der Knabe in eine Ecke des großen Raums und hockte sich dort nieder.

Entschuldigend sagte ich: »Ihr wißt, wie schlecht es um mein Augenlicht bestellt ist, Gebieterin. Wenn Ihr gestattet, daß ich mich näher heransetze?«

Damit schob ich einen niedrigen Stuhl vor die Ruhebank. Jadestein Puppe hielt den Kopf unbewegt und still und hatte dabei ihre herrlichen Augen auf mich gerichtet, während ich mich an einer Skizze versuchte. Als ich fertig war und ihr den Zeichenbogen reichte, warf sie gar nicht erst einen Blick darauf, sondern hielt ihn über ihre Schulter gleich ihrer Zofe hin.

»Pitza, bin ich das?«

»Selbst das Grübchen in der Wange ist nicht vergessen, Herrin. Und diese Augen könnten niemand sonst gehören!«

Woraufhin die junge Königin sich herabließ, es zu betrachten, dann zu nicken und mich mit einem süßen Lächeln zu bedenken. »Ja, das bin ich. Ich bin sehr schön. Vielen Dank, Hole! Verstehst du dich aber auch auf Körper?«

»Nun, ja, das Verhältnis der Gliedmaßen zueinander, die Gewandfalten, Wappen und Amtszeichen, an denen sie zu erkennen sind . . .«

»Das äußere Gewand interessiert mich nicht. Ich meine den Körper. Hier, zeichne meinen.«

Die Zofe Pitza stieß einen unterdrückten Schrei aus, und Cozcatl fiel die Kinnlade herunter, als Jadestein Puppe ohne sich zu genieren und ohne Zögern aufstand und sich all ihres Geschmeides, ihrer Spangen, ihrer Sandalen, der Bluse und des Rocks und schließlich auch noch des letzten Untergewands entledigte. Pitza trat beiseite und barg ihr flammendrotes Gesicht in den Falten eines Vorhangs am Fenster – Cozcatl schien wie erstarrt –, als die junge Königin sich wieder auf ihrer Ruhebank ausstreckte.

In meiner Aufregung ließ ich etliches von meinen Malsachen von meinem Schoß auf den Boden fallen, doch gelang es mir, mit sehr gestrenger Stimme zu sagen: »Herrin, das schickt sich ganz und gar nicht.«

»*Ayyo*, die typische Prüderie des Nichtadligen«, machte sie sich über mich lustig und lachte. »Du mußt lernen, Hole!, daß eine Edelfrau nichts dabei findet, in Gegenwart von Sklaven nackt zu sein, zu baden oder ihre Notdurft zu verrichten. Ob Mann oder Frau, sie könnten genausogut Hirsch oder Wachtel sein, oder ein Nachtfalter im Raum; daß sie etwas sehen, ist völlig bedeutungslos.«

»Ich bin kein Sklave«, erklarte ich steif. »Daß meine Augen meine Herrin unbekleidet sehen – die Königin des Uey-Tlatoáni – würde in jedem Fall als Schwerverbrechen angesehen werden. Außerdem können diejenigen, die wirklich Sklaven sind, reden.«

»Meine nicht. Dazu fürchten sie meinen Zorn mehr als jedes andere Gesetz oder jeden anderen Herrn. Pitza, zeig Hole! deinen Rücken!«

Die Zofe stieß einen klagenden Ton aus, zog jedoch, ohne sich umzudrehen, ihre Bluse herunter, damit ich die entzündeten Striemen sähe, die irgendeine Peitsche hinterlassen hatte. Ich sah zu Cozcatl hinüber, um mich zu vergewissern, daß er gleichfalls sah und begriff.

»So«, sagte Jadestein Puppe mit magueysirupsüßem Lächeln, »und jetzt komm so nahe heran, wie du willst, Hole!, und zeichne mich ganz.«

Selbiges tat ich, wiewohl mir die Hand dermaßen zitterte, daß ich die Linien häufig wegwischen und neu ziehen mußte. Freilich beruhte mein Zittern nicht ausschließlich auf meinem Entsetzen und meiner Angst. Der Anblick der völlig nackten Jadestein Puppe hätte, glaube ich, jeden Mann zum Zittern gebracht. Sie hätte zutreffender Gold Puppe heißen müssen, denn Gold war die Farbe ihres Körpers, und jede Fläche, Linie und Rundung, jede Falte, Wölbung und Vertiefung war vollkommen, wie von der Hand eines Toltécatl-Puppenmachers. Vielleicht sollte ich auch noch erwähnen, daß ihre Brustwarzen und die sie umgebenden Höfe tiefdunkel und herrlich groß waren.

Ich zeichnete sie in der Pose, die sie eingenommen hatte: lang ausgestreckt auf der Ruhebank, bis auf ein Bein, das sie lässig auf den Boden hängen ließ; die Hände hatte sie hinterm Kopf verschränkt, um ihre Brüste noch herausfordernder herauszudrücken. Wiewohl ich nicht anders konnte, als mir gewisse Partien ihres Körpers zu betrachten – fast möchte ich sagen, mir einzuprägen –, muß ich gestehen, daß mein Gefühl für Schicklichkeit mich dazu brachte, diese auf der Zeichnung ein wenig verschwommen darzustellen, worüber Jadestein Puppe sich beschwerte, als ich ihr das fertige Bild reichte.

»Zwischen den Beinen bin ich ganz verschmiert! Bist du nur prüde, Hole!, oder kennst du dich im weiblichen Körper nicht aus? Das Allerheiligste meines Körpers verdient doch gewiß ein besonderes Maß an Aufmerksamkeit und Genauigkeit!«

Sie erhob sich von der Ruhebank und stellte sich breitbeinig vor mich hin, der ich auf dem niedrigen Stuhl hockte. Mit dem Finger zog sie nach, was sie jetzt zur Schau stellte und peinlich genau beschrieb. »Siehst du? Wie diese zarten rosigen Lippen hier vorn zusammenstoßen, um diesen kleinen Xacapíli-Knopf zu umschließen, der wie eine rosige Perle ist und – ach so empfänglich für noch die leichteste Berührung.«

Mir rann der Schweiß am ganzen Körper herunter, die Zofe Pitza hatte sich nahezu völlig in den Vorhang eingewickelt, und Cozcatl schien vollends erstarrt, wie er geduckt in der Ecke hockte.

»Jetzt hör endlich auf, dich zimperlich zu winden, Hole!« sagte die Mädchen-Königin. »Ich wollte dich nicht reizen, sondern eher dein Können auf die Probe stellen. Ich habe nämlich eine Aufgabe für dich.« Sie wandte sich um und fauchte die Zofe Pitza an: »Pitza, hör auf, deinen Kopf zu verstecken! Komm und kleide mich wieder an!«

Während dies getan wurde, sagte ich: »Die Gebieterin wünscht, daß ich das Bild von jemand zeichne?«

»Ja.«

»Und von wem, Herrin?«

»Von irgendwem«, sagte sie, und ich zwinkerte verwirrt. »Verstehst du, wenn ich mich in den Palastgärten ergehe oder in meinem Tragestuhl in die Stadt tragen lasse, wäre es bei meiner Stellung unmöglich, auf jemand zu zeigen und zu sagen: *den da!* Außerdem vermögen meine Augentropfen mich dermaßen zu blenden, daß ich jemand wirklich Attraktiven womöglich übersehe. Ich meine selbstverständlich Männer.«

»Männer?« wiederholte ich begriffsstutzig.

»Ich will, daß du dein Papier und deine Kreide immer bei dir trägst, wo du auch hingehst. Und jedesmal, wenn du einen hübschen Mann triffst, halte sein Gesicht und seine Gestalt für mich auf dem Papier fest!« Sie hielt inne und kicherte. »Du brauchst ihn nicht auszuziehen. Ich will so viele verschiedene Bilder von so vielen verschiedenen Männern, wie du nur beibringen kannst. Doch darf keiner erfahren, warum du es tust, oder für wen. Fragt man dich aus, sagst du, du übtest dich nur in deiner Kunst.« Sie warf mir meine beiden Zeichnungen wieder zu. »Das ist alles. Du darfst dich zurückziehen, Hole! Und wage nicht, zu mir zurückzukommen, bevor du nicht ein Schock Bilder vorzuweisen hast.«

Schon damals beschlich mich eine Ahnung, daß Jadestein Puppes Befehl einmal böse Folgen haben könnte. Allerdings ließ ich diese Ahnung nicht weiter in mir hochkommen, sondern konzentrierte mich darauf, den Auftrag nach bestem Können und Vermögen auszuführen. Meine Hauptschwierigkeit bestand darin zu erraten, was ein fünfzehn Jahre altes Mädchen als »hübschen« Mann ansah. Da mir keine weiteren Anhaltspunkte gegeben worden waren, beschränkte ich mich bei meinen verstohlenen und in aller Heimlichkeit gefertigten Skizzen auf Prinzen und Ritter, Krieger, Athleten und andere stramme Burschen. Doch als ich dann zusammen mit Cozcatl, der meinen Stapel Borkenbögen trug, zu der Königin zurückkehrte, hatte ich aus Übermut auch noch eine Skizze hinzugefügt, die ich aus dem Gedächtnis gezeichnet hatte – und zwar von dem gebeugten und verhutzelten kakaobraunen Mann, der seltsamerweise immer wieder in meinem Leben auftauchte.

Sie schnaubte verächtlich und sagte: »Ich glaube, du willst dich über mich lustig machen, Hole! Immerhin, ich habe Frauen davon tuscheln hören, welch besondere Wonnen man von Zwergen und Buckligen zu erwarten hat und« – dabei blickte sie rasch auf Cozcatl – »einem kleinen Jungen mit einem Tepúli, nicht größer als ein Ohrläppchen. Sollte ich eines Tages der gewöhnlichen Männer überdrüssig . . .«

Sie blätterte die Zeichnungen durch, dann hielt sie inne und sagte: »*Yyo ayyo*! Dieser hier, Hole!, hat kühne Augenbrauen. Wer ist das?«

»Das ist Kronprinz Schwarze Blume.«

Ihr Stirnrunzeln war reizvoll. »Nein, das könnte mich in Schwierigkeiten bringen«, sagte sie, betrachtete eingehend jede Skizze, bis sie schließlich fragte: »Und dieser hier?«

»Wie er heißt, weiß ich nicht, Herrin. Er ist ein Schnellbote, den ich manchmal Botschaften überbringen sehe.«

»Das ist genau, was ich suche«, sagte sie mit dem für sie charakteristischen süßen Lächeln. »Hole ihn!« Diesmal war es nicht nur der Name, sondern auch ein Befehl. »Bring ihn her!«

Bänglich hatte ich etwas Derartiges bereits geahnt; trotzdem brach mir jetzt der kalte Schweiß aus. Äußerst schüchtern und förmlich erklärte ich:

»Gebieterin, man hat mir befohlen, Euch zu dienen und mich gewarnt, Euch weder zurechtzuweisen noch zu kritisieren. Wenn ich Eure Absichten jedoch richtig deute, bitte ich Euch, es Euch noch einmal genau zu überlegen. Ihr seid die jungfräuliche Prinzessin des mächtigsten Herrn in Der Einen Welt und als Jungfrau rechtmäßig dem einen Herrn vermählt, der gleichfalls ein mächtiger Gebieter ist. Ihr erniedrigt zwei Verehrte Sprecher und Euch selbst, edle Dame, wenn Ihr Euch mit einem anderen Mann abgebt, ehe Ihr das Bett Eures Gemahls besteigt.«

Ich erwartete jeden Augenblick, daß sie die Peitsche zog, mit der sie ihre Sklavinnen traktierte, doch, immer dieses aufreizende süße Lächeln im Gesicht, hörte sie mich bis zu Ende an. Dann sagte sie:

»Ich könnte dir sagen, daß deine Unverschämtheit sträflich ist, will mich jedoch darauf beschränken, dir zu erklären, daß Nezahualpíli älter ist als mein eigener Vater und seine Männlichkeit offenbar von der Dame von Tolan und allen seinen anderen Frauen und Konkubinen völlig entkräftet ist. Er hält mich hier einsam und abgesondert, während er ohne Zweifel verzweifelt Medizinen und Beschwörungen ausprobiert, um seine erschlafftes und verschrumpeltes altes Tepúli wieder steif zu machen. Warum aber sollte ich meine drängenden Bedürfnisse und die Blüte meiner Schönheit verschwenden, während ich darauf warte, bis es ihm paßt oder er dazu wieder fähig ist? Wenn er darauf angewiesen ist, seine Gattenpflichten noch aufzuschieben, werde ich dafür sorgen, daß sie wirklich lange aufgeschoben werden. Und dann, wenn er *und* ich bereit sind, kannst du sicher sein, daß ich Nezahualpíli davon überzeuge, unberührt, jungfräulich und ängstlich vor dem Kommenden zu sein wie nur je eine Jungfrau.«

Ich versuchte es nochmals, tat wirklich mein bestes, sie davon abzubringen, doch glaube ich nicht, daß irgend jemand mir das hinterher wirklich glaubte.

»Gebieterin, denkt daran, wer Ihr seid und aus welch einer Familie Ihr stammt. Ihr seid die Enkelin des Verehrten Motecuzóma, und der wurde von einer Jungfrau *geboren*! Sein Vater warf einen geschnittenen Stein in den Garten seiner Geliebten. Sie steckte sich ihn an den Busen und empfing das Kind Motecuzóma, ehe sie seinen Vater ehelichte oder ihm beiwohnte. So steht Ihr in einer Tradition der Reinheit und Jungfräulichkeit, die Ihr nicht ....«

Sie unterbrach mich mit einem Lachen. »Deine Fürsorge rührt mich, Hole! Doch diese Predigt hättest du mir halten sollen, als ich neun oder zehn Jahre alt war. Als ich wirklich noch Jungfrau war.«

Zu spät kam mir der Gedanke, mich umzudrehen und zu Cozcatl zu sagen: »Du solltest besser – du kannst jetzt gehen, Junge.«

Jadestein Puppe sagte: »Du kennst jene Schnitzereien, welche die schändlichen Huaxtéca fertigen? Die hölzernen Statuen mit dem übergroßen männlichen Glied? Mein Vater Ahuítzotl hat an der Wand einer Galerie eine solche hängen, als Kuriosum, um seine männlichen Freunde damit in Erstaunen zu versetzen. Frauen interessiert das jedoch auch. Das Glied ist glänzend und glatt gerieben von den vielen, die im Vorübergehen bewundernd ihre Hand darauf gelegt haben – Edelfrauen, Sklavinnen, ich selbst.«

Ich sagte: »Ich glaube, ich möchte diese Dinge wirklich nicht...« Doch sie ging einfach darüber hinweg.

»Ich mußte eine schwere Truhe an die Wand schieben, um darauf zu steigen und das Ding erreichen zu können. Und das kostete mich viele schmerzvolle Tage, denn nach jedem meiner frühen Versuche mußte ich ruhen und abwarten, bis mein noch viel zu kleines Tipíli aufhörte zu schmerzen. Aber ich ließ nicht locker und empfand es schon als einen großen Triumph, als es mir schließlich gelang, zumindest die Spitze des gewaltigen Glieds hereinzubringen. Nach und nach nahm ich immer mehr davon in mir auf. Seither habe ich wohl an die hundert Männer gehabt, doch keiner von ihnen hat mir jene Empfindungen geschenkt, deren ich mich in jenen Tagen erfreute, da ich mit meinem kleinen Bauch an diesem groben Standbild der Huaxtéca rieb.«

Ich flehte sie an: »Ich sollte diese Dinge nicht erfahren, Gebieterin.«

Sie zuckte mit den Achseln. »Ich suche nicht nach Entschuldigungen dafür, wie ich bin. Diese Art von Erlösung brauche ich, brauche ich oft und *werde* ich mir verschaffen. Selbst dich würde ich zu diesem Zweck gebrauchen, Hole! Du bist nicht ohne Reiz. Und du würdest mich nicht verraten, denn ich weiß, daß du Nezahualpilis Wunsch achten wirst, nichts zu hinterbringen. Das jedoch würde dich nicht daran hindern, dein *eigenes* Schuldgefühl zu beichten, wenn wir uns paarten, und das würde unser beider Verhängnis sein. Daher...«

Sie reichte mir die Zeichnung, die ich von dem nichtsahnenden Schnellboten gezeichnet hatte, sowie einen Ring von ihrem Finger. »Gib ihm diesen. Er ist das Hochzeitsgeschenk meines Gemahls, und es gibt keinen anderen Ring, der ihm gleich wäre.«

Der Ring bestand aus rotem Gold und trug einen riesigen Smaragd von unschätzbarem Wert. Derlei Edelsteine wurden nur selten von den Kaufleuten gebracht, die sich bis in das Land der Quautemálan hinunterwagten, unserer am weitesten nach Süden vorgeschobenen Handelsbeziehung, und der Smaragd stammte nicht einmal von dort, sondern aus einem Land unbekannten Namens, noch unendlich viel weiter im Süden als Quautemálan. Der Ring war von der Art jener, die dazu bestimmt sind, an der hocherhobenen Hand getragen zu werden, denn am Reif selbst hingen noch Jadeanhänger, die am vorteilhaftesten wirkten, wenn ihre Trägerin ihre Hand hochhielt. Der Ring war in der Größe eigens für Jadestein Puppes Mittelfinger gefertigt. Ich konnte ihn kaum über meinen kleinen Finger streifen.

»Nein, tragen darfst du ihn nicht«, warnte das Mädchen mich. »Und er auch nicht. Diesen Ring würde jeder sofort erkennen, der ihn jemals gesehen hat. Er soll ihn nur verborgen bei sich tragen und ihn dann um Mitternacht bei der Wache am Osttor vorweisen. Beim Anblick dieses Rings wird sie ihn durchlassen. Pitza wird gleich hinterm Tor warten und ihn herbringen.«

»Heute nacht?« sagte ich. »Aber ich muß ihn doch erst wiederfinden, Gebieterin. Wer weiß, wohin er gerade mit einer Botschaft geschickt worden ist.«

»Heute nacht«, sagte sie. »Ich habe es schon zu lange entbehren müssen.«

Ich weiß nicht, was sie mit mir gemacht haben würde, hätte ich den Mann nicht gefunden; aber ich schaffte es und sprach ihn an wie ein junger Edelmann, der will, daß er irgendwohin eine Nachricht überbringt. Bewußt nannte ich ihm nicht meinen Namen. Er jedoch sagte: »Ich heiße Yeyac-Netztlin – Euch stets zu Diensten, Herr!«

»Einer Dame zu Diensten«, berichtigte ich ihn. »Sie wünscht, daß du ihr heute um Mitternacht im Palast deine Aufwartung machst.«

Er machte ein betretenes Gesicht und sagte: »Es ist höchst schwierig, nachts weit zu laufen, Herr . . .« Doch dann fielen seine Augen auf den Ring, den ich auf meiner Handfläche liegen hatte, seine Augen weiteten sich, und er sagte: »*Dieser* Dame zu Diensten zu sein, würde mich selbstverständlich weder Mitternacht noch Míctlan oder sonst was abhalten.«

»Es handelt sich um einen Dienst, der Verschwiegenheit erfordert«, sagte ich und hatte dabei einen sauren Geschmack auf der Zunge. »Weise diesen Ring der Wache am Osttor vor, dann wirst du eingelassen.«

»Ich höre und gehorche, junger Herr. Ich werde zur Stelle sein.«

Und er war zur Stelle. Ich blieb wach und lauschte an meiner Tür, bis ich Pitza und Yeyac-Netztlin auf Zehenspitzen über den Korridor schleichen hörte. Danach hörte ich nichts mehr, deshalb weiß ich nicht, wie lange er blieb, noch wie er es fertigbrachte, wieder herauszuschlüpfen. Und ich lauschte auch nicht an der Tür, als er zu wiederholten Malen wiederkam. Daher weiß ich auch nicht, wie oft er sie besuchte. Immerhin dauerte es einen ganzen Mond, ehe Jadestein Puppe, vor Langeweile gähnend, mir den Auftrag erteilte, mögliche neue Bettgenossen für sie zu skizzieren; offensichtlich hatte also Yeyac-Netztlin sie über diese Zeitspanne hinweg zufriedengestellt. Der Name dieses Schnellboten bedeutete übrigens passenderweise Lange Beine, und vielleicht war er auch sonst mit einiger Länge begabt.

Wiewohl Jadestein Puppe meine Zeit während dieses Monds nicht weiter beanspruchte, war mir die ganze Zeit über alles andere als wohl in meiner Haut. Der Verehrte Sprecher kam etwa jeden achten oder neunten Tag, seiner vorgeblich verhätschelten und ungeduldigen Prinzessin-Königin einen Höflichkeitsbesuch abzustatten, und ich war oft dabei und mühte mich, während dieser Unterhaltungen nicht sichtbarlich zu schwitzen. Ich konnte mich nur immer wieder kopfschüttelnd fragen, wieso in aller Götter Namen Nezahualpili nicht erkannte, daß er eine Frau geheiratet hatte, die reif war, augenblicklich von ihm genommen zu werden. Oder von irgendeinem anderen Mann.

Die Juweliere, die mit Jade handeln, behaupten, dieser Stein finde sich häufig leicht unter den gewöhnlichen Steinen auf den Feldern, weil er sein Vorhandensein und seine Verfügbarkeit weithin kundtue. Man braucht nur bei Sonnenaufgang hinauszugehen, behaupten sie, und man werde hier und da einen Stein sehen, der einen schwachen, doch unmißverständlichen Dunst ausströme, der stolz verkünde: »In mir ist ein Jadestein verborgen. Komm und hol ihn dir!« Gleich dem hochgeschätzten Edelstein, nach dem sie benannt war, ging auch von Jadestein Puppe irgendeine nicht zu benennende Ausstrahlung oder Vibration aus, die jedem Mann sagte: »Hier bin ich. Komm und nimm mich!« Sollte Nezahualpili der einzige Mann in der ganzen Einen Welt sein, der ihr Feuer und ihr Bereitsein nicht spürte? Sollte er wirklich so impotent und uninteressiert sein, wie die junge Königin behauptet hatte?

Nein. Als ich sie zusammen sah und ihnen zuhörte, ging mir auf, daß er sich größten Zartgefühls und größter Zurückhaltung befleißigte. Denn Jadestein Puppe tat in ihrem eigensinnigen Widerstreben, sich mit einem einzigen Liebhaber zu begnügen, alles, damit *er* in ihr nicht ein mannbares Mädchen in seiner vollen Jugendblüte sähe, sondern eine zarte und unreife Heranwachsende, die vor der Zeit für eine Vernunftehe bestimmt worden war. Während jener Besuche war sie durchaus nicht die Jadestein Puppe, wie ich und ihre Sklavinnen – und wahrscheinlich auch Yeyac-Netztlin – sie so gut kannten. Sie trug züchtige Gewänder, welche ihre aufreizenden Rundungen verbargen und sie als schlankes und gebrechliches Kind erscheinen ließen. Irgendwie unterdrückte sie in seiner Gegenwart ihre sonstige geradezu greifbare Sinnlichkeit, ganz zu schweigen von ihrer Hoffart und ihrer Neigung zu jähen Zornesausbrüchen. Kein einziges Mal bediente sie sich des rüden Namens Hole!, wenn sie von mir sprach. Irgendwie hielt sie die wirkliche Jadestein Puppe verborgen – *topco petlacálco,* »im Beutel oder im Kasten«, wie wir von einem Geheimnis sagen.

In Anwesenheit ihres Gebieters lag sie weder schmachtend auf ihrer Ruhebank, ja, saß nicht einmal auf einem Stuhl, sondern kniete zu seinen Füßen, die Knie schicklich zusammengenommen, die Augen sittsam niedergeschlagen, und sprach mit kindlich-schüchterner Stimme. Selbst mich hätte sie damit zum Narren halten und mich glauben machen können, sie sei höchstens zehn Jahre alt; nur wußte ich, daß sie selbst in diesem zarten Alter bereits mit allen Wassern gewaschen gewesen war.

»Ich hoffe, du findest dein Leben nicht mehr so eingeengt«, sagte Nezahualpíli, »jetzt, wo du Mixtli zum Gefährten hast.«

»*Ayyo,* ja, mein Gebieter«, sagte sie und lächelte, daß sich ihre Grübchen reizvoll vertieften. »Er ist ein unschätzbarer Begleiter. Mixtli zeigt mir vieles und erklärt es mir. Gestern hat er mich in die Bibliothek mitgenommen, welche die Dichtungen Eures geschätzten Vaters enthält, und hat mir einige seiner Gedichte vorgelesen.«

»Und haben sie Euch gefallen?« erkundigte sich der Uey-Tlatoáni.

»Oh, sehr sogar. Allerdings meine ich, Gedichte von Euch, mein Gemahl, würde ich noch lieber hören.«

Folglich sprach Nezahualpíli einige seiner Gedichte, freilich mit einer Bescheidenheit, die ihm wohl anstand. »Sie klingen selbstverständlich besser, wenn mein Trommler mich begleitet.« Eines davon, in dem der Sonnenuntergang gepriesen wurde, schloß mit den Zeilen:

. . . Gleich einem leuchtenden Blumenstrauß
Wirft unser strahlender, unser schimmernder Gott, die Sonne,
Sich in ein Gefäß aus
Reinstem Edelgestein, und der Tag ist dahin.

»Bezaubernd«, hauchte Jadestein Puppe. »Das stimmt mich ein wenig schwermütig.«

»Der Sonnenuntergang?« fragte Nezahualpíli.

»Nein, mein Gebieter – daß Ihr die Götter erwähnt. Ich weiß, daß ich nach und nach all die Götter Eures Volkes kennenlernen werde. Doch inzwischen habe ich keine meiner altgewohnten Götter um mich. Wäre es allzu dreist, wenn ich meinen Verehrten Gatten um die Erlaubnis bäte, ein paar Statuen der Lieblingsgötter meiner Familie aufzustellen?«

»Meine liebe kleine Puppe«, sagte er nachsichtig, »Ihr könnt alles haben, was Euch glücklich und weniger von Heimweh geplagt macht. Ich werde Pixquitl zu Euch schicken, meinen Hofbildhauer, und Ihr braucht ihm nur zu sagen, nach welchen Götterbildern Euer sanftes Herz sich sehnt, und er wird sie Euch machen.«

Als Nezahualpíli diesmal ihre Gemächer verließ, forderte er mich durch eine Geste auf, ihn zu begleiten. Ich folgte dieser Aufforderung und befahl stumm meinen Schweißporen, weiterhin ihre Schleusen nicht zu öffnen, denn ich war fest davon überzeugt, daß er mich danach ausfragen werde, was Jadestein Puppe denn tue, wenn sie gerade keine Bibliotheken besuche. Zu meiner großen Erleichterung erkundigte der Verehrte Sprecher sich jedoch nach meinem eigenen Tun.

»Ist es eine große Belastung für dich, Maulwurf?«, fragte er sehr freundlich, »wenn du deiner jungen Dame Schwester soviel Zeit opferst?«

»Nein, Gebieter«, log ich. »Sie ist äußerst rücksichtsvoll und verlangt nicht, daß ich über meinem Dienst bei ihr meine Ausbildung vernachlässige. Erst am Abend plaudern wir miteinander, streifen durch den Palast oder gehen in der Stadt spazieren.«

»Wenn ihr euch unterhaltet«, sagte er, »würde ich dich bitten, dich möglichst zu bemühen, ihr den Mexícatl-Akzent abzugewöhnen. Du selbst hast unsere Texcocóer Sprechweise so rasch angenommen. Ermuntere sie doch, sich in der Aussprache einer etwas größeren Eleganz zu befleißigen, Kopf Neiger.«

»Gewiß, mein Gebieter. Ich werde es versuchen.«

Er fuhr fort: »Unser Ober-Unterweiser in der Wortkunde hat mir berichtet, du habest es in der Kunst des Bilderschreibens binnen kurzer Zeit bewundernswert weit gebracht. Könntest du möglicherweise noch etwas von deiner Freizeit erübrigen, um dieses Können praktisch anzuwenden?«

»Aber gewiß doch, mein Gebieter!« erklärte ich mit Feuereifer. »Ich werde dafür *sorgen*, daß ich Zeit habe.«

Auf diese Weise begann endlich meine eigentliche Laufbahn als Schreiber, und das weitgehend dank Jadestein Puppes Vater, Ahuítzotl. Unmittelbar nach seiner Krönung zum Uey-Tlatoáni von Tenochtítlan hatte Ahuítzotl höchst wirkungsvoll sein überragendes Können als Herrscher bewiesen, indem er den Huaxtéca der Nordwestküste den Krieg erklärte. Unter seiner persönlichen Führung hatte ein aus Mexíca, Acólhua und Tecpanéca bestehendes Heer diesen Krieg binnen eines Monds zu einem siegreichen Ende gebracht. Die Heere hatten reiche Kriegsbeute mit nach Hause gebracht, und das unterworfene Volk wurde wie üblich zu jährlichen Tributzahlungen verpflichtet. Die Beute sowie die Tribute sollten, wie gleichfalls üblich, unter dem Dreibund verteilt werden: jeweils zwei Fünftel an Tenochtítlan und Texcóco sowie ein Fünftel an Tlácopan.

Die mir von Nezahualpíli zugedachte Aufgabe bestand darin, sämtliche von den Huaxtéca bereits gelieferten sowie noch ausstehenden Posten einzeln in einem Hauptbuch aufzuführen, und außerdem die verschiedenen Waren – Türkis, Kakao, Baumwollumhänge, Röcke und Obergewänder sowie Ballen Baumwolltuch – in andere Bücher einzutragen, aus denen dann zu ersehen war, wo und wie sie auf die verschiedenen Texcócoer Lagerhäuser verteilt wurden. Es handelte sich um eine Aufgabe, bei der ich sowohl mein Können in der Bilderschrift als auch im Rechnen üben konnte; ich warf mich mit viel Freude darauf und nahm mir bewußt vor, meine Sache besonders gut zu machen.

Doch wie schon gesagt, verstand auch Jadestein Puppe, meine Fähigkeiten zu nutzen; abermals ließ sie mich rufen und befahl mir, meine Suche nach »hübschen Männern« zu erneuern und Skizzen von ihnen zu liefern. Bei dieser Gelegenheit beklagte sie sich mir gegenüber über die *Un*fähigkeit des Hofbildhauers.

»Wie mein Gemahl mir gestattete, bestellte ich diese Statue und gab dem alten Narren von Bildhauer, den er schickte, genaue Anweisungen. Aber schau sie dir an, Hole! Eine Ungeheuerlichkeit!«

Ich sah sie mir an: eine lebensgroße männliche Gestalt, in Ton modelliert, mit lebensechten Farben bemalt und dann hart gebrannt. Sie stellte keineswegs einen mir bekannten Gott der Mexica dar, hatte jedoch etwas, was mir merkwürdig vertraut vorkam.

»Die Acólhua sollen in den Künsten Treffliches leisten«, sagte sie voller Verachtung. »Aber wisse, Hole! Ihr anerkannter Meisterbildhauer beweist eine beklagenswerte Unfähigkeit, verglichen mit dem Können einiger weniger berühmter Künstler, von denen ich daheim Arbeiten gesehen habe. Wenn Pixquitl meine nächste Statue nicht besser macht als diese hier, werde ich diese unbekannten Mexica aus Tenochtitlan kommen lassen und ihn der Schande preisgeben. Geh hin und sag ihm das!«

Ich freilich hegte den starken Verdacht, daß die Dame nur einen Vorwand suchte, nicht Künstler, sondern ehemalige Liebhaber nach Texcóco zu bringen, an denen sie noch hing. Aber gleichwohl – wie befohlen, suchte ich den Hofbildhauer Pixquitl in seiner unter der Erde gelegenen Werkstatt auf. Dort toste laut das Feuer der Brennöfen sowie das Hämmern und Meißeln seiner Studenten und Lehrlinge. Ich mußte schreien, um ihm Jadestein Puppes Beschwerde und Drohung zu übermitteln.

»Ich habe mein möglichstes getan«, erklärte der schon etwas betagte Künstler. »Die junge Königin wollte mir aber nicht einmal den Namen ihres erwählten Gottes nennen, und so konnte ich mich nicht an andere Statuen oder gemalte Bilder von ihm halten. Das einzige, wonach ich mich richten konnte, war dies hier.«

Mit diesen Worten zeigte er mir eine Kreidezeichnung auf Borkenpapier – meine eigene Skizze, die ich von Yeyac-Netztlin gemacht hatte. Ich wußte wirklich nicht, was ich davon halten sollte. Wieso hatte Jadestein Puppe das Standbild eines Gottes in Auftrag gegeben – gleichgültig, um welchen Gott es sich auch handelte – und befohlen, daß er aussähe wie ein einfacher sterblicher Schnellbote? Da ich jedoch annahm, sie würde mich anfauchen und mir bedeuten, ich solle mich um meine eigenen Angelegenheiten kümmern, fragte ich sie nicht danach.

Als ich meinen nächsten Stapel Zeichnungen ablieferte, legte ich in voller Absicht und nicht nur zum Scherz das Bild von Jadestein Puppes legitimem Gatten, des Verehrten Sprechers Nezahualpili, dazu. Sie bedachte sowohl die Skizze als auch mich nur mit einem verächtlichen Schnauben, als sie sie beiseitelegte. Das Bild, welches sie diesmal wählte, war das eines jungen Untergärtners im Palast, namens Xali-Otli; ihm mußte ich am nächsten Tag ihren Ring und ihre Anweisungen überbringen. Genauso wie sein Vorgänger, war auch er nur ein Gemeinfreier, sprach Náhuatl jedoch mit Texcócoer Akzent, und so hoffte ich, daß *er* fortfahren werde, ihr, wie Nezahualpili begehrte, eine feinere Aussprache beizubringen, da ich ja eine Zeitlang von der Pflicht, der Dame zu Diensten zu sein, entbunden sein würde.

Nachdem ich mit der Anfertigung der Tributliste der Huaxtéca fertig war, übergab ich das Hauptbuch dem Unterschatzmeister, der für derlei Dinge zuständig war, und sich gegenüber seinem Vorgesetzten, der Weiblichen Schlange, in den höchsten Tönen des Lobes ob meiner Arbeit erging: Herr Stark Knochen wiederum war so freundlich, gegenüber Nezahualpili ein gutes Wort über mich fallen zu lassen. Woraufhin der Verehrte Sprecher bei mir anfragen ließ, ob ich wohl Lust hätte, mich an der gleichen Art von Arbeit zu versuchen, die ihr tut, ehrwürdige Patres. Das heißt, schriftlich festzuhalten, was in der Kammer gesprochen wurde, in welcher der Uey-Tlatoáni mit seinem Staatsrat zusammentraf, und im Gerichtsgebäude, in welchem er weniger hochstehenden Acólhua, die sich mit Bitten und Beschwerden an ihn wandten, Unterredungen gewährte.

Selbstverständlich übernahm ich diese Aufgabe freudigen Herzens und mit Begeisterung, wenn es auch zu Anfang nicht ganz leicht war und mir Fehler unterliefen; zuletzt erwarb ich mir jedoch auch für diese Arbeit großen Beifall. Nun muß ich sagen, auch wenn es unbescheiden klingt, ich hatte mir eine beträchtliche Behendigkeit, Können und Genauigkeit beim Hinschreiben meiner Bilderschriftsymbole erworben. Jetzt ging es darum, die Symbole auch noch schneller zu zeichnen, wiewohl ich es selbstverständlich niemals zu einer solchen Hurtigkeit als Schreiber gebracht habe, wie ein jeder von euch sie aufbringt, ehrwürdige Patres. In diesen Ratsversammlungen und beim Empfang von Bittstellern gab es selten Augenblicke, da keine Worte gesprochen wurden, die es nicht wert gewesen wären, festgehalten zu werden; häufig sprachen sogar mehrere Personen durcheinander. Zum Glück für mich war es so, daß wir – genauso wie ihr – stets zwei oder mehrere erfahrene Schreiber gleichzeitig arbeiten hatten; dadurch wurde das, was dem einen entging, mit einiger Wahrscheinlichkeit vom anderen Schreiber mitgeschrieben.

Früh lernte ich, nur jene Symbole aufzuzeichnen, aus denen die wichtigsten Wörter in der Rede hervorgingen, und auch diese nur andeutungsweise in skizzenhaften Umrissen. Hinterher, wenn ich Muße hatte, bemühte ich mich, das Fehlende zu erinnern und es zu ergänzen, fertigte dann eine saubere Abschrift an und fügte die Farben hinzu, die das ganze erst völlig verständlich machten. Durch diese Methode vergrößerte ich nicht nur meine Geschwindigkeit beim Schreiben, ich stärkte auch noch mein Gedächtnis.

Außerdem empfand ich es als hilfreich, eine Reihe von Zeichen zu entwickeln, die man zusammenfassende Symbole nennen könnte und die eine ganze Folge von Wörtern bargen. So zum Beispiel malte ich bloß einen winzigen Kreis, der den geöffneten Mund darstellte und welcher für die ganze, immerhin wortreiche lange Vorrede stand, mit der jeder Mann und jede Frau seine Rede an den Uey-Tlatoáni einleitete. »In Eurer erlauchten Gegenwart, mixpantzínco, Verehrter Sprecher Nezahualpili . . .« Sprach jemand abwechselnd von Ereignissen, die sich vor kurzem oder aber schon vor längerer Zeit zugetragen hatten, unterschied ich dazwischen, indem ich entweder die Symbole zeichnete, die ein Baby darstellten oder einen Geier. Das Symbol für Baby bedeutete soviel wie »neu« und bezeichnete kürzlich Geschehenes. Der Geier jedoch mit seinem kahlen Kopf stand für »alt« und bezeichnete Ereignisse von früher.

Ach, ja. Alle diese Gedanken mögen für Schreiberkollegen wie euch, verehrte Patres, von beruflichem Interesse sein, doch in Wahrheit spreche ich von diesen Dingen, weil ich mich innerlich sträube, von anderem zu berichten – etwa davon, wie ich das nächstemal vor der Dame Jadestein Puppe zu erscheinen hatte.

»Ich brauche ein neues Gesicht«, sagte sie. Dabei wußten wir beide, daß es kein neues *Gesicht* war, das sie brauchte. »Und ich habe keine Lust, solange zu warten, bis du eine neue Sammlung von Zeichnungen fertig hast. Laß mich die fertigen noch einmal durchsehen.« Ich brachte sie ihr, sie durchflog sie, sah jede einzelne nur kurz an, bis sie plötzlich innehielt und sagte: »Den hier! Wer ist das?«

»Irgendein Sklave, den ich im Palast gesehen habe«, erklärte ich ihr. »Ich glaube, er arbeitet als Abfallträger.«

»Hole ihn!« befahl sie und reichte mir ihren Smaragdring.

»Aber Gebieterin!« wandte ich ein. »Einen *Sklaven?*«

»Wenn ich sehr gibberig bin, bin ich nicht sonderlich heikel«, sagte sie. »Außerdem sind Sklaven manchmal sehr gut. Diese Tröpfe wagen es nicht, sich zu weigern, auch noch den erniedrigendsten Aufforderungen zu entsprechen, die an sie gestellt werden.« Sie lächelte ihr sirupsüßes Lächeln. »Und je weniger Rückgrat ein Mann hat, zu desto reptilienhafteren Verrenkungen gibt er sich her.«

Ehe ich weitere Einwände erheben konnte, führte Jadestein Puppe mich zu einem Alkoven in einer Wandnische und sagte: »Jetzt sieh dir das hier an! Der zweite Gott, den ich dem sogenannten Meisterbildhauer Pixquitl in Auftrag gegeben habe.«

»Das ist kein Gott«, sagte ich, und mir sträubten sich die Haare. »Das ist der Gärtner Xali-Otli.«

Warnend und mit kalter Stimme sagte sie: »Was dich und jeden anderen in Texcóco betrifft, ist das hier irgendein geringerer Gott, der von meiner Familie in Tenochtítlan verehrt wird. Aber lassen wir das. Du hast jedenfalls das Gesicht erkannt. Ich lege aber meine Hand dafür ins Feuer, daß das niemand sonst täte, höchstens noch seine Mutter. Dieser alte Pixquitl ist ein hoffnungsloser Nichtskönner. Ich habe nach diesen Mexíca-Künstlern geschickt, von denen ich sprach. Sie werden gleich nach dem Ochpanítztli-Fest hier eintreffen. Gehe hin und bestelle Pixquitl, ich wünsche, daß er eine eigene Werkstatt für sie vorbereitet und mit allem ausstattet, was sie brauchen. Jetzt such mir diesen Sklaven. Gib ihm den Ring und erteile ihm die üblichen Anweisungen.«

Als ich dem Bildhauer wieder gegenübertrat, sagte er verdrießlich: »Ich kann nur sagen, daß ich mein Bestes mit der Zeichnung getan habe, die mir gegeben wurde. Allerdings hat sie mir diesmal auch noch einen Schädel gegeben, damit zu arbeiten.«

»Was?«

»O ja, es ist wesentlich leichter, eine überzeugende Ähnlichkeit zu erreichen, wenn man tatsächlich die Schädelknochen hat, sie mit Ton überzieht und danach zu modellieren.«

Immer noch wollte ich nicht glauben, was mir schon längst hätte klar sein müssen, und daher stammelte ich: »Aber – aber, Meister Pixquitl –, kein Mensch könnte den Totenschädel eines Gottes haben.«

Lange und eindringlich blickte er mich aus seinen alten Augen mit den schweren Lidern darüber an. »Ich weiß nur, daß man mir den Schädel eines Mannes gegeben hat, der noch nicht lange tot war – und daß die Schädelstruktur annähernd den Gesichtszügen der Zeichnung entsprach, die ich gleichfalls erhielt. Außerdem hat man mir gesagt, die Zeichnung stelle einen weniger bedeutenden Gott dar. Ich bin kein Priester. Wie käme ich also dazu, daran zu zweifeln, daß es sich wirklich um einen Gott handelt. Aber ich bin auch kein Narr, den Befehl einer gebieterischen Königin anzuzweifeln. Ich verrichte die Arbeit, die mir aufgetragen wird, und habe es bislang geschafft, daß mir mein eigener Schädel noch auf dem Hals sitzt. Versteht Ihr?«

Wie vor den Kopf geschlagen nickte ich. Endlich verstand ich, und zwar nur allzu gut.

Der Meister fuhr fort: »Ich werde die Werkstatt für die neuen Künstler vorbereiten, die bald eintreffen sollen. Allerdings muß ich sagen, beneiden tue ich niemand, der auf diese Weise für die Dame Jadestein Puppe arbeiten muß. Weder mich. Noch sie! Noch Euch.«

Mir behagte diese Erkenntnis – Opferbeschaffer einer Mörderin zu sein – genausowenig, steckte jedoch schon so tief in allem drin, daß ich keine Möglichkeit sah, mich dem zu entziehen. Also ging ich hin und suchte den Sklaven, der Niez-Hueyotl hieß – also den für Sklaven typischen hochtrabenden Namen, »Ich Werde Größe Besitzen«, trug. Offenbar machte er diesem Namen jedoch keine Ehre, denn es dauerte nicht lange, da ließ Jadestein Puppe mich abermals holen.

»Du hattest recht, Hole!« sagte sie. »Ein Sklave kann ein Fehler sein. Dieser hatte die Stirn, sich nachgerade als Mensch zu betrachten.« Sie lachte. »Nun, es wird nicht lange dauern, und er ist ein Gott, und das ist mehr, als er jemals hat erwarten dürfen. Aber dabei geht mir etwas auf. Mein Herr und Gebieter könnte anfangen, sich zu fragen, warum ich eigentlich nur Götter in meinen Gemächern habe. Es sollte zumindest eine Göttin dazukommen. Unter den letzten Bildern, die du mir gezeigt hast, war auch das einer hübschen Frau. Geh und hol mir dieses Bild.«

Ich tat es, wiewohl mir das Herz dabei sank. Ich bedauerte, der jungen Königin diese Skizze gezeigt zu haben. Ich hatte sie zu keinem besonderen Zweck gezeichnet, sondern, der Regung des Augenblicks nachgebend, aus Bewunderung für diese Frau, als sie zuerst meine Aufmerksamkeit erregt hatte. Sie zog in der Tat die Augen vieler Männer auf sich, und in diesen Augen leuchtete vor allem heftiges Begehren auf. Aber Nemalhuili war bereits verheiratet, war die Frau eines wohlhabenden Federwirkers vom Texcócoer Handwerksmarkt. Nicht nur ihr lebhaftes und strahlendes Gesicht war schön. Ihre Bewegungen hatten etwas Fließendes und Sanftes, ihre Haltung war stolz, und stets hatte sie ein Lächeln für alle bereit. Nemalhuili strahlte einfach unauslöschliches Glücklichsein aus, und ihr Name paßte ausnehmend gut zu ihr, er bedeutete nämlich »Etwas Köstliches«.

Jadestein Puppe betrachtete eingehend das Bild und sagte dann zu meiner Erleichterung. »Dich kann ich nicht zu ihr schicken, Hole! Das wäre ein zu großer Verstoß gegen die guten Sitten und könnte unliebsames Aufsehen erregen. Ich werde eine meiner Sklavinnen zu ihr schikken.«

Doch war ich noch lange nicht aus allem heraus, wie ich gehofft hatte. Das nächste, was ich von der jungen Königin hörte, war: »Die Frau Nemalhuíli wird heute nacht hier sein. Und ob du es glaubst oder nicht – es wird das erstemal sein, daß ich eine von meinem eigenen Geschlecht genieße. Ich will, daß du mit deinem Zeichenmaterial dabei bist und dieses Abenteuer festhältst, auf daß ich mich später an den verschiedenen Dingen ergötzen kann, die wir miteinander tun werden.«

Mich packte schieres Entsetzen bei dieser Vorstellung, und das aus drei Gründen. Zuerst war ich wütend auf mich selbst, weil ich Etwas Köstliches unabsichtlich in die ganze Sache hereingezogen hatte. Wiewohl ich sie nur dem Aussehen nach und wegen ihres Rufes kannte, hegte ich größte Hochachtung vor ihr. Zweitens, und das war höchst selbstsüchtig gedacht, konnte ich nach dieser Nacht beim besten Willen niemals mehr behaupten, ich wüßte *nicht genau,* was sich in den Gemächern der Dame abspielte. Und drittens empfand ich einen gewissen Abscheu vor der Aussicht, zur Zeugenschaft bei etwas gezwungen zu werden, was meiner Überzeugung nach zwei Menschen nur unter sich abzumachen haben. Ich sah jedoch keine Möglichkeit, mich zu weigern, muß jedoch gestehen, daß ich auch von einer gewissen Neugier getrieben wurde. Zwar hatte ich den Ausdruck Patlachúia bereits gehört, vermochte mir jedoch beim besten Willen nicht vorzustellen, was zwei Frauen miteinander anfangen *konnten.*

Etwas Köstliches sah fröhlich und anmutig aus wie immer und wußte – was durchaus verständlich ist – nur nicht recht, was sie von diesem heimlichen mitternächtlichen Treffen halten sollte. Es war Sommer, und die Luft draußen war keineswegs kühl; trotzdem trug sie einen schweren Überwurf um die Schultern.

»Gebieterin«, sagte sie höflich fragend und sah von der jungen Königin zu mir, der ich mit einem Stoß Papier auf dem Schoß dasaß. Es hatte keine Möglichkeit gegeben, meine Anwesenheit diskret zu verbergen, da ich meiner schwachen Augen wegen ganz in der Nähe sitzen mußte, wollte ich etwas von dem festhalten, was sich abspielen sollte.

»Übersieh den Schreiber einfach«, sagte Jadestein Puppe. »Richte deine Aufmerksamkeit ausschließlich auf mich. Zunächst einmal muß ich wissen, daß dein Mann nichts von diesem Besuch weiß.«

»Nichts, Gebieterin. Er schlief bereits, als ich das Haus verließ. Eure Zofe hatte mich angewiesen, ihm nichts zu sagen, und so habe ich es auch nicht getan, da ich dachte, vielleicht wolltet Ihr etwas von mir – nun, etwas, was Männer nichts angeht.«

»Genau das ist es«, sagte die Gastgeberin und gluckste belustigt. Als die Augen der Frau abermals zu mir herüberwanderten, fauchte Jadestein Puppe: »Ich habe gesagt: übersieh ihn! Er ist nichts weiter als ein Stück Möbel. Er sieht nichts und hört nichts. Er ist überhaupt nicht vorhanden.« Dann senkte sie die Stimme, daß sie nur mehr ein einschmeichelndes Murmeln war. »Man hat mir gesagt, du seiest eine der schönsten Frauen von Texcóco. Wie du siehst, meine Liebe, bin ich das auch. Mir kam der Gedanke, daß es vielleicht lustig sein könne, wenn wir unsere Schönheit miteinander verglichen.«

Mit diesen Worten griff sie mit ihren eigenen königlichen Händen nach dem Überwurf und hob ihn in die Höhe, so daß der Schlitz in der Mitte Nemalhuílis Kopf hindurchließ. Die Besucherin machte selbstverständlich ein überraschtes Gesicht, als die Königin ihr höchst eigenhändig den Überwurf abnahm. Dann jedoch verwandelte sich ihre Überraschung in Schrecken und Verblüffung, als Jadestein Puppe ihr nun auch noch die Bluse über den Kopf zog, so daß sie von der Hüfte an nackt dastand.

Nur ihre geweiteten Augen bewegten sich. Abermals blickten sie rasch zu mir herüber, wie eine Hindin, die von der Meute gestellt ist und jetzt Hilfe von den Jägern erwartet, die auf sie eindringen. Ich jedoch tat so, als sähe ich nichts, setzte ein undurchdringliches Gesicht auf, und tat so, als hielte ich die Augen gebannt auf die Zeichnung gerichtet, mit der ich gerade eben begonnen hatte. Ich glaube auch nicht, daß Etwas Köstliches jemals wieder zu mir herübergeschaut hat. Von diesem Augenblick an brachte sie es offensichtlich über sich, zu tun, was man ihr gesagt hatte: zu glauben, daß ich nicht da sei, ja, überhaupt nicht existierte. Ich meine, wenn die Frau es nicht fertiggebracht hätte, mich aus ihrem Bewußtsein auszulöschen – sie wäre in dieser Nacht vor Scham gestorben.

Während Nemalhuíli barbrüstig und so stocksteif dastand, als wäre sie bereits eine Statue, zog Jadestein Puppe sich selbst – langsam, verführerisch – ihre Bluse aus; man hätte meinen können, sie tue es, um einen Mann zu erregen, der nicht reagieren wollte. Sodann trat sie näher, bis beider Körper sich fast berührten. Etwas Köstliches mochte zehn Jahre älter sein als die Mädchen-Königin und etwa eine Handbreit größer.

»In der Tat«, sagte Jadestein Puppe, »deine Brüste sind wunderschön. Nur« – sie machte einen Schmollmund – »deine Brustwarzen sind schüchtern und wagen es nicht, sich zu entfalten. Können sie nicht schwellen und sich aufrichten wie die meinen?« Sie stellte sich auf die Zehenspitzen, neigte den Oberkörper ein wenig vor und rief aus: »Aber sieh doch, sie passen genau aufeinander! Unsere Busen passen vollkommen zueinander, meine Liebe. Ob alles andere es wohl auch tut?«

Damit preßte sie ihre Lippen auf die von Etwas Köstlichem. Die Frau schloß weder die Augen, noch veränderte sich ihr Ausdruck im geringsten, nur Jadestein Puppes Wangen wurden nach innen gesaugt. Nach einem Augenblick zog sie ihr Gesicht gerade weit genug zurück, um entzückt sagen zu können: »Schau! Deine Brustwarzen können doch wachsen! Ich hab's ja gewußt. Spürst du, wie sie sich den meinen entgegenrekken?« Sie neigte sich vor, versuchte es nochmals mit einem tief tastenden Kuß, und diesmal schloß Etwas Köstliches doch die Augen, gleichsam als befürchtete sie, etwas Verräterisches könnte in ihnen aufleuchten.

Regungslos standen sie da, lange genug für mich, ein Bild von ihnen zu zeichnen: Jadestein Puppe immer noch hochgereckt auf Zehenspitzen, Nemalhuíli nirgends berührend außer an den Lippen und den Spitzen der Brüste. Dann griff die jüngere von beiden nach der Rockschließe der älteren, nestelte sie auf, und raschelnd fiel der Rock zu Boden. Ich saß nahe genug dabei, um zu sehen, wie kaum merklich ein Zittern über Nemalhuílis Muskeln hinwegging, als sie die Beine wie schützend zusammendrückte. Nach einem Augenblick machte Jadestein Puppe die Schließe ihres eigenen Rocks auf, der sich zu ihren Füßen ringelte. Sie hatte nichts darunter an, so daß sie bis auf ihre Goldsandalen jetzt vollständig nackt war. Doch als sie sich mit ihrem ganzen Körper gegen den von Etwas Köstlichem drängte, merkte sie, daß diese, wie jede anständige Frau, immer noch ihr Untergewand trug.

Jadestein Puppe trat einen Schritt zurück und betrachtete sie mit einer Mischung aus Belustigung, Zärtlichkeit und Mißmut und sagte dann süß: »Ich werde dir deine letzte sittsame Hülle nicht abnehmen, Etwas Köstliches. Ich werde dich nicht einmal *bitten*, es zu tun. Ich werde dich soweit bringen, daß du es von dir aus *willst*.«

Die Mädchen-Königin nahm die Frau bei der Hand und zog sanft, bis sie mitkam; dann durchquerten sie den ganzen Raum und gingen zu dem großen, weichen, baldachinbewehrten Bett hinüber, und ich rückte mit meinen Kreiden und Papieren näher heran.

Jawohl, Pater Jerónimo, es ging durchaus noch weiter. Schließlich war ich dabei und habe alles gesehen – und vergessen habe ich nichts. Aber selbstverständlich seid Ihr entschuldigt, es Euch nicht weiter anzuhören, falls Ihr das wünscht.

Vielleicht sollte ich euch Patres, die ihr hiergeblieben seid, berichten, daß ich in meiner Zeit durchaus Zeuge gewesen bin, wie Frauen Gewalt angetan wurde. Ich habe erlebt, wie Soldaten – unsere wie eure – über ihre weiblichen Gefangenen hergefallen sind. Doch mein Lebtag habe ich nicht erlebt, wie einer Frau an ihrer Seele als auch an ihrem Geschlecht dermaßen Gewalt angetan wurde – so infam, gründlich, verheerend und entsetzlich Gewalt angetan wurde – wie Etwas Köstlichem von Jadestein Puppe. Und der Grund, warum all dies mir in meinem Gedächtnis haften geblieben ist – lebhafter als je die Vergewaltigung einer Frau oder eines Mädchens durch einen Mann – ist, daß das kaum zur Frau erblühte Mädchen sich die verheiratete Frau nicht etwa durch Gewalt oder mit Drohungen gefügig machte, sondern durch sanfte Berührungen, durch Streicheln und Liebkosungen, welche Nemalhuíli schließlich zu einem solchen Höhepunkt der Ekstase brachten, daß sie fortan nicht mehr für das verantwortlich gemacht werden kann, was sie tat.

Es mag angemessen sein, an dieser Stelle einzufügen, daß wir, wenn wir von der Verführung einer Frau sprechen, den Ausdruck sagen: »Ich liebkose sie mit Blumen ...«

Eine Zeitlang lag Etwas Köstliches rücklings und entschlossen gleichgültig da und nur Jadestein Puppe rührte sich. Sie setzte Lippen und Zunge ein und die äußersten Spitzen ihrer Finger, fuhr damit zärtlich über die geschlossenen Augenlider und Wimpern von Etwas Köstlichem hin, bearbeitete ihre Ohrläppchen und Salzfässer, die grübchenhafte Höhlung des Nabels, strich die Beine hinunter und herauf. Wiederholt vollführte sie mit Fingerkuppen oder Zunge langsam kreisende Bewegungen um die Frauenbrüste, ehe sie die steif und hochgereckt dastehenden Brustwarzen zwickte und leckte. Das Mädchen zwang Etwas Köstlichem nicht noch einmal einen leidenschaftlichen Kuß auf, kam jedoch von ihren anderen Beschäftigungen zwischendurch immer wieder zurück, um ihr mit der Zunge aufreizend über die zusammengekniffenen Lippen zu fahren. Und allmählich schwollen die Lippen der Frau gleich ihren Brüsten und färbten sich tiefrot. Ihre Haut, von einem hellen Kupferton und anfangs ganz glatt, prickelte, wurde überall zu einer Gänsehaut und zitterte an manchen Stellen.

Zwischendurch mußte Jadestein Puppe immer wieder in ihren Liebkosungen innehalten und die Frau mit einer allesumschlingenden Gebärde an sich drücken. Selbst wenn Etwas Köstliches die Augen weiterhin geschlossen hielt, konnte sie einfach nicht anders – sie mußte fühlen und wissen, was mit dem Mädchen vorging. Nur ein Standbild aus Stein hätte davon ungerührt bleiben können, und selbst die tugendsamste, widerstrebendste und zögerndste Frau ist kein Standbild. Als beim nächsten Mal ein hilfloses Erschauern die junge Königin durchlief, stieß Etwas Köstliches eine Art girrenden Laut aus, gleichsam wie eine Mutter, die ein verängstigtes Kind begütigt. Sie hob die Hand, um Jadestein Puppes Kopf hochzuheben und ihn sich auf den Busen zu betten, und gab ihr zum erstenmal von sich aus einen Kuß. Ihre Lippen zwängten die des Mädchens auseinander, und sie saugte ihre Wangen nach innen; dann entrang sich den beiden aufeinandergepreßten Mündern ein winselnder Laut, beider Körper erbebten gemeinsam, und die Frau ließ eine ihrer Hände fallen, um das Untergewand wegzuziehen, welches immer noch hindernd zwischen ihnen lag.

Danach lag Etwas Köstliches wieder ganz still da, schloß die Augen und biß sich in den Handrücken, was jedoch nicht verhinderte, daß sich ihr ein unterdrücktes Schluchzen entrang. Nachdem Jadestein Puppes Erbeben abgeebbt war, war sie wieder die einzige, die sich auf dem zerwühlten Bett bewegte. Die Frau allerdings war nunmehr gleichfalls ganz nackt und an jeder Stelle angreifbar, so daß das Mädchen mehrere Stellen hatte, denen sie ihre Aufmerksamkeit zuwenden konnte. Eine Zeitlang hielt Etwas Köstliches ihre Beine immer noch zusammengepreßt. Doch langsam, ganz allmählich – gleichsam, als habe das mit ihr selbst überhaupt nichts zu tun – entspannte die Frau ihre Muskeln, lockerte sie ihre Beine, die sich ein wenig öffneten, dann ein wenig mehr ...

Jadestein Puppe barg ihren Kopf darin und suchte nach dem, was sie mir gegenüber einmal als die »rosige kleine Perle« beschrieben hatte. Das ging eine Weile so weiter, und die Frau stieß wie gepeinigt viele und höchst unterschiedliche kleine Laute aus, und vollführte zuletzt eine äußerst heftige Bewegung. Nachdem sie sich wieder gefaßt hatte, muß sie zu dem Schluß gekommen sein, da sie sich nun so weit hatte gehen lassen, könne sie sich durch ein weitergehendes Sichhinreißenlassen nicht noch mehr entwürdigen. Denn jetzt tat Etwas Köstliches, was Jadestein Puppe bislang nur ihr angetan, und das hatte eine Reihe unterschiedlicher Stellungen zur Folge. Manchmal umschlangen sie einander wie Mann und Frau, küßten sich Mund auf Mund, während ihre Schamhügel sich aneinander rieben. Manchmal jedoch lagen sie auch anders herum auf dem Bett, umschlang eine die Hüften der anderen und benutzte ihre Zunge wie ein kleines, wiewohl wesentlich hurtigeres männliches Glied. Bisweilen lagen sie auch mit übereinandergelegten Schenkeln da, berührte sich nur der untere Teil ihres Körpers und bemühten sie sich, sich zurückzubiegen, so daß nur ihre kleinen rosigen Perlen einander berührten und sich gegenseitig rieben.

Ich sollte vielleicht noch erwähnen, daß die Frau und das Mädchen bei allen verwickelten Stellungen, die sie einnahmen und bei aller Gier, mit der sie einander liebkosten, nicht um sich schlugen und auf- und abhüpften, wie ein *Mann* und eine Frau es tun, wenn sie besagten Akt vollführen. Ihre Bewegungen hatten etwas Gleitendes, nichts Eckiges, etwas Anmutiges, nichts Plumpes. Viele Male kamen mir die beiden – so emsig beschäftigt manche Teile von ihnen unzweifelhaft waren, ohne daß man es sah – vor, als ob sie so ruhig dalägen wie im Schlaf. Dann jedoch erschauerte wohl eine von ihnen oder versteifte sich oder vollführte eine ruckartige Bewegung oder wand sich. Ich habe zuletzt nicht mehr mitgezählt, doch weiß ich, daß Etwas Köstliches und Jadestein Puppe in dieser Nacht beide viele, viele Male mehr zum Höhepunkt gelangten, als beide es mit einem noch so virilen und ausdauernden Mann getan hätten.

Zwischen diesen kleinen Zuckungen verharrten sie jedoch lange genug in den verschiedenen Stellungen, daß ich Skizzen von ihnen machen konnte, entweder ineinander verschlungen oder allein. Und wenn einige Bilder etwas verschmiert oder mit zittriger Hand gezogen waren, so lag das nicht an den Vorbildern, höchstens in dem Sinne, daß ihr Tun den Künstler erregte. Auch ich war nicht aus Stein. Während ich sie beobachtete, wurde ich von mitfühlenden Schaudern überlaufen, und zweimal straffte sich mein eigenes Glied ...

Jetzt verläßt uns auch noch Pater Domingo überstürzt. Eigentümlich, wie manche Worte abstoßend auf einen Mann wirken und andere wiederum auf einen anderen. Ich glaube, Wörter beschwören in verschiedenen Gemütern verschiedene Bilder. Selbst in den Gehirnen unpersönlicher Schreiber, die sie nur als Zeichen auf dem Papier wiedergeben sollen.

Da dem so ist, tue ich vielleicht gut daran, nicht auch noch von den anderen Dingen zu berichten, die das Mädchen und die Frau im Laufe dieser langen Nacht taten. Zuletzt ließen sie jedenfalls erschöpft voneinander ab und lagen schwer atmend nebeneinander. Ihre Lippen und Tipíli-Teile waren ausnehmend geschwollen und gerötet; ihre Haut glänzte von Schweiß und Speichel und anderen Ausscheidungen; ihre Körper waren wie das Jaguarfell von Kuß- und Bißmalen getüpfelt.

Leise erhob ich mich von meinem Platz neben dem Bett und sammelte mit zitternder Hand die Zeichnungen ein, die um den Stuhl herum verstreut lagen. Nachdem ich mich in eine Ecke des Raums zurückgezogen hatte, erhob auch Etwas Köstliches sich, bewegte sich müde und matt wie jemand, der sich von einer schweren Krankheit erholt, und zog langsam ihre Kleider an. Sie vermied es, mich anzusehen, aber ich konnte erkennen, daß ihr die Tränen über die Wangen liefen.

»Du wirst dich ausruhen wollen«, sagte Jadestein Puppe zu ihr und zog an der Klingelschnur über ihrem Bett. »Pitza wird dir eine Kammer zeigen, in der du allein sein kannst.« Etwas Köstliches weinte noch immer, als die verschlafene Sklavin sie aus dem Zimmer geleitete.

Mit unsicherer Stimme sagte ich: »Und was ist, wenn sie es ihrem Mann erzählt?«

»Das bringt sie nicht über sich«, sagte die junge Königin voller Zuversicht. »Und sie wird es auch nicht tun. Laß mich die Zeichnungen sehen.« Ich reichte sie ihr hinüber, und sie betrachtete sie sehr eingehend eine nach der anderen. »So also sieht es aus. Hinreißend. Und da hatte ich nun gedacht, ich hätte sämtliche Erfahrungen ... Welch ein Jammer, daß Nezahualpili mir nur alte Dienerinnen mit nichtssagenden Gesichtern zugeteilt hat. Ich denke, ich werde Etwas Köstliches eine Zeitlang auf Abruf für mich bereit halten.«

Das zu hören, war ich froh, wußte ich doch, welches Schicksal dieser Frau sonst sehr rasch geblüht hätte. Das Mädchen reichte mir die Zeichnungen zurück, streckte sich dann und gähnte wollüstig. »Weißt du was, Hole!? Ich glaube wahrhaftig, das war das beste, besser als alles, was ich seit dem alten Huactéca-Ding genossen habe, mit dem ich mich zu ergötzen pflegte.«

Mir wollte das durchaus einleuchten, als ich in meine eigenen Gemächer hinüberging. Eine Frau sollte sich wirklich besser darauf verstehen, auf dem Körper einer anderen Frau zu spielen als irgendein Mann. Nur eine Frau konnte genau über die empfindlichsten der verborgenen und reaktionsfähigen Zonen und Vertiefungen ihres eigenen Körpers, und damit des Körpers einer jeden anderen Frau, Bescheid wissen. Woraus folgerte, daß ein Mann seine Fähigkeiten auf diesem Gebiet verbessern sollte und sowohl seine eigene Lust als auch die einer jeden Bettgenossin steigern könnte, wenn er sich in eben diesen Dingen auskennt. Ich verbrachte viel Zeit damit, mich in die Zeichnungen zu vertiefen und mir genau all das zu vergegenwärtigen, was ich auf den Bildern nicht hatte wiedergeben können.

Ich war nicht stolz auf die Rolle, die ich bei der Erniedrigung von Etwas Köstlichem gespielt hatte, habe andererseits jedoch immer gefunden, daß man versuchen sollte, auch noch aus den beklagenswertesten Vorkommnissen, in die man verwickelt wird, Nutzen zu ziehen.

Ich will nicht behaupten, daß die Vergewaltigung von Etwas Köstlichem das beklagenswerteste Ereignis war, dessen ich Zeuge in meinem Leben war. Ein weiteres schreckliches Geschehen erwartete mich, als ich zum Ochpanítztli-Fest heimfuhr nach Xaltócan.

Der Name des Festes bedeutet »Fegen der Straße« und bezieht sich auf die religiösen Riten, die gefeiert wurden, um zu gewährleisten, daß die kommende Maisernte gut ausfiel. Das Fest wurde in unserem elften Mond gefeiert, was etwa der Mitte eures August entspricht, und bestand aus verschiedenen Feiern, die ihren Höhepunkt fanden in der Darstellung der Geburt des Maisgottes Centéotl. Bei dieser Zeremonie bestimmten ausschließlich die Frauen; Männer, selbst die meisten Priester, waren dabei nichts weiter als Zuschauer.

Anfangen tat es damit, daß die ehrbarsten und tugendhaftesten Xaltócaner Frauen und Witwen mit Besen, die eigens aus Federn gebunden worden waren, sämtliche Tempel und andere heilige Stätten auf der Insel fegten. Danach sangen und tanzten ausschließlich Frauen unter der Leitung unserer weiblichen Tempelhelferinnen und machten in dieser Nacht des Höhepunktes Musik. Eine Jungfrau, die unter den Mädchen der Insel ausgewählt wurde, spielte die Rolle von Teteoínan, der Mutter aller Götter. Höhepunkt der Nacht war die Vorführung, die sie oben auf der Tempelpyramide gab – ganz allein, ohne männlichen Partner –, wobei sie so tat, als werde sie entjungfert und geschwängert, dann die Geburtswehen durchmache und zuletzt das göttliche Kind zur Welt bringe. Danach wurde sie von Frauen getötet, von Bogenschützinnen, die selbiges mit Ernst und Hingabe, gleichwohl jedoch ohne großes Können taten, so daß sie für gewöhnlich einen häßlichen Tod und einen in die Länge gezogenen Todeskampf hatte.

Selbstverständlich wurde im letzten Augenblick immer jemand anders untergeschoben, denn von unseren eigenen Jungfrauen opferten wir nie eine, es sei denn, sie stellte sich aus einem besonderen Grunde freiwillig zur Verfügung. Es starb also nicht wirklich die Jungfrau, welche die Rolle der Teteoínan gespielt hatte, sondern irgendeine entbehrliche Sklavin oder Gefangene von einem anderen Volk.

Nachdem sie, von zahllosen ungeschickt abgeschossenen Pfeilen verletzt, zerfetzt und durchbohrt endlich tot war, traten zum erstenmal einige Priester auf den Plan. Sie kamen aus dem Pyramidentempel, in dem sie sich verborgen hatten, und schleiften den Leichnam – ihrer schwarzen Gewänder wegen fast immer noch unsichtbar – in den Tempel hinein. Dort zogen sie ihm von einem Schenkel rasch die Haut ab. Ein Priester stülpte sich diese spitz zulaufende Kappe über den Kopf und kam unter plötzlich anhebender lauter Musik und Gesang aus dem Tempel herausgehüpft. Der junge Maisgott Centéotl war geboren. Er sprang die Pyramidenstufen hinunter, gesellte sich unter die Tänzerinnen, und alle zusammen tanzten sie die ganze Nacht hindurch.

Ich berichte all dies jetzt, weil ich annehme, daß die Feierlichkeiten dieses Jahres sich genauso vollzogen wie all die Schock Jahre zuvor. Genau sagen kann ich es nicht, weil ich nicht solange blieb, um es mitzuerleben.

Der großzügige Prinz Weide hatte mir abermals sein Acáli samt Ruderern zur Verfügung gestellt, und als ich in Xaltócan anlangte, stellte ich fest, daß die anderen – Pactli, Chimáli und Tlatli – ebenfalls zum Fest heimgekommen waren. Pactli übrigens für immer, denn er hatte nunmehr seine Calmécac-Ausbildung abgeschlossen. Diese Vorstellung bereitete mir beträchtliche Sorgen. Er hatte nämlich fürderhin überhaupt nichts mehr zu tun, außer darauf zu warten, daß sein Vater, Rot Reiher, starb und den Thron freimachte. Solange das nicht der Fall war, konnte Pactli alle Zeit und Kraft darauf verwenden, mit Hilfe seiner zuverlässigsten Verbündeten – meiner titelhungrigen Mutter – die Frau zu erringen, die er begehrte – meine Schwester, die ihn nicht haben wollte.

Doch etwas anderes bereitete mir im Augenblick weit mehr Sorgen. Chimáli und Tlatli waren dermaßen darauf erpicht, mich zu sprechen, daß sie, als mein Kanu festmachte, schon am Landesteg warteten und mich aufgeregt umtanzten. Beide fingen gleichzeitig an zu reden, zu rufen und zu lachen, ehe ich überhaupt einen Fuß an Land gesetzt hatte.

»Maulwurf, etwas Wunderbares ist geschehen!«

»Unser erster Auftrag, außerhalb zu arbeiten, Maulwurf!«

Es dauerte eine Weile und ich mußte selbst laut werden, ehe ich dahinterkam und begriff, was sie zu sagen hatten. Und als mir die ganze Wahrheit aufging, war ich zutiefst erschrocken. Meine beiden Freunde waren die »Mexica-Künstler«, von denen Jadestein Puppe gesprochen hatte. Sie sollten nach den Ferien nicht nach Tenochtítlan zurückkehren, sondern mich begleiten, wenn ich nach Texcóco zurückfuhr.

Tlatli sagte: »Ich soll die Statuen machen und Chimáli sie bemalen, daß sie ganz lebensecht aussehen. So hieß es in der Nachricht, welche die Dame Jadestein Puppe uns hat zukommen lassen. Stell dir vor! Die Tochter eines Uey-Tlatoáni und die Gemahlin eines anderen! Eine solche Ehre ist ganz gewiß noch keinen anderen Künstlern unseres Alters zuteil geworden.«

Chimáli sagte: »Wir hatten keine Ahnung, daß die Dame Jadestein Puppe jemals die Arbeiten gesehen hat, die wir in Tenochtítlan geschaffen haben.«

Tlatli sagte: »Sie gesehen und so sehr bewundert hat, daß sie uns jetzt auffordert, viele Male Ein Langer Lauf zurückzulegen. Die Dame muß einen guten Geschmack haben!«

Verkniffen sagte ich: »Die Dame hat mehr als nur einen Geschmack.«

Meine Freunde fanden es merkwürdig, daß ich mich von ihrer Begeisterung nicht anstecken ließ, und Chimáli sagte, fast als wolle er sich entschuldigen: »Es ist unser erster großer Auftrag, Maulwurf. Die Statuen und Bilder, die wir in der Stadt geschaffen haben, dienten im Grunde nur der Verschönerung des neuen Palastes, den Ahuízotl gebaut hat, und man hat unsere Arbeit nicht höher geschätzt und auch nicht besser bezahlt als die der Steinmetze. Und jetzt heißt es in dieser Nachricht, wir würden unsere eigene Werkstatt bekommen, die voll ausgestattet auf uns warte. Selbstverständlich können wir uns vor Freude kaum fassen. Gibt es irgendeinen Grund, warum wir das nicht sollten?«

Tlatli fragte: »Ist die Dame denn eine Tyrannin, die uns zu Tode schinden wird?«

Ich hätte selbstverständlich sagen können, daß er es höchst treffend ausgedrückt habe, als er davon sprach, ›zu Tode‹ geschunden zu werden, doch sagte ich statt dessen: »Diese Dame ist recht eigenwillig. Aber wir werden noch Zeit genug haben, uns über sie zu unterhalten. Im Augenblick bin ich selbst von meiner Arbeit ziemlich mitgenommen.«

»Selbstverständlich«, sagte Chimáli. »Komm, laß uns dein Gepäck tragen, Maulwurf. Begrüße du erst deine Familie, iß und ruhe dich aus. Und dann mußt du uns alles über Nezahualpílis Hof und Texcóco erzählen. Wir möchten nicht, daß man uns dort für unwissende Provinzler hält.«

Auf dem Weg zu meinem Elternhaus plapperten die beiden, fröhlich über ihre glänzenden Aussichten, wohingegen ich schwieg und angestrengt nachdachte – über ihre Aussichten. Ich wußte sehr gut, daß Jadestein Puppes Verbrechen irgendwann einmal ans Tageslicht kommen müßten. Und wenn das geschah, würde Nezahualpíli sich an allen rächen, welche dem ehebrecherischen Treiben der jungen Königin Vorschub geleistet hatten – den Morden, um diesen fortgesetzten Ehebruch zu vertuschen, und den Statuen, die dazu dienten, mit den Morden auch noch großzutun. Ich hatte zumindest die leise Hoffnung, daß man mich von jeder Schuld freisprechen würde, da ich mich strikt an die Befehle Nezahualpílis gehalten hatte. Jadestein Puppes Untergebene hatten jedoch auf *ihren* Befehl hin gehandelt. Zwar hätten sie nicht wagen können, sich diesen Befehlen zu widersetzen, doch dieser Umstand würde ihnen kaum Gnade von dem entehrten Nezahualpíli eintragen. Sie hatten den Hals bereits jetzt in der blumenumwundenen Schlinge stecken: die Sklavin Pitza, die Torwache und vielleicht Meister Pixquitl, und bald nun auch noch Tlatli und Chimáli ...

Mein Vater und meine Schwester umarmten mich herzlich, meine Mutter nicht ganz so warmherzig – was sie damit entschuldigte, daß ihre Arme ganz schlaff seien und müde vom vielen Fegen in den Tempeln. Sie erging sich langatmig über die Vorbereitungen, welche die Frauen für die

Feier des Ochpanítztli-Festes trafen, doch davon bekam ich nur sehr wenig mit, denn ich zermarterte mir den Kopf, irgendeine List zu finden, allein irgendwohin mit Tzitzi verschwinden zu können. Ich brannte nicht nur darauf, ihr ein paar von den Dingen beizubringen, die ich von Jadestein Puppe und Etwas Köstlichem gelernt hatte. Genausosehr war mir daran gelegen, mit ihr über meine zweifelhafte Stellung am Hof von Texcóco zu reden und sie um Rat zu fragen, was ich – falls überhaupt – tun könne, um zu verhindern, daß nun auch noch Chimáli und Tlatli dorthin kamen.

Diese Gelegenheit sollte sich nie ergeben. Die Nacht brach herein, und meine Mutter klagte immer noch über die viele Arbeit, die mit dem »Fegen der Straßen« verbunden war. Die schwarze Nacht brach herein, und mit ihr kamen die schwarzgewandeten Priester. Vier waren es, und sie kamen wegen meiner Schwester.

Ohne den Herrn des Hauses auch nur mit einem »Mixpantzínco« zu begrüßen – Priester hatten stets nur Verachtung für die gewöhnlichen Höflichkeiten übrig –, verlangte einer von ihnen, ohne sich an jemand im besonderen zu wenden, zu wissen: »Wohnt hier die Jungfrau Chiucnáui-Acatl Tzitzitlíni?« Seine Stimme klang unbeholfen und verschleimt, so wie sich ein kollernder Truthahn anhört, und seine Worte waren nicht leicht zu verstehen. Das war bei vielen Priestern so, denn eine ihrer Bußübungen bestand darin, sich ein Loch in die Zunge zu bohren und dieses von Zeit zu Zeit auszuweiten, indem sie Dornen, Schnurstränge oder gar Schilfrohr hindurchsteckten.

»Meine Tochter«, sagte unsere Mutter und vollführte eine stolze Geste in ihre Richtung. »Neun Rohr, Feines Glöckchengeläut.«

»Tzitzitlíni«, wandte sich der verkommene alte Mann jetzt direkt an sie. »Wir sind gekommen, dich davon in Kenntnis zu setzen, daß du ausgewählt worden bist, in der letzten Nacht des Ochpanítztli-Festes die Rolle der Göttin Teteoínan zu spielen.«

»Nein«, sagte meine Schwester mit ihren Lippen, wiewohl sich kein Laut von ihnen löste. Fassungslos starrte sie die vier Männer in ihren zerrissenen Roben an und fuhr sich mit bebender Hand übers Gesicht. Das Kitzbraun ihrer Haut war unversehens der hellsten Bernsteinfarbe gewichen.

»Du wirst uns begleiten«, sagte ein anderer Priester. »Es gilt, vorher einige Formalitäten zu erledigen.«

»Nein«, sagte Tzitzi abermals, diesmal laut. Sie wandte den Kopf und sah mich an, und ich wäre unter dem Flehen ihrer Augen am liebsten in den Erdboden versunken. Ihre Pupillen waren geweitet vor Entsetzen und genauso bodenlos schwarz wie die von Jadestein Puppe, wenn sie ihre pupillenerweiternden Tropfen nahm. Meine Schwester wußte genausogut wie ich, was das hieß, »vorher einige Formalitäten zu erledigen« – es handelte sich dabei um eine von den Gehilfinnen der Priester durchgeführte körperliche Untersuchung, um festzustellen, ob die so geehrte Jungfrau auch tatsächlich noch Jungfrau sei. Wie ich schon gesagt habe, hätte Tzitzi sich darauf verstanden, als unberührte Jungfrau dazustehen und selbst den argwöhnischsten Mann zu täuschen. Nur hatte sie keine Ahnung gehabt, daß diese Geier von Priestern sich aus heiterem Himmel auf sie herniederstürzen würden, und keinen Grund gehabt, sich darauf vorzubereiten; nun war es zu spät dazu.

»Tzitzitlíni«, wies mein Vater sie zurecht. »Kein Mensch schlägt einem Tlamacázqi etwas ab oder weigert sich, einer Aufforderung nachzukommen, die er überbringt. Das wäre ungehörig den Priestern gegenüber und hieße, der Abordnung von Frauen Verachtung entgegenbringen, welche dir diese Ehre zugedacht hat. Ja, schlimmer noch – es wäre eine Beleidigung der Göttin Teteoínan selbst.«

»Außerdem würde es den Unmut unseres geschätzten Tecútli erregen«, mischte sich unsere Mutter ein. »Der Herr Rot Reiher ist über die Wahl der diesjährigen Jungfrau bereits unterrichtet, und sein Sohn Páctlitzin desgleichen.«

»Mich hat aber keiner gefragt!« erklärte meine Schwester in einem letzten Aufbegehren.

Jetzt wußten wir *beide,* wer sie für die Rolle der Teteoínan vorgeschlagen hatte, ohne sie vorher zu fragen oder ihr Einverständnis einzuholen. Und wir wußten auch, *warum.* Damit unsere Mutter stellvertretend den Ruhm für Tzitzis tänzerische Leistung einheimste; damit unsere Mutter sich im Beifall der gesamten Insel sonnen könne; damit die in aller Öffentlichkeit vorgeführte Pantomime des Geschlechtsakts die Wollust des Herrn Freude noch steigerte; damit er mehr denn je bereit sein würde, im Austausch für das Mädchen unsere ganze Familie in den Adelsstand zu erheben.

»Ehrwürdige Priester«, gab Tzitzi flehentlich zu bedenken. »Ich bin wirklich nicht dazu geeignet. Ich kann keine Rolle spielen, jedenfalls *die* Rolle nicht. Es wäre mir peinlich, und man würde mich deswegen auslachen. Ich würde der Göttin Schande bringen . . .«

»Unsinn«, erklärte einer der vier. »Wir haben dich tanzen sehen, Mädchen. Komm mit! Jetzt gleich.«

»Die Formalitäten, die vorher erledigt werden müssen, dauern nur wenige Augenblicke«, sagte unsere Mutter. »Geh schon, Tzitzi, und wenn du zurückkommst, unterhalten wir uns über dein Kostüm. Du sollst die strahlendste Teteoínan sein, die jemals das Kind Centéotl zur Welt gebracht hat.«

»Nein«, erklärte meine Schwester noch einmal, allerdings ziemlich verzagt, und dabei doch verzweifelt auf irgendeinen Ausweg sinnend. »Es ist – es ist die falsche Zeit des Monds für mich . . .«

»Es gibt kein Nein«, fuhr der Priester sie an. »Es gibt keine Ausreden, die gelten gelassen werden. Komm jetzt, Mädchen, oder wir nehmen dich mit Gewalt mit.«

Sie und ich hatten keine Gelegenheit, einander auch nur Lebewohl zu sagen, denn es hieß ja, daß sie nur kurze Zeit fortbleiben werde. Als Tzitzi auf die Tür zuging und die vier übelriechenden Männer sie in die Mitte nahmen, warf sie mir über die Schulter hinweg noch einen verzweifelten Blick zu. Ums Haar hätte ich das nicht einmal mitbekommen, denn ich blickte mich suchend im Raum um, nach irgend etwas, was ich als Waffe hätte gebrauchen können.

Ich schwöre, würde ich Blut Schwelgers Maquáhuitl zur Hand gehabt haben, ich hätte uns schwertschwingend den Weg durch Priester und Eltern – Unkraut, das es galt niederzumähen – freigekämpft und wir beide hätten uns irgendwo in Sicherheit gebracht, ganz egal wo. Doch war weder etwas Scharfes noch Schweres in greifbarer Nähe, und mich mit bloßen Händen auf die anderen zu stürzen, wäre sinnlos gewesen. Ich war damals zwanzig Jahre alt, ein erwachsener Mann, und mit den vier Priestern wäre ich wohl ohne Mühe fertiggeworden, doch meinem von der Arbeit kräftigen Vater wäre es gewiß nicht schwergefallen, mich zurückzuhalten. Und das wiederum wäre verdächtig gewesen, hätte Befragungen und Nachforschungen zur Folge gehabt, womit unser Schicksal besiegelt gewesen wäre ...

Ich habe mich seither oft gefragt: wäre dieses Schicksal nicht dem vorzuziehen gewesen, das sie dann wirklich erlitt? Ein solcher Gedanke huschte mir auch in diesem Augenblick durch den Kopf, aber ich schwankte, ich zögerte. Tat ich das, weil ich in einem feigen Winkel meines Bewußtseins wußte, daß ich bei Tzitzis Verhängnis ungeschoren davonkommen würde – das mich jetzt zaudern und zögern ließ? Lag es daran, daß ich die verzweifelte Hoffnung nährte, Tzitzi könne die untersuchenden Frauen doch hinters Licht führen – was mich schwanken und zaudern ließ? War es einfach mein unwandelbares und unentrinnbares Tonáli – oder ihres –, das mich zögern und zaudern ließ? Ich werde es nie wissen. Ich weiß nur, daß ich in der Tat schwankte, daß ich zauderte, doch dann war der Augenblick, da ich hätte handeln können, bereits vorüber, war Tzitzi fort, samt ihrer Ehrengarde von geiergierigen Priestern in der Dunkelheit verschwunden.

Sie kam an diesem Abend nicht wieder nach Hause.

Wir saßen da und warteten noch weit über die übliche Schlafenszeit hinaus, über die Zeit hinaus, da durch das Muschelhorn des Tempels Mitternacht verkündet wurde – und keiner von uns sagte ein Wort. Mein Vater schaute besorgt drein – zweifellos seiner Tochter und der ungewöhnlichen Verzögerung wegen, welche die »Formalitäten vorher« erfuhren. Meine Mutter machte gleichfalls ein besorgtes Gesicht, zweifellos, weil ihr listig eingefädelter Plan der Selbsterhöhung irgendwie ans Licht gekommen war oder sonst zunichte gemacht worden wäre. Zuletzt jedoch lachte sie auf und sagte: »Aber selbstverständlich! Die Priester haben Tzitzi doch nicht im Dunkeln heimschicken können. Die Tempeljungfrauen haben ihr eine Kammer gegeben für die Nacht. Es ist töricht von uns, schlaflos zu warten. Laßt uns zu Bett gehen.«

Zwar streckte ich mich auf meinem Lager aus, doch schlafen konnte ich nicht. Mich quälte die Vorstellung, daß die Frauen, die sie untersuchen sollten, festgestellt hatten, Tzitzi sei keine Jungfrau mehr – was sonst sollten sie feststellen? – und daß die Priester sich diesen Umstand gierig zunutze machten. Sämtliche Priester all unserer Götter waren durch Eid zur Ehelosigkeit verpflichtet, doch glaubte kein vernünftiger Mensch, daß sie sich daran hielten. Die Tempelfrauen konnten wahrheitsgemäß berichten, Tzitzi sei bereits ohne ihr Chitóli-Häutchen und jungfräuliche Enge zu ihnen gekommen, was nur auf ihre eigene Liederlichkeit geschoben werden könne. Mochte auch in der Zwischenzeit geschehen sein, was wolle, wenn sie den Tempel wieder verließ, konnte sie keinerlei Vorwürfe gegen die Priester beweisen.

Verzweifelt warf ich mich auf meinem Lager hin und her. Ich stellte mir vor, daß diese Priester sich Tzitzi die ganze Nacht hindurch vornähmen, einer nach dem anderen, und schadenfroh sich ein diebisches Vergnügen daraus machten, all die anderen Priester all der anderen Tempel auf der Insel herbeizurufen. Nicht, weil irgendeiner von ihnen in dieser

Beziehung ausgehungert gewesen wäre; denn wie es hieß, hielten sie sich je nach Lust und Bedürfnis an die Tempelfrauen. Doch wie es euch, ehrwürdige Patres, vielleicht auch an euren eigenen Nonnen aufgefallen ist, sind die Frauen, welche sich dem Tempeldienst weihen, selten mit einem Aussehen und einem Körper begabt, die einen Mann vor Verlangen von Sinnen kommen lassen. Die Priester mußten an diesem Abend überglücklich gewesen sein, in der Gestalt des begehrenswertesten Mädchens von ganz Xaltócan des Geschenks frischen Fleisches teilhaftig geworden zu sein.

Ich sah sie förmlich nach Tzitzis wehrlos daliegendem Körper Schlange stehen, in ganzen Schwärmen, wie Geier, die von gefühllosem Aas angezogen werden. Mit flatternden Gewändern gleich flügelschlagenden Geiern, zischend wie Geier, krallenbewehrt wie Geier und schwarz wie Geier. Denn sie waren noch an einen anderen Eid gebunden: sich nie wieder eines Gewandes zu entledigen, nachdem sie die priesterlichen Gelübde abgelegt hatten. Doch selbst wenn sie diese Gelübde brachen und nackt über Tzitzi herfielen – ihr Körper würde dennoch von schwarzem Schmutz starren und schuppig sein, da sie sich seit Ablegung ihrer Gelübde nie wieder gewaschen hatten.

Ich hoffe, ich habe mir das in fiebriger Überhitzung alles nur eingebildet. Ich hoffe, daß meine wunderschöne und geliebte Schwester in dieser Nacht nicht als Aas diente, das von den Geiern zerrissen wurde. Doch kein Priester verlor hinterher auch nur ein einziges Wort über ihren Tempelaufenthalt – weder um meine Befürchtungen zu bestätigen, noch sie zu entkräften; und Tzitzi kam auch am nächsten Morgen nicht heim.

Dafür kam ein Priester, einer von den vieren vom Abend zuvor, und sein Gesicht war bar jeden Ausdrucks. Er berichtete schlicht: »Deine Tochter kann die Teteoínan in der Feier nicht darstellen. Sie hat zumindest einmal zuvor einem Manne beigewohnt.«

»*Yya ouiya ayya!*« wehklagte meine Mutter. »Das macht alles zunichte.«

»Ich verstehe nicht«, murmelte mein Vater. »Sie ist immer ein so gutes, braves Mädchen gewesen. Ich kann nicht glauben ...«

»Vielleicht«, fiel der Priester ihm ungerührt ins Wort, »willst du deine Tochter statt dessen freiwillig für das Opfer zur Verfügung stellen.«

Durch zusammengebissene Zähne hindurch zischte ich den Priester an: »Wo ist sie?«

Gleichmütig sagte er: »Als die Frauen, die sie untersuchten, feststellten, daß sie sich nicht eigne, haben wir selbstverständlich sogleich im Palast wissen lassen, daß eine andere Kandidatin ausgesucht werden müsse. Woraufhin der Palast forderte, Neun Rohr Tzitzitlíni solle heute morgen hingebracht werden, zwecks einer Unterredung mit ...«

»Pactli!« entfuhr es mir.

»Er wird verzweifelt sein«, sagte mein Vater und schüttelte traurig den Kopf.

»Außer sich vor Wut wird er sein, du Narr!« hielt meine Mutter ihm vor. »Wir alle werden diesen Zorn zu spüren bekommen, und das nur wegen deiner Schlampe von Tochter.«

Ich erklärte: »Ich werde sofort zum Palast gehen.«

»Nein«, hielt der Priester mich entschlossen davon ab. »Der Hof hat zweifellos Verständnis für deine Sorge, doch lautete die Botschaft ganz eindeutig: nur der Tochter dieser Familie soll Zutritt gewährt werden. Zwei unserer Tempelfrauen begleiten sie jetzt dorthin. Keiner von euch sonst hat um eine Unterredung zu bitten und hinzukommen, es sei denn, er würde gerufen.«

Tzitzi kam auch an diesem Tag nicht nach Hause. Aber es suchte uns auch sonst kein Mensch auf, denn mittlerweile mußte die ganze Insel von unserem Unglück erfahren haben. Nicht einmal die Frauen, welche mit den Festvorbereitungen beschäftigt waren, kamen, meine Mutter heute zum Fegen abzuholen. Dieser Beweis dafür, daß wir geächtet waren, noch dazu von Frauen, auf die sie bald herabzusehen gehofft hatte, trieb sie dazu, womöglich noch lauter als sonst zu zetern und zu keifen. Sie verbrachte den traurigen Tag damit, meinen Vater mit Vorwürfen zu überhäufen, er habe seine Tochter »herumstreunen« lassen; mich schalt sie, zweifellos hätte ich meine Schwester mit einigen meiner »üblen Freunde« zusammengebracht und zugelassen, daß einer von ihnen sie verführte. Diese Unterstellung war zwar lächerlich, aber sie brachte mich auf einen Gedanken.

Ich schlüpfte aus dem Haus und suchte Chimáli und Tlatli auf. Sie begrüßten mich mit einiger Verlegenheit und unbeholfenen Mitleidsbekundungen.

Ich sagte: »Einer von euch kann Tzitzitlíni helfen, wenn er will.«

»Wenn es etwas gibt, was wir tun können, werden wir das selbstverständlich tun«, sagte Chimáli. »Laß hören, Maulwurf.«

»Ihr wißt, seit wie vielen Jahren der unerträgliche Pactli meine Schwester bestürmt. Jeder weiß das. Und jetzt weiß auch jeder, daß Tzitzi einen anderen ihm vorzog. Folglich ist der Herr Freude ins Licht geraten, liebeskrank und betört worden zu sein und hinter einem Mädchen herzustellen, das ihn verachtet. Um sich für seinen verletzten Stolz zu rächen, wird er jetzt seine Demütigung an ihr auslassen, und das kann er auf grauenhafte Weise tun. Einer von euch könnte ihn daran hindern, das zu tun.«

»Und wie?« fragte Tlatli.

»Indem er sie heiratet«, sagte ich.

Kein Mensch wird jemals wissen, welch einen Stoß ich meinem Herzen geben mußte, das zu sagen, denn dieses Angebot hieß nichts weiter als: »Ich verzichte auf sie. Nehmt sie mir weg.« Meine beiden Freunde schraken zurück und blickten mich mit großen erstaunten Augen an.

»Meine Schwester hat gefehlt«, fuhr ich fort, »das kann ich nicht leugnen. Aber ihr beide kennt sie aus der Zeit, wo wir alle Kinder waren, und ganz gewiß seid ihr euch darüber im klaren, daß sie keine Schlampe ist, die sich jedem an den Hals wirft. Wenn ihr ihr den Fehltritt verzeiht und glaubt, daß sie ihn nur tat, um der unwillkommenen Aussicht zu entgehen, den Herrn Freude heiraten zu müssen, wißt ihr auch, daß ihr keine keuschere und treuere und redlichere Frau für euch finden könnt. Ich brauche wohl nicht hinzuzufügen, daß sie wahrscheinlich das schönste Mädchen ist, das ihr jemals finden könntet.«

Voller Unbehagen tauschten die beiden einen Blick. Das konnte ich ihnen kaum verargen, denn dieser radikale Vorschlag muß sie mit einer Plötzlichkeit getroffen haben wie ein Blitz, den Tlaloc herniederschleudert.

»Ihr seid Tzitzis einzige Hoffnung«, sagte ich eindringlich. »Jetzt hat

Pactli sie in der Gewalt – als eine Jungfrau, bei der man plötzlich entdeckt hat, daß sie gar keine ist. Er kann sie beschuldigen, ›rittlings auf die Straße‹ gegangen zu sein. Er kann sogar behaupten – was gelogen wäre –, daß sie ihm verlobt gewesen und ihm absichtlich untreu gewesen sei. Das wäre gleichbedeutend mit Ehebruch, und er könnte Herrn Rot Reiher dazu bringen, sie zum Tode zu verurteilen. Das jedoch kann er nicht machen mit einer Frau, die rechtmäßig verheiratet oder um deren Hand offiziell angehalten worden ist.«

Erst blickte ich Chimáli, dann Tlatli eindringlich in die Augen. »Wenn einer von euch vorträte und in aller Öffentlichkeit um ihre Hand anhielte . . .« Sie konnten meinem Blick nicht standhalten und senkten die Augen. »Gewiß, ich weiß. Dazu gehört einiger Mut, und ihr würdet euch auch ein wenig lächerlich machen. Man würde denken, ihr wäret derjenige, der sie vorher entehrt hätte. Aber durch eine Heirat wäre das gesühnt, und es würde sie vor allem bewahren, was Pactli ihr antun könnte. Damit wäre sie gerettet, Chimáli. Es wäre eine edle Tat, Tlatli. Ich bitte euch, ich flehe euch an . . .«

Beide sahen sie mich wieder an, und diesmal verriet ihr Blick echten Kummer. Tlatli sprach für sie beide:

»Wir können nicht, Maulwurf. Beide nicht.«

Ich war schmerzlich enttäuscht und verletzt, doch mehr als das: ich begriff nicht. »Wenn ihr sagtet, ihr wollt nicht, könnte ich das verstehen. Aber . . . *ihr könnt nicht?*«

Sie standen Seite an Seite vor mir, der untersetzte Tlatli und der gertenschlanke Chimáli. Mitleidig schauten sie mich an, dann wandten sie sich einander zu, und ich wurde nicht recht klug aus dem, was einer dem anderen mit seinem Blick sagte. Schüchtern, unsicher, schob jeder von ihnen die Hand vor und nahm die des anderen, wobei ihre Finger sich verschränkten. Nun sie miteinander verbunden vor mir standen, durch mich gezwungen, ein Band einzugestehen, auf das ich nicht einmal im Traum gekommen wäre, blickten sie mich wieder an. Ihre Augen verrieten einen trotzigen Stolz.

»Ach«, erklärte ich wie vom Donner gerührt. Und nach einem Augenblick sagte ich: »Verzeiht. Ich hätte nicht darauf bestehen sollen, als ihr ablehntet.«

Tlatli sagte: »Wir haben nichts dagegen, daß du es weißt, Maulwurf, allerdings wäre es uns nicht recht, wenn alle Welt das wüßte.«

Ich versuchte es noch einmal. »Wäre es dann nicht gerade vorteilhaft für euch zu heiraten? Ich meine, euch nur der Zeremonie zu unterziehen. Hinterher . . .«

»Ich könnte das nicht«, erklärte Chimáli mit leisem Eigensinn, »und würde auch nicht zulassen, daß Tlatli es täte. Eine Schwäche würde das bedeuten, eine Besudelung dessen, was wir für einander empfinden. Sieh es doch mal so herum, Maulwurf. Stell dir vor, jemand forderte dich auf, einen von uns zu heiraten.«

»Nun, das würde allem Gesetz und allem Herkommen widersprechen, wäre etwas Unerhörtes. Aber wenn einer von euch Tzitzi zur Frau nähme, wäre es das genaue Gegenteil. Nur dem *Namen* nach, Chimáli, und hinterher . . . .«

»Nein«, erklärte er und fügte dann, möglicherweise aufrichtig, hinzu: »Es tut uns leid, Maulwurf.«

»Mir auch«, sagte ich seufzend, drehte mich um und ging.

Aber ich war entschlossen, noch einmal zurückzukommen und meinem Vorschlag ein wenig mehr Nachdruck zu verleihen. Ich mußte einen von beiden überzeugen, daß es für uns alle von Vorteil wäre. Ich würde meine Schwester der Gefahr entreißen, gleichzeitig wäre damit jedem möglichen Getuschel über die Beziehung zwischen Chimáli und Tlatli ein für allemal die Spitze genommen – und dem Getuschel über Tzitzi und mich desgleichen. Sie konnten sie in aller Offenheit mitnehmen, wenn sie nach Texcóco kamen, und sie insgeheim zu mir bringen. Je mehr ich darüber nachdachte, desto idealer wollte mir dieser Plan für alle Beteiligten erscheinen. Chimáli und Tlatli konnten mir einfach nicht weiterhin die Heirat mit Tzitzi unter dem durchsichtigen Vorwand abschlagen, sie würde ihre Liebe besudeln. Ich würde sie schon überzeugen – notfalls rundheraus mit der Drohung, sie als Cuilóntin bloßzustellen. Jawohl, ich würde noch einmal zurückkommen zu Chimáli und Tlatli.

Doch dann stellte es sich heraus, daß ich es doch nicht tun sollte. Es war bereits zu spät.

Auch an diesem Abend kehrte Tzitzi nicht nach Hause zurück.

Trotz allem schlief ich und träumte diesmal nicht von Geiern, sondern von Tzitzi und mir selbst und dem gewaltigen bauchigen Krug, in dem unser Wasservorrat aufgehoben wurde und der Chimális Handzeichen in Blut trug. In meinem Traum war ich wieder in den leblosen Tagen, da Tzitzi für uns einen Vorwand gesucht hatte, gemeinsam das Haus zu verlassen. Sie hatte den Wasserkrug umgeworfen und zerbrochen. Das Wasser hatte sich über den ganzen Estrich ergossen und war bis zu meinem Gesicht heraufgespritzt. Als ich mitten in der Nacht aufwachte, war mein Gesicht tränennaß.

Die Aufforderung, sich im Palast des Tecútli einzufinden, kam am nächsten Morgen; und zwar erging sie nicht, wie man hätte erwarten sollen, an das Familienoberhaupt, meinen Vater Tepetzálan. Vielmehr verkündete der Bote, die Herren Rot Reiher und Freude erwarteten, daß meine Mutter sich augenblicklich bei ihnen einfinde. Gedrückt und schweigend saß mein Vater mit gebeugtem Kopf da und wagte es die ganze Zeit nicht, da wir auf ihre Rückkehr warteten, mir in die Augen zu sehen.

Bei ihrer Rückkehr war sie bleich, und es zitterten ihr die Hände, als sie das Umschlagtuch von Kopf und Schultern nahm; doch sonst war sie in ihrer ganzen Art merkwürdig aufgekratzt. Sie war nicht mehr die Frau, in welcher der Zorn darüber nagte, eines Titels verlustig gegangen zu sein; aber sie war auch ganz und gar nicht die Mutter, die den schmerzlichen Verlust einer Tochter beklagte. Sie sagte: »Es sieht aus, als hätten wir eine Tochter verloren; aber wir haben, scheint's, nicht alles verloren.«

»Was heißt: sie verloren?« fragte ich.

»Tzitzi ist nie im Palast angekommen«, sagte meine Mutter, ohne mich anzublicken. »Sie ist den Tempelfrauen, die sie hinbringen sollten, entschlüpft und weggelaufen. Selbstverständlich ist der arme Páctlitzin nahezu von Sinnen über den Verlauf, den alles genommen hat. Als die Frauen ihre Flucht meldeten, gab er Befehl, die ganze Insel abzusuchen. Ein Vogelsteller hat gemeldet, ihm fehle ein Kanu. Du erinnerst dich« – dies zu meinem Vater –, »daß deine Tochter einmal gedroht hat, genau das zu tun. Ein Acáli zu stehlen und aufs Festland zu entfliehen.«

»Ja«, sagte er noch ganz benommen.

»Nun, sie scheint das getan zu haben. Man weiß nicht, in welche Richtung sie sich gewendet hat, und daher hat Pactli die Suche nach ihr widerstrebend abgeblasen. Er ist genauso gebrochen wie wir.« Das war so offensichtlich eine Lüge, daß meine Mutter mich erst gar nicht zu Wort kommen ließ und hastig weitersprach. »Wir müssen Tzitzitlíni als verloren aufgeben. Sie ist geflohen, genau so, wie sie es uns angedroht hat. Für immer. Kein Mensch ist dafür verantwortlich, nur sie ganz allein. Und sie wird nie wagen, sich auf Xaltócan noch einmal blicken zu lassen.«

Ich sagte: »Von alledem glaube ich kein Wort.« Sie jedoch beachtete mich nicht, sondern wandte sich weiter an meinen Vater:

»Wie Pactli, teilt der Tecútli unseren Schmerz, hält uns aber nicht für verantwortlich für das schlechte Betragen unserer ungeratenen Tochter. Zu mir hat er gesagt: ›Ich habe immer Hochachtung vor Kopf Neiger gehabt.‹ Und dann hat er noch zu mir gesagt: ›Ich möchte etwas tun, um ihm über seine Enttäuschung und seinen Verlust hinwegzuhelfen.‹ Und zuletzt hat er zu mir gesagt: ›Was meinst du, ob Kopf Neiger wohl die Beförderung annehmen würde, Oberaufseher über alle Steinbrüche zu werden?‹«

Der gebeugte Kopf meines Vaters fuhr in die Höhe, und er rief aus: »Was?«

»Genau das waren die Worte, die Herr Rot Reiher gesprochen hat. Die Oberaufsicht über alle Steinbrüche von Xaltócan. Er sagte: ›Damit ist zwar nicht die Schande getilgt, die er erlitten hat, aber vielleicht beweist ihm das, wie sehr ich ihn schätze.‹«

Abermals sagte ich: »Davon glaube ich kein Wort.« Der Herr Rot Reiher hatte meinen Vater nie zuvor Kopf Neiger genannt; ich bezweifle sogar, daß er Tepetzálans Spitznamen überhaupt kannte.

Meinen Einwurf immer noch nicht zur Kenntnis nehmend, sagte meine Mutter zu meinem Vater: »Wir haben Pech gehabt mit unserer Tochter, doch haben wir Glück, einen solchen Tecútli zu haben. Jeder andere hätte uns alle womöglich von der Insel verbannt. Überlege doch einmal, Rot Reihers eigener Sohn ist von unserer Tochter beleidigt und der Lächerlichkeit preisgegeben worden – und er bietet dir dieses Zeichen des Mitgefühls.«

»Oberaufsehen über alle Steinbrüche ...«, murmelte mein Vater und sah dabei eher aus, als hätte er einen der Steine in seinem Steinbruch auf den Kopf bekommen. »Dann wäre ich der jüngste Oberaufseher, den es je ...«

»Wirst du annehmen?« fragte meine Mutter.

Mein Vater stammelte: »Nun ... nun ..., das ist ein geringer Trost dafür, eine geliebte Tochter verloren zu haben, mag sie noch so sehr gefehlt haben ...«

»Wirst du annehmen?« wiederholte meine Mutter, in schärferem Ton diesmal.

»Mir wird in Freundschaft eine Hand entgegengestreckt«, fuhr mein Vater fort zu murmeln. »Sie zurückzuweisen ... nachdem mein Gebieter beleidigt worden ist ... das wäre eine womöglich noch größere Beleidigung ...«

»*Wirst du annehmen?*«

»Nun ... ja. Das muß ich wohl. Ich werde das Angebot annehmen. Ich könnte es ja gar nicht ausschlagen, oder?«

»Na also!« sagte meine Mutter höchlichst erfreut. Sie wischte sich die Hände aneinander ab, als habe sie eine besonders schmutzige Arbeit hinter sich gebracht. »Dank der Dirne, deren Namen ich nie wieder aussprechen möchte, können wir vielleicht nie mehr adlig werden, aber immerhin sind wir unter den Macehuáltin eine Stufe höher gekommen. Und da der Herr Rot Reiher willens ist, unsere Schande zu übersehen, wird auch jedermann sonst das tun. Wir können immer noch den Kopf hochtragen und brauchen ihn nicht in Schande hängen zu lassen. Aber jetzt«, schloß sie munter, »muß ich wieder hinaus. Die Frauen von der Abordnung warten darauf, daß ich zusammen mit ihnen die Tempelpyramide fege.«

»Ich begleite dich ein Stück, meine Liebe«, sagte mein Vater. »Ich glaube, ich sehe mir den westlichen Steinbruch etwas genauer an, solange die Arbeiter frei haben. Ich habe schon lange den Verdacht, daß der Meistersteinhauer dort eine vielversprechende Schicht übersehen hat ...«

Während sie beide zur Tür gingen, drehte meine Mutter sich noch einmal um und sagte zu mir: »Ach, Mixtli, würdest du die Sachen deiner Schwester zusammenpacken und irgendwo zurechtlegen? Wer weiß, vielleicht schickt sie eines Tages jemand her, der sie für sie abholen soll.«

Ich wußte, daß sie das weder tun konnte noch tun würde, tat jedoch trotzdem, wie mir aufgetragen worden war, und verpackte alles in Körbe, was ich als ihr persönliches Eigentum erkannte. Nur eines packte ich nicht mit ein, sondern verbarg es: ihr kleines Figürchen von Xochiquétzal, der Göttin der Liebe und der Blumen, das sie neben ihrem Lager stehen gehabt hatte; jener Göttin, an die junge Mädchen sich im Gebet wenden, um eine glückliche Ehe zu erflehen.

Nachdem ich Tzitzis Habseligkeiten verstaut hatte, packte ich meine eigenen, die ich aus Texcóco mitgebracht hatte. Das letzte, was ich noch in meinen Weidenkorb steckte, war die kleine Figur der Xochiquétzal. Dann schulterte ich den Korb und verließ mein Elternhaus, um nie wieder dorthin zurückzukehren. Doch eines wußte ich: Eines Tages würde ich mich an Pactli rächen, der meine Schwester zu Tode gebracht hatte. Als ich zum Seeufer hinunterging, begleitete mich eine Zeitlang ein Schmetterling und umgaukelte mich ein paarmal.

Ich hatte das Glück, einen Fischer zu finden, der wider Sitte und Herkommen entschlossen war, auch während des Ochpanítztli-Festes weiter in seiner Arbeit fortzufahren und gerade im Begriff stand, hinauszurudern und draußen auf dem See darauf zu warten, daß die Weißfische an die Oberfläche stiegen. Er erklärte sich einverstanden, mich gegen eine Bezahlung, die weit höher lag als alles, was er sich verdient haben würde, wenn er die ganze Nacht gefischt hätte, nach Texcóco zu rudern.

Unterwegs fragte ich ihn: »Hast du von irgendeinem Fischer oder Vogelsteller gehört, daß ihm vor kurzem ein Kanu abhandengekommen ist? Oder daß irgend jemandes Acáli abgetrieben oder gestohlen worden wäre?«

»Nein«, sagte er.

Ich blickte zurück zur Insel, die an diesem Sommernachmittag sonnenüberflutet und friedlich dalag. Sie dehnte sich auf dem Wasser, wie sie es immer getan hatte und immer tun würde, nur, daß sie nie wieder »Feines Glöckchengeläut« vernehmen – und auch keinen Gedanken weiter an einen solchen Verlust verschwenden würde. Der Herr Rot Reiher, der Herr Freude, meine Mutter und mein Vater, meine Freunde Chimáli und Tlatli und alle anderen Bewohner von Xaltócan waren bereits übereingekommen, sie zu vergessen.

Ich jedoch nicht.

»Aber wieso denn, Kopf Neiger!« rief die Dame von Tolan aus, der erste Mensch, dem ich auf dem Weg zu meinen Gemächern im Palast begegnete. »Du bist aber früh aus deinen Ferien wieder daheim.«

»Ja, Gebieterin. Xaltócan ist für mich keine Heimat mehr. Und hier habe ich viel zu tun.«

»Willst du damit sagen, du hättest Heimweh gehabt nach Texcóco?« sagte sie und lächelte. »Dann müssen wir dich dazu gebracht haben, uns alle gern zu haben. Diese Vorstellung entzückt mich, Kopf Neiger.«

»Bitte, Gebieterin«, sagte ich und hatte dabei einen Kloß im Hals, »ruft mich nicht mehr mit diesem Namen. Ich habe zuviel an Kopfneigen gesehen.«

»Ach?« sagte sie, und ihr Lächeln schwand, als sie mein Gesicht genau betrachtete. »Welchen Namen ziehst du dann vor?«

Ich dachte an die vielen Dinge, die ich zu tun hatte, und so sagte ich zu ihr: »Tliléctic-Mixtli lautet der Name, der mir aus dem Buch der Erkenntnis und der Weissagungen gegeben wurde. Nennt mich, was ich bin. Dunkle Wolke.«

IHS

✠

S.C.C.M.

Seiner Allerkatholischsten Majestät, Kaiser Karl V., Unserem Allerdurchlauchtigsten König und Herrn:

Allererhabenste und Allermächtigste Majestät, unser Oberster Lehnsherr: aus der Stadt Mexico, Hauptstadt Neuspaniens, am Fest der Schmerzen Mariä im Jahre des Herrn eintausendfünfhundertundneunundzwanzig, entbieten wir Euch unseren allerergebensten Gruß.

Wir bedauern, daß wir der letzten Manuskriptsendung nicht die Zeichnungen haben beifügen können, um welche Euer Majestät in Eurem letzten Schreiben bitten: »jene Bilder von Personen, insbesondere weiblichen Geschlechts, wie sie vom Erzähler gefertigt wurden und auf welche er in seiner Chronik Bezug nimmt«. Der betagte Indianer selbst mußte, als wir ihn danach fragten, über die Vorstellung lachen, derlei trivial-unzüchtige Machwerke könnten für wert befunden worden sein, all die Jahre aufgehoben zu werden oder – selbst wenn sie irgendwelchen Wert besessen hätten – all die vielen Jahre erhalten geblieben sein.

Wir enthalten uns der Klage über die Unzüchtigkeiten, welche diese Zeichnungen wiedergegeben haben sollen, da wir überzeugt sind, daß selbige Bilder, selbst wenn sie noch vorhanden wären, Euer Majestät auch nur irgend etwas hätten sagen können, wissen wir doch, daß Euer Kaiserlichen Majestät Kunstsinn an Werke wie jene von Meister Matsys gewöhnt sind, auf dessen Erasmus-Porträt zum Beispiel Erasmus auch unmißverständlich erkennbar ist. Die in den Sudeleien hiesiger Indianer abkonterfeiten Personen sind selten auch nur als menschliche Wesen zu erkennen; das ist höchstens auf wenigen der mehr bildhaften Wandfresken und Reliefs der Fall.

Eure Erhabenste Majestät haben Euren Kaplan früher gebeten, »Schriften, Inschriften und andere Aufzeichnungen« zu beschaffen, so geeignet sein könnten, das auf diesen Seiten Berichtete glaubhaft zu bestätigen. Wir möchten Euch jedoch versichern, Sire, daß der Azteke maßlos übertreibt, wenn er von Lesen und Schreiben, Zeichnen und Malen spricht. Diese Wilden haben niemals irgendwelche erinnerungswürdigen Dinge aus ihrer Geschichte geschaffen oder besessen oder verwahrt; höchstens etliche gefaltete Blätter aus Papier, Pergament oder Holztafeln mit Unmengen primitiver Figuren darauf, wie jedes Kind sie hinzukritzeln vermöchte. Selbige wären für jedes zivilisierte Auge unergründlich und dienten den Indianern nur als Gedächtnisstützen für ihre »weisen Männer«, die sich dieser Krakel bedienten, ihrem Gedächtnis nachzuhelfen, wenn sie die mündlich überlieferte Geschichte ihres Stammes oder Klans weitergaben. Es handelt sich bestenfalls um eine höchst zweifelhafte Art von Geschichtsschreibung.

Vor der Ankunft Eures Dieners in diesen Landen hatten die Franziskanermönche, welche Seine Heiligkeit, der verstorbene Papst Hadrian, fünf Jahre zuvor herüberschickte, jeden an diese Hauptstadt angrenzenden Landesteil gründlich durchkämmt. Die frommen Brüder hatten aus jedem noch stehenden Gebäude, das man als eine Art Archiv betrachten konnte, viele Tausende von »Büchern« der Indianer zusammengetragen, jedoch, da eine entsprechende Weisung höheren Orts ausstand, nichts weiter damit anzufangen gewußt.

Wir als Euer Majestät ernannter Bischof haben es uns angelegen sein lassen, die konfiszierten »Bibliotheken« genau zu untersuchen, jedoch nicht ein Stück darunter entdeckt, das etwas anderes als geschmacklose und groteske Figuren enthalten hätte: Tiere, Ungeheuer, falsche Götter, Dämonen, Schmetterlinge, Reptilien und anderes ähnlich vulgärer Natur. Einige dieser Figuren sollten menschliche Gestalten darstellen, doch waren diese – genauso, wie in jenem absurden Kunststil, welchen die Bolognesen *caricatura* nennen – nicht zu unterscheiden von Schweinen, Eseln, Wasserspeiern oder irgendwelchen anderen Ausgeburten der Phantasie.

Da das Zusammengetragene nicht ein einziges Werk enthielt, in dem nicht krasser Aberglaube und vom Teufel eingegebene Irrtümer zu finden gewesen wären, haben wir befohlen, daß die nach Tausenden und Abertausenden zählenden Bände und Schriftrollen auf dem Hauptmarktplatz dieser Stadt auf einen Haufen geworfen, zu Asche verbrannt und diese Asche verstreut werde. Wir halten dafür, daß solches das geziemende Ende all dieser heidnischen Zeugnisse war, und wir bezweifeln, daß in den bisher erforschten Gebieten Neuspaniens sich noch irgendwelche anderen Zeugnisse finden lassen.

Es sei darauf hingewiesen, Sire, daß die indianischen Zuschauer, wiewohl sie jetzt nahezu alle vorgeben, Christen zu sein, bei dieser Verbrennung schamlos ein abscheuliches Maß an Bedauern und Zorn bekundeten: Sie brachen sogar in Tränen aus, als sie den Scheiterhaufen brennen sahen, so daß man hätte meinen sollen, sie wären echte Christen, welche der Entweihung und Vernichtung so vieler heiliger Schriften beiwohnten. Wir sehen darin einen Beweis, daß diese Geschöpfe bis jetzt doch noch nicht so ganz im innersten Herzen zum Christentum bekehrt worden sind, wie wir und unsere Heilige Mutter, die Kirche, es uns wünschten. Folglich hat der alleruntertänigste Diener Eurer Gottesfürchtigen und Höchstfrommen Majestät immer noch viele dringende kirchliche Aufgaben zu erfüllen, so im engen Zusammenhang mit einer wirksamen Verbreitung unseres Glaubens stehen, und werden selbige auch weiterhin noch zu erfüllen haben.

Wir bitten um Euer Majestät Verständnis, daß obengenannte Pflichten Vorrang haben davor, als Zuhörer und Überprüfer des geschwätzigen Azteken zu fungieren, und selbiges uns in zunehmend seltenen Augenblicken möglich sein wird. Auch bitten wir, daß Euer Majestät Verständnis haben mögen dafür, daß wir gelegentlich eine aus mehreren Konvoluten bestehende Sendung ohne erklärenden Begleitbrief abschicken, ja, sie bisweilen sogar abschicken, ohne daß sie zuvor von uns gelesen worden wären.

Möge der Herr, Unser Gott, Eurer Geheiligten Majestät Leben schützen und Eure Besitztümer noch auf viele Jahre hinaus mehren; darum bittet in aufrichtigem Gebet Euer S. C. C. M. Bischof von Mexico,

(ECCE SIGNUM)
ZUMÁRRAGA

Quinta Pars

Mein kleiner Sklave Cozcatl hieß mich mit aufrichtiger Freude und Erleichterung wieder daheim willkommen; wie er mir erzählte, war Jadestein Puppe ausgesprochen erbost gewesen, daß ich in den Ferien nach Hause gefahren war, und hatte ihre schlechte Laune an ihm ausgelassen. Obwohl sie über einen ganzen Schwarm von Dienerinnen verfügte, hatte sie Cozcatl gleichfalls mit Beschlag belegt, und er hatte sich für sie abplagen müssen, hatte die ganze Zeit über, da ich fort gewesen war, auf Trab sein oder aber stillhalten müssen, um sich auspeitschen zu lassen.

Er deutete an, einige der Aufträge, die sie ihm erteilt, seien ausgesprochen erniedrigend gewesen, und als ich nachbohrte, berichtete er auch noch, daß die Etwas Köstliches genannte Frau, nachdem sie das nächstemal in die Gemächer der Königin befohlen worden war, einen ätzenden Xocóyatl-Trank genommen habe – und dort, sich vor Schmerzen windend und mit Schaum vor dem Mund, gestorben sei. Seit dem Selbstmord von Etwas Köstlichem, von dem man außerhalb des Palastes noch nichts wußte, war Jadestein Puppe ihrer heimlichen Spiele wegen auf Cozcatl und die Zofen angewiesen gewesen, daß diese ihr Bettgenossen verschafften. Nach allem, was ich hörte, waren diese offenbar weniger zufriedenstellend gewesen als jene, die ich ihr zuvor beschafft hatte. Allerdings zwang mich die Dame nicht sogleich wieder in ihren Dienst, ja, schickte nicht einmal eine Sklavin über den Gang in meine Wohnung, um mir Grüße ausrichten zu lassen, und ließ auch sonst nicht erkennen, daß sie von meiner Rückkehr wisse oder sich darüber freue. Sie hatte genug mit dem Ochpanítzli-Fest zu tun, das hier in Texcóco genauso gefeiert wurde wie überall sonst.

Als die Festlichkeiten vorüber waren, trafen wie angekündigt Tlatli und Chimáli im Palast ein, und Jadestein Puppe beschäftigte sich damit, sie unterzubringen, dafür zu sorgen, daß ihre Werkstatt ausreichend mit Ton, Werkzeug und Farben ausgestattet wurde, und gab ihnen im übrigen genaue Anweisungen, welche Art Arbeit sie von ihnen erwartete. Ich ließ mich bei der Ankunft meiner einstigen Gefährten mit Bedacht nicht blicken. Als ich ihnen ein oder zwei Tage später zufällig im Palastgarten begegnete, würdigte ich sie nur eines knappen Grußes, den sie mit einem verlegenen Brummen erwiderten.

Danach begegnete ich ihnen recht häufig, da ihre Werkstätte im Keller unter Jadestein Puppes Palastflügel lag, nickte ihnen dann jedoch immer nur kurz grüßend zu. Sie hatten mittlerweile eine Reihe von Unterredungen mit ihrer Gönnerin hinter sich, und ich bemerkte, daß ihre anfängliche Begeisterung über ihre Arbeit beträchtlich abgeflaut war. Sie machten jetzt einen deutlich unruhigen und ängstlichen Eindruck. Ganz offensichtlich hätten sie sich liebend gern mit mir über die heikle Lage ausgesprochen, in der sie sich plötzlich befanden, doch solche Annäherungsversuche wies ich stets kalt ab.

Ich selber war mit etwas beschäftigt, was ich mir vorgenommen hatte – nämlich eine ganz besondere Zeichnung herzustellen, um sie Jadestein Puppe vorzulegen, wenn sie mich das nächstemal zu sich rufen ließ; dabei handelte es sich um das schwierigste Unternehmen, das ich mir bisher vorgenommen hatte. Es ging um die Darstellung eines ganz besonders stattlichen jungen Mannes; er sollte unwiderstehlich sein, mußte gleichzeitig aber auch einem jungen Mann ähneln, den es wirklich gab. Wie viele mißglückte Versuche habe ich nicht zerrissen, ehe mir eine zufriedenstellende Skizze gelang, an der ich dann noch lange feilte, bis ich zuletzt ein Blatt vorliegen hatte, von dem ich überzeugt war, daß es die Mädchen-Königin faszinieren würde. Und das tat es denn auch.

»Aber der ist *mehr* als stattlich, der ist wunder*schön!*« rief sie aus, als ich ihr das Blatt reichte. Sie versenkte sich in das Bild und murmelte dann: »Wäre er eine Frau, könnte es niemand anders sein als Jadestein Puppe.« Ein höheres Lob aus ihrem Munde war nicht denkbar. »Wer ist es?«

Ich sagte: »Er heißt Freude.«

»*Ayyo,* einen treffenderen Namen könnte es gar nicht für ihn geben. Und wo hast du ihn gefunden?«

»Er ist der Kronprinz meiner Heimatinsel, Gebieterin. Páctlitzin, Sohn von Tlauquécholtzin, dem Tecútli von Xaltócan.«

»Und als du ihn wiedersahest, hast du an mich gedacht und für mich ein wirklichkeitsgetreues Bild von ihm gemalt. Wie reizend von dir, Hole! Da könnte ich dir fast verzeihen, daß du mich so viele Tage lang schmählich allein gelassen hast. Jetzt geh hin und hole ihn mir!«

Wahrheitsgetreu sagte ich: »Ich fürchte, auf mein Geheiß hin würde er nicht kommen, Gebieterin. Pactli und ich sind nicht gut aufeinander zu sprechen. Freilich . . .«

»Dann tust du dies nicht, um ihm einen Gefallen zu tun«, fiel mir das Mädchen ins Wort. »Ich frage mich, ob du mir einen Gefallen tun willst.« Sie hatte ihre unergründlichen Augen argwohnisch auf mich gerichtet. »Es stimmt, ich habe dich nie ungerecht behandelt, aber du hast auch keinen Grund, mir besonders zugetan zu sein. Warum dann plötzlich diese unerbetene Großzügigkeit?«

»Ich bemühe mich, den Wünschen und Befehlen meiner Gebieterin zuvorzukommen.«

Ohne ein weiteres Wort zog sie am Klingelzug, und als eine Zofe erschien, befahl sie, daß Chimáli und Tlatli geholt würden. Furchtsam meldeten sie sich, und Jadestein Puppe zeigte ihnen die Zeichnung. »Ihr beide stammt gleichfalls aus Xaltócan. Erkennt ihr diesen jungen Mann?«

»Pactli!« entfuhr es Chimáli. »Gewiß, das ist der Herr Freude, Gebieterin, aber . . .«

Ich warf ihm einen Blick zu, der ihn veranlaßte, den Mund zu schließen, ehe er sagen konnte: »Aber so edel hat der Herr Freude nie ausgesehen.« Und ich hatte nichts dagegen, daß Jadestein Puppe meinen Blick mitbekam.

»Ich verstehe«, sagte sie durchtrieben, als ob sie mir auf die Schliche gekommen wäre. »Ihr beide könnt jetzt gehen.« Und nachdem die beiden Freunde den Raum verlassen hatten, sagte sie zu mir: »Du sagtest, du seiest ihm nicht grün. Irgendeine schmutzige Rivalität um ein Mädchen, wie ich annehme, bei dem der junge Edelmann dich ausgestochen hat. Jetzt willst du listig dafür sorgen, daß der junge Mann ein letztes Stelldichein bekommt, von dem du *weißt,* daß es sein letztes sein wird.«

Mit Bedacht blickte ich an ihr vorbei, hinüber zu den Standbildern, die Meister Pixquitl von dem Schnellläufer Yeyac-Netztlin und dem Gärtner Xali-Otli geschaffen hatte, setzte jedoch ein unergründliches Lächeln auf und sagte: »Ich wiege mich gern in dem Glauben, uns allen dreien einen Gefallen zu tun. Meiner Gebieterin, Herrn Pactli und mir auch.«

Sie stieß ein unbekümmertes Lachen aus. »Sei's drum! Gewiß, ich bin dir jetzt wohl einen Gefallen schuldig. Aber du mußt ihn hierherschaffen.«

»Ich habe mir erlaubt, einen Brief vorzubereiten«, sagte ich und zog ihn hervor, »und zwar auf königlich-feiner Kitzhaut. Die üblichen Anweisungen: um Mitternacht am Osttor. Wenn Ihr Euren Namen darunterschreibt und den Ring beifügt, Gebieterin, kann ich nahezu mein Leben verwetten, daß er im selben Kanu eintrifft, das den Brief überbringt.«

»Mein kluger Hole!« sagte sie und trug den Brief zu einem niedrigen Tisch, auf dem Farbtopf und Schreibrohr bereitstanden. Da sie zwar eine Mexícatl, aber kein Mann war, konnte sie selbstverständlich weder lesen noch schreiben, doch als Adlige war sie zumindest imstande, die Symbole für ihren Namen hinzusetzen. »Du weißt, wo mein persönliches Acáli festgemacht ist. Bring dies dem Steuermann und sag ihm, er soll bei Sonnenuntergang losfahren. Ich will meine Freude morgen abend haben.«

Tlatli und Chimáli warteten draußen auf dem Gang, um mich abzufangen, und Tlatli sagte mit zitternder Stimme: »Weißt du, was du da tust, Maulwurf?«

Mit nicht ganz so zittriger Stimme sagte Chimáli: »Weißt du, was dem Herrn Pactli blühen könnte? Komm und sieh es dir an!«

Ich folgte ihnen die Steintreppe in ihre Werkstatt mit den Steinwänden hinunter. Sie war sehr gut ausgestattet, doch da sie unter der Erde lag und Tag und Nacht von Fackeln erhellt werden mußte, kam man sich wie in einem Verlies vor. Die Künstler hatten gleichzeitig an verschiedenen Standbildern gearbeitet, von denen ich zwei erkannte: Das des Sklaven Ich Werde Größe Besitzen stand bereits in voller Lebensgröße da, und Chimáli hatte angefangen, den Ton mit seinen besonderen Farben anzumalen.

»Sehr lebensecht«, sagte ich und meinte das durchaus aufrichtig. »Die Dame Jadestein Puppe wird zufrieden sein.«

»Ach, die Ähnlichkeit zu erreichen war nicht besonders schwierig«, erklärte Tlatli bescheiden. »Denn immerhin konnte ich mich ja an deine vorzügliche Zeichnung halten und überdies den echten Schädel mit Ton umkleiden.«

»Aber meine Bilder geben doch keine Farben wieder«, sagte ich, »und selbst Meisterbildhauer Pixquitl ist nicht imstande gewesen, die einzufangen. Chimáli, ich beglückwünsche dich zu deinem Können.«

Auch das war durchaus aufrichtig gemeint. Pixquitls Standbilder waren mit den üblichen ausdruckslosen Farben angestrichen worden: mit einem eintönigen blassen Kupferton überall dort, wo es Haut wiederzugeben galt, einem langweiligen Schwarz für die Haare und so weiter. Chimális Hauttöne wiesen feine Unterschiede auf, genauso, wie die lebendiger Menschen: Nase und Ohren um ein weniges dunkler als der Rest des Gesichts, die Wangen etwas rosiger. Selbst im Schwarz der Haare schimmerten hier und da ins Bräunliche spielende Lichter auf.

»Sobald er im Brennofen gebrannt ist, müssen sie eigentlich noch besser aussehen«, erklärte Chimáli. »Dann verschmelzen die Farben besser miteinander. Und ach, schau dir dies hier an, Maulwurf.« Er führte mich um das Standbild herum und zeigte darauf: Unten am Tonumhang des Sklaven hatte Tlatli sein Falkenzeichen eingeritzt, und darunter prangte Chimális blutrotes Handzeichen.

»Jawohl, unmißverständlich«, erklärte ich mit gleichbleibender Stimme und ging zum nächsten Standbild hinüber. »Und das hier wird Etwas Köstliches.«

Voller Unbehagen sagte Tlatli: »Weißt du, Maulwurf, uns wäre es lieber, wir kennten die Namen der – naja – Modelle nicht.«

»Sie hieß nicht nur so.«

Bis jetzt waren nur Kopf und Schultern von Etwas Köstlichem fertig, welchselbige sich freilich in der gleichen Höhe befanden, wo sie auch im Leben gesessen hatten, denn sie saßen auf fest miteinander verbundenen Knochen, ihrem eigenen Skelett, das im Rücken von einer Stange gestützt wurde.

»Diese Statue gibt mir Probleme auf«, sagte Tlatli, als spräche er von einem Steinblock, in dem er unvermutet einen Fehler entdeckt hatte. Er zeigte mir eine Skizze, diejenige, welche ich auf dem Markt gefertigt hatte, den Porträtkopf, den ich als erstes von Etwas Köstlichem gezeichnet hatte. »Beim Kopf helfen mir die Zeichnung und der Totenschädel sehr. Und das Colótli, das Gerüst, verrät mir die Linienführung, aber ...«

»Das Gerüst?« fragte ich.

»Welches dem ganzen von innen her Halt gibt. Jede Plastik aus Ton oder Wachs muß von einem Gerüst getragen werden, genauso, wie ein fleischiger Kaktus von einem Rippengerüst getragen wird. Und welch besseres Gerüst für eine menschliche Gestalt gäbe es, als das originale Knochengerüst?«

»In der Tat«, sagte ich. »Aber sagt mir, woher bekommt ihr das originale Knochengerüst?«

Chimáli sagte: »Die Dame Jadestein Puppe läßt es uns aus ihrer Küche liefern.«

»Aus ihrer *Küche?*«

Chimáli wich meinem Blick aus. »Frag mich nicht, wie sie ihre Köche und Küchenarbeiter dazu gebracht hat. Aber sie ziehen die Haut ab, holen das Gekröse heraus und lösen das Fleisch von den – vom Modell –, ohne daß es auseinanderfällt. Was dann übrig bleibt, sieden sie in riesigen Kesseln mit Kalkwasser. Sie müssen das Skelett herausholen, ehe Knorpel, Bänder und Sehnen sich auflösen. Deshalb sitzen immer noch ein paar Brocken Fleisch dran, die wir abkratzen müssen. Aber wir erhalten das Skelett unversehrt. Gewiß, manchmal löst sich ein Fingerknöchel oder eine Rippe, aber . . .«

»Aber unglücklicherweise«, sagte Tlatli, »gibt selbst das vollkommenste Knochengerüst keine Auskunft darüber, wie das Äußere gestaltet und gerundet war. Bei einer Männergestalt kann ich das ungefähr erraten, doch bei einer Frau ist das anders. Brüste und Hüften und Gesäß, weißt du.«

»Sie waren hinreißend«, murmelte ich, als ich mir vorstellte, wie Etwas Köstliches im Leben gewesen war. »Kommt in meine Kammer, dort kann ich euch noch eine Zeichnung zeigen, die euer Modell in ihrer ganzen Schönheit zeigt.«

In meinen Wohngemächern befahl ich Cozcatl, uns allen eine Schokolade zu bereiten. Tlatli und Chimáli gingen in den drei Räumen umher und konnten sich nicht genug tun über die Verfeinerung und den Luxus der Einrichtung, während ich meine Zeichnungen durchsah und eine hervorzog, die Etwas Köstliches in voller Größe zeigte.

»Ah, völlig nackt«, sagte Tlatli. »Das ist für meine Zwecke ideal.« Genausogut hätte er ein Urteil über guten Tonmergel abgeben können.

Chimáli besah sich das Bild der Toten gleichfalls und sagte: »Wahrhaftig, Maulwurf, deine Zeichnungen zeugen von größter Detailkenntnis. Wenn du davon abgehen würdest, nur mit *Linien* zu zeichnen und lerntest, mit Licht und Schatten der Farbe zu arbeiten, könntest du es zu einem echten Künstler bringen. Dann könntest auch du der Welt Schönheit schenken.«

Ich stieß ein mißtönendes Lachen aus. »Wie Standbilder, die auf ausgekochten Knochengerüsten ruhen.«

Tlatli nippte an seiner Schokolade und erklärte in rechtfertigendem Ton: »Wir haben diese Leute schließlich nicht umgebracht, Maulwurf. Und wir wissen auch nicht, warum die junge Königin will, daß sie für die Nachwelt erhalten bleiben. Aber überlege doch einmal. Wenn sie nur vergraben oder verbrannt würden, würden sie nur wieder zu Erde oder zu Asche werden. Wir sorgen jedenfalls dafür, daß sie weiter erhalten bleiben. Und tun unser bestes, etwas sehr Schönes aus ihnen zu machen.«

Ich sagte: »Ich bin Schreiber. Ich mache die Welt nicht schöner, als sie ist, ich beschreibe sie nur.«

Tlatli hielt meine Skizze von Etwas Köstlichem in die Höhe. »Du hast dies hier gemacht, und es ist etwas sehr Schönes.«

»Von Stund an werde ich nichts weiter zeichnen als Wort-Bilder. Ich habe das letzte Bild gemalt, das ich je machen werde. Nie wieder werde ich ein Bildnis zeichnen.«

»Das von Herrn Freude«, erriet Chimáli. Dann sah er um sich, um sicher zu sein, daß auch kein Sklave in der Nähe sei. »Du sollst aber wissen, daß du Pactli der Gefahr auslieferst, in den Kalkwassertöpfen der Küche zu enden.«

»Daß er das tut, hoffe ich inständig«, erklärte ich. »Der Tod meiner Schwester darf nicht ungerächt bleiben.« Und dann hielt ich Chimáli dieselben Worte vor, die er mir vorgeworfen hatte: »Das wäre eine Schwäche und würde besudeln, was wir füreinander empfunden haben.«

Immerhin besaßen die beiden den Anstand, schweigend eine Weile die Köpfe zu senken, ehe Tlatli sagte:

»Du bringst uns alle in Gefahr, entdeckt zu werden.«

»In dieser Gefahr seid ihr längst, so wie ich schon lange darin stecke. Vielleicht hätte ich euch all das hier« – und mit einer Handbewegung umfaßte ich die ganze Werkstatt – »sagen können. Aber hättet ihr mir das in Xaltócan geglaubt?«

Chimáli hielt mir entgegen: »Es sind doch nur Gemeinfreie und Sklaven. Möglich, daß man sie nie vermißt. Aber Pactli ist Kronprinz einer Mexíca-Provinz!«

Ich schüttelte den Kopf. »Der Ehemann der Frau auf der Zeichnung dort – soweit ich gehört habe, hat er über dem Versuch herauszufinden, was aus seiner geliebten Frau geworden ist, den Verstand verloren. Er wird nie wieder normal werden. Selbst Sklaven verschwinden nicht ohne weiteres. Der Verehrte Sprecher läßt seine Wachen schon nach ihnen suchen und holt bereits Erkundigungen über etliche Personen ein, die vermißt werden. Daß alles ans Tageslicht kommt, ist nur eine Frage der Zeit. Und wenn Pactli pünktlich ist, könnte es bereits morgen abend geschehen.«

Sichtbar schwitzend, sagte Tlatli: »Maulwurf, wir können einfach nicht zulassen, daß du ...«

»Ihr könnt mich nicht mehr aufhalten. Und wenn ihr versucht zu fliehen, oder Pactli oder Jadestein Puppe zu warnen, erfahre ich sofort davon. In dem Falle gehe ich augenblicklich zum Uey-Tlatoáni.«

Chimáli: »Dann ist dein Leben genauso verwirkt wie das aller anderen. Warum mir und Tlatli das antun, Maulwurf? Warum dir selber das antun?«

»Am Tod meiner Schwester ist nicht nur Pactli allein schuld. Ich hatte damit zu tun, ihr hattet damit zu tun. Ich bin entschlossen, mit meinem Leben dafür zu sühnen, falls das mein Tonáli ist. Ihr müßt die Chancen nützen, die ihr habt.«

»Chancen!« Tlatli warf die Hände in die Höhe. »Was für Chancen?«

»Eine sehr gute Chance. Ich vermute, daß die Dame selbst Verstand genug besitzt, nicht einen Prinzen von Mexíca umzubringen. Ich vermute, sie wird eine Zeitlang mit ihm spielen, vielleicht sogar eine lange Zeit hindurch, ihm dann ein Versprechen abnehmen, nichts zu verraten und ihn nach Hause schicken.«

»Ja«, sagte Chimáli nachdenklich. »Möglich, daß sie mit der Gefahr spielt, aber sie wird nicht schlicht Selbstmord begehen.« Dann wandte er sich Tlatli zu. »Und während er hier ist, können wir, du und ich, die bereits angefangenen Standbilder fertigstellen. Dann können wir dringende Arbeiten woanders vorschützen ...«

Tlatli schluckte den Bodensatz seiner Schokolade hinunter. »Komm! Wir werden Tag und Nacht arbeiten. Alles, was wir angefangen haben, muß fertig sein. Wir müssen Grund haben, um dringliche Abreise zu bitten, ehe die Dame unseres Prinzen überdrüssig wird.«

Mit dieser Hoffnung machten sie, daß sie aus meinen Gemächern hinauskamen.

Ich hatte ihnen gegenüber nicht die Unwahrheit gesagt; ich hatte es nur unterlassen zu erwähnen, welche Vorkehrungen ich meinerseits getroffen hatte. Auch hatte ich die Wahrheit gesprochen, als ich meinte, daß

Jadestein Puppe davor zurückschrecken würde, einen Prinzen zu beseitigen. Diese vage Möglichkeit bestand immerhin. Und aus diesem Grunde, und um dieses ganz bestimmten Gastes willen hatte ich in der üblichen Formulierung der Einladung eine winzige Kleinigkeit geändert.

Um Mitternacht des nächsten Tages hielt ich lauschend das Ohr an die Innenseite meiner Tür, bis ich hörte, wie Pitza und der Gast über den Gang kamen und in die Wohnung gegenüber eintraten. Sodann machte ich meine Tür noch einen Spalt weit auf, um besser hören zu können. Was ich erwartete, war ein Wutausbruch von seiten Jadestein Puppes, sobald sie Pactlis gewöhnliches Gesicht mit meinem idealisierten Bildnis verglich. Worauf ich jedoch nie gefaßt gewesen wäre, war der spitze Aufschrei, den ich dann tatsächlich zu hören bekam: ein Aufschrei, der auf einem echten Schrecken beruhte, und dann meinen kreischend ausgestoßenen Namen. »Hole! Komm augenblicklich her! *Hole!*«

Das wollte mir als eine höchst ungewöhnliche Reaktion vorkommen, selbst für jemand, der das abstoßende Gesicht des Herrn Freude zum erstenmal sah. Ich machte meine Tür auf, trat hinaus und fand eine speertragende Wache davor stehen – und gegenüber, neben der Tür meiner Gebieterin, eine zweite. Beide rissen respektvoll ihre Speere in die Höhe, als ich hinaustrat, und keine versuchte, mich daran zu hindern, in die Gemächer meiner Gebieterin einzutreten.

Die junge Königin stand nur wenige Schritte von der Tür entfernt. Ihr Gesicht hatte sich häßlich verzerrt; fast weiß war es vor Schrecken. Dann jedoch lief sie puterrot an, und sie überhäufte mich mit einer Flut von Flüchen. »Was für eine Komödie soll das hier sein, du Hundesohn? Bildest du dir etwa ein, du könntest dich lustig über mich machen?«

So ging das in voller Lautstärke eine Weile weiter. Ich wandte mich nach Pitza und dem Mann um, den sie hergebracht hatte und – trotz der gemischten Gefühle, die mich bewegten, konnte ich einfach nicht anders – ich brach in schallendes Gelächter aus. Ich hatte ganz vergessen, daß Jadestein Puppe ihrer Augentropfen wegen außerordentlich kurzsichtig war. Sie mußte durch sämtliche Gemächer und Korridore ihrer Wohnung hindurchgeeilt sein, um den sehnlichst erwarteten Herrn Freude zu umarmen, und muß bis unmittelbar vor den Besucher gelangt sein, ehe ihre Augen ihr erlaubten, ihn klar zu sehen. Und das muß in der Tat genügt haben, ihr, die ihn noch nie gesehen hatte, einen Entsetzensschrei zu entlocken. Selbst für mich war sein Anblick eine Überraschung, die mich nahezu umwarf, doch ich brach nur in Lachen aus, statt zu schreien, denn ich hatte immerhin den Vorteil, den verhutzelten und buckligen kakaobraunen Mann bereits zu kennen.

Ich hatte den Brief an Pactli in einer Weise abgefaßt, die gewährleistete, daß er nicht unbemerkt herkommen konnte; aber ich hatte keine Ahnung, warum der alte Bucklige anstelle von Pactli gekommen war, und es schien auch nicht der rechte Augenblick, ihn danach zu fragen. Außerdem konnte ich nicht aufhören zu lachen.

»Ungetreu! Unverzeihlich! Unverfroren!« kreischte die Mädchen-Königin angesichts meines schallenden Gelächters, während Pitza versuchte, sich hinter den nächsten Vorhängen unsichtbar zu machen und der kakaobraune Mann meinen auf Kitzhaut geschriebenen Brief schwenkte und sagte: »Aber das ist doch Eure Unterschrift, nicht wahr, Gebieterin?«

Sie hörte auf mit ihrer Flut von Schmähungen und fuhr ihn knurrend an: »Jawohl! Aber kannst du dir vorstellen, daß er für einen elenden, abgerissenen Bettler bestimmt war? Jetzt mach deinen zahnlosen Mund zu!« Womit sie wieder zu mir herumfuhr. »Es muß ein Witz sein, wo du dich vor Lachen nicht halten kannst. Gestehe, und du wirst nur bis aufs Blut ausgepeitscht werden. Wenn du aber weiterlachst wie jetzt, dann schwöre ich dir, daß du ...«

»Aber selbstverständlich, Gebieterin«, ließ der Mann sich nicht beirren, »erkenne ich in diesem Brief die Bilderschrift meines alten Freundes Maulwurf hier.«

»Ich habe gesagt: Halte den Mund! Sobald sich dir die blumenumrankte Würgschlinge um den Hals legt, wirst du jedes Wort bedauern, das du jetzt sprichst. Außerdem heißt er Hole!«

»Wirklich? Wie passend.« Seine zu einem Schlitz verengten Augen richteten sich auf mich, und wie es darin glitzerte, das war alles andere als freundlich, so daß mir das Lachen verging. »Doch in dem Brief heißt es deutlich, meine Gebieterin, daß ich mich um diese Stunde hier einzufinden und diesen Ring zu tragen hätte ... und ...«

»Nicht *tragen*, elender Tropf!« rief sie höchst unklugerweise. »Du Schelm willst jetzt wohl auch noch behaupten, du könntest lesen? Der Ring sollte verborgen werden! Du hingegen mußt ihn in ganz Texcóco herumgezeigt und damit geprahlt haben ... *yya ayya!*« Sie knirschte mit den Zähnen und fuhr wieder zu mir herum. »Ist dir klar, was du mit deinem unseligen Scherz alles angerichtet hast, du Tolpatsch du? *Yya ouiya*, aber warte, du stirbst den qualvollsten und langsamsten aller Tode!«

»Wieso ein Scherz, hohe Gebieterin?« fragte der Bucklige. »Nach diesem Brief müßt Ihr jemanden erwartet haben. Und mit welcher Freude Ihr mir entgegengelaufen gekommen seid, mich zu begrüßen ...«

»Dich? *Dich* zu begrüßen?« kreischte das Mädchen und warf die Arme in die Höhe, gleichsam als lasse sie jetzt alle Vorsicht fahren. »Glaubst du etwa, selbst die billigste, hungrigste Hafenhure von ganz Texcóco würde sich *zu dir* legen?« Und nochmals wandte sie sich mir zu. »*Hole! Warum hast du dies getan?*«

»Gebieterin«, sagte ich und brachte diese harten Worte mit sanftester Stimme vor: »Ich habe oft gemeint, Euer hoher Gemahl habe es sich nicht genau genug überlegt, als er mir befahl, der Dame Jadestein Puppe zu dienen – und zwar *fraglos* zu dienen. Ich war jedoch gehalten zu gehorchen. Und wie Ihr mir einmal in aller Deutlichkeit klargemacht habt, Gebieterin, konnte ich Eure Verruchtheit nicht verraten, ohne sowohl Euch als auch ihm ungehorsam zu sein. Deshalb mußte ich Euch eine Falle stellen, damit Ihr Euch endlich selbst verrietet.«

Sie wich einen Schritt vor mir zurück, und ihr Mund bewegte sich, ohne daß ein Wort herauskam. Nach und nach erblaßte ihr vor Wut puterrotes Gesicht wieder. »Du ... mir eine Falle gestellt? Dann ist dies ... kein Scherz?«

»Jedenfalls nicht seiner, sondern meiner«, erklärte der Bucklige. »Ich war unten an der Schiffslände, als ein wohlgekleideter, gesalbter und nach Wohlgerüchen duftender junger Herr Eurem Acáli entstieg, Gebieterin, und mutig hierherkam, wobei er, allen sichtbar, am kleinen Finger seiner großen Hand diesen Ring hier in die Höhe reckte. Das sah nach unbesonnener Taktlosigkeit, wo nicht gar nach einem sträflichen Vergehen aus. Ich ließ ihm daher durch die Wache sowohl den Ring als auch noch den Brief abnehmen, den er bei sich trug. Und brachte diese Dinge dann an seiner Statt.«

»Du ... du ... kraft welcher Autorität ... wie *kannst* du es wagen, dich hier einzumischen?« stieß sie stotternd hervor. »Hole! Dieser Mann ist ein Dieb, er hat es selbst gestanden. Ich befehle dir, diesen Mann zu töten, hier und auf der Stelle, damit ich selbst es sehe.«

»Nein, Gebieterin«, sagte ich immer noch mit sanfter Stimme, denn inzwischen fing sie an, mir leid zu tun. »Für dies eine Mal gehorche ich nicht. Ich meine, Ihr habt Euer wahres Wesen zumindest *einem* anderen Menschen gegenüber enthüllt. Ich meine, ich bin aller Pflicht zum Gehorsam entbunden. Ich meine, jetzt werdet Ihr nicht mehr töten.«

Im Nu war sie herumgefahren und riß die Tür zum Korridor auf. Vielleicht hatte sie vor zu entfliehen, doch die Wache draußen stellte sich ihr entgegen und versperrte ihr den Durchgang, woraufhin sie sagte: »Wache, hier drinnen habe ich einen Dieb und einen Verräter. Sieh, dieser Bettler dort trägt meinen Ring, der mir gestohlen wurde. Und dieser Mann dort hat sich einem Befehl von mir widersetzt. Ich will, daß du sie beide nimmst und ...«

»Verzeihung, Gebieterin«, brummte die Wache. »Ich habe bereits meine Befehle von Uey-Tlatoáni – anderslautende Befehle.«

Die Kinnlade fiel ihr herab.

Ich sagte: »Wache, leih mir für einen Augenblick deinen Speer.«

Er zögerte, doch dann reichte er ihn mir. Ich trat an den Alkoven mit der Statue des Gärtners Xali-Otli darin und trieb ihr die Speerspitze unters Kinn. Der bemalte Kopf fiel herunter und rollte weiter, wobei der gebrannte Ton zerbrach und zerkrümelte. Als der Kopf endlich gegen die Wand gegenüber prallte und liegenblieb, war er nur mehr ein nackter, bleicher Totenschädel, das sauberste und aufrichtigste Gesicht, das ein Mensch aufsetzen kann. Ausdruckslos verfolgte der braune Bettler seinen Weg, doch die großen, unendlich geweiteten Augen von Jadestein Puppe schienen ihr überzugehen. Sie waren nur noch schwarze, schimmernde Teiche des Entsetzens. Ich reichte der Wache den Speer zurück und fragte: »Und wie lauten deine Befehle?«

»Ihr und Euer kleiner Sklave habt Euch in Eure Gemächer zu begeben. Die Königin und ihre Dienerinnen haben in diesem hier zu bleiben. Ihr alle steht unter Bewachung, während Eure Wohnräume durchsucht werden. Bis weitere Befehle vom Verehrten Sprecher kommen.«

Ich sagte zu dem Kakao-Mann: »Wollt Ihr mir in meiner Gefangenschaft eine Weile Gesellschaft leisten, Verehrungswürdiger, und vielleicht eine Tasse Schokolade zu Euch nehmen?«

»Nein«, sagte er nur und riß die Augen von dem nackten Totenschädel los. »Mich hat man beauftragt, über die Ereignisse von heute nacht Bericht zu erstatten. Ich nehme an, jetzt wird Herr Nezahualpili eine noch weitergehende Durchsuchung auch der Bildhauerwerkstatt und anderer Räumlichkeiten anordnen.«

Ich vollführte die Geste des Erdeküssens. »Dann wünsche ich Euch eine gute Nacht, Gebieterin.« Sie starrte mich an, doch ich glaube, sie hat mich nicht gesehen.

Ich kehrte in meine eigenen Gemächer zurück. Dort wurde von Herrn Stark Knochen und einigen anderen Vertrauten des Verehrten Sprechers bereits das Unterste zuoberst gekehrt. Meine Zeichnungen hatten sie bereits entdeckt – die Skizzen, die Jadestein Puppe und Etwas Köstliches in inniger Umarmung darstellten.

Ihr sagt, Ihr würdet an der heutigen Sitzung teilnehmen, weil es Euch interessiere zu hören, wie unsere Gerichtsverfahren vonstatten gingen, hochwürdigster Herr Bischof. Dabei ist es eigentlich gar nicht nötig, den Prozeß gegen Jadestein Puppe zu beschreiben. Den Verlauf können Euer Exzellenz höchst detailliert in den Archiven des Hofs von Texcóco nachlesen, wenn Ihr Euch die Mühe macht, in diesen Büchern nachzuschlagen. Aber Euer Exzellenz werden ihn auch in der schriftlich festgehaltenen Historie anderer Länder, ja, sogar in den mündlich überlieferten Erzählungen des einfaches Volkes finden, denn an den Skandal damals erinnert man sich auch heute noch – insbesondere die Frauen tun das.

Nezahualpíli lud zum Prozeß die Herrscher sämtlicher benachbarter Völker ein, dazu alle ihre Tlamatíntin oder Weisen Männer und sämtliche Tecútlin auch noch der unbedeutendsten Provinzen. Er forderte sie sogar auf, ihre Frauen und Hofdamen mitzubringen. Teils tat er das, um in aller Öffentlichkeit kundzutun, daß nicht einmal die höchstgeborene aller Frauen ungestraft sündigen könne. Aber er hatte noch einen anderen Grund. Die Angeklagte war die Tochter des mächtigsten Herrschers in Der Einen Welt, des aufbrausenden und kriegerischen Verehrten Sprechers Ahuítzotl von den Mexíca. Indem er ihn und alle höchsten Würdenträger jedes anderen Volkes einlud, wollte Nezahualpíli auch noch kundtun, daß das Verfahren im Geiste absoluter Gerechtigkeit geführt werde. Aus diesem selben Grunde nahm Nezahualpíli selbst übrigens nur als Beobachter an der Verhandlung teil. Das Verhör von Verteidigern und Zeugen übertrug er zwei persönlich nicht beteiligten Männern: seiner Weiblichen Schlange, Herrn Stark Knochen, und einem Tlamatíni-Richter namens Tepítzic.

Der Saal des Gerichtsgebäudes von Texcóco war bis auf den letzten Platz besetzt. Vielleicht war es die größte Versammlung von – befreundeten, neutralen und verfeindeten – Herrschern, die jemals an einem Ort stattgefunden hatte. Einzig Ahuítzotl erschien nicht. Er konnte sich unmöglich der Schande ausliefern, von allen angegafft, bemitleidet und bespöttelt zu werden, während unerbittlich das schändliche Tun seiner Tochter ans Tageslicht gezerrt wurde. Statt dessen schickte er die Weibliche Schlange von Tenochtítlan. Unter den vielen anderen großen Herren, die an der Verhandlung teilnahmen, befand sich auch der Tecútli von Xaltócan, Pactlis Vater Rot Reiher. Gebeugten Hauptes saß er während der gesamten Verhandlung da und ließ die Demütigung über sich ergehen. Nur wenige Male hob er die traurigen und verquollenen alten Augen auf und sah dann jedesmal mich an. Vermutlich dachte er dabei an etwas, was er vor langer, langer Zeit gesagt hatte, als ich in meiner Kindheit anfing, meinen besonderen Ehrgeiz zu entwickeln: »Welchen Beruf du auch einmal ausüben wirst, junger Mann, du wirst es weit darin bringen.«

Das Verhör sämtlicher beteiligter Personen befaßte sich mit allen Einzelheiten und zog sich sehr in die Länge, was ermüdend war und wobei es häufig auch zu Wiederholungen kam. Ich erinnere mich nur an die aufschlußreichsten Fragen und Antworten, die ich Euer Exzellenz gern wiederholen will. Die Hauptangeklagten waren selbstverständlich Jadestein Puppe und Herr Freude. Pactli wurde als erster aufgerufen; bleich und mit schlotternden Knien sprach er den Eid. Unter den vielen anderen Worten, die von den Untersuchungsrichtern an ihn gerichtet wurden, waren auch diese:

»Páctlitzin, Ihr seid von der Palastwache auf dem Gelände ergriffen worden, welches zum Flügel der Dame Chálchiunénetzin gehört. Diesen Bereich, der den Hofdamen vorbehalten ist, zu betreten, ist für jeden Mann ein Schwerverbrechen, aus welchem Grunde und unter welchem Vorwand auch immer. Seid Ihr Euch darüber im klaren?«

Er schluckte vernehmlich und sagte mit schwacher Stimme: »Ja.« Damit war sein Schicksal besiegelt.

Jadestein Puppe war die nächste, die aufgerufen wurde; eine von den unzähligen Fragen, die an sie gerichtet wurden, hatte eine Antwort zur Folge, bei welcher ein Raunen durch die Zuhörer ging. Es war Richter Tepítzic, der sprach:

»Ihr habt gestanden, daß es die Arbeiter in Eurer Küche waren, welche Eure Liebhaber umbrachten und ihre Skelette präparierten, um sie für den Bildhauer herzurichten. Wir meinen, daß selbst die niedrigsten und abgebrühtesten Sklaven diese Arbeit nur unter äußerstem Druck getan haben können. Mit welchen Mitteln habt Ihr sie dazu bewogen?«

Mit ihrer Kleinmädchenstimme sagte sie: »Lange vorher habe ich meine Wachen in der Küche Posten beziehen lassen. Sie sollten darauf achten, daß die Küchenarbeiter nichts zu essen bekamen und nicht einmal von dem kosteten, was sie für mich kochten. Ich habe sie solange hungern lassen, bis sie sich einverstanden erklärten – alles zu tun, was ich befahl. Nachdem sie es erst *einmal* getan und sich dabei hatten sattessen können, bedurfte es weder Überredung noch Drohung und auch keiner Wachen mehr in der Küche . . .«

Der Rest ihrer Worte ging in der allgemeinen Erregung unter. Mein kleiner Sklave Cozcatl erbrach sich und mußte für eine Weile hinausgebracht werden auf den Gang. Ich wußte, wie ihm zumute war, denn auch mir war ganz flau im Magen. Unser Essen war aus derselben Küche gekommen.

Als Hauptmitverschwörer von Jadestein Puppe kam als nächster ich an die Reihe. Ich legte über alles, was ich für sie getan hatte, ein umfassendes Geständnis ab und ließ nichts aus. Als ich anfing, von Etwas Köstliches zu berichten, wurde ich von einer weiteren Welle der Erregung im Saal unterbrochen. Der verwitwete Ehemann, der den Verstand verloren hatte mußte von den Wachen daran gehindert werden, sich auf mich zu stürzen und mich zu erwürgen; er schrie, schlug um sich, versprühte Speichel und wurde hinausgetragen. Als ich meinen Bericht geendet hatte, sah Herr Stark Knochen mich voller Verachtung an und sagte:

»Zumindest ein freimütiges Geständnis. Hast du sonst noch etwas zu deiner Verteidigung vorzubringen?«

Ich sagte: »Nein, nichts.«

Woraufhin sich eine andere Stimme vernehmen ließ. »Wenn der Schreiber Dunkle Wolke es ablehnt, sich zu verteidigen«, sagte Nezahualpíli, »gestatten die Herren Richter dann, daß ich ein paar mildernde Umstände anführe?« Zögernd gaben die beiden Untersuchungsrichter ihr Einverständnis; ihnen ging es offensichtlich wider den Strich, daß ich von irgendwelcher Schuld freigesprochen werden sollte, doch konnten sie ihrem Uey-Tlatoáni seine Bitte nicht abschlagen.

Nezahualpíli erklärte: »Als dieser junge Mann der Dame Jadestein Puppe diente, tat er dies, wenn auch vielleicht unbesonnen, auf meinen ausdrücklichen Befehl hin, daß er der Dame fraglos und aufs Wort zu gehorchen habe. Ich gebe zu bedenken, daß ich meinen eigenen Befehl schlecht formuliert habe. Des weiteren ist deutlich geworden, daß Dunkle Wolke zuletzt die einzige Möglichkeit ergriff, die Wahrheit über die ehebrecherische und mörderische Dame ans Tageslicht zu bringen. Hätte er das nicht getan, meine Herren Richter, wären wir womöglich gezwungen gewesen, sie irgendwann einmal wegen Mordes an vielen weiteren Opfern vor Gericht zu stellen.«

Richter Tepítzic brummte: »Die Worte unseres Herrn Nezahualpíli werden bei unseren Beratungen gebührend berücksichtigt werden.« Woraufhin er dann wieder mich ansah. »Ich habe nur noch eine weitere Frage an den Angeklagten zu richten. Hast *du*, Tliléctic-Mixtli, der Dame Jadestein Puppe jemals beigewohnt?«

Ich sagte: »Nein, mein Herr.«

Offensichtlich in der Hoffnung, mich bei einer Lüge ertappt zu haben, die mein Schicksal besiegeln würde, rief er meinen Sklaven Cozcatl auf und fragte ihn: »Hat dein Herr jemals körperliche Beziehungen mit der Dame Jadestein Puppe unterhalten?«

Mit piepsiger Stimme sagte Cozcatl: »Nein, mein Herr!«

Doch Tepítzic ließ nicht locker: »Aber sie hatten jede Gelegenheit dazu.«

Ohne sich beirren zu lassen, sagte Cozcatl: »Nein, meine Herren. Wann immer mein Gebieter für längere oder kürzere Zeit bei der Dame Jadestein Puppe weilte, war ich dabei. Weder mein Gebieter noch irgendein anderer Mann vom Hof hat der Dame beigewohnt – bis auf einen. Und das geschah während der Abwesenheit meines Gebieters auf Xaltócan, eines Nachts, als die Dame sich keinen Bettgenossen von außerhalb verschaffen konnte.«

Die Richter lehnten sich vor. »Jemand aus dem Palast? *Wer?*«

Cozcatl sagte: »Ich«, und die Richter fuhren wieder zurück.

»*Du?*« fragte Herr Stark Knochen. »Wie alt bist du, Sklave?«

»Ich bin gerade elf geworden, mein Herr.«

»Sprich lauter, Knirps! Willst du uns etwa weismachen, du habest der angeklagten Ehebrecherin als Bettgenosse gedient? Dich tatsächlich mit ihr gepaart? Daß du schon ein Tepúli besitzt, das imstande wäre . . .«

»Mein Tepúli?« piepste Cozcatl schrill und entsetzt darüber, daß er die Unverschämtheit besessen hatte, dem Richter ins Wort zu fallen. »Meine Herren, mein Tepúli ist zum Wasserabschlagen da! Ich habe meine Dame – wie sie es von mir verlangte – mit dem Mund bedient. Nie würde ich eine Edelfrau mit etwas so Häßlichem wie einem *Tepúli* berühren . . .«

Wenn er noch mehr gesagt hat, so ging das im brüllenden Gelächter der Zuschauer unter. Selbst die Richter hatten Mühe, ein unbewegtes Gesicht zu bewahren. Das war der einzige Augenblick an diesem schrecklichen Tag, da es zu einer belustigten Erleichterung kam.

Tlatli war einer der letzten Mitverschwörer, die aufgerufen wurden. Ich habe vergessen zu erwähnen, daß Chimáli in jener Nacht, da Nezahualpílis Wachen die Werkstatt durchsuchten, etwas zu erledigen hatte und außerhalb von Texcóco weilte. Für Nezahualpili oder seine Helfer war kein Grund vorhanden gewesen, auch noch das Vorhandensein eines weiteren Künstlers zu vermuten. Offensichtlich hatte auch hinterher keiner von den Angeklagten daran gedacht, Chimáli zu erwähnen, und offenbar war es Tlatli bislang gelungen, so zu tun, als habe er allein gearbeitet.

Stark Knochen sagte: »Chicuáce-Cali Ixtac-Tlatli, du gestehst, daß einige der zum Beweis vorgelegten Standbilder dein Werk sind.«

»Jawohl, meine Herren«, sagte er mit fester Stimme. »Ich kann das kaum leugnen. Ihr könnt mein Signaturzeichen auf ihnen erkennen: das eingeschnittene Symbol eines Falkenkopfes und darunter den Abdruck meiner blutigen Hand.« Seine Augen suchten die meinen und flehten um Verschwiegenheit, als wollte er zu mir sagen: »Schone jedenfalls *meine* Frau«, und ich bewahrte auch tatsächlich Schweigen.

Zuletzt zogen die beiden Untersuchungsrichter sich zur Beratung zurück. Alle anderen in der Halle der Gerechtigkeit traten dankbar aus dem großen, aber stickig gewordenen Raum hinaus ins Freie, um im Garten frische Luft zu schnappen oder eine Poquíetl zu rauchen. Wir Angeklagten blieben – zwei bewaffnete Wachen neben einem jeden von uns – zurück und vermieden es tunlichst, einander anzublicken.

Es dauerte nicht lange, bis die Richter zurückkehrten und die Halle sich wieder füllte. Die Weibliche Schlange, Herr Stark Knochen, verkündete nach der üblichen Formel: »Wir, die mit der Untersuchung beauftragten Richter, haben uns bei unseren Beratungen ausschließlich auf das hier vorgebrachte Beweismaterial und die Zeugenaussagen verlassen und haben uns redlich, ohne jemanden zu bevorzugen und ohne daß irgendein anderer Mensch eingegriffen hätte, unser Urteil gebildet und uns dabei einzig auf die Hilfe von Tónantzin, der mildtätigen Göttin des Gesetzes, der Gnade und der Gerechtigkeit, verlassen.«

Er nahm einen Bogen feinsten Papiers zur Hand, las darin nach und verkündete zunächst: »Wir finden übereinstimmend, daß der angeklagte Schreiber, Chicóme-Xochitl Tliléctic-Mixtli einen Freispruch verdient insofern, als seine Handlungen, wenngleich an sich strafwürdig, nicht in böser Absicht begangen und überdies dadurch gesühnt wurden, daß durch sein Eingreifen andere zur Rechenschaft gezogen werden konnten. Allerdings« – und bei diesem Wort blickte Stark Knochen erst auf den Verehrten Sprecher, um dann mich anzufunkeln – »empfehlen wir, daß der Beklagte als Fremder aus diesem Lande, dessen Gastfreundschaft er mißbraucht hat, verstoßen werde.«

Nun, ich will nicht behaupten, daß ich darüber erfreut gewesen wäre. Nur wäre es Nezahualpíli ein leichtes gewesen, dafür zu sorgen, daß die Richter mit mir genauso erbarmungslos umgesprungen wären, wie sie es mit den anderen taten. Die Weibliche Schlange vergewisserte sich nochmals in seinem Papier und verkündete dann: »Nach unserem Urteil sind folgende Personen der verschiedenen Verbrechen schuldig, deretwegen sie hier angeklagt wurden, und bei denen es sich um besonders verruchte, tückische und in den Augen der Götter verdammenswerte Taten handelt.« Dann las er die Namensliste der Schuldigen vor: der Herr

Freude, die Dame Jadestein Puppe, die Bildhauer Pixquitl und Tlatli, mein Sklave Cozcatl, zwei Wachen, die abwechselnd Nachtdienst am Osttor des Palastes taten, Jadestein Puppes Zofe Pitza und zahllose andere Dienerinnen sowie sämtliche Köche und Küchenarbeiter. Damit schloß die mit eintöniger Stimme vorgetragene Aufzählung. Sodann sagte er: »Was diese für schuldig befundenen Personen betrifft, so sprechen wir keinerlei Empfehlungen aus, weder in bezug auf die Schwere noch auf die Milde des Urteils. Die Urteile, die über sie verhängt werden, werden vom Verehrten Sprecher verkündet.«

Langsam erhob sich Nezahualpíli. Einen Augenblick stand er in tiefes Nachdenken versunken da, dann sagte er: »Wie die Herren Untersuchungsrichter empfohlen haben, wird der Schreiber Dunkle Wolke von Texcóco und allen Herrschaftsbereichen der Acólhua verbannt. Den überführten Sklaven Cozcatl begnadige ich hiermit in Ansehung seines zarten Alters, doch wird er gleichfalls aus diesen Landen verbannt. Die Edlen Páctlitzin und Chálchiunénetzin werden nichtöffentlich hingerichtet; die Art ihres Todes zu bestimmen, überlasse ich den Edelfrauen des Hofes von Texcóco. Alle anderen von den Herren Richtern schuldig Gesprochenen sollen öffentlich durch die Icpacxóchitl zu Tode gebracht werden; es wird ihnen verwehrt, vorher Tlazoltéotl ihre Vergehen zu beichten. Ihre Leichen sollen zusammen mit den Überresten ihrer Opfer auf einem gemeinsamen Scheiterhaufen den Flammen überantwortet werden.«

Ich jubelte innerlich, daß der kleine Cozcatl begnadigt worden war, hatte jedoch Mitleid mit den anderen Sklaven und Gemeinfreien. Bei der Icpacxóchitl handelte es sich um die blumenumwundene Würgschlinge; durch sie zu sterben, war schon schlimm genug. Doch außerdem hatte Nezahualpíli ihnen den Trost verweigert, ihre Sünden einem Priester der Tlazoltéotl zu bekennen, was bedeutete, daß ihre Missetaten nicht von der Göttin Kot Fresserin getilgt wurden – und da sie zusammen mit ihren Opfern zu Asche verbrannt werden sollten, mußten sie ihre Schuld auf dem Weg zu jeder Gegenwelt mitschleppen, die ihnen bestimmt war; es bedeutete, daß sie eine Ewigkeit an unerträglichen Reuegefühlen leiden mußten.

Cozcatl und ich wurden von unseren Wachen zurückgebracht in meine Gemächer, und dort angekommen, fauchte eine der Wachen: »Was ist denn das?« An der Tür meiner Wohnung, in der Höhe meines Kopfes, prangte ein Zeichen – der Abdruck einer blutigen Hand –, ein stummes Zeichen der Erinnerung daran, daß ich nicht der einzige Schuldige war, welcher an diesem Tage mit dem Leben davongekommen war; und eine unmißverständliche Warnung, daß Chimáli nicht die Absicht hatte, seinen Verlust ungerächt hinzunehmen.

»Da hat sich irgend jemand einen Spaß erlaubt«, tat ich es achselzukkend ab. »Mein Sklave wird das schon wieder abwaschen.«

Cozcatl nahm einen Schwamm und trat mit einem Krug Wasser nach draußen auf den Korridor, während ich gleich hinter der Tür wartete und lauschte. Es dauerte nicht lange, da hörte ich, wie Jadestein Puppe gleichfalls in Gewahrsam gebracht wurde. Den Klang ihrer kleinen Schritte konnte ich unter dem Gepolter der Wachen zwar nicht unterscheiden, doch als Cozcatl mit seinem Krug geröteten Wassers wieder hereinkam, sagte er:

»Die Dame war in Tränen aufgelöst, Herr. Und außer ihren Wachen ist auch noch ein Priester der Tlazoltéotl mitgekommen.«

Laut dachte ich: »Wenn sie schon ihre Sünden bekennt, auf daß sie aufgefressen werden, bedeutete das, daß ihr nicht mehr viel Zeit bleibt.« Und wirklich, ihr blieb sehr wenig. Es sollte nicht lange dauern, da hörte ich, wie ihre Tür abermals geöffnet und sie zum letzten Stelldichein ihres Lebens geleitet wurde.

»Herr«, sagte Cozcatl schüchtern, »Ihr und ich, wir sind jetzt beide Ausgestoßene.«

»Ja«, sagte ich seufzend.

»Wenn wir verbannt werden . . .« Er rang seine von der Arbeit schwieligen Hände. »Werdet Ihr mich dann mitnehmen? Als Euer Sklave und Diener?«

»Ja«, erklärte ich nach einigem Überlegen. »Du hast mir treu gedient, und ich werde dich nicht verlassen. Aber ehrlich, Cozcatl, ich habe nicht die geringste Ahnung, wohin wir uns wenden sollen.«

Der Junge und ich durften meine Wohnung nicht verlassen und wurden nicht Zeuge der Hinrichtungen. Später erfuhr ich jedoch Einzelheiten darüber, wie die Bestrafung an Herrn Freude und der Dame Jadestein Puppe vorgenommen wurde, und diese Einzelheiten könnten Euer Exzellenz interessieren.

Der Priester der Göttin Kot Fresserin gab dem Mädchen nicht einmal Gelegenheit, sich in den Augen der Göttin von allen Missetaten reinzuwaschen. Unter dem Vorwand, besonders freundlich zu ihr zu sein, bot er ihr eine Tasse Schokolade an – »um Eure Nerven zu beruhigen, meine Tochter« –, unter die er einen Absud der Toloátzin-Pflanze gemischt hatte, die einen mächtigen Schlaftrunk ergibt. Wahrscheinlich verlor Jadestein Puppe das Bewußtsein, noch ehe sie all die Missetaten aufgezählt, die sie *vor* ihrem zehnten Lebensjahr begangen hatte, und so ging sie immer noch mit viel Schuld beladen in den Tod.

Sie wurde in den Irrgarten des Palasts getragen, von dem ich Euch bereits gesprochen habe, wo man sie all ihrer Kleider entledigte. Dann schleifte der alte Gärtner, der allein die geheimen Wege kannte, sie in die Mitte des Irrgartens, wo Pactlis Leichnam bereits lag.

Der Herr Freude war zuvor den gleichfalls verurteilten Küchenarbeitern überantwortet worden, denen befohlen wurde, ein letztesmal ihr grausiges Werk zu vollbringen, ehe sie selbst hingerichtet wurden. Ob sie Pactli zuvor gnädig den Tod gaben, weiß ich nicht, doch bezweifle ich das, hatten sie doch wenig Grund, ihm freundlich gesonnen zu sein. Sie zogen ihm die Haut vom ganzen Körper ab, bis auf seinen Kopf und sein Gemächt; dann waideten sie ihn aus und trennten alles Fleisch von seinen Knochen. Als nur noch sein Skelett übrig geblieben war – kein besonderes sauberes Skelett, hier und da hingen noch Fetzen rohen Fleisches daran –, benutzten sie irgend etwas, vielleicht eine Gerte, die sie hineinsteckten, um sein Tepúli aufzurichten. Dieser schaurige Kadaver wurde in den Irrgarten getragen, während Jadestein Puppe noch mit ihrem Priester allein war.

Mitten in der Nacht und in der Mitte des Irrgartens kam das Mädchen wieder zu sich; sie stellte fest, daß sie vollkommen nackt und ihr Tipili gepfählt war wie in glücklicheren Zeiten, aufgespießt von einem steifen männlichen Organ. Doch ihre geweiteten Pupillen müssen sich rasch an das blasse Mondlicht gewöhnt haben, so daß sie das schaurige Ding erkannte, welches sie umfangen hielt.

Was danach geschah, kann man nur erraten. Ganz gewiß riß Jadestein Puppe sich entsetzt los und rannte schreiend von ihrem letzten Liebhaber fort. Sie muß in den Irrgarten hinein geflohen sein, immer und immer wieder, da die gewundenen Pfade sie ständig wieder zurückbrachten zum Kopf, dem Knochengerüst und dem aufrecht stehenden Tepúli des verstorbenen Herrn Freude. Und jedesmal, wenn sie wieder auf ihn stieß, muß sie ihn mehr von Ameisen, Fliegen und Käfern bedeckt vorgefunden haben. Zuletzt muß er dermaßen von durcheinanderwimmelnden Aasfressern bedeckt gewesen sein, daß es für Jadestein Puppe ausgesehen haben mag, als ob der Leichnam sich regte in dem Versuch, sich zu erheben und sie zu verfolgen. Wie oft sie davonlief, und wie oft sie gegen die unnachgiebigen Dornenhecken prallte, und wie oft sie es erlebte, daß sie über das Aas des Herrn Freude fast gestolpert wäre, wird niemand je erfahren.

Als der Gärtner sie am Morgen herausholte, konnte von Schönheit bei ihr keine Rede mehr sein. Ihr Gesicht und ihr Körper waren von den Dornen blutig gekratzt und zerrissen. Die Fingernägel waren ausgerissen. Kahle Stellen auf ihrer Kopfhaut zeigten, wo Strähnen ihres Haares ausgerissen waren, und ihre Pupillen waren nur mehr winzige, kaum sichtbare Punkte in ihren starr vorquellenden Augen. Ihren Mund hatte sie in einem schweigenden Schrei aufgerissen. Jadestein Puppe war ihr Leben lang von eitlem Stolz auf ihre Schönheit erfüllt gewesen, daß sie außer sich gewesen wäre und sich gedemütigt gefühlt hätte, in einem so häßlichen Zustand gesehen zu werden. Doch jetzt konnte es ihr gleichgültig sein. Irgendwann in der Nacht und irgendwo im Irrgarten war ihr entsetztes und bis zum Hals hinauf klopfendes Herz zersprungen.

Als alles vorüber war und Cozcatl und ich aus unserem Arrest entlassen wurden, erklärten die Wachen uns, wir dürften weder am Unterricht teilnehmen, noch uns unter unsere Bekannten im Palast mischen und mit ihnen reden, und ich solle überdies auch nicht an meine Schreibarbeit im Saal des Staatsrates zurückkehren. Wir sollten abwarten, uns so unauffällig wie möglich verhalten, damit der Verehrte Sprecher entscheiden könne, wohin wir in die Verbannung geschickt werden sollten.

So verbrachte ich ein paar Tage mit nichts anderem, als am Seeufer spazieren zu gehen, Steine vor mich hin zu stoßen, Mitleid mit mir selbst zu haben und den Ehrgeiz zu beklagen, welcher mich beflügelte, als ich zuerst in dieses Land gekommen war. An einem dieser Tage war ich so sehr in Gedanken versunken, daß ich weit vom Palast entfernt von der Dämmerung überrascht wurde und mich beeilen mußte, um noch vor Einbruch der Nacht wieder zurückzusein. Auf halbem Wege zur Stadt stieß ich auf einen Mann, der auf einem Felsen saß und der noch nicht dagesessen hatte, als ich zuvor vorbeigekommen war. Er sah nicht wesentlich anders aus als die anderen Male, da ich ihm begegnet war: reisemüde, mit bleicher Haut und die Gesichtszüge verdunkelt von einer Schicht des Alkali-Staubs am Seeufer.

Nachdem wir uns höflich begrüßt hatten, sagte ich: »Wieder kommt Ihr in der Dämmerung, Herr. Kommt Ihr von weither?«

»Ja«, erklärte er trübsinnig. »Aus Tenochtítlan, wo Kriegsvorbereitungen getroffen werden.«

Ich sagte: »Das klingt ja so, als ob es um einen Krieg gegen Texcóco ginge.«

»Bis jetzt ist er noch nicht erklärt worden, aber so wird es sein. Der Verehrte Sprecher Ahuítzotl ist endlich fertig mit dem Bau der Großen Pyramide und plant eine Einweihungszeremonie, großartiger und eindrucksvoller als je zuvor, und daher braucht er viele, viele Gefangene, um sie zu opfern. Deshalb wird er Texcála wieder einmal den Krieg erklären.«

Das wollte mir nicht sonderlich ungewöhnlich erscheinen, und so sagte ich: »Dann werden die Heere des Dreibunds wieder Seite an Seite kämpfen. Warum nennt Ihr es dann einen Krieg gegen Texcóco?«

Schwermütig sagte der staubbedeckte alte Mann: »Ahuítzotl behauptet, fast alle seine Mexíca-Streitkräfte und seine Verbündeten, die Tecpanéca, kämpften noch im Westen, in Michihuácan, und könnten daher nicht gegen Texcála antreten. Doch das ist nur eine wenig überzeugende Ausrede. Ahuítzotl fühlt sich durch den Prozeß und die Hinrichtung seiner Tochter sehr vor den Kopf gestoßen.«

»Er kann doch aber nicht leugnen, daß sie es verdient hat.«

»Das macht ihn ja nur um so rasender und rachsüchtiger. Deshalb hat er angeordnet, daß Tenochtítlan und Tlácopan nur eine ganz kleine Truppe gegen die Texcála ausschicken – und Texcóco den Hauptteil des Heeres zu stellen hat.« Der staubbedeckte Mann schüttelte den Kopf. »Neunundneunzig von hundert Männern, die kämpfen und fallen werden in dem Bemühen, Gefangene als Opfer für die Einweihung der Großen Pyramide zu machen, werden vielleicht Acólhua sein. Das ist Ahuítzotls Art, den Tod von Jadestein Puppe zu rächen.«

Ich sagte: »Jeder wird einsehen, daß es ungerecht ist, wenn die Acólhua die Hauptlast des Krieges zu spüren bekommen. Und Nezahualpíli kann sich doch bestimmt weigern.«

»Ja, das könnte er«, sagte der Reisende mit müder Stimme. »Das jedoch könnte den Dreibund sprengen – und den leicht erregbaren Ahuítzotl möglicherweise sogar veranlassen, Texcóco einen *richtigen* Krieg zu erklären.« Womöglich noch schwermütiger, fuhr er fort: »Außerdem könnte es sein, daß Nezahualpíli das Gefühl hat, er müsse doch dafür sühnen, daß er das Mädchen hat hinrichten lassen.«

»Was?« sagte ich entrüstet. »Nach dem, was sie ihm angetan hat?«

»Selbst dafür fühlt er sich vermutlich bis zu einem gewissen Grade verantwortlich. Weil er sie möglicherweise vernachlässigt hat, vielleicht. Und genauso sollten sich vielleicht auch andere dafür verantwortlich fühlen.« Die Augen des Wanderers waren eindringlich auf mich gerichtet, und unversehens beschlich mich Unbehagen. »Für diesen Krieg wird Nezahualpíli jeden Mann brauchen, den er bekommen kann. Zweifellos wird er Freiwillige freundlich betrachten und vermutlich jede Ehrenschuld, die sie möglicherweise gegen ihn empfinden, als abgetragen betrachten.«

Schluckend sagte ich: »Verehrungswürdiger, es gibt Männer, die in einem Krieg zu nichts nütze sind.«

»Dann können sie immer noch darin fallen«, sagte er unbewegt. »Um des Ruhms, um der Sühne, um der Abzahlung einer Ehrenschuld willen, um eines glücklichen Lebens in der Gegenwelt der Krieger willen, um vieler anderer Gründe willen. Einst habe ich dich von deiner Dankbarkeit Nezahualpíli gegenüber reden hören und deiner Bereitschaft, sie auch zu beweisen.«

Langes Schweigen senkte sich zwischen uns. Dann, gleichsam als wechselte er gleichmütig das Thema, erklärte der staubbedeckte alte Mann im Plauderton: »Es geht das Gerücht, daß du Texcóco bald verlassen wirst. Wenn es dir freigestellt würde – wohin würdest du gehen?«

Lange dachte ich darüber nach. Die Dunkelheit verdichtete sich, und der Nachtwind fing an, stöhnend über den See zu fahren, als ich endlich sagte: »In den Krieg, Verehrungswürdiger, ich werde in den Krieg ziehen.«

Das mußte man gesehen haben: wie das große Heer auf der leeren Ebene östlich von Texcóco Aufstellung nahm. Ein Wald von Speeren, leuchtende Farben und überall das Glitzern der Sonne auf den Obsidianklingen. Alles in allem müssen es vier- bis fünftausend Mann gewesen sein, wohingegen die Verehrten Sprecher Ahuítzotl von den Mexica und Chimalpopóca von den Tecpanéca – genauso, wie der alte staubbedeckte alte Mann es vorhergesagt hatte – jeweils nur eine Hundertschaft entsandt hatten, die überdies kaum aus ihren besten Kriegern bestand, handelte es sich doch zumeist um betagte Veteranen und unerfahrene junge Rekruten.

Wo Nezahualpíli der oberste Kriegsführer war, ging es vor allem um Organisation und Schlagkraft. Riesige Federbanner ließen erkennen, wo die nach Tausenden zählenden Hauptverbände der Acólhua und die unbedeutende Handvoll aus Tenochtítlan und Tlácopan standen. Bunte Flaggen aus Tuch kennzeichneten die Einheiten, die unter dem Kommando von Rittern standen und noch kleinere flatterten vor den von Cuáchictin oder Unterführern kommandierten Einheiten. Es gab auch noch andere Flaggen, um die herum sich die Verbände der Nichtkämpfer scharten: diejenigen Truppen, die für den Nachschub von Essen, Wasser, Rüstungen und Ersatzwaffen verantwortlich waren; sodann die Wund- und Knochenärzte und die Priester der verschiedenen Götter; die Trupps von Trommlern und Trompetern und die Abteilungen der Feßler und Garausmacher, denen es oblag, das Schlachtfeld hinterher zu säubern.

Wenn ich mir auch sagte, schließlich kämpfte ich für Nezahualpíli, und wenn ich mich wegen der geringen Zahl der Mexíca, die an diesem Krieg teilnehmen, schämte – sie waren immerhin meine Landsleute. Infolgedessen ging ich hin, ihrem Anführer, dem einzigen Mexícatl-Führer überhaupt, einem Pfeilritter namens Xococ, meine Dienste anzutragen. Der musterte mich von Kopf bis Fuß und erklärte widerstrebend: »Nun, wenn du auch unerfahren bist, so scheinst du doch außer mir der einzige zu sein, der körperlich mehr auf der Höhe ist als alle, die sonst unter meinem Kommando stehen. Melde dich bei dem Cuachic Extil-Quani.«

Der alte Extil-Quani! Ich war so begeistert, seinen Namen wiederzuhören, daß ich förmlich lief, jenen Wimpel zu erreichen, unter dem er stand und eine Gruppe von unglücklich dreinschauenden jungen Kriegern anbrüllte. Er trug einen Federschmuck sowie einen Knochenpflock in der Nasenscheidewand und am Unterarm außerdem einen Schild mit den Symbolen, die seinen Namen und seinen Rang verkündeten. Ich kniete nieder, fegte den Boden frei und vollführte die Geste des Erdeküssens, dann schlang ich meinen Arm um ihn, als wäre er ein lange vermißter Verwandter und rief begeistert: »Meister Blut Schwelger! Welche Freude, Euch wiederzusehen!«

Dem alten Krieger fielen fast die Augen aus dem Kopf. Der immerhin nicht mehr junge Cuachic lief dunkelrot an, stieß mich rauh von sich und fuhr mich speichelsprühend an: »Laß mich los! Bei den steinernen Eiern des Huitzilopóchtli – hat dieses Heer sich gewandelt, seit ich das letztemal auf dem Schlachtfeld stand! Alte Tattergreise und verpickelte Grünschnäbel, und jetzt auch noch *dies*! Hebt man jetzt auch schon Cuilóntin aus? Um den Feind zu Tode zu *küssen*?«

»Ich bin es doch, Meister!« rief ich. »Feldhauptmann Xococ hat mir gesagt, ich soll mich bei Euch melden und mich Eurer Kompanie anschließen!« Es dauerte eine Weile, bis mir aufging, daß Blut Schwelger im Laufe seines Lebens Hunderte von Schuljungen ausgebildet haben mußte. Und bei ihm dauerte es eine Weile, in der Erinnerung zu suchen und mich in irgendeiner abgelegenen Ecke zu finden.

»Umnebelt! Selbstverständlich!« rief er aus, wiewohl nicht mit dem gleichen Maß an Freude, wie ich sie bekundet hatte. »Du in meiner Kompanie? Sind deine Augen denn geheilt? Kannst du jetzt sehen?«

»Nun, das nicht gerade«, mußte ich eingestehen.

Zornig zertrat er eine kleine Ameise. »Seit zehn Jahren mein erster aktiver Dienst«, brummte er, »und jetzt dies. Vielleicht wären da Cuilóntin noch vorzuziehen! Ach, was soll's. Umnebelt – schließ dich meinem Haufen an.«

»Jawohl, Meister Cuachic«, erklärte ich militärisch knapp. Dann spürte ich, wie jemand an meinem Umhang zupfte, und mir fiel Cozcatl ein, der mir die ganze Zeit über nicht von den Fersen gewichen war. »Und welche Befehle habt Ihr für den jungen Cozcatl?«

»Für wen?« sagte er und blickte verwirrt um sich. Erst als er den Blick senkte, bemerkte er den kleinen Jungen. »Für *den Knirps da?«* entfuhr es ihm dann zornig.

»Er ist mein Sklave«, erklärte ich. »Mein Leibdiener.«

»Ruhe im Glied!« brüllte Blut Schwelger sowohl mich als auch seine Krieger an, die angefangen hatten zu kichern. Der alte Cuachic stapfte ein paarmal im Kreis herum, um sich zu beruhigen. Dann trat er auf mich zu und reckte sein großes Gesicht vor mich hin. »Umnebelt, nur wenige Edelleute und Ritter können es sich leisten, einen Burschen zur Bedienung zu haben. Du bist ein Yaoquízqui, ein frisch ausgehobener Rekrut, bekleidest also den niedrigsten aller Ränge. Und jetzt meldest du dich nicht nur mit einem Diener, sondern es ist auch noch dieser Winzling hier!«

»Ich kann Cozcatl nicht zurücklassen«, erklärte ich. »Aber er wird bestimmt nicht stören. Könnt Ihr ihn nicht an einen der Priester oder irgendeinen anderen Mann von der Nachhut abkommandieren, wo er sich nützlich machen kann?«

Ein Knurren entfuhr Blut Schwelger. »Und ich dachte, ich wäre dieser Schule entkommen und könnte endlich wieder mal einen schönen, geruhsamen Krieg führen. Na schön. Knirps, du meldest dich dort bei dem schwarzgelben Wimpel. Sag dem Quartiermeister, Extli-Quani hätte dich zum Küchendienst bei ihm abkommandiert. Und jetzt, Umnebelt«, sagte er unversehens ganz sanft und einschmeichelnd, »sobald sich das große Heer der Mexica zu deiner Zufriedenheit aufgestellt hat, wollen wir mal sehen, ob du dich noch an irgendwas erinnerst, was du in der Grundausbildung gelernt hast.« Ich und sämtliche anderen Krieger sprangen auf, als er plötzlich brüllte: »*Hergelaufener Haufen!* – IN VIERERREIHEN – AUFSTELLEN!«

Im Haus der Leibesstärkung hatte ich gelernt, daß die Ausbildung zum Krieger etwas anderes ist als das, was wir bei unseren Kriegsspielen als Kinder gemacht hatten. Jetzt sollte ich erfahren, daß sowohl das Spielen als auch die Ausbildung wiederum nur blasse Abbilder der Wirklichkeit waren. Um nur eine von den Mißlichkeiten zu erwähnen, welche die Erzähler ruhmreicher Kriegsgeschichten immer mit Stillschweigen übergehen – überall herrschten Schmutz und Gestank. Nach dem Spiel oder nach der Ausbildung in der Schule hatte es für mich hinterher immer die Säuberung in einem heißen Bad gegeben, hatte ich alle Unannehmlichkeiten im Dampfbad herausschwitzen können. Hier jedoch gab es keine solchen Annehmlichkeiten. Am Ende eines Drilltages waren wir vollkommen verdreckt und blieben auch so und stanken. Nicht anders war das mit den offenen Gruben, die wir aushoben, um unsere Notdurft darein zu verrichten. Ich haßte meinen eigenen Geruch nach getrocknetem Schweiß und ungewaschenen Kleidern genauso wie ich die dazugehörigen Gerüche ungewaschener Füße und frischer Exkremente haßte. Unsauberkeit und Gestank waren für mich die unangenehmsten Seiten des Krieges. Jedenfalls damals, ehe ich den *richtigen* Krieg kennengelernt hatte.

Und noch etwas. Wie oft habe ich alte Krieger klagen hören, daß sie sich – selbst außerhalb der Regenzeit – auf folgendes immer verlassen konnten: Tlaloc wird jede Schlacht und jedes Scharmützel aus lauter Bosheit noch schwieriger und elendiger machen dadurch, daß der Regen, den er schickt, einen bis auf die Haut durchnäßt und nasser Lehm sich in Klumpen an die Füße heftet. Nun, man kann sich vorstellen, wie es jetzt in der Regenzeit war während der paar Tage, da wir uns im Gebrauch unserer Waffen übten und die verschiedenen Manöver erprobten, die wir, wie zu erwarten stand, auf dem Schlachtfeld würden ausführen müssen. Es regnete immer noch, unsere Umhänge waren unendlich schwer, unsere Sandalen hinderliche Klumpen und unsere Stimmung gedrückt, als wir uns endlich aufmachten, gen Texcála zu marschieren.

Die Stadt Texcála lag dreizehnmal Ein Langer Lauf im Südosten. Bei günstigem Wetter hätten wir diese Strecke in einem Gewaltmarsch von zwei Tagen zurücklegen können. Allerdings wären wir dann außer Atem und völlig ausgepumpt dort angekommen und hätten einem Feind gegenübergestanden, der nichts weiter zu tun gehabt hätte, als auf uns zu warten und sich dabei auszuruhen. In Anbetracht dieser Überlegungen befahl Nezahualpíli, daß wir den Marsch in größerer Gemächlichkeit zurücklegten und vier Tage dafür brauchten, auf daß wir vergleichsweise ausgeruht dort eintrafen.

Die ersten zwei Tage trotteten wir genau in östlicher Richtung, damit wir nur die niedrigeren Hänge jenes vulkanischen Gebirgszuges zu überwinden hatten, welcher sich weiter im Süden zu den hohen Bergen auftürmte, die Tlaloctépetl, Ixtaccíuatl und Popocatépetl heißen. Dann bogen wir nach Südosten ab und marschierten geradenwegs auf die Stadt Texcála zu. Den ganzen Weg über war der Boden aufgeweicht und verschlammt; und auf dem nassen Felsgestein rutschten wir mehr als daß wir gingen. So weit war ich bis dato nicht in der Fremde gewesen, und gern hätte ich mir die Landschaft betrachtet. Doch selbst wenn mir das meines stark verminderten Sehvermögens wegen ohnehin nicht möglich war – die ständigen Regenschleier machten es vollends unmöglich. Auf diesem Marsch bekam ich kaum mehr zu sehen als die langsam und mühselig sich voranschleppenden, lehmverkrusteten Füße meiner Vordermänner.

Unsere Kampfrüstungen behinderten uns allerdings nicht. Neben unserer gewöhnlichen Kleidung trugen wir ein Tlamáitl genanntes Gewand, das wir bei kaltem Wetter umlegten und in das wir uns des Nachts einrollten. Außerdem schleppte ein jeder von uns noch ein Säckchen Pinóli mit, honiggesüßten Maisschrot, und einen Wasserbeutel aus Leder. Jeden Morgen, ehe wir uns in Bewegung setzten, und nochmals während der Mittagspause, verrührten wir das Pinóli mit Wasser, was einen sehr nahrhaften, aber leider nicht sonderlich sättigenden Atóli-Brei ergab. Wenn wir bei Einbruch der Dunkelheit haltmachten, mußten wir jedesmal darauf warten, daß die schwerer beladenen Nachschubeinheiten uns einholten. Doch dann gaben die Verpflegungstruppen an jeden Mann eine kräftige heiße Mahlzeit aus, zu der eine Tasse sämiger, stärkender und den Geist belebender heißer Schokolade gehörte.

Spät am regnerischen, grauen Nachmittag des vierten Tages, als wir mindestens noch Ein Langer Lauf von Texcála entfernt waren, sichteten unsere Späher die wartende Streitmacht von Texcála, und kamen zurückgelaufen, um Nezahualpíli Bericht zu erstatten. Der Feind erwartete uns in großer Stärke jenseits eines Flusses, über den wir zuvor übersetzen mußten. In der Trockenzeit war der Fluß vermutlich nicht mehr als ein kleines seichtes Rinnsal, aber nachdem tagelang ununterbrochen Regen gefallen war, stellte er ein schreckenerregendes Hindernis dar. Wiewohl an seiner tiefsten Stelle immer noch nur hüfthoch, herrschte eine starke Strömung und war der Fluß über einen Pfeilschuß breit. Was der Feind vorhatte, lag auf der Hand. Während wir den Fluß durchwateten, würden wir ein sich nur langsam vorwärtsbewegendes Ziel bilden und außerstande sein, unsere Waffen zu gebrauchen und gleichzeitig den Pfeilen auszuweichen. Mit ihren Pfeilen und atlatl-geschleuderten Spießen gedachten die Texcaltéca, unsere Zahl stark zu vermindern und uns in Schrecken zu versetzen, ehe wir auch nur das gegenüberliegende Ufer erreichten.

Es wird berichtet, Nezahualpíli habe gelächelt und gesagt: »Nun dann. Die Falle ist vom Feind und Tlaloc gemeinsam so trefflich gestellt, daß wir sie nicht enttäuschen dürfen. Wir werden morgen früh in sie hineinlaufen.«

Er gab unserem Heer Befehl, zu halten und die Nacht zu verbringen, wo wir waren, immer noch ein ganzes Stück vom Fluß entfernt; sämtliche befehlshabenden Ritter und Cuachics sollten sich bei ihm einfinden und sich ihre Anweisungen holen. Wir einfachen Krieger saßen oder hockten da oder streckten uns auf dem aufgeweichten Boden aus, während die Leute vom Troß unser – diesmal ausgiebiges – Abendessen bereiteten; denn am Morgen sollten wir nicht Zeit haben, unser Atóli anzurühren.

Die Rüstmeister packten ganze Stapel von Ersatzwaffen aus, die je nach Bedarf am nächsten Morgen ausgegeben werden sollten. Die Trommler spannten ihre Trommelfelle nach, die durch die Feuchtigkeit ganz schlaff geworden waren. Die Wundärzte und Priester bereiteten Heilmittel und Operationsbesteck vor, ihren Weihrauch und ihre Beschwörungsbücher, um am nächsten Tag bereit zu sein, entweder sich der Verwundeten anzunehmen, oder aber den Sterbenden im Namen von Kot Fresserin die Beichte abzunehmen.

Blut Schwelger kam von der Besprechung zurück, als an uns gerade Essen und Schokolade ausgeteilt wurde. Er sagte: »Wenn wir gegessen haben, werden wir unsere Kampfanzüge anziehen und uns bewaffnen. Sobald es dunkel geworden ist, werden wir uns dann zu den uns zugewiesenen Stellungen begeben. Dort werden wir schlafen, denn es gilt, früh aufzustehen.«

Beim Essen setzte er uns Nezahualpílis Plan auseinander. Bei Morgengrauen sollte ein volles Drittel unseres Heeres in schmucken Formationen unter Trommel- und Muschelhornklang mutig zum Fluß hin- und in ihn hineinmarschieren, als hätten sie keine Ahnung von der Gefahr, welche sie drüben erwartete. Sobald der Feind seine Geschosse niederprasseln ließ, sollten die Angreifer auseinanderlaufen und im Wasser umherspritzen, um den Eindruck zu erwecken, überrascht worden zu sein und sich in größter Verwirrung zu befinden. Wenn der Geschoßhagel unerträglich werde, sollten die Männer kehrt machen und denselben Weg zurück fliehen, den sie gekommen seien, und zwar so, daß es nach heilloser Flucht aussah. Nezahualpíli war der festen Überzeugung, daß die Texcaltéca sich von diesem Durcheinander täuschen lassen und die Unvorsichtigkeit begehen würden, den scheinbar Fliehenden nachzusetzen, dermaßen aufgeregt über ihren scheinbar leichten Sieg, daß sie keinen Augenblick darüber nachdenken würden, ob es sich vielleicht um eine List handeln könnte.

Das Gros von Nezahualpílis Heer solle sich hinter Felsen, Büschen und Bäumen zu beiden Seiten der langen Straße, die zum Fluß hinunterführte verbergen und in den Hinterhalt legen. Kein einziger von ihnen solle sich zeigen oder Gebrauch von seiner Waffe machen, bis unsere »kopflos« fliehenden Streitkräfte das gesamte Heer der Texcaltéca soweit gebracht hätten, ihnen nachzusetzen und über den Fluß herüberzukommen. Die Texcaltéca sollten zwischen zwei verborgen in Wartestellung daliegenden Heeresteilen hindurchlaufen wie durch einen Korridor. Sodann werde Nezahualpíli, der von einem hohen Standort aus einen großen Überblick hatte, den Trommlern zunicken, die daraufhin einen laut hallenden Signalwirbel von sich geben würde. Seine Männer zu beiden Seiten des Hinterhalts würden sich erheben, die waffenstarrenden Wände des Korridors sich schließen und den Feind in die Zange nehmen.

Ein grauhaariger alter Krieger fragte: »Und wo sollen wir Stellung beziehen?«

Blut Schwelger stieß ein unglückliches Grunzen aus. »Fast genauso weit im Hintergrund wie die Köche und Priester.«

»Was?« entfuhr es dem alten Haudegen. »Den ganzen langen Marsch bis hierher machen und dann noch nicht einmal nah genug herankommen, um zu *hören,* wie Obsidian auf Obsidian prallt?«

Unser Cuachic zuckte mit den Achseln. »Nun, ihr wißt ja selbst, wie schändlich wenige wir nur sind. Wir können Nezahualpíli kaum einen Vorwurf daraus machen, wenn er es uns versagt, richtig am Kampf teilzunehmen; immerhin muß man bedenken, daß er es ist, der diesen Krieg für Ahuítzotl praktisch allein führt. Unser Ritter Xococ bat darum, daß wir wenigstens voranmarschieren dürften, in den Fluß hinein, und den Texcaltéca als Köder dienen – dabei wäre die Wahrscheinlichkeit für uns, zu fallen, am größten –, doch Nezahualpíli wollte uns nicht einmal zugestehen, einen ruhmvollen Tod zu finden.«

Ich selbst war heilfroh, das zu hören, doch die anderen Krieger murrten immer noch. »Sollen wir denn einfach wie unbewegliche Blöcke herumsitzen und darauf warten, bis wir die siegreichen Acólhua samt ihren Gefangenen bis nach Tenochtítlan eskortieren dürfen?«

»Nicht ganz«, sagte Blut Schwelger. »Möglich, daß wir auch den einen oder anderen Gefangenen machen. Es ist doch durchaus denkbar, daß einige von den eingeschlossenen Texcaltéca den Ring der Acólhua durchbrechen. Die Kompanien der Mexíca und Tecpanéca werden nach Norden wie nach Süden weit auseinandergezogen Aufstellung nehmen, gleichsam als Netz, um alle abzufangen, denen es gelingen könnte, dem Hinterhalt zu entgehen.«

»Da könnten wir von Glück sagen, wenn uns auch nur ein Hase ins Netz ginge«, knurrte der grauhaarige Alte. Er stand auf und sagte zu uns anderen: »Alle Yaoquízque, die ihr zum erstenmal kämpft, wißt: Ehe ihr eure Kampfanzüge anlegt, tretet in die Büsche und entleert euch, so gut es irgend geht. Dann sind eure Därme leer; wenn das Trommelgedröhn anhebt, besteht keine Möglichkeit mehr, euch schnell der Steppanzüge zu entledigen, um eure Notdurft zu verrichten.«

Mit diesen Worten ging er, seinen eigenen Rat zu befolgen. Ich tat es ihm nach. Während ich mich hinhockte, hörte ich, wie jemand in der Nähe murmelte: »Hätte ich das Ding doch fast vergessen«, und als ich hinüberblickte, sah ich, wie er einen kleinen, in Papier eingewickelten Gegenstand aus der Tasche zog. »Ein stolzer Vater hat es mir gegeben, es hier auf dem Schlachtfeld in den Boden zu stecken«, sagte er. »Die Nabelschnur seines neugeborenen Sohnes und einen kleinen Kriegsschild.« Er ließ das Päckchen zu Boden fallen und stampfte es in die aufgeweichte Erde. Dann hockte er sich hin, sein Wasser darauf abzuschlagen und seine Notdurft darauf zu verrichten.

Nun, dachte ich bei mir, das also soll das Tonáli dieses kleinen Jungen bestimmen – und überlegte, ob wohl mit meinem eigenen Geburtsschild und meiner Nabelschnur genauso verfahren worden sein mochte.

Während die einfachen Krieger sich abmühten, in die gesteppten und gutgepolsterten baumwollenen Kampfanzüge hineinzusteigen, legten die Ritter ihre leuchtenden Kampfanzüge an; es war eine Pracht, sie anzusehen. Drei verschiedene Ritterorden gab es, den Jaguar- und den Adlerorden, in welche Krieger, die sich besonders im Kampf hervorgetan hatten, durch Wahl berufen werden konnten; außerdem den Pfeilorden, welchem diejenigen angehörten, die im Gebrauch der höchst ungenau treffenden Wurfgeschosse und Pfeile größtes Können bewiesen und schon viele Feinde getötet hatten.

Ein Jaguarritter trug ein echtes Jaguarfell wie eine Art Umhang, und den großen Kopf der Raubkatze als Helm auf dem Kopf. Den Schädel selbst hatte man selbstverständlich zuvor entfernt, doch die Reißzähne vorn waren an der richtigen Stelle wieder eingesetzt worden, so daß der gebogene Oberkiefer sich über die gewölbte Stirn des Ritters legte und der Unterkiefer ihm von unten wie ein Haken übers Kinn faßte. Sein Kampfanzug war gefärbt wie ein Jaguarfell: lohfarben mit dunkelbraunen Flecken darin. Ein Adlerritter trug einen überlebensgroßen Adlerkopf als Helm, der aus Holz und geformtem Papierbrei bestand und mit echten Adlerfedern besetzt war, so daß der weit aufgerissene Schnabel über Stirn und Kinn hinweg vorstieß. Sein Kampfanzug war gleichfalls mit Adlerfedern besetzt, von den Sandalen ragten über die Zehen hinaus künstliche Adlerkrallen und sein Federumhang hatte mehr oder weniger die Form gefalteter Adlerflügel. Ein Pfeilritter trug als Helm den Kopf eines beliebigen Vogels, sofern er nur geringer war als ein Adler, und sein Umhang war mit den gleichen Federn bedeckt wie diejenigen, die er zum Befiedern seiner Pfeile bevorzugte.

Alle Ritter trugen federbedeckte Schilde aus Holz, Leder oder Weidengeflecht, und die Federn darauf waren in farbenfrohen Mosaikmustern gewirkt, wobei jedes Muster das Namenssymbol des Besitzers ausdrückte. Viele Ritter waren aufgrund großer Kühnheit und großen Heldentums bekannt geworden; infolgedessen bedeutete es einen Akt der Tollkühnheit für sie, mit den weithin sichtbaren Namenssymbolen in die Schlacht zu ziehen. Mit Gewißheit konnten sie damit rechnen, daß irgendein Krieger des Feindes sich sie aussuchte, um sie anzugreifen und sich selbst einen Namen zu machen als desjenigen, »der den großen Xococ besiegt hat«, oder wie der Betreffende heißen mochte. Wir Yaoquízque trugen schmucklose Schilde, und unsere Kampfanzüge waren einheitlich weiß – jedenfalls, bis sie einheitlich dreckig waren. Wir durften kein Wappen tragen, doch einige der älteren Männer steckten sich Federn ins Haar oder bemalten sich das Gesicht mit Farbstreifen, um zumindest kenntlich zu machen, daß sie nicht zum erstenmal in den Kampf zogen.

Nachdem ich meine Kampfkleidung angelegt hatte, begab ich mich mit zahlreichen anderen Neukriegern noch weiter nach hinten zu den Priestern, die sich im Namen Tlazoltéotls gähnend unsere hastige Beichte anhörten und uns dann eine Medizin gaben, die verhindern sollte, daß wir uns beim bevorstehenden Kampf feige drückten. Ich glaubte nicht wirklich, daß irgend etwas, was der Magen geschluckt hat, eine Furcht unterdrücken könne, die im widerspenstigen Kopf und in den Füßen saß, nahm jedoch gehorsam meinen Schluck von dem Gebräu: frisches Regenwasser, in welches weißer Ton, pulverisierter Amethyst, Blätter der Cannabisstaude, Hundstodblüten und Blüten des Kakaostrauchs sowie die von Glockenorchideen vermischt waren. Als wir zurückkehrten, uns um Xocos Banner zu scharen, sagte dieser Mexícatl-Krieger:

»Eines müßt ihr wissen. Ziel des Kampfes morgen ist es, Gefangene zu machen, die Huitzilopóchtli geopfert werden sollen. Wir sollen mit der flachen Seite unserer Waffen zuschlagen, um den Gegner benommen zu machen und ihn lebendig gefangen zu nehmen. Doch wenn dieser Krieg für uns auch nur ein Blumenkrieg ist – für die Texcaltéca ist er es nicht. Sie werden um ihr Leben kämpfen und danach trachten, uns unseres zu nehmen. Die Acólhua werden am meisten zu leiden haben – oder am meisten Ruhm ernten. Ich jedoch möchte, daß ihr eines nicht vergeßt, Männer: stoßt ihr auf einen fliehenden Feind, lauten eure Befehle, ihn gefangenzunehmen. Er hingegen hat den Befehl, euch zu töten.«

Mit dieser nicht sonderlich erhebenden Ansprache führte er uns hinaus in die regnerische Dunkelheit – jeder von uns war mit einem Speer und einem Maquáhuitl bewaffnet –, im rechten Winkel von der bisherigen Marschrichtung abweichend gen Norden, und ließ unterwegs immer wieder eine Kompanie Krieger zurück. Blut Schwelgers Einheit war die erste, die zurückblieb, und während die anderen Mexíca weiterstapften, gab unser Cuachic uns letzte Anweisungen:

»Diejenigen von euch, die bereits an einem Kampf teilgenommen und auch schon Gefangene gemacht haben, wissen, daß sie die nächsten Gefangenen ohne Hilfe von anderen machen müssen, falls sie nicht als unmännlich gelten wollen. Ihr neuen Yaoquízque jedoch – wenn ihr Gelegenheit habt, euren ersten Gefangenen zu machen – habt die Erlaubnis, bis zu fünf von euren Kameraden zu Hilfe zu rufen; ihr alle habt dann gleichen Anteil am Ruhm der Gefangennahme. Jetzt folgt mir ... Hier ist ein Baum. Du hierher, Krieger du dorthinauf, und verbirg dich in den Zweigen ... Du dorthin, hock dich hinter diese Felsen ... Umnebelt, du stellst dich hinter diesen Strauch ...«

Und so wurden wir in einer nach Norden sich erstreckenden Linie postiert, jeder von jedem etwa hundert Schritt entfernt. Selbst wenn es hell wurde, würde sich keiner von uns in Sichtweite seines Nachbarn befinden, allerdings immer in Rufverbindung mit ihm bleiben können. Ich zweifle, daß in dieser Nacht viele von uns ein Auge zutaten, höchstens die kampfgewohnten Veteranen. Ich für meine Person weiß jedenfalls, daß ich es nicht tat, denn Deckung gab mir mein Strauch nur, wenn ich mich auf meine Fersen hockte. Es regnete unentwegt weiter. Mein Umhang saugte sich mit Wasser voll, dann kam mein baumwollener Kampfanzug an die Reihe, bis alles so feucht und schwer an mir hing, daß ich meinte, im entscheidenden Augenblick einfach nicht in die Höhe kommen zu können.

Nach einer Zeit, die mir vorkam wie ein Schock Jahre Elend, vernahm ich von Süden, von meiner Rechten her, ganz leise Geräusche. Offenbar setzten die Hauptverbände der Acólhua sich in Bewegung, entweder um sich in den Hinterhalt zu legen, oder aber, um dem waffenstarrenden Feind entgegenzumarschieren. Was ich hörte, war das traditionelle Gebet vor der Schlacht, welches ein Feldpriester anstimmte, doch drangen aus der Ferne nur abgerissene Wortfetzen an mein Ohr:

»Oh, mächtiger Huitzilopóchtli, Gott der Schlachten, ein Krieg wird geführt ... Wähle jetzt diejenigen aus, o großer Gott, die töten und die getötet werden müssen und diejenigen, die als Xochimíque in Gefangenschaft geraten sollen, damit du ihr Herzblut trinken kannst ... Oh, Herr des Krieges, wir bitten dich, schenke huldvoll dein Lächeln denen, die auf diesem Schlachtfeld oder auf deinem Altar sterben müssen ... Laß sie geradenwegs eingehen in das Haus der Sonne, damit sie wieder leben, geliebt und geehrt unter den Tapferen, die ihnen vorangegangen sind ...«

Ba-ra-RUUMMM! So steif ich auch war, ich fuhr zu Tode erschrocken zusammen, als die vielen, vielen »Trommeln, die das Herz herausreißen«, auf einen Schlag mit ihrem Gedröhn einsetzten. Nicht einmal der dämpfende Regen rings umher vermochte ihr Erdbebengrollen zu etwas Geringerem denn Knochenschlottern herabzumindern. Ich hoffte nur, daß dieser grauenhafte Laut die Truppen der Texcaltéca nicht in die Flucht trieb, ehe sie in Nezahualpilis überraschender Umarmung festsaßen. Zum nervenaufreibenden Trommelgedröhn gesellten sich noch die langgezogenen Klagetöne und das Geblöke der Muschelhörner, doch dann verebbte der ganze Lärm, als die Musikanten den als Köder dienenden Teil des Heeres von mir fortführten, hinunter zum Fluß und dem wartenden Feind entgegen.

Da die Regenwolken über uns so niedrig hingen, daß man meinte, sie mit dem ausgestreckten Arm berühren zu können, kam es an diesem Tag praktisch nicht zu so etwas wie einem Sonnenaufgang, doch war es mittlerweile doch merklich heller geworden. Jedenfalls hell genug für mich, um zu erkennen, daß der Strauch, hinter dem ich die ganze Nacht lang gehockt hatte, nichts weiter war als ein kümmerlicher, völlig entlaubter Huixáchi-Strauch, hinter dem nicht einmal ein Backenhörnchen sich richtig hätte verstecken können. Ich mußte mir also ein besseres Versteck suchen, und dazu hatte ich ja noch reichlich Zeit. Mit knarrenden Gliedern erhob ich mich, trug mein Maquáhuitl und schleifte meinen Speer dergestalt hinter mir her, daß beides nicht über den mich umgebenden Büschen zu sehen war, und entfernte mich in geduckten Sprüngen.

Was ich euch bis zum heutigen Tag nicht sagen könnte, ehrwürdige Patres, nicht einmal, wenn ihr mich der inquisitorischen Überredung unterwürfet, ist, warum ich mich in die Richtung wandte, in der ich davonlief. Um irgendein anderes Versteck zu finden, hätte ich mich zurückziehen oder nach links oder rechts wenden können, und wäre trotzdem immer noch in Rufweite mit meinen Kameraden geblieben. Ich jedoch lief nach vorn, gen Osten, dorthin, wo bald die Schlacht sich entfesseln mußte. Ich kann nur davon ausgehen, daß irgend etwas mir innerlich zuflüsterte: »Du stehst vor deinem ersten Krieg, Dunkle Wolke, vielleicht dem einzigen Krieg, den du je mitmachen wirst. Es wäre ein Jammer, am äußersten Rand der Kämpfe zu verbleiben, ein Jammer, nicht soviel Erfahrungen darin zu sammeln, wie nur irgend möglich.«

Allerdings kam ich nicht bis in die Nähe des Flusses, wo die Acólhua den Texcaltéca gegenübertraten. Ich hörte nicht einmal etwas vom Schlachtengetöse, bis die Acólhua vortäuschten, völlig überrascht zu sein, sich vom Fluß zurückzogen und der Feind – wie Nezahualpili gehofft hatte – mit sämtlichen Verbänden hinter ihnen hersetzte. Dann allerdings vernahm ich das Gebell und Geheul des Schlachtgeschreis, die Schmerzensschreie und Flüche der Verwundeten und über allem das Geschwirr der Pfeile und das Zischen der Wurfspieße. Keine unserer Spielzeugwaffen in der Schule, denen jede Spitze genommen worden war, hatte irgendein bestimmtes Geräusch von sich gegeben. Was ich jetzt jedoch hörte, waren echte Wurfgeschosse, mit Spitzen und Schneiden aus scharfem Obsidian, und – gleichsam als frohlockten sie über ihre Fähigkeit, den Tod auszuteilen –, sie *sangen* förmlich, als sie durch die Luft flogen. Pfeilen, Speeren und Spießen habe ich in unserer Bilderschrift stets jenes geringelte Symbol beigefügt, das »Singen« bedeutet.

Ich kam nie näher heran als an den Schlachtenlärm – welcher erst von rechts voraus kam, von dort, wo die Heere am Fluß aufeinanderprallten, und sich dann weiter nach rechts verschob, als die Acólhua flohen und die Texcaltéca sie verfolgten. Dann dröhnten unversehens Nezahualpilis Signaltrommeln auf und gaben das Zeichen, daß die Wände des Fluchtkorridors sich aufeinander zubewegten, und die Geräusche des Schlachtgetümmels nahmen beträchtlich an Stärke zu: das spröde Klirren von Waffen gegen Waffen, das dumpfere Aufschlagen, wenn Waffen auf Leiber trafen, das furchterregende Kriegsgeschrei des Kojotengeheuls, des Jaguarfauchens, der Adler- und der Eulenschreie. Lebhaft stellte ich mir vor, wie die Acólhua sich zurückhielten, nicht mit voller Kraft zuzuschlagen und zuzustechen, während die Texcaltéca verzweifelt mit all ihrer Kraft und all ihrem Können kämpften und sich keine Zurückhaltung auferlegten, wenn es galt zu töten.

Ich wünschte, ich könnte es sehen, denn das wäre eine aufschlußreiche Vorführung der Kampfestüchtigkeit der Acólhua gewesen. Da es bei ihnen nicht ums Töten ging, erforderte der Kampf von ihnen um so mehr Geschicklichkeit. Doch das Gelände zwischen mir und der Schlacht war gewellt, Gebüsch und Baumgruppen sowie die grauen Regenschleier und nicht zuletzt meine eigene Kurzsichtigkeit behinderten mir die Sicht. Ich hätte versuchen können, näher heranzukommen, doch plötzlich klopfte mir jemand zaghaft auf die Schulter.

Immer noch gebückt, wirbelte ich herum, reckte meinen Speer und hätte ums Haar Cozcatl durchbohrt, ehe ich ihn erkannte. Der Knabe stand gleichfalls in gebückter Stellung da und hatte warnend einen Finger vor die Lippen gelegt. Mit der rasch eingesogenen Luft brachte ich zischend heraus: »Cozcatl, verflucht! Was machst du hier?«

Er flüsterte: »Ich bin Euch gefolgt, Herr. Ich bin die ganze Nacht über in Eurer Nähe gewesen. Ich dachte, vielleicht könntet Ihr zwei bessere Augen gebrauchen.«

»Was nimmst du dir heraus, Junge! Bis jetzt habe ich noch keinen . . .«

»Nein, Herr, bis jetzt noch nicht«, sagte er. »Aber jetzt, ja, jetzt tut Ihr es. Einer von den Feinden nähert sich. Er würde Euch gesehen haben, ehe Ihr ihn sehen könntet.«

»Was? Ein Feind?« Ich duckte mich womöglich noch tiefer.

»Jawohl, Herr. Ein Jaguarritter in vollem Kriegsornat. Er muß sich den Weg aus dem Hinterhalt freigekämpft haben.« Cozcatl wagte es, den Kopf ein wenig zu recken, weit genug, um rasch einen Blick in die Runde zu werfen. »Ich glaube, er hat vor, einen Bogen zu schlagen und unsere Männer von hinten anzufallen, wo sie niemand erwarten.«

»Sieh nochmal hin«, forderte ich ihn dringlich auf. »Sag mir genau, wo er ist und wohin er geht.«

Der kleine Sklave fuhr mit dem Kopf in die Höhe, zog ihn aber sogleich wieder ein und sagte: »Er steht vielleicht vierzig lange Schritte zu Eurer Rechten, Herr. Er bewegt sich ganz langsam voran, gebückt, aber er scheint nicht verwundet zu sein, nur vorsichtig. Wenn er weiter vorangeht wie bisher, wird er zwischen zwei Bäumen hindurchkommen, die zehn lange Schritte vor Euch wachsen.«

Mit diesen Richtungsangaben wäre es selbst einem Blinden gelungen, den Ritter abzufangen. Ich sagte: »Dann gehe ich jetzt zu diesen beiden Bäumen. Du bleibst hier und behältst ihn im Auge. Wenn er mich entdeckt, wirst du ihm das anmerken. Dann stoß einen Schrei aus und lauf zur Nachhut.«

Speer und Umhang ließ ich zurück und nahm nur mein Maquáhuitl mit. Ich drückte mich fast so dicht auf den Boden wie eine Schlange und bewegte mich voran, bis die Bäume im Regen vor mir auftauchten. Sie wuchsen aus einem dichten Gewirr von hohem Gras und niedrigem Gebüsch hervor, durch welche fast unmerklich ein Wildwechsel des Rotwilds verlief. Ich mußte davon ausgehen, daß der flüchtige Texcaltéca diesem Pfad folgte. Von Cozcatl war kein Warnruf gekommen, also mußte ich meine Stellung unbemerkt erreicht haben. Am Fuß eines der Bäume hockte ich mich auf die Fersen, so daß der Stamm zwischen mir und dem näherkommenden Mann stand. Mein Maquáhuitl mit beiden Händen packend, hielt ich es dicht überm Boden und wartete.

Durch das leise Rauschen des Regens hindurch hörte ich ganz leise Gras und kleine Zweige rascheln. Dann wurde direkt vor meinem Versteck ein lehmverschmierter Fuß in lehmverschmierter Sandale mit Jaguarkrallen aufgesetzt. Einen Augenblick später stand der zweite Fuß daneben. Der Mann muß es, nunmehr im Schutz der Bäume stehend, gewagt haben, sich aufzurichten und sich umzublicken, um festzustellen, wo er war.

Ich führte meinen Maquáhuitl-Hieb aus wie einst in der Schule, als ich den Nopáli-Kaktus gefällt hatte, und der Ritter schien einen Augenblick in der Luft zu hängen, ehe er der Länge nach auf den Boden schlug. Die Füße in den Sandalen blieben stehen, wo sie waren; das Maquáhuitl hatte sie ganz knapp oberhalb der Knöchel abgetrennt. Ich schnellte hoch und stürzte mich auf ihn, stieß mit dem Fuß das Maquáhuitl fort, das er immer noch gepackt hielt, setzte ihm die stumpfe Spitze meiner eigenen Waffe an die Gurgel und stieß keuchend die rituellen Worte hervor, wie sie derjenige, der einen Gegner gefangennimmt, an diesen zu richten hat. Zu meiner Zeit sagten wir nicht einfach plump: »Du bist mein Gefangener«, sondern befleißigten uns ausgesuchtester Höflichkeit und sprachen die Worte, die ich jetzt an den gefällten Ritter richtete: »Du bist mein geliebter Sohn!«

Ein bösartiger, fauchender Laut entrang sich seiner Brust, und er sagte: »Dann gebe du Zeugnis! Ich verfluche alle Götter und ihre gesamte Nachkommenschaft!« Doch dieser Ausbruch war verständlich. Immerhin war er Angehöriger des Elite-Ordens der Jaguarritter, und in einem einzigen Augenblick der Achtlosigkeit von einem jungen, offensichtlich neuen und noch nicht kampferprobten Krieger im tief unter ihm stehenden Yaoquízqui-Rang zu Fall gebracht worden. Ich wußte genau: hätten wir einander Mann gegen Mann gegenübergestanden, er hätte nach Belieben mit mir umspringen und mich in Stücke hacken können. Er wußte das genauso; sein Gesicht war violett angelaufen und er knirschte mit den Zähnen. Doch zuletzt verebbte seine Wut, ergab er sich in sein Schicksal und sprach die traditionellen Worte dessen, der sich geschlagen gibt: »Du bist mein verehrter Vater.«

Ich nahm die Waffe von seiner Gurgel, und er setzte sich auf, um steinernen Gesichts erst das Blut anzustarren, das ihm aus den Beinstümpfen hervorschoß, und dann fassungslos seine beiden Füße, die geduldig und nahezu säuberlich nebeneinander und vor ihm auf dem Wildwechsel standen. Wenngleich vom Regen völlig durchnäßt und verschmutzt, sah das Jaguargewand des Ritters immer noch überaus prachtvoll aus. Das gefleckte Fell, welches von dem furchterregenden Kopfhelm herunterhing, war dergestalt gearbeitet, daß die Vorderläufe ihm als Ärmel dienten und soweit hinunterreichten, daß die Krallen der Raubkatze an seinen Handgelenken rasselten. Der Riemen, der seinen leuchtendgefiederten

Schild am linken Unterarm festhielt, war beim Sturz nicht zerrissen. Abermals ein Rascheln im Gebüsch: Cozcatl, der sich zu uns gesellte und leise, aber stolz sagte: »Mein Herr hat seinen ersten Gefangenen gemacht, und das ohne jede Hilfe.«

»Und ich will nicht, daß er stirbt«, sagte ich, immer noch keuchend – vor Aufregung, nicht vor übermäßiger Anstrengung. »Er blutet schlimm.«

»Vielleicht kann man die Stümpfe abbinden«, schlug der Mann im schwerfälligen Náhuatl der Texcaltéca vor.

Cozcatl nestelte flink die Lederschnüre seiner Sandalen los, und ich schlang ein Stück unterhalb des Knies je eine fest um die Beine meines Gefangenen. Der Blutstrom verebbte und wurde nur mehr zu einem leichten Sickern. Ich reckte mich zwischen den Bäumen zu voller Höhe empor und lauschte, wie es zuvor der Ritter getan hatte. Und das, was ich hörte, überraschte mich völlig. Das Schlachtengetümmel im Süden war nahezu verstummt, kaum mehr als ein Gemurmel, wie auf einem überfüllten Marktplatz, ein Raunen, in dem nur hin und wieder ein lauter Befehl zu vernehmen war. Offenbar war während meines kleinen Geplänkels die Hauptschlacht beendet worden.

Ich wollte dem mürrisch dahockenden Gefangenen mein Mitgefühl ausdrücken und sagte: »Ihr seid nicht der einzige Gefangene, mein geliebter Sohn. Es scheint, als sei Euer gesamtes Heer geschlagen.« Er stieß nur ein Grunzen aus. »Jetzt werde ich dafür sorgen, daß man sich um Eure Wunden kümmert. Ich glaube, ich kann Euch tragen.«

»Immerhin wiege ich jetzt etwas weniger als zuvor«, sagte er bissig.

Ich bückte mich, bot ihm meinen Rücken dar und nahm seine verkürzten Beine unter die Arme. Er hinwiederum schlang mir die Arme um den Hals, so daß sein wappengeschmückter Schild meine Brust bedeckte, als wäre er mein eigener. Cozcatl hatte bereits meinen Umhang und meinen Speer geholt; jetzt nahm er auch noch meinen Schild aus Weidengeflecht und trug mein blutbeschmiertes Maquáhuitl. Er klemmte sich all diese Dinge unter den Arm, ergriff dann mit den Händen je einen der abgetrennten Füße und folgte mir, als ich mich im Regen in Bewegung setzte. Ich stapfte in Richtung auf das murmelnde Geräusch im Süden zu, wo der Kampf mittlerweile offenbar ganz zum Erliegen gekommen war und wo, wie ich annahm, unser Heer dabei war, die Ordnung wiederherzustellen. Als ich die halbe Strecke geschafft hatte, stieß ich auf die Kameraden meiner eigenen Kompanie, welche Blut Schwelger von ihren Posten herbeiholen ließ, um dann wieder zum Hauptheer zu stoßen.

»Umnebelt!« rief mein Cuachic. »Wie konntest du es wagen, deinen Posten zu verlassen? Wo hast du ge . . .!« Dann war sein Gebrüll unvermittelt wie abgeschnitten, der Mund blieb ihm offen, und die Augen gingen ihm über. »Möge ich zur Míctlan verdammt werden! Schau, was mein Lieblingsschüler da anbringt! Das muß ich sofort dem Kommandanten Xococ melden!« Mit diesen Worten schoß er davon.

Neid- und ehrfurchtsvoll betrachteten meine Kameraden mich und meine Trophäe. Einer von ihnen erbot sich: »Ich werde dir tragen helfen, Umnebelt.«

»Nein!« stieß ich keuchend hervor, mehr Atem stand mir nicht zur Verfügung. Kein anderer sollte behaupten, mir bei meiner Tat geholfen zu haben.

Und so gelangte ich – den mißmutigen Jaguarritter huckepack auf dem Rücken, den frohlockenden Cozcatl hinter mir und Xococ und Blut Schwelger stolz neben mir einherschreitend – schließlich zum Gros beider Heere, genau an jene Stelle, wo die Schlacht geendet hatte. An einem hohen Pfahl flatterte das Banner des Waffenstreckens, welches die Texcaltéca aufgezogen hatten: ein Viereck aus Goldgewebe, wie ein Stück von einem vergoldeten Fischnetz.

Was uns erwartete, war keineswegs überschäumender Trubel oder auch nur stille Siegesfreude. Die Mehrzahl jener Krieger auf beiden Seiten, die überhaupt nicht oder jedenfalls nur leicht verwundet waren, lag völlig erschöpft herum. Andere – Acólhua genauso wie Texcaltéca – lagen nicht still da, sondern zuckten, wanden sich, schrien oder stöhnten im Chor: »*Yya, yyaha, yya ayya ouiya*«, während die Wundärzte mit ihrer Medizin und Salben zwischen ihnen umhergingen und die Priester mit ihrem Gemurmel sich zu ihnen herniederneigten. Ein paar Unverletzte halfen den Wundärzten, während andere umhergingen und die überall verstreuten Waffen, Leichen und abgetrennte Gliedmaßen einsammelten: Hände, Arme, Beine, sogar Köpfe. Einem Fremden wäre es schwergefallen zu sagen, wer in diesem wüsten Gemetzel Sieger und wer Besiegter war. Über allem lastete ein würgender Geruch, ein Gemisch aus Blut, Schweiß, Körperschmutz, Urin und Kot.

Ich winkte, während ich weiter ausschritt, blickte dabei um mich und hielt Ausschau nach jemand, von dem ich annehmen konnte, daß ich meinen Gefangenen bei ihm abliefern könne. Doch die Nachricht war mir vorausgeeilt. Plötzlich stand ich vor dem Anführer aller Anführer, Nezahualpíli höchstpersönlich. Er war gewandet, wie es sich für einen Uey-Tlatoáni geziemte – mit einem gewaltigen Kopfputz aus Federn und langem, in allen Farben schillerndem Federumhang –, doch darunter trug er die federbesetzte und gesteppte Kampfbekleidung eines Adlerritters, welche von Blutspritzern bedeckt war. Nezahualpíli hatte nicht nur einsam und unerreichbar auf seinem Feldherrenhügel gestanden und zugesehen, sondern eigenhändig in den Kampf eingegriffen. Xococ und Blut Schwelger blieben ehrerbietig ein paar Schritte hinter mir zurück, als Nezahualpíli mich mit erhobener Hand begrüßte.

Ich ließ meinen Gefangenen sanft zu Boden gleiten, vollführte müde die Geste des Vorstellens und sagte mit meinem allerletzten Atem: »Hoher Gebieter, dies – dies ist mein – vielgeliebter Sohn!«

»Und dies«, sagte der Ritter ironisch und zeigte auf mich, »dies ist mein verehrter Vater. Mixpantzínco, Verehrter Sprecher.«

»Gut gemacht, junger Mixtli«, sagte mein höchster Vorgesetzter. »Ximopanólti, Jaguarritter Tlaui-Colotl.«

»Ich begrüße Euch, alter Feind«, sagte mein Gefangener zu meinem Gebieter. »Es ist das erstemal, daß wir einander außerhalb des Kampfgetümmels begegnen.«

»Und das letztemal, wie es scheint«, sagte der Uey-Tlatoáni und kniete sich freundschaftlich neben ihn. »Ein Jammer. Ihr werdet mir fehlen. Das waren doch Zweikämpfe, die wir ausgefochten haben, Ihr und ich. Wahrhaftig, ich hatte gehofft, noch jenen zu erleben, der nicht durch das Eingreifen unserer Untergebenen unentschieden geendet hätte.«

Er stieß einen Seufzer aus. »Manchmal stimmt es nicht minder traurig, einen ebenbürtigen Gegner zu verlieren als einen guten Freund.«

Mit wachsender Verwunderung war ich dieser Wechselrede gefolgt. Mir war überhaupt nicht in den Sinn gekommen, mir das federgewirkte Wappen auf dem Schild meines Gefangenen genauer zu betrachten: Tlaui-Colotl. Der Name – Bewaffneter Skorpion – sagte mir nichts, doch offenbar war der Ritter berühmt in der Welt der Krieger. Tlaui-Colotl war einer jener Ritter, von denen ich schon gesprochen habe: ein Mann von so hohem Ruf, daß dieser auf den Mann überging, der ihn schließlich besiegte.

Bewaffneter Skorpion sagte zu Nezahualpili: »Ich habe vier von Euren Rittern erschlagen, alter Feind, um mich aus Eurem verdammten Hinterhalt freizukämpfen. Zwei Adler, einen Jaguar und einen Pfeil. Hätte ich jedoch gewußt, was mein eigenes Tonáli für mich bereithielt« – bei diesen Worten warf er mir einen Blick belustigter Verachtung zu –, »ich hätte einem von ihnen gestattet, mich gefangenzunehmen.«

»Ihr werdet noch gegen andere Ritter antreten, ehe Ihr sterbt«, tröstete der Verehrte Sprecher ihn. »Dafür werde ich sorgen. Jetzt wollen wir uns aber um Eure Wunden kümmern.« Damit drehte er sich um und rief einen Wundarzt herbei, der in der Nähe mit einem anderen Verwundeten beschäftigt war.

»Nur einen Augenblick, Hoher Gebieter«, sagte der Wundarzt. Er war gerade über einen Acólhuatl-Krieger gebeugt, dem die Nase abgeschnitten worden war, die man glücklicherweise jedoch wiedergefunden hatte; sie war nur etwas zerquetscht und völlig verdreckt von den vielen Füßen, die darüber hingegangen waren. Der Wundarzt nähte sie wieder im Gesicht des Kriegers an, dabei einen Agavendorn als Nadel und eines seiner eigenen langen Haare als Faden benutzend. Die wiederangenähte Nase sah scheußlicher aus als die Wunde zuvor. Dann strich der Wundarzt in aller Eile gesalzten Honig über die Nase und kam zu meinem Gefangenen geeilt.

»Lockere die Schlingen an den Beinen und binde sie los«, wies er einen Helfer an, und einem anderen befahl er: »Bring mir von dem Feuer dort drüben ein Becken mit glühenden Kohlen!« Langsam drang wieder mehr Blut aus den Stümpfen von Bewaffneter Skorpion und dann, als der Helfer mit einer flachen Schale mit weißglühenden Kohlen herbeigeeilt kam, von denen weißliche Flammen emporzüngelten, schoß es plötzlich wieder wie ein Pumpenstrahl hervor.

»Wundarzt«, sagte Cozcatl in dem Bemühen zu helfen, »hier sind seine Füße.«

Der Wundarzt stieß ein verzweifeltes Grunzen aus. »Schaff sie fort! Füße lassen sich nicht wieder annähen wie eine Nasenknolle.« Und zum Verwundeten sagte er: »Einen zur Zeit oder beide gleichzeitig?«

»Wie Ihr meint«, erklärte Bewaffneter Skorpion gleichmütig. Er hatte bis jetzt nicht ein einziges Mal vor Schmerzen aufgeschrien oder auch nur leise gewimmert, und er tat es auch jetzt nicht, als der Wundarzt mit jeder Hand einen seiner Beinstümpfe packte und sie mit der Wunde in die glühenden Kohlen hineinstieß. Cozcatl drehte sich um und mied den Anblick. Das Blut zischte auf, und eine rosa Wolke stinkenden Dampfes stieg auf. Das Fleisch knisterte und ergab einen bläulichen Rauch, der nicht weniger magenumkehrend war. Bewaffneter Skorpion verfolgte das ganze Geschehen genauso gelassen wie der Wundarzt, der die nunmehr verkohlten und geschwärzten Stümpfe wieder aus der Glut herausholte.

Die Verbrennung hatte die durchtrennten Blutgefäße geschlossen, und es kam kein Blut mehr. Der Wundarzt verteilte reichlich Heilsalbe auf den Stümpfen: Bienenwachs, vermischt mit dem Gelben von Vogeleiern, dem Saft von Erlenrinde und Jalapa-Wunderblumenknolle. Dann richtete er sich auf und meldete: »Der Mann ist nicht mehr in Gefahr zu sterben, Hoher Gebieter; allerdings wird es etliche Tage dauern, bis er sich vom Blutverlust erholt hat.«

Nezahualpíli sagte: »Laß den Tragstuhl eines Edelmanns für ihn vorbereiten. Der erlauchte Bewaffnete Skorpion wird die Marschkolonne der Gefangenen anführen.« Dann wandte er sich Xococ zu, bedachte ihn mit eisigem Blick und sagte:

»Wir Acólhua haben heute viele der Unsrigen verloren, und noch mehr von ihnen werden sterben, ehe wir unsere Heimat Texcóco wiedersehen. Der Feind hat annähernd die gleiche Zahl verloren, doch die Zahl der Feinde, die lebend in unsere Hand gefallen sind, beträgt genausoviel wie die unserer Krieger, die mit dem Leben davongekommen sind. Sie geht in die Tausende. Euer Verehrter Sprecher Ahuítzotl kann zufrieden sein mit dem Werk, welches wir für ihn und seinen Gott getan haben. Wenn er und Chimalpopóca von Tlácopan echte Heere in voller Kampfstärke geschickt hätten, wir hätten vermutlich weiter vordringen und ganz Texcála unterwerfen können.« Er zuckte mit den Achseln. »Ach, lassen wir das. Wie viele Gefangene habt Ihr Mexíca gemacht?«

Ritter Xococ trat voller Unbehagen von einem Fuß auf den anderen, hüstelte, zeigte dann auf Bewaffneter Skorpion und erklärte leise: »Hoher Gebieter, Ihr seht den einzigen vor Euch. Vielleicht haben die Tecpanéca noch ein paar versprengte Krieger eingefangen, ich weiß es nicht. Aber von uns Mexíca« – er wies mit einer Bewegung auf mich – »hat nur dieser Yaoquízqui . . .«

»Der kein Yaoquízqui mehr ist, wie Ihr sehr wohl wißt«, erklärte Nezahualpíli beißend. »Er ist durch seinen ersten Gefangenen zum Rang eines Iyac aufgestiegen. Und dieser einzige Gefangene – nun, Ihr habt selbst gehört, wie er sagte, er habe heute vier Acólhua-Ritter getötet. Laßt Euch von mir gesagt sein: Bewaffneter Skorpion hat sich nie die Mühe gemacht, die Zahl seiner getöteten Gegner *unter* dem Rang eines Ritters auch nur zu *zählen.* Wir müssen jedoch annehmen, daß Hunderte von Acólhua, Mexíca und Tecpanéca im Laufe seines Lebens den Tod durch ihn gefunden haben.«

Blut Schwelger war dermaßen beeindruckt, daß er murmelte: »Umnebelt ist wahrhaftig ein Held.«

»Nein«, sagte ich. »Es war nicht eigentlich mein Schwerthieb, sondern vielmehr ein Glücksfall, und es wäre mir nie gelungen ohne Cozcatl und . . .«

»Aber es ist geschehen«, fiel Nezahualpíli mir in die Rede und brachte mich zum Schweigen. Zu Xococ gewandt, fuhr er dann fort: »Euer Verehrter Sprecher wird vermutlich den Wunsch haben, den jungen Mann mit etwas Höherem als dem Rang eines Iyac auszuzeichnen. In diesem Kampf hat einzig er den Ruf der Mexíca aufrecht erhalten, mutig zu sein und von sich aus etwas zu unternehmen. Ich schlage vor, daß Ihr ihn zu Ahuítzotl bringt, zusammen mit einem Brief, den ich schreiben werde.«

»Wie Ihr befehlt, Hoher Gebieter«, sagte Xococ, und küßte buchstäblich die Erde. »Wir sind sehr stolz auf unseren Umnebelt.«

»Dann ruft ihn bei einem anderen Namen! Aber jetzt ist genug gesäumt. Bringt Eure Truppe in Ordnung, Xococ. Ich teile Euch und sie den Feßlern und Garausmachern zu. Bewegt Euch schon.«

Xococ empfand das als einen Schlag ins Gesicht, was es schließlich auch war, doch setzten er und Blut Schwelger sich gehorsam in Trab. Wie ich zuvor berichtet habe, waren die Feßler diejenigen, welche den Gefangenen die Fesseln anlegten, sie bewachten und dafür sorgten, daß keiner von ihnen entkam. Die Garausmacher hingegen schwärmten über das gesamte Schlachtfeld und darüber hinaus, suchten diejenigen Verwundeten, denen keine Rettung mehr gebracht werden konnte, und gaben ihnen mit einem Dolchstoß den Tod. War das erledigt, trugen sie die Leichen von Verbündeten wie Feinden gleichermaßen zusammen und verbrannten sie, nicht, ohne jedem zuvor ein Stück Jade in die Hand oder in den Mund gesteckt zu haben.

Ein paar Augenblicke standen Nezahualpíli und ich allein beisammen. Er sagte: »Du hast heute und hier eine Tat vollbracht, auf die du stolz sein kannst – der du dich aber gleichzeitig schämen müßtest. Du hast den einzigen Mann kampfunfähig gemacht, den wir unter unseren Gegnern auf diesem Schlachtfeld wirklich fürchten mußten. Und du hast einem edlen Ritter ein unedles Ende bereitet. Selbst wenn Bewaffneter Skorpion in die Gegenwelt der Helden eingeht, wird seine Glückseligkeit immer einen bitteren Beigeschmack haben. Denn alle seine Kameraden dort werden wissen, daß er auf lachhafte Weise von einem Grünschnabel, einem kurzsichtigen gemeinen Rekruten zu Fall gebracht worden ist.«

»Hoher Gebieter, ich habe nur getan, was ich für richtig hielt.«

»Wie du es auch zuvor getan«, sagte er und seufzte. »Und hinterläßt anderen einen bitteren Nachgeschmack. Nicht, daß ich dich tadeln will, Mixtli. Vor langer Zeit ist es geweissagt worden, es sei dein Tonáli, die Wahrheit über die Dinge dieser Welt zu erfahren und diese Wahrheit bekannt zu machen. Nur um eines möchte ich dich bitten.«

Ich neigte den Kopf und sagte: »Mein Hoher Gebieter braucht einen Gemeinfreien um nichts zu bitten. Er befiehlt, und es wird ihm gehorcht.«

»Um was ich dich bitte, läßt sich nicht befehlen. Ich flehe dich an, Mixtli, sei fürderhin klug, ja, mehr als vorsichtig im Umgang mit Recht und Wahrheit. Solche Dinge können genauso grausam verletzen wie eine Obsidianklinge. Und, genauso wie eine solche Klinge, kann sie auch den Mann treffen, der sie führt.«

Mit einem Ruck kehrte er sich von mir ab, rief nach einem Schnellboten und trug ihm auf: »Lege den grünen Umhang an und flicht dein Haar, so daß es gute Nachricht verheißt. Nimm einen neuen sauberen Schild und Maquáhuitl. Lauf nach Tenochtitlan, und auf dem Weg zum Palast schwenke deinen Schild und dein Schwert in so vielen Gassen, wie du irgend kannst, auf daß das Volk frohlocke und dir Blumen auf den Weg streue. Laß Ahuítzotl wissen, daß er den Sieg und die Gefangenen hat, die er wollte.«

Seine letzten Worte waren freilich nicht für den Boten, sondern nur für ihn selber bestimmt: »Auf daß Leben und Tod, ja, sogar der Name von Jadestein Puppe auf ewig vergessen sein mögen.«

Nezahualpíli und seine Bewaffneten trennten sich von uns anderen, um denselben Weg zurückzumarschieren, den wir alle gekommen waren. Die Abteilungen der Mexíca und Tecpanéca samt meiner Person und einer endlosen Kolonne Gefangener hielten sich an den geradenwegs auf Tenochtítlan zuführenden kürzeren Weg, der genau nach Westen führte: über einen Paß zwischen den Gipfeln von Tlaloctépetl und Ixtaccíuatl hindurch, und später am Südufer des Texcóco-Sees entlang. Wir kamen nur langsam voran, denn viele von den Verwundeten hinkten oder mußten sogar, wie Bewaffneter Skorpion, getragen werden. Aber mühselig war der Marsch nicht, denn zum einen hatte es endlich aufgehört zu regnen, so daß wir sonnige Tage und milde Nächte genossen; zum anderen ging es, nachdem wir den recht zerklüfteten Gebirgspaß hinter uns hatten, die flachen, an den See angrenzenden Salzpfannen entlang, das heiter ans Ufer schwappende Wasser zu unserer Rechten und Hänge mit dicht bewaldeten, wispernden Höhenzügen zu unserer Linken.

Das überrascht euch, ehrwürdige Patres? Daß ich von Wäldern in so großer Nähe der Stadt spreche? Aber ja doch! Bis vor kurzer Zeit war das gesamte Hochtal von Mexíco üppig grün bewaldet: von uralten Zypressen, zahlreichen Eichenarten, kurz- und langnadeligen Fichten, süßem Lorbeer, Akazien und Mimosen. Ich kenne Eure Heimat Spanien nicht, meine Herren, und auch nicht Eure Provinz Castilien, aber es müssen öde und karge Landstriche sein. Ich sehe, wie Eure Waldarbeiter einen unserer Hügel kahlschlagen, um Nutz- und Brennholz zu gewinnen. Sie berauben ihn auch noch des letzten Grüns und der letzten Bäume, die viele Schock Jahre brauchten, um dort zu wachsen. Dann treten sie zurück, betrachten den grauschwarzen, unfruchtbaren Fels, der zurückbleibt, und seufzen voller Heimweh: »Ach, Castilien!«

Wir gelangten an das Vorgebirge zwischen Texcóco- und Xochimílco-See, welches von den einst ausgedehnten Ländereien der Culhua übriggeblieben ist. Durch die Stadt Ixtapalápan marschierten wir in Reih und Glied, und als wir sie hinter uns hatten, sagte Blut Schwelger zu mir: »Es ist schon ziemlich lange her, daß du Tenochtítlan gesehen hast, nicht wahr?«

»Ja«, sagte ich. »Es müssen an die vierzehn Jahre sein.«

»Dann wirst du es verändert finden. Prächtiger denn je. Vom nächsten Buckel in der Straße aus wirst du es daliegen sehen.« Als wir diese Erhebung erreichten, vollführte er eine ausladende Geste und sagte: »Schau!« Selbstverständlich konnte ich die große Inselstadt in der Ferne, die genauso weiß schimmerte, wie ich sie in der Erinnerung hatte, wahrnehmen, nur die Einzelheiten konnte ich nicht erkennen – höchstens, wenn ich die Augen besonders anstrengte, daß die mit schimmerndem Weiß bedeckte Fläche womöglich noch größer geworden zu sein schien. »Die Große Pyramide«, sagte Blut Schwelger ehrfürchtig. »Du solltest stolz sein, daß deine Tapferkeit dazu beiträgt, die Einweihungszeremonie zu verschönern.«

An der Spitze des Vorgebirges stießen wir auf die Stadt Mexicaltzínco, von welcher aus sich der Damm über den See hinweg nach Tenochtítlan erstreckte. Die gepflasterte Prachtstraße war breit genug, daß zwanzig Mann bequem nebeneinander hermarschieren konnten, doch ließen wir unsere Gefangenen sich in Viererreihen aufstellen, und neben ihnen gingen in bestimmten Abständen Wachen. Das taten wir nicht, um unseren Triumphzug zu strecken und noch größeren Eindruck zu machen, sondern weil die Brücke zu beiden Seiten voll stand von Leuten aus der Stadt, die gekommen waren, uns willkommen zu heißen. Das Volk brach in Hochrufe aus und schrie und ließ Blumen auf uns herniederregnen, als ob der Sieg einzig uns Mexíca und Tecpanéca zu verdanken sei.

Auf halbem Wege zur Stadt weitete sich der Damm zu einer ausgedehnten Plattform, auf der die Feste Acachinánco lag, eine Verteidigungsanlage gegen jeden Angreifer, der versuchen sollte, auf diesem Wege Tenochtítlan einzunehmen. Wiewohl ausschließlich auf Pfeilern im Wasser errichtet, war die Festung fast so groß wie die beiden Städte zusammen, welche wir auf dem Festland durchschritten hatten. Die Garnison reihte sich in die Menge der uns willkommen Heißenden ein – da wurde getrommelt und wurden Muschelhörner geblasen, Schlachtrufe ausgestoßen, da schlugen sie mit ihren Speeren gegen ihre Schilde – ich jedoch konnte sie nur voller Verachtung ansehen, weil sie uns in der Schlacht nicht zur Seite gestanden hatten.

Als ich und die anderen an der Spitze des Zuges auf dem großen Platz in der Mitte von Tenochtítlan einmarschierten, waren die letzten unserer Gefangenen noch dabei, aus der Stadt Mexicaltzínco herauszukommen, zwei und einhalbmal. Ein Langer Lauf hinter uns. Auf dem Platz, Dem Herzen Der Einen Welt, scherten wir Mexíca aus der Kolonne aus und überließen sie den Tecpanéca. Sie bogen samt den Gefangenen scharf nach links ab und führten sie die Prachtstraße und dann den Damm entlang, der hinüberführt nach Tlácopan. Dort sollten die Gefangenen bis zu dem Tag, an dem die Große Pyramide geweiht wurde, außerhalb der Stadt irgendwo auf dem Festland untergebracht werden.

Die Pyramide! Ich drehte mich um und sah sie mir an, und sperrte dabei Mund und Nase auf, wie ich es zuvor wohl nur als Kind getan hatte. Im Laufe meines Lebens sollte ich noch größere Tlamanacáltin zu sehen bekommen, niemals jedoch eine so strahlend neue. Sie war das höchste Bauwerk von ganz Tenochtítlan und beherrschte die Stadt. Denjenigen, die sie von weither übers Wasser erblickten, bot sie einen ehrfurchtgebietenden Anblick, denn die Zwillingstempel auf ihrer abgeflachten Spitze ragten stolz, anmaßend und prächtig hoch über allem, was sonst zwischen der Stadt und den Bergen auf dem Festland zu sehen war. Ich jedoch hatte wenig Zeit, sie oder irgendwelche anderen überragenden Bauten zu betrachten, die entstanden waren, seit ich das letztemal auf dem Herzen Der Einen Welt gestanden hatte. Ein junger Page aus dem Palast drängelte sich durch die Menge und fragte überall nach dem Pfeilritter Xococ.

»Der bin ich«, erklärte Xococ selbstbewußt.

Der Page sagte: »Der Verehrte Sprecher Ahuítzotl befiehlt, daß Ihr Euch augenblicklich bei ihm meldet und den Iyac namens Tliléctic-Mixtli mitbringt.«

»Oh«, sagte Xococ leicht verstimmt. »Sehr wohl. Wo bist du, Umnebelt? Ich meine, Iyac Mixtli. Komm mit!« Insgeheim meinte ich, es wäre besser, erst einmal zu baden und ein Schwitzbad zu nehmen, ehe wir uns beim Uey-Tlatoáni meldeten, und uns saubere Kleider anzuziehen, doch erhob ich keinen Einspruch, sondern begleitete ihn so, wie ich war. Als der Page uns in der Menge voranging, wies Xococ mich an: »Küß demütig und anmutig die Erde, doch dann zieh dich zurück, damit der Verehrte Sprecher sich meinen Bericht über den Sieg anhören kann.«

Zu den neu hinzugekommenen Baulichkeiten des Großen Platzes gehörte auch die ringsum verlaufende Schlangenmauer. Aus Stein errichtet und mit weißem Stuck verkleidet, war sie von doppelter Mannshöhe und oben gewellt wie eine sich windende Schlange. Sowohl auf der Vorder- als auch auf der Rückseite der Mauer ragten in regelmäßigen Abständen Steine vor, die wie Schlangenköpfe gemeißelt und angestrichen waren. Unterbrochen wurde die Mauer an drei Stellen – überall dort, wo im Norden, Westen und Süden die drei breiten Prachtstraßen vom Platz fortführten. In bestimmten Abständen waren große Holztore in die Mauer eingelassen, welche zu den wichtigsten außerhalb der Mauer gelegenen Gebäuden führten.

Eines davon war der neuerrichtete Palast Ahuítzotls, der jenseits der Mauer in der Nordwestecke der Schlangenmauer aufragte. Er war mindestens ebenso groß wie jeder der Paläste seiner Vorgänger auf dem Thron von Tenochtítlan, genauso groß wie der Palast Nezahualpilis von Texcóco, aber womöglich noch verschwenderischer und luxuriöser ausgestattet. Da er noch ganz neu war, hatte man ihn in den neuesten Kunststilen geschmückt, und er barg sämtliche modernen Annehmlichkeiten. So wiesen zum Beispiel die Räume des Obergeschosses in der Decke Luken auf, die sich aufschieben ließen, damit bei gutem Wetter von oben Licht einfiel.

Die vermutlich auffälligste Besonderheit des an der Vorderseite nach innen gewölbten quadratischen Baus war, daß er rittlings über einem der Kanäle Tenochtítlans saß. Auf diese Weise konnte man den Palast entweder vom Großen Platz aus durch die Schlangenmauer betreten, oder man konnte ihn vom Kanu aus erreichen. Ein Adliger, der müßig in seinem übergroßen, mit Kissen ausgepolsterten Acáli ruhte – aber auch ein gewöhnlicher Bootsmann, der eine Ladung Süßkartoffeln ablieferte – konnte, wohin er auch wollte, sich dieses erfreulich angenehmen Wasserwegs bedienen. Dabei glitt er durch einen höhlengleichen Korridor mit strahlend neuen Wandgemälden, dann durch Ahuítzotls üppig grünen, außerordentlich gepflegten und als Garten angelegten Innenhof und dann nochmals durch einen weiteren gähnenden überdachten Korridor voll neuer, eindrucksvoller gemeißelter Standbilder, ehe er wieder in den öffentlichen Kanal einmündete.

Der Page führte uns nahezu im Laufschritt durch das Portal in der Schlangenmauer in den Palast hinein, dann über Galerien und um Ecken herum bis in einen Raum, dessen gesamter Wandschmuck aus Jagd- und Kriegswaffen bestand. Jaguar-, Ozelot- und Silberlöwenfelle sowie Alligatorenhäute lagen als Brücken auf dem Fußboden und als Decken über niedrigen Stühlen, Bänken und anderen Sitzgelegenheiten. Ahuítzotl, ein vierschrötiger Mann mit kantigem Kopf und breitem Gesicht, saß auf einem erhöhten Thron, der vollständig vom dicken weichen Pelz eines der riesigen Bären bedeckt war, die weit von hier in den nördlichen Bergen zuhause sind - jenes gefährlichen Tiers, das ihr Spanier den Osopardo oder Grizzly-Bär nennt. Sein mächtiger Kopf ragte drohend über dem des Uey-Tlatoáni, und sein aufgesperrter Rachen ließ Reißzähne erkennen, so groß wie mein Finger. Ahuítzotls Gesicht unmittelbar darunter schaute nicht minder bedrohlich drein.

Der Page, Xococ und ich fielen aufs Knie, um die Geste des Erdeküssens zu vollführen. Als Ahuítzotl uns barsch aufforderte, uns zu erheben, sagte der Pfeilritter: »Wie Ihr befohlen habt, Verehrter Sprecher, bringe ich den Iyac namens . . .«

Brüsk unterbrach Ahuítzotl ihn. »Du bringst aber auch einen Brief von Nezahualpili. Gib ihn uns. Und wenn du in dein Hauptquartier zurückkehrst, Xococ, trage auf deiner Musterrolle ein, daß der Iyac Mixtli kraft unseres Befehls in den Rang eines Tequíua erhoben worden ist. Du bist entlassen.«

»Aber Hoher Gebieter«, sagte Xococ wie vor den Kopf geschlagen. »Wollt Ihr denn nicht meinen Bericht über die Schlacht gegen Texcála anhören?«

»Was weißt denn du davon? Außer, daß du von hier aus hin- und dann wieder zurückmarschiert bist? Das wollen wir von dem Tequíua Mixtli hören, der dabei mitgekämpft hat. Wir haben gesagt, du bist entlassen, Xococ. Geh!«

Der Ritter schenkte mir einen haßerfüllten Blick und glitt dann rückwärts gehend aus dem Raum hinaus. Ich achtete nicht weiter darauf, war ich doch selbst nicht wenig benommen. Nachdem ich nun weniger als einen Mond im Heer gedient hatte, hatte man mich bereits in einen Rang erhoben, den zu erreichen die meisten Männer viele, viele Kriege mitmachen müssen. Der Rang eines Tequíua, der soviel bedeutet wie »Raubtier«, wurde für gewöhnlich nur solchen verliehen, die mindestens vier Feinde in der Schlacht erschlagen oder gefangen genommen hatten.

Ich war auf dieses Gespräch mit Ahuítzotl wahrhaftig nicht sonderlich erpicht gewesen, wußte ich doch nicht, was ich zu erwarten hatte; überdies stand ich in direktem Zusammenhang mit Taten und Fall der verstorbenen Tochter dieses Uey-Tlatoáni. Offenbar brachte er mich aber nicht mit diesem Skandal in Verbindung; auch war es in diesem Falle von Vorteil, den höchst geläufigen Namen Mixtli zu tragen, und so atmete ich erleichtert auf, als er mich so wohlwollend betrachtete, wie das bei seinem wilden Aussehen möglich war. Außerdem ließ ich mich von seiner Art zu sprechen tief beeindrucken. Es war das erstemal, daß ich einen einzelnen Mann von sich als von »wir« und »uns« sprechen hörte.

»Nezahualpilis Brief«, sagte er, nachdem er ihn überflogen hatte, »ist für dich wesentlich schmeichelhafter als für uns, junger Krieger. Er schlägt uns boshaft vor, ihm das nächstemal ein paar Kompanien kriegswütiger Schreiberlinge wie dich zu schicken, statt stumpfe Pfeile wie Xococ.« Ahuítzotl lächelte, so gut er konnte, und ähnelte dabei zunehmend dem Bärenkopf über seinem Thron. »Des weiteren meint er, mit ausreichenden Truppen hätten wir mit diesem Krieg endlich das Gebiet der widerspenstigen Texcaltéca unterwerfen können. Teilst du diese Meinung?«

»Wie käme ich dazu, Hoher Gebieter, anderer Meinung zu sein als ein so erfahrener Befehlshaber wie der Verehrte Sprecher Nezahualpili. Ich weiß nur, daß seine Kriegslist in Texcála einem ganzen Heer zum Verhängnis wurde. Wären wir imstande gewesen, weiter vorzustoßen, hätten alle nachfolgenden Verteidigungsstellungen nur schwächer und immer schwächer sein können.«

»Du bist ein Wortkundiger«, sagte Ahuítzotl. »Kannst du für uns einen ausführlichen Bericht über Stellungen und Bewegungen sämtlicher am Kampf beteiligten Truppen niederschreiben und die dazugehörigen Karten zeichnen?«

»Jawohl, Verehrter Sprecher. Das kann ich.«

»Dann tu's! Du hast sechs Tage, ehe die Feierlichkeiten für die Einweihung der Tempelpyramide beginnen; dann wird jede Arbeit ruhen, und du wirst das Vorrecht haben, deinen erlauchten Gefangenen seinem Blumentod zu überantworten. Page, laß für diesen Mann vom Palastverwalter eine passende Wohnung bereitstellen samt allem nötigen Arbeitsmaterial. Du bist entlassen, Tequíua Mixtli.«

Meine Gemächer waren ebenso groß und behaglich wie jene, deren ich mich in Texcóco erfreut hatte, und da sie im Obergeschoß gelegen waren, wiesen sie auch noch den Vorteil auf, daß günstiges Licht für meine Arbeit von oben hereinfiel. Der Verwalter des Palastes bot mir einen Diener an, doch ich schickte den Pagen aus, statt dessen Cozcatl für mich zu suchen; ich wies dann Cozcatl an, uns beiden Kleider zum Wechseln zu besorgen, während ich mehrere Male badete und die Annehmlichkeiten des Schwitzbades genoß.

Als erstes zeichnete ich die Karte. Sie bedeckte viele gefaltete Blätter und ergab, auseinandergenommen, eine beträchtliche Länge. Ich begann mit dem Stadtzeichen von Texcóco, dann zeichnete ich die kleinen schwarzen Fußabdrücke ein, welche den Marsch von dort nach Osten darstellten, nebst zugehörigen stilisierten Zeichen für Berge und solchen, aus denen hervorging, wo wir übernachtet hatten; zuletzt fügte ich dort, wo die Schlacht entbrannt war, noch das Symbol für Fluß ein. Dort prangte auch das überall anerkannte Symbol für einen überwältigenden Sieg: ein brennender Tempel – wiewohl wir in Wirklichkeit keinerlei Teocáli zerstört oder auch nur gesehen hatten – und das Symbol dafür, daß wir Gefangene gemacht hatten: die Zeichnung eines Kriegers, der einen anderen bei den Haaren packt. Danach zeichnete ich die Fußabdrücke abwechselnd in schwarzer wie in roter Farbe, um Sieger und Besiegte anzudeuten, die den in westliche Richtung führenden Marsch nach Tenochtítlan zurücklegten.

Ich verließ meine Gemächer nicht ein einziges Mal, nahm dort sogar meine Mahlzeiten ein und schloß das Zeichnen der Karte binnen zwei Tagen ab. Dann machte ich mich an den wesentlich verzwickteren Bericht über Strategie und Taktik der Texcaltéca und Acólhua, zumindest insoweit ich sie beobachtet und durchschaut hatte. Eines Mittags trat Cozcatl in mein sonniges Arbeitszimmer und bat um die Erlaubnis, mich unterbrechen zu dürfen.

Er sagte: »Herr, von Texcóco her ist ein großes Kanu eingetroffen und hat am Innenhofgarten des Palastes festgemacht. Der Steuermann sagt, er bringe Sachen, die Euch gehörten.«

Das zu hören machte mich sehr froh. Als ich aus Nezahualpílis Palast ausgezogen war, um mich freiwillig bei der Truppe zu melden, hatte ich gemeint, es stehe mir nicht zu, irgendwelche von den feinen Kleidungsstücken und den anderen Geschenken mitzunehmen, welche mir in der Zeit vor meiner Verbannung gemacht worden waren. Cozcatl hatte inzwischen zwar für uns beide Gewänder geliehen, die wir tragen konnten, doch im Grunde besaßen weder er noch ich irgend etwas außer den nunmehr außerordentlich verpönten Schamtüchern, Sandalen und schweren Tlamáltin, die wir auf dem Weg zum Kriegsschauplatz und zurück getragen hatten. Ich sagte dem Jungen:

»Das ist eine außerordentlich aufmerksame Geste, die wir vermutlich der Dame von Tolan zu verdanken haben. Hoffentlich hat sie deine Kleidung auch gleich mitgeschickt. Besorg einen Palast-Tamémi, daß er dir hilft, das Bündel herzubringen.«

Als er in Begleitung des Steuermanns und eines ganzen Trupps von Tamémime wieder heraufkam, war ich dermaßen überrascht, daß ich meine Arbeit vollständig vergaß. Nie in meinem Leben hatte ich eine solche Menge an Dingen besessen, wie die Träger sie jetzt herauftrugen und in meinen Gemächern stapelten. Ein großes und ein kleineres Bündel, säuberlich in schützende Schilfmatten verpackt, erkannte ich immerhin. Im größeren befanden sich meine Kleider und andere Habseligkeiten, darunter übrigens auch das Andenken an meine Schwester, das Figürchen der Göttin Xochiquétzal, und im kleineren die Cozcatls. Doch auf die anderen Ballen und Pakete konnte ich mir keinen Reim machen, und so erklärte ich, es müsse sich um einen Irrtum handeln; die seien gewißlich für jemand anders bestimmt.

Der Steuermann sagte: »Jedes ist besonders gekennzeichnet, Herr. Ist dies nicht Euer Name?«

Das stimmte. Jedes einzelne Bündel trug ein daran befestigtes Stück Borkenpapier, auf dem mein Name stand. Zwar gab es in Tenochtítlan viele Mixtlis und auch eine ganze Reihe von Tliléctic-Xochitl Tliléctic-Mixtli. Ich forderte sämtliche Anwesenden auf, mir zu helfen, die Umhüllungen aufzumachen, damit die Arbeiter, falls sich erwies, daß der Inhalt doch für jemand anders bestimmt war, alles gleich wieder einpacken und zurückbringen konnten. War ich schon zuvor einigermaßen verwirrt gewesen, so sollte ich gleich darauf nicht mehr wissen, wo mir der Kopf stand.

Ein mit Fasermatten umhüllter Ballen enthielt einen säuberlichen Stapel von vierzig Männerumhängen aus feinster, reich bestickter Baumwolle. Ein weiterer enthielt eine gleiche Anzahl Frauenröcke, die mit dem besonders kostbaren, aus Insekten gewonnenen Farbstoff rot gefärbt waren. Ein weiterer Ballen barg genauso viele Frauenblusen mit erlesener, durchbrochener Handarbeit, so daß sie nahezu durchsichtig waren. Noch ein anderes Bündel enthielt einen Ballen gewebter Baumwolle, der – hätten wir ihn auseinandergefaltet und zur Gänze entrollt – zwei Armlängen breit und an die zweihundert Schritt lang gewesen wäre. Wiewohl die Baumwolle von schmucklosem Weiß war, wies sie doch keinerlei Säume auf und war daher – schon allein von der möglicherweise jahrelangen Arbeit her, die eine Weberin daran gewendet haben mußte – unbezahlbar. Das schwerste aller Bündel enthielt, wie es sich herausstellte, Itztetl-Brokken, also rohe und unbearbeitete Obsidianstücke.

Gleichwohl waren die drei leichtesten Bündel die kostbarsten von allen, denn sie enthielten keine Tauschwaren, sondern allgemein gültige Zahlungsmittel. Das eine einen Beutel mit zwei oder drei Tausend Kakaobohnen; ein zweites einen Beutel mit zwei- oder dreihundert Stücken Zinn oder Kupfer, die wie winzige Axtschneiden aussahen und von denen ein jedes mit achthundert Kakaobohnen aufgewogen wurde; und das dritte ein Bündel von vier Federkielen, jeder durchsichtige Federkiel mit einem Stopfen aus Óli-Gummi verschlossen und gefüllt mit reinem, schimmerndem Goldstaub.

Ich sagte zu dem Bootsmann: »Ich wünschte, es wäre kein Versehen, doch es kann nur ein Irrtum sein. Nehmt es zurück. Dieses Vermögen muß aus Nezalhualpilis Schatzhaus stammen.«

»Das tut es nicht«, erklärte er eigensinnig. »Es war der Verehrte Sprecher persönlich, der mich beauftragte, all dies herzubringen, und der sich persönlich davon überzeugte, daß es in mein Boot geladen wurde. Alles, was ich wieder mit zurückbringen soll, ist eine Bestätigung, alles auftragsgemäß abgeliefert zu haben. Mit Euren Namenszeichen, wenn ich bitten darf, Herr.«

Ich konnte immer noch nicht glauben, was meine Augen sahen und meinen Ohren gesagt wurde, konnte aber kaum weiter Einwände erheben. Immer noch wie im Traum, gab ich ihm die Bestätigung, woraufhin er und die Träger sich zurückzogen. Cozcatl und ich standen da und schauten uns die ausgepackten Schätze an. Schließlich sagte der Junge:

»Es kann sich nur um ein Abschiedsgeschenk handeln, Herr – vom Herrn Nezahualpili persönlich.«

»Das könnte sein«, gab ich zu. »Er hat einen Palasthöfling aus mir gemacht und mußte mich dann gleichsam mir selbst überlassen. Dabei ist er ein gewissenhafter Mann. Vielleicht hat er mich jetzt mit den Mitteln ausgestattet, mich in einem anderen Gewerbe zu betätigen.«

»Gewerbe!« piepste Cozcatl empört. »Meint Ihr etwa arbeiten, Herr? Warum solltet Ihr arbeiten? Das alles hier ist genug, Euch bis in Euer hohes Alter hinein ein höchst angenehmes Leben führen zu lassen. Euch, eine Frau, Kinder und einen getreuen Sklaven.« Durchtrieben meinte er dann noch: »Einst habt Ihr mir gesagt, Ihr würdet ein großes Haus bauen wie ein Adliger, und dann würde ich Beschließer werden.«

»Halt den Mund«, sagte ich ihm. »Wäre es mir um Müßiggang zu tun gewesen, hätte ich zulassen können, daß Bewaffneter Skorpion mich in die Gegenwelt schickte. Jetzt sind mir die Mittel in die Hand gegeben, viele Dinge zu tun. Ich brauche nur noch zu entscheiden, was ich am liebsten tun möchte.«

Als ich am Tag vor Beginn der feierlichen Pyramideneinweihung den Schlachtbericht abgeschlossen hatte, trug ich ihn hinunter und suchte Ahuítzotls trophäenstrotzenden Thronsaal, in dem ich ihn kennengelernt hatte. Doch der Palastverwalter, der vor lauter Vorbereitungen offenbar nicht mehr wußte, wo ihm der Kopf stand, fing mich ab und nahm ihn an seiner Stelle in Empfang.

»Der Verehrte Sprecher hat viele hochstehende Herren zu Besuch, die anläßlich der Feierlichkeiten aus fernen Ländern gekommen sind«, sagte der Mann wie abwesend. »Jeder Palast um den Großen Platz herum ist bis obenhin voll mit auswärtigen Herrschern und ihrem Gefolge. Ich weiß nicht, wie und wo ich noch mehr davon unterbringen soll. Aber ich werde Sorge tragen, daß Ahuítzotl Euren Bericht bekommt, sobald er ihn in Ruhe lesen kann. Sobald hier wieder Ruhe eingekehrt ist, wird er Euch zu einem weiteren Gespräch rufen lassen.« Damit eilte er geschäftig davon.

Da ich einmal im Erdgeschoß war, wanderte ich durch jene Räume, welche der Öffentlichkeit zugänglich waren, und tat das, nur um Einrichtung und Ausschmückung zu bewundern. Schließlich gelangte ich durch jene große Halle der Standbilder, durch deren Mitte der Kanal hindurchfloß. Decke und Wände waren gesprenkelt von den Lichtkringeln, die vom Widerschein der Sonne auf dem Wasser hervorgerufen wurden. Während ich mich dort aufhielt, fuhr eine Reihe von Frachtbooten hindurch; genau wie ich bewunderten die Ruderer die vielen Standbilder von Ahuítzotl und seinen Frauen, des Hauptgottes von Tenochtítlan, Huitzilopóchtli, sowie zahlreicher anderer Götter und Göttinnen. Es handelte sich um ganz vorzügliche Arbeiten, wie es sich für einen solchen Saal gehörte: in jede einzelne von ihnen war das Falkensymbol des verstorbenen Bildhauers Tlatli eingegraben.

Doch, wie er sich vor langen Jahren gerühmt, bedurften Tlatlis Arbeiten keiner Signatur; seine Götterbilder unterschieden sich in der Tat sehr von denen, welche Generationen hindurch von weniger phantasiebegabten Bildhauern nachgeschaffen und immer in der gleichen Form nachgebildet worden waren. Seine besondere Sehweise war vielleicht am deutlichsten erkennbar in der Darstellung der Coatlícue, der Göttinmutter des Gottes Huitzilopóchtli. Das aus einem einzigen Stein gehauene Standbild war nahezu um ein Drittel größer als ich, und als ich hinaufstarrte, spürte ich, wie sich mir die Nackenhaare sträubten, so unheimlich war es.

Da Coatlícue immerhin die Mutter des Kriegsgottes war, hatten die meisten der früheren Bildhauer sie mit finsterem Antlitz dargestellt; doch in der Form war sie immer deutlich als *Frau* erkennbar gewesen. Nicht so hingegen in Tlatlis Auffassung. Seine Coatlícue wies überhaupt keinen Kopf auf. Statt dessen trafen sich über ihren Schultern wie im Kuß zwei große Schlangenköpfe, und bildeten dergestalt ihr Gesicht: das an jedem Schlangenkopf jeweils einzige sichtbare Auge stattete Coatlícue mit zwei funkelnden Augen aus, und ihre sich begegnenden Münder mit einem breiten, grauenhaft grinsenden Mund voller Reißzähne. Sie trug eine Halskette, die aus einem Totenkopf, abgehackten Händen und herausgerissenen Menschenherzen bestand. Ihr Gewand für den unteren Teil ihres Körpers bestand ganz und gar aus sich windenden Schlangenleibern, und ihre Füße waren die krallenbewehrten Klauen irgendeines riesigen Raubtiers. Es handelte sich um die ganz einzigartige und ursprüngliche Darstellung einer weiblichen, allerdings entsetzenerregenden weiblichen Gottheit, und ich glaube, nur ein Cuilóntli-Mann, der unfähig war zu jeder Frauenliebe, konnte es fertigbringen, eine so ausnehmend monströse Göttin zu schaffen.

Ich folgte dem Kanal aus dem Saal hinaus, schlenderte unter den Trauerweiden dahin, die sich im Innenhofgarten über ihn neigten, und gelangte auf diese Weise in den gegenüberliegenden Saal des Palastes, dessen Mauern mit Wandbildern bemalt waren Darin gelangten vornehmlich die militärischen und staatsmännischen Taten zur Darstellung, welche Ahuítzotl seit seiner Thronbesteigung vollbracht hatte: Ahuítzotl als tapferer Teilnehmer an etlichen Schlachten: Ahuítzotl als Baumeister, zugegen, wie letzte Hand an die fast fertiggestellte Große Pyramide gelegt wurde. Aber diese Bilder waren lebendig und keineswegs starr und steif; sie wiesen eine Fülle beachtenswerter Einzelheiten auf und waren auf höchst kunstvolle Weise gemalt. Wie ich erwartet hatte, waren diese Wandbilder feiner und weniger grob ausgeführt als alle anderen modernen Malereien, die ich kannte. Und alle waren, wie ich gleichfalls zu sehen erwartet hatte, ausnahmslos in der unteren rechten Ecke mit dem blutroten Handzeichen Chimális gezeichnet.

Ich überlegte, ob er wohl schon wieder zurück sei in Tenochtítlan, ob wir einander begegnen würden und wie er es wohl anstellen wollte, mich dabei umzubringen. Dann machte ich mich auf die Suche nach meinem kleinen Sklaven Cozcatl und gab ihm folgende Anweisung: »Du kennst den Künstler Chimáli vom Sehen, und du weißt, daß er Grund hat, mir den Tod zu wünschen. Ich werde morgen gewisse Pflichten zu erfüllen haben, deshalb kann ich nicht ständig über die Schulter nach einem Mörder Ausschau halten. Ich möchte, daß du in der Menge umherwanderst und zu mir kommst, um mich zu warnen, falls du Chimáli siehst. Es könnte sein, daß er morgen in der großen Menge und im großen Durcheinander hofft, mich erdolchen und unbemerkt und unerkannt entkommen zu können.«

»Das wird er nicht können, wenn ich ihn zuerst sehe«, sagte Cozcatl unerschütterlich. »Und ich verspreche, wenn er da ist, werde ich ihn sehen. Bin ich Euch nicht schon einmal als Euer Auge dienlich gewesen, Herr?«

Ich sagte: »Das bist du in der Tat, Junge. Und deine Wachsamkeit und Treue werden nicht unbelohnt bleiben.«

Jawohl, Euer Exzellenz, ich weiß, Ihr seid ganz besonders interessiert an unseren früheren religiösen Gebräuchen; deshalb nehmt Ihr an der heutigen Sitzung teil. Wiewohl ich niemals Priester und auch kein großer Freund der Priester gewesen bin, werde ich die Einweihung der Großen Pyramide so gut ich kann beschreiben – wie sie vonstatten ging und welche Bedeutung alles hatte.

Wenn es nicht überhaupt die glanzvollsten und schreckenerregendsten Feierlichkeiten waren, denen mehr Menschen beiwohnten, als je zuvor in der gesamten Geschichte der Mexica, so übertrafen sie jedenfalls alles, was ich in meiner Zeit miterlebt habe. Das Herz Der Einen Welt war eine einzige, wogende Masse von Menschen, farbenfrohen Stoffen, Düften und Federbüscheln, Fleisch, Gold und Körperwärme, Edelsteinen und Schweiß. Einer der Gründe, warum die Menschen so dichtgedrängt standen, war, daß von Wachen mit untergehakten Armen, welche den vorwärtsdrängenden Mob zurückhalten mußten, Durchgänge freigehalten wurden, damit die Reihen der Gefangenen zur Pyramide vorrücken und die Treppe zum Opferaltar hinaufsteigen konnten. Doch daß die Menschen einander so sehr bedrängten, lag auch daran, daß der zur Verfügung stehende Raum zunehmend dadurch verringert worden war, daß im Laufe der Jahre zahlreiche neue Tempel darauf entstanden waren – ganz zu schweigen davon, daß die Große Pyramide selbst immer mehr Raum beansprucht hatte.

Da Euer Exzellenz sie nie gesehen haben, sollte ich die Icpac Tlamanacáli vielleicht eingehender beschreiben. Der Grundriß war quadratisch und maß von einer Ecke zur anderen hundertundfünfzig Schritt; die vier Seiten stiegen nach innen an, bis die abgeflachte Spitze der Pyramide an einer Seite siebzig Schritt maß. Die Treppe, welche die West- oder Vorderseite hinaufführte, bestand eigentlich aus zwei getrennten Treppen, eine für solche, die hinaufstiegen, und eine für solche, die herabkamen; die Treppen wurden durch eine reich verzierte Rinne getrennt, in welcher das Blut herniederfloß. Zweiundfünfzig hohe Trittstufen und schmale Absätze zum Aufsetzen der Füße führten nach dem ersten Drittel zu einer die gesamte Pyramide umlaufenden Terrasse. Dann nochmals eine aus einhundertundvier Stufen bestehende Treppe, welche oben auf der Plattform endete, wo zwei Tempel standen und kultisches Gerät gelagert wurde. Zu beiden Seiten jeder dreizehnten Stufe stand das steinerne Bildnis eines mehr oder weniger bedeutenden Gottes oder einer Göttin, die in der steinernen Faust eine Stange hochhielten, an der oben ein weißes Federbanner hing oder in der Luft trieb.

Für jemand, der am Fuß der Großen Pyramide stand, waren die Bauten oben auf der Plattform unsichtbar. Von unten war nur die breite Doppeltreppe zu sehen, die sich nach oben zu verjüngen und womöglich in noch größere Höhe hinaufzuführen schien, als das tatsächlich der Fall war – nämlich bis in den blauen Himmel hinein oder, bei anderer Gelegenheit, mitten hinein in die aufgehende Sonne. Ein Xochimíqui, welcher die Treppe hinan seinem Blumentod entgegenging, muß wirklich das Gefühl gehabt haben, zu den hohen Göttern in den Himmel emporzusteigen.

Wenn er jedoch den Scheitel der Pyramide erreicht hatte und auf die Plattform hinaustrat, erblickte er als erstes den kleinen pyramidenförmigen Opferstein und dahinter die beiden Tempel. In gewisser Hinsicht stellten diese Teocáltin Krieg und Frieden dar, denn der eine, zur Rechten, war die Wohnung von Huitzilopóchtli, dem wir unsere kriegerischen Erfolge, der zur Linken die Wohnung Tlalocs, dem wir unsere Ernten und unseren Wohlstand in Friedenszeiten verdankten. Eigentlich hätte noch ein dritter Teocáli dort hingehört, ein Tempel für den Sonnengott Tonatíu, doch dieser besaß bereits ein eigenes Heiligtum auf einer etwas bescheideneren Pyramide woanders auf dem Großen Platz, so wie übrigens etliche andere wichtige Götter auch. Des weiteren stand auf dem Großen Platz übrigens der Tempel, in welchem die Standbilder zahlreicher Götter der von uns unterworfenen Völker aufgestellt waren.

Die neuen Tempel von Tlaloc und Huitzilopóchtli oben auf dem Scheitel der Großen Pyramide waren wuchtige Steinbauten, von denen ein jeder das hohle steinerne Standbild des betreffenden Gottes enthielt, welcher den Mund weit aufgerissen hielt, um Nahrung zu empfangen. Jeder Tempel freilich wirkte wesentlich größer und eindrucksvoller durch eine hochragende zurückspringende Steinfassade oder den Dachaufbau – der vom Huitzilopóchtli-Tempel mit rechteckigen Vertiefungen und rotgemalten Mustern darauf und der vom Tlaloc-Tempel mit breiten, blau ausgemalten und gemusterten Rillen. Der größte Teil der Pyramide prangte in einem schimmernden, nahezu silbrig glänzenden Gipsweiß; wohingegen die beiden schlangenleibähnlichen Geländer, welche an den Außenseiten der Doppeltreppe entlangführten, mit Reptilienschuppen in Rot, Blau und Grün angemalt waren. Die beiden riesigen Schlangenköpfe, die sich ganz unten vorreckten, waren über und über mit gehämmertem Gold bedeckt.

Als die Feierlichkeiten beim ersten vollen Tageslicht begannen, umschwirrten die Oberpriester von Tlaloc und Huitzilopóchtli mit ihren Gehilfen aufgeregt die Tempel oben auf der Pyramidenplattform und trafen ihre allerletzten Vorbereitungen. Auf der Terrasse, die um die ganze Pyramide herumlief, standen die vornehmeren Gäste. Tenochtítlans Verehrter Sprecher Ahuítzotl selbstverständlich im Verein mit dem Verehrten Sprecher von Texcóco, Nezahualpíli, und dem Verehrten Sprecher von Tlácopan, Chimalpopóca. Neben ihnen standen die Herrscher anderer Städte, Provinzen und Völker – von weit entfernten Herrschaftsgebieten der Mexíca, vom Lande der Tzapotéca, der Mixtéca, den Totonáca und den Huaxtéca und noch anderer Völker, deren Namen ich damals noch nicht einmal kannte. Nicht anwesend war selbstverständlich der in unversöhnlicher Feindschaft zu den Mexíca verharrende Herrscher von Texcála, der alte Xicoténca; Yquíngare von Michihuácan aber sehr wohl.

Stellt Euch einmal vor, Euer Exzellenz! Wäre Euer Capitán-General Cortés an diesem Tag auf dem Großen Platz erschienen – er hätte die Unterwerfung unserer Länder auf einen Schlag bewerkstelligen können; es hätte ihm ein leichtes sein müssen, unsere rechtmäßigen Herrscher nahezu vollständig umzubringen. Sodann hätte er sich – da und dort – zum Herrn von praktisch dem gesamten Gebiet ausrufen lassen können, das heute Neuspanien ist, und unser führerloses Volk hätte wohl kaum gewußt, wie es ihm die Anerkennung hätte versagen sollen. Sie wären gewesen wie ein kopfloses Tier, welches nur noch hilflos zucken und mit den Flügeln schlagen kann. Uns wäre damals, wie mir heute erst aufgeht, viel von dem Elend und dem Leiden erspart geblieben, das wir später über uns ergehen lassen mußten. Doch *yyo ayyo!* An diesem Tage feierten wir die Macht der Mexíca, ahnten wir nicht einmal, daß es so etwas wie weiße Männer überhaupt gab und gingen mit der größten Selbstverständlichkeit davon aus, daß unsere Wege und unsere Tage sich weit in eine grenzenlose Zukunft erstreckten. In der Tat hatten wir ja auch noch eine Reihe von Jahren vor uns, da wir auf der Höhe unserer Macht und unseres Ruhms standen, und deshalb bin ich froh, daß an jenem hinreißenden Tag kein fremder Eindringling störte.

Der Vormittag war der Unterhaltung gewidmet. Es tanzten und sangen Gruppen aus eben diesem Haus des Gesangs, in dem wir heute sitzen, Euer Exzellenz, und in ihren Darbietungen übertrafen sie, was Können und Wendigkeit betraf, bei weitem alles, was ich in Xaltócan oder Texcóco gesehen und gehört hatte – wenn auch kein einziger von ihnen an Anmut meiner verlorenen Tzitzitlíni das Wasser reichen konnte. Da waren die vertrauten Instrumente: die einzelnen Donnertrommeln, die Göttertrommeln, von denen immer mehrere auf einmal geschlagen wurden, die Wassertrommeln, die herabhängenden Kalebassen, die Rohrflöten und die Schienbeinflöten und die Süßkartoffelflöten. Freilich wurden die Sänger und Tänzer auch von anderen Instrumenten begleitet, und zwar von einer Vielfalt, wie ich sie anderwärts noch nie erlebt hatte. Eines hieß »gluckerndes Wasser« – eine Flöte, welche ihre Töne perlend durch einen Krug Wasser hindurchschickte, was eine Echowirkung zur Folge hatte. Da gab es noch eine andere, aus Ton gebrannte Flöte, in der Form ähnlich einem dicken Teller, dessen Spieler weder seine Lippen noch seine Finger bewegte; er bewegte den Kopf, während er in das Mundstück hineinblies, so daß eine kleine Tonkugel im Inneren der Flöte umherrollte und immer ein anderes der am Rand angebrachten Löcher verschloß. Und selbstverständlich waren von jedem Instrument nicht nur eines, sondern mehrere vorhanden. Die Musik, die sie alle zusammen machten, muß jedem, der in den Gemeinwesen rings um alle fünf Seen herum daheim geblieben war, ans Ohr gedrungen sein.

Die Musiker, Sänger und Tänzer brachten ihre Darbietungen auf den untersten Stufen der Pyramide sowie auf einem freigelassenen Platz davor dar. Wurden sie müde und mußten sich ausruhen, führten Männer irgendwelche Kunststücke vor. Kräftige Männer hoben gewaltige Gewichte aus Stein in die Höhe oder warfen sich gegenseitig nahezu nackte Mädchen zu, als wären sie federleicht. Akrobaten übertrumpften mit ihren Sprüngen, Possen und Rollen die Grashüpfer und Kaninchen. Oder sie stellten sich einander auf die Schulter – erst zehn, dann zwanzig, dann vierzig Männer auf einmal –, um mit ihren Leibern eine menschliche Pyramide zu bilden. Lustige Zwerge führten groteske und unanständige Pantomimen auf. Jongleure ließen eine unglaubliche Anzahl von Tlachtli-Bällen in der Luft kreisen und in verwirrenden Bahnen von einer Hand zur anderen wandern.

Nein, Euer Exzellenz, ich will damit nicht sagen, daß die vormittäglichen Unterhaltungen reiner Zeitvertreib gewesen wären (wie Ihr es nennt), um die Schrecken, die später kamen, erträglicher zu machen (wie Ihr sagt), und ich verstehe nicht, was Ihr meint, wenn Ihr etwas von »Brot und Spielen« brummelt. Euer Exzellenz dürfen aus dem Berichteten nicht den Schluß ziehen, dieser Frohsinn sei in irgendeiner Weise unehrerbietig gewesen. Wenn diese Darbietungen nicht düster, sondern ausgelassen waren, so deshalb, um die Götter in eine Stimmung zu versetzen, unsere späteren Opfer gnädig entgegenzunehmen.

Alles, was an diesem Morgen getan oder vorgeführt wurde, stand in irgendeiner Beziehung zu unserem Glauben, unseren Bräuchen oder Traditionen, selbst wenn diese Beziehung für einen fremden Beobachter wie Euer Exzellenz etwa nicht sofort augenscheinlich gewesen sein dürfte. Da waren zum Beispiel die Tocotíne, die auf besondere Einladung hin aus dem Küstenland Totonáca gekommen waren, wo sich unter ihnen ein ganz bestimmter Sport entwickelt hatte – oder vielleicht von den Göttern inspiriert worden war. Was sie vorführten, erforderte die Errichtung eines ganz außergewöhnlich hohen Baumstamms, der in einen Sockel eingepflanzt wurde, wozu eigens ein Loch in den Marmor des Großen Platzes gebohrt worden war. In dieses Loch wurde ein lebendiger Vogel gesteckt, der dann, als der Baumstamm eingeführt wurde, zerquetscht wurde, auf daß sein Blut den Tocotíne die Kraft verleihe, die sie zum Fliegen brauchten. Jawohl, zum *Fliegen*.

Der aufgestellte Baumstamm ragte nahezu genauso hoch in die Luft wie die Große Pyramide. Oben auf seiner Spitze befand sich eine winzige hölzerne Plattform, nicht größer, als sie ein Mann mit beiden Armen umspannen kann. Die ganze Länge des Stamms herunter ringelte sich ein lockeres Netz kräftiger Seile. Fünf Totonáca-Männer kletterten bis zur Spitze des Stamms hinauf; einer von ihnen trug eine Flöte und hatte eine kleine Trommel an seinem Schamtuch befestigt; die anderen vier waren bis auf eine Fülle leuchtendbunter Federn völlig unbehindert. Ja, bis auf diese Federn, die ihnen an die Arme geklebt waren, waren sie vollständig nackt. Nachdem sie die Plattform oben erreicht hatten, hockten die vier Gefiederten sich auf ihren Rand, während der fünfte Mann in der Mitte sich langsam und unter Aufbietung der allergrößten Vorsicht erst auf die Füße stellte und dann aus der Hocke zu voller Größe aufreckte.

Dort, auf dem winzigen Raum, stand er in schwindelnder Höhe da, stampfte erst mit dem einen Fuß auf und dann mit dem anderen, fing an zu tanzen und begleitete sich selbst mit Flöte und Trommel. Die Trommel schlug er mit der einen Hand, während er mit den Fingern der anderen abwechselnd die Löcher der Flöte verschloß, welche er blies. Wiewohl alle, die von unten zuschauten, den Atem anhielten, drang die Musik aus der großen Höhe nur als ganz feines Gedudel und leises Pochen zu uns herunter. Während er spielte, schlangen die anderen vier Tocotíne sich mit größter Behutsamkeit die Enden der Seile, die vom Pfahl herunterhingen, um die Fußgelenke, was wir freilich nicht sehen konnten, so hoch war es. Als sie bereit waren, gab der Tanzende den Musikanten unten auf dem Platz ein Zeichen.

Ba-ra-ROMM! Ein donnerndes Aufbranden von Musik und Trommelgedröhn, das jeden Zuschauer erschauern ließ, und genau in diesem Augenblick sprangen die vier Männer da oben – ins Leere. Sie warfen sich hinaus und spreizten die in voller Länge gefiederten Arme. Jeder von den vieren trug die Federn eines anderen Vogels – ein roter Ara, ein blauer Eisvogel, ein grüner Papagei, ein gelber Tukan – und seine Arme waren die ausgebreiteten Fittiche. Ihr Sprung trug die Tocotíne zuerst ein Stück von der Plattform nach außen, bis die Seile an ihren Beinen sich strafften und die Fliegenden mit einem Ruck gleichsam in der Luft standen. Sie wären unweigerlich gestürzt und gegen den Pfahl geprallt, wären die Stricke nicht auf eine höchst sinnreiche Weise ineinandergeschlungen gewesen. Aus dem ursprünglichen Sprung nach außen wurde ein langsames Kreisen um den Pfahl herum, wobei jeder der Männer gleich weit von seinen Gefährten entfernt war und sie alle immer noch die anmutige Haltung eines mit ausgebreiteten Schwingen dahinsegelnden Vogels einnahmen.

Alldieweil der Mann oben weiterhin tanzte und die Musikanten unten mit Trillern, lustigen Schlenkern und rhythmischen Trommelschlägen die Begleitung spielten, fuhren die vier Vogelmenschen weiter im Kreise dahin. Die kunstvoll verschlungenen Seile entwirrten sich nach und nach und wickelten sich immer mehr vom Stamm ab, die Vogelmenschen zogen immer weitere Kreise und kamen langsam tiefer. Doch wie die Vögel brachten die Männer ihre gefiederten Arme in Schrägstellung, so daß sie an Höhe gewannen und sich wieder in die Tiefe senkten, aneinander vorbei aufstiegen und hinunterflogen, als ob auch sie einen Tanz aufführten – nur freilich in der Luft und auf- und abgleitend.

Das Seil eines jeden Mannes war dreizehnmal über die ganze Länge des Stammes herumgewickelt. Bei der letzten Umkreisung, da sein Körper mit der größten Geschwindigkeit und am weitesten vom Pfahl entfernt dahinflog und er fast den Boden berührte, krümmte er den Körper und stellte die Fittiche gegen die Luft – wie ein Vogel beim Landen –, so daß er mit den Füßen zuerst den Boden berührte, der Strick sich löste und er noch etliche Schritte weiterlief, ehe er zum Stillstand kam. Das geschah bei allen vieren gleichzeitig. Dann hielt einer von ihnen sein Seil straff, so daß der fünfte Mann daran bis zum Platz herunterrutschen konnte.

Sofern Euer Exzellenz einiges von dem gelesen haben, was ich früher schon über unseren Glauben berichtet habe, werdet Ihr begriffen haben, daß es sich bei dieser Vorführung der Tocotíne nicht einfach um ein akrobatisches Kunststück handelte, sondern daß jedem Aspekt eine bestimmte Bedeutung innewohnte. Die vier Flieger waren teils gefiedert und teils nacktes Fleisch, genauso wie Quetzalcóatl, die Gefiederte

Schlange. Die vier kreisenden Männer mit dem Tänzer in der Mitte stellen die vier Himmelsrichtungen des Kompasses – Norden, Osten, Westen, Süden – und die Mitte dar. Die dreizehn Drehungen eines jeden Seils entsprachen den dreizehn Tagen und den dreizehn Jahren unseres Ritual-Kalenders. Vier mal dreizehn ergibt zweiundfünfzig – so viele Jahre, wie ein Schock Jahre enthält. Da waren auch noch andere feinere Bedeutungen – das Wort Tocotíne zum Beispiel bedeutet »die Säemänner« –, doch ich will Eure Geduld nicht im Übermaß auf die Probe stellen und mich nicht weiter über diese Dinge auslassen, merke ich doch, daß Euer Exzellenz darauf brennen, etwas über jenen Teil der Einweihungszeremonie zu erfahren, welcher den Opferungen gewidmet war.

Am Abend zuvor, nachdem sie den Priestern der Göttin Kot Fresserin alle Sünden gebeichtet hatten, waren unsere Texcaltéca-Gefangenen an den Rand der Stadt herangeführt und in drei Herden aufgeteilt worden, so daß sie über die drei Prachtstraßen, welche zum Großen Platz führten, zur großen Pyramide vorrücken konnten. Der erste Gefangene, welcher – den anderen ein ganzes Stück voraus – der Pyramide näherrückte, war mein eigener: Bewaffneter Skorpion. Hochmütig hatte er es von sich gewiesen, auf einem Tragstuhl seinem Blumentod entgegengetragen zu werden, sondern näherte sich, die Arme zwei hilfreichen Ritterbrüdern um die Schultern gelegt, die aber selbstverständlich Mexíca waren. Bewaffneter Skorpion hing zwischen ihnen, und seine Beinstümpfe baumelten herunter wie zwei angefressene Wurzeln. Ich hatte einen Platz am Fuß der Pyramide zugewiesen bekommen, wo ich neben den dreien Schritt faßte und sie bis zur Terrasse die Treppe hinauf begleitete, wo all die Adligen warteten.

Der Verehrte Sprecher Ahuítzotl sagte zu meinem Geliebten Sohn: »Als unserem ranghöchsten und erlauchtesten Xochimíqui steht Euch die Ehre zu, als erster den Blumentod zu empfangen, Bewaffneter Skorpion. Als langjährigem Jaguarritter von so bedeutendem Ruf steht Euch jedoch auch die Wahl offen, ob Ihr es statt dessen nicht vorzieht, auf dem Schlachtstein um Euer Leben zu kämpfen. Wie lautet Euer Entschluß?«

Der Gefangene seufzte. »Ich habe kein Leben mehr, Hoher Gebieter. Doch wäre es gut, ein letztes Mal zu kämpfen. Wenn ich denn wählen darf, so wähle ich den Schlachtstein.«

»Das ist eine Entscheidung, die eines Kriegers würdig ist«, sagte Ahuítzotl. »Und Ihr sollt durch würdige Gegner, unsere ranghöchsten Ritter, geehrt werden. Wachen, helft dem erlauchten Bewaffneten Skorpion auf den Stein hinauf und gürtet ihn für den Zweikampf.«

Ich ging mit, um zuzusehen. Der Schlachtstein war, wie ich bereits früher berichtet habe, der einzige Beitrag des ehemaligen Uey-Tlatoáni Tixoc zur Ausgestaltung des Großen Platzes. Es handelte sich um einen breiten, gedrungenen Zylinder aus Vulkangestein, der seinen Platz zwischen der Großen Pyramide und dem Sonnenstein gefunden hatte. Er blieb jenen Kriegern vorbehalten, welche die Auszeichnung verdienten, so zu sterben, wie sie gelebt hatten – im Kampf. Allerdings mußte ein Gefangener, der sich entschloß, auf dem Schlachtstein um sein Leben zu kämpfen, nicht nur gegen einen Gegner antreten. Gelang es ihm durch List oder schiere kämpferische Überlegenheit einen Mann zu besiegen, trat ein anderer Mexícatl-Ritter an dessen Stelle, dann noch einer und noch einer – vier insgesamt. Einer von ihnen *mußte* ihn töten ... zumindest war das bei den bisherigen Zweikämpfen immer so ausgegangen.

Bewaffneter Skorpion war in voller Schlachtrüstung gekommen – im gesteppten Baumwollanzug und mit den Insignien seines Ritter-Ordens, in Jaguarfell und Helm. Dann wurde er auf den Stein hinaufgesetzt, auf dem er nicht einmal stehen konnte, denn er hatte ja keine Füße mehr. Sein mit dem obsidianbewehrten Maquáhuitl bewaffneter Gegner hatte den Vorteil, von der Plattform hinunter- und wieder hinaufspringen und von allen Seiten angreifen zu können. Bewaffnetem Skorpion wurden zwei Verteidigungswaffen gegeben, doch waren das erbärmliche Geräte. Das eine war ein einfacher Holzstab, um die Schläge des Angreifers abzuwehren, das andere ein Maquáhuitl, allerdings die harmlose Spielzeugausgabe, wie die Neukrieger sie bei der Ausbildung benutzten und deren Obsidianplättchen abgenommen und durch Büschel von Daunenfedern ersetzt worden waren.

Bewaffneter Skorpion saß am Rande des Steins und hatte die Haltung nahezu entspannter Erwartung angenommen. Das entschärfte Schwert in der Rechten, den Holzstab mit der Linken gepackt, lag ihm beides auf dem Schoß. Sein erster Gegner war einer der beiden Jaguarritter, auf deren Schultern hängend er auf den Großen Platz gekommen war. Dieser Mexícatl sprang links von Bewaffneter Skorpion auf den Schlachtstein hinauf, das heißt, auf der seiner Angriffswaffe, also dem Maquáhuitl, abgewandten Seite. Bewaffneter Skorpion überraschte den Mann jedoch. Das Schwert zuckte nicht einmal; er benutzte statt dessen den Verteidigungsstab. Eine kurze, ruckhafte Bewegung, und er ließ ihn schräg nach oben sausen, wo er den Mexícatl, der nicht hatte erwarten können, ausgerechnet mit dem Verteidigungsstab angegriffen zu werden, unterm Kinn erwischte. Der Unterkiefer zerbrach, und der Mann stürzte bewußtlos zu Boden. Ein Raunen der Bewunderung ging durch die Menge; andere ließen beifällige Eulenschreie hören. Bewaffneter Skorpion saß einfach da und hielt den Holzstab gleichmütig über der linken Schulter.

Der zweite Kämpfer, der gegen ihn antrat, war der andere Jaguarritter, der Bewaffnetem Skorpion seine Schulter geliehen hatte. Da er verständlicherweise davon ausging, daß der erste Sieg des Gefangenen nichts weiter als eine Laune des Schicksals gewesen sei, sprang er gleichfalls, die Obsidianklinge zum Schlag erhoben, die Augen fest auf das Maquáhuitl des Sitzenden gerichtet, zur Linken von Bewaffnetem Skorpion auf den Stein. Diesmal schlug Bewaffneter Skorpion mit seinem Verteidigungsstab von oben kommend über die ausgereckte und das Schwert packende Hand des Ritters hinweg, und der Stab zerbrach zwischen den Ohren des Jaguarkopf-Helms, den der Mexícatl trug. Der Mann stürzte mit zerschmettertem Schädel rücklings vom Schlachtstein herunter und war tot, ehe irgendein Wundarzt ihm zur Hilfe kommen konnte. Das Geraune und das beifällige Eulengeschrei wurden lauter.

Der dritte Gegner war ein Pfeilritter, welcher jetzt zurecht außerordentlich auf der Hut war vor dem keineswegs so harmlosen Stab des Texcaltécatl. Er sprang von rechts auf den Stein hinauf und schwang sein Maquáhuitl bereits im Sprung. Bewaffneter Skorpion hob abermals seinen Stab, diesmal jedoch nur, um den Schwerthieb zu parieren und seitlich abgleiten zu lassen. Diesmal jedoch handhabte er außerdem auch noch sein Maquáhuitl, wenn auch in ungewöhnlicher Weise. Er stieß das harte und stumpfe Ende in die Höhe und dem Pfeilritter mit aller Kraft in die Kehle. Die Waffe zerschmetterte jenen vorspringenden Knorpel im Hals, den ihr Adamsapfel nennt. Der Mexícatl stürzte, wand sich und erstickte mitten auf dem Schlachtstein.

Als die Wachen den schlaffen Leichnam davontrugen, konnte die Menge sich nicht mehr halten vor Begeisterung und stieß laute Rufe und Pfiffe der Ermutigung aus – nicht für ihre Mexíca-Krieger, sondern für den Texcaltécatl. Selbst die Adligen hoch oben auf der Terrasse gingen aufgeregt hin und her und redeten erregt durcheinander. Solange ein jeder von ihnen zurückdenken konnte – noch nie hatte ein Gefangener, nicht einmal einer, der noch über sämtliche Gliedmaßen verfügte, drei Gegner auf dem Schlachtstein besiegt.

Beim vierten jedoch zweifelte niemand daran, daß dieser Bewaffnetem Skorpion den Todesstreich versetzen würde, denn dieser vierte war einer unserer seltenen linkshändigen Kämpfer. Selbstverständlich waren praktisch alle Krieger Rechtshänder, und so hatten sie auch gelernt, rechtshändig gegen Rechtshänder zu kämpfen, hatten das ihr Leben lang getan. Aus diesem Grunde ist ein rechtshändiger Krieger, wie wohl bekannt ist, zunächst verdutzt und gerät dann in Verwirrung, wenn er gegen einen Linkshänder antritt, weil es plötzlich so ist, als kämpfe er gegen sein eigenes Spiegelbild.

Der Linkshänder, ein Ritter vom Adlerorden, nahm sich Zeit, auf den Schlachtstein hinaufzusteigen. Er stellte sich dem Zweikampf mit größter Gelassenheit und lächelte grausam und zuversichtlich zugleich. Bewaffneter Skorpion, den Stab in der Linken und das Maquáhuitl in der Rechten, saß immer noch auf derselben Stelle. Der Adlerritter, das Schwert in der Linken, machte einen Ausfall, der seinen Gegner ablenken sollte, und sprang dann vor. Während er das tat, handelte Bewaffneter Skorpion genauso geschwind wie nur irgendeiner der Jongleure am Vormittag. Er warf Stab und Maquáhuitl nur wenige Handbreit in die Luft und fing sie jeweils mit der anderen Hand auf. Der Mexícatl-Ritter bremste bei dieser völlig unerwarteten Zurschaustellung von Beidhändigkeit seinen Sprung ab, als wolle er wieder zurückweichen. Doch dazu erhielt er keine Gelegenheit mehr.

Bewaffneter Skorpion ließ Schwert und Stab scherengleich auf das linke Handgelenk des Ritters herniederfahren, preßte, und dem Mann fiel sein Maquáhuitl aus der Hand. Während Bewaffneter Skorpion das Handgelenk zwischen seinen beiden hölzernen Waffen eingezwängt hielt wie im kräftigen Schnabel eines Papageis, zog er sich zum erstenmal aus seiner sitzenden Stellung hoch, um sich auf Knien und Stümpfen aufzurichten. Mit unerhörter Kraft zwängte er seine beiden Waffen noch weiter zusammen und drehte sie. Der Adlerritter mußte dieser Drehung folgen und stürzte auf den Rücken. Augenblicklich legte der Texcaltécatl seinem Gegner die hölzerne Maquáhuitl-Klinge über die Gurgel, stemmte sich mit den Händen links und rechts davon auf seine Waffe und drückte mit seinem ganzen Gewicht und seiner ganzen Kraft zu. Der Mann unter ihm schlug wirbelnd mit den Armen um sich, während Bewaffneter Skorpion den Kopf hob, um zur Pyramide, zu den Edelleuten hinaufzublicken.

Ahuítzotl, Nezahualpíli, Chimalpopóca und die anderen auf der Terrasse beratschlagten, was zu tun sei; ihre Gesichter verrieten Bewunderung und Fassungslosigkeit. Dann trat Ahuítzotl an den Rand der Terrasse und vollführte mit der Hand eine in die Höhe gehende Bewegung. Bewaffneter Skorpion lehnte sich zurück und nahm sein Maquáhuitl von der Gurgel des gestürzten Gegners. Dieser setzte sich zitternd auf, rieb sich den Hals und machte ein fassungsloses und verlegenes Gesicht zugleich. Er und Bewaffneter Skorpion wurden zusammen auf die Terrasse hinaufgebracht. Ich begleitete sie und strahlte vor Stolz über meinen Geliebten Sohn. Ahuítzotl sprach zu ihm:

»Bewaffneter Skorpion, Ihr habt etwas Unerhörtes vollbracht. Ihr habt unter größerer Behinderung auf dem Schlachtstein um Euer Leben gekämpft als je ein Kämpfer zuvor, und Ihr habt gewonnen. Eure Stelle als Xochimíqui für das erste Opfer wird dieser Maulheld einnehmen, den Ihr als letzten besiegt habt. Ihr seid frei und könnt heimkehren nach Texcála.«

Mit Entschiedenheit schüttelte Bewaffneter Skorpion den Kopf. »Selbst wenn ich meine Beine gebrauchen und zu Fuß nach Hause gehen könnte, Verehrter Sprecher, ich würde es nicht tun. Einem Mann, der einmal Gefangener eines anderen geworden ist, ist es von seinem Tonáli und den Göttern bestimmt zu sterben. Ich würde nur Schande über meine Familie, über meine Ritterkameraden, ja, über ganz Texcála bringen, kehrte ich ehrlos und lebendig zurück. Nein, Hoher Gebieter, ich habe bekommen, was ich begehrte – einen letzten Kampf – und es war ein guter Kampf. Laßt Euren Adlerritter am Leben. Ein linkshändiger Krieger ist zu selten und zu kostbar, als daß man ihn einfach verschwenden könnte.«

»Wenn Ihr das wünscht«, erklärte der Uey-Tlatoáni, »bleibt er am Leben. Wir sind bereit, Euch jeden anderen Wunsch zu erfüllen. Ihr braucht ihn nur auszusprechen.«

»Dann wünsche ich, daß man mir jetzt gestatte, den Blumentod zu finden und in die Gegenwelt der Krieger einzugehen.«

»Gewährt«, sagte Ahuítzotl, um dann noch großmütig hinzuzufügen: »Es wird dem Verehrten Sprecher Nezahualpili und mir eine Ehre sein, Euch persönlich hinaufzutragen.«

Bewaffneter Skorpion ergriff nur noch einmal das Wort, und zwar richtete er es an denjenigen, der ihn zum Gefangenen gemacht hatte, also an mich. Wie es der Brauch war, fragte er: »Hat mein Verehrter Vater eine Botschaft, von der er möchte, daß ich sie den Göttern übermittle?«

Ich lächelte und sagte: »Jawohl, mein Geliebter Sohn. Sagt den Göttern, ich hätte nur den einen Wunsch, daß Euch im Tode vergolten werde, was Ihr im Leben verdient habt. Daß Euch für immer und ewig das reichste aller Nachleben vergönnt sein möge.«

Er nickte. Die Arme den zwei Verehrten Sprechern um die Schultern gelegt, wurde er die letzten Stufen bis zum Steinblock emporgetragen. Die versammelten Priester, die sich kaum fassen konnten darüber, wie günstig und nur Gutes verheißend die Ereignisse im Zusammenhang mit diesem ersten Opfer des Tages verlaufen waren, gaben sich besonders viel Mühe, die Weihrauchfässer zu schwenken, die Urnenfeuer farbig aufsprühen zu lassen und ihre Götterbeschwörungen zu singen. Dem Krieger Bewaffneter Skorpion wurden noch zwei allerletzte Ehren zuteil. Ahuítzotl persönlich ließ das Obsidianmesser herniederfahren. Das herausgerissene Herz wurde an Nezahualpili übergeben, welcher es mit einer Kelle in den Tempel des Huitzilopóchtli hineintrug und dort dem Gott in den aufgerissenen Mund füllte.

Damit endete meine persönliche Teilnahme an den Feierlichkeiten, zumindest bis zum Festgelage am Abend, und so stieg ich von der Pyramide hinunter und nahm irgendwo an der Seite Aufstellung. Nach der Opferung von Bewaffneter Skorpion war alles andere eher enttäuschend – nur freilich nicht die überwältigende Menge der Opfer: Tausenden von Xochimíque, mehr denn je an einem einzigen Tag, wurde der Blumentod gewährt.

Ahuítzotl beförderte das Herz des zweiten Gefangenen mit der Kelle in den Mund des Tlaloc-Standbilds, dann stiegen er und Nezahualpíli gemeinsam wieder hinunter zu der die Pyramide umlaufenden Terrasse. Sie und die anderen Herrscher traten gleichfalls beiseite, um nicht im Wege zu sein, und als sie es müde wurden, dem Fortgang der Opferungen zuzusehen, unterhielten sie sich müßig über eben jene Dinge, über die Verehrte Sprecher nun einmal reden. Inzwischen rückten die drei Reihen von Gefangenen langsam auf den Prachtstraßen voran, bis sie auf Das Herz Der Einen Welt gelangten, dann weiter zwischen den Schulter an Schulter gedrängt dastehenden Zuschauermengen und stiegen einer hinter dem anderen die Pyramidentreppe hinauf.

Die Herzen der ersten Xochimíque – vielleicht die ersten zweihundert – wurden feierlich und mit der Kelle in die Münder von Huitzilopóchtli und Tlaloc hineingefüllt, bis das hohle Innere der Standbilder keine Herzen mehr faßte und das Blut von den Lippen der Götter herunterrann und -tropfte. Selbstverständlich verwesten die in die Höhlungen der Götterbilder hineingestopften Herzen mit der Zeit, schrumpften zu einem schmierigen Brei zusammen und machten Platz für mehr. Da den Priestern an diesem Tag jedoch eine Überfülle von Herzen zur Verfügung stand, wurden die später herausgerissenen in bereitstehende Schalen geworfen. Als diese gefüllt waren und von noch dampfenden und bisweilen noch zuckenden Herzen überzulaufen drohten, hoben Unterpriester sie auf und eilten die Große Pyramide hinunter, über den Großen Platz und durch die Straßen auf der ganzen Insel und lieferten den Überfluß an jede andere Pyramide, Tempel und Götterstandbild sowohl in Tenochtítlan als auch in Tlaltelólco – und am späteren Nachmittag auch noch an die Tempel in den Städten auf dem Festland.

Endlos rückten die Gefangenen auf der rechten Pyramidentreppe weiter nach oben, während die aufgeschnittenen Leichen ihrer Vorgänger die linke Treppe hinunterrollten und -rutschten und von Jungpriestern, die in gewissen Abständen daneben aufgestellt worden waren, weiter hinuntergestoßen wurden und in der Rinne zwischen den Treppen ein ständiger Blutstrom herunterfloß, der zu Füßen der Zuschauer unten auf dem Großen Platz große Lachen bildete. Nach den ersten zweihundert Xochimíque etwa gaben die Priester jede Mühe auf, den Anschein einer feierlichen Handlung aufrechtzuerhalten. Sie stellten die Weihrauchgefäße, Banner und heiligen Zeremonialstäbe beiseite, hörten mit den Beschwörungen auf und arbeiteten hastig und gleichmütig wie Garausmacher auf dem Schlachtfeld – was bedeutete, daß sie auch nicht mehr sauber arbeiteten.

Das hastige Einfüllen der Herzen in die Standbilder hatte das Innere beider Tempel mit Blutspritzern übersät, bis Wände und Boden, ja, sogar die Decke mit einer dicken Schicht trocknenden Bluts überzogen waren. Was an Blut nicht haften blieb, rann zur Tür hinaus, während vom Opferstein mehr und immer noch mehr Blut herunterlief, bis die ganze Plattform schlüpfrig geworden war. Hinzu kam, daß viele Gefangene, mochten sie noch so gelassen ihrem Schicksal entgegensehen, in dem Augenblick, da sie sich auf den Stein legten und das Messer erwarteten, unwillkürlich ihre Blase oder auch ihren Darm entleerten. Die Priester – die am Morgen wie üblich in ihre geierhaften Gewänder gekleidet und mit strähnigem Haar und ungewaschener Haut angetreten waren – waren längst zu sich bewegenden roten und braunen Klumpen aus geronnenem Blut, getrocknetem Schleim und Kot geworden.

Am Fuß der Pyramide waren die Fleischzerteiler mit der gleichen rasenden Eile und Unachtsamkeit am Werk. Bewaffnetem Skorpion und einer Anzahl von anderen Texcaltéca-Rittern hatten sie die Köpfe abgeschnitten, die gekocht wurden, bis nur die Totenschädel übrigblieben; diese sollten später auf dem Schädelgerüst auf dem Großen Platz aufgestellt werden, das der Erinnerung an besonders erlauchte Xochimíque diente. Von denselben Leichen hatten sie auch die Schenkel abgetrennt, welche für den abendlichen Festschmaus der siegreichen Krieger gesotten werden sollten. Als jedoch mehr und immer mehr Leichen zu ihnen heruntergerutscht kamen, schnitten die Fleischzerteiler nur noch die besten Leckerbissen heraus, welche an die Tiere des am Großen Platz gelegenen Tierhauses verfüttert, eingesalzen oder geräuchert und für spätere Verfütterung an die Tiere oder völlig mittellose oder herrenlose Sklaven aufgehoben wurden, die kamen und um solche Essensgaben bettelten.

Die verstümmelten Leichen wurden von den Schlächtergehilfen eilends zum nächsten Kanal getragen – jenem, der unter der Prachtstraße nach Tepeyáca hindurchfloß – und dort in große bereitstehende Frachtkanus geworfen, die, wenn sie voll waren, sogleich verschiedene Stellen des Festlandes ansteuerten: die Blumengärtnereien von Xochimílco, die Obstgärten und Gemüsefelder rund um die Seen, wo die Leichen vergraben wurden und als Dünger dienten. Ein einzelnes kleineres Acáli begleitete eine jede Flotte von Flachbooten. Dieses Boot beförderte Jadestücke und -splitter – Stücke, die zu klein waren, sie anderweitig zu verwenden –, von denen jedem der Toten eines in den Mund oder in die Faust geschoben wurde, ehe man ihn begrub. Wir haben unseren besiegten Feinden niemals diesen Talisman aus grünem Stein vorenthalten, welcher notwendig war, um in die Gegenwelt Einlaß zu finden.

Und immer noch rückte die Prozession der Gefangenen weiter. Vom Gipfel der Großen Pyramide floß eine Mischung aus Blut und anderen Substanzen in solchen Strömen herunter, daß die Blutrinne zwischen den beiden Treppen sie nicht mehr fassen konnte. Sie wälzte sich wie ein träger, schreckenerregender Wasserfall die steilen Stufen selbst hinunter, rann zwischen den herunterrutschenden Leichen in die Tiefe, umfloß die Füße der Männer, die nach oben vorrückten, so daß viele von ihnen ausglitten und stürzten. Sie rann die vier glatten Seiten der Pyramide selbst herunter und breitete sich über die ganze Fläche des Herzens Der Einen Welt aus. Am Morgen hatte die Große Pyramide wie der schneebedeckte, ebenmäßig nach oben sich verjüngende Kegel des Popocatépetl geschimmert. Am Nachmittag sah sie aus wie eine Platte, vollgehäuft mit Geflügelbrüsten, über welche der Koch reichlich eine dicke rote Molí-Sauce gegossen hatte. Sie sah aus wie das, was sie war: ein reichliches Mahl für die Götter mit großem Appetit.

»Ein Greuel, Euer Exzellenz?«

Was Euch entsetzt und mit Abscheu erfüllt, glaube ich, ist die große Zahl der Männer, denen auf einmal der Tod gegeben wurde. Doch wie, Euer Exzellenz, wollt Ihr den Tod messen, der nichts Greifbares ist, sondern eine Leere? Wie wollt Ihr das Nichts mit irgendeiner der Arithmetik bekannten Zahl multiplizieren? Wenn auch nur ein einzelner Mensch stirbt, endet – was ihn selbst betrifft – das ganze lebende Universum. Jeder andere Mann und jede andere Frau in diesem Universum hören gleichfalls auf zu sein; Menschen, die man liebt, und Fremde, jegliche Kreatur, Blume, Wolke, jeder Windhauch, jede Empfindung und alles Gefühl. Euer Exzellenz, die Welt und alles, was darin ist, stirbt jeden Tag für jemand.

Doch welche dämonischen Götter, fragt Ihr, könnten es gutheißen, so viele Menschen in einem einzigen wahllosen Gemetzel zu vernichten? Nun, Euer eigener Gott, zum Beispiel . . .

Nein. Euer Exzellenz, ich glaube nicht, daß ich Gott lästere. Ich wiederhole nur, was mir die Missions-Patres erzählt haben, welche mich in den Grundlagen der christlichen Geschichte unterwiesen haben. Sofern sie die Wahrheit gesprochen haben, war Euer Herrgott einmal höchst ungehalten über die zunehmende Verworfenheit der Menschen, die Er geschaffen hatte, und so ließ Er sie *alle* in einer einzigen Sintflut ertrinken. Nur einen einzigen Bootsbesitzer und seine Familie verschonte er, auf daß sie die Erde wieder bevölkerten. Ich habe immer gefunden, daß der Herrgott eine höchst seltsame Auswahl unter den Menschen getroffen hat, denn dieser Bootsbesitzer neigte zur Trunksucht und seine Söhne zu einem Benehmen, welches Ihr für sehr merkwürdig erachten würdet, und ihre Nachkommen zu Streit und Nebenbuhlerei.

Auch unsere Welt ist einst samt allen Menschen vernichtet worden – und das gleichfalls, darauf möchte ich besonders hinweisen, durch eine furchtbare Überschwemmung –, damals, als die Götter unzufrieden wurden mit den Menschen, die sie bewohnten. Aber vielleicht gehen unsere Geschichten weiter zurück als Eure, denn unsere Priester sagten uns, diese Welt sei schon bei drei früheren Gelegenheiten von allen Menschenwesen gereinigt worden: das erste Mal von alles verschlingenden Jaguaren, das zweite Mal von alles zerstörenden Sturmwinden und das dritte Mal von Feuer, das vom Himmel regnete. Diese Weltuntergänge lagen selbstverständlich Schocks und Schocks von Jahren auseinander, und selbst zur letzten, der großen Flut, kam es vor so langer Zeit, daß nicht einmal die Tlamatíni genau zu errechnen vermögen, wann das war.

Die Götter haben also viermal unsere Eine Welt geschaffen und mit Menschen bevölkert, und viermal haben sie ihre Schöpfung als mißlungen angesehen, sie wieder ausgelöscht und einen neuen Anfang gemacht. Wir hier, jetzt, alle die wir leben, stellen den fünften Versuch der Götter dar. Doch laut den Priestern leben wir deshalb nicht weniger gefährlich als irgendwelche von jenen früheren Unglücklichen, denn eines Tages werden die Götter beschließen, der Welt und allem darin nochmals ein Ende zu setzen – durch ein alles vernichtendes Erdbeben.

Kein Mensch kann wissen, wann sie das tun werden. Wir in diesen Landen hier haben es immer für möglich gehalten, daß es während jener fünf hohlen Tage am Ende eines Jahres zu diesen Erdbeben kommen könnte, und das ist auch der Grund, warum wir uns bemüht haben, uns in diesen Tagen so unauffällig wie möglich zu verhalten. Noch wahrscheinlicher schien es, daß es am Ende des bedeutsamsten der Jahre – dem zweiundfünfzigsten Jahr eines Schocks Jahre – zum Weltuntergang kommen würde. Daher haben wir uns in jenen Zeiten erniedrigt, haben ums Überleben gebetet, haben noch größere Opfer dargebracht als sonst und das Neufeuerfest feierlich begangen.

Genauso wie wir nicht wußten, wann wir die weltverschlingenden Erdbeben erwarten sollten, wußten wir auch nicht, wodurch die früheren Menschen auf Erden sich den Zorn der Götter in Form von Jaguaren, Sturmwinden, Feuer und Wasserflut zugezogen hatten. Immerhin schien es nicht falsch, anzunehmen, daß diese Menschen es verabsäumt hatten, ihre Schöpfer gebührend zu verehren und zu ehren und ihnen Nahrung zum Opfer darzubringen. Das ist der Grund, warum wir zu unserer Zeit unser bestes taten, in dieser Hinsicht nicht lässig zu sein.

Jawohl, aus diesem Grunde haben wir an dem Tag, da die Große Pyramide geweiht wurde, zu Ehren von Tlaloc und Huitzilopóchtli zahllose Xochimíque getötet. Aber versucht doch einmal, es so zu sehen, wie wir es taten, Euer Exzellenz. Kein einziger Mensch gab mehr als sein eigenes Leben. Jeder einzelne von diesen Tausenden starb nur einmal – was er, wenn seine Zeit gekommen wäre, ohnehin getan haben würde. Indem er auf diese Weise starb, starb er auf die edelste Art und für den edelsten Zweck, den wir kannten. Wenn ich diese Missions-Patres noch einmal anführen darf, Euer Exzellenz – wenn ich auch den genauen Wortlaut dessen, was sie sagten, nicht mehr weiß –, jedenfalls scheint es unter Christen eine ähnliche Überzeugung zu geben. Daß nämlich ein Mensch seine Liebe durch nichts mehr beweisen kann als dadurch, daß er sein Leben für seine Freunde hingibt.

Dank der Unterweisung durch eure Missionare wissen wir Mexíca heute, daß wir, selbst wenn wir die richtigen Dinge taten, wir diese doch aus den falschen Gründen taten. Ich bedaure nur, Euer Exzellenz darauf hinweisen zu müssen, daß es noch andere Völker in diesen Landen gibt, die bis jetzt noch nicht unterworfen und dem Herrschaftsgebiet Neuspaniens einverleibt worden sind, und daß diese Nichterleuchteten dort immer noch glauben, ein Opfer erleide nur kurz den Schmerz des Blumentodes, ehe es in ein köstliches und ewiges Leben in der Gegenwelt eingeht. Diese Menschen wissen nichts von dem christlichen Herrgott, der das Elend unseres kurzen Lebens nicht nur auf unser Erdendasein beschränkt, sondern es auch noch in der Gegenwelt der Hölle fortdauern läßt, wo die Pein ewiglich währt.

Ach, Euer Exzellenz, ich weiß, daß die Hölle nur für die Menge der bösen Menschen bestimmt ist, welche die ewige Pein verdienen, und daß ein paar auserwählte Gerechte in die Himmel genannte ewige Herrlichkeit eingehen. Freilich predigen eure Missionare, daß im glückseligen Himmel nur wenig Raum sei, selbst für Christen, und daß es schwierig sei, dorthin zu gelangen, wohingegen die schreckliche Hölle gewaltig groß sei und man leicht hineinkomme. Ich habe seit jenem, bei dem ich bekehrt worden bin, vielen Gottesdiensten und Missionsveranstaltungen beigewohnt und bin seither zu der Überzeugung gelangt, daß das Christentum für die Heiden wesentlich reizvoller wäre, wenn die Priester Eurer Exzellenz imstande wären, die Herrlichkeiten des Himmels genauso lebendig und genußvoll auszumalen wie die Schrecken der Hölle.

Offenbar verspüren Euer Exzellenz keinerlei Lust, sich meine unerbetenen Vorschläge anzuhören, nicht einmal, um sie zurückzuweisen oder über sie zu disputieren; Sie ziehen es vielmehr vor, sich zu verabschieden. Nun ja, ich bin nur ein Neu-Christ, und vermutlich ist es anmaßend von mir, unausgereifte Meinungen von mir zu geben. Deshalb will ich das Thema Religion fallenlassen und von anderen Dingen reden.

Dem Festschmaus der Krieger, welcher im Bankettsaal eben dieses Hauses des Gesangs am Abend der Einweihung der Großen Pyramide gegeben wurde, haftete zwar einige religiöse Bedeutung an, doch das fiel nicht sonderlich ins Gewicht. Man glaubte, wenn wir Sieger uns an den gesottenen Schenkeln der geopferten Gefangenen gütlich täten, dadurch etwas von der Kraft und dem Kampfgeist der Toten auf uns überginge. Verboten war, daß ein »Verehrter Vater« vom Fleisch seines eigenen »Geliebten Sohnes« aß. Das heißt, niemand konnte von einem Gefangenen kosten, den er selbst gemacht hatte, denn das galt nach unseren religiösen Vorstellungen als ein Akt der Blutschande. Deshalb mußte ich, während alle anderen Gäste trachteten, eine Scheibe von Bewaffnetem Skorpion zu ergattern, mich mit dem Schenkelfleisch irgendeines weniger angesehenen gegnerischen Ritters zufriedengeben.

Das Fleisch, ehrwürdige Patres? Nun, es war gut gewürzt und gut gesotten und wurde mit einer Fülle von Beilagen aufgetragen: Bohnen und Tortillas, gedünsteten Tomaten und Schokolade zum Trinken.

Das Fleisch ekelerregend, ehrwürdige Patres? Aber ganz im Gegenteil! Es ist höchst wohlschmeckend und dem Gaumen angenehm. Da dieses Thema eure Neugier dermaßen erregt, will ich euch sagen, daß Menschenfleisch fast genauso schmeckt wie das Fleisch von jenem Tier, welches ihr Schwein nennt und das erst mit euch hierhergekommen ist. Wirklich, es ist ja gerade die Ähnlichkeit von Beschaffenheit und Geschmack, welche dem Gerücht Nahrung gegeben hat, ihr Spanier und eure Schweine seien nahe miteinander verwandt, so daß sowohl die Spanier als auch die Schweine ihre Art durch wechselseitigen Verkehr, wo nicht gar durch regelrechte Heirat fortpflanzen.

Yya, zieht doch nicht ein solches Gesicht, ehrwürdige Patres! Ich habe diesem Gerücht nie Glauben geschenkt, habe ich doch erkannt, daß eure Schweine nichts weiter sind als gezähmte Tiere, die den wilden Ebern dieses Landes nahestehen, und ich kann mir nicht vorstellen, daß ein Mensch sich mit denen paaren könnte – nicht einmal ein Spanier. Selbstverständlich, euer Schweinefleisch ist sehr viel wohlschmeckender als das streng schmeckende, zähe Fleisch unserer wilden Eber. Nur ist die zufällige Ähnlichkeit zwischen Menschenfleisch und Schweinefleisch vermutlich der Grund, warum unsere niederen Schichten sich so rasch daran gewöhnt haben, Schweinefleisch mit solcher Gier zu genießen; und wahrscheinlich ist das auch der Grund dafür, warum sie die Einfuhr der Schweine mit weit größerer Begeisterung begrüßten als die Einführung der Heiligen Kirche.

Es war selbstverständlich nur gerecht, daß die Mehrheit der Gäste beim Festschmaus an diesem Abend aus Acólhua-Kriegern bestand, welche in Nezahualpílis Gefolge nach Tenochtítlan gekommen waren. Daneben nahmen auch noch ein paar wenige Ritter der Tecpanéca teil und von uns Mexíca überhaupt nur drei: ich, mein unmittelbarer Vorgesetzter draußen im Feld, der Cuachic Blut Schwelger, und der Pfeilritter Xococ. Einer von den anwesenden Acólhua war eben jener Krieger, dem in der Schlacht die Nase abgeschlagen worden war, welche man ihm später wieder angenäht hatte. Traurig berichtete er uns, daß der Versuch des Wundarztes nicht erfolgreich verlaufen sei; die Nase sei nach und nach schwarz geworden und schließlich abgefallen. Wir alle versicherten ihm, daß er ohne sie nicht wesentlich schlechter aussähe als zuvor mit ihr, doch er war ein mannhafter Mann, der wußte, was sich gehörte, und nahm ein wenig abseits von uns anderen Platz, um uns nicht den Appetit zu verderben.

Jedem einzelnen Gast war eine verführerisch gekleidete Auyaními zugeteilt, uns besondere Leckerbissen von den Platten zu reichen, die Rauchröhrchen mit Picíetl zu füllen und sie für uns anzuzünden, Schokolade und Octli an uns auszuschenken und sich später in die durch Vorhänge abgeteilten kleinen Schlafgemächer mit uns zurückzuziehen, welche rings um den Bankettsaal angeordnet waren. Gewiß, ich erkenne den Unmut auf euren Gesichtern, meine Herren Schreiber, aber so war es nun einmal. Der Festschmaus mit Menschenfleisch und hinterher der Genuß eines zwanglosen Beischlafs – beides hat genau hier stattgefunden, in diesem Haus des Gesangs, in dem heute die heilige Diözesanverwaltung untergebracht ist.

Zuletzt zog ich mich – übrigens keineswegs zögernd, was vielleicht auf den Octli-Genuß zurückzuführen war – mit einer der Auyaníme in eines der Schlafgemächer zurück. Ich weiß noch, daß sie eine äußerst reizvolle junge Frau war, welche ihr Haar künstlich rötlichgelb wie die Farbe des Zirkonsteins gefärbt hatte. Sie war ganz besonders tüchtig in dem, was sie tat, aber schließlich war das ihr Beruf: siegreichen Kriegern Lust zu schenken. Daher brachte sie mir, abgesehen von den üblichen Stellungen, auch noch Dinge bei, die mir völlig neu waren, und ich muß sagen, daß nur ein Krieger in der vollsten jungen Lebenskraft und mit seiner ganzen Wendigkeit das lange hätte durchhalten können – oder sie hätte lange ertragen können. Um es ihr zu vergelten, »streichelte ich sie mit Blumen«, das heißt, ich ließ ihr die gleichen Zärtlichkeiten zuteil werden, die ich während der Verführung von Etwas Köstlichem kennengelernt hatte. Offensichtlich genoß die Auyaníme diese Aufmerksamkeiten sehr und wußte sich ihrerhalb kaum zu fassen. Da sie immer und ausschließlich Männern – und zumeist recht rohen Männern – beiwohnte, hatte sie diese besonderen Reize zuvor nie kennengelernt, und ich glaube, sie war erfreut, diese hinzuzulernen und ihr eigenes Können damit anzureichern.

Gesättigt von Geschlechtsgenuß, Essen und Trinken und Rauchen, hatte ich das Bedürfnis, eine Weile allein zu sein. Schwaden verbrauchter Luft hingen träge im Festsaal, und das Gemisch von Gerüchen wie Essensresten, Männerschweiß und ausgegangenen Fackeln brachte mich nun doch dazu, daß ich ein unwohles Gefühl im Magen hatte. Ich verließ das

Haus des Gesangs und bewegte mich auf unsicheren Beinen auf das Herz Der Einen Welt zu. Dort wurde meiner Nase ein womöglich noch ekligerer Geruch zugemutet, und mein Magen kehrte sich mir um. Auf dem Großen Platz wimmelte es von Sklaven, die überall das erstarrte Blut fortkratzten und -scheuerten. Daher ging ich außen um die Schlangenmauer herum und fand mich plötzlich vor der Tür des Tierhauses wieder, das ich vor vielen Jahren mit meinem Vater besucht hatte.

Eine Stimme sagte: »Es ist nicht verschlossen. Die Insassen sitzen alle in ihren Käfigen; außerdem haben sie sich alle den Bauch vollgeschlagen und sind satt. Wollen wir hineingehen?«

Selbst um diese späte Stunde, lange nach Mitternacht, war ich kaum überrascht, ihn zu sehen: den gebeugten buckligen und verhutzelten kakaobraunen Mann, der auch damals im Tierhaus bei uns gewesen und auch zu anderen Zeiten meinen Pfad gekreuzt hatte. Schwerzüngig murmelte ich einen Gruß, und er sagte:

»Nachdem wir einen Tag Feste und Freude der Menschen genossen haben, laß uns mit jenen Zwiesprache halten, die wir Tiere nennen.«

Ich folgte ihm hinein, und wir schlenderten den Gang an den Käfigen und Verschlägen entlang. Alle Raubtiere waren vom übermäßigen Genuß des Fleisches der Opfer gesättigt, doch hatte das unablässig rinnende Wasser fast alle Spuren und damit auch den Geruch davon hinweggespült. Hier und da machte ein Kojote oder Jaguar oder eine der großen Würgschlangen, die ihr Boa Constrictor nennt, schläfrig ein Auge auf, um es gleich darauf wieder zu schließen. Nur ein paar von den Nachttieren waren noch wach – Fledermäuse, Opossums, Brüllaffen –, aber auch sie waren träge und gaben nur leise glucksende oder knurrende Laute von sich.

Nach einer Weile sagte mein Begleiter: »Du hast es weit gebracht in so kurzer Zeit, Hole!«

»Mixtli«, verbesserte ich ihn.

»Dann also wieder Mixtli. Jedesmal, wenn ich dich wiedertreffe, hast du einen anderen Namen und einen anderen Beruf. Du bist wie das Quecksilber, das die Goldschmiede benutzen. Anpassungsfähig an jede Form, und doch nicht lange in irgendeiner zu halten. Nun, jetzt hast du im Krieg deine Erfahrung als Krieger gemacht. Wirst du jetzt den Beruf des Kriegers ergreifen?«

»Selbstverständlich nicht«, erklärte ich. »Ihr wißt, daß meine Augen dazu nicht taugen. Und ich glaube, auch sonst macht mein Magen da nicht mit.«

Er zuckte mit den Achseln. »Ach, nach ein paar Kämpfen schafft ein Krieger sich ein dickes Fell an, und sein Magen wehrt sich auch nicht mehr.«

»Ich meinte nicht den Kampf, sondern die Feiern hinterher. Im Augenblick fühle ich mich ganz . . .« Ich rülpste laut.

»Zum erstenmal betrunken«, sagte er und lachte. »Aber auch daran gewöhnt ein Mann sich, glaub mir. Oft gewinnt er sogar Vergnügen daran, ja, braucht es sogar.«

»Das möchte ich lieber nicht«, sagte ich. »Ich habe in der letzten Zeit zu viele erste Erfahrungen nacheinander gemacht. Jetzt möchte ich lieber eine Zeitlang Ruhe haben und keine Zwischenfälle, Aufregungen und unliebsamen Überraschungen erleben. Ich glaube, ich kann Ahuítzotl bewegen, mich als Palastschreiber einzustellen.«

»Papiere und Farbtöpfe«, sagte er abschätzig. »Mixtli, das sind Dinge, die du tun kannst, wenn du erst einmal so alt und hinfällig bist wie ich. Heb dir das für die Zeit auf, wo du nur noch die Kraft hast, deine Gedanken und Erinnerungen festzuhalten. Bis dahin solltest du trachten, Abenteuer zu erleben und Erfahrungen zu sammeln, um auch etwas zu haben, worüber sich nachzudenken lohnt. Ich kann dir nur raten, jetzt Reisen zu unternehmen. Ziehe in ferne Länder, lerne andere Menschen kennen, iß fremdartige Gerichte, genieße alle möglichen Frauen, erfreue dich an unbekannten Landschaften, erlebe Neues. Was mich übrigens an etwas erinnert – als wir das letztemal hier waren, hast du die Tequántin nicht zu sehen bekommen. Komm!«

Er stieß eine Tür auf, und wir betraten die Halle der »menschlichen Tiere«, der Mißgeburten und Krüppel. Diese waren nicht in Käfige eingesperrt wie die echten Tiere. Ein jedes lebte in einem Raum, der ein ganz behagliches kleines Privatgemach gewesen wäre – nur, daß die vierte Wand fehlte und die Zuschauer wie wir hineinschauen und die Tequántin bei allen Tätigkeiten beobachten konnten, auf die sie verfielen, um ihr nutzloses Leben und ihre leeren Tage hinzubringen. Um diese nächtliche Stunde hatten alle, an denen wir vorüberkamen, sich auf ihrem Lager ausgestreckt. Da waren die ganz weißen Männer und Frauen – mit weißer Haut und weißem Haar –, die so ungreifbar aussahen wie der Wind. Da waren Zwerge und Bucklige, und andere, womöglich noch mißgestaltetere Wesen.

»Wie kommen sie eigentlich hierher?« fragte ich mit rücksichtsvoll leiser Stimme.

Ohne sich die Mühe zu machen, die Stimme zu senken, sagte der alte Mann: »Wenn sie durch irgendeinen Unglücksfall zu ihrem grotesken Aussehen gekommen sind, kommen sie aus freien Stücken hierher. Oder wenn sie schon als Mißgeburten auf die Welt kommen, werden sie von ihren Eltern hierhergebracht. Verkauft so ein Tequáni sich selbst, geht die Kaufsumme an seine Eltern oder sonst jemand, den er benennt. Und was die Bezahlung betrifft, läßt der Verehrte Sprecher sich nicht lumpen. Es gibt Eltern, die buchstäblich darum beten, eine Mißgeburt zu bekommen, um reich werden zu können. So ein Tequáni selbst hat selbstverständlich keine Verwendung für irgendwelche Reichtümer, denn hier fehlt es ihm für den Rest seines Lebens an nichts. Aber manche von ihnen, die ganz besonders wunderlich Mißgestalteten, kosten ein Vermögen. Dieser Zwerg zum Beispiel.«

Der Zwerg schlief, und ich war recht froh, ihn nicht wach zu sehen, denn er hatte nur einen halben Kopf. Von seinem Oberkiefer mit den nach allen Seiten abstehenden Zähnen bis hinunter zu seinem Schlüsselbein klaffte ein riesiges Loch – kein Unterkiefer, keine Haut, nichts als eine freiliegende weiße Luftröhre, rote Muskeln, Blutgefäße und der Schlund, letzterer nur eine Öffnung hinter seinen Zähnen und zwischen den aufgedunsenen kleinen Eichhörnchenbacken. Die grauenhafte Kopfhälfte zurückgeworfen, lag er da, und sein Atem ging mit lautem Gurgeln und Pfeifen.

»Er kann weder kauen noch schlucken«, erklärte mein Führer, »deshalb muß ihm seine Nahrung den oberen Teil seines Schlundes hinuntergestopft werden. Und da er den Kopf so weit zurückbiegen muß, wenn er gefüttert wird, kann er nicht sehen, was man ihm gibt. Viele Besucher spielen ihm grausame Streiche. Sie geben ihm eine stachlige Frucht oder ein starkes Abführmittel und noch Schlimmeres. Es ist schon häufig vorgekommen, daß er fast gestorben wäre, aber er ist so gierig und so beschränkt, daß er den Kopf immer noch zurückwirft, sobald jemand ihm zu verstehen gibt, daß er ihn füttern will.«

Mich schauderte, und wir gingen weiter zum nächsten. Der Tequáni, der dort lag, schien nicht zu schlafen, denn eines seiner Augen stand offen. Dort, wo das andere Auge hätte sitzen müssen, war nichts weiter zu sehen als ein Stück glatter Haut. Der Kopf war unbehaart, ja, schien nicht einmal einen Hals aufzuweisen; der Kopf ging sofort in die schmalen Schultern über und von dort aus in einen ausladenden, kegelförmigen Oberkörper, der auf seinem geschwollenen Unterleib saß wie eine Pyramide, denn er hatte keine Beine. Die Arme waren ganz normal, nur, daß die Finger beider Hände zusammengewachsen schienen wie die Schwimmflossen einer grünen Schildkröte.

»Man nennt sie Tapir-Frau«, sagte der kakaobraune Mann, und ich bedeutete ihm mit einer Geste, doch leiser zu sprechen. »Ach, die guten Manieren können wir hier fahren lassen«, sagte er. »Vermutlich schläft sie tief und fest. Das eine Auge ist für immer zugewachsen, und das andere hat keine Lider mehr. Außerdem gewöhnen diese Tequántin sich daran, daß man laut über sie redet.«

Ich hatte keinerlei Lust, mich über dieses bemitleidenswerte Wesen zu unterhalten. Ich begriff, warum es nach dem Tier mit dem Greifrüssel, dem Tapir, benannt war, denn seine Nase war ein rüsselartiges Stück Fleisch, welches ihm vorm Mund baumelte, falls es überhaupt einen Mund hatte. Daß es eine Frau war, würde ich freilich nicht erkannt haben, hätte man es mir nicht gesagt. Der Kopf war nicht der einer Frau, ja, er hatte überhaupt nichts Menschliches. Von irgendwelchen Brüsten war in den teigigen Fleischwülsten, welche seine unbewegliche Pyramide von Körper darstellten, nichts zu erkennen. Mit dem Auge, das sie nie schließen konnte, starrte sie mich an.

»Der Zwerg ohne Kinn ist schon in seiner Mißgestalt zur Welt gekommen«, sagte mein Führer. »Diese hier jedoch war eine erwachsene Frau, ehe sie bei irgendeinem Unfall so grauenhaft verstümmelt wurde. Da sie keine Beine mehr hat, nimmt man an, daß irgendein Schneidewerkzeug mit dem Unfall zu tun hatte; alles andere deutet aber auch auf Feuer hin. Fleisch verbrennt im Feuer nicht immer gleich, weißt du. Manchmal wird es nur schlaff, fließt auseinander und schmilzt, so daß man es formen kann wie . . .«

Mein immer noch empfindlicher Magen verkrampfte sich, und ich sagte: »Habt Erbarmen! Sprecht nicht so vor ihm! Vor *ihr!*«

»*Ihr?*« gluckste der Mann, als belustige ihn das. »Du bist doch unverbesserlich ritterlich Frauen gegenüber, habe ich recht?« Nahezu anklagend zeigte er auf mich. »Du kommst gerade aus den Armen einer wunderschönen *sie.*« Dann zeigte er auf die Tapir-Frau. »Wie würde es dir gefallen, dich mit diesem Wesen hier zu paaren, das du *sie* nennst?«

Allein der Gedanke daran machte es mir unmöglich, meinen Ekel weiter zu unterdrücken. Ich klappte zusammen und erbrach vor diesem monströsen Haufen lebenden Fleisches alles, was ich an diesem Abend gegessen und getrunken hatte. Als ich endlich ganz leer und wieder zu Atem gekommen war, warf ich dem starrenden Auge einen entschuldigenden Blick zu. Ob das Auge wach war oder nur tränte, weiß ich nicht – auf jeden Fall rollte eine einzelne Träne davon herunter. Mein Führer war verschwunden, und ich holte ihn auch nicht wieder ein, als ich durch das Tierhaus zurückging und wieder hinaustrat ins Freie.

Doch das sollte nicht das einzig Unerquickliche bleiben, was diese Nacht, die mittlerweile in den Morgen überging, für mich bereithielt. Als ich beim Portal von Ahuítzotls Palast anlangte, sprach die Wache mich an: »Verzeiht, Tequíua Mixtli, aber der Wundarzt des Palastes wartet auf Euch. Würdet Ihr bitte bei ihm vorbeischauen, ehe Ihr Euch auf Eure Gemächer begebt?«

Die Wache führte mich zur Wohnung des Wundarztes. Ich klopfte und fand ihn voll angekleidet vor. Die Wache grüßte uns beide und kehrte dann auf ihren Posten zurück. Der Wundarzt betrachtete mich mit einer Mischung aus Neugier, Mitleid und ärztlicher Überheblichkeit. Einen Augenblick meinte ich, er wäre aufgeblieben, um mir ein Mittel gegen meine Magenverstimmung zu geben, die mir noch immer zu schaffen machte, doch dann sagte er: »Der Knabe Cozcatl ist Euer Sklave, nicht wahr?« Ich sagte, ja, das stimme, und fragte dann, ob er krank geworden sei.

»Er hat einen Unfall erlitten – keinen tödlichen, wie ich froh bin, hinzufügen zu können, aber auch keinen leichten. Als die Menge auf dem Großen Platz anfing auseinanderzugehen, fand man ihn bewußtlos neben dem Schlachtstein liegen. Vielleicht hat er zu nahe bei den Zweikämpfern gestanden.«

Ich hatte, seit ich ihm den Auftrag gegeben, nach dem sich möglicherweise im Hintergrund herumdrückenden Chimáli Ausschau zu halten, nicht mehr an Cozcatl gedacht. »Dann ist er also verwundet worden, Meister?« fragte ich.

»Schlimm verwundet«, sagte er, »und auf höchst merkwürdige Weise.« Er wandte die Augen nicht von mir, als er ein schmutziges Tuch von seinem Tisch nahm, es auseinanderschlug und mir hinhielt, damit ich sähe, was darin lag: ein noch nicht reifes männliches Glied und der dazugehörige Olóltin-Sack: blaß und schlaff und blutlos.

»Wie ein Ohrläppchen«, murmelte ich.

»Was?« fragte der Wundarzt.

»Ihr sagt, die Wunde sei nicht tödlich?«

»Nun, Ihr oder ich würden sie vielleicht als tödlich betrachten«, erklärte der Wundarzt trocken. »Aber der Junge wird nicht daran sterben, das nicht. Er hat viel Blut verloren, und nach den Schrammen und anderen Malen auf seinem Körper sieht es aus, als ob sehr grob mit ihm umgesprungen worden wäre, vielleicht von der drängenden Menge. Aber er wird weiterleben. Wollen wir hoffen, daß er den Verlust von etwas, was er nie Gelegenheit hatte, schätzen zu lernen, nicht sonderlich bedauert. Es war ein sauberer Schnitt. Die Wunde wird verheilen. Das wird nicht länger dauern, als er braucht, sich von dem Blutverlust zu erholen. Ich habe Sorge getragen, daß nach dem Schließen der Wunde die nötige kleine Öffnung bleibt. Er liegt jetzt in Eurer Wohnung, Tequíua Mixtli, und ich habe mir erlaubt, ihn auf Euer weicheres Lager zu betten statt auf sein hartes.«

Ich dankte dem Wundarzt und eilte nach oben. Cozcatl lag in der Mitte meines mit vielen Decken dick gepolsterten Lagers auf dem Rükken; die Zudecke war ihm bis unters Kinn heraufgezogen. Sein Gesicht glühte vom Fieber, und sein Atem ging stoßweise. Äußerst behutsam, um ihn nicht zu wecken, schob ich die Zudecke zurück. Er war nackt bis auf einen Verband zwischen den Beinen, der dort mit Hilfe einer Binde festgehalten wurde, welche ihm um die Hüfte geschlungen war. Ich erkannte Blutergüsse an der Schulter, wo eine Hand ihn gepackt haben mußte, während die andere das Messer geschwungen hatte. Der Wundarzt hatte aber von noch »anderen Malen« gesprochen, doch ich konnte nichts weiter entdecken – bis Cozcatl, der vermutlich plötzlich die Kühle der Nachtluft spürte, im Schlaf murmelte und sich auf die Seite rollte, so daß sein Rücken freilag.

»Deine Wachsamkeit und Treue sollen nicht unbelohnt bleiben«, hatte ich dem Jungen gesagt und dabei nicht geahnt, *womit* er belohnt werden würde. Der auf Rache sinnende Chimáli hatte sich an diesem Tag in der Tat in der Menge versteckt gehalten, doch hatte ich fast die ganze Zeit über an so hervorragender Stelle gestanden, daß es ihm nicht möglich gewesen war, sich an mich heranzumachen und meuchlings anzugreifen. Statt dessen hatte er meinen Sklaven erkannt und war über diesen hergefallen. Doch warum einem so kleinen und vergleichsweise wertlosen Sklaven eine derartige Verletzung beibringen?

Dann entsann ich mich des merkwürdigen Ausdrucks auf dem Gesicht des Wundarztes, und mir ging auf, daß er das gleiche gedacht haben mußte wie Chimáli auch. Chimáli war einfach davon ausgegangen, daß der Junge für mich war, was Tlatli für ihn gewesen war. Er hatte seinen Schlag nicht gegen Cozcatl geführt, um mich eines Sklaven zu berauben, der jederzeit ersetzt werden konnte, sondern um den Knaben zu verstümmeln, von dem er annahm, er sei mein Cuilóntli – und zwar auf eine Weise, die darauf abzielte, mich tief zu treffen und sich gleichzeitig über mich lustig zu machen.

All dies ging mir durch den Kopf, als ich genau in der Mitte von Cozcatls schlankem Rücken das vertraute Handzeichen von Chimáli erblickte – diesmal nur nicht von Chimális eigenem Blut.

Da es mittlerweile so spät oder vielmehr so früh war, daß die offene Luke in der Decke meines Raums als ein blasses Viereck zu erkennen war – und da mir der Schädel brummte und es in meinem Magen immer noch rumorte –, blieb ich einfach an Cozcatls Krankenlager sitzen und versuchte nicht einmal zu dösen, sondern vielmehr nachzudenken.

Ich dachte an den tückischen Chimáli jener Jahre, ehe er tückisch geworden war, damals, als er sich noch meinen Freund genannt hatte. Damals war er genau in dem Alter gewesen, in dem Cozcatl jetzt stand, als ich ihn an jenem denkwürdigen Abend durch ganz Xaltócan nach Hause geführt und er einen Kürbis über den Kopf gestülpt getragen hatte, um seinen ungebärdigen Wirbel zu verbergen. Ich dachte daran, wie er mich bedauert hatte, als er auf eine Calmécac hatte ziehen können und ich nicht, und wie er mir einst seine besonders angerührten Farben geschenkt …

Was mich auf jenes andere unerbetene Geschenk brachte, das ich gerade vor wenigen Tagen erhalten hatte. Alle Dinge waren äußerst wertvoll, bis auf jenes kleine Standbild, das offenbar überhaupt keinen Wert besaß, zumindest nicht hier in Tenochtítlan: das Bündel unbearbeiteter Obsidianbrocken, die man leicht und billig von der nahegelegenen Quelle, dem Cañon des Flusses der Messer, nicht weit im Nordosten von hier beziehen konnte. Gleichwohl konnten diese rohen Brocken bei den Völkern weiter im Süden fast so kostbar sein wie Jadestein, Völkern, die keinerlei Obsidianvorräte besaßen, um ihre Werkzeuge und Waffen damit zu bewehren. Dieses eine »wertlose« Bündel brachte mich auf jene anderen ehrgeizigen Gedanken und Einfälle, die mir in meinen längst vergangenen Tagen gekommen waren, da ich auf den Chinámpa von Xaltócan als Landarbeiter viel Zeit zum Träumen gehabt hatte.

Als es endlich heller Tag war, wusch ich mich leise, putzte mir die Zähne und zog ein frisches Gewand an. Ich ging nach unten, suchte den Palastverwalter auf und bat, möglichst bald zu einer Unterredung mit dem Uey-Tlatoáni vorgelassen zu werden. Ahuítzotl war so freundlich, sie mir zu gewähren, und so dauerte es nicht lange, bis ich in seinem trophäenbehangenen Thronsaal vor ihn hintreten durfte.

Das erste, was er sagte, war: »Wie wir gehört haben, ist dein kleiner Sklave gestern einer geschwungenen Waffe zu nahe gekommen.«

Ich sagte: »Es sieht so aus, Verehrter Sprecher, er aber wird sich wieder erholen.«

Ich hatte nicht die Absicht, Chimáli zu beschuldigen oder zu verlangen, daß nach ihm gefahndet werde, oder auch nur seinen Namen zu erwähnen. Das hätte die Preisgabe einiger bisher verborgen gebliebener Dinge über die letzten Tage von Ahuítzotls Tochter bedeutet – Enthüllungen, durch die nicht nur Chimáli, sondern auch Cozcatl und ich in die Sache mit hineingezogen worden wären. Sie waren möglicherweise geeignet, Ahuítzotls Wut und Zorn als Vater neu zu entfachen, und es konnte sein, daß er mich und den Jungen umbringen ließ, ehe er auch nur Krieger ausschickte, nach Chimáli zu suchen.

Er sagte: »Das tut uns leid. Unfälle unter Zuschauern bei einem Zweikampf sind keine Seltenheit. Es wird uns ein Vergnügen sein, dir einen anderen Sklaven zuzuweisen, solange deiner darniederliegt.«

»Ich danke Euch, Verehrter Sprecher, aber ich brauche eigentlich keinen Diener. Ich bin gekommen, Euch um eine andere Gunst zu bitten. Da mir ein kleines Erbe zugefallen ist, würde ich dieses gern ganz und gar in Handelsgütern anlegen und mein Glück als Kaufmann versuchen.«

Mir war, als sähe ich, wie seine Lippen sich verächtlich kräuselten. »Als Kaufmann? Mit einem Stand auf dem Marktplatz von Tlatelólco?«

»Nein, Hoher Gebieter. Als Pochtécatl, als reisender Fernhändler.«

Er setzte sich auf seinem Bärenfell zurück und betrachtete mich schweigend. Worum ich bat, war eine Beförderung im bürgerlichen Stand, welche annähernd jener entsprach, die mir auf kriegerischem Gebiet zuteil geworden war. Wiewohl die Pochtéca durch die Bank Gemeinfreie waren wie ich selbst, stellten sie innerhalb der Gemeinfreien die oberste Schicht dar. Sofern sie im Handel geschickt vorgingen und auch noch Glück hatten, konnten sie reicher werden als die meisten Pípiltin-Edelleute und sich einer nahezu gleichen Fülle von Vorrechten erfreuen. Sie waren von vielen allgemeinen Gesetzen befreit und unterlagen vornehmlich denen, die ihre Gilde sich selbst gegeben hatte und für deren Einhaltung sie sich gemeinsam einsetzten. Sie hatten sogar ihren eigenen

Hauptgott, Yacatecútli, den Herrn, Der Leitet. Eifersüchtig wachten sie darüber, daß ihre Zahl nicht so groß wurde; sie nahmen nicht jeden als Pochtécatl in ihre Gilde auf, der sich um diese Ehre bewarb.

»Dir ist der hohe Rang eines Tequiua verliehen worden«, sagte Ahuítzotl schließlich recht mürrisch. »Und den möchtest du vernachlässigen und dir statt dessen einen Sack voll Tand auf den Buckel laden und dicksohlige Sandalen an die Füße legen? Ist es nötig, junger Mann, dir ins Gedächtnis zu rufen, daß wir Mexica historisch gesehen ein Volk von tapferen Kriegern sind und nicht von feilschenden Händlern?«

»Vielleicht ist der Krieg heutzutage nicht mehr zu allem nutze, Verehrter Sprecher«, sagte ich und forderte damit heraus, daß er mich ärgerlich anfunkelte. »Ich bin fest davon überzeugt, daß unsere reisenden Fernhändler heutzutage mehr als unsere Heere dazu beitragen, den Einfluß der Mexica auszuweiten und Tenochtítlan Wohlstand zu bringen. Sie unterhalten den Handel mit Völkern, die viel zu weit in der Ferne leben, um Heere hinzuschicken und sie zu unterwerfen; dabei verfügen sie über Reichtümer und Waren, die sie gern eintauschen oder verkaufen.«

»Du stellst es so dar, als ob der Handel etwas Einfaches wäre«, unterbrach Ahuítzotl mich. »Laß dir von uns gesagt sein, daß er oft genug genauso gefährlich ist wie das Kriegshandwerk. Die Kolonnen der Pochtéca ziehen hier mit beträchtlichen Werten beladen ab. Sie werden von Wilden und von Räubern überfallen, ehe sie überhaupt an ihrem Ziel angelangt sind. Treffen sie dort dennoch ein, werden ihnen die Waren oft einfach abgenommen und nichts dafür gegeben. Aus diesen Gründen sind wir gezwungen, eine ansehnliche Truppe von Kriegern mitzuschicken, eine jede dieser Kolonnen zu beschützen. Jetzt sag du uns: Warum sollten wir fortfahren, Truppen von Kindermädchen auszuschicken, statt Heere, um den Plünderern den Garaus zu machen?«

»Bei allem Respekt, ich glaube, der Verehrte Sprecher weiß bereits warum«, sagte ich. »Für die Truppen, die Ihr Kindermädchen genannt habt, stellt Tenochtítlan nur die Bewaffneten selbst. Neben ihren Handelsgütern führen die Pochtéca Vorräte für jede Reise mit oder kaufen sie unterwegs ein. Anders als ein Heer, müssen sie unterwegs nicht die Lieferung von Verpflegung erzwingen oder plündern und sich dadurch neue Feinde machen. Daher gelangen sie sicher an ihren Bestimmungsort, schließen ihren Handel mit Gewinn ab und sorgen dafür, daß es weder ihren eigenen Leuten noch den Bewaffneten, die sie begleiten, an Nahrung fehlt. Sie bringen sie also zurück und führen auch noch ein Erkleckliches an Steuern an das Schatzhaus Eurer Weiblichen Schlange ab. Den Räubern unterwegs wird eine schmerzliche Lektion erteilt, und sie lassen davon ab, die Handelsstraßen unsicher zu machen. Die Menschen in den fernen Landen lernen, daß friedlicher Handel nicht nur für uns, sondern auch für sie von Vorteil ist. Jede Expedition, die zurückkehrt, macht die Reise für die nachfolgende leichter. Mit der Zeit, so glaube ich, werden die Pochtéca ganz auf Eure Schutztruppen verzichten können.«

Gereizt wollte Ahuítzotl wissen: »Und was wird dann aus unseren Kämpfern, wenn Tenochtítlan aufhört, sein Herrschaftsgebiet auszudehnen? Wenn die Mexica nicht länger nach Ruhm und Macht streben, sondern sich einfach zur Ruhe setzen und am Handel fett werden? Wenn die einst geachteten und gefürchteten Mexica zu einer Horde von Händlern herabgesunken sein werden, die über Maße und Gewichte feilschen?«

»Ihr übertreibt, Hoher Gebieter, nur um einen Emporkömmling auf seinen Platz zu verweisen«, sagte ich und übertrieb meinerseits bewußt meine demütige Haltung. »Laßt Eure Kämpfer kämpfen und Eure Händler Handel treiben. Sollen die Heere Völker unterwerfen, die leicht zu erreichen sind wie das in unserer Nähe gelegene Michihuácan. Laßt die Kaufleute die weiter entfernten Völker mit Banden des Handels an uns binden. Für sie, Verehrter Sprecher, braucht nie ein klar gezogener Unterschied zu bestehen zwischen sich und dem Reich, das die Mexíca gewonnen haben und fest in Händen halten.«

Abermals ließ Ahuítzotl seine Augen auf mir ruhen und bewahrte diesmal womöglich noch länger Schweigen. Desgleichen, so schien mir, tat der Kopf des reißenden Bären über seinem Thron. Dann sagte er: »Nun gut. Du hast uns die Gründe genannt, warum du den Beruf eines reisenden Fernhändlers bewunderst. Kannst du uns aber auch Gründe nennen, warum ihre Gilde davon profitieren sollte, wenn du in sie eintrittst?«

»Die Gilde, nein«, erwiderte ich freimütig. »Aber ich könnte ein paar Gründe aufzählen, warum der Uey-Tlatoáni und sein Staatsrat davon profitieren könnten.«

Er schob die buschigen Brauen in die Höhe. »Sprich!«

»Ich bin ein ausgebildeter Schreiber, und das sind die meisten Fernhändler nicht. Sie verstehen sich nur auf Zahlen und auf Kontenführung. Wie der Verehrte Sprecher gesehen hat, verstehe ich mich darauf, präzise Karten zu zeichnen und in Wortbildern genaue Beschreibungen hinzuzufügen. Ich könnte von meinen Reisen zurückkehren mit ganzen Büchern, aus denen alles Wissenswerte über fremde Völker, ihre Arsenale und Lagerhäuser, ihre Verteidigungsanlagen und ihre Verwundbarkeit zu erfahren ist . . .« Er hatte die Brauen während meiner Rede wieder gesenkt. Ich hielt es daher für das beste, diese Vorschläge demütig ausklingen zu lassen und sagte: »Selbstverständlich bin ich mir darüber im klaren, daß ich erst die Pochtéca selbst überzeugen muß, mich in ihre erlauchte Gesellschaft aufzunehmen . . .«

Trocken erklärte Ahuítzotl: »Wir bezweifeln, daß sie sich lange einem Vorschlag widersetzen würden, der ihnen von ihrem Uey-Tlatoáni gemacht wird. Ist das alles, was du verlangst? Daß wir bei den Pochtéca ein Wort für dich einlegen?«

»Wenn der Hohe Gebieter nichts dagegen hat, würde ich gern zwei Gefährten mitnehmen. Ich bitte nicht darum, daß mir ein Trupp von Kriegern zum Schutz zugeteilt wird, sondern der Cuachic Extli-Quani als militärische Stütze. Nur dieser eine Mann. Ich kenne ihn allerdings schon seit langer Zeit, und ich glaube, er ist genau der richtige. Außerdem bitte ich darum, den Knaben Cozcatl mitnehmen zu dürfen. Er sollte bis dahin wieder reisefähig sein.«

Ahuítzotl zuckte mit den Achseln. »Den Cuachic werden wir vom aktiven Heeresdienst entbinden. Er ist ohnehin schon über die Jahre hinaus, wo er zu etwas anderem nütze wäre als zum Kindermädchendienst. Was den Sklaven betrifft, so ist er ohnehin bereits dein Eigentum; also steht es dir frei, ihm Befehle zu erteilen.«

»Ich wünschte, er wäre es nicht, Hoher Gebieter. Als Entschädigung für den Unfall, den er gestern erlitten hat, würde ich ihm gern seine Freiheit schenken. Ich ersuche den Verehrten Sprecher, ihn in aller Form vom

Stand eines Tlacotli in den eines freien Macehuáli zu erheben. Er soll mich nicht als Sklave begleiten, sondern als freier Teilhaber an diesem Unternehmen.«

»Wir werden einen Schreiber die Freilassungsurkunde ausstellen lassen«, sagte Ahuítzotl. »Freilich können wir uns nicht enthalten zu bemerken, daß dies die absonderlichste Handelsexpedition zu werden verspricht, die jemals von Tenochtítlan ausgezogen ist. Welches ist das Ziel deiner Reise?«

»Ich will bis weit hinunter ins Land der Maya, Verehrter Sprecher, und zurück, so die Götter wollen. Extli-Quani ist schon früher dort gewesen, was einer der Gründe ist, warum ich ihn gern dabeihätte. Ich hoffe, daß wir mit beträchtlichem Gewinn zurückkehren, welcher dann zur Hälfte an die Schatzkammer des Hohen Gebieters gehen soll. Ich bin überzeugt, wir werden mit vielen Informationen zurückkehren, die für den Hohen Gebieter von Interesse und Wert sein werden.«

Was ich wohlweislich verschwieg, war jedoch, daß ich inbrünstig hoffte, mit wiederhergestelltem Augenlicht zurückzukehren. Der Ruf der Maya-Ärzte war schließlich der Hauptgrund, warum ich mir das Land der Maya zum Ziel gesetzt hatte.

»Deinen verschiedenen Ersuchen wird stattgegeben«, erklärte Ahuítzotl. »Du wirst eine Aufforderung abwarten, dich zur Prüfung im Haus der Pochtéca einzufinden.« Er erhob sich von seinem Thron mit dem Bärenfell, um mir zu bedeuten, daß die Unterredung beendet sei. »Wir sehen erwartungsvoll deinem Bericht entgegen, Pochtécatl Mixtli, wenn du zurückkehrst. *Falls* du zurückkehrst.«

Ich stieg wieder nach oben in meine Gemächer. Cozcatl war wach und saß, die Hände vors Gesicht geschlagen, auf dem Bett und weinte, als wäre es mit seinem Leben zuende. Nun, zu einem guten Teil traf das ja auch zu. Doch als ich eintrat und er aufblickte und mich sah, malte sich auf seinem Gesicht zuerst Bestürzung, dann freudiges Erkennen, bis schließlich ein strahlendes Lächeln durch seine Tränen hindurchbrach.

»Ich dachte, Ihr wäret tot!« rief er klagend, machte dann, daß er aus dem weichen Bett herauskam und kam unter Schmerzen auf mich zugehumpelt.

»Mach, daß du wieder ins Bett kommst!« befahl ich, hob ihn mit beiden Armen auf und trug ihn zurück, während er mir unbedingt erzählen wollte:

»Jemand hat mich von hinten gepackt, ehe ich ihm entwischen und um Hilfe schreien konnte. Als ich später aufwachte und der Wundarzt sagte, Ihr wäret nicht zum Palast zurückgekehrt, dachte ich, Ihr müßtet tot sein. Ich dachte, man hätte mich nur verwundet, damit ich Euch nicht warnen könnte. Und dann, als ich vor einiger Zeit auf Eurem Lager erwachte und Ihr immer noch nicht wieder da wart, *wußte* ich, daß Ihr . . .«

»Still, Junge!« sagte ich, als ich ihn wieder unter die Decken steckte.

»Aber ich habe Euch enttäuscht, Herr«, wimmerte er. »Ich habe zugelassen, daß Euer Feind an mir vorbei an Euch herankommen konnte.«

»Nein, das hast du nicht. Chimáli hat sich diesmal damit zufriedengegeben, dich statt meiner zu treffen. Ich verdanke dir viel und ich werde dafür sorgen, daß diese Schuld gesühnt wird. Das verspreche ich: Sobald die Zeit kommt, da ich Chimáli wieder in meiner Gewalt habe, sollst *du* über die Bestrafung für ihn entscheiden. Aber«, fuhr ich fort, wobei mir alles andere als wohl zumute war, »bist du dir eigentlich darüber im klaren, welcher Art die Wunde ist, die er dir beigebracht hat?«

»Ja«, sagte der Junge und biß sich auf die Lippe, um das Zittern zu unterdrücken. »Als es geschah, wußte ich nur, daß es ein furchtbarer Schmerz war; dann habe ich das Bewußtsein verloren. Der Wundarzt war so gut, mich in dieser Bewußtlosigkeit zu belassen, als er – als er tat, was er konnte. Dann hielt er mir etwas unter die Nase, was schrecklich beißend roch, ich mußte niesen, und davon bin ich aufgewacht. Und sah – wo er mich zusammengenäht hatte.«

»Es tut mir leid.« Mir fiel nichts ein, was ich sonst hätte sagen können.

Cozcatl fuhr mit der Hand unter der Decke entlang, befühlte sich vorsichtig und fragte dann verlegen: »Heißt das, daß ich jetzt ein Mädchen bin, Herr?«

»Was für eine lächerliche Idee«, sagte ich. »Selbstverständlich nicht!«

»So muß es aber sein«, sagte er schniefend. »Ich habe nur ein einziges Mal gesehen, wie eine nackte Frau zwischen den Beinen aussieht – das war bei unserer verstorbenen Gebieterin in Texcóco. Als ich mich da unten betrachtete – ehe der Wundarzt mir den Verband anlegte –, sah es da genauso aus wie bei ihr.«

»Du bist kein Mädchen«, sagte ich mit Entschiedenheit. »Und du bist es weit weniger als der Halunke Chimáli, der hinterrücks zusticht, wie nur eine Frau kämpfen würde. Weißt du, es gibt viele Krieger, die im Kampf die gleiche Verwundung erlitten haben, Cozcatl, und sie sind auch weiterhin Krieger von männlicher Kraft und von männlicher Wildheit gewesen. Manche von ihnen sind hinterher sogar noch angesehenere und berühmtere Helden geworden, als sie es vorher waren.«

Er ließ sich jedoch nicht beirren. »Aber warum hat der Wundarzt – und warum auch Ihr – deswegen ein so langes Gesicht gemacht?«

»Nun«, sagte ich, »es bedeutet, daß du niemals Kinder wirst zeugen können.«

»Ach?« meinte er, und mir war, als helle sein Gesicht sich ein wenig auf. »Das ist nicht weiter schlimm. Ich bin selbst nie gern ein Kind gewesen. Warum sollte ich da welche machen sollen? Aber ... bedeutet es, daß ich dann auch nie heiraten kann?«

»Nein ... jedenfalls nicht unbedingt«, sagte ich zögernd. »Du mußt dir nur eben die richtige Frau aussuchen. Eine, die empfänglich ist für die ehelichen Freuden, die du ihr zu spenden imstande sein wirst. Und du hast doch auch dieser Dame in Texcóco, deren Namen ich nicht mehr nennen will, Lust bereitet, oder etwa nicht?«

»Sie hat gesagt, ja.« Wieder breitete sich ein Lächeln auf seinem Gesicht aus. »Danke, daß Ihr mich beruhigt habt, Herr. Da ich ein Sklave bin und daher nicht selbst einen Sklaven besitzen kann, würde ich eines Tages wirklich gern eine Frau haben.«

»Von diesem Augenblick an, Cozcatl, bist du kein Sklave mehr und ich auch nicht mehr dein Herr.«

Das Lächeln schwand, und Schrecken schlich sich auf seine Züge. »Was ist passiert?«

»Nichts, nur, daß du von jetzt an mein Freund bist und ich deiner.«

Mit bebender Stimme sagte er: »Aber ein Sklave ohne einen Herrn ist ein erbärmliches Wesen, Herr. Wie ein Rohr im Wind.«

Ich erklärte: »Nicht, wenn er einen Freund hat, dessen Leben und dessen Glück er teilt. Ich bin inzwischen zu einem kleinen Vermögen gekommen, Cozcatl. Du hast es ja selbst gesehen. Und ich habe Pläne, es zu vermehren, sobald du imstande bist zu reisen. Wir werden gen Süden aufbrechen, in fremde Länder, als Pochtéca. Was hältst du davon? Wir werden gemeinsam wohlhabend werden, und du wirst niemals arm oder wurzellos oder hilflos sein. Ich bin gerade beim Verehrten Sprecher gewesen, um mir sein Einverständnis für dieses Unternehmen zu holen. Aber ich habe ihn auch um die offiziellen Papiere gebeten, aus denen hervorgeht, daß Cozcatl nicht mehr mein Sklave ist, sondern mein Teilhaber und Freund.«

Wieder waren Tränen und Lächeln gleichzeitig auf seinem Gesicht. Er legte mir seine schmalen kleinen Hände auf den Arm – das erstemal, daß er mich berührte, ohne daß ich es ihm befohlen oder ihm die Erlaubnis dazu gegeben hätte, und er sagte: »Freunde brauchen keine Papiere, um zu wissen, daß sie Freunde sind.«

Tenochtítlans Kaufmannsgilde hatte vor noch nicht allzu vielen Jahren ihr eigenes Gebäude errichtet, welches gleichzeitig als Lagerhaus für die Waren der verschiedenen Mitglieder, als ihre Versammlungshalle, Kontor, Archiv und anderes mehr diente. Das Haus der Pochtéca oder Fernhändler lag nicht weit vom Herzen Der Einen Welt entfernt, und wenn es auch kleiner als ein Palast war, war doch die ganze Einrichtung von fürstlichem Zuschnitt. Da gab es eine Küche und einen Speisesaal, wo Erfrischungen an Mitglieder und durchreisende Kaufleute gereicht wurden, die zu Besuch kamen, Schlafgemächer oben für diejenigen Besucher, die von weither kamen und über Nacht oder gar noch länger blieben. Und es wimmelte darin von Bedienten, deren einer mich an dem Tag meiner Bestätigung recht hochmütig einließ und mich in jene üppig eingerichtete Kammer führte, wo drei ältere Pochtéca saßen und darauf warteten, mich zu befragen.

Ich hatte mir vorgenommen, mich ehrerbietig zu geben, wie es sich dieser erlauchten Gesellschaft gegenüber geziemte, mich gleichwohl jedoch nicht von ihnen einschüchtern zu lassen. Wiewohl ich die Geste des Erdeküssens vor meinen Prüfern vollführte, richtete ich mich gleich darauf wieder auf, öffnete, ohne hinter mich zu blicken, meine Umhangschließe und setzte mich. Weder der Umhang noch ich fielen auf den Boden. Mochte der Bediente sich auch noch so sehr über das herrschaftliche Gebaren eines Gemeinfreien wundern, irgendwie gelang es ihm, gleichzeitig meinen Umhang aufzufangen und mir flugs einen Icpáli-Stuhl unterzuschieben.

Einer der Männer erwiderte mit einer kaum merklichen Handbewegung meinen Gruß und gebot dem Diener, Schokolade für uns alle zu bringen. Dann setzten die drei sich und ließen ihre Augen eine Weile auf mir ruhen, gleichsam um Maß an mir zu nehmen. Sie trugen ganz schlichte Umhänge ohne jeden Zierat, was ganz der Pochtéca-Tradition entsprach, nicht aufzufallen und keinesfalls zu prahlen, ja, was ihren Reichtum und ihre Stellung betraf, möglichst verschwiegen und heimlichtuerisch zu sein. Die Zurückhaltung, welche sie in der Kleidung bewiesen, wurde freilich ein wenig Lügen gestraft dadurch, daß sie alle drei vom guten Essen und leichten behaglichen Leben geradezu ölig feist geworden waren. Außerdem rauchten zwei von ihnen Poquíeltin in Spitzen aus getriebenem Gold.

»Ihr kommt mit vorzüglichen Empfehlungen«, erklärte einer der Vorsteher säuerlich, als wurme es ihn, meinen Antrag nicht von vornherein abschlagen zu können.

»Aber Ihr müßt auch über angemessenes Kapital verfügen«, sagte ein anderer. »Auf wieviel beläuft es sich?«

Ich reichte ihnen eine Aufstellung über die verschiedenen Waren und Zahlungsmittel hinüber, die ich mir gemacht hatte. Als wir an unserer schaumigen Schokolade nippten, die in diesem Fall mit Magnolienblüten gewürzt war und auch entsprechend duftete, ließen sie die Aufstellung von Hand zu Hand gehen.

»Ansehnlich«, sagte einer.

»Aber auch nicht üppig«, sagte ein anderer.

»Wie alt seid Ihr?« erkundigte sich der dritte.

»Einundzwanzig, meine Herren.«

»Das ist sehr jung.«

»Aber kein Hinderungsgrund, wie ich hoffe«, sagte ich. »Der große Hungernde Kojote zählte erst sechzehn Jahre, als er der Verehrte Sprecher von Texcóco wurde.«

»Wenn wir einmal davon ausgehen, daß Euer Ehrgeiz sich nicht gerade auf einen Thron richtet, junger Mixtli – wie sehen Eure Pläne aus?«

»Nun, meine Herren, ich glaube, daß meine erstklassigen Tuchwaren, die bestickten Umhänge und so weiter nichts sind, was Leute in irgendeinem anderen Land sich leisten könnten. Daher werde ich sie an die Edelleute in dieser Stadt verkaufen, welche imstande sind, Preise zu bezahlen, die man zu recht dafür verlangen kann. Die daraus erzielten Einnahmen habe ich vor, in schlichteren und praktischeren Geweben anzulegen, in Kaninchenhaardecken, in Schönheitsmitteln und Heilmitteln, kurz, in Waren, wie man sie nur hier in Tenochtítlan bekommt. Sodann werde ich sie nach Süden schaffen und gegen Dinge einhandeln, die man nur bei diesen Völkern dort bekommt.«

»Das ist genau das, was wir alle seit Jahren getan haben«, erklärte einer von den Männern unbeeindruckt. »Ihr erwähnt keinerlei Ausgaben, wie sie für unterwegs anfallen. So muß ein Teil Eures Vermögens doch dafür bestimmt sein, Tamémime zu verpflichten.«

»Ich habe nicht die Absicht, Träger anzuwerben«, erklärte ich.

»Wirklich nicht? Dann verfügt Ihr also über ein genügend großes Unternehmen, die ganze Plackerei des Transports selber zu übernehmen? So eine Rechnung kann nicht aufgehen, junger Mann. Ein Tamémi erhält einen vorher vereinbarten Tageslohn. Mit Teilhabern hingegen müßt Ihr Euren Gewinn teilen.«

Ich sagte: »Außer mir werden nur noch zwei andere an dem Unternehmen teilnehmen.«

»Drei Männer nur?« fragte der Vorsitzende verächtlich. Er klopfte auf meine Aufstellung. »Ihr und Eure beiden Freunde würdet doch allein unter der Last des Obsidian zusammenbrechen, ehe Ihr auch nur über den südlichen Damm hinüber seid.«

Geduldig setzte ich ihnen auseinander: »Ich habe deshalb nicht die Absicht, selber etwas zu tragen oder irgendwelche Träger anzuwerben, weil ich für diese Arbeit Sklaven zu kaufen gedenke.«

Mitleidig schüttelten alle drei Männer den Kopf. »Für den Preis, den Ihr für einen kräftigen Sklaven zahlt, könnt Ihr Euch einen ganzen Trupp Tamémime leisten.«

»Und dann«, erklärte ich, »müßte ich sie den ganzen Weg nach Süden und auch noch zurück ernähren und kleiden und für ihr Schuhwerk aufkommen.«

»Während Eure Sklaven mit leerem Bauch und barfuß arbeiten? Wirklich, junger Mann . . .«

»Im gleichen Maße, wie ich die Waren absetze, die von den Sklaven getragen werden, werde ich auch die Sklaven unterwegs verkaufen. Sie sollten in den Landen, in denen wir so viele von den eingeborenen Arbeitern eingefangen oder ausgehoben haben, einen ansehnlichen Preis erbringen.«

Die alten Herren setzten leicht überraschte Mienen auf, als wäre diese Überlegung neu für sie. Doch einer von ihnen sagte: »Und dann sitzt Ihr tief in der südlichen Wildnis da, ohne Träger *und* ohne Sklaven, nach Hause zu bringen, was Ihr gegen Eure Waren eingehandelt habt.«

Ich sagte: »Ich habe vor, nur solche Waren einzuhandeln, die in kleinen Mengen oder bei kleinem Gewicht von großem Wert sind. Ich bin nicht, wie so viele Pochtéca, auf Jadestein, Schildpatt oder schwere Tierfelle aus. Andere Händler kaufen alles, was ihnen angeboten wird – und das einfach deshalb, weil sie ja die Träger ohnehin bezahlen und ernähren müssen; da können sie sie genausogut auch Lasten tragen lassen. Ich bin an nichts anderem interessiert als an rotem Farbstoff und den seltenen Federn. Vielleicht muß ich bei meinem Unternehmen größere Umwege machen, wenn ich solche besonderen Dinge finden will. Aber selbst ich kann einen Beutel des kostbaren Farbstoffs oder einen Ballen zusammengepreßter Federn des Quetzal-Vogels nach Hause tragen, und dieses eine Bündel würde mir meinen ganzen Einsatz tausendfach wieder einbringen.«

Die drei Männer sahen mich mit einem neuen, wiewohl immer noch widerwilligen Respekt an. Einer von ihnen räumte ein: »Ihr habt gründlich über die Sache nachgedacht.«

Ich sagte: »Ach, ich bin noch jung. Deshalb habe ich auch die Kraft, eine mühselige Reise auf mich zu nehmen. Und ich habe viel Zeit.«

Einer von den Männern lachte mit verkniffenem Mund. »Ihr denkt wohl, wir sind immer alt und feist und bequem gewesen.« Er hob seinen Umhang auf, um mir auf seiner rechten Körperseite vier runzelige Narben zu zeigen. »Die verdanke ich den Pfeilen der Huichotl, als ich in ihre Berge im Nordwesten einzudringen wagte und versuchte, ihre Gottesaugen-Talismane zu erwerben.«

Ein anderer lüftete seinen Umhang, um mir zu zeigen, daß er nur noch einen Fuß hatte. »Das war eine Nauyáka-Schlange im Chiapa-Dschungel. Ihr Gift tötet, ehe man zehn Atemzüge tun kann. Ich mußte ihn mir mit meinem eigenen Maquáhuitl eigenhändig abschlagen.«

Der dritte beugte sich vor, auf daß ich auf seine Kopfhaut herniedersehen konnte. Was ich für eine Fülle weißer Haare gehalten hatte, erwies sich in Wirklichkeit nur als ein Kranz um eine Schädeldecke herum, die von einer roten, schrumpeligen Narbe bedeckt war. »Ich bin in die nördliche Wüste gezogen, auf der Suche nach den Knospen des Peyotl-Kaktus, welche Träume bringen. Dabei bin ich durch das Gebiet der Chichiméca-Hundsleute, durch das der Téochichiméca-Wildhundsleute, ja, sogar durch das Gebiet der Zácachichiméca-Tollhundsleute, gekommen. Doch zuletzt fiel ich unter die Yaki, und verglichen mit diesen Barbaren, sind all die Hundsvölker nur harmlose Kaninchen. Zwar bin ich mit dem Leben davongekommen, aber irgendein Yaki-Wilder trägt jetzt meinen Skalp an einem Leibriemen, der noch mit dem Schopf vieler anderer Männer geschmückt ist.«

Auf diese Weise setzten sie mir den Kopf zurecht, und ich sagte: »Meine Herren, ich bewundere, welche Abenteuer Ihr bestanden habt, und Eure Kühnheit macht mir angst; ich kann nur hoffen, eines Tages Eurer Stellung als Pochtéca, die Großes geleistet haben, nahezukommen. Ich würde es als eine Ehre betrachten, mich unter die Geringsten Eurer Gilde zählen zu dürfen, und ich wäre dankbar, wenn Ihr mir Euer hart erworbenes Wissen und Eure Erfahrung zuteil werden ließet.«

Nochmals tauschten die drei einen Blick. Einer murmelte: »Was meint Ihr?«, und die anderen beiden nickten. Der alte Mann, dem man die Kopfhaut genommen hatte, sagte zu mir:

»Den eigentlichen Beweis, ob Ihr annehmbar seid, muß selbstverständlich Euer erstes Unternehmen erbringen. Denn wisset dies: nicht alle Neu-Pochtéca kehren auch nur von dieser ersten Reise zurück. Wir werden alles Erdenkliche tun, um Euch behilflich zu sein und Euch richtig vorzubereiten. Alles andere liegt bei Euch.«

Ich sagte: »Ich danke Euch, meine Herren. Ich werde tun, was immer Ihr mir vorschlagt, und mich nach allem richten, was Ihr mir zu beachten auftragt. Falls Ihr mit meinem Plan nicht einverstanden seid . . .«

»Nein, nein«, fiel einer von ihnen mir ins Wort. »Er ist von löblicher Originalität und verrät eine gewisse Kühnheit. Etwas von der Ware den Rest der Ware tragen lassen. Heh-heh.«

»Wir würden Euren Plan nur in einem abändern«, sagte ein anderer. »Ihr habt recht, Eure Luxuswaren lassen sich am besten hier in Tenochtítlan an den Mann bringen. Ihr solltet nur keine Zeit damit verschwenden, sie Stück für Stück zu verkaufen.«

»Nein, verliert keine Zeit«, sagte der dritte. »Aufgrund langer Erfahrung und nach Beratung mit den Sehern und Wahrsagern sind wir zu dem Schluß gekommen, daß der günstigste Tag, zu einer Expedition aufzubrechen, der Tag Eins Schlange ist. Heute haben wir Fünf Haus, also – laßt mich sehen – der nächste Tag Eins Schlange kommt auf dem Kalender in nur dreiundzwanzig Tagen wieder auf uns zu. In der Trockenzeit dieses Jahres gibt es überhaupt nur einen Tag Eins Schlange, und glaubt mir, die Trockenzeit ist die einzig richtige Jahreszeit, in den Süden aufzubrechen.«

Jetzt ergriff wieder der erste Mann das Wort: »Bringt uns Euren reichen Vorrat an Tuchen und Geweben hierher. Wir schätzen den Wert und geben Euch entsprechend passendere Handelsgüter dafür. Die Luxuswaren bringen wir hier auf den Markt, und zwar dann, wenn der Zeitpunkt dafür günstig ist. Vom Erlös ziehen wir nur einen kleinen Bruchteil ab, welcher dann den Einstands-Beitrag für unseren Gott Yacatecútli und den Unterhalt der Einrichtungen unserer Gilde darstellt.«

Möglich, daß ich einen Augenblick gezögert habe. Jedenfalls hob er die Augenbrauen und sagte: »Junger Mixtli, Ihr solltet niemals Euren Berufsgenossen mißtrauen. Wenn nicht jeder von uns es mit der Ehrlichkeit peinlich genau nimmt, macht keiner von uns Gewinn oder überlebt als Geschäftsmann. So einfach ist die Weisheit, nach der wir uns richten. Und wißt auch dies noch: Ihr müßt Euch unbedingt genau der gleichen peinlich genauen Ehrlichkeit befleißigen – selbst den unwissendsten Wilden in den rückständigsten Landen gegenüber. Denn, wohin immer Ihr Euch auch wendet, irgendein anderer Pochtécatl ist schon vor Euch dagewesen oder wird nach Euch dorthin kommen. Nur wenn jeder einzelne von uns redlichen Handel treibt, gestattet man dem nächsten gleichfalls Zutritt zu einem Gemeinwesen – oder verläßt es bei lebendigem Leibe wieder.«

Ich ging mit großer Vorsicht vor, als ich an Blut Schwelger herantrat, denn halb erwartete ich, daß er mich mit einem Schwall von Flüchen überhäufen würde, wenn ich ihm vorschlug, »Kindermädchen« bei einem Umnebelten, der sich zum erstenmal als Pochtècatl betätigte, und einem noch in der Genesung begriffenen kleinen Jungen zu spielen. Doch zu meiner Überraschung war er hell begeistert.

»Ich? Als dein einziger bewaffneter Begleiter? Du würdest euer Leben und euer Vermögen diesem alten Knochengerüst anvertrauen?« Er zwinkerte ein paarmal und schneuzte sich in die Hand. »Ja, wie könnte ich denn einen solchen Vertrauensbeweis zurückweisen?«

Ich sagte: »Ich würde Euch diesen Vorschlag nicht machen, wenn Ihr nicht weit mehr wäret als ein altes Knochengestell.«

»Nun, der Gott des Krieges weiß, daß ich auf noch so eine Farce wie diesen Krieg gegen Texcála pfeife. Und was für eine andere Möglichkeit bleibt mir sonst? – *ayya!* – doch keine andere, als wieder im Haus der Leibesstärkung zu unterrichten. Aber *ayyo!* – diese fernen Lande noch einmal wiederzusehen ...« Er ließ den Blick zum südlichen Horizont hinüberschweifen. »Bei den granitenen Eiern des Kriegsgottes, ja! Ich danke dir für das Angebot und nehme mit Freuden an, junger Umne ...« Er hüstelte. »Eh, Herr?«

»Teilhaber«, sagte ich. »Ihr, ich und Cozcatl werden uns redlich alles teilen, was wir zurückbringen. Und nennt mich Mixtli.«

»Dann, Mixtli, gestatte, daß ich die erste Aufgabe zur Vorbereitung der Expedition übernehme. Laß mich nach Azcapotzálco gehen und die Sklaven einkaufen. Auf Männerfleisch verstehe ich mich, da macht mir niemand etwas vor. Und ich weiß, daß diese Händler einen ganz schön übers Ohr zu hauen versuchen. Indem sie zum Beispiel geschmolzenes Bienenwachs in die Haut einer hageren Männerbrust einmassieren.«

Ich rief aus: »Wozu das?«

»Das Wachs wird wieder hart, und verleiht einem Mann die kräftigen Brustmuskeln eines Tocotíni-Fliegers – oder einer Frau Brüste wie die der sagenumwobenen Perlentaucherinnen, welche die Insel der Frauen bewohnen. Kommt dann der nächste Tag, sacken die Brüste einer solchen Frau bis auf die Knie herunter. Oh, keine Angst, ich kaufe schon keine Sklavinnen. Sofern sich dort unten im Süden nicht grundlegend etwas geändert hat, werden wir keinen Mangel an Wäscherinnen, Köchinnen und willigen Bettwärmern leiden.«

So nahm Blut Schwelger meine goldstaubgefüllten Federkiele und machte sich auf zum Sklavenmarkt von Azcapotzálco, der auf dem Festland lag; nach einigen Tagen des Suchens, Aussonderns und Feilschens kehrte er mit zwölf kräftigen Männern zurück. Keine zwei von ihnen gehörten ein und demselben Stamm an oder kamen aus dem Stall ein und desselben Händlers; damit schützte Blut Schwelger sich von vornherein dagegen, daß etliche von ihnen vielleicht miteinander befreundet wären, oder ein Cuilóntin-Liebespaar, Männer, die eine Meuterei planen und versuchen könnten zu fliehen. Als sie kamen, hatten sie alle bereits Namen, doch mochten wir uns nicht die Mühe machen, uns diese erst lange einzuprägen, und so bekamen sie von uns einfach neue: Ce, Ome, Yeyi und so weiter – Eins, Zwei, Drei – bis Zwölf.

Während dieser Tage der Vorbereitungen erlaubte Ahuítzotls Hofarzt Cozcatl länger und immer länger aufzustehen, nahm ihm schließlich den Verband ab, zog die Fäden und schrieb ihm Leibesübungen vor, die er machen mußte. Bald war der Junge gesund und munter wie zuvor, und das einzige, was an seine Verletzung erinnerte, war, daß er sich hinhokken mußte wie eine Frau, um Wasser zu lassen.

Ich tauschte im Haus der Pochtéca meine Waren gegen andere ein, brachte also hochwertige hin und bekam dafür sechzehnmal soviel an praktischeren und billigeren Handelswaren zurück. Dann galt es, Ausrüstung und Vorräte für unsere Expedition einzukaufen, und die drei Vorsteher, die mich geprüft hatten, waren nur zu froh, mir dabei zu helfen. Ich vermute, sie erlebten dabei noch einmal frühere Zeiten, als sie über die Haltbarkeit von Agavenfaser-Stirnriemen im Verhältnis zu solchen aus Hanfseilen stritten und sich über die jeweiligen Vorteile von Wasserbeuteln aus Hirschleder (bei denen vom Inhalt nichts verlorenging) und Wasserkrügen aus Ton (bei denen durch Verdunstung etwas vom Inhalt verlorengeht, das Wasser dafür aber kühl bleibt) berieten und mich mit den recht rohen Karten bekannt machten, die sie mir liehen, und mir überdies eine Menge Ratschläge zuteil werden ließen.

»Die einzige Verpflegung, die sich selbst transportiert, das sind die Techíchi-Hunde. Nehmt eine gute Meute davon mit, Mixtli. Sie suchen sich unterwegs ihr Fressen und Wasser selbst, sind dafür aber viel zu pummelig und ängstlich, als daß sie sich losrissen, fortliefen und verwilderten. Hundefleisch schmeckt vielleicht nicht gerade am besten, aber Ihr werdet froh sein, sie zur Hand zu haben, wenn Ihr lange kein Wild erlegt.«

»Wenn Ihr Wildbret erlegt, Mixtli, braucht Ihr es nicht lange mit Euch herumzuschleppen und erst abhängen zu lassen, bis es zart wird und seinen strengen Geschmack verliert. Wickelt das Fleisch in die Blätter des Papayabaums ein, und es wird über Nacht zart und schmackhaft.«

»In den Ländern, in denen die Mexíca-Krieger Überfälle gemacht haben, hütet Euch vor den Frauen. Manche von denen sind von unseren Kriegern dermaßen mißhandelt worden und stecken so voller Groll auf sie, daß sie sich absichtlich mit der gefürchteten Nanáua-Krankheit anstecken lassen. Aus Rache legen sie sich zu jedem vorüberziehenden Mexícatl, auf daß er erleiden muß, wie sein Tepúli und sein Gehirn schwären und verfallen.«

»Falls Euch das Papier ausgeht, um Eure Konten in Ordnung zu halten, pflückt nur die Blätter von irgendeinem Rankgewächs. Schreibt mit einem scharfen Zweig darauf; die weißen Kratzer auf den grünen Blättern halten sich genausogut wie Farbe auf Papier.«

In aller Frühe des Tages Eins Schlange verließen wir Tenochtítlan: Cozcatl, Blut Schwelger und ich – und unsere zwölf Sklaven, welche ihre Last an einem Stirnriemen auf dem Rücken trugen, und die Meute wohlgenährter kleiner Hunde, die uns ständig zwischen den Füßen umherwuselten. Wir zogen über den Damm, der in südlicher Richtung über den See hinwegführt. Rechter Hand von uns, im Westen, dort, wo das Festland am weitesten in den See vorstieß, stieg der Berg von Chapultépec auf. An seiner Felswand hatte der erste Motecuzóma in Überlebensgröße sein Abbild einmeißeln lassen, und jeder Uey-Tlatoáni, der ihm seither auf dem Thron gefolgt war, hatte es ihm nachgemacht. Nach den Berichten, die umgingen, sollte das gewaltige Bildnis des Ahuítzotl so gut wie fertig sein, doch konnten wir auf keinem der gemeißelten Reliefs irgendwelche Einzelheiten erkennen, da dieser Hügel noch nicht im Tageslicht lag. Es war unser Mond Panquetzalíztli, in dem die Sonne spät und weit im Südosten, unmittelbar hinter dem Gipfel des Popocatépetl aufgeht.

Als wir auf den Damm hinaustraten, war in dieser Richtung nichts weiter zu sehen als der übliche Morgennebel, der im opalen Licht der Morgenfrühe schimmerte. Doch langsam löste der Nebel sich auf, und nach und nach ward der wuchtige, aber wohlgeformte Vulkan zu erkennen, als ob er von seinem ewigen Standort aus vorrücke und auf uns zukäme. Nachdem die Nebelschwaden sich alle verflüchtigt hatten, trat der Berg in seiner vollen Größe in Erscheinung. Der schneebedeckte Kegel war durch die Strahlen der aufgehenden Sonne wie von einem Lichtring umschlossen. Dann sprang – wie es schien, aus dem Krater selbst – Tonatíu in die Höhe, und der Tag kam, der See schimmerte, die Gestade ringsum waren gebadet in blaßgoldenem Licht und in blassen violetten Schatten. Im gleichen Augenblick stieß der Weihrauchbrennende Berg eine Wolke blauen Rauches aus, der in die Höhe stieg und sich in der Form eines riesigen Pilzes emporwölkte.

Es mußte ein gutes Omen für unsere Reise sein: Die Sonne, die glühend auf den beschneiten Gipfel des Popocatépetl herabsengte und ihn schimmern ließ wie weißen Onyx, besetzt mit allen Edelsteinen der Welt, während der Berg selbst mit dem sich träge emporwölkenden Rauch grüßte und sagte:

»Ihr zieht fort, meine Freunde, doch ich bleibe, wo ich immer gewesen bin und immer bleiben werden – ein Wahrzeichen, euch sicher zurückzugeleiten.«

IHS

✠

S.C.C.M.

Seiner Allerkatholischsten Majestät, Kaiser Karl V., unserem Allerdurchlauchtigsten König und Herrn:

Königliche und Kaiserliche Majestät, Unser Verehrter Herrscher: aus der Stadt Mexíco, Hauptstadt Neuspaniens, am zweiten Tag nach Rogate, im Jahre Unseres Herrn eintausenfünfhundertunddreißig, entbieten wir Euch unseren alleruntertänigsten Gruß.

Betreffs der Rückfrage in Euer Majestät geschätztem letzten Schreiben müssen wir gestehen, daß wir nicht imstande sind, Euer Majestät die genaue Zahl der indianischen Gefangenen anzugeben, die aus Anlaß der »Weihe« der Großen Pyramide vor mehr als vierzig Jahren von den Azteken geopfert wurden. Die Pyramide ist nunmehr seit langem verschwunden, desgleichen alle Unterlagen über die Opfer jenes Tages, falls sie überhaupt jemals gezählt wurden.

Unser aztekischer Chronist dieses Ereigenisses, so ihm in eigener Person beigewohnt, ist außerstande, die Anzahl genauer anzugeben als mit dem Ausdruck »Tausende« – doch ist es durchaus möglich, daß der alte Schwätzer die Zahl übertreibt, um Tag und Ereignis von größerer historischer Bedeutung erscheinen zu lassen, als sie in Wirklichkeit waren. Unsere Vorgänger allhier, die franziskanischen Missionspatres, haben die Anzahl der an diesem Tag Geopferten höchst unterschiedlich als zwischen viertausend und *achtzig*tausend angegeben. Doch könnten auch diese guten Mönche die Zahl weit übertrieben haben, möglicherweise ohne es zu wollen dazu getrieben durch den Abscheu, den sie angesichts eines so ungeheuerlichen Vorkommnisses überhaupt empfanden, vielleicht aber auch, um uns, ihrem neueingetroffenen Bischof, das Tierhafte der Eingeborenenbevölkerung mit Nachdruck deutlich zu machen.

Freilich bedarf es kaum irgendwelcher Übertreibungen, um uns von der angeborenen Roheit und Verworfenheit der Indianer zu überzeugen. An sie zu glauben, fällt uns in keiner Weise schwer, liefert unser Chronist, dessen Gegenwart wir auf Befehl Eurer Erhabensten Majestät ertragen, uns doch täglich neue Beweise dafür. Seine wenigen Aussagen von Wert und Interesse, die er im Laufe der vergangenen Monate gemacht, verschwanden beklagenswert hinter seinem ebenso abstoßenden wie unflätigen Gefasel. Dadurch, daß er seine Darstellung von feierlichen Zeremonien, bedeutsamen Reisen und herausragenden Ereignissen immer wieder unterbrach, um bei irgendeiner vergänglichen Lust – seiner eigenen oder der von anderen – zu verweilen, hat er uns immer wieder bis zum Erbrechen gereizt. Immer wieder hat er, bis ins Einzelne gehend, den Genuß und die Befriedigung an all den körperlich möglichen, vorzugsweise nicht der Zeugung eines Kindes dienenden, häufig abstoßenden und erniedrigenden Arten der körperlichen Vereinigung ausgemalt, darunter jener widernatürlichen Art, von welcher der heilige Paulus sagte: »Daß sie unter euch nicht einmal mit Namen genannt werde.«

Nach dem, was wir von ihm über den aztekischen Charakter erfahren haben, können wir uns durchaus vorstellen, daß die Azteken aus Anlaß der feierlichen »Einweihung« der Großen Pyramide und an einem Tage bereit waren, achtzigtausend von ihren Mitmenschen hinzuschlachten – nur daß solches ein Ding der Unmöglichkeit gewesen wäre. Selbst wenn die Opferpriester rund um die Uhr gearbeitet haben würden, hätten sie in jeder Minute von insgesamt vierundzwanzig Stunden fünfundfünfzig Indianer töten müssen, was auf eine Rate von nahezu einem Opfer pro Sekunde hinausgelaufen wäre. Doch selbst den weit darunter liegenden Schätzungen ist schwer Glauben zu schenken. Da wir selbst über einige Erfahrung auf dem Gebiet der Massenhinrichtungen verfügen, fällt es uns schwer zu glauben, daß so primitive Menschen wie diese mit dem Problem fertiggeworden sein könnten, viele Tausende von Leichen fortzuschaffen, ehe sie in Verwesung übergingen und den Ausbruch einer Pestilenz hervorriefen, welche die ganze Stadt erfaßt haben würde.

Doch gleichviel, ob die Anzahl der an diesem Tage Hingeschlachteten nun achtzigtausend betrug oder ein Zehntel davon, ein Hundertstel oder auch nur ein Tausendstel – es wäre für jeden Christen fluchwürdig und für jeden zivilisierten Menschen erschreckend, daß im Namen einer falschen Religion und zum Ruhme dämonischer Götzenbilder so viele den Tod gefunden haben sollen. Weshalb auf unsere Anregung und unser Geheiß hin, Sire, in den siebzehn Monaten seit unserem Eintreffen allhier fünfhundertzweiunddreißig Tempel unterschiedlicher Größe, von reichverzierten Bauten auf hohen Pyramiden bis zu schlichten Altären im Inneren natürlicher Höhlen, geschleift worden sind. Des weiteren wurden mehr als einundzwanzigtausend Götzenbilder unterschiedlicher Größe zerschlagen, von monströs behauenen Monolithen bis zu kleinen Tonfigürchen für den Hausgebrauch. Vor keinem einzigen dieser Götzenbilder wird je wieder ein Mensch geopfert werden, und in dem Maße, wie die Grenzen von Neuspanien sich weiter ausdehnen, werden wir fortfahren, solche Götzenbilder aufzufinden und zu zertrümmern.

Selbst wenn dies nicht Auftrag und Sinn unseres Amtes wäre, hielten wir es dennoch für unsere vordringlichste Pflicht, den Teufel in jeder Verkleidung, hinter welcher er sich hier versteckt, aufzuspüren und zu schlagen. In diesem Zusammenhang ersuchen wir Euer Majestät, in den nunmehr folgenden Seiten ein besonderes Augenmerk auf die jüngste Behauptung unseres aztekischen Chronisten zu lenken – seine Behauptung nämlich, daß die Heiden in den südlichen Teilen von Neuspanien bereits eine Art von einzigem allmächtigen Gott und dem Anschein nach offenbar auch einen Zwilling des Heiligen Kreuzes anerkannt hätten, längst ehe irgendwelche Missionare unserer Heiligen Mutter, der Kirche, dorthin gelangten. Euer Majestät Kaplan neigt dazu, diese Aussage mit einem gewissen Maß an Skepsis aufzunehmen, und zwar offengestanden deshalb, weil wir eine so geringe Meinung von dem haben, von dem diese Kunde stammt.

Sire, in Spanien, in unseren verschiedenen Ämtern als Provinzial-Inquisitor von Navarra und als Kurator der Mißratenen und Bettler in der Besserungsanstalt von Abrojo haben wir allzu viele unverbesserliche, verkommene Subjekte kennengelernt, um nicht ein weiteres zu erkennen, selbst wenn es von anderer Hautfarbe ist. Besagter Untertan Eurer Majestät, mit dem wir es hier zu tun haben, zeigt in den seltenen Augenblicken, da er nicht vom Dämon fleischlicher Begierde besessen ist, sämtliche anderen gewöhnlichen menschlichen Fehler und Schwächen – manche davon in seinem Falle ungeheuerliche – und auch noch andere. Wir halten ihn für genauso doppelzüngig wie jene verachtenswerten marranischen Juden in Spanien, welche sich der Taufe unterzogen haben, unsere Kirchen besuchen und sogar Schweinefleisch essen, gleichwohl jedoch insgeheim ihrem verbotenen judaischen Glauben weiterhin anhangen und ihn praktizieren.

Gleichwohl bemühen wir uns trotz unseres Verdachts und trotz aller Vorbehalte, geistig offen zu bleiben. Wenn dieser verabscheuungswürdige alte Mann nicht mutwillig das Blaue vom Himmel herunterlügt oder sich über uns lustig macht, würde die Behauptung, jenes Volk im Süden verehre ein höchstes Wesen und ein kreuzförmiges heiliges Symbol, eine Regelwidrigkeit darstellen, die für alle Theologen von größtem Interesse sein müßte. Deshalb haben wir eine Mission von Dominikanermönchen in jene Region geschickt, dem vorgeblichen Phänomen nachzugehen und werden unseren Bericht darüber Euer Majestät zu gegebener Zeit zustellen.

Möge Unser Herrgott und Sein Sohn Jesus Christus Eure Unsägliche Majestät mit Gnadenbeweisen überhäufen, auf daß Euch all Eure Unternehmungen zum Guten ausschlagen und Euer Majestät wohlwollend auf Seiner S. C. C. M. getreuen Diener herabschauen.

(ECCE SIGNUM)
ZUMÁRRAGA

Sexta Pars

Ich glaube, ich erinnere mich an jedes einzelne Vorkommnis eines jeden einzelnen Tages meiner ersten Expedition, sowohl was den Hin- als auch was den Rückweg betrifft. Bei späteren Unternehmungen machten mir kleinere und auch einige größere Mißlichkeiten nichts mehr aus als da sind: Blasen an den Füßen und Schwielen an den Händen, nervenzehrender Wechsel zwischen glühender Hitze und schneidender Kälte, bisweilen ekelerregendes Essen und Wasser, das ich trank, oder – was gar nicht so selten vorkam – überhaupt nichts zu essen und zu trinken zu bekommen. Ich lernte, mich unempfindlich zu machen wie ein Priester, der sich mit Drogen in einen Zustand der Entrückung versetzt, und all dies zu ertragen, ohne die vielen trostlosen Tage und Pfade überhaupt wahrzunehmen, Tage, an denen nichts geschah und nichts weiter zu tun war, als sich weiterzuschleppen durch ein Land ohne Farbe und ohne Abwechslung, ein Land, in dem nichts das Interesse reizte.

Auf dieser ersten Reise jedoch, ganz einfach schon deswegen, *weil* es die erste war, erregte auch noch das kleinste Vorkommnis und alles, was ich sah, ja selbst die gelegentlichen Mühen und Entbehrungen und Ärgernisse meine Anteilnahme, und ich hielt alles gewissenhaft in meinem Wortbilder-Bericht von der Expedition fest. Zweifellos hat der Verehrte Sprecher Ahuítzotl, dem ich diese Borkenpapiere nach meiner Rückkehr übergab, bei manchem Mühe gehabt, es zu entziffern, denn immerhin hatten die Aufzeichnungen unter dem Wetter und unter dem Wasser gelitten, das in sie eindrang, wenn wir etwa Flüsse durchwateten, oder waren durch meinen eigenen Körperschweiß zusammengeklebt. Da Ahuítzotl selbst weit herumgekommen war und daher über beträchtlich mehr Erfahrung gebot als ich damals, hat er wahrscheinlich auch über vieles, worüber ich berichtete und wo ich mich übertrieben über ganz Gewöhnliches ausließ und auf der Hand Liegendes erläuterte, gelächelt.

Doch diese fremden Lande und Völker begannen bereits damals, vor so langer Zeit also, sich zu verändern, denn immerhin machten wir Pochtéca und andere Forschungsreisende sie mit Gegenständen, Sitten und Gebräuchen sowie Vorstellungen und Begriffen bekannt, die ihnen zuvor völlig unbekannt gewesen waren. Heutzutage, wo eure spanischen Soldaten, eure Siedler und Missionare sich nach überallhin ausbreiten und vorstoßen, verändern diese Eingeborenen in jenen Regionen sich zweifellos so sehr, daß sie sich selbst nicht mehr wiedererkennen.

Wenn ihr, ehrwürdige Patres, meint, daß manches, was ich euch von meiner ersten Expedition erzählt, und etliches an meinen Beschreibungen von Landschaften, Personen und Ereignissen allzu unbestimmt und nicht genügend ins Einzelne gehend ausfällt, so bitte ich, das auf meine begrenzte Sehkraft zu schieben. Wenn ich jedoch andererseits manches sehr lebhaft beschreibe, wovon ihr annehmt, daß ich es gar nicht gesehen haben kann, könnt ihr davon ausgehen, daß ich sie mit Erinnerungen an spätere Reisen auf derselben Route ergänze, da ich die Fähigkeit und auch Gelegenheit hatte, genauer und klarer hinzusehen.

Berücksichtigt man, daß es leicht zu bewältigende und schwer zu überwindende Strecken gibt, konnte eine Kolonne von Lastträgern auf einer langen Expedition zwischen Morgendämmerung und Einsetzen der Nacht im Durchschnitt rund fünfmal Ein Langer Lauf schaffen. Bei unserem ersten Tagesmarsch legten wir nur etwa die Hälfte davon zurück, überquerten nur den langen Damm nach dem auf dem südlichen Festland gelegenen Coyohuácan hinüber und schlugen zeitig vor Sonnenuntergang unser Lager auf, um dort die Nacht zu verbringen, denn der nächste Tagesmarsch versprach, nicht leicht zu werden. Wie ihr wißt, ist dieser Teil des Seengebietes in einer Senke gelegen. Will man – in welcher Richtung auch immer – aus ihr heraus, bleibt nichts anderes übrig, als sich bis zum Rand hinaufzuarbeiten und ihn hinter sich zu bringen. Überdies sind die Berge im Süden, hinter Coyohuácan, die steilsten, welche die Senke umringen.

Vor einigen Jahren, als die ersten spanischen Soldaten in dieses unser Land kamen, und als ich mir die ersten Kenntnisse ihrer Sprache angeeignet hatte, fragte einer von ihnen beim Anblick einer Kolonne von Tamémime mit ihren Lasten auf dem Rücken und dem Tragriemen vor der Stirn: »Wieso, in Gottes Namen, seid ihr blöden Indianer eigentlich nie auf die Idee gekommen, Räder zu benutzen?«

Ich war damals noch wenig vertraut mit »Gottes Namen«, wußte jedoch sehr wohl, was »Räder« sind. Als kleiner Junge hatte ich ein Spielzeuggürteltier aus Ton gehabt, das ich an einer Schnur hinter mir herzog. Da die Beine des Gürteltiers selbstverständlich nicht laufen konnten, saß mein Spielzeug auf vier kleinen Rädern, und so konnte ich es fortbewegen. Das sagte ich diesem Spanier, woraufhin er wissen wollte: »Warum, zum Teufel, habt ihr dann keine Räder zum Transport von Dingen benutzt wie wir bei unseren Kanonen und Munitionswagen?« Ich hielt diese Frage für töricht, machte daraus auch kein Hehl und handelte mir für meine Unverfrorenheit eine Maulschelle ein.

Wir kannten den Nutzen von runden Rädern durchaus, denn besonders schwere Gegenstände wie etwa den Sonnenstein transportierten wir mit Hilfe von Rollen vorwärts, die wir darunter- und davorlegten. Bei leichteren Gegenständen hätten diese Rollen uns aber nichts genützt, denn es gab keine Zugtiere in diesen Landen wie eure Pferde oder Maultiere, Ochsen und Esel, um Räderfahrzeuge zu bewegen. Unsere einzigen Lasttiere waren wir selbst, und ein Tamémi mit kräftigen Muskeln kann ohne Beschwernis über lange Strecken hinweg nahezu die Hälfte seines Körpergewichts auf dem Rücken tragen.

Jetzt habt ihr Spanier viele Straßen angelegt, und eure Tiere verrichten die Arbeit, während eure Transportarbeiter unbelastet zu Fuß gehen oder reiten. Ich muß euch zugeben, daß ein Zug von zwanzig schweren, von vierzig Pferden gezogenen Wagen ein schöner Anblick ist. Unsere kleine Kolonne von drei Kaufleuten und zwölf Sklaven sah gewiß nicht so eindrucksvoll aus. Aber wir transportierten alle unsere Waren und den größten Teil unseres Reiseproviants auf unserem eigenen Rücken und mit unseren eigenen Beinen, was zumindest zwei Vorteile hatte: Wir mußten einerseits keine gefräßigen Zugtiere füttern und uns um sie kümmern, und andererseits wurden wir selbst durch die Anstrengungen täglich kräftiger.

In der Tat, unser harter Antreiber Blut Schwelger mutete uns allen mehr zu als notwendig gewesen wäre. Selbst noch ehe wir Tenochtítlan verließen und bei jeder Rast unterwegs ließ er die Sklaven – und auch Cozcatl und mich selbst, wenn wir nichts anderes zu tun hatten – mit den langen Speeren üben, mit denen wir alle bewaffnet waren. (Er selber trug seine ganze schreckenerregende Kampfausrüstung mit sich herum, die aus dem Langspeer, Spieß und Wurfstock, Maquáhuitl und kurzem Messer, einem Bogen und einem Köcher voller Pfeile bestand.) Blut Schwelger hatte keinerlei Schwierigkeiten, die Sklaven davon zu überzeugen, daß sie von uns Besseres zu erwarten hätten als von irgendwelchen Räubern, die sie vielleicht »befreien« mochten, und daß sie allen Grund hätten, uns zu helfen, Räuber, die uns angriffen, abzuwehren; deshalb brachte er ihnen bei, wie man das macht.

Nachdem wir in Coyohuácan in einer Herberge übernachtet hatten, brachen wir am nächsten Morgen in aller Frühe wieder auf, weil wir, wie Blut Schwelger sagte, »das wildzerklüftete Gebiet von Cuicuílco hinter uns bringen müssen, ehe die Sonne ihren höchsten Stand erreicht«. Cuicuílco heißt »Ort des lieblichen Gesangs«, und vielleicht ist dort früher wirklich einmal lieblicher Gesang erklungen, doch muß das lange her gewesen sein. Jetzt war es ein ödes, von grauschwarzen Gesteinsbrocken übersätes, zerrissenes und von Bodenwellen und schartigen Graten übersätes Gelände. Dem Aussehen nach hätte es ein riesiger, brodelnder, durch den Fluch irgendeines Zauberers erstarrter Wasserfall sein können. In Wirklichkeit handelt es sich jedoch um den getrockneten Lavafluß des Vulkans Xitli, der schon seit vielen Schock Jahre schweigt, so daß nur die Götter wissen, wann er das letztemal ausgebrochen ist und den Ort des lieblichen Gesangs unter sich begraben hat. Es muß einst wohl eine nicht unbeträchtlich große Stadt gewesen sein, doch niemand weiß, welche Menschen sie erbaut und darin gelebt haben. Das einzige übriggebliebene Gebäude ist eine halb unter den letzten Ausläufern des Lavaflusses begrabene Pyramide. Die Cuicuílco-Pyramide oder dasjenige, was von ihr noch zu sehen ist, weist keinen quadratischen Grundriß auf, wie die meisten anderen bei uns, sondern besteht aus kegelförmig sich verjüngenden, übereinandergeschichteten runden Scheiben.

Mag die trostlose schwarze Ebene früher noch so sehr von lieblichem Gesang erfüllt gewesen sein – heute tut man gut daran, sich hier bei Tage nicht aufzuhalten, denn das poröse Lavagestein saugt die Sonnenhitze auf und gibt sie in doppelter oder dreifacher Stärke wieder ab. Selbst in der Morgenkühle jenes Tages vor so vielen, vielen Jahren war es kein Vergnügen, dieses Ödland zu überqueren. Nichts wächst dort, nicht einmal ein Unkraut, kein Vogel singt, das einzige, was man hörte, war der Widerhall unserer eigenen Schritte, als wir uns über die großen leeren Wasserkrüge längst verschiedener Riesen dahinmühten.

Doch zumindest konnten wir während dieses Teils des Tages aufrecht gehen. Die letzten Stunden über mußten wir uns entweder gebückt mühsam einen Berghang hinaufarbeiten oder aber zurückgelehnt die andere Seite hinuntersteigen, um uns dann wieder nach vorn zu beugen und den nächsten Berg zu bewältigen. Selbstverständlich war es weder gefährlich noch wirklich schwierig, diese ersten Gebirgszüge zu überwinden, denn wir befanden uns ja in einer Region, in welcher sämtliche Handelswege aus dem Süden in Richtung auf Tenochtítlan zusammenliefen und wo eine Vielzahl von früheren Reisenden bereits die bequemsten Pfade erkundet und festgetreten hatten. Gleichwohl – für jemand, der so unerfahren war wie ich, war es trotzdem eine schweißtreibende Plackerei, bei der der Rücken schmerzte und der Atem pfeifend ging. Als wir endlich eine in einem Hochtaldorf der Xochimílca gelegene Herberge erreichten, war selbst Blut Schwelger so ausgepumpt, daß er uns nur eine Routinewaffenübung machen ließ. Dann aßen er und die anderen und warfen sich auf ihr Lager.

Ich hätte das gleichfalls getan, nur hatte eine heimkehrende Expedition von Pochtéca gleichfalls für die Nacht in dieser Herberge halt gemacht; sie hatten einen Teil ihrer Reise über dieselben Wege zurückgelegt, über welche auch ich zu ziehen gedachte, weshalb ich mich wachhielt, obgleich mir die Augen zuzufallen drohten, und mich mit dem Anführer dieser Pochtécatl unterhielt, einem wettergegerbten Mann in mittleren Jahren. Sein Zug gehörte zu einer der größeren Gesellschaften und umfaßte neben annähernd hundert Trägern auch noch eine gleiche Zahl von Mexíca-Kriegern, die ihnen Geleitschutz gaben; ich bin daher sicher, daß er mit nachsichtiger Verachtung auf uns herabgeblickt hat. Gleichwohl war er mir als einem Anfänger freundlich gesonnen. Er ließ zu, daß ich meine rohen Karten entfaltete und verbesserte sie in zahlreichen Einzelheiten, wo sie alles im Ungefähren beließen oder gar Fehler aufwiesen; außerdem zeichnete er die Lage von nützlichen Wasserstellen und dergleichen ein. Dann sagte er:

»Ich habe sehr günstig eine Menge des kostbaren Karminfarbstoffs der Tzapotéca eingehandelt, doch habe ich gerüchteweise von einem noch kostbareren Farbstoff gehört, der Purpur genannt wird. Eine Neuentdeckung.«

Ich sagte: »Was soll an Purpur so neu sein?«

»Es geht um ein kräftiges und *bleibendes* Purpurrot«, sagte er geduldig. »Eines, das nicht ausbleicht oder sich zu einem häßlichen Grün verfärbt. Falls es einen solchen Farbstoff wirklich gibt, bleibt er bestimmt ausschließlich den höchsten Rängen des Adels vorbehalten und wird dann wertvoller sein als Smaragde oder die Federn des Quetzal Tototl.«

Ich nickte. »Ein nicht verblassendes Purpurrot hat man bisher noch nicht gekannt. Dafür könnte man in der Tat gewiß jeden Preis erzielen, den man verlangte. Ihr habt nicht versucht, diesem Gerücht nachzugehen?«

Er schüttelte den Kopf. »Das ist einer der Nachteile einer schwerfälligen großen Trägerkolonne. Damit kann man nicht ohne weiteres von den bekannten Handelswegen abgehen oder Teile willkürlich davon abkoppeln. Es steht zuviel Handfestes auf dem Spiel, als daß man es sich leisten könnte, dem Ungreifbaren und Flüchtigen nachzujagen.«

»Mein kleiner Zug kann hingehen, wo er will«, deutete ich an.

Eine Weile sah er mich an, dann zuckte er mit den Achseln. »Wer weiß, wie lange es dauert, bis ich wieder in jene Gegenden komme.« Er beugte sich über meine Karte und zeigte mit dem Finger auf einen Punkt in Küstennähe des großen Süd-Meers. »Hier, in Tecuantépec ist es gewesen, daß mir ein Tzapotécatl-Händler von dem neuen Farbstoff erzählte. Nicht, daß er mir viel gesagt hätte. Er erwähnte ein wildes und unzugängliches Volk namens Chóntaltin. Das Wort bedeutet nichts weiter als Die Fremden, und was für ein Volk muß das sein, das sich selbst Die Fremden nennt? Außerdem erwähnte der Händler noch Schnecken. Schnekken! Ich frage Euch: Schnecken und Fremde – wie soll man sich das zusammenreimen? Aber wenn Ihr es auf so bruchstückhafte Beweise hin wagen wollt, junger Mann – ich wünsche Euch viel Glück.«

Am nächsten Vormittag gelangten wir in jene Stadt, welche die schönste und gastfreundlichste Stadt im ganzen Land Tlahuíca war und immer noch ist. Sie liegt in einem breiten Hochtal, und ihre Gebäude drängen sich nicht dicht aneinander, sondern liegen weit auseinandergezogen und durch Bäume und Sträucher und anderes kräftiges Grün voneinander getrennt da, aus welchem Grunde die Stadt Von Wäldern Umgeben oder Quaunáhuac genannt wird. Dieser wohltönende Name ist von euren dickzungigen Landsleuten in das lächerliche und abschätzige Cuernavaca oder Rinderhorn entstellt worden, und ich hoffe, man wird ihnen das nie verzeihen.

Die Stadt, die Berge ringsum, die kristallklare Luft sowie das Klima dort – all das war so einladend, daß Quaunáhuac von jeher ein bevorzugter Sommeraufenthalt für die wohlhabenderen Edelleute von Tenochtítlan gewesen ist. Der erste Motecuzóma hat sich in der Nähe einen bescheidenen Landsitz gebaut. Andere Herrscher der Mexíca haben ihn später weiter ausgebaut und mit Anbauten versehen, bis er es in bezug auf Größe und Luxus mit jedem in der Hauptstadt aufnehmen konnte, ja, sie mit seinen wunderschönen Gartenanlagen und Parks bei weitem übertraf. Soviel ich gehört habe, hat euer Capitán-General Cortés in dem Palast dort sein Hauptquartier aufgeschlagen. Vielleicht kann mir verziehen werden, ehrwürdige Patres, wenn ich boshaft bemerke, daß der einzig berechtigte Grund, den Namen der Stadt so zu verunglimpfen, darin zu suchen wäre, daß er sich in Quaunáhuac niedergelassen hat.

Wiewohl unsere kleine Kolonne lange vor Sonnenuntergang dort eintraf, konnten wir der Versuchung nicht widerstehen, zu bleiben und die Nacht inmitten der Blumen und Düfte von Quaunáhuac zu verbringen. Gleichwohl erhoben wir uns noch vor Tonatíu und marschierten zügig weiter, um den Rest des Gebirgszuges hinter uns zu bringen.

Am Vormittag des sechsten Tages unserer Reise gelangten wir aus der Gegend hinaus, in welcher die Handelswege zusammenliefen. Irgendwann an diesem Morgen überschritten wir eine unsichtbare Grenze und betraten die verarmten Länder der Mixtéca oder Tya Nuü, wie sie sich selbst nannten, Menschen der Erde. Zwar war dieses Volk den Mexíca nicht feindlich gesonnen, doch fühlte es sich auch nicht bemüßigt, Maßnahmen zum Schutz der durchreisenden Kaufleute zu ergreifen oder Gasthäuser und Herbergen für sie zu errichten und ihre eigenen Leute daran zu hindern, sich, wo sie nur konnten, an den Zügen der Händler auf räuberische Weise zu bereichern.

»Wir ziehen jetzt durch ein Gebiet, in welchem die Wahrscheinlichkeit, Räubern in die Hände zu fallen, besonders groß ist«, warnte Blut Schwelger uns. »Sie drücken sich hier überall herum und hoffen, Kaufleute auf dem Wege von oder nach Tenochtitlan in den Hinterhalt zu locken.«

»Warum ausgerechnet hier?« fragte ich. »Warum nicht weiter im Norden, wo die Handelswege zusammenlaufen und auch viel mehr Trägerkolonnen durchkommen?«

»Aus eben diesem Grunde. Dort drüben tun sich die Züge häufig zusammen und sind zu groß, um überfallen zu werden, wenn man nicht gerade ein ganzes Heer zur Verfügung hat. Hier draußen haben sich die nach Süden ziehenden von den nach Osten ziehenden getrennt und haben die Heimkehrenden sich noch nicht getroffen und vereinigt. Wir mit unseren paar Mann sind selbstverständlich kein besonders lohnendes Opfer für einen solchen Überfall, aber eine Räuberbande läßt uns deshalb noch lange nicht friedlich unseres Weges ziehen.«

Deshalb ging Blut Schwelger allein voraus und zog eine ganze Strecke vor uns her. Cozcatl sagte mir, er könne den alten Krieger zwischendurch immer wieder als fernen Punkt erkennen, wenn wir ein besonders breites und ebenes Gelände ohne Bäume und Sträucher durchquerten, doch ließ unser Pfadfinder keinen Warnschrei vernehmen, der Vormittag ging vorüber und wir folgten immer noch einem deutlich erkennbaren, wiewohl zum Ersticken staubigen Pfad. Wir nahmen unsere Umhänge hoch, um Nase und Mund damit zu bedecken; trotzdem ließ der Staub uns die Augen tränen und machte das Atmen beschwerlich. Dann wand der Pfad sich eine Kuppe hinauf, wo wir auf halbem Wege Blut Schwelger, die Waffen griffbereit neben sich, im staubigen Gras dasitzen und auf uns warten sahen.

»Haltet hier«, erklärte er ruhig. »Sie werden an der Staubwolke bereits erkannt haben, daß ihr kommt, aber sie können euch noch nicht gezählt haben. Sie sind zu acht, Tya Nuü, nicht gerade besonders zartbesaitete Burschen, die dort, wo die Straße durch ein Dickicht aus Bäumen und Sträuchern hindurchführt, mitten auf der Straße hocken. Sie sollen elf von uns zu sehen bekommen; noch weniger hätten kaum eine solche Staubwolke aufgewirbelt. Dann würden sie den Braten riechen, und es wäre schwieriger, mit ihnen fertigzuwerden.«

»Was heißt, mit ihnen fertigzuwerden?« fragte ich. »Und was willst du damit sagen: Sie sollen elf von uns zu sehen bekommen?«

Er gebot uns Schweigen, stieg bis zum Scheitel der Kuppe hinauf, legte sich ins Gras und entschwand für eine Weile unseren Blicken; dann kam er wieder zurückgekrochen und stand auf, um sich wieder zu uns zu gesellen.

»Jetzt sind nur noch vier von ihnen zu sehen«, berichtete er und stieß ein verächtliches Schnauben aus. »Das ist eine alte List. Es ist Mittag, und so tun die vier, als wären sie einfache Mixtéca-Reisende, die im Schatten eines Baumes rasten und sich einen Bissen zu essen bereiten. Sie werden euch höflich einladen, ihr Mahl mit ihnen zu teilen, und wenn ihr alle Freundschaft miteinander geschlossen habt, gesellig beisammen ums Feuer herumsitzt und ihr eure Waffen beiseitegelegt habt, werden die anderen vier sich anschleichen, und dann – *yya ayya*!«

»Und was machen wir?«

»Genau das gleiche. Wir legen uns genauso wie sie in den Hinterhalt, nur etwas weiter entfernt. Ich meine, ein paar von uns werden das tun. Mal sehen. Vier und Zehn und Sechs, ihr seid die größten und versteht am besten, mit der Waffe umzugehen. Laßt eure Lasten hier liegen, nehmt nur eure Speere und folgt mir.« Blut Schwelger selbst ergriff sein Maquáhuitl und ließ seine anderen Waffen liegen. »Mixtli, du und Cozcatl und ihr anderen marschiert einfach in die Falle hinein, als wäret ihr völlig ahnungslos. Nehmt ihre Einladung an, setzt euch zu ihnen und eßt und ruht euch aus. Achtet nur darauf, daß ihr nicht allzu beschränkt und vertrauensselig erscheint, denn auch das könnte ihren Argwohn erregen.«

Blut Schwelger gab den drei bewaffneten Sklaven Anweisungen, von denen ich nichts mitbekam. Dann verschwanden er und Zehn auf der einen Seite des Buckels, und Vier und Sechs auf der anderen. Ich sah Cozcatl an, und wir lächelten, um uns gegenseitig Mut zu machen. Zu den bei uns verbliebenen neun Sklaven sagte ich: »Ihr habt ja alles gehört. Tut einfach, was ich befehle, und sprecht kein Wort. Und jetzt laßt uns gehen.«

Im Gänsemarsch zogen wir über die Erhebung hinweg und auf der anderen Seite hinunter. Als ich der vier Männer ansichtig wurde, hob ich grüßend den Arm. Sie legten gerade Brennholz auf ein frisch entfachtes Feuer.

»Willkommen, Reisende wie wir!« rief einer, als wir uns näherten. Er sprach Náhuatl und hatte ein liebenswürdiges Grinsen aufgesetzt. »Laßt euch sagen, wir sind schon viele Ein Langer Lauf unterwegs auf dieser verfluchten Straße, und dies ist der einzige schattige Fleck. Wollt ihr ihn mit uns teilen? Und vielleicht einen Happen von unserem einfachen Mahl?« Er hielt zwei tote Hasen an ihren langen Ohren in die Höhe.

»Wir würden mit Freuden hier rasten«, sagte ich und gab dem Rest meines Zuges zu verstehen, sie sollten es sich bequem machen, wo sie wollten. »Aber die beiden mageren Tiere reichen ja kaum für euch vier. Ich habe noch ein paar von unseren Trägern ausgeschickt auf die Jagd. Vielleicht bringen sie etwas mit, was ein etwas üppigeres Mahl ergibt. Dann werden wir es mit euch teilen.«

Der Sprecher ließ sein Lächeln fahren, setzte eine verletzte Miene auf und sagte vorwurfsvoll: »Ihr haltet uns für Räuber. Deshalb sprecht Ihr rasch davon, daß ihr noch mehr seid als diese hier. Das klingt wenig freundlich; dabei sind wir es, die auf der Hut sein sollten. Wir sind schließlich nur vier gegen elf. Ich schlage vor, daß wir alle unsere Waffen ablegen.«

Er tat, als sei er die Unschuld in Person, gürtete das Maquáhuitl ab, das er trug, und warf es von sich. Seine drei Spießgesellen grunzten und taten es ihm nach. Auch sie legten ihre Waffen außer Reichweite nieder, so daß wir es auch ja sahen. Ich ließ mich auf der anderen Seite des Feuers den Mixtéca gegenüber nieder, von denen zwei die langbeinigen abgebalgten Hasen auf grüne Stecken spießten und diese so in den Boden steckten, daß sie über dem Feuer braten konnten.

»Sagt mir, Freund«, wandte ich mich an denjenigen, der offenbar ihr Anführer war, »wie ist die Straße, von hier gen Süden? Gibt es dort etwas, wovor wir uns hüten sollten?«

»Ja, in der Tat«, erklärte er, und seine Augen glänzten. »Es wimmelt dort nur so von Räubern. Arme Leute wie wir haben von ihnen nichts zu befürchten, Ihr allerdings scheint Waren von Wert mitzuführen. Ihr wäret gut beraten, uns anzustellen, Euch zu Eurem Schutz zu begleiten.«

Ich sagte: »Ich danke Euch für Euer Angebot, aber ich bin nicht reich genug, mir auch noch Wachen leisten zu können. Ich werde schon mit meinen Trägern zurechtkommen.«

»Träger taugen nichts als Beschützer. Und ohne Beschützer werdet Ihr bestimmt ausgeraubt.« Er sagte das mit großem Nachdruck, gleichsam als sei das eine unbestreitbare Tatsache. Dann jedoch trat so etwas wie Hohn in seine Stimme. »Ich habe einen anderen Vorschlag. Ihr solltet es nicht riskieren, Eure Waren der Straße anzuvertrauen. Laßt sie hier, daß wir sie für Euch bewahren, während Ihr unbelästigt weiterzieht.«

Ich lachte.

»Ich glaube, junger Freund, wir können Euch überzeugen, daß das in Eurem besten Interesse läge.«

»Und ich, mein Freund, glaube, es ist an der Zeit, daß ich meine Träger von der Jagd zurückrufe.«

»Tut das«, sagte er hohnlächelnd. »Oder gestattet, daß ich sie an Eurer Stelle rufe.«

Ich sagte: »Vielen Dank.«

Einen Augenblick machte er nun doch ein etwas verdutztes Gesicht. Aber dann muß er zu dem Schluß gekommen sein, ich hoffte, durch reine Großsprecherei seiner Falle zu entgehen. Er stieß einen weithin hallenden Ruf aus, und im selben Augenblick sprangen er und seine Gefährten nach ihren Waffen. Doch gleichzeitig trat auch Blut Schwelger mit unseren Sklaven Vier, Sechs und Zehn aus den uns umgebenden Bäumen auf die Straße heraus – freilich von jeweils anderen Stellen aus. Die Tya Nuü blieben vor Überraschung wie erstarrt stehen, die Maquáhuime schlagbereit erhoben, gleichsam als wären sie Standbilder von Kriegern in kampfbereiter Pose.

»Es war eine gute Jagd, Meister Mixtli!« verkündete Blut Schwelger mit dröhnender Stimme. »Und wie ich sehe, haben wir auch noch Gäste. Nun, ich bringe genug mit, daß sie davon abhaben können.« Er warf vor uns hin, was er in der Hand getragen hatte, und die Sklaven taten desgleichen: ein jeder von ihnen einen abgeschlagenen Menschenkopf.

»Kommt, Freunde, ihr wißt gutes Fleisch bestimmt zu schätzen«, wandte Blut Schwelger sich fröhlich an die Räuber, welche – alle den Rücken demselben großen Baum zugewandt – eine Verteidigungsstellung eingenommen hatten. »Werft die Waffen fort und seid nicht schüchtern. Kommt, eßt nach Herzenslust!«

Unsicher sahen die vier sich um. Inzwischen waren wir anderen alle bewaffnet. Sie fuhren zusammen, als Blut Schwelger sie mit Donnerstimme anherrschte: »*Laßt die Schwerter fallen!* hab' ich gesagt!« Sie taten es. »*Kommt und eßt!* hab' ich gesagt!« Sie näherten sich den Köpfen, die auf dem Boden lagen. »*Eßt!* hab' ich gesagt!« Sie zuckten zusammen, als sie die Überreste ihrer toten Gefährten aufhoben und aufs Feuer zugehen wollten. »Nein, nicht braten!« brüllte Blut Schwelger unerbittlich. »Das Feuer ist für die Hasen, und die Hasen sind für uns. *Eßt!* hab' ich gesagt.«

Und so gingen die vier Männer in die Hocke, wo sie standen, und fingen an, mit kläglichen Gesichtern zu nagen. An einem ungekochten Kopf gibt es nur wenig wirklich Eßbares, bis auf die Lippen, die Wangen und die Zunge.

Blut Schwelger befahl unseren Sklaven: »Nehmt die Maquáhuime und zerschlagt sie. Durchsucht ihre Beutel und seht nach, ob irgend etwas darin ist, was sich mitzunehmen lohnt.«

Sechs nahm die Schwerter und zerschmetterte eines nach dem anderen an einem Felsen, bis die Obsidianschneiden in kleinste Teile zersplittert waren. Zehn und Vier durchsuchten die Habseligkeiten der Räuber und tasteten sogar ihre Schamtücher ab. Sie hatten nichts weiter dabei als das Allernotwendigste, was man für unterwegs braucht: Stecken zum Feuerbohren und Mooszunder, Zweige zum Reinigen der Zähne und dergleichen.

Blut Schwelger sagte: »Die Hasen überm Feuer scheinen gar zu sein. Fang schon mal an, sie zu zerteilen, Cozcatl!« Dann wandte er sich wieder den Tya Nuü zu und herrschte sie an: »Und *ihr*! Es geziemt sich nicht, uns allein essen zu lassen. Ihr eßt genausolange weiter, wie wir essen.«

Alle vier hatten mittlerweile wieder erbrochen, was sie zuvor hinuntergewürgt, taten jedoch, wie geheißen und rissen mit ihren Zähnen den restlichen Knorpel von dem ab, was zuvor Nasen und Ohren gewesen waren. Der Anblick allein genügte, mir und Cozcatl den Appetit zu verschlagen. Aber unser unerbittlicher Krieger und unsere zwölf Sklaven fielen heißhungrig über das duftende Hasenfleisch her.

Zuletzt kam Blut Schwelger zu mir und Cozcatl herüber, die wir unseren vier Gefangenen den Rücken zukehrten, wischte sich mit schwieliger Hand den fettigen Mund ab und sagte: »Wir könnten diese Mixtéca als Sklaven mitnehmen, aber dann müßte immer jemand von uns aufpassen, daß sie keinen Verrat begehen. Meiner Meinung nach lohnt das die Mühe nicht.«

Ich sagte: »Dann töte sie, mir ist das egal. Sie sehen schon jetzt fast aus, als wären sie tot.«

»Nein, nein«, erklärte Blut Schwelger nachdenklich und saugte an einem Backenzahn. »Ich schlage vor, wir lassen sie laufen. Räuber beschäftigen zwar keine Schnellboten und Weitrufer, verständigen sich aber irgendwie über Kolonnen, denen man besser aus dem Wege geht, und Händler, die reif sind zum Ausrauben. Wenn wir diese vier laufen lassen, damit sie ihr Erlebnis unter ihresgleichen verbreiten, werden alle anderen Banden es sich zweimal überlegen, ehe sie über uns herfallen.«

»Da hast du gewiß recht«, sagte ich zu dem alten Mann, der vor noch gar nicht langer Zeit von sich gesagt hatte, er sei ein altes Knochengestell.

Wir holten also zunächst die Lastballen von Vier, Sechs und Zehn sowie die zurückgelassenen Waffen von Blut Schwelger nach und setzten dann unseren Weg fort. Die Tya Nuü stoben nicht sogleich davon, um eine möglichst große Entfernung zwischen sich und uns zu legen. Von Übelkeit geplagt und völlig erschöpft blieben sie einfach sitzen, wo wir sie zurückließen, zu schwach, um auch nur die blutigen, behaarten und fliegenbedeckten Totenköpfe wegzuwerfen, die sie auf dem Schoß liegen hatten.

Bei Sonnenuntergang dieses Tages befanden wir uns in der Mitte eines grünen, angenehmen, aber vollständig unbewohnten Tals: kein Dorf, keine Herberge, nichts von Menschenhand Geschaffenes war zu sehen. Blut Schwelger ließ uns weitermarschieren, bis wir an einen Bach mit gutem Wasser gelangten, und dort zeigte er uns, wie man ein Lager aufschlägt. Zum erstenmal auf unserer Reise benutzten wir unsere Bohrer und Zunder zum Feuermachen, und auf diesem Feuer bereiteten wir unser Abendmahl – das heißt, unsere Sklaven Zehn und Drei besorgten das. Wir anderen nahmen unsere Wolldecken aus unserem Bündel und bereiteten uns auf dem Boden ein Lager, wobei wir uns nur allzusehr bewußt waren, daß wir kein Dach über dem Kopf hatten und unser Lager keine vier Wände hatte; daß wir auch kein aus vielen bestehendes Heer waren, wo einer des andern Schutz war; daß es nur Nacht war und ringsum die Nachttiere uns umschlichen; und daß der Gott Nacht Wind in dieser Nacht eisig blies.

Nachdem wir gegessen hatten, stand ich am Rand des vom Feuer erhellten Runds und blickte hinaus in die Dunkelheit: So dunkel war es, daß, selbst wenn ich hätte sehen können, ich dennoch nichts gesehen hätte. Es schienen weder der Mond noch die Sterne, für mich jedenfalls waren sie unsichtbar. Es war auch nicht wie auf dem Feldzug, den ich mitgemacht hatte und bei dem die Ereignisse mich und viele andere in ein fremdes Land gebracht hatten. Hierher war ich aus eigenem Antrieb gekommen, und hier spürte ich, daß ich ein Heimatloser war, jemand, der nicht zählte, und jemand, der eher leichtsinnig war als furchtlos. In den Nächten beim Heer hatte es immer Gerede, Geräusch und Bewegung gegeben, war ich mir stets bewußt gewesen, viele Menschen um mich herum zu wissen. Doch in dieser Nacht, die Glut eines einzigen einfachen Lagerfeuers hinter mir, vernahm ich nur hin und wieder ein geflüstertes Wort und die leisen Geräusche der Sklaven, welche unser Kochgeschirr reinigten, Brennholz nachlegten und trockene Zweige unter unsere Schlafdecken, und das Schnüffeln der Hunde, die nach den Überresten unseres Essens suchten.

Vor mir, im Dunkel, nicht die leiseste Spur von menschlichem Tun. Ich hätte bis an das ferne Ende der Welt hinüberblicken und kein anderes Menschenwesen oder den Beweis dafür sehen können, daß jemals ein anderer Mensch seinen Fuß hierher gesetzt hatte. Aus der Nacht vor mir trug der Wind nur einen einzigen Laut an mein Ohr – vielleicht den einsamsten Laut, den es gibt: das ferne, kaum vernehmliche, langgezogene Geheul eines Kojoten, der traurig etwas für immer Verlorenes beklagt.

Freilich habe ich nur selten in meinem Leben erfahren, was Einsamkeit ist, selbst dann nicht, wenn ich mutterseelenallein war. Doch in dieser Nacht stand ich – bewußt, um herauszufinden, ob ich es ertragen könne – da, kehrte dem einzigen bißchen Licht und Wärme auf der Welt den Rükken zu und wandte mein Gesicht der Schwärze und der Leere und dem gleichgültigen Unbekannten entgegen.

Dann hörte ich Blut Schwelgers Befehl: »Schlaf, als wärest du zu Hause oder in irgendeiner Schlafkammer. Zieh alle Kleider aus, sonst bekommst du am Morgen die Kälte *wirklich* zu spüren, glaub mir!«

Cozcatl versuchte, so zu sprechen, als ob er einen Scherz mache, doch gelang ihm das nicht: »Aber was ist, wenn ein Jaguar kommt und wir weglaufen müssen?«

Ohne eine Miene zu verziehen, sagte Blut Schwelger: »Verlaß dich drauf, Junge – wenn ein Jaguar kommt, dann machst du, daß du fortkommst, und merkst nicht einmal, ob du etwas anhast oder nicht. Aber ein Jaguar frißt deine Kleider mit genauso großem Appetit wie das Fleisch kleiner Jungen.« Vielleicht sah er, daß Cozcatls Unterlippe zitterte, denn der alte Haudegen gluckste. »Keine Angst. Kein Jaguar wagt sich in die Nähe eines brennenden Feuers, und ich werde dafür sorgen, daß es nicht ausgeht.« Er seufzte und fügte noch hinzu: »Diese Gewohnheit ist mir von meinen vielen Feldzügen geblieben. Jedesmal, wenn das Feuer zu erlöschen droht, werde ich wach. Ich werde es schon weiter unterhalten.«

Ich fand es nicht weiter unbequem, mich auf der dünnen Unterlage aus trockenem Gezweig zwischen dem harten, kalten Boden und mir in meine beiden Decken einzuwickeln; vergangenen Mond hatte ich in meinem Gemach im Palast auf Cozcatls Lager mit den dünnen Kissen darauf geschlafen, Cozcatl jedoch in derselben Zeit auf den schwellenden weichen Decken meines weichen, warmen Bettes, und offensichtlich hatte er sich an diese Bequemlichkeit gewöhnt. In dieser Nacht, während von den anderen Gestalten Schnarchen und pfeifende Atemzüge kamen, hörte ich, wie er sich auf dem Boden unruhig von einer Seite auf die andere wälzte, versuchte, eine bequeme Lage zu finden und kleine klagende Laute ausstieß, als ihm das nicht gelang. Weshalb ich zuletzt leise zu ihm hinüberrief: »Cozcatl, bring deine Decken hierher.«

Dankbar kam er, und mit seinen und meinen Decken waren Unterlage und Zudecke nunmehr doppelt so dick wie zuvor. Da uns beim Umschichten unseres Lagers beiden kalt geworden war, zitterten wir am ganzen nackten Leib. Wir krochen daher eiligst auf unser verbessertes Lager und kuschelten uns aneinander wie zwei ineinandergestellte Schalen: Coszcatls Rücken wölbte sich gegen meine Brust, und ich schlang die Arme um ihn. Nach und nach legte sich unser Zittern, und Cozcatl murmelte: »Danke, Mixtli«, und ließ gleich darauf an seinen regelmäßigen Atemzügen erkennen, daß er eingeschlafen war.

Doch jetzt war ich es, der keinen Schlaf fand. Im selben Maße, wie mein Körper sich an dem seinen wärmte, erhitzte sich auch meine Phantasie. Dies hier war anders, als neben einem Mann zu liegen, so wie wir Krieger uns in Texcála bei kaltem Wind aneinandergedrängt hatten, um warm und trocken zu bleiben. Und es war auch anders, als bei einer Frau zu liegen, wie ich es das letzte Mal nach dem Festschmaus der Krieger in Tenochtítlan getan hatte. Nein, es war wie damals, da ich bei meiner Schwester gelegen hatte, damals, vor langer Zeit, da wir erst angefangen hatten, zu erforschen und zu entdecken und es miteinander zu versuchen, damals, als wir nicht größer gewesen waren als dieser Knabe jetzt. Ich war seither in mehr als einer Hinsicht sehr gewachsen, doch erinnerte Cozcatls kleiner schmächtiger Körper mich daran, wie Tzitzitlíni sich angefühlt hatte, da sie sich an mich gedrängt und auch sie noch ein Kind gewesen war. Mein Tepúli regte sich und fing an, sich zwischen meinem Bauch und dem Gesäß des Jungen in die Höhe zu schieben. Streng sagte ich mir, daß Cozcatl trotz allem ein Junge sei und nur halb so alt wie ich.

Gleichwohl – auch meine Hände erinnerten sich an Tzitzi, und ohne daß ich es ihnen befohlen hätte, wanderten sie tastend den Körper des Knaben entlang – an diesem noch keineswegs muskulösen und eckigen Leib, der dem eines jungen Mädchens so sehr ähnlich war; die noch kindlich-weiche Haut, die kaum merklichen Wölbungen von Hüfte und der kindlich-pummelige Bauch; das sanfte, klaffende Gesäß; die schlanken Beine. Und dort, zwischen den Beinen, nicht der steife oder schwammige Auswuchs eines männlichen Gemächts, sondern etwas verlockend Glattes, nach innen Gewölbtes. Sein Gesäß kuschelte sich gegen meinen Unterleib, und mein Glied schob sich zwischen seine Schenkel, gegen den Spalt aus weichem Narbengewebe, das ein geschlossenes Tipíli hätte sein können, und mittlerweile war ich viel zu erregt, um nicht zu tun, was ich dann tat. In der Hoffnung, daß ich es tun könnte, ohne ihn dadurch zu wecken, begann ich, mich sacht, ganz sacht hin- und herzubewegen.

»Mixtli?« flüsterte der Junge ein wenig verwundert.

Ich hielt in meiner Bewegung inne, lachte leise, doch so, daß ich davon geschüttelt wurde, und flüsterte ihm zu: »Vielleicht hätte ich doch eine Sklavin mitnehmen sollen.«

Er schüttelte den Kopf und meinte verschlafen: »Wenn ich dir dazu dienen kann . . .«, schmiegte sich womöglich noch dichter an mich und übte mit seinen Schenkeln Druck auf mein Tepúli aus, woraufhin ich meine Bewegungen wieder aufnahm.

Als wir später beide schliefen, immer noch aneinandergekuschelt, träumte ich einen kostbaren Traum von Tzitzitlíni, und ich glaube, ich habe es in dieser Nacht noch einmal gemacht – im Traum mit meiner Schwester, in Wirklichkeit mit dem kleinen Jungen.

Ich glaube, ich kann verstehen, warum Pater Toribio uns so plötzlich mit hochrotem Kopf verlassen hat. Er geht, eine Schar junger Leute den Katechismus zu lehren, nicht wahr?

Ich fragte mich, ob ich denn über Nacht zu einem Cuilóntli geworden sei und mich fürderhin nur nach kleinen Jungen sehnen würde, doch hielt diese Sorge nicht lange an. Am Ende des nächsten Tagesmarsches gelangten wir in ein Dorf namens Tlancualpícan, das sich rühmte, so etwas wie eine Herberge zu haben, wo man essen und baden kann, und zwar auch einen angemessenen Schlafsaal, doch nur ein einziges kleines Einzelschlafgemach zu vermieten hatte.

»Ich leg' mich zu den Sklaven«, erklärte Blut Schwelger. »Du und Cozcatl, ihr beide nehmt das Gemach.«

Ich weiß, daß sich mein Gesicht mit flammender Röte übergoß, und mir ging auf, daß er letzte Nacht etwas gehört haben mußte; vielleicht hatte die Unterlage aus Zweigen geknarrt. Er sah mein Gesicht und feixte, doch dann unterdrückte er das und sagte:

»Dann war es also ein erstes Mal auf der ersten langen Reise des jungen Fernhändlers in fremde ferne Lande. Und jetzt zweifelt er an seiner Männlichkeit!« Er schüttelte sein ernstes Haupt und lachte dann wieder. »Laß es dir gesagt sein, Mixtli – wenn du wirklich eine Frau brauchst und es ist keine verfügbar – oder keine da, die nach deinem Geschmack ist –, nimm dir, was sich als Ersatz bietet. Ich habe viele Feldzüge mitgemacht, und oft habe ich es erlebt, daß die Dörfer, durch die wir hindurchkommen mußten, ihre Frauen fortgeschickt hatten, sich zu verbergen. Da haben wir die Krieger, die wir gefangengenommen hatten, als Frauen benutzt.«

Ich weiß nicht, was für ein Gesicht ich gemacht habe, doch er lachte nochmals und fuhr fort:

»Mach nicht ein Gesicht wie drei Tage Regenwetter, Mixtli. Ich habe Krieger erlebt, bei denen die Not so groß war, daß sie sich der Tiere bedienten, welche der sich zurückziehende Feind zurückgelassen hatte: kleine Hunde, aber auch die größeren Hunderassen. Einmal, unten im Maya-Land, behauptete einer meiner Männer steif und fest, er habe sich mit einem Tapirweibchen vergnügt, das ihm im Dschungel über den Weg gelaufen sei.«

Er muß mir meine Erleichterung wohl doch angesehen haben, auch wenn ich immer noch etwas bedrückt dreinschaute, denn er schloß:

»Sei froh, daß du deinen kleinen Gefährten hast und daß er dir gefällt – und er dich genug liebt, dir zu Willen zu sein. Laß dir aber von mir gesagt sein: sobald dir die nächste einigermaßen ansprechende Frau über den Weg läuft, wirst du feststellen, daß deine natürlichen Bedürfnisse sich nicht minder heftig regen als zuvor.«

Doch um ganz sicher zu gehen, machte ich die Probe aufs Exempel. Nachdem wir in der Herberge gebadet und zu Abend gegessen hatten, schlenderte ich die zwei oder drei Straßen von Tlancualpícan auf und ab, bis ich eine Frau am Fenster sitzen sah und bemerkte, daß sie ihren Kopf drehte, als ich vorüberging. Ich machte kehrt und ging nahe genug vorüber, um zu sehen, daß sie lächelte und, wenn auch nicht gerade schön, so doch keinesfalls abstoßend häßlich war. Sie sah nicht danach aus, als ob sie an Nanáua erkrankt war – kein Schorf auf ihrem Gesicht, das Haar voll und nicht schütter; keine Schwären um den Mund herum – und auch sonst nirgends, wie ich bald darauf feststellen sollte.

Ich hatte vorsorglich einen billigen Jadeanhänger mitgenommen, den ich ihr gab, und sie reichte mir die Hand, um mir zu helfen, durchs Fenster zu klettern – denn ihr Mann lag im anderen Zimmer sinnlos betrunken da –, und wir schenkten einander mehr als großzügig Lust. Als ich zurückkehrte, hatte ich mich zweier Dinge versichert: erstens, daß ich meine Fähigkeit, eine Frau zu begehren und ihr befriedigend Lust zu bereiten, nicht verloren hatte und zweitens, daß eine fähige und willige Frau – meiner Einschätzung nach, und ich hatte genug Erfahrung, um Vergleiche ziehen zu können – immer noch besser ausgestattet ist für solche Vergnügungen als der hübscheste und unwiderstehlichste Knabe.

Gewiß, Cozcatl und ich schliefen nach diesem ersten Mal noch oft miteinander – immer dann, wenn wir in einer Herberge übernachteten, die nur beschränkten Raum bot, oder aber, wenn wir im Freien kampierten und beschlossen, um der größeren Behaglichkeit willen ein Lager zu teilen. Gleichwohl, daß ich mich seiner bediente, kam doch recht selten vor und eigentlich nur dann, wenn, wie Blut Schwelger es ausgedrückt hatte, es mich danach hungerte und sonst niemand vorhanden war, den ich vorgezogen hätte.

Das Trockenzeitwetter blieb weiterhin günstig fürs Unterwegssein. Die Tage waren mild und die Nächte frisch, bis wir weiter nach Süden gelangten und es nachts fast warm genug war, ohne Decken im Freien zu schlafen, während es um die Mittagszeit herum so heiß wurde, daß wir wünschten, uns alles vom Leibe zu reißen.

Es war ein wunderschönes Land, durch welches wir dahinzogen. Manchmal wachten wir morgens in einem Feld von Blumen auf, auf denen noch der Frühtau glitzerte und das sich ausnahm wie ein Feld von Edelsteinen, welches sich nach allen Richtungen bis zum Horizont erstreckte. Manchmal handelte es sich um eine Fülle verschiedener Blumenarten, manchmal jedoch auch nur um eine einzige – gelegentlich waren es auch jene hohen, deren große, von ihren Samenkernen noppigen gelben Blüten dem Lauf der Sonne folgen.

Wenn die Morgendämmerung dem vollen Tageslicht wich, konnten wir uns durch alles denkbare Gelände vorwärtsbewegen. Manchmal war es ein Wald von so üppig belaubten Bäumen, daß das Unterholz überhaupt nicht zu seinem Recht kam und ganz ausblieb; dann deckte weiches Gras den Boden, auf welchem die Bäume in so regelmäßigen Abständen in die Höhe wuchsen, als wären sie von einem Gärtner im Park eines Edelmanns gepflanzt worden. Oder wir bahnten uns den Weg durch ein kühles Meer fein gefiederter Farne. Oder wir mühten uns – ohne daß einer den anderen sah – durch riesige Flächen goldenen und grünen Schilfrohrs oder silbrig schimmernder und übermannshoher grüner Gräser. Gelegentlich mußten wir uns auch einen Berg hinanmühen, von dessen Gipfel man einen weiten Blick auf andere und ferner gelegene Berge hatte, deren Farben vom Grün der Nähe bis zum dunstigen Taubenblau der Ferne reichten.

Wer auch immer unserer Kolonne voranging, oft erschrak er vor den Anzeichen unerwarteten Lebens um uns herum. Ein Kaninchen kauerte sich so regungslos zusammen wie ein Baumstumpf, bis unser Anführer fast darauf trat, woraufhin es aus seiner Unbeweglichkeit ausbrach und davonsprang. Desgleichen konnte es geschehen, daß unser Anführer einen Fasan aufstörte, der rauschend aufflog und mit seinen Flügeln fast sein Gesicht streifte. Oder er scheuchte einen Schwarm Wachteln oder Tauben auf, oder einen Schnelläufervogel, der dann mit den ihm eigenen, weitausgreifenden Schritten flüchtete. Wie oft ging uns nicht ein gepanzertes Gürteltier aus dem Weg oder huschte eine Eidechse über den Pfad, bis – als wir weiter in den Süden drangen – aus den Eidechsen Leguane wurden, manche von ihnen so lang wie Cozcatl groß war, mit Kämmen und Kehllappen ausgestattet und von leuchtend roter, grüner und violetter Farbe.

Fast ständig kreiste lautlos hoch über uns irgendein Falke und spähte aufmerksam nach irgendwelchem Niederwild, das wir aufstörten, sich dadurch verriet und verwundbar wurde – oder auch ein schweigend kreisender Geier, der hoffte, daß wir etwas Eßbares fortwarfen. In den Wäldern glitten Fliegende Hunde von hohen zu niedrigeren Zweigen hinunter, dem Anschein nach genauso schwerelos wie die Falken oder Geier, aber keineswegs so lautlos wie diese, denn sie brachen jedesmal in erbostes Gezeter über uns aus. Ob im Wald oder in der Steppe, überall flatterten und schwebten Aras mit leuchtendem Gefieder, und winzige Kolibris und die stachellosen schwarzen Bienen sowie Unmengen von Schmetterlingen in den schillerndsten Farben.

Ayyo, diese Farben immer und überall! Um die Mittagszeit war das Leuchten am stärksten, denn dann funkelten sie wie Schatztruhen, deren Deckel hochgeschlagen werden und die bis zum Rand gefüllt sind mit Edelsteinen und kostbaren Metallen, wie Menschen und Götter sie gleichermaßen schätzen. Die Sonne am türkisenen Himmel loderte wie ein Schild aus gehämmertem Gold. Ihr Licht glitzerte auf ganz gewöhnlichen Felsen, Kieseln und anderem Gestein und verwandelte sie in Topase oder Zirkone oder jene Opale, die wir Glühwürmchensteine nannten; oder wie Perlen, die selbstverständlich nicht eigentlich Steine sind, sondern die Herzen der Austern; oder Bernstein, welches gleichfalls kein richtiger Stein ist, sondern versteinerter Schaum. Alles Grün um uns herum wurde zu Smaragd und Nephrit und Jadestein. Durchquerten wir einen Wald, in welchem, durch das grünglühende Laub gebrochen, Lichtkringel auf dem Boden spielten, setzten wir unsere Füße unbewußt mit größter Behutsamkeit und Zartheit auf, um nicht auf die goldenen Scheiben und Schalen zu treten, welche zu unseren Füßen verstreut schienen.

Wenn das Dämmer einsetzte, verlor das Licht alles Zitternde. Die grellen Farben verblaßten, selbst Rottöne und Gelb wurden erst zu mattem Blau, dann zu Violett und zuletzt zu Grau. Um die gleiche Zeit begann ein feiner farbloser Dunst aus den Spalten und Senken des Landes rings um uns heraufzusteigen, bis er sich zu einer einzigen Decke verdichtete, von welcher wir Wattebäusche und -fetzen hochrissen, wenn wir hindurchstapften. Fledermäuse und Nachtvögel huschten wohl hin und her, jagten nach unsichtbaren Insekten und schafften es wunderbarerweise, nie mit uns, irgendeinem Baumstamm oder einem anderen Tier ihrer Art zusammenzustoßen. Und senkte das Dunkel sich vollends hernieder, blieben wir uns dennoch der Schönheit des Landes um uns herum bewußt, wiewohl wir es mit den Augen nicht mehr wahrnahmen. Viele Nächte hindurch legten wir uns schlafen und atmeten den betäubenden Duft jener mondweißen Blüten ein, die *nur* des Nachts ihre Blütenkelche öffnen und ihre betörenden Seufzer ertönen lassen.

Wenn es sich so ergab, daß wir am Ende eines Tagesmarsches irgendein Tya-Nuü-Dorf erreichten, verbrachten wir die Nacht unter einem Dach und zwischen vier Wänden – die in den größeren Ortschaften aus Lehmziegeln oder Holz bestehen konnten, in den kleineren möglicherweise aber auch nur aus Schilfrohr und Stroh. Für gewöhnlich gelang es uns, etwas Anständiges zu essen zu erstehen, manchmal sogar irgendwelche Leckerbissen, wie sie typisch waren für jene Gegend, und Frauen anzustellen, sie zuzubereiten und uns zu servieren. Auch konnten wir heißes Wasser zum Baden bekommen oder gar das Dampfbad einer Familie mieten, falls es so etwas gab. In den größeren Ortschaften konnten Blut Schwelger und ich für billigen Tand gewöhnlich auch jeder eine Frau bekommen; manchmal schafften wir es sogar, eine Sklavin zu beschaffen, die unsere Männer dann unter sich teilten.

Genauso häufig kam es jedoch auch vor, daß die Dunkelheit uns irgendwo zwischen zwei Ansiedlungen in der freien Natur überraschte. Wiewohl wir alle uns längst daran gewöhnt hatten, auf der Erde zu schlafen, war es uns nie gelungen, auch noch das Unbehagen über die finstere Leere um uns herum zu überwinden; daher waren diese Nächte selbstverständlich weniger erfreulich. Es konnte sein, daß unsere Abendmahlzeit nur aus Bohnen und Atóli-Brei und Wasser zum Trinken bestand.

Doch das machte uns nicht soviel aus, wie auf ein Bad verzichten zu müssen und gezwungen zu sein, uns vom Schmutz des Tages verkrustet aufs Lager zu strecken, wo es uns dazu noch von Insektenbissen und -stichen juckte. Bisweilen hatten wir aber auch das Glück, am Ufer eines Flusses oder Teichs zu lagern, so daß wir uns jedenfalls den Genuß erlauben konnten, in kaltes Wasser zu steigen. Und gelegentlich reicherten wir unser abendliches Mahl auch mit dem Fleisch eines wilden Ebers oder irgendeines anderen Tieres an, das für gewöhnlich Blut Schwelger erlegt hatte.

Cozcatl hatte es sich unterwegs angewöhnt, dem alten Krieger Pfeil und Bogen zu tragen und zum Spaß unterwegs auf Bäume und Kakteen zu schießen und sich dadurch ein gewisses Geschick im Umgang mit dieser Waffe anzueignen. Da er, wie andere Jungen seines Alters auch, dazu neigte, auf alles zu schießen, was da kreuchte und fleuchte, erlegte er auf diese Weise für gewöhnlich nur Tiere, die zu klein waren, als daß wir alle etwas davon hätten haben können – einen einzelnen Fasan etwa oder ein Erdhörnchen – und einmal schaffte er es, unsere ganze Gesellschaft dazu zu bringen, in alle Himmelsrichtungen auseinanderzustieben, als er ein braun-weiß-gestreiftes Stinktier durchbohrte – mit welchen Folgen, könnt ihr euch denken. Doch eines Tages, da er uns als Kundschafter ein wenig vorausgeeilt war, scheuchte er einen Hirsch von seinem Tageslager hoch und jagte einen Pfeil in ihn hinein; dann verfolgte er das verwundete Tier, bis es zusammenbrach und verendete. Als wir ihn endlich einholten, war er dabei, das Tier unbeholfen mit seinem kleinen Feuersteinmesser zu zerlegen, und Blut Schwelger sagte:

»Erspar dir die Mühe, Junge. Überlaß ihn den Kojoten und den Geiern. Verstehst du, du hast ihn im Leib getroffen und die Därme durchbohrt. Jetzt ist der Darminhalt in die Leibeshöhlung ausgelaufen, und das ganze Fleisch schmeckt leider ekelhaft danach.« Cozcatl machte ein betretenes Gesicht, nickte jedoch zustimmend, als der alte Krieger ihn unterwies: »Gleichgültig, was für ein Tier dir über den Weg läuft – ziele so, daß du hier – ins Herz – oder in die Lungen triffst. Das bringt dem Tier einen weniger qualvollen Tod, und wir bekommen gutes, eßbares Fleisch.« Der Junge nahm sich diese Lehre zu Herzen, und brachte uns zuletzt gutes Wildbret von einer Hirschkuh, die er sauber zur Strecke brachte, wie es sich gehört.

Jeden Abend, wenn wir haltmachten, sei es in einem Dorf oder draußen in der Wildnis, ließ ich Blut Schwelger, Cozcatl und die Sklaven das Lager aufschlagen oder sich nach einer Unterkunft umsehen. Ich selbst holte als erstes Farben und das Borkenpapier hervor und hielt fest, was es über die Strecke zu berichten gab, die wir an diesem Tag zurückgelegt hatten: ich zeichnete eine Karte, so genau es mir nur möglich war, trug besonders auffällige Kennzeichen ein, nach denen man sich orientieren konnte, machte mir Notizen über die Art des Geländes und so weiter; und versuchte mich überdies auch noch an einer Beschreibung der besonderen Sehenswürdigkeiten oder Ereignisse, die uns an diesem Tag begegnet waren. Reichte die Zeit nicht mehr, das zu erledigen, ehe die Dunkelheit mir das unmöglich machte, holte ich es in der Frühe des nächsten Tages nach, während die anderen das Lager abbrachen. Immer jedenfalls trug ich Sorge, diese Chronik niederzuschreiben, sobald ich konnte und imstande war, mich an alles von Belang zu erinnern. Die Tatsache, daß ich mich in meinen jüngeren Jahren so eifrig darum bemüht hatte, mein Erinnerungsvermögen zu schulen, mag auch der Grund dafür sein, daß ich mich jetzt, in meinem hohen Alter, noch an so vieles so klar erinnere ... darunter einiges, wovon ich gewünscht hätte, es wäre verblaßt oder ganz aus meiner Erinnerung geschwunden.

Auf dieser ersten Reise wie auch auf den späteren vergrößerte ich mein Wortwissen und meinen Wortschatz. Ich bemühte mich, die neuen Wörter der Länder zu erlernen, durch die wir hindurchkamen, mir darüber hinaus aber auch die Art einzuprägen, wie die Menschen, die sie benutzten, sie aneinanderreihten. Wie ich bereits erwähnt habe, war meine Muttersprache, das Náhuatl, bereits die allgemein anerkannte Sprache auf den Handelswegen, und auch noch in den kleinsten Dörfern konnten die Mexíca-Pochtéca für gewöhnlich zumindest *einen* finden, der unsere Sprache hinlänglich gut sprach. Die meisten Fernhändler begnügten sich damit, ja, waren es zufrieden, einen solchen Dolmetsch zu finden und all ihre Geschäfte über ihn abzuwickeln. Es konnte ja sein, daß ein einzelner Kaufmann gezwungen war, mit Sprechern sämtlicher Zungen zu handeln, die außerhalb der Länder des Dreibunds gesprochen wurden. Selbstverständlich war ein solcher Kaufmann, der schon genug mit seinem Handel zu tun hatte, nur selten geneigt, sich die Mühe zu machen, auch noch eine andere Sprache zu erlernen, geschweige denn alle.

Ich hingegen hatte diese Neigung, und es scheint mir leicht zu fallen, mir neue Sprachen anzueignen. Vielleicht lag es daran, daß ich mich mein Leben lang mit der Sprache beschäftigt hatte, vielleicht aber auch daran, daß ich schon von früh auf gezwungen gewesen war, mich mit den verschiedenen Dialekten und Besonderheiten in der Aussprache des Náhuatl zu beschäftigen, wie es auf Xaltócan, in Texcóco, Tenochtítlan und sogar – wenn auch nur für kurze Zeit – in Texcála gesprochen wurde. Die zwölf Sklaven unseres Zuges sprachen eine ganze Reihe von Muttersprachen und dazu selbstverständlich noch das wenige Náhuatl, welches sie in ihrer Gefangenschaft gelernt hatten; infolgedessen lernte ich die neuen Wörter zunächst von ihnen, indem ich unterwegs auf dies und jenes zeigte und sie fragte, wie das in ihrer Sprache heiße.

Ich behaupte nicht, daß ich im Verlauf dieser ersten Expedition alle diese Sprachen, die wir kennenlernten, fließend und zungenfertig sprechen lernte. Das konnte ich erst behaupten, nachdem ich viele weitere Reisen dieser Art unternommen hatte. Immerhin lernte ich genug von den Sprachen der Tya Huü, Tzapotéca, Chiapa und Maya, daß ich mich zumindest überall verständlich machen konnte. Diese Fähigkeit, mit den Leuten zu reden, setzte mich auch instand, manches über die jeweiligen Sitten und Gebräuche dieser Völker zu erfahren, mich ihnen anzupassen und dieserhalb bereitwilliger gastfreundlich aufgenommen zu werden. Abgesehen davon, daß mir das die ganze Reise angenehmer machte, sicherte mir diese wechselseitige Anerkennung auch manchen vorteilhaften Handel, vorteilhaftere jedenfalls, als wenn ich einer von jenen »taubstummen« Händlern gewesen wäre, die immer erst über ihren Dolmetsch feilschen und ins Geschäft kommen können.

Ich will euch ein Beispiel geben. Als wir über eine kleinere Bergkette hinüberkamen, bekundete unser für gewöhnlich eher einfältiger Sklave namens Vier unversehens eine für ihn ganz uncharakteristische Lebhaftigkeit, ja, sogar eine gewisse freudige Erregung. Als ich ihn in den Worten seiner Sprache, die ich von ihm gelernt hatte, fragte, was er denn habe, berichtete er, sein Heimatdorf Ynochíxtlan liege nicht weit entfernt vor uns. Er hatte das Dorf vor Jahren verlassen und war hinausgezogen in die Welt, um dort sein Glück zu machen, war von Räubern gefangengenommen und von ihnen an einen Chalca-Edelmann und danach noch etliche Male weiterverkauft worden, bis er zuletzt als Tributzahlung an den Dreibund gelangt und auf dem Verkaufsblock auf dem Sklavenmarkt geendet war, wo Blut Schwelger ihn gefunden hatte.

Das freilich würde ich ohnehin bald erfahren haben, auch ohne daß ich etwas von seiner Sprache verstand, denn bei unserer Ankunft in Ynochíxtlan kamen uns der Vater, die Mutter und zwei Brüder von Vier entgegengelaufen, um den lange verloren Geglaubten mit Tränen und Frohlocken zugleich zu begrüßen. Sie und der Tecútli des Dorfes – oder Chagóola, wie die kleinen Häuptlinge in jenen Landen genannt wurden – bestürmten mich, mir diesen Mann abzukaufen. Ich ließ erkennen, daß ich Verständnis für sie hätte, wies aber auch darauf hin, daß Vier der größte all unserer Träger und der einzige sei, der imstande wäre, unseren schweren Sack mit Obsidian zu tragen. Daraufhin schlug der Chagóola vor, mir den Mann *und* das Obsidian abzukaufen, welches in diesem Lande unleugbar von Nutzen sein konnte, wo es kein solches für die Herstellung von Werkzeugen geeignetes Gestein gab. Als gerechten Preis bot er mir eine ganze Menge wollener Umschlagtücher an, auf deren Herstellung sich dieses Dorf in ganz einzigartiger Weise verstand.

Ich bewunderte die Tücher, die sie mir zeigten, denn es waren wirklich schöne und praktische Kleidungsstücke. Gleichwohl mußte ich den Dorfbewohnern sagen, ich hätte erst den dritten Teil meiner Reise bewältigt und wolle eigentlich noch gar nicht verkaufen, da ich nicht vorhätte, neue Waren zu erstehen, die ich erst den ganzen Weg bis hinunter in den Süden und dann auch noch zurück bis Tenochtítlan transportieren müsse. Von diesem Standpunkt hätten sie mich abbringen können, denn insgeheim war ich bereits entschlossen, Vier bei seiner Familie zu lassen, selbst wenn ich ihn hätte wegschenken müssen, doch zu meiner freudigen Überraschung stellten seine Mutter und sein Vater sich auf meine Seite.

»Chagóola«, erklärten sie ihrem Dorfhäuptling respektvoll. »Ihr müßt auch den jungen Kaufmann verstehen. Er hat ein freundliches Gesicht, und er hat Verständnis für uns. Aber unser Sohn ist nun mal unbestreitbar sein Eigentum, und er hat bestimmt einen hohen Preis für diesen prächtigen Sohn von uns bezahlt. Würdet Ihr um die Freiheit eines der Euren feilschen?«

Ich brauchte kaum mehr zu sagen. Ich stand einfach da, machte ein freundliches und verständnisvolles Gesicht, während die vielstimmige Familie von Vier ihren eigenen Chagóola als knickerigen Feilscher hinstellte. Zuletzt willigte er mit schamübergossenem Gesicht ein, den Dorfschatz zu öffnen und mich mit einem Zahlungsmittel zu entschädigen statt mit Waren. Für den Mann und das Obsidian bezahlte er mich mit Kakaobohnen und halbmondförmigen Zinn- und Kupferblättchen. Alles in allem erhielt ich einen gerechten Preis für das Gestein und zusätzlich noch *das Doppelte* dessen, was ich ursprünglich für Vier gezahlt hatte. Als der Handel abgeschlossen und Vier wieder ein freier Bürger von

Ynochíxtlan war, jubelte das ganze Dorf, erklärte den Tag zum Festtag, ließ es sich nicht nehmen, uns für die Nacht Unterkunft zu geben und zu einem Festschmaus einzuladen, bei dem Schokolade und Octli in Strömen flossen – und das alles umsonst.

Die Feier war noch längst nicht beendet, als wir Reisenden uns zur Nacht in die uns zugewiesenen Hütten zurückzogen. Während er sich auskleidete, um sich auf sein Lager zu legen, rülpste Blut Schwelger und sagte zu mir: »Ich habe es immer als erniedrigend betrachtet, das Geplapper von Ausländern auch nur als menschliche Sprache anzuerkennen. Und auch dich habe ich immer für jemand gehalten, der sinnlos seine Zeit vergeudet, Mixtli, als du dich damit abmühtest, barbarische neue Wörter zu lernen. Aber jetzt muß ich zugeben . . .« Aus dem vollen Bauch heraus ließ er nochmal einen gewaltigen Rülpser vernehmen und schlief dann ein.

Für Euch in Eurer Eigenschaft als Dolmetsch, junger Señorito Molina, mag es interessant sein zu erfahren, daß, als Ihr Náhuatl lerntet, Ihr damit die leichteste aller in Neuspanien gesprochenen Sprachen erlerntet. Damit möchte ich nichts Abträgliches über Eure Leistung sagen – Ihr sprecht für einen Fremden ganz ausgezeichnet Náhuatl –, aber wenn Ihr jemals versuchen solltet, andere von unseren Sprachen zu erlernen, werdet Ihr feststellen, daß es wesentlich schwieriger ist, diese zu beherrschen.

Um Euch zu zeigen, was ich meine: Ihr wißt, daß die Betonung unserer Náhuatl-Wörter immer auf der vorletzten Silbe liegt, genauso wie nach meinem Empfinden bei Euren spanischen Wörtern. Vielleicht ist das einer der Gründe, warum Spanisch mir keine unüberwindlichen Schwierigkeiten bereitet hat, obgleich es in anderer Hinsicht so ganz anders ist als unser Náhuatl. Nun, unsere nächsten Nachbarn, die Purémpecha, betonen nahezu jedes Wort auf der *dritt*letzten Silbe. Vielleicht ist Euch das bei ihren Ortsnamen aufgefallen wie zum Beispiel Pátzkuaro, Kerétaro und so weiter. Die Sprache der Otomí, die nördlich von uns gesprochen wird, ist in dieser Hinsicht noch verwirrender, weil sie ihre Wörter für unsere Begriffe völlig regellos auf jeder beliebigen Silbe betonen. Ich würde sagen, von allen Sprachen, die ich gehört habe – die Eure eingeschlossen –, ist das Otomítl am verflucht schwierigsten zu erlernen. Zum Beweis dafür: Stellt Euch vor, sie haben allein zwei verschiedene Ausdrücke für das Lachen von Mann und Frau!

Mein Leben lang habe ich es erleben müssen, daß man mir verschiedene Namen gab. Jetzt, da ich Kaufmann geworden war und in allen möglichen Sprachen angesprochen wurde, bekam ich noch mehr dazu, denn selbstverständlich hieß Dunkle Wolke überall anders. Bei den Tzapotéca zum Beispiel hieß ich Záa Nayàzú. Selbst nachdem ich dem Mädchen Zyanya beigebracht hatte, das Náhuatl genauso fließend zu sprechen wie ich, nannte sie mich unweigerlich immer nur Záa, ließ dieses Wort wie einen Kosenamen klingen, und – von ihren Lippen – war mir das der liebste Name, den ich je getragen habe . . .

Doch davon später.

Ich sehe, daß Ihr zusätzliche kleine Zeichen auf Wörter setzt, die Ihr bereits hingeschrieben habt, Pater Gaspar. Ich nehme an, Ihr wollt kenntlich machen, wie die Silben in den Namen Záa Nayàzú sich heben und senken, gleichsam als würde er gesungen. Ich weiß wirklich nicht, wie man das zutreffend in Eurer Schrift wiedergeben könnte, wüßte das aber auch in meiner eigenen nicht.

Einzig die Tzapotéca-Sprache wird so ausgesprochen. Es ist überhaupt die wohlklingendste und melodischste Sprache von allen in Der Einen Welt gesprochenen, genauso, wie die Tzapotéca-Männer die prachtvollsten Männer und ihre Frauen die hinreißendsten Frauen sind. Vielleicht sollte ich auch noch erwähnen, daß die weit verbreitete Bezeichnung Tzapotéca nur von Fremden gebraucht wird und sich von der Tzapoté-Frucht herleitet, die in solchem Übermaß in ihren Landen wächst. Sie selbst benennen sich mit einem Namen, der mehr an die großen Höhen denken läßt, in denen die meisten von ihnen leben: Ben Záa, die Wolkenmenschen.

Ihre Sprache nennen sie Lóochi. Verglichen mit dem Náhuatl, kommen darin nur wenige unterschiedliche Laute vor, und diese Laute werden zu Wörtern zusammengefügt, die viel kürzer sind als die im Náhuatl. Doch diese wenigen Laute weisen eine unendliche Vielfalt an Bedeutungen auf, je nachdem, ob sie gleichbleibend oder in die Höhe gehend oder in die Tiefe weisend ausgesprochen werden. Die musikalische Wirkung ist nicht nur lieblich anzuhören, sondern ist auch wichtig für das Verständnis des Wortes. Die Melodie des gesprochenen Wortes ist von solcher Wichtigkeit, daß ein Tzapotéca das Wort gar nicht auszusprechen braucht, um zu vermitteln, was er ausdrücken will; das geht so weit, daß er – zumindest bei einer einfachen Mitteilung – nur die Wort*melodie* zu summen oder zu pfeifen braucht, und ein anderer versteht, was er meint.

Dadurch haben wir gemerkt, daß wir uns dem Land der Wolkenmenschen näherten, und dadurch haben auch sie davon erfahren. Wir vernahmen von einem Berg herab, von dem aus man unseren Weg überschauen konnte, ein schrilles, durchdringendes Pfeifen. Es handelte sich um einen langgezogenen, schmetternden Triller, wie kein Vogel ihn zustande bringt, und der nach einer gewissen Zeit irgendwo vor uns wiederholt wurde – bis auf jeden einzelnen Triller genau. Noch eine Weile später wurde das Getriller, zwar kaum noch hörbar, aber auf haargenau die gleiche Weise, ganz, ganz weit vor uns wiederholt.

»Die Späher der Tzapotéca«, erklärte Blut Schwelger. »Sie geben Meldungen durch Triller weiter statt durch Rufe wie unsere Weitrufer.«

Ich fragte: »Warum haben sie denn Späher?«

»Wir befinden uns jetzt in einem Land, das Uaxyácac heißt und dessen Besitz Mixtéca, Olméca und Tzapotéca seit langer Zeit einander streitig machen. Manchenorts vermischen sie sich oder leben friedlich nebeneinander. Woanders verfolgen und überfallen sie sich gegenseitig. Daher muß bei allen Neuankommenden erst einmal in Erfahrung gebracht werden, um wen es sich handelt. Diese durch Pfeifen übermittelte Meldung ist inzwischen vermutlich bis in den Palast von Záachilà gelangt und verrät ihrem Verehrten Sprecher zweifellos, daß wir Mexica sind und Kaufleute und wie viele und vielleicht sogar die Größe und Anzahl der Lasten, die wir tragen.«

Einer von euren spanischen Soldaten zu Pferde, der jeden Tag rasch lange Strecken zurücklegt und weit im Land herumkommt, ist vielleicht der Meinung, daß jedes Dorf, in dem er übernachtet, sich deutlich von dem Dorf der Nacht zuvor unterscheidet. Wir jedoch, die wir langsam vorrückten, hatten von Siedlung zu Siedlung keine großen Veränderungen bemerkt. Abgesehen davon, daß südlich der Stadt Quaunáhuac jedermann barfuß zu gehen schien – nur nicht während irgendwelcher örtlicher Feste –, sahen wir keinen großen Unterschied zwischen einer Gemeinde und der nächsten. Das Aussehen der Leute und auch die Art der Kleidung und die Bauweise – all diese Dinge änderten sich zwar, gewiß, doch vollzog sich diese Veränderung nur allmählich, und wir wurden uns dieses Umstands nur gelegentlich bewußt. O ja, insbesondere in den kleineren Siedlungen, in denen die Bewohner seit Generationen immer wieder jemand aus ihrem eigenen engen Kreis geheiratet hatten, kam es vor, daß gewisse Unterschiede zwischen den einzelnen Volksstämmen auffielen, daß die einen entweder ein bißchen kleiner oder größer waren oder eine hellere oder eine dunklere Hautfarbe aufwiesen, die einen freundlicher und die anderen eher abweisend waren, doch im allgemeinen war es so, daß die Bevölkerung dazu neigte, von einem Ort zum anderen unmerklich ineinander überzugehen.

Die Arbeiter trugen nichts anderes als das weiße Schamtuch und legten nur dann einen weißen Umhang an, wenn sie nichts zu tun hatten. Die Frauen trugen sämtlichst den vertrauten Rock und die Bluse und höchstwahrscheinlich das übliche Untergewand. An den Festtagskleidern der Leute belebten phantasievolle Stickereien das Weiß der Baumwollstoffe, und Muster und Farben dieser Stickereien waren von Ort zu Ort verschieden. Außerdem bewiesen die Edelleute der verschiedenen Regionen einen unterschiedlichen Geschmack bei Kopfputz und Federumhängen, Nasenpflöcken, Ohrringen und Lippenscheiben, Arm- und Fußreifen und anderem Schmuck. Doch derlei Unterschiede fielen Durchreisenden wie uns kaum auf; man mußte schon ein Leben lang in ein und demselben Dorf leben, um den Bewohner eines Nachbardorfs als solchen auf Anhieb aus der Ferne zu erkennen.

Zumindest hatten wir diese Erfahrung bisher auf unserer gesamten Reise gemacht, bis wir ins Land der Uaxyácac gelangten, wo schon das Getriller und Gezirp der ausnehmend wohllautenden Lóochi-Sprache uns zu Bewußtsein brachte, daß wir uns plötzlich unter Menschen befanden, die ganz anders waren als alle anderen Völker, die wir bisher kennengelernt hatten.

Unsere erste Nacht in Uaxyácac verbrachten wir in einem Dorf namens Texítla, doch das Dorf selbst zeichnete sich durch keinerlei Besonderheit aus. Die Häuser waren gebaut, wie wir sie schon seit einiger Zeit zu sehen gewohnt waren: aus jungen, durch die Ranken von Schlinggewächsen miteinander verbundenen Ruten und Stämmen mit einem Strohdach darauf. Die Bäder und Schwitzbäder bestanden aus getrocknetem Lehm, wie alle anderen auch, die wir in der letzten Zeit gesehen hatten. Das Essen, welches wir erstanden, war ziemlich genau das gleiche, wie man es uns schon seit vielen Abenden immer wieder vorgesetzt hatte. Anders waren nur die Bewohner von Texítla. Nie zuvor waren wir bisher in einen Ort gelangt, dessen Bewohner einer wie der andere so ausnehmend schön anzusehen waren und bei denen selbst die Alltagskleidung noch mit leuchtenden Farben verziert war und etwas Festliches hatte.

»Aber die sind ja wunderschön!« rief Cozcatl aus.

Blut Schwelger sagte nichts, denn er war ja schon vorher in diesen Landen gewesen. Der alte Kämpe setzte nur eine selbstgefällige und überlegene Miene auf, als ob er persönlich dafür gesorgt hätte, daß es Texítla gab, bloß um mich und Cozcatl in Erstaunen zu versetzen.

Dabei war Texítla keine von der übrigen Welt abgeschnittene Insel wohlgestalter Menschen; das entdeckten wir bei unserer Ankunft in der volkreichen Hauptstadt Záachilà und wurde bestätigt, als wir durch den Rest von Uaxyáca hindurchzogen. In diesem Lande waren die Menschen *alle* von auffallend schönem Äußeren, und ihr Verhalten war genauso fröhlich wie ihre farbenfrohen Gewänder. Daß die Tzapotéca sich für leuchtende Farben begeisterten war verständlich, denn in ihrem Land werden schließlich die feinsten Farbstoffe hergestellt. Außerdem bildet ihr Gebiet die Nordgrenze des Vorkommens von Papageien und Aras, Tukanen und anderen tropischen Vögeln mit glänzendem Gefieder. Der Grund dafür, daß die Tzapotéca selbst ein so bemerkenswertes Volk sind, war nicht so ohne weiteres zu erkennen. Daher sagte ich, nachdem wir uns ein oder zwei Tage in Záachilà aufgehalten hatten, zu einem alten Mann, der hier zu Hause war:

»Euer Volk scheint anderen überlegen, die ich kennengelernt habe. Welches ist seine Geschichte? Woher kommt ihr?«

»Woher wir kommen?« fragte er voller Verachtung für meine Unwissenheit. Er war einer von den Stadtbewohnern, die Náhuatl sprachen und durchreisenden Pochtéca regelmäßig als Dolmetsch dienten. Er war es auch, von dem ich die ersten Worte Lóochi lernte. Er hieß Gíigu Nashinyá, Rot Fluß, und er hatte ein Gesicht wie eine verwitterte Felswand: »Ihr Mexíca behauptet, eure Ahnen seien von weit nördlich dessen gekommen, was heute euer Land ist. Die Chiapa berichten, ihre Vorfahren stammten von irgendwoher weit südlich des Landes, das sie heute bewohnen. So behauptet jedes Volk, es stamme von irgendwo anders her, als es heute lebt. Alle – bis auf uns Ben Záa. Wir nennen uns nicht aus irgendeinem eitlen Grunde so. Wir sind die Wolkenmenschen – hervorgegangen aus den Wolken und Bäumen, Felsen und Bergen dieses Landes. Wir sind nicht erst hierhergekommen. Wir sind immer hier gewesen. Sagt mir, junger Mann, habt Ihr jemals die Herzblume gesehen oder ihren Duft gerochen?«

Ich sagte, nein, das hätte ich nicht.

»Dann werdet Ihr es tun. Wir pflanzen sie jetzt vor unseren Häusern an. Die Blume wird so genannt, weil ihre noch geschlossene Knospe die Form eines menschlichen Herzens hat. Die Frau eines Hauses wird immer nur eine einzige Knospe zur Zeit pflücken, weil diese, wenn sie ihren Blütenkelch entfaltet, das ganze Haus mit ihrem Duft erfüllt. Aber es hat noch eine besondere Bewandtnis mit der Herzblume. Ursprünglich gab es sie nur in ihrer Wildform, und sie wuchs in jenen Bergen dort drüben, nirgendwo anders, *nur* dort, in den Bergen von Uaxyácac. Genauso wie wir Ben Záa, ist sie hier entstanden, und gleich uns gedeiht sie immer noch hier. Es ist eine Freude, die Herzblume anzusehen und ihren Duft zu riechen, und so ist es immer gewesen. Die Ben Záa sind ein kraftvolles und von Lebensmut besessenes Volk und sind es immer gewesen.«

Ich wiederholte, was Cozcatl gesagt hatte: »Ein wunderschönes Volk.«

»Ja, ebenso schön wie lebenslustig«, erklärte der alte Mann ohne falsche Bescheidenheit. »So haben die Wolkenmenschen sich erhalten, weil sie immer nur unter sich geblieben sind und dafür gesorgt haben, daß sie reine Wolkenmenschen blieben. Wir treiben jede Unreinheit aus, die aufkommt oder sich einschleicht.«

Ich sagte: »Was? Wieso?«

»Kommt ein Kind mißgebildet oder unerträglich häßlich zur Welt, oder läßt es erkennen, daß mit seinem Gehirn etwas nicht stimmt, sorgen wir dafür, daß es nicht heranwächst. Dem unglücklichen Kind wird die Mutterbrust versagt, dann welkt es dahin und stirbt, wenn der Gott es will. Auch unsere alten Leute werden ausgestoßen, wenn sie keinen schönen Anblick mehr bieten oder zu schwach sind, für sich selbst zu sorgen, oder wenn ihr Kopf nachläßt. Selbstverständlich geschieht das im allgemeinen freiwillig; sie tun es um des Gesamtwohls willen. Wenn ich zum Beispiel spüre, daß meine Kräfte nachlassen und meine Sinne stumpf werden, werde ich Abschied nehmen und fortgehen in die Heilige Heimat, und niemand wird mich je wiedersehen.«

Ich sagte: »Das klingt nach einer recht harten Maßnahme.«

»Ist es hart, Unkraut in einem Garten zu jäten? Oder die abgestorbenen Zweige eines Obstgartens abzuschneiden?«

»Nun . . .«

Bitter sagte er: »Ihr bewundert die Wirkung, doch die Mittel beklagt ihr. Daß wir es vorziehen, uns der Nutz- und Hilflosen zu entledigen, die sonst ihren Mitmenschen nur zur Last fallen würden. Daß wir es vorziehen, die Behinderten sterben zu lassen und auf diese Weise verhindern, daß sie wieder Behinderte zeugen oder auf die Welt bringen. Junger Moralist, verurteilt Ihr auch unsere Weigerung, Bastarde aufzuziehen?«

»Bastarde?«

»Unser Land ist in der Vergangenheit schon häufiger von den Mixtéca und Olméca besetzt worden, in der nicht so weit zurückliegenden Vergangenheit auch von den Mexíca; außerdem leiden wir unter dem Eindringen weniger hochstehender Stämme an unseren Grenzen, aber nie haben wir uns mit ihnen vermischt. Wenn auch Ausländer sich unter uns bewegen und sogar unter uns leben – wir werden immer verhindern, daß ihr Blut sich mit dem unseren mischt.«

Ich sagte: »Ich wüßte nicht, wie man das verhindern könnte. Da Männer und Frauen nun einmal so sind, wie sie sind, könnt ihr kaum gesellschaftlichen Verkehr mit Fremden gestatten und hoffen, daß es zu keinem geschlechtlichen Verkehr kommt.«

»O gewiß, wir sind Menschen«, räumte er ein. »Unsere Männer machen sehr gern Erfahrungen mit den Frauen anderer Rassen, und einige von unseren eigenen Frauen gehen mutwillig rittlings auf die Straße. Aber wer immer von uns Wolkenmenschen in aller Form einen Ausländer zum Mann oder zur Frau nimmt, gehört nicht länger zu den Wolkenmenschen. Diese Tatsache allein genügt für gewöhnlich, die Ehe mit Ausländern zu verhindern. Aber es gibt noch einen anderen Grund, warum solche Verbindungen ungewöhnlich sind. Das werdet Ihr doch gewiß von selbst erkennen.«

Unsicher schüttelte ich den Kopf.

»Ihr habt auf euren Reisen andere Völker kennengelernt. Jetzt seht euch unsere Männer an. Seht euch unsere Frauen an. In welchem Land außerhalb von Uaxyácac könnten sie Gefährten finden, die auch nur annähernd genausogut zu ihnen passen?«

Ich hatte das bereits getan, und die Frage beantwortete sich von selbst. Zugegeben, ich hatte in meiner Zeit hervorragende Beispiele anderer Völker kennengelernt: meine eigene, wunderschöne Schwester Tzitzi, die eine Mexíca war; die Dame von Tolan, die eine Tecpanéca war; den hübschen kleinen Cozcatl, der ein Acólhua war. Und zugegebenermaßen war auch kein einziger von den Tzapotéca so überwältigend, daß er ohne Fehl gewesen wäre. Gleichwohl konnte ich nicht leugnen, daß die Mehrheit dieses Volkes von so schönem Gesicht und so herrlicher Gestalt war, daß die Mehrheit der anderen Völker daneben kaum mehr als frühe und mißlungene Versuche der Götter betrachtet werden konnte.

Unter den Mexíca galt ich meiner Größe und Muskelentwicklung wegen als etwas Besonderes; doch fast jeder Tzapotécatl war genauso groß und kräftig gebaut wie ich und verriet überdies in seinen Zügen ebensosehr Kraft wie Feingefühl. Nahezu jede Frau war üppig mit weiblichen Rundungen ausgestattet, gleichwohl jedoch schlank wie eine Weidengerte; und ihr Gesicht war dergestalt, daß Göttinnen sie darum hätten beneiden können: große, schimmernde Augen, gerade Nase, einen Mund, zum Küssen gemacht, makellose und nahezu durchscheinende Haut. Zyanya gemahnte an ein wohlgestaltes Gefäß aus glänzend geriebenem Kupfer, welches in die Sonne gestellt worden war und von Honig überfloß. Männer wie Frauen standen stolz und aufrecht da, bewegten sich voller Anmut und sprachen ihr melodisches Lóochi mit sanften Stimmen. Die Kinder waren köstlich und benahmen sich tadellos, daß man sie einfach liebhaben mußte. Ich war recht froh, daß ich nicht aus mir hinaustreten und mich selbst mit solcher Gesellschaft vergleichen konnte. Aber die anderen Fremden, die ich in Uaxyácac sah – zumeist zugewanderte Mixtéca –, nahmen sich neben den Wolkenmenschen plump und schlammfarben und ungeschickt zusammengesetzt aus.

Gleichwohl, ich bin nicht leichtgläubig. Daher nahm ich die Geschichte, welche der alte Dolmetsch Rot Fluß von der Entstehung seines Volkes erzählte, »mit einem kleinen Finger«, wie wir sagen. Ich konnte nicht glauben, daß die Wolkenmenschen diesen Bergen einfach so strahlend und wohlgestalt entsprungen sein sollten wie die Herzblume. Kein anderes Volk hat sich jemals auf einen so unsinnigen und unmöglichen Ursprung berufen. Jedes Volk *muß* von irgendwo anders herkommen, habe ich nicht recht?

Gleichwohl sprach der Augenschein dafür, daß die Tzapotéca es hochmütig abgelehnt hatten, sich mit anderen Stämmen zu vermischen, daß sie stets für die Reinheit des Blutes gesorgt hatten, selbst wenn das Erbarmungslosigkeit denen gegenüber bedeutete, die zu ihnen gehörten und die sie liebten.

Wie die Wolkenmenschen je entstanden und woher sie gekommen sind – sie hatten sich von altersher geweigert, als Volk etwas anderes zu sein als das beste. *Das* wollte ich wohl glauben, denn schließlich war ich hier und bewegte mich unter ihnen: den bewunderungswürdigen Männern und den begehrenswerten Frauen. *Ayyo,* die unwiderstehlich und quälend begehrenswerten Frauen!

Wie wir es bisher immer gehalten haben, Euer Exzellenz, hat der ehrwürdige Pater Skribent mir gerade den letzten Satz vorgelesen, den ich gesprochen habe, damit ich wieder weiß, wo wir bei der vorigen Sitzung stehengeblieben sind. Darf ich es wagen anzunehmen, daß Euer Exzellenz sich uns heute beigesellen, um zu hören, wie ich die gesamte weibliche Bevölkerung von Záachilà schändete?

Nein?

Wenn selbiges Euch, wie Ihr sagt, nicht überraschen würde, Ihr es aber nicht hören möchtet, laßt mich Euer Exzellenz *wirklich* überraschen. Wiewohl wir eine ganze Reihe von Tagen in Záachilà und im umliegenden Gebiet verbrachten, habe ich dort nicht eine einzige Frau angerührt. Höchst uncharakteristisch für mich, ja, wie Euer Exzellenz richtig bemerken. Gleichwohl behaupte ich nicht, unversehens von meiner höchst freizügigen Lebensweise erlöst worden zu sein. Vielmehr wurde ich von einer neuen widernatürlichen Besessenheit heimgesucht. Ich wollte keine von den Frauen, die zu haben waren, und zwar einfach deshalb nicht, *weil* sie zu haben waren. Diese Frauen waren hinreißend und verführerisch schön und ohne Zweifel sehr tüchtig – Blut Schwelger schwelgte die ganze Zeit über, die wir da waren, in Wollust –, aber daß sie leicht zu haben waren, eben das ließ mich sie ablehnen. Was ich wollte, was ich begehrte und wonach ich gierte, das war eine richtige Frau der Wolkenmenschen, eine Frau, die aus Abscheu vor einem Fremden wie mir zurückschreckte. Ich saß wirklich in einer Klemme. Einerseits wollte ich haben, was ich nun mal nicht bekommen konnte, andererseits wollte ich mich mit nichts Geringerem zufriedengeben. Infolgedessen mußte ich mir die Nase wischen und kann Euer Exzellenz daher auch nichts über die Frauen von Záachilà berichten.

Gestattet mir jedoch, Euch ein wenig von Uaxyáca zu erzählen. Dieses Land ist ein einziges Gewirr von Bergen, Gipfeln und Schroffen; Bergen, die sich zwischen Bergen in die Höhe reckten; Bergen, die sich über Berge lagerten. Die Tzapotéca, die sich im Schutz und in der Abgeschirmtheit ihrer Berge durchaus wohl fühlten, haben selten das Verlangen gespürt, über diese Festungswälle hinaus vorzustoßen. Bei anderen Völkern hießen sie schon von altersher »die abgeriegelten Menschen«.

Der erste Uey-Tlatoáni Motecuzóma freilich war entschlossen gewesen, die Handelswege der Mexíca weiter und immer weiter nach Süden auszudehnen und beschloß, es mit Gewalt zu tun, nicht mit diplomatischen Verhandlungen. Früh in dem Jahr, in dem ich geboren wurde, hatte er ein Heer nach Uaxyácac geführt, und nachdem er Tod und Verderben gesät hatte, war es ihm schließlich gelungen, die Hauptstadt zu belagern und zu besetzen. Er verlangte ungehinderten Durchzug für die Mexíca-Pochtéca und erlegte den Wolkenmenschen Tributzahlungen an den Dreibund auf. Allerdings mangelte es ihm an Nachschub, um eine Besatzungsmacht zu unterhalten, weswegen er in Záachilà nur eine kleine Garnison zurückließ, welche die Eintreibung des Tributs erzwingen sollte. Sobald er abgezogen war, brachten die Tzapotéca die Krieger der Garnison selbstverständlich um, nahmen ihre frühere Lebensweise wieder auf und zahlten nicht einen Baumwollfetzen Tribut.

Das hätte bestimmt zu einem neuen Einmarsch der Mexíca geführt, und dabei wäre gewiß das ganze Land verwüstet worden - Motecuzóma hieß nicht umsonst Zorniger Herr –, wären nicht zwei Dinge gewesen.

Die Tzapotéca waren immerhin so klug, ihr Versprechen zu halten, die Mexíca-Kaufleute unbehelligt durch ihr Land ziehen zu lassen. Und außerdem starb Motecuzóma im selben Jahr. Sein Nachfolger, Axayacátl, gab sich mit Uaxyácacs Handelszugeständnissen zufrieden, wußte aber auch ganz genau, wie schwierig es sein würde, ein so fernes Land zu unterwerfen und unterworfen zu halten und schickte daher keine neuen Heere. So herrschte zwar keine Liebe, wohl aber ein gegenseitiger Waffenstillstand, und der Handel blühte zwischen den beiden Völkern in den zwanzig Jahren vor meinem Eintreffen dort und auch noch einige Jahre hinterher.

Das Zeremonialzentrum und die heiligste Stadt von Uaxyácac ist das alte Lyobáan, nur eine kurze Reise östlich von Záachilà gelegen. Dorthin brachte Rot Fluß Cozcatl und mich eines Tages, damit wir sie uns ansähen. (Blut Schwelger blieb zurück und vergnügte sich in einem Auyanicáli, einem Freudenhaus.) Lyobáan heißt Heilige Heimat, doch wir Mexíca nannten die Stadt schon seit langer Zeit Míctlan, weil diejenigen Mexíca, welche die Stadt gesehen hatten, glaubten, daß sie wirklich das irdische Tor zu jener dunklen und trostlosen Gegenwelt ist.

Es ist eine ansehnliche und, wenn man ihr ehrwürdiges Alter bedenkt, sehr gut erhaltene Stadt. Es gibt dort viele Tempel mit vielen Räumen, wobei einer dieser Säle der größte mit einer nicht von einem Wald von Säulen getragenen Decke ist, den ich jemals gesehen habe. Die Mauern der Gebäude sind innen wie außen mit kunstvoll behauenen Steinen geschmückt, so daß es aussieht, als handelte es sich um versteinerte, endlos in Mosaiken aus weißem Kalkstein wiederholte Webereien, die auf höchst verwickelte Weise miteinander verbunden sind. Wie ich Euer Exzellenz kaum zu sagen brauche, bewiesen die zahlreichen Tempel der Heiligen Heimat, daß die Wolkenmenschen – darin uns Mexíca ebenso gleich wie euch Christen – eine Fülle von Gottheiten verehrten. Es gab eine jungfräuliche Mondgöttin Béu, den Jaguargott Béezye und die Göttin der Morgenröte, Tangu Yu, und ich weiß nicht wie viele andere mehr.

Doch im Gegensatz zu uns Mexíca glaubten die Wolkenmenschen – darin euch Christen gleich –, daß alle diese Götter und Göttinnen einem großen, über allen anderen stehenden Gott untergeordnet sind, welcher die Welt geschaffen hat und alles darin lenkt. Gleich euren Engeln und Heiligen konnten die geringeren Götter ihre verschiedenen heiligen Aufgaben ohne Einwilligung und Überwachung durch diesen höchsten Gott der ganzen Schöpfung nicht erfüllen – ja, es hätte sie nicht einmal geben können. Die Tzapotéca nannten diesen Gott Uizye Tao, Allmächtiger Atem.

Die großartigen strengen Tempel bilden jedoch gleichsam nur die oberste Schicht von Lyobáan. Sie waren eigens über Öffnungen in der Erde errichtet worden, welche in natürliche Höhlen und Gänge und Auswölbungen in der Tiefe hineinführten, seit ungezählten Generationen die bevorzugtesten Bestattungsplätze der Tzapotéca. In diese Stadt haben sie von altersher ihre toten Edelleute, Hohenpriester und Kriegshelden gebracht, um sie dort mit bestimmten Zeremonien in reich ausgestatteten und geschmückten, direkt unter den Tempeln gelegenen Räumen zu bestatten.

Freilich war und ist dort auch Platz für Nichtadlige, in noch tiefer gelegenen Gewölben. Rot Fluß erzählte uns, niemand wisse, wo die Gänge und Höhlen endeten, sie seien untereinander verbunden und zögen sich zahllose Ein Langer Lauf unter der Erde dahin. Steinerne Girlanden hingen von der Decke herab, und steinerne Säulen ragten aus dem Boden, und es fänden sich dort steinerne Vorhänge und Draperien von herrlichen, aber natürlich gewachsenen Mustern: so schön wie zu Eis erstarrte Wasserfälle oder so schreckeneinflößend, wie die Mexíca sich die Tore zur Mictlan vorstellten.

»Und nicht nur die Toten kommen in die Heilige Heimat«, sagte er. »Wie ich Euch bereits gesagt habe, sobald ich das Gefühl habe, das Leben sei für mich zu nichts mehr nutze, werde ich zu Fuß hierherkommen und verschwinden.«

Nach ihm könne jeder Mann und jede Frau, Gemeinfreier oder Edelmann, der durchs Alter behindert oder von Leiden und Sorgen niedergedrückt werde oder des Lebens aus irgendeinem anderen Grund überdrüssig sei, bei den Priestern von Lyobáan darum einkommen, sich aus freien Stücken *lebendig* in der Heiligen Heimat begraben zu lassen. Er oder sie werde dann mit einer Kienspanfackel ausgestattet, bekomme aber nichts zum Essen mit und erhalte dann Einlaß in eine der Höhlenöffnungen, die hinter ihm wieder geschlossen werde. Dann wandere er durch einen Irrgarten von Gängen, bis sein Licht oder seine Kräfte versiegten oder bis er eine ansprechende Höhle gefunden oder eine Stelle erreicht habe, wo ihm eine Ahnung sage, daß sich hier bereits einmal ein Ahne der Familie zum Sterben hingelegt und ihn als einen angenehmen Ort zum Sterben angesehen habe.

Eines konnte ich an Lyobáan nicht verstehen: daß diese heiligsten der heiligen Tempel auf steinernen Plattformen zu ebener Erde errichtet worden waren und nicht auf hohen Pyramiden. Ich fragte den alten Mann, warum.

»Die Alten haben beim Bauen auf Festigkeit und Dauer gesehen, daß ihre Bauten nicht den Zyuüù zum Opfer fielen«, sagte er und verwendete ein Wort, das ich nicht kannte. Doch im nächsten Augenblick wußten Cozcatl und ich, was gemeint war – wir spürten es, gleichsam als habe unser Führer es zu unserer Erkenntnis herbeigerufen.

»Tlalolíni«, sagte Cozcatl mit einer Stimme, die genauso bebte wie alles andere um uns herum auch.

Wir, die wir Náhuatl sprechen, nennen es Tlalolíni, die Tzapotéca nennen es Zyuüù, ihr nennt es Erdbeben. Ich hatte auch schon früher, auf Xaltócan, erlebt, daß die Erde sich bewegt hatte, doch war die Bewegung dort nur ein sanftes kurzes Gerüttel gewesen, welches uns anzeigte, daß die Insel es sich auf dem unsicheren Boden des Sees bequemer machte. In der Heiligen Heimat war die Bewegung durchaus anders: ein rollendes Schwanken von einer Seite zur anderen, als wäre der Berg ein kleines Boot auf bewegter See. Genauso, wie ich es auf dem Meer bisweilen bei stürmischem Wetter erlebt habe, wurde mir ganz flau im Magen. Etliche Steinbrocken lösten sich von der Höhe eines Gebäudes, kamen heruntergepoltert, schlugen unterwegs ein paarmal auf und rollten dann über den Boden.

Rot Fluß deutete auf sie und sagte: »Die Alten haben zwar fest gebaut, aber in Uaxyácac vergehen selten mehr als ein paar Tage, ohne daß es zu einem schwereren oder leichteren Zyuüù kommt. Deshalb bauen wir heute zumeist weniger massiv. Ein aus dünnen Stämmen und mit Strohdach errichtetes Haus kann den Bewohnern nicht viel antun, wenn es über ihnen einstürzt; und außerdem läßt es sich leicht wieder aufbauen.«

Ich nickte, aber in meinem Magen rumorte es immer noch, so daß ich Angst hatte, den Mund aufzumachen. Der alte Mann grinste verständnisinnig.

»Das hat sich auf euren Bauch geschlagen, nicht wahr? Und ich wette, auch noch auf ein anderes Organ.«

Was stimmte. Aus irgendeinem Grunde hatte sich mein Tepúli aufgerichtet und war so lang und dick angeschwollen, daß es mich regelrecht schmerzte.

»Niemand weiß, warum«, sagte Rot Fluß, »aber so ein Zyuüù zeitigt bei allen Tieren diese Wirkung, ganz besonders jedoch bei den menschlichen. Männer und Frauen werden sexuell erregt, und gelegentlich, wenn es zu einem größeren Beben kommt, erregt es sie dermaßen, daß sie die schamlosesten Dinge tun, und das in aller Öffentlichkeit. Handelt es sich um ein wirklich schweres Beben, das auch noch lange anhält, kommt es sogar bei kleinen Jungen zu einer ungewollten Samenentleerung, und kleine Mädchen erleben einen Höhepunkt von umwerfender Stärke, als wären sie die sinnlichsten Erwachsenen; selbstverständlich sind sie bestürzt über das, was mit ihnen geschieht. Manchmal fangen Hunde und Kojoten lange, ehe der Boden sich bewegt, an zu winseln oder zu jaulen und schießen die Vögel hin und her. Wir haben gelernt, an ihrem Verhalten abzuschätzen, wann ein wirklich gefährliches Beben bevorsteht. Unsere Bergleute und Steinbrucharbeiter suchen dann eilends sicheres Gelände auf, die Adligen verlassen ihre steinernen Paläste und die Priester ihre steingebauten Tempel. Selbst wenn wir vorgewarnt sind, kann ein heftiges Beben großen Schaden anrichten und kann es viele Tote geben.« Zu meiner Verwunderung grinste er abermals. »Freilich müssen wir zugeben, daß so ein Zyuüù meist mehr Leben gibt als es nimmt. Nach jedem schwereren Beben kommen nach dreiviertel Jahren innerhalb weniger Tage eine Menge Babys zur Welt.«

Das konnte ich mir durchaus vorstellen. Mein steifes Glied fühlte sich an wie eine Keule, die mir aus dem Schritt herauswuchs. Ich beneidete Blut Schwelger, der vermutlich dafür sorgte, daß die Auyanicáli diesen Tag nie wieder vergaßen. Wäre ich jetzt in den Straßen von Záachilà gewesen, hätte ich es vermutlich geschafft, den Waffenstillstand zwischen Mexíca und Tzapotéca zu brechen und der erstbesten Frau, der ich begegnete, die Kleider vom Leibe zu reißen und ihr Gewalt anzutun ...

Nein, nein, ich brauche mich darüber auch nicht weiter auszulassen. Allerdings würde ich Euer Exzellenz gern erklären, warum meiner Meinung nach Erdstöße nur bei den niederen Tieren Furcht erzeugen, bei den Menschen jedoch Furcht *und* sexuelle Erregung.

In der Nacht, als unsere Expedition zu Beginn der langen Reise zum erstenmal im Freien lagerte, hatte ich zum erstenmal die Wucht erfahren, mit welcher Dunkel, Leere und Einsamkeit der nächtlichen Wildnis einen packt, und hinterher war ich von dem drängenden Bedürfnis besessen gewesen, mich zu paaren. Menschliche Tiere und niedere Tiere, wir alle empfinden Furcht, sobald wir einer Seite der Natur begegnen, die wir weder begreifen noch beherrschen können. Die niederen Tiere wissen jedoch nicht, daß dasjenige, was sie fürchten, der Tod ist; sie wissen einfach nicht richtig, *was* der Tod ist. Wir Menschen hingegen tun das. Ein

Mann vermag sich dem Tod auf dem Schlachtfeld oder auf dem Altar mannhaft stellen. Eine Frau kann es auf sich nehmen, im Kindbett einen ehrenvollen Tod zu sterben. Wem wir nicht furchtlos entgegentreten können, das ist der Tod, der so gleichgültig zuschlägt wie ein Daumen und ein Zeigefinger, der einen Lampendocht ausdrückt. Unsere größte Angst besteht darin, aus reinem Zufall heraus und völlig sinnlos ausgelöscht zu werden. Und in dem Augenblick, da wir diese allergrößte Angst verspüren, zielt unsere erste Regung darauf ab, das Lebenserhaltendste zu tun, dessen wir fähig sind. Irgend etwas tief in unserem Hirn schreit uns verzweifelt zu: »Ahuilnéma! Zeuge! Das vermag zwar nicht dein Leben zu retten, wohl aber dazu zu führen, daß ein neues entsteht.« Und so reckt das Tepúli eines Mannes sich, und das Tipíli einer Frau öffnet sich, und die Geschlechtssäfte beginnen zu fließen . . .

Nun, es ist nur eine Theorie, und noch dazu eine ganz persönliche von mir. Doch Ihr, Euer Exzellenz, und ihr, ehrwürdige Patres, solltet eigentlich Gelegenheit haben, sie entweder zu bestätigen oder aber zu widerlegen. Diese Insel Tenochtítlan-Mexíco sitzt noch unsicherer auf dem Bodenschlick des Sees als Xaltócan – und verändert hin und wieder ihre Lage, manchmal mit großer Heftigkeit. Früher oder später werdet ihr erleben, wie die Erde sich verkrampft und zittert. Dann beobachtet selbst, was ihr in euren verehrten Teilen spürt.

Eigentlich bestand wirklich kein Grund für uns, so lange in Záachilà und Umgebung zu verweilen, wie wir es taten, nur schien uns die Stadt der angenehmste Ort, um uns auszuruhen, ehe wir den langen und beschwerlichen Aufstieg durch die Bergkette und den Abstieg auf der anderen Seite antraten – wenn man einmal davon absieht, daß Blut Schwelger seine ergrauten Haare Lügen strafte und entschlossen schien, nicht eine einzige von den feilen Frauen der Tzapotéca auszulassen. Ich selber beschränkte mich ausschließlich darauf, mir die Sehenswürdigkeiten anzusehen. Ich bemühte mich nicht einmal, irgendwelche Geschäfte zu machen, da das kostbarste Handelsgut von Záachilà, der berühmte Färbestoff, aus einem ganz bestimmten Grund ausverkauft war.

Ihr nennt den Farbstoff Cochenille und wißt vielleicht, daß er aus einem bestimmten Insekt, dem Nochéztli, gewonnen wird, das ihr, glaube ich, Schildlaus nennt. Diese Schildläuse leben zu Millionen und Abermillionen auf großzügig angelegten Pflanzungen einer ganz bestimmten Nopáli-Kaktusart. Die Reife setzt bei allen diesen Insekten zur gleichen Zeit ein. Die Blattlauszüchter fegen sie von den Kakteen ab und in Beutel hinein und töten sie entweder dadurch, daß sie sie in kochendes Wasser tunken, sie im erhitzten Schwitzbad aufhängen oder der prallen Sonne aussetzen. Danach werden sie getrocknet, bis sie aussehen wie verschrumpelte Samenkörner, und je nach Gewicht verkauft. Je nach der Art, in der sie getötet wurden – in kochendem Wasser, durch heißen Dampf oder durch die Sonne –, ergeben sie zerstampft einen zirkongelbroten, scharlachroten oder den ganz besonders leuchtenden karminroten Farbstoff, den man auf keine andere Art gewinnen kann. Ich erzähle das so ausführlich, weil die letzte Ernte der Tzapotéca von einem bereits vor mir angekommenen und schon wieder auf dem Rückweg nach Norden begriffenen Mexícatl-Händler restlos aufgekauft worden war – eben jenem, mit dem ich mich im Xochimílca-Land unterhalten hatte. Infolgedessen gab es in diesem Jahr keinen Farbstoff mehr, denn selbst die verwöhntesten Insekten lassen sich nicht über Gebühr antreiben, zu wachsen und zu reifen.

Mir fiel ein, wovon dieser Fernhändler mir noch erzählt hatte: von einem neuen und womöglich noch selteneren Purpurfarbstoff, der geheimnisvollerweise etwas mit Schnecken und einem Volksstamm namens Die Fremden zu tun hatte. Ich horchte unseren Dolmetsch Rot Fluß und etliche seiner Kaufmannsfreunde aus, was sie wohl darüber wissen mochten, doch alles, was ich von ihnen erhielt, war ein verständnisloser Blick und die echogleiche Rückfrage: »Purpur? Schnecken? Die Fremden?« Infolgedessen schloß ich in Záachilà nur ein einziges Geschäft ab, und zwar eines von der Art, wie es nicht typisch war für die normalerweise nicht sonderlich freigiebigen Pochtécatl.

Der alte Rot Fluß sorgte dafür, daß ich Kosi Yuela, dem Bishósu Ben Záa oder Verehrten Sprecher der Wolkenmenschen einen Höflichkeitsbesuch abstatten durfte, und dieser Herrscher war so freundlich, mich auf einem Rundgang durch seinen Palast zu begleiten, auf daß ich die luxuriöse Einrichtung bewunderte. Zwei Dinge darin erregten mein Begehren oder meine Habgier. Zum einen die Königin des Bishósu, Pela Xila, eine Frau, bei der jedem Mann das Wasser im Mund zusammenläuft, bei der ich mich jedoch damit begnügte, die Geste des Erdeküssens zu vollführen. Zum anderen jedoch etwas, was ich, als ich es sah – es handelte sich um einen prachtvollen federgewirkten Wandteppich – beschloß, um nahezu jeden Preis zu erwerben.

»Aber das ist das Werk eines Eurer Landsleute«, sagte mein Gastgeber. Er schien ein wenig verstimmt, daß ich ausgerechnet vor einem Mexícatl-Kunstwerk stehenblieb, statt vor den Werken seiner Wolkenmenschen zu verharren und sie laut zu bewundern, wie die höchst kunstvoll gemusterten Draperien in seinem Thronsaal, welchselbige gefärbt worden waren, nachdem man Knoten in sie hineingeschlungen hatte, um diese dann aufzulösen und das ganze an anderer Stelle neuerlich zu verknoten und nochmals zu färben, und das in einer ganzen Reihe von Arbeitsgängen.

Ich zeigte mit dem Kopf auf den federgewirkten Wandbehang und sagte: »Laßt mich einmal raten, Hoher Gebieter. Der Künstler, welcher diesen federgewirkten Wandbehang geschaffen hat, war ein Wanderer namens Chimáli.«

Kosi Yuela lächelte. »Ihr habt recht. Er hat sich eine Zeitlang bei uns aufgehalten und Skizzen von den Mosaiken in Lyobáan gemacht. Dann hatte er jedoch nichts, um den Wirt der Herberge zu bezahlen, außer mit diesem Wandbehang. Der Wirt war zwar nicht glücklich darüber, erklärte sich jedoch einverstanden und kam später zu mir, um sich bei mir zu beklagen. Deshalb zahlte ich ihn aus, denn ich bin überzeugt, der Künstler wird irgendwann wiederkommen und die Sache bereinigen.«

»Davon bin ich überzeugt«, sagte ich, »denn ich kenne Chimáli seit langem. Es könnte daher sein, daß ich ihn eher wiedersehe als Ihr. Wenn Ihr gestattet, Hoher Gebieter, würde ich mit Freuden seine Schuld begleichen und das Pfand übernehmen.«

»Nun, das wäre sehr freundlich von Euch«, sagte der Bishósu. »Eine großzügige Geste Eurem Freund und uns gegenüber.«

Chimáli hatte es sich offensichtlich während der Zeit, die er in der

Herberge verbracht hatte, gutgehen lassen; es kostete mich einen erklecklichen Haufen halbmondförmiger Zinn- und Kupferblättchen, um seine Rechnung zu begleichen. Der Wandbehang war jedoch gut und gern zehn- oder zwanzigmal soviel wert. Heute würde er vermutlich hundertmal soviel kosten, da die meisten unserer Federarbeiten vernichtet worden sind und in den letzten Jahren keine mehr geschaffen wurden. Entweder sind die Federarbeiter selber alle umgebracht worden, oder das Schaffen von Schönheit ist ihnen kein Herzensbedürfnis mehr. Es könnte daher sein, daß Euer Exzellenz niemals eines von diesen schimmernden Gebilden gesehen haben.

Federarbeiten erfordern unendlich viel mehr an Feingefühl und Können und sind zeitraubender als jede andere Kunstart wie Malerei, Bildhauerei und Goldschmiedarbeiten. Zunächst spannte der Künstler ein Stück feinster Baumwolle auf einen Holzrahmen und zeichnete darauf leicht die Umrisse des Bildes ein, welches ihm vorschwebte. Dann füllte er die Zwischenräume mühselig mit bunten Federn, wobei er nur die daunenweichen Teilchen unten am Kiel verwendete, die zu diesem Zweck abgerissen werden mußten. Jedes einzelne von diesen Tausenden und Abertausenden von Daunenfederteilchen brachte er dann mit Hilfe eines Tropfens flüssigen Öls eines nach dem anderen auf. Manche, die sich Künstler nannten, waren schlampige Arbeiter, denen das völlig gleichgültig war und die einfach mit weißen Federn arbeiteten, die sie dann je nach Bedarf mit Farben oder Farbstoffen färbten und in den Formen so zurichteten, daß sie in die verzwickteren Teile der Zeichnung hineinpaßten. Der echte Künstler benutzte jedoch ausschließlich naturfarbene Federn und suchte sehr sorgfältig genau den richtigen Farbton heraus und verwendete große oder kleine, gerade oder gerundete Federn, je nachdem, wie das Bild es erforderte. Ich sage »große«, doch verwendete man zu diesen Kunstwerken selten eine Feder, die größer gewesen wäre als das Blütenblatt eines Veilchens, die kleinste etwa so groß wie eine menschliche Wimper. Es konnte sein, daß ein Künstler unter einem Federvorrat auswählte, der diesen ganzen Raum, in dem wir jetzt sitzen, ausfüllen würde.

Ich weiß nicht, warum Chimáli für dieses eine Mal auf seine Farben verzichtet und sich des Materials Federn bedient hatte, um eine Waldszene darzustellen – auf jeden Fall war ihm diese meisterlich gelungen. Auf einer besonnten Lichtung lag inmitten von Blumen, Schmetterlingen und Vögeln ein Jaguar. Jeder dargestellte Vogel war in den Federn seiner eigenen Art wiedergegeben, wiewohl er für jeden Häher zum Beispiel, die Federn von hundert richtigen Hähern nach dem richtigen Material hatte durchsuchen müssen. Das Grün von Bäumen und Sträuchern war nicht einfach eine Masse von grünen Federn; es sah so aus, als sei jeder Grashalm und jedes Blatt durch einzelne Federn von ganz leicht unterschiedlichen Grüntönen wiedergegeben. Ich zählte über dreißig verschiedene winzige Federn, mit denen nur ein einziger kleiner, braungelber Schmetterling dargestellt worden war. Chimális Signatur war das einzige im ganzen Bild, was mit einer einheitlichen Farbe wiedergegeben war – und zwar mit den Federn eines scharlachroten Aras.

Ich trug den Wandbehang zu unserer Unterkunft, übergab ihn Cozcatl und sagte ihm, er solle nur den Handabdruck daran lassen. Nachdem er jede andere Feder abgelöst hatte, häufte ich diese, kunterbunt durcheinandergemischt, auf den Bildgrund aus Baumwollstoff, rollte diesen fest zusammen, verschnürte ihn und brachte ihn zurück in den Palast. Kosi Yuela war nicht anwesend, doch seine Königin Pela Xila empfing mich. Ich ließ das Bündel in ihrer Obhut und sagte:

»Hohe Gebieterin, falls der Künstler Chimáli vor mir wieder hier durchkommen sollte, habt die Güte, es ihm zu geben. Sagt ihm, dies sei ein Zeichen – alle anderen Schulden würden gleichermaßen zurückgezahlt werden.«

Der einzige Weg aus Záachilà hinaus nach Süden führte eine Tzempuúlá genannte Bergkette hinauf und über sie hinweg. Diesem Weg folgten wir endlos, Tag um Tag. Falls Ihr noch keine Berge erstiegen habt, Euer Exzellenz, wüßte ich nicht, wie ich Euch klarmachen soll, was das bedeutet. Ich weiß nicht, wie Euch begreiflich machen, was für Anforderungen das an die Muskeln stellt, wie sie schmerzen und wie erschöpft sie sind, was für blaue Flecken und Schrammen man sich dabei holt, die Ströme von Schweiß und den Mut, den man aufbringen muß, den Schwindel, der einen auf den großen Höhen erfaßt, den quälenden Durst in der Hitze des Tages und die unablässige Wachsamkeit, mit der man einen Schritt vor den anderen setzen muß – daß man gelegentlich trotzdem ausrutscht, und wie das Herz aussetzt bei der Todesfurcht, die einen dann befällt, daß man bei drei Schritten, die man in die Höhe tut, zwei wieder zurückrutscht – und von den fast genauso großen Anstrengungen, die einem der nicht minder gefährliche Abstieg abverlangt – und dann kommt kein leicht zu bewältigendes Flachland, sondern ein neuer Berg ...

Gewiß, es gab einen Pfad, und deshalb verirrten wir uns nicht. Doch war dieser Pfad von den zähen, ganz und gar aus Muskeln bestehenden Wolkenmenschen gemacht worden, was nicht bedeutet, daß er für sie besonders leicht zu bewältigen gewesen wäre. Auch handelte es sich nicht um einen ausgetretenen, festen Pfad, denn jeder Berg ist ständig dabei zu zerbröckeln. Gelegentlich führte der Pfad über weite Geröllfelder; das Gestein rutschte gefährlich unter unseren Sandalen und drohte jeden Augenblick, zu einer Lawine zu werden und unter uns hinweggerissen zu werden. Woanders führte der Pfad durch Schluchten, die durch Verwitterung entstanden waren und deren Boden ausgefüllt war mit feinzermahlenem, porösem Gestein, in dem man sich leicht den Fuß verstauchen konnte. Woanders führte er gewundene Stufen hinauf, jede einzelne gerade groß genug, den Zehen Halt zu geben. Dann wieder war er nichts weiter als ein Sims, welches einen Berghang entlangführte, über einem nichts als eine steile Bergwand, von der man das Gefühl hatte, sie wolle einen hinunterstoßen in den jähen Abgrund, der auf der anderen Seite neben einem gähnte.

Viele der Berge waren so hoch, daß unser Weg uns gelegentlich über die Baumgrenze hinausführte. Dort oben wuchs außer gelegentlichen Flechten, ein paar Kräutern, die in einem Spalt Fuß gefaßt hatten und hin und wieder einem zerspellten, windzerzausten immergrünen Strauch so gut wie nichts und war auch kein Boden vorhanden, in dem Pflanzen hätten Wurzeln schlagen können. Diese Gipfel waren von Wind und Wetter zerfressene, nackte Felsen; man hätte meinen können, zwischen den bloßliegenden Rippen des Erdskeletts dahinzuklettern. Mühselig arbeiteten wir uns hinauf, um diese Höhen zu überwinden, und wir keuchten, als wetteiferten wir miteinander um das bißchen dünne Luft, das es dort oben gab.

Die Tage waren immer noch warm, zu heiß für solche Anstrengungen. Aber die Nächte in diesen Höhen waren so kalt, daß uns das Mark in den Knochen weh tat. Wäre es möglich gewesen, wir wären nachts weitergezogen, weil die Bewegung uns warmgehalten haben würde, und hätten tagsüber geschlafen, statt unter unserer Last schwitzend und keuchend dahinzuziehen und immer das Gefühl zu haben, jeden Augenblick schwänden einem die Sinne. Doch kein Mensch hätte sich in der Dunkelheit in diesen Bergen zurechtgefunden, ohne sich zumindest ein Bein, wenn nicht gar den Hals zu brechen.

Nur zweimal auf dieser Etappe unserer Reise stießen wir auf menschliche Ansiedlungen. Die eine hieß Xalápan, ein Dorf vom Huave-Stamm, Menschen mit fahler Haut, alles andere als vom Glück begünstigt, abweisend und wenig zuvorkommend. Sie begrüßten uns schroff und verlangten einen unerhörten Preis für unsere Unterbringung, doch wir bezahlten ihn. Das Essen, welches sie uns vorsetzten, war abscheulich: ein fettiges Schmorgericht aus dem talgigen Fleisch der Beutelratten; gleichwohl half es uns, unsere eigenen schwindenden Vorräte zu strecken. Die Hütten, die sie für uns freimachten, waren muffig und wimmelten von Ungeziefer, hielten aber zumindest den eisigen Nachtwind der Berge ab. Im zweiten Dorf, Nejápa, wurden wir weit herzlicher empfangen und mit großer Gastfreundschaft bewirtet; die Bewohner verkauften uns sogar ein paar Eier für unterwegs. Unglücklicherweise handelte es sich bei den Bewohnern um Chinantéca, die, wie ich ziemlich zu Anfang berichtet habe, unter jener Krankheit leiden, die ihr »gemalte Krankheit« nennt. Obgleich wir wußten, daß wir keinerlei Gefahr liefen, uns anzustecken – es sei denn vielleicht, wir wohnten ihren Frauen bei, doch sahen wir keine, die uns in Versuchung geführt hätte –, brachte allein der Anblick all der vielen Menschen mit den blauen Stellen auf der Haut uns dazu, überall ein Jucken zu verspüren, und so fühlten wir uns in Nejápa fast genauso unbehaglich wie in Xalápan.

Auf den vielen anderen Etappen bemühten wir uns, es nach der rohen Karte, die ich bei mir hatte, so einzurichten, daß wir nachts in einer Senke zwischen zwei Bergen kampieren konnten. Für gewöhnlich fanden wir dort zumindest ein kleines Rinnsal fließenden Wassers, etwas Mexíxin-Kresse, Sumpfkohl oder anderes eßbares Gemüse. Was jedoch weit wichtiger war: in den Tälern brauchte ein Sklave nicht die halbe Nacht über zu bohren, ehe er genug Hitze erzeugt hatte, um in der dünnen Luft seinen Zunder zu entzünden und ein Lagerfeuer entfachen zu können. Da jedoch bis auf Blut Schwelger kein einziger von uns jemals hierhergekommen war, und da nicht einmal er sich richtig daran erinnerte, wann es bergauf und wann bergab ging, überraschte uns die Nacht nur allzu oft, wenn wir noch unterwegs waren.

An einem dieser Abende sagte Blut Schwelger: »Ich bin es leid, immer nur Hundefleisch und Bohnen zu essen, und ab morgen haben wir ohnehin nur noch drei Hunde. Das hier ist Jaguarland, Mixtli; deshalb wollen wir beide aufbleiben und versuchen, einen mit dem Speer zu erlegen.«

Er suchte den Wald um unseren Lagerplatz herum ab, bis er einen abgestorbenen hohlen Baum fand; er hackte einen Zylinder davon ab, der etwa so lang war wie ein Unterarm. Dann nahm er den feuchten Balg jenes Hundes, den Sklave Zehn gerade überm Feuer briet, spannte ihn über die eine Öffnung des hohlen Stamms und befestigte ihn mit einem Stück Schnur, als wolle er eine kleine Trommel bauen. Dann stieß er ein Loch in das aus Hundshaut bestehende Trommelfell, führte eine lange, dünne Lederschnur hindurch und schlang einen Knoten hinein, so daß sie nicht durch das Fell hindurchrutschte. Die Schnur hing im hohlen Inneren der Trommel herunter, und Blut Schwelger griff mit der Hand in die Öffnung unten hinein. Wenn er an der Lederschnur zog und mit seinem hornigen Daumennagel darüber hinfuhr, verstärkte das Trommelfell den kratzenden Laut, der entstand und jetzt genauso klang wie das aufreizende Knurren eines Jaguars.

»Falls hier in der Gegend eine Raubkatze herumschleicht«, sagte der alte Krieger, »bringt ihre angeborene Neugier sie bestimmt dazu, unser Feuer zu untersuchen. Aber ein Jaguar schleicht stets auf der windabgekehrten Seite an und wird nicht sehr nahe herankommen. Deshalb werden wir uns gleichfalls auf die windabgekehrte Seite begeben und solange suchen, bis wir eine geeignete Stelle im Wald finden. Du setzt dich hin und ziehst an der Schnur, Mixtli, während ich mich draußen verstecke, aber nur so weit, wie ich mit dem Speer werfen kann. Der Geruch des Feuers müßte eigentlich genügen, unseren Geruch zu überdecken; und das Geräusch, das du machst, wird ihn vermutlich so neugierig machen, daß er geradenwegs hierherkommt.«

Ich war zwar nicht sonderlich begeistert von der Aussicht, als Köder für einen Jaguar zu dienen, ließ mir aber trotzdem von Blut Schwelger zeigen, wie sein Instrument funktionierte, wie man das Geräusch willkürlich und in ganz unregelmäßigen Abständen hervorrief, kurze Grunzer und langgezogenes Knurren. Nachdem wir gegessen hatte, rollten Cozcatl und die Sklaven sich in ihre Decken, während Blut Schwelger und ich uns aufmachten und in die Nacht hinausgingen.

Als unser Lagerfeuer in der Ferne für uns gerade eben noch zu erkennen war, wir den Geruch jedoch noch in der Nase hatten, blieben wir auf etwas stehen, von dem Blut Schwelger behauptete, es sei eine Lichtung. Soweit ich sehen konnte, hätte es genausogut eine finstere Höhle in der Heiligen Heimat sein können. Ich hockte mich auf einen Felsen, er entfernte sich mit knackenden Schritten, und als alles ruhig war, steckte ich die Hand in die Trommel und begann, die Lederschnur mit dem Nagel entlangzufahren – ein Grunzer, Pause, ein Grunzer und kurzes Geknurr, Pause, dreimal heiseres Knurren . . .

Es klang so sehr nach einer großen Raubkatze, die mißmutig knurrend umherschlich, daß sich mir selbst die Nackenhaare sträubten. Ohne es zu wollen, fielen mir ein paar von den Geschichten ein, die ich von erfahrenen Jaguarjagern gehört hatte. Der Jaguar, hieß es, brauche sich niemals besonders nahe an sein Opfer heranzuschleichen. Er besitze die Fähigkeit, einen heftigen Schluckauf zu bekommen, und sein Atem sei imstande, sein Opfer schon aus einiger Entfernung benommen und hilflos zu machen. Jage der Jäger mit Pfeil und Bogen, tue er gut daran, immer gleich vier Pfeile in der Hand zu halten, denn der Jaguar sei bekannt dafür, einem Pfeil ausweichen zu können, ihn verächtlich mit den Zähnen aufzufangen und zu zersplittern. Deshalb müsse ein Jäger schnell nacheinander vier Pfeile abschießen in der Hoffnung, daß wenigstens einer treffe, denn es war wohlbekannt, daß er nie mehr als vier Pfeile abschießen könne, ehe der Schluckauf der Raubkatze ihn überwältigte.

Ich versuchte, mich abzulenken, indem ich die Knurrlaute möglichst abwechslungsreich gestaltete – rasche Grunzer, als ob das Tier amüsiert gluckste, langgezogenes Knurren, als ob die Katze gähnte. Ich fand, ich verstünde mich gar nicht schlecht auf diese Kunst, insbesondere dann, als ich irgendwie ein Knurren hervorrief, nachdem ich den Lederriemen bereits fahren gelassen hatte.

Dann drang ein weiterer Knurrlaut an mein Ohr, ich schrak heftig aus meinen Träumereien auf und war entsetzt, denn dieser Laut stammte gleichfalls nicht von mir. Außerdem drang ein durchdringender beißender Uringeruch in meine Nase, und wiewohl ich so gut wie nichts sah, meinte ich, links hinter mir einen dunkleren Fleck sich bewegen zu sehen. Das Dunkel stieß abermals ein fragendes Knurren aus, ein lauteres diesmal. Wiewohl vor Schrecken nahezu erstarrt, fuhr ich mit dem Daumen an dem Riemen entlang und erzeugte einen, wie ich hoffte, einladenden Laut. Was blieb mir anderes übrig?

Links vor mir waren zwei flache, kalte, gelbe Lichter auf mich gerichtet, und dann sang unversehens ein scharfer Wind an meiner Wange vorbei. Ich dachte, das sei der tödliche Schluckauf des Jaguars, doch die gelben Lichter verschwanden, und es ertönte ein rachenzerreißender Schrei, wie wenn eine Frau geopfert würde und der Priester ungeschickt mit seinem Messer zugestoßen hätte. Der Schrei brach ab und wurde zu einem erstickten, gurgelnden Laut, begleitet von einem Lärm, als ob ein schwerer Körper alles um sich herum kurz und klein schlage.

»Tut mir leid, daß ich ihn so nahe an dich herankommen lassen mußte«, sagte Blut Schwelger neben mir. »Aber ich mußte die Augen aufleuchten sehen, um die Entfernung richtig abschätzen zu können.«

»Was *ist* es denn?« fragte ich, denn ich hatte immer noch den grauenhaften, menschenähnlichen Schrei im Ohr und fürchtete, wir hätten eine umherirrende Frau getroffen.

Das Geräusch des dreschenden Umsichschlagens erstarb, und Blut Schwelger ging nachsehen. Triumphierend sagte er: »Mitten in die Lunge hinein. Nicht schlecht dafür, daß ich mein Ziel fast erraten mußte.« Er mußte das tote Tier abgetastet haben, denn ich hörte ihn brummeln: »Ich will zur Mictlan fahren«, woraufhin ich erwartete, daß er gleich gestehen werde, eine arme blaue Chinantécatl-Frau mit seinem Speer getötet zu haben, die sich in den nächtlichen Wäldern verirrt hatte. Doch alles, was er sagte, war: »Komm und hilf mir, ihn ins Lager zu schleifen.« Ich tat, wie mir geheißen, doch wenn es eine Frau war, dann mußte sie mindestens soviel wiegen wie ich, und außerdem besaß sie die Hinterläufe einer Raubkatze.

Selbstverständlich waren bei dem grauenerregenden Schrei alle im Lager inzwischen aus ihren Decken herausgefahren. Blut Schwelger ließ unsere Beute fallen, und so sah ich sie zum erstenmal: eine große, lohfarbene Raubkatze, aber keine gefleckte.

Keuchend sagte der alte Krieger: »Meine Fähigkeiten müssen nachlassen. Ich dachte, ich hätte einen Jaguar-Rufer gemacht. Aber das hier ist Kuguar ein – ein Berglöwe.«

Selbstverständlich dachte in dieser Nacht niemand mehr an Schlaf. Blut Schwelger und ich saßen da, ruhten uns aus und sonnten uns in der

Bewunderung der anderen; ich gratulierte ihm zu seiner Geschicklichkeit, während er mich zu meiner nicht nachlassenden Geduld beglückwünschte. Mittlerweile zogen die Sklaven dem Berglöwen das Fell ab und kratzten die Innenseite sauber, während andere ihn in handliche Stücke zerlegten. Cozcatl bereitete für uns alle das Frühstück: einen Mais-Atóli, welcher uns Spannkraft für den ganzen Tag gab; doch zauberte er auch einen Leckerbissen, um unseren Erfolg zu feiern. Er holte die Eier, die wir seit Nejápa sorgfältig bis hierher mitgeschleppt hatten. Mit einem Zweig durchstach er die Schale eines jeden Eis, wirbelte den Zweig herum, um Eiweiß und Eigelb im Inneren miteinander zu verquirlen, und backte sie dann kurze Zeit hindurch in der heißen Asche am Rand unseres Feuers, und wir saugten den warmen, wohlschmeckenden Inhalt durch die Löcher heraus.

Die nächsten zwei, drei Abende hindurch taten wir uns an dem recht zähen, aber ausgesprochen wohlschmeckenden Fleisch der Raubkatze gütlich. Das Fell des Berglöwen gab Blut Schwelger dem kräftigsten unserer Sklaven, Zehn, als Umhang zu tragen, damit er es ständig mit den Händen walken und weich machen konnte. Doch hatten wir uns nicht die Mühe gemacht, die Borke der Gerbeiche zu finden, daraus eine Lohe herzustellen und die Haut damit einzureiben. Infolgedessen fing das Fell bald an zu stinken, und so mußte Zehn ein gutes Stück von uns anderen entfernt marschieren. Da man beim Marschieren durch die Berge häufig alle Viere gebrauchen muß, hatte Zehn nur selten die Hände frei, um das Leder weichzuwalken. Die Sonne machte es steif und so hart, daß Zehn nach einiger Zeit genausogut eine firnisüberzogene und -versteifte Tür auf seinem Rücken hätte schleppen können. Blut Schwelger brummelte eigensinnig etwas davon, sich einen Schild daraus machen zu wollen, und wollte auf keinen Fall, daß Zehn es wegwarf, und so machte das Berglöwenfell den ganzen Rest unserer Reise durch die Tzempuülá-Berge mit.

Ich bin froh, daß der Señor Bischof Zumárraga heute nicht unter uns weilt, meine Herren Schreiber, denn ich muß von einer sexuellen Begegnung berichten, die sich in den Augen seiner Exzellenz gewiß schmutzig und abstoßend ausnehmen würde. Ehrlich gestanden, wiewohl seit dieser Nacht mehr als vierzig Jahre vergangen sind, beunruhigt mich die Erinnerung daran auch heute noch, und ich würde die ganze Episode gern unerwähnt lassen; nur ist sie wichtig für das Verständnis vieler weiterer bedeutsamer Ereignisse, die sich später daraus ergaben.

Als wir vierzehn endlich die letzten sanften Hänge der Tzempuülá-Berge hinabstiegen, gelangten wir bei einer an einem breiten Fluß gelegenen, ziemlich großen Stadt wieder ins Gebiet der Tzapotéca. Ihr nennt den Ort heute Villa de Guadalcazar, doch damals hieß die Stadt, der Fluß und das ganze Gebiet auf Lóochi Layú Béezù, Stätte des Jaguargottes. Da die Stadt jedoch den Knotenpunkt einer ganzen Reihe von Handelswegen bildete, sprachen die meisten Einwohner als zweite Sprache auch Náhuatl und verwendeten häufig den Namen, welchen unsere Mexica-Reisenden benutzten: Tecuantépec oder einfach Jaguarberg. Niemand damals und auch heute hat offenbar jemals außer mir darüber nachgedacht, wie lächerlich es sei, einen breiten Fluß sowie das ungewöhnlich flache Land dahinter gleichfalls mit dem Namen Jaguarberg zu belegen.

Die Stadt war nur rund fünfmal Ein Langer Lauf von der Stelle entfernt, wo der Fluß sich in den südlichen Ozean ergießt und hatte daher aus den verschiedenen Stämmen, welche an seiner Küste leben, Einwanderer nach Tecuantépec gelockt: Zoque, Nexitzo, einige Huave und sogar ein paar versprengte Gruppen Mixtéca. Auf den Straßen begegneten wir Menschen aller Hautfarben und Gestalten, Trachten und Sprachen. Dennoch waren es die heimischen, ungewöhnlich stattlichen Wolkenmenschen, welche das Straßenbild bestimmten.

Am Nachmittag unserer Ankunft dort schleppte unsere kleine Kolonne sich müde und abgekämpft, aber auch voll freudiger Erwartung über die Seilbrücke, welche den Fluß überspannte. Mit einer Stimme, die vor Abgespanntheit und Staub ganz heiser war, sagte Blut Schwelger: »Dort drüben in Tecuantépec gibt es ein paar vorzügliche Herbergen.«

»Die vorzüglichen können warten«, krächzte ich. »Wir machen bei der erstbesten halt.«

Und so schlurften wir müde, ausgehungert, abgerissen und verdreckt wie Priester in den Hof der ersten Herberge hinein, an der wir auf der Flußseite der Stadt vorüberkamen. Und von diesem impulsiven Entschluß gingen – genauso, wie die kleinen Rauchwölkchen sich vom gezwirbelten Stock zum Feuermachen lösen müssen – alle Ereignisse aus, welche die Wege und Tage meines Lebens, die mir noch blieben, bestimmten, dazu die im Leben von Zyanya sowie im Leben anderer Menschen, die ich bereits erwähnt habe, solcher, die ich noch erwähnen werde, ja selbst die eines Menschen, der niemals einen Namen trug.

Wißt also, ehrwürdige Patres, daß es dergestalt begann:

Nachdem wir alle, die Sklaven nicht ausgenommen, gebadet und im Schwitzbad geschwitzt, nochmals gebadet und dann saubere Kleidung angezogen hatten, riefen wir nach Essen. Die Sklaven aßen draußen im Dämmerlicht des Hofes, doch Cozcatl, Blut Schwelger und ich saßen vor einem Speisetuch, das auf dem Boden eines fackelerhellten und schilfmattenbedeckten Raums ausgebreitet worden war. Wir taten uns an frischen Leckerbissen aus der nicht weit entfernten See gütlich: rohen Austern und gebrühten rosa Garnelen sowie einem gesottenen roten Fisch von beträchtlicher Größe.

Nachdem der Hunger meines Bauches beschwichtigt war, fiel mir die außerordentliche Schönheit der Frau auf, die uns bediente, und ich wurde daran erinnert, daß ich auch noch andere drangende Bedürfnisse hatte. Es fiel mir aber auch noch etwas anderes Ungewöhnliches auf. Der Herbergswirt gehörte offensichtlich zu einem Volk, das zugewandert war: ein untersetzter, feister Mann mit öliger Haut, wohingegen die uns bedienende Frau, welcher er barsch Befehle zurief, offensichtlich eine Ben Záa war: groß und schlank, mit bernsteinfarbener Haut und einem Gesicht, nicht minder schön als das der Königin Pela Xila. Es war undenkbar, daß sie die Frau des Wirts war, und da sie in ihrem eigenen Land kaum als Sklavin zur Welt gekommen oder in die Sklaverei verkauft worden sein konnte, nahm ich an, daß irgendein Mißgeschick sie gezwungen hatte, sich dem ungehobelten und auswärts geborenen Herbergswirt zu verdingen.

»Wie kommt es, daß eine Frau der Ben Záa sich für einen niedrigstehenden Fremden abplagt?«

Sie blickte um sich und vergewisserte sich, daß der Wirt nicht im Raum wäre. Dann kniete sie sich nieder, um mir ein paar Worte ins Ohr zu flüstern und die Frage mit einer Gegenfrage – und zwar einer höchst erstaunlichen, noch dazu auf Náhuatl gestellten Gegenfrage – zu beantworten:

»Junger Herr Pochtécatl, wünscht Ihr eine Frau für die Nacht?« Mir müssen die Augen fast aus dem Kopf gequollen sein, denn sie errötete bis unter die Haarwurzeln und senkte die eigenen Augen. »Der Wirt wird Euch mit einer gewöhnlichen Maátitl versorgen, die von hier bis zu den Fischern draußen an der Küste rittlings auf die Straße geht. Gestattet, junger Herr, daß ich mich statt dessen anbiete. Mein Name ist Gié Bele, was in Eurer Sprache Flammen Blume bedeutet.«

Ich muß immer noch völlig verdutzt den Mund aufgerissen haben, denn sie sah mich direkt an und erklärte nahezu heftig: »Ich werde eine Maátitl sein, die sich gegen Bezahlung hingibt, aber *noch* bin ich es nicht. Es wäre das erstemal seit dem Tod meines Mannes, daß ich . . . nicht einmal mit einem Mann meines eigenen Volkes . . . «

Ich war von ihrer Verlegenheit dermaßen gerührt, daß ich stammelte: »Es – es würde mir ein Vergnügen sein.«

Gié Bele blickte abermals um sich. »Laßt den Wirt nichts davon wissen. Seinen Frauen nimmt er einen Teil der Bezahlung ab, und ich würde geschlagen werden, wenn ich ihn um einen Kunden betröge. Ich werde draußen warten, Herr, und dann gehen wir in meine Hütte.«

Hastig nahm sie das leergegessene Geschirr fort und verließ den Raum, als selbstgefällig der Besitzer hereinwatschelte. Blut Schwelger, der selbstverständlich mitbekommen hatte, was wir gesprochen hatten, bedachte mich mit einem Seitenblick und sagte beißend:

»Das erstemal! Ich wünschte, ich hätte eine Kakaobohne für jedes Mal, daß eine Frau das zu mir gesagt hat! Und würde mir einen meiner Hoden abschneiden für jedes Mal, da sich das als wahr herausgestellt hat.«

Geziert grinsend trat der Wirt zu uns und fragte uns händereibend, ob wir etwas Süßes wollten, unsere Mahlzeit zu beschließen. »Vielleicht etwas Süßes, meine Herren, es in aller Muße zu genießen, während Ihr in Euren Zimmern auf dem Lager ruht.«

Ich sagte nein. Blut Schwelger bedachte erst mich mit einem funkelnden Blick und fuhr dann den Fettwanst an: »Jawohl, ich möchte davon kosten. Und — bei Huitzilopóchtli – von seiner Portion auch.« Womit er mit dem Daumen ruckte und auf mich zeigte. »Schickt sie beide zu mir hinauf. Und zwar die saftigsten, die Ihr auftreiben könnt.«

Bewundernd murmelte der Wirt: »Ein Herr von noblem Appetit«, und schlurfte davon. Blut Schwelger funkelte immer noch in meine Richtung und sagte verzweifelt:

»Du Tropf! Das ist doch der allerbilligste Kniff, den eine Frau in ihrem Gewerbe lernt. Du wirst zu ihrer Hütte kommen und feststellen, daß sie sehr wohl immer noch ihren Mann hat, möglicherweise deren sogar zwei oder drei, alle kräftige Fischer und nur allzu froh, den Fisch auszunehmen, den sie sich geangelt hat. Sie werden dich ausrauben und dann flachtrampeln wie eine Tortilla.«

Cozcatl ließ sich schüchtern vernehmen: »Es wäre ein Jammer, wenn unsere Expedition hier in Tecuantépec zu einem jähen Ende käme.«

Ich aber wollte nicht auf sie hören. Ich hatte mehr als nur eine Schale Octli getrunken. Ich war fest überzeugt, daß die Frau von der Art sei, nach der ich mich verzehrt und an die ich mich in Záachilà nicht herangetraut hatte: eine von den keuschen Frauen, die sich nicht mit mir besudeln wollten. Selbst wenn ich der erste von vielen zukünftigen Liebhabern sein sollte, wie Gié Bele angedeutet hatte – ich würde immerhin der erste sein. Mochte ich jedoch noch so sehr benommen vom Octli, verwirrt vom Begehren, ja von Torheit benebelt sein: Ich besaß immer noch genug Verstand, mich zu fragen, warum ausgerechnet ich es sein sollte?

»Weil Ihr jung seid«, sagte sie, als wir draußen vor der Herberge standen. »Ihr seid so jung, daß Ihr nicht viele Frauen gekannt haben könnt – von den Frauen, meine ich, die Euch unrein machen würden. Ihr seid zwar nicht so schön wie mein verstorbener Mann, aber Ihr könntet fast für einen Ben Záa durchgehen. Außerdem seid Ihr ein Mann von Vermögen, der es sich leisten kann, für sein Vergnügen zu bezahlen.« Nachdem wir schweigend eine Weile nebeneinander hergegangen waren, fragte sie mit leiser Stimme: »Ihr *werdet* mich doch bezahlen?«

»Selbstverständlich«, sagte ich mit schwerer Zunge, die vom Octli geschwollen war wie mein Tepúli vor Erwartung.

»Irgendeiner muß den Anfang bei mir machen«, sagte sie, als stelle sie eine Tatsache fest. »Ich bin froh, daß Ihr es seid, und ich wünschte, sie wären alle so wie Ihr. Ich bin eine mittellose Witwe mit zwei Töchtern, und so gelten wir jetzt nicht mehr denn Sklaven, und meine Töchter werden nie anständige Wolkenmenschen zu Männern bekommen. Hätte ich gewußt, was sie vom Leben zu erwarten haben, ich hätte meine Milch zurückgehalten, als sie Babys waren, doch jetzt ist es zu spät, sie lieber tot zu wünschen. Wenn wir überleben wollen, muß ich dies tun – und sie müssen es genauso lernen.«

»Warum?« gelang es mir zu fragen, denn ich ging schon nicht mehr gerade. Sie nahm meinen Arm, mich zu führen, und wir suchten uns unseren Weg durch die dunklen Gassen der ärmeren Wohnviertel der Stadt.

Gié Bele wies mit einer Bewegung der freien Hand hinter sich. »Früher hat die Herberge uns gehört. Doch meinen Mann langweilte das Leben eines Herbergswirts und er ging ständig auf Abenteuer aus – immer in der Hoffnung, ein Vermögen zu verdienen, welches es uns gestatten würde, von der Herberge unabhängig zu werden. Er hat ein paar seltene und merkwürdige Dinge gefunden, nie jedoch etwas von richtigem Wert, und so gerieten wir immer tiefer in die Schuld des Händlers, der Zahlungsmittel auslieh und eintauschte. Bei seiner letzten Expedition suchte mein Mann nach etwas, worüber er sehr aufgeregt war. Um das nötige Kapital aufzutreiben, setzte er die Herberge als Pfand dagegen.« Sie zuckte mit der Achsel. »Wie der Mann, welcher den Flammen im Xtabai-Sumpf folgt, ist er nie zurückgekommen. Das war vor vier Jahren.«

»Und jetzt gehört dem Händler die Herberge«, murmelte ich.

»Ja. Er ist ein Zoque und heißt Wáyay. Aber die Herberge war nicht genug, alle unsere Schulden zu bezahlen. Der Bishósu unserer Stadt ist ein freundlicher Mann, aber als ihm die Forderungen vorgelegt wurden, blieb ihm keine Wahl. Ich mußte mich gleichfalls übereignen und jetzt von Sonnenaufgang bis Sonnenuntergang plagen. Ich kann noch froh sein, daß meine Töchter nicht auch noch dazugeschlagen wurden. Sie verdienen, was sie können – sie nähen und sticken und waschen für andere Leute –, aber die meisten, die für solche Arbeit bezahlen können, haben selbst Töchter oder Sklaven, die das für sie tun.«

»Wie lange müßt Ihr denn diesem Wáyay noch dienen?«

Sie stieß einen tiefen Seufzer aus. »Irgendwie scheint die Schuld nie geringer zu werden. Ich würde ja versuchen, meinen Widerwillen gegen ihn zu überwinden und als Abzahlung meinen Körper *ihm* antragen, aber er ist ein Verschnittener.«

Verzogenen Munds gluckste ich bei dieser Vorstellung.

»Früher war er Priester irgendeines Gottes der Zoque, und wie es so vielen Priestern geschieht, hat er sich im Pilzrausch entmannt und seine Hoden als Opfergabe auf den Altar gelegt. Das hat ihn hinterher sofort gereut, und er ist aus dem Orden ausgetreten, doch hatte er inzwischen genug von den Spenden der Gläubigen beiseitegelegt, um sich selbständig machen zu können.«

Abermals gluckste ich.

»Meine Töchter und ich leben sehr einfach, nur wird es für uns von Tag zu Tag schwerer. Wenn wir überhaupt weiterleben wollen ...« Sie straffte die Schultern und sagte dann entschlossen: »Ich habe ihnen erklärt, was wir tun müssen. Jetzt werde ich es ihnen zeigen. So, wir sind da.«

Sie huschte mit mir durch eine Türöffnung mit einer Fasermatte davor in eine aus dünnen Stämmen geflochtene und mit Stroh gedeckte, recht baufällige Hütte hinein. Die Hütte bestand nur aus einem einzigen Raum mit gestampftem Boden, wurde durch eine Fischtranfunzel erhellt und war nur mit dem Allernotwendigsten eingerichtet. Ich sah nur ein einziges deckenbelegtes Lager, ein schwach schimmerndes Holzkohlenbecken und ein paar weibliche Kleidungsstücke, die an den Aststümpfen der dünnen Stämme hingen, welche die Wände bildeten.

»Meine Töchter«, sagte sie und zeigte auf zwei Mädchen, die mit dem Rücken zur hinteren Wand dastanden.

Ich hatte zwei verwahrloste kleine Blagen erwartet, die den Fremden, den ihre Mutter mit nach Hause brachte, voller Schrecken anglotzen würden. Doch die eine stand etwa in meinem Alter; sie war hochgewachsen wie ihre Mutter, genauso schlank und hatte gleichfalls ein schönes Gesicht. Die andere mochte drei Jahre jünger sein und schien nicht minder anmutig. Beide starrten mich nachdenklich und neugierig zugleich an. Ich war, um es gelinde auszudrücken, überrascht, schaffte es jedoch, die Erde vor ihnen zu küssen und – und wäre auf mein Gesicht gestürzt, hätte die jüngere von beiden mich nicht aufgefangen.

Wider Willen mußte sie kichern, und ich tat desgleichen, doch dann hörte ich verwirrt auf. Nur wenigen Tzapotéca-Frauen ist ihr Alter anzusehen; sie müssen dann schon über die mittleren Jahre hinaus sein. Doch dieses Mädchen konnte erst um die siebzehn sein, und trotzdem wies ihr Haar schon jetzt eine weiße Strähne auf, welche ihr von der Stirn nach hinten ging wie ein Blitz, der die Mitternacht durchzuckt.

Gié Bele erklärte: »Ein Skorpion hat sie dort gestochen, als sie noch ein Kind war und noch nicht laufen konnte. Ums Haar wäre sie daran gestorben, doch das einzige, was sie für immer davon zurückbehalten hat, ist diese weiße Strähne.«

»Sie ist – sie sind beide genauso schön wie ihre Mutter«, erklärte ich ritterlich. Doch mein Gesicht muß verraten haben, wie verdutzt ich war, als ich jetzt entdeckt hatte, daß Gié Bele den Jahren nach meine Mutter hätte sein können, denn sie blickte mich besorgt, ja nahezu erschrocken an und sagte:

»Nein, bitte, denkt nicht daran, statt meiner eine von ihnen zu nehmen.« Mit einem Ruck zog sie sich die Bluse über den Kopf und errötete augenblicklich so tief, daß die flammende Röte sich auch über ihre nackten Brüste ergoß. »Bitte, junger Herr! Ich habe mich selbst angeboten, nicht meine Töchter, noch nicht meine Töchter . . .«

Sie schien meine Benommenheit für Unentschlossenheit zu nehmen; geschwind entledigte sie sich auch ihres Rockes und Untergewands, ließ beides zu Boden fallen und stand nackt vor mir und ihren Töchtern.

Meine Augen waren zweifellos genauso geweitet wir die ihren, als ich sie voller Unbehagen ansah, und Gié Bele muß den Eindruck gewonnen haben, ich vergliche, was mir da geboten wurde. Sich immer noch auflehnend – »Bitte! Nicht meine Töchter! Nehmt *mich*!« – , zog sie mich neben sich auf das Lager. Ich war viel zu sehr wie vor den Kopf geschlagen, um mich zu widersetzen, als sie meinen Umhang auf die Seite warf, an meinem Schamtuch zerrte und atemlos sagte: »Der Herbergswirt würde fünf Kakaobohnen für eine Maátitl verlangen und davon zwei für sich selbst behalten. Deshalb verlange ich nur drei. Ist das nicht ein gerechter Preis?«

Ich war viel zu benommen, um zu antworten. Unser Geschlecht war dem Anblick der beiden Mädchen hüllenlos preisgegeben, und sie starrten darauf, als *könnten* sie den Blick gar nicht abwenden, und gleich darauf versuchte die Mutter, mich auf sie zu wälzen. Möglich, daß der Körper der Mutter den Mädchen nicht unvertraut war, und möglich auch, daß sie bereits ein aufgerichtetes männliches Glied gesehen hatten, aber ich war überzeugt, daß sie noch nie beide zusammen gesehen hatten. Mochte ich auch betrunken sein, so protestierte ich doch: »Frau! Das Licht, die Mädchen! Schickt sie nach draußen, während wir . . .«

»Laßt sie zusehen!« schrie sie förmlich. »Sie werden in anderen Nächten hier liegen!« Ihr Gesicht war tränennaß, und endlich begriff ich, daß sie sich noch längst nicht damit abgefunden hatte, eine Hure zu werden und nur versucht hatte, mir in dieser Beziehung etwas vorzumachen. Ich sah die Mädchen an, verzerrte heftig das Gesicht und vollführte eine heftige Geste. Verängstigt flüchteten sie durch den grasmattenverhängten Ausgang. Doch Gié Bele bemerkte es nicht und weinte weiter und rief laut, als ringe sie sich zur allergrößten Erniedrigung durch: »Sie sollen sehen, was sie zu tun haben werden!«

»Ihr wollt, daß andere es sehen, Weib?« fuhr ich sie an. »Dann laßt sie es wirklich sehen!«

Statt mich über ihr auszustrecken, wälzte ich mich auf den Rücken, hob sie gleichzeitig in die Höhe und setzt sie so hin, daß sie rittlings über mir hockte; dann pfählte ich sie bis zum Heft. Nach diesem ersten schmerzlichen Augenblick entspannte Gié sich nach und nach auf mir und lag willfährig in meinen Armen, wiewohl ich spürte, daß ihre Tränen mir immer noch auf die nackte Brust tropften. Nun, es kam mir rasch und mächtig, und sie hat in sich gewiß gespürt, wie ich den Samen in sie hineinschleuderte, doch riß sie sich nicht von mir los, wie jede andere Frau es getan hätte.

Mittlerweile verlangte ihr eigener Körper nach Erlösung und ich glaube, sie hätte es nicht bemerkt, wenn die Mädchen noch im Raum gewesen wären, hätte mit keinem Gedanken mehr daran gedacht, welche Darbietung unsere Stellung bedeutete, hätte auch nicht die leisen, schmatzenden Laute gehört, die es hervorrief, als sie die ganze Länge meines Tepúli auf- und niederglitt. Als Gié Bele zum Höhepunkt gelangte, fuhr sie nach hinten und lehnte sich weit zurück, so daß ihre auseinanderstehenden Brustwarzen steil in die Höhe wiesen und ihr Haar meine Beine streifte; die Augen hatte sie geschlossen, nur der Mund stand ihr leicht offen, und ihm entfuhr ein leiser schnurrender Laut wie der eines kleinen Jaguars. Dann brach sie auf meiner Brust zusammen, ihr Gesicht neben dem meinen, lag so schlaff da, daß ich gemeint haben würde, sie sei tot, hätte sie nicht kurz und stoßweise geatmet.

Nach einer Weile, als ich selbst mich wieder erholt hatte und durch das ganze Geschehen wieder ein wenig nüchtern geworden war, merkte ich, daß auf der anderen Seite noch ein weiteres Gesicht lag. Ich wandte den Kopf und blickte in große braune Augen, unendlich groß im Rahmen ihrer herrlich ausgeprägten Wimpern: das liebreizende Gesicht einer der Töchter. Irgendwann mußte sie wieder in die Hütte hereingeschlüpft sein, und jetzt kniete sie neben dem Lager und betrachtete mich mit größter Aufmerksamkeit. Ich bedeckte meine Blöße und die ihrer immer noch regungslos daliegenden Mutter mit einer Decke.

»Nu shishá skarú . . .« wisperte das Mädchen. Als sie begriff, daß ich sie nicht verstand, sprach sie leise in gebrochenem Náhuatl und kicherte, als sie mir schuldbewußt gestand: »Wir haben durch Ritzen in der Wand zugesehen.« Vor Scham und Verlegenheit stöhnte ich auf; noch heute treibt es mir die Schamröte ins Gesicht, wenn ich daran denke. Doch dann sagte sie nachdenklich und ernst: »Habe immer gedacht, ist Schlimmes. Aber eure Gesichter waren so gut, wie glücklich.«

Wiewohl ich nicht gerade in philosophischer Stimmung war, erklärte ich ihr leise: »Ich glaube, es ist nie wirklich etwas Schlimmes. Aber es ist viel besser, wenn man es mit jemand macht, den man liebt.« Um noch hinzuzufügen: »Und nur allein mit dem anderen, ohne daß Mäuse durch die Wände spähen.«

Sie schickte sich an, etwas zu sagen, doch plötzlich knurrte ihr Magen, lauter, als sie gesprochen hatte. Es war rührend zu sehen, was für ein gedemütigtes Gesicht sie machte und versuchte, so zu tun, als sei es nicht geschehen und ein wenig von mir abrückte.

Ich rief aus: »Kind, du hast ja Hunger!«

»Kind?« Schmollend warf sie den Kopf in den Nacken. »Ich bin fast so alt wie Ihr, und damit ist man alt genug – dafür. Ich bin kein Kind.«

Ich rüttelte ihre schlummernde Mutter wach und sagte: »Gié Bele, wann haben Eure Töchter zum letztenmal etwas Richtiges zu essen bekommen?«

Sie regte sich und sagte kleinmütig: »Ich habe die Erlaubnis, von den Essensresten in der Herberge zu essen, aber ich kann nicht viel mit heimbringen.«

»Und Ihr habt drei Kakaobohnen verlangt!« sagte ich zornig.

Ich hätte sagen können, daß eigentlich ich es wäre, der eine Bezahlung verlangen könnte dafür, es vor Publikum getan oder den Mädchen Anschauungsunterricht erteilt zu haben. Doch suchte ich tastend nach meinem Schamtuch und dem Beutel, den ich darin eingenäht hatte. »Hier«, sagte ich zu der Tochter, ergriff ihre Hände und schüttelte vielleicht zwanzig oder dreißig Kakaobohnen hinein. »Du und deine Schwester – geht jetzt und kauft etwas zu essen. Kauft Holzkohle fürs Feuer. Alles, was ihr braucht, und soviel ihr tragen könnt.«

Sie sah mich an, als hätte ich ihre Hände mit Smaragden gefüllt. Einer Regung des Augenblicks nachgebend, beugte sie sich über mich und küßte mir die Wangen, dann fuhr sie in die Höhe und lief abermals zur Hütte hinaus. Gié Bele stützte den Kopf auf den Ellbogen und sah auf mein Gesicht herab.

»Ihr seid freundlich zu uns – und das, nachdem ich mich so benommen habe. Bitte, würdet Ihr gewähren, daß *ich* jetzt freundlicher zu Euch bin?«

Ich sagte: »Ihr habt mir gegeben, was zu erstehen ich gekommen bin. Ich versuche nicht, jetzt Eure Zuneigung zu erkaufen.«

»Aber ich möchte sie Euch schenken«, beharrte sie und ließ mir eine Aufmerksamkeit zuteil werden, wie sie vielleicht ausschließlich Wolkenmenschen zu schenken vermögen.

Es ist wirklich wesentlich besser, wenn es aus Zuneigung geschieht – und ohne daß andere dabei zusehen. Und sie war in der Tat so reizvoll, daß ein Mann kaum genug bekommen konnte von ihr. Doch als die Mädchen mit Eßbarem beladen zurückkehrten, hatten wir uns mittlerweile erhoben und uns angekleidet. Sie brachten ein großes, schon gerupftes Huhn, einen Korb Gemüse und viele andere Dinge. Fröhlich plappernd schickten sie sich an, die Glut im Holzkohlenbecken neu zu entfachen, und die jüngere von beiden fragte uns höflich, ob ihre Mutter und ich zusammen mit ihnen essen würden.

Gié Bele sagte ihnen, wir beide hätten in der Herberge gegessen. Jetzt, so erklärte sie, werde sie mich dorthin zurückbegleiten und sich etwas zu tun suchen, was sie den Rest der Nacht über beschäftigt halte, denn wenn sie jetzt schlafe, würde sie bestimmt nicht bei Sonnenaufgang aufwachen. Ich wünschte den Mädchen daher eine gute Nacht und überließ sie einer Mahlzeit, die, soweit ich sehen konnte, die erste anständige seit vier Jahren war. Als die Frau und ich Hand in Hand durch die Straßen und Gassen gingen, die uns noch dunkler vorkamen als zuvor, dachte ich über die ausgehungerten Mädchen nach, über ihre verwitwete und verzweifelte Mutter und den habgierigen Zoque-Gläubiger . . . und sagte schließlich unvermittelt:

»Würdet Ihr mir Euer Haus verkaufen, Gié Bele?«

»Was?« Sie war so erschrocken, daß unsere Hände sich voneinander lösten. »Diese baufällige Hütte? Wozu um alles in der Welt?«

»Ach, selbstverständlich, um sie zu etwas Besserem wieder aufzubauen. Wenn ich weiterhin Handel treibe, werde ich mit Gewißheit wieder hier durchkommen, vielleicht sogar häufig, und ein eigenes Haus ist einer überfüllten Herberge immer vorzuziehen.«

Sie lachte über meine unsinnige Lüge, tat jedoch, als nähme sie sie ernst, indem sie fragte: »Und wo in der weiten Welt sollen *wir* leben?«

»In einem viel schöneren Haus. Ich würde Euch einen guten Preis bezahlen, genug jedenfalls, damit Ihr behaglich leben könntet. Und«, erklärte ich entschlossen, »ohne, daß für Euch oder Eure Töchter die Notwendigkeit bestünde, rittlings auf die Straße zu gehen.«

»Was – was würdet Ihr denn bieten?«

»Das werden wir gleich regeln. Hier sind wir bei der Herberge. Bitte, macht Licht in dem Raum, in dem wir zu Abend gegessen haben. Und bringt etwas zum Schreiben – Papier und Kreide genügen. Und dann sagt mir, wo das Zimmer des feisten Verschnittenen liegt. Und macht kein so verängstigtes Gesicht; ich bin nicht kindischer als sonst auch.«

Sie bedachte mich mit einem zaghaften Lächeln und ging, um zu tun, was ich ihr aufgetragen hatte, während ich eine Lampe ergriff, mich auf die Suche nach dem Schlafraum des Eigentümers machte und ihn mit einem harten Tritt in sein fettes Gesäß weckte.

»Erhebt Euch und kommt mit«, sagte ich, als er mich verschlafen, außer sich und speichelsprühend beschimpfte. »Wir haben Geschäftliches zu erledigen.«

»Es ist mitten in der Nacht. Ihr seid betrunken! Laßt mich in Ruhe!«

Ich mußte ihn fast hochreißen und auf die Füße stellen, und es dauerte eine Weile, bis ich ihn überzeugt hatte, daß ich stocknüchtern sei, doch schließlich schleppte ich ihn mehr als daß ich ihn drängte – der immer noch an seinem Umhang herumfummelte, um ihn zu schließen – und zu den Raum führte, den Gié Bele für uns erleuchtet hatte. Als ich ihn halb hineinzerrte, wollte sie sich zurückziehen.

»Nein, bleibt«, sagte ich. »Das hier geht uns alle drei an. Fetter Mann, holt alle Papiere herbei, die mit den Eigentumsverhältnissen an dieser Herberge zu tun haben und den Schulden, die noch dafür ausstehen. Ich bin hier, die Schulden zu begleichen.«

Beide starrten sie mich gleichermaßen verblüfft an, und Wáyay versprühte noch mehr Speichel, als er sagte: »Und deshalb reißt Ihr mich aus dem Schlaf? Ihr wollt dies Anwesen kaufen, anmaßender Grünschnabel, der Ihr seid? Wir können alle wieder schlafen gehen. Ich habe nicht die Absicht zu verkaufen.«

»Nicht Ihr seid es, der zu verkaufen hat«, erklärte ich. »Ihr seid nicht der Besitzer, sondern nur im Besitz eines Pfandrechts. Wenn ich die Schuld und alles, was dazugehört, begleiche, habt Ihr kein Recht mehr, hier zu sein. Geht und holt die Dokumente.«

Ich befand mich ihm gegenüber, der immer noch ganz vom Schlaf benommen war, im Vorteil. Doch als wir schließlich dabei waren, die Zahlen mit Hilfe von Punkten und Fähnchen und kleinen Bäumen untereinanderzuschreiben, war er wieder ganz auf der Höhe und fordernd, wie nur je in seiner Laufbahn als Priester und Zahlungsmittelwechsler. Ich will euch, ehrwürdige Patres, nicht mit den Einzelheiten unserer Verhandlungen langweilen. Ich möchte euch nur daran erinnern, daß ich mich mit Zahlen und auch mit den Listen und Tücken sehr auskannte, die darin lagen.

Was der verstorbene Abenteurer sich an Waren und Zahlungsmitteln geliehen hatte, belief sich insgesamt auf eine erkleckliche Summe. Doch die Prämien, welche für das Vorrecht, seine Anleihen zu machen, zu zahlen er sich verpflichtet hatte, hätten nicht allzu hoch sein dürfen; nur hatte sein gerissener Gläubiger es verstanden, sie immens in die Höhe zu treiben. Ich erinnere mich nicht mehr an all die Summen, um die es ging, aber ich will euch ein einfaches Beispiel geben, damit ihr euch ein Bild machen könnt. Leihe ich jemandem für einen Mond hundert Kakaobohnen, habe ich Anspruch auf eine Rückzahlung von hundertundzehn Bohnen. Für drei Monate hundertunddreißig und so weiter. Was jedoch Wáyay getan hatte, war, die Prämie von zehn Bohnen am Ende des ersten Monds auf die Summe aufzuschlagen, um davon – also von hundertundzehn Bohnen – die Prämie für den nächsten Monat zu berechnen, so daß man ihm nach zwei Monaten hundertundeinundzwanzig Bohnen schuldig war. Der Unterschied mag geringfügig erscheinen, erhöht sich jedoch entsprechend jeden Monat, und bei größeren Summen kann das schon erschreckend sein.

Ich forderte eine Neuberechnung von dem Tag an, da Wáyay den Kredit auf die Herberge gegeben hatte. *Ayya,* zeterte er, wie er es getan haben mußte, als er während seiner Zeit als Priester aus dem Pilzrausch aufgewacht war. Doch als ich ihm vorschlug, daß wir die Angelegenheit dem Bishósu von Tecuantépec zur Regelung übergeben könnten, knirschte er mit den Zähnen und stellte die neue Rechnung auf, wobei ich ihm ständig über die Schulter schaute und ihm nichts durchgehen ließ. Es gab noch viele andere Einzelheiten, die berücksichtigt werden mußten, wie etwa Ausgaben und Einnahmen der Herberge im Verlauf der letzten vier Jahre, während derer er sie geleitet hatte. Doch zuletzt, als es bereits begann zu tagen, einigten wir uns auf eine Pauschale, die ihm zustand; ich erklärte mich einverstanden, selbige in Goldstaub und halbmondförmigen Kupfer- und Zinnblättchen und Kakaobohnen zu begleichen. Doch ehe ich das tat, sagte ich:

»Eine Kleinigkeit habt Ihr noch vergessen. Das, was ich Euch für die Unterbringung meiner Leute schulde.«

»Ah ja«, sagte der alte Gauner. »Sehr ehrlich von Euch, mich daran zu erinnern.« Und fügte die entsprechende Summe seiner Aufstellung hinzu.

Und als ob es mir gerade jetzt erst einfalle, sagte ich: »Ach ja, und noch etwas.«

»Ja?« fragte er erwartungsvoll, die Kreide in der Hand, um auch dieses noch hinzuzufügen.

»Zieht den Lohn ab, den Ihr Gié Bele für vier Jahre schuldet.«

»Was?« Fassungslos starrte er mich an. Sie tat desgleichen, freilich wie geblendet vor Bewunderung. »Lohn?« schnarrte er. »Die Frau ist mir als Tlacótli übereignet worden.«

»Wenn Eure Rechnung ehrlich gewesen wäre, hätte das nicht zu sein brauchen. Seht Euch Eure neue aufgestellte Rechnung doch einmal an! Der Bishósu hätte Euch vielleicht *die Hälfte* am Besitzanspruch zuerkannt. Ihr habt Gié Bele nicht nur übers Ohr gehauen, Ihr habt auch noch eine freie Bürgerin zur Sklavin gemacht.«

»Schon gut! Laßt mich rechnen. Zwei Kakaobohnen pro Tag ...«

»Das ist ein Sklavenlohn. Ihr hingegen habt Euch der Dienste der ehemaligen Besitzerin der Herberge versichert, und sie hat doch wohl ein Recht auf den Lohn von zwanzig Kakaobohnen pro Tag, wie er einem freien Bürger zusteht.« Er raufte sich die Haare und schrie. Ich fügte noch hinzu: »Ihr werdet als Fremder hier in Tecuantépec gerade geduldet. Sie hingegen ist eine Ben Záa, genauso wie der Bishósu. Wenn wir zu ihm gingen ...«

Augenblicklich ließ er ab vom Haareraufen und Gezeter und fing hastig an zu kritzeln; der Schweiß tropfte ihm auf das Borkenpapier. Doch zuletzt stimmte er ein furchtbares Geheul an.

»Über neunundzwanzigtausend! So viele Kakaobohnen gibt es gar nicht an den Sträuchern in sämtlichen Heißen Landen.«

»Dann rechnet es in Federkiele voller Goldstaub um«, schlug ich vor. »Dann sieht die Summe nicht mehr so ungeheuerlich groß aus.«

»Wirklich nicht?« winselte er, nachdem er gerechnet hatte. »Ja, wenn ich mich mit der Lohnforderung einverstanden erkläre, verliere ich bei diesem ganzen Geschäft noch mein eigenes Schamtuch! Wenn ich diese Summe abziehe, heißt das, daß Ihr mir weniger als die *Hälfte* der ursprünglichen Summe schuldet, die ich einst als *Darlehen* ausbezahlt habe!« Seine Stimme verlor sich in fisteligen Höhen, und der Schweiß lief ihm übers Gesicht, als ob er schmölze.

»Ja«, sagte ich. »Das stimmt mit den Ergebnissen meiner eigenen Berechnungen überein. Wie wollt Ihr es haben? Alles in Gold? Oder einen Teil in Zinn oder Kupfer?« Ich hatte meinen Beutel aus dem Zimmer geholt, das ich noch gar nicht benutzt hatte.

»Das ist Erpressung!« zeterte er. »Das ist Raub!«

In meinem Beutel befand sich auch ein kleiner Obsidiandolch. Ich holte ihn heraus und hielt ihn Wáyay unter sein zweites oder drittes Kinn.

»Raub und Erpressung *waren* es«, erklärte ich mit der größten Kälte, deren ich fähig war. »Ihr habt eine hilflose Frau um ihr Eigentum betrogen, Ihr habt sie vier lange Jahre hindurch für Euch schuften lassen, und ich weiß, zu welchen Verzweiflungstaten sie nachgerade imstande war. Ich bestehe auf der Rechnung, die Ihr selbst gerade eben aufgemacht habt. Ich werde Euch die Summe zahlen, zu der Ihr zuletzt gelangt seid . . .«

»Das ist mein Ruin!« heulte er. »Damit bin ich erledigt . . .«

»Ihr werdet mir eine Quittung ausstellen und hinzufügen, daß mit der Begleichung selbiger Summe alle Eure Ansprüche auf dieses Eigentum und diese Frau erloschen sind – jetzt und für alle Zeit! Sodann werdet Ihr – hier, in meinem Beisein – den alten, von ihrem Mann unterzeichneten Schuldschein zerreißen. Dann nehmt, was Ihr an persönlichem Eigentum in der Herberge habt und macht, daß Ihr fortkommt.«

Ein letztes Mal versuchte er es mit Trotz. »Und wenn ich mich weigere?«

»Dann führe ich Euch mit gezogenem Dolch dem Bishósu vor. Die Strafe, die auf Diebstahl steht, ist die blumenumwundene Würgschlinge. Ich weiß nicht, was Ihr zuvor noch würdet erleiden müssen, als Strafe für die Versklavung einer frei geborenen Ben Záa, denn in den Feinheiten der Foltermethoden dieses Volkes kenne ich mich nicht aus.«

Sich endlich geschlagen gebend und in sich zusammensackend, sagte er: »Steckt den Dolch fort. Zählt die Summe ab!« Dann hob er den Kopf und fuhr Gié Bele an: »Bring mir neues Papier!« Doch dann besann er sich eines besseren, wand sich innerlich und sagte schleimig: »Bitte, meine Dame, bringt mir Papier, Farben und ein Schreibrohr.«

Ich zählte die goldgefüllten Federkiele ab, sodann die Stapel von Zinn- und Kupferblättchen auf das Tuch, welches zwischen uns lag, und als das getan war, blieb nur noch wenig in meinem Beutel. Ich sagte: »Stellt die Quittung auf meinen Namen aus. In der Sprache dieser Stadt heiße ich Záa Nayàzú.«

»Niemals ist ein Unglückbringer treffender benannt worden«, murmelte er, als er anfing, seine Wortbilder und Zahlenglyphen hinzumalen. Und er weinte dabei, ich schwöre es euch!

Ich spürte Gié Beles Hand auf meiner Schulter und sah zu ihr auf. Sie hatte den ganzen gestrigen Tag schwer gearbeitet, sodann eine schlaflose Nacht hinter sich gebracht, von anderen Dingen ganz zu schweigen, doch sie stand aufrecht da, ihre herrlichen Augen blitzten, und sie strahlte über das ganze Gesicht.

Ich sagte: »Das hier dauert nicht mehr lange. Warum geht Ihr nicht hin und holt Eure Töchter? Bringt sie nach Hause!«

Als meine Teilhaber aufwachten und zum Frühstück kamen, sah Cozcatl wieder ausgeschlafen und fröhlich aus, wohingegen Blut Schwelger etwas mitgenommen wirkte. Er bestellte sich ein Gericht, das vor allem aus rohen Eiern bestand, und sagte dann zu der Frau: »Schickt mir den Wirt. Ich schulde ihm zehn Kakaobohnen.« Und fügte dann noch hinzu: »Verschwenderischer Lüstling, der ich bin – und das in meinem Alter.«

Lächelnd sagte sie: »Für diese Unterhaltung – für Euch – keine Rechnung, mein Herr«, und trollte sich.

»Huh?« grunzte Blut Schwelger und starrte hinter ihr her. »Diese Art Dienstleistung gibt's in keiner Herberge umsonst.«

Woraufhin ich es nicht unterlassen konnte zu bemerken: »Alter Griesgram, du hast doch behauptet, es gäbe keine ersten Male. Vielleicht gibt's sie aber doch.«

»Du magst ja verrückt sein und sie auch, aber der Wirt . . .«

»Seit gestern abend ist *sie* die Wirtin.«

»Huh?« entfuhr es ihm knurrend noch einmal. Er sagte noch zweimal *Huh,* einmal, als ihm sein Frühstücksteller von dem ungewöhnlich schönen Mädchen meines Alters gebracht wurde, und zum zweitenmal, als ihm von dem ungewöhnlich schönen, etwas jüngeren Mädchen mit der weißen Strähne wie ein Blitz im schwarzen Haar eine große Schale schaumiger Schokolade vorgesetzt wurde.

»Was ist hier geschehen?« fragte Blut Schwelger, der überhaupt nicht mehr wußte, was er von alledem halten sollte. »Erst kehren wir in einer abgewirtschafteten Herberge ein, einer elenden Pinte, die von einem schmierigen Zoque und einer Sklavin . . .«

»Und über Nacht«, sagte Cozcatl, der sich gleichfalls keinen Vers auf all dies machen konnte, »verwandelt Mixtli sie in einen Tempel voller Göttinen.«

Wir blieben noch eine zweite Nacht in der Herberge, und als alles ruhig war, stahl Gié Bele sich in mein Zimmer, strahlender in ihrem neugefundenen Glück als zuvor, und diesmal war die liebevolle Zuneigung, mit der wir uns umarmten, in keiner Weise vorgetäuscht oder gezwungen oder in irgendeiner Weise von einem Akt echter gegenseitiger Liebe zu unterscheiden.

Als meine Männer und ich unsere Bündel schulterten und uns in der Frühe des nächsten Morgens verabschiedeten, drückte sie und jede ihrer beiden Töchter mich eng an sich, bedeckten sie mein Gesicht mit tränenfeuchten Küssen und sagten ein echt empfundenes, von Herzen kommendes Dankeschön. Ich schaute mich noch ein paarmal um, bis ich die Herberge im verschwommenen Gewirr der anderen Häuser nicht mehr unterscheiden konnte.

Ich wußte nicht, wann ich jemals wiederkommen würde, aber ich hatte hier die Saat zu etwas gelegt, und von diesem Zeitpunkt an konnte ich – gleichgültig, wie weit ich zog und wie lange ich unterwegs war – niemals wieder ein Fremder unter den Wolkenmenschen sein, nicht mehr jedenfalls, als die zarteste äußerste Spitze einer Kletterpflanze sich von ihren Wurzeln im Boden lösen konnte. Dessen war ich gewiß. Was ich jedoch nicht wissen, ja, wovon ich nicht einmal träumen konnte, war, welche Frucht diese Saat einmal tragen sollte – die Frucht froher Überraschung und zermalmender Tragödie, von Reichtum und Armut, von Freud und Leid. Es sollte lange dauern, bis ich die ersten dieser Früchte kosten sollte, und noch viel Zeit vergehen, ehe sie alle nacheinander reiften; und eine von diesen Früchten habe ich bis heute noch nicht bis auf den bitteren Kern aufgegessen.

Wie ihr wißt, ehrwürdige Patres, wird das gesamte Land Neuspanien von beiden Seiten von einem großen Meer bespült, welches sich vom Ufer bis zum fernen Horizont erstreckt. Da dieses Meer mehr oder weniger geradenwegs östlich und westlich von Tenochtítlan liegt, haben wir Mexica sie für gewöhnlich als das West-Meer und das Ost-Meer bezeichnet. Doch von Tecuantépec an biegt die Landmasse nach Osten ab, so daß diese Meere weitaus zutreffender das Nord-Meer und das Süd-Meer genannt werden; das Land wird hier zu einer tiefliegenden Landenge, welche die beiden Meere voneinander trennt. Ich will damit nicht behaupten, daß ein Mensch zwischen den Ozeanen stehen und in jeden von beiden hineinspucken könnte. An der schmalsten Stelle ist diese Landenge von Norden nach Süden annähernd fünfzigmal Ein Langer Lauf breit, für jemand, der sich Zeit läßt, eine Reise von zehn Tagen.

Wir jedoch zogen auf unserer Reise nicht von einer Küste zur anderen. Über die fälschlich so genannte Jaguarberg-Ebene zogen wir gen Osten, so daß das Süd-Meer niemals weit, wenn auch nie ganz in Sichtweite rechterhand von unserem Weg lag. Immerhin kreisten jetzt häufiger Möwen als Geier über unseren Häuptern. Bis auf die drückende Hitze dieser Niederungen war der Marsch zwar nicht beschwerlich, dafür aber eintönig, und das Auge hatte außer gelbem Gras und niedrigem grauem Gesträuch nichts, sich daran festzuhalten. Wir kamen rasch voran, und es gab Wild zum Jagen die Fülle – Kaninchen, Leguane und Gürteltiere –, das Klima war mild und lud zum Lagern im Freien ein, so daß wir in keinem der Dörfer des Mixe-Volkes übernachteten, durch dessen Gebiet wir dahinzogen.

Ich hatte gute Gründe, darauf zu drängen, daß wir unser Ziel, das Land der Maya, erreichten, wo ich endlich anfangen konnte, die Waren, die wir schleppten, gegen wertvolle Güter einzutauschen, um sie zurückzubringen nach Tenochtítlan. Meine Teilhaber wußten selbstverständlich von den eigenwilligen Streichen, die ich mir in letzter Zeit erlaubt hatte, doch hatte ich ihnen nicht im einzelnen gebeichtet, welche Summen ich dafür bezahlt hatte. Bislang hatte ich unterwegs überhaupt nur ein einziges vorteilhaftes Geschäft abgeschlossen, und das war gewesen, als ich unseren Sklaven Vier an seine Verwandten verkauft hatte, und auch das lag schon längere Zeit zurück. Seither hatte ich nur zwei Geschäfte getätigt, die beide kostspielig und ohne jeden sogleich erkennbaren Gewinn für uns gewesen waren. Ich hatte Chimális Feder-Wandbehang gekauft, und das nur um der süßen Rache willen, ihn vernichten zu können. Und zu einem womöglich noch höheren Preis hatte ich die Herberge erstanden, nur um der Freude willen, sie sogleich verschenken zu können. Wenn ich in dieser Beziehung meinen Teilhabern gegenüber Verschwiegenheit bewahrte, so geschah das aus der Scham darüber, daß ich mich bisher keineswegs als gewiegter Pochtécatl bewiesen hatte.

Nach etlichen Tagen rascher und wenig beschwerlicher Märsche durch die falbfarbenen Niederungen, tauchte zu unserer Linken eine blaßblaue Bergkette auf, die nach und nach immer höher vor uns aufragte und eine blaugrüne Farbe annahm. Dann ging es wieder in die Höhe, und zwar diesmal durch dichte Fichten-, Zedern- und Lärchenwälder. Von nun an begegneten wir auch jenen Kreuzen, die bei einigen Völkern des Südens immer als heilig gegolten hatten.

Jawohl, meine ehrwürdigen Patres, ihr Kreuz unterschied sich praktisch in nichts von eurem christlichen. Genauso wie dieses, war es etwas höher als breit, und der einzige Unterschied bestand darin, daß die Spitze und die Enden der Seitenarme sich ungefähr in der Form eines Kleeblatts ausweiteten. Die religiöse Bedeutung dieses Kreuzes lag für diese Menschen darin, daß sie die vier Himmelsrichtungen und den Mittelpunkt des Kompasses darstellten. Außerdem dienten sie aber auch noch einem ganz handfesten Zweck. Wo immer wir in der sonst leeren Wildnis auf ein hüfthohes Holzkreuz stießen, das in den Boden gegraben war, wußten wir, daß es uns nicht ermahnte: »Seid ehrfürchtig!«, sondern uns aufforderte, »Freut euch!« – denn es verriet uns, daß irgendwo in der Nähe gutes, klares, süßes Wasser floß.

Die Berge wurden steiler und zerklüfteter, bis sie nicht minder gewaltig waren als die in Uaxyácac. Wir jedoch waren mittlerweile wesentlich erfahrener in Bergwanderungen, und eigentlich hätten sie uns nicht weiter schrecken sollen, höchstens, daß wir zusätzlich zu der normalen empfindlichen Kühle in großen Höhen unter plötzlich einsetzendem, bösartig kaltem Wetter zu leiden hatten. Nun, in jenen südlichen Breiten war es Mitte des Winters, und der Gott der kurzen Tage, Tititl, meinte es in diesem Jahr besonders schlecht mit uns.

Eingehüllt in jedes verfügbare Kleidungsstück, das wir in unseren Bündeln finden konnten, schleppten wir uns dahin. Unsere Unterschenkel und die Füße in den Sandalen hatten wir mit Lumpen umwickelt. Doch der obsidianscharfe Wind fraß sich selbst durch diese Hüllen hindurch, und auf den höheren Bergen trieb uns der Wind Schnee ins Gesicht wie Zinnspäne. Wie froh waren wir, daß jedenfalls Fichten ringsumher wuchsen. Wir sammelten den Saft ein, welcher den Stämmen entquoll, und erhitzten ihn, bis die flüchtigen Öle verflogen waren und der Seim sich zu dem zähflüssigen, klebrigen Oxitl verdichtete, welcher sowohl Kälte als auch Feuchtigkeit abstößt. Dann zogen wir uns aus, bestrichen uns von oben bis unten mit diesem Oxitl und nahmen dann unsere Lasten wieder auf. Bis auf die freien Stellen um Augen und Lippen herum, waren wir finster wie die Nacht, genauso, wie der blinde Gott Itzcoliúqui immer dargestellt wird.

Wir zogen mittlerweile durch das Land der Chiapa, und als wir in ihre verstreuten Bergdörfer gelangten, rief unser grotesker Aufzug einige Verwunderung hervor. Die Chiapa verwenden das schwarze Oxitl nicht, sondern bestreichen ihren Körper über und über mit Jaguar-, Berglöwen- oder Tapirfett, um sich damit vor den Widrigkeiten der Witterung zu schützen. Freilich sahen diese Menschen nahezu genauso finster aus wie wir; nicht geradezu schwarz, versteht sich, aber von dunkelstem Kakaobraun der Hautfarbe, die ich bislang bei einem ganzen Volk gesehen hatte. Nach der Chiapa-Tradition waren ihre ältesten Vorfahren aus irgendeinem Ursprungsland ganz weit im Süden gekommen, und ihre Hautfarbe schien diese Legende zu bestätigen. Sie hatten offensichtlich die Haut ihrer Vorfahren geerbt, welche von einer wesentlich sengenderen Sonne gedunkelt worden war.

Wir Reisende hätten viel um ein wenig von dieser Sonne gegeben. Wenn wir durch Täler und Senken hindurchstapften, welche immerhin vorm Wind geschützt waren, litten wir unter der Fühllosigkeit und Teilnahmslosigkeit, wie sie Eiseskälte beim Menschen hervorruft. Doch wenn wir über einen Bergpaß hinüberkamen, pfiff der Wind durch ihn dahin wie Pfeile durch einen unterirdischen Gang, von denen keiner sein Ziel verfehlte. Und wenn kein Paß da war und wir uns den ganzen Weg einen Berg hinan und wieder hinunter mühen mußten, setzte uns entweder Schnee und Hagel von oben zu, mußten wir unten durch verharschten Altschnee hindurch oder glitten auf ihm aus. Wir alle waren sehr niedergedrückt, doch einer von uns mehr als die anderen: Der Sklave Zehn wurde von irgendeiner Krankheit heimgesucht.

Nie war ein Wort der Klage über seine Lippen gekommen, und nie war er weit hinter uns zurückgefallen, so daß wir überhaupt keine Ahnung von seiner Krankheit hatten, bis zu dem Vormittag, da seine vom Stirnband gehaltene Last ihn wie eine mächtige Hand einfach fällte. Tapfer versuchte er, sich wieder zu erheben, aber er schaffte es nicht, sondern stürzte nur der Länge nach auf den Boden. Als wir das Stirnband losmachten und ihn von seiner Last befreiten, merkten wir, daß er vor Fieber glühte, so daß seine Oxitl-Haut buchstäblich zu einer den ganzen Körper bedeckenden trockenen Kruste geworden war. Cozcatl erkundigte sich fürsorglich, ob er an irgendeinem Körperteil besonders leide. Zehn erwiderte in gebrochenem Náhuatl, ihm sei, als hätte man ihm mit einem Maquáhuitl den Schädel gespalten, sein Körper fühle sich an wie Feuer, und alle Gelenke täten ihm weh, doch sonst fehle ihm nichts.

Ich fragte ihn, ob er irgend etwas Besonderes gegessen habe oder aber von irgendeinem giftigen Tier gestochen oder gebissen worden sei. Er erklärte, er habe nichts anderes gegessen als wir anderen auch. Und seine einzige Begegnung mit einem Tier sei mit einem bekanntermaßen harmlosen vonstatten gegangen – vor sieben oder acht Tagen, als er versucht habe, einem Kaninchen nachzulaufen, damit wir unser Abendessen damit hätten anreichern können. Er hätte es ums Haar auch gefangen, wenn es nicht zu guter Letzt einen Haken geschlagen hätte und ihm entschlüpft wäre. Er zeigte mir die Bißwunde des Nagers an seiner Hand, wälzte sich dann auf die andere Seite und erbrach sich.

Blut Schwelger, Cozcatl und mir tat es leid, daß ausgerechnet Zehn erkrankt war, denn wir alle mochten ihn besonders gern. Er war von allen unseren Sklaven derjenige, der sich als Träger am umgänglichsten und am zähesten erwiesen hatte. Treu hatte er uns geholfen, uns vor den Tya-

Nuü-Räubern zu schützen, und er war es auch gewesen, der sich am häufigsten freiwillig zu der ein wenig unmännlichen Arbeit des Kochens gemeldet hatte. Nach dem riesigen Vier, den wir verkauft hatten, war er der kräftigste von unseren Trägern gewesen und hatte seit der Zeit die schwerste Last geschleppt. Außerdem hatte er gehorsam das sperrige und stinkende Fell des Berglöwen getragen, ja, trug es immer noch, denn Blut Schwelger wollte sich nicht davon trennen.

Wir legten alle eine Ruhepause ein, bis Zehn sich als erster wieder aufraffte. Ich fühlte ihm die Stirn, und es schien, als ob das Fieber nachgelassen hätte. Ich sah mir sein dunkelbraunes Gesicht genauer an und sagte: »Ich kenne dich jetzt länger als ein Schock Tage, doch erst jetzt begreife ich. Du stammst aus diesem Chiapa-Land, stimmt's?«

»Ja, Herr«, sagte er schwach. »Aus der Hauptstadt Chiapán. Deshalb möchte ich auch unbedingt weiter. Ich hoffe, Ihr werdet die Güte haben, mich dort zu verkaufen.«

Folglich lud er sich seine Last wieder auf den Rücken, legte sich das Trageband vor die Stirn, und wir alle marschierten weiter. Doch als es dämmerte, wankte er, daß es ein Jammer mitanzusehen war. Dennoch bestand er darauf, daß wir genauso schnell weiterzogen wie bisher, lehnte jeden Vorschlag einer neuen Rast oder ihm einen Teil seiner Last abzunehmen ab. Er wollte sie nicht absetzen, ehe wir nicht ein windgeschütztes Tal gefunden hatten, in dem ein Kreuz auf einen eisigen Bach hinwies, der wild schäumend zu Tal floß, und dort unser Lager aufschlugen.

»Wir haben in letzter Zeit überhaupt kein Wild erlegt«, sagte Blut Schwelger, »und von den Hunden ist längst keiner mehr übrig. Zehn sollte aber etwas Frisches und Kräftigendes zu essen bekommen, nicht einfach Atóli-Brei und Bohnen, die nur Blähungen verursachen. Sollen Drei und Sechs doch schon anfangen, ein Feuer zu entzünden, während ich losziehe und versuche, ob ich nicht einen Kescher machen kann.«

Er suchte sich eine biegsame grüne Weidenrute, bog sie zu einer Schlinge, bespannte diese mit einem Stück bereits recht fadenscheinig gewordenen Stoffs und ging, sein Glück im Bach versuchen. Nach einer Weile kam er zurück und sagte: »Selbst Cozcatl hätte es schaffen können. Sie sind ganz träge vor Kälte«, und wies uns eine Menge silbergrüner Fische vor, keiner länger als eine Hand oder dicker als ein Finger, aber genug von ihnen, unseren Kochtopf damit zu füllen. Als ich sie mir jedoch genauer betrachtete, war ich nicht so sicher, ob ich sie im Topf haben wollte, und sagte das auch.

Blut Schwelger fegte meine Einwände mit einer Handbewegung beiseite. »Mach dir nichts draus, daß sie häßlich sind. Schmecken tun sie jedenfalls sehr gut.«

»Sie sehen so unnatürlich aus«, beklagte Cozcatl sich. »Fische mit vier Augen!«

»Ja, sehr kluge Dinger, diese Fische. Sie gleiten ganz dicht unter der Oberfläche dahin und halten nach Insekten in der Luft Ausschau, während sie mit ihren tiefersitzenden Augen auch den Boden unter sich absuchen. Vielleicht schenken sie unserem siechen Zehn etwas von ihrer übergroßen Wachsamkeit.«

Wenn sie es taten, dann war diese Wachheit nur dazu angetan, ihn um den gesunden Nachtschlaf zu bringen, den er so bitter nötig hatte. Ich selbst wachte mehrmals in der Nacht auf und hörte den Kranken sich hin-

und herwälzen, stöhnen und würgen und Schleim aushusten und unzusammenhängendes Zeug murmeln. Ein- oder zweimal vernahm ich etwas, was sich nach einem richtigen Wort anhörte – »Binkizáka« –, und am Morgen nahm ich Blut Schwelger beiseite, um ihn zu fragen, ob er wisse, was das bedeute.

»Ja, das ist eines der wenigen fremden Wörter, die ich kenne«, sagte er überheblich, als ob er mir damit einen Gefallen täte. »Binkizáka – das sind Geschöpfe, halb Mensch, halb Tier, welche die Bergeshöhen heimsuchen. Ich habe mir sagen lassen, sie seien die abscheuliche und verhaßte Brut von Frauen, die sich wider die Natur mit Jaguaren, Affen oder was weiß ich sonst eingelassen haben. Wenn du in den Bergen ein Geräusch wie Donner hörst, aber nichts auf ein Gewitter hinweist, sind das Binkizáka, die irgendwo Unheil anrichten. Ich persönlich meine, es sind die Geräusche von Steinschlag und Bergrutschen, aber du weißt ja, wie dumm Fremde wie wir sind. Warum fragst du? Hast du seltsame Laute gehört?«

»Nein, nur Zehn, der im Schlaf geredet hat. Ich glaube, er war im Delirium. Ich fürchte, er ist kränker, als wir glauben.«

Infolgedessen setzte ich mich über die Einwände von Zehn hinweg; wir teilten seine Last unter uns anderen auf und ließen ihn an diesem Tag nur das Fell des Berglöwen tragen. Ohne die Last kam er gut mit, doch merkte ich es jedesmal, wenn ein Frostschauer ihn packte, weil er dann auch noch das sperrige Fell um seine ohnehin dicken Umhüllungen festzog. Dann ging der Frostschauer vorüber, und das Fieber beutelte ihn, woraufhin er dann das Fell ablegte und sogar seine Kleidung öffnete, um sich der kalten Bergluft preiszugeben. Außerdem ging sein Atem röchelnd, wenn er nicht gerade hustete, und wenn er gehustet hatte, spie er jedesmal einen besonders übelriechenden Schleim aus.

Wir stiegen einen Berg von beträchtlicher Höhe in östlicher Richtung empor, und als wir oben ankamen, stellten wir fest, daß uns der Weg versperrt war. Wir standen am Rand eines Cañons, der sich nach Norden und Süden in der Ferne verlor. Es war der Cañon mit den steilsten Wänden, die ich jemals gesehen hatte, wie eine klaffende Wunde, welche ein zorniger Gott mit all seiner Kraft vom Himmel herab mit einem göttergroßen Maquáhuitl durch die Bergzüge geschlagen hatte. Der Anblick war von atemberaubender Schönheit, eindrucksvoll und täuschend zugleich. Wiewohl dort, wo wir standen, ein kalter Wind entlangfegte, drang dieser augenscheinlich niemals in den Cañon hinein, denn an die nahezu senkrechten Seitenwände klammerte sich eine Fülle von Blumen in allen möglichen Farben. Unten stand ein Wald aus blühenden Bäumen und dehnten sich sanfte Matten, und ein Silberfaden, der sich hindurchzog, schien von hier oben nur ein schmaler Bach zu sein.

Wir unternahmen gar nicht erst den Versuch, zu den einladenden Tiefen hinunterzuklettern, sondern wandten uns nach Süden und folgten dem Cañon, bis die Seitenwand sich allmählich zu senken begann und nach unten führte. Als die Dämmerung einsetzte, waren wir bis auf die Höhe des »Bachs« hinuntergelangt, in Wirklichkeit ein Fluß, der leicht hundert Schritte von einem Ufer zum anderen maß. Später erfuhr ich, daß es der Suchiápa-Fluß war, der breiteste, tiefste und am reißendsten dahinfließende Fluß in Der Einen Welt. Auch der durch die Chiapa-Berge hindurchführende Cañon war einzigartig in Der Einen Welt. Er war fünfmal Ein Langer Lauf lang und maß an der tiefsten Stelle von der Talsohle bis zum Rand oben nahezu die Hälfte von Ein Langer Lauf.

Wir waren auf eine Ebene hinuntergelangt, wo die Luft wärmer war und der Wind milder. Wir erreichten ein Dorf, wenn auch ein ärmliches, das Toztlan hieß und kaum groß genug war, überhaupt den Namen Dorf zu verdienen. Das einzige Mahl, das die Dorfbewohner uns vorsetzen konnten, bestand aus gekochter Eule, und mir kehrt sich noch heute der Magen um, wenn ich nur daran denke. Gleichwohl wies Toztlan eine Hütte auf, die groß genug war, daß wir alle erstmals seit vielen Nächten unter einem Dach schlafen konnten; und außerdem lebte im Dorf eine Art Wundarzt.

»Ich bin nur ein Kräuterdoktor«, sagte er sich entschuldigend und in zögerndem Náhuatl, nachdem er Zehn untersucht hatte. »Ich werde dem Patienten ein Abführmittel geben, mehr kann ich nicht tun. Doch morgen werdet ihr in Chiapán eintreffen, und dort werdet ihr manchen berühmten Arzt finden, der sich auf die Deutung des Pulsschlags versteht.«

Ich wußte nicht, was er damit meinte, doch konnte ich am nächsten Tag nur hoffen, daß sie mehr von der Heilkunde verstünden als dieser Kräutermann. Ehe wir in Chiapán anlangten, war Zehn zusammengebrochen und mußte auf dem Fell getragen werden, das er selbst solange geschleppt hatte. Wir wechselten uns zu viert ab und packten die improvisierte Tragbahre an den vier Läufen, während Zehn darauf lag, sich krümmte und wand und – zwischen zwei Hustenanfällen – sich darüber beschwerte, etliche Binkizáka säßen auf seiner Brust und drückten ihm den Atem ab.

»Einer nagt auch an mir, seht?« Womit er seine Hand hochhielt. Er zeigte uns nichts weiter als die Stelle, an welcher ihn das harmlose Kaninchen gebissen hatte, doch aus irgendeinem Grund war diese Stelle zu einer offenen Schwäre aufgebrochen. Wir Tragbahrenträger versuchten ihm klarzumachen, daß wir niemand auf seiner Brust sitzen oder an ihm nagen sähen; vermutlich liege das alles nur an der dünnen Luft auf dieser Hochebene. Wir selbst litten gleichfalls so sehr an Atemnot, daß keiner von uns es lange aushielt, ihn zu tragen, und dann von einem anderen abgelöst werden mußte.

Chiapán sah ganz und gar nicht wie eine Hauptstadt aus. Es war vielmehr nur noch ein Dorf, am Ufer eines Nebenflusses des Suchiápa gelegen, und »Hauptstadt« war es, wie ich vermute, nur deshalb, weil es das größte Dorf aller Dörfer des Chiapa-Volkes war. Ein paar der Gebäude bestanden auch aus Lehmziegeln oder Holz und nicht, wie alle anderen sonst, nur aus dünnen Wänden aus Flechtwerk und mit einem Strohdach darauf. Außerdem gibt es dort die verwitterten Reste zweier alter Pyramiden.

Unser kleiner Zug kam wankend vor Übermüdung in die Stadt und rief nach einem Wundarzt. Ein freundlicher Vorübergehender ging auf unsere offenbar dringenden Schreie ein, blieb stehen, um den halb bewußtlosen Zehn zu betrachten, rief dann: »Macoboö!« und noch etwas in seiner Sprache, woraufhin zwei oder drei Vorübergehende kehrt machten und davonliefen. Dann forderte er uns durch eine Handbewegung auf, ihm zu folgen, und führte uns zu einem Wundarzt, der, wie wir anderen Gesten entnahmen, des Náhuatl einigermaßen mächtig war.

Als wir bei diesem anlangten, hatte sich eine aufgeregt durcheinanderschnatternde Menge angesammelt. Es scheint, daß die Chiapa nicht wie wir Mexica nur einen ihnen allein gehörenden Namen hatten, sondern deren zwei. Wiewohl jede Person selbstverständlich mit einem bestimmten Eigennamen gerufen wurde, wird dieser an den Familiennamen angehängt, so, wie ihr Spanier es macht, und dieser Familienname ändert sich alle Generationen hindurch nie. Der Sklave, den wir Zehn nannten, gehörte zu der Chiapáner Macoboö-Familie, und der hilfreiche Bürger, der ihn erkannte, hatte nach jemand gerufen, auf daß er eile und seinen Verwandten von seiner Rückkehr in die Stadt berichte.

Leider war Zehn nicht in einem Zustand, irgendeinen von den anderen versammelten Macoboö zu erkennen, die sich um uns drängten, und der Doktor – wiewohl sichtlich befriedigt darob, eine solche lärmende Menschenmenge vor seiner Tür versammelt zu finden – konnte sie nicht alle hereinlassen. Nachdem wir vier, die wir ihn getragen, Zehn auf den gestampften Boden niedergelegt hatten, befahl der betagte Wundarzt, bis auf mich und das alte Weib, das ihm zur Hand gehen sollte und welches seine Frau war, sollten alle seine Hütte verlassen. Mir wolle er die Behandlung erklären, während er sie vornahm. Er stellte sich als Doktor Maäsh vor und setzte mir in nicht besonders gutem Náhuatl auseinander, was es mit der Puls-Heilkunde auf sich habe.

Er hielt das Handgelenk von Zehn Macoboö und sprach den Namen eines jeden guten wie bösen Gottes aus, an den die Chiapa glauben. Wie er mir erklärte, werde Zehns Herz, wenn er, der Doktor, den Namen jenes Gottes anrufe, der den Kranken heimsuche, einen Satz machen und der Puls sich beschleunigen. Dann wisse er, der Doktor, wer für die Krankheit verantwortlich sei, könne genau das richtige Opfer bestimmen, welches dargebracht werden müsse, um den Gott zu bewegen, von dem Kranken abzulassen. Außerdem wisse er dann genau, welche Medizin dem Kranken zu verabreichen sei, um den Schaden zu beheben, den der Gott bis dahin angerichtet habe.

So lag Zehn mit tief in den Höhlen liegenden geschlossenen Augen auf dem Fell des Berglöwen, der alte Doktor hielt sein Handgelenk, neigte sich über ihn und rief ihm ins Ohr:

»Kakál, der helle Gott!« hielt inne und wartete, daß der Puls reagierte. Dann rief er: »Tótik, der dunkle Gott!«. Pause. »Téo, die Liebesgöttin!« und »Antuń, der Lebensgott!« und »Hachakyúm, der mächtige Gott!« und so weiter und so fort, durch die ganze lange Reihe der Chiapa-Götter und -Göttinnen, mehr als ich mich erinnern kann. Zuletzt hockte er sich auf die Fersen und murmelte anscheinend geschlagen: »Der Puls geht so schwach, daß ich mir der Reaktion auf keinen einzigen Namen ganz sicher bin.«

Plötzlich krächzte Zehn, ohne die Augen aufzuschlagen: »Binkizáka hat mich gebissen!«

»Aha!« sagte Doktor Maäsh, und in seinem Gesicht leuchtete es auf. »Auf die niedrigen Binkizáka wäre ich nicht gekommen. Aber hier in seiner Hand ist ja wirklich ein Loch.«

»Verzeiht, Herr«, sagte ich. »Es war kein Binkizáka, sondern ein Kaninchen, das ihn dort gebissen hat.«

Der Doktor hob den Kopf, und funkelte mich über die Nase hinweg an. »Junger Mann, ich habe sein Handgelenk gehalten, als er Binkizáka rief, und ich erkenne einen beschleunigten Pulsschlag, wenn da einer ist.

Weib!« Ich zwinkerte, doch war es seine Frau, an die er sich jetzt wandte. Hinterher erklärte er mir, er habe ihr gesagt: »Ich muß mich mit einem Fachmann auf dem Gebiet der niederen Wesen beratschlagen. Geh und hole Doktor Kamé.«

Die alte Frau schlurfte zur Hütte hinaus, bahnte sich den Weg durch die hälsereckenden Wartenden und kehrte bald darauf mit einem gleichfalls älteren Mann zurück. Die Heilkundigen Kamé und Maäsh steckten tuschelnd die Köpfe zusammen, nahmen dann abwechselnd Zehns schlaffes Handgelenk und schrieen ihm das Wort *Binkizáka* ins Ohr. Dann steckten sie ein zweites Mal die Köpfe zusammen, beratschlagten und nickten beide zustimmend. Doktor Kamé schrie dem alten Weib noch einen Auftrag zu, woraufhin sie sich eilends wieder entfernte. Doktor Maäsh berichtete mir:

»Es fruchtet nichts, den Binkizáka ein Opfer darzubringen, denn sie sind halbe Tiere und begreifen versöhnliche Gesten nicht. Da es sich hier um einen Notfall handelt, haben mein Kollege und ich beschlossen, die Schwäre herauszubrennen. Wir haben nach der Sonnenplatte geschickt, dem heiligsten Schatz unseres Volkes.«

Das Weib kehrte mit zwei Männern zurück, die etwas herbeitrugen, was auf den ersten Blick aussah wie eine einfache Steinplatte. Doch bei näherem Hinsehen erkannte ich, daß die Oberfläche in Kreuzesform mit Jadestein ausgelegt war. Jawohl, eurem christlichen Kreuz sehr ähnlich. In den vier Zwischenräumen zwischen den Kreuzesarmen war der Fels zur Gänze durchbohrt worden, und in jedem dieser Löcher steckte ein Brocken Chipílotl-Quarz. Aber – und das ist für das Verständnis des Folgenden äußerst wichtig, ehrwürdige Patres –, jedes einzelne von diesen Quarzkristallen war geschliffen und poliert worden, so daß er vollkommen rund und auf beiden Seiten konvex glatt geschliffen war. Eine jede dieser durchsichtigen Scheiben in der Sonnenplatte sah aus wie eine abgeflachte Kugel oder eine ungewöhnlich ebenmäßige Muschel. Während die beiden Neuhinzugekommenen die Sonnenplatte über den rücklings daliegenden Zehn hielten, nahm die alte Frau einen Besen, stieß mit dem Stiel Löcher ins Strohdach, so daß die Nachmittagssonne durch jedes Loch einen Strahl hereinließ, bis sie schließlich ein größeres Loch gemacht hatte und ein Strahlenbündel bis unmittelbar auf den Kranken herabfiel. Die beiden Heilkundigen zerrten am Fell, um Zehn in die für den Sonnenstrahlschaft und die Sonnenplatte richtige Lage zu bringen. Und dann geschah etwas höchst Wunderbares, und ich trat näher heran, um besser sehen zu können.

Unter der Anweisung der Heilkundigen hielten die beiden Männer die schwere Steinplatte dergestalt, daß die Sonne durch eines der geschliffenen Quarzkristalle hindurchschien und auf der schwärenden Hand von Zehn einen runden Lichtfleck bildete. Den Stein dann im Schaft der Sonnenstrahlen auf- und abbewegend, sorgten sie dafür, daß der runde Lichtfleck sich zu einem sehr grellen Licht*punkt* verdichtete, welcher unmittelbar auf die Schwäre gerichtet war. Die beiden Heilkundigen hielten die schlaffe Hand fest, die beiden Männer die Steinplatte ganz ruhig und – ob ihr's glaubt oder nicht –, es stieg ein feines Rauchwölkchen von der häßlichen Schwäre auf. Gleich darauf vernahm man ein leises Zischen, und eine kleine Flamme zuckte auf, die bei der Grelle des verdichteten Lichts kaum zu erkennen war. Behutsam bewegten die beiden Heilkundigen die Hand, so daß die sonnenerzeugte Flamme die ganze Schwäre bestrich.

Zuletzt sagte einer von ihnen etwas. Die beiden Männer trugen die Sonnenplatte hinaus, die alte Frau versuchte, das Strohdach mit ihrem Besenstiel wieder in Ordnung zu bringen, und Doktor Maäsh winkte mich heran, mir das Ergebnis ihres Tuns anzusehen. Die Schwäre war vollkommen sauber herausgesengt worden wie mit einem glühend gemachten Kupferdraht. Ich beglückwünschte die beiden Heilkundigen – und zwar aufrichtig und von Herzen, denn Derartiges hatte ich noch nie zuvor gesehen. Dann beglückwünschte ich Zehn, daß er das Ausbrennen so klaglos über sich hatte ergehen lassen.

»Tut mir leid, aber er hat nichts davon gespürt«, erklärte Doktor Maäsh. »Der Patient ist tot. Wir hätten ihn retten können, wenn Ihr mir gleich gesagt hättet, daß Binkizáka im Spiel gewesen sind; ich hätte mir dann ersparen können, erst die ganze Liste unserer Götter durchzugehen.« Selbst bei seinem abgehackten Náhuatl hatten seine Worte etwas Bissig-Vorwurfsvolles. »Ihr seid euch alle gleich, wenn es um medizinische Behandlung geht. Eigensinnig Schweigen über die wichtigsten Symptome zu bewahren! Darauf bestehen, daß der Heilkundige von sich aus die Krankheit *errät*, und sie dann *heilt*, sonst hat er seine Bezahlung nicht verdient.«

»Es ist mir eine Ehre, für alles aufzukommen«, erklärte ich nicht minder bissig. »Würdet Ihr mir bitte erklären, was Ihr geheilt habt?«

Wir wurden von einer kleinen, verschrumpelten und dunkelhäutigen Frau unterbrochen, die in diesem Augenblick in die Hütte geschlüpft kam und scheu etwas in ihrer Sprache sagte. Mürrisch dolmetschte Doktor Maäsh:

»Sie erbietet sich, alle Auslagen für die Behandlung zu erstatten, wenn Ihr einverstanden seid, ihr den Leichnam zu verkaufen, statt ihn aufzuessen, wie Ihr Mexíca es mit allen Euren toten Sklaven tut. Sie ist – sie war seine Mutter.«

Zähneknirschend sagte ich: »Habt die Güte und erklärt ihr, wir Mexíca täten so etwas nicht. Und ich gäbe ihr ihren Sohn auch so zurück. Ich bedauere nur, daß ich ihn ihr nicht lebend habe bringen können.«

Die kummervolle Miene der Frau hellte sich ein wenig auf, als der Heilkundige sprach. Dann stellte sie noch eine Frage.

»Es ist bei uns Sitte«, dolmetschte er, »unsere Toten samt dem Lager zu begraben, auf dem sie gestorben sind. Sie würde Euch gern dieses stinkende Fell abkaufen.«

»Es sei ihr geschenkt«, erklärte ich und log dann aus einem mir unerfindlichen Grunde: »Ihr Sohn hat das Raubtier erlegt.« Ich ließ den Heilkundigen, wenn nicht für irgend etwas anderes, zumindest seinen Lohn als Dolmetsch verdienen; denn ich erzählte ihm die ganze Geschichte der Jagd, nur daß in meinen Worten Zehn die Rolle von Blut Schwelger gespielt hatte und ich es so darstellte, als habe Zehn mir unter Einsatz seines Lebens das meinige gerettet. Am Ende der Geschichte strahlte das dunkle Gesicht der Frau vor mütterlichem Stolz.

Sie sagte noch etwas, und der mürrische Heilkundige dolmetschte: »Sie sagt, wenn ihr Sohn so treu an seinem jungen Herrn gehangen hat, so müsse das ein guter und anständiger Mensch sein. Die Macoboö seien ihm für immer zu Dank verpflichtet.«

Sodann rief sie vier weitere Männer von draußen herein, offenbar gleichfalls Familienangehörige der Macoboö, und sie trugen Zehn auf dem verfluchten Fell davon, welches er nun *nie mehr* loswerden würde. Ich trat hinter ihnen ins Freie und stellte fest, daß meine Teilhaber gelauscht hatten. Cozcatl schniefte, und Blut Schwelger meinte bissig:

»Das mag ja alles höchst edelmütig sein. Aber hast du dir schon einmal klargemacht, guter junger Herr, daß auf diesem Handelsunternehmen bis jetzt mehr Geld verschenkt worden ist als wir eingenommen haben?«

»Wir haben soeben ein paar Freunde gewonnen«, erklärte ich.

Und das erwies sich als richtig. Die Familie der Macoboö, eine sehr verzweigte Sippe, bestand darauf, daß wir während unseres Aufenthalts in Chiapán ihre Gäste seien und überhäufte uns mit Aufmerksamkeiten und Schmeicheleien. Es gab nichts, worum wir baten und was sie uns nicht bereitwilligst gegeben hätten, so wie ich ihnen den toten Sklaven zurückgegeben hatte. Ich glaube, das erste, worum Blut Schwelger bat, nachdem er gebadet und ein kräftiges Mahl zu sich genommen hatte, war eine der hübscheren Cousinen von Zehn; zumindest weiß ich, daß man mir eine recht hübsche zum eigenen Gebrauch überließ. Doch als erstes *bat* ich die Macoboö, einen Einwohner von Chiapán zu finden, der Náhuatl sprach und verstand. Und als ein solcher gefunden wurde, war das erste, was ich zu ihm sagte:

»Diese Quarzkristalle in der Sonnenplatte, ließen die sich nicht anstelle des umständlichen Feuerbohrers und Zunders verwenden, um Feuer zu entzünden?«

»Ja, gewiß«, sagte er, verwundert darüber, daß ich es für nötig hielt, ihn dieserhalb überhaupt zu fragen. »Wir verwenden sie von jeher dazu. Ich meine selbstverständlich nicht die in der Sonnenplatte, denn diese dient nur religiösen Zwecken. Vielleicht habt Ihr gesehen, daß die Kristalle darin dick und groß sind wie eine Männerfaust. Quarz von dieser Größe und Reinheit kommt so selten vor, daß er von den Priestern mit Beschlag belegt wird und sie ihn für heilig erklären. Aber zum Feuer machen braucht man ja nur einen Bruchteil davon. Er muß nur richtig geschnitten und geschliffen sein.«

Er griff unter seinen Umhang und nestelte aus seinem Schamtuch einen muschelförmig-konvexen Kristall hervor, nur daß dieser nicht größer war als mein Daumennagel.

»Ich brauche Euch ja wohl kaum zu erklären, junger Herr, daß es als Brenninstrument nur dann zu gebrauchen ist, wenn der Gott Kakál sein Sonnenlicht hindurchfallen läßt. Aber es ist auch des Nachts zu etwas nütze – nämlich dazu, kleine Dinge eingehend zu betrachten. Laßt es Euch zeigen.«

Er zeigte mir, wie man den Kristall genau in der richtigen Entfernung zwischen Auge und dasjenige halten muß, was man betrachten will – wir benutzten zu diesem Zwecke die Stickerei auf meinem Umhangsaum – und ich wäre fast hochgesprungen vor Schrecken, als das Muster mir so unversehens in einer Größe vor Augen trat, daß ich die verschiedenfarbenen einzelnen Fäden darin zählen konnte.

»Wo bekommt man diese Dinge?« fragte ich und bemühte mich, mir meinen Übereifer nicht anmerken zu lassen.

»Quarz kommt in diesen Bergen ziemlich häufig vor«, gab er freimütig zu. »Jedesmal, wenn jemand auf ein gutes und reines Stück stößt, verwahrt er es, bis er es hierher nach Chiapán bringen kann. Denn hier lebt die Xibalbá-Familie, und nur sie kennt seit Generationen das Geheimnis, den rohen Stein in diese nützlichen Kristalle zu verwandeln.«

»Ach, es ist weiter kein großes Geheimnis«, sagte der augenblickliche Meister Xibalbá. »Jedenfalls nicht so eines wie das der Hexenmeister und Wahrsager.« Mein Dolmetsch hatte uns miteinander bekanntgemacht und übersetzte, als der Kristallschleifer zwanglos fortfuhr: »Es geht hauptsächlich darum, die genaue Art der Wölbung zu kennen und dann die Geduld aufzubringen, jeden einzelnen Kristall in genau diese Form zurechtzuschneiden und -zuschleifen.«

In der Hoffnung, daß es von mir genauso zwanglos klingen möge, sagte ich: »Es sind hübsche Neuheiten. Und nützlich sind sie obendrein. Mich wundert, daß die Handwerker in Tenochtítlan sie noch nicht nachgemacht haben.«

Mein Dolmetsch meinte, es habe bislang vermutlich noch nie einen Grund gegeben, die Sonnenplatte in Anwesenheit von jemand aus Tenochtitlan vorzuführen. Dann dolmetschte er, was Meister Xibalbá weiter zu sagen hatte:

»Junger Herr, ich habe zwar erklärt, es sei kein großes Geheimnis, aber damit ist noch lange nicht gesagt, daß es leicht sei oder ohne weiteres nachzumachen. Man muß zum Beispiel wissen, wie man den Stein zum Schleifen genau auf die Mitte einstellt. Diese Kunst hat als erster mein Urgroßvater Xibalbá herausgefunden.«

Er sagte das mit Stolz. Mochte er hinsichtlich der Geheimnisse seiner Kunst auch ganz offen gewesen sein – ich wußte, daß er nie jemand anderen als seine eigenen Nachkommen darin einweihen würde. Das paßte freilich genau in meine Pläne; sollten die Xibalbá dieses Wissen als einzige weiterhin besitzen; sollten die Kristalle doch nicht nachzumachen sein; ich brauchte nur genug davon zu erstehen ...

Zögern vortäuschend, sagte ich: »Ich meine ... ich glaube ... ich könnte vielleicht ein paar von diesen Dingen als Kuriosa in Tenochtítlan oder Texcóco verkaufen. Zwar bin ich mir nicht ganz sicher ... aber ja, vielleicht an Schreiber, damit sie ihre Wortbilder mit größerer Genauigkeit malen können ...«

In den Augen des Meisters blitzte es mutwillig auf, als das, was er darauf entgegnete, an mich weitergegeben wurde: »Wie viele, junger Herr, meint Ihr, könnt Ihr möglicherweise, aber vielleicht doch nicht erwerben?«

Ich grinste und ließ jede Verstellung fallen. »Das käme darauf an, wie viele Ihr liefern könnt und welchen Preis Ihr dafür verlangt.«

»Was Ihr hier seht, ist der gesamte Vorrat, den ich bis heute geschaffen habe.« Mit einer Handbewegung umfaßte er eine Wand seiner Werkstatt, die vom Boden bis unter das Strohdach mit Borden ausgestattet war; auf jedem Brett, sorgfältig in die Samenkapseln des Baumwollstrauchs verpackt, lagen die rohen Quarzsteine. Erkennbar waren sie nur durch die längliche, sechsseitige Form, in welcher sie aus der Erde kamen; und was ihre Größe betrifft, so ging es von der Größe eines Knöchels bis zu der eines kleinen Maiskolbens.

»Und das hier habe ich für diesen Vorrat bezahlt«, fuhr der Handwerker fort und reichte mir ein Stück Borkenpapier mit zahlreichen Zahlenreihen und Zeichen darauf. Ich war dabei, im Geiste auszurechnen, auf wieviel sich das ganze belaufen mochte, als er sagte: »Aus dem hier liegenden Material kann ich sechsmal zwanzig fertige Kristalle unterschiedlicher Größe fertigen.«

Ich fragte: »Und wie lange würdet Ihr dafür brauchen?«

»Einen Mond.«

»Zwanzig Tage!« rief ich aus. »Und ich hätte gedacht, soviel Zeit brauchtet Ihr für einen einzigen Kristall!«

»Wir Xibalbá haben viele Schock Jahre Zeit gehabt, uns in der Kunst zu vervollkommnen«, sagte er. »Und außerdem habe ich sieben Söhne, die alle mithelfen. Darüber hinaus habe ich noch fünf Töchter, doch die dürfen die rohen Steine selbstverständlich nicht anrühren. Sie könnten sie kaputtmachen – schließlich sind es Frauen.«

»Sechsmal zwanzig Kristalle«, sann ich und wiederholte seine provinzielle Methode des Zählens. »Und was würdet Ihr dafür verlangen?«

»Das, was Ihr hier seht«, sagte er und zeigte auf das Borkenpapier.

Verwirrt wandte ich mich an den Dolmetsch. »Habe ich nicht richtig verstanden? Hat er nicht gesagt, das sei die Summe, die *er* bezahlt habe? Für die unbearbeiteten Steine?« Der Dolmetsch nickte, und mit seiner Hilfe wandte ich mich nochmals an den Kristallschleifer.

»Das ergibt keinen Sinn. Selbst jemand, der Tortillas auf der Straße verkauft, verlangt dafür mehr, als er für den Mais hat bezahlen müssen.« Nachsichtig lächelten er und der Dolmetsch, dabei den Kopf schüttelnd: »Meister Xibalbá«, fuhr ich mit Nachdruck fort, »als ich hierherkam, war ich darauf gefaßt zu handeln, nicht aber zu stehlen. Ich sage Euch aufrichtig, daß ich bereit wäre, Euch das Achtfache Eures Preises zu bezahlen, daß ich glücklich wäre, das Sechsfache zu bezahlen und überglücklich über das Vierfache.«

Woraufhin seine Antwort lautete: »Und ich müßte dennoch ablehnen.«

»Im Namen aller meiner und Eurer Götter – *warum*?«

»Ihr habt Euch als Freund der Macoboö erwiesen. Infolgedessen seid Ihr ein Freund aller Chiapa, und wir Xibalbá sind als Chiapa geboren. Keine Widerrede! Geht. Genießt Euren Aufenthalt bei uns. Und mich laßt an die Arbeit gehen. Kommt in einem Mond wieder und holt Euch Eure Kristalle.«

»Dann ist unser Glück bereits gemacht!« jubelte Blut Schwelger, als er mit dem Musterkristall spielte, den der Kristallschleifer mir mitgegeben hatte. »Wir brauchen überhaupt nicht weiterzuziehen. Beim großen Huitztli – diese Dinge kannst du daheim zu jedem Preis verkaufen, den du verlangst.«

»Möglich«, sagte ich. »Aber wir müssen einen Mond auf sie warten, und wir haben immer noch Waren, mit denen wir Handel treiben können; und außerdem habe ich einen persönlichen Grund, warum ich die Maya aufsuchen möchte.«

Er murrte: »Diese Chiapa-Frauen mögen von dunkler Haut sein, aber sie übertreffen bei weitem alle, die du unter den Maya findest.«

»Alter Wüstling, denkst du nie an etwas anderes als an Frauen?«

Cozcatl, der überhaupt nicht an Frauen dachte, bat: »Ja, laßt uns weiterziehen. Sollen wir so weit gewandert sein und dann den Dschungel nicht zu sehen bekommen?«

»Ich denke auch ans Essen«, sagte Blut Schwelger. »Diese Macoboö tragen reichlich auf! Außerdem haben wir mit Zehn unseren einzigen fähigen Koch verloren.«

Ich sagte: »Du und ich, wir ziehen weiter, Cozcatl. Laß diesen trägen Greis hierbleiben und seinem Namen alle Ehre machen.«

Blut Schwelger murrte noch eine Weile weiter, doch wie ich genau wußte, war seine Lust am Weiterziehen genauso groß wie jede andere seiner Lüste. Bald war er in Richtung Marktplatz verschwunden, um einiges einzukaufen, wovon er sagte, daß wir es im Dschungel brauchen würden. Ich hingegen begab mich noch einmal zu Meister Xibalbá und forderte ihn auf, sich aus unseren Handelsgütern auszusuchen, was er wolle – als zusätzlichen Verdienst zu dem, was ich ihm außerdem an Zahlungsmitteln für seinen Vorrat an Kristallen geben wollte. Abermals erwähnte er seine zahlreichen Sprößlinge und freute sich, etliche Umhänge, Schamtücher, Blusen und Röcke aussuchen zu dürfen. Mir machte das gleichermaßen Freude, denn immerhin waren das die Dinge, die in unseren Traglasten am meisten Platz beanspruchten. Damit waren zwei unserer Sklaven frei, und ich hatte keine Mühe, hier in Chiapán willige Käufer zu finden, die in Goldstaub zahlten.

»Jetzt werden wir den Heilkundigen noch einmal aufsuchen«, sagte Blut Schwelger. »Ich habe mir bereits vor langer Zeit meinen Schutz gegen Schlangenbiß geben lassen, aber du und der Junge, ihr seid noch nicht behandelt worden.«

»Vielen Dank für die löbliche Absicht«, sagte ich. »Aber ich glaube, ich würde mir von diesem Quacksalber nicht einmal einen Pickel auf dem Hintern kurieren lassen.«

Doch er war nicht davon abzubringen. »Im Dschungel wimmelt es von Giftschlangen. Trittst du auf eine, wirst du wünschen, du hättest zuvor den Fuß in die Hütte dieses Heilkundigen gesetzt.« An den Fingern begann er sie alle abzuzählen. »Da ist die Gelbkieferschlange, die Korallenrollschlange, die Nauyáka . . .«

Cozcatl wurde ganz blaß, und mir fiel der Vorsteher der Pochtéca in Tenochtítlan ein, der erzählt hatte, er sei von einer Nauyáka gebissen worden und habe sich den eigenen Fuß abhacken müssen, um nicht zu sterben. Folglich suchten Cozcatl und ich Doktor Maäsh auf, der einen Giftzahn von jeder Schlangenart hervorholte, die Blut Schwelger erwähnt hatte, und noch drei oder vier andere. Mit jedem Zahn stach er uns in die Zunge, nur ganz wenig, gerade genug, daß ein wenig Blut austrat.

»In jedem dieser Giftzähne sitzt ein Rest von getrocknetem Gift«, erklärte er. »Ihr werdet deshalb jetzt einen harmlosen Ausschlag bekommen. Doch der vergeht nach ein paar Tagen, und danach seid ihr gefeit gegen den Biß jeder bekannten Schlangenart. Eine Vorsichtsmaßnahme müßt ihr freilich noch bedenken.« Er lächelte böse und sagte: »Von diesem Augenblick an für immer wird der Biß *eurer* Zähne genauso todbringend sein wie der einer Schlange. Seht euch also vor, wen ihr beißt.«

So nahmen wir dann von Chiapán Abschied, sobald wir uns von der hartnäckigen Gastfreundschaft der Macoboö und insbesondere von den beiden Cousinen losreißen konnten, indem wir schworen, bald als ihre Gäste wiederzukommen. Da wir weiter wollten nach Osten, mußten wir mit den uns noch verbliebenen Sklaven eine weitere Bergkette überwinden, doch hatte der Gott Tititl mittlerweile das Wetter wieder so warm gemacht, wie es diesen Gebieten entspricht, und so war der Aufstieg keine Strafe, obgleich er uns über die Baumgrenze hinaufführte. Auf der anderen Seite ging es steil wieder bergab – von den flechtenbedeckten Felsen der Höhe über die Linie hinweg, wo wieder Bäume wuchsen, bis zu herbduftenden Fichten-, Zedern- und Wacholderwäldern. Danach wurden die uns vertrauten Bäume immer seltener und an ihre Stelle traten Arten, wie ich sie nie zuvor gesehen hatte; diese Bäume wiederum schienen mit den Schling- und Kletterpflanzen, die sie umkrallten, um ihr Leben zu kämpfen.

Die erste Erkenntnis für mich im Dschungel war, daß meine Kurzsichtigkeit dort kein großer Nachteil war, denn Entfernungen gab es nicht; alles stand dicht beieinander. Sonderbar verzerrte Bäume, Pflanzen mit gigantischen grünen Blättern, hohe, feingefiederte Farne, scheußlich schwammige Pilze – alles wucherte dicht beieinander, machte sich den Raum streitig und bedrängte uns, daß es uns manchmal war, als müßten wir ersticken. Der Baldachin aus Blättern zu unseren Häuptern war wie eine grüne Wolkendecke; auf dem Dschungelboden standen wir selbst um die Mittagsstunde in grünem Dämmerlicht. Alles, was wuchs, alles Grün, ja selbst die Blütenblätter der Blumen, schienen eine warme, feuchte Klebrigkeit zu verströmen. Wiewohl gerade Trockenzeit war, war die Luft selbst schwer und feucht und nicht leicht einzuatmen, wie ein klarer Nebel. Der ganze Dschungel verströmte einen würzigen, moschusartigen, süßlichgeilen Verwesungsgeruch: sämtliche Düfte üppigen Wachstums, das in Abgestorbenem wurzelte.

In den Baumkronen über uns zeterten Brüll- und Klammeraffen, und unzählige Papageienarten kreischten ihre Empörung über unser Eindringen hinaus, während andere Vögel in allen nur denkbaren Farben gleich warnenden Pfeilen hin- und herschossen. Überall schwirrten Kolibris, kaum größer als Bienen, gaukelten Schmetterlinge, so groß wie Fledermäuse. Zu unseren Füßen raschelte es im Unterholz von Tieren, die sich nur verkrochen oder flohen. Vielleicht waren einige davon tödliche Schlangen, doch die meisten waren harmlos: die kleinen Itzam-Eidechsen, die trippelnd auf den Hinterläufen laufen können; die großfingrigen Frösche, die auf Bäume hinaufklettern; die in allen Farben schillernden Leguane mit dem Rückenkamm und den Kehllappen; der kleine Jaleb mit dem glänzendbraunen Fell, der nur ein kurzes Stück davonsprang, um sich dann umzudrehen und uns mit seinen Knopfaugen anzustarren. Selbst die größeren und häßlicheren Dschungeltiere gehen den Menschen aus dem Weg: der schwerfällige Tapir, das zottelige Capybara-Wasserschwein und der furchterregende, klauenfüßige Ameisenbär.

Jedenfalls stellten wir für die Dschungeltiere mehr eine Gefahr dar als sie für uns. Während unseres Monds im Dschungel versorgte Blut Schwelger uns mit seinen Pfeilen mit Jaleb, Leguan, Capybara und Tapir. Eßbar, ehrwürdige Patres? Aber ja doch! Das Fleisch des Jaleb ist von dem des Opossum nicht zu unterscheiden; Leguanfleisch ist weiß und mürbe wie das jenes Panzerkrebses, den ihr Hummer nennt; das Fleisch des Capybara-Wasserschweins schmeckt wie das zarteste Kaninchen, und Tapirfleisch fast genauso wie Schweinefleisch.

Das einzige größere Tier, das wir zu fürchten hatten, war der Jaguar. Diese Raubkatzen kommen in den Dschungeln im Süden zahlreicher vor als in allen gemäßigten Zonen zusammen. Während wir im Gänsemarsch einer hinter dem anderen durch den Dschungel zogen, mußte auf Blut Schwelgers Geheiß jeder von uns seinen Speer senkrecht tragen, so daß die Spitze nach oben zeigte, denn die Jagdweise des Dschungeljaguars besteht vornehmlich darin, sich auf einen Ast zu ducken und darauf zu warten, daß er von dort oben einen unten Vorübergehenden anfallen kann.

Blut Schwelger hatte in Chiapán für jeden von uns zwei Dinge erstanden, und ich glaube nicht, daß wir im Dschungel ohne sie hätten überleben können. Bei dem einen handelte es sich um ein leichtes, feinmaschiges Moskitonetz, mit dem wir uns manchmal sogar während des Tagesmarsches bedeckten, eine solche Qual bildeten die schwirrenden Insekten. Beim anderen handelte es sich um eine Gishé genannte Art Bett: ein aus dünnen Seilen geknüpftes und wie eine Bohnenschote geformtes Netz, das man zwischen zwei nahe beieinanderstehenden Bäumen aufhängen konnte. Die Gishé war wesentlich bequemer als irgendein Lager auf dem Boden, und fortan führte ich auf allen meinen Reisen eine bei mir, um sie zu benutzen, wo immer Bäume vorhanden waren, sie dazwischen aufzuspannen.

Unsere dergestalt über dem Boden hängenden Schlafgelegenheiten sorgten dafür, daß wir die Nachtruhe außerhalb der Reichweite der meisten Schlangen halten konnten, und die Hülle aus feingewebtem Netz hielt zumindest ekliges Gezücht wie Vampirfledermäuse, Skorpione und anderes, nicht ganz so zudringliches Gewürm davon ab, uns zu quälen. Nicht gefeit hingegen waren wir gegen hartnäckigere Tiere wie etwa Ameisen, welche unsere Gishé als bequeme Brücken benutzten und unter dem Moskitonetz hindurchkrochen, um an uns heranzukommen. Solltet ihr jemals den Wunsch verspüren, zu erfahren, wie sich etwa der Biß einer Dschungelbewohnerin wie der Feuerameise anfühlt, ehrwürdige Patres, braucht ihr nur einen von Meister Xibalbás Kristallen zwischen die Sonne und eure nackte Haut zu halten.

Es gab aber weit Schlimmeres. Eines Morgens wachte ich mit dem Gefühl auf, etwas Bedrückendes auf der Brust zu haben, und als ich vorsichtig den Kopf hob, sah ich eine dicke, dicht behaarte schwarze Hand darauf liegen – eine Hand, nahezu doppelt so groß wie meine eigene. »Wenn mich da ein Affe streichelt«, dachte ich verschlafen, »muß es sich um eine völlig neue, unbekannte Art handeln, die größer ist als ein Mensch.« Dann erkannte ich unversehens, daß es sich bei dem schweren Gewicht um den vogelverschlingenden Langarmigen Tarantelskorpion handelte und nur das dünne Gewebe meines Moskitonetzes mich von ihm und seinen Kiefernklauen trennte. An keinem anderen Morgen meines Lebens habe ich mich so jäh aufgesetzt, mich von meinen Decken befreit und bin so schnell bis hinüber zu der Asche des Lagerfeuers gesprungen – und das alles in einer Bewegung – und dabei stieß ich einen gellenden Schrei aus, der alle anderen ebenso hochfahren ließ.

Doch nicht alles im Dschungel ist häßlich oder bedrohlich oder übelkeiterregend. Trifft der Reisende die nötigen Vorsichtsmaßregeln, kann der Dschungel auch gastfreundlich und schön sein. Wild zum Essen läßt sich leicht erlegen, und viele der Pflanzen ergeben ein schmackhaftes Gemüse; sogar einige unangenehm aussehende Pilzgewächse munden überaus köstlich. Es gibt dort eine armdicke Schlingpflanze, die trocken und hart aussieht wie gebrannter Ton; trennt man jedoch eine Armlänge davon ab, sieht man, daß sie im Inneren ein bienenwabenähnliches Gewebe aufweist; stellt man es auf den Kopf, rinnt eine ganze Menge des köstlichsten und kühlsten Trinkwassers heraus.

Zu den prächtigsten Vögeln, die wir sahen, gehörten die zahlreichen Quetzal-Arten mit ihrem leuchtendbunten Gefieder und dem deutlich erkennbaren Federschopf auf dem Kopf. Nur höchst selten zu sehen bekamen wir freilich den prächtigsten Vogel dieser Art, den Quetzal Tototl mit seinen smaragdenen Schwanzfedern, lang wie ein Männerbein. Dieser Vogel ist auf sein Gefieder genauso stolz wie der Edelmann, der sie später trägt. Zumindest erzählte mir das später ein Maya-Mädchen namens Ix Ykóki. Sie sagte, der Quetzal Tototl baue ein kugelförmiges Nest, das seiner beiden Schlupflöcher wegen eine Besonderheit unter den Vogelnestern darstellt. Besagter Schlupflöcher wegen kann der Vogel durch das eine in sein Nest hinein und durch das andere wieder hinausfliegen, ohne sich umzudrehen und dabei Gefahr zu laufen, seine köstlichen Schwanzfedern zu knicken. Auch nähre der Quetzal Tototl sich ausschließlich von kleinen Früchten und Beeren, die er im Vorüberfliegen von Bäumen und Schlingpflanzen abpickt und im Flug hinunterschluckt, statt sich bequem auf einem Zweig niederzulassen und sich seine weit in die Tiefe hinunterhängenden Federn mit dem Saft der Beeren zu beklekkern.

Da ich das Mädchen Ix Ykóki einmal erwähnt habe, kann ich genausogut auch an dieser Stelle schon sagen, daß meiner Meinung nach weder sie noch irgendwelche andere Bewohner dieser Lande merklich zur Schönheit der Dschungelgebiete beigetragen haben.

Nach allem, was man hört, haben die Maya einst eine bei weitem reichere, mächtigere und strahlendere Kultur ihr eigen genannt als wir Mexíca sie jemals erreicht haben, und die Ruinen ihrer einstigen Städte legen beredtes Zeugnis für diese Behauptungen ab. Vieles weist auch darauf hin, daß die Maya all ihre Künste und ihr Können von den unvergleichlichen Toltéca gelernt haben, ehe die Meisterhandwerker verschwanden. So verehrten die Maya zum Beispiel viele derselben Toltéca-Götter, die wir Mexíca später dann auch übernommen haben. Die wohltätige Gefiederte Schlange, die wir Quetzalcóatl nennen, hieß bei ihnen Kukulkán, und den Regengott, den wir Tlaloc heißen, nennen sie Chak.

Auf dieser ersten Expedition und auf späteren habe ich die Überreste vieler Mayastädte gesehen und kein Mensch könnte leugnen, daß sie zur Zeit ihrer Hochblüte überwältigend gewesen sein müssen. Auf den leeren Plätzen und Innenhöfen kann man heute noch bewundernswerte Statuen und Steinreliefs und reich verzierte Fassaden, ja sogar Bilder bewundern, deren lebhafte Farben auch in den Schock vieler Jahre seit ihrem Entstehen nicht verblaßt sind. Ganz besonders steht mir heute noch eine Besonderheit der Mayabauten vor Augen – ihre nach oben sich leicht verjüngenden Türöffnungen –, an denen unsere modernen Baumeister sich noch nie versucht haben oder die sie vielleicht nicht haben nachahmen können.

Auf Generationen hinaus muß es zahllose Mayakünstler und -handwerker unendlich viel Arbeit und liebevolle Sorgfalt gekostet haben, diese Städte zu bauen und auszugestalten. Jetzt stehen sie leer, verlassen und verloren da. Nichts deutet darauf hin, daß sie von irgendwelchen feindlichen Heeren belagert worden oder Naturkatastrophen zum Opfer gefallen wären; trotzdem haben die nach Tausenden zählenden Einwohner jede einzelne davon verlassen. Die Abkommen dieser Bewohner sind – was ihre eigene Geschichte betrifft – von einer Unwissenheit und einer Interesselosigkeit, daß sie weder sagen noch einigermaßen einleuchtend mutmaßen können, *warum* ihre Vorfahren diese Städte verlassen und warum sie zugelassen haben, daß der Dschungel sich ihrer bemächtigte und sie wieder überwucherte. Die heutigen Mayas vermögen nicht einmal zu sagen, warum *sie* – die doch all diese Großartigkeit geerbt haben sollten – jetzt so apathisch in Dörfern mit strohgedeckten Flechtwerkhütten am Rande dieser Geisterstädte leben.

Das einst ausgedehnte Reich der Maya, das damals von einer Hauptstadt namens Mayapán aus regiert wurde, ist schon seit langem in einen geographisch voneinander getrennten Nord- und Südteil auseinandergefallen. Ich und meine Gefährten zogen durch den schöneren Teil: das üppige Dschungelland Tamoán Chan oder Land der Nebel, welches sich von den Grenzen des Chiapa-Landes endlos nach Osten erstreckt. Im Norden, den ich bei einer späteren Gelegenheit bereiste, stößt jene große Halbinsel in das Nord-Meer vor, wo ihr Spanier zum erstenmal den Fuß auf diese Erde gesetzt habt. Ich hätte vermutet, nachdem ihr euch in jenen wenig einladenden Ödländern umgesehen hättet, wäret ihr wieder abgesegelt, um nie wiederzukommen.

Statt dessen gaben sie diesem Land einen Namen, der noch absurder ist als euer Rinderhorn für Quaunáhuac oder Tortilla für das, was wir einst Texcála nannten. Als die ersten Spanier dort landeten und fragten: »Wie heißt dieses Land?« antworteten die Einwohner, was doch ganz natürlich war, mit einem »Yectetán«, was nichts weiter bedeutet als: »Ich verstehe nicht.« Diese Forschungsreisenden machten daraus den Namen Yucatán, und jetzt wird die Halbinsel vermutlich für alle Ewigkeit so heißen. Aber ich sollte mich nicht lustig darüber machen. Der Mayaname für dieses Gebiet – Uluümil Kutz oder Land des Überflusses – klingt genauso lächerlich oder ist möglicherweise auch ironisch zu verstehen, da der größte Teil dieser Halbinsel jämmerlich unfruchtbar und denkbar ungeeignet ist für menschliche Besiedelung.

Genauso wie ihr auseinandergefallenes Reich, sind die Maya heute auch kein einheitlich unter einem Herrscher lebendes Volk mehr. Sie haben sich in eine Vielzahl von Stämmen zersplittert, die unter der Herrschaft irgendwelcher kleinen Häuptlinge stehen; alle verachten sie sich gegenseitig und verunglimpfen einander, und die meisten sind entmutigt und machen sich nicht im geringsten etwas daraus, in einem Zustand der Verwahrlosung zu leben, der ihre Ahnen mit Abscheu erfüllt hätte. Gleichwohl rühmt ein jeder dieser Splitterstämme sich, der einzige und einzig wahre Nachkomme der großen Maya zu sein. Ich persönlich glaube, daß die alten Maya entrüstet jede Verwandtschaft mit ihnen geleugnet hätten.

Man stelle sich vor: Diese Elenden können einem nicht einmal die *Namen* dieser einst blühenden Städte ihrer Vorfahren sagen und nennen sie, wie es ihnen gerade beliebt. Eine dieser Städte, die heute gleichwohl vom Dschungel überwuchert ist, besitzt immer noch eine bis in den Himmel reichende Pyramide und einen türmebesetzten Palast sowie zahlreiche Tempel, wird jedoch einfallslos einfach Palemké genannt, das Mayawort für jede beliebige »heilige Stätte«. In einer anderen verlassenen Stadt sind die Kriech- und Schlingpflanzen bis jetzt noch nicht in die Galerien im Inneren vorgedrungen, und die Wände dieser Wandelhallen weisen kunstvoll gemalte Wandbilder mit Krieger- und Schlachtenszenen, Hofzeremonien und dergleichen auf. Fragt man die Abkömmlinge dieser Krieger und Höflinge, was sie über diese Stadt wissen, zucken sie gleichmütig mit den Achseln und nennen die Bilder nur Bonampák, was nichts weiter heißt als »bemalte Wände«.

In Uluümil Kutz liegt eine Stadt, welcher der Zahn der Zeit bis jetzt kaum etwas hat anhaben können und die man zu Ehren der verschlungenen, gleichwohl jedoch zarten Bauweise der vielen Gebäude dort zurecht »Ort menschengeschaffener Schönheit« nennen könnte; dabei wird sie einfach »Uxmal« genannt, was soviel bedeutet wie »Dreimal gebaut«. Noch eine andere Stadt ist dort tief im Dschungel herrlich auf einem Hügel gelegen, welcher auf einen breiten Fluß hinausgeht. Ich zählte die Ruinen oder Grundmauern von mindestens einhundert gewaltigen, aus grünen Granitblöcken gefügten Gebäuden, und ich glaube, es muß das erhabenste *aller* Maya-Zentren gewesen sein. Aber die Unseligen, die heute rund um diese Stadt leben, nennen sie einfach Yaxchilán – einen Ort, wo es viele »grüne Steine« gibt.

Oh, zugegeben, einige von den Stämmen – insbesondere die Xiu der nördlichen Halbinsel und die Tzotxil der südlichen Dschungel – beweisen noch einige Intelligenz und Lebenskraft und auch einen gewissen Stolz auf ihr verlorenes Erbe. Sie unterscheiden nach Geburt und Stand verschiedene Klassen: Adel, Gemeinfreie, im Frondienst Stehende und Sklaven. Sie erhalten auch immer noch einige der Künste ihrer Ahnen am Leben: ihre Weisen Männer kennen sich in Heilkräutern und der Kunst der Chirurgie aus, in der Arithmetik und in der Kalenderkunde. Sie heben sorgfältig Tausende und Abertausende von Büchern auf, welche von ihren Ahnen geschrieben wurden, wiewohl die Tatsache, daß sie so wenig über ihre eigene Geschichte Bescheid wissen, mich zweifeln läßt, daß selbst die gebildetsten ihrer Priester sich jemals die Mühe machen, diese alten Bücher zu lesen.

Doch selbst die alten, hochzivilisierten und kultivierten Maya hingen manchen Gebräuchen an, die wir heute als wunderlich betrachten müssen – und leider ist es so, daß ihre Abkommen sich ausgerechnet um die Weiterführung dieser Absonderlichkeiten bemühen und so viele andere achtbare Fertigkeiten einfach verkümmern lassen. Für einen Außenstehenden wie mich mutet am groteskesten an, was die Maya an ihrem eigenen Äußeren als schön betrachteten.

Wie die ältesten gemalten und steingehauenen Bilder der Maya beweisen, hat dieses Volk immer Hakennase und fliehendes Kinn ausgezeichnet, und dieses raubvogelhafte Aussehen haben sie stets noch zu steigern getrachtet. Was ich meine, ist, daß die alten und die heutigen Maya ihre Kinder mit Absicht und von Geburt an verformen. Dem Baby wird ein flaches Brett vor die Stirn gebunden, das die ganze Kindheit über da bleibt. Wird es schließlich abgenommen, weist das Kind eine Stirn auf, die genauso flach nach hinten flieht wie ihr Kinn, was bewirkt, daß die von Natur aus vorspringende Nase noch mehr an einen Geierschnabel gemahnt.

Doch das ist nicht alles. Wenn ein Mayajunge oder -mädchen sonst auch ganz nackt herumläuft, wird es an einer Schnur stets ein aus Ton oder Harz bestehendes Kügelchen vor der Stirn herunterhängen haben, so daß dieses ihm zwischen den Augen baumelt. Selbiges dient dazu, die Kinder zum Schielen zu bringen, was bei den Mayas aller Länder und Klassen als ein weiteres Kennzeichen überragender Schönheit gilt. Manche Mayamänner und -frauen schielen *dermaßen*, daß ich finde, nur die weit vorspringende Nase hindert die beiden Augen überhaupt noch daran, ineinander überzugehen und zu verschmelzen.

Wahrscheinlich hätte ich all die wenig reizvollen, geierschnabelnasigen Frauen dort überhaupt nicht wahrgenommen, wäre es mir nicht so vorgekommen, als ob – in einem Dorf, wo wir übernachteten, einem Dorf der auf Sauberkeit bedachten Tzotxil – ein bestimmtes Mädchen mich dermaßen entschlossen und starr ins Auge faßte, daß ich annahm, sie sei auf den ersten Blick in Leidenschaft zu mir entbrannt. Folglich stellte ich mich ihr mit meinem neuesten Namen vor: Dunkle Wolke heißt in ihrer Sprache Ek Muyal, woraufhin sie mir schüchtern erklärte, sie heiße Ix Ykóki oder Abend Stern. Erst als ich ganz nahe vor ihr stand, bemerkte ich, daß sie ganz besonders stark schielte, und mir ging auf, daß sie mich vermutlich überhaupt nie angesehen hatte. Selbst in dem Augenblick, da ich vor ihr stand, hätte man meinen können, daß sie auf einen Baum starre, der schräg hinter mir wuchs, oder auf ihre eigenen Füße, oder, soweit ich feststellen konnte, möglicherweise sogar auf beides zugleich.

Das verstörte mich ein wenig, doch brachte meine Neugier mich dazu, Ix Ykóki zu bewegen, diese Nacht mit mir zu schlafen. Womit ich nicht sagen will, daß geile Neugier mich dazu trieb festzustellen, ob ein schielendes Mädchen hinsichtlich ihrer anderen Organe auch sonst irgendwelche interessanten Besonderheiten aufweise. Es lag einfach daran, daß ich mich schon seit geraumer Zeit gefragt hatte, wie es wohl wäre, *überhaupt* mit einer Frau mein freischwingendes Netzbett zu teilen. Ich freue mich, berichten zu können, daß selbiges nicht nur möglich ist, sondern sich sogar als äußerst reizvoll erwies. Ich war so sehr von Sinnen, daß ich erst, nachdem wir völlig verausgabt und verschwitzt in der schwingenden Gishé nebeneinander lagen, erkannte, Ix Ykóki eine ganze Reihe von Liebesbissen beigebracht zu haben, und daß zumindest bei einem ein kleiner Tropfen Blut ausgetreten war.

Das erinnerte mich selbstverständlich an Doktor Maäshs warnende Worte, nachdem er mir die Schlangenbißbehandlung hatte angedeihen lassen, und so lag ich den Rest der Nacht über zum größten Teil wach und litt unter tausend Ängsten. Ich wartete darauf, daß Ix Ykóki begänne, sich in Krämpfen zu winden oder an meiner Seite zu erstarren und langsam zu erkalten. Dabei zermarterte ich mir den Kopf, welche Strafen die Tzotxil wohl für Mörder ihrer Frauen vorgesehen hatten. Aber Ix Ykóki tat nichts Erschreckenderes, als die ganze Nacht über durch ihre große Nase zu schnarchen. Am nächsten Morgen sprang sie frisch und mit strahlenden Schielaugen aus dem Bett.

Ich war froh, das Mädchen nicht umgebracht zu haben; auf der anderen Seite fand ich das aber auch höchst beunruhigend. Falls der alte Quacksalber, der uns gesagt hatte, fürderhin seien unsere Zähne giftig, nichts weiter getan hatte, als eine der dummen, abergläubischen Überzeugungen seines Volkes an uns weiterzugeben, bestand die große Wahrscheinlichkeit, daß Cozcatl und ich keineswegs gegen den Biß der Giftschlangen gefeit waren – oder daß Blut Schwelger es jemals gewesen war. Ich unterrichtete meine Teilhaber, und von Stund an sahen wir uns doppelt vor, wohin wir unsere Hände und Füße setzten, als wir durch den Dschungel zogen.

Einige Zeit darauf machte ich die Bekanntschaft eines weiteren Wundarztes – eines jener Heilkundigen, die zu sehen ich mich seit so langer Zeit gesehnt und um deretwillen ich so weit gewandert war: einen jener Maya-Ärzte, welche berühmt waren für ihre Fähigkeit, Krankheiten des Auges zu heilen. Er hieß Ah Chel, gehörte gleichfalls dem Stamm der Tzotxil an, und Tzotxil heißt Fledermausmenschen, was ich für ein Zeichen von guter Vorbedeutung hielt, da Fledermäuse jene Geschöpfe sind, die am besten im Dunkeln sehen. Doktor Ah Chel besaß aber auch noch andere Eigenschaften, welche ihn mir angenehm sein ließen: er sprach ein anständiges Náhuatl und schielte selber nicht. Ich glaube, einem schielenden Arzt hätte ich immer mit einigem Mißtrauen gegenübergestanden.

Er fühlte mir weder den Puls, noch rief er die Götter an, noch bediente er sich irgendeiner anderen geheimnisvoll-undurchsichtigen Methode der Krankheitsfindung. Er träufelte mir als erstes ein paar Tropfen vom Saft des Camopalxíhuitl-Krauts in die Augen, um meine Pupillen zu vergrößern, auf daß er in das Innere des Augapfels hineinsehen könne. Während wir darauf warteten, daß das Mittel wirkte, redete ich – vielleicht nur, um mich selbst zu beruhigen – und berichtete von dem Quacksalber Doktor Maásh und den Umständen, die zu Zehns Erkrankung und Tod geführt hatten.

»Kaninchenfieber«, sagte Doktor Ah Chel und nickte. »Ihr könnt froh sein, daß keiner von euch anderen dieses kranke Kaninchen angefaßt hat. Nicht das Fieber an sich ist es, das zum Tode führt; es schwächt das Opfer nur so weit, daß es einer anderen Krankheit erliegt, welche die Lungen mit einer schleimigen Flüssigkeit füllt. Euer Sklave könnte vermutlich heute noch leben, hättet Ihr ihn von den Höhen heruntergebracht an einen Ort, wo er dickere und gesündere Luft hätte atmen können. Aber jetzt wollen wir uns mal Eure Augen ansehen.«

Woraufhin er einen klaren Kristall hervorzog – zweifellos einen von Meister Xibalbá gefertigten –, angestrengt in jedes meiner Augen hineinschaute, sich dann zurücksetzte und mit Nachdruck erklärte: »Junger Ek Muyal, mit Euren Augen ist nichts weiter los.«

»Nichts?« rief ich und fragte mich, ob dieser Ah Chel nicht genauso ein Quacksalber sei wie Maásh. Mit zusammengebissenen Zähnen sagte ich: »Es ist nichts weiter mit ihnen los, als daß ich alles, was über Armeslänge von mir entfernt ist, nicht klar erkennen kann. Und das nennt Ihr *nichts?«*

»Ich meine, Eure Augen leiden unter keiner Krankheit oder Störung, die ich oder irgendein anderer beheben könnte.«

Ich stieß eine von Blut Schwelgers saftigen Verwünschungen aus und hoffte, daß dem großen Gott Huitzilopóchtli ein großer Schmerz in seine

Hoden führe. Ah Chel gab mir durch eine Geste zu verstehen, ich solle ihn bis zuende anhören.

»Daß Ihr die Dinge verschwommen seht, liegt an der *Form* Eurer Augen; und die ist angeboren. Ein ungewöhnlich geformter Augapfel verzerrt die Sicht genauso, wie dieses Stück ungewöhnlich geformten Quarzes. Haltet diesen Kristall zwischen Euer Auge und eine Blume, und Ihr werdet die Blume einfach so sehen, wie sie ist. Haltet Ihr den Kristall jedoch zwischen Euer Auge und einen etwas entfernteren Garten, ist der Garten nichts als ein verschwommenes Durcheinander von Farben.«

Kläglich sagte ich: »Keine Medizin, und kein chirurgischer Eingriff . . .?«

»Es tut mir leid, aber so ist es. Wäret Ihr von der Blindheit bedroht, weil Ihr von der schwarzen Fliege gebissen worden wäret, ja, das könnte ich mit bestimmten Mitteln wegbringen. Littet Ihr an dem, was wir den Weißen Schleier nennen – auch den könnte ich herausschneiden und Euer Sehvermögen verbessern, wenn auch nicht vollkommen machen. Doch gibt es keinen Eingriff, einen Augapfel zu verkleinern oder zu vergrößern, ohne ihn vollständig zu zerstören. Gegen den Zustand Eurer Augen werden wir nie ein Heilmittel haben, genausowenig, wie je ein Mensch den geheimen Platz kennen wird, wohin die alten Alligatoren sich zurückziehen, um zu sterben.«

Womöglich noch kläglicher murmelte ich: »Dann muß ich also mein Leben lang im Nebel umhertappen und blinzeln wie ein Maulwurf?«

»Nun«, sagte er, und das verriet nicht sonderlich viel Verständnis für mein Selbstmitleid, »Ihr könnt auch den Rest Eures Lebens den Göttern danken, daß Ihr durch den Schleier oder die Fliege oder irgend etwas anderes nicht vollständig mit Blindheit geschlagen seid. Ihr werdet viele sehen, bei denen das der Fall ist.« Er hielt inne und sagte dann spitz: »Und die werden Euch nie sehen.«

Ich ließ mich durch den Wahrspruch des Arztes dermaßen niederdrükken, daß ich den Rest unseres Aufenthaltes in Tamoán Chan in ziemlich düsterer Stimmung verbrachte, und ich fürchte, ich war für meine Teilhaber kein sonderlich angenehmer Gefährte. Als wir mit Hilfe eines Führers aus dem Stamm der Pokomám aus dem weit im Osten liegenden Dschungel die herrlichen Seen von Tziskáo besuchten, betrachtete ich sie mit einer solchen Kälte, als ob der Regengott der Maya, Chak, sie gemacht hätte, um mir persönlich einen Tort anzutun. Es handelt sich um eine aus etwa sechzig stehenden Gewässern bestehende Seenplatte; manche waren nur kleine Teiche, andere hingegen Seen von beträchtlichem Ausmaß, welche durch keinerlei Wasserstraßen miteinander verbunden sind; sie weisen aber auch keinerlei sichtbaren Zufluß auf, wiewohl sie weder in der Trockenzeit kleiner werden, noch in der Regenzeit über die Ufer treten. Das erstaunlichste an ihnen ist jedoch, daß keine zwei von diesen Seen die gleiche Farbe aufweisen.

Auf der Anhöhe, von welcher aus wir sechs oder sieben von diesen Gewässern überblicken konnten, streckte unser Führer den Zeigefinger aus und sagte stolz: »Seht, junger Reisender Ek Muyal! Der dort hinten ist dunkelgrün, jener türkisfarben, der dort leuchtet so grün wie ein Smaragd, der daneben ist vom stumpfen Grün des Jadesteins und der dort hinten blaßblau wie der Winterhimmel . . .«

Mürrisch brummte ich: »Sie könnten, soweit ich es erkennen kann, genausogut blutrot sein.« Doch das stimmte ganz einfach nicht. Die Wahrheit war, daß ich alles und jedes durch das Dunkel meiner eigenen Verzagtheit hindurch sah.

Eine kurze Zeit wiegte ich mich in einer gewissen Hoffnung, als ich Meister Xibalbás Brennkristall ausprobierte, den ich bei mir trug. Daß ich Nahegelegenes durch diesen Kristall hindurch mit noch größerer Schärfe als ohnehin sah, wußte ich bereits, und so versuchte ich, mit seiner Hilfe auch Fernergelegenes klar zu erkennen. Ich versuchte, es beim Betrachten eines Baums nahe an mein Auge heranzuhalten, dann auf Armeslänge von mir entfernt, und dann in unterschiedlichen, dazwischenliegenden Entfernungen. Es nützte nichts. Sobald es um Gegenstände ging, die weiter als eine Spanne von meinen Augen entfernt waren, machte der Quarz sie höchstens noch verschwommener und undeutlicher, als meine Augen sie ohne jede Hilfe wahrnahmen, und meine Versuche machten mich nur noch niedergeschlagener.

Selbst als ich mit den Maya-Käufern über unsere Waren verhandelte, war ich gereizt und mürrisch, doch glücklicherweise bestand eine so große Nachfrage nach unseren Waren, daß mein wenig gewinnendes Betragen übersehen wurde. Brüsk wies ich die Angebote von Pelzen des Jaguars und Ozelots und anderer Tiere ebenso zurück wie das Angebot von Ara- und Tukanfedern. Was ich wollte, waren Goldstaub oder Zahlungsmittel aus Metall, doch diese waren in jenen unzivilisierten Landen kaum gebräuchlich. Infolgedessen ließ ich wissen, daß ich unsere Handelswaren – die Stoffe und Gewänder, den Schmuck und den Tand, die Schönheitsmittel und Medizinen – nur gegen die Federn des Quetzal Tototl hergeben würde.

Dem Gesetz nach mußte jeder Vogelsteller, welcher die beinlangen, smaragdgrünen Schwanzfedern dieses Vogels ergatterte, sie bei Androhung der Todesstrafe augenblicklich dem Stammeshäuptling übergeben, der sie entweder zum eigenen Schmuck verwandte oder als Zahlungsmittel beim Handel mit anderen Häuptlingen der Maya und den mächtigeren Herrschern anderer Völker. In der Praxis jedoch, wie ich wohl kaum zu erwähnen brauche, lieferten die Vogelsteller ihren Häuptlingen nur einen bestimmten Anteil dieser seltensten aller kostbaren Federn ab und behielten den Rest, um sich selbst zu bereichern. Da ich mich standhaft weigerte, meine Waren für irgend etwas anderes als Quetzal Tototl-Federn herzugeben, mußten die Kunden wieder abziehen und eilends gewisse Geschäfte mit ihren Kollegen abschließen ... und ich kam zu meinem Quetzal Tototl-Federn.

Während wir nach und nach unsere Waren abstießen, verkaufte ich auch die Sklaven, welche sie getragen hatten. In diesem Land der Faulpelze hatten nicht einmal die Adligen viel Arbeit, auf welche sie Sklaven ansetzen konnten, und noch wenigere Gemeinfreie konnten sich den Besitz derselben leisten. Dafür war jeder Häuptling eifrig darauf bedacht, seine Überlegenheit über andere Häuptlinge augenfällig zu machen, und Sklaven zu besitzen – auch wenn sie nur eine ständige Belastung seiner Schatzkammer und seiner Vorräte bedeuteten; Sklaven waren etwas, womit man anerkanntermaßen großtun konnte. Deshalb verkaufte ich die unsrigen jeweils zu zweit wie es kam und unbefangen gegen guten Goldstaub an die Häuptlinge der Tzotxil, der Quiché und der Tzeltal, und nur die uns verbleibenden begleiteten uns auf unserem Rückweg ins Chiapa-Land. Der eine trug den großen, aber wenig wiegenden Ballen Federn; die Last des anderen bestand aus jenen wenigen Handelsgütern, welche wir noch nicht losgeworden waren.

Wie versprochen, hatte Meister Xibalbá bei unserer Rückkehr nach Chiapán die fertig geschliffenen Kristalle bereitliegen – alles in allem, einhundertsiebenundzwanzig Stück unterschiedlicher Größe – und dank des Verkaufs unserer Sklaven konnte ich ihn in reinem Goldstaub bezahlen. Während er jeden einzelnen Kristall sorgsam in Baumwolle verpackte, sie dann in ein Tuch einschlug und ein sauberes Paket daraus machte, sagte ich mit Hilfe des Dolmetschs zu ihm:

»Meister Xibalbá, diese Kristalle machen Dinge, die man betrachtet, größer. Habt Ihr jemals eine Art von Kristall geschaffen, die Gegenstände kleiner erscheinen läßt?«

»O ja, gewiß doch«, sagte er lächelnd. »Selbst mein Urgroßvater hat vermutlich bereits versucht, anderes als Brenn-Kristalle aus dem Quarz herzustellen. Das haben wir alle versucht. Und ich selbst versuche mich auch darin, nur so zum Spaß.«

Ich erklärte ihm, wie beschränkt mein Sehvermögen sei und fügte noch hinzu: »Ein Maya-Doktor hat mir gesagt, meine Augen verhielten sich so, als ob ich ständig durch eines dieser Vergrößerungskristalle hindurchschaute. Da habe ich mich gefragt, ob ich wohl so etwas wie einen Verkleinerungskristall finden könnte, und wenn ich hindurchblickte . . .«

Er betrachtete mich voll aufmerksamer Anteilnahme, rieb sich das Kinn, sagte: »Hm« und ging durch den Hintereingang seiner Werkstatt zurück in sein Haus. Bald darauf kehrte er mit einem Tablett mit flachen Mulden darin zurück, von denen ein jedes einen Kristall enthielt. Sie wiesen alle eine unterschiedliche Form auf; manche sahen sogar aus wie winzige Pyramiden.

»Die hier verwahre ich als Kuriosa«, sagte der Kristallschleifer. »Sie besitzen keinerlei praktischen Wert, doch manche von ihnen weisen lustige Eigenschaften auf. Dieser hier zum Beispiel.« Er nahm einen kurzen, dreiseitig geschliffenen Riegel auf. »Allerdings handelt es sich nicht um Quarz, sondern um eine durchsichtige Art von Kalkstein. Und diesen Stein schleife ich auch nicht; er spaltet sich ganz natürlich in flache Schichten auf. Haltet ihn dorthin, in die Sonne, und seht, welch ein Licht er auf Eure Hand wirft.«

Ich tat, wie geheißen, und war halbwegs darauf gefaßt, zurückzuzukken und mich zu verbrennen. Statt dessen rief ich aus: »Der feine Dunst des Wassergeschmeides!« Das Sonnenlicht, welches durch den Kristall hindurchdrang auf meine Hand, war verwandelt: es bildete ein vielfarbenes Band, das von Dunkelrot am einen Ende über Gelb und Grün und Blau zum tiefsten Violett reichte; es handelte sich um eine winzige Nachbildung des Farbenbogens, den man bisweilen nach dem Regen am Himmel stehen sieht.

»Doch Ihr sucht nicht nach Spielereien«, sagte der Mann. »Hier.« Mit diesen Worten reichte er mir einen Kristall, dessen *beide* Seiten konkav geschliffen waren; das heißt, er sah aus, wie zwei kleine Schalen, die am Boden zusammengeklebt waren.

Ich hielt ihn über den gestickten Saum meines Umhangs, und das

Muster darauf schrumpfte um die Hälfte seiner eigentlichen Größe. Den Kristall immer noch vor mich hinhaltend, hob ich den Kopf und sah den Kristallschleifer an. Seine Züge, die eben noch verschwommen gewesen waren, traten unversehens scharf und klar hervor, aber dafür war sein Gesicht plötzlich so klein, als hätte er einen Satz von mir fortgemacht, sei durch die Tür hinausgesprungen und stünde jetzt auf der anderen Seite des Platzes.

»Ein Wunder!« sagte ich erschüttert. Ich nahm den Kristall herunter und rieb mir das Auge. »Ich konnte Euch zwar sehen ... aber wie ganz weit weg.«

»Oh, dann verkleinert er eben zu sehr. Sie sind von unterschiedlicher Stärke. Versucht es einmal mit diesem hier.«

Es handelte sich um einen Kristall, der nur auf der einen Seite konkav geschliffen war; die andere Seite war vollkommen eben. Behutsam hob ich ihn in die Höhe ...

»Ich kann sehen!« sagte ich – und sagte es wie ein Dankgebet zu den gütigsten aller Götter. »Ich kann nah und fern sehen. Zwar ist es an einigen Stellen gefleckt oder gewellt, doch alles andere sieht genauso klar und scharf aus wie zu meiner Kindheit. Meister Xibalbá, Ihr habt etwas vollbracht, wovon die Heilkundigen der Maya zugegebenermaßen behaupten, dazu seien sie nicht imstande. Ihr habt es fertiggebracht, daß ich wieder *sehen* kann!«

»Und wir haben diese Dinge die vielen Schock Jahre über für wertlos gehalten ...«, murmelte er, und es klang, als sei er selbst von so etwas wie ehrfürchtigem Schrecken erfüllt. Dann meinte er munter: »Also braucht es dazu eines Kristalls mit einer glatten und einer nach innen gewölbten Seite. Aber Ihr könnt doch nicht umhergehen und ständig dieses Ding vor Euch hinhalten. Das wäre, als wolltet Ihr ständig durch ein Astloch gucken. Versucht, es nahe an Euer Auge heranzubringen.«

Ich tat es, stieß einen kleinen Schrei aus und entschuldigte mich dann: »Es hat wehgetan, als ob mir der Augapfel aus der Höhle gezogen würde.«

»Immer noch zu stark. Außerdem weist er Flecken und Wellen auf, wie Ihr sagt. Folglich muß ich einen Stein finden, der vollkommener und makelloser ist als der feinste Quarz.« Er lächelte und rieb sich vergnügt die Hände. »Ihr habt mir die erste neue Aufgabe gestellt, welche die Xibalbá seit Generationen gestellt bekommen haben. Kommt morgen wieder.«

Ich war erregt und voller Erwartung, sagte meinen Gefährten jedoch nichts davon, falls sich herausstellen sollte, daß auch aus diesem hoffnungsvollen Versuch nichts werden würde. Wir alle waren wieder bei den Macoboö abgestiegen, worüber die beiden Cousinen höchlichst erfreut waren; insgesamt blieben wir sechs oder sieben Tage bei ihnen. In dieser Zeit suchte ich die Werkstatt der Xibalbá mehrmals am Tag auf, während der Meister sich damit abplagte, den feinsten Kristall zu schleifen, den man jemals bei ihm in Auftrag gegeben hatte.

Er hatte sich einen wunderbar wasserklaren Topas verschafft und angefangen, eine flache Scheibe daraus zu machen, so groß, daß sie mein Auge von der Braue bis zum Jochbein bedeckte. Außen sollte der Kristall glatt bleiben, doch wie tief die Höhlung auf der anderen Seite und wie dick der Kristall dabei bleiben sollte, ließ sich nur dadurch bestimmen, daß ich jedesmal wieder hindurchschaute, wenn der Meister ein wenig mehr weggeschliffen hatte.

»Ich kann ihn nur nach und nach dünn und dünner schleifen und die Wölbung vertiefen«, sagte er, »bis wir die genaue Verkleinerungsstärke erreicht haben, die Ihr braucht. Aber wir müssen wissen, wann diese erreicht ist. Wenn ich zuviel wegschleife, ist der Kristall wertlos für Euch.«

So ging ich ständig zum Probieren wieder hin, und als mein eines Auge durch die Anstrengung ganz blutunterlaufen war, probierte ich es mit dem anderen Auge aus und umgekehrt. Doch zuletzt kam zu meiner unsäglichen Freude der Tag und der Augenblick dieses Tages, da ich den Kristall vor jedes meiner Augen halten und vollkommen dadurch sehen konnte. Alles in der Welt war klar und scharf umrissen, von einem Buch, welches ich in Lesehaltung vor mich hinhielt, bis zu den Bergen, welche die Stadt umringten. Ich war außer mir vor Freude, und Meister Xibalbá nahezu genauso – er jedoch vor Stolz auf sein unerhörtes, nie dagewesenes Werk.

Er rieb den Kristall noch einmal mit einer Paste aus feinem rotem Ton, so daß er glänzte. Sodann glättete er die Ränder des Kristalls und faßte ihn mit einem Kupferreif, welcher dergestalt gehämmert war, daß er ihn fest umschloß; an diesem Reif befand sich ein Griff, mit dessen Hilfe ich den Kristall vor jedes meiner Augen halten konnte, und der Griff wiederum war an einem feinen Lederriemen befestigt, damit ich ihn stets um den Hals bei mir tragen konnte.

Da ich immer nur ein Auge zur Zeit benutzen konnte, wies das, was ich sah, keine sonderliche Tiefe auf und wirkte eher flach. Gleichwohl vermochte ich *fast* genauso klar zu sehen wie als Kind, und das genügte mir. Ich sollte vielleicht noch erwähnen, daß es sich um einen besonders hellen, blaßgelben Topas handelte; blickte ich durch ihn hindurch, sah selbst an trüben Tagen alles wie von Sonnengelb übergossen aus; infolgedessen sah ich die Welt fürderhin womöglich schöner als andere. Doch wie ich feststellen sollte, als ich in einen Spiegel sah, machte der Kristall *mich* keineswegs schöner, denn das Auge dahinter wirkte viel kleiner als das unbedeckte. Außerdem hielt ich den Kristall zumeist in der Linken, während meine Rechte anderweitig beschäftigt war, was mir eine Zeitlang höchst lästige Kopfschmerzen eintrug. Bald lernte ich, den Topas abwechselnd vor beide Augen zu halten, woraufhin die Kopfschmerzen schwanden.

Ich weiß, ehrwürdige Patres, euch belustigt mein übertrieben langes Geschwätz über ein Instrument, welches bei euch nichts Neues ist. Doch ich sollte so etwas erst viele Jahre später ein zweitesmal sehen. Das war bei meiner Begegnung mit den ersten Spaniern, die hier eintrafen. Einer der Patres, die zusammen den Capitán-General Cortés begleiteten, trug *zwei* solche Kristalle, einen für jedes Auge, die mit einem Lederband um seinen Kopf befestigt waren.

Doch für mich und für den Kristallschleifer war mein Instrument eine unerhörte Erfindung. Er weigerte sich, auch nur das geringste Entgelt für seine Mühe anzunehmen, nicht einmal für seinen Topas, der alles andere als billig gewesen sein muß. Er ließ sich nicht davon abbringen; er sei in reichem Maße durch den Stolz auf seine Leistung entschädigt. Da er also nichts annehmen wollte, ließ ich bei der Macoboö-Familie eine Anzahl von Quetzal Tototl-Federn zurück und bat sie, ihm diese zu übergeben,

nachdem wir lange genug fort wären, daß er sie nicht mehr zurückweisen könne – und ließ genug zurück, den Meister Xibalbá zum vermutlich reichsten Mann in Chiapán zu machen. Ich fand, das habe er verdient.
Spätabends betrachtete ich die Sterne.

Nach einer langen Zeit größter Niedergeschlagenheit war ich plötzlich und verständlicherweise von überschäumender guter Laune erfüllt und verkündete meinen Teilhabern: »Jetzt, wo ich wieder richtig sehen kann, möchte ich gern das Meer sehen.«

Sie waren über den Wandel, der mit mir vorgegangen war, gleichfalls hoch erfreut und hatten deshalb nichts dawider, daß wir von Chiapán aus in südlicher statt in westlicher Richtung weiterzogen und noch einmal über eine große Anzahl zerklüfteter Berge hinwegmußten – Berge, die schlummernde Vulkane waren. Wir schafften es jedoch ohne unvorhergesehene Zwischenfälle und gelangten hinunter in die von den Mame bevölkerten feuchtheißen Küstenstriche. Dieses Flachland wird Xoconóchco genannt, und die Mame leben von Baumwollanbau und der Salzgewinnung und tauschten diese Erzeugnisse bei anderen Völkern gegen deren Erzeugnisse ein. Die Baumwolle wird auf dem breiten lehmigen Streifen fruchtbaren Landes zwischen den felsigen Bergen und den sandigen Stränden angebaut. Damals, gegen Ende des Winters, war an diesen Feldern nichts Besonderes zu sehen, doch als ich Xoconóchco später in der heißesten Jahreszeit wieder besuchte und die aufgeplatzten Samenkapseln so groß waren und in einer solchen Fülle an den Zweigen hängen, daß von den grünen Sträuchern selbst eigentlich nichts mehr zu sehen war, schien das ganze Land unter einer dichten Schneedecke dazuliegen, wiewohl die Sonne heiß darauf herniedersengte.

Salz wird das ganze Jahr über gewonnen, indem man die seichten Lagunen an der Küste eindeicht, das Wasser verdunsten läßt und das Salz sodann vom Boden trennt. Das gleichfalls schneeweiße Salz ist vom Sand leicht zu unterscheiden, denn die ganzen Strände von Xoconóchco bestehen aus bröseligem schwarzem Sand – der eigentlich aus dem Geröll, dem Staub und der Asche besteht, welchen die Inlandsvulkane ausspeien. Selbst der Brandungsgischt dieses Süd-Meeres ist durch den ständig aufgewühlten dunklen Sand von schmutziggrauer Farbe.

Da das Einbringen der Baumwoll- und Salzernten zu den trostlosesten und langweiligsten Arbeiten überhaupt gehört, waren die Mame froh, einen guten Preis in Goldstaub für die beiden letzten uns noch verbliebenen Sklaven zu zahlen und nahmen uns überdies auch noch die allerletzten Handelswaren ab. Damit blieb uns – Cozcatl, Blut Schwelger und mir – nur unser jeweiliges Reisegepäck, das kleine Bündel Kristalle und der große, aber nicht schwere Federballen zu tragen – keine große Last, so daß wir beim Tragen durchaus auf weitere Hilfe verzichten konnten. Den ganzen Heimweg über wurden wir nicht ein einziges Mal von Banditen belästigt, vielleicht deshalb, weil wir den üblichen Pochtéca-Kolonnen so gar nicht ähnelten, vielleicht aber auch, weil die Räuber dort von unserem früheren Treffen mit ihren Zunftgenossen und seinem Ausgang gehört hatten.

Der Weg nach Nordwesten war nicht beschwerlich. Es ging die ganze Zeit über die Küstenebene, wobei zu unserer Linken die stillen Lagunen oder die rauschende Brandung und zu unserer Rechten die hohen Berge ragten. Das Wetter war so lind, daß wir nur zweimal unterwegs in einer Herberge abstiegen – im Mame-Dorf Pijijía und dem Mixe-Dorf Tonalá – und auch da nur, um uns den Luxus erlauben zu können, in frischem Wasser zu baden und ein köstliches Gericht aus Seegetier zu uns zu nehmen: rohe Schildkröteneier und gegartes Schildkrötenfleisch, gekochte Garnelen, gekochtes und rohes Krebsfleisch jeder Art, sogar gesottene Filets von etwas, was Yeyemíchi genannt wurde und, wie man mir erzählte, der größte Fisch der ganzen Welt war; ich kann bezeugen, daß dieses zu dem wohlschmeckendsten Fleisch überhaupt zählt.

Zuletzt wandten wir uns ganz nach Westen und gelangten abermals zur Landenge von Tecuantépec, durchquerten die Stadt gleichen Namens jedoch nicht noch einmal. Ehe wir dorthin gelangten, begegneten wir einem anderen Händler, der uns sagte, wenn wir uns ein wenig nördlich unserer nach Westen führenden Route hielten, würden wir es leichter haben, die Tzempuülá-Berge zu überwinden, als auf dem Herweg. Ich hätte zwar gern die bezaubernde Gié Bele wiedergesehen und mich nebenher doch noch einmal nach den geheimnisvollen Verwahrern des Purpurfarbstoffs erkundigt, doch meine ich, nach unseren langen Wanderungen drängte es mich, endlich wieder nach Hause zurückzukehren. Ich weiß, daß das bei meinen Gefährten der Fall war, und so ließ ich mich von ihnen bereden, jener Route zu folgen, die der Händler uns geraten hatte. Dieser Weg hatte überdies den Vorzug, daß er uns lange Zeit über durch einen Teil von Uaxyácac führte, den wir zuvor noch nicht durchquert hatten, und so stießen wir erst wieder auf die Route, auf der wir hergekommen waren, als wir durch die Hauptstadt Záachilà hindurchkamen.

Wie beim Aufbruch zu einer Handelsexpedition, galten auch für die Rückkehr einer solchen bestimmte Tage als glückverheißend. Als wir uns der Stadt näherten, säumten wir unterwegs und verbummelten sogar einen Extratag in der angenehmen, in einem Hochtal gelegenen Stadt Quaunáhuac. Als wir endlich die letzte Bergkette überwunden hatten und die Seen und die Insel Tenochtítlan in Sicht kamen, blieb ich immer wieder stehen, um den Anblick durch meinen Kristall zu genießen. Dadurch, daß ich nur mit einem Auge hinblickte, verkleinerte sich die Stadt ein wenig und bekam etwas Flächig-Eintöniges, aber trotzdem war der Anblick herzerhebend: die im Frühlingssonnenschein schimmernden weißen Häuser und Paläste, die bunten Dachgärten, die blauen Rauchwölkchen von Altären und Herdfeuern, die weichen Federbanner, welche nahezu regungslos in der Luft standen, die wuchtige Große Pyramide mit den Zwillingstempeln, die das ganze beherrschte.

Stolz und froh zugleich zogen wir schließlich über den Damm von Coyohuácan und betraten die mächtige Stadt am Abend des als günstig geltenden Tages Ein Haus jenes Monds, den wir Das Große Erwachen nannten, im Jahre Neun Messer. Insgesamt waren wir einhundertzweiundvierzig Tage unterwegs gewesen, mehr denn sieben von unseren Monden, hatten viele Abenteuer bestanden und viele phantastische Orte und Menschen gesehen; trotzdem tat es gut, zurückzukehren in den Mittelpunkt der Mexíca-Herrlichkeit, in Das Herz Der Einen Welt.

Es war verboten, daß heimkehrende Pochtécatl ihre Trägerkolonnen bei Tageslicht in die Stadt zurückführten oder daß sie ihren Einzug zu einer prahlerischen Zurschaustellung machten, gleichgültig, wie erfolgreich und gewinnträchtig die Reise verlaufen war. Selbst wenn ein solches Luxusgesetz nicht bestanden haben würde, jeder Pochtécatl würde von sich aus erkannt haben, wie klug es sei, möglichst unauffällig zurückzukehren. Nicht jeder in Tenochtitlan war sich darüber im Klaren, welchen Wohlstand die unerschrockenen Fernhändler allen Mexica brachten, und so verargten viele es den Kaufleuten, daß zuvörderst und zu Recht sie von diesem Reichtum profitierten. Das galt insbesondere für die herrschende Schicht des Adels, denn deren Wohlstand beruhte auf den Tributzahlungen der unterworfenen Völker, und die Adligen vertraten die Ansicht, friedlicher Handel schmälere den ihnen zustehenden Anteil an der Kriegsbeute, und so wetterten sie ständig gegen diejenigen, die »nur Handel« trieben. Aus diesem Grunde sorgte jeder Pochtécatl dafür, daß er die Stadt bei seiner Heimkehr in den einfachsten Kleidern und im Schutze der Dämmerung wieder betrat und daß seine mit Schätzen beladenen Träger ihm einzeln oder höchstens zu zweit folgten.

Am nächsten Vormittag, nach mehreren Wechsel- und Schwitzbädern nacheinander, zog ich meine besten Kleider an und meldete mich im Palast des Verehrten Sprechers Ahuítzotl. Da ich dem Palastverwalter kein Fremder mehr war, brauchte ich nicht lange zu warten, bis ich vorgelassen wurde. Ich küßte die Erde vor Ahuítzotl, unterließ es jedoch, meinen Kristall zu erheben und ihn mir genau zu betrachten; ich war mir nicht sicher, ob nicht ein großer Herr etwas dawider haben könne, auf diese Weise gemustert zu werden. Da ich diesen jedoch kannte, konnte ich davon ausgehen, daß er ein finsteres Gesicht machte wie immer und nicht minder wild blickte als der Bär, welcher seinen Thron schmückte.

»Wir sind angenehm überrascht, daß du heil und gesund wieder nach Hause gekommen bist, Pochtécatl Mixtli«, sagte er mürrisch. »Dann ist deiner Expedition also Erfolg beschieden gewesen?«

»Ich glaube, sie wird mir einiges an Gewinn bringen, Verehrter Sprecher«, erwiderte ich. »Sobald die Vorsitzenden der Pochtéca-Gilde das Mitgebrachte geschätzt haben, könnt Ihr selbst das nach dem Anteil beurteilen, der Eurem Schatzhaus zusteht. Bis dahin, Hoher Gebieter, hoffe ich, daß diese Chronik für Euch von Interesse sein wird.«

Womit ich einem seiner Bediensteten die von der Reise arg mitgenommenen Bücher überreichte, welche ich so getreulich unterwegs geführt hatte. Sie enthielten so ziemlich den gleichen Bericht, den ich auch euch gegeben habe, ehrwürdige Patres, nur daß darin selbstredend nicht von solchen belanglosen Dingen wie etwa meinen Begegnungen mit Frauen die Rede war. Dafür enthielten sie beträchtlich mehr Beschreibungen von Landstrichen und Ortschaften und Menschen nebst den zugehörigen Karten, die ich gezeichnet hatte.

Ahuítzotl dankte mir und sagte: »Wir und unser Staatsrat werden sie uns genau ansehen.«

Ich sagte: »Für den Fall, daß einige Eurer Berater bereits betagt sind und ihre Augen nachgelassen haben, Verehrter Sprecher, könnte sich dieses hier als hilfreich für sie erweisen«, und reichte ihm einen der Kristalle hinüber. »Davon habe ich eine Anzahl zum Verkaufen mitgebracht, doch den größten und leuchtendsten möchte ich dem Uey-Tlatoáni schenken.«

Er schien nicht weiter beeindruckt, bis ich um Erlaubnis bat, näherzutreten und ihm zu zeigen, wie man damit Wort-Bilder und andere Dinge eingehender betrachten könne. Dann führte ich ihn an ein offenes Fenster und zeigte ihm an einem Stück Borkenpapier, wie man ihn benutzen konnte, um ein Feuer zu entzünden. Er war hingerissen und dankte mir überschwenglich.

Lange hinterher erzählte man mir, Ahuítzotl habe seinen Kristall zum Feueranmachen auf jedem Kriegszug, den er mitmachte, dabeigehabt, sich jedoch in Friedenszeiten auf weniger nützliche Weise damit vergnügt. Dieses Verehrten Sprechers erinnert man sich bis auf den heutigen Tag wegen seines jähzornigen Wesens und seiner willkürlichen Grausamkeiten; sein Name ist sogar in unsere Sprache eingegangen: jeder Unruhestifter wird heute ein Ahuítzotl genannt. Der Despot scheint jedoch auch eine Ader für kindische Streiche gehabt zu haben. Bei der Unterhaltung mit den gesetztesten und würdigsten seiner Weisen Männer pflegte er diese ans Fenster zu locken. Unbemerkt pflegte Ahuítzotl dann seinen Brennkristall so zu halten, daß er den heißesten Punkt der Sonnenstrahlen auf irgendeine besonders empfindliche Stelle wie etwa ein nacktes Knie lenkte – und dann in unbändiges Gelächter auszubrechen, wenn der alte Weise in die Höhe sprang wie ein junges Kaninchen.

Vom Palast aus kehrte ich in die Herberge zurück, um unsere beiden Warenbündel und Cozcatl und Blut Schwelger abzuholen, die beide gleichfalls neu und sauber gekleidet waren. Die Bündel trugen wir nun ins Haus der Pochtéca, wo man uns sogleich bei den drei Vorsitzenden vorließ, welche uns geholfen hatten, uns auszurüsten. Während Schalen mit Schokolade gereicht wurden, die nach Magnolien dufteten, knotete Cozcatl den größeren unserer Ballen zur Besichtigung auf.

»*Ayyo!*« entfuhr es bewundernd einem der alten Männer. »Ihr habt allein an Federn ein beachtliches Vermögen mit zurückgebracht. Ihr müßt unbedingt die reicheren der Edelleute dazu bringen, Angebote an Goldstaub darauf abzugeben, bis der Preis nicht mehr steigt, und erst *dann* dem Verehrten Sprecher vom Vorhandensein dieses Schatzes Kenntnis geben. Schon allein, um auch der am prächtigsten Geschmückte zu sein, wird er mehr bezahlen als den gebotenen Höchstpreis.«

»Wir werden euren Rat befolgen, meine Herren«, stimmte ich zu und gab Cozcatl zu verstehen, er solle nun das kleinere Bündel aufschnüren.

»*Ayya!*« sagte nun ein anderer der alten Männer. »Hier, fürchte ich, habt Ihr allzu unüberlegt gehandelt.« Bekümmert fingerte er an zwei oder drei Kristallen herum. »Diese Steine sind zwar hübsch geformt und geschliffen, aber Edelsteine sind es nicht, wie ich Euch leider sagen muß. Es handelt sich um Stücke ganz gewöhnlichen Quarzes, ein Stein, der womöglich noch häufiger vorkommt als Jade und noch dazu ohne die religiöse Bedeutung, welche der Jade noch zusätzlich Wert verleiht.«

Cozcatl konnte sich nicht enthalten zu kichern, und Blut Schwelger setzte ein selbstgefälliges Grinsen auf. Auch ich selbst konnte mich eines Lächelns nicht erwehren, als ich sagte: »Aber seht euch einmal folgendes an«, woraufhin ich ihnen die beiden Eigenschaften meiner Kristalle vorführte, so daß alle drei sogleich in helle Aufregung gerieten.

»Unglaublich«, erklärte einer der Vorsitzenden. »Ihr habt etwas völlig Neues nach Tenochtítlan gebracht.«

»Wo habt Ihr sie gefunden?« sagte ein anderer. »Nein, Ihr solltet nicht einmal in *Erwägung* ziehen, mir zu antworten! Verzeiht, daß ich gefragt habe! Ein so einzigartiger Schatz sollte wirklich dem Entdecker allein gehören.«

Der dritte sagte: »Die größeren werden wir den ranghöchsten Adligen anbieten, und . . .«

Ich unterbrach ihn, um darauf hinzuweisen, daß sämtliche Kristalle, ob groß oder klein, gleichermaßen geeignet seien, Dinge sowohl zu vergrößern als auch Feuer mit ihnen zu entzünden, doch er brachte mich ungeduldig zum Schweigen.

»Das spielt keine Rolle. Jeder Pili wird einen Kristall für sich wollen, dessen Größe seinem Rang und seiner Selbsteinschätzung entspricht. Ich schlage vor, daß Ihr jeden einzelnen nach Gewicht verkauft und damit anfangt, daß Ihr das Gewicht achtmal in Gold verlangt. Da die Pípiltin sich dann gegenseitig überbieten, werdet Ihr beträchtlich mehr dafür bekommen.«

Jetzt war es an mir, vor Erstaunen Mund und Nase aufzureißen. »Aber meine Herren, das würde uns ja mehr als *mein eigenes* Gewicht in Gold einbringen. Selbst nach Abzug des Anteils, welcher der Weiblichen Schlange und eurer ehrbaren Gilde gebührt . . . und selbst unter uns dreien aufgeteilt . . . würden wir auf einen Schlag zu den reichsten Leuten von ganz Tenochtitlan gehören.«

»Habt Ihr etwas dagegen?«

Ich stammelte: »Es . . . es erscheint mir nicht recht. Durch unser erstes Unternehmen derartig reich belohnt zu werden . . . und noch dazu von gewöhnlichem Quarz, wie Ihr sagt . . . und durch ein Erzeugnis, das ich in reicher Menge beibringen kann. Denn bedenkt, ich kann so viele Brennkristalle beschaffen, daß jeder Haushalt im gesamten Herrschaftsbereich des Dreibunds einen haben könnte.«

Schneidend legte einer der Vorsitzenden sich ins Mittel. »Möglich, daß Ihr dazu imstande seid, aber wenn Ihr auch nur einen Funken Verstand habt, tut Ihr das nicht. Ihr habt gesagt, daß der Verehrte Sprecher jetzt im Besitz eines dieser Zaubersteine ist. Im Augenblick könnten also nur einhundertundzwanzig andere Edelleute einen ähnlichen Kristall besitzen. Mein Junge, sie werden sich wie wild überbieten, selbst wenn diese Dinge aus gepreßtem Lehm bestünden! Später könnt Ihr hinziehen und mehr herbeischaffen, um sie an noch weitere Edelleute zu verkaufen, aber niemals mehr als ein paar zur Zeit.«

Cozcatl strahlte vor Glück, und Blut Schwelger wußte sich kaum zu fassen. Ich sagte: »Selbstverständlich habe ich nichts gegen die Aussicht, wirklich reich zu werden.«

»Oh, ihr drei werdet einen Teil dieses Reichtums ungesäumt ausgeben«, erklärte einer der Vorsitzenden. »Ihr habt den Anteil erwähnt, welcher an die Schatzkammern von Tenochtitlan und an unseren Gott Yacatecútli geht. Vielleicht seid Ihr Euch nicht darüber im klaren, daß unserer Tradition entsprechend jeder heimkehrende Pochtécatl – sofern er mit reichem Gewinn heimkommt – einen Festschmaus für alle anderen Pochtéca zu geben hat, die zu dieser Zeit in der Stadt weilen.«

Ich sah meine Teilhaber an, die sofort zustimmend nickten, so daß ich sagte: »Mit dem größten Vergnügen, meine Herren. Aber wir sind neu in diesem Geschäft und kennen uns nicht aus . . .«

»Es wird uns ein Vergnügen sein, Euch zu helfen«, sagte derselbe Mann. »Setzen wir es auf übermorgen abend fest. Wir stellen für diese Gelegenheit die gesamten Einrichtungen unseres Gildehauses zur Verfügung. Außerdem werden wir dafür sorgen, daß Essen und Trinken, Musikanten, Tänzer und Gesellschafterinnen zur Verfügung stehen, und selbstverständlich werden wir darauf sehen, daß sämtliche in Frage kommenden und erreichbaren Pochtéca eine Einladung erhalten, während Ihr als Gast dazuladen könnt, wen Ihr wollt. Nun – ein solcher Festschmaus kann in bescheidenem und höchst ausgefallenem Rahmen stattfinden, ganz nach Eurem Geschmack und Eurer Großzügigkeit.«

Abermals beriet ich mich schweigend mit meinen Teilhabern, und dann sagte ich großspurig: »Es ist unser erster, und er sollte unserem Erfolg angemessen sein. Wenn Ihr daher die Liebenswürdigkeit haben würdet – ich würde darum bitten, daß jedes Gericht, jedes Getränk und alles, was dazugehört, nur vom allerbesten sein sollte, gleichgültig, wieviel es kostet. An dieses Gastmahl soll man sich noch lange erinnern!«

Ich jedenfalls erinnere mich noch sehr lebhaft daran.

Gäste wie Gastgeber erschienen auf das feinste gekleidet. Da wir nun voll anerkannte Pochtéca geworden waren, hatten wir ein Anrecht darauf, bestimmten gold- und edelsteinbesetzten Zierrat und Geschmeide zu tragen, um unsere neue Stellung im Leben kundzutun, doch beschränkten wir uns bewußt auf ein paar bescheidene Kleinigkeiten. Ich trug nur die Umhangschließe mit dem Heliotrop daran, welchen die Dame von Tolan mir einst zum Geschenk gemacht, sowie einen einzelnen kleinen Smaragd in meinem linken Nasenflügel. Dafür war mein Umhang aus dem allerfeinsten Baumwollstoff und reich bestickt; meine Sandalen bestanden aus Alligatorleder und waren bis unters Knie verschnürt; das Haar, welches mir unterwegs sehr lang gewachsen war, hielt ich im Nacken mit einer geflochtenen roten Lederschnur zusammen.

Im Innenhof des Gildehauses der Pochtéca brutzelten drei Hirsche, die am Spieß über einem mächtigen Holzkohlenbett gedreht wurden. Alle anderen Gerichte waren von entsprechender Qualität und Reichhaltigkeit. Musikanten spielten auf, freilich nicht zu laut, eine Unterhaltung unmöglich zu machen. Eine Schar wunderschöner Frauen bewegte sich unter den Gästen, und immer wieder führte eine von ihnen zur Musik einen reizvollen Tanz auf. Drei zum Haus gehörige Sklaven hatten nichts anderes zu tun, als uns drei Teilhaber zu bedienen, und wenn sie sonst nichts zu tun hatten, fächelten sie uns mit großen Federfächern Kühlung zu. Man stellte uns den anderen eintreffenden Pochtéca vor, und wir lauschten ihren Berichten über ihre eigenen bemerkenswerten Unternehmungen und Erwerbungen. Blut Schwelger hatte vier oder fünf seiner alten Kriegerkameraden eingeladen, und gemeinsam mit ihnen betrank er sich auf schöne Weise. Cozcatl und ich kannten niemand in Tenochtítlan, den wir hätten einladen können, doch ein unerwarteter Gast erwies sich als ein alter Bekannter von mir.

Eine Stimme neben mir sagte: »Maulwurf, du überraschst mich doch immer wieder.« Ich wandte den Kopf und erblickte den kakaobraunen verhutzelten alten Mann mit den Zahnlücken, der mir auch bei anderen Wendepunkten meines Lebens über den Weg gelaufen war. Diesmal freilich war er weniger abgerissen und besser gekleidet und trug zumindest einen Umhang über seinem Schamtuch.

Lächelnd sagte ich: »Nichts da mehr von Maulwurf«, hob meinen Kristall vors Auge und betrachtete ihn zum erstenmal sehr eingehend. Dabei ging mir auf, daß er mir doch irgendwie bekannter vorkam, als ich gedacht hatte.

Er setzte ein durchtriebenes, nahezu böses Lächeln auf und sagte: »Für mich bist du jedesmal ein anderer: erst ein Nichts, dann ein Student, dann Schreiber, Höfling und freigesprochener Missetäter, schließlich ein Kriegsheld und jetzt ein wohlhabender Kaufmann – der mich mit einem goldenen Auge anstarrt.«

Ich sagte: »Schließlich ist es Euer Vorschlag gewesen, Verehrungswürdiger, daß ich hinausziehe und weite Reisen unternehme. Warum sollte ich nicht mein eigenes Festmahl genießen und mein erstes erfolgreiches Unternehmen feiern?«

»Deines?« sagte er spöttisch. »Dann wären alle deine früheren Erfolge nur auf dein eigenes Wollen und Können zurückzuführen? Ohne fremde Hilfe? Ganz allein dein Werk?«

»O nein«, sagte ich in der Hoffnung, damit die dunkleren Andeutungen, die sich hinter seinen Worten verbargen, abzuwehren. »Ihr werdet hier meine Teilhaber bei diesem Unternehmen kennenlernen.«

»Bei diesem Unternehmen? – Wäre das denn überhaupt möglich gewesen ohne jenes unerwartete Geschenk an Waren und Kapital, welches du in dieses Unternehmen hineingesteckt hast?«

»Nein«, gab ich abermals zu. »Und ich bin auch entschlossen, dem Spender voll und ganz meinen Dank abzustatten mit einem Anteil an ...«

»Zu spät«, fiel er mir in die Rede. »Sie ist tot.«

»Sie?« wiederholte ich verständnislos, denn selbstverständlich hatte ich an meinen ehemaligen Gönner, Nezahualpíli von Texcóco, gedacht.

»Deine verstorbene Schwester«, erklärte er mir. »Das geheimnisvolle Geschenk war das Vermächtnis, welches Tzitzitlíni dir zugedacht hatte.«

Ich schüttelte den Kopf. »Meine Schwester ist tot, alter Mann, wie Ihr richtig gesagt habt. Und sie ist ganz gewiß nie im Besitz eines solchen Vermögens gewesen, es mir zu hinterlassen.«

Ohne auf diesen Einwand einzugehen, fuhr er fort: »Auch der Herr Rot Reiher von Xaltócan hat das Zeitliche gesegnet, während du im Süden unterwegs warst. Er hat einen Priester der Göttin Tlazoltéotl an sein Sterbelager gerufen, und eine so aufsehenerregende Beichte, wie er sie ablegte, konnte kaum geheim bleiben. Etliche deiner erlauchten Gäste hier kennen die Geschichte zweifellos, wiewohl es für sie ein Gebot der Höflichkeit ist, dich nicht darauf anzusprechen.«

»Was für eine Geschichte? Was für eine Beichte?«

»Wie Rot Reiher die Scheußlichkeiten vertuscht hat, die sein Sohn Pactli an deiner Schwester verübt hat.«

»Mir ist das nicht verborgen geblieben«, erklärte ich erbost. »Und ausgerechnet Ihr dürftet sehr wohl wissen, auf welche Weise ich den Mord an ihr gerächt habe.«

»Richtig – nur hat Pactli Tzitzitlíni nicht umgebracht.«

Das erschütterte mich in den Grundfesten; ich konnte den alten Mann nur offenen Mundes anstarren.

»Der Herr Freude hat sie gefoltert und verstümmelt – mit Feuer und Dolch – und hat sich dazu allerlei Verruchtheiten einfallen lassen. Nur war es nicht ihr Tonáli, an diesen Martern zu sterben. Folglich ließ Pactli sie im geheimen Einverständnis mit seinem Vater und zumindest der stillschweigenden Billigung der leiblichen Eltern des Mädchens von der Insel verschwinden. Das war es, was Rot Reiher der Göttin Kot Fresserin beichtete, und als der Priester das öffentlich bekanntmachte, erregte das großen Aufruhr auf Xaltócan. Es schmerzt mich, dir außerdem mitteilen zu müssen, daß der Leichnam deines Vaters auf der Sohle des Steinbruchs aufgefunden wurde; offensichtlich hat er sich von oben hinuntergestürzt. Deine Mutter ist einfach feige geflohen. Niemand weiß, wo sie sich aufhält, und das ist ein Glück für sie.« Er schickte sich an, mich stehenzulassen, und sagte gleichmütig: »Ich glaube, das ist alles an Neuigkeiten, die seit deiner Abreise geschehen sind. Genießen wir jetzt . . .?«

»Wartet!« rief ich wild und packte ihn bei der Schließe seines Umhangs. »Ihr wandelndes Teil von Míctlans Finsternis! Erzählt mir auch den Rest! Was ist aus Tzitzitlíni geworden? Und was soll das heißen, daß dieses Geschenk von ihr stamme?«

»Sie hat dir die gesamte Summe vermacht, die sie erhielt – und Ahuítzotl hat einen ansehnlichen Preis bezahlt –, als sie sich in das Tierhaus von Tenochtítlan verkaufte. Sie wollte oder konnte nicht sagen, woher sie kam und wer sie war, und so wurde sie allgemein die Tapir-Frau genannt.«

Hätte ich ihn nicht immer noch an der Schulter gepackt gehalten, ich wäre zu Boden gestürzt. Für einen Augenblick verschwand alles und alle um mich herum, und ich starrte den langen Tunnel der Erinnerung hinunter. Ich sah die Tzitzitlíni wieder, die ich von Herzen geliebt hatte: meine Schwester mit dem bezaubernden Gesicht, dem wohlgeformten Körper und den geschmeidigen Bewegungen. Und dann sah ich jenes abstoßende Wesen, das reglos im Tierhaus der Monstrositäten gelegen hatte, sah mich erbrechen vor Abscheu und sah die einzelne traurige Träne, die ihr aus dem einen Auge rollte . . .

Meine Stimme klang mir ganz hohl in den Ohren, als stünde ich wirklich in einem langen Tunnel, als ich anklagend sagte: *»Ihr habt es gewußt!* Schändlicher Alter, Ihr habt es gewußt, noch ehe Rot Reiher sein Geständnis ablegte! Und habt mich absichtlich vor sie hingeführt – erwähnt die Frau, der ich gerade beigewohnt hatte – und fragtet mich, wie es mir gefallen würde, mit ihr . . .« Ich würgte, und beinahe hätte ich in der Erinnerung daran noch einmal erbrochen.

»Es ist gut, daß du sie noch ein letztes Mal gesehen hast«, sagte er aufseufzend. »Sie ist bald hinterher gestorben. Eine Gnade, meiner Meinung nach, wiewohl Ahuítzotl ziemlich aufgebracht darüber war, einen so hohen Preis bezahlt zu haben . . .«

Ich sah mich wieder selbst und stellte fest, daß ich den Mann wie rasend schüttelte und wie von Sinnen zu ihm sagte: »Nie hätte ich Tapirfleisch im Dschungel essen können, hätte ich das gewußt. Aber Ihr habt es die ganze Zeit über gewußt. *Woher habt Ihr es gewußt?«*

Die Antwort blieb er mir schuldig. Er sagte einfach: »Man nahm allgemein an, daß die Tapir-Frau die Masse ihres aufgeschwemmten Leibes nicht bewegen könne. Aber irgendwie hat sie es fertiggebracht, sich umzudrehen und mit dem Gesicht nach unten zu fallen, so daß ihr Tapirrüssel nicht mehr atmen konnte. So ist sie erstickt.«

»Nun, dann ist es jetzt an dir, zu sterben, verfluchter Seher des Bösen!« Ich glaube, ich war außer mir vor Kummer, Entsetzen und Wut.

»Ihr fahrt zurück nach Míctlan, wo Ihr herkommt!« Und ich stieß ihn zurück in die Menge der Festgäste und hörte nur undeutlich, wie er sagte: »Die Wärter des Tierhauses behaupten immer noch, daß die Tapir-Frau nicht ohne fremde Hilfe hat sterben können. Sie war jung genug, noch viele, viele Jahre in ihrem Käfig zu leben . . .«

Ich fand Blut Schwelger und unterbrach unhöflich die Unterhaltung, welche er mit seinen Kriegerkameraden pflegte: »Ich brauche eine Waffe und habe keine Zeit, erst in unsere Herberge zu laufen. Hast du deinen Dolch dabei?«

Er griff unter seinen Umhang und hinter sich, um die Waffe aus der Verknotung seines Schamtuchs zu lösen, und sagte mit einem Schluckauf: »Zerlegst du jetzt den Hirschbraten?«

»Nein«, erklärte ich. »Ich will jemand umbringen.«

»Schon so früh am Abend?« Er zog die kleine Obsidianklinge hervor und kniff die Augen zusammen: »Jemand, den ich kenne?«

Ich verneinte abermals. »Nur einen abscheulichen alten Mann. Braun und verhutzelt wie eine Kakaobohne. Dem weint keiner eine Träne nach.« Ich streckte die Hand aus. »Bitte, den Dolch.«

»Weint keiner eine Träne nach?« rief Blut Schwelger entsetzt und hielt den Dolch zurück. »Du willst den Uey-Tlatoáni von Texcóco umbringen? Mixtli, du mußt betrunken sein wie die sprichwörtlichen vierhundert Kaninchen!«

»Einer von uns beiden ist das bestimmt!« fuhr ich ihn verärgert an. »Hör auf mit deinem Gefasel und gib mir die Klinge!«

»Niemals. Ich habe den braunen Mann gesehen, als er kam; diese ganz bestimmte Verkleidung kenne ich.« Blut Schwelger steckte die Waffe wieder fort. »Er ehrt uns mit seiner Anwesenheit, selbst wenn er es vorzieht, das in seiner Vermummung zu tun. Gleichgültig, welcher Kummer an dir nagt, mein Junge, ich werde nicht zulassen . . .«

»Vermummung?« sagte ich. Blut Schwelger hatte leidenschaftslos genug gesprochen, um mir meinen erhitzten Kopf etwas zu kühlen.

Einer der Kriegergäste sagte: »Vielleicht erkennen nur wir ihn, die wir oft genug mit ihm in den Krieg gezogen sind. Nezahualpíli liebt es nun mal, gelegentlich so umherzugehen, um seine Mitmenschen auf ihrer Ebene zu beobachten und nicht von seinem erhöhten Thronsitz aus. Doch diejenigen, die ihn lange genug kennen, um ihn auch zu *er*kennen, verlieren kein Wort darüber.«

»Ihr seid alle jämmerlich betrunken«, sagte ich. »Auch ich kenne Nezahualpíli und weiß zum Beispiel, daß er noch im Besitz aller seiner Zähne ist.«

»Ein Batzen Oxitl, zwei oder drei davon zu schwärzen«, erklärte Blut Schwelger und hatte neuerlich einen Schluckauf. »Oxitl-Striche auf dem mit Walnuß-Gerbsäure braun gefärbten Gesicht – das sind die Runzeln. Außerdem versteht er sich darauf, gebückt zu gehen und seine Hände so knorrig erscheinen zu lassen wie die eines uralten Mannes . . .«

»Aber im Grund braucht er weder Masken noch Verstellung«, sagte der andere. »Er braucht sich bloß mit dem Staub der Straße zu bestäuben – dann sieht er aus wie ein Wildfremder.« Dieser Krieger hatte seinerseits einen Schluckauf und meinte: »Wenn Ihr schon einen Verehrten Sprecher erschlagen müßt, junger Herr, dann nehmt Euch jedenfalls Ahuítzotl vor; dann tut Ihr dem Rest der Welt noch einen Gefallen.«

Ich wandte mich zum Gehen. Irgendwie kam ich mir töricht vor und war völlig durcheinander, ganz abgesehen davon, daß Zorn und Ärger in mir brodelten – es waren tausend widersprüchliche Gefühle, die in mir kämpften ...

Ich blickte mich noch einmal suchend nach dem Mann um, der Nezahualpili war – oder ein Zauberer oder ein böser Gott –, jetzt nicht mehr von dem Wunsch beseelt, ihm den Dolch in den Leib zu stoßen, sondern die Antworten auf tausend andere Fragen aus ihm herauszuzwingen. Ich konnte ihn nicht finden. Er war verschwunden, und mit ihm meine Freude am Festschmaus verflogen, an der Geselligkeit, an jeder Fröhlichkeit. Heimlich verließ ich das Haus der Pochtéca, kehrte zurück in die Herberge und packte dort ein Bündel mit dem Notwendigsten, das ich für unterwegs brauchte. Tzitzis Figürchen der Liebesgöttin Xochiquétzal fiel mir ins Auge, doch meine Hand zuckte davor zurück, als wäre es glühend heiß. Ich steckte es nicht mit in das Bündel und nahm es nicht mit.

»Ich habe gesehen, wie du dich davongeschlichen hast und bin dir gefolgt«, sagte der junge Cozcatl von der Tür meines Gemachs her. »Was ist geschehen? Und was hast du vor?«

Ich sagte: »Ich bringe es einfach nicht fertig, dir zu erzählen, was alles geschehen ist, doch scheinen die Vögel es von den Dächern zu pfeifen. Und deswegen will ich für eine Zeitlang fort.«

»Darf ich mitkommen?«

»Nein.«

Er machte ein langes Gesicht. »Ich glaube, es ist für mich das beste, ich bleibe eine Weile allein; ich muß mir darüber klarwerden, was ich mit dem Rest meines Lebens machen will. Und ich lasse dich ja nicht als wehrlosen und herrenlosen Sklaven zurück, wie du einst fürchtetest. Du bist jetzt dein eigener Herr, und ein reicher dazu. Du erhältst deinen Anteil an unserem Vermögen, sobald die Vorsteher es uns auszahlen. Außerdem übertrage ich dir die Aufgabe, meinen Anteil und die anderen Habseligkeiten von mir zu verwahren, bis ich zurückkehre ...«

»Selbstverständlich, Mixtli.«

»Blut Schwelger wird aus seiner ehemaligen Kriegerunterkunft ausziehen. Vielleicht kauft ihr ein Haus oder baut eines – oder jeder eines. Du kannst deine Studien wieder aufnehmen, ein Handwerk ergreifen oder irgendein Geschäft aufmachen. Irgendwann kehre ich zurück. Und wenn ihr – du und unser alter Beschützer – dann noch Lust habt zu reisen, können wir weitere Expeditionen unternehmen.«

»Irgendwann«, sagte er traurig, straffte dann jedoch die Schultern. »Nun, kann ich dir dann jedenfalls bei den Vorbereitungen für deine plötzliche Abreise helfen?«

»Ja, das kannst du. In meinem Schulterbeutel und in der Börse, die ich in mein Schamtuch eingenäht habe, werde ich kleinere Zahlungsmittel für unterwegs bei mir führen. Aber ich möchte auch Gold mitnehmen, falls ich auf etwas ganz Ungewöhnliches stoße – und dieses Gold möchte ich dort verstecken, wo Räuber es nicht so ohne weiteres finden.«

Cozcatl überlegte einen Augenblick und sagte dann: »Manche Reisende schmelzen ihr Gold in Körner um und verbergen die in ihrem Darm.«

»Das ist ein Trick, den jeder Räuber gleichfalls kennt. Nein, mir ist das Haar lang gewachsen, und ich glaube, das kann ich mir zunutze machen.

Sieh, ich habe allen Goldstaub aus meinen Federkielen herausgeholt und in dieses Tuch geschüttet. Mach ein kleines Päckchen daraus, Cozcatl, und dann laß uns irgendeine Möglichkeit finden, wie ich es unter meinem Haar verborgen am Hinterkopf befestige – wie einen Umschlag oder eine Kompresse.«

Während ich meinen Beutel fertigpackte, faltete er das Tuch säuberlich mehrere Male zusammen, bis es nicht größer war als seine kleinen Hände; trotzdem war es so schwer, daß er beide Hände brauchte, um es emporzuheben. Ich setzte mich nieder, beugte den Kopf, und er legte es mir auf den Nacken ...

»Und jetzt, damit es nicht herabfällt ...« murmelte er. »Mal sehen ...«

Er befestigte es mit einer festen Schnur, die er mit den Enden des kleinen Pakets verknotete und dann über Ohren und Stirn führte; weiterhin verborgen wurde es dadurch, daß ich mir ein gefaltetes Tuch über die Stirn band, wie ein Polster für den Stirnriemen zum Lastentragen, und selbiges gleichfalls am Hinterkopf verknotete. Viele Reisende trugen solche Tücher, damit ihnen Haare und Schweiß nicht in die Augen gerieten.

»Es ist ganz und gar nicht zu sehen, Mixtli. Höchstens, wenn der Wind weht. Aber dann kannst du dir immer den Umhang wie eine Kapuze über den Kopf ziehen.«

»Ja. Ich danke dir, Cozcatl. Und« – ich sagte es rasch; ich wollte so schnell wie möglich fort – »jetzt erst einmal Lebewohl!«

Ich fürchtete mich weder vor der Weinenden Frau noch vor den vielen anderen bösen Wesen, die unvorsichtigen Abenteurern wie mir im Dunkeln auflauern. Ich stieß sogar ein verächtliches Schnauben aus, als ich an Nacht Wind dachte – und den staubbedeckten Fremden, dem ich so häufig nächtens begegnet war. Ich ließ die Stadt hinter mir und marschierte wieder über den nach Süden und Coyohuácan führenden Damm. Als ich ihn zur Hälfte hinter mir hatte – in der Festung Acachináneo – waren die Schildwachen mehr als nur ein wenig erstaunt, zu nachtschlafender Zeit einen Menschen durchkommen zu sehen. Da ich jedoch immer noch festlich gekleidet war, hielten sie mich nicht fest und verdächtigten mich nicht, ein Dieb oder ein Flüchtling zu sein.

Ein Stück weiter wandte ich mich auf die nach Mexicaltzínco führende Abzweigung des Dammes, marschierte durch diese schlafende Stadt hindurch und ging die ganze Nacht über in östlicher Richtung weiter.

An diesem Vormittag schritt ich kräftig aus und ging der aufgehenden und rasch steigenden Sonne entgegen; ich verspürte weder Mattigkeit, noch hatte ich das Bedürfnis zu schlafen, so sehr brodelten Gedanken und Erinnerungen noch in mir. (Das ist das Quälendste am Kummer: daß man von Erinnerungen an glücklichere Zeiten bedrängt wird und man stets Vergleiche zieht mit dem Elend der Gegenwart.) Den größten Teil des Tages über folgte ich der Straße am Gestade des Sees entlang, die ich vor langer Zeit mit dem siegreich aus Texcála heimmarschierenden Heer genommen hatte. Doch nach einiger Zeit bog diese Straße von meinem Weg ab, ich ließ den See hinter mir und befand mich bald in einem Land, das ich noch nicht kannte.

Mehr als anderthalb Jahre war ich unterwegs und kam durch viele neue Lande, ehe ich schließlich so etwas wie ein Ziel erreichte. Einen großen Teil dieser Zeit über war ich verzweifelt und niedergedrückt, daß ich euch nicht sagen kann, ehrwürdige Patres, was ich in dieser Zeit alles sah und erlebte. Ich glaube sogar, wenn ich nicht immer noch viele Wörter der Sprachen, die ich damals lernte, im Gedächtnis behalten hätte, ich wüßte heute nicht, wie ich auch nur die allgemeine Route nachvollziehen könnte, der ich damals folgte. Ein paar Anblicke und Ereignisse freilich sind mir heute noch gegenwärtig und stehen mir vor Augen, wie die Vulkane, welche in jenen nach Osten sich dehnenden Landen alles tiefer liegende Land überragen.

Mutig zog ich in Cuautexcálan ein, Das Land der Adlerklippen, das Gebiet jenes Volkes, in das ich einst zusammen mit dem Heer einmarschiert war. Kein Zweifel – hätte ich mich als Mexíca zu erkennen gegeben, ich wäre nie wieder lebendig herausgekommen. Eigentlich bin ich auch ganz froh, damals in Texcála nicht umgebracht worden zu sein, denn das Volk dort hängt religiösen Vorstellungen an, die ebenso simpel wie lächerlich sind. So glauben sie zum Beispiel, daß ein Edelmann – gleichgültig, wie und wann er stirbt – fürderhin ein lustiges Leben in der Gegenwelt führt; wenn jedoch ein Nichtadliger stirbt, dieser ein recht erbärmliches Leben dortselbst zu führen gezwungen ist. Tote von Adel – gleichgültig, ob Männer oder Frauen – legen nur ihren menschlichen Leib ab und kehren als segelnde Wolken oder Vögel mit prächtigem Gefieder oder als Edelsteine von unschätzbarem Wert wieder. Tote Nichtadlige hingegen kehren als Mistkäfer, schleichende Wiesel oder Stinktiere wieder.

Doch wie dem auch sei, ich starb nicht in Texcála und wurde auch nicht als verhaßter Mexíca erkannt. Wiewohl die Texcaltéca von jeher unsere Feinde gewesen sind, unterscheiden sie sich körperlich nicht von uns, sprechen auch dieselbe Sprache, und es fiel mir nicht schwer, ihre Aussprache nachzuahmen und als einer der ihren zu gelten. Das einzige, was mich in ihren Landen etwas auffallen ließ, war die Tatsache, daß ich ein gesunder junger Mann war, lebendig und nicht verstümmelt. Die Schlacht, an welcher ich teilgenommen, hatte die männliche Bevölkerung aller Altersgruppen, von eben mannbaren Jünglingen bis zu den Greisen, nahezu ausgerottet. Gleichwohl wuchs jetzt eine junge Generation von Knaben heran, erfüllt vom Haß auf uns Mexíca; sie schworen uns Rache und waren erwachsen, als ihr Spanier kamt, und ihr wißt ja, wie die Rache aussah, welche sie an uns nahmen.

Damals jedoch, als ich müßig und ohne bestimmtes Ziel durch Texcála streifte, lag all das noch weit in der Zukunft. Daß ich einer der wenigen erwachsenen und altersmäßig zu ihnen passenden Männer war, brachte mich bei den Frauen nicht in Schwierigkeiten. Im Gegenteil: viele verführerische Texcaltéca-Witwen hießen mich auf ihrem Lager willkommen, das so lange kein Mann geteilt hatte.

Von dort gelangte ich in aller Gemächlichkeit in die Stadt Cholólan, die Hauptstadt der Tya Huü, ja, die einzige größere noch verbliebene Ansammlung dieser Menschen der Erde. Es war nicht zu verkennen, daß die Mixtéca, wie sie von allen außer sich selbst genannt wurden, einst eine beneidenswert verfeinerte Kultur entwickelt und aufrechterhalten hatten.

So sah ich in Cholólan zum Beispiel altehrwürdige Bauten, verschwenderisch mit Mosaiken geschmückt, die wie versteinerte Gewebe wirkten; einzig diese Bauten konnten die Vorbilder für die, wie es heißt, von den Tzapotéca errichteten Tempel der Heiligen Heimat der Wolkenmenschen von Lyobáan gewesen sein.

Es gab auch einen Berg in Cholólan, welcher in jenen Tagen auf der Spitze einen prachtvollen Quetzalcóatl-Tempel trug, einen Tempel, außerordentlich kunstreich mit bemalten Skulpturen der Gefiederten Schlange verziert. Ihr Spanier habt diesen Tempel geschleift, doch offensichtlich trachtet ihr, etwas von der Heiligkeit der Stätte auszuborgen, denn soviel ich höre, seid ihr dabei, anstelle des Tempels eine christliche Kirche zu bauen. Laßt mich euch sagen: dieser Berg ist kein Berg. Es handelt sich um eine von Menschenhand geschaffene Pyramide aus luftgetrockneten Lehmziegeln, mehr Ziegeln, als Haare auf einer ganzen Herde Weißwedelhirsche sind, seit unvordenklicher Zeit mit Schlamm überdeckt und von Pflanzen überwuchert. Wir glauben, daß es sich um die älteste aller Pyramiden in unseren Landen handelt; aber *wissen* tun wir auf jeden Fall, daß es die gigantischste ist, die überhaupt jemals errichtet wurde. Heute mag sie aussehen wie jeder andere baum- und strauchbewachsene Berg, und sie mag auch dazu dienen, eure neuerbaute Kirche zu tragen und zu erhöhen, doch meine ich, eurem Herrgott müsse unbehaglich zumute sein auf diesen Höhen, die so mühevoll für die Verehrung von Quetzalcóatl und niemand sonst aufgetürmt wurden.

Über die Stadt Cholólan herrschten nicht ein, sondern zwei gleich mächtige Männer. Sie wurden Tlaquíach, Herr Dessen, Was Oben Ist, und Tlalchíac, Herr Dessen, Was Unten Ist genannt, was bedeutete, daß der eine mit geistigen, der andere mit irdischen Dingen zu tun hatte. Man hat mir erzählt, daß die beiden oft Streit miteinander hätten, doch zu dem Zeitpunkt, da ich in Cholólan eintraf, waren sie zumindest vorübergehend vereint in irgendeinem Groll gegen Texcála, wo ich gerade herkam. Worum es bei diesem Streit ging, weiß ich nicht mehr. Jedenfalls kam kurz darauf eine Abordnung von vier Texcaltéca-Edelleuten, die von ihrem Verehrten Sprecher Xicoténca geschickt wurden, über die strittige Frage zu verhandeln und sie beizulegen.

Die Herren Dessen, Was Unten Ist, und Dessen, Was Oben Ist, weigerten sich, die Abgesandten auch nur zu empfangen. Statt dessen befahlen sie den Palastwachen, sie zu ergreifen, zu verstümmeln und dann wieder heimzujagen. Den vier Edelleuten war die Gesichtshaut vollständig abgezogen worden, ehe sie wankend und stöhnend zurückkehrten nach Texcála; ihre Köpfe waren rohes Fleisch mit Augäpfeln darin, und ihre Gesichter hingen ihnen bis auf die Brust. Ich glaube, sämtliche Fliegen von Cholólan müssen ihnen zur Stadt hinaus nach Norden gefolgt sein. Da sich vorhersehen ließ, daß die Folge dieser unerhörten Behandlung nur ein Krieg sein konnte und ich keine Lust hatte, als Krieger ausgehoben zu werden, um darin mitzukämpfen, verließ ich Cholólan gleichfalls in aller Eile und wandte mich weiter nach Osten.

Als ich nochmals eine unsichtbare Grenze überschritt und mich im Totonáca-Land befand, blieb ich einen Tag und eine Nacht in einem Dorf, in dem die Fenster meiner Herberge auf den mächtigen Citlaltépetl – Sternen Berg – hinausging und genoß es, ihn aus respektvoller Entfernung durch meinen Topaskristall zu betrachten und den Blick von der grünen, blumenbesetzten Wärme des Dorfes bis zu den eisigen Höhen des wolkenumdrängten Gipfels hinaufwandern zu lassen.

Der Citlaltépetl ist der höchste Berg in der gesamten Einen Welt, so hoch, daß das obere Drittel über und über mit einer weißen Schneekappe bedeckt ist – bis auf die Zeiten, da der Krater von geschmolzener Lava und glühender Asche überfließt und der Berg eine rote statt einer weißen Haube trägt. Soviel ich gehört habe, ist der Gipfel das erste Wahrzeichen des Landes, welches man von euren Schiffen aus erblickt. Tagsüber sehen die Ausgucks den schneebedeckten Kegel, oder nächtens den rotglühenden Schimmer des Kraters, längst ehe sonst irgend etwas von Neuspanien auftaucht. Citlaltépetl ist so alt wie die Welt selbst, doch bis auf den heutigen Tag ist noch kein Mensch, weder Eingeborener noch Spanier, ganz bis nach oben hinaufgeklettert. Sollte jemand das wagen, würden die vorüberziehenden Sterne ihn vermutlich streifen und von seinem luftigen Sitz aus in die Tiefe schleudern.

Ich gelangte an die andere Grenze des Totonáca-Landes, das Gestade des Ost-Meeres, an eine freundliche Bucht namens Chálchihuacuécan, was soviel heißt wie: Ort, Wo Überfluß An Schönen Dingen Herrscht. Ich erwähne das nur, weil es dort später zu einem bedeutsamen Zusammentreffen kommen sollte, wiewohl ich damals noch nichts davon ahnen konnte. Im Frühling eines späteren Jahres sollten andere Männer ihren Fuß dorthin setzen, das Land für Spanien in Besitz nehmen, ein hölzernes Kreuz und eine Flagge in den Farben des Bluts und des Goldes dort aufrichten und ihn den Ort des Wahren Kreuzes nennen: Vera Cruz.

Die Küste dort war wesentlich angenehmer und weniger abweisend als die Küste des Xoconóchco-Landes. Die Strände bestanden nicht aus schwarzem zerbröseltem Lavagestein, sondern aus feinem weißem oder gelbem, ja, manchmal sogar aus korallenrosafarbenem Sand. Auch war das Meer dort nicht ein grünschwarzer Aufruhr, sondern von durchsichtigem Türkisblau, sanft und murmelnd. Die Wellen brachen sich nur als wispernder Schaum, und an manchen Stellen ging es so flach ins Wasser hinein, daß man fast solange hinauswaten konnte, bis man vom Land kaum noch etwas sah und das Wasser einem dennoch nicht weiter reichte als bis zur Hüfte. Anfangs führte die Küste mich direkt in den Süden, doch nach ungezählten Malen Ein Langer Lauf schlägt diese einen weiten Bogen. Nahezu unmerklich kam es daher, daß ich erst nach Südosten und später ganz nach Osten weiterzog, ja zuletzt sogar in nordöstlicher Richtung. Und so wurde aus dem, was wir in Tenochtitlan das Ost-Meer nannten, recht eigentlich ein Nord-Meer.

Dieser Küstenstreifen dort besteht nun keineswegs aus palmengesäumten sandigen Stränden; ich hätte es auch eintönig gefunden, wäre das der Fall gewesen. Auf meinem Weg begegnete ich des öfteren Flüssen, die sich hier ins Meer ergossen; ich mußte dann mein Lager aufschlagen und auf einen Fischer oder Fährmann warten, der mich mit seinem Einbaum ans andere Ufer hinüberbrachte. An anderen Stellen wurde der trockene Sand unter meinen Sandalen unversehens feucht, dann ausgesprochen naß, bis er sich schließlich in einen regelrechten Sumpf verwandelte, wo die anmutigen Palmen verfilzten Mangrovenwäldern mit

Luftwurzeln wichen, knotig wie die Beine alter Männer. Um an diesen Sümpfen vorbeizukommen, schlug ich gelegentlich gleichfalls mein Lager auf und wartete auf vorüberfahrende Fischerboote, welche mich über See auf die andere Seite brachten. Gelegentlich aber wanderte ich auch auf dem Landweg um sie herum, bis die Sümpfe wieder in trockenes Land übergingen, und ich einen großen Bogen um sie herum schlagen konnte.

Ich weiß noch, welch ein Schrecken mir in die Glieder fuhr, als ich das zum erstenmal erlebte. Am morastigen Rand eines solchen Sumpfes wurde ich von der Nacht überrascht, und es hielt außerordentlich schwer, genügend trockenes Gras und ein paar Zweige zu finden, um jedenfalls ein kleines Lagerfeuer zu entzünden. Als ich es schließlich schaffte, war es so klein und gab so wenig Licht, daß ich – als ich den Kopf hob – unter den moosbehangenen Mangroven auf der anderen Seite ein viel helleres Feuer als meines erblickte, das freilich mit einer unnatürlich blauen Flamme brannte.

»Die Xtabai!« fuhr es mir augenblicklich durch den Kopf, hatte ich doch Geschichten genug über die Geisterfrau gehört, welche jene Gebiete heimsucht und stets in ein Gewand gekleidet ist, das ein unheimliches Licht verströmt. Jeder Mann, so heißt es in den Geschichten, der sich ihr nähert, stellt fest, daß es sich bei ihrem Gewand nur um eine Kapuze handelt, unter der sie den Kopf versteckt, und daß der übrige Körper nackt ist – und von verführerischer Schönheit. Er kann der Versuchung nicht widerstehen, näher an sie heranzugehen, sie jedoch weicht spröde immer zurück, bis er plötzlich voller Schrecken feststellt, daß er in einen Treibsand geraten ist, aus dem er nicht mehr herauskommt. Er wird von dem Sand in die Tiefe gezogen, und kurz bevor er gänzlich darin versinkt, läßt die Xtabai endlich ihre Kapuze fallen und zeigt ihr Gesicht – einen böse grinsenden Totenschädel.

Mit meinem Sehkristall beobachtete ich die in der Ferne flackernde blaue Flamme eine Zeitlang, wobei mir ein Schauder über den Rücken lief, bis ich mir zuletzt sagte: »Du tust gut daran, dich nicht schlafen zu legen, solange dieses Licht dort draußen herumgeistert. Doch da ich gewarnt bin, erhasche ich vielleicht doch einen Blick auf sie und gerate trotzdem nicht in Treibsand hinein.«

Mein Obsidianmesser in der Hand, bewegte ich mich geduckt vorwärts auf das Gewirr von Bäumen und Schlingpflanzen zu und dann durch sie hindurch. Das blaue Licht wartete auf mich. Ich probierte jede Stelle aus, auf die ich einen Fuß setzte, um mein Gewicht darauf zu verlagern, doch wiewohl ich stets bis zu den Knien einsank und mein Umhang von dem Buschwerk zerfetzt wurde, sank ich niemals tiefer. Das erste, was mir als ungewöhnlich auffiel, war der Geruch. Selbstverständlich roch der gesamte Morast übel – nach Brackwasser, verwesenden Pflanzen und muffigen Giftpilzen –, doch dieser Geruch, der mir jetzt in die Nase stieg, war grauenhaft: wie nach faulen Eiern. Ich dachte bei mir: »Wie käme ein Mann dazu, auch noch die schönste Xtabai zu verfolgen, wenn sie so stinkt?« Dennoch arbeitete ich mich weiter vor und stand zuletzt vor dem Licht; es handelte sich keineswegs um eine Geisterfrau, sondern nur um eine hüfthohe, rauchlose blaue Flamme, welche geradenwegs aus dem Boden selbst aufstieg. Wer sie in Brand gesetzt hatte, wußte ich nicht, doch genährt wurde sie offensichtlich von der widerwärtig riechenden Luft, die aus irgendeiner Erdspalte aufstieg.

Andere mögen durch dieses Licht in den Tod gelockt worden sein, aber die Xtabai an sich ist gänzlich harmlos. Ich bin nie dahintergekommen, warum verpestete Luft brennt, wohingegen normale Luft es für gewöhnlich nicht tut. Doch bei etlichen anderen Gelegenheiten bin ich diesem blauen Feuer nochmals begegnet, und als ich mir beim letztenmal die Mühe machte, es zu untersuchen, entdeckte ich einen nicht minder erstaunlichen Stoff als Luft, die brannte. In der Nähe der Xtabai-Flamme trat ich in eine Art von besonders klebrigem Schlamm und dachte augenblicklich: »Jetzt hat es mich doch erwischt!« Doch dem war nicht so; ich kam leicht wieder heraus und trug eine Handvoll dieser merkwürdigen Substanz zurück an mein Lagerfeuer.

Es war schwarz wie das Oxitl, welches wir aus dem Saft der Fichten gewinnen, nur eher schleimig als klebrig. Als ich es ans Feuer hielt, um es genauer zu betrachten, fiel ein kleiner Brocken davon in die Flammen, woraufhin diese sogleich höher und viel heißer aufflammten. Erfreut über diese Zufallsentdeckung, warf ich nach und nach meine ganze Handvoll ins Feuer, und ohne, daß ich noch ein einziges Stück Feuerholz hätte nachlegen müssen, brannte es hell die ganze Nacht über. Von diesem Tag an machte ich mir, wenn ich ein Lager irgendwo in der Nähe eines Morastes aufschlagen mußte, nicht erst die Mühe, umständlich Brennholz zu sammeln, sondern hielt nach diesem schwarzen Unrat Ausschau, der aus dem Boden gesickert kam, und hatte auf diese Weise immer ein helleres und wärmeres Feuer und ein strahlenderes Licht als jedes, das wir von den Ölen erhielten, mit denen wir unsere Lampen füllten.

Damals befand ich mich im Land jenes Volkes, welches wir Mexica unterschiedslos Olméca nannten, einfach deshalb, weil dies das Land war, aus welchem wir den größten Teil unseres Óli bezogen. Die Bewohner selbst unterscheiden eine ganze Reihe von Volksstämmen – Coátzacoáli, Coatlícamac, Cupílco und andere –, doch ähneln diese Stämme einander sehr: jeder Mann geht gebeugt unter der Last seines Namens, und jede Frau und jedes Kind bewegt in einem fort kauend die Kiefer. Doch das erkläre ich wohl besser.

Unter den dort heimischen Bäumen gibt es zwei Arten, die, sobald ihre Rinde aufgeschlitzt wird, einen Saft ausscheiden, der bald eine vergleichsweise feste Form annimmt. Die eine Baumart bringt das Óli hervor, welches wir in verflüssigter Form als Kleister benutzen und aus welchem wir, in der erstarrteren Form, unsere Tlachtli-Bälle fertigen. Die andere Baumart bringt eine weichere, süßschmeckende, Tzictli genannte Gummiart hervor, und dieses Tzictli dient zu nichts anderem als zum Gekautwerden. Womit ich nicht meine, daß man es ißt: es wird nie hinuntergeschluckt. Verliert es seinen Geschmack, wird es fade und weich, spuckt man es aus und steckt sich ein anderes Stück in den Mund. Nur Frauen und Kinder kauen Tzictli; bei einem Mann gilt diese Gewohnheit als weibisch. Doch danke ich den Göttern, daß diese Unsitte nicht anderwärts eingeführt wurde, denn sie läßt die Olméca-Frauen, die sonst recht ansprechend aussehen, so stumpf und geistlos erscheinen wie dickgesichtige Seekühe, die fortwährend auf Riedstengeln herumkauen.

Die Männer kauen zwar kein Tzictli, haben sich jedoch ihrerseits etwas zur Gewohnheit gemacht, was nicht minder kindisch ist. Irgendwann in der Vergangenheit haben sie angefangen, Namensschildchen zu tragen. Jeder Mann trug auf der Brust einen Anhänger aus möglichst kostbarem Material von Muscheln bis Gold mit seinen Namenssymbolen darauf, damit jeder Vorübergehende sie lesen könne. So konnte ein Fremder, der einem Unbekannten eine Frage stellte, diesen mit seinem Namen anreden. Überflüssig vielleicht, doch damals galt das Namensschild als eine Aufforderung, sich möglichst höflicher Umgangsformen zu befleißigen.

Über die Jahre war dieser schlichte Anhänger immer aufwendiger gearbeitet worden. Jetzt treten zu seinen Namenssymbolen auch noch die seines Berufes: ein Büschel Federn läßt erkennen, daß er Handel treibt; dazu einen Hinweis auf seinen Rang innerhalb des Adels oder der Schicht der Gemeinfreien: hinzu treten noch entferntere Vorfahren; und Gold- und Silberklümpchen oder kostbare Steine, um mit dem Reichtum zu prahlen, den man besitzt; und ein Gewirr bunter Bänder, um anzuzeigen, ob man verheiratet, Junggeselle, Witwer oder der Vater von wie vielen Kindern ist; und Abzeichen für Kriegstaten: etwa kreisförmige Scheiben mit den Namen von Städten, an deren Besiegung man teilgenommen hat. Es konnte aber bis zu den Knien hinunter hängen. Daher geht heutzutage jeder Olmécatl gebeugt unter der Last seines Namens und verborgen von dem Gewirr von kostbarem Metall, Geschmeide, Federn, Bändern, Muscheln und Korallen. Und kein Fremder braucht jemals eine Frage nach dem anderen zu stellen; die Antwort auf jede Frage und auf alles, was er über ihn wissen möchte, hängt jedem Mann von der Brust.

Diesen wunderlichen Eigenheiten zum Trotz, sind die Olméca keineswegs Narren, die ihr Leben nur darauf abgestellt hätten, Bäume anzuzapfen. Sie werden zurecht auch ihrer früheren und heutigen Kunstfertigkeiten wegen gerühmt. Verstreut im Küstenbereich liegen die verlassenen Städte ihrer Vorfahren, und manches von dem, was übriggeblieben ist, ist schon erstaunlich. Ich persönlich war zumal tief beeindruckt von den Standbildern, welche sie aus dem Lavagestein herausgemeißelt haben und die heute bis zum Hals oder Kinn im Boden stecken und von Bäumen und Sträuchern überwuchert werden. Nichts außer ihren Köpfen ist von ihnen sichtbar. Sie tragen einen höchst lebendigen Ausdruck von Wildheit zur Schau, und alle tragen sie Helme, die dem Kopfschutz unserer Tlachtli-Ballspieler ähneln; möglich also, daß es sich bei den Standbildern um jene Götter handelt, welche dieses Spiel erfunden haben. Ich sage mit Bedacht Götter und nicht Menschen, denn jeder einzelne von diesen *Köpfen*, ganz zu schweigen von den unvorstellbaren Körpern im Boden, ist viel zu groß, um in das Haus eines Menschen hineinzupassen.

Außerdem finden sich dort steinerne Friese und Säulen und dergleichen, auf denen nackte männliche Gestalten dargestellt sind – manche *sehr* nackt und *sehr* männlich –, die offenbar tanzen oder trunken sind oder sonstwie ihre Glieder verrenken, so daß ich meine, die Vorfahren der Olméca müssen sehr ausgelassene Menschen gewesen sein. Und es gibt kleine Figuren aus Jadestein, wundervoll gearbeitet und sehr genau in den Einzelheiten, wiewohl es schwer hält, die neueren von den älteren zu unterscheiden, denn unter den Olméca gibt es noch heute viele Kunsthandwerker, die im Schneiden von Steinen Erstaunliches leisten.

Im Cupílco genannten Land und seiner Hauptstadt Xicalánca – herrlich gelegenen auf einer schmalen Landzunge, welche auf der einen Seite von blauem, auf der anderen von grünem Meereswasser umspült wird – fand ich einen Schmied namens Tuxtem, dessen Spezialität das Schnitzen winziger Vögel und Fische war, nicht größer als Fingerknöchel, und deren unendlich viele Federn oder Schuppen abwechselnd aus Gold und Silber gearbeitet waren. Später brachte ich einige seiner Arbeiten zurück nach Tenochtítlan, und jene Spanier, die sie gesehen haben, waren voll des Lobes über sie – ein paar Stücke sind immer noch da – und behaupteten, kein Künstler in dem, was sie die Alte Welt nennen, habe jemals ähnlich Meisterhaftes geschaffen.

Ich folgte der Küstenlinie, welche mich ganz um die Uluümil Kutz genannte Maya-Halbinsel herumführte. Dieses traurige Land habe ich euch bereits beschrieben, ehrwürdige Patres; ich will mich daher jetzt nicht weiter damit aufhalten, sondern nur erwähnen, daß ich mich an der Westküste nur an eine einzige Stadt erinnere, welche zurecht die Bezeichnung Stadt trägt: Kimpéch. An der Nordküste liegt eine andere: Tihó; und an der Ostküste noch eine: Chaktemál.

Ich war mittlerweile über ein Jahr von Tenochtítlan fort und nahm mir vor, allmählich dorthin zurückzukehren. Von Chaktemál aus wandte ich mich ins Landesinnere, nach Westen, und durchquerte die gesamte Halbinsel. Ich hatte mich reichlich mit Atóli und Schokolade sowie anderem Reiseproviant und reichlich Wasser eingedeckt. Wie ich bereits gesagt habe, handelt es sich um ein dürres Land mit einem höchst ungesunden Klima und einer nicht genau zu bestimmenden Regenzeit. Ich gelangte in jenem Mond über die besagte Grenze, den ihr Juli nennt – nach dem Kalender der Maya der achtzehnte, Kumkú – Donnerschlag – genannte Mond, nicht, weil er heftige Regenfälle oder überhaupt Niederschlag brächte, sondern weil dieser Mond so trocken ist, daß das ausgeglühte Land selbst so unter der Hitze stöhnt und ächzt, als ob es sich zusammenzöge und schrumpfte.

Vielleicht war dieser Sommer noch heißer als sonst, jedenfalls ließ er mich eine merkwürdige und – wie sich herausstellte – außerordentlich folgenreiche Entdeckung machen. Eines Tages gelangte ich an einen kleinen See, der so aussah, als bestünde er aus jenem schwarzen Schlamm, wie ich ihn zuvor in den Morästen des Olméca-Landes gefunden hatte und der sich so vorzüglich als Brennmaterial eignet. Doch als ich einen Stein aufhob und hineinwarf, mußte ich feststellen, daß dieser nicht einsank, sondern sprang, ein paarmal auf der Oberfläche aufschlug und weiterrollte, als ob der See aus erstarrtem Óli bestünde. Zögernd setzte ich einen Fuß auf die schwarze Fläche und stellte fest, daß sie nur ganz wenig unter meinem Gewicht nachgab. Es handelte sich um Chapopótli, einen harzartigen Stoff, aber nicht braun, sondern schwarz. Schmolz man es, ließen sich vorzügliche helleuchtende Fackeln daraus machen, Risse in Gebäuden damit ausfüllen, zahlreiche Heilmittel damit mischen und als Farbe verwenden, die kein Wasser durchließ. Zwar kannte ich es, doch hatte ich nie zuvor einen ganzen See davon gesehen.

Ich setzte mich ans Ufer, aß einen Bissen und dachte über meine Entdeckung nach. Und während ich dasaß, brachte die Kumkú-Hitze – die das ganze Land um mich her knistern und grollen ließ – unmittelbar vor meinen Augen auch den Chapopótli-See zum Bersten. Die Oberfläche barst plötzlich nach allen Richtungen auseinander, so daß es aussah, als wäre sie von einem Augenblick zum anderen mit einem Spinnennetz überzogen, und es wurden ganze Brocken in die Höhe geschleudert, darunter etliche braunschwarze längliche Gegenstände, die wohl einst Stämme und Äste eines lange vergrabenen Baums gewesen sein mochten.

Selbstverständlich war ich heilfroh, daß ich mich nicht gerade in diesem Augenblick auf den See hinausgewagt hatte, denn dann wäre ich unweigerlich gleichfalls in die Höhe geschleudert worden und hätte mich womöglich verletzt. Als ich mit dem Essen fertig war, hatte sich alles wieder beruhigt. Der See lag freilich nicht mehr als glatte Fläche da, sondern bildete ein Durcheinander von emporgeschleuderten, schwarz schimmernden Brocken, doch sah es nicht so aus, als ob es noch einmal zu einem Ausbruch kommen würde, und mich packte die Neugier zu erfahren, was es mit den länglichen Gegenständen auf sich hatte, welche ich durch die Luft hatte segeln sehen. Infolgedessen betrat ich behutsam abermals den See, suchte mir, als ich nicht einsank, zwischen den schwarzen Brocken den Weg und stellte fest, daß es sich bei den herausgeschleuderten Dingen, die ich für Baumstämme oder Äste gehalten hatte, um Knochen handelte.

Dadurch, daß sie lange Zeit unterm See gelegen hatten, waren sie nicht mehr weiß, wie es alte Knochen für gewöhnlich sind; dafür waren sie unvorstellbar groß, und ich mußte daran denken, daß unsere Lande einst von Riesen bevölkert gewesen waren. Doch wiewohl ich hier und da eine Rippe und auch einen Oberschenkelknochen erkannte, wurde mir auch klar, daß sie nicht von einem menschlichen Riesen stammen konnten, sondern von einem unvorstellbar großen Tier. Ich konnte mir nur denken, daß das Chapopótli vor langer, langer Zeit flüssig gewesen sein mußte, irgendein Tier ahnungslos darin eingebrochen und in die Tiefe gezogen worden war – und daß die Flüssigkeit sich zu ihrem heutigen Zustand verfestigt hatte.

Zwei Knochen fand ich, die noch weit größer waren als die anderen – zumindest hielt ich sie anfangs für Knochen. Jeder war so lang, wie ich groß bin, dabei an einem Ende rund wie mein Oberschenkel; zum anderen Ende hin verjüngte er sich, daß die stumpfe Spitze nicht größer war als mein Daumen. Jeder wäre in voller Ausdehnung wohl auch noch länger, nur, daß sich beide bogen und nochmals bogen wie eine sehr widerspenstige Spirale. Beide hatten genauso wie die Knochen durch das Chapopótli eine braunschwarze Färbung angenommen. Ich zerbrach mir einige Zeit lang den Kopf darüber, bis ich mich hinkniete und mit meinem Messer an der Oberfläche kratzte und die richtige Farbe zum Vorschein kam; ein warm schimmerndes Perlweiß. Was ich da vor mir hatte, waren Zähne – lange Zähne wie die Hauer eines riesigen Wildebers. Freilich, dachte ich bei mir, wenn das eingesunkene und in die Tiefe gezogene Tier ein Eber gewesen war, dann mußte es wahrhaftig ein Eber gewesen sein, welcher so recht in ein Zeitalter der Riesen hineingepaßt hatte.

Ich richtete mich auf und überlegte. Ich hatte Lippenscheiben und Nasenpflöcke und ähnliche Schmuckstücke gesehen, die aus den Zähnen von Bären und Haifischen und den Hauern ganz normaler Eber geschnitzt worden und so teuer gewesen waren, daß sie nahezu mit Gold aufgewogen wurden. Was, dachte ich bei mir, hätte ein Meister des Schnitzmessers wie der arme Tlatli aus solchem Material alles machen können!

Das Land war dünn besiedelt – was angesichts der Ödnis kein Wunder war. Ich mußte in das grünere und lieblichere Cupílco-Land hinüberwandern, ehe ich endlich auf das Dorf eines mir unbekannten Olméca-Stamms stieß. Die Männer gingen sämtlichst dem Beruf des Óli-Zapfers nach, doch war gerade nicht die geeignete Zeit zum Anzapfen der Bäume, und so saßen sie alle müßig herum. Ich brauchte vier von den kräftigsten unter ihnen nicht einmal viel Lohn zu bieten, als Träger in meine Dienste zu treten. Allerdings wären sie fast wieder abgesprungen, als sie begriffen, wohin unser Marsch ging. Der schwarze See, erklärten sie, sei sowohl ein heiliger als auch ein schreckenerregender Ort, etwas, um das man besser einen weiten Bogen machte; folglich mußte ich den Lohn erhöhen, ehe sie sich bereiterklärten weiterzumarschieren. Als wir hinkamen und ich auf die hauerähnlichen Zähne zeigte, beeilten sie sich zu zweit jeweils einen zu schultern; dann machten sie so schnell wie möglich, daß sie vom See wegkamen.

Ich führte sie durch Cupílco zurück an die Küste und an dem vorspringenden Land entlang bis in die Hauptstadt Xicalánca und dort bis zu der Werkstätte des Meistersteinschneiders Tuxtem. Er machte ein verwundertes und keineswegs erfreutes Gesicht, als meine Träger mit ihren sonderbaren, baumstammähnlichen Lasten herangewankt kamen. »Ich bin kein Holzschnitzer«, erklärte er sofort. Doch dann erzählte ich ihm, wie ich durch einen glücklichen Zufall auf sie gestoßen sei, und um was für Seltenheiten es sich dabei handeln müsse. Er berührte die Stelle, an der ich mit dem Messer geschabt hatte, seine Hand verweilte dort, streichelte darüber hin und in seine Augen trat ein Leuchten.

Ich bedankte mich mit etwas mehr als dem vereinbarten Lohn bei meinen Trägern und entließ sie. Dann erklärte ich dem Künstler Tuxtem, ich würde seine Dienste gern in Anspruch nehmen, doch hätte ich nur recht undeutliche Vorstellung von dem, was er aus meinem Fund für mich machen solle.

»Ich möchte Schnitzereien, die ich in Tenochtítlan verkaufen kann. Ihr könnt die Zähne auseinanderschneiden, wie Ihr es für richtig haltet. Vielleicht könnt Ihr aus den größeren Stücken Figuren von Mexíca-Göttern und -Göttinnen schnitzen, und aus den kleineren vielleicht Poquíetl-Röhrchen, Kämme und kunstvolle Messergriffe. Selbst aus den kleinen Stücken könnt Ihr noch Lippenscheiben schnitzen, oder was Ihr sonst wollt. Das überlasse ich Euch, Meister Tuxtem, und Eurer künstlerischen Urteilskraft.«

»Unter all den Materialien, mit denen ich in meinem Leben schon gearbeitet habe«, erklärte er feierlich, »ist dieses hier einzigartig. Es bietet vielerlei Möglichkeiten und stellt gleichzeitig eine wunderbare Herausforderung dar, wie sie mir im Leben bestimmt nicht wieder begegnet. Ich werde lange und gründlich darüber nachsinnen, ehe ich auch nur ein kleines Stück zur Probe schnitze und mit Werkzeugen und Schleifmaterial experimentiere . . .« Er hielt inne und sagte dann beinahe trotzig: »Aber eines laßt Euch von mir gesagt sein. Von mir und meiner Arbeit fordere ich nichts Geringeres als immer das beste. Und das läßt sich nicht an einem Tag machen, junger Herr Gelb Auge, und auch nicht in einem Mond.«

»Selbstverständlich nicht«, stimmte ich zu. »Hättet Ihr gesagt, das ginge, würde ich meine Trophäen genommen haben und wieder abgezogen sein. Ich weiß ja auch noch nicht, wann ich einmal wieder nach Xicalánca komme. Ihr könnt Euch also Zeit lassen, soviel Ihr braucht. Und was Euren Lohn betrifft . . .«

»Es ist zweifellos töricht von mir, aber ich würde es als den höchsten Preis betrachten, der mir jemals gezahlt worden ist, wenn Ihr mir versprecht bekanntzumachen, daß diese Dinge von mir geschaffen seien – und daß Ihr meinen Namen nennt.«

»Töricht im Kopf, Meister Tuxtem, doch sage ich das voller Bewunderung für die Klugheit und Reinheit Eures Herzens. Entweder Ihr nennt Euren Preis, oder ich mache folgendes Angebot. Ihr nehmt den zwanzigsten Teil an Gewicht von dem, was die fertigen Dinge wiegen werden – oder von dem rohen Material, so wie es jetzt ist. Ihr könnt es Euch aussuchen.«

»Das ist ein großmütiges Angebot.« Er neigte zustimmend den Kopf. »Wäre ich der habgierigste aller Männer gewesen, ich hätte es nicht gewagt, mich so über die Maßen bezahlen zu lassen.«

»Und keine Angst«, fügte ich noch hinzu. »Die Käufer der Sachen, die Ihr schnitzt, werde ich mir sorgfältig aussuchen. Es werden nur Personen sein, die solche Dinge zu würdigen wissen. Und jedem einzelnen von ihnen werde ich sagen: geschaffen hat es Meister Tuxtem aus Xicalánca.«

Mochte es auf der Halbinsel Uluümil Kutz auch noch so trocken gewesen sein, in Cupílco herrschte gerade Regenzeit, und es ist dann nicht gerade angenehm, in jenen Heißen Ländern mit fast dschungelartigem Pflanzenwuchs unterwegs zu sein. Deshalb hielt ich mich auf meinem Weg gen Westen abermals an Küstenstreifen und Strände und gelangte zuletzt in die Stadt Coátzacoálcos, die Ihr heute Espíritu Santo nennt, den Endpunkt der Nord-Süd-Handelsroute über die kleine Landenge von Tecuantépec. Ich dachte bei mir: Diese Landzunge besteht fast nur aus flachem Land, ist nicht sonderlich bewaldet und weist sogar noch eine gute Straße auf, so daß es eine leichte Reise sein muß, selbst, wenn ich unterwegs häufig Regen abbekomme. Und auf der anderen Seite der Landenge lockte eine gastliche Herberge und meine bezaubernde Gié Bele von den Wolkenmenschen und damit die Aussicht auf eine erquickende Ruhepause, ehe ich mich auf den Rückweg nach Tenochtítlan machte.

Deshalb wandte ich mich von Coátzacoálcos aus nach Süden. Manchmal schloß ich mich den Trägerkolonnen anderer Pochtéca an, manchmal auch einzeln reisenden Händlern, und wir kamen an vielen vorüber, die genau in die entgegengesetzte Richtung wollten. Doch eines Tages ging ich ganz allein und die Straße war leer. Ich gelangte auf den Scheitel einer Anhöhe und sah auf der anderen Seite der Straße vier Männer unter einem Baum sitzen, zerlumpte, brutal aussehende Männer, die sich, als ich mich näherte, langsam und erwartungsfreudig erhoben. Ich dachte an die Räuber, denen ich einst begegnet war, und legte sogleich die Hand an den Obsidiandolch, den ich in der Leibbinde des Schamtuchs stecken hatte. Mir blieb wirklich nichts anderes übrig, als weiterzugehen und zu hoffen, mit einem Gruß friedlich an ihnen vorüberzukommen. Doch diese vier gaben nicht einmal vor, mich zu einem Mahl einladen zu wollen oder meines mit mir zu teilen, oder mich auch nur anzusprechen. Sie bildeten einfach einen Kreis um mich und drangen von allen Seiten auf mich ein.

Ich kam zu mir – zumindest soweit, daß ich wußte: du liegst unbekleidet auf einem Lager und hast eine dicke weiche Decke unter und eine über dir, deine Blöße zu bedecken. Ich lag in einer Hütte, welche sonst offenbar völlig leer stand und dunkel war bis auf den gelegentlichen Schimmer von Tageslicht, welcher durch die Flechtwände und das strohgedeckte Dach hindurchdrang. Ein Mann in mittleren Jahren kniete neben mir, und seinen ersten Worten entnahm ich, daß er Arzt sein müsse.

»Er kommt zu sich«, sagte er zu jemand, der hinter ihm stand. »Ich hatte schon Angst, er würde überhaupt nicht mehr aus seiner Bewußtlosigkeit aufwachen.«

»Dann stirbt er also nicht?« fragte eine weibliche Stimme.

»Nun, zumindest kann ich jetzt anfangen, ihn zu behandeln, was unmöglich gewesen wäre, hätte er weiterhin im Dämmer verharrt. Ich muß schon sagen, er hat gerade noch rechtzeitig zu Euch gefunden.«

»Dabei hätten wir ihm fast die Tür gewiesen, so schreckenerregend sah er aus. Doch dann erkannten wir durch das Blut und den Schmutz hindurch den Záa Nayàzú.«

Das klang irgendwie nicht richtig. Irgendwie wollte mir in diesem Augenblick nicht einfallen, wie ich hieß, doch meinte ich, zumindest könne mein Name nicht ganz so wohllautend klingen, wie das, was da volltönend aus einem weiblichen Mund kam.

Mein Kopf schmerzte abscheulich; ich hatte das Gefühl, alles darin sei entfernt und durch einen rotglühenden Stein ersetzt worden. Ich fühlte mich wie durchgeprügelt. Aber nicht nur, was meinen Namen betraf, ließ mich mein Gedächtnis im Stich; ich war mir nur bewußt, daß ich nicht einfach an irgend etwas erkrankt war. Irgendwie war ich verletzt worden. Ich wollte fragen, wie, wo ich mich befände und wie ich hierhergekommen sei, aber ich brachte keinen Laut über die Lippen.

Der Doktor sagte zu der Frau, die ich nicht sehen konnte: »Wer immer die Räuber waren, sie haben ihm den Garaus machen wollen. Wäre nicht die dicke Bandage gewesen, die er um den Kopf trug, ihm wäre das Genick gebrochen oder sein Schädel geborsten wie eine Kalebasse. Trotzdem hat sein Gehirn eine schlimme Erschütterung davongetragen. Daher das viele Nasenbluten. Und jetzt, wo seine Augen offen sind, seht: die Pupille des einen ist wesentlich geweiteter als die des anderen.«

Eine Frau beugte sich über die Schulter des Doktors und starrte mir ins Gesicht. Trotz meiner Benommenheit erkannte ich, daß ihr Antlitz wunderschön anzusehen war und daß die schwarze Fülle ihres Haares eine weiße Strähne aufwies, welche sich von der Stirn nach hinten zog. Irgendwie kam ihr Gesicht mir bekannt vor, und zu meiner Verwunderung hatte selbst der Anblick der Unterseite des Strohdachs irgendwie etwas Vertrautes für mich.

»Die ungleichen Pupillen«, sagte die Frau. »Ist das ein schlechtes Zeichen?«

»Ein sehr schlechtes sogar«, erklärte der Arzt. »Es weist darauf hin, daß irgend etwas in seinem Kopf nicht stimmt. Deshalb müssen wir nicht nur seinen Körper stärken und die Wunden und Prellungen heilen, sondern auch achtgeben, daß er sich nicht aufregt und sein Gehirn nicht bewegt wird. Haltet ihn warm und sorgt dafür, daß die Hütte im Dämmerlicht bleibt. Flößt ihm die Brühe und die Medizin ein, immer wenn er wach ist; auf keinen Fall jedoch darf er sich aufsetzen. Er sollte möglichst auch nicht sprechen.«

Törichterweise versuchte ich, dem Doktor klarzumachen, daß ich ganz außerstande sei zu sprechen. Doch dann wurde es in der Hütte unversehens noch dunkler, und ich hatte das elende Gefühl, mit großer Geschwindigkeit in eine tiefe Schwärze hineinzufallen.

Später erzählten sie mir, ich hätte viele Tage und Nächte so dagelegen, daß ich nur vorübergehend kurz zum Bewußtsein gekommen sei und zwischen diesen flüchtigen Augenblicken in einer so tiefen Bewußtlosigkeit dagelegen hätte, daß der Doktor sich große Sorgen gemacht habe. Ich selbst erinnerte mich, daß in den kurzen Pausen des Wachseins manchmal der Doktor, die junge Frau jedoch immer an meinem Lager saß. Mit einem Löffel flößte sie mir dann wohl eine warme, kräftig schmeckende Brühe oder bittere Medizin ein, oder sie wusch mir mit einem Schwamm jene Körperteile, die sie erreichen konnte, ohne daß ich meine Rückenlage veränderte, oder rieb mich mit einer nach Blumen duftenden Salbe ein. Ihr Gesicht war immer das gleiche – ein wunderschönes Gesicht, das mich besorgt und aufmunternd zugleich anlächelte, nur daß ihr schwarzes Haar manchmal die kräftig sich vom üblichen Schwarz abhebende schlohweiße Strähne aufwies und manchmal nicht – zumindest kam es mir in meiner Benommenheit so vor.

Ich muß zwischen Tod und Leben gehangen haben, und die Götter müssen es mir bestimmt oder mich dazu ausersehen haben, oder es ist mein Tonáli gewesen, mir letzteres zu gewähren. Jedenfalls kam der Tag, da ich mit einigermaßen klarem Kopf aufwachte, zu dem sonderbar vertrauten Dach aufschaute, dann der jungen Frau ins Gesicht sah, welches sie so nahe über dem meinen hielt, daß ich die weiße Strähne im Haar darin erblickte und es schaffte, krächzend »Tecuantépec« hervorzustoßen.

»Yáa«, sagte sie, und sagte dann noch einmal »Ja«, diesmal freilich auf Náhuatl, und lächelte. Ein müdes Lächeln war das, nach den vielen Nächten des Wachens und des an meinem Lager Sitzens an den vielen Tagen. Ich wollte etwas fragen, doch sie legte mir kühl einen Finger über den Mund.

»Sprecht nicht! Der Doktor sagt, Ihr solltet das vorerst noch unterlassen.« Ihr Náhuatl kam zögernd, aber besser, als ich es zuvor in dieser Hütte gehört zu haben meinte. »Wenn Ihr wieder gesund seid, könnt Ihr uns erzählen, was geschehen ist oder woran Ihr Euch noch erinnert. Bis dahin werde ich Euch das wenige erzählen, was wir wissen.«

Sie hatte eines Nachmittags die Truthähne im Garten der Herberge gefüttert, als eine Erscheinung auf sie zugewankt gekommen sei, freilich nicht von der Handelsstraße her, sondern von Norden, über die leeren Felder am Fluß hinweg. Sie würde auch in die Hütte geflohen sein und die Tür verrammelt haben, doch habe sie sich vor Schrecken und Verwunderung solange nicht von der Stelle rühren können, bis ihr etwas Vertrautes an dem nackten, schmutz- und blutverkrusteten Mann aufgefallen sei. Wiewohl halb tot, müsse ich es mit letzter Kraft bis zu der vertrauten Herberge geschafft haben. Die untere Gesichtshälfte sowie meine Brust seien blutverkrustet gewesen, und Blut sei mir aus den Nasenlöchern getropft. Mein übriger Körper sei von Dornen zerkratzt und mit blauen Flecken übersät gewesen, entweder von Schlägen, oder weil ich immer wieder gestürzt sei. Die Sohlen meiner bloßen Füße seien rohes Fleisch gewesen, eingehüllt in eine Kruste aus Schmutz und schartigen kleinen Steinen. Gleichwohl habe sie den Wohltäter ihrer Familie in mir erkannt und mich ins Haus gebracht. Nicht in die Herberge freilich, denn dort hätte ich nicht ungestört ruhen können. In der gehe es nämlich hoch her, ja, sie gehe jetzt prächtig, da insbesondere Mexíca-Pochtéca wie ich selbst sie allen anderen vorzögen – und das, so sagte sie, sei der Grund, warum sie heute soviel besser Náhuatl spreche als früher.

»Deshalb haben wir Euch in unsere alte Hütte geschafft, wo wir Euch unbehelligt vom Kommen und Gehen der Gäste pflegen konnten. Schließlich *gehört* Euch die Hütte ja auch, falls Ihr Euch erinnert, daß Ihr sie gekauft habt.« Durch eine Handbewegung gab sie mir zu verstehen, ich solle nicht sprechen, und fuhr fort: »Wir nehmen an, daß Räuber Euch ausgeraubt haben. Jedenfalls habt Ihr, als Ihr schließlich hier ankamt, nichts am Leibe gehabt.«

Schrecken fuhr mir in die Glieder, als mir plötzlich alles wieder einfiel. Unter größter Anstrengung hob ich den schmerzenden Arm und tastete mir die Brust ab, bis meine Finger den Topaskristall fanden, der an seinem Riemen immer noch dahing – und stieß einen tiefen Seufzer der Erleichterung aus. Selbst die habgierigsten Räuber mußten darin irgendein Götterangebinde gesehen haben und abergläubisch genug gewesen sein, es mir nicht abzunehmen.

»Ja, *das* hattet Ihr immerhin an«, sagte die junge Frau und folgte mit den Augen meinem Tasten. »Und dieses schwere Ding – was immer es sein mag.« Mit diesen Worten holte sie unter dem Lager das verschnürte Tuch mit dem Stirnband daran hervor.

»Macht es auf«, sagte ich. Da ich so lange kein Wort mehr gesprochen hatte, klang meine Stimme ganz heiser.

»Sprecht nicht«, wiederholte sie, tat jedoch wie geheißen und faltete das Tuch immer weiter auseinander. Der durch meinen Schweiß etwas verklebte Goldstaub leuchtete so hell, daß er die Dunkelheit in der Hütte fast verdrängte – und goldene Lichter in ihren Augen aufleuchten ließ.

»Wir hatten immer angenommen, daß Ihr ein sehr reicher junger Mann sein müßtet«, murmelte sie. Dann überlegte sie einen Augenblick und sagte: »Aber zuerst habt Ihr nach dem Anhänger gegriffen, um Euch zu vergewissern, daß er noch da sei. Noch vor dem Gold.«

Ich wußte nicht, ob ihr meine wortlose Erklärung verständlich war, doch mit neuerlicher Kraftanstrengung hielt ich den Kristall vors Auge und betrachtete sie dadurch solange, wie ich ihn halten konnte. Doch selbst, wenn ich gewollt hätte – ich hätte nicht sprechen können. Sie war wunderschön, schöner noch, als ich gedacht oder sie in der Erinnerung gehabt hatte. Ihr Name jedoch gehörte zu den Dingen, an die ich mich nicht erinnern konnte.

Der Blitz in ihrem Haar bannte den Blick, doch war das nicht nötig angesichts einer Schönheit, die ohnehin zu Herzen ging. Ihre langen Wimpern waren wie die Flügel des winzigsten schwarzen Kolibris. Selbst ihre Lippen hatten an den Mundwinkeln etwas flügelhaft Geschwungenes und ihre Brauen wölbten sich leicht wie die ausgebreiteten Schwingen einer Seemöwe. Selbst ihren Lippen eignete an den Mundwinkeln etwas Beschwingtes: die Andeutung eines Grübchens bewirkte, daß es aussah, als ob sie ständig heimlich lächelte. Lächelte sie jedoch wirklich, gab es keinen Zweifel mehr, denn jetzt tat sie es, vielleicht, weil sie den fragenden Ausdruck auf meinen eigenen Zügen erkannte. Die Andeutungen von Grübchen vertieften sich zu liebreizenden echten Grübchen, und das Strahlen, welches von ihrem Gesicht ausging, überstrahlte selbst das meines Goldes. Wäre die Hütte mit noch so vielen unglücklichen Menschen vollgestopft gewesen – gramgebeugten Trauernden oder ernst dreinblikkenden Priestern –, sie hätten sich wider Willen von ihrem Lächeln anstecken lassen und gleichfalls gelächelt.

Der Topas entfiel meiner kraftlosen Hand, die Hand selbst fiel hernieder, doch versank ich selbst nicht nochmals in Bewußtlosigkeit, sondern in einen heilenden Schlaf. Später erzählte sie mir, ich habe dabei ein beseligtes Lächeln auf dem Gesicht getragen.

Wie überaus glücklich ich war, nach Tecuantépec zurückgekehrt zu sein, und die Bekanntschaft mit dieser Frau gemacht – oder sie erneuert – zu haben, vermochte ich nicht zu sagen; gleichwohl wünschte ich, ich wäre gesund und im Vollbesitz meiner Kräfte als erfolgreicher junger Kaufmann gekommen. Statt dessen war ich ans Bett gefesselt, schlaff, bot keinen besonders reizvollen Anblick und war mit dem Schorf vieler Kratzer und Wunden bedeckt. Ich fühlte mich immer noch zu schwach, um auch nur selber essen oder meine Medizin einnehmen zu können; sie mußte mir beides einflößen. Und – wenn ich außerdem nicht übel riechen wollte – mußte ich es mir sogar gefallen lassen, daß sie mich am ganzen Leib wusch.

»Das schickt sich nicht«, protestierte ich. »Eine Jungfrau sollte nicht den nackten Körper eines erwachsenen Mannes waschen.«

Gelassen erklärte sie: »Es ist nicht das erstemal, daß wir Euch nackt sehen. Und außerdem müßt Ihr ganz von der Landenge her nackt hierhergekommen sein. Doch gleichviel« – ihr Lächeln bekam etwas Mutwilliges – »selbst eine Jungfrau kann den schlanken Körper eines jungen Mannes bewundern.«

Ich muß wohl errötet sein, und zwar über die ganze Länge meines schlanken Körpers; glücklicherweise wurde mir jedoch in meiner Schwäche die Qual erspart, daß ein bestimmter Teil meines Körpers besonders auf ihre Berührung ansprach und sie vielleicht dazu gebracht hätte, entsetzt das Weite zu suchen.

Seit den nicht zu verwirklichenden Träumen, denen ich zusammen mit Tzitzitlini nachgehangen hatte, als wir noch sehr jung gewesen waren, hatte ich über die Vorteile einer Ehe nicht mehr nachgedacht. Doch bedurfte es keiner langen Überlegungen, um zu dem Schluß zu gelangen, daß ich wohl nirgends und nie wieder eine so begehrenswerte Braut finden würde wie dieses Mädchen aus Tecuantépec. Mein Kopf war längst noch nicht wieder richtig verheilt; mit meinem Gedächtnis und meinem

Denken haperte es immer noch; an eines jedoch, was die Traditionen der Tzapotéca betraf, erinnerte ich mich sehr wohl – daß nämlich die Wolkenmenschen wenig Grund hatten und wohl auch keinerlei Neigung verspürten, außerhalb ihres eigenen Volkes zu heiraten, und daß jeder, der das dennoch tat, für immer ein Ausgestoßener war.

Gleichviel, als der Doktor mir endlich gestattete zu reden, soviel ich wollte, sagte ich Dinge, von denen ich hoffte, daß sie mich in den Augen des Mädchens anziehend machten. Obwohl nichts weiter als ein verachteter Mexícatl und im Augenblick auch noch ein lächerlich armseliges Exemplar dieser Rasse, übte ich allen Charme aus, dessen ich fähig war. Ich dankte ihr für die Güte, die sie mir erwiesen, beglückwünschte sie zu ihrer Herzensgüte, die ihrer Schönheit in nichts nachstehe, und sprach noch viele andere schmeichelhafte und einnehmende Worte. Neben den blumigeren Komplimenten ließ ich jedoch auch Bemerkungen über das nicht unbeträchtliche Vermögen einfließen, welches ich bereits in jungen Jahren angesammelt hätte, verweilte bei meinen Überlegungen, wie ich es weiter mehren könne und ließ erkennen, daß ein Mädchen, welches mich zum Manne nahm, niemals Not leiden werde. Wiewohl ich mich zurückhielt und keinmal mit einem direkten Antrag herausplatzte, machte ich vielsagende Bemerkungen wie folgende:

»Ich wundere mich, daß ein so schönes Mädchen wie Ihr noch nicht verheiratet ist.«

Woraufhin sie wohl lächelte und meinte: »Bis jetzt hat noch kein Mann mich so beeindruckt, daß ich meine Unabhängigkeit hätte aufgeben mögen.«

Bei anderer Gelegenheit sagte ich: »Aber gewiß werdet Ihr von vielen Freiern umworben.«

»Oh, gewiß. Doch unglücklicherweise haben die jungen Männer von Uaxyácac nicht viel zu bieten. Ich glaube, es geht ihnen mehr darum, einen Anteil an der Herberge zu besitzen als mich.«

Bei noch anderer Gelegenheit sagte ich: »Bei dem ständigen Kommen und Gehen in Eurer Herberge müßt Ihr doch viele Männer kennenlernen, die für Euch in Frage kämen.«

»Nun, sie behaupten alle, sie kämen in Frage. Nur wißt Ihr ja selbst, daß die meisten Pochtéca ältere Männer sind, jedenfalls zu alt für mich, und überdies auch noch Ausländer. Doch gleichviel: so sehr sie mich auch umwerben, ich kann mich selten des Verdachts erwehren, daß sie daheim bereits eine Frau haben und wahrscheinlich sogar andere Frauen am Ende eines jeden ihrer Handelswege.«

Woraufhin ich mich erkühnte zu sagen: »Ich bin weder alt, noch habe ich irgendwo eine Frau. Wenn ich je eine nehme, dann soll sie die einzige bleiben, und das mein Leben lang.«

Lange bedachte sie mich mit einem nachdenklichen Blick, um nach einigem Schweigen zu sagen: »Vielleicht hättet Ihr Gié Bele heiraten sollen, meine Mutter.«

Ich wiederhole: mit meinem Kopf stand es noch nicht so, wie es hätte sein sollen. Bis zu diesem Augenblick hatte ich das Mädchen entweder mit seiner Mutter verwechselt oder aber die Mutter völlig vergessen. Was ich jedenfalls vollständig vergessen hatte, war, daß ich mich mit ihrer Mutter und – *ayya*, diese Schande! – dazu auch noch in Gegenwart dieses Mädchens gepaart hatte. Unter den gegebenen Umständen mußte sie mich damals für den schlimmsten aller Schwerenöter gehalten haben, welcher plötzlich sie umwarb, die Tochter dieser Frau.

Unendlich verlegen konnte ich bloß murmeln: »Gié Bele ... aber ich erinnere mich ... alt genug, um meine Mutter zu sein.«

Woraufhin sie mich abermals mit einem langen, nachdenklichen Blick bedachte, jedoch nichts weiter sagte und ich so tat, als ob ich eingeschlafen sei.

Ich wiederhole, meine Herren Skribenten, daß mein Gemüt durch den Schlag auf den Kopf arg in Mitleidenschaft gezogen worden war und es quälend lange dauerte, bis ich wieder ganz präsent und gesund war. Das ist die einzige Entschuldigung für die unbedachten Bemerkungen, mit denen ich herausplatzte. Die schlimmste – jene, welche die traurigsten und am längsten andauernden Konsequenzen zur Folge hatte – machte ich, als ich eines Morgens zu dem Mädchen sagte:

»Ich habe mir den Kopf darüber zerbrochen, wie Ihr es macht und warum?«

»Wie ich was mache?« fragte sie und lächelte ihr beseligendes Lächeln.

»An manchen Tagen habt Ihr die ganze Länge Eures Haares hindurch eine weiße Strähne. Und an anderen Tagen – wie heute – keine.«

Unwillkürlich fuhr sie sich, wie Frauen es tun, wenn sie überrascht sind, mit der Hand übers Gesicht, und zum erstenmal las ich so etwas wie Bestürzung darin. Zum erstenmal sackten die nach oben geschobenen, schwingengleich gebogenen Mundwinkel herab. Regungslos stand sie da und schaute auf mich hernieder. Ich bin überzeugt, daß mein Gesicht nichts weiter zeigte als Bestürzung meinerseits. Was in ihr vorging, vermochte ich nicht zu sagen, doch als sie endlich sprach, war ein ganz leichtes Zittern in ihrer Stimme.

»Ich bin Béu Ribé«, sagte sie und hielt inne, gleichsam als erwartete sie, daß ich etwas dazu sagte: »In Eurer Sprache bedeutet das Wartender Mond.« Abermals hielt sie inne, und ich erklärte wahrheitsgemäß:

»Das ist ein bezaubernder Name. Und paßt vollkommen zu Euch.«

Offenbar hatte sie etwas anderes zu hören gehofft. Sie sagte: »Danke«, doch klang das halb zornig, halb verletzt. »Meine jüngere Schwester, Zyanya, ist es, welche die weiße Strähne im Haar hat.«

Ich war sprachlos. Abermals dauerte es eine Weile, ehe eine bestimmte Erinnerung in mir wach wurde: nicht *eine* Tochter, sondern deren zwei waren dagewesen. Und in der Zeit, die ich fortgewesen war, war die jüngere und kleinere zu einem nahezu zum Verwechseln ähnlichen Ebenbild der Älteren herangewachsen. Oder die beiden hätten sich zum Verwechseln ähnlich gesehen, wäre da nicht die unverkennbare weiße Strähne gewesen, die Folge – auch das fiel mir jetzt ein – davon, daß sie als kleines Kind von einem Skorpion gebissen worden war.

Und ich in meiner Benommenheit hatte einfach nicht wahrgenommen, daß es zwei gleichermaßen schöne Mädchen waren, die mich abwechselnd pflegten. Ich hatte mich leidenschaftlich in etwas verliebt, was ich in meiner geistigen Verwirrung für ein unwiderstehliches Mädchen gehalten hatte. Und das hatte ich nur fertiggebracht, weil ich in meiner geistigen Beschränktheit vollständig vergessen hatte, einst zumindest ein bißchen in ihre Mutter verliebt gewesen zu sein – ihrer *beider* Mutter. Wäre ich damals, bei meinem ersten Aufenthalt in Tecuantépec, etwas länger geblieben, es hätte sehr wohl sein können, daß ich der Stiefvater der beiden Mädchen geworden wäre. Doch am erschreckendsten war, daß ich während der Tage meiner langsamen Genesung unterschiedslos und gleichzeitig mit gleicher Leidenschaftlichkeit *beiden* Mädchen den Hof gemacht, welche meine Stieftöchter hätten werden können – und mich nach beiden gleichermaßen gesehnt hatte.

Ich wünschte, ich wäre tot. Ich wünschte, ich wäre in der Ödnis der Landenge zugrunde gegangen. Ich wünschte, ich wäre nie aus der Benommenheit erwacht, in welcher ich so lange gelegen. Doch ich konnte nichts anderes tun, als den Augen des Mädchens auszuweichen und nichts mehr zu sagen. Béu Ribé tat ein Gleiches. Sie versorgte mich so tüchtig und zartfühlend wie immer, hielt jedoch die Augen von mir abgewendet, und wenn sie nichts mehr für mich tun konnte, ging sie ohne große Umstände. Während der folgenden Besuche, die sie mir an diesem Tage abstattete, um mir Essen und Medizin zu bringen, bewahrte sie Schweigen und übte sich in Zurückhaltung.

Am nächsten Tag war die jüngere Schwester mit der weißen Strähne im Haar an der Reihe, mich zu pflegen. Ich begrüßte sie mit einem fröhlichen »Guten Morgen, Zyanya«, ohne im geringsten auf das anzuspielen, was sich gestern ereignet hatte, denn wider alle Vernunft hoffte ich, den Eindruck zu erwecken, ich hätte nur gespielt und von Anfang an über den Unterschied zwischen den beiden Mädchen Bescheid gewußt. Doch selbstverständlich mußten sie und Béu Ribé die Lage gründlich durchgesprochen haben, und vermochte ich ihr trotz all meines fröhlichen Geplappers nichts vorzumachen, wie ihr euch wohl schon gedacht haben werdet. Während ich redete, sah sie mich immer wieder von der Seite an; gleichwohl schien sie eher belustigt als zornig oder verletzt. Vielleicht lag das jedoch auch nur an dem Ausdruck, den beide Mädchen für gewöhnlich gleichermaßen zur Schau trugen: als ob sie insgeheim über etwas lächelten.

Zu meinem Bedauern muß ich jedoch berichten, daß ich auch weiterhin Patzer machte oder zumindest meinerseits bestürzt oder verzweifelt war über das, was ich jetzt erfahren sollte. Ich fragte sie nämlich: »Kümmert eure Mutter sich um die Herberge, während ihr Mädchen mich hier pflegt? Warum nimmt Gié Bele sich nicht einmal einen Augenblick Zeit, bei mir vorbeizuschauen und nach mir zu sehen . . .«

»Unsere Mutter ist gestorben«, unterbrach sie mich und sah einen Moment unendlich traurig aus.

»Was?« entfuhr es mir. »Wann denn? Und wieso?«

»Vor über einem Jahr. Hier in dieser Hütte, denn sie konnte ihre Niederkunft schließlich nicht unter dem Gewühl der Gäste in der Herberge abwarten.«

»Ihre Niederkunft?«

»Als sie auf die Ankunft des Babys wartete.«

Mit schwacher Stimme sagte ich: »Sie hat ein Baby bekommen?«

Zyanya bedachte mich mit einem besorgten Blick. »Der Arzt hat gesagt, Ihr dürftet Euch nicht aufregen. Sobald es Euch wieder bessergeht, erzähle ich Euch alles.«

»Mögen die Götter mich ins Míctlan fahren lassen!« entfuhr es mir mit größerer Heftigkeit, als ich überhaupt bereits aufzubringen können glaubte. »Dann muß doch das Baby von *mir* gewesen sein, oder?«

»Nun . . .« sagte sie und holte tief Atem. »Ihr wart der einzige Mann, dem sie nach unseres Vaters Tod beigewohnt hat. Ich bin sicher, sie wußte genau, wie sie Vorsorge zu treffen hatte. Denn als *ich* geboren wurde, hat sie sehr gelitten, und der Arzt hatte sie gewarnt, sie dürfe keine Kinder mehr bekommen. Daher auch mein Name. Nur waren inzwischen so viele Jahre vergangen . . . sie muß wohl gedacht haben, über die Jahre hinaus zu sein, noch ein Kind zu empfangen. Doch wie auch immer« – Zyanya rang die Finger –, »jawohl, sie war schwanger von einem Fremden, und Ihr wißt ja, wie die Wolkenmenschen über solche Verbindungen denken. Deshalb weigerte sie sich, einen Doktor oder eine Hebamme von den Ben Záa kommen zu lassen.«

»Sie ist gestorben, weil sich niemand um sie gekümmert hat?« wollte ich wissen. »Weil eure verbohrten Landsleute sich weigern, einer Frau zu helfen, die . . .«

»Vielleicht hätten sie sich sogar geweigert. Ich weiß es nicht, denn sie hat nie darum gebeten. Ein junger reisender Mexícatl war einen Mond oder noch länger in der Herberge abgestiegen. Er zeigte sich höchst besorgt über ihren Zustand und gewann ihr Vertrauen, und zuletzt erzählte sie ihm, wie alles gekommen sei, und er brachte soviel Verständnis für sie auf wie nur je eine Frau es hätte tun können. Er sagte, er habe auf einer Calmécac studiert und kenne sich in den Grundlagen der Heilkunst aus. Als ihre Zeit kam, war er da, ihr zu helfen.«

»Was heißt: ihr geholfen, wo sie doch gestorben ist?« sagte ich und verfluchte schweigend den Mann, der sich eingemischt hatte.

Schicksalsergeben zuckte Zyanya mit den Achseln. »Sie war ja gewarnt worden, wie gefährlich es für sie sei. Und es war eine schwere und langwierige Geburt. Sie verlor sehr viel Blut, und als der Mann versuchte, die Blutung zu stillen, verstrickte das Baby sich in der Nabelschnur und erstickte.«

»*Beide* tot?« rief ich.

»Es tut mir leid. Ihr wolltet es ja unbedingt wissen. Hoffentlich bekommt Ihr jetzt keinen Rückfall.«

Abermals fluchte ich: »Ins Míctlan mit mir! Das Kind . . . was war es denn?«

»Ein Knabe. Sie hatte vor – wenn es am Leben geblieben wäre –, es nach Euch Záa Nayázù zu nennen. Aber selbstverständlich ist es nie zu einer Namensgebungszeremonie gekommen.«

»Ein Knabe! Mein Sohn!« sagte ich zähneknirschend.

»Bitte, regt Euch nicht auf, Záa«, sagte sie und redete mich zum erstenmal mit herzlicher Vertrautheit mit diesem Namen an. Und fügte dann noch verständnisvoll hinzu: »Es trifft niemanden eine Schuld. Ich bezweifle, daß unsere eigenen Ärzte es besser hätten machen können als der freundliche Fremde. Wie ich gesagt habe, sie verlor viel Blut. Wir haben die Hütte hinterher gesäubert, doch einige Spuren lassen sich nicht wegwaschen. Seht Ihr?«

Sie nahm den Vorhang vor der Tür beiseite und ließ einen Schaft Sonnenstrahlen hereinfallen. Am hölzernen Türpfosten wurde das eingetrocknete, ins Holz eingefressene Zeichen sichtbar – jemand hatte dort den blutigen Abdruck einer Hand hinterlassen.

Ich erlitt keinen Rückfall. Ich genas weiterhin, meinem Geist gelang es schließlich, sich von allen Spinnweben zu befreien, und mein Körper nahm an Gewicht und Kraft wieder zu. Béu Ribé und Zyanya pflegten mich abwechselnd weiter, und selbstverständlich hütete ich mich, beiden gegenüber auch nur das geringste zu sagen, was man als Werbung hätte auslegen können. Ja, ich wunderte mich geradezu über die Duldsamkeit, mit der sie mich überhaupt aufgenommen hatten und mir ein solches Maß an liebevoller Pflege hatten angedeihen lassen, wo ich doch offensichtlich der Hauptgrund für den Tod ihrer Mutter gewesen war. Daß ich mich jetzt nach allem, was vorgefallen war – selbst wenn ich immer noch widernatürlich verbissen beide liebte –, in der Hoffnung wiegte, die Zuneigung eines der beiden Mädchen zu gewinnen und zu heiraten, war zu einem Ding der Unmöglichkeit geworden. Die Wahrscheinlichkeit, daß sie je meine Stieftöchter geworden wären, war nichts weiter als reine Spekulation; doch daß ich ihren schon nach kurzer Zeit gestorbenen Halbbruder gezeugt, war eine unumstößliche Tatsache.

Es kam der Tag, da ich das Gefühl hatte, jetzt weiterziehen zu können. Der Doktor untersuchte mich und erklärte, meine Pupillen hätten wieder ihre normale Größe erlangt. Allerdings riet er mir dringend, meinen Augen etwas Zeit zu lassen, sich an das helle Tageslicht draußen zu gewöhnen, was ich dadurch tun könne, daß ich jeden Tag ein wenig länger draußen bliebe. Béu Ribé meinte, es sei für mich doch gewiß bequemer, wenn ich diese Zeit der Anpassung in der Herberge verbrächte, zumal sie zufällig gerade jetzt einen Raum frei hätten. So willigte ich ein, und Zyanya brachte mir ein paar Kleidungsstücke von ihrem verstorbenen Vater. Zum erstenmal nach wer weiß wie vielen Tagen legte ich wieder Schamtuch und Umhang an. Die Sandalen, welche sie mir brachte, erwiesen sich als viel zu klein für mich, und so gab ich Zyanya eine kleine Fingerspitze Goldstaub, woraufhin sie auf den Markt lief und ein paar in meiner Größe erstand. Dann verließ ich mit wankenden Schritten – ich war bei weitem noch nicht so gekräftigt, wie ich gedacht hatte – zum letzten Mal die Hütte.

Es hielt nicht schwer zu erkennen, warum die Herberge zu einer beliebten Absteige der Pochtéca und anderer Reisender geworden war. Jeder Mann, der Augen im Kopf hatte zu sehen, wäre mit Freuden dort abgestiegen, und sei es auch nur, um in der Nähe der wunderschönen, einander fast aufs Haar gleichenden Herbergswirtinnen zu weilen. Die Herberge selbst erwies sich jedoch gleichfalls als sauber und bequem, das Essen als gut und die Dienerschaft als aufmerksam. Auf diese Verbesserungen hatten die beiden Mädchen sehr wohl hingearbeitet; darüber hinaus hatten sie aber das ganze gastliche Haus ohne bewußte Absicht mit ihrer lächelnden Liebenswürdigkeit durchdrungen. Da sie Bedienstete genug hatten, die Plackerei und die Schmutzarbeit zu übernehmen, brauchten die Mädchen nur die Aufsicht über das ganze zu führen. Infolgedessen kleideten sie sich immer in ihren besten Staat und – um den Augenschein von Zwillingsschönheit noch zu erhöhen – stets in denselben Farben. Wiewohl ich zunächst nicht wenig erbost darüber war, wie die Herbergsgäste die beiden Wirtinnen angafften und mit ihnen scherzten, war ich später von Dankbarkeit erfüllt, daß sie vollauf mit ihrem Schöne-Augen-Machen beschäftigt waren und ihnen nicht – wie mir – eines Tages noch etwas wesentlich Erstaunlicheres an den Gewändern der beiden Mädchen auffiel.

»Woher habt Ihr diese Blusen?« fragte ich die Schwestern außer Hörweite der anderen Händler und Reisenden.

»Vom Markt«, erklärte Béu Ribé. »Aber sie waren schlicht weiß, als wir sie kauften. Die Muster haben wir selbst gemacht.«

Die Muster befanden sich unten am Saum und oben am quadratischen Halsausschnitt, und zwar war es das Töpfermuster – was ich eure spanischen Baumeister habe voller Verwunderung offenbar wiedererkennen sehen und was ich sie das griechische Mäanderband habe nennen hören, wiewohl ich nicht weiß, um was es sich bei dem griechischen Mäanderband handelt. Dieses Muster bestand nicht aus Stickerei, sondern aus aufgetragenem Farbstoff; und diese Farbe nun war ein leuchtendes, tiefglühendes Purpurrot.

Ich fragte: »Und woher habt ihr den Farbstoff, es damit zu machen?«

»Ach, den«, sagte Zyanya. »Die Farbe ist hübsch, nicht wahr? Unter der Hinterlassenschaft unserer Mutter haben wir eine kleine Lederflasche mit Farbstoff gefunden, welcher diese Farbe ergibt. Und sie wiederum hatte ihn kurz vor seinem Verschwinden von unserem Vater geschenkt bekommen. Es reichte nur, um das Muster dieser beiden Blusen damit einzufärben, und wir wußten nicht, was wir sonst damit hätten anfangen sollen.« Sie zögerte, setzte ein etwas betretenes Gesicht auf und fragte: »Meint Ihr, es war unrecht von uns, es an so etwas Eitles zu verschwenden, Záa?«

Ich sagte: »Nein, keineswegs. Wirklich Schönes sollte nur wahrhaft schönen Menschen vorbehalten bleiben. Aber sagt mir, habt ihr diese Blusen schon einmal gewaschen?«

Die Mädchen tauschten verwirrt einen Blick. »Wieso, ja, schon ein paarmal.«

»Dann verändert sich die Farbe also nicht? Und verblaßt auch nicht?«

»Nein, es ist ein sehr guter Farbstoff«, erklärte Béu Ribé, und dann berichtete sie mir, was ich mit aller Vorsicht und Behutsamkeit herauszufinden versucht hatte. »Dieser Farbstoff ist eigentlich der Grund, weswegen wir unseren Vater verloren haben. Er ist an den Ort gezogen, wo diese Farbe herstammt, um eine große Menge davon zu erstehen und dadurch reich zu werden. Aber wie Ihr wißt, ist er nicht von diesem Unternehmen zurückgekehrt.«

Ich sagte: »Das ist schon Jahre her. Ihr seid damals noch sehr jung gewesen – oder könnt ihr euch erinnern? Hat euer Vater gesagt, *wohin* er wollte?«

»Nach Südosten, die Küste hinunter«, sagte sie und überlegte angestrengt. »Er hat von einer aus großen Felsen bestehenden Wildnis gesprochen, gegen die das Meer anrennt und sich bricht.«

»Wo ein Stamm lebt, der sich ganz von allen anderen abkapselt und sich Die Fremden nennt«, fügte Zyanya hinzu. »Ach, und dann hat er noch gesagt – erinnerst du dich nicht, Béu? –, er werde uns leuchtende Schneckenschalen mitbringen, aus denen wir uns Halsketten machen könnten.«

Ich fragte: »Könnt ihr mich in die Gegend führen, wohin er wollte?«

»Das könnte jeder«, erklärte die ältere der beiden Schwestern und wies mit der Hand unbestimmt in westliche Richtung. »Die einzige felsige Küste weit und breit gibt es dort.«

»Aber woher genau der Purpurfarbstoff kommt, muß ein wohlgehütetes Geheimnis sein. Niemand anders hat es gefunden, seit euer Vater auszog, ihn zu finden. Vielleicht, wenn wir uns gemeinsam aufmachten, fallen euch noch andere Hinweise ein, die er hat fallen lassen.«

»Das ist gut möglich«, sagte die Jüngere. »Aber Záa, wir müssen uns doch um die Herberge kümmern.«

»In der langen Zeit, da ihr mich pflegtet, habt ihr euch dabei doch auch abgewechselt. Eine von euch kann sich doch bestimmt einmal freinehmen.« Sie tauschten einen unsicheren Blick, doch ich ließ nicht locker. »Ihr würdet dem Traum eures Vaters folgen, und der war kein Tor. Mit diesem Purpur läßt sich ein Vermögen machen.« Ich streckte die Hand aus und brach zwei Zweige von einer Topfpflanze ab, einen längeren und einen kürzeren, und hielt sie so in meiner geschlossenen Faust, daß gleich lange Teile hervorschauten. »Hier, wählt! Wer den kürzeren Zweig zieht, hat ein paar Tage Ferien gewonnen und erwirbt sich ein Vermögen, das wir alle drei miteinander teilen werden.«

Die Mädchen zögerten nur kurz, dann hoben sie die Hand und wählten. Das war vor einigen vierzig Jahren, ehrwürdige Patres, und bis auf den heutigen Tag könnte ich euch nicht sagen, wer von uns dreien bei dieser Wahl gewann und wer verlor. Ich kann euch nur sagen, daß es Zyanya war, welche den kürzeren Zweig zog.

Während die Mädchen Pinóli-Mehl bereiteten und trockneten und Kakaopulver für unsere Vorräte mahlten und mischten, begab ich mich auf den Markt von Tecuantépec, um andere Dinge zu kaufen, die wir unterwegs brauchen würden. In der Werkstatt eines Waffenmachers nahm ich verschiedene Waffen zur Hand, probierte sie aus und entschied mich zuletzt für ein Maquáhuitl und einen kurzen Speer, welche mir besonders gut in der Hand lagen.

Der Waffenmacher sagte: »Der junge Herr stellt sich darauf ein, irgendwelchen Gefahren zu begegnen?«

Ich sagte: »Ich will ins Land der Chóntaltin hinüber. Habt Ihr schon von ihnen gehört?«

»Ayya, ja. Zu diesen häßlichen Menschen, die an der Küste leben. Chóntaltin ist selbstverständlich das Náhuatl-Wort dafür, bedeutet aber dasselbe: Die Fremden. Eigentlich sind sie nichts weiter als Huave, einer der verkommeneren und wilderen Huave-Stämme. Die Huave besitzen kein eigenes Land, was auch der Grund ist, warum sie überall Die Fremden genannt werden. Wir dulden, daß sie in kleinen Gruppen hier und dort leben, auf Land, das sonst zu nichts nütze ist.«

Ich sagte: »In den Bergen habe ich einmal in einem ihrer Dörfer übernachtet. Kein besonders gastfreundliches Volk.«

»Nun, wenn Ihr unter ihnen geschlafen habt und lebendig aufgewacht seid, habt Ihr einen der friedfertigeren Stämme kennengelernt. Die Zyú an der Küste sind nicht so gastfreundlich, das werdet Ihr schon sehen. Oh, gewiß, sie heißen Euch vielleicht willkommen – allzu warmherzig, würde ich sagen. Sie freuen sich darauf, Vorüberziehende am Feuer zu rösten und zu verspeisen, weil das ein wenig Abwechslung in ihre nur aus Fisch bestehende Ernährung bringt.«

Ich meinte, das höre sich wirklich vielversprechend an, erkundigte mich dann jedoch nach dem mühelosesten und schnellsten Weg dahin.

»Ihr könntet von hier aus geradenwegs gen Südwesten ziehen, doch dann liegt eine Bergkette dazwischen. Ich würde vorschlagen, daß Ihr den Fluß entlang bis zur Küste hinunterzieht und dann an der Küste entlang gen Westen. Vielleicht findet Ihr aber auch in unserem Fischhafen Nozibe einen Bootsbesitzer, der Euch schneller übers Meer dorthin bringt.«

Genau das taten Zyanya und ich. Wäre ich allein losgezogen, hätte ich mir nicht sonderlich viel Mühe gegeben, eine leichte Route zu finden, doch sollte ich unterwegs feststellen, daß sie eine sehr ausdauernde Reisegefährtin war. Nie kam ein Wort der Klage über das schlechte Wetter über ihre Lippen, darüber, daß wir im Freien übernachteten, nur kalt aßen oder überhaupt nicht, darüber, daß wir mitten in der Wildnis waren und von wilden Tieren umgeben. Der erste Teil der Strecke bis ans Meer war allerdings leicht und in keiner Weise beschwerlich. Es war nur ein Tagesmarsch, ein angenehmer Spaziergang gleichsam durch die Flußebene bis hinunter zum Hafen Nozibe. Dieser Name bedeutet nichts weiter als »salzig«, und der »Hafen« bestand aus nichts anderem als ein paar palmwedelgedeckten Pfahlbauten, unter denen die Fischer im Schatten sitzen konnten. Der Strand war übersät mit Netzen, die zum Trocknen ausgelegt waren; durch die Brandung kamen Einbäume herein oder fuhren hinaus oder wurden auf Strand gezogen.

Ich fand einen Fischer, der – wenn auch widerstrebend – zugab, gelegentlich den Zyú-Abschnitt der Küste aufzusuchen, seine Ausbeute an Fischen bisweilen dadurch zu ergänzen, daß er ihnen einen Teil der ihren abkaufte, und sich auch ein wenig in ihrer Sprache verständigen konnte. »Aber sie erlauben mir nur höchst ungern, bei ihnen zu landen«, warnte er mich. »Jemand, den sie überhaupt nicht kennen, kann das nur auf eigene Gefahr tun.« Ich mußte schon einen außerordentlich hohen Preis bieten, ehe er sich einverstanden erklärte, uns die Küste entlang hin- und wieder zurückzurudern und mir dort als Dolmetsch zu dienen – falls ich überhaupt Gelegenheit bekam, etwas zu sagen. Zyanya hatte inzwischen einen freien Wetterschutz gefunden und breitete auf dem Strand die weichen Decken aus, die wir von der Herberge mitgebracht hatten. In dieser Nacht schliefen wir keusch jeder für sich allein.

In aller Frühe fuhren wir los. Das Boot hielt sich nahe an der Küste, gerade eben außerhalb der Brandungslinie, und der Fischer ruderte in verbissenem Schweigen, während Zyanya und ich lustig plauderten und uns gegenseitig auf die Herrlichkeiten der Küste aufmerksam machten. Die Strände waren wie fein zermahlenes Silber, welches sich zwischen der türkisfarbenen See und den smaragdgrünen Palmen erstreckte, von denen bisweilen Schwärme rubinfarbener und goldener Vögel aufstiegen. Je weiter wir nach Westen kamen, desto dunkler wurde der Sand jedoch, erst grau, dann geradezu schwarz, und hinter den Palmen erhob sich eine aus feuerspeienden Bergen bestehende Gebirgskette, wo von etlichen träge Rauchfahnen aufstiegen. Heftige Ausbrüche und Erdbeben kämen an dieser Küste häufig vor, sagte Zyanya.

Am späten Nachmittag brach unser Fischer das Schweigen. »Das da drüben ist das Zyú-Dorf, das ich immer anlaufe«, sagte er und schwenkte sein Ruder, als unser Einbaum auf die am schwarzen Ufer zusammengedrängten Hütten zulief.

»Nein!« rief Zyanya plötzlich aufgeregt. »Ihr habt mir gesagt, daß ich mich möglicherweise an andere Dinge erinnern würde, die mein Vater noch erwähnt hat, Záa. Und in der Tat! Er erwähnte den Berg, der ins Wasser schreitet.«

»Was?«

Sie zeigte über den Bug des Einbaums hinüber. Etwa Ein Langer Lauf jenseits des Zyú-Dorfes endete der schwarze Sand unvermittelt an einem gewaltigen, steil aufragenden Felsen, einem Sporn, der von der weiter hinten im Inland sich erstreckenden Gebirgskette vorsprang. Wie eine Mauer ragte er über dem Strand und stieß weit ins Meer hinein. Selbst aus dieser Entfernung konnte ich durch meinen Kristall hindurch Gischt von den Brechern aufschäumen sehen, die hoch und schäumend weiß gegen die dem Felssporn vorgelagerten gewaltigen Felsbrocken anrannten.

»Seht, was für gewaltige Brocken vom Felsen heruntergestürzt sind!« sagte Zyanya. »Das ist der Ort, wo der Purpur herkommt! Dorthin müssen wir!«

Ich berichtigte sie. »Wohin *ich* muß, mein Mädchen.«

»Nein«, sagte der Fischer kopfschüttelnd. »Das Dorf ist schon gefährlich genug.«

Ich nahm mein Maquáhuitl und hielt es so, daß er es sehen konnte, fuhr mit dem Daumen über die Obsidianklinge und sagte: »Ihr setzt das Mädchen hier ab. Sagt den Leuten aus dem Dorf, sie sollen sie in Frieden lassen, sich nicht an ihr vergreifen; und daß wir vor Einsetzen der Dunkelheit wieder zurück sein werden. Und dann werden wir zu dem Berg fahren, der ins Wasser schreitet.«

Grollend sagte er unheilvolle Dinge voraus, lenkte den Einbaum jedoch durch die Brandung an Land. Ich vermutete die Zyú-Männer draußen beim Fischfang, denn es kamen nur ein paar Frauen aus den Hütten, als wir auf den Sand liefen. Verschmutzte Wesen waren das; barbrüstig und barfüßig, trugen sie nur ein paar zerrissene Röcke, hörten sich jedoch an, was der Fischer ihnen erklärte, bedachten das schöne Mädchen, das da an ihr Gestade gespült worden war, mit häßlichen Blicken, machten jedoch, solange ich sehen konnte, keinerlei Anstalten, sich ihr in feindseliger Absicht zu nähern. Ich war keineswegs glücklich darüber, Zyanya allein zurückzulassen, doch schien es mir immer noch besser, das zu tun, als sie in womöglich noch größere Gefahren zu bringen.

Als der Fischer und ich die Brandung wieder überwunden hatten, vermochte selbst eine Landratte wie ich einzusehen, daß es unmöglich sein würde, an der dem Meer zugekehrten Seite des Berges zu landen. Die heruntergebrochenen Felsbrocken, von denen manche so groß waren wie die kleineren Paläste von Tenochtitlan, erstreckten sich erschreckend weit bis ins Meer hinein. Die heranrollenden Wogen brachen sich an ihnen und stiegen zu hochragenden Klippen, Türmen und Säulen aus weißschäumendem Wasser empor. Sie stiegen unglaublich weit in die Höhe und fielen mit einem Gebrüll wieder in sich zusammen, als ob sämtliche Donner Tlalocs auf einmal ertönten, rauschten dann gurgelnd zurück ins Meer und bildeten dabei Strudel, die dermaßen machtvoll glucksende und schmatzende Laute von sich gaben, daß ein paar von den hausgroßen Felsen sichtbarlich erzitterten.

Die aufgewühlte See erstreckte sich so weit, daß der Fischer all seine Kraft und sein Können aufbieten mußte, uns eben östlich hinter dem

Felssporn sicher an die Küste zu bringen. Aber er schaffte es, und nachdem wir seinen Einbaum auf den Strand heraufgezogen hatten, so daß die gischtende Brandung ihn nicht mehr erreichen konnte, und nachdem wir hustend all das Salzwasser wieder ausgespuckt hatten, welches wir zuvor geschluckt, beglückwünschte ich ihn aufrichtigen Herzens zu seinem Geschick.

»Wenn Ihr das tückische Meer so überlegen bezwingen könnt, habt Ihr von den verachtenswerten Zyú bestimmt nichts zu fürchten.«

Das schien ihm wieder Mut einzuflößen, und so gab ich ihm meinen Speer zu tragen und bedeutete ihm, mir zu folgen. Wir stiegen den Strand hinauf auf die Bergwand zu und entdeckten einen Hang, den wir hinaufklettern konnten. Dieser Aufstieg brachte uns bis zum Grat des Berges, welcher sich etwa in halber Höhe zwischen dem Gipfel und der brandenden See erstreckte, und von dort aus konnten wir sehen, daß das unterbrochene Ufergestade auf der Westseite des Berges weiterlief. Wir jedoch wandten uns auf dem Grat nach links, bis wir auf dem vorspringenden Sporn oberhalb der riesigen Felsbrocken und dem brodelnden Wasser dazwischen standen. Gewiß, es war bestimmt der Ort, von dem Zyanyas Vater gesprochen hatte, aber gleichzeitig ein höchst unwahrscheinlicher Ort, hier den kostbaren Purpurfarbstoff zu finden – oder zarte Schnecken.

Was ich jedoch entdeckte, war eine Gruppe von fünf Männern, die von der Meerseite auf uns zugeklettert kamen, offensichtlich Zyú-Priester, denn sie waren ungewaschen, hatten zerzaustes Haar und sahen verlottert aus, wie nur je einer von unseren Mexíca-Priestern; überdies waren sie nicht in Lumpen gekleidet, wie die unseren, sondern in zerschlissene Tierfelle, deren durchdringend ranziger Gestank eher unsere Nasen erreichte als die Männer selbst. Alle fünf machten einen alles andere als freundlichen Eindruck, und als der vorderste uns in seiner Sprache anherrschte, klang das recht abweisend.

»Sagt ihnen – und zwar schnell –, daß ich gekommen sei, ihnen Gold für etwas von ihrem Purpurfarbstoff zu bieten«, sagte ich zum Fischer.

Noch ehe er etwas sagen konnte, krächzte einer von ihnen: »Ihn nicht brauchen. Ich spreche Lóochi genug. Ich Priester von Tiat Ndik, Meeresgott, und dies hier sein Heiligtum. Ihr sterben, weil Fuß darauf gesetzt.«

Ich versuchte ihm mit den einfachsten Lóochi-Worten begreiflich zu machen, daß ich nicht in den heiligen Bezirk eingedrungen wäre, hätte ich eine Möglichkeit gehabt, ihnen meinen Vorschlag woanders und auf andere Weise zu machen. Ich bat ihn um Nachsicht für unser Eindringen und legte ihm nahe, sich mein Angebot zu überlegen. Wiewohl seine vier Gefährten uns weiterhin mörderisch anfunkelten, schien der Oberpriester durch mein unterwürfiges Verhalten ein wenig besänftigt. Zumindest fielen seine nächsten Worte nicht ganz so bedrohlich aus.

»Jetzt fortgehen, Gelb Auge, vielleicht Ihr kommt mit Leben davon.«

Ich versuchte ihm klarzumachen, da ich die heilige Stätte ohnehin entweiht hätte, könnte ich genausogut noch etwas länger bleiben, um mein Gold gegen seinen Purpur einzutauschen.

Er sagte: »Purpur Meeresgott heilig. Kein Preis kann kaufen.« Und er wiederholte: »Ihr fortgehen, vielleicht Ihr kommt mit Leben davon.«

»Nun denn. Aber ehe ich gehe – würdet Ihr zumindest meine Neugier befriedigen? Was haben Schnecken mit dem Purpur zu tun?«

»Chachi?« wiederholte er verständnislos das Lóochi-Wort für Schnekken und wandte sich hilfesuchend an meinen Fischer, der angstschlotternd dastand.

»Ah, die Ndik Diok«, sagte der Priester, der nunmehr begriff. Er zauderte, dann wandte er sich um und gab mir durch eine Geste zu verstehen, ich solle ihm folgen. Der Fischer und die anderen vier Zyú blieben oben auf dem Grat stehen, während der Oberpriester und ich hinunterkletterten zur See. Der Abstieg dauerte lange, die herandonnernden weißen Wasserwände und -zungen um uns herum wurden immer höher und ließen einen feinen kalten Gischtregen auf uns herniedergehen. Zuletzt gelangten wir jedoch zwischen den Felsen in eine geschützte Mulde mit einem kleinen Teich darin, dessen Wasser nur leicht hin- und herschwappte, während das Meer draußen brodelte und kochte.

»Heilige Stätte von Tiat Ndik«, erklärte der Priester. »Wo der Gott uns seine Stimme hören läßt.«

»Seine Stimme?« sagte ich. »Ihr meint, das Rauschen des Meeres?«

»Seine Stimme!« Der Mann ließ sich nicht abbringen. »Um sie zu hören, müßt Ihr Kopf hinunterhalten.«

Ohne ihn aus den Augen zu lassen, und das Maquáhuitl kampfbereit in der Hand, ließ ich mich auf die Knie nieder und senkte den Kopf, bis ich ein Ohr unter dem hin und her schwappenden Wasser hatte. Zuerst konnte ich nur meinen eigenen Herzschlag in den Ohren hören, was schon ein unheimliches Geräusch ist, doch dann drang ein wesentlich kräftigerer Laut an mein Ohr, sanft zuerst, dann lauter und immer lauter werdend. Es hätte jemand sein können, der unter Wasser pfiff – sofern jemand unter Wasser pfeifen *könnte* – und noch dazu eine Weise pfiff, viel lieblicher, als je ein menschlicher Musiker sie hätte zustande bringen können. Nicht einmal heute wüßte ich, womit ich die Melodie vergleichen sollte. Später erklärte ich es mir damit, daß es ein Wind sein müsse, welcher durch die Spalten und Klüfte der Felsen hindurchsang, gleichzeitig jedoch gluckerte und unter Wasser dahinzulaufen schien. Das verräterische Gluckern jedoch mußte zweifellos von anderswo herkommen; das Wasser machte die unirdische Musik nur hörbar. Doch da und dort und unter den gegebenen Umständen war ich nur allzu bereit, den Priester beim Wort zu nehmen und zu glauben, daß es sich wirklich um die Stimme eines Gottes handelte.

Der Priester war inzwischen um die Wasserfläche herumgegangen, faßte sie von verschiedenen Stellen aus genau ins Auge, bis er sich schließlich vorneigte und den Arm in eine unter Wasser liegende Felsspalte hineinstieß. Er arbeitete einen Augenblick darin herum, dann zog er die Hand wieder hervor, öffnete sie, damit ich sehen könne und sagte: »Ndik Diok.« Ich glaube wohl, daß das Geschöpf eine Verwandte der uns bekannten Landschnecke ist, doch hatte Zyanyas Vater sich geirrt, als er meinte, ihr eine Halskette aus schimmernden Schneckenhäusern versprechen zu können, denn das schleimige Getier trug kein Haus auf dem Rücken und zeichnete sich auch sonst, soweit ich erkennen konnte, durch nichts Besonderes aus.

Doch dann neigte der Priester den Kopf dicht an die Schnecke heran und bestrich sie kräftig mit seinem Atem, was dem Tier offensichtlich ganz und gar nicht behagte, denn entweder entleerte es seinen Kot oder seinen Urin in seine Hand: eine kleine blaßgelbe Schliere. Behutsam setzte der Priester die Schnecke wieder auf den Unterwasserfelsen ab, dann streckte er mir die schalenförmig gehaltene Hand hin, mir die Schliere zu zeigen, und ich fuhr zurück, denn diese schleimige Substanz verbreitete einen bestialischen Gestank. Doch zu meiner Überraschung verfärbte sich die Schliere in seiner Hand: erst in ein Gelbgrün, dann ein Grünblau, ein Blaurot, um dann immer dunkler und leuchtender zu werden, bis es ein lebhaftes Purpurrot geworden war.

Grinsend streckte der Mann die Hand aus und wischte den Stoff an der Vorderseite meines Umhangs ab. Der leuchtende Fleck stank zwar immer noch abscheulich, aber ich zweifelte nicht im geringsten daran, daß es sich um jenen Farbstoff handelte, der nie verblaßte und sich auch nicht herauswaschen ließ. Abermals forderte er mich durch eine Geste auf, ihm zu folgen, und wir kletterten über die wahllos heruntergestürzten Felsen, wobei der Priester mir mit beredten Gesten und lakonischen Lóochi-Worten erklärte, was es mit den Schnecken auf sich habe.

Die Männer der Zyú sammelten die Schnecken nur zweimal im Jahr ein und brachten sie dazu, ihre Ausscheidungen zu machen, und das nur an heiligen Tagen, welche aufgrund verzwickter Weissagungen ermittelt wurden. Wiewohl die Schnecken zu Abertausenden auf den Felswänden saßen, gab eine doch nur eine winzige Menge ihres Farbstoffs ab. Infolgedessen mußten die Männer sich in die Gefahren des brodelnden Wassers weiter draußen hinausbegeben, hinabtauchen, die Schnecken vom Felsen in der Tiefe lösen, sie dazu bringen, sich auf einen Bausch Baumwollfäden oder in eine Lederflasche hinein zu entleeren und die Tierchen heil wieder auf die Felsen zurücksetzen. Die Schnecken mußten bis zur nächsten Entleerung am Leben erhalten werden, doch Menschen waren leichter zu entbehren; bei jedem dieser alle halbe Jahre vollzogenen Rituale ertranken vier oder fünf von den Tauchern.

»Doch wozu all die Mühe, und warum so viele von euren Leuten opfern, wenn ihr hinterher auf jeden Gewinn daraus verzichtet?« fragte ich und brachte es fertig, daß der Priester mich verstand. Abermals winkte er mir und führte mich noch weiter in eine feuchte Grotte hinein, um dann stolz zu erklären:

»Unser Meeresgott, dessen Stimme Ihr gehört habt. Tiat Ndik.«

Es handelte sich um ein ungeschlachtes, plumpes Standbild, das ausschließlich aus runden Felsen bestand: ein mächtiger Brocken – der Leib, darauf ein kleinerer –, die Brust, und darauf ein noch kleinerer – der Kopf. Doch dieser ganze Haufen unbeseelter Felsbrocken war leuchtend purpurrot gefärbt. Überall um den Tiat Ndik herum stapelten sich Flaschen voller Farbstoff und Wickel von Baumwollgarn, welche damit gefärbt waren: ein verborgener Schatz von unerhörtem Wert.

Als wir wieder bis zum Grat hinaufgestiegen waren, versank die rotglühende Scheibe von Tonatíu fern im Westen ins Meer und ließ eine Fülle von Wolken aufquellen. Gleich darauf war die Feuerscheibe verschwunden, und für einen Augenblick sahen wir noch Tonatíus Licht weit draußen, dort, wo es am Rande der Welt fahler wird, im Wasser glühen – ein kurzes, grell smaragdgrünes Aufleuchten, mehr nicht. Der Priester und ich kehrten zu jener Stelle zurück, wo wir die anderen zurückgelassen hatten, und er erklärte weiter: daß die Opfergaben roten Purpurs unbedingt erforderlich seien, weil Tiat Ndik sonst keine Fische mehr in die Netze der Zyú treiben würde.

Ich hielt ihm entgegen: »Für diese ganzen Opfer an Menschen und Purpuropfergaben läßt Euer Meeresgott Euch aber ein recht erbärmliches Leben vom Fischfang führen. Gestattet mir, daß ich Euren Purpur auf den Markt bringe, und ich bringe Euch Gold, soviel, daß Ihr eine ganze *Stadt* davon kaufen könnt – eine Stadt in einem schönen und angenehmen Land, in welchem es eine Fülle von eßbaren Dingen und auch Fischen gibt, und mit Sklaven darin, sie Euch vorzusetzen.«

Er ließ sich jedoch nicht erweichen: »Das würde der Gott nie zulassen. Der Purpur steht nicht zum Verkauf.« Und nach einem Augenblick fügte er noch hinzu: »Manchmal wir essen keinen Fisch, Gelb Auge.«

Er lächelte und zeigte zu den vier anderen Priestern hinüber, welche um ein Feuer aus Treibholz herumstanden, an dem auf meinem eigenen Speer aufgespießt zwei frische menschliche Schenkel brieten. Sonst war vom Fischer nichts mehr zu sehen. Ich zwang mich, mir meine zitternde Angst nicht anmerken zu lassen, holte mein Päckchen mit dem Goldstaub aus dem Schamtuch heraus und warf es zwischen mir und dem Oberpriester auf den Boden.

»Seid vorsichtig, wenn Ihr es auswickelt«, sagte ich, »sonst weht der Wind es fort.« Als er niederkniete, um das Gold auszuwickeln, fuhr ich fort: »Wenn ich meinen Einbaum mit Purpur beladen könnte, könnte ich ihn nahezu mit Gold gefüllt wieder zurückbringen. Dieses Gold jedoch biete ich Euch für so viele Flaschen, wie ich mit meinen eigenen beiden Armen tragen kann.«

Mittlerweile hatte er das Tuch ganz auseinandergefaltet, und das Häufchen Gold glomm im Licht des Abendrots. Seine vier Mitpriester näherten sich, um ihm mit großen Augen über die Schulter zu sehen. Der Oberpriester ließ ein wenig von dem Goldstaub durch die Finger rieseln, nahm dann das ganze Tuch in eine Hand und wiegte es, um sein Gewicht abzuschätzen. Ohne zu mir aufzublicken, sagte er: »Ihr gebt soviel Gold für den Purpur. Wieviel gebt Ihr für das Mädchen?«

»Was für ein Mädchen?« sagte ich, und mein Herz machte einen Satz.

»Das Mädchen hinter Euch!«

Ich warf rasch einen Blick zurück. Zyanya stand unmittelbar hinter mir, machte ein todunglückliches Gesicht, und ein wenig hinter ihr standen sechs oder sieben weitere Zyú-Männer, welche eifrig die Hälse reckten, um einen Blick um sie und mich herum auf das Gold zu werfen. Der Priester kniete immer noch und wog das Päckchen in den Händen, als ich den Kopf wieder zurückwandte und mein Maquahuitl schwang. Das Päckchen und die Hände, welche es hielten, fielen zu Boden, wiewohl der Priester kaum eine Bewegung machte, sondern nur entsetzt auf den Blutstrom starrte, der aus seinen Armstümpfen hervorgeschossen kam.

Die Unterpriester und die Fischer schossen auf uns zu – um sich des Goldes zu bemächtigen, oder um ihrem Oberpriester zu Hilfe zu kommen, weiß ich nicht –, doch im selben Augenblick wirbelte ich herum, packte Zyanyas Hand und zog sie in einem halsbrecherischen Lauf den Grat entlang und den Hang auf der Ostseite hinunter hinter mir her. Kaum waren wir den Blicken der durcheinanderquirlenden Zyú entschwunden, schlugen wir einen linken Haken, um uns zwischen etlichen übermannshohen Felsen zu verstecken. Die Zyú würden selbstverständlich unsere Verfolgung aufnehmen und mußten davon ausgehen, daß wir versuchen würden, unser Kanu zu erreichen. Doch selbst wenn wir dieses hätten erreichen und zu Wasser bringen können, besaß ich doch keinerlei Erfahrung im Umgang mit einem seegängigen Einbaum; wahrscheinlich hätten unsere Verfolger nur hinter uns herzuwaten brauchen, und wir wären gefangen gewesen.

Eine Anzahl von ihnen kam in der Tat heruntergerannt und lief laut rufend an unserem Unterschlupf vorüber – hinunter zum Strand, genauso, wie ich es gehofft hatte. »Jetzt bergan!« sagte ich zu Zyanya, und sie verschwendete keinen Atem, mich erst umständlich zu fragen, warum, sondern hastete zusammen mit mir in die Höhe. Der größte Teil des Vorberges bestand aus nacktem Fels, und wir mußten uns sorgsam unseren Weg zwischen Rissen und Spalten suchen, durften jedoch gleichzeitig von denen unten nicht gesehen werden. Weiter in der Höhe wuchsen auf dem Felsen Bäume und Buschwerk, in welchem wir uns besser verbergen konnten, doch diese grüne Zuflucht war noch ein beträchtliches Stück von uns entfernt, und ich hatte Angst, daß die Vögel darin uns verraten würden. Bei jedem Schritt, den wir machten, schienen ganze Schwärme von Seeschwalben, Pelikanen und Kormoranen aufzusteigen.

Dann jedoch ging mir auf, daß die Vögel nicht nur um uns herum aufflogen, sondern überall, auf dem gesamten Berg – und nicht nur Seevögel, sondern Landvögel gleichfalls: Kakadus, Tauben, Felsenkönige –, und kreischten und zeterten und ziellos umherflogen. Und nicht nur Vögel waren da: Tiere, welche für gewöhnlich eher scheu sind und nur nächtens lebendig werden, ließen sich sonderbarerweise gleichfalls blikken: Gürteltiere, Leguane, Felsenschlangen – selbst ein Ozelot jagte in langen Fluchten an uns vorüber, ohne uns eines Blickes zu würdigen –, und all diese Tiere hasteten gleich uns den Berg *hinauf*. Sodann – wiewohl das Dämmer noch eine Weile anhalten würde, ehe es dem Dunkel vollends wich – hörte ich irgendwo oben das kummervolle Geheul eines Kojoten, und nicht weit über uns löste sich ein Schwarm Fledermäuse aus irgendeinem Spalt – und da wußte ich, was uns bevorstand: eines der Erdbeben, welche so häufig an dieser Küste vorkommen.

»Schnell!« feuerte ich das Mädchen atemlos an. »Nach oben hinauf. Woher die Fledermäuse kommen. Muß eine Höhle sein. Halt darauf zu.«

Wir erreichten sie gerade in dem Augenblick, da die letzten Fledermäuse hervorgeflattert kamen, sonst wäre uns der Eingang wohl überhaupt nicht aufgefallen: ein Tunnel im Fels, gerade breit genug, daß wir uns nebeneinander hindurchwinden konnten. Wie tief er hineinführte, habe ich nie herausgefunden, aber irgendwo tief im Inneren muß eine große Höhle gewesen sein, denn der Fledermäuse waren unendlich viele gewesen, und als wir uns im Felstunnel ausstreckten, spürten wir, wie Wellen von Guanogeruch über uns hinwegstrichen. Unversehens verstummte draußen vor unserem Bau alles: die Vögel mußten davongeflogen sein und die anderen Tiere irgendwo Unterschlupf gefunden haben; selbst von den sonst unentwegt zirpenden Baumzikaden war kein Laut zu hören.

Der erste Stoß war stark, jedoch gleichfalls lautlos.

Angstvoll hörte ich Zyanya flüstern: »Zyuùù«, und ich drückte sie beschützend eng an mich. Dann vernahmen wir von irgendwo weit im Landesinneren ein tiefes, langanhaltendes Grollen herüberdringen. Einer der Vulkane der Bergkette rumorte, sofern er nicht geradezu ausgebrochen war; jedenfalls war das ganze heftig genug, die Erde bis zur Küste hin erbeben zu lassen.

Der zweite und dritte Erdstoß – und ich weiß nicht, wie viele mehr – kamen in immer rascherer Folge, so daß sie schließlich zu einem schwindelerregenden, gleichzeitigen Geschüttelt- und in die Höhe Gehoben- und Durchgerütteltwerden wurden. Zyanya und ich hätten in einem hohlen Baumstamm liegen und ein Wildwasser hinuntergetrieben werden können. Das Getöse war so ohrenbetäubend laut und hielt dermaßen lange an, daß wir genausogut im Inneren einer der Trommeln, die das Herz herausreißen, hätten liegen können, die wie wahnwitzig von einem Priester bearbeitet wurde. Es hörte sich an, als breche der ganze Berg auseinander und vergrößere noch jenen immensen Umkreis von Felsbrokken, welche ringsum das Meer bedeckten.

Ich überlegte, ob Zyanya und ich mit hinuntergeschleudert werden würden, denn schließlich hatten die Fledermäuse es vorgezogen, das Weite zu suchen – doch hätten wir uns gar nicht aus dem Tunnel herauswinden können, selbst wenn wir gewollt hätten, so heftig waren die Erschütterungen. Einmal gelang es uns, noch ein wenig weiter nach hinten zu kriechen, als die Tunnelöffnung sich plötzlich verdunkelte: ein gewaltiger Brocken von der Bergspitze war darüber hinweggerollt. Zu unserem Glück rollte er weiter und ließ das Zwielicht wieder herein, allerdings mit einer Wolke von Staub und Geröll, daß wir würgten und husten mußten.

Plötzlich wurde mein Mund womöglich noch trockener – ich vernahm einen gedämpften Donner *hinter* uns. Die gewaltige Höhle der Fledermäuse stürzte in sich zusammen, die Kuppel brach in vielen Stücken herunter und brachte vermutlich das gesamte über ihr lastende Gewicht dazu, in die Tiefe zu rutschen. Ich war darauf gefaßt, daß unser Tunnel sich schieflegen und uns beide mit den Füßen zuerst in das alleszertrümmernde Gestein unserer unmittelbaren Umgebung hineinrutschen lassen würde. Ich umschlang Zyanya mit Armen und Beinen und drückte sie in der erbärmlichen Hoffnung, daß mein Körper ihr einigen Schutz gewähren würde, wenn wir in die mahlenden Eingeweide der Erde hineinglitten, womöglich noch fester an mich.

Doch unser Tunnel hielt stand, und das war der letzte alarmierende Schock. Nach und nach legte sich der ganze Aufruhr, bis wir nur mehr wenige Laute draußen vor unserem Unterschlupf vernahmen: das leise Poltern kleinerer Steine und Kiesel, welche verspätet hinter den großen Brocken hinuntersprangen. Ich raffte mich hoch und wollte den Kopf hinausstecken, um zu sehen, was vom Berg noch geblieben war, doch Zyanya hielt mich zurück.

»Noch nicht«, warnte sie mich. »Häufig kommt es noch zu Nachbeben. Oder irgendein Felsen genau über uns könnte noch im letzten Augenblick stürzen. Warte noch ein bißchen.« Selbstverständlich hatte sie recht, mir Vorsicht anzuraten, doch gestand sie mir nur ein wenig später, noch einen anderen Grund gehabt zu haben, mich festzuhalten.

Ich habe die Auswirkung von Erdbeben auf Geist und Körper bereits erwähnt. Ich wußte, daß Zyanya mein schwellend aufgerichtetes Tepúli an ihrem schmalen Leib pochen spürte. Ich jedenfalls fühlte, wie ihre vorstehenden Brustwarzen sich trotz ihrer Bluse und trotz des Umhangstoffs, die zwischen uns waren, gegen meine Brust drängten.

Doch zuerst murmelte sie: »Nein, o nein, Záa, wir dürfen nicht . . .«

Dann sagte sie: »Bitte, Záa, tu's nicht. Du bist der Geliebte meiner Mutter gewesen . . .«

Und sie sagte: »Du bist der Vater meines kleinen Bruders gewesen. Du und ich, wir können unmöglich . . .«

Wiewohl ihr Atem sich beschleunigte, sagte sie immer noch ein ums andere Mal: »Es ist nicht recht . . .«, bis ihr etwas einfiel und sie mit ihrem letzten Atem sagte: »Aber du hast teuer dafür bezahlt, mich von diesen Wilden freizukaufen . . .«, wonach sie nur noch heftig atmete, bis schließlich das Stöhnen und Ächzen der Lust einsetzte. Dann, ein wenig später, fragte sie mich im Flüsterton: »Habe ich es richtig gemacht?«

Falls überhaupt etwas Gutes von dem Erdbeben gesagt werden könnte, möchte ich erklären, daß die besondere Erregung, die dadurch hervorgerufen wird, ein Mädchen instand setzt, ihre Entjungferung zu genießen, was sonst nicht immer der Fall ist. Zyanya jedenfalls war an die ihre so hingegeben, daß sie mich nicht hinauslassen wollte, bis wir es noch zweimal gemacht hatten, und die durch das Beben in mir hervorgerufene Erregung so groß war, daß ich mich zwischendurch auch nicht zurückziehen mußte. Nach jedem Höhepunkt fing mein Tepúli auf ganz natürliche Weise an zu schrumpfen, doch jedesmal, wenn Zyanya das spürte, verstärkte sie den Druck irgendwelcher Muskeln in ihrer Scheide und hielt mich vom Zurückziehen ab, wie sie es auch schaffte, diese winzigen Muskeln so anzuspannen und mein Glied zu reizen, daß es in ihr abermals anzuschwellen begann.

Wir hätten ohne Unterlaß auch noch weitermachen können, doch zeigte sich vor dem dunklen Ende unseres Tunnels nunmehr ein eigentümlicher rötlichgrauer Schimmer, und ich wollte die Lage erkunden, ehe es vollends Nacht wurde. Folglich wanden wir uns hinaus und richteten uns auf. Der Sonnenuntergang war längst vorüber, doch hatten das Erdbeben oder der Vulkan seine Staubwolke in so große Höhe aufsteigen lassen, daß diese immer noch Strahlen von Tonatíu aus dem Míctlan oder wo immer sonst er sich mittlerweile aufhielt, abbekam. Der Himmel, der eigentlich dunkelblau hätte sein sollen, war von einem durchsichtigen Rot, daß auch die Strähne in Zyanyas Haar ganz von Rot übergossen war. Außerdem verbreitete er genug Helligkeit, daß wir uns umsehen konnten.

Das Meer schien zu kochen und in einem nunmehr noch weiter ausgedehnten Gebiet von Unterwasserfelsen zu brodeln und zu schäumen. Der Weg, den wir heraufgekommen waren, war nicht wiederzuerkennen: an manchen Stellen war er unter Geröll verschüttet, an anderen waren tiefe und breite Spalten aufgerissen worden. Über und hinter uns klaffte im Berg ein riesiges, tiefschattiges Loch – das war die Stelle, wo die Fledermaushöhle eingebrochen war.

»Es könnte sein«, überlegte ich, »daß der Felsrutsch alle unsere Verfolger unter sich begraben hat, möglicherweise sogar das ganze Dorf. Falls jedoch nicht, werden sie die Schuld für die Katastrophe bestimmt auf uns schieben und uns mit noch größerer Rache verfolgen.«

»*Uns* die Schuld dafür geben?« rief Zyanya aus.

»Ich habe die heilige Stätte ihres obersten Gottes entweiht. Sie werden ganz selbstverständlich davon ausgehen, daß ich seinen Zorn erregt habe.« Ich dachte darüber nach und sagte dann: »Vielleicht habe ich das wirklich.« Um dann jedoch auf das Nächstliegende zurückzukommen.

»Aber wenn wir hier bleiben und in unserem Versteck schlafen, uns dann in aller Frühe aufmachen und noch vor Tagesanbruch weiter hinunterklettern, meine ich, können wir eine so große Entfernung zwischen sie und uns legen, daß jede weitere Verfolgung sinnlos wäre. Wenn wir über die Bergkette zurückkommen bis nach Tecuantépec . . .«

»Werden wir denn zurückkehren, Záa? Wir haben keine Verpflegung, kein Wasser und . . .«

»Ich habe aber immer noch mein Maquáhuitl. Und ich habe schlimmere Gebirge als dieses hier überwunden. Wenn wir zurückkehren . . . Zyanya, könnten wir dann heiraten?«

Möglich, daß das Unvermittelte meines Antrags sie verstörte, nicht jedoch der Antrag als solcher. Ruhig sagte sie: »Ich meine, diese Frage habe ich beantwortet, noch ehe sie gestellt wurde. Vielleicht ist es unschicklich von mir, es zu sagen, aber ich kann nicht alle Schuld auf das, was . . . was geschehen ist, auf das Zyuüù allein schieben.«

Aufrichtigen Herzens sagte ich: »Ich *danke* dem Zyuüù, es möglich gemacht zu haben. Ich habe dich schon seit langer Zeit begehrt, Zyanya.«

»Nun, denn!« sagte sie, setzte ein strahlendes Lächeln auf und breitete die Arme aus, als wollte sie sagen, daß es nun schon einmal geschehen sei. Ich schüttelte den Kopf, weil ich meinte, so leicht sei es nun auch wieder nicht getan, und ihr Lächeln schwand und machte einer gewissen Bänglichkeit Platz.

Ich sagte: »Für mich bist du ein Schatz, der alles übersteigt, was ich mir jemals zu erträumen gewagt hätte. Ich hingegen bin das nicht für dich.« Sie schickte sich an, etwas zu sagen, doch ich schüttelte abermals den Kopf. »Wenn du meine Frau wirst, bist du unter deinen Wolkenmenschen für immer und ewig eine Fremde. Und von einer so engen, stolzen und bewunderungswürdigen Gemeinschaft ausgeschlossen zu werden, ist kein kleines Opfer.«

Sie überlegte einen Augenblick. Dann fragte sie: »Würdest du mir glauben, wenn ich dir sagte, das wärst du mir wert?«

»Nein«, sagte ich. »Denn über meinen Wert – oder auch Unwert – weiß ich besser und genauer Bescheid, als selbst du es tun könntest.«

Sie nickte, als hätte sie eine ähnliche Antwort erwartet. »Dann kann ich nur sagen, daß ich den Mann Záa Nayàzú mehr liebe als die Wolkenmenschen.«

»Aber warum, Zyanya?«

»Ich glaube, ich habe dich immer geliebt, seit . . . aber ich will nicht von dem sprechen, was gestern war. Ich sage nur, daß ich dich heute liebe und morgen lieben werde. Denn das Gestern ist vergangen. Das einzige, was ist und sein kann, ist das Heute und das Morgen. Und an jedem einzelnen dieser Tage will ich sagen, ich liebe dich. Könntest du das glauben, Záa? Und könntest du dasselbe sagen?«

Ich lächelte sie an. »Ich kann, kann es wirklich und werde es tun. Ich liebe dich, Zyanya.«

Sie erwiderte mein Lächeln und sagte ein wenig spitzbübisch-boshaft: »Ich weiß nicht, warum wir uns darüber so eingehend haben aussprechen müssen. Denn offenbar hat dein Tonáli und meines oder das von uns beiden uns ohnehin füreinander bestimmt.« Und damit zeigte sie von ihrer Brust auf die meine. Der Farbstoff, den der Priester auf meinen Umhang geschmiert hatte, war noch feucht gewesen, als wir zusammengelegen hatten. Beide trugen wir jetzt das gleiche purpurrote Zeichen, sie auf ihrer Bluse, ich auf meinem Umhang.

Ich lachte. Dann sagte ich betreten: »Ich bin schon lange in dich verliebt, Zyanya. Jetzt sind wir einander als Mann und Frau versprochen, und ich habe noch nie daran gedacht, dich nach der Bedeutung deines Namens zu fragen.«

Als sie mir diese schließlich sagte, dachte ich erst, sie treibe ihren Scherz mit mir; erst als sie ernst und geradezu feierlich darauf bestand, glaubte ich ihr schließlich.

Wie ihr mittlerweile gewiß erkannt habt, ehrwürdige Patres, trugen alle unsere Menschen aller Völker und Stämme Namen, die wir irgend etwas in der Natur entliehen hatten, oder irgendeiner natürlichen Eigenschaft, oder einer Verbindung von beiden. Das ist gewiß in meinem eigenen Namen deutlich geworden: Dunkle Wolke, und in denen anderer, von denen ich berichtet habe: Etwas Köstliches, Blut Schwelger, Abend Stern, Flammen Blume. Infolgedessen war es schwer für mich zu begreifen, daß ein Mädchen einen Namen tragen sollte, der kein *Ding* bedeutete. Zyanya ist ein ganz schlichtes und geläufiges Wort und bedeutet nichts in der Welt als einzig und allein immer.

Immer.

IHS

✠

S.C.C.M.

SEINER ALLERKATHOLISCHSTEN MAJESTÄT, KAISER KARL V., UNSEREM ALLERDURCHLAUCHTIGSTEN KÖNIG UND HERRN:

Preisenswerteste Majestät, Unser Mentor und Monarch: aus der Stadt Mexico, Hauptstadt Neuspaniens, am Tag des Heiligen Prosperus im Jahre des Herrn eintausendfünfhundertunddreißig, entbiete ich Euch meinen alleruntertänigsten Gruß.

Beigefügt wie gewöhnlich, Sire, werdet Ihr die letzten Ergüsse unseres Azteken finden, und selbige wie gewöhnlich: wenig *vis*, dafür um so mehr *vomitus*. Aus Eurer Majestät letztem Brief geht deutlich hervor, daß unser Souverän die Geschichte des besagten Azteken immer noch reizvoll genug finden, weiterhin fünf gute Männer darauf anzusetzen, sie anzuhören und aufzuschreiben.

Es mag Eure pflichtbewußte Majestät außerdem interessieren zu hören, daß unsere Dominikaner-Missionare, welche wir in das Oaxaca genannte südliche Gebiet ausgeschickt hatten, glücklich heimgekehrt sind; sie hatten, wie Euer Majestät sich gewiß erinnern, den Auftrag, der Behauptung des Azteken nachzugehen, die Indianer dortselbst hätten seit langem einen allmächtigen, wunderlicherweise »Allmächtiger Atem« genannten Gott verehrt und darüber hinaus auch noch das Kreuz als heiliges Zeichen benutzt.

Pater Bernardino Minaya und seine Mitbrüder bestätigen, in jenem Lande vielen, dem Anschein nach christlichen Kreuzen begegnet zu sein – zumindest Kreuzen in der Form, wie sie in der Heraldik *croix botonée* genannt werden –, doch dienten selbige keinem religiösen, sondern einem recht profanen Zweck, nämlich der Kenntlichmachung von Frischwasserquellen. Euer Majestät Stellvertreter allhier neigen aus diesem Grunde dazu, selbige Kreuze mit augustinischer Skepsis zu betrachten. Unserer Einschätzung nach, Sire, handelt es sich wieder einmal mehr um einen Beweis vom tückischen und listigen Walten des Gottseibeiuns. Ganz offensichtlich hat der Teufel sich in der Erwartung unserer Ankunft in Neuspanien beeilt, einer Anzahl dieser Heiden einen profanen Abklatsch verschiedener christlicher Glaubenslehren, Riten und heiligen Zeichen beizubringen in der Hoffnung, bei der späteren Einführung des Wahren Glaubens Fallstricke für uns auszulegen.

Außerdem scheint es so zu sein, daß es sich, soweit die Dominikaner in Erfahrung bringen konnten (wobei sich ihnen sprachliche Schwierigkeiten hindernd in den Weg stellten) beim sog. Allmächtigen Atem nicht um einen Gott handelte, sondern um einen Oberhexenmeister (oder Priester, wie unser Chronist meint), welchem die Aufsicht über die unterirdischen Grüfte unter den Ruinen der ehemaligen Stadt Mitla oblag, welche den Eingeborenen früher als ihre Heilige Heimat galt. Die Patres – von uns über die heidnische Begräbnisstätte und die sündhafte und selbstmörderische Hinopferung von lebendigen Freiwilligen dortselbst in Kenntnis gesetzt – zwangen den Hexenmeister, ihnen Zugang zu jenen Grabstätten zu gestatten.

Theseus gleich, welcher sich in das Labyrinth des Daedalos hineinwagte, spulten sie eine Schnur hinter sich ab, während sie unter Fackelbeleuchtung die verschiedenen Höhlen und verschlungenen Gänge besuchten. Der pestilenzialische Geruch von verwesendem Fleisch schlug ihnen entgegen; sie traten auf die Knochen zahlloser, friedlich dasitzender Skelette. Unglücklicherweise – und darin anders als der unerschrockene Theseus – sank ihnen der Mut, ehe sie viele Leguas zurückgelegt hatten. Als ihnen riesige vollgefressene Ratten entgegenkamen, Schlangen und anderes Gewürm, wich ihre Entschlossenheit dem Entsetzen, und sie suchten in geradezu würdeloser Flucht das Weite.

Nachdem sie wieder draußen waren, befahlen sie, daß die Zugänge zu den Höhlen trotz der Klagen und des Einspruchs von seiten des Indianers für immer verschlossen und zum Einsturz gebracht würden, indem viele Felsbrocken darauf gerollt wurden – »um diese schwarze Pforte zur Hölle für immer zuzuschütten und unkenntlich zu machen«, wie Pater Bernardino es ausdrückt. Selbiges Vorgehen war selbstverständlich durchaus gerechtfertigt, hätte längst in die Tat umgesetzt werden müssen und sollte nicht gering geachtet werden, erinnert es doch an die Heilige Katharina von Siena, welche im Gebet darum flehte, ihr eigener makelloser Leib möge für alle Ewigkeit über der Höllengrube ausgespannt werden, auf daß fürderhin keine armen Sünder mehr hineinstürzten. Gleichwohl bedauern wir, daß wir nun niemals das ganze Ausmaß der unterirdischen Höhlennetze werden erfahren und niemals jene Schätze wieder ans Tageslicht fördern können, welche Personen von Rang ohne Zweifel mit ins Grab nahmen. Ja, schlimmer noch, wir fürchten, daß das ungestüme Vorgehen der Dominikaner nicht gerade dazu angetan war, die Indianer jener Region unserem Glauben gegenüber aufgeschlossener zu machen oder sie zu bewegen, uns mit vertrauensvoller Liebe entgegenzukommen.

Außerdem bedauern wir, berichten zu müssen, daß wir selbst von unseren spanischen Landsleuten allhier in Neuspanien gleichfalls nicht sonderlich geliebt werden. Die Beamten Eurer Majestät im Kronarchiv Beider Indien könnten bereits Mitteilungen von Personen erhalten haben, welche sich über unsere »Einmischung« in weltliche Dinge beschweren. Gott weiß, daß sie sich bei uns bereits sattsam beschweren, insbesondere die Grundeigentümer, so auf ihren Ranchos und Plantagen eine große Anzahl von indianischen Arbeitern beschäftigen. Selbige Landherren haben zum Scherz sogar unseren Namen verballhornt, sprechen von uns unehrerbietig als Bischof Zurriago oder »der Geißel« und machen sich damit über uns lustig. Und selbiges nur deshalb, Sire, weil wir es gewagt haben, von der Kanzel herab dagegen zu wettern, daß sie ihre Indianer buchstäblich zu Tode schinden.

»Warum auch nicht?« wollen sie wissen. »Es kommen immer noch einige fünfzehntausend Rote auf jeden Weißen in diesen Landen. Was schadet es, wenn wir dieses gefährliche Ungleichgewicht vermindern, sintemalen wir dabei auch noch nützliche Arbeit aus diesen Elenden herausholen?«

Die Spanier, welche diese Ansicht vertreten, behaupten, gute religiöse Gründe dafür zu haben, *viz.*: Weil wir Christen diese Wilden von ihrem Götzendienst befreit und damit vor der ewigen Verdammnis bewahrt haben, weil wir ihnen die Hoffnung auf das Heil gebracht haben, sollten selbige uns als ihren Erlösern zu ewiger Dankbarkeit verpflichtet sein. Euer Majestät Hofkaplan können nicht leugnen, daß diese Beweisführung manches für sich hat, nur finden wir, daß diese Verpflichtung die Indianer nicht geradezu zwingen darf, unterschiedslos und willkürlich – an Schlägen, Brandmarkung, Hungerrationen und anderen Mißhandlungen – zugrunde zu gehen, ganz gewiß jedenfalls solange nicht, wie sie nicht getauft und in ihrem Glauben stark gemacht worden sind.

Da die Unterlagen des Katasteramts und der Volkszählungen Neuspaniens notwendigerweise immer noch recht zufällig und unvollständig sind, vermögen wir nur überschlägige Angaben über die Zahl der Eingeborenenbevölkerung zu machen, wie sie früher war und sich heute darstellt. Doch haben wir Grund zu der Annahme, daß früher annähernd sechs Millionen Menschen roter Hautfarbe in dem Gebiet gelebt haben, welches heute Neuspanien heißt. Die Kämpfe bei der Eroberung haben ihnen selbstredend einen beträchtlichen Zoll abverlangt. Des weiteren sind damals und in den neun Jahren seither unter spanischer Herrschaft schätzungsweise zwei und eine halbe Million weiterer Indianer an verschiedenen Krankheiten zugrunde gegangen, und Gott allein weiß, wieviele mehr es in den noch nicht unterworfenen Gebieten sein mögen. Sie sterben auch weiterhin überall in großer Zahl.

Offenbar hat es Unserem Herrn gefallen, die rote Rasse ganz besonders anfällig für bestimmte Krankheiten zu machen, welche, wie es scheint, früher in diesen Landen nicht endemisch waren. Während man die Lungenpest hier früher durchaus kannte (was angesichts der allgemeinen Sittenlosigkeit der Bevölkerung nicht wundernimmt), war das offenbar mit der Beulenpest, dem Morbus Cholera, den Blattern, der Rattenpest und den Masern nicht der Fall. Ob selbige Seuchen nur zufällig mit der Unterwerfung dieser Völker zusammentreffen, oder eine Strafe darstellen, welche nur diejenigen trifft, die Gott damit heimsucht – auf jeden Fall richten sie unter den Indianern weit größere Verheerungen an, als die Europäer sie jemals zu erleiden hatten.

Gleichwohl beruht dieses Sterben, welch furchtbaren Umfang es auch annimmt, auf natürlichen Ursachen, stellt eine Heimsuchung Gottes dar und ist weder auf unsere Landsleute noch auf die Tatsache zurückzuführen, daß die Lebensumstände der Indianer jetzt verbessert worden wären. Gleichwohl können wir der absichtlichen Tötung der roten Männer Einhalt gebieten, ja, müssen das sogar tun. Euer Majestät haben uns noch andere Aufgaben als die des Bischofs und Inquisitors übertragen, und wir werden uns weiterhin bemühen, unserem Titel Beschützer der Indianer gerecht zu werden, selbst wenn das bedeutet, daß uns von unseren Landsleuten der hassenswerte Beiname »Geißel« beigelegt wird.

Daß die Indianer uns als billige Arbeitskräfte Gewinn eintragen, muß hinter der Errettung ihrer heidnischen Seelen zurückstehen. Unser Erfolg in dieser edlen Aufgabe wird durch jeden Indianer gemindert, welcher nicht als Christ stirbt. Und außerdem – wenn all diese Indianer zugrunde gingen, wer sollte dann unsere Kathedralen und Kirchen, unsere Kapellen, Männer- und Frauenklöster, Schreine und Erbauungsstätten und andere christliche Bauten errichten? Wer sollte dann die Masse der Gläubigen darstellen, ja, wer würde arbeiten, und unseren Unterhalt gewährleisten, den Zehnten zahlen und andere Abgaben für die Diener Gottes in Neuspanien leisten?

Möge Unser Herrgott Seine Hand über Euer Allererhabenste Majestät, dem Vollbringer so vieler gottwohlgefälliger Taten halten, auf daß Ihr die Früchte Eurer Arbeit dermaleinst in Seiner Erhabenen Glorie genießen könnt!

(ECCE SIGNUM)
ZUMÁRRAGA

Septima Pars

Beehren Euer Exzellenz uns heute mit Ihrer Anwesenheit, um zu hören, wie mein eheliches Leben verlaufen ist?

Ich vermute, Ihr werdet meinen Bericht darüber weit weniger ereignisreich – und, wie ich hoffe, weniger als eine Zumutung für das Feingefühl Euer Exzellenz – finden als die stürmischen Zeiten meiner jüngeren Mannesjahre. Wenn ich auch leider sagen muß, daß die Eheschließungszeremonie mit Zyanya von Sturm und Gewitter überschattet war, ist es mir eine Genugtuung festzustellen, daß der größte Teil meiner Ehe hinterher sonnig und ruhig verlief. Womit ich nicht sagen will, daß sie je langweilig gewesen wäre; gemeinsam mit Zyanya erlebte ich viele weitere Abenteuer und Aufregungen, ja, schon die Tatsache, daß sie überhaupt da war, machte jeden Tag zu einem aufregenden Erlebnis. Außerdem standen die Mexíca in den Jahren, die unserer Heirat folgten, auf dem Höhepunkt ihrer Macht und übten sie kraftvoll aus; dabei hatte ich gelegentlich mit Geschehnissen zu tun, von denen ich heute weiß, daß sie nicht ganz bedeutungslos waren. Doch damals stellten sie für Zyanya und mich – und zweifellos auch für die Mehrheit der Gemeinfreien wie uns – nur eine Art von kolossalem Wandgemälde dar mit vielen Figuren darauf, vor dem wir unser privates kleines Leben lebten, unsere kleinen Triumphe feierten und unser unbedeutendes kleines Glück auskosteten.

O nein – nicht, daß *wir* auch nur den geringsten Teil unserer Ehe für belanglos und unbedeutend gehalten hätten. Gleich zu Anfang fragte ich Zyanya, wie sie dieses zitternde Zusammenziehen des kleinen Tipíli-Ringmuskels zustande bringe, welches unsere körperliche Vereinigung so außerordentlich aufregend machte. Sie errötete vor Schüchternheit und Freude und murmelte: »Da könntest du genausogut fragen, wie ich es fertigbringe, mit dem Auge zu zwinkern. Es geschieht einfach, wenn ich es will. Ist das nicht bei jeder Frau so?«

»Ich habe nicht alle Frauen kennengelernt«, sagte ich, »und verspüre auch nicht den Wunsch danach, jetzt, wo ich die allerbeste von allen habe.«

Doch Euer Exzellenz sind an derlei häuslichen Einzelheiten nicht interessiert. Ich glaube, am besten – auf daß Ihr sie vor Euch seht und sie schätzen lernt – vermittle ich Euch ein Bild von Zyanya, indem ich sie mit einer Pflanze vergleiche, welche wir *Metl* nennen – wenngleich die Metl bei weitem nicht so schön ist wie Zyanya und weder imstande zu lieben, noch zu sprechen, noch zu lachen.

Bei der Metl, Euer Exzellenz, handelt es sich um den mannshohen grünen oder blauen Strauch, den ihr uns Maguey oder Schwarzgrüne Agave zu nennen gelehrt habt. In ihrer vielseitigen Verwendbarkeit und Schönheit muß die Schwarzgrüne Agave zu den nützlichsten Pflanzen überhaupt gerechnet werden. Ihre langen, geschwungenen und ledrigen Blätter ergeben, wenn man sie – mit den Rändern ineinanderfassend – übereinanderlegt, ein wasserdichtes Hausdach. Zerklopft man die Blätter zu einem Brei, preßt diesen aus und trocknet ihn, ergibt das Papier. Auch lassen die Blattfasern sich lösen und vom feinsten Faden bis zum dicksten Seil zusammendrehen; und die feineren Fäden lassen sich zu einem rohen, gleichwohl jedoch äußerst nützlichen Tuch verweben. Die harten spitzen Stacheln, welche jedes Blatt am Rand bewehren, dienen als Nadeln und Nägel. Unseren Priestern dienten sie als Instrumente, sich damit zu kasteien oder zu verstümmeln.

Die in größter Bodennähe wachsenden Blattschößlinge sind weiß und zart, lassen sich kochen und zu einer köstlichen süßen Leckerei verarbeiten. Außerdem lassen sie sich trocknen und ergeben dann ein lange brennendes, rauchloses Brennmaterial, und die weiße Asche, die zurückbleibt, dient zu allem möglichen, von der Beschichtung des Borkenpapiers bis zur Seifenherstellung. Schneidet man die Mittelblätter der Schwarzgrünen Agave ab und kratzt das Herz heraus, sammelt sich darin der reine Pflanzensaft, der ebenso wohlschmeckend wie nahrhaft ist. Bestreicht man sich die Haut damit, wirkt selbiges der Bildung von Runzeln, Ausschlägen und Verunreinigungen entgegen; daher war ihre Anwendung bei unseren Frauen sehr im Schwange. Unsere Männer hingegen zogen es vor, den Saft zu vergären und das trunken machende Octli oder, wie ihr es nennt, Pulque daraus herzustellen. Unsere Kinder liebten den eingedickten Saft als Sirup; er ist dann seimig und süß wie Bienenhonig.

Kurz, die Schwarzgrüne Agave bietet jeden Teil ihrer selbst zum Wohlergehen von uns allen auf, die wir sie anbauen und pflegen. Und wenn sie auch unvergleichlich viel mehr war als das – so etwa war Zyanya. Sie war gut in jedem Teil, in jeder Weise und allem, was sie tat – und das nicht nur in bezug auf mich. Wiewohl mir selbstverständlich das Beste an ihr zuteil wurde, habe ich nie einen Menschen kennengelernt, der sie nicht geliebt, geschätzt und bewundert hätte. Zyanya war nicht nur Immer, sie war *alles*.

Doch ich möchte die Zeit Eurer Exzellenz nicht mit gefühlsseligen Erinnerungen verschwenden. Laßt mich wieder auf die Ereignisse zurückkommen, in der Reihenfolge, wie sie sich vollzogen.

Nachdem wir den mörderischen Zyú entkommen waren und das Erdbeben überlebt hatten, brauchten Zyanya und ich volle sieben Tage, um auf dem Landweg nach Tecuantépec zurückzukehren. Ob das Erdbeben die Wilden vernichtet hatte oder sie sich in dem Glauben wiegten, uns hätte dieses Schicksal ereilt, weiß ich nicht; jedenfalls wurden wir nicht verfolgt und auch sonst bei unserem beschwerlichen Marsch durch nichts anderes belästigt als gelegentlich durch Hunger und Durst. Vor einiger Zeit, beim Überfall der Räuber auf der Landenge, war ich meines Brennkristalls verlustig gegangen und hatte auch keinen Feuerbohrer bei mir; gleichwohl war unser Hunger nie so groß, daß wir rohes Fleisch gegessen hätten. Wir fanden genügend wilde Früchte, Beeren und Vogeleier, die wir ohne weiteres roh verzehren konnten; außerdem lieferten uns diese Dinge genügend Feuchtigkeit, damit wir zwischen den weit auseinander gelegenen Bergquellen nicht verdursteten. Des Nachts häuften wir Laub aufeinander und schliefen ineinander verschlungen, um uns gegenseitig zu wärmen und zu trösten.

Möglicherweise waren wir bei unserer Rückkehr nach Tecuantépec beide ein wenig schmaler geworden; abgerissen, barfuß und mit Blasen an den Füßen waren wir aber wohl, weil unsere Sandalen auf dem Felsgestein des Gebirges völlig zerschlissen worden waren. Müde und dankbar wankten wir in den Hof der Herberge hinein, Béu Ribé lief uns entgegen, uns willkommen zu heißen, und auf ihrem Gesicht lag eine Mischung aus Sorge, Verzweiflung und Erleichterung.

»Ich dachte, ihr wärt verschwunden wie unser Vater und würdet nie zurückkehren«, sagte sie halb lachend, halb scheltend, als sie zuerst Zyanya und dann mich glühend in die Arme schloß. Sie fuhr sich leicht mit der Hand über das Gesicht, und nun sah ich wieder ihr Lächeln seine Schwingen entfalten. »Töricht ... gefährlich ...« Ihre Augen weiteten sich, als sie ihre Schwester genauer ins Auge faßte, und das Wasser stieg ihr in die Augen, als sie mich ansah.

Wiewohl ich viele Jahre gelebt und viele Frauen gekannt habe, ist es mir immer noch unerfindlich, wieso Frauen augenblicklich und untrüglich erkennen, wann eine andere zum erstenmal einem Mann beigewohnt, sie also den nicht wieder rückgängig zu machenden Schritt von der Jungfrau zur Frau gemacht hat. Wartender Mond sah ihre Schwester mit einem erschrockenen und enttäuschten Gesicht an und mich voller Zorn und Groll.

»Wir werden heiraten«, beeilte ich mich zu sagen.

Zyanya sagte: »Wir hoffen, du bist einverstanden, Béu? Schließlich bist du das Oberhaupt der Familie.«

»Dann hättest du vorher ein Wort davon sagen können!« erklärte die ältere von beiden mit erstickter Stimme. »Ehe du ...« Sie schien förmlich zu ersticken. Und dann waren ihre Augen nicht mehr feucht, sondern glühten. »Und nicht nur *irgendeinen* Ausländer, sondern auch noch einen von diesen tierischen Mexícatl, die unterschiedslos ihrer Geilheit nachgehen. Wärest du nicht so bequem dagewesen, Zyanya« – ihre Stimme wurde womöglich noch lauter und schriller –, »er wäre vermutlich mit einem dreckigen Zyú-Weib zurückgekommen, das von seinem unersättlichen langen Tepúli herunterhängt ...«

»Beú!« entfuhr es Zyanya entsetzt. »So habe ich dich noch nie reden hören. Bitte! Ich weiß, all dies kommt sehr überraschend für dich, aber glaub mir, Záa und ich, wir lieben uns.«

»Überraschend? Glauben?« kam wild aus Béu Ribé heraus. Dann fuhr sie herum und überhäufte mich mit ihrem Zorn. »Seid *Ihr* sicher? Noch habt Ihr nicht alle Frauen aus der Familie ausprobiert.«

»Béu!« flehte Zyanya noch einmal.

Ich versuchte, sie zu beschwichtigen, doch klang das eher zaghaft: »Ich bin kein Edelmann, kein Pípiltin. Ich kann nur eine zur Frau nehmen.« Was mir von Zyanya wiederum einen Blick eintrug, der nicht weniger erbost war als das Funkeln ihrer Schwester. Rasch fügte ich deshalb hinzu: »Ich begehre Zyanya zur Frau. Ich würde es als eine Ehre empfinden, wenn ich Euch Schwester nennen dürfte, Béu!«

»Gern! Aber nur, um der Schwester Lebewohl zu sagen! Schert Euch fort und – und nehmt die *Wahl* Eures Herzens mit! Dank Eurer hat sie hier keine Ehre, keine Achtung, keinen Namen und kein Heim mehr. Kein Priester der Ben Záa wird euch trauen.«

»Das wissen wir«, sagte ich. »Um die Zeremonie zu vollziehen, werden wir nach Tenochtítlan gehen.« Ich bemühte mich um Festigkeit in meiner Stimme. »Aber es wird nichts sein, was man heimlich und in Schande vornehmen müßte. Wir werden von einem der Hohenpriester am Hofe des Uey-Tlatoáni der Mexíca getraut werden. Eure Schwester hat einen Ausländer gewählt, jawohl, aber keinen nichtswürdigen Vagabunden. Und heiraten wird sie mich, ob Ihr nun Euren Segen dazu gebt oder nicht.«

Diesen Worten folgte ein langes, spannungsgeladenes Schweigen. Tränen rannen den Mädchen über die nahezu gleichen wunderschönen, verlegenen Gesichter, und mir tropfte der Schweiß von der Stirn. Wir standen da, bildeten gleichsam die Winkel eines Dreiecks, das von unsichtbaren Óli-Bändern bis zum Zerreißen angespannt wurde. Doch ehe etwas riß, linderte Béu die Anspannung. Ihr Gesicht erschlaffte, die Schultern sackten ihr herab, und sie sagte:

»Es tut mir leid. Bitte verzeih mir, Zyanya. Und du auch, Bruder Záa. Selbstverständlich habt ihr meinen Segen und meine liebevollen guten Wünsche für euer Glück. Und ich bitte euch, vergeßt die anderen Worte, die ich gesprochen habe.« Sie versuchte über sich zu lachen, doch das Lachen platzte in der Mitte. »Es kam so überraschend, wie ihr gesagt habt. So unerwartet. Es kommt nicht alle Tage vor, daß ich ... eine geliebte Schwester verliere. Aber jetzt kommt herein. Wascht euch, eßt und ruht euch aus.«

Seit damals haßt mich Wartender Mond bis auf den heutigen Tag.

Zyanya und ich blieben noch etwa weitere zehn Tage in der Herberge, hielten uns jedoch in dieser Zeit keusch voneinander fern. Wie zuvor, teilte sie ein Gemach mit ihrer Schwester, ich bewohnte meine eigene Kammer, und ich und sie sahen darauf, unsere Zuneigung zueinander nicht öffentlich zu bekunden. Während wir uns von unserer fehlgeschlagenen Expedition erholten, schien Béu sich von ihrer Enttäuschung und der Trauer zu erholen, welche unsere Rückkehr in ihr hervorgerufen hatte. Sie half Zyanya, aus ihrem gemeinsamen Besitz die vergleichsweise wenigen persönlichen Habseligkeiten sowie die geliebten und unersetzlichen Dinge, welche sie mitzunehmen gedachte, auszusuchen.

Da ich wieder einmal praktisch ohne eine Kakaobohne dastand, borgte ich mir von den Mädchen eine kleine Summe für die Reise und zusätzlich noch eine Summe, die ich durch Boten nach Nozibe bringen ließ, wo sie an jene Familie übergeben werden sollte, welche der unglückliche Fischer dort wohl hinterlassen hatte. Außerdem meldete ich den Zwischenfall dem Bishósu von Tecuantépec, welcher seinerseits versprach, den

Herrn Kosi Yuela über die jüngste Schandtat der verachtenswerten Zyú zu unterrichten.

Am Vorabend unserer Abreise überraschte Béu uns mit einem Fest, wie man es wohl gegeben haben würde, hätte Zyanya einen Mann der Ben Záa geheiratet. Teil nahmen daran alle Gäste der Herberge und jene Bürger der Stadt, die eigens dazu eingeladen wurden. Es waren Musikanten angeworben worden, Musik zu machen, und glänzend kostümierte Tänzer, welche die Genda Lizáa aufführten, den »Geist der Verwandtschaft«-Tanz der Wolkenmenschen.

Da das gute Einvernehmen zumindest nach außen hin unter uns dreien wiederhergestellt war, sagten Zyanya und ich Béu am nächsten Morgen mit ernsten Küssen Lebewohl. Wir reisten nicht auf direktem Wege sofort nach Tenochtítlan. Beide eine Last tragend, wandten wir uns über die flache Landenge zunächst nach Norden, zogen also auf demselben Wege dahin, auf dem ich nach Tecuantépec gekommen war, nur in umgekehrter Richtung. Und da ich nun nicht mehr nur an mich allein zu denken hatte, war ich ganz besonders vor Bösewichten auf der Hut, die uns auflauern könnten, trug mein Maquahúitl immer kampfbereit in der Hand und hielt stets die Augen offen, sobald wir durch Gelände kamen, in dem man uns leicht einen Hinterhalt hätte legen können.

Wir waren noch keinen Ein Langer Lauf unterwegs, da meinte Zyanya schlicht, aber erregt und erwartungsvoll: »Wenn ich überlege, daß ich weiter von daheim fortgehe, als ich es jemals zuvor getan habe!«

Diese wenigen Worte ließen mir das Herz höher schlagen und bewirkten, daß ich sie womöglich noch mehr liebte. Sie wagte sich hinaus in das große Unbekannte, tat es vertrauensselig, weil ich die Hand über sie hielt. Ich glühte vor Stolz und war von Dankbarkeit erfüllt dafür, daß ihr Tonáli und meines uns zusammengebracht hatte. Alle anderen Menschen in meinem Leben stammten aus der Zeit von gestern oder von früher, Zyanya hingegen war etwas Frisches und Neues, ein Mensch, der mir noch nicht zur Selbstverständlichkeit geworden war.

»Ich hätte nie geglaubt«, sagte sie und breitete die Arme weit aus, »daß es soviel Land und nichts weiter als Land überhaupt *gibt*!«

Selbst angesichts der glanzlos-eintönigen Landschaft der Landenge konnte sie diesen Ausruf tun, brachte sie mich zum Lächeln und ließ mich an ihrer Begeisterung teilnehmen. So sollte es all unsere Tage und all unser Morgen über bleiben. Ich genoß das Vergnügen, sie mit Dingen bekannt zu machen, die für mich ganz alltäglich waren, für sie jedoch neu und fremd. Und sie wiederum brachte mich durch ihre ungespielte Freude darüber dazu, alle diese Dinge gleichfalls mit neuen Augen zu sehen.

»Sieh dir diesen Busch dort an, Záa. Er lebt, er *denkt*! Und hat Angst, der Ärmste! Siehst du? Wenn ich das Laub berühre, rollen die Blätter sich zusammen und schließen die Blüten sich fest, und zum Vorschein kommen Stacheln wie weiße Reißzähne!«

Sie war wie eine junge Göttin, erst vor kurzem geboren von Teteoínan, der Mutter der Götter, und frisch vom Himmel heruntergeschickt, sich mit der Erde vertraut zu machen. Noch die kleinste Kleinigkeit vermochte ihr Verwunderung, Ehrfurcht und Entzücken zu entlokken – selbst ich, ja sogar ihr eigenes Ich. Sie war lebenssprühend munter und lustig wie das nie stillschweigende Licht, welches im Smaragd lebt.

Ich sollte ständig neu überrascht werden von ihrer unerwarteten Einstellung Dingen gegenüber, welche für mich selbstverständlich waren.

»Nein, wir werden uns nicht ausziehen«, sagte sie in unserer ersten Nacht unterwegs. »Wir werden uns lieben, gewiß, aber bekleidet, so, wie wir es in den Bergen getan haben.« Ich erhob selbstverständlich Einspruch, sie jedoch blieb fest und erklärte mir, warum. »Laß mich dieses letzte kleine bißchen Scham bis nach unserer Hochzeit bewahren, Záa. Wenn wir dann zum erstenmal nackt zusammenkommen, wird es so neu und anders sein, als ob wir es noch nie zuvor getan hätten.«

Ich wiederhole, Euer Exzellenz, daß ein ausführlicher Bericht über unsere Ehe außerordentlich undramatisch sein würde, weil Gefühle wie Zufriedenheit und Glück sich sehr viel schwerer durch Worte ausdrücken lassen als Geschehnisse. Ich kann Euch nur sagen, daß ich damals dreiundzwanzig Jahre alt war und Zyanya zwanzig, und daß Liebende dieses Alters der äußersten und ausdauerndsten Zuneigung fähig sind, die sie jemals erleben werden. Auf jeden Fall nahm diese erste Liebe zwischen uns nie ab; sie nahm zu an Tiefe und Kraft, aber warum, vermag ich Euch nicht zu sagen.

Wenn ich jetzt freilich daran zurückdenke, will es mir scheinen, als ob Zyanya es sehr treffend an diesem längst vergangenen Tag ausdrückte, an dem wir aus Tecuantépec auszogen. Einer der lustigen Schnelläufervögel trabte neben uns her, der erste, den sie in ihrem Leben sah, und sie sagte gedankenvoll: »Wie kommt es, daß ein Vogel die Erde der Luft vorzieht? Ich würde das nicht tun, hätte ich Flügel zu fliegen. Würdest du es tun, Záa?«

Ayyo, ihr Geist *war* beflügelt, und ich genoß es, zusammen mit ihr dahinzuschweben. Vom ersten Augenblick an waren wir Gefährten, die ein immer spannender werdendes Abenteuer erlebten. Wir liebten das Abenteuer und liebten einander. Kein Mann und keine Frau können jemals mehr von den Göttern verlangt haben als das, was diese mir und Zyanya zugestanden – auch nicht die Einlösung des Versprechens, welches in ihrem Namen lag –, daß es immer währen möge.

Am zweiten Tag holten wir eine Gesellschaft von Tzapotéca-Kaufleuten auf dem Weg nach Norden ein, deren Träger mit dem Schildpatt der Karettschildkröte beladen waren. Dieses sollte an Handwerker der Olméca verkauft werden, erhitzt und geformt, zu allem möglichen Zierat und vielerlei Einlegearbeiten verarbeitet werden. Die Kaufleute hießen uns in ihrer Gesellschaft willkommen, und wiewohl Zyanya und ich allein schneller hätten vorankommen können, schlossen wir uns ihnen aus Gründen der Sicherheit an und begleiteten sie bis an ihr Ziel, die Stadt Coátzacoálcos, wo viele Handelsstraßen zusammenlaufen.

Kaum waren wir auf dem dortigen Marktplatz angelangt – und huschte Zyanya aufgeregt zwischen den verschiedenen hochgetürmten Verkaufsständen und Bodentüchern hin und her –, hörte ich mich von einer vertrauten Stimme angefahren: »Dann bist du also doch nicht tot! Haben wir diesen Banditen denn umsonst den Hals umgedreht?«

»Blut Schwelger!« rief ich überglücklich aus. »Und Cozcatl! Was verschlägt euch in diese abgelegene Gegend?«

»Ach, nur die Langeweile«, sagte der alte Krieger überheblich.

»Er lügt. Wir haben uns große Sorgen um dich gemacht«, sagte Cozcatl, jetzt kein kleiner Junge mehr, sondern ein fast erwachsener

Jüngling, der aus nichts anderem bestand als aus Knien und Ellbogen und linkischen Bewegungen.

»Nichts da von Sorgen – *Langeweile!*« beharrte Blut Schwelger. »Ich laß mir daheim in Tenochtitlan ein Haus bauen, aber die Maurer und Stuckarbeiter zu beaufsichtigen, ist nicht sonderlich erbaulich. Außerdem haben sie mir zu verstehen gegeben, ohne mich und meine Vorstellungen kämen sie besser zurecht. Und Cozcatl fand seine Schule nach den vielen Abenteuern, die er bestanden hat, ein wenig lahm. Deshalb haben wir, der Junge und ich, beschlossen, dich aufzuspüren und herauszufinden, was du die beiden Jahre über getrieben hast.«

Cozcatl sagte: »Sicher waren wir uns ja nicht, ob wir auf der richtigen Spur wären – bis wir hierherkamen und feststellten, daß vier Männer versuchten, gewisse Wertsachen zu verkaufen. Dabei kam uns eine Blutsteinmantelschließe bekannt vor.«

»Sie konnten nicht zufriedenstellend erklären, wie sie in den Besitz dieser Dinge gelangt seien«, sagte Blut Schwelger. »Folglich brachte ich sie vor das Markttribunal. Man machte ihnen den Prozeß, verurteilte sie und schickte sie mit der blumenumwundenen Würgschlinge ins Míctlan. Ach, sie haben es bestimmt für irgendeine andere Missetat verdient. Aber gleichviel – hier ist deine Schließe, der Brennkristall, dein Nasenpflock . . .«

»Recht habt Ihr getan!«, erklärte ich. »Sie haben mich ausgeraubt und mich niedergeschlagen. Sie hielten mich für tot.«

»Das taten wir auch, nur haben wir *gehofft*, daß dem doch nicht so sei«, sagte Cozcatl. »Und sonst hatten wir nichts weiter vor. Deshalb haben wir seither nichts weiter getan, als die Küste auf und ab zu durchforschen. Und du, Mixtli, was hast du gemacht?«

»Auch Forschungsreisen gemacht«, sagte ich. »Auf Schatzsuche gewesen, wie gewöhnlich.«

»Und – hast du einen gefunden?« knurrte Blut Schwelger.

»Nun, ich habe eine Frau gefunden.«

»Eine Frau!« Er räusperte sich und spie auf den Boden. »Und wir hatten Angst, du wärest nur gestorben.«

»Immer noch derselbe alte Griesgram!« Ich lachte. »Aber wenn ihr sie seht . . .«

Ich sah mich suchend auf dem Platz um und rief ihren Namen, und gleich darauf kam sie und sah so königlich aus wie Pela Xila oder die Dame von Tolan, nur unendlich viel schöner. In der Kürze der Zeit hatte sie eine neue Bluse, einen Rock und Sandalen erstanden, sich ihrer von der Reise verschmutzten Kleidung entledigt, war in die neue geschlüpft und hatte noch etwas gekauft, was wir einen lebenden Edelstein nannten – einen vielfarben schillernden Käfer –, um ihn sich in den weißen Blitz ihres Haares zu stecken. Ich muß sie wohl genauso bewundernd angeschaut haben wie Cozcatl und Blut Schwelger.

»Du hattest recht, mich zurechtzuweisen, Mixtli«, räumte der alte Mann ein. »Ayyo, eine Jungfrau von den Wolkenmenschen. Sie ist in der Tat ein unbezahlbarer Schatz.«

»Ich erkenne Euch wieder, Gebieterin«, sagte Cozcatl ritterlich zu ihr. »Ihr wart die junge Göttin des Tempels, der als Herberge getarnt war.«

Nachdem alle einander vorgestellt worden waren – und meine beiden alten Freunde, glaube ich, sich augenblicklich in Zyanya verliebt hatten –, sagte ich: »Gut, daß wir uns hier treffen. Ich war auf dem Weg nach Xicalánca, wo noch ein anderer Schatz auf mich wartet. Ich glaube, zusammen schaffen wir vier es, ihn zu transportieren; dann brauche ich jedenfalls keine Träger anzuwerben.«

So zogen wir in gemächlichen Tagesmärschen durch jene Lande, wo die Frauen sämtlichst wie die Seekühe kauen und die Männer alle unter der Last ihrer Namen gebeugt gehen, gelangten in die Hauptstadt Cupílco und begaben uns dortselbst zur Werkstatt von Meister Tuxtem, welchselbiger uns jene Dinge brachte, die er unterdessen aus den gewaltigen Zähnen geschnitzt hatte. Da ich immerhin wußte, welch kostbares Material ich ihm zur Verarbeitung dagelassen hatte, war ich nicht ganz so sprachlos wie Zyanya, Cozcatl und Blut Schwelger, als wir sahen, was er daraus gemacht hatte.

Meinem Auftrag entsprechend waren es Figürchen von Göttern und Göttinnen der Mexíca, manche von ihnen hoch wie mein Unterarm, des weiteren schön geschnitzte Dolchgriffe und Kämme, denn auch davon hatte ich ja gesprochen. Darüber hinaus hatte der Meister aber auch Totenschädel gemacht, groß wie die von Kindern, über und über beschnitzt mit Szenen aus den Legenden. Da waren kunstfertig gearbeitete Kästchen mit dazu passenden Deckeln, Fläschchen für Copáli-Duftwässer mit Stöpseln aus demselben Material, Brustmedaillons und Umhangspangen, Pfeifen und Broschen in der Gestalt winziger Jaguare und Eulen und köstliche kleine nackte Frauen, Blumen, Kaninchen und lachende Gesichter.

Bei manchen dieser Dinge waren die Einzelheiten so fein herausgearbeitet, daß man ihnen nur dann gerecht wurde, wenn man sie durch meinen Vergrößerungskristall hindurch betrachtete. Tat man das, waren an einem Schmuckstück in Form eines nackten Mädchens selbst die Tipíli zu erkennen, nicht größer als ein Agavendorn. Wie ich ihn angewiesen hatte, hatte Tuxtem kein einziges Teilchen und keinen Splitter verschwendet: Er hatte Nasen- und Ohrenpflöcke geschaffen, Lippenscheiben, lustige Ohrenkratzer und Zahnstocher. All diese Gegenstände, kleine wie große, wiesen einen warmen weißen Schimmer auf, als ob sie aus ihrem Inneren heraus leuchteten, gleichsam wie aus einem Stück Mond geschnitzt. Es war nicht minder lustvoll, sie anzufassen, als sie zu betrachten, da der Künstler die Oberfläche so glatt geschliffen hatte wie die Haut von Zyanyas Brüsten. Und genauso wie ihre Haut, forderten sie den Betrachter auf: »Berührt mich, liebkost mich, streichelt mich!«

»Ihr habt versprochen, junger Herr Gelb Auge«, sagte Tuxtem, »daß nur Personen, die ihrer würdig sind, diese Dinge jemals besitzen dürfen. Gestattet mir, wenn ich mich anheischig mache, die erste auszuwählen, die ihrer würdig ist.«

Woraufhin er sich niederließ, um die Geste des Erdeküssens vor Zyanya zu vollführen, sich dann erhob und ihr eine zarte, gewundene, aus Hunderten von Gliedern bestehende Kette umlegte, welche aus einer ganzen Länge harten Zahns herauszuarbeiten ihn eine unsägliche Zeit gekostet haben mußte. Zyanya strahlte übers ganze Gesicht und sagte: »Der Meister Tuxtem tut mir wahrhaftig eine große Ehre an. Etwas so Wunderschönes wie dieses wird es nie wieder geben. Es sollte euren Göttern vorbehalten bleiben.«

»Ich glaube nur an das Glaubbare«, erklärte er. »Eine wunderschöne junge Frau mit einem Blitz im Haar und einem Lóochi–Namen, von dem ich weiß, daß er Immer bedeutet, ist eine viel glaubhaftere Göttin als die meisten anderen.«

Tuxtem und ich teilten abmachungsgemäß das Geschaffene, und dann teilte ich meinen Anteil nochmals in vier Teile auf. Dadurch, daß die Zähne bearbeitet worden waren, hatten sie einen großen Teil ihres Gewichts eingebüßt und waren auch nicht mehr so sperrig wie zuvor, so daß die Lasten, die jetzt daraus entstanden, nicht zu ungefüge waren und ich und meine drei Gefährten sie transportieren konnten, ohne daß wir uns der Hilfe von Trägern hätten versichern müssen. Wir trugen sie zuerst in eine Herberge in Xicalánca, ruhten uns aus und wuschen uns, aßen und schliefen.

Am nächsten Tag wählte ich eine von unseren neuen Waren aus: eine kleine Messerscheide mit einer Begebenheit aus dem Leben von Quetzalcóatl darauf, wie er auf seinem Floß aus ineinander verschlungenen Schlangen davonsegelte. Sodann legte ich meine besten Kleider an, und – während Cozcatl und Blut Schwelger Zyanya begleiteten, um ihr die Sehenswürdigkeiten von Xicalánca zu zeigen – begab mich in den Palast und bat um eine Audienz beim Herrscher von Cupílco, dem Tabascoöb, wie er dortselbst genannt wurde. Aus welchem Grunde weiß ich nicht – jedenfalls habt ihr Spanier einen neuen Namen für einen Großteil jenes Landes zusammengebraut, das damals Olméca-Land war.

Der Herr war so gnädig, mich zu empfangen. Wie die meisten Angehörigen anderer Völker hegte er uns Mexíca gegenüber vermutlich keine besondere Liebe. Aber sein Land lebte vom Handel, und die Mehrzahl der Kaufleute waren Mexícatl-Pochtéca.

Ich sprach: »Erhabener Tabascoöb, einer von Euren hiesigen Handwerkern, Meister Tuxtem, hat vor kurzer Zeit eine unvergleichlich kunstvolle Arbeit geschaffen, Dinge, mit deren Hilfe ich gewinnträchtigen Handel zu treiben hoffe. Nur hielt ich es für angemessen, das erste Stück dem Herrn dieses Landes zu überreichen. Dieserhalb überreiche ich Euch im Namen meines eigenen Gebieters, des Uey-Tlatoáni Ahuítzotl von Tenochtítlan, dieses Geschenk.«

»Eine aufmerksame Geste und ein großzügiges Geschenk«, sagte er und betrachtete die Scheide mit unverhohlener Bewunderung. »Und eine wunderschöne Arbeit. Ich habe nie ähnliches gesehen.«

Als Gegengabe überreichte der Tabascoöb mir einen goldstaubgefüllten Federkiel, den ich Meister Tuxtem übergeben sollte, und – als Gegengabe für den Verehrten Sprecher Ahuítzotl – eine in schöne Kästen verpackte Sammlung von Wassergetier: Seesternen, Seepferdchen, eine korallene Seefeder, alle goldüberzogen, sie zu konservieren und gleichzeitig zu verschönen. Als ich den Palast verließ, hatte ich das Gefühl, zumindest für die guten Beziehungen zwischen Cupílco und Tenochtítlan ein wenig getan zu haben.

Ich nahm mir vor, dies Ahuítzotl gegenüber ausdrücklich zu erwähnen, sobald wir in Das Herz Der Einen Welt zurückgekehrt seien, erhoffte ich mir doch, daß das Geschenk des Tabascoöb, welches gutnachbarliche Beziehungen bekunden sollte, den Verehrten Sprecher geneigt machen könne, mir eine ganz bestimmte Bitte zu gewähren, daß nämlich Zyanya und ich durch einen Palastpriester von hohem Rang und Ansehen zusammengegeben werden würden.

»Und du wagst es, uns um eine Gunst zu bitten, nachdem du unseren ausdrücklichen Anweisungen zuwider gehandelt hast?«

Ich wußte ehrlich nicht, was er meinte: »Zuwidergehandelt, Hoher Gebieter?«

»Als du uns den Bericht über deine erste Expedition in den Süden brachtest, haben wir dir ausdrücklich gesagt, du solltest dich zwecks weiterer Erläuterungen zur Verfügung halten. Stattdessen bist du einfach verschwunden und hast die Mexíca um die wertvolle Gelegenheit gebracht, einen Krieg zu führen. Jetzt kommst du zwei Jahre später zurück – und zwei Jahre zu spät –, um uns zu beschwatzen, die Schirmherrschaft über eine so lächerliche Kleinigkeit wie eine Hochzeit zu übernehmen?«

Immer noch völlig verwirrt, sagte ich: »Ihr könnt sicher sein, Hoher Gebieter, daß ich nie daran gedacht hätte, fortzugehen, wenn ich geahnt haben würde, Euch dadurch einen schlechten Dienst zu erweisen. Aber ... um was für eine Gelegenheit gebracht?«

»Aus deinen Wort-Bildern ging hervor, daß deiner Kolonne von Mixtéca-Räubern aufgelauert wurde.« Seine Stimme verstieg sich in zornige Höhen. »Noch nie haben wir einen Angriff auf unsere reisenden Fernhändler ungerächt gelassen.« Er war offenbar auf mich zorniger als auf die Räuber. »Wärest du zur Stelle gewesen, die Beschwerde mit Nachdruck zu vertreten, hätten wir einen guten Grund gehabt, ein Heer gegen die Mixtéca auszusenden. Doch ohne einen Klageführer ...«

Ich murmelte Entschuldigungen, beugte demütig das Haupt, vollführte aber gleichzeitig eine wegwerfende Gebärde. »Die elenden Mixtéca, Hoher Gebieter, besitzen herzlich wenig, was es sich zu gewinnen lohnte. Diesmal jedoch kehre ich aus der Fremde zurück mit Neuigkeiten über ein Volk, welches etwas besitzt, was zu holen sich wirklich lohnt – und auch sie verdienen gleicherweise eine Bestrafung. Ich bin auf höchst grausame Weise von ihnen behandelt worden.«

»Von wem? Wieso? Und was besitzen sie? Sprich? Es könnte sein, daß du in unseren Augen wieder Gnade gewinnst.«

Woraufhin ich ihm berichtete, wie ich die durch Gebirge und Meer geschützte Siedlung der Chóntaltin oder Zyù oder Der Fremden entdeckt hätte, jenes verschlagenen und ganz für sich allein lebenden Unterstamms der Huave. Ich erzählte ihm, daß nur dieses Volk wisse, wie und zu welcher Zeit nach den Meeresschnecken getaucht werden müsse und wie diese wenig schönen schleimigen Kriechtiere jenen herrlich leuchtenden Purpurfarbstoff absonderten, der sich nie verändert und nie verblaßt. Ich setzte ihm auseinander, dieser einzigartige Stoff könne von unschätzbarem Marktwert sein und erzählte, mein Führer sei von Den Fremden abgeschlachtet worden und Zyanya und ich nur um Haaresbreite einem ähnlichen Schicksal entgangen. Ahuítzotl raffte sich von seinem Grizzly-Bärenfell bedeckten Thron hoch und schritt erregt im Raum auf und ab.

»Ja«, sagte er und setzte ein beutelüsternes Lächeln auf. »Der Überfall auf einen unserer Pochtéca würde eine Strafexpedition rechtfertigen, und der Purpur allein würde uns in reichem Maße dafür entschädigen. Aber warum sich damit bescheiden, nur diesen einen elendigen Stamm der Huave zu zähmen? Das Land Uaxyácac weist noch viele andere Schätze auf, welche zu holen sich lohnte. Es ist den Mexíca seit den Tagen meines Vaters nicht gelungen, die stolzen Tzapotéca zu demütigen, und das ist lange her.«

»Gestattet, daß ich Euch an folgendes erinnere, Hoher Gebieter«, sagte ich rasch. »Nicht einmal Euer Vater Motecuzóma hat es fertiggebracht, dieses in so großer Ferne lebende Volk für sehr lange Zeit zu unterjochen. Wollte man das tun, müßte man in jenem Lande ständige Garnisonen unterhalten. Und um das zu bewerkstelligen, wäre man wieder auf außerordentlich lange Nachschubwege angewiesen, welche stets Gefahr laufen, unterbrochen zu werden. Selbst wenn es gelänge, eine militärische Oberherrschaft aufzurichten und aufrechtzuerhalten, würde das mehr kosten, als man durch Kriegsbeute und Tribute dafür gewinnt.«

»Du scheinst immer einen Grund dagegen zu finden, einen mannhaften Krieg zu führen«, knurrte Ahuítzotl.

»Nicht immer, Hoher Gebieter. In diesem Falle würde ich vorschlagen, daß Ihr die Tzapotéca als Verbündete gewinnt. Bietet ihnen die Ehre, an der Seite Eurer eigenen Truppen zu kämpfen, wenn Ihr gegen die Huave-Barbaren loszieht. Dann erlegt diesem geschlagenen Stamm Tributzahlungen auf, freilich nicht an Euch zu zahlen, sondern an den Herrn Kosi Yuela von Uaxyácac – ihm sämtlichen Purpurfarbstoff zu übergeben, von jetzt an bis in alle Zukunft.«

»Was? Einen Krieg führen, und sich dann um die verdienten Früchte bringen?«

»Hört mich bis zu Ende an, Verehrter Sprecher. Nach Eurem Sieg schließt Ihr einen Vertrag, demzufolge Uaxyácac den Purpur ausschließlich an Mexíca-Händler verkauft. Auf diese Weise haben beide Völker etwas davon, denn selbstverständlich werden unsere Pochtéca den Farbstoff zu einem wesentlich höheren Preis weiterverkaufen. Durch die Bande eines außerordentlich verstärkten Handels bindet ihr die Tzapotéca enger an uns – *und* außerdem noch dadurch, daß sie zum erstenmal in einem gemeinsamen kriegerischen Unternehmen neben den Mexíca gekämpft haben.«

Das Funkeln in seinen Augen, mit dem er mich bedachte, bekam etwas Berechnendes. »Und wenn sie einmal als unsere Verbündeten mit uns gekämpft haben, könnten sie es auch weiterhin tun. Und noch ein zweitesmal tun. Und ein drittes und ein . . .« Jetzt hatte der Blick, mit dem er mich ansah, fast schon etwas Freundliches. »Die Überlegung hat manches für sich. Wir werden Befehl geben, aufzubrechen, sobald unsere Seher einen günstigen Tag dafür gefunden haben. Halte dich bereit, Tequíua Mixtli, das Kommando über die dir zugewiesenen Krieger zu übernehmen.«

»Aber Hoher Gebieter, ich möchte doch heiraten!«

Er stieß ein »Xoquíui« aus, was ein saftiger Fluch ist.

»Heiraten kannst du jederzeit, doch ein Krieger, zumal einer im Befehlsrang, hat sich jederzeit bereit zu halten. Außerdem stellst du abermals den Beschwerdeführer dar. Du bist der Vorwand, die Grenzen nach Uaxyácac zu überschreiten.«

»Daß ich persönlich daran teilnehme, wird nicht nötig sein, Verehrter Sprecher. Der Vorwand oder die Entschuldigung ist bereits vorbereitet worden.« Ich berichtete ihm, daß ich dem regierenden Herrscher von Tecuantépec von den Missetaten Der Fremden Meldung erstattet hätte und durch ihn wiederum den Herrn Bishósu dieses Landes. »Kein Tzapotéca hegt eine große Liebe für die fremdstämmigen Huave auf ihrem Gebiet, infolgedessen wird man Euch keine Hindernisse in den Weg legen. Vermutlich wird es nicht einmal größerer Überredungskünste bedürfen, Kosi Yuela zu bewegen, sich dieser Strafexpedition anzuschließen.« Ich hielt inne und sagte dann bescheiden: »Ich hoffe, es war recht von mir, den Taten hoher Herren, Heere und Völker den Weg zu ebnen.«

Einen kurzen Augenblick war im Raum nichts weiter zu hören als das Getrommel von Ahuítzotls Fingern, mit denen er das Polster einer Sitzbank bearbeitete, welches, wie ich vermutete, aus Menschenhaut bestand. Schließlich sagte er:

»Man hat mir berichtet, deine Braut sei von überragender Schönheit. Nun denn. Von keinem Mann, der seinem Volk bereits beispielhafte Dienste geleistet hat, sollte man erwarten, daß er den Genuß des Krieges dem Genuß der Schönheit vorzieht. Ihr werdet hier, im Ballsaal des Palastes, den wir neu haben ausschmücken lassen, getraut werden. Vollzogen wird die Trauung von einem Palastpriester – und zwar vom Priester der Liebesgöttin Xochiquétzal und nicht dem des Kriegsgottes Huitzilopóchtli – und unser gesamter Hofstaat wird daran teilnehmen. Lade alle Angehörigen der Pochtéca-Gilde dazu ein, alle deine Freunde, wen du willst. Geh nur zu den Palastsehern, damit sie einen günstigen Tag dafür auswählen. In der Zwischenzeit geht durch die Stadt, du und dein Weib, und sucht euch ein Grundstück aus, das euch gefällt, auf dem noch kein Haus steht und das verkäuflich ist. Das soll Ahuítzotls Hochzeitsgeschenk für euch sein.«

Zur festgesetzten Zeit am Nachmittag meines Hochzeitstages näherte ich mich aufgeregt dem Portal des menschen- und lärmerfüllten Ballsaals und blieb dort lange genug stehen, um die Versammlung durch meinen Topas hindurch zu betrachten. Sodann verbarg ich den an einer Schlaufe um meinen Hals hängenden Kristall aus Eitelkeit unter meinem neuen, reichbestickten Umhang, ehe ich den Saal betrat. Immerhin hatte ich gesehen, daß zu der neuen Ausschmückung des riesigen Saales Wandgemälde gehörten, welche ich auch ohne ihre Signatur erkannt hätte – und daß sich in der Menge der Adligen, Höflinge und bevorzugten Gemeinfreien auch ein hochgewachsener junger Mann bewegte, in dem ich – wiewohl er mir in diesem Augenblick den Rücken zukehrte – augenblicklich den Künstler erkannte: Yei-Ehécatl Pocuía-Chimáli.

Ich bahnte mir den Weg durch die Menge der Menschen, von denen einige dastanden, plauderten und aus goldenen Bechern tranken; andere hingegen, vornehmlich die adligen Damen des Hofes, knieten oder saßen bereits um die goldfadenbestickten Tücher herum, welche auf den Bodenmatten ausgebreitet waren. Die meisten der Anwesenden streckten die Hand aus, um mir auf die Schulter zu klopfen, oder griffen nach oben, um mir über die Hand zu streichen, lächelten und murmelten Glückwünsche. Ich ging bis nach vorn, wo auf einem hohen Podest das eleganteste aller Tücher ausgebreitet worden war und wo eine Anzahl von Männern meiner harrte, unter anderem der Uey-Tlatoáni Ahuítzotl und der Oberpriester Xochiquétzals. Als sie mich begrüßten, setzte gedämpft eine von den Künstlern aus dem Haus des Gesangs gespielte Musik ein.

Für den ersten Teil der Zeremonie – in welchem es darum ging, mich dem vollen Mannestum zu übergeben – hatte ich die drei Vorsteher der Kaufmannsgilde gebeten, mir die Ehre zu erweisen dabeizusein; infolgedessen hatten auch sie auf dem Podest Platz genommen. Da auf dem Tuch Platten mit heißen Tamáltin und Krüge mit starkem Octli standen, und da es vorgeschrieben war, daß die Geber unmittelbar nach dem ersten Ritual gingen, hatten die drei älteren Herren sich bereits bedient, und zwar dermaßen, daß sie merklich vollgegessen und trunken waren und bereits halb schliefen.

Nachdem Ruhe im Raum eingekehrt und nur noch die leise Musik zu hören war, erhoben sich Ahuítzotl, der Priester und ich mich. Man hätte meinen sollen, daß zumindest ein Priester einer Göttin mit dem Namen Xochiquétzal ein sauberes Habit getragen hätte, doch dieser war genauso ungepflegt und ungewaschen und unappetitlich wie jeder andere seines Berufsstandes. Und wie jeder andere, griff er die Gelegenheit beim Schopfe und hielt eine quälend langatmige Ansprache, gespickt mit dunklen Andeutungen über die Fallstricke der Ehe, und ohne die Freuden der Ehe auch nur mit einem einzigen Wort zu erwähnen. Als er jedoch endlich fertig war, ergriff Ahuítzotl das Wort, welches er insbesondere an die drei benebelten und beseligt schmunzelnden alten Männer ihm zu Füßen richtete. Seine Ansprache war kurz und lief auf folgendes hinaus:

»Meine Herren Pochtéca, Euer Zunftgenosse begehrt eine Frau zu nehmen. Betrachtet dieses Xelolóni, welches ich Euch gebe. Es ist das Zeichen dafür, daß Chicóme-Xochitl Tliléctic-Mixtli wünscht, sich loszusagen von den Tagen seiner unverantwortlichen Jugend. Nehmt es und befreit ihn davon, auf daß er ein vollerwachsener, reifer Mann sei!«

Derjenige von den dreien, welcher seinen Skalp verloren hatte, nahm das Xelolóni entgegen – ein kleines Haushaltsbeil. Wäre ich ein gewöhnlicher Gemeinfreier gewesen, der getraut wurde, hätte das Beil schlicht aus hölzernem Schaft mit Feuersteinkopf daran bestanden; in meinem Falle handelte es sich jedoch um ein Beil mit silbernem Schaft und einer Schneide aus feinem Jadestein. Der alte Bursche fuhrwerkte damit in der Luft herum, rülpste vernehmlich und sagte:

»Hoher Gebieter, wir alle, die wir hier anwesend sind, haben den Wunsch des jungen Tliléctic-Mixtli vernommen: daß er fürderhin sämtliche Pflichten, Verantwortungen und Vorrechte des erwachsenen Mannes auf sich nehmen will. Sei es also, wie Ihr und er es begehrt.«

Er vollführte eine trunken-dramatische Schlagbewegung mit dem Beil – und hätte ums Haar seinem einfüßigen Kollegen den ihm noch verbliebenen einen Fuß abgehackt. Die drei erhoben sich und trugen das symbolische Schneidewerkzeug davon, wobei der Einfüßige zwischen den beiden anderen hing und hinkte und alle beim Verlassen des großen Raums vernehmlich mit den Füßen schlurften. Kaum waren die Geber unseren Blicken entschwunden, hörten wir bereits den Tumult, welcher die Ankunft von Zyanya im Palast begleitete: die Tenochtítlaner Gemeinfreien, welche sich in Scharen eingefunden hatten und riefen: »Glückliches Mädchen! Vom Glück Begünstigte!«

Alles war vorzüglich aufeinander abgestimmt. Wie es sich gehörte, traf sie genau zur Stunde des Sonnenuntergangs ein. Der Ballsaal, in welchem es während der vorhergehenden Zeremonie nach und nach dunkel geworden war, begann in goldenem Licht aufzuschimmern, als die Diener umhergingen, die Kienspanfackeln zu entzünden, die in bestimmten Abständen von den bemalten Wänden abstanden. Als der Saal dann strahlend hell erleuchtet war, trat – begleitet von zwei Palastdamen – Zyanya durch den Eingang herein. Um sich an ihrem Hochzeitstag – freilich nur dieses eine Mal in ihrem Leben – bis zum Äußersten zu verschönern, hatte sie sich der kosmetischen Künste der Kurtisanen-Auyaními bedient: sich das Haar zu färben, die Haut aufzuhellen und sich die Lippen zu röten. Zyanya brauchte jedoch zu solchen künstlichen Hilfsmitteln nicht Zuflucht zu nehmen. Sie trug eine schlichte Bluse und einen Rock von jungfräulich gelber Farbe und hatte für die traditionellen Federgirlanden an Armen und Fußgelenken die langen Federn eines schwarzweißen Vogels gewählt, offenkundig, um das Schwarzweiß ihrer fließenden Haarpracht noch besonders zu betonen.

Die beiden Frauen geleiteten sie durch die bewundernd murmelnde Menge auf das Podest. Dort standen wir einander gegenüber. Sie sah schüchtern aus, ich hatte, wie es die Gelegenheit erheischte, eine feierliche Miene aufgesetzt. Der Priester nahm von einem Hilfspriester zwei Geräte entgegen und reichte einem jeden von uns eines: Eine goldene Kette, von welcher eine durchbrochene und gleichfalls goldene Kugel herabhing und in der ein Stückchen Copáli-Weihrauch schwelte. Ich hob meine Kette und schwang die Kugel um Zyanya, so daß in Höhe ihrer Schultern ein dünner duftender blauer Rauchschwaden in der Luft stehenblieb. Dann beugte ich mich etwas hinab und sie stellte sich auf Zehenspitzen, um ein gleiches mit mir zu machen. Der Priester nahm die beiden Weihrauchschwenker wieder an sich und forderte uns auf, nebeneinander Platz zu nehmen.

In diesem Augenblick hätten eigentlich unsere Verwandten und Freunde aus der Menge hervortreten und uns Geschenke überreichen sollen. Da jedoch weder sie noch ich irgendwelche Verwandte in Tenochtítlan hatten, kamen nur Blut Schwelger und Cozcatl sowie eine Abordnung aus dem Haus der Pochtéca. Alle vollführten nacheinander die Geste des Erdeküssens vor uns und legten verschiedene Gaben vor uns nieder – für Zyanya erlesene Kleidungsstücke: Blusen, Röcke, Umschlagtücher und dergleichen von ausgesuchter Qualität; für mich gleichfalls eine Reihe von Kleidungsstücken, doch dazu noch einen stattlichen Kampfanzug, ein vorzüglich gearbeitetes Maquáhuitl, einen Dolch und ein Bündel Pfeile.

Nachdem die Geschenküberbringer sich wieder zurückgezogen hatten, war es an Ahuítzotl und einer von den Edeldamen, welche Zyanya begleitet hatten, abwechselnd die traditionellen väterlichen und mütterlichen Ermahnungen an ein Paar zu singen, das zusammengegeben werden sollte. Mit einer Stimme, die keinerlei Gefühlsüberschwang zeigte, warnte Ahuítzotl mich unter anderem: Niemals noch auf dem Pfühl zu liegen, wenn der Frühvogel Pápan sein Lied erschallen ließ, sondern bereits auf und tätig zu sein. Zyanyas Begleiterin, welche die Stelle ihrer Mutter übernahm, brachte im Singsang eine lange Liste von den Pflichten der Frau vor – nichts, so schien mir, wurde ausgelassen, nicht einmal das Rezept zum Backen von Tamáltin. Als ob das ein Zeichen gewesen wäre, trat in diesem Augenblick ein Diener herein und trug eine Schüssel mit den fleischgefüllten, dampfenden Maisteigtaschen auf und setzte sie vor uns nieder.

Der Priester vollführte eine auffordernde Geste, woraufhin Zyanya und ich je ein Tamáli nahmen und uns gegenseitig damit fütterten, was – falls ihr das jemals ausprobiert habt – nicht gerade leicht ist. Ich jedenfalls hatte gleich darauf ein fettiges Kinn, und Zyanyas Nase glänzte gleichfalls, doch zumindest gelang es jedem von uns, einen symbolischen Happen abzubeißen und herunterzubringen. Während wir noch damit beschäftigt waren, hob der Priester nochmals mit einem langen, auswendig gelernten Erguß an, mit welchem ich euch jetzt nicht langweilen will. Zum Schluß beugte er sich vor, nahm einen Zipfel meines Umhangs und einen Zipfel von Zyanyas Bluse und verknotete beides miteinander. Wir waren verheiratet.

Die leise Musik schwoll unversehens laut und jubelnd an, ein allgemeiner Schrei löste sich von den Gästen, und die Steifheit des Zeremoniells ging über in die Gelöstheit eines allgemeinen Gelages. Diener huschten hin und her, legten überall neue Tücher aus und stellten Platten mit frischen Tamáltin sowie Krüge mit Octli und Schokolade darauf. Von jedem Gast wurde erwartet, daß er schmauste und trank, bis die Fackeln niedergebrannt waren oder die Männer bewußtlos zu Boden sanken und von ihren Frauen und Sklaven nach Hause gebracht wurden.

Zyanya und ich sprachen den Speisen nur spärlich zu und sollten dann – wobei alle so taten, als bemerkten sie es nicht – in unsere Hochzeitszimmer geführt werden, eine Wohnung im Obergeschoß des Palasts, welche Ahuítzotl uns zur Verfügung gestellt hatte – doch in diesem Punkt wich ich von den herkömmlichen Gepflogenheiten ab.

»Entschuldige mich einen Augenblick, meine Liebe«, flüsterte ich Zyanya zu und stieg von dem Podest hernieder; verwundert und den Mund mit den halb gekauten Tamáltin darin offen, starrten mich alle an.

Ohne Zweifel bin ich in meinem langen Leben von vielen Menschen gehaßt worden; von wie vielen, weiß ich nicht. Ich habe mir auch nie die Mühe gemacht, ernstlich darüber nachzudenken oder sie zu zählen. Doch an diesem Abend, in diesem bestimmten Raum, war ein Todfeind von mir anwesend – ein eingeschworener Feind, durch nichts zu beschwichtigen, einer, der seine Hände bereits mit Blut befleckt hatte. Chimáli hatte Menschen, die mir nahestanden, verstümmelt oder ermordet. Sein nächstes Opfer – noch bevor ich selber an die Reihe kam – sollte mit Gewißheit Zyanya sein. Daß er an unserer Hochzeit teilnahm, verstand ich als Drohung und als Trotz allen meinen Versuchen gegenüber, seinem ruchlosen Treiben Einhalt zu gebieten.

Als ich mich auf die Suche nach ihm begab und zwischen den im Kreis herumsitzenden Gästen umherging, legte sich ihr Geplauder und wurde zu einem erwartungsvollen Schweigen. Selbst die Musikanten ließen ihre Instrumente sinken, und sahen mir verwundert und neugierig nach. Das allgemeine Schweigen im Raum wurde unvermittelt zu einem allgemeinen Luftholen, als ich herumfuhr und Chimáli den goldenen Pokal, den er gerade zum Munde führen wollte, mit dem Handrücken aus der Hand schlug. Der Pokal klirrte hell, als er von Chimális Wandbild abprallte.

»Trink nicht zuviel«, sagte ich, und alle hörten es. »Du wirst morgen früh einen klaren Kopf brauchen. Bei Sonnenaufgang, Chimáli, im Wald von Chapultépec. Nur wir beide, aber soviel Waffen du willst und welcher Art auch immer. Bis auf den Tod.«

Er bedachte mich mit einem Blick, in dem Abscheu, Haß und Belustigung eine seltsame Mischung eingingen, dann sah er sich in der Runde derer um, die uns mit weit aufgerissenen Augen anstarrten. Bei einer Aufforderung unter vier Augen hätte er sich weigern, oder Bedingungen daran knüpfen, vielleicht das ganze sogar abwenden können, indem er sich erniedrigte. In diesem Falle war der Herausforderung jedoch ein beleidigender Schlag vorausgegangen; jeder führende Bürger der Stadt Tenochtítlan war Zeuge gewesen. Er zuckte mit den Achseln, ergriff den Becher Octli eines seiner Nachbarn, hob ihn mit schiefem Gesicht und sagte klar und deutlich: »Chapultépec. Bei Sonnenaufgang. Bis auf den Tod.« Damit stürzte er den Becher hinunter, stand auf und verließ den Ballsaal.

Als ich wieder auf das Podest hinaufstieg, summte es hinter mir von lautem, wenn auch etwas gedämpftem und entsetztem Gerede. Zyanya sah mich mit erschrockenen Augen an, doch rechnete ich es ihr hoch an, daß sie mir keine Frage stellte. Sie beklagte sich nicht, daß ich einen glücklichen Anlaß in sein Gegenteil verkehrt hatte. Der Priester jedoch sah mich mit umdüsterter Miene an und begann:

»Das ist von unheilvoller Vorbedeutung, junger ...«

»Schweig!« herrschte der Verehrte Sprecher ihn an, woraufhin dem Priester der Mund zuklappte. Und zu mir gewandt, sagte Ahuítzotl: »Daß du plötzlich in den Stand der Ehe und des vollverantwortlichen Mannestums eingetreten bist, hat dir den Verstand geraubt.«

Ich sagte: »Nein, Hoher Gebieter. Ich bin vollkommen klar bei Verstand und habe Grund ...«

»Grund!« fuhr er auch mir in die Rede, immer noch, ohne die Stimme zu erheben, was ihn freilich um so aufgebrachter erscheinen ließ, erregter, als wenn er mich angebrüllt hätte. »Grund, am Tag deiner eigenen Hochzeit öffentlich einen Skandal vom Zaun zu brechen? Grund, ein Fest zu unterbrechen, das für dich gerichtet worden ist, als wärest du unser eigener Sohn? Grund, einen unserer Höflinge und geladenen Gast zu schlagen und zu beleidigen?«

»Es tut mir leid, wenn ich Euch beleidigt habe, Hoher Gebieter«, sagte ich, fügte dann jedoch eigensinnig hinzu: »Der Hohe Gebieter würde noch geringer von mir denken, wenn ich so täte, als hätte ich einen Feind, der mich durch seine Anwesenheit verhöhnt, nicht bemerkt.«

»Deine Feinde sind deine Sache. Unser Palastkünstler jedoch ist unser Eigentum. Du hast gedroht, ihn umzubringen. Aber sieh dich um – er hat immer noch eine ganze Wand dieses Raums auszumalen.«

Ich sagte: »Die kann er durchaus noch vollenden, Verehrter Sprecher. Chimáli war ein viel besserer Kämpfer als ich, als wir gemeinsam das Haus der Leibesstärkung besuchten.«

»Dann sollen wir also, statt unseres Palastkünstlers einen Ratgeber verlieren, auf dessen Rat und Beschwerde hin wir uns darauf vorbereiten, in ein fremdes Land einzumarschieren?« Immer noch in der drohend gedämpften Sprechweise, sagte er: »Laß es dir zur Warnung gereichen – und eine Warnung vom Uey-Tlatoáni namens Wasser Ungeheuer nimmt man nicht leicht. Wenn morgen einer von euch stirbt – unser geschätzter Maler Chimáli oder der Mixtli, welcher uns gelegentlich wertvollen Rat erteilt –, so wird Mixtli es sein, der die Schuld dafür trägt. Es wird Mixtli sein, der dafür bezahlt, selbst wenn er tot sein sollte.«

Bedächtig, auf daß ich die Bedeutung seiner Worte auch ja nicht mißverstand, wandte er seine vorquellenden funkelnden Augen von mir ab und Zyanya zu.

Mit leiser Stimme sagte sie: »Wir sollten beten, Záa.«

Und ich sagte aufrichtig und leidenschaftlich: »Ich bete ja, Zyanya.«

Unsere Gemächer waren mit allem Nötigen versehen, nur das Lager fehlte, welches erst am vierten Tag nach der Trauung bereitgestellt werden sollte. Bis dahin wurde von uns erwartet, daß wir die Tage und Nächte enthaltsam verbrachten – keinerlei Nahrung zu uns nahmen und auch davon Abstand nahmen, unsere Ehe zu vollziehen – und zu unseren verschiedenen Lieblingsgöttern beteten, daß wir gut füreinander und gut zueinander seien und unsere Ehe glücklich werde.

Ich jedoch betete schweigend um etwas ganz anderes. Ich erflehte von allen Göttern, die es gab, nichts weiter, als daß Zyanya und ich mit dem Leben davonkämen und nach dem morgigen Tag überhaupt eine Ehe führen könnten. Es war nicht das erstemal, daß ich mich in eine heikle Lage gebracht hatte, doch nie zuvor – gleichgültig, was ich getan hatte – in eine, in welcher nicht zumindest die Möglichkeit bestanden hätte, daß ich als Sieger aus ihr hätte hervorgehen können. Falls es mir durch meine Geschicklichkeit oder durch reines Glück oder weil mein Tonáli es mir so bestimmt hatte, gelingen sollte, Chimáli zu töten, blieben mir nur zwei Möglichkeiten. Ich konnte entweder in den Palast zurückkehren und mich von Ahuítzotl umbringen lassen, dafür, dieses Duell vom Zaun gebrochen zu haben. Oder ich konnte fliehen und es Zyanya überlassen, die Strafe über sich ergehen zu lassen – und ohne Zweifel würde es eine furchtbare sein. Die dritte Möglichkeit, die es gab, war die, daß Chimáli durch seine Überlegenheit im Umgang mit der Waffe oder weil ich davon Abstand nahm, ihn zu töten, oder weil sein Tonáli stärker war als meines, *mich* erschlug. Woraufhin Ahuítzotl mich nicht mehr strafen konnte, seinen ganzen Zorn jedoch an meiner geliebten Zyanya auslassen würde. In einer dieser drei Möglichkeiten mußte der Zweikampf enden, und dennoch kam nicht eine davon in Frage. Doch nein, es gab noch eine andere Möglichkeit: angenommen, ich fand mich bei Sonnenaufgang einfach nicht im Wald von Chapultépec ein . . .

Während ich über das Undenkbare nachsann, war Zyanya still dabei, die wenigen Sachen auszupacken, die wir mitgebracht hatten. Ein leiser Schrei des Entzückens riß mich aus meinen düsteren Gedanken. Ich nahm den Kopf aus den Händen und erkannte, daß sie in einem meiner Körbe jenes alte Tonfigürchen der Göttin Xochiquétzal entdeckt hatte.

»Die Göttin, die zugesehen hat, als wir zusammengegeben wurden«, sagte sie lächelnd.

»Die Göttin, die dich für mich gemacht hat«, sagte ich. »Sie, die über aller Liebe und Schönheit wacht. Die kleine Statue sollte ein Überraschungsgeschenk für dich sein.«

»Oh, das ist es«, erklärte sie aufrichtig. »Du überraschst mich immer aufs Neue.«

»Aber nicht alle meine Überraschungen sind angenehm für dich gewesen, fürchte ich. Wie gestern abend meine Herausforderung an Chimáli.«

»Ich wußte nicht, wie er heißt, aber mir will es scheinen, als ob ich den Mann schon einmal vorher gesehen habe. Oder jemanden, der ihm sehr ähnlich sah.«

»Du hast bestimmt ihn selbst gesehen, wiewohl ich nicht glaube, daß er in Tecuantépec als eleganter Höfling aufgetreten ist. Ich muß es dir erklären. Ich hoffe, dann wirst du verstehen, warum ich gezwungen war, unsere Hochzeitsfeier zu besudeln, warum ich das, was ich tat, nicht aufschieben konnte. Und was ich jetzt tun muß.«

Die Erklärung über das Xochiquétzal-Figürchen – es ihr zu schenken – war die erste richtige Lüge, die ich Zyanya gegenüber gebraucht hatte. Freilich, als ich ihr von meinem bisherigen Leben berichtete, hatte ich mich einiger kleiner Unterlassungssünden schuldig gemacht. Ich fing also mit dem ersten Verrat an, den Chimáli mir gegenüber begangen hatte – als er und Tlatli sich geweigert hatten, Tzitzitlíni das Leben zu retten –, wobei ich freilich unerwähnt ließ, *warum* das Leben meiner Schwester in Gefahr gewesen war. Dann berichtete ich Zyanya, wie Chimáli, Tlatli und ich uns in Texcóco wiedergetroffen hatten, und unter Verschweigung etlicher unschöner Einzelheiten setzte ich ihr auseinander, wie ich es eingefädelt hatte, den Tod meiner Schwester zu rächen. Wie ich aus Mitleid oder aus einer Schwäche heraus mich damit begnügt hatte, meine Rache nur auf Tlatli fallen und Chimáli ungeschoren davonkommen zu lassen. Und wie er mir meine Großmut seither dadurch vergolten, daß er mich und die Meinen fortwährend belästigte. Und ganz zuletzt sagte ich: »Und du selbst hast mir erzählt, er hätte getan, als wolle er deiner Mutter helfen, als . . .«

Zyanya sog vernehmlich Luft ein. »Dann ist er also der Reisende, der vorgab zu helfen – und . . . und . . . meine Mutter *ermordet* hat und deinen . . .«

»Er ist es«, sagte ich, als sie den Satz nicht beendete. »Und so kam es, daß ich – als ich ihn hochmütig an unserem Hochzeitsfest teilnehmen sah – beschloß, dafür zu sorgen, daß er in Zukunft nicht mehr morden kann.«

Mit äußerster Entschlossenheit und Wildheit erklärte sie: »Du mußt ihn in der Tat stellen! Und besiegen, gleichgültig, was der Verehrte Sprecher gesagt hat oder was er tut. Aber könnten die Wachen dich nicht daran hindern, den Palast in aller Frühe zu verlassen?«

»Nein, Ahuítzotl weiß nicht alles, was ich dir erzählt habe, er weiß nur, daß es sich um eine Ehrenangelegenheit handelt. Er wird mich nicht zurückhalten, sondern statt dessen dich als Faustpfand in der Hand behalten. Und das ist es, was mir das Herz schwer macht – nicht das, was mir zustoßen könnte, sondern was er dir für mein Ungestüm antun könnte.«

Zyanya schien mir diese Bemerkung übel zu nehmen. »Hältst du mich etwa für weniger mutig als dich selbst? Was auch draußen im Wald beim Zweikampf geschehen und was auch immer hinterher dabei herauskommen mag, ich bin bereit, es entgegenzunehmen. So! Jetzt habe ich es gesagt. Wenn du deiner Hand jetzt Halt gebietest, Záa, benutzt du mich nur als Vorwand. Ich könnte dann hinterher nicht mehr mit dir leben.«

Kummervoll lächelte ich. Damit war die vierte und letzte Möglichkeit für mich ausgeschlossen. Ich schüttelte den Kopf und schloß sie zärtlich in die Arme. »Nein«, sagte ich aufseufzend, »ich werde meiner Hand nicht Einhalt gebieten.«

»Das habe ich auch keinen Augenblick angenommen«, sagte sie so sachlich, als ob sie einen Adler-Ritter geheiratet hätte. »Jetzt bleibt nicht mehr viel Zeit bis Sonnenaufgang. Leg dich hierher und leg deinen Kopf auf meine Brust. Und schlaf, solange du kannst.«

Mir war, als hätte ich gerade eben erst meinen Kopf auf ihre weiche Brust gebettet, als es zaghaft an der Tür kratzte und Cozcatls Stimme sich vernehmen ließ: »Mixtli, der Himmel wird hell. Es wird Zeit.«

Ich stand auf, tauchte den Kopf in ein Becken mit kaltem Wasser und strich meine zerknautschte Kleidung glatt.

»Er ist bereits zur Acáli-Lände hinunter«, berichtete Cozcatl. »Vielleicht hat er vor, dir einen Hinterhalt zu legen.«

»Dann brauche ich nur Nahkampfwaffen und keine Wurfspieße«, sagte ich. »Bring mir einen Speer, einen Dolch und ein Maquáhuitl.«

Cozcatl eilte davon, und ich kostete eine Weile die bittere Süße des Abschieds von Zyanya, während sie Worte sprach, die mir Mut machen und mir versichern sollten, daß alles gut ausgehen werde. Daraufhin küßte ich sie und ging nach unten, wo Cozcatl mich bereits mit den Waffen erwartete. Blut Schwelger ließ sich nicht blicken. Da er im Haus der Leibesstärkung als Meister-Cuachic sowohl mich als auch Chimáli im Umgang mit Waffen unterwiesen hatte, hätte es sich einfach nicht gehört, wenn er – gleichgültig, wie er über den Ausgang des Zweikampfes denken und was er dabei fühlen mochte – einem von uns beiden Ratschläge erteilt oder auch nur moralische Unterstützung hätte angedeihen lassen.

Die Palastwachen machten keine Anstalten, uns daran zu hindern, durch das Tor in der Schlangenmauer hinauszutreten, welches in Das Herz Der Einen Welt hineinführte. Die Schritte unserer sandalenbewehrten Füße hallten sowohl von der Großen Pyramide als auch von den kleineren Bauten wider. Der Platz sah heute im opalenen Licht dieser frühen Morgenstunde und in seiner Leere womöglich noch gewaltiger aus als sonst; niemand war zu sehen außer ein paar Priestern, die sich beeilten, ihren Sonnenaufgangspflichten nachzukommen. Wir verließen den Platz durch die Öffnung in der Westseite der Schlangenmauer und eilten durch Straßen und über Kanalbrücken bis an jenen Rand der Insel, welcher dem Festland am nächsten gelegen war, und an der Bootslände gab ich Befehl, eines der Acális flott zu machen, welche für den Hofstaat bereitlagen. Cozcatl bestand darauf, mich über das nicht breite Wasser hinüberzurudern, damit ich nicht vorzeitig meine Muskelkraft verausgabte.

Unser Acáli lief am Fuß einer Klippe auf Land, welche Chapultépec genannt wurde und von deren Spitze sich ein Aquädukt zur Stadt hinüberwölbte. Hoch über unseren Köpfen starrten die Gesichter der Verehrten Sprecher Ahuítzotl, Tixoc, Axayácatl und des ersten Motecuzóma aus dem sonst roh belassenen, natürlichen Felsen hinaus. Ein zweites Boot lag bereits da, und ein Page vom Palast – das Tau zum Festzurren in der Hand – zeigte auf eine Anhöhe neben der Klippe und erklärte höflich: »Er erwartet Euch im Wald, Herr.«

Ich sagte zu Cozcatl: »Du bleibst mit dem anderen Waffenträger hier. Es wird nicht lange dauern, und du weißt, ob du noch gebraucht wirst oder nicht.« Ich steckte den Obsidiandolch in den Leibriemen, der mein Schamtuch festhielt, nahm das obsidianbewehrte Schwert in die Rechte und den Speer mit der Obsidianspitze in die Linke, stieg bis zur Kuppe der Erhebung hinauf und schaute hinunter in den Wald.

Ahuítzotl hatte angefangen, aus dem, was zuvor eine Waldwildnis gewesen war, eine Parklandschaft zu machen. Dieses Vorhaben sollte bis zu seiner Vollendung noch viele Jahre brauchen, denn noch fehlten die Badebecken, die Brunnen, die Standbilder und dergleichen – doch immerhin war der Wald bereits gelichtet, waren nur noch die uralten, hochragenden Ahuehuétque-Zypressen stehengeblieben, dehnte sich ein Grasteppich und wuchsen Wildblumen unter ihnen. Von dem Gras und den Blumen war freilich an diesem Morgen nichts zu sehen, und die mächtigen Zypressen hätten, als Tonatíu aufging, wie durch Zauberhand wurzellos im blaßblauen Dunst schweben können. Chimáli wäre für mich gleichermaßen unsichtbar gewesen, hätte er sich dort im Nebel irgendwo hingekauert.

Statt dessen – so erkannte ich augenblicklich, als ich meinen Topas an mein Auge hielt – hatte er es vorgezogen, sich seiner Kleider zu entledigen und sich nackt auf einen mächtigen Zypressenast zu legen, welcher noch einmal meine halbe Größe über mir waagrecht vom Stamm abstand. Chimális ausgestreckter Arm mit dem Maquáhuitl in der rechten Faust war gleichfalls am Ast ausgestreckt und dicht an ihn gepreßt. Einen Augenblick war ich verwirrt. Warum dieser leicht erkennbare Hinterhalt? Und warum unbekleidet?

Dann begriff ich seine Absicht und muß ein Grinsen aufgesetzt haben wie ein Kojote. Beim Empfang gestern abend hatte Chimáli mich nicht Gebrauch von meinem Sehkristall machen sehen, und offensichtlich hatte ihn auch niemand von der neuen und künstlichen Besserung meines Sehvermögens unterrichtet. Er hatte seine farbenprächtige Kleidung abgelegt, damit seine Haut für mich eins werden sollte mit dem Braun des Zypressenastes. Er glaubte, dort für seinen alten Freund Maulwurf unsichtbar zu sein, während ich täppisch tastend zwischen den Bäumen nach ihm suchte. Er brauchte dort nur regungslos liegenzubleiben, während ich zögernd und blinzelnd alles absuchte, weiterging und unweigerlich unter ihm hindurchkommen mußte. In diesem Augenblick würde er das Maquáhuitl von oben herniedersausen lassen, und ein einziger Schlag hätte genügt, mich zu töten.

Einen Augenblick hatte ich das Gefühl, es wäre im höchsten Maße unfair von mir, mich meines Kristalls zu bedienen, um ihn zu erspähen, doch dann dachte ich: Er muß sich diebisch über meinen Vorschlag gefreut haben, daß wir beide uns allein treffen wollten. Nachdem er mich erledigt hätte, könnte er sich ankleiden, in die Stadt zurückkehren und sich brüsten, wir hätten Aug' in Auge miteinander gekämpft und einen erbarmungslosen, ritterlichen Zweikampf ausgetragen, bis er mich zuletzt überwältigt hätte. So wie ich Chimáli kannte, würde er sich selbst sogar ein paar unbedeutendere Wunden beibringen, um die Geschichte glaubwürdiger zu machen. Infolgedessen hatte ich keinerlei Gewissensbisse mehr zu tun, was ich mir vorgenommen hatte. Ich steckte den Topas zurück in meinen Umhang, ließ mein Maquáhuitl zu Boden fallen und drang, beide Hände um den waagerecht gehaltenen Speerschaft gelegt, in den nebeligen Wald ein.

Ich ging langsam und übervorsichtig, wie er es von dem schlecht für einen Kampf gerüsteten Umnebelt erwarten konnte, die Knie gebeugt, die Augen zu Schlitzen verengt, gleichsam als wäre ich wirklich ein Maulwurf. Selbstverständlich ging ich nicht geradenwegs auf seinen Baum zu, sondern fing an, den Wald ziemlich weit von ihm entfernt abzusuchen. Jedesmal, wenn ich an einen Baum gelangte, stocherte ich ungeschickt mit dem Speer hinter dem Stamm herum, ehe ich weiterging. Gleichwohl hatte ich mir Chimális Baum und den Ast, auf dem er sich ausgestreckt hatte, gut eingeprägt. Als ich mich ihm allmählich näherte, hob ich meinen Speer nach und nach aus der Waagerechten in die Senkrechte, so daß ich ihn – die Spitze nach oben – in die Höhe hielt, wie Blut Schwelger es mir für den Dschungel eingeschärft hatte, um auf diese Weise Jaguare zu entmutigen, welche sprungbereit auf ihre Beute lauerten. Wenn ich den Speer so hielt, sorgte ich dafür, daß er mit seinem Schlag solange wartete, bis die Speerspitze und ich ein Stück unter ihm hindurchgegangen wären, und erst danach mit dem Maquáhuitl nach meinem Kopf oder Hals ausholen konnte.

Geduckt und langsam näherte ich mich seinem Baum genauso, wie ich mich all den anderen genähert hatte, ließ dabei meine zusammengekniffenen Augen ständig die Umgebung absuchen, ohne freilich jemals in die Höhe zu schauen. In dem Augenblick, da ich unter seinem Ast angekommen war, stieß ich mit aller Kraft und mit beiden Händen den Speer in die Höhe.

Einen Augenblick blieb mir das Herz stehen. Die Speerspitze berührte ihn nämlich überhaupt nicht; sie traf überhaupt auf kein Fleisch, sondern bohrte sich vielmehr zitternd in den Ast, was eine durchdringende Erschütterung durch meine angespannten Arme schickte. Doch Chimáli muß im selben Augenblick das Maquáhuitl geschwungen, zuvor den Ast losgelassen haben und aus dem Gleichgewicht geraten sein. Denn der Stoß, welchen ich dem Ast versetzte, schüttelte ihn gleichsam herunter; er landete unmittelbar hinter mir auf dem Boden und lag flach auf dem Rücken. Der Atem entfuhr vernehmlich seinen Lungen, als ihm das Maquáhuitl aus der Hand sprang. Ich wirbelte herum und versetzte ihm mit dem Ende meines Speers einen Schlag auf den Kopf, und er regte sich nicht mehr.

Ich beugte mich nieder und stellte fest, daß er nicht tot war, wohl aber noch eine Weile bewußtlos bleiben würde. Infolgedessen nahm ich sein Schwert und kehrte über die Kuppe hinweg zurück, nahm unterwegs mein eigenes Maquáhuitl auf und gesellte mich wieder zu den beiden jungen Waffenträgern. Cozcatl stieß einen unterdrückten Jubelschrei aus, als er mich das Schwert meines Gegners tragen sah: »Ich hab' gewußt, daß du ihm den Garaus machen würdest, Mixtli!«

»Das habe ich nicht getan«, erwiderte ich. »Ich habe ihn bewußtlos dort liegen lassen; und wenn er wieder zu sich kommt, wird er nichts Schlimmeres verspüren als heftige Kopfschmerzen. *Falls* er jemals wieder zu sich kommt. Vor langer Zeit habe ich dir einmal gesagt, wenn die Zeit komme, Chimáli hinzurichten, solltest du über die Art und Weise entscheiden, wie das zu geschehen habe.« Ich zog den Dolch aus meinem Schamtuch und reichte ihn ihm. Der Page sah uns mit vor Entsetzen weit geöffneten, gleichwohl jedoch gebannten Augen zu. Mit einer Handbewegung schickte ich Cozcatl in Richtung auf den Wald zu. »Du wirst schon finden, wo er liegt. Geh und gib ihm, was er verdient.«

Cozcatl nickte, stapfte über den Erdbuckel und entschwand unseren Blicken. Der Page und ich warteten. Des Pagen Gesicht war bleich geworden, er hatte es verzerrt und schluckte in dem ständigen Bemühen, nicht zu erbrechen. Als Cozcatl zurückkehrte, erkannten wir, noch ehe er nahe genug herankam, um zu sprechen, daß sein Dolch nicht mehr schwarz schimmerte, sondern von einem leuchtenden Rot war.

Freilich schüttelte er im Näherkommen den Kopf und sagte: »Ich habe ihn leben lassen, Mixtli.«

»Was?« entfuhr es mir. »Warum?«

»Ich habe die drohenden Worte des Verehrten Sprechers gestern abend mitgehört«, erklärte er in entschuldigendem Ton. »Als Chimáli hilflos vor mir lag, war die Versuchung für mich groß, aber ich habe ihn nicht getötet. Da er also noch lebt, kann der Verehrte Sprecher seinem Zorn auf dich nicht *allzusehr* Luft machen. Ich habe Chimáli nur dies hier genommen.«

Er streckte mir die geschlossene Hand hin, öffnete sie, und ich sah zwei glibberig-glänzende Kugeln und ein schlaffes rosa Ding, welches er etwa in halber Länge roh durchschnitten hatte.

Zu dem Pagen, der ganz grau im Gesicht war und sich übergab, sagte ich: »Du hast gehört. Er lebt. Aber er wird auf deine Hilfe angewiesen sein, um in die Stadt zurückzukehren. Geh hin, stille ihm die Blutungen und warte, daß er wieder zu sich kommt!«

»Der Mann Chimáli lebt also«, sagte Ahuítzotl frostig. »Falls du das leben nennst. Du bist also mit unserem Verbot, ihn zu töten, fertiggeworden, indem du ihn *nicht ganz* getötet hast. Und erwartest nun getrost, daß wir nicht außer uns sind und keine Vergeltung üben, wie wir es versprochen haben.« Ich schwieg wohlweislich. »Wir gestehen, daß du unserem Befehl aufs Wort gefolgt bist. Doch die *unausgesprochene* Bedeutung dessen, was wir gesagt haben, hast du sehr wohl begriffen – und was ist damit? Wozu soll ein Mann in diesem Zustand nütze sein?«

Ich hatte mich mittlerweile damit abgefunden, bei diesem Gespräch mit dem Uey-Tlatoáni von seinen vorquellenden Augen angestarrt zu werden. Andere wanden sich und brachen in Wehklagen aus vor diesem Blick, ich jedoch fing nachgerade an, ihn als etwas Selbstverständliches hinzunehmen.

Ich sagte: »Falls der Verehrte Sprecher sich jetzt vielleicht meine Gründe anhört, warum ich den Palastkünstler herausgefordert habe, Hoher Gebieter, könntet Ihr, was den tragischen Ausgang des Zweikampfes betrifft, Nachsicht walten lassen.«

Er ließ ein mißmutiges Knurren vernehmen, doch ich nahm das als Erlaubnis zu sprechen. In großen Zügen erzählte ich ihm die gleiche Geschichte, die ich auch Zyanya erzählt hatte, verschwieg dabei nur sämtliche Ereignisse in Texcóco, da diese eng mit dem Tod von Ahuítzotls eigener Tochter zu tun hatten. Nachdem ich berichtete, wie Chimáli zuletzt meinen neugeborenen Sohn umgebracht hatte, und ihm zu verstehen gegeben, welche Angst ich dieserhalb um meine Frau hätte, die ich eben erst geheiratet hatte, knurrte er abermals, dachte offensichtlich darüber nach – zumindest entnahm ich das seinem finsteren Blick – und sagte schließlich:

»Wir haben den Künstler Chimáli nicht wegen oder trotz seiner verabscheuungswürdigen Moral, seiner sexuellen Veranlagung oder seines rachsüchtigen Wesens oder seiner Neigung zum Verrat an unseren Hof geholt. Das haben wir einzig und allein getan, damit er Bilder male, worauf er sich besser verstand als jeder andere Maler unserer Zeit und der vergangenen Tage. Du magst den Mann nicht ganz und gar umgebracht haben, den Künstler in ihm jedoch ganz gewiß. Nun, wo ihm die Augäpfel ausgerissen worden sind, kann er nicht mehr malen. Und wo ihm die Zunge herausgeschnitten worden ist, kann er unseren anderen Künstlern nicht einmal mehr das Geheimnis der einzigartigen Farben verraten, die er gemischt hat.«

Ich verharrte in Schweigen und überlegte insgeheim voller Befriedigung nur, daß Chimáli dem Verehrten Sprecher ohne seine Augen und ohne seine Stimme auch nicht mehr enthüllen konnte, wer es gewesen war, der seine älteste Tochter der Schande und der Hinrichtung überantwortet hatte.

Gleichsam, als wolle er den Fall für oder gegen mich zusammenfassen, fuhr er fort: »Wir sind immer noch ungehalten über dich, müssen jedoch mildernd die Gründe anerkennen, die du uns für dein Handeln angegeben hast. Wir müssen uns damit abfinden, daß es um einen unvermeidlichen Ehrenhandel ging. Außerdem müssen wir anerkennen, daß du dich bemüht hast, uns aufs Wort zu gehorchen, indem du den Mann Chimáli am Leben ließest; und wir halten unser Wort desgleichen. Wir sprechen dich von jeder Bestrafung frei.«

Dankbar und aufrichtig sagte ich: »Danke, Hoher Gebieter!«

»Allerdings, da wir unsere Drohung in der Öffentlichkeit ausgesprochen haben und die gesamte Bevölkerung inzwischen davon weiß, muß irgend jemand für den Verlust unseres Palastkünstlers büßen.« Ich hielt den Atem an und war überzeugt, daß er niemand anders meinte als Zyanya. Doch gleichmütig erklärte er: »Wir werden uns das überlegen. Die Schuld wird irgendeinem entbehrlichen Menschen gegeben werden – wichtig ist allein, daß alle wissen, daß wir keine leeren Drohungen aussprechen.«

Ich ließ den zurückgehaltenen Atem ausfahren. So herzlos es auch klingt, ich konnte wirklich nicht sonderlich viel Schuld- oder Mitleidsgefühle für irgendein unbekanntes Opfer aufbringen, das vielleicht ein unruhestiftender Sklave war, welcher nun aufgrund einer Laune des stolzen Tyrannen sterben sollte.

Abschließend meinte Ahuítzotl: »Dein alter Feind wird zum Palast hinausgetrieben werden und als gewöhnlicher Straßenbettler sein weiteres Leben fristen müssen, sobald der Arzt sich um seine Wunden gekümmert hat. Du hast deine Rache gehabt, Mixtli; jeder Mann würde lieber tot sein als in dem Zustand weiterleben, in den du ihn versetzt hast. Jetzt hebe dich hinweg von unseren Augen, sonst überlegen wir es uns womöglich noch anders. Geh zu deiner Frau, die sich vermutlich Sorgen um dein Wohlergehen macht.«

Was sie wahrhaftig tat – und nicht nur um meines, sondern um das ihre desgleichen. Doch Zyanya war eine Frau der Wolkenmenschen; nie hätte sie sich einem der Palastbediensteten gegenüber anmerken lassen, in welchen Todesängsten sie schwebte. Als ich unsere Gemächer betrat, ging in ihren gefaßten Gesichtszügen keinerlei Veränderung vor, bis ich sagte: »Es ist getan. Er ist erledigt. Und man hat mir verziehen.« Erst da ließ sie ihren Tränen freien Lauf, dann lachte sie und weinte wieder, und stürzte sich in meine Arme und hielt mich umfangen, als wollte sie mich nie wieder loslassen.

Nachdem ich ihr alles berichtet hatte, was geschehen war, sagte sie:

»Du mußt halb tot sein vor Erschöpfung. Leg dich wieder hin und . . .«

»Gewiß werde ich mich hinlegen«, sagte ich, »allerdings nicht, um zu schlafen. Ich muß dir etwas gestehen. Immer, wenn ich ums Haar einer tödlich großen Gefahr entgangen bin, scheint das eine bestimmte Wirkung auf mich zu haben.«

»Ich weiß«, sagte sie lächelnd. »Das kann ich spüren. Aber Záa, eigentlich sollten wir beten.«

Ich erklärte: »Es gibt keine aufrichtigere Art des Gebets, als sich zu lieben.«

»Wir haben aber keine Lagerstatt.«

»Die Bodenmatten sind weicher als der Felsenboden. Und ich warte begierig auf die Einlösung eines Versprechens, das du gemacht hast.«

»Ah, ja, ich erinnere mich«, sagte sie. Und langsam – keineswegs widerstrebend, dafür jedoch quälend langsam – zog sie sich für mich aus, alles, was sie anhatte, bis auf die perlweiße Kette, welche der Künstler Tuxtem ihr in Xicalánca um den Hals gelegt hatte.

Ich habe euch bereits gesagt, ehrwürdige Patres, daß Zyanya wie ein wohlgeformtes Gefäß aus glänzend poliertem Kupfer war, welches von Honig überschäumt und das man in die Sonne gestellt hat. Die Schönheit ihres Gesichts kannte ich mittlerweile eine ganze Zeit, doch die Schönheit ihres Körpers hatte ich bisher nur gefühlt und ertastet. Jetzt freilich erblickte ich sie mit meinen Augen, und – sie hatte recht mit ihrem Versprechen – es war, als wäre es das erstemal, daß wir zusammenkamen. Es verlangte mich buchstäblich qualvoll danach, sie zu besitzen.

Als sie schließlich nackt vor mir stand, schien alles, was weiblich an ihr war, sich vorzurecken und nach oben zu stoßen und sich lodernd darzubieten. Ihre Brüste waren hoch angesetzt und standen zur Seite, und aus ihren hell kupferfarbenen Halbkugeln wuchsen ihr, kakaobraunen Brustwarzen gleich, zwei kleinere Halbkugeln hervor, und aus deren Mitte wiederum reckten sich mir die eigentlichen Brustwarzen entgegen und wollten geküßt werden. Auch ihr Tipíli saß hoch und drängte nach vorn, und wiewohl sie die langen Beine züchtig zusammengepreßt hielt, teilten ihre weichen Lippen sich dort, wo sie zusammenwuchsen, ganz ganz wenig, und gewährten mir einen Blick auf die rosige Perle ihres Xacapíli, und in diesem Augenblick war sie feucht wie eine Perle, die geradenwegs aus dem Meere kommt . . .

Genug.

Wiewohl Seine Exzellenz nicht anwesend sind und daher auch nicht durch ihren üblichen Abscheu vertrieben werden können, werde ich nicht erzählen, was dann geschah. Ich bin, was meine Beziehungen zu anderen Frauen betrifft, von freimütiger Direktheit gewesen, doch Zyanya war meine geliebte Frau, und ich gedenke, die meisten meiner Erinnerungen an sie für mich zu behalten wie ein Geizkragen. Einzig meine Erinnerungen sind mir von allem geblieben, was ich im Leben gehabt habe. Und ich glaube wahrhaftig, daß die Erinnerungen der einzige Schatz sind, den ein Mensch für immer behalten kann. Und das war ihr Name. Immer.

Aber ich verliere mich in Abschweifungen. Dabei war unser köstliches Bei- und Ineinandersein nicht das letzte Geschehen dieses ausnehmend ereignisreichen Tages. Zyanya und ich lagen noch einer in den Armen des anderen, und ich war gerade dabei einzuschlafen, als sich von der

Tür her ein Kratzen vernehmen ließ, genauso wie das von Cozcatl am Morgen. Wie benommen hatte ich nur den einen Wunsch: daß ich nicht noch einmal zu einem Zweikampf geholt werden würde; ich raffte mich auf, warf mir meinen Umhang um die Schultern und ging nachsehen. Es war einer der Palastdiener.

»Verzeiht, daß ich Euch in Eurer Andacht störe, mein Herr Schreiber, aber ein Schnellbote bringt eine dringende Bitte von Eurem jungen Freund Cozcatl. Er bittet Euch, so rasch wie möglich in das Haus Eures alten Freundes Extli-Quani zu kommen. Der Mann scheint im Sterben zu liegen.«

»Unsinn«, sagte ich mit belegter Stimme. »Ihr müßt die Botschaft falsch verstanden haben.«

»Hoffentlich, Herr«, sagte er steif, »doch ich fürchte, ich irre mich nicht.«

Unsinn! sagte ich abermals – freilich nur zu mir selbst –, zog mich dann jedoch geschwind an und erklärte meiner Frau, was es gäbe. Unsinn, sagte ich mir immer wieder; Blut Schwelger kann nicht im Sterben liegen. Der Tod konnte unmöglich seine Zähne in diesen ledrigen und sehnigen alten Kämpen geschlagen haben. Der Tod konnte ihm nicht seine immer noch lebensvollen Säfte aussaugen. Alt mochte er sein, aber ein Mann, der noch so voll steckte von männlichen Begierden, war noch nicht alt genug zum Sterben. Nichtsdestotrotz lief ich, so schnell ich konnte, und der Diener hatte unten am Kanalufer des Innenhofs ein Acáli für mich warten, um mich schneller ins Móyotlan-Viertel der Stadt zu bringen, als ich es zu Fuß hätte schaffen können.

Cozcatl wartete an der Tür des noch unfertigen Hauses und rang verzweifelt die Hände. »Der Priester von Kot Fresserin ist im Augenblick bei ihm, Mixtli«, flüsterte er angstvoll. »Hoffentlich hat er noch Atem genug, um dir Lebewohl zu sagen.«

»Dann stirbt er also *doch*?« stöhnte ich auf. »Aber woran? Er war doch gestern beim Fest noch bei bester Gesundheit. Und gegessen hat er wie ein ganzer Schwarm Geier. Hat seine Hand immer wieder die Schenkel der Dienerinnen hinauflaufen lassen. Wie sollte ihn etwas so plötzlich geschlagen haben?«

»Ich nehme an, die Krieger von Ahuítzotl schlagen immer plötzlich zu.«

»*Was?*«

»Und ich hatte gedacht, die vier Palastwachen wären meinetwegen gekommen, Mixtli – wegen dem, was ich Chimáli angetan hatte. Aber sie schoben mich einfach beiseite und sind auf Blut Schwelger eingedrungen. Er hatte zwar sein Maquáhuitl griffbereit wie immer, und so ist er nicht kampflos getötet worden, und drei von den vieren bluteten heftig, als sie wieder abzogen. Aber ein Schnitt mit einer Speerspitze hatte den alten Mann aufgeschlitzt.«

Als mir aufging, was sich abgespielt hatte, lief mir ein kalter Schauder über den Rücken. Ahuítzotl hatte versprochen, an meiner Statt einen leicht zu ersetzenden Nichtsnutz hinzurichten; und mußte seine Wahl getroffen haben, noch während er es mir sagte. Einst hatte er Blut Schwelger mir gegenüber als jemand dargestellt, der zu alt geworden sei, um zu mehr nutze zu sein, als Kindermädchen bei meiner Handelsexpedition zu spielen. Und vor wenigen Stunden noch hatte er gesagt, *alle* müßten erfahren, daß er keine leeren Drohungen ausspreche. Nun, zu diesen *allen* gehörte auch ich. Ich hatte mich dazu beglückwünscht, von jeder Bestrafung befreit worden zu sein und hatte das gefeiert, indem ich mit Zyanya ausgelassen der Liebe gepflogen hatte – und all das, während *dies hier* geschehen war! Dieser Schlag sollte mich nicht nur entsetzen und in Trauer stürzen. Er war mit der ausdrücklichen Absicht geführt worden, mir jede Illusion auszutreiben, ich selbst könne möglicherweise unersetzlich sein, und um mich zu warnen, mich nie wieder den Wünschen des unversöhnlichen Despoten Ahuítzotl zu widersetzen.

»Der alte Mann hinterläßt dies Haus und alle seine Besitztümer dir, Knabe«, ließ sich eine andere Stimme vernehmen. Es war die des Priesters, welcher unter der Tür auftauchte und sich an Cozcatl wandte. »Ich habe seinen Letzten Willen niedergeschrieben und verbürge mich als Zeuge . . .«

An ihm vorbei schob ich mich durch die vorderen Gemächer in das am weitesten nach hinten gelegene. Die noch nicht verputzten Wände waren mit Blut bespritzt und das Lager meines alten Freundes damit durchtränkt, wiewohl ich keine Wunde an ihm entdecken konnte. Er trug nur das Schamtuch und lag auf dem Bauch; das graue Haupt in meine Richtung gedreht, hatte er die Augen geschlossen.

Ohne mich um das geronnene Blut zu kümmern, warf ich mich neben ihm auf das Lager, und sagte eindringlich: »Meister-Cuachic, ich bin's – Euer Schüler, Umnebelt.«

Langsam schlug er die Augen auf. Gleich darauf schloß sich eines kurz wieder – ein Zwinkern und ein schwaches Lächeln. Aber die Zeichen des Todes waren unverkennbar: Seine einst durchdringenden Augen waren um die Pupillen aschgrau geworden, seine einst fleischige Nase dünn und scharf wie eine Klinge.

»Es tut mir so leid«, brachte ich unter Würgen hervor.

»Nicht nötig«, sagte er kaum vernehmlich und unter zitterndem Keuchen. »Ich bin im Kampf gestorben. Es gibt schlimmere Todesarten. Die bleiben mir jetzt erspart. Ich wünsche dir . . . ein . . . genauso gutes Ende. Lebwohl, junger Mixtli.«

»Warte!« schrie ich, als ob ich ihm befehlen könnte. »Ahuítzotl war es, der das befohlen hat, weil ich Chimáli besiegt habe. Aber du hattest mit der Sache nichts zu tun. Du hast nicht einmal Partei ergriffen. Warum rächt der Verehrte Sprecher sich ausgerechnet an dir? Warum rächt er sich nicht an mir?«

»Weil ich es war«, schaffte er, noch zu sagen, »der euch beiden beigebracht hat, wie man tötet.« Die Augen geschlossen, lächelte er abermals. »Und hab' es gut gemacht . . . oder?«

Das waren seine letzten Worte; kein Mensch hätte einen passenderen Grabspruch für ihn finden können. Ich jedoch wollte einfach nicht glauben, daß er nie wieder sprechen würde. Ich dachte, vielleicht ist ihm das Atmen zu schwer geworden, weil er auf dem Bauch liegt; vielleicht atmet er wieder, wenn er behaglich auf dem Rücken liegt. Verzweifelt packte ich ihn, hob ihn an und drehte ihn um, und all seine Eingeweide kamen mir entgegen.

Wiewohl ich um Blut Schwelger trauerte und innerlich schäumte vor Empörung darüber, daß er umgebracht worden war, tröstete es mich ein wenig, daß Ahuítzotl etwas nie erfahren würde. Beim rächenden Schlagabtausch war ich ihm immer noch einen Schlag voraus. Ich hatte ihm eine Tochter genommen. Infolgedessen schluckte ich meine Galle hinunter, so gut es ging, um meine Vergangenheit hinter mich zu bringen und hoffnungsfreudig eine Zukunft zu beginnen, welche frei sein sollte von Blutvergießen und Herzeleid, Haß und Gefahr. Zyanya und ich richteten alle unsere Kraft darauf, ein Zuhause für uns zu bauen. Das Grundstück, welches wir dafür ausersehen, war vom Verehrten Sprecher gekauft und uns zur Hochzeit geschenkt worden. Ich hatte das Angebot damals nicht abgelehnt, und es wäre auch nach Ausbruch der Feindseligkeiten zwischen uns im höchsten Maße unklug gewesen, es zurückzuweisen; doch im Grunde war ich auf derlei Geschenke nicht angewiesen.

Die Vorsteher der Pochtéca-Gilde hatten die Ausbeute meiner ersten Handelsexpedition, die Federn und die Kristalle, mit unerhörtem Gewinn für mich auf den Markt gebracht, so daß ich – selbst nachdem ich mit Cozcatl und Blut Schwelger geteilt hatte – ein höchst behagliches Leben hätte führen können, ohne jemals wieder Handel treiben oder überhaupt einen Handschlag tun zu müssen. Danach hatte meine zweite Lieferung fremdländischer Erzeugnisse meinen Reichtum in schwindelnde Höhen schießen lassen. War dem Verkauf der Brennkristalle ein bemerkenswerter geschäftlicher Erfolg beschieden gewesen – beim Erwerb der Elfenbeinschnitzereien überboten die Edelleute sich in ihrer Aufregung gegenseitig. Die Preise, welche diese Dinge erzielten, würden es Cozcatl und mir – sofern uns der Sinn danach gestanden hätte – gestattet haben, uns zur Ruhe zu setzen und genauso aufgeblasene und schwerfällige Burschen zu werden wie die Gildenvorsteher vom Haus der Pochtéca.

Das Grundstück, das Zyanya und ich uns ausgesucht hatten, lag in Ixacuálco, dem besten Wohnviertel der Insel, doch stand darauf nur ein kleines, recht unansehnliches Haus aus luftgetrockneten Lehmziegeln. Ich sicherte mir die Dienste eines Baumeisters, wies ihn an, das Haus abzureißen und einen soliden Sandsteinbau zu errichten, der zwar schön werden und für die Vorübergehenden einen angenehmen Anblick bieten, doch in keiner Weise etwas Protziges sein sollte. Da das Grundstück wie alle anderen auf der Insel schmal und recht klein war, gab ich ihm den Auftrag, Raum dadurch zu schaffen, daß er in die Höhe baute. Meine Wünsche, die ich unbedingt erfüllt haben wollte, richteten sich auf einen Dachgarten, eine Badestube samt zugehöriger Wasserspülung und eine falsche Mauer mit reichlich Lagerraum zum Verstecken dahinter.

Ahuítzotl marschierte unterdessen, ohne weiter meinen Rat einzuholen, gen Süden nach Uaxyácac, freilich nicht mit einem riesigen Heer, sondern mit einer auserlesenen Truppe seiner besten Krieger, höchstens fünfhundert Mann. Er überließ den Thron vorübergehend seiner Weiblichen Schlange, nahm jedoch als Unter-Feldherr einen jungen Mann mit, dessen Name euch Spaniern vertraut ist. Es handelte sich um Motecuzóma Xocóyotzin, also den Herrn Motecuzóma den Jüngeren, der übrigens rund ein Jahr jünger war als ich. Motecuzóma war Ahuítzotls Neffe, Sohn eines seiner Vorgänger als Uey-Tlatoáni, Axayácatl und damit Enkel des ersten und großen Motecuzóma. Dieser Neffe war bis dato Oberpriester des Kriegsgottes Huitzilopóchtli gewesen, doch sollte er auf diesem

Unternehmen den Krieg zum erstenmal richtig kennenlernen. Er sollte noch viele weitere Feldzüge mitmachen, denn er gab das Priestertum auf, wurde Berufssoldat und erhielt selbstverständlich sogleich Feldherrenrang.

Etwa einen Mond nach dem Abmarsch der Truppen trafen in gewissen Abständen Ahuítzotls Schnellboten in der Stadt ein, und die Weibliche Schlange machte ihre Meldungen öffentlich bekannt. Aus den Berichten der ersten von ihnen ging deutlich hervor, daß der Verehrte Sprecher sich an den Rat hielt, welchen ich ihm gegeben hatte. Er hatte sein Kommen im Voraus angekündigt, und wie ich vorausgesagt hatte, hatte der Bishósu von Uaxyácac ihn freundlich willkommen geheißen und eine gleich starke Truppe von Kriegern aufgestellt, die von Ahuítzotl zu verstärken. Diese aus Mexíca und Tzapotéca bestehenden Einheiten waren in die zerklüfteten Küstengebiete Der Fremden eingefallen und hatten kurzen Prozeß mit ihnen gemacht – das heißt, sie hatten so viele von ihnen getötet, daß der Rest die Waffen streckte und sich der Forderung nach Herausgabe des langgehüteten Purpurfarbstoffes beugte.

Die später eintreffenden Boten brachten freilich weniger glückliche Neuigkeiten. Die siegreichen Mexíca waren in Tecuantépec einquartiert worden, während Ahuítzotl und der Herrscher der Tzapotéca, Kosi Yuela, über Fragen und Probleme der Staatsführung berieten. Diese Krieger waren solange an ihr Recht gewöhnt gewesen, jedes unterworfene Volk auszuplündern, daß sie erbost darüber murrten, als sie erfuhren, daß ihr Anführer die einzige sichtbare Kriegsbeute – den kostbaren Purpur – dem Herrscher eben über dieses Volk überließ. Für die Mexíca sah es so aus, daß der Kampf, den sie geführt hatten, niemand anderem als jenem Land zugute kommen sollte, in welches sie eingefallen waren. Da Ahuítzotl nicht der Mann war, seine Entscheidungen seinen Untergebenen gegenüber zu rechtfertigen und ihre Unruhe dadurch zu beschwichtigen, lehnten die Mexíca sich gegen alle militärische Zurückhaltung auf. Sie ließen jede Ordnung fahren und zogen plündernd, vergewaltigend und brandschatzend durch Tecuantépec.

Diese Meuterei hätte die heiklen Verhandlungen, welche zu einem Bündnis zwischen unserem Volk und Uaxyácac führen sollten, zum Scheitern bringen können. Doch glücklicherweise rief Ahuítzotl – ehe die völlig außer Rand und Band geratenen Mexíca jemand von Bedeutung hatten umbringen können und ehe die Truppen der Tzapotéca eingriffen, was auf nichts Geringeres als auf einen kleinen Krieg hinausgelaufen wäre – seine Horde mit Donnerstimme zur Ordnung und versprach, jedem von ihnen, bis hinunter zum geringsten Yaoquízqui, aus seiner persönlichen Schatzkammer eine Summe auszuzahlen, welche weit höher lag als alles, was sie durch Raub und Plünderung hätten in ihren Besitz bringen können. Die Krieger wußten, daß Ahuítzotl ein Mann war, der zu seinem Wort stand, und so genügte das, die Meuterei niederzuschlagen. Außerdem zahlte der Verehrte Sprecher Kosi Yuela und dem Bishósu von Tecuantépec eine ansehnliche Entschädigung für den angerichteten Schaden.

Die Berichte über die Gewalttätigkeiten in Zyanyas Vaterstadt beunruhigten sie und mich selbstverständlich sehr. Keiner von den Schnellboten, welche die Nachrichten überbrachten, konnte uns sagen, ob unsere Schwester Béu Ribé oder ihre Herberge unter den Opfern der Plünderer gewesen sei. Wir warteten, bis Ahuítzotl und seine Truppe zurückkehrten; danach zog ich unter den Offizieren Erkundigungen ein, konnte aber auch von ihnen nicht erfahren, ob Wartendem Mond etwas Schlimmes zugestoßen sei.

»Ich mache mir größte Sorgen um sie, Záa«, sagte meine Frau.

»Genaues feststellen läßt sich offenbar nur in Tecuantépec selbst«, erklärte ich.

Zögernd sagte sie: »Ich könnte ja hierbleiben und den Bau unseres Hauses weiter beaufsichtigen. Wenn du es über dich bringen könntest...«

»Du brauchst mich nicht einmal zu bitten. Ich hatte ohnehin vorgehabt, noch einmal in jene Lande hinunterzuziehen.«

Verwundert blinzelte sie. »Das hattest du? Warum?«

»Da ist eine geschäftliche Angelegenheit, die noch zu Ende gebracht werden muß«, erklärte ich. »Sie hätte noch eine Weile warten können, aber jetzt, wo es um Béus Wohlergehen geht, mache ich mich am besten gleich auf.«

Zyanya begriff sofort und sagte: »Du hast vor, noch einmal zu dem Berg zurückzugehen, der ins Wasser schreitet! Das darfst du nicht, Geliebter! Diese barbarischen Zyú hätten dich letztes Mal ums Haar umgebracht...«

Sanft legte ich ihr einen Finger über die Lippen. »Ich ziehe gen Süden, um herauszubringen, was mit unserer Schwester geschehen ist, das ist die Wahrheit und die einzige Wahrheit, die du irgend jemand sagen wirst. Ahuítzotl darf nicht das geringste erfahren, auch nicht gerüchteweise, daß ich auch noch ein anderes Ziel verfolge.«

Sie nickte, sagte aber gleichwohl unglücklich: »Jetzt werde ich mir um zwei geliebte Menschen Sorgen machen müssen.«

»Dieser, der vor dir steht, wird heil und gesund zurückkehren, und nach Béu werde ich suchen. Sollte ihr etwas zugestoßen sein, werde ich dafür sorgen, daß das wieder in Ordnung kommt. Oder, falls ihr das lieber ist, bringe ich sie mit mir zurück. Und werde auch noch etwas anderes Kostbares mit zurückbringen.«

Selbstverständlich galt meine erste Sorge Béu Ribé, und selbstverständlich war sie auch der unmittelbare Anlaß, daß ich nach Uaxyácac zurückkehrte. Gleichwohl werdet ihr, ehrwürdige Patres, auch bemerkt haben, daß ich auch noch einen anderen Plan verfolgte, den ich von langer Hand sehr sorgfältig vorbereitet hatte. Als ich dem Verehrten Sprecher vorgeschlagen hatte, über Die Fremden herzufallen und sie zu zwingen, sämtlichen Purpurfarbstoff abzuliefern, den sie in Zukunft gewinnen würden, hatte ich über den gewaltigen Purpurvorrat, den sie bereits in der Grotte des Meeresgottes angehäuft hatten, wohlweislich kein Wort verlauten lassen. Nach meinen Erkundigungen unter den zurückgekehrten Kriegern wußte ich, daß Die Fremden diesen nicht einmal nach der Niederlage herausgerückt, ja, ihn nicht einmal erwähnt hatten. Ich jedoch wußte davon und kannte die Grotte, in der er verborgen war; ich hatte nur dafür gesorgt, daß Ahuítzotl die Zyú soweit schwächte, daß es mir möglich wäre hinzugehen und diesen sagenhaften Schatz für mich selbst zu heben.

Ich hätte wohl auch Cozcatl mitgenommen, nur war dieser im Augenblick gleichfalls vollauf mit dem Häuserbau beschäftigt, denn er baute dasjenige fertig, welches Blut Schwelger ihm hinterlassen hatte. Aus diesem Grunde bat ich ihn nur um Erlaubnis, mir ein paar Dinge von der Ausrüstung des alten Kriegers auszuleihen. Sodann durchstreifte ich die Stadt und trieb nach und nach sieben von Blut Schwelgers ehemaligen Waffengefährten auf. Sie waren sämtlichst jünger gewesen als er, manche von ihnen freilich älter als ich. Zumindest standen sie noch im Vollbesitz ihrer Körperkräfte und schienen imstande, eine Menge auszuhalten. Nachdem ich sie hatte Verschwiegenheit schwören lassen und ihnen auseinandersetzte, was ich vorhatte, waren sie Feuer und Flamme für dieses Abenteuer.

Zyanya half mir, die Geschichte zu verbreiten, ich zöge aus, festzustellen, wo ihre Schwester abgeblieben sei; da ich jedoch ohnehin unterwegs sei, würde ich die Gelegenheit nutzen, weiteren Handel zu treiben. Infolgedessen erregten wir – ich und die sieben Kämpen – keinerlei besondere Aufmerksamkeit, als wir über den Damm nach Coyohuácan hinüberzogen. Freilich, hätte uns jemand genau ins Auge gefaßt, würde er sich vermutlich doch über die vielen Narben, eingedrückten Nasen und knolligen Ohren bei den Trägern gewundert haben, die ich mir ausgesucht hatte. Würde jemand überdies noch die länglichen, in Matten eingewickelten Pakete untersucht haben, in denen sie angeblich Handelswaren mitführten, hätte er festgestellt, daß sie – neben Reiseproviant und goldstaubgefüllten Federkielen – nur Lederschilde, eine Reihe von Handwaffen, Langspeere und eine Menge Farben für die Kriegsbemalung, und Federn, kurz, die Ausrüstungsgegenstände für ein ganzes kleines Heer mit sich führten.

Wir hielten uns an die gen Süden führende Handelsroute, freilich nur, bis wir Quaunáhuac ein ganzes Stück hinter uns hatten. Danach bogen wir scharf nach rechts ab und folgten der weniger benutzten Westroute, welche geradenwegs ans Meer führte. Da diese Straße uns den größten Teil über durch die südlichsten Gebiete von Michihuácan führte, würden wir durchaus in der Patsche gesessen haben, wenn jemand uns angehalten und unsere Lasten untersucht hätte. Man hätte uns für Spione der Mexíca gehalten und auf der Stelle getötet – oder vielmehr nicht auf der Stelle, sondern langsam und unter Martern. Wiewohl sämtliche Versuche unserer Heere, hier einzumarschieren, von den Purémpecha mit ihren überlegenen Waffen aus irgendeinem harten und scharfen Metall vereitelt worden waren, war jeder Purémpe immer noch sehr mißtrauisch, wenn Mexíca aus irgendwelchen fragwürdigen Gründen in ihr Land kamen.

Vielleicht sollte ich erwähnen, daß Michihuácan – Land der Fischer – der Name war, mit dem wir diese Lande belegten, so wie ihr Spanier es heute Nueva Galicia nennt, was immer das bedeuten mag. Die Einheimischen haben in jedem Landesteil einen anderen Namen für ihr Land – Xalísco, Nauyar Ixú, Kuanáhuata und so fort –, in seiner Gesamtheit hieß das Land jedoch nach der gleichnamigen Hauptstadt Tzintzuntzaní, Wo Die Kolibris Fliegen. Die Sprache, die man dort spricht, heißt Poré, und während dieser und nachfolgender Reisen lernte ich von dieser Sprache, soviel ich konnte – oder vielleicht sollte ich sagen, von diesen Sprachen, denn das Poré weist genausoviele unterschiedliche Dialekte auf wie das Náhuatl. Immerhin kann ich genug Poré, um mich zu fragen, warum ihr Spanier die Purémpecha unbedingt Tarascanen nennen müßt. Diese Bezeichnung scheint ihr von dem Poré-Wort Taraskué abzuleiten, womit ein Purémpe sich selbst als einen weit »entfernten Verwandten« sämtlicher Völker in der Nachbarschaft bezeichnete. Doch gleichviel – ich selber trage eine ganze Menge unterschiedlicher Namen und sollte auch in diesem Lande wieder einen neuen dazubekommen, denn Dunkle Wolke heißt dort Anikua Pakapeti.

Michihuácan war und ist ein großes, reiches Land, genauso reich wie das Reich der Mexíca einstmals war. Der Verehrte Sprecher dieses Landes oder Uandákuari, wie er genannt wurde, herrschte über ein Gebiet, welches von den Obstgärten von Xichú in den südlichen Otosmí-Landen bis zum Handelshafen Patámkuaro am Süd-Meer reichte. Und wiewohl die Purémpecha ständig vor fremden Heeren auf der Hut waren, welche sie mit Krieg überziehen wollten, wie wir Mexíca, hatten sie keineswegs etwas dawider, ihre Reichtümer im Handel gegen die unseren einzutauschen. Ihre Händler kamen bis auf unseren großen Markt von Tlaltelólco. Sie schickten sogar Schnellboten, frischen Fisch für die Gaumenfreuden unseres Adels zu bringen. Unsere Kaufleute durften dafür ungehindert durch Michihuácan reisen, wie ich und meine angeblichen Träger es taten.

Wären wir wirklich darauf ausgewesen, unterwegs Handel zu treiben, hätten wir viele wertvolle Dinge eintauschen können: Austernherzen oder Perlen; reich glasierte Töpferwaren; Gerät und Schmuck aus Kupfer, Silber, Perlmutt und Bernstein; und die glänzenden Lackarbeiten, welche man außer in Michihuácan nirgends fand. Für die Herstellung besagter Lackwaren – tiefschwarz mit goldenen Mustern und solchen in anderen Farben darauf – brauchte ein Handwerker unter Umständen Monde oder gar Jahre, denn sie gingen von schlichten Tabletts bis zu sehr großen, zusammenklappbaren Faltschirmen.

Wir Reisenden hätten sämtliche dort hergestellten Erzeugnisse erstehen können – mit Ausnahme des geheimnisvollen Metalls, von dem ich bereits gesprochen habe. Keinem Ausländer wurde gestattet, auch nur einen Blick darauf zu werfen; die daraus hergestellten Waffen wurden in den Arsenalen unter Verschluß gehalten und nur im Notfall an die Krieger ausgegeben. Da unsere Mexíca-Heere nie auch nur eine einzige Schlacht gegen die damit bewaffneten Purémpecha gewonnen hatten, war es keinem unserer Krieger möglich gewesen, auch nur einen weggeworfenen Purémpe-Dolch in seinen Besitz zu bringen.

Nun, wir trieben keinerlei Handel. Dafür kosteten ich und meine Männer einige von den heimischen Gerichten, welche für uns neu oder nur selten zu bekommen waren – so etwa den Honiglikör von Tláchco. Im zerklüfteten Felsland um die Stadt herum *summte* es buchstäblich von morgens bis abends. Zwar konnte ich mir einreden, die Schwingungen zu spüren, welche von den Männern hervorgerufen wurden, welche unter Tage nach Silber gruben – aber das unablässige Gesumm der Schwärme von Tausenden und Abertausenden von Bienen über Tage hörte ich wirklich. Während die Männer nach dem verborgenen Silber suchten, brachten ihre Frauen und Kinder goldene Honigernten ein. Einen Teil davon seihten sie nur säuberlich durch und verkauften ihn zum Süßen von Gerichten. Einen Teil ließen sie jedoch in der Sonne trocknen, bis er ganz fest und womöglich noch süßer geworden war. Noch ein anderer Teil wurde mit Hilfe eines Rezepts, welches sie genauso eifersüchtig hüteten wie das zur Herstellung des tödlichen Metalls, zu einem Getränk verarbeitet, welches Chápari hieß und weit köstlicher und in seiner Wirkung wesentlich stärker war als der saure Octli, den wir Mexica so gut kannten.

Da das Chápari genauso wie das besagte Metall niemals außer Landes verkauft wurde, tranken ich und meine Männer, wo wir schon einmal dort waren, soviel wir konnten. Desgleichen ließen wir uns die Fische aus den Seen und Flüssen Michihuácans, Froschschenkel und Aale schmekken, sobald wir in einer Herberge für Reisende übernachteten. Ja, wir wurden der vornehmlich aus Wassergetier hergestellten Kost nach einiger Zeit überdrüssig, doch haben diese Menschen eine sonderbare Abneigung dagegen, eßbare Landtiere zu erlegen. Ein Purémpe wird nie Hirsch- und Rehwild jagen, weil er sie für den Gestalt gewordenen Sonnengott hält, was sich dadurch erklärt, daß das Geweih des Hirschbullen und des Rehbocks in seinen Augen Ähnlichkeit mit den Sonnenstrahlen aufweist. Nicht einmal Eichhörnchen darf mit Fallen oder Blasrohr nachgestellt werden, bloß weil die Purémpecha-Priester – genauso verkommen und schmutzig wie die unseren – Tiuímencha genannt werden, was »Schwarzes Eichhörnchen« bedeutet. Bei den meisten Mahlzeiten, welche wir in den Herbergen zu uns nahmen, handelte es sich – sofern sie nicht aus Fisch bestanden – entweder um Wild- oder Hausgeflügel.

Eine größere Auswahl wurde uns hingegen jeweils *nach* dem Essen angeboten. Ich glaube, ich habe bereits von der Freizügigkeit gesprochen, welche die Purémpecha sexuellen Praktiken gegenüber an den Tag legen. Je nach seiner eigenen Einstellung wird ein Ausländer sie entweder bösartig als locker oder nachsichtig als weitherzig bezeichnen; auf jeden Fall gab es jedoch für jeden Geschmack etwas. Jedesmal, wenn wir in einer Herberge unsere Mahlzeit beendet hatten, pflegte der Herbergswirt sich bei mir und meinen Männern zu erkundigen: »Wünscht Ihr eine männliche oder eine weibliche Nachspeise?« Die Antwort überließ ich meinen Männern selbst; sie erhielten genug Lohn von mir, sich leisten zu können, wonach ihnen der Sinn stand. Da jedoch Zyanya daheim auf mich wartete, war ich nicht geneigt, von dem zu kosten, was mir in den verschiedenen Landen geboten wurde, wie ich es in meinen Junggesellentagen durchaus mit Freuden getan. Meine Antwort an den Herbergsvater lautete unweigerlich: »Weder das eine noch das andere, vielen Dank«, womit sich selbiger jedoch beileibe noch nicht zufrieden gab, sondern weiter fragte: »Würdet Ihr vielleicht eine grüne Frucht vorziehen?«

Möglicherweise wäre es für einen vergnügungssüchtigen Reisenden angeraten gewesen, genau zu sagen, welche Art Bettgenossen er sich wünschte – eine erwachsene Frau oder einen erwachsenen Mann, ein junges Mädchen oder einen Knaben –, denn in Michihuácan fällt es bisweilen schwer zu sagen, wer nun welchen Geschlechts ist, da die Purémpecha damals zumindest eine merkwürdige Gepflogenheit hatten. Die Angehörigen *aller* Klassen mit Ausnahme der Sklaven entfernten jedes nur mögliche Körperhaar. Sie rasierten sich entweder den Kopf, zupften sich jedes Haar auf dem Haupte aus oder entfernten es auf irgendeine andere Weise, dazu die Brauen über ihren Augen und auch noch den leichtesten Anflug von Flaum unter den Achseln oder zwischen den Beinen. Männer, Frauen und Kinder wiesen außer ihren Augenwimpern nicht das geringste Haar an ihrem Körper auf. Und im Gegensatz zu aller Lüsternheit, welcher sie sich nächtens vielleicht wohl hingaben, waren sie tagsüber sittsam in mehrere Umhänge oder Blusen übereinander gekleidet, weshalb es schwer fiel zu entscheiden, ob man nun eine Frau oder einen Mann vor sich hatte.

Anfangs nahm ich an, daß die glatte und schimmernde Haarlosigkeit der Purémpecha einem besonderen Schönheitsideal entsprach oder auch eine vorübergehende Mode war. Sie könnte aber auch auf ein zwanghaftes Reinlichkeitsbedürfnis zurückgeführt werden. Im Verlauf meines Sprachenstudiums kam ich dahinter, daß es im Poré mindestens acht verschiedene Ausdrücke für Schuppen und mindestens ebenso viele für Läuse gibt.

Bei einem riesigen blauen Hafenbecken, welches durch zwei schützende Landarme vorm Anrennen schwerer Seen und vor Stürmen geschützt wurde, stießen wir an die Küste vor. An diesem Becken lag der kleine Hafen, der von seinen Bewohnern Patámkuaro und von den hierherkommenden Mexíca-Händlern Acamepúlco genannt wurde – doch beide Namen, sowohl der in Poré als auch der in Náhuatl, beziehen sich auf die binsen- und reetbedeckten Flächen, die das Dorf säumen. Acamepúlco war einerseits ein eigenständiger Fischerhafen, andererseits aber auch das Handelszentrum der Stämme, welche im Osten und im Westen an der Küste lebten, in Einbäumen dorthin kamen und dort ihre dem Land und dem Meer abgerungenen Erzeugnisse verkauften: Fische, Schildkröten, Baumwolle, Kakao, Vanille und andere für diese Heißen Lande typischen Produkte.

Diesmal hatte ich die Absicht, vier größere, seegängige Kanus nicht zu mieten, sondern zu kaufen; je zwei von uns sollten damit ohne fremde Hilfe hinausrudern, damit wir keine Zeugen für unser Vorhaben hätten. Doch das war leichter gesagt als getan. Das uns vertraute Acáli, wie man es auf dem Texcóco-See verwendete, ließ sich leicht aus den weichen Stämmen der Fichten herstellen, welche bei uns wuchsen. Diese seegängigen Einbäume hingegen wurden aus dem außerordentlich schweren und harten Mahagoniholz gemacht, und dazu brauchte man unter Umständen Monde. Fast alle Einbäume von Acamepúlco befanden sich seit Generationen in Familienbesitz, und keine Familie war bereit, einen zu verkaufen; denn dann hätten sie den ertragreichen Fischfang oder Transport aufgeben müssen, bis der Ersatz geschlagen, mit Äxten in die richtige Form gebracht, ausgebrannt wurde und glatt geschliffen war. Dennoch gelang es mir schließlich, die vier Boote zu erstehen, die ich brauchte, wiewohl es Tage zaher Verhandlungen erforderte und ich dafür weit mehr Goldstaub hergeben mußte, als ich vorgesehen hatte.

Sie sodann in südöstlicher Richtung die Küste entlangzurudern, war gleichfalls nicht einfach. Wir alle besaßen zwar einige Erfahrung mit unseren Acális auf den Seen, und auch auf diesen großen Binnenseen konnte der Wind bisweilen die Wasser recht aufwühlen; was wir jedoch nicht kannten, waren Gewässer mit Meeresströmungen und Gezeitenunterschieden selbst bei ruhigem Wetter, mit denen wir – und dafür danke ich den Göttern – bei unserer Seefahrt fertig wurden. Ein paar von den standhaften Kriegern, deren Magen sich bei all den ekelerregenden Schrecken des Krieges nie umgekehrt hatte, waren die ersten zwei oder drei Tage elendiglich seekrank. Ich freilich nicht, was vielleicht daran lag, daß es nicht meine erste Seereise war. Immerhin lernten wir, nicht zu nahe am Ufer entlangzufahren, wo die Wasserbewegung am heftigsten und unberechenbarsten war. Wiewohl es uns alle mit größtem Unbehagen erfüllte, in so großer Entfernung von Der Einen Welt dahinzufahren, hielten wir uns ein gutes Stück von den ersten Brandungswogen entfernt und gingen nur bei Sonnenuntergang an Land, um die Nächte dankbar auf dem weichen und sich nicht hebenden und senkenden Strand zu verbringen.

Dieser Uferstrand wurde von weißschimmerndem Sand allmählich über stumpfes Grau zum matten Schwarz vulkanischen Ursprungs. Dann wurde dieser Strand unterbrochen durch einen plötzlich vorspringenden Felssporn: den Berg, der ins Wasser schreitet. Dank meines Topases erspähte ich den Berg schon aus der Ferne, und da es bereits später Nachmittag war, gab ich Befehl, das Ufer anzulaufen.

Als wir um das Lagerfeuer herumsaßen, wandte ich mich an meine sieben Männer, erklärte ihnen noch einmal, wie wir am nächsten Morgen vorgehen wollten und fügte dann noch hinzu: »Manche von euch haben vielleicht Bedenken, die Hand gegen einen Priester zu erheben, auch gegen den Priester eines fremden Gottes. Laßt diese Bedenken fahren. Diese Priester werden tun, als seien sie unbewaffnet und nur verwundert über unsere Ankunft, und als seien sie hilflos unseren Waffen gegenüber. Das sind sie jedoch keineswegs. Sobald sich die geringste Gelegenheit bietet, werden sie jeden einzelnen von uns erschlagen, ihn zerlegen wie das Fleisch eines Wildebers und uns dann genußvoll verspeisen. Sobald wir unser Vorhaben morgen zu Ende gebracht haben, werden wir sie töten. Und zwar mitleidslos töten, weil sie sonst uns töten würden. Denkt daran und achtet auf meine Zeichen.«

Als wir am nächsten Morgen unsere Einbäume noch einmal durch die Brandung hindurchschoben, waren wir kein junger Pochtécatl mit seinen sieben älteren Trägern mehr, sondern sieben furchterregende Mexíca-Krieger unter der Anführung eines nicht sehr »alten Adler«-Cuachic. Wir hatten unsere Lasten ausgepackt und uns mit allen Kriegszeichen und Kampfanzügen geschmückt und gekleidet. Ich trug Blut Schwelgers Cuachic-Zeichen – Schild und Wimpelstab – und seinen Cuachic-Federkopfputz. Das einzige, was mir an Rangabzeichen fehlte, war ein Knochen in der Nase, da meine Nasenscheidewand für einen solchen Zweck nie durchbohrt worden war. Die sieben Krieger trugen genauso wie ich ihre gesteppten sauberen weißen Kampfanzüge. Sie hatten sich Federn ins Haar gesteckt, welches sie oben zu einem Knoten zusammengenommen hatten, und hatten sich das Gesicht furchterregend bemalt. Ein jeder von uns war mit Maquáhuitl, Dolch und Wurfspieß bewaffnet.

Kühn ruderten wir mit unserer kleinen Flotte auf den vorspringenden Sporn zu und gaben uns keinerlei Mühe, nicht aufzufallen; wir legten es absichtlich darauf an, daß die Ausgucks uns kommen sahen. Was sie auch taten, denn sie erwarteten uns bereits am Berge: mindestens zwölf von den üblen Zyú-Priestern in ihren zerrissenen und zusammengeflickten Fellroben. Wir lenkten unsere Kanus nicht auf den Strand, um es beim Landen leicht zu haben, sondern hielten geradenwegs auf sie zu.

Ich weiß nicht, ob es an der anderen Jahreszeit lag, oder daran, daß wir uns von der Westseite des Berges her näherten, jedenfalls war das Meer bei weitem nicht so aufgewühlt wie damals, als ich mit dem Tzapotécatl-Fischer von Osten her gekommen war. Gleichwohl war es immer noch unruhig genug, so daß wir unerfahrenen Seefahrer samt unseren Einbäumen immer noch an den Felsen hätten zerschellen können, wären nicht einige Priester gewesen, die von Felsen zu Felsen sprangen, ins Wasser hineinwateten und unsere Einbäume in geschützte Stellen zogen. Selbstverständlich taten sie das nur, weil sie unsere Mexíca Kampfanzüge erkannten und fürchteten – und darauf hatte ich gezählt.

Wir klemmten unsere Kanus zwischen den Felsen fest und ließen einen Krieger zu ihrer Bewachung zurück. Dann winkte ich – eine Geste, welche die Priester genauso mit einbezog wie meine Männer –, und nun sprangen wir alle von einem Felsen zum anderen durch das hoch aufschwappende Wasser und die Brandung, durch Wolken und ganze Vorhänge aus Gischt hinüber zum Hang des Berges selbst. Der Oberpriester des Meeresgottes stand, die Arme vor der Brust verschränkt, da, um die Tatsache zu verbergen, daß er keine Hände mehr hatte. Knurrend gab er ein paar Worte in seinem Huave-Dialekt von sich, und als ich nur fragend die Brauen in die Höhe schob, versuchte er es auf Lóochi und sagte polternd:

»Was wollt ihr Mexíca-Krieger nun schon wieder? Wir nur Bewacher von Gottesfarbe, und die habt ihr.«

»Nicht alles«, erklärte ich in derselben Sprache.

Er schien leicht erschrocken über den Nachdruck, mit dem ich sprach, doch erklärte er standhaft: »Wir haben nichts mehr.«

»Doch, *meinen* habt ihr noch«, erklärte ich. »Einiges an Purpur, für welches ich viel Gold bezahlt habe. Wißt Ihr noch? An dem Tag, da ich *das* da tat.« Und mit einem leichten Hieb meines Maquáhuitl schlug ich ihm die Arme auseinander, so daß seine Armstümpfe sichtbar wurden. Da erkannte er mich, und sein böses Gesicht wurde vor ohnmächtigem Zorn und Haß womöglich noch häßlicher. Die anderen Priester links und rechts zogen sich auseinander, um einen drohenden Kreis um mich und meine Krieger zu bilden. Sie waren zwei gegen einen von uns, doch wir hielten unsere Wurfspieße drohend erhoben, und ich sagte zu dem Oberpriester: »Gehen wir zur Grotte des Gottes.«

Lautlos arbeitete sein Mund einen Augenblick, möglicherweise suchte er nach weiteren Lügen, ehe er dann sagte: »Euer Heer hat Grotte von Tiat Ndik geleert.«

Ich gab dem Krieger, der am dichtesten bei mir stand, einen Wink, und dieser trieb seinen Wurfspieß tief in den Bauch jenes Priesters, welcher zur Linken des Oberpriesters stand. Der Mann stieß einen Schrei aus, stürzte, rollte über den Boden, hielt sich krampfhaft den Unterleib und fuhr fort zu schreien.

Ich sagte: »Das nur, um euch zu zeigen, daß wir es ernst meinen. Und um euch zu zeigen, daß wir es eilig haben und nicht lange fackeln.« Abermals gab ich dem Krieger einen Wink, er zielte noch einmal auf den am Boden Liegenden und durchbohrte diesmal sein Herz, was seinen Schreien unvermittelt ein Ende setzte. »Und jetzt«, sagte ich zu dem Oberpriester, »gehen wir zur Grotte.«

Er schluckte, widersprach aber nicht mehr; was er gesehen hatte, hatte genügt. Während meine Krieger die anderen Priester zusammentrieben, führte er mich, der ich mit dem Wurfspieß hinter ihm ging, über die umherliegenden Felsen und hinunter in die geschützte Senke und in die Grotte. Mir fiel ein Stein vom Herzen, als ich feststellte, daß die Stätte des Gottes nicht eingebrochen oder beim Erdbeben zusammengestürzt war. Als wir vor dem über und über mit Purpur beschmierten Steinhaufen standen, der einen Gott darstellen sollte, zeigte ich auf die Lederflaschen und die Garnstränge, welche ringsum aufgehäuft waren, und sagte zu dem Oberpriester: »Sagt Euren Helfern, sie sollen all dies zu unseren Kanus hinunterschaffen.« Er schluckte abermals, doch er sagte nichts: »Sagt es ihnen«, wiederholte ich, »oder ich schlage Euch die Arme an den Ellbogen ab, dann an den Schultern und dann noch woanders.«

Hastig sprach er in ihrer Sprache auf sie ein, und was immer er gesagt haben mag, es muß sie überzeugt haben. Wortlos, nur unter Murren und mit einem mörderischen Blick auf mich, luden sich die verwahrlosten Priester die Flaschen und die Garnstränge auf die Schultern. Meine Männer begleiteten sie zu den Booten und wieder zurück in die Grotte, so viele Male, wie nötig waren, um den gesamten Schatz hinauszuschaffen. Ich stand inzwischen mit dem handlosen Priester bei der Statue; er wagte es nicht, sich zu rühren, da ich ihm die Spitze meines Spießes unters Kinn gesetzt hatte. Ich hätte die Zeit nutzen können, ihn zu zwingen, jenes Päckchen Gold herbeizubringen, welches er mir beim letzten Mal abgenommen hatte, tat es jedoch nicht. Ich zog es vielmehr vor, das Gold zu lassen, wo es war, gleichsam als Bezahlung für das, was ich jetzt tat. So kam ich mir weniger als Plünderer vor und mehr wie ein Händler, der nichts weiter tat, als etwas verspätet abzuholen, wofür er bezahlt hatte und was sein rechtmäßiges Eigentum war.

Erst, nachdem die letzten Flaschen aus der Höhle herausgeschafft worden waren, sprach der Priester wieder. Haß sprach aus seiner Stimme: »Ihr habt heilige Stätte schon einmal entweiht. Ihr habt Zorn von Tiat Ndik erregt, so daß zur Strafe er Zyuüù gemacht hat. Er wird es wieder tun; vielleicht noch schlimmer. Diese Beleidigung und diesen Verlust wird er nicht vergeben. Meeresgott wird nicht zulassen, daß Ihr mit seinem Purpur ungestraft entkommt.«

»Hm, vielleicht wird er es doch tun«, sagte ich sorglos, »wenn ich ihm ein Opfer von einer anderen Farbe hierlasse.« Womit ich zustieß, so daß mein Spieß sich durch Kinn, Zunge und Gaumen bis hinein ins Gehirn des Mannes bohrte. Er fiel flach auf den Rücken rotes Blut spritzte schwallweise aus seinem Mund, und ich mußte den Fuß gegen sein Kinn stemmen, um meinen Spieß wieder freizubekommen.

Hinter mir vernahm ich einen allgemeinen bestürzten Ausruf. Meine Krieger hatten gerade in diesem Augenblick all die anderen Priester in die Grotte hereingetrieben, und sie hatten ihren gestürzten Oberpriester gesehen. Doch ich brauchte meinen Leuten keinen Wink und keinen Befehl zu geben. Noch ehe die Priester sich von ihrem Schrecken erholt hatten, um an Kampf oder Flucht auch nur zu denken, lagen sie alle tot am Boden.

Ich sagte: »Ich habe dem Steinhaufen dort drüben ein Opfer versprochen. Türmt die Leichen dort auf.«

Nachdem das getan war, leuchtete das Standbild nicht mehr purpurfarben, sondern war von einem schimmernden Blutrot, und dieses Blutrot breitete sich über den ganzen Boden der Höhle aus. Ich glaube Tiak

Ndik war wirklich zufrieden mit diesem Opfer. Denn weder kam es auf unserem Weg zurück zu den Einbäumen zu einem Erdbeben, noch wurden wir auf irgendeine andere Weise daran gehindert, unsere Boote mit der kostbaren Fracht zu beladen und durch die Brandung hinauszuschieben ins freie Wasser. Kein Meeresgott wühlte die See auf, um uns daran zu hindern, die felsbrockenstarrende Spitze des Vorgebirges zu umrunden, fort aus dem Land Der Fremden und hinaus aufs offene Meer. Ungehindert ruderten wir in östlicher Richtung an der Küste entlang, und ich setzte nie wieder einen Fuß auf den Berg, der ins Wasser hineinschreitet, noch sah ich ihn überhaupt jemals wieder.

Zur Vorsicht behielten wir acht jedoch unsere Mexíca-Kampfanzüge die nächsten paar Tage an, solange wir noch durch die Gewässer der Huave und Tzapotéca ruderten, vorüber an Nozibe und anderen Küstendörfern – und an den Fischerbooten, deren verwunderte Besatzungen uns furchtsam zuwinkten –, bis wir die Landenge von Tecuantépec ein gutes Stück hinter uns hatten und vor dem Baumwolland Xoconóchco anlangten. Dort landeten wir bei Nacht an einer verschwiegenen Stelle, verbrannten unsere Kampfanzüge und Kriegerinsignien, vergruben bis auf die allernotwendigsten alle unsere Waffen und schnürten unsere Lasten, um die Lederflaschen und die Garnstränge auf dem Rücken weiterzutragen.

Als wir am Morgen von dort weiterruderten, waren wir wieder gekleidet wie ein Pochtécatl und wie Träger. Später am selben Tag liefen wir ganz offen das Mame-Dorf Pijijía an und verkauften unsere Kanus – freilich um einen jämmerlich geringen Preis, da die Fischer dort wie überall sonst an der Küste bereits alle Boote besaßen, die sie brauchten. Meine Männer und ich stellten, als wir uns nach dieser langen Zeit auf dem Wasser wieder in Marsch setzten, fest, daß wir einen lächerlich wiegenden Gang hatten. Wir blieben zwei Tage in Pijijía, um uns wieder an festen Boden unter den Füßen zu gewöhnen – ich führte in dieser Zeit noch etliche aufschlußreiche Unterhaltungen mit den Ältesten der Mame –, bevor wir uns unsere Lasten auf den Rücken luden und weiterzogen ins Inland.

Ihr fragt, Pater Toribio, warum wir uns solche Mühe gemacht haben, die lange Reise erst in der Verkleidung von Händlern, dann als Krieger und danach wieder als Händler zu machen.

Nun, die Bewohner von Acamepúlco wußten, daß ein Händler für sich und seine Träger vier seegängige Einbäume gekauft hatte; und die Bewohner von Pijijía wußten, daß eine ähnliche Gruppe ihnen ähnliche Kanus verkauft hatte; und beide Leute aus beiden Orten mögen die Umstände für sonderbar gehalten haben. Gleichwohl lagen die beiden Orte jedoch so weit auseinander, daß sie ihre Eindrücke aller Wahrscheinlichkeit nach nie miteinander vergleichen würden; auch lagen beide Orte weit von den Hauptstädten der Tzapotéca und Mexíca entfernt, und so bestand kaum Gefahr, daß Kosi Yuela oder Ahuítzotl jemals irgendwelche Gerüchte ans Ohr drangen.

Unvermeidlich war nur, daß die Zyú bald den Massenmord an ihren Priestern und das Verschwinden ihres gehorteten Purpurschatzes aus der Göttergrotte entdeckten. Wiewohl wir die Zeugen für immer zum Schweigen gebracht hatten, war die Wahrscheinlichkeit groß, daß andere Zyú an Land gesehen hatten, wie wir ihren heiligen Berg anliefen oder wieder von dort ablegten. Selbige würden ganz ohne jeden Zweifel ein gewaltiges Geschrei anheben, und es ließ sich wohl kaum vermeiden, daß dieses irgendwann einmal die Ohren des Bishósu Kosi Yuela und des Verehrten Sprechers Ahuítzotl erreichte und sie beide wütend machte. Die Zyú konnten die Greuel nur einer Handvoll Mexíca-Krieger in voller Kampfausrüstung anlasten. Vielleicht würde dann Kosi Yuela Ahuítzotl verdächtigen, ihn übers Ohr gehauen zu haben, um sich in den Besitz des Schatzes zu bringen, doch dann konnte Ahuítzotl aufrichtig behaupten, nichts von irgendwelchen plündernden Mexíca in dieser Gegend zu wissen. Ich wollte meine Hand dafür ins Feuer legen, daß die Verwirrung groß war und niemand zur See fahrende Krieger und seefahrenden Kaufleute in Verbindung bringen würde – und mich weder mit den einen noch mit den anderen.

Eigentlich hatte ich vorgehabt, von Pijijía aus übers Gebirge ins Chiapa-Land hinüberzuziehen. Da meine Träger jedoch so schwer beladen waren, hielt ich es nicht für notwendig, ihnen diesen mühseligen Aufstieg zuzumuten. Wir einigten uns auf einen Tag, an dem wir in der Ödnis der Landenge von Tecuantépec wieder zueinander stoßen wollten; damit hatten sie reichlich Zeit, in aller Gemächlichkeit dorthin zu ziehen. Ich schärfte ihnen ein, Dörfer und Begegnungen mit anderen Reisenden unterwegs möglichst zu vermeiden; eine Kolonne von schwerbeladenen Tamémime ohne Anführer hätte Anlaß zu Redereien gegeben, wo nicht gar zur Festnahme geführt, um der Sache auf den Grund zu gehen. Deshalb wandten meine sieben Männer sich, nachdem wir Pijijía schon ein ganzes Stück hinter uns hatten, nach Westen und zogen in die Niederungen von Xoconóchco, während ich in nördlicher Richtung ins Gebirge hinaufstieg.

Von den Bergen hinunterkommend, gelangte ich schließlich in die wenig ansprechende Hauptstadt Chiapán, wo ich mich geradenwegs zur Werkstatt von Meister Xibalbá begab.

»Ah!« erklärte er voller Freude. »Ich hatte mir schon gedacht, daß Ihr wiederkommen würdet. Daher habe ich soviel Quarz gesammelt wie möglich und viele Brennkristalle daraus gefertigt.«

»Ja, sie verkaufen sich gut«, bestätigte ich ihm. »Aber diesmal bestehe ich darauf, den vollen Wert zu bezahlen und zusätzlich noch die Mühe, die Ihr auf sie verwandt habt.« Außerdem erklärte ich ihm, in welchem Maße sein Topas meine Sehkraft verstärkt und dadurch mein ganzes Leben bereichert habe – und wie dankbar ich ihm dafür sei.

Als ich schließlich meine Last mit den baumwollumwickelten Kristallen gebündelt hatte, trug ich ein Gewicht auf dem Rücken, das nahezu genauso groß war wie die Lasten meiner fernen Träger. Ich hielt mich jedoch nicht länger in Chiapán auf, um mich auszuruhen und Kräfte zu sammeln; denn ich hätte kaum woanders unterkommen können als im Haus der Macoboö-Familie, und dort hätte ich mich den beiden Cousinen gegenüber abweisend verhalten müssen, was einem Gast kaum als höfliches Benehmen ausgelegt worden wäre. Infolgedessen bezahlte ich den Meister Xibalbá in Goldstaub und machte mich eilends wieder auf den Weg.

Ein paar Tage später fand ich nach kurzem Suchen die von den bewohnten Gebieten abgelegene Stelle, wo meine Männer an einem Lagerfeuer und inmitten von abgenagten Knochen von Gürteltieren und

Leguanen und dergleichen auf mich warteten. Wir blieben nur so lange dort, daß ich mich einmal tüchtig ausschlafen und einer der alten Kämpen mir die erste heiße Mahlzeit bereiten konnte, seit ich sie verlassen hatte: einen fetten Fasan, den er überm Feuer briet.

Als wir durch die östlichen Randgebiete der Stadt Tecuantépec kamen, begegneten uns die Zeichen der Brandschatzung durch die Mexíca, wiewohl die meisten der niedergebrannten Häuser bereits wieder aufgebaut worden waren. Eigentlich muß man sagen, daß die Stadt dadurch sogar gewonnen hatte. Jetzt standen anständige, feste Häuser in einem Viertel, das zuvor nur aus halbverfallenen Hütten bestanden hatte – darunter diejenige, welche einen solchen Wendepunkt für mein Leben bedeutet hatte. Nachdem wir durch die Stadt in die westlichen Randgebiete gelangt waren, stellten wir jedoch fest, daß die sengenden und plündernden Krieger ihre Verwüstungen nicht bis dorthin getragen hatten. Die vertraute Herberge stand immer noch. Ich ließ meine Männer im Hof stehen, trat ein und rief lärmend:

»Herbergswirt, habt Ihr Raum für einen müden Pochtécatl und seine Trägerkolonne?«

Béu Ribé trat aus einem der hinteren Räume und sah gesund und munter und ebenso schön aus wie eh und je, doch begrüßte sie mich nur mit den Worten:

»Die Mexíca sind heutzutage hier nicht sonderlich gern gesehen.«

Immer noch in dem Versuch, besonders herzlich zu sein, sagte ich: »Aber bei deinem eigenen Bruder Dunkle Wolke wirst du doch wohl eine Ausnahme machen, Wartender Mond. Deine Schwester hat mich ganz hierhergeschickt, um festzustellen, ob mit dir auch alles in Ordnung ist. Ich freue mich, daß du offenbar unter den Unruhen nicht zu leiden hattest.«

»Nicht zu leiden hatte!« wiederholte sie sarkastisch. »Ich freue mich, daß du dich freust, denn schließlich bist du dafür verantwortlich, daß die Mexíca-Krieger hierherkamen. Alle Welt weiß, daß sie wegen deines Zusammenstoßes mit dem Zyú hierhergeschickt wurden, und weil es dir nicht gelungen ist, dich des Purpurs zu bemächtigen.«

Das stimmte immerhin, wie ich zugeben mußte. »Aber du kannst mir doch nicht die Schuld dafür geben, daß . . .«

»Es ist Schuld genug da, daß auch auf mich noch welche fällt«, erklärte sie verbittert. »Mir hat man zuallererst die Schuld daran gegeben, dich jemals in dieser Herberge aufgenommen zu haben.« Dann schien sie plötzlich die Schultern sacken zu lassen. »Aber ich habe die Verachtung der Menschen lange genug zu spüren bekommen, oder? Ja, du kannst einen Raum haben, und wo du deine Träger unterbringen kannst, weißt du ja. Die Diener werden sich um euch kümmern.«

Sie drehte sich um und kehrte zurück zu dem, womit sie beschäftigt gewesen war. Kaum ein überschwengliches, ja, nicht einmal ein schwesterliches Willkommen, dachte ich bei mir. Aber die Diener brachten meine Männer und ihre Sachen unter und bereiteten mir ein Mahl. Als ich gesättigt war und eine Poquíetl rauchte, kam Béu durch den Raum. Sie wäre einfach weitergegangen, doch ich packte sie am Handgelenk und sagte:

»Ich mache mir nichts vor, Béu. Ich weiß, daß du mich nicht magst, und wenn das schändliche Treiben der Mexíca letzthin . . .«

Hochmütig ihre schwingengleichen Brauen in die Höhe schiebend, unterbrach sie mich: »Ich dich nicht mögen? Liebe? Das sind Gefühle. Welches Recht habe ich, irgendwelche Gefühle dir gegenüber zu haben, Mann meiner Schwester?«

»Na schön«, sagte ich ungeduldig. »Verachte mich! Tu so, als ob ich überhaupt nicht vorhanden wäre. Aber willst du mir nicht zumindest irgendeine Nachricht für Zyanya mit auf den Weg geben?«

»Ja. Sag ihr, mir sei von einem Mexíca-Krieger Gewalt angetan worden.«

Wie vom Donner gerührt, ließ ich ihr Handgelenk fahren. Ich wollte etwas sagen, doch sie lachte nur und sagte:

»Nun sag bloß nicht, daß dir das leid täte! Ich meine, ich kann immer noch zu Recht behaupten, eine Jungfrau zu sein, denn er war auf diesem Gebiet ganz besonders untüchtig. Er hat mich durch seinen Versuch, mich zu schänden, in meiner geringen Meinung über die arroganten Mexíca nur bestärkt.«

Ich fand meine Stimme wieder und wollte von ihr wissen: »Sein Name! Wenn er jetzt noch nicht hingerichtet worden ist, werde ich dafür sorgen . . .«

»Ja, glaubst du etwa, er hätte sich vorgestellt?« sagte sie und lachte abermals. »Ich glaube, es war kein gewöhnlicher Krieger ohne Rang, wenn ich mich in euren Abzeichen auch nicht auskenne und es auch noch dunkel war in meinem Gemach. Immerhin habe ich jedoch das Gewand erkannt, das er *mich* für diese Gelegenheit anlegen ließ. Er zwang mich, mir das Gesicht mit Ruß zu schwärzen und die schwarzen, stinkenden Gewänder eines Tempeldieners anzulegen.«

»Was?« sagte ich wie vom Donner gerührt.

»Viel gesprochen haben wir nicht miteinander, aber soviel habe ich immerhin begriffen: allein die Tatsache, daß ich noch Jungfrau war, hat nicht genügt, ihn zu reizen. Mir ist klargeworden, daß er nur dadurch erregt werden konnte, daß er so tat, als täte er einem der Heiligen und Unberührbaren Gewalt an.«

»Von so einer Verworfenheit habe ich noch nie gehört . . .«

Sie sagte: »Versuch nicht, Entschuldigungen für deinen Landsmann vorzubringen. Und Mitleid mit mir brauchst du auch nicht zu haben. Ich habe dir ja schon gesagt: Er war als Schänder von Frauen ausnehmend ungeeignet. Sein – ich glaube Tepúli nennt ihr es – war knubbelig und knotig verbogen. Der Akt des Eindringens . . .«

»Bitte, Béu«, sagte ich. »Dies zu erzählen muß schrecklich für dich sein.«

»Genauso, wie das Erlebnis selbst«, sagte sie kühl, als ob sie über das eines anderen berichtete. »Eine Frau, auf die man hinterher mit Fingern zeigt als auf jemand, der geschändet worden ist, sollte zumindest *gut* geschändet worden sein. Sein verstümmelter Tepúli konnte nur bis zum Kopf eindringen, oder bis zur Knolle, oder wie ihr das sonst nennt. Und so sehr er auch keuchte und sich abmühte, er konnte es nicht drinnen behalten. Als er schließlich seinen Saft ausspritzte, tröpfelte der mir nur aufs Bein. Ich weiß nicht, ob es Abstufungen der Jungfräulichkeit gibt, *glaube* jedoch, daß ich mich immer noch eine Jungfrau nennen kann. Und außerdem glaube ich, daß der Mann sich womöglich noch mehr geschämt hat und zerknirschter war als ich. Er konnte mir nicht mal ins

Auge sehen, als ich mich wieder auszog und er diese stinkenden Tempelgewänder zusammenraffte, um sie wieder mitzunehmen.«

Hilflos sagte ich: »Das hört sich ganz gewiß nicht nach einem . . .«

»Nach dem typischen, virilen Mexícatl-Mann an? Wie Záa Nayàzú?« Sie senkte die Stimme, daß sie nur mehr ein Flüstern war. »Sag mir, Záa, ist meine Schwester wirklich jemals in ihrem Ehebett befriedigt worden?«

»Bitte, Béu. Sowas schickt sich nicht.«

Sie stieß einen Fluch aus. »Gì zyabà! Was kann schon unschicklich sein für eine Frau, die dermaßen erniedrigt worden ist? Wenn du es mir nicht sagen willst, warum es mir dann nicht zeigen? Beweis mir, daß du als Ehemann etwas taugst! Ach, nun werde nicht rot und wende dich ab! Vergiß nicht, ich habe einst gesehen, wie du es mit meiner Mutter getrieben hast, nur hat meine Mutter hinterher nie gesagt, ob du deine Sache gut gemacht hast oder schlecht. Ich wäre dankbar, wenn ich es wüßte, und zwar aus persönlicher Erfahrung. Komm mit in mein Gemach. Warum solltest du Bedenken haben, eine Frau zu beschlafen, die bereits beschlafen worden ist? Wenn auch selbstverständlich nur wenig beschlafen, aber . . .«

Entschlossen wechselte ich das Thema. »Ich habe Zyanya gesagt, ich würde dich mit zurückbringen nach Tenochtítlan, wenn du littest oder in Gefahr wärest. Unser Haus weist viele Gemächer auf. Ich frage dich jetzt, Béu. Wenn du deine Lage hier unerträglich findest – möchtest du dann mit mir kommen und bei uns leben?«

»Unmöglich!« fauchte sie. »Unter deinem Dach leben? Wie könnte ich dort so tun, als gäbe es dich nicht, wie du vorgeschlagen hast?«

Unfähig, mich noch länger zu beherrschen, sagte ich laut: »Ich habe gesagt und getan, was ich sagen und tun kann. Ich habe dich um Verzeihung gebeten, habe mich zerknirscht gezeigt und dir Mitleid und brüderliche Liebe entgegengebracht. Ich habe dir ein gutes Zuhause in einer anderen Stadt geboten, wo du den Kopf hochtragen und die Vergangenheit vergessen kannst. Doch du hast keine andere Antwort für mich außer Spott und Hohn und Bosheit! Ich werde morgen früh aufbrechen, Weib. Du kannst mitkommen oder es bleiben lassen!«

Sie ließ es bleiben.

Um auch weiterhin als Kaufmann zu gelten, stattete ich in der Hauptstadt Záachila dem Bishósu Ben Záa einen Höflichkeitsbesuch ab. Er empfing mich, und ich erzählte ihm meine Lügengeschichte: daß ich im Chiapa-Land unterwegs gewesen sei, und dort erst vor kurzem über die Vorfälle in der zivilisierten Welt gehört hätte. Und ich sagte:

»Wie der Hohe Gebieter Kosi Yuela wohl vermutet hat, ist Ahuítzotl damals mit seinen Männern weitgehend auf mein Anstiften hin nach Uaxyácac gezogen. Ich meine deshalb, mich bei Euch entschuldigen zu müssen.«

Mit einer großmütigen Geste tat er das ab. »Auf welche Machenschaften all das zurückzuführen ist, spielt keine Rolle. Ich freue mich, daß Euer Verehrter Sprecher mit guten Absichten gekommen ist, und ich hege die Hoffnung, daß die lange Feindschaft zwischen unseren beiden Völkern sich nach und nach legt. Und selbstverständlich habe ich nichts dagegen, so reichen Tribut an Purpurfarbstoff zu empfangen.«

Ich sagte: »Aber da war auch noch der Umstand, daß Ahuítzotls Leute sich in Tecuantépec so verwerflich aufgeführt haben. Einfach als Mexícatl möchte ich mich auch dafür entschuldigen.«

»Ich mache Ahuítzotl daraus keinen Vorwurf. Ich kann eigentlich nicht einmal den Männern groß einen Vorwurf machen.«

Ich muß ein verwundertes Gesicht gemacht haben. Er erklärte: »Euer Verehrter Sprecher hat rasch gehandelt, um den Auswüchsen ein Ende zu bereiten. Er hat befohlen, daß die Rädelsführer durch die Würgschlinge umgebracht würden, und den Rest der Männer mit Versprechungen beschwichtigt, von denen ich überzeugt bin, daß er sie eingehalten hat. Für den angerichteten Schaden ist er aufgekommen, zumindest für das, was auf diese Weise wiedergutgemacht werden konnte. Hätte er nicht so rasch und ehrenhaft gehandelt, unsere Völker würden jetzt vermutlich wieder Krieg gegeneinander führen. Nein. Ahuítzotl war in aller Bescheidenheit sehr daran gelegen, die guten Beziehungen wiederherzustellen.«

Es war das erstemal, daß ich hörte, wie der hochmütige Ahuítzotl mit so etwas wie Bescheidenheit in Verbindung gebracht wurde. Kosi Yuela fuhr fort:

»Aber da war noch ein anderer Mann, ein junger Mann, sein Neffe. Dieser hatte den Oberbefehl inne, während Ahuítzotl und ich uns berieten, und in dieser Zeit ist es auch zu diesen Ausschreitungen gekommen. Dieser junge Mann trägt einen Namen, welchen wir Ben Záa aus Gründen unserer Geschichte verabscheuen – er heißt Motecuzóma –, und meiner Meinung nach hat er Ahuítzotls Bündnisvertrag mit uns als ein Zeichen von Schwäche gedeutet. Ich glaube, er wollte die Wolkenmenschen als Untertanen der Mexica sehen und nicht als gleichberechtigte Verbündete. Ich hege sogar den starken Verdacht, daß er die Meuterei geschürt hat in der Hoffnung, daß wir einander wieder an die Gurgel gehen würden. Falls Ihr wirklich das Ohr Ahuítzotls besitzt, junger Pochtécatl, solltet Ihr ihm ein Wort der Warnung vor seinem Neffen zukommen lassen. Dieser neu aufgestiegene Motecuzóma könnte, wenn er einmal eine wirklich mächtige Stellung einnimmt, alles wieder zunichte machen, was sein Onkel aufzubauen trachtet.«

Auf dem Damm, der nach Tenochtítlan führte, als wir die Stadt schimmernd weiß in der taubenfarbenen Dämmerung vor uns auftauchen sahen, schickte ich meine Männer zu zweit und zu dritt voran. Als ich selbst den Fuß auf die Insel setzte, hatte die Nacht sich bereits herniedergesenkt, und die Stadt erstrahlte im Licht der Feuer, Kerzen und Fackeln. In dieser flackernden Beleuchtung sah ich, daß mein Haus fertig war, und daß es ein stattliches Haus geworden war, doch die äußeren Einzelheiten vermochte ich nicht alle zu erkennen. Da es auf Pfeilern ruhte, welche so hoch waren wie ich selbst, mußte ich bis zum Eingang eine kleine Treppe hinaufsteigen. Dort wurde mir von einer Frau in mittleren Jahren geöffnet, die ich nie zuvor gesehen hatte – offenbar einer neugekauften Sklavin. Sie stellte sich selbst als Teoxíhuitl oder Türkis vor und sagte: »Als die Träger kamen, ist die Herrin nach oben gegangen, damit Ihr bei Euren Männergeschäften nicht gestört werdet. Sie wird Euch in Eurem Gemach erwarten, Herr.«

Die Frau wies mich in den Raum im ersten Stockwerk, in dem meine sieben Gefährten eine kalte Mahlzeit verzehrten, welche sie in aller Eile für sie bereitet hatte. Nachdem auch vor mich Speisen hingestellt worden waren und wir alle unseren Hunger gestillt hatten, halfen die Männer mir, die falsche Mauer in diesem Raum in den Angeln zu drehen und ihre Lasten dahinter zu verstecken, wo bereits etliche andere meiner Waren lagerten. Sodann zahlte ich ihnen den vereinbarten Lohn, das heißt, ich zahlte ihnen wesentlich mehr als das, was wir ursprünglich vereinbart hatten, denn sie hatten ihre Sache ausnehmend gut gemacht. Ehe sie gingen, vollführten sie die Geste des Erdeküssens vor mir, freilich nicht, ohne mir vorher das Versprechen abzunehmen, sie wieder zu rufen, wenn ich jemals wieder einmal einen Plan hätte, der nach dem Geschmack der sieben älteren Krieger wäre, welche sich sonst mit Frieden und Nichtstun abfinden mußten.

Oben entdeckte ich eine Badestube, wie ich es dem Baumeister aufgetragen hatte: genauso eingerichtet und sich selbst leerend, wie ich sie in den Palästen kennengelernt hatte. Im Schwitzbad nebenan hatte die Sklavin Türkis bereits die Steine erhitzt und ausgelegt, und, nachdem ich mein erstes Bad genommen hatte, goß sie Wasser darüber, um Dampf aufsteigen zu lassen. Ich schwitzte eine ganze Weile und kehrte dann ins Badebecken zurück, bis ich überzeugt war, sämtlichen Staub und Schmutz und Gestank der Reise aus meinen Poren herausgeschwitzt zu haben.

Als ich dann nackt durch die Verbindungstür in die Schlafkammer trat, fand ich Zyanya gleichfalls nackt und einladend rücklings auf den weichen Decken liegen. Der Raum war nur matt durch die Glut in einem Kohlebecken erleuchtet, doch schimmerte dieses wenige Licht auf dem weißen Blitz in ihrem Haar und ließ ihre aufgerichteten Brüste erkennen. Jede von ihnen bildete einen wunderschönen, ebenmäßigen Hügel, auf dem der kleinere Hügel ihrer Brustwarzen saß, genauso wie die Umrisse des Popocatépetl, die ihr hier durch das Fenster seht, ehrwürdige Patres: ein Kegel auf einem Kegel. Nein, selbstverständlich muß ich euch nicht unbedingt mit derlei Einzelheiten beglücken. Ich erkläre nur, warum mein Atem sich unversehens beschleunigte, als ich auf Zyanya zuging, und warum ich nur wenige Worte sprach.

»Béu lebt. Es gibt andere Neuigkeiten, doch die können warten.«

»Dann laß sie warten«, sagte sie, lächelte und griff nach jenem Teil, welcher sich ihr am mächtigsten entgegenreckte.

Folglich verging etliches an Zeit, ehe ich ihr von Béu Ribé erzählte: daß sie lebe und in Sicherheit sei, nur freilich schrecklich unglücklich. Ich war froh, daß wir uns erst geliebt hatten, versetzte das Zyanya doch in die gewohnte angenehme und befriedigte Verfassung, welche, wie ich hoffe, den Worten, die ich sagen mußte, etwas von ihrer Härte nahmen. Ich berichtete also von Béus unglücklichem Treffen mit dem Mexícatl von Rang und bemühte mich, es – wie Béu selbst es ja auch getan – mehr als Farce denn als Tragödie hinzustellen.

Ich schloß: »Ich glaube, es ist ihr eigensinniger Stolz, der sie dort bleiben und die Herberge weiterführen läßt. Sie ist entschlossen, einfach nicht zur Kenntnis zu nehmen, was die Leute in der Stadt von ihr denken, ob sie nun Mitleid mit ihr haben oder sie für geschändet halten. Sie will Tecuantépec um eines besseren Lebens willen auf keinen Fall verlassen;

man könnte ja denken, daß sie schließlich doch schwach geworden ist.«

»Arme Béu«, murmelte Zyanya. »Gibt es wirklich nichts, was wir tun könnten?«

Ich ließ nichts von meiner eigenen Meinung über die »arme« Béu verlauten, überlegte eine Weile und sagte dann: »Mir fällt nichts anderes ein, als daß *dir* ein Unglück zustoßen müßte. Wenn ihre einzige Schwester verzweifelt auf sie angewiesen wäre, dann – glaube ich – würde sie kommen. Aber laß uns die Götter nicht in Versuchung führen oder herausfordern. Laß uns nicht über Unglück reden.«

Als Ahuítzotl mich am nächsten Tag in seinem beklemmenden Thronsaal empfing, erzählte ich ihm dieselbe Geschichte, die ich mir zurechtgelegt hatte: ich sei nach Tecuantépec gezogen, um festzustellen, daß der Schwester meiner Frau bei der Plünderung und Brandschatzung auch nichts zugestoßen sei, und da ich schon einmal soweit gekommen sei, hätte ich die Gelegenheit wahrgenommen, weiter nach Süden vorzustoßen und noch einige von den Zauberkristallen zu holen. Abermals machte ich ihm umständlich eines zum Geschenk, wofür er sich ohne große Begeisterung bedankte. Dann jedoch, ehe ich ein Thema zur Sprache brachte, bei dem ihm, wie ich erwartete, vor Wut die Augen aus dem Kopf quellen und sein Zorn angeheizt werden würde, berichtete ich ihm etwas, was mir geeignet schien, ihn in eine gute Laune zu versetzen.

»Meine Reisen, Verehrter Sprecher, haben mich auch in das Küstenland Xoconóchco geführt, woher wir den größten Teil unserer Baumwolle und unseres Salzes beziehen. Dabei habe ich zwei Tage unter den Mame verbracht, in ihrem Hauptdorf, Pijijía, wo ihre Ältesten mich baten, an ihrer Ratssitzung teilzunehmen. Sie baten mich, dem Uey-Tlatoáni der Mexica eine Botschaft zu überbringen.«

Zuerst sagte er gleichgültig: »Laß hören!«

»Zunächst müßt Ihr wissen, Hoher Gebieter, daß Xoconóchco nicht von einem Volk bewohnt wird, sondern daß es sich um ein riesiges, fruchtbares Land handelt, in dem verschiedene Stämme leben: die Mame, die Mixe, die Comitéca und noch kleinere Stämme. Ihre Gebiete gehen alle ineinander über, und ihre Treue gilt nur ihren Stammesältesten wie jenen von Pijijía. Xoconóchco besitzt weder eine Hauptstadt, noch eine regierende Körperschaft, noch ein stehendes Heer.«

»Interessant«, murmelte Ahuítzotl. »Aber nicht sonderlich.«

Ich fuhr fort: »Östlich des reichen und fruchtbaren Xoconóchco liegt das unproduktive Dschungelland Quautemálan, Das Strauchland. Die Eingeborenen – Quiché und Lacandón – sind die heruntergekommenen Abkommen der Maya. Sie sind arm, schmutzig und faul und galten bislang als unter jeder Verachtung stehend. In letzter Zeit haben sie allerdings die Kraft aufgebracht, von Quautemálan aus vorzustoßen und Raubzüge nach Xoconóchco hinein zu unternehmen. Diese räuberischen Horden drohen jetzt, solche Raubzüge in Zukunft häufiger zu unternehmen, ja, daß sie einen erbarmungslosen Krieg führen werden, wenn die Stämme im Lande Xoconóchco sich nicht einverstanden erklären, ihnen in Form von Baumwolle und Salz ansehnliche Tribute zu zahlen.«

»Tribute?« knurrte Ahuítzotl, dessen Interesse endlich geweckt war. »*Unsere* Baumwolle und *unser* Salz?«

»Jawohl, Hoher Gebieter. Nur können wir wohl kaum erwarten, daß friedliebende Baumwollbauern, Fischer und Salzgewinner sich dazu aufschwingen, ihr Land tatkräftig zu verteidigen. Immerhin steckt soviel Mumm in ihnen, daß sie gegen diese Forderungen aufbegehren. Sie sind nicht bereit, den Quiché und den Lacandón zu geben, was sie bisher mit Gewinn an uns Mexíca verkauft haben. Sie sind der Meinung, unser Verehrter Sprecher müßte genauso empört sein über dieses Ansinnen.«

»Du brauchst uns nicht zu sagen, was selbstverständlich ist«, knurrte Ahuítzotl. »Was haben die Ältesten vorgeschlagen? Daß wir für sie gegen Quautemálan in den Krieg ziehen?«

»Nein, Hoher Gebieter. Sie bieten uns ganz Xoconóchco an.«

»*Was?*« Das nun riß ihn ehrlich um.

»Wenn der Uey-Tlatoáni die Xoconóchco-Lande als neue Provinz annimmt, treten alle kleinen Herrscher von ihrem Amt zurück, geben sämtliche verschiedenen Stämme ihre Unabhängigkeit auf, wollen aus freien Stücken Mexíca werden und schwören Tenochtítlan die Treue. Sie bitten nur um zweierlei: daß man ihnen gestattet, weiterhin zu leben und zu arbeiten, wie sie es immer getan haben, und daß sie auch weiterhin einen Lohn für ihre Arbeit empfangen, von dem sie leben können. Die Mame sprechen für alle ihre Nachbarstämme und bitten, daß ein Adliger der Mexíca zum Herrscher und Beschützer von Xoconóchco ernannt und eine starke Garnison von Mexíca-Truppen dort eingerichtet und unterhalten werde.«

Jetzt setzte Ahuítzotl zur Abwechslung einmal ein erfreutes, ja, sogar ein wenig verwirrtes Gesicht auf und murmelte für sich selbst: »Unglaublich. Ein reiches Land, man braucht es nur zu nehmen, es wird freiwillig hergegeben.« Zu mir sagte er in einem herzlicheren Ton, als er sich mir gegenüber jemals befleißigt hatte: »Du bringst nicht *immer* Unannehmlichkeiten und Probleme, junger Mixtli.«

Ich schwieg bescheiden.

Laut denkend, fuhr er fort: »Das wäre dann das am weitesten entfernte Land des Dreibunds. Unterhalten wir dort ein Heer, würden wir nahezu Die ganze Eine Welt zwischen unseren Kinnbacken haben, von einem Meer zum anderen. Die Völker an ihrer Flanke würden es sich zweimal überlegen, ehe sie jemals Schwierigkeiten machten, aus Angst, daß diese Kinnbacken einmal zuklappen und sie verschlingen. Sie wären voller Angst, würden tun, was man von ihnen verlangte, wären untertänig ...«

Ich ergriff nochmals das Wort und sagte: »Wenn Ihr gestattet, möchte ich Euch noch auf einen weiteren Vorteil aufmerksam machen, Verehrter Sprecher. Euer Heer würde zwar fern von hier stehen, wäre aber nicht auf Nachschub aus Tenochtítlan angewiesen. Die Mame-Ältesten haben mir zugesagt, es uneingeschränkt zu versorgen und zu unterhalten. Die Krieger werden im Überfluß von Xoconóchco ein gutes Leben führen.«

»Bei Huitzilopóchtli, wir werden es tun!« rief Ahuítzotl aus. »Selbstverständlich müssen wir diesen Vorschlag unserem Staatsrat unterbreiten, doch das ist nur eine Formsache.«

Ich sagte: »Mein Hoher Gebieter täte vielleicht gut daran, dem Staatsrat auch noch folgendes zu sagen. Sobald die Garnison einquartiert ist, könnten die Krieger ihre Familien nachholen. Händler würden ihnen folgen. Vielleicht hegen auch noch andere Mexíca den Wunsch, das übervölkerte Seengebiet zu verlassen und sich in den Weiten von Xoconóchco neu anzusiedeln. Die Garnison könnte zur Keimzelle einer Kolonie werden, vielleicht sogar eines kleineren Tenochtítlan, aus dem – wer weiß – eines Tages sogar die zweitgrößte Stadt der Mexíca werden könnte.«

Er meinte: »Du träumst keinen kleinen Traum, oder?«

»Vielleicht habe ich mir etwas zuviel herausgenommen, Hoher Gebieter, doch habe ich die Möglichkeit der Kolonisierung in dem Rat der Mame-Ältesten zur Sprache gebracht. Weit davon entfernt, etwas dagegen einzuwenden, haben sie erklärt, sie würden es als eine Ehre betrachten, wenn ihr Land gleichsam der Sitz eines Tenochtítlan des Südens würde.«

Anerkennend sah er mich an und trommelte eine Weile mit den Fingern, ehe er sagte: »Im zivilen Rang bist du nichts weiter als ein bohnenzählender Kaufmann, und im Heer nur ein Tequíua . . .«

»Durch die Gunst meines Hohen Gebieters«, sagte ich bescheiden.

»Und trotzdem kommst du – ein Niemand – zu uns und bietest uns eine ganze neue Provinz, wertvoller als jede, welche wir seit der Regierung unseres verehrten Vaters Motecuzóma durch Verträge oder durch Gewalt an uns haben binden können. Auch das wird dem Staatsrat zur Kenntnis gebracht werden.«

Ich erklärte: »Da Ihr den Namen Motecuzóma erwähnt, fällt mir etwas ein.« Woraufhin ich ihm berichtete, was nicht so leicht zu berichten war: die bitteren Worte, welche der Bishósu Kosi Yuela über seinen Neffen gesprochen hatte. Wie ich erwartet hatte, fingen Ahuítzotl die Augen an aus dem Kopf zu treten, schnaubte er und lief verdächtig rot an, doch richtete sein Zorn sich nicht gegen mich. Unverblümt erklärte er:

»So wisse denn: Als Priester hat Motecuzóma sich unerschütterlich auch noch an die kleinsten, dümmlichsten und albernsten abergläubischen Vorschriften gehalten, welche die Götter erlassen haben. Außerdem hat er versucht, jedes menschliche Versagen und jede Schwäche bei sich selbst und bei anderen auszumerzen. Er hat nicht geschäumt und gewütet, wie so viele unserer Priester; vielmehr ist er immer kalt geblieben und hat sich nicht von Gefühlen hinreißen lassen. Einst, da er ein Wort sprach, von dem er meinte, daß es den Göttern nicht wohlgefällig sein könne, hat er sich die Zunge durchbohrt und eine Schnur darin hin und hergezogen, in welche er einige zwanzig große Agavendornen verknotet hatte. Und bei einer anderen Gelegenheit, als ihm ein niedriger *Gedanke* durch den Sinn ging, hat er ein Loch durch den Schaft seines Tepúli gebohrt und sich mit einer dornenbewehrten Schnur der gleichen blutigen Selbstkasteiung unterzogen. Nun, wo er ein Kriegsmann geworden ist, scheint er der Sache des Kriegführens nicht minder verbissen ergeben. Es scheint, als ob der junge Kojote bei seinem allerersten Kommando seine Muskeln hat spielen lassen – entgegen unseren Befehlen, *guten, wohlüberlegten* Befehlen . . .«

Ahuítzotl hielt inne. Als er wieder fortfuhr, schien es abermals, als denke er laut. »Gewiß, selbstverständlich verlangt es ihn, dem Namen seines Großvaters, Zorniger Herr, alle Ehre zu machen. Der junge Motecuzóma ist nicht erfreut darüber, daß Frieden zwischen uns und anderen Völkern herrscht, weil ihm dadurch weniger Gegner bleiben, sie herauszufordern. Er möchte geachtet und gefürchtet werden, möchte als Mann der harten Faust und lauten Stimme gelten. Doch ein Mann muß mehr sein als nur das. Oder er duckt sich, wenn er einer noch härteren Faust, einer lauteren Stimme begegnet.«

Ich faßte mir ein Herz zu sagen: »Hoher Gebieter, ich habe den Eindruck gewonnen, daß der Bishósu von Uaxyácac die Möglichkeit fürchtet, Euer wilder Neffe könnte dermaleinst Uey-Tlatoáni der Mexíca werden.«

Woraufhin Ahuítzotl seine funkelnden Augen auf mich richtete. »Kosi Yuela wird längst tot sein, ehe er sich Sorgen zu machen braucht, wie sein Verhältnis zu irgendeinem neuen Uey-Tlatoáni aussieht. Wir sind erst dreiundvierzig Jahre alt, und wir haben vor, noch lange zu leben. Ehe wir sterben oder zu einem schwachsinnigen Greis werden, werden wir unseren Staatsrat wissen lassen, wer unser Nachfolger werden soll. Aus dem Stegreif könnten wir nicht sagen, wie viele von unseren zwanzig Kindern männlichen Geschlechts sind, doch zweifellos findet sich ein zweiter Ahuítzotl unter ihnen. Vergiß nie, Tequíua Mixtli, daß die lauteste Trommel auch die hohlste ist und daß sie einzig und allein dazu da ist, zu schweigen oder geschlagen zu werden. Wir werden keine hohle Trommel wie unseren Neffen Motecuzóma auf diesen Thron setzen. *Vergiß unsere Worte nicht!«*

Ich habe es nie getan, erinnere mich noch heute an sie; und Wehmut erfüllt mein Herz, wenn ich an sie denke.

Es kostete den Verehrten Sprecher eine Weile, seiner Empörung Herr zu werden. Doch dann sagte er gelassen: »Wir danken dir, Tequíua Mixtli, daß wir Gelegenheit haben werden, im fernen Xoconóchco eine Garnison zu errichten. Das wird der nächste Auftrag sein, an welchem der junge Zornige Herr beweisen soll, was er kann. Er wird sofort Befehl erhalten, in den Süden zu gehen und in diesem fernen Außenposten eine Garnison zu errichten, sie aufzubauen und den Befehl über sie zu übernehmen. Jawohl, wir müssen dem jungen Motecuzóma etwas zu tun geben – und das in sicherer Entfernung von uns –, sonst könnten wir in Versuchung geraten, unseren eigenen Blutsverwandten mit schweren Trommelschlegeln zu bearbeiten.«

Es vergingen ein paar Tage, und die Stunden, die ich nicht im Bett verbrachte und in denen ich wieder vertraut wurde mit meiner Frau, brachte ich damit zu, mich mit meinem ersten eigenen Haus bekannt zu machen. Das Äußere bestand aus schimmerndem Xaltócaner Kalkstein, war aber nur bescheiden mit verschlungenen Steinmetzornamenten geschmückt und diese nicht einmal durch Farben herausgearbeitet. Für die Vorübergehenden war es nichts weiter als das typische Haus eines erfolgreichen, aber auch nicht allzu erfolgreichen Pochtécatl. Im Inneren freilich war die gesamte Einrichtung vom Allerfeinsten, und verströmte es überall den Duft des Neuen, roch es nicht nach dem Rauch, den Essensgerüchen und den Ausdünstungen und alten Streitereien früherer Bewohner. Die Türen bestanden sämtlichst aus schön geschnitztem Zedernholz, und drehten sich oben und unten in Zapfen. In den Außenmauern waren vorn und hinten Fenster mit Lattenblenden davor, die man hinauf- und herunterrollen konnte.

Das Erdgeschoß – welches, wie ich schon gesagt habe, allerdings nicht auf dem Erdboden aufsaß – enthielt eine Küche und einen abgeteilten

Speiseraum, in dem wir Gäste bewirten, ich aber auch mit Geschäftsfreunden verhandeln konnte. Freilich, ein eigener Raum für die Sklaven war nicht vorhanden; Türkis entrollte, wenn wir uns zur Ruhe begeben hatten, in der Küche einfach ihre geflochtene Rohrmatte. Der Oberstock des Hauses bestand aus unserer Schlafkammer, einer zweiten für Gäste, jede mit zugehöriger Badestube und Schwitzbad, und noch einer dritten, kleineren Schlafkammer, von der ich nicht recht erkennen konnte, wofür sie bestimmt sei, bis Zyanya mir eines Tages lächelnd und scheu sagte: »Vielleicht haben wir eines Tages ein Kind, Záa. Möglicherweise sogar mehrere Kinder. Dann können sie und das Kindermädchen darin schlafen.«

Das Dach des Hauses war flach und rundum von einer hüfthohen, durchbrochenen Steinbalustrade umgeben. Die gesamte Fläche war bereits mit einer Schicht aus fruchtbarer Chinámpa-Erde bedeckt, welche nur darauf wartete, mit Blumen, schattigen Sträuchern und Küchenkräutern bepflanzt zu werden. Unser Haus war nicht besonders hoch, und es standen noch viele andere vor ihm, so daß wir vom See nichts sehen konnten; aber immerhin sahen wir vom Dachgarten aus die Zwillingstempel der Großen Pyramide sowie die Gipfel des rauchenden Vulkans Popocatépetl und des schlafenden Vulkans Ixtaccíuatl. Zyanya hatte die Räume oben und unten nur mit dem Allernötigsten ausgestattet: den aus vielen übereinandergelegten weichen Decken bestehenden Lagerstätten, einigen Truhen aus Korbgeflecht und etlichen niedrigen Stühlen und Bänken. Sonst waren die Gemächer leer, daß unsere Schritte darin widerhallten, lagen keine Teppiche auf den schimmernden Steinböden und wiesen die weißgetünchten Wände keinerlei Schmuck auf.

Sie sagte: »Die wichtigeren Einrichtungsgegenstände, den Schmuck und die Wandbilder – ich dachte, der Mann im Haus sollte diese Dinge aussuchen.«

»Wir werden Werkstätten und Märkte gemeinsam aufsuchen«, sagte ich. »Doch ich komme nur mit, um zu sagen, daß ich mit dem, was du ausgesucht hast, einverstanden bin, und um dafür zu bezahlen.«

Im Geiste ähnlicher weiblicher Zurückhaltung hatte sie auch nur eine Sklavin gekauft; Türkis hatte genügt, Zyanya bei der Arbeit zur Hand zu gehen und das Haus bewohnbar zu machen. Ich jedoch fand, wir sollten noch eine Frau dazukaufen, um die täglichen Arbeiten des Kochens, Putzens und andere Aufgaben zu übernehmen, und außerdem noch einen männlichen Sklaven, welcher sich um den Dachgarten kümmern, Botengänge für mich erledigen und dergleichen tun sollte. Folglich erwarben wir einen nicht mehr ganz jungen, aber immer noch sehr drahtigen, in der großsprecherischen Weise der Tlacótli-Klasse Citláli-Cuicáni oder Stern Sänger genannten Mann und außerdem ein junges Hausmädchen, das ganz im Gegensatz zu den sonstigen Gepflogenheiten der Sklaven Quequelmíqui hieß, was nichts weiter bedeutete als Kitzlig. Vielleicht hat sie diesen Namen erhalten, da sie häufig ohne erkennbaren Anlaß kicherte.

Alle drei – Türkis, Stern Sänger und Kitzlig – wurden von uns sogleich in der neuen Schule angemeldet, die mein junger Freund Cozcatl aufgemacht hatte, und sollten dort jede freie Stunde verbringen. Cozcatls höchster Ehrgeiz in der Zeit, da er selbst ein Kindersklave gewesen war, hatte darin bestanden, sich jene Fertigkeiten anzueignen, welche ihn instand setzen würden, dermaleinst in einem adeligen Haus den höchsten Posten einzunehmen, den eines Beschließers. Freilich war er bereits weit über all dies hinausgewachsen und besaß ein schönes eigenes Haus sowie ein ansehnliches Vermögen. Infolgedessen hatte Cozcatl sein Haus in eine Schule zur Ausbildung von Dienern umgewandelt. Das heißt, einer Schule, sie zu den besten Dienern auszubilden, die man sich vorstellen konnte.

Voller Stolz erklärte er mir: »Ich habe selbstverständlich Fachleute unter Vertrag genommen, den Schülern die Grundlagen beizubringen – Kochen, Gärtnern, Sticken, alles, worin ein Schüler wünschen könnte, sich auszuzeichnen. Ich selbst bringe ihm die vollendeten Umgangsformen bei, welche er sich sonst nur durch lange Erfahrung anzueignen imstande wäre. Da ich selbst in zwei Palästen gearbeitet habe, richten meine Schüler sich gern nach dem, was ich ihnen beibringe, obwohl die meisten von ihnen viel älter sind als ich selbst.«

»Vollendete Umgangsformen?« fragte ich. »Für das niedere Gesinde?«

»Damit sie eben nicht mehr nur niederes Gesinde sind, sondern wertvolle und geachtete Haushaltsmitglieder. Ich lehre sie, wie sie sich würdevoll zu betragen haben, statt sich der üblichen kriecherischen Unterwürfigkeit zu befleißigen. Wie sie ihren Herren den Wunsch von den Augen ablesen, ehe er auch nur geäußert wird. So lernt ein Diener zum Beispiel, für seinen Herrn stets eine gestopfte Poquíetl bereitzuhalten. Eine Haushälterin lernt ihre Herrin zu beraten, welche Blumen im Garten im Begriff stehen zu blühen, damit die Dame im voraus den Blumenschmuck in ihren Räumen planen kann.«

Ich sagte: »Aber ein Sklave kann doch ganz gewiß nicht das Schulgeld für eine solche Ausbildung aufbringen.«

»Nun, da hast du recht«, gab er zu. »Im Augenblick stehen alle meine Schüler bereits in irgendeinem Haus in Dienst, wie deine drei auch, und das Schulgeld wird von ihren Herrn bezahlt. Aber die Ausbildung bei mir erhöht ihre Brauchbarkeit und ihren Wert, so daß sie in den Häusern, in denen sie arbeiten, bald aufsteigen – oder mit Gewinn verkauft werden –, was immerhin bedeutet, daß sie ersetzt werden müssen. Ich bin überzeugt, daß Schüler von mir bald sehr gefragt sein werden. Irgendwann einmal werde ich in der Lage sein, Sklaven auf dem freien Markt zu kaufen, sie auszubilden und einen Anteil von dem Lohn einzufordern, welchen sie erhalten.«

Ich nickte und sagte: »Das wird gut sein für sie, für ihre Arbeitgeber und für dich. Ein sehr glücklicher Einfall, Cozcatl. Du hast dir nicht nur einen Platz in der Welt geschaffen, sondern sogar eine eigene, ganz neue Nische, für die wirklich niemand besser geeignet ist als du selbst.«

Bescheiden erklärte er: »Wärest du nicht gewesen, ich hätte es nicht fertiggebracht, Mixtli. Wären wir nicht zusammen auf Abenteuer ausgegangen, würde ich mich vermutlich heute noch in irgendeinem Texcócoer Palast plagen. Ich verdanke all mein Glück jenem Tonáli – ob es nun deines war oder meines –, welches unser Leben miteinander verknüpft hat.«

Und ich auch, dachte ich, als ich nachdenklich heimging; auch ich verdankte viel einem Tonáli, das ich einst als launisch, wo nicht gar als bösartig verflucht hatte. Es hatte mir Kummer, Verlust und Unglück gebracht. Aber es hatte mich auch zu einem Mann von Vermögen gemacht, einem Mann von beträchtlichem Reichtum, einem Mann, der hoch über das aufgestiegen war, was ihm von Geburt an bestimmt schien, einem Mann, welcher die begehrenswerteste aller Frauen geheiratet hatte, und ein Mann, der immer noch jung genug war, auch weiter Dingen nachzugehen, welche ihn reizten.

Als ich zurückschlenderte zu meinem behaglichen Haus und zu den mich willkommen heißenden Armen Zyanyas, regte sich in mir der Wunsch, meine Dankbarkeit zu den luftigen Höhen emporsteigen zu lassen, in welchen die Hauptgötter wohnen sollten. »Götter«, sagte ich – im Geiste, nicht laut –, »falls es euch Götter gibt und ihr sie seid – ich danke euch. Manchmal habt ihr mit der einen Hand genommen und mit der anderen gegeben. Aber im großen und ganzen habt ihr mir weit mehr gegeben als genommen. Ich küsse die Erde vor euch, Götter!«

Und die Götter müssen empfänglich und dankbar gewesen sein für meine Dankbarkeit. Jedenfalls verschwendeten sie keine Zeit, denn als ich mein Haus betrat, wartete dort ein Page aus dem Palast auf mich, um mich zu Ahuítzotl zu bringen. Ich nahm mir nur die Zeit, Zyanya flüchtig einen Kuß zu geben, der Begrüßung und Abschied zugleich sein sollte; dann folgte ich dem Knaben durch die Straßen Des Herzens Der Einen Welt.

Es war schon ziemlich spät, als ich an diesem Abend heimkam. Und außerdem war ich völlig anders gekleidet als zuvor und mehr als nur ein wenig beschwipst. Unsere Sklavin Türkis vergaß, als sie mir öffnete, augenblicklich alle Haltung, welche sie in Cozcatls Schule gelernt haben mochte. Sie blickte mich und meinen einigermaßen in Unordnung geratenen Federschmuck nur einmal an, stieß einen durchdringenden Schrei aus und floh in den hinteren Teil des Hauses. Zyanya kam und machte ein besorgtes Gesicht.

Sie sagte: »Záa, du bist solange fortge . . .!« Dann stieß auch sie einen Schrei aus, wich entsetzt vor mir zurück und rief aus: »Was hat dieser Unhold Ahuítzotl dir angetan? Warum blutest du am Arm? Was trägst du denn da an den Füßen? Und was ist das für ein Ding auf deinem Kopf? Záa, *sag* doch endlich etwas!«

»Hallo«, sagte ich etwas bedrückt und das auch noch mit einem Schluckauf.

»Hallo?« wiederholte sie echogleich, völlig aus der Fassung gebracht durch die Absurdität, die darin lag. Doch dann sagte sie munter: »Was auch sonst mir dir sein mag – auf jeden Fall bist du stockbetrunken«, und zog sich in die Küche zurück. Schwerfällig ließ ich mich auf eine Bank fallen, um gleich darauf wieder energisch hochzufahren – vielleicht sogar ein wenig zu sehr in die Höhe zu fahren –, als Zyanya mir einen Krug kalten Wassers über den Kopf goß.

»Mein Helm!« schrie ich, als ich aufhörte zu prusten und Wasser zu spucken.

»Ein Helm soll das sein?« sagte Zyanya, als ich mich bemühte, ihn mir vom Kopf zu ziehen und ihn zu trocknen, ehe die Nässe ihm schaden konnte. »Ich dachte eher, du seiest im Kropf eines Riesenvogels gefangen gewesen.«

»Hochwürdigste Gattin«, sagte ich mit der ganzen würdigen Gemessenheit der Halbtrunkenen. »Ums Haar hättest du diesen edlen Adlerkopf ruiniert. Jetzt stehst du auf einer meiner Krallen. Und schau – sieh dir nur die zerzausten Federn an!«

»Das tue ich ja. Ich schau sie ja an«, sagte sie mit erstickter Stimme, als müsse sie sich zusammennehmen, um nicht loszulachen. »Mach, daß du aus diesem albernen Mummenschanz herauskommst, Záa. Geh ins Schwitzbad! Schwitz dir den Octli durch die Rippen und erzähle mir, was um alles auf der Welt ...« Doch jetzt konnte sie sich das Lachen nicht mehr verkneifen, und perlend brach es aus ihr heraus.

»Einen albernen Mummenschanz nennst du das?« sagte ich und bemühte mich, hoffärtig und verletzt zugleich zu klingen. »Nur eine Frau kann so verständnislos von den Abzeichen einer hohen Ehrung reden. Wärest du ein Mann, du würdest vor Ehrfurcht und Bewunderung in die Knie sinken und mich beglückwünschen. Aber nein, ich werde würdelos mit Wasser übergossen und muß mich auch noch auslachen lassen.« Womit ich mich umdrehte und gewichtigen Schritts die Treppe in die Höhe stapfte, wobei mir ein paarmal die Adlerkrallen an meinen Sandalen ins Gehege kamen. Dann ließ ich mich vom heißen Wasser einweichen und schmollte.

So benahm ich mich erbärmlich großmäulig und wurde am Abend jenes Tages, welcher der größte meines bisherigen Lebens sein sollte, mit nachsichtiger Erheiterung empfangen. Nicht einer unter zehn- oder auch zwanzigtausend meiner Landsleute war je zu dem gemacht worden, zu dem ich an diesem Tag gemacht worden war – In Tlámahuichihuáni Cuaútlic: einem Ritter des Adlerordens der Mexica.

Ich demütigte mich noch weiter, indem ich im Schwitzbad einschlief und nichts davon merkte, daß Zyanya und Stern Sänger es irgendwie schafften, mich herauszuholen und auf mein Lager zu legen. So kam es, daß es bereits heller Morgen war, ich immer noch im Bett lag und heiße Schokolade trank in dem Versuch, meinen schweren Kopf etwas zu erleichtern, als ich Zyanya endlich zusammenhängend berichten konnte, was im Palast geschehen war.

Ahuítzotl war allein im Thronsaal, als der Page und ich eintraten. Er sagte unvermittelt: »Unser Neffe Motecuzóma hat heute morgen Tenochtítlan verlassen und führt eine ansehnliche Streitmacht an, welche den Grundstock der Garnison im Xoconóchco bilden soll. Wie versprochen, haben wir im Staatsrat die bewundernswerte Rolle erwähnt, die du bei den Verhandlungen über den Zuerwerb dieses Gebietes gespielt hast; es wurde daher beschlossen, dich zu belohnen.«

Er gab ein Zeichen, der Page zog sich zurück, und gleich darauf begann der Raum sich mit anderen Männern zu füllen. Eigentlich hätte ich erwartet, daß es die Weibliche Schlange und andere Mitglieder des Staatsrates wären. Doch als ich sie durch meinen Topas hindurch betrachtete, stellte ich überrascht fest, daß es sich ausnahmslos um Krieger handelte – um die Elite der Krieger –, durch die Bank um Adlerritter in voll gefiederten Kampfanzügen, den Adlerhelm auf dem Kopf, gefiederte Vogelschwingen an den Waffen und krallenbewehrte Sandalen an den Füßen.

Ahuítzotl stellte mich ihnen vor, einem nach dem anderen – es handelte sich um die höchsten Würdenträger des Adlerordens –, und sagte: »Sie haben abgestimmt, Mixtli, und sind übereingekommen, dich – gleichsam mit einem Riesensprung – vom mittleren Rang eines Tequíua zu dem eines Ritters ihres erhabenen Ordens zu befördern.«

Selbstverständlich galt es, eine Reihe von Ritualen zu vollziehen. Wiewohl ich vor Überraschung wie auf den Mund geschlagen war, bemühte ich mich, meine Sprache wiederzufinden, um die vielen und wortreichen Eide nachzusprechen – daß ich getreu bis in den Tod für den Adlerorden selbst, für die Oberhoheit von Tenochtítlan, für die Macht und das Ansehen des Volkes der Mexíca und für den Erhalt des Dreibunds kämpfen würde. Sodann mußte ich mir den Unterarm aufritzen, die hohen Ritter taten desgleichen; wir rieben die Unterarme aneinander und vermischten brüderlich unser Blut.

Danach kleidete ich mich in den mit allen Abzeichen meines neuen Rangs versehenen Kampfanzug, so daß ich Arme gleich mächtigen Schwingen hatte, einen über und über gefiederten Körper und Füße wie die kräftigen Klauen eines Adlers. Als Höhepunkt der Zeremonie erwies sich die Krönung mit dem Helm: dem Kopf eines Adlers. Selbiger bestand aus Kork, steifem Papier und Federn, welche mit Óli daran festgeklebt waren. Der weit aufgerissene Schnabel reckte sich über meiner Stirn und unter meinem Kinn vor, und die funkelnden Augen aus Obsidian saßen mir etwas oberhalb der Ohren. Dann überreichte man mir die Zeichen meiner neuen Würde: den kräftigen Lederschild mit den federgewirkten Zeichen meines Namens darauf, die Farben, mir wild das Gesicht damit zu bemalen, den goldenen Nasenpflock, den ich tragen sollte, sobald ich es über mich brachte, mir die Nasenscheidewand zu diesem Zwecke zu durchbohren ...

Hinterher nahm ich zusammen mit Ahuítzotl und den anderen Platz und fühlte mich durch die neue Kleidung recht beengt. Die Diener des Palastes trugen ein üppiges Festmahl auf und stellten viele Krüge des besten Octli vor uns hin. Ich mußte so tun, als langte ich kräftig zu, war im Grunde jedoch dermaßen aufgeregt, daß ich kaum Appetit hatte. Nur gab es keine Möglichkeit, den vielen und lautstimmig vorgebrachten Trinksprüchen zu entgehen und sie zu erwidern, welche auf mich, die anwesenden Häuptlinge des Adlerordens, auf Adlerritter, welche in der Vergangenheit einen glorreichen Tod gestorben waren, auf unseren erhabenen Oberkommandierenden Ahuítzotzin und die womöglich noch größere Macht der Mexíca ausgebracht wurden. Nach einer Weile kam ich bei den Trinksprüchen nicht mehr mit. Ich durfte den Palast daher verlassen, denn ich war mehr als nur ein wenig beschwipst und mein prächtiger neuer Kampfanzug mehr als nur ein wenig in Unordnung geraten.

»Ich bin stolz auf dich, Záa, und ich freue mich für dich«, sagte Zyanya, als ich mit meinem Bericht fertig war. »Das ist in der Tat eine große Ehre. Und welch mutige Heldentat wird mein Kriegergatte jetzt tun? Was wird deine erste würdige Tat als Adlerritter sein?«

Mit schwächlicher Stimme erklärte ich: »Wollten wir heute nicht Blumen aussuchen, meine Liebe? Sobald das Frachtkanu sie aus Xochimílco bringt? Blumen, sie auf unseren Dachgarten zu pflanzen?«

Mein Schädel brummte mir, es tat zu weh, um mein Denken groß anzustrengen, und so machte ich nicht einmal den Versuch zu verstehen, warum Zyanya genauso wie gestern abend in ein perlendes Lachen ausbrach.

Unser neues Haus bedeutete für alle, die darin wohnten, ein neues Leben, und so litten wir nicht an Langeweile. Zyanya war weiterhin vollauf damit beschäftigt, die Stände der Händler und die Werkstätten der Handwerker zu besuchen auf der Jagd nach »genau der richtigen Bodenmatte für die Kinderkammer« oder »irgendeiner kleinen Figur für die Nische oben am Treppenabsatz« oder irgend etwas anderes, dessen sie offenbar nicht habhaft werden konnte.

Meine Beiträge zur Einrichtung des Hauses wurden nicht immer beifällig aufgenommen, so etwa, als ich ein kleines steinernes Standbild für eben jene Nische am Treppenabsatz heimbrachte, die Zyanya einfach »garstig« fand. Nun, das war sie in der Tat – nur hatte ich sie erstanden, weil sie genauso aussah wie der braune, verhutzelte und gebeugte alte Mann, als der Nezahualpíli immer an mich herangetreten war. Dabei stellte die Figur Huehuetéotl dar, den Ältesten Der Alten Götter, so genannt, weil er genau das war. Wiewohl er nicht mehr allgemein angebetet wurde, erfreute sich der altersgebeugte, runzelnbedeckte und ingrimmig lächelnde Huehuetéotl immer noch der Verehrung als der erste Gott, welcher in diesen Landen anerkannt worden war und den die Menschen kannten, längst ehe die geschichtliche Erinnerung einsetzte, lange vor Quetzalcóatl oder irgendeinem der späteren Lieblingsgötter der Mexíca. Da Zyanya nicht zulassen wollte, daß er dort aufgestellt wurde, wo unsere Gäste ihn sehen mußten, erhielt Der Älteste Der Alten Götter einen Platz neben meiner Lagerstatt.

Unsere drei Sklaven besuchten während der ersten paar Monate bei uns in ihrer Freizeit den Unterricht in Cozcatls Schule, und das machte sich durchaus bemerkbar. Die kleine Kitzlig wurde davon geheilt, jedesmal loszukichern, sobald man sie ansprach, und setzte nur mehr ein bescheidenes, gewinnendes Lächeln auf. Stern Sänger trieb seine Aufmerksamkeit so weit, daß er mir nahezu immer eine bereits angezündete Poquíetl anbot, sobald ich irgendwo Platz nahm, und um ihn in seinem Eifer nicht zu kränken, rauchte ich mehr, als ich eigentlich wollte.

Ich selbst beschäftigte mich damit, mein Vermögen sicher anzulegen. Ganze Kolonnen von Pochtéca waren seit einiger Zeit aus Uaxyácac kommend in Tenochtítlan eingetroffen und hatten Flaschen mit Purpur und purpurgetränkte Garnstränge mitgebracht, welche sie dem Bishósu Kosi Yuela durchaus rechtens abgekauft hatten. Selbstverständlich hatten sie einen gewaltigen Preis dafür bezahlt, und nicht weniger selbstverständlich verlangten sie noch gewaltigere Preise, als sie den Farbstoff über die Kaufleute von Tlaltelólco in kleinen Mengen weiterverkaufen ließen. Doch die Edelleute der Mexíca – zumal ihre Damen – waren dermaßen auf diesen einzigartigen Farbstoff versessen, daß sie bereit waren, jeden geforderten Preis dafür zu bezahlen. Und nachdem der rechtmäßig in die Stadt gebrachte Purpurfarbstoff einmal auf dem Markt war, konnte ich unter der Hand und unbemerkt nach und nach auch meinen eigenen Vorrat an den Adel bringen.

Ich verkaufte meinen Schatz für Zahlungsmittel, welche man leichter verbergen konnte als die Waren: geschnitzte Jade, ein paar Smaragde und andere geschnittene Steine und goldstaubgefüllte Federkiele. Freilich behielten Zyanya und ich für unseren eigenen Gebrauch genug Purpur zurück, daß wir meiner Meinung nach mehr purpurverzierte Gewänder besaßen als der Verehrte Sprecher und alle seine Frauen zusammen. Eines weiß ich mit Sicherheit – daß nämlich unser Haus das einzige in ganz Tenochtitlan war, in dem ganz und gar purpurn gefärbte Vorhänge vor den Fenstern hingen. Diese waren nur für die Gäste sichtbar, die wir einluden – zur Straßenseite hin hingen weniger auffällige Stoffe davor.

Am häufigsten besuchten uns unsere langjährigen Freunde: Cozcatl, seit kurzem und richtiger Meister Cozcatl genannt; Geschäftsfreunde von mir aus dem Haus der Fernhändler; der eine oder andere von Blut Schwelgers alten Waffengefährten, die mir geholfen hatten, den Purpurschatz zu heben. Darüber hinaus machten wir jedoch auch Bekanntschaft mit unseren den höheren Klassen angehörenden Nachbarn aus dem Ixacuálco-Viertel, in dem wir wohnten, und mit den Edelleuten, welche wir bei Hofe kennenlernten – insbesondere einer Reihe von Edelfrauen, welche sich von Zyanyas Charme bestricken ließen. Eine von ihnen war die Erste Dame von Tenochtítlan, also Ahuítzotls Erste Gemahlin. Wenn sie uns besuchen kam, brachte sie des öfteren ihren ältesten Sohn Cuautémoc, Rauschender Adler, mit, also jenen jungen Herrn, welcher als der wahrscheinlichste Nachfolger auf dem Thron seines Vaters galt. Wiewohl die Erbfolge bei den Mexíca nicht ausschließlich durch die männliche Linie bestimmt war wie bei einigen anderen Völkern, wurde der älteste Sohn beim Tod eines Uey-Tlatoáni, welcher keinen Bruder hinterließ, der ihm nachfolgen könnte, im Staatsrat stets als erster Anwärter auf die Nachfolge betrachtet. Infolgedessen begegneten Zyanya und ich Cuautémoctzin und seiner Mutter mit ausgesuchter Ehrerbietung; es kann nicht schaden, wenn man auf gutem Fuß mit jemand steht, der vielleicht einmal Verehrter Sprecher werden könnte.

In diesen Jahren machte von Zeit zu Zeit ein Bote der Krieger oder der Träger eines Pochtécatl aus dem Süden einen Abstecher zu unserem Haus, um uns eine Nachricht von Béu Ribé zu überbringen. Die Nachrichten lauteten unverändert gleich: sie sei immer noch unverheiratet, Tecuantépec immer noch Tecuantépec, die Herberge blühe und gedeihe, ja, tue das jetzt, wo der Verkehr von und nach Xoconóchco immer größer wurde, womöglich noch mehr als zuvor. Trotzdem war die gleichbleibende Kargheit dieser Neuigkeiten recht niederdrückend, da Béu nicht aus eigener Neigung, sondern aus Mangel an passenden Bewerbern unverehelicht blieb.

Und das ließ mich jedesmal an den in der Ferne fast wie in der Verbannung lebenden Motecuzóma denken, denn ich war sicher – wiewohl ich mich hütete, jemals einem Menschen, nicht einmal Zyanya gegenüber etwas von meinem Verdacht verlauten zu lassen –, daß *er* jener hochstehende Mexícatl mit den sonderbaren Neigungen gewesen war, welcher Béus Leben zerstört hatte. Einfach aus Treue meiner Familie gegenüber, vermute ich, hätte ich so etwas wie Erbitterung oder gar Haß auf Motecuzóma den Jüngeren empfinden müssen. Und einfach nach dem, was Béu und Ahuítzotl mir erzählt hatten, hätte ich wohl Verachtung für einen Mann haben müssen, der sich sowohl in seinem Geschlecht als auch in seinen Neigungen zum Krüppel gemacht hatte. Doch weder ich noch sonst jemand konnten leugnen, daß er als Oberbefehlshaber Treffliches leistete, als es darum ging, Xoconóchco für uns zu halten und zu erschließen.

Er stationierte seine Garnison von Kriegern praktisch und unmittelbar an der Grenze nach Quautemálan, plante und beaufsichtigte den Bau einer starken Feste, und zweifellos waren die Quiché und Lacandón in der Nachbarschaft erschrocken, als die Mauern in die Höhe wuchsen und die Patrouillen ein- und ausmarschierten. Diese Elenden unternahmen nämlich nie wieder einen Raubzug aus ihren Dschungeln heraus, sie drohten nie wieder großmäulig und ließen auch sonst keinerlei kriegerischen Ehrgeiz mehr erkennen. Sie fielen in einen Zustand zurück, der schlimmer als heruntergekommen und teilnahmslos genannt werden muß, und soweit ich weiß, verharren sie auch heute noch darin.

Eure spanischen Soldaten, die zuerst nach Xoconóchco reisten, haben sich verwundert darüber geäußert, dort, so fern von Tenochtítlan, so viele Völker zu finden, die nicht mit uns verwandt sind – Mame, Mixe, Comitéca und dergleichen –, gleichwohl jedoch unsere Sprache, das Náhuatl, sprechen. Jawohl, das war das entfernteste Land, auf dem man stehen und sagen konnte: »Ich stehe auf Mexíca-Boden.« Denn das war es, trotz der Entfernung vom Herzen Der Einen Welt; vielleicht war es sogar unsere treueste Provinz, doch das beruhte zum Teil darauf, daß nach der Eingliederung in unser Reich so viele von unseren Landsleuten noch Xoconóchco zogen.

Noch ehe Motecuzómas Garnison fertig war, fingen andere Neuankömmlinge an, sich dort niederzulassen und Häuser, Marktstände und einfache Herbergen, ja, sogar Freudenhäuser zu bauen. Das waren Mexíca-, Acólhua- und Tecpanéca-Einwanderer auf der Suche nach weiteren Horizonten und größeren Möglichkeiten, als sie ihnen hier im überreich bevölkerten Herzen des Dreibunds geboten wurden. Als die Garnison dann endlich fertig ausgebaut, befestigt und bemannt war, warf sie ihren schützenden Schatten auf eine Stadt von bereits ansehnlicher Größe. Sie erhielt den Náhuatl-Namen Tapáchtlan, Ort Der Koralle, und wenn sie auch nie annähernd die Größe und den Glanz unseres Tenochtítlan erreichte, war sie doch das größte und lebendigste Gemeinwesen östlich der Landenge von Tecuantépec.

Viele von den neu aus dem Norden Zugewanderten blieben zunächst eine Weile in Tapáchtlan oder sonst irgendwo in Xoconóchco und zogen dann sogar noch weiter. Ich selbst bin nie ganz so weit gekommen, weiß jedoch, daß sich östlich des Dschungels von Quautemálan weite fruchtbare Hochtäler und Küstenstriche erstrecken. Und daß hinter ihnen noch eine weitere Landenge kommt, womöglich noch schmaler als die von Tecuantépec, welche sich zwischen dem Nordmeer und dem Südmeer erstreckt und von wo es noch weiter nach Süden geht, daß niemand weiß, wo sie endet. Manche behaupten, irgendwo weiter unten gäbe es einen Fluß, welcher die beiden Meere miteinander verbinde. Euer Capitán-General Cortés hat vergeblich danach gesucht, aber es ist ja möglich, daß irgendwelche Spanier ihn doch finden.

Wiewohl es sich bei den in immer weitere Fernen vorrückenden Auswanderern nur um einzelne handelte, die auf eigene Faust auf Entdekkungen ausgingen, höchstens jedoch um Familiengruppen, und wiewohl sie weit verstreut dort unten siedelten, hat man mir berichtet, sie hätten den eingeborenen Völkern, die dort leben, unlöschbar ihren Stempel aufgedrückt. Stämme, die ursprünglich nie auch nur im entferntesten mit einem vom Dreibund verwandt waren, haben jetzt unsere Gesichter; sie sprechen unser Náhuatl, wenn auch in recht verballhornter Form; sie haben viele von unseren Sitten und Gebräuchen, Künsten und Göttern übernommen und weitervererbt; sie haben sogar ihren Dörfern und Bergen und Flüssen neue Namen gegeben – Náhuatl-Namen.

Etliche Spanier, die weit herumgekommen sind, haben mich gefragt: »Hatte euer Aztekenreich wirklich eine so gewaltige Ausdehnung, daß es an das Inkareich auf dem großen Erdteil im Süden anstieß?« Wenn ich die Frage auch nicht ganz begreife, sage ich ihnen stets: »Nein, meine Herrn.« Ich bin mir nicht ganz sicher, was ein Reich ist, oder ein Erdteil oder die Inkas. Was ich jedoch genau weiß, ist, daß wir Mexica – oder Azteken, wenn es denn unbedingt sein muß – unsere Grenzen nie über Xoconóchco hinaus vorgetrieben haben.

Nicht jedermanns Augen und Interesse richtete sich damals auf den Süden. Unser Uey-Tlatoáni etwa vernachlässigte die anderen Himmelsrichtungen auf dem Kompaß keineswegs. Eigentlich war ich recht froh über die Unterbrechung meines zunehmend häuslichen Alltagslebens, als Ahuítzotl mich eines Tages in seinen Palast kommen ließ, um mich zu fragen, ob ich bereit sei, in diplomatischer Mission nach Michihuácan zu reisen.

Er sagte: »Du hast in Xoconóchco und in Uaxyácac Vorzügliches für uns geleistet. Meinst du, du könntest versuchen, bessere Beziehungen zwischen uns und dem Land der Fischer herzustellen?«

Ich sagte, ich könne es immerhin versuchen. »Aber warum, Hoher Gebieter? Die Purémpecha gestatten unseren Reisenden und Kaufleuten ungehinderten Durchzug durch ihr Land. Sie treiben lebhaften Handel mit uns. Was verlangt Ihr mehr an guten Beziehungen?«

»Ach, denk dir irgendwas aus. Gleichgültig was, wenn es nur einen einsichtigen Vorwand bietet, ihren regierenden Uandákuari, den alten Yquíngare zu besuchen.« Ich muß ihn verständnislos angestarrt haben, denn er lehnte sich vor, um mir zu erklären, was er meinte. »Deine vorgebliche diplomatische Mission soll nur die Maske für deinen eigentlichen Auftrag sein. Wir wollen, daß du uns das Geheimnis ihres überragend harten Metalls bringst, welches unseren Obsidianwaffen so überlegen ist.«

Ich holte tief Luft und versuchte vernünftig zu wirken, statt ängstlich, und so sagte ich: »Hoher Gebieter, die Handwerker, die wissen, wie man dieses Metall herstellt, sind doch gewiß auf größter Hut vor Begegnungen mit Fremden, die versucht sein könnten, ihnen ihr Geheimnis zu entreißen.«

»Und das Metall selbst ist stets weggeschlossen, damit Neugierige es nicht zu sehen bekommen«, sagte Ahuítzotl ungeduldig. »All das wissen wir selbstverständlich. Aber wir wissen auch um die einzige Ausnahme von diesen Vorsichtsmaßnahmen. Die engsten Ratgeber des Uandákuari und seine Leibwache sind *stets* mit Waffen aus diesem Metall bewaffnet, um jeden Anschlag auf sein Leben abzuwenden. Verschaff dir Zutritt zu seinem Palast, und du wirst Gelegenheit haben, ein Schwert oder einen Dolch aus dem Metall an dich zu bringen, gleichgültig, was es ist. Das ist alles, was wir brauchen. Wenn unsere eigenen Metallarbeiter auch nur ein einziges Stück davon haben, um es zu untersuchen, werden sie herausbekommen, woraus es sich zusammensetzt.«

Ich seufzte und sagte: »Wie mein Gebieter befiehlt – ein Adlerritter hat zu gehorchen.« Ich überdachte die Schwierigkeiten der vor mir liegenden Aufgabe und meinte: »Wenn ich nur hingehe, um zu stehlen, brauche ich eigentlich nicht den verwickelten Vorwand diplomatischer Verhandlungen. Ich könnte doch schlicht als Bote erscheinen, der dem Verehrten Sprecher Yquíngare ein Freundschaftsgeschenk des Verehrten Sprechers Ahuítzotl überbringt.«

Ahuítzotl ließ sich diesen Vorschlag durch den Kopf gehen und legte nachdenklich die Stirn in Falten. »Aber was?« sagte er. »In Michihuácan gibt es die gleichen Kostbarkeiten wie hier. Es müßte etwas sein, was er dort nicht bekommen kann, etwas Einzigartiges.«

Ich sagte: »Die Purémpecha lieben nichts mehr als sexuelle Abwechslung. Doch nein. Der Uandákuari ist ein alter Mann. Zweifellos hat er auf diesem Gebiet jedem Laster gefrönt und jede Köstlichkeit genossen und ist weit hinaus über . . .«

»Ayyo!« rief Ahuítzotl frohlockend. »Es gibt eine Köstlichkeit, die er unmöglich gekostet haben kann, eine, der er unmöglich widerstehen kann. Ein neues Texquáni, das wir gerade für unser Tierhaus erstanden haben.« Ich zuckte bei diesem Gedanken zusammen, doch er nahm keine Notiz davon; er schickte einen Bedienten, es zu holen.

Ich versuchte, mir vorzustellen, was für ein menschliches Ungeheuer den Tepúli auch noch des lasterhaftesten alten Wüstlings erregen könnte, da sagte Ahuítzotl: »Sieh dir das hier an, Mixtli. Da sind sie«, und ich hob meinen Topas an die Augen.

Die beiden Mädchen waren von so unscheinbarem Äußeren, wie ich es nur je gesehen hatte, doch hätte ich sie beim besten Willen nicht als monströs bezeichnen können. Gewiß, vielleicht ein wenig ungewöhnlich insofern, als sie völlig gleichaussehende Zwillinge waren. Meiner Schätzung nach mußten sie etwa vierzehn Jahre alt sein und von irgendeinem Olméca-Stamm kommen, denn sie kauten Tzictli, genauso gelassen wie zwei nicht voneinander zu unterscheidende, vollkommen gleich aussehende Seekühe. Sie standen Schulter an Schulter, ein wenig zueinander geneigt da, jede hatte ihren Arm um die Schulter der anderen gelegt. Sie trugen einen einzigen Umhang, welcher sie von der Brust bis zu den Füßen umhüllte.

»Bis jetzt sind sie noch nicht öffentlich zur Schau gestellt worden«, sagte Ahuítzotl, »denn bis jetzt sind unsere Palastnäherinnen noch nicht mit den besonderen Blusen und Röcken fertiggeworden, die sie brauchen. Diener, nimm ihnen die Decke ab.«

Er tat es, und mir fielen gleichsam die Augen aus dem Kopf, als ich die Mädchen nackt sah. Es handelte sich nicht einfach nur um Zwillinge; denn offenbar waren sie im Mutterschoß irgendwie miteinander verschmolzen. Von der Achsel bis zur Hufte waren sie beide durch dieselbe Haut miteinander verbunden, und zwar so eng, daß sie weder stehen, sitzen, gehen oder sich niederlegen konnten, ohne sich dabei halb zugewendet zu sein und sich anzusehen. Einen Augenblick dachte ich, sie hätten nur drei Brüste, doch als ich nähertrat, erkannte ich, daß die mittlere Brust in Wahrheit zwei normale, nur eng aneinandergepreßte Brüste waren; ich konnte sie mit der Hand auseinanderschieben. Ich betrachtete die Mädchen; vier Brüste vorn, zwei Paar Hinterbacken hinten. Bis auf ihre reizlosen, unintelligenten Gesichter vermochte ich keinerlei Mißbildung bei ihnen zu entdecken außer eben jenem Teil, der ihnen beiden gemeinsam war.

»Ließen sie sich denn nicht trennen?« erkundigte ich mich. »Dann würden sie zwar beide eine Narbe aufweisen, aber sie wären auseinander und normal.«

»Wozu?« knurrte Ahuítzotl. »Wozu um alles auf der Welt wären zwei schmutzgesichtige, tzictlikauende Olméca-Schlampen denn schon zu gebrauchen? Zusammengewachsen sind sie etwas Ungewöhnliches und Wertvolles und können das angenehm müßige Leben von Texquáni führen. Doch wie dem auch sei, unsere Wundärzte sind zu dem Schluß gekommen, daß man sie nicht trennen kann. Unter diesem Stück Haut, das sie zusammenbindet, haben sie lebenswichtige Blutgefäße gemeinsam. Aber – und das ist es, was den alten Yquíngare ganz aus dem Häuschen geraten lassen wird – jedes der Mädchen hat sein eigenes Tipíli, und beide sind überdies noch Jungfrau.«

»Welch ein Jammer, daß sie nicht auch noch hübsch sind«, sann ich. »Aber Ihr habt recht, Hoher Gebieter. Allein, daß sie etwas völlig Ungewöhnliches sind, macht diesen Nachteil bei weitem wett.« Ich wandte mich an die Zwillinge: »Habt ihr Namen? Könnt ihr sprechen?«

In der Coatlícamac-Sprache und nahezu gleichzeitig sagten sie: »Ich heiße Links«, und »Ich heiße Rechts.«

Ahuítzotl sagte: »Wir hatten vorgehabt, sie der Öffentlichkeit als das Damenpaar vorzustellen. Benamt nach der Göttin Omecíuatl. Eine Art Scherz, verstehst du.«

Ich sagte: »Falls ein ungewöhnliches Geschenk den Uandákuari uns gegenüber freundlicher stimmt, ist das Damenpaar genau richtig, und es wird mir ein Vergnügen sein, es ihm zu überbringen. Nur noch ein Rat, Hoher Gebieter – Ihr solltet sie ansprechender herrichten lassen. Laßt beiden die Haare und die Brauen rasieren. Das ist bei den Purémpecha so Sitte.«

»Eine absonderliche Sitte«, sagte Ahuítzotl erstaunt. »Dabei ist das Haar das einzig wirklich Reizvolle an diesen beiden. Aber es soll geschehehen. Halte dich zur Abreise bereit, sobald ihre Kleidung fertig ist.«

»Wie Ihr befehlt, Hoher Gebieter. Und ich möchte hoffen, daß die feierliche Übergabe des Damenpaars an jenem Hofe genügend Aufregung schafft, daß es mir dabei gelingt, eine der Metallwaffen an mich zu bringen . . .«

»Du sollst nicht nur darauf hoffen«, sagte Ahuítzotl. »Sorge dafür.«

»Ach, die armen Kinder!« rief Zyanya aus, als ich ihr das Damenpaar vorstellte. Mich überraschte, daß jemand Mitleid mit ihnen bekundete, denn alle anderen, die bislang mit Links und Rechts zu tun gehabt hatten, hatten sie entweder offenen Munds angegafft, oder, wie Ahuítzotl, sie als Ware betrachtet, die man an den Mann bringen konnte, nicht anders als das Fleisch eines seltenen Tieres etwa. Aber Zyanya bemutterte sie die ganze Reise nach Tzintzuntzaní über und versicherte ihnen unablässig – als ob sie Verstand genug besessen hätten, daß es ihnen etwas ausgemacht haben würde –, sie gingen einem herrlich aufregenden neuen Leben der Freiheit und des Luxus entgegen. Nun, vermutlich würde es ihnen in der Tat in der vergleichsweise großen Freizügigkeit eines Landpalasts – selbst in ihrer Eigenschaft als auswechselbare Konkubinen – besser gehen denn als Gegenstand des Spotts und der Aufmerksamkeit aller in den engen Verschlägen eines städtischen Tierhauses.

Zyanya begleitete mich, weil sie, nachdem ich ihr von dem neuesten und absonderlichsten Auftrag, welchen man mir übertragen, berichtet hatte, einfach darauf bestand mitzukommen. Zuerst hatte ich laut Nein gesagt, denn ich war mir durchaus darüber im klaren, in dem Augenblick, da man mich dabei erwischte, wie ich eine der unantastbaren Metallwaffen an mich bringen sollte, daß kein einziger meiner Begleiter am Leben bleiben würde. Aber Zyanya hielt mir überzeugend entgegen, daß der Argwohn unserer Gastgeber schon im voraus beschwichtigt werde und ich um so besser Gelegenheit haben würde, an eine solche Waffe heranzukommen und unbemerkt in meinen Besitz zu bringen.

»Und was«, fragte sie mich, »wirkt unverdächtiger als ein Mann und eine Frau, die zusammen reisen? Ich würde Michihuácan *wirklich* gern einmal sehen, Záa.«

Ihre Mann-und-Frau-Idee hatte manches für sich, überlegte ich, wenn auch vielleicht nicht gerade das, was sie damit meinte. Denn wenn die lüsternen und freizügigen Purémpecha einen Mann sahen, der mit seiner *eigenen* vertrauten und gewohnten Frau unterwegs war – und das in einem Land, wo er ohne weiteres jeden anderen Bettgenossen oder jede andere Art oder Anzahl von Bettgenossen haben konnte –, so würde das die Purémpecha gewißlich sprachlos machen. Damit würden sie mich in der Tat für jemand halten, der viel zu ohnmächtig, einfallslos und gleichgültig war, um sich als Dieb oder Spion oder sonst etwas Gefährliches zu betätigen. Infolgedessen sagte ich Ja zu Zyanya, und sie begann augenblicklich, für die Reise zu packen.

Als die Zwillinge und ihre Kleider soweit waren, schickte Ahuítzotl mir eine Nachricht, und ich meldete mich im Palast. Aber *ayya,* war ich entsetzt, als ich die Mädchen das erstemal sah, nachdem man ihnen die Haare geschoren hatte. Ihre kahlen Köpfe sahen aus wie nackte Brüste – kegelförmig und spitz zulaufend –, und ich fragte mich, ob mein Vorschlag nicht doch ein großer Fehler gewesen sei. Ein kahler Kopf mochte bei den Purémpecha als Inbegriff der Schönheit gelten – aber ein kahler *kegelförmig und spitz zulaufender* Kopf? Nun, jetzt war es zu spät; sie würden kahlköpfig bleiben müssen.

Außerdem stellte sich erst jetzt heraus, daß Links und Rechts in einem gewöhnlichen Tragstuhl nicht Platz fanden und für ihre besonderen Bedürfnisse eigens ein größerer und breiterer hergestellt werden mußte, wodurch unsere Abreise sich noch um einige weitere Tage verzögerte. Doch Ahuítzotl war entschlossen, keine Mühe und kein Mittel für dieses Unternehmen zu scheuen, und als wir endlich loszogen, boten wir einen eindrucksvollen Anblick.

Zwei Palastwachen zogen voran; was freilich auffiel, war, daß sie keinerlei Waffen trugen. Ich jedoch wußte, daß sie Könner auf dem Gebiet des waffenlosen Kampfes waren. Ich selbst trug nichts weiter als meinen wappengeschmückten Schild, welcher mich als Adlerritter auswies, und das zusammengefaltete Schreiben des Uey-Tlatoáni Ahuítzotl. Ich ging neben Zyanyas von vier Mann getragenem Tragstuhl einher und spielte die Rolle des aufs Wort gehorchenden Ehemannes, welcher die Aufmerksamkeit seiner Frau auf diese und jene Besonderheit und Schönheit der Landschaft lenkte. Uns folgte der von acht Mann getragene Tragstuhl der Zwillinge; acht weitere Träger wechselten sich von Zeit zu Zeit mit den anderen ab, den schweren Tragstuhl zu tragen. Denn bei diesem handelte es sich nicht nur um einen Doppelsitz, sondern um eine Art kleiner Hütte an Tragestangen mit einem Dach darüber und Vorhängen an den beiden offenen Seiten. Den Schluß unseres Zuges bildeten viele mit unserem Gepäck, unseren Wimpeln und Vorräten beladene Sklaven.

Nach drei oder vier Tagen gelangten wir auf der nach Westen führenden Handelsstraße in ein Dorf namens Zitákuaro. Ein dort stationierter Wachtposten ließ erkennen, daß hier die Grenze von Michihuácan begann. Wir hielten, die Wachen der Purémpecha studierten voller Hochachtung das Schreiben, welches ich ihnen vorwies und tasteten danach unsere verschiedenen Gepäckstücke nur ab, ohne sie zu öffnen. Sie schienen einigermaßen verblüfft, als sie in den übergroßen Tragstuhl hineinblickten und darin in anscheinend höchst unbequemer Stellung zwei gleich aussehende Mädchen sitzen sahen. Aber die Wachen enthielten sich jeder Bemerkung. Höflich winkten sie mir und meiner Dame, mit unserem Troß durch Zitákuaro hindurch weiterzuziehen.

Von nun an wurden wir nicht wieder angehalten und auch sonst nicht kontrolliert, doch befahl ich, daß die Vorhänge am Tragstuhl des Damenpaars geschlossen blieben, auf daß sie für die Leute, an denen wir vorüberkamen, unsichtbar blieben. Ich wußte, daß ein Schnellbote den Uandákuari bereits von unserem Kommen unterrichtet hatte, wollte jedoch, daß unser Geschenk ein Geheimnis blieb und möglichst nichts darüber verlautete, bis wir in seinen Palast gelangten und ihn damit überraschen konnten. Zyanya bezichtigte mich der Grausamkeit, die Zwillinge die weite Reise machen zu lassen, ohne ihnen Gelegenheit zu geben, irgend etwas von dem neuen Land zu sehen, in welchem sie fürderhin leben sollten. Deshalb ließ sie unseren Zug jedesmal, wenn ich sie auf etwas Besonderes aufmerksam gemacht hatte und der Weg frei war von irgendwelchen Zuschauern, halten, ging persönlich zu ihnen, um den Vorhang hochzuheben und ihnen zu zeigen, was immer es war. Davon ließ sie sich den ganzen Weg bis nach Michihuácan nicht abbringen, was mich einigermaßen zur Verzweiflung brachte, da Links und Rechts völlig stumpfsinnig waren und nicht die geringste Neugier für ihre Umgebung bekundeten.

Die ganze Reise wäre langweilig und ermüdend gewesen, hätte Zyanya mich nicht begleitet; jetzt war ich froh, daß sie mich bewogen hatte, sie mitzunehmen. Sie ließ mich gelegentlich sogar die Gefährlichkeit meines Auftrags vergessen, den ich an unserem Ziel auszuführen hatte. Jedesmal, wenn unsere Kolonne um eine Wegbiegung oder über die Kuppe eines Berges kam, entdeckte Zyanya etwas, was neu für sie war, stieß Laute der Bewunderung aus und hörte meinen Erklärungen mit kindlicher Aufmerksamkeit zu.

Das erste, was Zyanyas Aufmerksamkeit erregte, war selbstverständlich, daß die meisten Leute hier mit glänzendem haarlosem Kopf herumliefen. Von dieser Sitte hatte ich ihr bereits erzählt, doch etwas erzählt zu bekommen, ist etwas anderes, als es mit eigenen Augen zu sehen. Bis sie sich schließlich daran gewöhnt hatte, pflegte sie jeden jungen Menschen, an dem wir vorüberkamen, anzustarren und zu murmeln: »Das ist ein Junge. Nein, ein Mädchen . . .« Und ich muß gestehen, daß ihre Neugier erwidert wurde. Die Purémpecha waren es gewohnt, auch ungeschorene Menschen zu sehen – fremde Reisende, Angehörige ihrer eigenen Unterschicht und vielleicht auch eigenwillige Außenseiter –, was sie jedoch noch nie gesehen hatten, war eine ausnehmend schöne Frau mit einer Fülle langen schwarzen Haares *und* einer sich davon abhebenden weißen Strähne darin.

Aber es gab nicht nur Menschen zu sehen. Jener Teil von Michihuácan, durch den wir zogen, ist gebirgig, was schließlich die meisten anderen Länder auch sind; hier jedoch standen die Berge überall am Horizont und bildeten gleichsam den Rahmen für ein sonst flaches oder sanft gewelltes Land. Ein Teil dieses Gebietes ist bewaldet, manches von Wiesen mit nutzlosem, aber wunderschönem Gras und Wildblumen bedeckt. Ein großer Teil ist aber auch von ausgedehnten, eine Fülle von Feldfrüchten tragenden Ackerflächen bedeckt. Weithin dehnen sich wogende Maisfelder, Beete mit Bohnen und Chilipfeffer, Obstgärten mit Ahuácatin und noch süßeren Früchten. Hier und da standen inmitten der Felder Lehmziegelspeicher, in welchen Saatgut und die Erzeugnisse des Bodens gelagert werden – kegelförmige Rundhütten, den spitz zulaufenden Köpfen des Damenpaars nicht unähnlich.

In jenen Landen bieten selbst die bescheidensten Bauten noch einen erfreulichen Anblick. Da dort ausgedehnte Wälder wachsen, bestanden sie zumeist aus Holz und wurden nicht mit Mörtel oder Seilen zusammengehalten, sondern mit sinnreich fest ineinanderfassenden Brettern und Bohlen. Jedes Haus weist ein hohes Spitzdach auf, welches rings um das Haus weit vorspringt, um in der heißen Jahreszeit kühlen Schatten zu spenden und in der Regenzeit das Wasser vom Haus abzuhalten; manche dieser Dächer sind so gebaut, daß ihre vier Ecken sich in lustigem Schwung nach oben wölben. Es war gerade die Zeit der Schwalben, und nirgends gibt es mehr Schwalben als in Michihuácan. Sie gleiten und schießen pfeilschnell durch die Luft – und daß es so viele davon gibt, liegt zweifellos daran, daß die ausladenden Dachüberstände ihnen so schöne Gelegenheiten zum Nisten bieten.

Reich an Wäldern und Gewässern, ist Michihuácan die Heimat einer Fülle der verschiedensten Vögel. Auf den Flüssen spiegeln sich die leuchtend blitzenden Farben von Hähern, Fliegenschnäppern und Eisvögeln. In den Wäldern läßt der Specht sein unablässiges Hämmern vernehmen. An den seichten Uferstellen der Seen stehen große Weiß- und Blaureiher und die womöglich noch größeren Kuinko. Dieser Vogel hat einen löffelförmigen Schnabel, weshalb ihr ihn auch Löffelreiher nennt; er ist von wenig schöner Form und stelzt ungeschickt auf seinen langen Beinen. Das wie ein Sonnenuntergang glühende Gefieder des Kuinko freilich ist über die Maßen schön, und wenn ein ganzer Schwarm von ihnen auf einmal auffliegt, ist es, als sei der Wind rosig und sichtbar geworden.

Der überwiegende Teil der Bevölkerung von Michihuácan lebte in zahlreichen Dörfern am Ufer des Binsensees, Pátzkuaro, oder duckte sich auf vielen kleinen Inseln im See. Wiewohl jedes Dorf sich vornehmlich vom Fisch- und Vogelfang ernährte, hatte es vom Uandákuari den Auftrag, irgend etwas Besonderes herzustellen oder irgendeine besondere Dienstleistung zu erbringen und damit alle anderen Dörfer zu versorgen. So stellte ein Dorf wohl kupfergetriebene Geräte her, ein anderes gewebtes Tuch, noch ein anderes Binsengeflecht, ein weiteres Lackgerät und so fort. Der Ort, nach welchem der See seinen Namen hat – Pátzkuaro –, war der Marktflecken für all diese Erzeugnisse. Eine der Inseln mitten im

See – Xarákuaro – war über und über mit Tempeln und Altären bedeckt und diente den Bewohnern sämtlicher umliegenden Dörfer als Zeremonienzentrum. Tzintzuntzaní – Wo Die Kolibris Fliegen – war Hauptstadt und Mittelpunkt all dieser Tätigkeiten, und so lieferte es selbst nichts außer den Entscheidungen und Befehlen und Anordnungen, welche das Leben des gesamten Volkes regelten. Tzintzuntzaní bestand ausschließlich aus Palästen und wurde nur von Adligen und ihren Familien, ihren Höflingen, Priestern, Dienern und dergleichen bewohnt.

Als unser Zug sich Tzintzuntzaní näherte, war das erste von Menschenhand Geschaffene, das wir aus einer Entfernung von mehreren Malen Ein Langer Lauf erblickten, die uralte Iyákata, wie eine Pyramide auf Poré heißt, welche sich auf den Höhen östlich von den Palästen der Adligen erhob. Uralt, nicht besonders hoch, aber von ungewöhnlich länglicher Form, stellte diese Iyákata – eine merkwürdige Mischung aus quadratischen und runden Teilen – immer noch einen ehrfurchtgebietenden Steinhaufen dar, wiewohl er, längst aller Stein- und Stuckverkleidung und aller Farben verlustig gegangen, schon recht verfallen und von Pflanzenwuchs überwuchert war.

Man könnte meinen, daß die zahlreichen Paläste von Wo Der Kolibri Fliegt, da sie ganz aus Holz errichtet waren, weniger eindrucksvoll gewesen wären als die steinernen Paläste von Tenochtítlan, doch wiesen sie ihre eigene Art von Großartigkeit auf. Unter den weit vorspringenden Sparren der spitzgiebligen Dächer mit den nach oben gebogenen Ecken waren sie sämtlichst zwei Stockwerke hoch, und das Obergeschoß war rings von einer Außengalerie umgeben. Die massigen Zedernstämme, welche diese Gebäude trugen, die Säulen und die Geländer, die vielen unter dem Dachvorsprung sichtbaren Balken – alles war über und über mit schnörkeligen Schnitzereien und durchbrochener Arbeit bedeckt. Wo immer die Künstler noch hinkamen, waren emsig mit der Hand Lackarbeiten angebracht worden. Jeder Palast war verschwenderisch geschmückt, schimmerte in vielen Farben und Blattgold, aber neben dem Palast des Uandákuari nahmen alle anderen sich nichtig aus.

Schnellboten hatten Yquíngare von unserem Nahen laufend unterrichtet, so daß uns eine Schar von Edelleuten samt Damen bereits erwartete. Um ungestört zu sein, war unser Zug zuvor zum Seeufer abgebogen, wo jeder allein gebadet und die feinsten Gewänder angelegt hatte. Erfrischt und stolz aussehend, gelangten wir in den Vorhof des Palastes – einen mauerumwehrten Garten mit großen, schattenspendenden Bäumen –, wo ich befahl, daß die Tragstühle abgesetzt würden. Ich entließ unsere Wachen und Träger, welche in die Quartiere der Dienerschaft geleitet und dort untergebracht wurden. Nur Zyanya, das Damenpaar und ich betraten durch den Garten das gewaltige Palastgebäude. Im allgemeinen Durcheinander der Begrüßung war die eigenartige Gehweise unserer Zwillinge nicht weiter aufgefallen.

Unter dem Willkommensgemurmel und dem Geplauder, von dem ich nicht allzuviel verstand, wurden wir durch das aus Zedernstämmen gebildete Portal des Palastes auf eine zedernbohlenbelegte Terrasse geführt, sodann durch eine große, offenstehende Tür, danach über einen kurzen Korridor bis in Yquíngares Empfangshalle. Sie war zwei Stockwerke hoch und von gewaltigen Ausmaßen, ähnlich wie der Innenhof von Ahuítzotls Palast, nur mit einem Dach darüber. Treppen führten zu beiden Seiten auf eine Innengalerie, von welcher die Gemächer des Oberstocks abgingen. Der Uandákuari saß auf einem Thron, der nur ein niedriger Stuhl war, freilich sehr weit vom Eingang entfernt aufgestellt, so daß man ein beträchtliches Stück bis zu ihm zurücklegen mußte, was offensichtlich dazu dienen sollte, jedem Besucher das Gefühl einzuflößen, er komme als Bittsteller.

So groß sie war, war die Halle voll von elegant gekleideten Herren und Damen, welche jedoch nach beiden Seiten zurückwichen, um einen Gang für uns freizumachen. Feierlich schritten ich, dann Zyanya und hinter uns das Damenpaar auf den Thron zu, und ich hob meinen Topas nur lange genug vor die Augen, um einen guten Blick auf Yquíngare zu werfen. Ich hatte ihn nur ein einziges Mal zuvor gesehen, anläßlich der Einweihung der Großen Pyramide, und damals war mein Sehvermögen noch sehr schlecht gewesen. War er damals bereits alt gewesen, so war er heute uralt: ein verschrumpelter Wicht von einem Mann. Vielleicht hatte seine natürliche Kahlköpfigkeit zu dieser Mode unter seinem Volk geführt; jedenfalls brauchte er kein scharfes Messer aus Obsidian, um sich seine Kahlköpfigkeit zu bewahren. Er hatte nicht nur keine Haare, sondern war auch noch zahnlos und fast stimmlos: mit leiser Stimme, die klang wie das Rascheln einer kleinen Samenschote, hieß er uns willkommen. Wenngleich ich froh war, endlich mein ausladendes Damenpaar loszuwerden, verspürte ich doch einige Gewissensbisse, den Rankenfingern dieses verknitterten und verhutzelten alten Unkrauts überhaupt etwas zu übergeben, und sei es auch nur eine Mißgeburt.

Ich überreichte Ahuítzotls Brief. Der Uandákuari gab ihn an seinen ältesten Sohn weiter und befahl ihm mürrisch, ihn laut vorzulesen. Kronprinzen waren in meiner Vorstellung stets junge Männer gewesen; doch dieser Kronprinz, Tzímtzicha, hätte er sein Haar wachsen lassen, wäre bereits grauhaarig gewesen; sein Vater jedoch kommandierte ihn immer noch herum, als ob er noch nicht das Schamtuch der Erwachsenen unter seinem Umhang getragen hätte.

»Ein Geschenk für mich, eh?« krächzte der Vater auf poré. Er heftete seine Triefaugen auf Zyanya, die hinter mir stand, und schmatzte begehrlich. »Ah. Könnte mal was Neues sein, gewiß. Wenn man ihr die Haare abrasierte und nur die weiße Strähne stehen ließe . . .«

Die entsetzte Zyanya trat einen Schritt zurück, und ich beeilte mich zu sagen: »Hier ist das Geschenk, Hoher Gebieter Yquíngare«, und streckte die Hand nach dem Damenpaar aus. Ich ließ sie unmittelbar vor dem Thron Aufstellung nehmen und riß das purpurn gefärbte Gewand vom Halsausschnitt bis zum Saum auf. Die versammelte Menge hielt die Luft an, als ich ein so kostbares Stück Stoff zerriß – und dann noch einmal, als das Gewand zu Boden fiel und die Zwillinge nackt dastanden.

»Bei den gefiederten Eiern Kurikáuris!« hauchte der alte Mann und gebrauchte den Poré-Namen für Quetzalcóatl. Dann sagte er noch etwas, doch ging das im allgemeinen Lärm verwunderter Ausrufe unter, und ich konnte nur sehen, daß ihm der Speichel aus dem Mund floß. Das Geschenk war offensichtlich ein Erfolg.

Alle Anwesenden, darunter etliche noch am Leben befindliche alte Ehefrauen und Konkubinen, erhielten Gelegenheit, nahe an das Damenpaar heranzutreten und es genau in Augenschein zu nehmen. Etliche Männer und auch ein paar Frauen streckten mutig die Hand aus und betasteten den einen oder anderen Körperteil des einen oder anderen Mädchens. Als die speicheltreibende Neugier aller befriedigt war, stieß Yquíngare krächzend einen Befehl aus, woraufhin die ganze Empfangshalle sich leerte und nur er selbst, wir Besucher, der Kronprinz und ein paar unbewegt in den Ecken des Raumes aufgestellte Wachen zurückblieben.

»Jetzt zum Essen«, sagte der alte Mann und rieb sich die trockenen Hände. »Muß schließlich einen guten Eindruck machen, eh?«

Kronprinz Tzímtzicha gab den Befehl an eine der Wachen weiter, welche daraufhin den Saal verließ. Gleich darauf kamen einige Diener, und breiteten das Speisetuch vor uns aus, und nachdem Zyanya die Blöße der Zwillinge wieder mit dem zerrissenen Gewand bedeckt hatte, nahmen wir alle sechs Platz. Ich vermute, daß dem Kronprinzen für gewöhnlich nicht gestattet war, zur selben Zeit wie sein Vater zu essen, doch sprach er fließend Náhuatl und mußte gelegentlich als Dolmetsch dienen, wenn der alte Mann oder ich selbst mit der Sprache des anderen nicht zurechtkamen. Zyanya fütterte unterdessen das Damenpaar mit einem Löffel, denn für gewöhnlich beförderten sie alles Essen, selbst den Schaum ihrer Schokolade, mit den Fingern in den Mund und kauten auch mit offenem Mund, was normalerweise alle Anwesenden ekelte.

Allerdings waren ihre Manieren auch nicht schlechter als die des alten Mannes. Nachdem wir anderen alle von dem köstlichen weißen Fisch vorgesetzt bekommen hatten, den es nur im Pátzkuaro-See gibt, sagte er zahnlos grinsend: »Eßt! Genießt! Kann selbst nichts anderes zu mir nehmen als Milch.«

»Milch?« fragte Zyanya höflich nach. »Milch von der Hirschkuh, Hoher Gebieter?«

Dann jedoch schossen ihre schwingengleichen Brauen in die Höhe. Eine sehr große, sehr kahlköpfige Frau trat ein, kniete nebem dem Uandákuari nieder, hob ihre Bluse in die Höhe und bot ihm eine sehr üppige Brust dar, welche – hätte sie ein Gesicht aufgewiesen – genausogut ihr haarloser Kopf hätte sein können. Während des Rests der Mahlzeit, und wenn Yquíngare sich nicht gerade nach Einzelheiten über die Herkunft und den Erwerb des Damenpaars erkundigte, saugte er schmatzend zuerst an einer der nasenähnlichen Brustwarzen, dann an der anderen.

Zyanya vermied es, ihn nochmals anzusehen; desgleichen tat der Kronprinz; beide schoben nur die Speisen auf den goldeingelegten Lacktellern umher. Die Zwillinge ließen es sich nach Herzenslust schmecken, weil sie das immer taten, und ich selbst griff gleichfalls tüchtig zu, weil ich dann weniger auf die Gewöhnlichkeit im Benehmen von Yquíngare achtete und mich mehr auf etwas anderes an ihm konzentrieren konnte. Gleich beim Eintreten war mir aufgefallen, daß die Wachen Speere in Händen hielten, deren Spitzen in einem warmen Kupferton glänzten, freilich in einem merkwürdig dunklen Kupferton. Sodann war mir aufgefallen, daß sowohl der Uandákuari als auch sein Sohn kurze Dolche aus dem gleichen Metall trugen, die ihnen an langen Schlaufen von der Hüfte herunterhingen.

Der alte Mann erging sich in einer weitschweifigen Rede an mich, die, wie ich argwöhnte, wohl darin enden würde, daß er mich fragte, ob ich ihm nicht auch noch ein zusammengewachsenes Paar Zwillings*männer* verschaffen könne, da fiel Zyanya – gleichsam, als könne sie einfach nicht mehr zuhören – ihm in die Rede und fragte: »Was ist das für ein köstliches Getränk?«

Der Kronprinz schien entzückt von dieser Unterbrechung, lehnte sich über das Speisetuch hinüber und erklärte ihr, das sei Chápari, ein aus Bienenhonig hergestelltes Getränk, außerordentlich stark, daß es sich empfehle, beim ersten Versuch nicht allzu viel zu trinken. »Köstlich!« rief sie aus und leerte den Lackbecher. »Wenn Honig so berauschend wirken kann, warum sind die Bienen dann nicht ständig betrunken?« Sie hatte einen Schluckauf und saß nachdenklich da; offenbar war sie mit ihren Gedanken immer noch bei den Bienen, denn als der Uandákuari versuchte, sich noch weiter sabbernd nach Einzelheiten zu erkundigen, erklärte Zyanya laut: »Aber vielleicht sind sie das ja. Wer will das wissen?« woraufhin sie sich selbst und mir noch einen Becher vollschenkte und dabei ein wenig verschüttete.

Der alte Mann seufzte, nuckelte noch ein letztes Mal an der speichelnassen Brust der Frau und versetzte ihr dann einen laut klatschenden Klaps, als Zeichen, daß die grauenhafte Mahlzeit beendet sei. Zyanya und ich tranken eilends noch unseren zweiten Becher Chápari aus. »Jetzt«, sagte Yquíngare murmelnd, so daß Nase und Kinn etliche Male miteinander in Berührung kamen. Sein Sohn sprang auf, trat hinter ihn und half ihm auf die Füße.

»Einen Augenblick, Hoher Gebieter«, sagte ich. »Laßt mich dem Damenpaar noch ein paar letzte Anweisungen geben.«

»Anweisungen?« sagte er argwöhnisch.

»Damit sie auch wirklich willfährig sind«, erklärte ich und kniff das Auge zusammen wie ein erfahrener Zuhälter. »Da sie noch Jungfrau sind, könnten sie sich abscheulich zieren.«

»Ah?« entfuhr es ihm heiser, und er erwiderte mein Zwinkern. »Jungfrau auch noch? Willfährig, jawohl, um alles auf der Welt, willfährig sollen sie sein.«

Zyanya und Tzímtzicha bedachten mich gleichermaßen mit einem verächtlichen Blick, als ich die Zwillinge beiseiteführte und ihnen Anweisungen erteilte – die dringenden Anweisungen, welche mir in diesem Augenblick erst eingefallen waren. Es war nicht einfach, und ich mußte sehr raschzüngig sprechen, dazu noch in ihrer Muttersprache Coatlícamac, und sie waren nun einmal schrecklich begriffsstutzig. Zuletzt nickten sie jedoch kurz und schienen einigermaßen begriffen zu haben, und mit einem ebenso hoffnungsvollen wie verzweifelten Achselzucken schob ich sie auf den Uandákuari zu.

Ohne jede Widerrede folgten sie ihm die Treppe hinauf; halfen ihm sogar, emporzusteigen, was so aussah, als ob ein Krebs einer Küchenschabe half. Kurz bevor sie den umlaufenden Balkon erreichten, drehte die Schabe sich noch einmal um und rief dem Sohn etwas zu. Tzímtzicha nickte gehorsam und wandte sich dann wieder uns zu, um uns zu fragen, ob ich und meine Gemahlin bereit wären, uns zurückzuziehen. Sie antwortete nur mit einem neuerlichen Schluckauf, woraufhin ich erklärte, ja, das seien wir: es sei immerhin ein langer Tag gewesen. Wir folgten dem Kronprinzen die Treppe auf der anderen Seite des Empfangssaals hinauf.

So kam es, daß Zyanya und ich in Tzintzuntzaní zum ersten- und einzigen Mal in unserer Ehe nicht allein schliefen. Allerdings bitte ich zu berücksichtigen, ehrwürdige Patres, daß wir von dem starken Chápari beide ein wenig betrunken waren. Doch wie dem auch sei, das ganze war nicht das, wonach es sich anhört; ich will mich bemühen, es zu erklären.

Ehe wir aus Tenochtitlan abgereist waren, hatte ich versucht, Zyanya klarzumachen, daß die Purémpecha eine besondere Vorliebe für ausgefallene, ausschweifende, ja, sogar wider die Natur gerichtete sexuelle Praktiken hätten. Wir waren übereingekommen, weder Überraschung noch Abscheu zu bekunden, ganz gleich, welche Gesten der Gastfreundschaft dieser Art unsere Gastgeber uns bieten mochten, und daß wir so höflich wie möglich dankend ablehnen wollten. Zumindest bildeten wir uns ein, uns darauf geeinigt zu haben. Als es dann soweit war, und ehe wir erkannten, worum es überhaupt ging, waren wir bereits mitten drin und konnten nicht mehr zurück. Auch packte uns darob keineswegs das Entsetzen, weil wir es – wenngleich wir uns hinterher nie darüber klar werden konnten, ob es nun verrucht oder ganz harmlos gewesen war – überaus köstlich fanden.

Auf dem Weg die Treppe hinauf ins Obergeschoß, drehte Tzímtzicha sich um und zwinkerte mir ähnlich zuhälterhaft zu wie zuvor ich seinem Vater, und erkundigte sich: »Wünschen der Ritter und seine Dame getrennte Räume? Getrennte Lagerstätten?«

»Aber ganz gewiß nicht«, erwiderte ich – und sagte das recht frostig, weil ich befürchtete, daß er als nächstes fragen würde: »Und jeder einen anderen Bettgenossen?« oder irgendwelche anderen unschicklichen Vorschläge machen würde.

»Ein eheliches Schlafgemach also, mein Herr«, sagte er daraufhin durchaus freundlich. »Doch manchmal«, fuhr er im Plauderton fort, »ist nach einem anstrengenden Reisetag auch noch das liebendste Ehepaar abgespannt. Der Hof von Tzintzuntzaní würde es sich nie verzeihen und meinen, als Gastgeber versagt zu haben, wenn seine Gäste das Gefühl hätten, zu – nun, ja – müde zu sein, einander auch nur eine einzige Nacht nicht zu genießen. Aus diesem Grunde bieten wir ihnen etwas an, was wir Atánatanárani nennen. Es steigert die Kraft des Mannes und die Empfänglichkeit der Frau, und zwar in einem Maße, wie sie sie bisher möglicherweise noch nie erlebt haben.«

Das Wort Atánatanárani bedeutete, soweit ich die darin enthaltenen Wortelemente begriff, nichts weiter als »Ein Zusammenbündeln«. Noch ehe ich nachfragen konnte, wieso ein Zusammenbündeln irgend etwas zu steigern imstande sei, ließ er uns mit geneigtem Kopf in unsere Schlafkammer eintreten, zog sich rückwärtsgehend zurück und schloß behutsam die lackierte Tür.

Der lampenerhellte Raum enthielt die größte, tiefste und weicheste Lagerstatt aus aufeinandergetürmten Decken, die ich je gesehen hatte. Außerdem erwarteten uns zwei ältere Sklaven, ein Mann und eine Frau. Argwöhnisch betrachtete ich sie, doch baten sie nur um die Erlaubnis, uns das Bad zu bereiten. An die Schlafkammer angrenzend, hatte jeder von uns seine eigene Badestube samt Badezuber und bereits dampferfülltem Schwitzbad. Mein Diener half mir, mich im Zuber zu waschen und war mir hinterher im Schwitzbad behilflich, mir den ganzen Körper mit Bimsstein abzureiben, doch sonst tat er nichts, jedenfalls nichts Ungehöriges. Offenbar hatte der Kronprinz unter »Atánatanárani« nichts weiter als »Baden und Schwitzen« verstanden. Traf das zu, handelte es sich lediglich um eine zivilisierte Annehmlichkeit, und nicht um etwas Unanständiges; und es tat mir ausgesprochen wohl. Ich war erfrischt, meine Haut prickelte, und ich fühlte mich durchaus im Vollbesitz meiner »Kraft«, um – wie Tzímtzicha es auszudrücken beliebt hatte – meine Frau »zu genießen«.

Unsere Sklaven verneigten sich und zogen sich zurück, und als wir aus unseren Badestuben heraustraten, stellten wir fest, daß die Schlafkammer dunkel war. Die Vorhänge waren zugezogen, die Öllampen gelöscht. Infolgedessen dauerte es eine Weile, ehe wir in dem großen Schlafgemach einander und noch etwas länger, ehe wir die riesige Lagerstatt gefunden hatten. Die Nacht war lau; nur die oberste Decke war zurückgeschlagen worden; wir schlüpften darunter, legten uns auf den Rücken und waren es für den Augenblick zufrieden, einfach weich wie auf Wolken gebettet dazuliegen.

Verschlafen murmelte Zyanya: »Weißt du, Záa, ich habe immer noch das Gefühl, betrunken zu sein wie eine Biene.« Dann durchzuckte sie es unversehens ganz leicht, und sie stieß überrascht die Luft aus. »*Ayyo*, bist du aber hitzig! Du hast mich ja völlig überrumpelt.«

Ich hatte gerade das gleiche sagen wollen. Ich griff nach unten, wo eine kleine Hand mich sanft berührte – *ihre* Hand, die ich annahm – und sagte voller Verwunderung: »Zyanya?«, doch da sagte sie bereits:

»Záa, ich fühle ... Das muß ein *Kind* sein da unten. Das mit meinen ... mit mir spielt.«

»Bei mir ist das auch so«, sagte ich von einem scheuen Schrecken erfüllt. »Sie haben auf uns gewartet, unter den Decken. Was machen wir jetzt?«

Ich erwartete, daß sie sagte: »Strample mit den Beinen!« oder? »Schrei doch!« – oder daß sie beides selber täte. Statt dessen ging ihr Atem unversehens heftig, stieß sie ein unterdrücktes, honigtrunkenes Kichern aus und wiederholte meine Frage: »Was machen wir jetzt? Was macht *deins?*«

Ich sagte es ihr.

»Meins auch.«

»Unangenehm ist es nicht.«

»Nein. Das wahrhaftig nicht.«

»Sie müssen darauf abgerichtet sein.«

»Aber nicht zu ihrer eigenen Befriedigung. Dazu ist dieses jedenfalls viel zu jung.«

»Nein. Dazu, unsere Lust zu steigern, wie der Prinz gesagt hat.«

»Vielleicht werden sie bestraft, wenn wir sie fortschicken.«

So, wie ich es erzähle, klingt dieser Wortaustausch kühl und leidenschaftslos. Das war er aber durchaus nicht. Wir sprachen beide mit belegter Stimme, immer wieder unterbrochen durch unwillkürliches Keuchen und Bewegungen unsererseits.

»Ist deins ein Junge oder ein Mädchen. Ich reiche nicht weit genug runter, um ...

»Ich auch nicht. Spielt das eine Rolle?«

»Nein. Der Kopf ist glatt, doch das Gesicht fühlt sich an, als ob es schön sein könnte. Die Wimpern sind so lang, daß – ah! ja! – mit den Wimpern!«

»Das hat man ihnen gut beigebracht.«

»Ach, köstlich! Ob man sie wohl nur dazu abgerichtet hat, mit den ... Ich meine ...«

»Laß uns tauschen. Vielleicht finden wir es dann heraus.«

Die beiden Kinder hatten nichts dagegen, unter der Decke die Plätze zu tauschen, was jedoch ihrer Leistung keinen Abbruch tat. Möglich, daß der Mund meines neuen um ein weniges wärmer und feuchter war als der seines Vorgängers; schließlich kam er gerade von ...

Nun, um nicht über Gebühr bei dieser Episode zu verweilen: Zyanya und ich standen bald in Flammen, küßten uns gierig und umschlangen einander und kratzten uns – und taten andere Dinge oberhalb des Nabels, während die Kinder unten womöglich noch geschäftiger zu Werke gingen. Als ich mich nicht länger zurückhalten konnte, begatteten wir uns wie die Jaguare, die Kinder schlüpften zwischen uns heraus und ergingen sich auf unserem ganzen Leib, winzige Finger hier, winzige Zungen dort.

Es geschah nicht nur einmal, sondern viele Male – wie oft, weiß ich heute nicht mehr zu sagen. Jedesmal, wenn Zyanya und ich innehielten, um eine Pause einzulegen, kuschelten die Kinder sich eine Weile an unsere schwer atmenden und schwitzenden Körper. Doch dann begannen sie mit der äußersten Behutsamkeit aufs Neue, uns zu streicheln und zu liebkosen. Sie wechselten mehrere Male von ihr zu mir und umgekehrt, werkten manchmal allein, manchmal zusammen, und gelegentlich war es so, daß die beiden *und* auch noch meine Frau mir ihre Aufmerksamkeiten zuteil werden ließen – um sich gleich darauf gemeinsam mit mir *ihr* zuzuwenden. Es nahm kein Ende, bis sie und ich einfach nicht mehr konnten und wir völlig entkräftet entschlummerten. Wir fanden niemals heraus, welchen Geschlechts, Alters oder Aussehens unsere kleinen Bettgenossen waren. Als ich in aller Morgenfrühe geweckt wurde, waren sie verschwunden.

Was mich weckte, war ein leises Kratzen an der Tür. Noch nicht ganz bei mir, erhob ich mich und machte auf. Ich sah nichts weiter als die frühmorgendliche Dunkelheit der Galerie und des riesigen Schachts der Halle unten, doch dann kratzte mich ein Finger am bloßen Bein. Ich schrak zusammen, blickte hinunter, und da kroch das Damenpaar, genauso nackt wie ich – auf allen Achten, sollte ich wohl sagen; wieder der Krebs – und beide grinsten wollüstig zu meinem Gemächt empor.

»Schönes Ding«, sagte Links.

»Seins auch«, sagte Rechts und wies ruckend mit dem spitz zulaufenden Kopf – in Richtung auf das Schlafgemach des alten Mannes, wie ich annahm.

»Was macht ihr hier?« fuhr ich sie so erbost an, wie es mir im Flüsterton möglich war.

Eine von ihren acht Extremitäten reichte herauf und drückte mir Yquíngares Dolch in die Hand. Ich starrte auf das dunkle Metall, das im Dämmer womöglich noch dunkler wirkte als sonst, und fuhr mit dem Daumen darüber hin. Wahrhaftig, hart und scharf!

»Ihr habt es geschafft!« sagte ich, und so etwas wie Dankbarkeit, ja, fast wie Zuneigung zu dem Ungeheuer, das da zu meinen Füßen hockte, stieg in mir auf.

»Leicht«, sagte Rechts.

»Hat Kleider neben Lagerstatt gelegt«, sagte Links.

»Hat das da in mich reingesteckt«, sagte Rechts und tippte mit dem Finger gegen mein Tepúli, daß ich unwillkürlich zurückzuckte. »Glücklich.«

»Langweilig«, sagte Links. »Nichts zu tun. Nur durchgeschüttelt zu werden. Greif runter nach Kleidern, taste herum, finde Dolch.«

»Sie hält Dolch, während ich glücklich«, sagte Rechts.

»Ich halte Dolch, während sie glücklich. Sie hält Dolch, während . . .«

»Und jetzt?« unterbrach ich sie.

»Schnarcht jetzt endlich. Bringen Dolch. Jetzt gehen und wecken. Wollen mehr glücklich.«

Als ob sie es kaum erwarten könnten und ehe ich ihnen recht danken konnte, krochen die Zwillinge im Krebsgang die dunkle Galerie entlang. Infolgedessen dankte ich statt dessen schweigend den kraftsteigernden Eigenschaften der Muttermilch und kehrte in unser Schlafgemach zurück, um den Sonnenaufgang zu erwarten.

Die Angehörigen des Hofstaats von Tzímtzicha leisteten Zyanya und mir zum Frühstück Gesellschaft, und bei dieser Gelegenheit sagte ich dem älteren Prinzen, ich und mein Troß würden jetzt gern die Rückreise antreten. Sein Vater finde offenbar großen Gefallen an seinem Geschenk; wir wollten weder säumen, noch ihn in seinem Genuß stören, bloß damit er ungeladene Gäste unterhalte.

Höflich sagte der Prinz: »Nun, wenn Ihr meint, Ihr müßt aufbrechen, werden wir Euch nicht aufhalten. Nur eine Formalität ist noch zu beachten: Ihr und Eure Wachen und Sklaven, Eure Habseligkeiten und Euer Gepäck und was Ihr sonst noch mitnehmt, müssen durchsucht werden. Es richtet sich nicht gegen Euch, des könnt Ihr gewiß sein. Selbst ich muß mich dem unterziehen, wenn ich den Hof verlasse, um irgendwo hinzureisen.«

Ich zuckte so gleichmütig mit den Achseln, wie es einem nur möglich ist, wenn sich eine Rotte von Palastwächtern um einen schart. Taktvoll und ehrerbietig, doch deshalb nicht weniger gründlich, klopften sie Zyanyas und meine Kleidung ab und baten uns dann höflich, uns für einen Augenblick unserer Sandalen zu entledigen. Im Hof taten sie das gleiche mit allen unseren Leuten, ließen sämtliche Lasten auspacken und fingerten sogar an den Kissen der Tragstühle herum. Mittlerweile waren auch andere aufgestanden, wurlten zwischen uns herum, die meisten Kinder des Palasts, und verfolgten die Durchsuchung mit leuchtenden und wissenden Augen. Ich sah Zyanya an. Sie faßte eines der Kinder nach dem anderen ins Auge, offensichtlich bemüht, herauszufinden, welches von ihnen . . . Als sie mich dabei ertappte, wie ich lächelte, überzog sich ihr Gesicht mit dunklerer Farbe als die – vom Holzgriff befreite – Klinge es war, welche ich unter meinem Haar im Nacken befestigt hatte.

Die Wachen meldeten Tzímtzicha, wir nähmen nichts weiter mit als das, was wir auch hergebracht hätten. Seine Wachsamkeit schlug unversehens in reine Freundlichkeit um, und er sagte: »Dann müssen wir darauf bestehen, daß Ihr zumindest *etwas* mitnehmt, als Gegengeschenk für Euren Uey-Tlatoáni.« Woraufhin er mir einen kleinen Lederbeutel reichte, welcher – wie ich später feststellte – eine Handvoll der feinsten Austernherzperlen enthielt. »Und«, fuhr er fort, »etwas noch Kostbareres. Sie wird wohl gerade in Euren übergroßen Tragstuhl hineinpassen.

Ich weiß zwar nicht, was mein Vater ohne sie machen will, denn immerhin ist es sein kostbarster Besitz –, aber er hat es nun einmal befohlen.«

Woraufhin er uns die gewaltige, kahlköpfige und großbrüstige Frau übergab, welche den alten Mann gestern beim Abendessen genährt hatte.

Sie war mindestens doppelt so schwer, wie es die beiden Zwillinge gewesen waren, und den ganzen Rückmarsch über verfluchten die Träger ihr Los. Etwa jeden Ein Langer Lauf mußte die gesamte Kolonne halten und stand unruhig herum, während sie sich eigenhändig molk, um den Druck in ihren Brüsten zu lindern. Zyanya lachte den ganzen Rückweg über und lachte sogar, als wir Ahuítzotl das Geschenk übergaben, woraufhin er befahl, mich auf der Stelle mit der Würgschlinge zu töten. Als ich mich jedoch beeilte, ihm zu erklären, welche Kräfte dieses Milchtier in dem runzelig-verdorrten Yquíngare zu wecken imstande sei, machte er ein nachdenkliches Gesicht, nahm den Befehl, mich zu erwürgen, wieder zurück, und Zyanya lachte nur noch mehr – so daß zuletzt weder ich noch der Verehrte Sprecher sich enthalten konnten, in ihr Lachen einzustimmen.

Wenn Ahuítzotl jemals in den kraftspendenden Genuß der Milch dieser Frau kam, ist sie ein womöglich kostbareres Beutestück gewesen als – wie es sich herausstellten sollte – der Dolch aus dem harten Metall. Unsere Mexíca-Schmiede untersuchten ihn mit größter Gründlichkeit, kratzten tief daran herum, nahmen Feilspäne davon und gelangten zuletzt zu dem Schluß, daß es sich um eine Mischung aus geschmolzenem Kupfer und geschmolzenem Zinn handelte. Doch so viele Versuche sie auch machten, sie kamen nie hinter das richtige Mischungsverhältnis, oder die richtige Temperatur beim Mischen oder irgend etwas anderes – kurz, sie schafften es nie, das Metall nachzumachen.

Als wir aus Michihuácan heimkehrten, waren Zyanya und ich seit rund sieben Jahren Mann und Frau und galten in den Augen unserer Freunde gewiß als altes Ehepaar; wir selbst, sie und ich, betrachteten unser Leben als festgelegt und gegen jede Veränderung und jede Unterbrechung gefeit; dabei waren wir glücklich und zufrieden miteinander und wollten gar nichts anderes. Die Götter jedoch wollten es anders, und Zyanya ließ es mich auf ihre Weise wissen:

Eines Nachmittags hatten wir der Ersten Dame in ihrem Palast einen Besuch abgestattet. Beim Hinausgehen sah ich auf einem Gang die Milchtierfrau, welche wir aus Tzintzuntzaní mitgebracht hatten. Ich vermute, daß Ahuítzotl sie als einfache Dienerin im Palast leben ließ, doch diesmal war ich es, der in der Erwartung, daß Zyanya darüber lachen würde, irgendeine witzige Bemerkung über seine »Amme« machte. Doch statt zu lachen, erklärte sie mit einer Schärfe, wie ich sie sonst gar nicht an ihr kannte.

»Záa, du solltest keine üblen Witze über Milch machen. Über Muttermilch. Und über Mütter ganz allgemein.«

Ich sagte: »Wenn es dich kränkt, ganz gewiß nicht. Aber warum sollte es dich kränken?«

Ein wenig verlegen, wohl auch bänglich und übervorsichtig sagte sie:

»Irgendwann um die Jahreswende werde ich . . . werde ich . . . selbst ein Milchtier sein.«

Ich starrte sie an. Es brauchte eine Weile, ehe ich begriff, doch noch ehe ich etwas dazu sagen konnte, fügte sie hinzu: »Ich vermute es schon seit einiger Zeit, aber erst vorgestern hat der Arzt es mir bestätigt. Ich habe mir den Kopf zerbrochen, wie ich es dir sanft und liebevoll beibringen könnte. Und jetzt« – sie schniefte unglücklich – »jetzt platze ich einfach damit heraus. Záa, wohin gehst du? *Záa, bleib hier!*«

Ich hatte mich zwar würdelos in Trab gesetzt, doch einzig und allein, um einen Tragstuhl des Palastes zu besorgen, damit sie den Weg zurück in unser Haus nicht zu Fuß zurücklegen müsse. Sie lachte und sagte: »Das ist doch lächerlich!« als ich darauf bestand, sie unbedingt in die Sitzkissen heben zu wollen. »Aber bedeutet das, daß du dich freust, Záa?«

»Mich freue?« rief ich aus. *»Freue?«*

Daheim setzte Türkis ein besorgtes Gesicht auf, als sie sah, daß ich der protestierenden Zyanya die wenigen Stufen hinaufhalf. Ich jedoch schrie sie an: »Wir bekommen ein Baby!«, woraufhin sie einen kleinen Freudenschrei ausstieß. Daraufhin kam Kitzlig herbeigelaufen und ich befahl: »Kitzlig und Türkis, macht euch augenblicklich an die Arbeit und reinigt gründlich die Kinderkammer! Trefft alle nötigen Vorbereitungen! Lauft und kauft alles, was man braucht! Eine Wiege. Blumen. Stellt überall Blumen auf!«

»Záa, wirst du jetzt wohl still sein?« sagte Zyanya halb belustigt, halb verlegen. »Es wird noch etliche Monde dauern! Das mit der Kammer hat Zeit.«

Doch die beiden Sklavinnen waren bereits gehorsam und frohlockend die Treppe hinaufgerannt. Und mich über ihre Proteste hinwegsetzend, führte ich auch Zyanya hinauf und bestand darauf, daß sie sich nach dem anstrengenden Besuch im Palast ausruhte. Dann ging ich nach unten und genehmigte mir zur Feier des Tages einen Becher Octli und eine Picíetl, setzte mich im Dämmerlicht nieder, saß da und kostete meine Freude ganz allein für mich aus.

Nach und nach legte sich mein Überschwang, gab ich mich ernsteren Überlegungen hin, und allmählich ging mir das eine oder andere auf, warum Zyanya gezaudert hatte, mir mitzuteilen, was um die Jahreswende geschehen sollte. Mit den Fingern zurückrechnend, kam ich zu dem Schluß, daß sie unser Kind in jener Nacht in Yquíngares Palast empfangen haben mußte, worüber ich schmunzeln mußte. Zweifellos hatte diese Tatsache Zyanya einigermaßen in Verlegenheit gebracht. Gewiß wäre es ihr lieber gewesen, das Kind wäre unter weniger aufregenden Umständen gezeugt worden. Nun, dachte ich, es ist weit besser, ein Kind in Flammen stehend zu empfangen als in gleichgültiger Pflichterfüllung, wie es bei den meisten Eltern der Fall ist.

Das Schmunzeln freilich verging mir, als mir der nächste Gedanke kam. Wer weiß, ob das Kind nicht vom ersten Augenblick an behindert war, denn immerhin war es möglich, daß es mit meiner Sehschwäche zur Welt kam. Gewiß, es würde sich nicht jahrelang täppisch und tastend seinen Weg suchen müssen wie ich, ehe ich den Sehkristall entdeckt hatte. Gleichwohl tat mir ein Kind leid, daß lernen mußte, einen Topas vor die Augen zu halten, ehe es lernte, wie es einen Löffel zum Mund führt, und das ohne dies Hilfsmittel rührend unfähig sein würde, seine kleine Welt zu entdecken, und das von seinen Spielkameraden herzlos Gelb Auge oder dergleichen genannt wurde ...

Sollte es ein Mädchen werden, wäre eine solche Nahsichtigkeit kein so großer Nachteil. Weder ihre Kinderspiele, noch das, womit sie sich als Erwachsene später beschäftigte, würden besonders davon abhängen, wie gut ihre Sinne ausgebildet wären. Mädchen wetteifern ja nicht so sehr miteinander wie Knaben, bis zu dem Alter wenigstens nicht, wo sie darauf aus waren, den begehrenswertesten Mann für sich zu gewinnen, und dann kam es weniger darauf an, wie meine Tochter *sah*, als vielmehr darauf, wie sie *aussah*. Aber einmal angenommen – ein quälender Gedanke! –, sie sah auch noch aus wie ich! Ein Knabe würde sich darüber freuen, die stattliche Größe seines Großvaters Kopf Neiger über mich geerbt zu haben. Ein Mädchen hingegen wäre untröstlich und würde mich dieserhalb hassen, und ich wiederum würde mich vermutlich von einem solchen Anblick abgestoßen fühlen. Schon malte ich mir aus, daß unsere Tochter genauso aussah wie die gewaltige Milchtierfrau ...

Und das brachte mich dazu, mir einer weiteren Sorge bewußt zu werden. Während der vielen Tage vor dem Tag, da das Kind empfangen worden war, war Zyanya dem monströsen Damenpaar ganz nahe gewesen! Immerhin war wohlbekannt, daß zahllose Kinder als Krüppel oder Behinderte zur Welt kamen, wenn ihre Mütter auch nur weit weniger schauerlichen Einflüssen ausgesetzt gewesen waren. Schlimmer noch: Zyanya hatte gesagt: »Irgendwann um die Jahreswende.« Und genau in diese Zeit fielen die fünf Nemontémtin-Tage! Ein Kind, welches in diesen namenlosen und unlebendigen Tagen zur Welt kam, galt als unter so sehr unglücklichen Verheißungen stehend geboren, daß man von seinen Eltern erwartete, ja, sie geradezu ermunterte, es schlicht verhungern zu lassen. So abergläubisch, als daß ich das fertiggebracht hätte, war ich nicht. Aber immerhin: zu welcher Bürde, welchem Ungeheuer oder Bösewicht konnte ein solches Kind heranwachsen ...?

Ich rauchte Picíetl und trank Octli, bis Türkis kam, und erkannte, in welch einem Zustand ich mich befand. »Schämt Euch, Herr!« sagte sie und holte Stern Sänger mich zu Bett zu bringen.

»Ich breche noch zusammen, ehe es soweit ist«, sagte ich am nächsten Morgen zu Zyanya. »Machen sich denn alle Väter soviel Angst und Sorgen?«

Sie lächelte und sagte: »Jedenfalls bei weitem nicht soviel wie Mütter sie sich machen, glaube ich. Nur – eine Mutter weiß, daß sie nichts, aber auch gar nichts ändern kann.«

Seufzend sagte ich: »Einen anderen Weg sehe ich für mich auch nicht. Ich kann nichts anderes tun, als dich zu hegen und zu pflegen und dafür zu sorgen, daß dir nicht das geringste zustößt und du nicht ...«

»Tu das, und *ich* breche zusammen!« rief sie, als ob es ihr ernst sei. »Bitte, Liebling, such dir etwas anderes, womit du dich beschäftigen kannst.«

Von dieser Zurückweisung getroffen und ernüchtert, schlurfte ich davon, mein Morgenbad zu nehmen. Doch nachdem ich hinuntergekommen war und gefrühstückt hatte, bot sich eine Ablenkung in Form eines Besuchers – Cozcatl kam uns besuchen.

»Ayyo, wie kommt es, daß du schon davon gehört hast?« rief ich aus.

»Immerhin ist es sehr liebenswürdig von dir, uns sofort besuchen zu kommen.«

Meine Begrüßung schien ihn verlegen zu machen. Er sagte: »Wovon soll ich gehört haben? Eigentlich bin ich gekommen ...«

»Nun, daß wir ein Baby erwarten«, sagte ich.

Trauer malte sich flüchtig auf seinem Gesicht, ehe er sagte: »Das freut mich für dich, Mixtli, und für dich, Zyanya. Ich flehe die Götter an, euch mit einem gesunden Kind zu beglücken.« Dann jedoch murmelte er: »Das Zusammentreffen hat mich nur einen Augenblick verwirrt. Ich bin nämlich hergekommen, um dich um die Erlaubnis zu bitten zu heiraten.«

»Zu heiraten? Aber das ist ja eine genauso herrliche Neuigkeit wie meine!« Ich schüttelte den Kopf. »Man stelle sich vor ... der Knabe Cozcatl, und jetzt ist er schon so alt, daß er sich eine Frau nehmen kann. Manchmal merkt man gar nicht, wie die Zeit verfliegt. Aber was soll das heißen – mich um Erlaubnis zu fragen?«

»Die Frau, die ich heiraten möchte, ist nicht frei, zu tun, was sie möchte. Sie ist eine Sklavin.«

»So?« Ich begriff immer noch nicht. »Aber du kannst es dir doch gewiß leisten, sie freizukaufen.«

»Das kann ich«, bestätigte er. »Aber wirst du sie auch verkaufen? Ich möchte Quequelmíqui heiraten, und sie mich.«

»Was?«

»Durch euch habe ich sie kennengelernt, und ich gestehe, daß viele meiner Besuche bei euch so etwas wie ein Vorwand waren, damit sie und ich eine kleine Weile zusammensein konnten. Der größte Teil meiner Werbung hat sich in eurer Küche abgespielt.«

Ich war wie vom Donner gerührt. »Kitzlig? Unser kleines Hausmädchen? Aber sie ist doch fast noch ein Kind!«

Sanft machte er mich darauf aufmerksam: »Das war sie, als ihr sie kauftet, Mixtli. Die Jahre sind wirklich geflogen.«

Ja, in der Tat, dachte ich. Kitzlig konnte nur ein oder zwei Jahre jünger sein als Cozcatl, und der war – mal sehen –, nun ja, er war immerhin schon zweiundzwanzig. Großmütig sagte ich daher:

»Du hast meine Erlaubnis – und meine Glück- und Segenswünsche dazu, Cozcatl. Aber warum sie kaufen? Das kommt überhaupt nicht in Frage. Sie soll das erste unserer Hochzeitsgeschenke für dich sein. Nein, nein – keine Widerrede! Ich bestehe darauf. Wäre sie nicht durch deine Schule gegangen, wäre sie nie wert gewesen, als mögliche Ehefrau in Betracht gezogen zu werden. Ich weiß noch, wie sie war, als sie zu uns kam. Dieses ewige Gekicher!«

»Dann danke ich dir, Mixtli, und sie wird das gleiche tun. Und außerdem möchte ich noch sagen« – abermals schien er zutiefst verwirrt –, »daß ich ihr selbstverständlich gesagt habe, was mit mir los ist und ihr von der Wunde erzählt habe, die ich davongetragen habe. Sie ist sich also darüber im klaren, daß sie nie Kinder bekommen kann, so wie du und Zyanya.«

Erst da ging mir auf, wie meine völlig unvermutete Eröffnung ihn in seinem eigenen Hochgefühl getroffen haben mußte. Ohne etwas davon zu ahnen und völlig unabsichtlich, war ich grausam gewesen. Doch ehe ich Worte der Entschuldigung dafür fand, fuhr er fort:

»Quequelmíqui schwört, daß sie mich liebt und mich so nehmen will, wie ich bin. Ich muß mir nur sicher sein, daß sie sich über das Ausmaß meiner – nun ja, das Ausmaß – meiner Behinderung im klaren ist. Bei den Liebkosungen, die wir in der Küche ausgetauscht haben, sind wir nie soweit gegangen . . .«

Er wand sich vor Verlegenheit, und so versuchte ich, ihm zu helfen. »Du meinst, du hast sie noch nicht . . .«

»Sie hat mich noch nicht einmal unbekleidet gesehen«, platzte es aus ihm heraus. »Und sie ist eine Jungfrau und nicht eingeweiht in das, was für eine Beziehung zwischen Mann und Frau bestehen kann.«

Ich erklärte: »Das wird Zyanya übernehmen. Schließlich ist es ihre Pflicht als ihre Herrin, sich von Frau zu Frau mit ihr zu unterhalten. Ich bin sicher, Zyanya wird sie über die intimeren Seiten des Ehelebens gründlich aufklären.«

»Das wäre sehr freundlich«, sagte Cozcatl. »Aber hinterher – würdest du bitte auch noch mit ihr sprechen, Mixtli? Du kennst mich länger und – hm, besser als Zyanya. Du könntest Quequelmíqui genauer sagen, wo meine Grenzen als Ehemann liegen. Würdest du das für mich tun?«

Ich sagte: »Ich werde mein Bestes tun, Cozcatl, aber ich warne dich. Ein jungfräulich unschuldiges Mädchen wird schon von Zweifeln und Ängsten geplagt, wenn es darum geht, einen Burschen mit den selbstverständlichsten körperlichen Attributen zum Mann zu nehmen. Wenn ich ihr unverblümt sage, was sie sich von dieser Ehe erwarten kann – und was nicht – könnte sie das noch weiter verängstigen.«

»Sie liebt mich«, bekannte Cozcatl aus vollem Herzen. »Sie hat mir ihr Wort gegeben. Ich kenne ihr Herz.«

»Dann bist du einzigartig unter den Männern«, erklärte ich trocken. »Ich weiß nur soviel: für eine Jungfrau ist eine Ehe gleichbedeutend mit Blumen, Vogelgesang und Schmetterlingsgegaukel. Wenn ich Kitzlig gegenüber plötzlich anfange, von Fleisch, Organen und Geweben zu reden, werde ich bestenfalls einen schönen Traum zerstören. Schlimmstenfalls schreckt sie aber entsetzt davor zurück, dich oder überhaupt irgendeinen Mann zu heiraten. Dafür würdest du mir bestimmt nicht danken.«

»Doch würde ich das«, erklärte er. »Quequelmíqui verdient Besseres, als eine schlimme Überraschung in ihrer Hochzeitsnacht. Kommt sie zu dem Schluß, mir einen Korb zu geben, dann lieber jetzt als später. Ach, es würde mich vernichten, gewiß. Wenn die gute und liebende Quequelmíqui mich nicht haben will, dann bestimmt auch nie eine andere Frau. Dann werde ich mich freiwillig zu den Kriegern melden, irgendwo in den Krieg ziehen und darin fallen. Doch was auch geschieht, Mixtli – nie würde ich dir einen Vorwurf daraus machen. Nein, ich flehe dich an –, tu mir diesen Gefallen.«

Folglich berichtete ich Zyanya, nachdem er gegangen war, von dieser Neuigkeit und seinem Ansinnen. Sie rief Kitzlig aus der Küche, und das Mädchen kam, errötete bis unter die Haarwurzeln, zitterte und verschlang ihre Finger in den Blusensaum. Beide umarmten wir sie und gratulierten ihr, die Liebe eines so tüchtigen jungen Mannes errungen zu haben. Dann legte Zyanya ihr mütterlich den Arm um die Hüfte und führte sie nach oben, während ich mich bei meinen Farbtöpfen und dem Borkenpapier niederließ. Nachdem ich die Freilassungsurkunde ausgefertigt hatte, rauchte ich unruhig eine Poquiétl – mehrere sogar, bis Kitzlig wieder herunterkam.

War sie zuvor schon rot übergossen gewesen, so glühte sie jetzt wie ein Kohlenbecken und zitterte wie Espenlaub. Vielleicht machte ihre Aufregung sie noch hübscher, als sie es sonst war, doch ging mir offen gestanden zum erstenmal auf, daß sie in der Tat ein höchst reizvolles Mädchen war. Vermutlich hat man nie recht ein Auge für das, was man täglich im Hause vor sich sieht, bis jemand von außerhalb kommt und einem zu etwas Bestimmtem beglückwünscht.

Ich reichte ihr das Papier, und sie sagte: »Was ist das, Herr?«

»Eine Urkunde, in welcher steht, daß die freie Frau Quequelmíqui nie wieder einen Menschen ›Herr‹ nennen muß. Versuch vielmehr, in mir einen Freund der Familie zu sehen, denn Cozcatl hat mich gebeten, dir einige Dinge zu erklären.«

Ich machte nicht viel Umschweife und ging, fürchte ich, nicht sonderlich zartfühlend vor. »Die meisten Männer haben etwas, was man Tepúli nennt, Kitzlig ...«

Sie ließ mich nicht weiterreden, sondern sagte, freilich ohne den Kopf zu heben: »Ich weiß, was das ist, Herr. Ich habe Brüder gehabt in meiner Familie. Meine Herrin sagt, ein Mann steckt es in eine Frau hinein ... hier.« Sittsam zeigte sie auf ihren Schoß. »Zumindest tut er das, wenn er einen hat. Cozcatl hat mir erzählt, wie er seinen verloren hat.«

»Womit er gleichzeitig die Fähigkeit verloren hat, dich jemals zur Mutter zu machen. Außerdem sind ihm damit bedauerlicherweise etliche Freuden der Ehe versagt. Was ihm jedoch nicht genommen werden konnte, ist sein Wunsch, *dich* diese Freuden kosten zu lassen – und seine Fähigkeit, sie dir zu schenken. Wenn er auch kein Tepúli mehr hat, dich mit ihm zu verbinden, gibt es andere Möglichkeiten, den Liebesakt zu vollziehen.«

Ich wandte mich ein wenig ab, um uns beiden die Peinlichkeit zu ersparen, zu sehen, wie sie womöglich noch flammender errötete, und bemühte mich, im gleichbleibenden, gelangweilten Ton eines Schulmeisters weiterzusprechen. Nun, Grundsätzliches läßt sich durchaus mit schulmeisterlicher Stimme vermitteln, doch – als ich bei den vielfältigen Möglichkeiten verweilte, die Brüste, das Tipíli und insbesondere den empfindlichen Xacapíli mit Fingern, Zunge, Lippen, ja sogar mit den Wimpern zu reizen und zu befriedigen – nun, ich konnte einfach nicht umhin, mich all der Feinheiten und unterschiedlichen Arten zu erinnern, die ich früher und in letzter Zeit genossen und geschenkt hatte, so daß meine Stimme unsicher und brüchig wurde. Infolgedessen beeilte ich mich, zum Schluß zu kommen:

»Eine Frau vermag diese Freuden fast genauso befriedigend zu finden wie den üblicheren Liebesakt. Viele genießen sie sogar lieber, als einfach vom Tepúli eines Mannes gepfählt zu werden. Manche teilen sie sogar mit anderen Frauen und scheren sich dabei nicht im geringsten um das Fehlen eines Tepúli.«

Kitzlig sagte: »Das klingt ...« – sagte das so sehr mit zitternder Stimme, daß ich mich ihr doch wieder zuwandte und sie ansah. Den Körper ganz steif, saß sie da; Augen und Fäuste hatte sie fest geschlossen. »Man hat das Gefühl ...« Ihr ganzer Körper wurde geschüttelt. »Wunder ... *Wun-der-bar* ...« Lange brauchte sie dazu, das Wort herauszubringen, gleichsam als werde es ihr mühselig abgerungen. Es dauerte eine Weile, bis sie die Fäuste öffnen und die Augen aufmachen konnte. Sie hob sie zu mir auf, und sie waren wie trübe Lampen. »Ich ... ich danke Euch ... daß Ihr mir diese Dinge gesagt habt.«

Mir fiel ein, wie Kitzlig früher immer ohne jeden Grund gekichert hatte. War es möglich, daß sie auf andere Weise zu erregen war, ohne daß man sie anrührte oder gar erst entkleidete?

Ich sagte: »Ich habe dir nichts mehr zu befehlen, und folglich ist das, worum ich dich jetzt bitte, eine Dreistigkeit, die du ablehnen kannst. Aber ich möchte gern deinen Busen sehen.«

Mit unschuldig geweiteten Augen sah sie mich an. Erst zögerte sie, doch dann hob sie langsam ihre Bluse in die Höhe. Ihre Brüste waren nicht groß, dafür jedoch wohlgeformt, und ihre Brustwarzen richteten sich allein unter der Berührung meines Blickes auf; die Höfe waren dunkel und fast zu groß, als daß ein Mann sie ganz hätte in den Mund nehmen können. Ich seufzte und gab ihr zu verstehen, sie könne gehen. Ich hoffte, mich zu irren, doch fürchtete ich sehr, daß Kitzlig sich nicht *immer* mit weniger denn einem richtigen Beischlaf zufriedengeben würde – und Cozcatl Gefahr lief, irgendwann einmal der unglücklichste aller Ehemänner zu werden.

Ich ging nach oben und fand Zyanya auf der Schwelle der Kinderkammer stehen, wo sie zweifellos mit sich zu Rate ging, was darin noch fehle und was zu verbessern sei. Ich ließ nichts von meinen bösen Ahnungen verlauten, die mich in Hinblick auf Cozcatls Eheschließung quälten, sondern sagte nur:

»Wenn Kitzlig uns verläßt, wird uns eine Dienerin fehlen. Türkis kann unmöglich den Haushalt führen und sich außerdem noch um dich kümmern. Cozcatl hat einen unglücklichen Augenblick gewählt, uns seine Absichten zu eröffnen. Denkbar unglücklich für uns.«

»Unglücklich!« rief Zyanya strahlend. »Ach, Záa, du hast einmal gesagt, wenn ich Hilfe brauchte, könnten wir Béu vielleicht bewegen, zu uns zu kommen. Daß Kitzlig uns verläßt, ist – den Göttern sei Dank – nur ein höchst unbedeutendes Mißgeschick; dafür bietet es uns aber einen guten Vorwand. *Bestimmt* brauchen wir eine andere Frau im Haus. Ach, Záa, laß sie uns bitten herzukommen.«

»Ein guter Einfall«, sagte ich. Ich sah der Aussicht, eine verbitterte Béu um mich zu haben, nicht gerade erwartungsfreudig entgegen, zumal in einer so aufregenden Zeit wie dieser, doch war ich entschlossen, Zyanya jeden Wunsch zu erfüllen. Deshalb erklärte ich: »Ich werde die Einladung so dringlich abfassen, daß sie einfach nicht ablehnen kann.«

Überbringen ließ ich das Schreiben von denselben sieben Kriegern, welche einst mit mir gen Süden gezogen waren; falls Wartender Mond sich also einverstanden erklären sollte, nach Tenochtitlan zu kommen, hätte sie dann gleich eine Begleitung, die sie beschützen konnte. Und sie tat es, ohne irgendwelche Einwände zu erheben und ohne Zögern. Gleichwohl brauchte sie einige Zeit, alle Vorkehrungen zu treffen, welche es ihr ermöglichten, die Weiterführung der Herberge ihren Dienern und Sklaven zu überlassen. Inzwischen richteten Zyanya und ich ein großartiges Hochzeitsfest für Cozcatl und Kitzlig, und die beiden lebten fortan in seinem Hause.

Der Winter war bereits fortgeschritten, als die sieben Krieger Béu Ribé an unserer Tür ablieferten. Mittlerweile war ich offen gestanden genauso erfreut, sie zu sehen, wie Zyanya. Meine Frau war dick geworden

– erschreckend dick, wie ich fand – und fing an, unter bestimmten Schmerzen und nervösen Zuständen und anderen Anzeichen der Erschöpfung zu leiden. Wiewohl sie mir immer wieder aufs neue gereizt erklärte, so etwas sei ganz natürlich, beunruhigten sie mich und brachten mich dazu, sie nie aus den Augen zu lassen und ständig zu versuchen, ihr ihre Lage zu erleichtern, was alles nur dazu angetan war, sie noch gereizter zu machen.

Sie rief: »Ach, Béu, ich danke dir, daß du gekommen bist. Ich danke Uizye Tao und allen anderen Göttern, daß du gekommen bist.« Und fiel ihrer Schwester in die Arme wie einer Retterin. »Vielleicht hast du mir das Leben gerettet! Ich werde förmlich zu Tode *verwöhnt*.«

Béus Gepäck wurde in die für sie vorbereitete Gästekammer gebracht, doch den größten Teil dieses Tages verbrachte sie zusammen mit Zyanya in unserem Zimmer, aus dem ich mit sanfter Gewalt vertrieben wurde, so daß mir nichts anderes übrig blieb, als schmollend durch den Rest des Hauses zu ziehen. Als es Abend wurde, kam Béu allein herunter. Während wir zusammen unsere Schokolade tranken, sagte sie in geradezu verschwörerischem Ton:

»Zyanya hat bald jene Zeit ihrer Schwangerschaft erreicht, wo du deiner ... deiner ehelichen Rechte entraten mußt. Was wirst du während dieser Zeit tun?«

Fast hätte ich ihr gesagt, das gehe sie nichts an, doch meinte ich dann nur: »Nun, ich werd's überleben.«

Sie jedoch ließ nicht locker. »Es würde sich nicht schicken, wenn du auf eine Fremde zurückgriffest.«

Verletzt stand ich auf und erklärte steif: »Die erzwungene Enthaltsamkeit mag mir zwar gerade keine *Freude* bereiten, aber ...«

»Aber du hoffst, einen annehmbaren Ersatz für Zyanya zu finden?« Sie legte den Kopf schief, als erwartete sie ernstlich eine Antwort. »Und könntest du in ganz Tenochtítlan keine finden, die so schön wäre wie sie? Und deshalb schickst du ganz bis ins ferne Tecuantépec, um mich kommen zu lassen?« Sie lächelte, erhob sich und trat so nahe an mich heran, daß ihre Brüste meine Brust streiften. »Sehe ich Zyanya nicht so ähnlich, daß du mich als einen befriedigenden Ersatz für sie betrachten könntest?« Schelmisch fingerte sie an meiner Umhangspange herum, als wolle sie sie öffnen. »Aber Záa, wenn auch Zyanya und ich Schwestern und uns körperlich so ähnlich sind, bedeutet das noch lange nicht, daß wir nicht doch unterschiedlich wären. Im Bett könntest du uns sehr verschieden finden ...«

Entschlossen schob ich sie fort von mir. »Ich wünsche dir einen angenehmen Aufenthalt in diesem Haus, Béu Ribé. Aber wenn du deinen Abscheu vor mir nicht für dich behalten kannst – könntest du dich nicht zumindest enthalten, ihn auf so boshaft unaufrichtige Weise zu demonstrieren? Könnten wir beide es nicht einfach fertigbringen, so zu tun, als bemerken wir einander nicht?«

Als ich davonschritt, war ihr Gesicht so brennend rot übergossen, als hätte ich sie bei etwas Ungehörigem ertappt – und sie rieb sich die Wange, als hätte ich sie dieserhalb geschlagen.

Señor Bischof Zumárraga, es ist mir eine schmeichelhafte Ehre, daß Ihr uns wieder einmal beehrt. Euer Exzellenz kommen gerade rechtzeitig, um zu hören, wie ich – nicht minder stolz als vor so vielen Jahren – die Geburt meiner geliebten Tochter verkünde.

Alle meine Befürchtungen erwiesen sich als unbegründet, wie ich zu meiner Freude gestehen muß. Das Kind bewies Klugheit, noch ehe es überhaupt auf die Welt kam, denn es wartete seine Zeit im Mutterleib ab, bis die leblosen Nemontémtin-Tage vorüber waren, und erschien dann am Tage Ce-Malináli oder Ein Gras des ersten Monds im Jahre Fünf Haus. Ich war damals dreißig, eigentlich schon ein wenig zu alt, um zum erstenmal Vater zu werden, doch führte ich mich eingebildet und albern auf wie nur je ein junger Mann – als ob ich allein das Kind empfangen, ausgetragen und zur Welt gebracht hätte.

Während Béu an Zyanyas Lager sitzen blieb, kamen der Arzt und die Hebamme zu mir heraus, um mir zu sagen, daß das Kind ein Mädchen sei, und mir alle ängstlichen Fragen zu beantworten. Sie schienen zu meinen, ich sei von Sinnen, als ich die Hände rang und sagte: »Sprecht die Wahrheit. Ich kann sie ertragen. Sind es nicht in Wirklichkeit zwei Mädchen in einem Körper?« Nein, erklärten sie, es handele sich keineswegs um irgendwelche Zwillinge, sondern um eine einzige Tochter. Nein, sie sei auch keineswegs ungewöhnlich groß. Nein, sie sei alles andere als monströs, und nichts an ihr weise auf irgendwelche schlimmen Vorbedeutungen hin. Als ich dem Arzt mit Fragen zusetzte, wie es denn mit ihrem Augenlicht stehe, erwiderte er verzweifelt, Neugeborene seien nun einmal nicht für ihren Adlerblick bekannt, und man habe auch noch nie gehört, daß sie sich dessen gerühmt hätten. Ich müsse schon warten, bis sie sprechen und es mir selbst sagen könne.

Sie übergaben mir die Nabelschnur des Kindes und kehrten dann in die Kinderkammer zurück, um Ein Gras in kaltes Wasser zu tunken, sie zu wickeln und sie den traditionellen Ermahnungen und Verhaltensmaßregeln zu überantworten. Ich ging nach unten, wickelte die noch feuchte Nabelschnur mit zitternder Hand um ein Spinnrad aus gebranntem Ton, sprach ein paar stumme Gebete zu den Göttern und vergrub sie unter den Herdsteinen der Küche. Dann eilte ich wieder nach oben und wartete ungeduldig darauf, daß man mir gestattete, einen ersten Blick auf meine Tochter zu werfen.

Ich gab meiner matt lächelnden Frau einen Kuß und betrachtete durch meinen Topas das in ihre Armbeuge gebettete Zwergengesicht. Ich hatte die frischgeborenen Sprößlinge anderer Eltern gesehen, und so war ich nicht erschrocken über den Anblick; gleichwohl war ich ein *wenig* enttäuscht, daß unserer den anderen in keiner Weise überlegen war. Sie war gerötet und verschrumpelt wie eine Chopíni-Pfefferschote und kahlköpfig und häßlich wie ein alter Purémpe. Ich bemühte mich, eine Woge aufsteigender Liebe in mir zu empfinden, wie es sich gehörte, doch vergebens. Alle versicherten mir, sie sei wirklich und wahrhaftig meine Tochter, ein neues Menschenkind, doch wäre ich wohl genauso bereit gewesen, ihnen zu glauben, wenn sie mir gesagt hätten, es handele sich um ein frischgeborenes, noch unbehaartes Brülläffchen. Zumindest brüllte sie so.

Ich brauche wohl kaum zu sagen, daß das Kind mir von Tag zu Tag menschlicher vorkam und ich anfing, sie wohlwollender und liebevoller zu betrachten. Ich nannte sie Cocóton, was ein gebräuchlicher Kosename bei uns für kleine Mädchen ist und soviel bedeutet wie Brotkrume oder Krümel. Es dauerte auch nicht lange, da bekundete Cocóton eine Ähnlichkeit mit ihrer Mutter und damit notwendigerweise auch mit ihrer Tante, womit ich sagen will, daß kein Baby schneller schön geworden ist als sie. Als sie Haare bekam, waren es Löckchen. Die Wimpern bildeten sich aus, und zwar – wenn auch winzig klein – genauso wie die kolibriflügelhaften Wimpern von Zyanya und Béu. Ihre Brauen traten deutlich hervor, und auch sie zeigten den gleichen Flügelschwung wie die von Zyanya und Béu. Sie fing an, öfter zu lächeln als zu weinen, und ihr Lächeln war das von Zyanya und zwang alle um sie herum, gleichfalls zu lächeln. Selbst Béu, die in den letzten Jahren zunehmend griesgrämig geworden war, sah sich jetzt häufig genötigt, das gleiche strahlende Lächeln aufzusetzen.

Zyanya konnte bald wieder aufstehen, wiewohl ihr ganzes Tun sich eine Zeitlang nur um Cocóton drehte, die einfach forderte, daß ihr Milchtier ihr häufig zur Verfügung stehe. Béus Anwesenheit machte es unnötig, daß ich mich weiterhin um das Wohlergehen von Zyanya und dem Baby kümmerte, und beide Frauen gingen häufig über meine unerbetenen Vorschläge und Aufmerksamkeiten einfach hinweg. Gleichwohl bestand ich bisweilen darauf, daß man mir gehorche, einfach weil ich der Herr im Hause war. Als Cocóton fast zwei Monde alt war und nicht mehr so häufig auf ihre Milchversorgerin angewiesen war, ließ Zyanya Zeichen der Unruhe erkennen.

Sie war nunmehr seit Monden ans Haus gefesselt gewesen und nicht weiter hinausgekommen ins Freie als auf unseren Dachgarten, um in den Strahlen von Tonatíu zu baden und die frische Brise von Ehécatl zu genießen. Gern würde sie sich einmal wieder weiter hinauswagen, erklärte sie, um mich dann daran zu erinnern, daß bald die Feier zu Ehren von Xipe Totec in Dem Herzen Der Einen Welt abgehalten werde. Daran wolle sie teilnehmen, was ich ihr aber rundheraus abschlug.

Ich erklärte: »Cocóton ist ohne Makel, gesund an allen Gliedern und offenbar auch mit vollem Sehvermögen auf die Welt gekommen – dank ihrem Tonáli, oder unserem, oder dank dem guten Willen der Götter. Warum sie jetzt irgendwelchen Gefahren aussetzen? Solange du sie nährst, müssen wir dafür sorgen, daß keine bösen Einflüsse in deine Milch übergehen, dadurch etwa, daß du dich erschrickst oder dich aufregst, wenn du etwas Furchtbares siehst. Und ich kann mir nun mal nichts vorstellen, was geeigneter wäre, dich nicht zu entsetzen, als die Feier des Xipe-Totec-Festes. Laß uns irgendwo anders hingehen, Geliebte, nur nicht dorthin.«

Oh ja, Euer Exzellenz, ich war oft Zeuge gewesen, wie Xipe Totec geehrt wurde, denn ihr Fest war eines der wichtigsten religiösen Rituale, welche wir Mexíca und auch viele andere Völker befolgten. Die Zeremonie war beeindruckend, man könnte sogar sagen, unvergeßlich, doch nicht einmal damals konnte ich recht glauben, daß irgendeiner, der daran teilnahm oder auch nur zuschaute, es *genossen* haben kann. Wiewohl mittlerweile viele Jahre vergangen sind, seit ich das letzte Mal Zeuge von Xipe Totecs Sterben und Wiedergeburt gewesen war, kann ich es kaum ertragen, zu beschreiben, wie das vonstatten ging – wobei mein Abscheu nichts damit zu tun hat, daß ich ein zivilisierter Christ geworden bin.

Doch wenn Euer Exzellenz es so sehr interessiert und wenn Ihr darauf besteht...

Xipe Totec war unser Gott der Saatzeit, die bei uns in unseren Mond Tlacaxipe Ualíztli fiel, was man als »Das Sanfte Schinden« übersetzen kann. Es war die Jahreszeit, in welcher die abgestorbenen Strünke und Stoppeln der Vorjahrsernte abgebrannt, abgerecht oder untergegraben wurden, auf daß der Boden sauber und bereit gemacht werde, die neue Saat zu empfangen. Tod, welcher dem Leben weicht, versteht ihr, wie er das sogar für die Christen tut, wenn jedes Jahr zur Saatzeit der Herr Jesus stirbt und wiedergeboren wird. Euer Exzellenz brauchen nicht abwehrend zu schnauben. Weiter geht die ruchlose Ähnlichkeit nicht.

Ich will nicht alle Vorbereitungen und all die Dinge beschreiben, die bei diesem Fest eine Rolle spielten: die Blumen und die Musik, die Tänze und die Farben, die Gewänder und Umzüge und den Donner der Trommel, die das Herz herausreißt. Ich will mich gnädig kurz fassen, so gut es geht.

Wisset also, daß schon im voraus ein junger Mann oder ein junges Mädchen ausgewählt wurden, die geehrte Rolle von Xipe Totec, Unserem Herrn Dem Geschundenen, zu spielen. Welchen Geschlechts der Darsteller war, war weniger wichtig als das Erfordernis, daß er oder sie voll ausgewachsen und immer noch jungfräulich wären. Für gewöhnlich handelte es sich um einen Fremden von edler Geburt, welcher noch als Kind in irgendeinem Krieg in Gefangenschaft geraten war und von vornherein bestimmt wurde, sobald er oder sie erwachsen wäre, den Gott darzustellen. Niemals wurde für diesen Zweck ein Sklave gekauft, denn Xipe Totec verdiente und verlangte einen jungen Menschen edelsten Geblüts und bekam ihn auch.

Einige Tage vor Beginn des Festes wurde der Jüngling oder die Jungfrau im Xipe-Totec-Tempel untergebracht und mit allem überhäuft, was Freude machte: gutem Essen und Trinken und schöner Unterhaltung. Nachdem die Jungfräulichkeit des oder der Betreffenden überzeugend festgestellt worden war, wurde sie rasch beseitigt. Er oder sie durfte sich jeder Ausschweifung hingeben – man ermunterte die Betreffenden ausdrücklich dazu, und falls nötig, wurden sie sogar dazu gezwungen –, denn das gehörte unumgänglich dazu, galt es doch, den Gott der Frühlingsfruchtbarkeit darzustellen. Handelte es sich bei dem Xochimíqui um einen jungen Mann, durfte er sämtliche Frauen und Mädchen nennen, welche er jemals begehrt hatte, gleichgültig, ob sie verheiratet waren oder nicht. Erklärten diese Frauen sich einverstanden – was viele taten, selbst von den verheirateten –, brachte man sie ihm. War der Xochimíqui ein Mädchen, durfte sie alle Männer nennen, die sie wollte, und für sie die Beine spreizen.

Gelegentlich kam es jedoch vor, daß der junge Mensch, welcher für die Ehre des Gottseins ausersehen war, etwas gegen diesen Teil der Darstellung hatte. Handelte es sich um ein junges Mädchen und lehnte es die Gelegenheit ab, allen Lüsten zu frönen, wurde sie vom Hohenpriester von Xipe Totec mit Gewalt ihrer Jungfernschaft beraubt. Handelte es sich um einen zur Keuschheit entschlossenen jungen Mann, wurde er gefesselt und von einer Tempeldienerin bestiegen. Widerstrebte der junge Mensch selbst dann noch, wenn er die Freuden des Fleisches kennengelernt hatte, mußte er wiederholte Vergewaltigungen durch die Priester oder Tempelfrauen über sich ergehen lassen und, wenn diese genug davon hatten, selbst vom gemeinen Volk, wer immer Lust dazu hatte. Davon gab es immer genügend: Fromme, welche danach gierten, sich mit einem Gott oder einer Göttin zu paaren, solche, die nur ihrer Geilheit frönten, solche, die einfach neugierig waren, kinderlose Frauen und impotente Männer, welche hofften, durch die Gottheit zu empfangen oder ihre Jugendkraft wiederzufinden. Jawohl, Euer Exzellenz, es kam zu jeder Ausschweifung, welche Ihr Euch ausdenken könnt – nur nicht zur Paarung von Gott und Mann oder Göttin und Frau. Da solches der Fruchtbarkeit im höchsten Maße zuwiderlief, wäre das Xipe Totec alles andere als wohlgefällig gewesen.

Am Tag des Festes – nachdem die Menschen, welche zusammengeströmt waren, durch Vorführungen von Zwergen und Gauklern, Tocotíne und ähnlichen unterhalten worden waren – trat Xipe Totec öffentlich auf. Das junge Mädchen oder der junge Mann war wie der Gott gekleidet und trug ein Gewand, welches aus trockenen alten Maishülsen und frischem jungem Grün bestand; auf dem Kopf trug er eine fächerförmige Krone aus leuchtend bunten Federn; um die Schultern hatte er einen fließenden Umhang liegen und an den Füßen goldene Sandalen. Viele Male wurde der junge Mensch in einem eleganten Tragstuhl unter viel Gepränge und ohrenbetäubender Musik um Das Herz Der Einen Welt herumgetragen, und er streute Saat- und Maiskörner in die jubelnde und singende Menge. Wenn der Umzug vor der in einer Ecke des riesigen Platzes errichteten niedrigen Pyramide des Xipe Totec anlangte, hörte alles Getrommel, alle Musik und alles Singen auf, verstummte die Menge und wurde der Gottesdarsteller zu Füßen der Tempeltreppe niedergesetzt.

Dort halfen zwei Priester ihr, sich ihres Gewands zu entledigen, eines Stücks nach dem anderen, bis sie vor aller Augen vollständig nackt dastand – von denen manche bereits jede Einzelheit und jede Öffnung ihres Körpers kannten. Die Priester reichten ihr ein Bündel von zwanzig kleinen Rohrflöten, und sie wandte der Menge den Rücken zu. Die beiden Priester faßten neben ihr Fuß, während sie zum Altarstein und zum Tempel hinaufstieg. Auf jeder einzelnen der zwanzig nach oben führenden Stufen ließ sie aus einer der Flöten einen Triller erschallen, um dann die Flöte mit den Händen entzweizubrechen. Möglich, daß sie auf der letzten Stufe ein wenig länger und ausgedehnter und auch ein wenig trauriger auf ihrer letzten Flöte spielte, doch ließen die Priester, welche sie begleiteten, nicht zu, daß sie ihr Spiel ungebührlich in die Länge zog. Das Leben Xipe Totec hatte zu enden, nachdem der letzte Triller der letzten Flöte verklungen war.

Dann wurde sie von den anderen, oben auf der Pyramide wartenden Priestern ergriffen und rücklings über den niedrigen Opferstein gelegt, zwei von ihnen schwangen ihre Obsidianmesser. Während einer die Brust zerteilte und das noch klopfende Herz herausriß, trennte der andere den Kopf vom Leibe, an dem Wimpern und Mund noch zuckten. Bei keiner anderen unserer religiösen Zeremonien wurde das Opfer enthauptet, nur bei dieser, doch auch in diesem Falle kam diesem Umstand keinerlei religiöse Bedeutung zu. Er diente einzig praktischen Gründen, denn es ist nun mal leichter, einem Toten die Haut abzuziehen, wenn Kopf und Leib getrennt sind.

Das Schinden vollzog sich nicht vor den Augen der Menge. Die beiden Teile, welche eben noch ein junger Mensch gewesen waren, wurden in aller Eile in den Tempel geschafft, und die Priester verstanden sich vorzüglich auf ihr Geschäft. Die Kopfhaut wurde am Hinterkopf vom Hals bis zum Scheitel aufgeschnitten und über den Kopf gezogen; nur die Augenlider wurden herausgeschnitten. Auch der übrige Körper wurde hinten vom After bis zum Halsstumpf aufgeschlitzt, die Haut von Armen und Beinen jedoch sorgsam gelockert, um unversehrte Schläuche zu erhalten. Hatte es sich beim Xochimíqui um eine junge Frau gehandelt, wurde das weiche Fleisch von Brüsten und Gesäß unversehrt belassen, um ihre Rundungen zu bewahren. War es jedoch ein junger Mann, beließ man sein Tepúli und die Olóltin unversehrt, und sie baumelten von der Haut herab.

Der kleinste Priester Xipe Totecs – und es gab immer einen kleinen unter ihnen – entledigte sich geschwind seiner Gewänder und streifte sich die Hautteile des Xochimíqui über. Da die Haut innen immer noch feucht und schlüpfrig war, bereitete es ihm keine Schwierigkeit, mit Armen und Beinen in die entsprechenden Hautschläuche hineinzuschlüpfen. Die Füße des Toten waren entfernt worden, weil sie dem Priester sonst beim Tanzen hinderlich gewesen wären, doch die Hände des Toten blieben dran und baumelten winkend neben seinen eigenen. Da die Rumpfhaut hinten nicht schloß, wurde sie entlang der Schnittlinie durchlöchert, Riemen hindurchgezogen und mit ihrer Hilfe die Haut straff um seinen Körper gezogen. Sodann zog der Priester Haar und Gesicht des Toten dergestalt über, daß er durch die leeren Augen sehen und durch die schlaffen Lippen hindurch singen konnte; auch sie wurde an seinem Hinterkopf verschnürt und gestrafft. Alle Blutspuren wurden abgewaschen und der Schlitz auf der Brust zugenäht.

All das dauerte nicht länger als ich brauche, es Eurer Exzellenz zu erzählen. Den Zuschauern mußte es vorkommen, als habe der tote Xipe Totec den Altarstein kaum verlassen und erscheine flugs darauf unterm Tempeltor. Gebeugt stand er da, tat so, als sei er ein schwacher Greis und stützte sich auf zwei schimmernde Hüftknochen, die einzigen anderen Teile des Xochimíqui, welche außer der Haut noch bei der Zeremonie Verwendung fanden. Wenn die Trommeln aufdröhnten, ihn zu begrüßen, richtete Unser Herr Der Geschundene sich langsam auf wie ein alter Mann, der plötzlich wieder jung wird. Er hüpfte die Stufen der Pyramide herunter und tanzte wie toll über den Platz, fuchtelte mit den schlüpfrigen Hüftknochen herum und benützte sie, um jeden, der es schaffte, nahe genug an ihn heranzukommen, segnend damit zu berühren.

Vor der Zeremonie pflegte der betreffende Priester viele von den Fleisch der Götter genannten Pilzen zu verzehren und sich dadurch in einen Zustand der Trunkenheit und Ekstase zu versetzen. Das hatte er auch bitter nötig, denn ihm fiel der anstrengendste Teil dessen zu, was jetzt noch folgte. Es wurde von ihm erwartet, daß er wie rasend unablässig tanze, bis auf die Unterbrechungen, da er zusammenbrach und bewußtlos liegenblieb – und das fünf Tage und fünf Nächte hintereinander. Selbstverständlich ging nach und nach seine hemmungslose Ausgelassenheit beim Tanzen verloren, fing die Haut, die er übergestreift hatte, an, sich zusammenzuziehen und trocken zu werden. Nach Ablauf der fünf Tage war sie so geschrumpft und spröde geworden, daß sie ihn wirklich beengte, war sie durch Sonne und Luft abstoßend fahl-gelb geworden – aus diesem Grunde nannte man sie übrigens das Goldgewand – und roch so grauenhaft, daß niemand von denen, die jetzt noch auf dem Platz waren, dem Xipe Totec nahekommen wollten, um sich mit einem Knochen segnen zu lassen ...

Daß Seine Exzellenz sich wieder einmal zornig entfernt haben, zwingt mich – wenn es nicht allzu unehrerbietig klingt, meine Herren Schreiber – zu der Feststellung, daß Seine Exzellenz eine bemerkenswerte Fähigkeit besitzen, uns immer gerade dann mit ihrer Anwesenheit zu beehren, wenn es Dinge zu hören gibt, die zu hören sie am meisten erbosen und entsetzen.

In späteren Jahren sollte ich voller Bedauern erklären, ich wünschte, ich hätte Zyanya niemals etwas abgeschlagen; daß ich sie alles hätte tun und sehen und erfahren lassen sollen, was sie interessierte und sie dazu brachte, es mit staunengeweiteten Augen zu betrachten, daß ich ihrer Begeisterung für noch die unscheinbarsten Dinge in der Welt kein einziges Mal hätte einen Stoß versetzen dürfen. Gleichwohl kann ich mir immer noch keinen Vorwurf daraus machen, daß ich sie davon abhielt, jemals der Xipe-Totec-Zeremonie beizuwohnen.

Ob mir dabei nun irgendein Verdienst zufiel oder nicht, jedenfalls gerieten keine schlechten Einflüsse in Zyanyas Milch. Das Baby Cocóton gedieh prächtig davon, wuchs und wurde dabei immer hübscher, ein winziges Abbild ihrer Mutter und ihrer Tante. Ich war ganz vernarrt in sie, doch war ich, was das betraf, nicht der einzige. Als Zyanya und Béu eines Tages das Baby auf den Markt mitnahmen, sah ein vorübergehender Totonácatl Cocóton aus dem Tragtuch heraus lächeln, in welchem ihre Mutter sie trug, und bat die beiden Frauen um Erlaubnis, dieses Lächeln in Ton festzuhalten. Er war einer jener wandernden Künstler, die aus ihren Gußformen oder Modeln große Mengen von Terrakotta-Figürchen herstellen, dann auf dem Lande umherziehen und sie billig an arme Bauersleute verkaufen. Auf der Stelle fertigte er höchst treffend ein Abbild von Cocóton aus Ton, und später – nachdem er es benutzt hatte, um seine Gußform damit herzustellen, mit deren Hilfe er viele Abbilder herstellte – suchte er unser Haus auf und schenkte Zyanya das Original. Die Ähnlichkeit war eigentlich wirklich nicht sonderlich groß, und er hatte sie auch noch mit dem üppigen Totonáca-Kopfputz ausgestattet, ich jedoch erkannte augenblicklich das herzliche und ansteckende Lächeln und die Grübchen meiner Tochter darin. Wie viele Abbilder er hergestellt hat, weiß ich nicht, aber eine lange Zeit hindurch konne man überall kleine Mädchen mit dieser Puppe spielen sehen. Sogar einige Erwachsene kauften sie, weil sie glaubten, es handelte sich um den lachenden jungen Gott Xochipíli – Blumenprinz – oder um die glückliche Göttin Xilónen – Junge Mais Mutter. Es würde mich keineswegs überraschen, wenn es hier und da immer noch einige von diesen Figürchen gäbe, die nicht entzweigegangen sind, doch würde es mir das Herz brechen, wenn ich heute eine fände und dem Lächeln meiner Tochter und meiner Frau wiederbegegnete.

Gegen Ende des ersten Lebensjahres von Cocóton, als sie ihre ersten kleinen Maiskern-Zähne bekommen hatte, wurde sie auf dieselbe Weise der

Mutterbrust entwöhnt, wie seit unvordenklichen Zeiten alle Mexíca-Mütter ihre Kinder entwöhnt hatten. Wenn sie schrie, um genährt zu werden, trafen ihre Lippen immer häufiger nicht auf Zyanyas süße Brust, sondern auf ein darübergelegtes Blatt: eines der bitteren, den Mund zusammenziehenden und kleine Pusteln hervorrufenden Blätter der Sabila-Agave. Nach und nach ließ Cocóton sich bewegen, statt der Muttermilch weichen Brei wie etwa Atóli zu sich zu nehmen, bis sie schließlich der Brust ganz entsagte. Als das soweit war, verkündete Béu Ribé, da unsere Familie sie nicht mehr brauche, werde sie zu ihrer Herberge zurückkehren; die Pflege des Kindes könne jetzt mühelos Türkis übernehmen, wenn Zyanya müde sei oder anderes zu tun habe.

Ich brachte wieder eine Eskorte für Béu zusammen, und zwar dieselben sieben Krieger, welche ich nachgerade als mein kleines Privatheer betrachtete, und ich begleitete diese und Béu bis an den großen Damm.

»Wir hoffen, du kommst wieder, Schwester Wartender Mond«, sagte ich. Dabei hatten wir uns fast schon den ganzen Morgen über Lebewohl gesagt, hatte Béu viele Geschenke bekommen und beide Frauen reichlich geweint.

»Ich werde kommen, wann immer ich gebraucht ... oder gewünscht werde«, sagte sie. »Da ich nun zum erstenmal aus Tecuantépec fortgewesen bin, wird es mir in der Zukunft leichter fallen. Doch denke ich, ich werde nicht oft gebraucht oder jemals gewünscht werden. Im Grunde möchte ich selbstverständlich nicht zugeben, daß ich mich geirrt habe, Záa, doch die Ehrlichkeit zwingt mich dazu. Du bist meiner Schwester in der Tat ein guter Ehemann.«

»Das ist nicht schwer«, sagte ich. »Derjenige ist der beste Ehemann, welcher die beste Ehefrau hat.«

Mit einem Anflug ihres früheren Spotts sagte sie: »Woher willst du das wissen? Du hast schließlich nur eine geheiratet. Sag mir, Záa, fühlst du dich nie auch nur vorübergehend von ... von anderen Frauen angezogen?«

»Aber gewiß doch«, sagte ich und lachte über mich selbst. »Ich bin ein Mensch, menschliche Gefühle können höchst ungebärdig sein, und es gibt viele andere verführerische Frauen. Wie zum Beispiel dich, Béu. Ich fühle mich sogar von Frauen angezogen, die weniger schön sind als Zyanya oder du – und sei es nur aus Neugierde, zu erfahren, was sich unter ihren Kleidern oder hinter ihren Gesichtern verbirgt. Trotzdem bin ich in den nunmehr fast neun Jahren niemals vom Gedanken zur Tat übergegangen, und wenn ich neben Zyanya liege, verflüchtigen sich derlei Gedanken augenblicklich. Deshalb erröte ich ihretwegen nicht einmal.«

Ich möchte rasch hinzufügen, ehrwürdige Patres, daß meine christlichen Katechismuslehrer mich da eines besseren belehrt haben: Daß schon ein geiler Gedanke genauso sündhaft sein kann wie die lasterhafteste Unzucht. Aber damals war ich noch ein Heide; das waren wir alle. Infolgedessen bedrückten und quälten meine Launen, um die ich nicht gebeten und denen ich nicht nachgegeben hatte, mich genausowenig wie irgendein anderer durch sie gequält und belästigt wurde.

Béu bedachte mich mit einem langen Seitenblick aus ihren herrlichen Augen und sagte: »Du bist bereits ein Adlerritter. Bleibt nur noch, daß dir die Ehre zuteil wird, das -tzin an deinen Namen zu hängen. Als Adliger brauchtest du auch die geheimsten Begierden nicht mehr zu unterdrücken. Zyanya könnte nichts dagegen einwenden, die Erste Gattin unter anderen zu sein, falls sie mit den anderen einverstanden wäre. Dann könntest du alle Frauen haben, die du willst.«

Lächelnd sagte ich: »Das habe ich bereits. Sie heißt nicht von ungefähr Immer.«

Béu nickte, drehte sich um und schritt, ohne sich auch noch ein einziges Mal umzuwenden, davon, bis sie auf dem Damm meinen Blicken entschwand.

Dort, wo der Damm über den Béu dahinzog, auf die Insel trifft, arbeiteten an diesem Tage Männer, und andere waren den ganzen Damm entlang bis halb nach der Feste Acachinánco mit Arbeiten beschäftigt, genauso, wie auf dem Festland im Südwesten Arbeiter am Werk waren. Diese Männer waren dabei, die beiden Enden eines neuen steineren Aquädukts zu errichten, welcher süßes Wasser in die Stadt bringen sollte.

Eine lange Zeit hindurch waren die vielen Städte und Dörfer des Seenbezirks so rasch gewachsen, daß die Übervölkerung in den Gebieten des Dreibunds unerträglich geworden war. Am meisten litt selbstverständlich Tenochtítlan darunter, und zwar einfach deshalb, weil die Insel sich nicht weiter ausdehnen konnte. Das ist der Grund, warum, als Xoconóchco dem Reich einverleibt wurde, so viele Stadtbewohner ihre Familien sowie ihr bewegliches Hab und Gut nahmen und dorthin zogen, um sich dort anzusiedeln. Diese freiwillige Auswanderung gab dem Uey-Tlatoáni den Anstoß dazu, andere gleichfalls zum Wegziehen zu bewegen.

Mittlerweile war offenkundig, daß die Garnison von Tapáchtlan Feinde für immer davon abhalten würde, Raubzüge nach Xoconóchco hinein zu unternehmen, und so wurde Motecuzóma der Jüngere von seiner Aufgabe dort entbunden. Wie ich bereits erklärt habe, hatte Ahuítzotl gute Gründe, seinen Neffen nicht in allzu großer Nähe um sich haben zu wollen. Gleichwohl war er gewitzt genug, sich das erwiesene Organisations- und Verwaltungstalent des Mannes weiterhin nutzbar zu machen. Als nächstes schickte er Motecuzóma daher nach Teloloápan, ein zwischen Tenochtítlan und dem Südmeer gelegenes Dorf, nicht größer als ein Fliegendreck, und befahl ihm, nach dem Vorbild von Tapáchtlan eine weitere befestigte und blühende Stadt daraus zu machen.

Um dazu auch in der Lage zu sein, wurde Motecuzóma ein stattliches Heer und eine gleichfalls stattliche Schar von Gemeinfreien unterstellt. Bei letzteren handelte es sich um Familien und Einzelpersonen, von denen nicht bekannt ist, ob sie mit dem Leben in Tenochtítlan oder Umgebung zufrieden waren oder nicht; auf jeden Fall gehorchten sie, als der Verehrte Sprecher befahl: »Ihr habt hinzugehen!« Und als Motecuzóma ihnen in und um Teloloápan nicht gerade geringe Mengen an Land zuwies, ließen sie sich alle unter seiner Verwaltung dort nieder, um aus dem armseligen kleinen Dorf eine blühende Stadt zu machen.

Nachdem die Garnison in Teloloápan feste Unterkünfte bekommen hatte und die Stadt imstande war, sich aus eigener Kraft zu ernähren, wurde Motecuzóma der Jüngere abermals seines Postens entbunden und beauftragt, das gleiche noch einmal woanders zu wiederholen. Ahuítzotl schickte ihn von einem kleinen Ort zum anderen: Otzóman, Alahuítzlan – ich weiß nicht mehr, wie sie alle heißen. Auf jeden Fall lagen sie jedoch alle an den fernsten Grenzen des Dreibunds. Als diese abgelegenen Kolonien sich vermehrten und jede von ihnen wuchs, bewirkten sie drei Dinge, die Ahuítzotl alle wohlgefällig waren. Sie nahmen mehr und mehr von dem Bevölkerungsüberschuß unseres Seengebietes auf – aus Texcóco, Tlácopan und anderen am See gelegenen Städten genauso wie aus Tenochtítlan. Sie bildeten für uns Mexíca starke Außenposten an den Grenzen. Und außerdem hielt der ständige Kolonisationsprozeß Motecuzóma beschäftigt und fern von jeder Möglichkeit, Ränke gegen seinen Onkel zu spinnen.

Freilich, Auswanderung und Zwangsumsiedlung vermochten nur der Bevölkerungs*zunahme* von Tenochtítlan Einhalt zu gebieten; es zogen nie genug Menschen fort, um die Zahl derer, die sich dort gegenseitig bedrängten, zu vermindern. Das Hauptbedürfnis der Stadt bestand darin, mehr süßes Wasser zu bekommen. Die Wasserversorgung war von Motecuzóma dem Ersten einigermaßen sichergestellt worden, als er vor über einem Schock Jahre den Aquädukt von den Süßwasserquellen von Chapultépec herüber bauen ließ, um die gleiche Zeit, da er den Großen Damm baute, um die Stadt vor den Überflutungen zu schützen, welche der Wind hervorrief. Doch das Süßwasser von Chapultépec ließ sich nicht einfach bewegen, reichlicher zu fließen, bloß weil man mehr Wasser brauchte. Das war erwiesen: eine Reihe von Priestern und Zauberern hatte jedes Mittel eingesetzt – doch nichts hatte gefruchtet.

Daraufhin beschloß Ahuítzotl, eine neue Wasserquelle zu finden. Er schickte diese selben Priester und Zauberer und einige wenige von den Weisen Männern seines Staatsrats aus, andere Gebiete des nahegelegenen Festlands danach abzusuchen. Durch welches Mittel der Weissagung oder des Ahnungsvermögens auch immer – sie stießen jedenfalls auf eine bislang unentdeckt gebliebene Quelle, und der Verehrte Sprecher plante augenblicklich den Bau eines neuen Aquädukts. Da der neuentdeckte Quell in der Nähe von Coyohuácan wesentlich reichlicher sprudelte als der von Chapultépec, plante Ahuítzotl sogar, Springbrunnen im Herzen Der Einen Welt damit zu speisen.

Aber nicht alle waren gleichermaßen davon begeistert, und einer derjenigen, die zur Vorsicht rieten, war der Verehrte Sprecher Nezahualpíli von Texcóco. Ahuítzotl hatte ihn eingeladen, die neue Quelle und die Arbeiten am Aquädukt zu besichtigen, mit denen gerade der Anfang gemacht wurde. Ich habe nicht gehört, was sie bei dieser Gelegenheit gesprochen haben; vermutlich war ich daheim und spielte mit meiner kleinen Tochter. Gleichwohl vermag ich den Gang der Beratungen zwischen den beiden Verehrten Sprechern nach dem vielen zu rekonstruieren, was ich später von denen gehört habe, die dabei waren.

Zunächst einmal warnte Nezahualpíli: »Mein Freund, Ihr und Eure Stadt könntet Euch vor die Entscheidung zwischen zuviel und zuwenig Wasser gestellt sehen«, und rief Ahuítzotl dann ein paar historische Tatsachen ins Gedächtnis.

Diese Stadt ist heute und bereits seit vielen Schock Jahren eine von Wasser umringte Insel gewesen, doch das war nicht immer so. Als die frühesten Ahnen von uns Mexíca vom Festland herüberkamen, um sich hier für immer niederzulassen, kamen sie *zu Fuß* hierher. Zweifellos war es ein schlammiger und unbequemer Weg für sie, aber sie brauchten jedenfalls nicht zu schwimmen. Das ganze Gebiet zwischen der Insel und dem Festland im Westen, Norden und Süden war früher ein aus Schlamm und Wasserlachen bestehender, von Riedgras bewachsener Morast; die Insel stellte damals nur den einzigen festen und trockenen Landbuckel in dem weithin sich dehnenden Sumpf dar.

Im Lauf der Jahre und während des Baus der Stadt legten diese frühen Siedler auch festere Zugangswege zum Festland an. Vielleicht waren ihre ersten Wege nichts weiter als niedrige Dämme festgestampfter Erde, nur um ein weniges höher als der Morast. Doch zuletzt trieben die Mexica Doppelreihen von Baumstämmen in den Boden, füllten den Raum dazwischen mit Geröll und bauten auf diesem Grund eine steingepflasterte Straße mit Seitenbrüstungen – die drei Dämme, die es heute noch gibt. Diese Dämme verhinderten, daß das Oberflächenwasser in den dahintergelegenen See abfloß, doch die Folge davon war, daß der Wasserspiegel darin merklich stieg.

Das alles bedeutete einen großen Fortschritt gegenüber den bisherigen Bedingungen. Das Wasser überdeckte den stinkenden Morast und das Riedgras, an dessen scharfen Rändern die Bauern sich die Waden aufgeschnitten hatten, und es verschwanden auch die Lachen stehenden Wassers, in denen unablässig neue Schwärme von Moskitos ausgebrütet wurden. Selbstverständlich hätte das Wasser – wäre es weiterhin ständig gestiegen – zuletzt auch die Insel überschwemmt und wäre in die Straßen von Tlácopan und anderer Städte auf dem Festland hereingeflossen. Doch die Dämme wiesen in bestimmten Abständen von hölzernen Brükken überspannte Abflüsse auf, und die Insel selbst war von vielen Kanälen durchzogen, auf welchen unsere Einbäume verkehren konnten. Diese Sammelrinnen gestatteten, daß auf der Ostseite der Insel genügend Wasser in den Texcóco-See hinein abfloß, so daß der Wasserspiegel der Lagune nur bis zu einem bestimmten Pegel stieg, aber nicht weiter.

»Oder hat es zumindest bis jetzt noch nicht getan«, sagte Nezahualpíli zu Ahuítzotl. »Doch jetzt habt Ihr vor, neues Wasser vom Festland herüberzuleiten. Das muß doch irgendwohin.«

»Es fließt in die Stadt und wird von der Bevölkerung verbraucht«, erklärte Ahuítzotl eigensinnig. »Zum Trinken, Baden, Waschen . . .«

»*Verbraucht* wird immer nur sehr wenig Wasser«, sagte Nezahulapíli. »Selbst wenn Eure Leute den ganzen Tag über trinken – sie müssen es schließlich auch wieder ausscheiden. Ich wiederhole: Das Wasser muß irgendwohin. Und wohin, wenn nicht in diesen eingedämmten Teil des Sees? Der Wasserpegel darin würde schneller steigen als das Wasser durch Eure Kanäle und die Durchbrüche in den Dämmen in den dahinterliegenden Texcóco-See abfließen.«

Ahuítzotl lief rot an und fragte: »Wollt Ihr damit vorschlagen, wir sollten unseren neugefundenen Quell, dieses Geschenk der Götter, einfach ungenutzt lassen? Daß wir nichts unternehmen, um den Durst von Tenochtítlan zu stillen?«

»Es könnte sich als klüger erweisen. Zumindest, schlage ich vor, solltet Ihr Euer Aquädukt dergestalt bauen, daß der Wasserfluß überwacht und gelenkt werden kann – und nötigenfalls abgestellt.«

Aufknurrend erklärte Ahuítzotl: »Mit zunehmendem Alter, mein Freund, werdet Ihr immer mehr wie ein furchtsames altes Weib. Wenn wir Mexica immer auf jene gehört hätten, die uns sagen wollten, was nicht zu machen sei, hätten wir nie etwas auf die Beine gestellt.«

»Ihr habt mich nach meiner Meinung gefragt, alter Freund, und ich habe sie Euch gesagt«, erklärte Nezahualpíli. »Aber die letzte Verantwortung liegt bei Euch und« – er lächelte – »Ihr heißt schließlich nicht umsonst Wasser Ungeheuer.«

Der Bau des Aquädukts wurde ungefähr ein Jahr nach dieser Unterhaltung abgeschlossen, und die Seher des Palasts gaben sich größte Mühe, einen möglichst glückverheißenden Tag für die Einweihung und das Fließenlassen des Wassers auszusuchen. Ich erinnere mich genau an diesen Tag – Dreizehn Wind –, denn er machte seinem Namen alle Ehre.

Die Menschen strömten lange vor Beginn der Zeremonie zusammen, handelte es sich doch um ein Ereignis von nahezu genauso großer Bedeutung wie die Einweihung der Großen Pyramide vor zwölf Jahren. Doch selbstverständlich konnten nicht alle Menschen auf dem Damm von Coyohuácan Platz finden, wo die Hauptrituale abgehalten werden sollten. Die Masse der Gemeinfreien mußte sich am südlichen Ende der Stadt zusammendrängen, sich den Hals ausrenken und die Augen zusammenkneifen, um einen Blick auf Ahuítzotl und seine Frauen, seinen Staatsrat, die erlauchtesten Vertreter des Adels, Priester, Ritter und andere Persönlichkeiten zu erhaschen, welche mit dem Kanu vom Palast kamen, um ihren Platz auf dem Damm zwischen der Stadt und der Feste Acachináneo einzunehmen. Unseligerweise hatte ich mich in der vollen Kampfkleidung des Adlerritters unter diesen Würdenträgern und in der Gesellschaft der anderen Adlerritter einzufinden. Zyanya wollte gleichfalls dabei sein und Cocóton mitbringen, doch abermals redete ich ihr das aus.

»Selbst wenn ich es schaffte, euch einen Platz zu reservieren, von dem aus ihr etwas sehen könntet«, sagte ich, als ich mich an diesem Morgen in den gesteppten und federngeschmückten Kampfanzug hineinzwängte »würdet ihr nur unter dem Wind zu leiden haben und vom Gischt bis auf die Haut naß werden. Außerdem könntest du im Gewühl stürzen oder ohnmächtig werden und das Kind zu Tode gedrückt.«

»Vermutlich hast du recht«, sagte Zyanya und schien nicht sonderlich enttäuscht. Leidenschaftlich drückte sie das kleine Mädchen an sich. »Und Cocóton ist viel zu hübsch, als daß sie von irgend jemand gedrückt werden sollte als von uns.«

»Nicht drücken!« klagte Cocóton, allerdings recht würdevoll. Sie entwand sich den Armen ihrer Mutter und lief auf unsicheren Beinchen auf die andere Seite der Kammer hinüber. Zwar gebot unsere Tochter mit ihren zwei Jahren über einen beträchtlichen Wortschatz, aber sie war kein Plappermaul; sie verwendete selten mehr als zwei Wörter auf einmal.

»Als Krümelchen auf die Welt kam, fand ich sie häßlich«, sagte ich, als ich mich weiter anzog. »Und jetzt finde ich sie so hübsch, daß ich mir gar nicht vorstellen kann, wie sie noch hübscher werden soll. Sie kann höchstens weniger schön werden, und das wäre ein Jammer. Wenn sie soweit ist, daß wir sie unter die Haube bringen möchten, wird sie aussehen wie eine Wildsau.«

»Wildsau«, stimmte Cocóton aus ihrer Ecke her zu.

»Das wird sie nicht«, erklärte Zyanya mit Entschiedenheit. »Wenn ein Kind überhaupt hübsch ist, erreicht es den Gipfel seiner Kleinkinderschönheit im Alter von zwei Jahren und bleibt weiterhin bezaubernd

– wobei es selbstverständlich zu kaum merklichen Veränderungen kommt –, bis sie mit sechs den Gipfel ihrer Kinderschönheit erreicht. Kleine Jungen werden dann zwar nicht mehr hübscher, aber kleine Mädchen ...«

Ich knurrte.

»Ich meine, Knaben hören auf, *schön* zu sein. Kann sein, daß sie stattlich werden, anmutig und männlich, aber nicht schön. Zumindest sollten sie hoffen, es nicht zu werden. Die meisten Frauen haben genausosehr etwas gegen schöne Männer wie andere Männer auch.«

Woraufhin ich sagte, dann sei ich doch froh, so ein häßlicher Bursche geworden zu sein. Als sie dem nicht widersprach, setzte ich ein spöttisch-schmollendes Gesicht auf.

»Einen weiteren Höhepunkt der Schönheit«, fuhr sie fort, »erreichen kleine Mädchen dann ungefähr mit zwölf Jahren, kurz bevor sie ihre erste Blutung bekommen. Während ihrer Reifezeit sind sie zumeist viel zu ungestüm und zu jungenhaft, als daß man sie überhaupt bewundern könnte. Doch dann fangen sie wieder an zu blühen, und ungefähr mit zwanzig – ja, mit zwanzig, würde ich sagen – ist ein Mädchen dann schöner als sie es je zuvor war oder je wieder werden wird.«

»Ich weiß«, sagte ich. »Du warst zwanzig, als ich mich in dich verliebte und dich heiratete. Und du bist seither nicht um einen Tag gealtert.«

»Schmeichler und Lügner«, sagte sie, lächelte freilich dabei. »Ich habe Krähenfüße an den Augen, und meine Brüste sind nicht mehr so fest wie damals, und auf meinem Bauch sieht man Schwangerschaftsstreifen. Und ...«

»Das macht nichts«, sagte ich. »Deine Schönheit mit zwanzig hat einen derartigen Eindruck auf mich gemacht, daß er sich mir unauslöschlich eingegraben hat. Ich werde dich nie anders sehen, selbst wenn eines Tages irgendwelche Leute zu mir sagen sollten: ›Du Narr, was du siehst, ist ein altes Weib.‹ Ich werde ihnen nicht glauben, das kann ich einfach nicht.«

Ich hielt inne, um einen Augenblick nachzudenken, doch dann sagte ich in ihrer Muttersprache: »Rizalazi Zyanya chuüpa chíi, chuüpa chíi zyanya« – eine Art Wortspiel, um mehr oder weniger zu sagen: »Sich Immer mit zwanzig vorzustellen, macht sie für immer zur Zwanzigjährigen.«

Zärtlich fragte sie: »Zyanya?«

Und ich bestätigte ihr: »Zyanya.«

»Das ist schön«, sagte sie mit verschleierten Augen, »mir vorzustellen, daß ich, solange ich bei dir bin, immer ein Mädchen von zwanzig Jahren sein werde. Oder selbst dann, wenn wir uns eines Tages voneinander trennen müßten. Wo immer du in der Welt sein wirst, ich werde immer noch ein Mädchen von zwanzig Jahren sein.« Sie zwinkerte ein paarmal, bis ihre Augen wieder hell strahlten. Dann lachte sie und sagte: »Ich hätte es vorhin schon sagen sollen, Záa – du bist nicht wirklich häßlich.«

»Wirklich häßlich«, sagte meine geliebte und zärtliche Tochter.

Darüber mußten wir beide lachen, und damit war dieser verzauberte Augenblick vorbei. Ich nahm meinen Schild auf und erklärte: »Ich muß gehen.« Zyanya gab mir zum Abschied einen Kuß, und ich verließ das Haus.

Es war noch sehr früh am Tag. Am Ende unserer Straße kamen die

Lastkähne durch den Kanal, welche die Abfälle einsammelten. Die Beseitigung dieses Abfalls fiel unter die niedrigsten aller Arbeiten in Tenochtítlan, und nur die Niedrigsten und Unglücklichsten aller waren damit beschäftigt – hoffnungslose Krüppel, unheilbare Trinker und dergleichen. Ich wandte mich von dem niederdrückenden Anblick ab und ging in die andere Richtung hügelan bis zum Hauptplatz und war schon eine ganze Weile gegangen, da hörte ich Zyanya meinen Namen rufen.

Ich drehte mich um und hob meinen Topas ans Auge. Sie war aus der Haustür herausgetreten, um mir zum Abschied noch einmal zuzuwinken und etwas zuzurufen, ehe sie wieder hineinging. Es konnte etwas sein, was Frauen interessiert, wie etwa: »Erzähl mir, was die Erste Dame angehabt hat.« Oder etwas, wie Ehefrauen es ihren Männern ans Herz legen: »Paß auf, daß du nicht zu naß wirst.« Oder etwas, was aus dem Herzen kam: »Vergiß nicht, daß ich dich liebe.« Was immer es war, ich verstand es nicht, denn ein Wind kam auf, ein Wind, welcher ihre Worte hinwegwehte.

Da der Quell von Coyohuácan irgendwo an einer Stelle auf dem Festland entsprang, die höher lag als die Straßen von Tenochtítlan, kam der Aquädukt von dorther mit sanftem Gefälle herunter. Er war um etliches breiter und tiefer als ein Mann mit ausgestreckten Armen reichen kann und war nahezu zweimal Ein Langer Lauf lang. Er traf bei der Feste Acachináneo auf den Damm, bog dort ab und verlief parallel zur Brüstung, welche den Damm säumte, bis hin zur Stadt. Sobald er die Inselstadt erreichte, verzweigte er sich und speiste ein ganzes Netz von kleineren Rinnen sowohl in Tenochtítlan als auch in Tlaltelólco, füllte große Becken, welche an geeigneten Stellen in jedem Viertel gebaut worden waren, und sollte mehrere neu gebaute Springbrunnen auf dem Hauptplatz aufschießen lassen.

Bis zu einem gewissen Grade hatten Ahuítzotl und seine Baumeister die Warnungen Nezahualpílis beherzigt, der Wasserstrom müsse gelenkt und gebändigt werden können. Dort, wo der Aquädukt auf den Damm stieß, und noch einmal dort, wo er die Insel erreichte, waren Schlitze in die Wandung der Rinne eingegraben worden, in welche feste hölzerne Schotten hineinpaßten. Die Schotten brauchten nur in die Schlitze hinuntergelassen zu werden, um dem Wasserstrom nötigenfalls Einhalt zu gebieten.

Das neue Bauwerk sollte der Göttin der Teiche, Flüsse und anderer Gewässer geweiht werden, der froschgesichtigen Chalchihuítlicué – Die Mit Dem Edelsteinhüfttuch –, welche nicht so ausschließlich auf Menschenopfer erpicht war wie manche unserer anderen Götter. Infolgedessen sollten nur so viele Opfer dargebracht werden, wie unbedingt notwendig waren. Am ferneren Ende oder vielmehr am Anfang des Aquädukts, bei der Quelle und von uns aus nicht zu sehen, hatte sich eine andere Abordnung von Adligen und Priestern sowie eine Anzahl von Kriegern versammelt, die eine Reihe von Gefangenen bewachte. Da wir Mexica in letzter Zeit zu sehr mit anderen Dingen beschäftigt gewesen waren, um irgendwelche Blumenkriege zu führen, handelte es sich bei der Mehrzahl dieser Gefangenen um gewöhnliche Räuber, die der jüngere Motecuzóma auf seinen verschiedenen Hin- und Hermärschen aufgegriffen und für eben solche Zwecke nach Tenochtítlan geschickt hatte.

Auf dem Damm, dort, wo Ahuítzotl stand – zusammen mit mir und Hunderten anderer, die wir uns alle bemühten, unseren Federschmuck und die Federnwimpel daran zu hindern, vom Ostwind davongetragen zu werden – wurden Gebete gesprochen und Beschwörungen gesungen, in deren Verlauf die niederen Priester eine gewisse Menge von lebendigen Fröschen und Axolóltin und anderem Wassergetier hinunterschluckten, um Chalchihuítlicué eine Freude zu machen. Sodann wurde in einer Urne ein Feuer entzündet und irgendeine, nur den Priestern bekannte Substanz hineingestreut, damit mächtige bläuliche Rauchwolken aufstiegen. Wiewohl die Windstöße über sie herfielen, stieg die Rauchsäule doch rasch hoch genug, um der anderen an der Zeremonie beteiligten Gruppe am Quell von Coyohuácan ein Zeichen zu geben.

Dort warfen die Priester den ersten Gefangenen in die Wasserrinne, schlitzten ihm vom Schritt bis zum Hals den Leib auf, ließen den Leichnam darin liegen, und sein Blut floß heraus. Ein weiterer Gefangener wurde hineingeworfen und das gleiche mit ihm gemacht. Sobald die Leichen der früher Geopferten nicht mehr bluteten, wurden sie herausgerissen, um mehr und frisch Getötete darin aufzuhäufen. Ich weiß nicht, wie viele Xochimíque getötet wurden, um sie ausbluten zu lassen, ehe das erste Blut zähflüssig so weit heruntergeronnen kam, daß Ahuítzotl und die Priester seiner ansichtig wurden und einen dankbaren Lobruf erschallen ließen. Eine weitere Substanz wurde auf das Urnenfeuer gestreut, woraufhin eine rote Rauchwolke aufstieg: das Zeichen für die Priester an der Quelle, mit ihrer Schlächterei aufzuhören.

Es war der Augenblick gekommen, da Ahuítzotl das wichtigste Opfer darbringen sollte, und man hatte ihm zu diesem Zweck etwas Einzigartiges zur Verfügung gestellt: ein etwa vier Jahre altes kleines Mädchen, gekleidet in ein wasserblaues, über und über mit grünen und blauen Edelsteinen besetztes Gewand. Sie war die Tochter eines Vogelstellers, welcher ertrunken war, als sein Acáli einige Zeit vor ihrer Geburt gekentert war, woraufhin sie mit einem Gesicht auf die Welt gekommen war, das dem eines Frosches – oder der Göttin Chalchihuítlicué – schon verblüffend ähnlich sah. Die verwitwete Mutter des Mädchens hatte dieses Zusammentreffen von Ereignissen, die alle mit dem Wasser in Verbindung standen, als Zeichen der Göttin genommen und ihre Tochter freiwillig für die Zeremonie zur Verfügung gestellt.

Unter viel Gesinge und Gekrächz der Priester hob der Verehrte Sprecher das kleine Mädchen in die Rinne. Andere Priester nahmen neben dem Urnenfeuer Aufstellung. Ahuítzotl drückte das Kind mit dem Rükken auf den Boden und griff nach dem Obsidianmesser an seiner Hüfte. Der Rauch des Urnenfeuers wurde grün – wieder ein Zeichen –, und die Priester auf dem Festland ließen das Wasser des Quells in den Aquädukt einfließen.

Das Wasser zuerst war rotgefärbt, aber kam nicht dickflüssig heruntergesickert wie zuvor das Blut. Mit der ganzen Wucht seines langen Wegs vom Festland kam es wie ein gewaltiger flüssiger Speer mit rotzüngelnder Spitze herangerauscht. Dort, wo das Wasser beim Damm im rechten Winkel abbiegen mußte, tat es das nicht zur Gänze; ein Teil stieg steil in die Höhe und schwappte über die Brüstung der Dammstraße wie ein Brecher am Meer. Dennoch floß genügend weiter um die Biegung herum und überraschte Ahuítzotl. Er hatte dem Kind gerade die Brust aufgeschlitzt und sein Herz gepackt, jedoch nicht mehr Zeit genug, die Hauptschlagadern zu durchtrennen, da entriß die Wucht des Wassers ihm das noch zuckende Kind, dieses riß sich selbst von seinem kleinen Herzen los und kam durch die Rinne auf die Stadt zugeschossen wie ein Geschoß durch ein Blasrohr. Das Herz in der Hand, stand Ahuítzotl da wie vom Donner gerührt.

Alle, die wir uns auf dem Damm drängten, standen bis auf unsere heftig im Wind flatternden Umhänge, Banner und Federkopfputz wie aus Stein gehauen. Dann merkte ich, daß ich bis zu den Knöcheln im Wasser stand – genau wie alle anderen auch. Ahuítzotls Frauen fingen an zu kreischen. Das Pflaster unter uns stand bereits unter Wasser, das rasch höher stieg. Es rannte bei der Abbiegung des Aquädukts immer noch gegen die Brüstung, und die ganze Feste Acachináneo bebte unter der Wucht seines Anpralls.

Doch gleichviel – der größere Teil des Wassers raste weiterhin durch die Rinne auf die Stadt zu und schoß mit einer derartigen Gewalt dahin, daß es sich beim Auftreffen auf die Abzweigungen am Stadtrand wie Brandungswellen an einem Strand brach. Durch meinen Kristall hindurch konnte ich erkennen, wie die dichtgedrängten Zuschauer im Gischt- und Wasserschauer durcheinanderwurlten und miteinander kämpften, um das Weite zu suchen. In der ganzen Stadt – was wir freilich nicht sahen – flossen die Kanäle und neugebauten Versorgungsbecken über, ergossen sich in die Straßen und flossen zuletzt in die Kanäle. Die neuen Springbrunnen auf dem Großen Platz stiegen jubelnd in so große Höhe, daß die Wassersäulen nicht zurückfielen in die Auffangbecken, welche man um sie herum gebaut hatte. Das Wasser breitete sich rings um sie herum aus und bedeckte bald die riesige Fläche des gesamten Herzens Der Einen Welt.

Die Chalchihuítlicué-Priester brachen in vielstimmige Gebete aus, ihre Göttin anzuflehen, der Überfülle des Wassers Einhalt zu gebieten. Ahuítzotl herrschte sie an zu schweigen und bellte ein paar Namen heraus: »Yolcatl! Papaquilíztli!« – die Namen der Männer, welche den neuen Quell entdeckt hatten. Diejenigen, die anwesend waren, wateten gehorsam durch die nunmehr kniehohen Fluten, wußten nur allzu gut, warum sie gerufen worden waren, und lehnten sich rücklings über die Brüstung. Ohne irgendwelche rituellen Worte oder Gebärden trennten Ahuítzotl und die Priester ihnen die Brust auf, rissen den Männern die Herzen heraus und warfen sie in das wie rasend vorübereilende Wasser. Acht Männer wurden in diesem Akt der Verzweiflung geopfert, zwei davon altehrwürdige Mitglieder des Staatsrats – doch fruchtete das nicht im mindesten.

Deshalb schrie Ahuítzotl: »Laßt die Schleusen herunter!«, und ein paar Pfeilritter sprangen auf die Brüstung zu. Sie packten das hölzerne Schott, um die Wasserflut zu bändigen, und senkten es in die dafür vorgesehenen Seitenschlitze. Doch trotz heftigsten gemeinsamen Bemühens und trotz ihres gesamten Gewichts, mit dem sie sich daraufstützten, drückte die mächtige Strömung das Schott im Schlitz zur Seite, so daß es festgeklemmt wurde. Einen Augenblick herrschte Schweigen auf dem

Damm, man hörte nichts als das Rauschen und Gurgeln des Wassers, das Seufzen und Stöhnen des Ostwinds, das Knacken der holzgebauten Feste unter dem Ansturm der Fluten und den gedämpften Lärm der Menge, welche am Ende der Insel auseinanderhastete. Der Verehrte Sprecher sah aus wie ein geschlagener Mann, sein ganzer Federschmuck hatte sich mit Wasser vollgesogen und war erschlafft, als er so laut sagte, daß alle wir es hören konnten:

»Wir müssen zurück in die Stadt und sehen, welcher Schaden dort angerichtet worden ist und was wir tun können, um die Panik in den Griff zu bekommen. Pfeil- und Jaguarritter, kommt mit uns. Ihr werdet sämtliche Acáltin der Insel zusammenziehen und sofort nach Coyohuácan hinüberrudern. Die Narren dort drüben feiern vermutlich immer noch weiter. Tut alles, was ihr könnt, um dem Wasser Einhalt zu gebieten oder es an seiner Quelle abzuleiten. Adlerritter, bleibt hier!« Er zeigte auf die Stelle, wo der Aquädukt auf den Damm stieß. »Zerschlagt ihn! Dort! *Sofort!*«

Es entstand einige Verwirrung, als die Gruppen mit den unterschiedlichen Aufträgen sich entwirrten und zusammenfanden. Dann wateten Ahuítzotl, seine Frauen und sein Gefolge, die Priester und die Adligen, die Pfeil- und Jaguarritter in Richtung Tenochtítlan davon, so rasch ihnen das bei dem mittlerweile kniehoch stehenden Wasser möglich war. Wir Adlerritter standen ein wenig ratlos vor den schweren Steinen und dem festen Mörtel der Wasserrinne. Zwei oder drei Ritter schlugen mit ihren Maquáhuime dagegen, und wir anderen duckten uns, um den umherfliegenden Obsidiansplittern zu entgehen. Voller Abscheu blickten diese Ritter auf ihre ruinierten Schwerter und warfen sie dann in den See.

Dann ging einer der älteren Ritter ein Stück den Damm hinunter, um über die Brüstung zu spähen. Er rief uns zu: »Wie viele von euch können schwimmen?«, woraufhin die meisten von uns die Hand hoben. Er zeigte auf eine bestimmte Stelle und erklärte: »Dort hinten, wo der Aquädukt abbiegt, läßt die Gewalt des Wassers die Pfeiler erzittern. Wenn wir sie mit unseren Maquáhuime bearbeiten, können wir sie vielleicht so weit schwächen, daß das Gerüst zusammenbricht.«

Und genau das taten wir. Ich und acht weitere Ritter zogen mühselig unsere feuchten und völlig verschmutzten Kampfanzüge aus und tauchten dann über die Brüstung hinweg in die Fluten auf der anderen Seite. Wie ich schon gesagt habe, war das Wasser westlich des Damms damals nirgends besonders tief. Hätten wir schwimmen müssen, wäre es unmöglich gewesen, den Pfeilern mit unseren Waffen etwas anzuhaben, doch noch reichte das steigende Wasser uns an jener Stelle erst bis zur Schulter. Trotzdem war es kein Kinderspiel. Diese als Pfeiler dienenden Stämme waren mit Chapopótli getränkt worden, um der Verwesung entgegenzuwirken, doch waren sie dadurch auch widerstandsfähig gegen unsere Klingen geworden. Die Nacht war gekommen und vergangen, und die Sonne war bereits wieder aufgegangen, als ein Ruck durch einen der dicken Pfeiler ging und es ohrenbetäubend krachte. Ich stand in diesem Augenblick unter Wasser, und die Erschütterung hätte mich nahezu gelähmt, doch als ich wieder an die Oberfläche kam, hörte ich einen meiner Ritterkameraden uns allen zurufen, wir sollten zurückkommen auf den Damm.

Wir schafften es gerade noch rechtzeitig. Jener Teil des Aquädukts, welcher vom Damm abbog, wankte heftig. Mit einem knirschenden Geräusch riß er an der Biegung auseinander. Wasser spritzte in alle Richtungen, und das lockere Ende des Bauwerks schüttelte sich wie der warnende Schwanz einer Coacuéchtli-Schlange. Dann legte sich ein etwa zehn Schritt langes Stück auf die Seite, und die Pfeiler, an denen wir herumgehackt hatten, gaben unter ihnen nach; die Rinne brach knarrend los und kippte hochaufspritzend ins Wasser. Zwar schoß immer noch Wasser in mächtigem Schwall aus dem zerfetzten Ende des Aquädukts hinein in den See, aber jedenfalls nicht mehr hinein nach Tenochtítlan. Noch während wir dastanden, fing das Wasser auf dem Damm bereits merklich an zu sinken.

»Kehren wir nach Hause zurück«, sagte aufseufzend einer meiner Ritterkameraden. »Hoffentlich sind ein paar Häuser übrig, die wir Zuhause nennen können.«

Zuhause. Laßt mich den Bericht über meine Heimkehr nach Hause noch ein wenig aufschieben.

Das Wasser, welches den größten Teil eines Tages und eine ganze Nacht hindurch nach Tenochtítlan hineingeleitet worden war, hatte Teile der Stadt übermannshoch überschwemmt. Viele tief und nicht aus Stein gebaute Häuser waren in der Flut zusammengebrochen; selbst einige auf Pfeilern errichtete Häuser waren von ihren Stützen heruntergestürzt; viele Menschen waren verletzt worden, und rund zwanzig – Kinder zumeist – waren ertrunken oder zermalmt worden oder auf andere Weise umgekommen. Gleichwohl hatten sich der Schaden und die Todesfälle auf jene Teile der Stadt beschränkt, wo die Verteilerkanäle und Wasserspeicher übergeflossen waren, und dieses Wasser war dann bald, nachdem wir Adlerritter den Aquädukt unterbrochen hatten, durch die Kanäle abgeflossen.

Doch noch ehe die Folgen dieser kleineren Überschwemmung hatten beseitigt werden können, war es zu einer zweiten und wesentlich größeren Überschwemmung gekommen. Wir hatten den Aquädukt zwar unterbrochen, doch dem Wasser hatten wir keinen Einhalt geboten, und den anderen Rittern, die Ahuítzotl aufs Festland hinübergeschickt hatte, war es nicht gelungen, den Quell dort zum Versiegen zu bringen. Infolgedessen rauschten die Wassermassen weiter in den von den Dammstraßen im Westen und im Osten eingefaßten Teil des Sees herein. Der Wind wehte weiterhin aus dem Osten und hinderte die Fluten daran, durch die überbrückten Lücken in den Dämmen und durch die Kanäle, deren Netz unsere Stadt durchzog, in den großen Texcóco-See abzufließen. Infolgedessen stieg das Wasser in diesen Kanälen, floß über die Ränder und stieg auf der Insel, und ganz Tenochtítlan wurde zu einem Gewirr von Gebäuden, die nicht vom Erdboden aufragten, sondern sich aus dem Wasser einer endlosen Wasserfläche erhoben.

Gleich nach seiner Rückkehr von der fehlgeschlagenen Einweihungszeremonie hatte Ahuítzotl einen Ruderer nach Texcóco geschickt, und Nezahualpíli war auf diesen Hilferuf augenblicklich herbeigeeilt. Er hatte in aller Eile einen Trupp Bauarbeiter zu der nicht zum Stillstand zu bringenden Quelle von Coyohuácan geschickt, und diese Leute hatten, wie erhofft, eine Möglichkeit gefunden, den Wasserfluß abzuschneiden. Ich habe die Stelle nie gesehen, aber ich weiß, daß sie auf einem Hügel liegt, und ich vermute, daß Nezahualpili befahl, ein System von Gräben auszuheben, durch welches ein Teil des überschüssigen Wassers auf die andere Seite des Hügels abgeleitet werden konnte, wo es sich, ohne Schaden anzurichten, in freies Land ergießen konnte. Nachdem das geschafft, der Quell gezähmt war und die Flut sich verlaufen hatte, konnte der Aquädukt ausgebessert und weiter benutzt werden. Nezahualpili entwickelte Schleusentore, mit deren Hilfe je nach dem Bedarf der Stadt wenig oder viel Quellwasser hindurchgelassen wurde. So kommt es, daß wir bis auf den heutigen Tag von diesem süßen Wasser trinken.

Freilich schaffte Nezahualpili seine Rettungsaktion nicht über Nacht. Während er und seine Arbeiter schufteten, stand diese zweite Flut vier volle Tage lang auf ihrem Höhepunkt. Wenn auch nur wenige oder gar keine Menschen darin umkamen, wurden mindestens zwei Drittel der Stadt zerstört, und der Wiederaufbau von Tenochtitlan war erst nach vier Jahren abgeschlossen. Die Flut würde nicht soviel Schaden angerichtet haben, hätte das Wasser nur unsere Straßen überfüllt und dort ruhig gestanden. Statt dessen wogte es hin und her, einerseits in eine Richtung bewegt von den Kräften, welche das Wasser zwangen, einen gleichmäßigen Pegel zu suchen, auf der anderen von dem bösartigen Ostwind. Die meisten Häuser ruhten auf Pfeilern oder irgendeiner anderen Grundmauer über dem Straßenniveau, doch das hatte man nur gemacht, um sie vor der Bodenfeuchtigkeit zu schützen. Diese Fundamente waren nie dazu gedacht gewesen, der Gewalt von Strömungen zu widerstehen, denen sie dann ausgesetzt wurden –, und die meisten von ihnen hielten nicht stand. Lehmziegelhäuser lösten sich im Wasser einfach auf, Steinhäuser, ob kleine oder große, stürzten zusammen, wenn ihr Stützwerk weggefressen wurde, und brachen in die Blöcke auseinander, aus denen sie ursprünglich gefügt worden waren.

Mein eigenes Haus blieb unbeschädigt, vermutlich aber nur deshalb, weil es neu und deshalb stärker gebaut war als die anderen. Die Pyramiden und Tempel im Herzen Der Einen Welt blieben gleichfalls stehen; nur das vergleichsweise zerbrechliche Schädelgerüst brach zusammen. Doch außerhalb des Großen Platzes stürzte ein ganzer Palast ein – der neueste und prächtigste von allen –, der des Uey-Tlatoáni Ahuítzotl. Ich habe berichtet, daß er einen der Hauptkanäle der Stadt überspannte, damit die vorüberfahrenden Menschen das Innere bewundern könnten. Als dieser Kanal wie alle anderen Kanäle auch über die Ufer trat, drang das Wasser erst in das Erdgeschoß des Palastes ein, drückte dann die tiefer gelegenen Mauern nach außen, woraufhin das gesamte Gebäude zusammenkrachte.

Von alledem wußte ich nichts. Ich hatte ja noch nicht einmal eine Ahnung, zu den vom Glück Begünstigten zu gehören, welche immer noch ein eigenes Haus hatten, bis das Wasser endlich abfloß. Bei dieser zweiten und weit verheerenderen Flut stieg das Wasser jedenfalls weniger rasch, so daß Zeit blieb, die Stadt zu räumen. Bis auf Ahuítzotl und seine regierenden Edelleute, die Palastwache, einige andere Kriegerverbände und eine Anzahl von Priestern, die eigensinnig fortfuhren, um göttliches Einsehen zu flehen, floh jeder sonst in Tenochtítlan über die nördliche Dammstraße und suchte in den auf dem Festland gelegenen Städten Tepeyáca und Atzacoálco Zuflucht; zu diesen gehörte auch ich, meine beiden Diener und das, was mir von meiner Familie geblieben war.

Doch um zu diesem früheren Tag zurückzukehren, jenem Morgen, an dem ich mich in meinem vollständig mit Wasser vollgesogenen Adlerritter-Kampfanzug nach Hause schleppte ...

Als ich näherkam, wurde mir deutlich, daß das Ixacuálco-Viertel zu jenen Stadtteilen gehörte, welche am schlimmsten unter dem ersten, völlig überraschenden Wasseransturm gelitten hatte. Ich konnte an den Hochwasserlinien in Höhe meines Kopfes an den Häusern erkennen, wie hoch das Wasser gestanden hatte, und hier und da hatte sich ein Lehmziegelbau schief gelegt. Der gestampfte Lehm meiner Straße war schlüpfrig; eine Schlammschicht bedeckte sie; hier und da standen Wasserlachen, lag Gerümpel und selbst wertvolleres Gerät umher – Dinge, die Menschen offensichtlich auf der Flucht hatten fallen lassen. In diesem Augenblick waren keine anderen Menschen zu sehen – ohne Zweifel saßen sie ängstlich in ihren Häusern und warteten ab, ob die Flut noch einmal zurückkommen würde –, doch die ungewohnte Leere der Straße erfüllte mich mit Unruhe. Ich war zu zerschlagen, um laufen zu können, ging jedoch, so rasch mich meine Füße trugen, und mein Herz machte einen Satz, als ich mein Haus stehen sah, völlig unbeschädigt, nur mit einer Schlammschicht auf den Treppenstufen, welche hinaufführten zur Haustür.

Türkis riß die Tür auf und rief: »*Ayyo,* es ist unser Herr! Dank sei Chalchihuítlicué, daß sie Euch verschont hat!«

Ausgepumpt, doch aus vollem Herzen, sagte ich, ich wünschte diese besondere Göttin ins Míctlan.

»Sprecht nicht so!« flehte Türkis, und Tränen rannen ihr über das verrunzelte Gesicht. »Wir hatten schon Angst, auch unseren Herrn verloren zu haben!«

»Auch?« Es entrang sich mir nur dieses eine Wort, und ein unsichtbarer Reif legte sich mir beklemmend um die Brust. Die ältere Sklavin brach in Schluchzen aus und war nicht imstande zu antworten. Ich ließ alles fallen, was ich in der Hand hatte, und packte sie bei den Schultern. »Das Kind?« wollte ich wissen. Sie schüttelte den Kopf, doch ob in Verneinung meiner Frage oder nur aus Kummer, konnte ich nicht sagen. Ich schüttelte sie heftig noch einmal und sagte: »Sprich, Weib!«

»Es war unsere Herrin, Zyanya«, ließ sich eine andere Stimme hinter ihr vernehmen, die des Dieners Stern Sänger, welcher händeringend an die Tür kam. »Ich habe alles gesehen. Ich habe versucht, sie zurückzuhalten.«

Ich ließ Türkis nicht los, sonst wäre ich zu Boden gestürzt. Ich konnte nur noch sagen: »Sprich, Stern Sänger!«

»Erfahret es also, Herr! Es war gestern, als es dunkelte, um die Zeit, da für gewöhnlich die Leute kommen, die Straßenfackeln zu entzünden. Aber selbstverständlich kamen sie nicht; die ganze Straße war ja eine kochende Stromschnelle. Nur ein Mann kam – wurde vorübergetrieben und prallte gegen Fackelpfähle und Haustreppen. Er versuchte immer wieder, irgendwo Halt zu finden, sich an etwas festzuklammern, um nicht weitergeschwemmt zu werden. Doch selbst, als er noch gar nicht nahe herangekommen war, konnte ich erkennen, daß er bereits verkrüppelt war und nicht ...«

So barsch, wie ich es in meinem Schmerz und meiner Schwäche fertigbrachte, sagte ich: »Was hat das alles mit meiner Frau zu tun? Wo ist sie?«

»Hier am Vorderfenster hat sie gestanden«, sagte er, zeigte mit dem

Finger auf die Stelle und ging mit einer Langsamkeit hinüber, die mich rasend machte. »Den ganzen Tag hat sie hier gestanden, sich Sorgen gemacht und auf Eure Rückkehr gewartet, Herr. Ich stand bei ihr, als der Mann die Straße heruntergeschwemmt kam und dabei mit den Armen um sich schlug, und sie rief mir zu, ich müsse ihn retten. Ich war selbstverständlich nicht besonders scharf darauf, mich in das tosende Wasser hinauszuwagen, und sagte ihr: ›Herrin, ich kann ihn von hier aus erkennen. Es ist nur ein alter Krüppel, der manchmal auf den Abfallbooten gearbeitet hat, die für unser Viertel hier zuständig sind. Es lohnt sich nicht um ihn.‹«

Stern Sänger hielt inne, schluckte und sagte dann heiser: »Ich kann mich nicht beschweren, wenn mein Herr mich prügelt oder verkauft oder totschlägt, denn ich hätte hinausgehen und den Mann retten müssen. Denn meine Herrin hat mir einen zornflammenden Blick zugeworfen und ist dann selbst hinausgegangen. Zur Tür hinaus und die Treppe hinunter, während ich von diesem Fenster aus hinterhergesehen habe, wie sie sich in die Flut hinauslehnte und ihn zu fassen bekam.«

Abermals hielt er inne und schluckte, woraufhin ich ihn anherrschte: »Ja und? Wenn sie beide in Sicherheit waren . . .?«

Stern Sänger schüttelte den Kopf. »Das ist es, was ich nicht begreife. Gewiß, Herr, die Treppenstufen waren naß und schlüpfrig. Aber so wie es aussah – es sah aus, als ob die Herrin mit dem Mann sprach und ihn fahrenließ, aber dann . . . aber dann riß das Wasser sie mit. Beide, denn er klammerte sich an ihr fest. Ich konnte nur ein sich umeinanderdrehendes Bündel sehen, als sie fortgeschwemmt wurden, bis ich sie nicht mehr sah. Aber da *bin* ich hinausgerannt und habe mich in die Fluten gestürzt und bin hinter ihnen her.«

»Stern Sänger wäre fast ertrunken, Herr«, sagte Türkis schniefend. »Er hat getan, was in seinen Kräften stand, wirklich.«

»Es war keine Spur von ihnen zu sehen«, fuhr er kläglich weiter fort. »Bis ans Ende der Straße, wo ein paar alte Lehmziegelhäuser eingestürzt waren – vielleicht haben sie sie unter sich begraben. Aber es wurde zu dunkel, um überhaupt etwas zu sehen, und ein Balken, der heruntergeschwemmt kam, prallte mir gegen den Kopf, daß mir fast die Sinne geschwunden wären. Ich klammerte mich am Türpfosten eines Hauses fest, das noch stand, und blieb die ganze Nacht über dort.«

»Erst als das Wasser anfing, sich zu senken, ist er nach Hause gekommen – heute morgen«, sagte Türkis. »Und dann sind wir beide hinausgegangen und haben gesucht.«

»Und . . . nichts?« krächzte ich.

»Wir haben nur den Mann gefunden«, sagte Stern Sänger. »Halb vergraben von herabgestürzten Trümmern, wie ich vermutet hatte.«

Türkis sagte: »Cocóton haben wir bis jetzt noch nichts von ihrer Mutter gesagt. Will der Herr jetzt hinaufgehen?«

»Ja, soll ich ihr sagen, was ich selbst noch nicht glauben kann?« stöhnte ich. Ich raffte mich mit letzter Kraft auf, straffte meinen erschlafften Körper und sagte: »Nein, das werde ich nicht tun. Komm, Stern Sänger. Laß uns noch mal suchen.«

Hinter meinem Haus senkte sich die Straße sanft zur Kanalbrücke hin, und die Häuser dort unten hatten selbstverständlich mehr unter der Wucht der Wasserflut gelitten als die weiter oben stehenden. Außerdem waren es die am wenigsten eindrucksvollen Häuser der Straße, nur Lehm- und Holzbauten. Wie Stern Sänger gesagt hatte, waren es jetzt keine Häuser mehr; es waren Haufen halb zerbrochener, halb vom Wasser aufgelöster Ziegel aus Lehm und Stroh, zerspellten Brettern und einem Durcheinander von Mobiliar. Mein Diener deutete auf ein zerknülltes Tuch, das darunter lag, und sagte:

»Da liegt der Unglückliche. Kein großer Verlust. Er hat davon gelebt, sich den Männern auf den Abfallbooten zu verkaufen. Diejenigen, die sich keine Frau leisten konnten, bedienten sich seiner, und er verlangte nur eine einzige Kakaobohne.«

Er lag mit dem Gesicht zum Boden, ein Haufen zerfetzter Lumpen und völlig von Schlamm verklebten langen grauen Haaren. Mit dem Fuß drehte ich ihn um und sah ihn mir zum letzten Mal an. Mit leeren Augenhöhlen und klaffend aufgerissenem Mund starrte Chimáli mich an.

Nicht sogleich, aber hinterher, später, als ich imstande war zu überlegen, dachte ich über Stern Sängers Worte nach: daß der Mann in der letzten Zeit auf den Booten gewesen war, welche den Abfall unseres Viertels fortgeschafft hatten. Ich überlegte: hatte Chimáli erst in letzter Zeit entdeckt, wo ich lebte? Hatte er uns heimsuchen wollen, immer in der Hoffnung und blind nach einer Gelegenheit suchend, mir und den Meinen ein letztes Mal etwas anzutun? Hatte die Überschwemmung ihm die Möglichkeit gegeben, mir den schlimmsten Schlag zu versetzen und sich dann für immer meiner Rache zu entziehen? Oder war das ganze eine Machenschaft der Götter gewesen? Es sieht in der Tat so aus, als ob es sie belustige, Dinge zusammentreffen zu lassen, die sonst unwahrscheinlich, ja unerklärlich scheinen und die man nicht glauben könnte.

Ich sollte es nie erfahren.

In diesem Augenblick wußte ich nur, daß ich meine Frau verloren hatte, daß ich mich mit dieser Tatsache nicht abfinden konnte und daß ich weitersuchen mußte. Ich sagte zu Stern Sänger: »Wenn dieser Unselige hier ist, dann muß Zyanya es auch sein. Wir werden jeden von diesen Millionen Ziegeln umkehren. Ich fange schon an, und du gehst hin und holst andere, uns dabei zu helfen. *Geh!*«

Stern Sänger machte, daß er fortkam, und ich beugte den Rücken, um einen hölzernen Balken hochzuheben und beiseitezuschieben, doch konnte ich nicht wieder hochkommen, rutschte nach vorn und fiel auf das Gesicht.

Es war später Nachmittag, als ich auf meinem eigenen Lager wieder zu mir kam und die beiden Diener sich besorgt über mich beugten. Das erste, was ich fragte, war: »Haben wir sie gefunden?« Als beide den Kopf schüttelten, fuhr ich sie an: »Ich habe euch befohlen, jeden Ziegel umzudrehen!«

»Herr, das ist unmöglich«, wimmerte Stern Sänger. »Das Wasser steigt wieder. Ich bin zurückgekehrt und gerade noch rechtzeitig gekommen, sonst wäret Ihr ertrunken.«

»Wir wußten nicht recht, ob wir Euch wecken sollten«, sagte Türkis offensichtlich voller Angst. »Der Verehrte Sprecher hat befohlen, daß alle die Stadt zu verlassen haben, ehe sie ganz untergegangen ist.«

Und so kam es, daß ich diese Nacht schlaflos auf einem Hügel saß, einer von vielen schlafenden Flüchtlingen. »Langer Weg«, hatte Cocóton unterwegs bemerkt. Da nur die ersten Menschen, welche Tenochtitlan verlassen hatten, auf dem Festland Unterkunft gefunden hatten, blieben diejenigen, die ihnen folgten, einfach stehen, wo sie waren, und hatten sich auf dem Boden ausgestreckt. »Dunkle Nacht«, sagte meine Tochter zutreffend. Wir vier hatten nicht einmal einen Baum, Schutz darunter zu suchen, doch hatte Türkis vorsorglich daran gedacht, Decken mitzunehmen. Sie, Stern Sänger und Cocóton hatten sich in die ihren eingewickelt, lagen auf der Erde und schliefen fest, wohingegen ich, die Decke um die Schultern gelegt, dasaß und mein Kind betrachtete, mein Krümelchen, das Kostbarste und Einzige, was mir von meiner Frau noch geblieben war. Und Trauer erfüllte mein Herz.

Vor einiger Zeit, ehrwürdige Patres, habe ich versucht, Zyanya zu beschreiben, indem ich sie der wohltätigen und allesgebenden Schwarzgrünen Agave verglich, doch eines habe ich vergessen zu erwähnen. Einmal in ihrem Leben, nur ein einziges Mal, treibt sie einen einzelnen Schaft, welcher eine Fülle von süßduftenden gelben Blüten trägt; dann stirbt die Schwarzgrüne Agave.

Schwer habe ich in dieser Nacht um den Trost gerungen, welcher von den salbungsvollen Beteuerungen der Priester ausgeht: daß die Toten weder aufbegehren noch trauern. Der Tod, behaupteten unsere Priester, ist nichts weiter als das Erwachen aus dem Traum, gelebt zu haben. Vielleicht stimmt das. Eure christlichen Priester behaupten Ähnliches. Aber das war nur ein geringer Trost für mich, der ich zurückbleiben mußte in dem Traum, lebendig, allein, schmerzlich verlassen. Und so verbrachte ich die Nacht damit, mich Zyanyas zu erinnern und der allzu kurzen Zeit, die wir zusammen hatten verbringen dürfen, ehe ihr Traum geendet hatte.

Ich erinnere mich heute noch ...

Einst, auf unserer Reise nach Michihuácan, hatte sie eine Blume entdeckt, die aus einem Spalt in einer Felswand etwas über uns hervorwuchs, und die sie nicht kannte, die sie aber bewunderte, und sie sagte, sie wünschte, sie hätte eine solche Pflanze daheim; es wäre mir ein leichtes gewesen, hinaufzuklettern und sie ihr zu holen ...

Und einmal – ach, es war keine besondere Gelegenheit – erwachte sie, verliebt in den Tag, was nichts Ungewöhnliches war für Zyanya – und da machte sie ein kleines Gedicht, und dann ersann sie eine Melodie dafür und ging leise singend umher, um sie sich einzuprägen, und sie bat mich, ihr eine jener kleinen Flöten aus Ton zu kaufen, die wir Gluckerflöten nannten, um ihr Lied darauf zu spielen. Ich sagte, das würde ich tun, sobald ich das nächstemal einen Bekannten von mir, einen Musikanten, träfe und ihn bewegen könne, mir eine zu machen. Aber ich vergaß es, und sie – als sie sah, daß ich den Kopf mit anderen Dingen voll hatte – erinnerte mich nie daran.

Und einmal ...

Ayya, die vielen Male ...

Oh, ich weiß, sie hat niemals an meiner Liebe zu ihr gezweifelt. Aber warum habe ich jemals die geringste Gelegenheit ungenutzt verstreichen lassen, sie ihr zu zeigen? Ich weiß, sie verzieh mir meine gedankenlosen kleinen Fehler und belanglosen Versäumnisse; wahrscheinlich hat sie sie gleich hinterher vergessen, was ich nie fertiggebracht habe. All die vielen Jahre seither ist mir immer wieder diese oder jene Gelegenheit eingefallen, da ich dieses oder jenes hätte tun können, es jedoch versäumte, und wozu ich jetzt nie wieder eine Gelegenheit haben werde. Heute ist es so, daß die Dinge, an die ich mich am liebsten erinnern möchte, sich mir entziehen. Wenn ich mich der Worte dieses kleinen Liedes entsinnen könnte, das sie machte, als sie besonders glücklich war, oder zumindest der Melodie, könnte ich sie manchmal vor mich hinsummen. Oder wenn ich wüßte, was sie mir nachrief, als der Wind ihr die Worte vom Mund riß, damals, als ich sie das letztemal sah ...

Als wir Flüchtlinge endlich wieder auf die Insel zurückkehren konnten, war so viel von der Stadt zerstört, daß die Trümmer, welche zuvor auf der Straße gelegen hatten, nicht mehr von denen zu unterscheiden waren, die hinterher darauf gefallen waren. Arbeiter und Sklaven waren bereits dabei, den Schutt beiseite zu räumen und zu retten, was von den Kalksteinblöcken nicht zerbrochen und noch zu gebrauchen war. Was übrig blieb, wurde eingeebnet, um die neuen Häuser darauf zu bauen. So wurde Zyanyas Leichnam nie gefunden, keine Spur von ihr, nicht einmal einer ihrer Ringe oder Sandalen. Sie verschwand so vollständig und unwiederbringlich wie das kleine Lied, das sie einst geschrieben. Gleichwohl, meine Herren Skribenten, weiß ich, daß sie immer noch irgendwo hier ist – obwohl nacheinander zwei neue Städte über ihrem unentdeckten Grab in die Höhe gewachsen sind. Ich weiß es, denn sie konnte ja ihr Stück Jade nicht mitnehmen, welches ihr den Weg in die Gegenwelt gesichert hätte.

Viele Male bin ich spät nachts durch diese Straßen gewandert und habe leise ihren Namen gerufen. Das habe ich in Tenochtitlan getan und das tue ich jetzt noch in dieser Stadt Mexíco; ein alter Mann schläft nachts nur wenig. Und ich habe viele Erscheinungen gesehen, doch keine darunter, die ihr geglichen hätte.

Ich bin nur unglücklichen und boshaften Geistern begegnet, und keinen einzigen davon habe ich mit Zyanya verwechseln können, die ihr Leben lang glücklich war und starb, als sie etwas Gutes tun wollte. Ich bin so manch einem toten Krieger der Mexíca begegnet und habe ihn erkannt; die ganze Stadt wimmelte von diesen jammervollen, trüben Gespenstern. Ich habe die Weinende Frau gesehen; sie ist wie ein treibender Nebelfetzen in Gestalt einer Frau, und ich habe ihren trauervollen Klagelaut vernommen. Aber sie hat mich nicht geschreckt; sie tat mir leid, denn auch ich weiß, was es bedeutet, einen geliebten Menschen zu verlieren; und als sie mich mit ihrem Jammergeheul nicht schrecken konnte, entfloh sie meinen Trostworten. Einmal wollte es mir so vorkommen, als hätte ich zwei wandernde Götter getroffen und mit ihnen gesprochen, dem Gott Nacht Wind und Dem Ältesten Der Alten Götter. Zumindest haben sie behauptet, es zu sein, doch sie taten mir nichts Böses an und schienen zu meinen, ich hätte genug Kummer gehabt im Leben.

Manchmal habe ich auf vollkommen dunkel und verlassen daliegenden Straßen etwas gehört, was Zyanyas fröhliches Lachen hätte sein können. Vielleicht sind das Einbildungen, die Phantasien eines sehr alten Mannes, doch ist dies Lachen jedesmal von einem Licht in der Dunkelheit begleitet gewesen, ähnlich dem hellen Blitz in ihrem schwarzen Haar. Möglich, daß mir mein schwaches Sehvermögen da einen Streich spielt, denn bis ich es schaffte, meinen Topas vors Auge zu halten, war es jedesmal verschwunden. Doch ich weiß, sie ist hier, irgendwo, und es bedarf für mich dazu keines Beweises, so sehr ich mich auch danach sehne.

Ich habe lange und tief darüber nachgedacht, und jetzt frage ich mich. Stoße ich nur auf die traurigen und menschenfeindlichen Bewohner der Nacht, weil ich selbst ihnen so sehr ähnele? Ist es möglich, daß Menschen besseren Wesens und froheren Herzens bereiter sind, lieblichere Trugbilder zu schauen? Ich bitte euch, ehrwürdige Patres, falls einer von euch Zyanya irgendwann einmal nachts treffen sollte – würdet ihr es mir dann sagen? Ihr werdet sie auf Anhieb erkennen, und ein Geist von solcher Schönheit wird euch keinen Schrecken einjagen. Sie wird aussehen wie ein Mädchen von zwanzig Jahren, wie sie damals ausgesehen hat; denn der Tod hat ihr zumindest die Krankheiten und die Runzeln des Alters erspart. Und ihr werdet dieses Lachen erkennen, denn ihr werdet gar nicht anders können, als es zu erwidern. Sollte sie sprechen . . . etwas sagen . . .

Aber nein, ihr würdet ihre Sprache nicht verstehen. Habt nur die Güte, mir zu sagen, wo ihr sie gesehen habt. Denn sie wandelt immer noch durch diese Straßen. Ich weiß es. Sie ist hier und wird immer hier sein.

Immer.

IHS
✠
S.C.C.M.

Seiner Allerkatholischsten Majestät, Kaiser Karl V., Unserem Allerdurchlauchtigsten König und Herrn:

Königliche und Erhabenste Majestät, Unser Allerdurchlauchtigster Fürst: aus der Stadt Mexico, Hauptstadt Neuspaniens, am Tage des Heiligen Paphnutius, Märtyrers, im Jahre des Herrn eintausendfünfhundertunddreißig, entbiete ich Euch meinen alleruntertänigsten Gruß.

Es zeugt von der allbekannten Einfühlsamkeit Unseres Verständnisvollen Souveräns, daß Ihr Mitleid habt mit Euer Majestät Beschützer der Indianer und daß Ihr um weitere Einzelheiten über die Probleme und Schwierigkeiten bittet, denen wir uns in selbigem Amt täglich gegenübersehen.

Bis dato, Sire, war es üblich unter den Spaniern, welchen in diesen Provinzen Ländereien übereignet wurden, gleichzeitig auch die vielen Indianer, so auf diesen Ländereien lebten, mit zu übernehmen und sie auf der Wange mit einem »G« für *guerra* – Krieg – zu brandmarken, sie also zu Kriegsgefangenen zu erklären, sie als solche grausam zu behandeln und auszubeuten. Selbiger Mißstand hat sich zumindest insofern verbessert, als ein Indianer heute nicht mehr zu Sklavenarbeit verurteilt werden kann, es sei denn, er wäre zuvor entweder von einem weltlichen oder einem geistlichen Gericht eines Verbrechens für schuldig befunden.

Des weiteren findet jetzt auch das Gesetz unseres Mutterlandes Spanien Anwendung, demzufolge ein Indianer allhier wie ein Jude anderorten dieselben Rechte genießt wie jeder christliche Spanier und keines Verbrechens wegen verurteilt werden kann ohne gültigen Prozeß, bestehend aus Anklage, Verhandlung und Verurteilung. Doch selbstverständlich kann der Zeugenaussage eines Indianers – wie der eines Juden, auch nicht der eines zum Christentum übergetretenen – nicht das gleiche Gewicht zuerkannt werden wie der eines Menschen, der von Geburt an Christ ist. Wünscht infolgedessen ein Spanier irgendeinen kräftigen roten Mann oder ein stattliches rotes Weib als Sklaven zu erwerben, braucht er nichts weiter zu tun, als gegen diesen Indianer irgendeine Anklage vorzubringen, die ihm einfällt.

Da wir sahen, daß die Indianer in vielen Fällen aufgrund von Anklagen verurteilt wurden, die bestenfalls fragwürdig waren, und da wir um die Seelen unserer Landsleute fürchteten, welche sich ganz offensichtlich auf unredliche Weise bereicherten und ihre Ländereien vergrößerten, wie es Christenmenschen nicht ansteht, befiel uns Traurigkeit und fühlten wir uns gezwungen zu handeln. Wir haben den ganzen Einfluß unseres Titels Beschützer der Indianer geltend gemacht, um bei den Richtern der Audiencia durchzusetzen, daß alle fürderhin zu brandmarkenden Indianer in unserem Amte registriert werden müssen. Deshalb werden die Brandeisen jetzt auch in einer Kiste unter Verschluß gehalten, welche mit zwei Schlüsseln verschlossen ist, von denen einer sich in unserem Besitz befindet.

Da also kein verurteilter Indianer ohne unsere Beihilfe gebrandmarkt werden kann, haben wir uns hartnäckig geweigert, in solchen Fällen unsere Zustimmung zu geben, welche offenkundig als Mißbrauch der Justiz anzusehen sind; und bei solchen Indianern auf Strafaussetzung gedrungen. Daß wir unser Amt als Beschützer der Indianer auf diese Weise ausüben, hat uns bei vielen unserer Landsleute in Verruf gebracht, doch das ertragen wir mit Gleichmut, wissen wir doch, daß wir letzten Endes zum Wohle aller handeln. Freilich könnte das wirtschaftliche Wohlergehen Neuspaniens leiden (und der der Krone zustehende Fünfte geschmälert werden), wenn wir uns der Rekrutierung von Arbeitssklaven, auf welcher der Reichtum dieser Kolonien beruht, allzu hartnäckig widersetzen. Infolgedessen wendet ein Spanier, welcher einen Indianer als Leibeigenen zu erwerben wünscht, sich nicht mehr an die weltliche Gerichtsbarkeit, sondern klagt besagten Indianer an, ein bekehrter Christ zu sein, welcher sich irgendeinen *lapsus fidei* hat zuschulden kommen lassen. Da unser Amt als Verteidiger des Glaubens Vorrang hat vor allen anderen Ämtern und Aufgaben, geben wir in diesen Fällen der Brandmarkung statt.

Auf diese Weise gelingen uns drei Dinge, von denen wir annehmen, daß sie in Eurer Majestät Augen Gnade finden. *Primus* verhindern wir auf wirksame Weise den Mißbrauch der weltlichen Gerichtsbarkeit. *Secundus* handeln wir ganz im Einklang mit den Lehren der Kirche, was im Glauben gestrauchelte Neu-Christen betrifft. Und *tertius* behindern wir nicht die Bereitstellung eines stetigen und nötigen Nachschubs von Arbeitskräften.

Übrigens, Euer Majestät: das Brandzeichen auf der Wange eines Verurteilten ist nicht mehr das erniedrigende »G«, welches auch auf eine unehrenhafte Niederlage im Kampf hinweist. Heute besteht es aus den Initialen des künftigen Eigentümers (es sei denn, bei der Verurteilten handelt es sich um eine hübsche Frau, deren Gesicht der Eigentümer nicht verunstalten möchte). Abgesehen davon, daß dieses Zeichen hilft, Eigentum und entlaufene Sklaven zu identifizieren, dient diese Brandmarkung letztlich auch dazu, Sklaven zu kennzeichnen, welche hoffnungslos aufrührerisch und nicht zur Arbeit einzusetzen sind. Viele von solchen unverbesserlichen Aufsässigen, welche durch die Hände vieler Eigentümer gegangen sind, tragen nunmehr etliche, sich zum Teil überschneidende Brandzeichen, gleichsam als wäre ihre Gesichtshaut ein Palimpsest.

In Eurer Verständigen Majestät letztem Schreiben findet sich ein rührender Beweis für Euer Majestät Herzensgüte; wenn Ihr hinsichtlich des Todes der Frau unseres Azteken feststellt: »Wiewohl von niederer Rasse, scheint er ein Mann, welcher menschlicher Gefühle fähig ist, imstande, Glück und Schmerz genauso stark zu empfinden wie wir.« Euer Mitgefühl ist verständlich, denn Euer Majestät beständige Liebe zu Eurer jungen Königin Isabella und Eurem kleinen Sohn Felipe zeugen von Eurer zärtlichen Leidenschaft, welche alle Welt bemerkt und bewundert.

Gleichwohl möchten wir Euer Majestät mit aller Achtung anheimstellen, nicht allzuviel Mitleid für Menschen aufzubringen, so Euer Majestät nicht so gut kennen wie wir, ganz besonders aber nicht einem Menschen, der immer und immer wieder beweist, daß er selbiges nicht verdient. Möglich, daß besagter Indianer früher bisweilen menschlicher Gefühle und menschlicher Gedanken fähig war, welche auch einem weißen Mann wohl anstünden. Euer Majestät werden jedoch bemerkt haben, daß selbiger, wenn er sich jetzt auch zum Christentum bekennt, viel davon schwafelt, seine verstorbene Ehefrau wandere immer noch auf Erden umher – und warum? Weil sie bei ihrem Tode nicht im Besitz eines bestimmten grünen Kiesels war! Des weiteren wird Euer Majestät nicht entgangen sein, daß der Azteke sich durch besagten Verlust nicht lange hat niederdrücken lassen. Auf den hier folgenden Seiten seines Berichts rast er wieder wie ein Koloß und verhält sich auf gewohnte Weise.

Sire, vor nicht langer Zeit haben wir einen Priester, weiser denn wir selbst sagen hören: kein Mensch soll rückhaltlos gelobt werden, solange er noch lebt und auf den unvorhersagbaren Wässern des Lebens segelt. Weder er noch andere können wissen, ob er alle Stürme überlebt, so seiner harren, allen tückischen Riffen und dem verlockenden Gesang der Sirenen entgeht, um irgendwann einmal in einen sicheren Hafen einzulaufen. Nur der verdient zurecht gepriesen zu werden, den Gott geleitet hat, daß er seine Tage im Hafen der Erlösung endet; denn nur am Ende wird das *Gloria* gesungen.

Möge der weise lenkende Herrgott Euch weiterhin mit seinem Lächeln beglücken und Seine Gunst schenken Euer Kaiserlichen Majestät, deren königliche Füße küßt Euer Kaplan und Diener

(ECCE SIGNUM)
ZUMÁRRAGA

Octava Pars

Mein persönlicher Verlust überschattete für mich selbstverständlich alles andere in der Welt; gleichwohl konnte ich nicht die Augen verschließen vor der Tatsache, daß dem ganzen Volk der Mexíca Schlimmeres widerfahren war als nur die Zerstörung seiner Hauptstadt. Daß Ahuítzotl sich überstürzt und gar nicht seiner Art entsprechend an Nezahualpíli wandte, ihm zu helfen, die Flut zu bannen, war das letzte, was er als Uey-Tlatoáni tat. Er befand sich im Inneren seines Palastes, als dieser zusammenstürzte, und wenn er dabei auch nicht ums Leben kam, hätte er sich vermutlich gewünscht, daß dies geschehen wäre. Er wurde nämlich von einem herabstürzenden Balken am Kopf getroffen und war aus diesem Grunde fürderhin – zumindest hat man mir das erzählt; lebend gesehen habe ich ihn nie wieder – genauso ein hirnloses Wesen wie der Holzbalken, der ihn traf. Er wanderte ziellos umher, redete unverständliches Zeug mit sich selbst, und ein Diener folgte dem einst großen Staatsmann und Krieger überallhin und wechselte ihm das Schamtuch, welches er sich immer wieder beschmutzte.

Aus Tradition verbot es sich, Ahuítzotl den Titel eines Verehrten Sprechers zu nehmen, solange er lebte, auch dann nicht, als er nur noch kindisch vor sich hinplapperte und nicht verehrungswürdiger war als eine wandelnde Pflanze. Aus diesem Grunde trat, sobald es möglich war, der Staatsrat zusammen, um einen Regenten zu wählen, das Volk zu führen, solange Ahuítzotl dazu außerstande war. Da Ahuítzotl in den schreckenerregenden Augenblicken der Gefahr auf dem Damm zwei aus ihren Reihen getötet hatte, weigerten sich diese alten Männer – zweifellos aus einem Gefühl der Rache heraus –, den naheliegendsten Kandidaten, seinen ältesten Sohn Cuautémoc, auch nur in Erwägung zu ziehen. Sie erwählten zum Regenten seinen Neffen Motecuzóma den Jüngeren, weil, wie sie verkündeten, »Motecuzóma Xocóyotzin seine Fähigkeiten nacheinander sowohl als Priester, Heerführer und Kolonialverwalter unter Beweis gestellt hat. Und da er so weit im Lande herumgekommen ist, kennt er auch die fernstgelegenen Gebiete der Mexíca aus erster Hand«.

Ich erinnerte mich an die Worte, welche Ahuítzotl einst mit Donnerstimme zu mir gesagt hatte: »Wir werden keine hohle Trommel auf diesen Thron setzen!« und fand, es sei wohl ebensogut, daß er nicht mehr bei Verstand war, als eben dieses doch geschah. Wäre Ahuítzotl gleich umgekommen und bei klarem Verstand gestorben, er wäre aus dem tiefsten Schlund der Míctlan herausgekrochen gekommen und hätte lieber seinem eigenen Leichnam auf den Thron geholfen statt Motecuzóma. Wie es sich herausstellte, wäre ein toter Herrscher für die Mexíca womöglich besser gewesen als dieser. Ein Leichnam bleibt zumindest so sitzen, wie man ihn einmal hingesetzt hat.

Doch damals interessierte ich mich in gar keiner Weise für die Ränke am Hofe; ich bereitete mich vielmehr darauf vor, selber für eine Zeitlang abzutreten, und das aus mehreren Gründen. Zunächst einmal war mein Zuhause für mich zu einem Ort schmerzlicher Erinnerungen geworden, denen ich zu entkommen trachtete. Es versetzte mir sogar einen Stich, auch nur meine liebe Tochter anzublicken, weil ich in ihrem Gesicht soviel von Zyanya sah. Außerdem glaubte ich eine Möglichkeit gefunden zu haben, Cocóton den Verlust ihrer Mutter nicht allzu deutlich fühlen zu lassen. Und darüber hinaus gaben mein Freund Cozcatl und seine Frau Quequelmíqui, als sie kamen, mich mit ihrem Beileid zu trösten, zu erkennen, sie hätten nun kein Dach mehr überm Kopf, da ihr Haus zu denen gehöre, welche durch die Überschwemmung zum Einsturz gebracht worden seien.

»Das bedrückt uns allerdings weniger, als man meinen möchte«, sagte Cozcatl. »Ehrlich gesagt, fühlten wir uns darin recht beengt und unbehaglich, da unsere Wohnung und unsere Dienerschule unter einem Dach vereinigt waren. Wo wir schon einmal gezwungen sind, neu zu bauen, werden wir zwei getrennte Häuser errichten.«

»Und bis dahin«, erklärte ich, »soll dieses hier euer Zuhause sein. Ihr werdet beide hier leben. Ich gehe ohnehin fort, und so stehen Haus und Dienerschaft euch zur Verfügung. Dafür bitte ich euch nur um einen Gefallen. Würdet ihr beide Cocóton Vater und Mutter ersetzen, solange ich fort bin? Könntet ihr Tene und Tete für ein armes Waisenkind spielen?«

Kitzlig sagte: »*Ayyo,* was für eine wunderbare Vorstellung!«

Cozcatl sagte: »Das wollen wir nicht nur gern, sondern *dankbar* tun. Dann werden wir jedenfalls einmal eine Zeitlang eine richtige Familie sein.«

Ich sagte: »Das Kind macht keinerlei Schwierigkeiten. Die Sklavin Türkis kümmert sich um ihre alltäglichen Bedürfnisse. Ihr braucht nichts weiter zu geben als die Geborgenheit, welche euer Dasein gibt ... und ihr hin und wieder eure Liebe zu zeigen.«

»Selbstverständlich werden wir das tun!« rief Kitzlig aus, und die Tränen traten ihr in die Augen.

Ich fuhr fort: »Ich habe Cocóton bereits erklärt, warum ihre Mutter in den letzten Tagen nicht hier war – das heißt: ich habe ihr etwas vorgelogen. Ich habe gesagt, ihre Tene sei unterwegs, auf den Märkten etliches einzukaufen, was wir für eine längere Reise benötigten, welche wir unternehmen müßten. Das Kind hat nur genickt und gesagt: ›Lange Reise‹, doch das sagt ihr in ihrem Alter nicht viel. Wenn ihr Cocóton jedoch immer wieder daran erinnert, daß ihre Tene und ihr Tete in ferne Länder reisten ... nun, ich hoffe, sie wird sich bei meiner Rückkehr daran gewöhnt haben, keine Mutter zu haben, so daß sie nicht allzu tief getroffen ist, wenn ich ihr sage, daß ihre Tene nicht mit mir zurückgekommen ist.«

»Aber sie wird sich doch auch daran gewöhnen, ohne dich zu sein«, warnte Cozcatl.

»Ja, das wird sie wohl«, sagte ich verzagt. »Ich kann eben nur hoffen, daß, wenn ich zurückkehre, wir beide wieder neu Bekanntschaft mit einander schließen. Wenn ich jedoch wüßte, daß in der Zwischenzeit gut für Cocóton gesorgt ist, daß man sie liebt . . .«

»Das wird sie!« sagte Kitzlig und legte mir eine Hand auf den Arm. »Wir werden hier mit ihr leben, solange es nötig ist. Und wir werden dafür sorgen, daß sie dich nicht vergißt, Mixtli.«

Sie gingen, um die wenigen Habseligkeiten, die sie aus den Trümmern ihres eigenen Hauses gerettet hatten, in mein Haus zu bringen, und ich selbst schnürte am selben Abend noch ein leichtes, mit allem Nötigen versehenes Reisebündel, ging in die Kinderkammer, weckte Cocóton und erklärte dem verschlafenen kleinen Mädchen:

»Deine Tene hat mich gebeten, dir in unser beider Namen Lebewohl zu sagen, Krümelchen, weil . . . weil sie unsere Trägerkolonne nicht allein lassen kann, sonst zerstreuen die Leute sich und laufen weg wie Mäuse. Ich soll dir aber einen Abschiedskuß von ihr geben. Hat das nicht genauso geschmeckt wie ein Kuß von ihr?« Überraschenderweise hatte er das, zumindest für mich. »So, Cocóton, nimm jetzt mit den Fingern Tenes Kuß von deinen Lippen und halt ihn fest in deiner Hand, ja, so, damit dich jetzt auch dein Tete küssen kann. So ist's fein. Jetzt nimm meinen und ihren Kuß, halt sie beide fest in der Hand und schlaf weiter. Und wenn du aufstehst, heb sie irgendwo sicher auf, damit die Küsse wieder zu uns zurückkommen können, wenn wir wieder da sind.«

»Da sind«, sagte sie verschlafen, lächelte ihr Zyanya-Lächeln und machte ihre Zyanya-Augen zu.

Unten schniefte Türkis, und Stern Sänger schneuzte sich ein paarmal die Nase, als wir uns Lebewohl sagten, ich sie mit der Leitung des Haushalts betraute und sie noch einmal darauf hinwies, daß sie bis zu meiner Rückkehr Cozcatl und Quequelmíqui als ihren Herrn und ihre Herrin zu betrachten hätten. Ehe ich die Stadt ganz verließ, schaute ich noch einmal im Haus der Fernhändler vorbei und gab dort eine Nachricht ab, welche mit der nächsten Pochtéca-Kolonne in Richtung Tecuantépec abgehen sollte. In dem gefalteten Papier teilte ich Béu Ribé – in den wenigst schmerzenden Wortbildern, deren ich fähig war – den Tod ihrer Schwester mit und wie sie gestorben sei.

Ich kam gar nicht auf den Gedanken, daß der übliche Fluß des Mexíca-Handels eine beträchtliche Unterbrechung erfahren haben könnte und meine Nachricht nicht so bald in Béus Hände gelangen würde. Die Chinámpa-Felder, welche die Insel Tenochtítlan umringen, hatten vier Tage unter Wasser gestanden, und das ausgerechnet zu einer Zeit, in welcher Mais, Bohnen und andere eßbare Pflanzen gerade eben angefangen hatten zu keimen. Und nicht nur, daß das Wasser die Keime zerstört hatte – es war auch in die Lagerhäuser eingedrungen, in welchen Notvorräte lagerten, und hatte sämtliche getrockneten Lebensmittel vernichtet. Infolgedessen waren die Mexíca-Kaufleute und ihre Träger viele Monde hindurch ausschließlich damit beschäftigt, zumindest notdürftig die Versorgung der notleidenden Stadt sicherzustellen. Zu diesem Zwecke waren sie ständig unterwegs, zogen jedoch nicht in weite Ferne, und so kam es, daß Wartender Mond erst über ein Jahr später erfahren sollte, was geschehen war.

Auch ich war während dieser Zeit ständig unterwegs und ließ mich vom Wind treiben wie Löwenzahnsamen, oder wohin mich eine besonders verlockende Landschaft trieb oder ein sich windender Pfad führte, als sagte er zu mir: »Folg mir! Gleich um die nächste Biegung liegt ein Land, welches Ruhe und Vergessen schenkt.« Selbstverständlich gab es einen solchen Ort nicht. Ein Mensch kann bis ans Ende aller Wege gehen, die es gibt, und bis an das Ende aller seiner Tage, und doch kann er nirgends seine Vergangenheit ablegen und davongehen, ohne jemals zurückzublicken.

Die meisten meiner Erlebnisse in dieser Zeit dienten keinem besonderen Zweck; ich war auch nicht darauf aus, Handel zu treiben oder mich mit Dingen zu belasten, die ich erwarb, und wenn es glückliche Entdekkungen zu machen gab – wie etwa jene der großen Stoßzähne damals, als ich auf der Flucht vor einem anderen Herzeleid war –, ging ich an ihnen vorüber, ohne sie wahrzunehmen. Zu dem einen Erlebnis, welches wert ist, nicht vergessen zu werden, kam es rein zufällig und zwar auf folgende Weise:

Ich befand mich in der Nähe der Westküste, im Land der Nauyar Ixú, einer der abgelegenen Nordwestprovinzen oder abhängigen Gebiete von Michihuácan. Ich war dorthin gezogen, nur um einen Vulkan zu sehen, der seit einem Mond nahezu ununterbrochen in Tätigkeit gewesen war und drohte, nie aufzuhören. Dieser Vulkan heißt Tzebóruko, was soviel heißt wie »Wutschnaubend«, nur tat er freilich mehr als nur das: Er brüllte vor Zorn, und es klang, als dringe das Kriegsgetöse aus dem Míctlan nach oben. Grauschwarze Wolken entquollen ihm, dazwischen zirkonfarbene Flammenblitze, stiegen hoch bis zum Himmel auf und hatten das seit vielen, vielen Tagen getan, so daß dieser Himmel ganz schmutzig war und ganz Nauyar Ixú tagelang im Zwielicht dalag. Von dieser Wolke rieselte ständig warme, beizende Asche hernieder. Aus dem Krater drang unablässig das zornige Grollen der Vulkangöttin Chántico heraus, schossen Massen feurigglühender Lava empor und etwas, was sich aus der Ferne zwar ausnahm, als wären es kleine Steine, welche in die Höhe und herausgeschleudert wurden; dabei waren es selbstverständlich gewaltige Felsbrocken, die durch die Luft flogen.

Der Tzebóruko ragt am Ende eines Flußtals in die Höhe, und so war es nur verständlich, daß der Lavastrom sich am ungehindertsten dieses Flußbett entlang wälzte. Das Wasser war jedoch zu seicht, um den geschmolzenen Fels abzukühlen und erstarren zu lassen; das Wasser schrie einfach auf und kochte, wenn die Elemente zusammentrafen, und verdampfte unter diesem Ansturm. Jede der nacheinander folgenden Wogen glühender Lava, welche der Berg ausspie, lief die Berghänge und das Tal hinunter, verlangsamte dann ihre Geschwindigkeit und rückte in dem Maß, wie sie abkühlte und schwarz wurde, nur im Schneckentempo weiter. Die verhärtete Oberfläche bot jedoch der nachfolgenden Masse nur eine um so glattere Rutschbahn, floß wieder ein Stück weiter und erstarrte erst dann endgültig. Als ich dort anlangte, um mir das Schauspiel anzusehen, war der geschmolzene Fels gleich einer langen roten Zunge ein weites Stück den sich zurückziehenden Fluß hinuntergelaufen. Die Hitze des verflüssigten Felsens und des zischenden Dampfes war dermaßen stark, daß ich an keiner Stelle nahe an den Berg herankommen konnte. Kein Mensch konnte das, und keiner (außer mir) wollte das. Die meisten Menschen, welche in dieser Gegend lebten, packten bedrückt ihre Sachen und suchten das Weite. Man erzählte mir, Ausbrüche in der Vergangenheit hätten das gesamte Flußtal bis hinunter ans Meer verwüstet, das vielleicht zwanzigmal Ein Langer Lauf von hier entfernt sei.

Genau das geschah bei diesem Ausbruch auch wieder. Ich habe versucht, die wütende Gewalt deutlich zu machen, mit der er sich vollzog, ehrwürdige Patres, und ich habe das getan, damit ihr mir glaubt, wenn ich euch sage, daß er mich zuletzt vom Rand Der Einen Welt hinausschleuderte und hinein in das Unbekannte.

Da ich nichts weiter vorhatte, brachte ich einige Tage damit zu, einfach neben dem Lavafluß einherzugehen – zumindest so nahe daneben, wie mir das bei der sengenden Hitze und den giftigen Dämpfen, die davon aufstiegen, überhaupt möglich war –, während dieser unversöhnlich weiter brodelnd das Flußwasser zum Sieden brachte und das Flußbett von einem Ufer bis zum anderen ausfüllte. Die Lava wälzte sich weiter wie eine Schlammwoge, ungefähr so schnell wie ein gemächlich ausschreitender Mann geht, und wenn ich abends auf höhergelegenem Gelände mein Lager aufschlug, von meinen Vorräten aß und mich in meine Decke rollte oder zwischen zwei Bäumen meine Gíshe aufspannte, erwachte ich am nächsten Morgen und mußte feststellen, daß der weiterfließende Felsen mir weit vorausgeeilt war und ich mich beeilen mußte, wenn ich die Spitze wieder einholen wollte. Wiewohl der Tzebóruko-Berg hinter mir immer kleiner wurde, fuhr er doch fort, unentwegt Lava zu speien, und ich ging neben dem Ausfluß einher, bloß um zu sehen, wie weit die Lava noch fließen würde. Nach ein paar Tagen erreichten wir beide das Meer – der Lavastrom und ich.

An der Mündung verengt sich das Flußtal zwischen zwei Hochebenen und ergießt sich in eine lange, tiefe, halbmondförmige Bucht, deren Strände ein großes Becken türkisgrünen Wassers umgreifen. Am Strand stand eine Siedlung aus Schilfhütten, doch Menschen waren nirgends zu sehen; ganz offensichtlich hatten die Fischer, die hier wohnten, genauso das Weite gesucht wie die weiter im Inland wohnenden Menschen; aus irgendeinem Grunde hatten sie jedoch ein kleines, seegängiges Acáli zurückgelassen, welches samt Rudern auf den Strand gezogen dalag. Dieses ließ in mir den Wunsch entstehen, hinauszurudern auf die Bucht und aus sicherer Entfernung zuzusehen, wie der kochende Fels mit dem Meer zusammenstieß. Der seichte Fluß hatte dem weiteren Sichfortwälzen der Lava keinen Einhalt gebieten können, doch wußte ich, daß die unerschöpfliche Wassermenge des Meeres ihn zum Stillstand bringen würde. Wie die beiden aufeinanderstießen, das, meinte ich, müsse ein sehenswertes Schauspiel sein.

Dazu kam es freilich erst am nächsten Tag. Mittlerweile hatte ich mein Reisebündel im Kanu verstaut, war über die Brandungsbrecher hinausgerudert und saß nun mitten auf der Bucht. Durch meinen Topas konnte ich sehen, wie die bösartig schwelende Lava sich ausbreitete, sich über den Strand wälzte und sich auf breiter Front auf den Ufersaum zubewegte. Vom Landesinneren war nicht viel zu sehen, höchstens, daß ich – durch den alles verdunkelnden Rauch und die herniederrieselnde Asche

– den rötlichen Feuerschein und gelegentlich ein helleres gelbes Aufblinken erkennen konnte, wenn Tzebóruko sich erbrach und das Innere der Míctlan ausspie.

Dann schien die glühendrot wabernde Lavamasse auf dem Strand zu zögern und Kraft zu sammeln, ehe sie – statt langsam weiter voranzukriechen – den Ozean unversehens wütend ansprang. An den vorangegangenen Tagen weiter oben am Fluß hatte es, wenn glühendes Gestein und kaltes Wasser aufeinandergetroffen waren, fast so etwas wie einen menschlichen Schrei gegeben, ein zischendes Keuchen. Hier am Meer jedoch klang es wie das donnernde Aufbrüllen eines unvermutet verwundeten Gottes – wie der Aufschrei eines entsetzten Gottes, der vor Wut wie von Sinnen war. Es war ein Aufruhr, welcher sich aus zwei Lauten zusammensetzte: dem, der entsteht, wenn ein Meer so plötzlich zum Sieden gebracht wird, daß das Wasser aufwallt, und der Dampf aufzischt – und dem, der entsteht, wenn glühende Lava von einem Augenblick zum anderen dermaßen abkühlt und erstarrt, daß sie am Rande ihres Vordringens überall in kleine Teile auseinanderprasselt. Der Dampf stieg auf wie eine Wolkenklippe, heißer Gischt prasselte auf mich hernieder, und mein Acáli riß es so unversehens zurück, daß ich um ein Haar über Bord geflogen wäre. Ich klammerte mich an der hölzernen Bordwand fest, und ließ dabei mein Ruder ins Wasser fallen.

Das Kanu rutschte weiter nach hinten, als das Meer vor dem plötzlich unfreundlichen Land zurückfuhr wie ein gebranntes Kind. Dann erholte das Meer sich von seiner Überraschung, wie es schien, und rauschte wieder mächtig auf das Land zu. Doch der geschmolzene Fels war immer noch auf dem Vormarsch; das Gedonner ging ununterbrochen weiter, und die Dampfwolken stiegen weiter in die Höhe, hinein in den Himmel, wohin die Wolken gehören. Die gesamte Wassermasse der ausgedehnten Bucht rauschte seewärts und dann wieder zurück aufs Land zu, und das so oft, daß ich mit dem Zählen nicht mehr mitkam, denn ich wußte nicht mehr, wo mir der Kopf stand, so sehr wurde mein Einbaum geschüttelt und durchgerüttelt. Immerhin merkte ich, daß ich bei jedem Zurücklaufen des Wassers weiter vom Ufer fortgetragen wurde, als das darauffolgende Anbranden mich auf die Küste zutrug. Im strudelnden Wasser um mein hüpfendes und bockendes Kanu herum trieben, zumeist mit dem Bauch nach oben, Fische und anderes Seegetier.

Den ganzen Rest des Tages über, während das Zwielicht immer dunkler wurde, trieb mein Acáli weiter ab: eine Welle auf den Strand zu, drei Wellen auf das offene Meer zu. Im letzten schwindenden Tageslicht erkannte ich, daß ich genau in der Mitte zwischen den beiden Landzungen trieb, welche die Einfahrt zur Bucht bildeten, freilich zu weit von beiden entfernt, als daß ich mich schwimmend hätte in Sicherheit bringen können; und dahinter, jenseits der Öffnung, dehnte sich das unendliche, leere Meer. Mir waren die Hände gebunden, und es gab nur zwei Dinge, die ich tun konnte. Ich lehnte mich aus dem Kanu hinaus, fischte jeden toten Fisch heraus, den ich zu fassen bekam, und häufte sie am Ende meines Bootes auf dem Boden auf. Dann bettete ich den Kopf auf diesen feuchten kleinen Haufen und schlief ein.

Als ich am nächsten Morgen erwachte, wollte es mir so vorkommen, als hätte ich diesen ganzen Aufruhr nur geträumt, doch trieb ich immer noch in meinem Kanu, und die Küste war so weit entfernt, daß nur noch die gezackten Umrisse blaßblauer Berge zu sehen waren. Als die Sonne strahlend an einem klaren Himmel aufstieg, war von einer Rauch- und Aschendecke nichts mehr zu sehen und zwischen den fernen Bergen kein feuerspeiender Tzebóruko mehr zu erkennen. Das Meer lag so ruhig da wie der See von Xaltócan an einem stillen Sommertag. Ich hielt den Topas in die Höhe, faßte den Horizont mit dem Land ins Auge und versuchte, mir die Umrisse ins Gedächtnis zu prägen. Dann schloß ich die Augen eine kurze Weile, ehe ich sie wieder aufmachte, um festzustellen, ob mit dem, was ich in der Erinnerung hatte, eine Veränderung eingetreten war. Nachdem ich das mehrere Male getan, merkte ich, daß die nähergelegenen Berge langsam vor den ferneren Bergen entlangglitten, und zwar von links nach rechts. Nun war mir klar, daß ich von einer Meeresströmung erfaßt worden war, die mich gen Norden trieb, das jedoch erschreckend weit von der Küste entfernt.

Ich versuchte, dem Kanu eine andere Richtung zu geben, indem ich auf der dem Land abgekehrten Seite mit den Händen paddelte, doch gab ich das bald auf. Das Wasser, welches zuvor ganz still gewesen war, strudelte, und irgend etwas stieß so hart gegen mein Boot, daß es einen Satz machte. Als ich über Bord sah, erkannte ich eine tiefe Kerbe im harten Mahagoniholz und erblickte eine aufrechtstehende Flosse, ähnlich wie ein länglicher Kriegsschild, welche ganz in der Nähe das Wasser zerteilte. Diese Flosse umkreiste mein Kanu zwei oder dreimal, ehe sie unter einem neuerlichen anhaltenden Gestrudel in der Tiefe verschwand, und danach hütete ich mich, auch nur einen Finger über die schützende Bordwand hinauszuhalten.

Nun, dachte ich bei mir, ich bin allen Gefahren entgangen, welche mir durch den Vulkan hätten drohen können. Jetzt habe ich nichts mehr zu befürchten, außer von einem Meeresungeheuer verschlungen zu werden, Hungers zu sterben, vor Hitze und Durst zu schrumpfen oder, wenn das Meer rauh wird, zu ertrinken. Ich dachte an Quetzalcóatl, den Herrscher der Toltéca längst vergangener Tage, welcher auf ähnliche Weise allein auf jenem anderen Meer im Osten davongefahren war und auf diese Weise zum beliebtesten Gott aller Götter geworden war, zu einem Gott, welcher von weit auseinanderliegenden Völkern verehrt wurde, die sonst nicht das geringste miteinander gemein hatten. Selbstverständlich war ich mir darüber im klaren, daß bei seinem Abschied eine Menge von seinen Untertanen am Ufer gestanden hatten, um zu verfolgen, wie er sich immer weiter entfernte, Untertanen, die ihn verehrten und weinten, als er nicht zurückkehrte, und in der Folge hingingen und andere Menschen davon in Kenntnis setzten, daß der Mensch Quetzalcóatl fürderhin als Gott Quetzalcóatl zu verehren sei. Kein einziger Mensch war gekommen, mir zum Abschied das Geleit zu geben, niemand wußte auch nur davon, und es war auch völlig ausgeschlossen, daß jemand – wenn ich niemals zurückkehrte – eine Bewegung unter den Menschen ins Leben rief, welche forderte, mich zu einem Gott zu erheben. Infolgedessen tat ich besser daran, alles mir Mögliche zu tun, um solange wie möglich ein Mensch zu bleiben.

Ich hatte dreiundzwanzig Fische. Zehn davon suchte ich aus und legte sie beiseite, solche, von denen ich wußte, daß sie eßbar waren. Zwei davon nahm ich mit meinem Dolch aus und reinigte sie und verzehrte sie roh – wenn auch nicht ganz roh, denn zumindest waren sie in dem kochenden Kessel der Bucht hinter mir ein wenig gegart worden. Die dreizehn Fische, bei denen ich mir nicht ganz klar war, ob sie eßbar seien, schlitzte ich auf, reinigte sie und befreite sie von den Gräten. Dann suchte ich meine Eßschale aus meinem Bündel hervor und wrang die Fische aus wie Lumpen, um noch den letzten Tropfen Körperflüssigkeit herauszudrücken. Die Schale mit der dergestalt gewonnenen Flüssigkeit steckte ich samt den acht mir noch verbliebenen eßbaren Fischen unter mein Bündel, um sie vor den Sonnenstrahlen zu schützen. Auf diese Weise konnte ich am nächsten Tag noch zwei weitere Fische verzehren, welche immer noch vergleichsweise unverdorben waren. Doch am dritten Tag mußte ich mich schon sehr überwinden, noch zwei weitere zu essen; ich versuchte, die Brocken ganz hinunterzuschlucken, ohne sie durchzukauen, so schlüpfrig waren sie bereits geworden und so sehr stanken sie – und warf die übelriechenden letzten vier über Bord. Danach bestand meine einzige Nahrung eine Zeitlang aus einem gelegentlichen winzigen Schluck von dem Fischwasser aus meiner Schale – oder vielmehr war es kaum mehr, als daß ich mir die schmerzhaft aufgesprungenen Lippen damit netzte.

Ich glaube, es war auch am dritten Tag, daß der letzte sichtbare Berggipfel Der Einen Welt hinterm Horizont im Osten verschwand. Die Strömung hatte mich weit vom Land abgetrieben, überall war Wasser, und das war die erste Erfahrung dieser Art in meinem Leben. Ich trieb völlig niedergeschlagen über das endlose Wasser. Das Meer umgab mich von allen Seiten, ich war im höchsten Maße unglücklich und kam mir vor wie eine Ameise auf dem Boden und genau in der Mitte einer blauen Schale, deren Wände schlüpfrig und unbesteigbar waren. Die Nächte setzten mir weniger zu, wenn ich meinen Topas wegsteckte und nichts von der überwältigenden Fülle der Sterne sah. Im Dunkeln konnte ich mir einbilden, irgendwo in Sicherheit zu sein – irgendwo, mit festem Boden unter den Füßen – in einem Festlandwald, ja, selbst in meinem eigenen Haus. Ich konnte mir einreden, das schaukelnde Boot sei eine Gíshe aus geknüpftem Seil, und schlief dann tief und fest.

Tagsüber freilich schaffte ich es nicht, mir einzureden, mich irgendwo anders zu befinden als inmitten dieser erschreckend blauen, heißen, schattenlosen Weite. Glücklicherweise – denn sonst hätte ich gewiß den Verstand verloren – gab es tagsüber neben der endlosen, gleichgültigen Wasserwüste noch ein paar andere Dinge zu sehen. Dabei war es bei einigen dieser Dinge nicht gerade tröstlich, über sie nachzudenken, doch zwang ich mich, sie durch meinen Sehkristall zu betrachten, so genau die Umstände es mir erlaubten, und mir Gedanken darüber zu machen, was es wohl sein könne.

Da war der silberblaue Schwertfisch, größer als ich selbst, welcher mit Vorliebe steil aus dem Wasser hervorschießt und einen Augenblick auf seinem Schwanz tanzt. Des weiteren der womöglich noch größere Sägerochen, flach und braun und mit den verlängerten Flossen an den Seiten ähnlich den geschwungenen Hautlappen eines Flughörnchens. Beide erkannte ich an ihren bedrohlichen sägeähnlichen Schnauzen, welche manche Krieger von den Küstenstämmen als Waffen benutzten.

Da gab es unzählige kleine Geschöpfe mit langen Flossen, die sie benutzten wie Flügel, um aus dem Wasser herauszuschießen und beachtliche Strecken in der Luft dahinzugleiten. Ich hätte sie für eine Art Wasserinsekten gehalten, nur landete einer von ihnen in meinem Einbaum. Ich verzehrte ihn auf der Stelle, und da schmeckte er wie ein Fisch. Da waren gewaltige blaugraue Fische, welche mich mit erstarrtem Grinsen und wissenden Augen ansahen, doch schienen diese mehr verständnisvoll als bedrohlich. Viele von ihnen begleiteten mein Acáli über eine lange Zeit hindurch und unterhielten mich damit, indem sie in geübter Zweisamkeit kunstvoll aus dem Wasser heraus und durch die Luft sprangen.

Am sechsten oder siebenten Tag – gerade rechtzeitig, denn ich hatte den letzten Rest Fischwasser aus meiner Schale ausgeleckt; ich war eingefallen, über und über mit Bläschen bedeckt und völlig schlaff – jagte ein Regen gleich einem grauen Schleier über das Meer hinter mir, holte mich ein und fuhr über mich hinweg. Das erfrischte mich sehr, füllte überdies meine Schale, und ich trank sie zwei oder dreimal leer. Doch dann fing ich nachgerade an, mir Sorgen zu machen, denn der Regen hatte einen Wind mitgebracht, der Wogen auf dem Meer zusammentrieb. Mein Kanu wurde wie ein kleines Stück Holz hin und her geworfen, und bald saß ich da und schöpfte mit meiner Schale das Wasser aus, das hereingeschlagen war. Immerhin zog ich einigen Mut aus der Tatsache, daß Regen und Wind von hinten gekommen waren – aus dem Südwesten, wie ich annahm, da ich mich erinnerte, wo die Sonne zuvor gestanden hatte – und vermutlich wurde ich nicht noch weiter aufs Meer hinausgetrieben.

Wenn es auch keine Rolle spielte, wo ich schließlich unterging, wie ich müde überlegte, denn mittlerweile konnte ich es mir gar nicht mehr anders vorstellen, als daß ich irgendwann irgendwo untergehen müßte. Da Wind und Regen ohne Unterlaß weitergingen, und das Meer mein Acáli vor sich hintanzen ließen, konnte ich weder schlafen noch ruhen, sondern war unausgesetzt damit beschäftigt, das Wasser auszuschöpfen, welches in mein Kanu hereinschwappte. Ich war bereits so schwach, daß meine Schale mir jedes Mal, wenn ich sie füllte und den Inhalt über Bord goß, schwer in der Hand lag wie ein großer irdener Krug. Wiewohl ich keinen Schlaf finden konnte, glitt ich dennoch irgendwann in eine Art Dämmerzustand hinein, so daß ich nicht mehr sagen kann, wie viele Tage und Nächte auf diese Weise vergingen, doch muß ich wohl die ganze Zeit über weiter Wasser geschöpft haben, gleichsam als wäre es mir zu einer Gewohnheit geworden, mit welcher ich nicht brechen konnte, die ich auch im Schlaf nicht aufgab. Woran ich mich noch erinnere, ist, daß gegen Ende meine Bewegungen immer zähflüssiger und langsamer wurden und das Wasser im Boot rascher stieg, als ich schöpfen konnte. Als ich endlich hörte, wie der Boden des Kanus über den Grund schrammte und ich überzeugt war, daß es nun endlich untergegangen war, konnte ich mich nur noch gelinde darüber wundern, kein Wasser um mich herum zu fühlen, nicht zu spüren, wie es mich umhüllte und daß keine Fische mir durch das Haar schwammen.

Ich muß das Bewußtsein verloren haben, denn als ich wieder zu mir kam, war der Regen vorüber, schien hell die Sonne und ich blickte mich verwundert um. Ich war tatsächlich gesunken, freilich nicht sonderlich tief. Das Wasser ging mir bloß bis zur Hüfte, denn mein Einbaum war nur ein kleines Stück vor einem steinigen Strand auf Grund gelaufen, welcher sich nach beiden Seiten erstreckte und nichts von irgendwelcher menschlichen Besiedelung erkennen ließ. Immer noch schwach und wie erschlagen und mit langsamen Bewegungen stieg ich aus dem halbversunkenen Acáli hinaus und watete mit meinem völlig durchnäßten Bündel an Land. Jenseits des Strandstreifens wuchsen Kokospalmen, doch war ich viel zu schwach, um hinaufzuklettern oder auch nur eine Kokosnuß herunterzuschlagen oder herunterzuschütteln oder nach irgendwelchen anderen eßbaren Dingen Ausschau zu halten. Immerhin überwand ich mich und leerte noch mein Bündel, um alles in der Sonne zu trocknen, doch dann kroch ich in den Schatten einer Palme und verlor abermals das Bewußtsein.

Als ich erwachte, herrschte Dunkelheit, und es dauerte einige Augenblicke, ehe ich mir darüber klar wurde, daß ich nicht mehr auf dem Meere hin und hergeworfen wurde. *Wo* ich war, wußte ich freilich überhaupt nicht, doch schien es, als wäre ich nicht mehr allein, denn überall um mich herum vernahm ich ein geheimnisvolles und beunruhigendes Geräusch. Es war ein Laut, der von überall und nirgends herkam, kein einzelnes, sehr lautes Klicken, doch alles zusammen ergab ein knisterndes Geräusch wie ein unsichtbares Buschfeuer, welches auf mich zukam. Oder vielleicht waren es viele, viele Menschen, die versuchten, sich an mich heranzuschleichen, allerdings nicht sonderlich heimlich, denn entweder traten sie alle auf besonders locker daliegende Kiesel auf dem Strand oder sie zertraten jeden Zweig, der als Treibgut an den Strand gespült sein mochte.

Ich fuhr hoch, und auf diese Bewegung hin hörte das Klicken augenblicklich auf; doch als ich mich wieder hinlegte, setzte der unheimliche Laut sofort wieder ein. Jedesmal, wenn ich mich im Laufe dieser Nacht bewegte, verstummte es, um gleich darauf wieder einzusetzen. Ich hatte nicht meinen Brennkristall benutzt, um ein Feuer zu entzünden, als ich noch bei Bewußtsein gewesen war und die Sonne hochgestanden hatte. Deshalb konnte ich mir auch keine Fackel machen. Ich konnte überhaupt nichts tun, außer unruhig wach dazuliegen und ständig darauf gefaßt zu sein, daß mich irgend etwas ansprang – bis das erste dämmerige Morgenlicht mich die Ursache des Geräusches erkennen ließ.

Beim ersten Anblick überlief mich eine Gänsehaut. Der gesamte Strand mit Ausnahme einer kleinen Lichtung um die Stelle herum, auf welcher ich lag, war über und über mit grünbraunen, handgroßen Krebsen bedeckt, die unbeholfen über den Sand und über einander hinwegkrochen und -rutschten. Krebse sind niemals besonders anziehende Geschöpfe, doch alle, die ich bisher gesehen hatte, waren zumindest ebenmäßig gewesen. Diese hier waren das nicht; denn ihre Scheren waren überraschend ungleich. Die eine war ein großes und unbeholfen dickes, leuchtend rot und blau gesprenkeltes Glied, die andere war schlicht krebsfarben und ganz schmal wie ein aufgeschlitzter Zweig. Und ein jeder Krebs benutzte seine schmale Schere, um unablässig die große Schere wie eine Trommel und keineswegs wohltönend zu bearbeiten.

Das Morgendämmer schien für sie ein Zeichen zu sein, in ihrem lächerlichen Tun innezuhalten; die Massen lichteten sich, als die Krebse sich in ihren Bau im Sand verkrochen. Der eigentliche Körper war nur klein und enthielt zu wenig Fleisch, als daß es sich gelohnt haben würde, es aus der Schale herauszupolken, doch ihre großen Trommelschlegelscheren, die ich überm Feuer röstete, ehe ich sie aufschlug, lieferten mir ein recht wohlschmeckendes Frühstück.

Zum erstenmal seit vielen Tagen gesättigt, fühlte ich mich ein wenig kräftiger, erhob mich vom Feuer und machte mich an eine Bestandsaufnahme. Ich war nicht nur zurück in Der Einen Welt, sondern gewißlich auch noch an der Westküste, nur freilich unendlich weiter hoch im Norden, als ich es jemals zuvor gewesen war. Wie immer, dehnte sich das Meer bis an den westlichen Horizont, doch war es merkwürdig weniger aufgewühlt als das Meer, welches ich weiter im Süden kennengelernt hatte; keine Brecher, die sich auf das Ufer ergossen, nicht einmal eine gischtig brodelnde Brandung; die Wellen leckten nur sanft den Strand herauf. In der entgegengesetzten Richtung, im Osten, ragte hinter den Uferpalmen und anderen Bäumen eine Bergkette, welche zwar erschrekkend hoch schien, jedoch angenehm grün bewaldet war – etwas ganz anderes, als der vulkanische Gebirgszug aus dunkelbraunem und schwarzem Felsen, von dem ich hergekommen war. Ich hatte keine Ahnung, wie weit es mich nach Norden erst durch die Meeresströmung und dann durch den Regensturm verschlagen hatte. Eines jedoch wußte ich: Wenn ich mich die Küste entlang einfach nach Süden wandte, mußte ich *irgendwann* wieder auf die Bucht in der Nähe des Tzebóruko stoßen, und von dort an würde ich wieder in vertrautem Land sein. Wenn ich mich an die Küste hielt, brauchte ich mir auch keine Sorgen um Essen und Trinken zu machen. Wenn sich nichts anderes bot, konnte ich mich ohne weiteres von Krebsfleisch und Kokosmilch ernähren.

Nur war nicht daran zu deuteln, daß ich das verfluchte Meer leid war und es nicht mehr sehen wollte. Gewiß, der Gebirgszug weiter im Landesinneren war mir fremd und möglicherweise von wilden Raubtieren oder überhaupt von Tieren bewohnt, denen ich noch nie zuvor begegnet war. Gleichviel, es waren nur Berge. Ich war schon durch so manches andere Gebirge gezogen und hatte durchaus gut gelebt von all den Dingen, welche sich boten. Am verlockendsten wollte es mir in diesem Augenblick erscheinen, daß die Berge eine Vielfalt von Landschaftseindrücken bieten würden, was das Meer oder der Küstensaum nie konnte. Deshalb blieb ich nur zwei oder drei Tage am Strand, um mich zu erholen und wieder zu Kräften zu kommen. Dann schnürte ich mein Bündel, wandte mich nach Osten und strebte auf die niedrigen Ausläufer der Bergkette zu.

Es war damals Hochsommer, und das war ein Glück für mich, denn selbst um diese Jahreszeit waren die Nächte in diesen Höhen empfindlich kalt. Die wenigen Kleider und die eine Decke, die ich bei mir hatte, waren inzwischen schon recht fadenscheinig geworden und hatten dazu noch darunter gelitten, daß sie sich für so lange Zeit mit Salzwasser vollgesogen hatten. Wäre ich jedoch im Winter in diese Berge gestiegen, hätte ich wirklich gelitten, denn von den Einheimischen hörte ich, daß die Winter lähmende Kälte und heftige Schneefälle brachten und der Schnee sich bisweilen übermannshoch türmte.

Endlich stieß ich dann doch wieder auf Menschen, freilich erst, nachdem ich bereits viele Tage in den Bergen unterwegs gewesen war, so daß ich mich schon gefragt hatte, ob Die Eine Welt denn durch den Ausbruch des Tzebóruko oder eine andere Katastrophe ganz und gar entvölkert worden sei, während ich draußen auf dem Meer trieb.

Sehr sonderbare Menschen waren es, auf die ich schließlich stieß. Sie nannten sich Rarámuri – und nennen sich vermutlich heute noch so –, ein Wort, welches soviel bedeutet wie Schnellfüßig – und das, wie ich noch erklären werde, allerdings mit gutem Grund. Auf den ersten von ihnen stieß ich, als ich oben am Rand einer Felswand stand, mich von einem atemberaubenden Aufstieg erholte und einen atemberaubenden Anblick genoß. Ich blickte hinunter in einen erschreckend tiefen Abgrund, an dessen glatten steilen Seitenwänden hier und da Bäume wuchsen wie grüne Federbüschel. Tief unten floß ein Fluß hindurch, und dieser Fluß wurde gespeist von einem Wasserfall, welcher aus einer Schlucht auf der anderen Seite des Cañons herabstürzte. Die Höhe dieses Wasserfalls muß fast die Hälfte von Ein Langer Lauf gemessen haben; es ging steil in die Tiefe, und unten, wo die Wassersäule aufprallte, brodelte es mächtig und sah aus wie eine weiß aufgischtende Wolke. Ich war ganz in die Betrachtung dieses großartigen Schauspiels vertieft, als ich einen Ruf vernahm:

»Kuira-bá!«

Ich schrak zusammen, denn es war seit langer, langer Zeit das erstemal, daß ich wieder eine menschliche Stimme vernahm; freilich klang der Ruf nicht bedrohlich, eher heiter, und so meinte ich, es müsse wohl ein Gruß sein. Der gerufen hatte, war ein junger Mann, welcher lächelnd am Rand des Cañons auf mich zukam. Er hatte ein schönes Gesicht, so wie ein Falke schön ist, und war gut gewachsen, wenn auch kleiner als ich. Er war anständig gekleidet, ging allerdings barfuß – doch das erging mir mittlerweile nicht anders, da meine Sandalen unterwegs längst zerschlissen und mir von den Füßen gefallen waren. Neben seinem sauberen hirschledernen Schamtuch trug er einen Umhang aus demselben Material, allerdings von einem Schnitt, der mir neu war; er wies bis zum Handgelenk hinunter Ärmel auf, um ihm zusätzlich Wärme zu geben.

Als er näherkam, erwiderte ich seinen »Kuira-bá«-Gruß. Er zeigte auf den Wasserfall, den ich bewundert hatte, grinste stolz, als wäre er sein persönliches Eigentum, und sagte: »Basa-séachic«, wobei ich meinte, daß das wohl Fallendes Wasser heißen müsse, denn es erschien mir höchst unwahrscheinlich, daß man einen Wasserfall anders nennen könne. Ich wiederholte das Wort und legte viel Gefühl hinein, um ihm begreiflich zu machen, daß ich das Wasser ganz besonders schön fände und die Art, wie es sich in die Tiefe stürzte, außerordentlich beeindruckend. Der junge Mann zeigte auf sich und sagte: »Tes-disóra« – offensichtlich sein Name, welcher, wie ich später erfuhr, Mais Stengel bedeutete. Ich zeigte auf mich, sagte: »Mixtli«, um dann zu einer Wolke am Himmel hinaufzudeuten. Er nickte, klopfte ein paarmal auf sein Hischlederwams, sagte: »Raramurime«, um dann auf mich zu zeigen und zu sagen: »Chichimecáme.«

Nachdrücklich schüttelte ich den Kopf, schlug mir gegen die bloße Brust und sagte: »Mexícatl!« woraufhin er neuerlich nickte, nachsichtig allerdings, als hätte ich den Namen eines der zahllosen Hunds-Unterstämme der Chichiméca genannt. Nicht sofort, wohl aber später begriff ich, daß die Rarámuri niemals von uns Mexica auch nur gehört hatten – von unserer hochstehenden Gesellschaft, unserem Wissen, unserer Macht und unseren weiten Herrschaftsgebieten – und ich glaube, es hätte ihnen auch nichts weiter bedeutet, wenn sie es gewußt hätten. Die Rarámuri leben in ihren Bergen ein behagliches Leben – das gut bewässerte Land ernährt sie, und sie begnügen sich mit der Gesellschaft von ihresgleichen –, so daß sie selten weite Reisen unternehmen. Infolgedessen kennen sie keine anderen Völker außer ihren unmittelbaren Nachbarn, von denen gelegentlich Leute, die auf Raub aus waren, in ihr Land eindrangen – oder einfache Wanderer wie ich.

Nördlich von ihnen lebten die gefürchteten Yaki, und kein vernünftiges Volk, das seine fünf Sinne beisammen hat, kann den Wunsch hegen, mit den Yaki nähere Bekanntschaft zu schließen. Mir fiel ein, von einem der Vorsitzenden der Pochtéca-Gilde von den Yaki gehört zu haben. Später, als ich seine Sprache besser verstand, erzählte Tes-disóra mir mehr von ihnen: »Die Yaki sind wilder als die wildesten Tiere. Als Schamtuch tragen sie das Haar anderer Menschen. Sie reißen einem Menschen die Kopfhaut herunter, während dieser noch lebt; erst dann weiden sie ihn aus, zerteilen ihn und verzehren ihn. Verstehst du, töten sie ihn vorher, meinen sie, es lohne sich nicht, ihm den Skalp zu nehmen und ihn zu tragen. Und das Haar einer Frau zählt überhaupt nichts. Frauen, die ihnen in die Hände fallen, sind nur zum Aufessen gut – nachdem sie ihnen solange Gewalt angetan haben, bis sie in der Mitte aufreißen und man sie nicht mehr schänden kann.«

In den Bergen südlich der Rarámuri leben friedfertigere Stämme, welche ihnen durch ähnliche Sprachen, Sitten und Gebräuche verwandt sind. An der Küste im Westen leben Fischerstämme, welche sich fast nie weiter ins Landesinnere hineinwagen. Alle diese Völker kann man vielleicht nicht gerade hochstehend nennen, doch legen sie zumindest Wert auf Körpersauberkeit und anständige Kleidung. Die einzigen wirklich tiefstehenden Nachbarn der Rarámuri sind die Chichiméca-Stämme in den Wüsten des Ostens.

Ich war so sonnenverbrannt wie nur je ein wüstenbewohnender Chichimécatl und fast genauso nackt. In den Augen der Rarámuri konnte ich nur einer von dieser nichtsnutzigen Brut sein, wenn auch ein außergewöhnlich unternehmungslustiger, daß ich mich bis in ihre Bergeshöhen emporgewagt hatte. Ich meine, Tes-disóra könnte bei unserem ersten Zusammentreffen zumindest bemerkt haben, daß ich nicht stank. Dank der Fülle von Wildwassern in den Bergen hatte ich jeden Tag baden können und tat das auch weiterhin, wie die Rarámuri selber auch. Doch trotz meiner Höflichkeit und Zuvorkommenheit und wiewohl ich immer wieder nachdrücklich darauf hinwies, ich sei ein Mexícatl, ja, wiewohl ich dieses ferne Volk immer wieder rühmte und pries, konnte ich keinen einzigen von den Rarámuri jemals davon überzeugen, etwas anderes zu sein als nur ein Chichimécame-Flüchtling aus der Wüste.

Doch gleichviel. Für was sie mich auch immer hielten oder was sie auch meinten, was zu sein ich vorgab, die Rarámuri nahmen mich mit offenen Armen auf. Und ich verweilte einige Zeit bei ihnen, bloß, weil ihre Lebensweise mich für sie einnahm und es mir Freude machte, mit ihnen zusammenzuleben. Ich blieb lange genug bei ihnen, ihre Sprache einigermaßen zu lernen, um mich – zumindest unter Zuhilfenahme vieler Gesten und Gebärden von ihrer wie von meiner Seite – mit ihnen zu unterhalten. Bei meinem ersten Zusammentreffen mit Tes-disóra verständigten wir uns *ausschließlich* durch Zeichen.

Nachdem wir uns gegenseitig unsere Namen genannt hatten, benutzte er die Hände, um ein Dach über seinem Kopf anzudeuten – was soviel bedeutete wie Dorf, nahm ich an – und sagte: »Guagüey-bo« und deutete nach Süden. Dann zeigte er zu Tonatíu hoch oben am Himmel hinauf und nannte ihn »Ta-tevarí« oder Großvater Feuer und machte mir begreiflich, wir könnten das Dorf Guagüey-bo innerhalb des Weges von drei Sonnen erreichen. Ich meinerseits gab ihm durch Gesten meine Dankbarkeit für diese Einladung zu verstehen, und so machten wir uns auf den Weg. Zu meiner Verwunderung setzte Tes-disóra sich in Trab, doch als er sah, daß ich unter Kurzatmigkeit und Müdigkeit litt und nicht geneigt war zu laufen, blieb er stehen und schloß sich fortan meinem Schrittempo an. Sein trabender Gang war offensichtlich seine gewohnte Art und Weise, Berge und Cañons gleichermaßen zu überwinden, denn obgleich ich lange Beine habe, dauerte es fünf und nicht drei Tage, bis wir Guagüey-bo erreichten.

Gleich zu Beginn unseres Marsches gab Tes-disóra mir zu verstehen, er gehöre zu den Jägern seines Dorfes. Ich erkundigte mich durch Zeichensprache danach, wie es dann komme, daß er mit leeren Händen unterwegs sei. Wo er denn seine Waffen gelassen habe? Er verzog sein Gesicht zu einem Grinsen und gebot mir stehenzubleiben und still im Unterholz hocken zu bleiben. Dergestalt warteten wir im Wald nur eine kurze Zeit, als Tes-disóra mir einen sanften Rippenstoß versetzte und mit dem Finger zeigte, woraufhin ich undeutlich etwas zwischen den Bäumen sich bewegen sah. Ehe ich meinen Kristall ans Auge heben konnte, schnellte Tes-disóra unversehens aus seiner Hockstellung in die Höhe und schoß davon, als wäre er ein Pfeil, der von einer Sehne springt.

Die Bäume standen so dicht, daß ich trotz meines Topases nicht jeder Bewegung folgen konnte, welche die Jagd nahm, doch sah ich genug, daß ich vor Fassungslosigkeit Mund und Nase aufsperrte. Die gefleckte Gestalt, welche ich undeutlich wahrgenommen hatte, war ein junges Kitz, welches sofort in langen Fluchten davonsprang, als Tes-disóra hinterhersetzte. Das Kitz war schnell, doch der junge Mann war noch schneller. Das junge Tier sprang und schlug Haken, doch er schien irgendwie schon im Voraus zu wissen, wohin es sich in seiner Verzweiflung jedesmal wenden würde. In kürzerer Zeit als ich brauche, es zu erzählen, hatte er das Kitz eingeholt, warf sich darauf und brach ihm das Genick.

Als wir eine der Kitzlenden brieten, vollführte ich Gesten der Verwunderung über Tes-disóras Flinkheit und Gewandtheit. Er tat das Lob mit bescheidenen Gesten ab und erklärte mir dann, er gehöre noch zu den langsamsten Schnelläufern, andere Jäger überträfen ihn bei weitem, und im übrigen sei ein kleines Kitz schließlich im Gegensatz zu einem ausgewachsenen Rehbock keine Herausforderung. Er seinerseits bekundete Erstaunen über den Brennkristall, mit dessen Hilfe ich unser Feuer entzündet hatte. Er erklärte, nie so ein wunderbar nützliches Gerät im Besitz eines anderen Barbaren gesehen zu haben.

»Mexícatl«, wiederholte ich mehrere Male ärgerlich. Er jedoch nickte nur, und wir hörten auf zu reden – redeten weder mit Händen noch mit dem Mund, sondern nutzten beides, uns an dem zarten gebratenen Fleisch gütlich zu tun.

Guagüey-bo lag in einem anderen der aufsehenerregend weiten Cañons dieses Landes und war ein Dorf in dem Sinne, daß zwar einige zwanzig Familien hier lebten – alles in allem vielleicht dreihundert Personen –, aber eigentlich nur ein sichtbares »Wohnhaus« vorhanden war, ein kleines, sauber gebautes Holzhaus, in welchem der Si-ríame lebte. Dieses Wort bedeutet Häuptling, Zauberer, Arzt und Richter, doch bezeichnete man nicht vier verschiedene Personen damit. Das Haus des Si-ríame und etliche andere Bauten – manche davon kuppelförmige Schwitzbäder, etliche Lagerhütten mit offenen Seitenwänden und eine aus Schieferplatten bestehende Plattform für irgendwelche gemeinsame Feiern – standen unten auf der Sohle des Cañons am Ufer des Weißwasserflusses, welcher hindurchfloß. Der Rest der Bewohner von Guagüey-bo lebte in entweder natürlichen oder künstlich geschaffenen Felshöhlen in den gewaltigen Steilwänden der Schlucht.

Daß sie Höhlen bewohnen, bedeutet noch lange nicht, daß die Rarámuri primitive oder träge Menschen wären, sondern nur, daß sie praktisch veranlagt sind. Würden sie es sich gewünscht haben, sie hätten alle genau so schöne Häuser haben können wie das des Si-ríame. Doch die Höhlen waren nun einmal da oder leicht auszuhöhlen, und die Bewohner richten sie ausgesprochen behaglich ein. Jede Höhlenwohnung ist durch Felswände im Inneren in verschiedene Räume unterteilt, und jeder Raum weist eine Öffnung nach außen auf, um Licht und Luft hereinzulassen. Der Boden ist bedeckt mit einer Schicht würzig duftender Kiefernadeln, welche hinausgekehrt und alle paar Tage erneuert wird. Vor den nach außen führenden Öffnungen hängen Vorhänge und an den Wänden Hirschfelle mit lebhaften Malereien darauf. Die Höhlenwohnungen sind eigentlich behaglicher, bequemer und zweckdienlicher als viele Stadthäuser, die ich betreten habe.

Tes-disóra und ich erreichten das Dorf mit einer schwer beladenen Stange zwischen uns und beeilten uns, möglichst rasch vorwärtszukommen. So unglaublich es klingt, aber mein Gefährte hatte in den frühen Morgenstunden dieses Tages einen Rehbock und eine Hindin sowie einen großen Wildeber eingeholt und getötet. Wir hatten die Tiere ausgeweidet und zerteilt und uns dann beeilt, das Fleisch nach Guagüey-bo zu bringen, solange es noch einigermaßen kühl war. Das Dorf hatte durch die Jäger und Sammler reichliche Vorräte angelegt, weil, wie Tes-disóra mir auseinandersetzte, ein Tes-güinápuri-Fest beginnen sollte. Insgeheim beglückwünschte ich mich dazu, gerade in einem Augenblick auf die Rarámuri gestoßen zu sein, wo sie sich besonders gastfreundlich zeigten. Später merkte ich jedoch, daß es schon ein unglücklicher Zufall hätte sein müssen, wenn ich irgendwelche Rarámuri gefunden haben würde, die *nicht* gerade irgendein Fest entweder feierten, vorbereiteten oder sich davon erholten. Ihre religiösen Feiern haben nichts Düsteres, sondern sind eher fröhlich – das Wort Tes-güinápuri läßt sich dolmetschen mit »Wir wollen uns jetzt betrinken« – und alles in allem umfassen diese Festlichkeiten gut und gern ein Drittel des gesamten Jahres der Rarámuri.

Da ihre Wälder und Flüsse sie so reichlich mit Wild und anderen eßbaren Dingen, mit Fellen, Brennholz und Wasser beliefern, brauchen die Rarámuri nicht, wie die meisten Menschen, nur zu arbeiten, um nur das Lebensnotwendige zu sichern. Die einzige Pflanze, welche sie anbauen, ist der Mais, doch auch davon dient der größte Teil nicht als Nahrung, sondern für die Herstellung von Tesgüino, ein vergorenes Getränk, etwas leichter trunken machend als das Octli von uns Mexíca und etwas weniger stark als der Chápari-Honigschnaps der Purémpecha. Aus den tiefer gelegenen Landen östlich der Berge holen die Rarámuri auch einen kaubaren und stark wirkenden kleinen Kaktus, den sie Jípuri nennen – Das Götterlicht – und zwar aus Gründen, die ich später näher erklären werde. Da sie also nicht viel arbeiten müssen und über viel freie Zeit verfügen, haben diese Menschen guten Grund, sich ein Drittel des Jahres unbeschwert an Tesgüino zu berauschen, beseligend mit Jípuri zu betäuben und den Göttern freudig für die Fülle zu danken, welche sie ihnen zuteil werden lassen.

Unterwegs hatte ich von Tes-disóra ein paar Brocken seiner Sprache gelernt, und so konnten er und ich jetzt müheloser miteinander plaudern. Ich werde daher aufhören, Gesten und Gebärden zu beschreiben, sondern einfach den Inhalt der folgenden Unterhaltungen wiedergeben. Nachdem wir unser Wildbret ein paar alten Frauen übergeben hatten, welche am Fluß große Kochfeuer unterhielten, schlug er vor, daß wir uns in einem der Dampfbäder sauberschwitzen sollten. Außerdem deutete er mir mit schönem Takt an, wenn wir gebadet hätten, könne er mir saubere Kleidung verschaffen, falls ich meine zerschlissenen Kleider in eines der Feuer werfen wolle. Selbstverständlich ging ich nur allzu gern auf diesen Vorschlag ein.

Als wir uns am Eingang des lehmgebauten Schwitzbades auszogen, sollte ich eine kleine Überraschung erleben. Als ich Tes-disóra nackt erblickte, sah ich, daß ihm unter den Achseln und zwischen den Beinen kleine Haarbüschel sprossen, und machte ein paar Bemerkungen zu diesem unerwarteten Anblick. Tes-disóra zuckte nur mit den Schultern, zeigte auf seine Behaarung, sagte »Raramuríme«, wies dann auf meinen unbehaarten Schritt und sagte: »Chichimecáme.« Womit er ausdrücken wollte, das sei nichts Besonderes; den Rarámuri wüchsen reichlich Ymáxtli um ihr Gemächt und unter den Armen, den Chichiméca hingegen nicht.

»Ich bin aber kein Chichiméca«, beteuerte ich abermals, doch war ich nicht sonderlich bei der Sache, denn ich überlegte. Von allen Volksstämmen, welche ich kennengelernt hatte, wuchsen nur den Rarámuri diese überflüssigen Haare. Ich nahm an, das sei auf das außerordentlich kalte Wetter zurückzuführen, welches sie einen Teil des Jahres über zu erdulden hatten, wiewohl ich nicht einsah, wieso Haarwuchs ausgerechnet an diesen Stellen irgendwelchen Schutz vor der Kälte bieten sollte. Dann kam mir ein weiterer Gedanke, und ich fragte Tes-disóra:

»Wachsen euren Frauen ähnliche kleine Haarbüschel?«

Er lachte und erklärte, selbstverständlich sei das bei ihnen so. Er setzte mir auseinander, der erste sprossende Ymáxtli-Flaum gelte als erstes Zeichen dafür, daß ein Kind zum Manne oder zur Frau heranreife. Bei Männern wie Frauen gleichermaßen werde aus dem Flaum nach und nach Haar – kein besonders langes Haar, und es störe und behindere auch in keiner Weise, doch handele es sich unleugbar um Haare. Mir war in der kurzen Zeit, die ich jetzt im Dorf gewesen war, bereits aufgefallen, daß viele von den Rarámuri-Frauen bei aller ausgeprägten Muskulatur sehr gut gewachsen und von außerordentlich schönem Gesicht waren. Was heißt, daß ich sie reizvoll fand, noch ehe ich von dieser Besonderheit erfahren hatte, die mich nachdenklich stimmte: wie würde es wohl sein, einer Frau beizuwonnen, deren Tipíli nicht ins Auge springend sichtbar oder höchstens durch einen feinen Flaum verschleiert war, statt dessen dunkel und aufreizend umrahmt von Haar, ähnlich dem auf ihrem Kopf?

»Das kannst du leicht feststellen«, sagte Tes-disóra, gleichsam als hätte er meine unausgesprochenen Gedanken erraten. »Während der Tes-Güinápuri-Spiele brauchst du bloß hinter einer Frau herzulaufen, sie einzuholen und du kannst es selbst feststellen.«

Als ich nach Guagüey-bo gekommen war, hatten die Dorfbewohner mich verständlicherweise mit mißtrauischen und abschätzigen Blicken bedacht. Doch als ich sauber und gekämmt war und das Schamtuch und den ärmelbesetzten Umhang aus schmiegsamem Hirschleder angezogen hatte, wurde ich nicht mehr verächtlich betrachtet. Von da an waren die Rarámuri – mit Ausnahme eines gelegentlichen Gekichers, wenn ich einen besonders lustigen Schnitzer in ihrer Sprache machte – ausgesprochen höflich und freundlich zu mir. Und wenn durch nichts anderes, so zog ich durch meine außergewöhnliche Größe so manchen fragenden, ja, bewundernden Blick von den Mädchen und unverheirateten Frauen auf mich. Es sah so aus, als ob eine ganze Reihe von ihnen sich mit Freuden von mir im Lauf würde verfolgen lassen.

Sie liefen ohnehin fast immer – *alle* Rarámuri, Männer wie Frauen, jung und alt. Sobald sie aus dem Kleinkinderalter hinaus waren und richtig gehen konnten, bewegten sie sich fast nur im trabenden Gang. Den ganzen Tag über, bis auf jene Zeiten, da sie mit irgendeiner Aufgabe beschäftigt waren, welche es erforderlich machte, daß sie sich nicht von der Stelle bewegten, wenn sie vom Tesgüine umnebelt waren oder im Traumland des Jípuri-Götterlichts weilten, liefen sie. Liefen sie nicht zu zweit oder in Gruppen um die Wette, liefen sie allein hin und her, immer den Cañon auf und ab oder die Cañonwände hinauf. Die Männer trieben dabei für gewöhnlich eine Kugel vor sich her, eine geschnitzte und sorgfältig geglättete runde Kugel aus hartem Holz, groß wie ein Männerkopf. Die Frauen hingegen trieben für gewöhnlich einen kleinen Reifen aus geflochtenem Stroh vor sich her, wobei jede Frau einen kleinen Stecken in der Hand hielt, mit welchem sie den Reifen im Laufen weiter vorantrieb, und die anderen Frauen liefen hinterher, ihn erst einzuholen und dann als nächste weiterzutreiben. Diese begeisterte und unablässige Betätigung kam mir völlig sinnlos vor, doch Tes-disóra erklärte:

»Zum Teil ist das gute Laune und Lebenslust und schiere Energie, doch es ist mehr als das. Eine endlose Feier mit welcher wir durch körperliche Übung und vergossenen Schweiß unseren Göttern Ta-tevarí, Kalaumarí und Ma-tinierí huldigen.«

Mir fiel es schwer, mir einen Gott vorzustellen, welcher sich von Schweiß statt von Blut ernährte, aber diese Rarámuri haben diese drei, welche Tes-disóra nannte: in eurer Sprache wären das Großvater Feuer, Mutter Wasser und Bruder Wild. Vielleicht gibt es in ihrer Religion noch andere Götter, doch das waren die einzigen, von denen ich je hörte. In Anbetracht der schlichten Bedürfnisse der waldbewohnenden Rarámuri, meine ich, genügen diese drei vermutlich.

Tes-disóra sagte: »Unser ständiges Laufen beweist den Schöpfer-Göttern, daß die Menschen, welche sie geschaffen haben, immer noch lebendig sind – und dankbar dafür, es zu sein. Außerdem hält es unsere Männer instand, die Härten der Jagd zu ertragen, und des weiteren ist es eine gute Übung für die Spiele, deren Zeuge du sein – oder an denen du teilnehmen wirst. Aber auch diese Spiele selbst sind nichts weiter als Übungen.«

»Ja«, sagte ich seufzend, denn ich fühlte mich allein schon durch das viele Reden über soviel Körperbewegung ermattet, »könntest du mir bitte sagen, Übung *wofür?«*

»Für die *richtigen* Wettläufe, selbstverständlich. Die Ra-rajípuri.« Er schmunzelte, als er mein Gesicht sah. »Du wirst schon sehen. Das bildet jedesmal den großartigen Abschluß aller Feierlichkeiten.«

Das Tes-güinápuri-Fest begann am nächsten Tag. Das ganze Dorf versammelte sich vor dem Holzhaus am Fluß und wartete darauf, daß der Si-ríame hervorkomme und befehle, mit dem Fest zu beginnen. Alle trugen ihre schönsten und bunt geschmückten Gewänder: die meisten Männer Umhänge und Schamtücher aus Hirschleder, die Frauen Röcke und Blusen aus demselben Material. Manche von den Dorfbewohnern hatten sich das Gesicht mit Punkten und geschlängelten Streifen aus leuchtendem Gelb gefärbt, und viele trugen Federn im Haar, wiewohl die Vögel in diesen nördlichen Regionen keine besonders eindrucksvollen Federn haben. Etliche der älteren Jäger von Guagüey-bo schwitzten bereits, denn sie trugen die Trophäen ihrer Heldentaten: knöchellange Roben aus Berglöwenfell oder schweren Bärenfellen oder dicke Decken des Dickhorn-Bergschafs.

Der Si-ríame trat aus dem Haus, vollständig gekleidet in schimmernde Jaguar-Felle, und hielt einen Stab mit einem Knauf aus reinem, unbearbeitetem Silber in der Hand; ich war dermaßen überwältigt, daß ich meinen Topas ans Auge hielt, um mich zu vergewissern, daß ich mich wirklich nicht irrte. Da ich gehört hatte, der Häuptling sei Weiser, Zauberer, Richter und Arzt zugleich, hatte ich selbstverständlich angenommen, diese Leuchte in der Gestalt eines altehrwürdigen und ernstgesichtigen Mannes zu sehen. Es war jedoch kein Mann, und dazu weder alt noch besonders ernstgesichtig. Sie war nicht älter als ich, höchst ansprechend und noch schöner durch ihr warmherziges Lächeln.

»Euer Si-ríame eine *Frau?«* rief ich, als sie begann, die Festgebete zu intonieren.

»Warum nicht?« sagte Tes-disóra.

»Ich habe noch nie von einem Volk gehört, daß sich lieber von einer Frau als von einem Mann regieren läßt.«

»Unser letzter Si-ríame war ein Mann. Doch wenn ein Si-ríame stirbt, kann jeder andere ausgewachsene Mann oder jede Frau des Dorfes zum Nachfolger gewählt werden. Wir haben uns alle versammelt, viele Jípuri gekaut und sind in Trance verfallen. Wir hatten Visionen, und einige von uns sind völlig durchgedreht, andere in Zuckungen geraten. Doch diese Frau war die einzige, welche vom Götterlicht gesegnet wurde. Zumindest war sie die erste, die wieder zu sich kam und berichtete, sie habe Großvater Feuer, Mutter Wasser und Bruder Wild gesehen und mit ihnen gesprochen. Ganz ohne Zweifel war das Götterlicht auf sie gefallen, und das ist das oberste und einzige Erfordernis, um das Amt eines Si-ríame anzutreten.«

Die stattliche Frau beendete ihren Gesang, lächelte abermals und hob in einer allgemeinen Segensgeste die wohlgeformten Arme, drehte sich dann um und kehrte zurück ins Haus, während die Menge ihr durch ihren Jubel ihre Liebe und Hochachtung bekundete.

»Bleibt sie allein?« fragte ich Tes-disóra.

»Während der Festlichkeiten, ja«, sagte er und gluckste. »Manchmal benehmen sich unsere Leute beim Tes-güinápuri daneben. Sie raufen miteinander, oder es kommt zum Ehebruch, oder sie stellen andere Dummheiten an. Die Si-ríame ist eine weise Frau. Was sie nicht sieht oder nicht hört, braucht sie nicht zu bestrafen.«

Ich weiß nicht, ob es als Dummheit betrachtet worden wäre, was ich vorgehabt hatte: das köstlichste Beispiel des Rarámuri-Frauentums zu jagen, einzuholen und ihr beizuwohnen. Doch, wie die Dinge sich ergaben, brauchte ich das gar nicht zu tun – und weit entfernt davon, etwa bestraft zu werden, wurde ich in gewisser Weise sogar belohnt.

Ich machte es wie alle Dorfbewohner, schlug mir den Bauch voll mit gebratenem Wild und Atóli-Maisbrei und trank eine Menge Tesgüino. Wiewohl ich kaum noch stehen konnte und viel zu betrunken war, um zu gehen, versuchte ich, beim Kugellauf der Männer mitzumachen, aber sie hätten mich allesamt weit hinter sich gelassen, selbst wenn ich im Vollbesitz meiner Kräfte gewesen wäre, um bei ihren Wettkämpfen mitzumachen. Ich hatte nichts dagegen, zog mich zurück und sah statt dessen einer Gruppe von Frauen zu, die im Lauf ihre Reifen mit dem Stecken vor sich hertrieben, wobei mir ein gewisses mannbares Mädchen unter ihnen ausnehmend gut gefiel. Dabei mußte ich ein Auge zukneifen, denn sonst sah ich dasselbe Mädchen doppelt. Schwankend ging ich auf sie zu, gab ihr durch unbeholfene Gesten und schwerzüngige Rede zu verstehen, sie möge doch die Gruppe verlassen und sich auf ein anderes Spiel mit mir einlassen. Lächelnd bekundete sie mir ihr Einverständnis, vermied es jedoch, meine Hand zu ergreifen. »Erst mußt du mich fangen«, sagte sie, drehte sich um und lief den Cañon hinunter.

Wenn ich auch nicht erwartet hatte, mich unter den Rarámuri-Männern hervorzutun, war ich doch überzeugt, jede Frau der Welt im Laufen einzuholen. Doch bei dieser gelang mir das nicht, und ich glaube, sie verlangsamte ihren Lauf sogar, um es mir leichter zu machen. Vielleicht wäre es mir besser ergangen, hätte ich nicht dem Essen und Trinken – insbesondere dem Trinken – so reichlich zugesprochen. Außerdem fällt es schwer, mit einem Auge Entfernungen richtig abzuschätzen. Selbst wenn das Mädchen still vor mir gestanden hätte, würde ich sie vermutlich verfehlt haben, wenn ich versucht hätte, sie zu packen. Da ich jedoch beide Augen aufmachte, sah ich alles vor mir auf dem Pfad doppelt – Wurzeln und Steine und dergleichen – und jedesmal, wenn ich versuchte, zwischen den beiden Dingen hindurchzulaufen, stolperte ich unweigerlich darüber. Nachdem ich etwa neun- oder zehnmal gefallen war, versuchte ich das nächste Hindernis, einen ziemlich großen Felsbrocken, im Sprung zu nehmen, landete aber auf dem Bauch und zwar so heftig, daß mir aller Atem aus der Brust gepreßt wurde.

Das Mädchen hatte mir über die Schulter hinweg zugesehen, und tat so, als fliehe sie vor mir. Als ich stürzte, blieb sie stehen, kam zurück und stand über mir, der ich verkrampft am Boden lag, und sagte mit einiger Erbitterung: »Wenn du mich nicht richtig fängst, können wir keine anderen Spiele spielen. Falls du verstehst, was ich meine.«

Ich vermochte nicht einmal, sie anzuschauen. Mit krampfhaft angezogenen Beinen lag ich da, versuchte unter Mühen erst einmal wieder zu Atem zu kommen und fühlte mich außerstande, *irgendwelche* anderen Spiele mit ihr zu spielen. Ärgerlich runzelte sie die Stirn. Offensichtlich teilte sie meine geringe Meinung über mich selbst. Doch dann hellte sich plötzlich ihr Gesicht auf, und sie sagte:

»Ich habe nicht daran gedacht, dich zu fragen. Hast du Jípuri gekaut?«

Matt schüttelte ich den Kopf.

»Das erklärt alles. Du bist den anderen Männern nicht so unterlegen. Sie haben den Vorteil, sich durch ständige Übung Kraftreserven zugelegt zu haben. Komm! Du solltest etwas Jípuri kauen!«

Ich lag zwar immer noch verkrümmt da, doch fing ich allmählich wieder an zu atmen, und ihr gebieterischer Ton gestattete keine Widerrede. Sie reichte mir die Hand, und ich ließ mich hochziehen und zur Dorfmitte zurückführen. Ich wußte bereits, was Jípuri ist und was es bewirkt, denn in kleinen Mengen gelangte dieser Kaktus auch nach Tenochtítlan, wo man ihn Peyotl nannte und wo er allerdings ausschließlich den weissagenden Seher-Priestern vorbehalten blieb. Der Jípuri oder Peyotl ist ein täuschend unscheinbar aussehender kleiner Kaktus, welcher rund und flach am Boden wächst und selten größer wird als ein Handteller; außerdem ist er in Blütenblätter oder Wülste aufgeteilt, so daß er einem sehr kleinen, graugrünen Kürbis ähnelt. Um seine ganze Wirkung zu erfahren, kaut man ihn am besten frisch gepflückt. Er läßt sich jedoch auch trocknen und unendlich lange aufbewahren; die verschrumpelten braunen Gewächse werden auf Schnüre gezogen, und im Dorf Guagüey-bo hingen viele solcher Schnüre von den Sparren der Vorratshäuser herunter. Ich streckte die Hand aus, um einen abzubrechen, doch meine Gefährtin sagte:

»Warte! Hast du *jemals* Jípuri gekaut?«

Abermals schüttelte ich den Kopf.

»Dann wirst du ein Ma-tuáne sein, einer, der das Götterlicht zum erstenmal sucht. Dazu bedarf es einer Reinigungszeremonie. Nein, stöhne nicht so! Deshalb brauchen wir unser . . . unser Spiel nicht lange aufzuschieben.« Sie sah sich unter den immer noch essenden und trinkenden oder laufenden Dörflern um. »Alle anderen sind offenbar zu beschäftigt, als daß sie teilnehmen könnten; aber die Si-ríame hat nichts zu tun. Sie ist bestimmt bereit, die Reinigung vorzunehmen.«

Wir gingen zu dem bescheidenen Holzhaus hinüber, und das Mädchen zog an einem Strick mit Schneckenschalen daran neben der Tür. Die Häuptlingin, immer noch in ihrem Jaguargewand, hob den hirschledernen Vorhang und sagte: »Kuira-bá«, und forderte uns mit einer anmutigen Geste auf einzutreten.

»Si-ríame«, sagte meine Gefährtin, »dies hier ist der Chichimecáme Mixtli, der gekommen ist, unser Dorf zu besuchen. Wie du siehst, ist er nicht mehr ganz jung, aber selbst wenn man seine fortgeschrittenen Jahre bedenkt, ist er ein erbärmlich schlechter Läufer. Er konnte nicht einmal mich einholen und fangen, als er es versuchte. Ich dachte, Jípuri könnte ihm helfen, seine alten Glieder wieder lebendig zu machen, doch er sagt, er habe noch nie zuvor das Götterlicht gesucht, und daher . . .«

Die Augen der Häuptlingin zwinkerten lustig, als ich mich unter den wenig schmeichelhaften Worten innerlich wand. Ich murmelte: »Ich bin kein Chichimècame«, doch sie hörte nicht auf mich und sagte zu dem Mädchen:

»Selbstverständlich. Dir geht es darum, daß er die Ma-tuáne-Einweihung so schnell wie möglich hinter sich bringt. Ich werde das mit Vergnügen machen.« Sie musterte mich anerkennend von Kopf bis Fuß, und die Belustigung in ihren Augen wich etwas anderem. »Ungeachtet seines Alters scheint dieser Mixtli ein Prachtexemplar seiner Art zu sein, selbst, wenn man seine niedrige Herkunft berücksichtigt. Ich möchte dir daher einen guten Rat geben, meine Liebe, welchen du von unseren Männern nie zu hören bekommen wirst. Mag man auch zurecht von dir erwarten, daß du das Können eines Mannes beim Laufen bewunderst – es ist gleichsam sein mittleres Bein, welches besser Auskunft darüber gibt, wie männlich er ist. Dieses Glied kann aufgrund von Entwöhnung sogar schrumpfen, wenn ein Mann all sein Trachten darauf richtet, die Muskeln seiner anderen Glieder zu entwickeln. Hüte dich daher, einen mittelmäßigen Läufer vorschnell gering zu schätzen, solange du nicht seine anderen Attribute untersucht hast.«

»Ja, Si-riáme«, sagte das Mädchen ungeduldig. »Das hatte ich eigentlich auch vor.«

»Das kannst du nach der Zeremonie tun. Du kannst jetzt gehen, meine Liebe.«

»Gehen?« begehrte das Mädchen auf. »Es ist doch aber nichts Geheimnisvolles an einer Ma-tuáne-Einweihung! Das ganze Dorf sieht zu.«

»Wir wollen das Tes-Güinápuri-Fest nicht unterbrechen. Und dieser Mixtli kennt unsere Sitten nicht. Es könnte ihn in Verlegenheit bringen, wenn eine Horde Zuschauer ihn anstarrt.«

»Ich bin keine Horde. Und ich bin es, die ihn zur Reinigung hergebracht hat.«

»Du bekommst ihn ja zurück, sobald es getan ist. Dann kannst du selbst urteilen, ob deine Mühe sich gelohnt hat. Ich habe gesagt, du kannst jetzt gehen, meine Liebe.« Das Mädchen warf uns beiden einen wütenden Blick zu und ging. Die Si-ríame sagte: »Setz dich, Gast Mixtli. Ich werde dir jetzt einen Kräutertrank bereiten, welcher dein Gehirn reinfegt. Du solltest nicht betrunken sein, wenn du den Jípuri kaust.«

Ich setzte mich auf den mit Fichtennadeln bestreuten, gestampften Boden, sie brachte den Kräutertrunk auf dem Herd zum Sieden und kam mit einem kleinen Krug zu mir. »Der Saft der heiligen Urá-Pflanze«, beschrieb sie das Gebräu und nahm eine kleine Feder als Pinsel, um mir Tupfer und Spiralen aus leuchtendem Gelb auf Wangen und Stirn zu malen.

»So«, sagte sie, nachdem sie mir den heißen Trank gegeben hatte, welcher mich wunderbarerweise fast auf der Stelle aus meiner Umnebelung herausholte. »Ich weiß zwar nicht, was der Name Mixtli bedeutet, doch da du ein Ma-tuáne bist, welcher das Götterlicht zum erstenmal sucht, mußt du dir einen neuen Namen zulegen.«

Fast hätte ich laut herausgelacht. Längst hatte ich es aufgegeben, zu zählen, wie viele Namen ich im Laufe meines Lebens gehabt hatte. Doch sagte ich nur: »Mixtli bedeutet jenes am Himmel hängende Gebilde, welches ihr Rarámuri Kurú nennt.«

»Das ergibt einen guten Namen, bedürfte allerdings noch eines erklärenden Zusatzes. Wir werden dich Su-kurú nennen.«

Ich lachte nicht. Su-kurú bedeutet Dunkle Wolke, und woher hätte sie wissen wollen, daß das bereits mein Name *war.* Freilich fiel mir ein, daß eine Si-ríame unter anderem auch eine bekannte Zauberin sein sollte, und ich nahm an, daß ihr Götterlicht ihr Wahrheiten enthüllte, welche anderen Menschen verborgen blieben.

»Und jetzt, Su-kurú«, sagte sie, »mußt du alle Sünden bekennen, welche du im Leben begangen hast.«

»Meine verehrte Si-ríame«, sagte ich, und das war durchaus nicht sarkastisch gemeint, »wenn ich das tun wollte, bliebe mir vermutlich überhaupt keine Zeit mehr zum Leben.«

»Ach? So viele?« Nachdenklich sah sie mich an, um dann zu sagen: »Nun, da das wahre Götterlicht ausschließlich in uns Rarámuri lebt und es uns freisteht, anderen davon abzugeben, wollen wir nur jene Sünden aufzählen, die du begangen hast, seit du unter uns weilst. Erzähle mir von diesen.«

»Ich habe keine begangen. Zumindestens keine, von der ich wüßte.«

»Oh, du brauchst sie nicht begangen zu haben. Sie tun zu wollen, läuft aufs selbe hinaus. Zorn oder Haß empfinden und sich dafür rächen zu wollen. Irgendwelche unwürdigen Gedanken und Gefühle zu hegen. So hast du zum Beispiel deine Lust an diesem Mädchen nicht gestillt, doch offensichtlich bist du in lüsterner Absicht hinter ihr hergelaufen.«

»Nicht so sehr aus Lüsternheit, verehrte Dame, als vielmehr aus Neugier.«

Sie machte ein verblüfftes Gesicht, und so erklärte ich ihr die Sache mit dem Ymáxtli, dem Körperhaar, welches ich noch bei keinem anderen Menschen gesehen hatte, und dem Drang, den es in mir erzeugt hatte. Sie brach in schallendes Gelächter aus.

»Wie ähnlich so etwas einem Barbaren sieht, der sich von etwas einnehmen läßt, was ein zivilisierter Mensch für selbstverständlich nimmt! Ich möchte wetten, daß ihr Wilden erst vor ein paar Jahren aufgehört habt, euch vom Feuer foppen zu lassen.«

Nachdem sie fertig war, zu lachen und sich über mich lustig zu machen, wischte sie sich die Tränen aus den Augenwinkeln und meinte ein wenig mitfühlender:

»Wisse denn, Su-kurú, daß wir Rarámuri tiefstehenden Völkern körperlich und geistig überlegen sind. Unser Körper spiegelt unser größeres Feingefühl wie etwa unsere Hochachtung vor dem Anstand. Aus diesem Grunde sproß unserem Körper jenes Haar, welches du so ungewöhnlich findest. Auf diese Weise sorgt unser Körper dafür, daß – selbst wenn wir unbekleidet sind – unser Geschlecht diskret bedeckt ist.«

Ich sagte: »Ich würde meinen, daß solch ein Haarwuchs ausgerechnet an jenen Teilen eher Aufmerksamkeit erregt als davon abzulenken. Daß er nicht sittsam ist, sondern geradezu unsittlich aufreizend.«

Da ich mit übereinandergeschlagenen Beinen auf dem Boden saß, konnte ich den Beweis, welcher sich unter meinem Schamtuch regte, nicht gut verbergen, und die Si-ríame konnte auch nicht so tun, als bemerke sie ihn nicht. Verwundert schüttelte sie den Kopf und murmelte, nicht für mich, sondern für sich bestimmt:

»Einfach das Haar zwischen den Beinen ... genauso üblich und unscheinbar wie das Kraut zwischen den Felsen ... und doch regt es einen Fremden auf. Und daß wir uns jetzt darüber unterhalten, macht mir meine eigenen ... sonderbar bewußt...« Dann sagte sie eifrig: »Wir erkennen deine Neugier als gebeichtete Sünde an. Und jetzt, rasch, kau den Jípuri.«

Sie holte einen Korb voll der kleinen Kakteen, und zwar frische und grüne, keine getrockneten. Ich wählte einen, welcher zahlreiche kleine Wülste am Rand aufwies.

»Nein, nimm diesen fünfgeteilten«, sagte sie. »Der mit den vielen Auswüchsen ist für den täglichen Bedarf und soll von Läufern gekaut werden, die einen langen Lauf vor sich haben, oder von Leuten, welche nur müßig dasitzen und sich in Visionen ergehen möchten. Doch der fünfgeteilte Jípuri – der selten und schwer zu finden ist – bringt einen dem Götterlicht am nächsten.«

Folglich biß ich von dem Kaktus ab, den sie mir reichte – er hatte einen leicht bitteren Geschmack, so daß sich der Mund zusammenzog. Dann wählte sie einen anderen für sich selbst, wobei sie sagte: »Kau deinen nicht so schnell wie ich meinen, Ma-tuáne Su-kurú. Du wirst die Wirkung rascher spüren, weil es für dich das erstemal ist, und wir sollten Schritt miteinander halten.«

Sie hatte recht. Ich hatte erst ein wenig von dem Saft heruntergeschluckt, da bemerkte ich voller Verwunderung, wie die Wände des Hauses um mich herum sich auflösten. Erst wurden sie durchsichtig, dann waren sie unversehens ganz verschwunden, und ich sah all die Dörfler draußen mit ihren verschiedenen Spielen und dem Tes-Güinápuri-Trinken beschäftigt. Ich konnte es einfach nicht fassen, daß ich tatsächlich durch die Wände hindurchsah, denn die Gestalten der anderen Menschen waren deutlich umrissen, obwohl ich noch nicht einmal meinen Topas benutzte; diese allzu klare Schau mußte ein Trugbild sein, welches durch den Jípuri erzeugt wurde. Doch im nächsten Augenblick war ich mir nicht mehr ganz so sicher. Ich fühlte mich emporgehoben und schien zu schweben, durchs Dach hindurch – oder vielmehr durch die Stelle, wo das Dach gewesen war –, und die Menschen blieben unter mir zurück und wurden immer kleiner, als ich zu den Baumkronen hinauf entschwebte. Unwillkürlich rief ich: *»Ayya!«* Die Si-ríame irgendwo hinter oder unter mir rief: »Nicht so schnell! Warte auf mich!«

Ich sagte, sie rief, doch habe ich sie eigentlich gar nicht gehört. Womit ich sagen will, daß ihre Worte nicht durch die Ohren in mich drangen, sondern irgendwie durch meinen Mund, und daß ich sie schmeckte – köstlich, wie Schokolade – und doch dergestalt, daß ich aufgrund ihres Geschmacks wußte, was sie bedeuteten. In der Tat, alle meine Sinne schienen plötzlich ihre üblichen Funktionen zu tauschen. Ich *hörte* den Duft der Bäume und des Rauches, welcher sich von den Feuerstellen zwischen den Bäumen in die Höhe kräuselte, als ich dahinschwebte. Statt den Laubgeruch zu verströmen, gaben die Blätter ein metallisches Geräusch von sich: Der Rauch verursachte einen gedämpften Laut wie ein Trommelfell, welches nur ganz sachte bearbeitet wird. Ich sah die Farben nicht, sondern ich *roch* sie. Das Grün der Bäume bot sich meinen Augen nicht als Farbe dar, sondern meiner Nase als kühler, feuchter Duft; eine rote Blüte an einem Zweig war nicht rot, sondern ein würziger Geruch; der Himmel war nicht blau, sondern ein sauberer, fleischlicher Geruch wie der, welcher von den Brüsten einer Frau ausgeht.

Dann ging mir auf, daß ich mit dem Kopf wirklich zwischen den Brüsten einer Frau lag, und zwar auf herrlich strotzenden. Tastsinn und Gefühl waren von der Droge nicht in Mitleidenschaft gezogen. Die Si-ríame hatte mich eingeholt, hatte ihr Jaguargewand aufgerissen und mich an ihren Busen gezogen, und so stiegen wir jetzt gemeinsam zu den Wolken hinauf. Ein Teil von mir, möchte ich sagen, stieg rascher als die anderen. War mein Tepúli schon vorher aufgestanden, wurde er jetzt womöglich noch länger, dicker und härter und pochte vor Ungeduld, als ob es, ohne daß ich davon gemerkt hätte, zu einem Erdbeben gekommen wäre. Die Si-ríame stieß ein glückliches Lachen aus – ich kostete ihr Lachen, welches so erfrischend war wie Regentropfen, und ihre Worte schmeckten wie Küsse:

»Das ist die herrlichste Gnade, welche das Götterlicht spendet, Sukurú – die Hitze und die Glut, die es dem Akt des Ma-rákame verleiht. Laß uns unsere göttergegebenen Feuer zusammentun.«

Sie löste ihren Rock aus Jaguarfell und legte sich nackt darauf, oder zumindest so nackt, wie eine Rarámuri-Frau überhaupt sein kann, denn ihr sproß in der Tat zwischen den Schenkeln und unterhalb ihres Nabels ein buschiges Dreieck. Ich konnte sehen, wie dieses erregende kleine Kissen gestaltet war, sah, wie kräuselig die einzelnen Haare waren, doch die Schwärze des Ganzen war, wie alle anderen Farben, in diesem Augenblick keine Farbe, sondern ein Duft. Ich schob mich dicht darüber, um ihn einzuatmen, und was es verströmte, war ein warmer, feuchter, moschusartiger Duft . . .

Als wir uns das erstemal richtig paarten, fühlte sich ihr Ymáxtli an meinem unbehaarten Bauch spröde und kitzlig an, gleichsam als bearbeitete ich mit meinem Unterkörper die Wedel eines üppigen Farns. Doch unsere Säfte flossen so rasch, daß das Haar feucht und nachgiebig wurde, und wenn ich nicht gewußt hätte, daß es da war, ich hätte überhaupt nichts von seinem Vorhandensein gemerkt. Da ich es jedoch wußte – daß nämlich mein Tepúli mehr als nur Fleisch durchdrang und zum erstenmal von einem Tipíli aufgenommen wurde, welches von einem dichten Haarkranz umwuchert war –, übte das Ganze einen nie gekannten Reiz auf mich aus. Zweifellos hört es sich für euch an, als hätte mich eine Raserei gepackt – und in der Tat, es *war* eine Raserei. Mir war ganz schwindelig von dem Gefühl, in großer Höhe zu schweben, ob ich mir dies nur einbildete oder nicht; von dem sonderbaren Gefühl, die Worte, das Stöhnen und die Schreie einer Frau mit dem Mund und nicht mit den Ohren aufzunehmen; und davon, daß ich jede Stelle ihrer Haut, jede Schwellung ihres Fleisches und jeden Unterschied in der Tönung dieser Haut als deutlich unterschiedlichen Duft in mich aufnahm. Denn mittlerweile wurden alle Empfindungen genauso wie jede unserer Bewegungen und Berührungen durch den Jípuri noch gesteigert.

Außerdem muß wohl eine Ahnung von Gefahr mich gestreift haben, und Gefahren steigern alle Sinneswahrnehmungen des Menschen, machen jedes Gefühl unendlich viel stärker. Menschen fliegen für gewöhnlich nicht in große Höhen auf, vielmehr erleben sie es weit häufiger, von dort abzustürzen, was sich oft als tödlich erweist. Doch die Si-ríame und ich schwebten in der Unendlichkeit, fühlten keinen erkennbaren Boden unter uns, wurden von nichts getragen. Und da wir frei schwebten, bewegten wir uns mühelos und schwerelos, als wären wir unter Wasser, nur, daß wir noch atmen konnten. Diese unendliche Freiheit setzte uns instand, die lustbringendsten Stellungen einzunehmen, uns zu umschlingen und umeinanderzuringeln, wie wir es sonst nicht für möglich gehalten hätten. Irgendwann einmal stieß die Si-ríame keuchend ein paar Worte aus, und diese Worte schmeckten wie ihr farnumringtes Tipíli: »Jetzt glaube ich dir. Daß du mehr Sünden begangen hast, als du aufzählen könntest.« Ich habe keine Ahnung, wie oft sie den Höhepunkt erreichte und wie oft ich während der Zeit, da die Droge uns im Zustand der schwerelosen Verzückung hielt, meinen Samen ausstieß, doch für meine Begriffe geschah das unendlich viel häufiger, als ich es zuvor in so kurzer Zeit erlebt hatte.

Die Zeit schien *allzu* kurz. Plötzlich merkte ich, daß ich die Laute hörte und nicht mehr schmeckte, als sie seufzte: »Keine Sorge, Su-kurú, wenn du dich als Läufer nie besonders auszeichnest.«

Ich sah wieder Farben, roch sie nicht mehr; hatte Gerüche in der Nase und nicht mehr im Ohr; und stieg herunter von den Höhen des Himmels und der Verzückung. Nicht in jähem Sturz, sondern gemächlich und sanft, wie eine Feder, welche herniederschwebt. Die Si-ríame und ich befanden uns wieder in ihrem Haus, lagen nebeneinander auf den Gewändern aus Jaguar- und Hirschfell, die wir abgestreift und zerknüllt hatten. Sie lag lächelnden Gesichts auf dem Rücken und war in einen tiefen Schlaf versunken. Das Haar auf ihrem Kopf war zerzaust, doch das Ymáxitl unten auf ihrem Bauch war nicht mehr spröde und gekraust und schwarz; es war verklebt und aufgehellt von meinem Omícetl. Ein weiterer getrockneter Spritzer saß in der Kluft zwischen ihren schweren Brüsten, und woanders noch andere.

Ich fühlte mich ähnlich verkrustet von ihren Ausscheidungen und meinem eigenen getrockneten Schweiß. Außerdem war ich schrecklich durstig; meine Mundhöhle fühlte sich pelzig an, als wäre dort gleichsam Ymáxitl gewachsen; später lernte ich dieses als Folge des Jípuri-Genusses stets erwarten. Mich behutsam und leise bewegend, um die schlafende Si-ríame nicht zu stören, erhob ich mich, kleidete mich an und ging nach draußen, um dort nach Wasser zum Trinken zu suchen. Ehe ich ging, betrachtete ich die schöne, auf dem Jaguarfell liegende Frau bewundernd noch ein letztes Mal durch meinen Topas. Es war das erstemal, überlegte ich, daß ich jemals sexuelle Beziehungen zu einer fremden Herrscherin gehabt hatte, und war nicht wenig von selbstgefälligem Stolz auf mich erfüllt.

Doch das sollte mir bald ausgetrieben werden. Als ich ins Freie trat, stand die Sonne noch hoch, und die Feierei nahm immer noch ihren Fortgang. Nachdem ich herzhaft getrunken hatte, hob ich die Augen von der Schöpfkalebasse und blickte in die vorwurfsvollen Augen des Mädchens, dem ich zuvor nachgestellt hatte. Ich lächelte so unschuldig, wie ich nur konnte, und sagte:

»Wollen wir wieder laufen? Jetzt kann ich Jípuri nehmen, soviel ich möchte. Ich bin eingeweiht worden, wie es sich gehört.«

»Du brauchst nicht damit zu prahlen«, stieß sie zwischen zusammengebissenen Zähnen hervor. »Einen halben Tag und eine ganze Nacht und fast noch einen ganzen weiteren Tag der Einweihung.«

Ich schluckte blöde, denn es fiel mir schwer zu begreifen, daß soviel Zeit in etwas hineingepreßt worden sein sollte, was mir nur als so kurze Spanne erschienen war. Und so errötete ich, als das Mädchen fortfuhr, mich zu beschuldigen:

»Sie bekommt *immer* den ersten und besten Ma-rákame der Göttererleuchteten, und das ist nicht gerecht. Es macht mir nichts aus, aufsässig und unehrerbietig gescholten zu werden. Ich habe es schon zuvor gesagt und werde es wieder sagen, daß sie nur so *getan* hat, als hätte sie das Götterlicht vom Großvater und der Mutter und dem Bruder empfangen. Sie hat *gelogen*, um zur Si-ríame gewählt zu werden, nur um das Erstrecht auf jeden Ma-tuáne beanspruchen zu können, der ihr gefällt.«

Das versetzte meiner Selbstgefälligkeit, mich mit einer gesalbten Herrscherin gepaart zu haben, einen Stich: zu erfahren, daß die Herrscherin in keiner Weise einer gewöhnlichen Frau überlegen ist, welche rittlings auf die Straße geht. Noch weiter litt meine Selbstachtung, als die Siríame mich im Verlaufe meines weiteren Aufenthaltes in Guagüey-bo nicht wieder zu sich befahl. Offensichtlich war es ihr nur darum zu tun, das »erste und beste« zu genießen, welches ein Mann, der eingeweiht wurde, zu bieten hatte.

Doch zumindest war ich jetzt in der Lage, den Zorn des aufgebrachten Mädchens zu besänftigen, nachdem ich geschlafen hatte und wieder zu Kräften gekommen war. Wie ich erfuhr, hieß sie Vi-rikóta, was soviel bedeutet wie Heilig Land und außerdem der Name jenes Landes östlich der Berge ist, wo der Jípuri-Kaktus gesammelt wird. Das Fest ging noch tagelang weiter, und da ich Sorge getragen hatte, nicht zuviel zu essen oder Tesgüino zu trinken, glaube ich, habe ich sie wohl doch beim Laufen richtig eingeholt.

Wir brachen etwas von dem getrockneten Jípuri von einer der Schnüre an den Vorratshäusern und gingen zusammen in eine abgeschlossene und wunderschöne Lichtung in dem waldbestandenen Cañon. Von diesem wesentlich weniger beraùschenden Kaktus mußten wir eine ganze Menge kauen, um ähnliche Wirkungen zu erfahren, wie ich sie im Haus der Si-ríame erlebt hatte, doch nach einer Weile merkte ich abermals, daß meine Sinne ihre Funktion untereinander tauschten. Diesmal begannen die Schmetterlings- und Blütenfarben um uns zu *singen*.

Vi-rikóta trug selbstverständlich gleichfalls ein Medaillon von Ymáxtli zwischen den Beinen – in ihrem Fall war es ein weniger sprödes, wesentlich flaumigeres Kissen –, und da selbiges immer noch etwas Neues für mich war, wurde ich abermals außerordentlich unternehmungslustig. Freilich erreichten sie und ich nie ganz die Ekstase, welche ich während meiner Initiation erlebt hatte. Wir erlebten nie den schönen Trug, himmelwärts zu schweben und waren uns auch die ganze Zeit über des weichen Grases bewußt, auf dem wir lagen. Außerdem war Vi-rikóta noch sehr jung und selbst für ihr Alter noch klein, und eine Kind-Frau kann die Beine nie so weit spreizen, daß ein Mann mit seinem Tepúli ganz in sie eindringen kann. Von allem anderen abgesehen, mußte unsere Paarung weniger denkwürdig sein als die mit der Si-ríame, da Vi-rikóta und ich keinen Zugang zum fünfblättrigen, echten Götterlicht-Jípuri hatten.

Gleichwohl paßten diese junge Frau und ich immerhin so gut zueinander, daß wir während der restlichen Festtage nicht mit anderen zusammenkamen, gleichviel jedoch viele Male das Ma-rákame genossen, und es tat mir aufrichtig leid, als ich nach dem Tes-güinápuri Abschied von ihr nahm. Das tat ich auch nur, weil mein ursprünglicher Gastgeber, Tes-disóra darauf bestand. »Es ist jetzt an der Zeit, einmal ein ernsthaftes Rennen zu erleben, Su-kurú. Du mußt es unbedingt sehen. Das Ra-rajípuri, das Rennen zwischen den besten Läufern unseres Dorfes und denen von Guacho-chí.«

Ich fragte: »Wo sind sie? Ich habe keine Fremden kommen sehen.«

»Noch nicht. Sie werden eintreffen, wenn wir losgelaufen sind. Und sie werden gleichfalls laufen, Guacho-chí liegt weit im Südosten von hier.«

Er erklärte mir in den Rarámuri-Worten die Entfernung, doch ich habe sie vergessen. Gleichwohl erinnere ich mich, daß die Strecke ungefähr mehr als fünfzehn Mal Ein Langer Lauf lang sein oder fünfzehn von euren spanischen Leguas entsprechen mußte. Dabei meinte er nur die Luftlinie; in Wirklichkeit mußte dieses Rennen in dem zerklüfteten Land zwischen Schluchten und Bergen einen sehr gewundenen Verlauf nehmen. Nach meiner Rechnung muß die Entfernung, die tatsächlich zurückgelegt werden mußte, näher bei fünfzigmal Ein Langer Lauf gelegen haben. Trotzdem sagte Tes-disóra ganz beiläufig:

»Um von einem Dorf zum anderen und zurück zu laufen und dabei die hölzerne Kugel vor sich herzutreiben, braucht ein guter Läufer einen Tag und eine Nacht.«

»Unmöglich!« rief ich aus. »Hundertmal Ein Langer Lauf? Das würde ja bedeuten, daß ein Mann die Strecke von der Stadt Tenochtítlan bis zu dem ferngelegenen Purémpe-Dorf Kerétaro in derselben Zeit schaffen müßte.« Ich schüttelte entschieden den Kopf. »Und die Hälfte davon auch noch bei Nacht? Und dabei die Kugel vor sich hertreiben? Unmöglich!«

Selbstverstandlich hatte Tes-disóra keine Ahnung von Tenochtítlan oder Kerétaro oder wie weit sie auseinander lagen. Infolgedessen zuckte er nur mit den Achseln und sagte: »Wenn du es für unmöglich hältst, Su-kurú, mußt du mitkommen und es dir ansehen.«

»Ich? Ich *weiß*, daß ich es nie schaffen könnte.«

»Dann kommst du eben nur eine Teilstrecke mit und wartest, um uns beim Rücklauf nach Hause zu begleiten. Ich habe ein paar kräftige Eberhautsandalen, die du anziehen kannst. Da du keiner von unseren Dorfläufern bist, mogelst du auch nicht, wenn du das Ra-rajípuri-Rennen nicht barfuß läufst wie wir.«

»Mogeln?« sagte ich belustigt. »Soll das heißen, daß es bei diesem Wettlauf Regeln gibt?«

»Nicht viele«, erklärte er ernsthaft. »Unsere Läufer laufen hier am Nachmittag genau im selben Augenblick los, da Großvater Feuer« – er zeigte zur Sonne – »den oberen Rand jenes Berges dort drüben berührt. Die Leute von Guacho-chí haben eine ähnliche Möglichkeit, diesen selben Augenblick abzuschätzen, und dann laufen auch ihre Läufer los. Wir laufen in Richtung Guacho-chí, und sie laufen in Richtung Guagüey-bo. Irgendwo in der Mitte des Weges treffen wir uns, rufen uns Grüße zu, werfen uns gutmütig Spott und Beleidigungen an den Kopf. Sobald die Männer von Guacho-chí hier eintreffen, bieten unsere Frauen ihnen Erfrischungen an und versuchen, sie mit allen möglichen Listen zurückzuhalten – was ihre Frauen daheim genauso mit uns versuchen –, aber du kannst sicher sein, daß wir nicht darauf eingehen. Wir machen augenblicklich kehrt und laufen weiter, bis wir wieder in unseren eigenen Dörfern sind. Inzwischen wird Großvater Feuer abermals diesen Berg berühren oder hinter ihm versinken oder auch noch ein kleines Stück darüber stehen, und danach können wir bestimmen, wie lange wir gebraucht haben. Die Männer von Guacho-chí tun das gleiche, dann schicken wir uns gegenseitig Boten, um die Ergebnisse auszutauschen, und so wissen wir dann, wer das Rennen gewonnen hat.«

Ich sagte: »Wo soviel Zeit und Mühe darauf gewendet wird, hoffe ich, ist jedenfalls der Preis etwas, was sich lohnt.«

»Preis? Es gibt keinen Preis.«

»Was? Das alles tut ihr und erhaltet nicht einmal eine Trophäe dafür? Nicht einmal einen Zielpfosten habt ihr, an den man die Hand legt und den man behält? Ohne Ziel und Zweck, nur um abgekämpft in eure Häuser und zu euren Frauen zurückzukehren? In drei Götter Namen, *wozu*?«

Abermals zuckte er mit den Achseln. »Wir tun das, weil es das ist, was wir am besten können.«

Ich sagte nichts mehr, denn ich wußte, daß es sinnlos ist, mit unvernünftigen Menschen vernünftig reden zu wollen. Später dachte ich jedoch eingehender über das nach, was Tes-disóra mir bei dieser Gelegenheit geantwortet hatte, und vielleicht war seine Antwort doch nicht so unsinnig, wie sie klang. Vermutlich hätte ich auch keine bessere Erklärung für mein lebenslanges Bemühen um die Beherrschung der Wortkunde geben können, falls jemand mich jemals gefragt hätte, *wozu* ich das tat.

Nur sechs kräftige Männer nahmen am eigentlichen Ra-rajípuri-Rennen teil – diejenigen, welche von den Bewohnern von Guagüey-bo als die besten angesehen wurden. Diese sechs, zu denen diesmal auch Tes-disóra gehörte, genossen reichlich von dem ermüdungshemmenden Jípuri-Kaktus, ehe das Ereignis begann, und alle trugen einen kleinen Wassersack und einen Beutel Pinóli-Mehl bei sich, wovon sie genossen, ohne ihren Lauf auch nur im geringsten zu verlangsamen. An der Hüfte ihres Schamtuchgurts trugen sie außerdem ein paar kleine getrocknete Kalebassen, von denen eine jede einen Stein enthielt, dessen Gerassel sie davon abhalten sollte, im Laufen einzuschlafen.

Der Rest der Ra-rajípuri-Läufer bestand aus jedem gesunden Mann von Guagüey-bo, von Jünglingen bis zu Männern, die weit älter waren als ich, und diese liefen mit, um die eigentlichen Wettläufer aufzumuntern. Viele von ihnen waren schon am frühen Morgen vorausgelaufen. Das waren diejenigen, welche über kurze Strecken erstaunlich schnell laufen konnten, auf längere Entfernungen jedoch dazu neigten zu ermüden. Sie nahmen in Abständen an dem Pfad Aufstellung, welcher die beiden Dörfer miteinander verband. Kamen die ausgewählten Läufer vorüber, liefen diese Schnelläufer neben ihnen her, um auf diesen Zwischenstrecken die besten Leistungen aus ihnen herauszuholen.

Andere von den Nicht-Wettläufern trugen kleine Gefäße mit glühenden Kohlen sowie Kienholzfackeln mit, wobei letztere dazu dienen sollten, den Läufern in der Nacht den Weg zu erhellen. Noch andere trugen Schnüre mit Jípuri daran, Ersatzbeutel mit Pinóli und Wasser. Die jüngsten und die ältesten trugen gar nichts: ihre Aufgabe bestand darin, ständig anfeuernde und ermunternde Laute auszustoßen. Alle Männer hatten sich mit dem lebhaft gelben Urá-Farbstoff das Gesicht, die nackte Brust und den Rücken mit Tupfern bemalt. Mir bemalte man nur das Gesicht, denn im Gegensatz zu den anderen wurde mir gestattet, meinen Umhang mit den Ärmeln daran zu tragen.

Als Großvater Feuer sich am Spätnachmittag dem angegebenen Berg näherte, trat lächelnd die Si-ríame aus ihrem hölzernen Haus und trug als Zeichen ihrer Würde die Jaguarfelle, hielt den Stab mit dem Silberknauf in der Hand und in der anderen die gelbgestrichene Holzkugel, so groß wie ein Männerkopf. Sie stand da, blickte zur Sonne hinüber, während die Wettläufer und all ihre Gefährten in der Nähe standen und sich sichtbarlich vorlehnten in dem Begehren, jetzt endlich loslaufen zu können. In dem Augenblick, da Großvater Feuer den Berg berührte, setzte die Si-ríame ihr breitestes Lächeln auf und warf den Ball von der Schwelle ihres Hauses aus den wartenden sechs Läufern vor die Füße. Jeder Bewohner von Guagüey-bo stieß einen jubelnden Laut aus, die sechs Wettläufer waren auf und davon und traten im Laufen die Holzkugel von einem zum anderen. In respektvoller Entfernung folgten ihnen die anderen Teilnehmer, darunter ich. Die Si-ríame lächelte immer noch, als ich sie das letztemal sah, und die kleine Vi-rikóta hüpfte so munter auf und ab wie eine sterbende Kerzenflamme.

Ich hatte durchaus erwartet, daß die Masse der Läufer mir in wenigen Augenblicken weit voraus sein würde, hätte mir jedoch denken können, daß sie nicht gleich zu Beginn des Wettlaufs ihre gesamte Kraft verausgaben würden. Sie liefen in einem mäßigen Trab los, den sogar ich über längere Zeit durchhalten konnte. Wir liefen den Fluß auf dem Boden des Cañons entlang, die Hochrufe und Freudenschreie der Frauen, Kinder und alten Leute blieben hinter uns zurück, und unsere eigenen Rufer fingen an, die Läufer mit ihren Zurufen und ihrem Geschrei anzufeuern. Da die Läufer es nach Möglichkeit vermieden, die Kugel bergan zu treiben, folgten wir der Sohle des Cañons, bis die Seitenwände sanfter anstiegen und nicht mehr so hoch waren, was es uns gestattete, ohne allzu große Mühe hinaufzukommen und in den nach Süden führenden Wald einzudringen.

Ich bin stolz, berichten zu können, daß ich ein volles Drittel des Weges von Guagüey-bo bis nach Guacho-chí nicht hinter den Wettläufern zurückfiel. Vielleicht lag es an dem Jípuri, welchen ich vor Beginn des Wettlaufs genossen hatte, denn mehrere Male ertappte ich mich dabei, daß ich schneller lief, als ich jemals zuvor in meinem Leben gelaufen war und seit diesem Rennen nie wieder gelaufen bin. Das geschah jedesmal dann, wenn wir die aufgestellten Schnelläufer erreichten und unser Bestes taten, es ihnen in ihren Schnelligkeitsausbrüchen gleichzutun. Mehrere Male kamen wir auch an den aufgestellten Schnelläufern der Bewohner von Guacho-chí vorüber, die auf ihre eigenen Läufer aus der entgegengesetzten Richtung warteten. Diese Wettkämpfer überschütteten uns gutmütig mit Schimpfnamen, als wir vorüberkamen, wie etwa: »Trödler!« und »Humpler!« und dergleichen – insbesondere mich, da ich inzwischen ein ganzes Stück hinter dem Rest der Läufer aus Guagüey-bo zurückgeblieben war.

Vorgeneigt durch dichtstehende Bäume, über den unebenen Boden von Schluchten mit knöcheltiefem Geröll darin dahinzulaufen, war etwas, was ich nicht gewohnt war, doch schaffte ich es einigermaßen, solange es noch hell war. Als am Spätnachmittag die Dämmerung einsetzte, mußte ich meinen Topas vors Auge halten, um weiterlaufen zu können, und das zwang mich, mit meiner Geschwindigkeit wesentlich herunterzugehen. Als es dann dunkler wurde, sah ich die Leitlichter vor mir aufleuchten, wo die Fackelträger ihre Kienfackeln in Brand setzten. Aber selbstverständlich blieb keiner von diesen Männern zurück, um einem derer, die nicht richtig am Rennen teilnahmen, zu leuchten, und so fiel ich immer weiter hinter der Masse der Laufenden zurück, und ihre Rufe drangen immer schwächer an mein Ohr.

Dann, als die Dunkelheit mich vollends umringte, erblickte ich auf dem Boden unmittelbar vor mir einen roten Schimmer. Die freundlichen Rarámuri hatten ihren fremden Gefährten Su-kurú also doch nicht ganz vergessen. Einer von den Fackelträgern hatte, nachdem er seine Fackel in Brand gesetzt, sein Glutgefäß an einer Stelle niedergesetzt, wo er mit Sicherheit annahm, daß ich es finden würde. Folglich hielt ich in meinem Lauf inne, schichtete ein Lagerfeuer auf, entzündete es und richtete mich darauf ein, die Nacht dort zu verbringen. Ich gebe gern zu, daß ich trotz des reichlichen Jípuri-Genusses so ausgepumpt und müde war, daß ich einfach hinfallen und schlafen hätte wollen, doch schäme ich mich, wenn ich nur daran denke, denn jeder andere Mann im ganzen Umkreis verlangte sich das Äußerste an Durchhaltevermögen ab. Auch wäre ich – und damit auch meine Gastgeber – unerträglich gedemütigt worden, wenn die gegnerischen Läufer aus Guacho-chí vorüberkamen und einen »Guagüey-bo-Mann« dort schlafend vorgefunden hätten. Deshalb nahm ich etwas von meinem Pinóli zu mir, spülte den Brei mit einem Schluck aus meinem Wasserbeutel herunter und kaute noch etwas Jípuri, was mich wieder recht munter machte. Die ganze Nacht über saß ich auf, legte gelegentlich ein Stück Holz nach, damit das Feuer mich wärmte, jedoch nicht allzu sehr, weil ich nicht schläfrig werden wollte.

Den Wettläufern aus Guacho-chí sollte ich zweimal begegnen, ehe ich Tes-disóra und meine ehemaligen Gefährten wiedersah. Nachdem die beiden Gruppen ungefähr mittwegs zwischen den beiden Dörfern aneinander vorbeigelaufen waren, kamen die gegnerischen Läufer ziemlich genau in der Mitte der Nacht an meinem Feuer vorüber. Danach sollten sie in Guagüey-bo eintreffen, kehrtmachen, aus dem Nordwesten zurückkehren und am Morgen wieder an mir vorüberkommen. Der bereits auf dem Rücklauf befindliche Tes-disóra und seine Gefährten würden nicht auftauchen, bis die Mittagssonne hoch über mir stand – so daß ich mich ihnen anschließen und wieder nach Hause zurückkehren konnte.

Nun, meine Berechnung des ersten Zusammentreffens erwies sich als richtig. Mit Hilfe meines Topases beobachtete ich die Sterne, und nach ihnen zu urteilen, war es in der Tat Mitternacht, als ich auf- und niederhüpfende Lichter aus dem Südosten näherkommen sah. Ich beschloß, so zu tun, als wäre ich einer von den Schnelläufern aus Guagüey-bo, die hier postiert waren, stand also auf und versuchte einen möglichst wachsamen Eindruck zu erwecken, und noch ehe der vorderste Läufer auftauchte, begann ich zu rufen: »Trödler! Humpler!« Die Läufer und ihre Fackelträger riefen nichts zurück; dazu waren sie viel zu sehr damit beschäftigt, die Holzkugel nicht aus den Augen zu lassen, von der jede Farbe längst abgegangen war und die recht angestoßen und zerfasert aussah. Doch die Schar der Begleiter aus Guacho-chí erwiderte meine gutmütig-höhnischen Rufe und schrie: »Altes Weib!« und »Wärmt sich die alten Knochen!« und dergleichen, wobei mir aufging, daß ich dadurch, daß ich mir ein Feuer entzündet hatte, nach Rarámuri-Einschätzung etwas ziemlich Unmännliches getan hatte. Doch nun war es zu spät, es zu löschen, sie rauschten an mir vorüber und wurden abermals zu hüpfenden und schwankenden Lichtern, die in nordwestlicher Richtung entschwanden.

Nach langem weiterem Wachen wurde der Himmel im Osten hell, zuletzt tauchte Großvater Feuer auf, und es verging noch eine lange Spanne Zeit, in welcher er – langsam wie nur je ein betagter menschlicher Großvater – ein Drittel seines Weges am Himmel zurücklegte. Es war Frühstückszeit, und meinen Berechnungen nach mußten jetzt die Männer aus Guacho-chí auf ihrem Rückweg wieder an mir vorüberkommen. Ich wandte den Blick nach Nordwesten, wo ich sie zuletzt gesehen hatte. Da bei Tageslicht die Fackeln ihr Näherkommen nicht verkünden würden, spitzte ich die Ohren, um sie zu hören, ehe sie in Sicht kamen. Aber ich hörte nichts und ich sah nichts.

Noch mehr Zeit verging. In Gedanken ging ich meine Berechnung noch einmal durch, um herauszufinden, wo ich mich verrechnet hatte, vermochte jedoch keinen Fehler zu entdecken. Noch mehr Zeit verging. Ich zerbrach mir den Kopf, um mich zu erinnern, ob Tes-disóra nicht doch etwas davon gesagt hatte, daß die Läufer auf dem Rückweg einer anderen Route folgten. Noch mehr Zeit verging, und die Sonne stand fast senkrecht über mir, als ich einen Gruß vernahm!

»Kuira-bá!«

Es war ein Rarámuri, welcher nur das Schamtuch der Läufer und Hüfttaschen und gelbe Zeichnung auf der nackten Haut trug, doch konnte ich mich nicht entsinnen, ihn jemals gesehen zu haben; so hielt ich ihn für einen der Schnelläufer von den Leuten aus Guacho-chí. Er hingegen hielt mich offensichtlich für ein Gegenstück aus Guagüey-bo, denn freundlich, doch nicht ängstlich lächelnd sagte er:

»Ich habe dein Feuer gestern abend gesehen, deshalb habe ich meinen Posten verlassen und bin hierhergekommen. Im Vertrauen, Freund, sag mir, was eure Leute angestellt haben, um unsere Läufer in eurem Dorf zurückzuhalten? Haben eure Frauen sie splitterfasernackt und mit willfährig gespreizten Beinen erwartet?«

»Eine höchst angenehme Vorstellung«, sagte ich. »Doch das haben sie, soweit ich weiß, nicht. Ich habe mich schon selbst gefragt, ob eure Männer nicht vielleicht doch auf einer anderen Route zurückgelaufen sind?«

Er wollte schon sagen: »Das wäre das allererste Mal . . .«, doch da wurde er unterbrochen. Beide vernahmen wir ein weiteres »Kuira-bá!«, drehten uns um und sahen Tes-disóra und seine fünf Mitläufer näherkommen. Sie waren nahe am Zusammenbrechen und wankten vor Müdigkeit, und die Kugel, welche sie einander mechanisch zuspielten, war nur mehr so groß wie meine Faust.

»Wir . . .«, sagte Tes-disóra zu dem Mann aus Guacho-chí und mußte innehalten, um nach Luft zu schnappen. Dann keuchte er unter Schmerzen: »Wir sind bis jetzt . . . euren Läufern noch nicht begegnet. Mit was für einem Trick . . .«

Der Mann sagte: »Euer Schnelläufer hier und ich haben uns gerade gefragt, was aus ihnen geworden sein mag.«

Tes-disóras Brust hob und senkte sich, als er uns anstarrte. Mit ungläubiger Stimme sagte ein anderer keuchend: »Sie sind . . . noch nicht . . . hier vorübergekommen?«

Als alle anderen Läufer aus Guagüey-bo herangezockelt kamen, sagte ich: »Ich habe den Fremden gerade gefragt, ob sie vielleicht eine andere Route eingeschlagen haben könnten. Und er fragte mich, ob es euren Frauen durch irgend etwas gelungen sein könnte, sie in eurem Dorf festzuhalten.«

Es hob ein allgemeines Kopfschütteln an. Dann verlangsamte sich die Bewegung der Köpfe, und die Männer blickten einander bestürzt an.

Leise, mit sorgenvoller Stimme sagte einer: »Unser Dorf.«

Ein anderer, etwas lauter und wesentlich angstvoller, sagte: »Unsere Frauen.«

Und der Fremde sagte mit zitternder Stimme: »Unsere besten Männer.«

Dann malte sich plötzlich die ganze Erkenntnis auf ihren Gesichtern, Schock und Qual, und dasselbe sprach auch aus dem Gesicht des Mannes aus Guacho-chí. Aller Augen wandten sich traurig gen Nordwesten, und in dem kurzen, atemlosen Augenblick, ehe die Männer mich plötzlich verließen und angestrengter liefen als je zuvor, sagte jemand von ihnen nur das eine Wort:

»Yaki.«

Nein, ich folgte ihnen nicht nach Guagüey-bo. Ich kehrte nie wieder dorthin zurück. Ich war ein Fremder, und es wäre dreist von mir gewesen, mich dem Chor der klagenden Rarámuri-Männer anzuschließen. Mir wurde klar, was sie vorfinden würden: daß die Yaki-Räuber und die Guacho-chí-Läufer ungefähr zur selben Zeit in Guagüey-bo angelangt sein mußten, und die Läufer waren zu ausgepumpt gewesen, viel Widerstand gegen die Wilden zu leisten. Die Männer aus Guacho-chí mußten alle erdulden, daß ihnen die Kopfhaut abgezogen wurde, ehe sie starben. Was die Si-ríame und die junge Vi-rikóta und die anderen Frauen aus Guagüey-bo erleiden mußten, ehe sie starben, das wagte ich nicht einmal mir auszumalen. Ich nehme an, daß die überlebenden Rarámuri von Guagüey-bo ihr Dorf schließlich wieder bevölkerten, indem sie die Frauen aus Guacho-chí auf die beiden Dörfer aufteilten, aber ich werde es nie erfahren.

Und ich bekam nie einen Yaki zu Gesicht, weder damals, noch bis heute. Dabei hätte ich das gern getan – wenn ich es hätte schaffen können, ohne daß die Yaki *mich* dabei zu Gesicht bekommen hätten –, denn sie müssen die furchteinflößendsten Menschentiere sein, die es gibt, und wunderschön anzusehen. In all den Jahren bin ich nur einem einzigen Mann begegnet, der die Yaki erlebt hatte und mir davon erzählte, und das war einer der Vorsteher aus dem Haus der Pochtéca in Tenochtitlan, welcher keine Kopfhaut mehr hatte. Auch ihr Spanier seid bisher noch keinen Yaki begegnet. Eure Forschungsreisenden in diesen Landen haben sich bis jetzt noch nicht soweit bis nach Norden und Westen vorgewagt. Ich meine, selbst ein Spanier könnte mir leid tun, wenn er unter die Yaki fiele.

Als die geschlagenen Männer losliefen, stand ich still und sah ihnen nach, wie sie im Wald verschwanden. Ich blickte lange, nachdem sie verschwunden waren, nach Nordwesten und sprach ein stummes Lebewohl. Dann hockte ich mich nieder, bereitete mir aus dem mir noch verbliebenen Pinóli und Wasser eine Mahlzeit und kaute einen Jípuri, um mich für den Rest des Tages wachzuhalten. Ich scharrte Erde über die letzte Glut meines Lagerfeuers, stand dann aufrecht da, hielt nach der Sonne Ausschau, um mich zu vergewissern, in welche Richtung ich mich zu wenden hätte, und lenkte dann meine Schritte gen Süden. Ich habe meinen Aufenthalt bei den Rarámuri genossen, und es beschwerte mein Herz, daß er so enden mußte. Aber ich trug gute Hirschlederkleidung und Sandalen aus Eberhaut und besaß Lederbeutel, Nahrung und Wasser darin zu transportieren, und eine Feuersteinklinge am Schamtuch, und ich hatte immer noch meinen Sehkristall und meinen Brennkristall. Ich habe nichts zurückgelassen in Guagüey-bo, es sei denn, ihr zähltet die Tage dazu, welche ich dort verbracht habe. Von ihnen habe ich jedoch die Erinnerung mitgenommen und behalten.

IHS

✠

S.C.C.M.

Seiner Allerkatholischsten Majestät, Kaiser Karl V., Unserem Allerdurchlauchtigsten König und Herrn:

Hehrste und Allererhabenste Majestät: aus der Stadt Mexíco, Hauptstadt Neuspaniens, am Tag des Heiligen Ambrosius, im Jahre des Herrn eintausendfünfhundertundeinunddreißig, entbieten wir Euch unseren alleruntertänigsten Gruß.

In unseren letzten Briefen, Sire, haben wir uns über unsere Tätigkeiten als Beschützer der Indianer ausgelassen. Gestattet, daß wir diesmal bei unserem vornehmsten Amt, dem des Bischofs von Mexíco, sowie unserer mit diesem Amt verbundenen Aufgabe verweilen, für die Verbreitung des Wahren Glaubens unter den Indianern allhier zu sorgen. Wie Eure klarblickende Majestät dem neuesten Konvolut der Chronik unseres Azteken entnehmen werden, ist sein Volk von jeher von verabscheuungswürdigem Aberglauben besessen gewesen und hat Omina von günstiger wie schlimmer Bedeutung nicht nur in Dingen gesehen, in welchen auch andere vernünftige Menschen sie zu sehen geneigt sind – wie etwa einer Sonnenfinsternis –, sondern in allem und jedem, vom zufälligen Zusammentreffen von Ereignissen bis zu den gewöhnlichsten Naturphänomenen. Diese Neigung zu Aberglauben und Leichtgläubigkeit hat uns in unserem fortgesetzten Ringen, sie von der Teufelsanbetung zum Christentum zu bekehren, sowohl geholfen als auch behindert.

Als die spanischen Conquistadores ihren ersten, überwältigenden Siegeszug durch diese Lande antraten, taten sie ein bewundernswürdiges Werk, als sie die bedeutendsten Tempel und Idole der Heidengötter zerstörten und stürzten und an ihrer Stelle das Kreuz Christi und Standbilder der Heiligen Jungfrau aufrichteten. Wir und unsere Mitstreiter im Glauben haben diesen Sturz für richtig befunden und unterstützt, indem wir dauerhaftere christliche Gebäude auf jenen Stätten errichteten, welche zuvor Schreine von Dämonen und Dämoninnen waren. Da die Indianer in ihrem Eigensinn darauf beharren, an den ihnen vertrauten Stätten zum Gottesdienst zusammenzukommen, finden sie dortselbst jetzt nicht mehr solche blutrünstigen Gestalten wie ihre Huichilobs und Tlalóque vor, sondern den gekreuzigten Christus und Seine Gebenedeite Mutter.

Um nur ein Beispiel von vielen anzuführen: der Bischof von Tlaxcála errichtet oben auf dem gigantischen Pyramidenberg von Cholula – welcher sehr an jenen von menschlicher Überhebung zeugenden Turm zu Babel im Lande Sinear gemahnt – und wo vormals die Gefiederte Schlange, Quetzalcóatl, angebetet wurde, eine Kirche Unserer Lieben Frau. Allhier, in der Hauptstadt Neuspaniens, wurde unsere eigene nahezu vollendete Franziscus-Kathedrale mit voller Absicht genau an jener Stelle errichtet (oder zumindest dort, wo Baumeister García Bravo sie vermutet), wo sich einst die Große Pyramide der Azteken erhob. Ich glaube, daß die Kirchenmauern unseres Gotteshauses manche von den Steinen dieses geschleiften Denkmals der Greuel bergen. Auf der Tepeyáca genannten Landzunge, die auf der anderen Seite des Sees liegt, gerade nördlich von hier, wo vor noch gar nicht langer Zeit die Indianer eine gewisse Tónantzin, eine Art Muttergottheit, verehrten, haben wir statt dessen der Heiligen Jungfrau einen Schrein errichtet. Auf Bitten des Capitán-General Cortés hat man selbigem den Namen des Heiligtums Unserer Lieben Frau von Guadalupe gegeben, welches sich in seiner Heimatprovinz Estremadura in Spanien befindet.

Manche mögen es ungehörig finden, daß wir unsere christlichen Tabernakel ausgerechnet auf den Trümmern von Heidentempeln errichten, deren Ruinen immer noch vom Blut unheiliger Opfer getränkt sind. De facto folgen wir dabei nur den Gepflogenheiten der frühesten christlichen Apostel, welche ihre Altäre dort errichteten, wo zuvor die Römer, Griechen, Sachsen &c. Jupiter, Pan und Freya &c. &c. verehrten, – und zwar ausdrücklich beseelt von dem Wunsch, diese Teufel mögen durch die Anwesenheit des Geopferten Christus vertrieben werden, und daß aus Stätten, so einst Stätten schändlichen Götzendienstes waren, nunmehr Stätten der echten Frömmigkeit würden, wo das Volk von den Dienern des Wahren Gottes bereitwilliger dazu gebracht werden könnte, Seiner Göttlichkeit die ihm zustehende Verehrung entgegenzubringen.

Darin, Sire, hilft uns der Aberglaube der Indianer mächtig. Selbiges gilt für andere Unternehmungen aber leider nicht; denn abgesehen davon, daß sie immer noch ihrem Aberglauben anhangen, sind sie heuchlerisch wie die Pharisäer. Viele von denen, welche sich Bekehrte nennen, selbst jene, welche beteuern, fromme Christen geworden zu sein und fest im Christlichen Glauben zu stehen, leben immer noch in abergläubischer Furcht vor ihren alten Dämonen. Sie halten es für ein Gebot der Klugheit, sich zumindest *ein wenig* von ihrer Verehrung Huichilobos und der übrigen Götzenhorde zu bewahren und erklären allen Ernstes, damit die Möglichkeit abzuwenden, daß ihre falschen Götter in ihrer Eifersucht Rache dafür üben, verdrängt und getilgt worden zu sein.

Wir haben erwähnt, welche Erfolge wir im Laufe unseres ersten Jahres allhier in Neuspanien zu verzeichnen hatten, indem wir viele Tausende von Idolen aufspürten und zerstörten, welche die Conquistadores übersehen hatten. Als schließlich keine mehr zu finden waren und die Indianer unseren Inquisitoren schworen, es seien keine mehr aus ihren Verstecken auszugraben, argwöhnten wir nichtsdestotrotz, daß die Indianer insgeheim immer noch diese verbotenen Gottheiten verehrten. Wir predigten daher in höchst eindringlichen Worten, wiesen unsere Priester und Missionare an, ein gleiches zu tun, und befahlen, daß kein einziges Idol, auch nicht das kleinste und geringste, ja, nicht einmal ein als Schmuck dienendes Amulett erhalten bleiben dürfe. Woraufhin die Indianer in Bestätigung unseres Argwohns uns und anderen Priestern demütig eine große Anzahl von kleinen gebrannten und ungebrannten Tonfigürchen brachten, ihnen in unserer Gegenwart entsagten und sie in Stücke zerbrachen.

Uns gereichte die neuerliche Entdeckung und Vernichtung so vieler weiterer profaner Gegenstände zu tiefer Befriedigung – bis wir nach einiger Zeit dahinterkamen, daß die Indianer uns nur zu beschwichtigen trachteten oder sich gar lustig über uns machten. Ob das eine oder das andere, ist nicht von Belang, wären wir doch gleichermaßen außer uns vor Zorn gewesen ob solch schändlichen Betrugs. Offenbar haben unsere eindringlichen Predigten unter den indianischen Handwerkern eine ganze Industrie entstehen lassen: Die eilige Herstellung dieser Figürchen zu dem alleinigen Zweck, daß man sie in scheinbarer Unterwerfung unter unsere Ermahnungen uns bringen und vor unseren Augen zerbrechen könne.

Zu unserem womöglich noch größeren Kummer und Schmach erfuhren wir gleichzeitig, daß zahlreiche *echte* Idole – will sagen, alte Statuetten, keine nachgemachten neuen – dennoch vor unseren danach fahndenden Mönchen verborgen worden waren. Und wo, meintet Ihr wohl, Sire? In den Fundamenten unserer Schreine und Kapellen und anderen christlichen Bauten, welche von indianischen Bauarbeitern für uns errichtet wurden! Die verschlagenen Wilden glaubten ihre schändlichen Götzenbilder sicher vor jeder Entdeckung, wenn sie sie zum Bau von solchen heiligen Gebäuden verwendeten. Ja, schlimmer noch: Sie glaubten, an solchen Stätten diese verborgenen Ungeheuer weiterhin verehren zu können, wenn sie *nach außen hin* dem Kreuz, der Heiligen Jungfrau oder einem Heiligen huldigten, welcher dort aufgestellt worden war.

Unser Abscheu angesichts dieser unwillkommenen Enthüllungen wurde einzig dadurch etwas gemildert, daß wir die Genugtuung hatten, unseren Gemeinden sagen zu können, daß der Teufel oder jeder andere Widersacher des Wahren Gottes in der unmittelbaren Nähe eines Christenkreuzes oder anderer Verkörperungen des Glaubens unerhörte Qualen erleide – und es freute uns in gewissem Maße, wenn wir sahen, wie sie sich angesichts dieser Erklärung innerlich wanden. Ohne daß weiter in sie gedrungen werden mußte, gaben die indianischen Bauarbeiter, welche derlei heimliche Verstecke ersonnen, verzagt ihre Idole preis, und zwar mehr, als wir ohne ihre Hilfe jemals hätten aufspüren können.

Nach so vielen Beweisen dafür, daß nur so wenige von diesen Indianern ganz ihrem verblendeten Irrglauben haben entrissen werden können – und das trotz inständigster Bemühungen von unserer und von anderer Seite –, fürchten wir sehr, daß ihnen die Augen durch einen gehörigen Schrecken geöffnet werden müssen, wie weiland Saulus vor den Toren von Damaskus. Vielleicht könnten sie allerdings auch auf sanftere Weise einer *salvatio omnibus* geneigt gemacht werden, etwa durch irgendein kleines Wunder, wie jenes, welches ein Schutzpatron dem Fürstentum Catalonien in Aragón Eurer Majestät hat zuteil werden lassen: die wunderbare Auffindung des schwarzen Bildes der Virgen von Montserrat, keine hundert Leguas von unserem eigenen Geburtsort entfernt. Freilich versteht es sich von selbst, daß wir die Gebenedeite Jungfrau nicht darum bitten, gnädig ein weiteres Wunder zu vollbringen oder auch nur jenes eine, in welchem sie sich bereits kundgetan, zu wiederholen ...

Wir danken Euer Freigebigen Majestät für das Geschenk, welches mit der jüngst gelandeten Karavelle an uns gelangte, will sagen, für die vielen Rosen-Pfropfreiser aus den Königlichen Gärten, jene zu ergänzen, welche wir ursprünglich mitgebracht haben. Die Pfropfreiser werden gewissenhaft auf die Gärten aller unserer verschiedenen Kirchenbesitztümer aufgeteilt werden. Es mag Euer Majestät interessieren, daß – wiewohl es in diesen Landen zuvor keinerlei Rosen gegeben hat – diejenigen Rosenstöcke, welche wir gepflanzt haben, üppiger gediehen, als wir es je zuvor erlebt haben, nicht einmal in den Gärten Castiliens. Das Klima allhier ist äußerst zuträglich wie in einem ewigwährenden Frühling, so daß die Rosen das ganze Jahr über eine Blütenfülle ohnegleichen tragen, selbst in diesen Monaten (es ist Dezember, während wir dieses schreiben), welche dem Kalender zufolge Mittwinter sein sollten. Wir schätzen uns überdies glücklich, einen so überaus fähigen Gärtner wie unseren getreuen Juan Diego zu haben.

Trotz seines Namens ist er ein Indianer, Sire, wie alle unsere Domestiken, und – wie alle *unsere* Domestiken – (ganz im Gegensatz zu denjenigen, von welchen wir in den Absätzen zuvor gesprochen) beseelt von unwandelbarer Frömmigkeit und Glaubensfestigkeit. Seinen Taufnamen erhielt er vor etlichen Jahren von dem Kaplan, welcher die Conquistadores begleitete, Pater Bartolomé de Olmedo. Es war Pater Bartolomés höchst zweckdienliche Gepflogenheit, die Indianer nicht einzeln zu taufen, sondern in ganzen Scharen, damit so viele wie möglich des Heiligen Sakraments der Taufe teilhaftig werden könnten. Und selbstredend gab er gleichfalls aus Gründen der Zweckdienlichkeit jedem Indianer – von denen häufig Hunderte beiderlei Geschlechts auf einmal die Heilige Taufe empfingen – den Namen jenes Heiligen, an dessen Fest die Heilige Handlung vorgenommen wurde. Da der Kirchenkalender nun einmal soviele Heilige namens Johannes aufweist, scheint zu unserer Verwirrung, ja, sogar zu unserem ausgesprochenen Verdruß, jeder zweite christlich getaufte Indianer in Neuspanien entweder Juan oder Juana zu heißen.

Nichtsdestoweniger haben wir unseren Juan Diego sehr gern. Er versteht sich auf Pflanzen, ist gleichsam mit dem grünen Finger begabt, besitzt einen höchst angenehmen und gehorsamen Charakter und ist dem Christentum und uns selbst aufrichtig ergeben.

Daß die königliche Majestät, welcher wir dienen, sich unablässig des Wohlwollens jenes Herrn erfreuen möge, welchem Wir Beide dienen, ist das unablässige Gebet Eures S. C. C. M. ehrwürdigen Stellvertreters und Legaten.

(ECCE SIGNUM)
ZUMÁRRAGA

Nona Pars

Ich komme nunmehr zu jenem Abschnitt unserer Geschichte, da wir Mexíca, nachdem wir seit vielen Schock Jahren den Berg der Größe erstiegen hatten, endlich seinen Gipfel erreichten, was bedeutet, daß wir, ohne es zu ahnen, uns auf der anderen Seite an den Abstieg machten.

Auf meinem Weg nach Hause, nachdem ich ziellos noch etliche weitere Monde im Westen umhergewandert war, gelangte ich nach Tolócan, einer angenehmen, auf einer Bergkuppe gelegenen Stadt im Land der Matlaltzínca, einem der kleineren Volksstämme, welche zum Dreibund gehörten. Ich nahm mir eine Kammer in einer Herberge, und nachdem ich gebadet und gespeist hatte, begab ich mich auf den Marktplatz besagter Stadt, um mir für die Heimkunft neue Kleider und für meine Tochter ein Geschenk zu kaufen. Während ich damit beschäftigt war, kam aus Tenochtítlan ein Schnellbote über den Markt von Tolócan gelaufen, welcher zwei verschiedene Umhänge trug. Der eine war weiß, also in der Farbe der Trauer, denn Weiß ist die Farbe, welche dem Westen zugeordnet ist, wohin die Toten sich begeben. Darüber jedoch trug er einen grünen Umhang, also einen von jener Farbe, welche gute Nachrichten verheißt. Infolgedessen überraschte es mich nicht, daß der Tecútli von Tolócan öffentlich verkündete: Der Verehrte Sprecher Ahuítzotl, welcher im Geiste bereits seit zwei Jahren gestorben war, sei nunmehr auch im Körper gestorben. Und daß der bisherige Regent, Motecuzóma der Jüngere, vom Staatsrat offiziell in den erhabenen Rang des Uey-Tlatoáni der Mexíca erhoben worden sei.

Diese Nachricht versetzte mich in eine Stimmung, daß ich am liebsten gleich wieder kehrt gemacht hätte, Tenochtítlan den Rücken zugekehrt und wieder den fernen Horizonten zugestrebt wäre. Doch tat ich es nicht. Viele Male in meinem Leben habe ich der Autorität gespottet und bin in meinen Handlungen unbesonnen gewesen, doch habe ich mich nicht immer wie ein Feigling oder wie ein Narr verhalten. Ich war immer noch ein Mexícatl und damit Untertan des Uey-Tlatoáni, wer immer das sein und wo immer ich mich auch aufhalten mochte. Ja, nicht nur das, ich war ein-

Adlerritter und hatte einem Verehrten Sprecher Treue geschworen, den ich persönlich nicht besonders hochschätzte.

Ohne den Mann jemals kennengelernt zu haben, hegte ich eine Abneigung gegen Motecuzóma Xocóyotzin und mißtraute ihm – um seines Versuchs willen, *seines* Verehrten Sprechers Bündnis mit den Tzapotéca vor vielen Jahren scheitern zu lassen und wegen der unedlen und abartigen Weise, in welcher er damals Zyanyas Schwester Béu mitgespielt hatte. Dabei hatte Motecuzóma vermutlich noch nicht einmal von mir gehört und konnte nicht wissen, was ich von ihm wußte, hatte also keinerlei Grund, meine Abneigung gegen ihn zu erwidern. Ich wäre ein Narr gewesen, hätte ich ihm dazu irgendwelchen Anlaß gegeben und ihm meine Gefühle gezeigt, ja, mich überhaupt in irgendeiner Weise so verhalten, daß ich ihm auffiel. Sollte ihm aus irgendeinem Grund der Gedanke kommen, die Adlerritter, welche seiner Thronbesteigung beiwohnten, zu zählen, könnte er sich durch das unentschuldigte Fehlen eines Ritters namens Dunkle Wolke beleidigt fühlen.

Folglich zog ich von Tolócan aus weiter nach Osten, die steilen Hänge hinunter, welche sich von dort bis zum Becken des Sees und den darin liegenden Städten hinunterziehen. Bei meiner Ankunft in Tenochtítlan begab ich mich sogleich in mein Haus, wo ich von den Sklaven Türkis und Stern Sänger sowie meinem Freunde Cozcatl überschwenglich begrüßt wurde und nicht ganz so begeistert von seiner Frau, welche mit Tränen in den Augen sagte: »Jetzt wirst du uns zwingen, unsere geliebte kleine Cocóton herzugeben.«

Ich erklärte: »Sie und ich, wir werden dich immer lieben, Quequelmiqui, und ihr könnt einander besuchen, sooft ihr wollt.«

»Aber es wird doch nicht dasselbe sein, wie sie ganz für sich zu *haben.*«

Ich sagte zu Türkis: »Sag dem Kind, sein Vater sei wieder daheim. Bitte es, zu mir zu kommen.«

Sie kamen Hand in Hand herunter. Mit ihren vier Jahren stand Cocóton immer noch in einem Alter, da Kinder unbekleidet im Haus herumlaufen, und das machte mir die Veränderung, welche mit ihr vorgegangen war, überdeutlich. Ich freute mich, daß sie, wie ihre Mutter es vorausgesagt hatte, immer noch schön war; ja, die Ähnlichkeit ihrer Züge mit denen ihrer Mutter trat womöglich noch mehr zutage als früher. Aber sie war nicht mehr ein formlos-pummeliges Kleinkind mit zu kurzen Gliedmaßen, sondern vielmehr deutlich als kleines Menschenkind zu erkennen, das richtige Arme und Beine hatte, welche in schönem Verhältnis zu ihrer sonstigen Körpergröße standen. Ich war zwei Jahre lang fortgewesen, eine Zeitspanne, die ein Mann Mitte Dreißig bedenkenlos verschwenden kann. Doch war das die Hälfte des Lebens meiner Tochter, in welcher diese wunderbarerweise von einem Baby zu einem bezaubernden kleinen Mädchen herangewachsen war. Plötzlich tat es mir leid, nicht Zeuge ihres Erblühens gewesen zu sein, und selbiges muß sich auf unvergleichlich wunderbare Weise von Augenblick zu Augenblick sichtbarlich vollzogen haben wie bei einer Wasserlilie, welche sich im Zwielicht entfaltet. Ich machte mir Vorwürfe, daß ich mir das hatte entgehen lassen, und schwor mir insgeheim, es nicht wieder zu tun.

Türkis stellte uns einander mit stolzer Gebärde vor: »Meine kleine Herrin Ce-Malinálli, genannt Cocóton. Das hier ist dein endlich heimgekehrter Tete Mixtli. Begrüße ihn hochachtungsvoll, wie es dich gelehrt worden ist.«

Zu meiner freudigen Überraschung ließ Cocóton sich anmutig auf die Knie nieder, um die Geste des Erdeküssens vor mir zu vollführen. In dieser knienden Haltung verharrte sie, bis ich sie beim Namen rief. Dann winkte ich sie zu mir heran, sie bedachte mich mit ihrem bezaubernden Grübchenlächeln, kam in meine Arme geflogen, gab mir einen schüchternen, feuchten Kuß und sagte: »Tete, ich bin glücklich, daß du von deinen Abenteuern wieder heimgekehrt bist.«

Ich sagte: »Und ich freue mich darüber, daß ich hier von einer kleinen Dame erwartet werde, die weiß, was sich gehört.« Zu Kitzlig gewandt, sagte ich: »Ich danke dir, daß du dein Versprechen eingelöst hast, du würdest nicht zulassen, daß sie mich vergißt.«

Cocóton löste sich aus meiner Umarmung, blickte sich suchend um und sagte: »Ich habe aber auch meine Tene nicht vergessen. Sie möchte ich auch begrüßen.«

Den anderen im Raum gefror das Lächeln auf den Lippen, und sie wandten unauffällig den Blick ab, während ich tief Atem holte und sagte:

»Voller Trauer muß ich dir sagen, kleines Mädchen, daß die Götter die Hilfe deiner Mutter bei einigen ihrer eigenen Abenteuer benötigt haben. An einem fernen Ort, wohin ich ihr nicht folgen konnte, an einem Ort, von dem sie nicht zurückkehren kann. Man kann den Göttern ein solches Ansinnen nicht abschlagen. Sie wird also nicht wieder heimkehren nach Hause; du und ich, wir müssen mit unserem Leben ohne sie fertigwerden. Trotzdem darfst du aber deine Tene nicht vergessen.«

»Nein«, erklärte das Kind ernsthaft.

»Doch um sicher zu sein, daß du sie auch wirklich nicht vergißt, schickt Tene dir ein Andenken.« Womit ich eine Halskette hervorholte, welche ich in Tolócan gekauft hatte, rund zwanzig kleine, auf Silberdraht aufgezogene Glühwürmchensteine oder Opale, wie ihr sagt. Ich ließ sie Cocóton kurz in der Hand halten und sich in höchsten Tönen darüber ergehen, dann legte ich sie ihr um den schlanken Hals. Als ich sie nur mit der Opalkette bekleidet dastehen sah, mußte ich lächeln, doch die Frauen hielten vor Entzücken die Luft an, und Türkis lief, Cocóton einen Tezcatl-Spiegel zu bringen.

Ich sagte: »Cocóton, jeder dieser Steine strahlt, wie deine Mutter gestrahlt hat. An jedem Geburtstag werden wir einen neuen, noch größeren hinzufügen. Wenn so viele Glühwürmchen um dich herum blitzen, wird ihr Licht dich daran erinnern, deine Tene Zyanya nicht zu vergessen.«

»Das wird sie ohnehin nicht tun«, sagte Cozcatl und zeigte auf Cocóton, die sich in dem Spiegel bewunderte, den Türkis ihr hinhielt. »Sie braucht ja nur in den Spiegel zu blicken, wenn sie den Wunsch verspürt, ihre Mutter zu sehen. Und du, Mixtli, du brauchst bloß Cocóton anzusehen.« Als mache es ihn verlegen, seine Gefühle so sehr zu zeigen, räusperte er sich und sagte mit einem Nachdruck, der wohl hauptsächlich für Kitzlig bestimmt war: »Ich glaube, diejenigen, welche vorübergehend Mutter und Vater für sie gewesen sind, ziehen sich jetzt besser zurück.«

Es war deutlich zu spüren, daß Cozcatl viel daran gelegen war, aus meinem Haus in sein eigenes, neu erbautes überzusiedeln, von wo aus er seine Dienerschule besser leiten konnte. Ebensosehr war jedoch auch zu spüren, daß Kitzlig Cocóton nachgerade die Liebe einer Mutter entgegenbrachte, die sonst kinderlos war. Der Abschied an diesem Tag hatte einen Kampf zur Folge – einen buchstäblich körperlichen Kampf –, bei dem es darum ging, Cocóton aus den Armen dieser Frau zu befreien, welche sie um meine Tochter geschlungen hatte. In den folgenden Tagen kamen Cozcatl und Kitzlig und ihre Träger wiederholt zu uns, um ihre Sachen abzuholen, und es war dann jedesmal Cozcatl, der die nötigen Anweisungen gab und alles überwachte. Für seine Frau war das ganze jedesmal ein Vorwand, um »ein letztes Mal« mit Cocóton zusammen zu sein.

Selbst nachdem Cozcatl und seine Frau sich ganz behaglich in ihrem eigenen Haus niedergelassen hatten und sie ihm bei der Leitung der Schule half, erfand Kitzlig immer noch kleine Besorgungen, welche ihr den Vorwand boten, in unser Viertel zu kommen und eine Möglichkeit zu haben, kurz bei meiner Tochter hereinzuschauen. Wie wäre ich dazu gekommen, mich darüber zu beklagen! Ich verstand, daß, während ich bemüht war, Cocótons Liebe zu gewinnen, Kitzlig versuchte, sich diese aus dem Herzen zu reißen. Ich gab mir alle erdenkliche Mühe, das Kind dazu zu bringen, einen Mann als Tete anzuerkennen, der fast ein Fremder für sie war. Infolgedessen hatte ich Verständnis für die Schmerzen, welche es Kitzlig kostete, aufzuhören, eine Tene zu sein, nachdem sie diese Rolle zwei Jahre hindurch gespielt hatte.

Ich kann von Glück sagen, daß in den ersten Tagen nach meiner Heimkehr keine anderen Anforderungen an mich gestellt wurden und es mir freistand, meine ganze Zeit der Erneuerung meiner Bekanntschaft mit meiner Tochter zu widmen. Wiewohl der Verehrte Sprecher Ahuítzotl zwei Tage vor meiner Rückkehr gestorben war, konnte seine Bestattung – und Motecuzómas Krönung – selbstverständlich nicht stattfinden, ohne daß jeder andere Herrscher und Adlige und jede Person von Rang noch aus den entferntesten Völkern sich in Der Einen Welt versammelte, und viele von ihnen kamen von weither angereist. In dieser Zeit, da die Festteilnehmer sich versammelten, wurde Ahuítzotls Leichnam dadurch vor dem Verfall bewahrt, daß er ständig in Schnee eingehüllt wurde, den Schnellboten von den Vulkangipfeln heruntergebracht hatten.

Der Tag der Bestattung kam, und ich, angetan mit dem Kampfanzug und den Insignien eines Adlerritters, gehörte zu der Menge, welche den Großen Platz füllte und Eulenschreie ausstieß, als die Sänftenträger unseren verblichenen Uey-Tlatoáni ein letztes Mal durch die Obere Welt trugen. Die ganze Insel schien von unserem langgezogenen »Hoo-oooooo!« der Klage und des Abschieds widerzuhallen. Der tote Ahuítzotl saß auf seinem Tragstuhl, allerdings gebeugt, die Knie an die Brust herangezogen und die Arme um die Knie geschlungen. Seine Erste Witwe und die nicht ganz so hochstehenden ehemaligen Gattinnen hatten seinen Körper in Wasser gewaschen, welches nach Klee und anderen Kräutern duftete und hatten ihn mit Copáli parfümiert. Seine Priester hatten ihn in siebzehn Umhänge gekleidet, alle aus so feiner Baumwolle, daß es gar nicht unförmig wirkte. Über dieser rituellen Umhüllung trug Ahuítzotl eine Maske und ein Gewand, welche ihm das Aussehen Huitzilopóchtlis verliehen, des Kriegsgottes und Obersten Gottes der Mexica. Da die Farbe, welche Huitzilopóchtli auszeichnete, das Blau war, war auch Ahuítzotls Gewand blau, freilich, nicht nur von Farbe und Farbstoff so gemacht. Die Maske über seinem Gesicht zeichnete seine Züge wunderbar nach in Linien aus Türkisplättchen, welche in Gold gefaßt waren, die

Augen aus Obsidian und Perlmutt, die Lippen aus Blutjaspis. Seine Robe war über und über mit jener Jadesteinart benäht, die mehr zum Blau als zum Grün neigt.

Die wir den Trauerzug bildeten, waren wir je nach Rang aufgestellt und zogen unter gedämpftem Trommelklang, welcher einen leisen Kontrapunkt zu dem Klagesang bildete, den wir sangen. Ahuítzotl auf seinem Tragstuhl bildete den Anfang; das ständige »Hoo-oo-oooo!« der Menge begleitete ihn; neben dem Tragstuhl schritt sein Nachfolger Motecuzóma einher, jedoch nicht triumphierend ausschreitend, sondern gramgebeugt und schweren Schritts, wie es dem Anlaß entsprach. Er ging barfuß und trug nichts Prächtiges, sondern nur die zerrissenen schwarzen Gewänder des Priesters, der er einst gewesen. Sein Haar hing ihm ungekämmt und zerzaust um die Stirn, er hatte sich Kalkstaub in die Augen gerieben, um sie zu röten und dazu zu bringen, unablässig Tränen zu weinen.

Als nächste kamen die Herrscher aller anderen Völker, darunter ein paar alte Bekannte von mir: Nezahualpíli von Texcóco und Kosi Yuela von Uaxyácac und Tzímtzicha von Michihuácan anstelle seines Vaters Yquíngare, der zu alt war zum Reisen. Aus demselben Grund hatte der uralte und blinde Xicoténca von Texcála seinen Sohn und Erben, Xicoténca den Jüngeren entsandt. Beide letztgenannten Völker waren, wie ihr wißt, Rivalen und Feinde von Tenochtítlan, doch der Tod eines Herrschers erlegte allen einen Waffenstillstand auf und verpflichtete sämtliche anderen Herrscher, in die öffentliche Trauer um den Verblichenen mit einzustimmen, mochten sie im Herzen auch noch so frohlocken über sein Hinscheiden. Sie konnten die Stadt unbehindert betreten und auch wieder verlassen; bei der Bestattung eines Herrschers war ein Mord, ein Attentat oder irgendein anderer Verrat undenkbar.

Hinter den Würdenträgern, die von auswärts angereist gekommen waren, kam Ahuítzotls Familie; seine Erste Gemahlin, dann die weniger hochstehenden legitimen Gattinnen samt zugehörigen Kindern, dann die vielen Konkubinen mit ihrer auffallend viel größeren Kinderschar. Ahuítzotls ältester anerkannter Sohn Cuautémoc führte an einer goldenen Kette den kleinen Hund, welcher den Toten auf seiner Reise in die Gegenwelt begleiten sollte. Andere Kinder Ahuítzotls trugen die anderen Dinge, die ihr Vater brauchte oder vielleicht begehrte: seine verschiedenen Banner, Herrscherstab, Federkopfputz und andere Insignien seines Amtes, darunter eine Menge Schmuck; seine Kampfanzüge, Waffen und Schilde; etliche seiner anderen symbolischen Besitztümer, die zwar keinen offiziellen Charakter hatten, ihm jedoch teuer gewesen waren – darunter jenes furchtgebietende Grizzly-Bärenfell mit dem Kopf und dem aufgerissenen Rachen, das so viele Jahre hindurch seinen Thron geschmückt hatte.

Der Familie folgten die alten Männer des Staatsrats und viele andere Weise Ratgeber des Verehrten Sprechers, Zauberer, Seher und Wahrsager. Dann kamen die ranghöchsten Edelleute seines Hofes und diejenigen Adligen, welche mit den ausländischen Abordnungen gekommen waren. Ihnen wieder folgten die Krieger aus Ahuítzotls Palastwache und alte Krieger, welche ihm gedient, längst ehe er Uey-Tlatoáni geworden war, dazu etliche seiner Lieblingsdiener und Lieblingssklaven vom Hofe sowie selbstverständlich die Angehörigen der drei Ritterorden: Adler, Jaguare und Pfeile.

Der Trauerzug mußte den See überqueren, denn es war beschlossen worden, Ahuítzotl zu Füßen des Felsens von Chapultépec zu bestatten, unmittelbar unter der Stelle, wo sein überlebensgroßes Abbild aus dem Felsen herausgemeißelt worden war. Nahezu jedes Acáli, von den eleganten des Hofes bis hinunter zu den schlichten Kanus der Frachtbeförderer, Vogelsteller und Fischer hatte Befehl erhalten, uns, die wir im Trauerzug mitmarschierten, hinüberzubringen, und so konnten nicht viele Bürger von Tenochtítlan uns folgen. Als wir jedoch das Festland erreichten, erwartete uns dort bereits eine ähnlich große Menge aus Tlácopan und Coyohuácan und anderen Städten, dem verblichenen Herrscher die letzte Ehre zu erweisen. Wir zogen zu dem bereits ausgehobenen Grab zu Füßen des Chapultépec und standen schwitzend da, daß es uns unter unseren Zeremonialgewändern juckte, während die Priester ihre endlosen Anweisungen herunterleierten, die Ahuítzotl befolgen mußte, um durch jenen Schreckensbereich hindurchzukommen, welcher zwischen unserer Welt und der Gegenwelt lag.

In den letzten Jahren habe ich Seine Exzellenz, den Herrn Bischof, und eine ganze Menge anderer christlicher Väter bei ihren Predigten gegen unsere barbarischen Bestattungsriten bei hochgestellten Persönlichkeiten wettern hören – daß nämlich viele von seinen Frauen und Dienern getötet worden seien, auf daß sie ihm in der anderen Welt gebührend aufwarten könnten. Diese Kritik verwirrt mich. Ich meine zwar, daß man eine solche Praxis zurecht verdammen würde, doch frage ich mich, wo ihr christlichen Väter dieser Sitte begegnet seid. Ich dachte, ich kennte mich in etwa unter allen Völkern und Stämmen und ihren verschiedenen Sitten und Gebräuchen in der gesamten Einen Welt aus, habe aber noch nie gehört, daß es zu einer solchen Massenbestattung gekommen wäre.

Ahuítzotl war der ranghöchste Adlige, dessen Bestattung ich jemals beigewohnt habe, doch wenn irgendeine andere Persönlichkeit ihr Gefolge im Tode mit sich genommen hätte, wäre das allgemein bekannt gewesen. Und ich habe die Begräbnisstätten anderer Länder gesehen: alte, freigelegte Gräber in den verlassenen Städten der Maya, die uralten Krypten der Wolkenmenschen in Lyobáan, doch in keinem einzigen habe ich jemals etwas anderes gesehen als die Überreste dessen, welcher rechtens hier bestattet worden war. Selbstverständlich hatte jeder von ihnen die Zeichen seines Ranges und Ruhms mitgenommen wie etwa edelsteinbesetzte Insignien und dergleichen. Aber tote Frauen und Sklaven? Nein. So etwas wäre schlimmer als barbarisch gewesen, nämlich töricht. Wenn auch ein sterbender großer Herr sich nach seiner Familie und seiner Dienerschaft gesehnt haben mochte, er hätte so etwas nie angeordnet, wußte er doch wie jedermann sonst, daß Menschen geringeren Stands in eine völlig andere Gegenwelt eingingen.

Das einzige Geschöpf, das an Ahuítzotls Grab an diesem Tag starb, war der kleine Hund, den Prinz Cuautémoc mitgebracht hatte, und diesen zu töten, gab es einen verständlichen Grund. Das erste Hindernis in der Gegenwelt – so wurde uns jedenfalls erzählt – war ein schwarzer Fluß, welcher durch schwarzes Land floß, und diesen erreichte ein Toter immer ausgerechnet im dunkelsten Augenblick der schwarzen Nacht. Diesen Fluß konnte er nur überqueren, indem er sich an einem Hund festhielt, welcher das gegenüberliegende Ufer riechen und direkt darauf zuschwimmen konnte. Und dieser Hund mußte auch noch von einer mittleren Farbe sein. War er weiß, würde er sich dieser Aufgabe verweigern und sagen: »Herr, ich bin so sauber, weil ich schon zulange im Wasser gewesen bin. Ich will nicht noch einmal baden.« War er schwarz, würde er sich weigern, indem er sagte: »Herr, in dieser Dunkelheit könntet Ihr mich nicht sehen. Würdet Ihr mich unterwegs loslassen, wäret Ihr verloren.« Infolgedessen hatte Cuautémoc ein zirkonfarbenes Hündchen beschafft, ebenso rotgelb wie die rotgelbe Kette, an der er es führte.

Nach dem schwarzen Fluß galt es, noch zahlreiche andere Hindernisse zu überwinden, doch die mußte Ahuítzotl allein bezwingen. Er mußte zwischen zwei riesigen Bergen hindurch, die sich in nicht vorhersehbaren Abständen einander zuneigten und sich aneinander rieben. Dann mußte er über einen anderen Berg hinweg, der aus nichts anderem bestand denn aus scharfen, ins Fleisch schneidenden Obsidianplättchen. Er mußte sich den Weg durch einen nahezu undurchdringlichen Wald aus Bannerstangen hindurchwinden, in welchem die flatternden Banner ihm die Sicht auf den Weg versperren und ins Gesicht klatschen, um ihn blind zu machen oder ihn zumindest irrezumachen. Sodann durch ein Gebiet, in welchem unablässig Regen fiel und jeder Regentropfen eine Pfeilspitze war. Und zwischen diesen Gebieten mußte er lauernden Schlangen und Jaguaren, die nur darauf warteten, sein Herz zu fressen, aus dem Wege gehen oder sie bekämpfen.

Wenn er und falls er obsiegte, gelangte er zuletzt ins Míctlan, wo der regierende Herr und seine Dame ihn bereits erwarteten. Dort würde er den Jadestein aus dem Mund herausnehmen, mit dem er bestattet worden war – falls er nicht so feige gewesen war, zu schreien und ihn dadurch unterwegs schon zu verlieren. Überreichte er diesen Stein dem Míctlantécutli und der Míctlancíuatl, würden dieser Herr und die Dame ihn lächelnd willkommen heißen und ihn in jene Gegenwelt weisen, die er verdiente, wo er in Üppigkeit und Glückseligkeit für immer weiterlebte.

Es war später Nachmittag, als die Priester mit ihren Ermahnungen und Abschiedsgebeten fertig waren, Ahuítzotl zusammen mit dem rotgelben Hündchen in sein Grab gesetzt, die Erde hineingeschaufelt und festgeklopft und von den bereitstehenden Steinmetzen die schlichte Steinabdeckung darübergelegt wurde. Es war bereits dunkel, als die Flotte der Acáltin wieder in Tenochtítlan festmachte, wo unser Zug sich formierte wie zuvor, und zurückmarschierte zum Herzen Der Einen Welt. Der Große Platz hatte sich mittlerweile geleert. Von einfachen Bürgern der Stadt war niemand mehr zu sehen, doch wir mußten, unserem Rang entsprechend, Aufstellung nehmen, während die Priester von der fackelerhellten Spitze der Großen Pyramide herunter noch mehr Gebete sprachen, rings auf dem Platz in besonderen Urnen besonderen Weihrauch abbrannten und den in Lumpen gekleideten, barfüßigen Motecuzóma feierlich in den Tempel des Tezcatlipóca, Glühender Spiegel, geleiteten.

Ich sollte noch erwähnen, daß der Wahl dieses bestimmten Gottes keinerlei besondere Bedeutung zukam. Wenn Tezcatlipóca in Texcóco und in einigen anderen Städten als allerhöchste Gottheit verehrt wurde, so wurde er in Tenochtítlan nicht ganz so hoch in Ehren gehalten. Es war nur so, daß sein Tempel der einzige auf dem Platz war, der einen mauerumwehrten Hof aufwies. Sobald Motecuzóma eingetreten war, schlossen die Priester die Tore hinter ihm. Vier Nächte und vier Tage hindurch mußte der neugewählte Verehrte Sprecher dort allein zubringen, fasten, dürsten und sich versenken, sich von der Sonne verbrennen oder vom Regen durchweichen lassen, wie die Wettergötter es wollten, auf dem harten Steinboden des Hofes schlafen und sich nur in ganz bestimmten Abständen ins Tempelinnere selbst hineinbegeben, um dort zu beten – zu allen Göttern, einem nach dem anderen – um gütige Lenkung in dem Amte, welches er binnen kurzem antreten sollte.

Wir anderen machten uns müde und abgespannt nach unseren Palästen, Herbergen, eigenen Häusern oder Kriegerhäusern auf, dankbar, daß wir uns nicht sogleich wieder feierlich kleiden und eine weitere, einen ganzen Tag andauernde Feier über uns ergehen lassen mußten, bis Motecuzóma aus seiner Zuflucht wieder hervorkam.

Ich schleppte die schweren, adlerklauenbesetzten Sandalen die Stufen zur Haustür hinauf, und selbst wenn ich nicht so abgespannt gewesen wäre, hätte es mich doch nicht wenig erstaunt, daß nicht Türkis, sondern Kitzlig mir die Tür aufmachte. Eine einsame Ölfunzel brannte auf der Diele.

Ich sagte: »Es ist sehr spät. Cocóton ist doch bestimmt schon längst schlafen gelegt worden. Warum bist du mit Cozcatl nicht nach Hause gegangen?«

»Cozcatl ist in Schulangelegenheiten nach Texcóco hinüber. Kaum, daß nach der Bestattung wieder Acális zu haben waren, hat er eines gemietet, ihn hinzubringen. Ich war daher froh, ein bißchen freie Zeit für meine ... für deine Tochter zu haben. Türkis bereitet dir schon Bad und Schwitzbad.«

»Gut«, sagte ich. »Nun, dann will ich Stern Sänger rufen, dich mit einer Lampe heimzubegleiten. Und ich werde mich beeilen, mich gleichfalls schlafen zu legen, damit die Diener ihre Decken ausrollen können.«

»Warte«, sagte sie nervös. »Ich möchte nicht heimgehen.« Ihr für gewöhnlich leicht kupferfarbenes Gesicht war tief errötet, gleichsam als leuchtete die Öllampe nicht hinter ihr, sondern in ihr. »Cozcatl kann frühestens morgen abend wieder zu Hause sein. Heute nacht möchte ich, daß du mit mir schläfst, Mixtli.«

»Was soll das heißen?« sagte ich und tat so, als begriffe ich nicht. »Stimmt zu Hause etwas nicht, Kitzlig?«

»Ja, und du weißt auch, was.« Sie erglühte womöglich noch mehr. »Ich bin sechsundzwanzig Jahre alt und seit über fünf Jahren verheiratet, und doch weiß ich immer noch nicht, was ein Mann ist.«

Ich erklärte: »Cozcatl ist genausosehr ein Mann wie jeder andere.«

»Bitte, Mixtli, tu nicht so, als ob du schwer von Begriff wärest«, flehte sie mich an. »Du weißt sehr wohl, was ich noch nicht kennengelernt habe.«

Ich sagte: »Falls es dir hilft, das Gefühl zu ertragen, etwas versäumt zu haben – ich habe Grund zu der Annahme, daß unser neuer Verehrter Sprecher in dieser Beziehung fast genauso übel dran ist wie dein Mann Cozcatl.«

»Das ist schwer zu glauben«, sagte sie. »Sobald Motecuzóma zum Regenten ernannt worden war, hat er *zwei* Frauen genommen.«

»Dann sind sie vermutlich genauso unbefriedigt, wie du es zu sein scheinst.«

Ungeduldig schüttelte Kitzlig den Kopf. »Offenbar schafft er es immerhin, sie zu schwängern. Sie haben beide ein Baby. Und das ist mehr, als ich mir jemals erhoffen kann! Wäre ich die Frau des Verehrten Sprechers, könnte ich zumindest ein Kind empfangen. Aber ich bin nicht wegen Motecuzómas Frauen hergekommen. Ich gebe keinen kleinen Finger für Motecuzómas Frauen.«

»Ich auch nicht«, versetzte ich bissig. »Aber ich rate ihnen, sich an ihr eheliches Bett zu halten und nicht meines zu belagern.«

»Sei nicht herzlos, Mixtli!« sagte sie. »Wenn du nur wüßtest, was mich das gekostet hat! *Fünf Jahre, Mixtli!* Das fünf Jahre über mich ergehen zu lassen und immer so zu tun, als wäre ich befriedigt! Ich habe gebetet und Xochiquétzal Opfer dargebracht, habe sie angefleht, mir zu helfen, mich mit dem zufriedenzugeben, was mein Mann mir bieten kann. Aber es hilft nichts. Die Neugier quält mich unablässig! Wie ist das wirklich, mit einem richtigen Mann und einer Frau? Sich das ständig zu fragen, die Versuchung und Unentschlossenheit, und zuletzt die Erniedrigung, darum zu bitten.«

»Und da bittest du mich, ausgerechnet mich, meinen besten Freund zu betrügen? Und mich und die Frau meines besten Freundes in Gefahr zu bringen, zur Würgschlinge verurteilt zu werden?«

»Ich frage dich ja gerade deshalb, *weil* du sein bester Freund bist. Du würdest nie irgendwelche üblen Andeutungen fallen lassen, wie es irgendein anderer Mann möglicherweise täte. Selbst wenn Cozcatl irgendwann dahinterkäme – er liebt uns beide, dich und mich, viel zu sehr, um uns zu verraten!« Sie schwieg, um dann noch hinzuzufügen: »Wenn Cozcatls bester Freund es nicht tut, dann erweist er Cozcatl einen schlechten Dienst. Ich spreche die Wahrheit. Wenn du mich abweist, werde ich mich nicht weiter demütigen und mich an irgendeinen Mann aus unserem Bekanntenkreis wenden. Dann kaufe ich mir einen Mann für eine Nacht. Dann mache ich mich an irgendeinen Mann in einer Herberge heran. Überlege mal, was *das* für Cozcatl bedeuten würde.«

Ich überlegte es. Und dabei fiel mir ein, daß er mir einmal gesagt hatte, wenn diese Frau ihn nicht haben wolle, würde er seinem Leben irgendwie ein Ende setzen. Damals hatte ich ihm geglaubt, und ich glaubte immer noch, daß er genau das tun würde, wenn er jemals erführe, daß seine Frau ihn betrog.

Ich sagte: »Mal von all diesen Dingen abgesehen, Kitzlig – ich bin in diesem Augenblick dermaßen erledigt, daß ich keiner Frau Lust bereiten könnte. Du hast fünf Jahre gewartet. So kannst du auch noch warten, bis ich gebadet und geschlafen habe. Und du sagst selbst, wir hätten morgen noch den ganzen Tag. Geh jetzt nach Hause und überleg dir die Sache noch einmal genau. Und wenn du morgen immer noch entschlossen bist ...«

»Das werde ich sein, Mixtli. Und werde morgen wieder hier sein.«

Ich rief Stern Sänger, er entzündete eine Fackel, und er und Kitzlig verschwanden in der Nacht. Ich war bereits ausgekleidet, hatte geschwitzt und lag in meinem Badebecken, als ich ihn zurückkommen hörte. Ich hätte ohne weiteres im Badebecken einschlafen können, nur wurde das Wasser so kalt, daß es mich zwang herauszusteigen. Folglich schleppte ich mich in meine Kammer hinüber, fiel auf mein Lager, zog die Decke über mich und machte mir nicht einmal mehr die Mühe, die Ölfunzel auszublasen, die Türkis angezündet hatte, so müde war ich.

Doch selbst in meinem tiefen Schlaf muß ich die stürmische Rückkehr der ungeduldigen Kitzlig halb freudig erwartet, halb gefürchtet haben, denn meine Augen gingen im selben Augenblick auf, da auch die Tür meiner Schlafkammer aufging. Der Docht war ziemlich heruntergebrannt und erleuchtete den Raum nur noch schwach, doch zeigte sich das erste Grau der Morgendämmerung am Fenster, und was ich sah, ließ mir die Haare zu Berge stehen.

Ich hatte kein Geräusch unten vernommen, mich vor der unerwarteten und unglaublichen Erscheinung zu warnen – und ganz bestimmt würden Türkis oder Stern Sänger einen schrillen Schrei ausgestoßen haben, hätte einer von ihnen dieses ganz bestimmte Gespenst erblickt. Wiewohl für die Reise noch in Kopftuch und schweren Mantel aus Kaninchenfell gekleidet, wiewohl das Licht schwach war und wiewohl mir die Hand zitterte, als ich meinen Topas ans Auge hielt . . . es war Zyanya, die ich dort stehen sah.

»Záa!« flüsterte sie leise, offensichtlich jedoch freudig erregt, und es war Zyanyas Stimme. »Du schläfst nicht, Záa.«

Doch ich war mir sicher. Es mußte so sein. Ich sah das Unmögliche, und das war mir noch nie widerfahren, nur in meinen Träumen.

»Ich habe nur kurz hereinschauen wollen. Ich wollte dich nicht stören«, sagte sie immer noch flüsternd – flüsternd, um mich den Schrecken weniger spüren zu lassen, wie ich annahm.

Ich wollte sprechen, brachte jedoch keinen Laut über die Lippen – etwas, was mir bisher gleichfalls nur im Traum jemals geschehen war.

»Ich gehe in die andere Kammer«, sagte sie. Sie fing an, den Schal abzunehmen, und tat das so langsam, als wäre sie müde von einer langen, unvorstellbar langen Reise. Ich dachte an die Hindernisse – die Berge, die sich aneinander rieben, den schwarzen Fluß in der schwarzen Nacht – und ein Schauder durchlief mich.

»Ich hoffe, du hast nicht schlaflos auf meine Ankunft gewartet«, sagte sie, »als du meine Nachricht erhieltest.« Ihre Worte ergaben keinen Sinn, bis der Schal ganz herunterfiel und das schwarze Haar ohne den weißen Blitz darin zum Vorschein kam. »Selbstverständlich hätte es mir geschmeichelt«, fuhr Béu Ribé fort, »wenn die Nachricht von meinem Kommen dich nicht hätte schlafen lassen. Es würde mich freuen, wenn du so darauf brenntest, mich zu sehen.«

Endlich fand ich meine Stimme wieder, und sie klang ganz heiser, als ich sagte: »Ich habe keine Nachricht erhalten! Wie kannst du es wagen, dich so heimlich in mein Haus zu schleichen? Wie kannst du es wagen, so zu tun als wärest du . . .?« Doch an dieser Stelle versagte mir die Stimme wieder; ich konnte sie nicht gut beschuldigen, absichtlich so aussehen zu wollen wie ihre verstorbene Schwester.

Sie schien aufrichtig bestürzt und stammelte, als sie zu erklären versuchte: »Aber ich habe einen Jungen vorausgeschickt . . . ich habe ihm eine Kakaobohne gegeben, dich zu benachrichtigen. Dann hat er es nicht getan? Aber unten . . . Stern Sänger hat mich herzlich begrüßt. Und dich finde ich wach vor, Záa . . .«

Ich knurrte: »Einmal hat Stern Sänger mich aufgefordert, ihn zu schlagen, und diesmal werde ich ihm den Gefallen tun.«

Abermals folgte ein kurzes Schweigen. Ich wartete, daß mein wild pochendes Herz sich beruhigte und dieses Gefühl der Überraschung, des

Schreckens und der Freude sich legte. Béu schien sich vor Verlegenheit zu winden und sich größte Vorwürfe wegen ihres Eindringens zu machen. Schließlich sagte sie, fast zu kleinmütig für sie: »Ich werde in der Kammer schlafen, in der ich auch früher geschlafen habe. Vielleicht... vielleicht bist du morgen weniger zornig, daß ich hier bin...« Und war aus meiner Kammer verschwunden, ehe ich irgend etwas darauf hätte erwidern können.

Am Morgen hatte ich eine kleine Atempause von dem Gefühl, von Frauen belagert zu werden. Bis auf die beiden Sklaven, welche es mir vorsetzten, war ich beim Frühstück allein, und ich begann den Tag damit, daß ich knurrte: »Ich liebe keine Überraschungen vor Morgengrauen.«

»Überraschungen, Herr?« sagte Türkis erschrocken.

»Die unangemeldete Ankunft der Dame Béu.«

Sie schien womöglich noch verblüffter, als sie sagte: »Die Dame Béu ist hier? Im Haus?«

»Ja«, mischte Stern Sänger sich ein. »Für mich war es auch eine Überraschung, Herr. Aber ich nahm an, Ihr hättet nur vergessen, uns etwas davon zu sagen.«

Wie sich herausstellte, war der Junge, den Béu als Boten geschickt hatte, nie eingetroffen, uns alle von ihrer unmittelbar bevorstehenden Ankunft zu unterrichten. Stern Sänger war davon wach geworden, daß draußen auf der Straße Lärm laut geworden war. Türkis war nicht einmal davon aufgewacht, er jedoch war aufgestanden, um die Besucherin einzulassen, und diese hatte ihm aufgetragen, mich nicht zu stören.

»Da die Dame Wartender Mond mit einer Reihe von Lastträgern eintraf«, sagte er, »ging ich selbstverständlich davon aus, daß sie erwartet wurde.« Das erklärte, warum er nicht das Gefühl gehabt hatte, ein Gespenst vor sich zu haben, und warum er sie nicht fälschlich für Zyanya gehalten hatte wie ich. »Sie trug mir auf, Euch nicht zu wecken und überhaupt keinen Lärm zu machen, und hat gesagt, sie finde schon allein hinauf. Ihre Träger haben eine ganze Menge Gepäck gebracht, Herr. Ich habe alle Bündel und Körbe vorläufig in die Vorderkammer bringen lassen.«

Nun, ich konnte dankbar sein, daß zumindest keiner der Diener gemerkt hatte, wie sehr ich durch Béus plötzliches Auftauchen verstört worden war – und daß Cocóton nicht wach geworden war und sich geängstigt hatte. Folglich sagte ich nichts mehr. Friedlich aß ich weiter mein Frühstück – doch sollte das nicht lange dauern. Offenbar auf der Hut, nicht neuerlich meinen Zorn zu erregen, kam Stern Sänger und meldete in aller Form die Ankunft einer weiteren Besucherin, welche er freilich vor der Haustür hatte stehen lassen. Da ich wußte, um wen es sich handeln müsse, stieß ich einen tiefen Seufzer aus, trank den Rest meiner Schokolade und ging zur Haustür.

»Will man mich denn nicht wenigstens hereinbitten?« sagte Kitzlig schalkhaft. »Das hier draußen ist ja der reinste Marktplatz und nicht sonderlich geeignet für das, was wir...«

»Was wir vergessen müssen und worüber wir nie wieder reden dürfen«, fiel ich ihr in die Rede. »Die Schwester meiner verstorbenen Frau ist zu Besuch gekommen. Du erinnerst dich doch noch an Béu Ribé.«

Kitzlig schien einen Augenblick ganz aus der Fassung. Doch dann sagte sie: »Nun, wenn nicht hier, kannst du ja mit zu mir nach Hause kommen.«

Ich sagte: »Wirklich, meine Liebe. Es ist Béus erster Besuch seit drei Jahren, und es wäre schon außerordentlich unhöflich von mir, sie allein zu lassen – und außerordentlich schwierig zu erklären.«

»Aber Cozcatl wird heute abend wieder da sein!« rief sie wehklagend.

»Dann, fürchte ich, haben wir unsere Gelegenheit verpaßt.«

»Wir müssen dafür sorgen, daß es eine neue gibt«, sagte sie verzweifelt. »Wie kann ich eine andere Gelegenheit herbeiführen, Mixtli, und wann?«

»Wahrscheinlich nie«, sagte ich, nicht sicher, ob ich es bedauern oder ob ich erleichtert sein sollte darüber, daß die heikle Situation sich ohne mein Zutun in Wohlgefallen aufgelöst hatte. »Von jetzt an gibt es einfach zu viele Augen und zu viele Ohren. Wir können sie nicht alle hinters Licht führen. Das beste ist, du vergißt . . .«

»Du hast *gewußt*, daß sie kommt!« fauchte Kitzlig. »Die Müdigkeit gestern abend war nur gespielt, bloß, um mich hinzuhalten, bis du eine richtige Entschuldigung hattest, mich abzuweisen.«

»Glaub, was du willst«, sagte ich mit einer Müdigkeit, die keineswegs vorgeschützt war. »Aber ich muß ablehnen.«

Vor meinen Augen schien sie in sich zusammenzusacken. Den Blick abgewendet, sagte sie: »Du bist mir eine lange Zeit hindurch ein Freund gewesen, und meinem Mann Cozcatl noch länger. Aber das, was du jetzt tust, ist sehr unfreundlich, Mixtli. Für uns beide.« Womit sie langsam die Stufen hinunterstieg und schleppenden Gangs die Straße hinunterging.

Cocóton saß beim Frühstück, als ich wieder hineinging. Ich ließ daher Stern Sänger kommen, trug ihm eine völlig überflüssige Besorgung auf dem Markt von Tlatelólco auf und schlug ihm vor, das Mädchen mitzunehmen. Sobald sie mit dem Frühstück fertig war, zogen die beiden los, und ich wartete nicht sonderlich freudig auf Béus Erscheinen. Die Auseinandersetzung mit Kitzlig war nicht leicht für mich gewesen, aber immerhin war sie kurz gewesen; mit Wartender Mond konnte ich nicht so umspringen. Sie schlief bis in den Vormittag hinein und kam erst um Mittag herunter. Ihr Gesicht war faltig und vom Schlaf gedunsen. Ich saß ihr auf der anderen Seite des Speisetuchs gegenüber, und nachdem Türkis ihr das Frühstück vorgesetzt und sich wieder in die Küche zurückgezogen hatte, sagte ich:

»Es tut mir leid, daß ich dich gestern so wenig zuvorkommend empfangen habe, Schwester Béu. Ich bin Besuch zu so früher Stunde nicht gewöhnt, und meine Umgangsformen sind vor Sonnenaufgang auch nicht gerade die besten. Dich hätte ich von allen Besuchern nun am allerwenigsten erwartet. Dürfte ich fragen, *warum* du hier bist?«

Fassungslos, erschrocken geradezu, sah sie mich an. »Da mußt du fragen, Záa? Die Familienbande unter den Wolkenmenschen sind stark ausgeprägt und verbinden. Ich dachte, ich könnte von Nutzen sein, ja, den Witwer meiner eigenen Schwester und das mutterlose Kind trösten.«

Ich sagte: »Was den Witwer betrifft, nun, so bin ich seit Zyanyas Tod auf Reisen gewesen und auf diese Weise über meinen Verlust hinweggekommen, soweit es ging. Und was Cocóton betrifft, so ist in diesen beiden Jahren gut für sie gesorgt worden. Meine Freunde Cozcatl und Quequelmíqui sind ihr liebende Tete und Tene gewesen.« Trocken fügte ich noch hinzu: »Von irgendwelcher Hilfe deinerseits hat man in diesen beiden Jahren nichts gemerkt.«

»Und woran liegt das?« wollte sie hitzig wissen. »Warum hast du mir nicht einen Schnellboten schicken können, mir von dem Furchtbaren zu berichten? Vor einem Jahr erst wurde mir von einem vorüberziehenden Händler sang- und klanglos ein zerknitterter und schmutzbefleckter Brief in die Hand gedrückt. Meine Schwester war bereits ein Jahr tot, ehe ich überhaupt davon erfuhr! Und dann habe ich fast ein ganzes Jahr dazu gebraucht, einen Käufer für meine Herberge zu finden, alles für die Überschreibung in die Wege zu leiten und mich darauf vorzubereiten, für immer nach Tenochtitlan zu übersiedeln. Dann hörten wir, der Verehrte Sprecher Ahuítzotl werde immer schwächer und daher bald sterben, was bedeutete, daß unser Bishósu Kosi Yuela selbstverständlich an den Bestattungsfeierlichkeiten hier teilnehmen würde. Infolgedessen wartete ich, bis ich in seinem Gefolge mitreisen konnte; das war bequem für mich und bot mir gleichzeitig Schutz. Doch in Coyohuácan bin ich zurückgeblieben, weil ich nicht in das Gedränge derer hineingeraten wollte, die der Bestattung beiwohnten. Deshalb habe ich dem Jungen eine Kakaobohne gegeben, damit er herkomme und dir sage, daß ich bald eintreffen werde. Erst gestern morgen in aller Frühe bekam ich dann Träger für mein Gepäck. Ich entschuldige mich für den Zeitpunkt und die Umstände meiner Ankunft, aber ...«

Sie mußte Atem holen, und da ich mich schämte, sagte ich aufrichtig: »Ich bin es, der sich entschuldigen muß, Béu. Du kommst gerade im richtigen Augenblick. Die Eltern, welche ich für Cocóton geborgt habe, mußten sich wieder um ihre eigenen Angelegenheiten kümmern. Infolgedessen hat das Kind nur mich, und als Vater bin ich schrecklich unerfahren. Wenn ich sage, daß du hier willkommen bist, ist das kein Lippenbekenntnis. Als Ersatzmutter für meine Tochter kommst du selbstverständlich gleich nach Zyanya selbst.«

»Gleich nach Zyanya«, sagte sie und zeigte sich nicht sonderlich begeistert von dem Kompliment.

»Jedenfalls«, fuhr ich fort, »kannst du ihr beibringen, Lóochi genauso fließend zu sprechen wie unser Náhuatl. Du kannst sie zu einem ebenso wohlerzogenen Kind machen wie die vielen, die ich unter euch Wolkenmenschen bewundert habe. Ja, du bist wirklich der einzige Mensch, der dafür sorgen kann, daß sie all das ist, was Zyanya gewesen ist. Du weihst dein Leben einer sehr guten Sache. Diese Welt wird besser sein, wenn wieder eine Zyanya darin lebt.«

»Wieder eine Zyanya. Ja.«

»Betrachte dieses Haus hier bitte fürderhin als dein Zuhause«, schloß ich. »Sieh in dem Kind dein Mündel, und die Sklaven stehen dir zur Verfügung, du brauchst nur zu befehlen. Ich werde sie sofort damit beauftragen, daß deine Kammer leergeräumt, vollständig gesäubert und nach deinem eigenen Geschmack neu eingerichtet wird. Was du auch brauchst oder dir wünschst, Schwester Béu, du brauchst es nur zu sagen, nicht darum zu bitten.« Ihr schien etwas auf der Zunge zu liegen, doch besann sie sich dann offenbar eines Besseren. Ich sagte: »Und jetzt ... da kommt Krümelchen selbst, sie ist zurück vom Markt.«

Das kleine Mädchen betrat in einem strahlenden, sonnenscheingelben Umhang den Raum. Lange sah sie Béu Ribé an und legte dann den Kopf auf die Seite, gleichsam, als versuche sie sich zu erinnern, ob sie dieses Gesicht nicht schon einmal gesehen hätte. Ich weiß nicht, ob ihr aufging, daß sie es schon oft im Spiegel gesehen hatte.

»Willst du nichts sagen?« fragte Béu, und ihre Stimme klang ein wenig gebrochen. »Ich habe solange darauf gewartet . . .«

Ein wenig verlegen und zaghaft sagte Cocóton atemlos: »Tene . . .?«

»Ach, mein Liebling!« rief Wartender Mond. Die Tränen flossen ihr über, sie kniete sich hin, breitete die Arme aus, und das kleine Mädchen stürzte sich glücklich hinein.

»Der Tod!« donnerte der Hohepriester Huitzilopóchtlis von der Spitze der Großen Pyramide herunter. »Der Tod war es, welcher Euch den Umhang des Verehrten Sprechers um die Schultern gelegt hat, Herr Motecuzóma Xocóyotl, und wenn es soweit ist, daß Ihr selbst sterben müßt, werdet Ihr den Göttern Rechenschaft ablegen müssen darüber, wie Ihr diesen Umhang getragen und auf welche Weise Ihr dieses höchste aller Ämter ausgeübt habt.«

In dieser Art ging es weiter, unter der üblichen priesterlichen Mißachtung der Ausdauer, welche die Zuhörer aufbringen konnten, und die ganze Zeit über schmorte ich zusammen mit meinen Ritterkameraden und den vielen Mexíca-Adligen und den fremden Würdenträgern, welche mit ihren Edelleuten angereist gekommen waren – wir alle schwitzten und litten unter unseren Helmen und Federn und Fellen, unseren Kampfanzügen und anderen farbenprächtigen Gewändern. Die vielen tausend anderen Mexíca, welche sich im Herzen Der Einen Welt eingefunden hatten, trugen nichts Unbequemeres als Baumwollumhänge und haben die Krönungsfeierlichkeiten bestimmt mehr genossen als wir anderen.

Der Priester sagte: »Motecuzóma Xocóyotzin, vom heutigen Tag an müßt Ihr Euer Herz zu dem Herzen eines alten Mannes machen, auf daß Ernst und Strenge darin wohnen, aber keine Leichtfertigkeit. Denn wisset, Hoher Gebieter, daß der Thron eines Uey-Tlatoáni kein sanftes Kissen ist, sich behaglich und lustvoll darauf zu rekeln, sondern vielmehr ein Sitz der Sorgen, der Arbeit und der Qual.«

Ich bezweifle, daß Motecuzóma genauso schwitzte wie wir anderen, obwohl er zwei Umhänge trug, einen schwarzen und einen blauen, beide bestickt mit Totenschädeln und anderen Symbolen, welche ihn daran erinnern sollten, daß selbst ein Verehrter Sprecher eines Tages sterben muß. Ich bezweifle, daß Motecuzóma überhaupt jemals geschwitzt hat. Selbstverständlich habe ich seine Haut nie im Leben berührt, doch wirkte sie immer kühl und trocken.

Und der Priester sagte: »Von diesem Tage an, Hoher Gebieter, müßt Ihr ein Baum großen Schattens sein, auf daß die Menschen Schutz finden unter Euren starken Ästen und sich auf die Kraft Eures Stamms verlassen können.«

Die Krönung war feierlich und durchaus eindrucksvoll, vielleicht jedoch um ein Geringes weniger feierlich und eindrucksvoll als andere Krönungen, deren Zeuge ich in meinem Leben geworden war – die Krönungen von Axayácatl und Tixoc und Ahuítzotl –, denn Motecuzóma wurde eigentlich nur in einem Amt bestätigt, welches er inoffiziell bereits seit zwei Jahren bekleidete.

Und der Priester sagte: »Jetzt, Hoher Gebieter, müßt Ihr Euer Volk regieren und verteidigen und gerecht behandeln. Die Bösen müßt Ihr bestrafen und die Ungehorsamen zurechtbiegen. Mit Eifer müßt Ihr die notwendigen Kriege führen. Euer besonderes Augenmerk gelte den Bedürfnissen der Götter, ihrer Tempel und ihrer Priester, auf daß es ihnen niemals an blutigen und unblutigen Opfern mangele. Dann werden die Götter mit Freude über Euch und Euer Volk wachen, und die Mexica werden blühen und gedeihen.«

Von dort aus gesehen, wo ich stand, schienen die sanft wogenden Federbanner, welche die Treppe der Großen Pyramide säumten, oben zusammenzulaufen, einem Pfeil gleich, welcher auf die hoch oben stehenden winzigen Gestalten unseres neuen Verehrten Sprechers und des altehrwürdigen Oberpriesters hinzuweisen schien, welcher ihm gerade in diesem Augenblick die edelsteingeschmückte rote Lederkrone aufs Haupt setzte. Endlich war der Priester fertig, und Motecuzóma ergriff das Wort:

»Großer, hochgeehrter Priester! Eure Worte könnten von dem mächtigen Huitzilopóchtli selbst gesprochen worden sein. Eure Worte haben mir viel gegeben, darüber nachzudenken. Ich bete darum, mich des weisen Rates würdig zu erweisen, welchen Ihr mir habt zuteil werden lassen. Ich danke Euch für Euren leidenschaftlichen Ernst und die Liebe, mit welcher Ihr gesprochen habt. Wenn ich der Mann sein soll, den mein Volk sich wünscht, muß ich für immer Eurer weisen Worte eingedenk sein, Euren Warnungen und Ermahnungen . . .«

Um bereit zu sein, am Schluß von Motecuzómas Rede die Wolken am Himmel erbeben zu lassen, hoben die Reihen der Priester ihre Muschelhörner, die Musikanten die Trommelschlegel, und hielten die anderen ihre Flöten bereit.

Und Motecuzóma sprach: »Ich bin stolz, den geschätzten Namen meines verehrten Großvaters wieder auf den Thron zu bringen. Ich bin stolz darauf, Motecuzóma der Jüngere zu heißen. Und um das Volk zu ehren, welches zu führen ich aufgerufen bin – ein Volk, welches heute noch mächtiger ist als zu meines Großvaters Zeiten –, ist die erste Verfügung, welche ich erlasse, daß das Amt, welches ich bekleide, nicht länger Verehrter Sprecher der Mexica genannt, sondern mit einem treffenderen Titel bezeichnet werde.« Er drehte sich um und wandte sich zum überfüllten Großen Platz hin, reckte den Stab aus Gold und Mahagoni in die Höhe und rief mit weithin hallender Stimme: »Fürderhin, mein Volk, wirst du regiert und verteidigt und zu noch größeren Höhen emporgeführt werden von Motecuzóma Xocóyotzin, Cem-Anáhuac Uey Tlatoáni.«

Selbst wenn wir alle unten auf dem Platz durch die vielen Reden, die wir über uns hatten ergehen lassen müssen und welche nunmehr einen halben Tag andauerten, in den Schlaf gewiegt gewesen wären – wir wären erschrocken zusammengefahren bei diesem Geschmetter, welches scheinbar die ganze Insel erzittern ließ. Es war das gleichzeitige Aufbranden von Pfeifen und Flöten und Muschelhörnern sowie des unglaublichen Donners einiger zwanzig Trommeln, welche das Herz herausreißen. Doch die Musikanten hätten auch schlafen und ihre Instrumente stumm bleiben können; wir wären dennoch hellwach gewesen, mit solcher Wucht trafen uns die Worte, mit denen Motecuzóma seine Rede schloß.

Die anderen Adlerritter und ich tauschten aus dem Augenwinkel heraus lange Blicke, und ich sah, daß die vielen Herrscher von auswärts gleichfalls finstere Blicke wechselten. Selbst den Gemeinfreien muß tief in die Knochen gefahren sein, was der neue Herrscher dort oben verkündet hatte, und keiner von ihnen kann sonderlich erbaut gewesen sein von der Kühnheit, die darin lag. Jeder Herrscher unseres Volkes war es bisher zufrieden gewesen, sich Uey-Tlatoáni der Mexíca zu nennen. Doch Motecuzóma hatte seinen Herrschaftsanspruch soeben in allen Himmelsrichtungen bis an den weitesten Horizont ausgedehnt.

Er hatte sich selbst seinen neuen Titel zugelegt: Verehrter Sprecher Der Einen Welt.

Ah, Euer Exzellenz kommen ...

Motecuzóma? Wie er war?

Nun, der Hohe Gebieter Motecuzóma, an welch vergessenem Ort er heute auch ruhen mag, ist nichts weiter als ein verscharrter Haufen verwester Materie; vielleicht ist die Stelle nur dadurch zu erkennen, daß das Gras dort, wo er liegt, grüner sprießt als woanders. Mir scheint, daß unserem Herrgott mehr daran gelegen ist, das Gras grün zu halten als die Erinnerung an die größten Edelleute.

Ja, ja, Euer Exzellenz, ich höre schon auf mit meiner nutzlosen Sinniererei. Ich will mich im Geiste zurückversetzen, um Eure Neugier in bezug auf Wesensart und Charakter des Menschen Motecuzóma Yocóyotzin zu befriedigen.

Denn ein Mensch war er, nichts weiter als ein Mensch. Wie ich schon sagte, war er etwa ein Jahr jünger als ich, was bedeutet, daß er fünfunddreißig Jahre alt war, als er den Thron der Mexíca bestieg – oder den der ganzen gesamten Einen Welt, wie er meinte. Er war für einen Mexícatl von durchschnittlicher Größe, hatte aber einen schlanken Körper, und sein Kopf war ein wenig zu groß, und dieses kleine Mißverhältnis ließ ihn irgendwie kleiner erscheinen, als er in Wirklichkeit war. Seine Haut war von einem schönen warmen Kupferton, die Augen leuchteten kalt, und wäre nicht die ein wenig platte Nase gewesen, deren Flügel etwas zu sehr in die Breite gingen – man hätte ihn durchaus schön nennen können.

Bei seiner Krönung, als Motecuzóma den schwarzen und den blauen Umhang der Demut ablegte, war er in überwältigend reich geschmückte Gewänder gekleidet, welche bereits den Geschmack verrieten, den er fürderhin beweisen sollte. Bei jedem öffentlichen Auftreten trug er ein Gewand, welches niemals in jeder Einzelheit einem anderen glich, doch was die Prächtigkeit betrifft, so blieben sie sich wohl immer gleich und ähnelte folgender, die ich jetzt beschreiben will:

Er trug entweder einen Maxtlatl aus rotem Leder oder aus reich bestickter Baumwolle, dessen Schöße ihm vorn wie hinten bis unters Knie reichten. Dieses übertrieben weite Schamtuch, so vermute ich, trug er wohl, um jede zufällige Entblößung seines mißgebildeten Gemächts zu vermeiden, auf welches ich bereits angespielt habe. Seine Sandalen waren vergoldet und die Sohlen manchmal, wenn er nur dastehen oder nur wenige Schritte gehen mußte, sogar aus purem Gold. Meistens trug er eine ganze Reihe von Schmuckstücken: eine goldene Halskette mit einem Medaillon daran, welches den größten Teil seiner Brust bedeckte; eine Lippenscheibe in der Unterlippe aus einem Kristall, in dem die Feder eines Eisvogels eingeschlossen war; Ohrenpflöcke aus Jade und Gold mit buschigen Federn daran oder einen großen, bogenförmigen Kopfputz aus den armlangen Schwanzfedern des Quetzal-Tototl-Vogels.

Das auffälligste an seinem ganzen Aufzug war der Umhang, der stets von seinen Schultern bis auf den Boden reichte, immer aus den herrlichsten Federn der seltensten und kostbarsten Vögel gearbeitet und unweigerlich von allerfeinster, mühseligster Federarbeit. Er besaß Umhänge ganz aus scharlachroten Federn oder ganz aus gelben oder blauen oder grünen oder aus einem Gemisch von allen möglichen Farben. Derjenige jedoch, an den ich mich am lebhaftesten erinnere, war ein weit fallender Umhang ganz aus schillernden, vielfarbenen Kolibrifedern. Wenn ich Euch ins Gedächtnis zurückrufe, daß die größte Feder eines Kolibris kaum länger ist als die kleine, buschige Augenbraue eines Falters, vermögen Euer Exzellenz das Können des Federarbeiters und die Mühe und den Einfallsreichtum abzuschätzen, welche bei der Fertigung eines solchen Umhanges aufgewendet wurden – und von welch unschätzbarem Wert ein solches Kunstwerk war.

Während seiner beiden Jahre als Regent hatte Motecuzóma nicht im geringsten einen solchen Hang zu Üppigkeit und Prachtentfaltung erkennen lassen; jedenfalls nicht, solange Ahuítzotl noch am Leben war – oder halb am Leben. Motecuzóma und seine beiden Frauen hatten ein schlichtes Leben geführt und nur ein paar Räume des alten und damals bereits recht baufälligen Palastes bewohnt, den sein Großvater, Motecuzóma der Ältere, hatte erbauen lassen. Er hatte sich unauffällig gekleidet und allen Pomp und Aufwand von sich gewiesen; außerdem hatte er sich gehütet, alle Macht, welche mit der Regentschaft vermacht war, voll auszuüben. Er hatte keine neuen Gesetze erlassen, keine neuen Grenzsiedlungen gegründet und keine neuen Kriege begonnen. Er hatte sich ganz auf die Erledigung der alltäglichen Regierungsgeschäfte im Reich der Mexíca beschränkt, auf Dinge, die keinerlei gewichtige Entscheidungen und Bekanntmachungen erforderten.

Doch bei seiner Inthronisierung als Verehrter Sprecher, als Motecuzóma die düsteren blauen und schwarzen Gewänder ablegte, streifte er damit gleichzeitig auch alle Bescheidenheit ab. Das läßt sich vermutlich am besten dadurch beweisen, daß ich Euch berichte, wie es mir bei meiner ersten Unterredung mit ihm erging, ein paar Monate nach seiner Thronbesteigung, da er nacheinander alle Adligen und Ritter kommen ließ, um persönlich jene Untertanen kennenzulernen, die für ihn bis dahin nur Namen auf einer Musterrolle gewesen waren; allerdings glaube ich, daß er im Grunde damit die Absicht verfolgte, uns alle einzuschüchtern und mit seiner neuen Majestät und Prachtentfaltung zu beeindrukken. Doch wie dem auch sei: Nachdem er sich endlich durch sämtliche Ränge von Höflingen, Edelleuten und Weisen Männern, Priestern, Sehern und Zauberern hindurchgearbeitet hatte, langte er schließlich bei den Adlerrittern an, und so erhielt denn auch ich zu gegebener Zeit eine Aufforderung, mich am Vormittag eines bestimmten Tages im Palast einzufinden. Ich tat es und litt neuerlich unter all meinen gefiederten Insignien und dem Kampfanzug, und der Kämmerer vor dem Thronsaal sagte:

»Würde der Adlerritter Mixtli bitte seine Uniform ausziehen?«

»Nein«, sagte ich entschieden. Es war schon mühevoll genug gewesen, hineinzukommen.

»Gebieter«, sagte er und schien ängstlich wie ein Kaninchen, »es hat auf ausdrückliche Anordnung des Verehrten Sprechers höchstpersönlich zu geschehen. Wenn Ihr bitte den Adlerhelm, den Umhang und die klauenbewehrten Sandalen ausziehen würdet? Über den Kampfanzug könnt Ihr dann dies hier ziehen.«

»Lumpen?« rief ich aus, als er mir ein formloses Gewand aus Agavenfasertuch reichte, wie wir es für die Herstellung von Säcken benutzen. »Ich komme nicht als Bittsteller, Mann! Wie könnt Ihr es wagen!«

»Bitte, Gebieter!« flehte er händeringend. »Ihr seid nicht der erste, dem das wider den Strich geht. Es ist aber Weisung ergangen, daß fürderhin *alle*, die vor den Verehrten Sprecher hintreten, barfuß und in Bettelkleidung kommen. Ich kann sonst nicht wagen, Euch vorzulassen. Es würde mich den Kopf kosten.«

»Das ist doch Unsinn«, knurrte ich, doch um das arme Kaninchen nicht in Ungelegenheiten zu bringen, nahm ich immerhin meinen Adlerhelm ab, legte Schild und Umhang ab und zog das Sackkleid über.

»Wenn Ihr jetzt eintretet . . .« schickte er sich an zu sagen.

»Danke«, schnitt ich ihm schnell das Wort ab, »aber ich weiß, wie ich mich in der Gegenwart hochstehender Persönlichkeiten zu betragen habe.«

»Es gibt aber einige neue Protokollvorschriften«, sagte der Unglückliche. »Ich flehe Euch an, Gebieter, weder Euch noch mir den Unmut des Verehrten Sprechers zuzuziehen. Ich erkläre Euch ja nur die neuen Vorschriften.«

»Dann sprecht!« sagte ich mit zusammengebissenen Zähnen.

»Zwischen der Tür und dem Thron des Verehrten Sprechers sind drei Kreidestriche gezogen worden. Den ersten seht Ihr gleich hinter der Tür. Dort bleibt Ihr stehen und vollführt die Geste des *Tlalqualíztli* – Finger auf den Boden und ihn dann an die Lippen führen – und sagt: ›Gebieter!‹, und schreitet weiter bis zum zweiten Kreidestrich, verneigt Euch abermals und sagt: ›Mein Gebieter‹, schreitet noch weiter bis zum dritten, küßt wieder die Erde und sagt: ›Erhabener Gebieter‹. Erhebt Euch nicht, bis er Euch ein Zeichen gibt, und nähert Euch ihm nicht weiter als bis zum dritten Kreidestrich.«

»Das ist unglaublich!« sagte ich.

Der Kämmerer mied meinen starren Blick und fuhr fort: »Ihr habt nur dann das Wort an den Verehrten Sprecher zu richten, wenn er Euch eine direkte Frage stellt, welche eine Antwort erfordert. Erhebt nie laut die Stimme. Die Unterredung ist beendet, sobald der Verehrte Sprecher das sagt. Tut er das, vollführt augenblicklich dort, wo Ihr steht, den Tlalqualíztli und zieht Euch rückwärts gehend . . .«

»Das ist doch heller Wahnsinn.«

»Zieht Euch rückwärts gehend zurück, die Augen ständig ehrerbietig auf den Thron gerichtet, küßt bei jedem Kreidestrich die Erde und geht rückwärts schreitend weiter, bis Ihr durch die Tür hindurch seid und wieder im Korridor steht. Dann dürft Ihr Euer Gewand und Eure Insignien wieder anlegen . . .«

»Und meine menschliche Würde«, erklärte ich säuerlich.

»*Ayya*, ich flehe Euch an, Gebieter«, sagte das verängstigte Kaninchen. »Macht bloß drinnen, in seiner Gegenwart, nicht solche Späße. Ihr würdet dann nicht rückwärts schreitend wieder herauskommen, sondern in Stücke gehackt.«

Nachdem ich mich auf die vorgeschriebene, demütigende Weise dem Thron genähert und in den richtigen Abständen »Gebieter ... mein Gebieter ... erhabener Gebieter« gesagt hatte, ließ Motecuzóma mich lange Zeit in meiner unterwürfigen Haltung verharren, ehe er sich herabließ, schwerzüngig zu sagen: »Du kannst dich erheben, Adlerritter Chicóme-Xochitl Tliléctic-Mixtli.«

Hinter ihm hatten die alten Herren des Staatsrats Aufstellung genommen; die meisten von ihnen hatten dieses Amt selbstverständlich auch schon in früheren Regierungen bekleidet, doch waren auch zwei oder drei neue Gesichter darunter. Eines davon gehörte der neuernannten Weiblichen Schlange, Tlácotzin. Alle Männer gingen barfuß, und anstelle der üblichen vornehmen gelben Umhänge trugen sie das gleiche Sackkleid wie ich auch und machten dieserhalb allesamt ein unglückliches Gesicht. Der Thron des Verehrten Sprechers war ein ganz gewöhnlicher niedriger Icpáli-Stuhl, der noch nicht einmal auf einem Podest stand, doch die Eleganz seines Aufzugs strafte – zumal im Gegensatz zu den anderen im Raum – jede Demut in ihm Lügen. Eine Reihe von Borkenpapieren lagen der Länge nach aufgeklappt auf seinem Schoß und reichten zu beiden Seiten bis auf den Boden hinunter; offensichtlich hatte er meinen vollen Namen gerade daraus abgelesen. Jetzt blätterte er wichtig in verschiedenen Papieren und sagte:

»Es scheint, daß mein Onkel Ahuítzotl mit dem Gedanken gespielt hat, dich eines Tages in den Staatsrat zu berufen, Ritter Mixtli. Ich nehme von diesem Gedanken Abstand.«

»Vielen Dank, Verehrter Sprecher«, sagte ich, und das war ganz aufrichtig gemeint. »Ich habe nie den Ehrgeiz besessen ...«

Mit schneidender Stimme unterbrach er mich: »Du hast nur dann zu sprechen, wenn ich durch eine Frage zu erkennen gebe, daß ich eine Antwort wünsche.«

»Jawohl, Hoher Gebieter.«

»Und diese Antwort war überflüssig. Gehorsam braucht nicht betont zu werden, er gilt als selbstverständlich.«

Wieder vertiefte er sich in seine Papiere, während ich – weißglühend vor Zorn – stumm dastand. Einst hatte ich Ahuítzotl für übertrieben großspurig gehalten, doch in der Rückschau wollte er mir warmherzig und mitteilsam erscheinen im Vergleich zu seinem eisig zurückhaltenden und verschlossenen Neffen.

»Die Karten und Tagebücher über deine Reisen sind ausgezeichnet, Ritter Mixtli. Die über Texcála werden uns sogleich von Nutzen sein, da ich einen neuen Krieg plane, der diesen Texcaltéca für immer ihren Trotz brechen wird. Außerdem habe ich hier deine Karten der südlichen Handelsrouten bis hinunter ins Maya-Land. Hervorragend ausführlich, alle. Wirklich, sehr gute Arbeit.« Er hielt inne und richtete dann seine kalten Augen auf mich. »Du darfst ›danke schön‹ sagen, wenn dein Verehrter Sprecher dir ein Kompliment macht.«

Wie es sich offenbar gehörte, sagte ich: »Danke schön«, und Motecuzóma fuhr fort:

»Soviel ich gehört habe, hast du, seit du meinem Onkel diese Karten übergabst, andere Reisen unternommen.« Er wartete, und als ich mich in Schweigen hüllte, fuhr er mich an: »Sprich!«

»Ich bin nicht gefragt worden, Hoher Gebieter!«

Lächelnd, jedoch ohne Humor, fragte er höchst präzise: »Hast du während dieser jüngsten Reisen auch Karten angefertigt?«

»Jawohl, Verehrter Sprecher, entweder unterwegs oder aber gleich nach meiner Heimkehr, solange mir die Einzelheiten noch vor Augen standen.«

»Diese Karten wirst du hier im Palast abliefern. Ich werde sie gebrauchen können, wenn ich nach Texcála auch noch woanders Krieg führe.« Ich sagte nichts; Gehorsam galt als selbstverständlich. Er fuhr fort: »Wie ich gehört habe, beherrschst du auch bewundernswert verschiedene provinzielle Sprachen.«

Wieder wartete er. Ich sagte: »Vielen Dank, Verehrter Sprecher.«

»Das war kein Kompliment«, versetzte er bissig.

»Ihr habt ›bewundernswert‹ gesagt, Hoher Gebieter.«

Manche vom Staatsrat rollten mit den Augen, andere schlossen sie.

»Schluß mit dieser Unverfrorenheit! Welche Sprachen sprichst du?«

»Vom Náhuatl beherrsche ich sowohl die gebildete Form als auch die gewöhnliche Mundart, wie sie hier in Tenochtítlan gesprochen wird. Desgleichen das noch verfeinertere Náhuatl von Texcóco und die verschiedenen rohen Dialekte, wie sie in solchen fernen Landen wie Texcála gesprochen werden.« Ungeduldig trommelte Motecuzóma mit den Fingern auf sein Knie. »Des weiteren spreche ich fließend das Lóochi der Tzapotéca, nicht ganz so fließend viele der Poré-Dialekte Michihuácans. Ich kann mich in der Sprache der Mixtéca verständlich machen, in etlichen der Olméca-Sprachen, der Sprache der Maya und in den verschiedenen Dialekten der Mayasprache. Des weiteren beherrsche ich ein paar Worte Otomíte und . . .«

»Genug«, erklärte Motecuzóma scharf. »Es ist gut möglich, daß ich dir Gelegenheit geben werde, deine Begabungen zu nutzen, wenn ich irgendein Volk mit Krieg überziehe, dessen Wort für ›Waffenstrecken‹ ich nicht kenne. Doch fürs erste genügen deine Karten. Beeile dich, sie abzuliefern.«

Ich sagte nichts: Gehorsam galt als selbstverständlich. Einige von den alten Männern bewegten lautlos aber eindringlich den Mund in meine Richtung. Ich fragte mich schon, warum, da schrie Motecuzóma fast: »Damit warst du *entlassen,* Ritter Mixtli.«

Wie vorgeschrieben, verließ ich rückwärts schreitend den Raum, zog mir im Korridor das Sackgewand des Bettlers über den Kopf und sagte zu dem Kämmerer: »Der Mann ist wahnsinnig. Aber ist er ein Tlahuéle oder nur ein Xolopítli?« Im Náhuatl gibt es zwei Wörter für einen Wahnsinnigen: Als Xolopítli bezeichnet man den harmlosen Irren, wohingegen ein Tlahuéle ein gefährlicher Wahnsinniger ist. Bei beiden Worten zuckte der Kämmerer zusammen und wand sich innerlich.

»Bitte, Gebieter, mäßigt Eure Stimme.« Dann murmelte er: »Zugegeben, er hat seine Absonderlichkeiten. Wißt Ihr was? Er nimmt nur eine Mahlzeit am Tag zu sich, und zwar abends, aber bestellen tut er zwanzig verschiedene, manchmal hundert Gerichte, so daß er, wenn er speisen möchte, sich kommen lassen kann, worauf er in diesem Augenblick gerade Appetit hat. Es kommt vor, daß er von den vielen zubereiteten Speisen nur eine zu sich nimmt und von zwei oder drei anderen nur kostet.«

»Und der Rest wird weggeworfen?«

»O nein. Zu jeder Mahlzeit lädt er all seine bevorzugtesten und höchststehenden Herren ein, alle, die sich durch Boten erreichen lassen. Und die Herren treffen ein, zwanzig auf einmal, manchmal sogar Hunderte, selbst wenn das bedeutet, daß sie von ihrem eigenen Speisentuch aufstehen und ihre Familien verlassen müssen, und – und essen, was der Uey-Tlatoáni verschmäht.«

»Merkwürdig«, murmelte ich. »Ich hätte nie gedacht, daß Motecuzóma die Gesellschaft vieler Menschen liebt, nicht einmal beim Essen.«

»Das tut er auch nicht. Die anderen Herren speisen im selben großen Speisesaal, aber jede Unterhaltung ist verboten. Und vom Verehrten Sprecher bekommen sie überhaupt nichts zu sehen. Die Ecke, in welcher er sitzt, wird von einem hohen Wandschirm abgeschirmt, und so sitzt er ungesehen und unbelästigt da. Die anderen Herren wissen noch nicht einmal mit Gewißheit, ob er überhaupt da ist. Das merken sie höchstens dann, wenn Motecuzóma ein Gericht besonders mundet und er es herumschickt im Saal und jeder davon kosten muß.«

»Dann ist er doch nicht wahnsinnig«, sagte ich. »Erinnere dich, gerüchteweise hat es immer geheißen, der Uey-Tlatoáni Tixoc sei vergiftet worden. Was du da eben erzählt hast, klingt verschroben und überspannt, könnte aber auch eine kluge Vorsichtsmaßnahme von Motecuzóma sein, um zu verhüten, daß er so endet wie sein Onkel Tixoc.«

Längst, bevor ich Motecuzóma kennenlernte, hatte ich eine tiefe Abneigung gegen ihn gefaßt. Wenn sich an diesem Tag, als ich aus dem Palast heimkehrte, etwas Neues in mir regte, dann nur ein leises Gefühl des Mitleids. Jawohl, Mitleid. Ich fand, ein Herrscher solle andere dazu anstacheln, daß sie seine Erhabenheit überall verkündeten, es jedoch nicht selber tun; daß andere die Erde vor ihm küßten, weil er das verdiente, nicht, weil er es forderte. Für meine Begriffe hatte das ganze Protokoll und Zeremoniell und Brimborium, mit dem er sich umgab, nichts Majestätisches, sondern eher Großspuriges, wo nicht gar Armseliges. Genauso diente sein Übermaß an Schmuck nur dazu, Größe vorzuspiegeln, und das war ein Mittel, dessen ein Mann sich bediente, der voller Unbehagen und innerer Unsicherheit daran zweifelte, ob er denn überhaupt irgendwelche Größe besitze.

Als ich nach Hause kam, stellte ich fest, daß Cozcatl zu Besuch gekommen war und mir unbedingt die letzten Neuigkeiten von seiner Schule erzählen wollte. Während ich mich meines Kampfanzugs und meiner Insignien entledigte und etwas Bequemeres anzog, rieb er sich gutgelaunt die Hände und verkündete:

»Der Verehrte Sprecher Motecuzóma hat mich verpflichtet, die gesamte Dienerschaft und alle Sklaven des Palastes auszubilden, von den höchsten Kämmerern bis hinunter zu den Küchenmädchen.«

Das war eine so gute Nachricht, daß ich Türkis auftrug, sie solle uns einen Krug kühles Octli bringen, damit wir sie feierten. Stern Sänger kam gesprungen, uns eine Poquíetl anzuzünden.

»Aber ich komme gerade vom Palast«, sagte ich zu Cozcatl. »Und ich habe den Eindruck, daß Motecuzómas Bedienstete schon genug geschliffen – oder zumindest zu kriecherischer Ergebenheit erniedrigt – sind, genauso wie sein Staatsrat und jeder andere, der mit seinem Hof zu tun hat.«

»O gewiß, seine Bedienung versteht ihr Handwerk«, sagte Cozcatl. Er saugte an seinem Röhrchen und blies einen Rauchring. »Aber er möchte, daß sie so poliert und verfeinert werden, daß sie es mit Nezahualpílis Dienerschaft in Texcóco aufnehmen können.«

Ich sagte: »Es sieht so aus, als ob unser Verehrter Sprecher nicht nur auf die eleganten Umgangsformen der Diener des Hofes von Texcóco neidisch ist und damit wetteifert. Ich würde sogar soweit gehen zu behaupten, was ihn erfüllt, ist ein ausgesprochener Haß. Motecuzóma hat mir heute gesagt, er habe vor, einen neuen Krieg gegen Texcála zu führen, was nicht weiter verwunderlich ist. Was er nicht sagte, ich jedoch anderweitig gehört habe, ist, daß er versucht hat, Nezahualpíli zu befehlen, den Angriff anzuführen, und daß das Gros des Heeres von den Acólhua gestellt werden solle. Auch habe ich gehört, Nezahualpíli habe diese Ehre sehr entschieden abgelehnt, und das freut mich – schließlich ist er nicht mehr jung. Aber es sieht mir ganz danach aus, als ob Motecuzóma gern das tun möchte, was Ahuítzotl in unseren Kriegstagen versucht hat, Cozcatl. Er möchte, daß die Acólhua ausgemerzt werden, oder Nezahualpíli gar zwingen, im Kampf zu fallen.«

Cozcatl sagte: »Es könnte sein, daß Motecuzóma das aus demselben Grund möchte wie seinerzeit Ahuítzotl, Mixtli.«

Ich nahm einen kräftigen Schluck Octli und sagte: »Solltest du dasselbe meinen, was auch ich meine, Cozcatl?«

Cozcatl nickte. »Diese Kinderbraut von Nezahualpíli, deren Namen nicht mehr genannt wird. Da sie Ahuítzotls Tochter war, war sie Motecuzómas Cousine . . . und vielleicht war sie ihm mehr als nur eine Cousine. Was immer es bedeuten mag, jedenfalls hat Motecuzóma unmittelbar nach ihrer Hinrichtung die schwarze Robe der Priester angezogen und das Gelübde der Ehelosigkeit abgelegt.«

Ich sagte: »Ein Zufall, über den nachzudenken sich wirklich lohnt«, und trank meinen Becher Octli aus. Immerhin gab das Getränk mir einen Gedanken ein, den ich dann auch ausdrückte: »Nun, seinem Priestertum hat er schon vor langer Zeit entsagt, und jetzt hat er zwei rechtmäßige Frauen und wird sich noch mehr nehmen. Hoffen wir, daß er irgendwann seine Abneigung gegen Nezahualpíli aufgibt. Und hoffen wir auch, daß er niemals erfährt, welche Rolle wir beim Sturz seiner erlauchten Cousine gespielt haben.«

Fröhlich meinte Cozcatl: »Keine Sorge. Der gute Nezahualpíli hat darüber nie auch nur ein Sterbenswörtchen verlauten lassen. Ahuítzotl hat uns mit dieser Angelegenheit nie in Zusammenhang gebracht, und Motecuzóma tut es auch nicht, sonst würde er wohl kaum meine Schule fördern.«

Erleichtert sagte ich: »Du hast wahrscheinlich recht.« Dann lachte ich und sagte: »Dir können Sorgen und sogar Schmerz anscheinend nichts anhaben.« Ich zeigte auf seine Poquíetl. »Tust du dir nicht selbst ernstlich weh?«

Er hatte offensichtlich gar nicht gemerkt, daß er die Hand, mit welcher er sein angezündetes Rauchröhrchen hielt, soweit gesenkt hatte, daß die Glut seine nackte Haut des anderen Arms berührte. Als ich ihn darauf aufmerksam machte, riß er die Poquíetl mit einem Ruck fort und betrachtete mißmutig den roten Brandfleck, den sie auf seiner Haut hinterlassen hatte.

»Manchmal denke ich angestrengt an etwas ganz anderes«, murmelte er, »und dann merke ich ... Kleinigkeiten wie diese gar nicht.«

»Kleinigkeiten?« sagte ich. »Das muß doch mehr schmerzen als ein Wespenstich. Ich rufe Türkis, damit sie eine Salbe bringt.«

»Nein, nein, ich merke ... ich spüre das kaum«, sagte er und stand auf. »Ich komme dich bald wieder besuchen, Mixtli.«

Er verließ gerade das Haus, als Béu Ribé von irgendeiner Besorgung heimkehrte. Cozcatl begrüßte sie herzlich wie immer, doch das Lächeln, mit dem sie ihn ansah, wirkte recht gezwungen, und nachdem er fort war, sagte sie zu mir:

»Ich habe seine Frau auf der Straße getroffen, und wir haben ein paar Worte gewechselt. Quequelmíqui muß wissen, daß ich über Cozcatls Geschichte Bescheid weiß und seine Wunde und ihre Vernunftehe. Sie schien jedoch strahlend glücklich und sah mich an, als wollte sie mich zu einer Bemerkung herausfordern.«

Ein wenig müde vom Ocli-Genuß, sagte ich: »Eine Bemerkung worüber?«

»Darüber, daß sie schwanger ist. Das sieht jede Frau.«

»Du mußt dich irren«, sagte ich. »Du weißt doch, daß das unmöglich ist.«

Sie bedachte mich mit einem ungeduldigen Blick. »Unmöglich vielleicht, aber irren tue ich mich nicht. Selbst eine alte Jungfer sieht so etwas sofort. Es kann nicht mehr lange dauern, bis auch ihr Mann etwas merken muß. Und was dann?«

Auf so eine Frage gab es keine Antwort. Béu erwartete wohl auch keine, denn sie verließ den Raum und ließ mich nachdenklich zurück. Ich hätte mir darüber klar sein sollen, daß Kitzlig, als sie zu mir kam und mich aufforderte, ihr zu der einen Erfahrung zu verhelfen, welche ihr Mann ihr nicht geben konnte, an etwas Dauerhafteres gedacht hatte als nur dieses eine Mal. Sie wollte ein Kind – wollte selber eine Cocóton haben –, und wer war besser geeignet, es ihr zu geben, als Cocótons geliebter Vater? Mit größter Wahrscheinlichkeit hatte Kitzlig, als sie zu mir kam, bereits Fuchsfleisch gegessen oder vom Cihuapátli-Kraut genossen, welches als sicheres Mittel gilt, daß eine Frau auch wirklich empfängt. Nun, ums Haar wäre ich auf ihre Schmeicheleien hereingefallen. Nur Béus unerwartetes Eintreffen hatte mir einen Vorwand geliefert, sie abzuweisen. Infolgedessen war ich nicht der Vater, und da Cozcatl es nicht sein konnte, mußte es ein anderer Mann sein. Kitzlig hatte keinen Zweifel daran gelassen, daß sie auch noch zu anderen Mitteln greifen würde. Ich sagte mir: Als ich sie von hier fortschickte, blieb ihr noch der ganze Tag ...

Ohne Zweifel hätte ich die ganze Angelegenheit ernster nehmen sollen, doch war ich damals vollauf damit beschäftigt, Motecuzómas Befehl nachzukommen, sämtliche Karten abzuliefern, welche ich auf meinen Reisen angefertigt hatte. Ich nahm mir in Befolgung dieses Befehls einige Freiheiten heraus und lieferte nicht die Originalkarten im Palast ab, sondern nahm mir die Zeit, Kopien von allen anzufertigen, die ich eine nach der anderen ablieferte, sobald sie fertiggestellt waren. Die Verzögerung entschuldigte ich damit, daß viele von den früher gezeichneten Originalen bruchstückhaft und durch die Reisen selbst mitgenommen und verschmutzt wären, einige auf schlechtem Papier und manche sogar auf die Blätter von Schlingpflanzen gezeichnet und mir daran gelegen sei, dem Verehrten Sprecher frische, saubere und haltbare Karten zu übergeben. Meine Entschuldigung beruhte nicht ganz auf Unwahrheit, doch mein eigentlicher Grund war, daß die Originalkarten mir zu kostbar waren als Erinnerungen an meine Wanderungen, von denen ich einige in Begleitung meiner geliebten Zyanya gemacht hatte, und ich sie einfach für mich aufbewahren wollte.

Außerdem konnte es sein, daß ich dieselben Straßen noch einmal entlangziehen wollte, möglicherweise, um nicht zurückzukehren, falls die Herrschaft Motecuzómas mir Tenochtítlan verleiden sollte. Eine mögliche Auswanderung im Kopf, unterschlug ich ein paar bedeutsame Einzelheiten auf den Kopien, welche ich dann dem Uey-Tlatoáni übergab. Zum Beispiel unterließ ich es, die entsprechenden Hinweise bei dem schwarzen See einzutragen, wo ich durch Zufall auf die gigantischen Eberhauer gestoßen war; sollte es dort noch weitere Schätze dieser Art geben, konnte es sein, daß ich eines Tages auf sie angewiesen war.

Wenn ich nicht arbeitete, verbrachte ich soviel Zeit wie möglich mit meiner Tochter. Ich hatte es mir zur angenehmen Gewohnheit gemacht, ihr jeden Nachmittag eine Geschichte zu erzählen, und selbstverständlich erzählte ich ihr solche Abenteuer, von denen ich meinte, daß sie mich in ihrem Alter am meisten interessiert hätten. Die meisten der Geschichten beruhten selbstverständlich auf meinen eigenen Erlebnissen: Geschichten, in denen etwas passierte, in denen es gewalttätig und höchst abenteuerlich zuging. Die meisten beruhten ja auf eigenen Erlebnissen. Ich schmückte sie nur ein wenig aus oder rückte die Wahrheit ein wenig zurecht, wie es sich gerade ergab. Bei solchen Geschichten mußte ich oft aufbrüllen wie ein gereizter Jaguar, zetern wie ein zorniger Klammeraffe oder heulen wie ein schwermütiger Kojote. Wenn Cocóton bei den Lauten, die ich ausstieß, in Angst und Schrecken geriet, war ich stolz auf mein Talent, ein Abenteuer so lebendig zu erzählen, daß ein Zuhörer fast meinte, dabeizusein. Doch eines Tages kam mein Töchterchen zur gewohnten Stunde und erklärte feierlich:

»Können wir sprechen, wie Erwachsene es tun, Tete?«

Mich erheiterte dieser förmliche Ernst bei einem Kind, das noch keine sechs Jahre alt war, entgegnete jedoch nicht minder ernst: »Das können wir, Krümelchen. Woran denkst du?«

»Ich möchte sagen, daß meiner Meinung nach die Geschichten, die du erzählst, für die Ohren eines jungen Mädchens nicht gerade geeignet sind.«

Etwas überrascht, sogar ein wenig gekränkt, sagte ich. »Sag mir, was du an meinen Geschichten auszusetzen hast.«

Gleichsam als gälte es, ein womöglich noch kleineres Kind als sie selbst zu besänftigen, sagte sie: »Ich bin sicher, es sind *sehr gute* Geschichten. Und ich bin auch sicher, ein Junge würde sie bestimmt sehr *gern* hören. Ich glaube, Jungen haben es gern, wenn ihnen angst und bange wird. Mein Freund Chacálin« – sie machte eine entsprechende Handbewegung zum Haus unserer Nachbarn hinüber – »stößt manchmal Tierlaute aus, und seine *eigenen* Laute bringen ihn dann zum Weinen. Wenn du möchtest, Tete, bringe ich ihn jeden Nachmittag her, damit er sich an meiner Stelle deine Geschichten anhört.«

Vielleicht ein wenig verstockt sagte ich: »Chacálin hat selbst einen Vater, der ihm Geschichten erzählen kann. Zweifellos schrecklich aufregende Geschichten, die Erlebnisse eines Töpfereiwarenhändlers auf dem Tlaltelólco-Markt. Aber Cocóton, ich habe nie gemerkt, daß du bei meinen Geschichten geweint hättest.«

»Oh, das würde ich auch nicht. Jedenfalls nicht, solange du dabei bist. Ich weine nachts im Bett, wenn ich allein bin. Denn dann erinnere ich mich an die Jaguare und die Schlangen und die Räuber, und sie werden in der Dunkelheit womöglich noch lebendiger und jagen im Traum hinter mir her.«

»Mein liebes Kind«, rief ich aus und zog sie an mich. »Warum hast du mir das nie gesagt?«

»Ich bin nicht sehr tapfer.« Sie barg ihr Gesicht an meiner Schulter. »Jedenfalls nicht großen Tieren gegenüber. Und großen Vätern gegenüber wahrscheinlich auch nicht.«

»Von jetzt an«, versprach ich, »werde ich versuchen, kleiner zu erscheinen. Und ich werde dir auch nicht mehr von wilden Tieren und lauernden Räubern erzählen. Wovon möchtest du denn, daß ich dir erzähle?«

Sie sann ein wenig darüber nach und fragte dann mit schüchterner Stimme: »Tete, hast du eigentlich jemals irgendwelche *unbeschwerten* Abenteuer erlebt?«

Darauf wußte ich nicht sogleich eine Antwort. Ich konnte mir so etwas wie ein unbeschwertes Abenteuer nicht einmal vorstellen, höchstens wenn es um Dinge ging, wie sie vielleicht Chacálins Vater erlebte – wenn er einem Kunden einen Krug mit einem haarfeinen Riß darin andrehte und nicht dabei erwischt wurde. Doch dann fiel mir etwas ein, und ich sagte:

»Einmal habe ich ein närrisches Abenteuer erlebt. Ginge das auch?«

Sie sagte: »*Ayyo,* ja. Eine närrische Geschichte würde mir gut gefallen.«

Ich legte mich rücklings auf den Boden und zog die Knie an. Dann zeigte ich darauf und sagte: »Das ist ein Vulkan, ein feuerspeiender Berg, der Tzebóruko heißt, was soviel heißt wie Wutschnauber. Aber ich verspreche, ich werde nicht schnauben. Du setzt dich drauf, mitten auf den Krater.«

Als sie sich auf meine Knie gehockt hatte, sprach ich die traditionellen Worte *»Oc ye nechca«* und erzählte ihr, wie der Ausbruch der Vulkanlava mich erwischt hatte, gerade, als ich blöde mitten auf einer Meeresbucht gesessen hätte. Ich enthielt mich im Laufe der Geschichte, das Geräusch des Feuerspeiens und Dampfblasens zu machen, doch auf dem Höhepunkt der Geschichte stieß ich plötzlich ein *»Uiuióni«* aus, wackelte mit den Knien und stieß damit in die Höhe. »Und *o-o-ómpa*! Ich schoß mit dem Wasser davon!« Durch das Gerüttel rutschte Cocóton von meinen Knien herunter, und bei dem *O-o-ómpa* landete sie auf meinem Bauch, daß mir die Luft wegblieb und sie vor Vergnügen quietschte und gluckste.

Offenbar war ich auf eine Geschichte und auf eine Art des Geschich tenerzählens gestoßen, die einem kleinen Mädchen ganz besonders gut gefiel. Jeden Nachmittag spielten wir eine lange Zeit hindurch Vulkanausbruch. Obwohl mir noch andere Geschichten einfielen, die ihr nicht angst und bange machten, mußte ich Cocóton immer wieder erzählen, wie Tzebóruko mich einst vom Rand Der Einen Welt hinuntergestoßen hatte. Ich erzählte es ihr immer und immer wieder, und immer wieder nahm sie aktiv daran teil – saß vor Erwartung zitternd auf meinen Knien, während ich die Geschichte immer mehr ausschmückte und immer weiter in die Länge zog, um die Spannung zu erhöhen, jauchzte dann vor Freude, wenn ich sie in die Höhe hopsen ließ, kreischte vor Vergnügen, wenn sie herunterrutschte, und lachte von Herzen, wenn sie auf meinem Bauch landete und mir die Luft aus der Lunge fuhr. Wir spielten jeden Tag Vulkanausbruch, bis Cocóton alt genug war, daß Béu anfing, ihr Vorhaltungen wegen ihres »undamenhaften« Verhaltens zu machen und Cocóton selbst das Spiel »kindisch« fand. Irgendwie tat es mir leid, daß meine Tochter ihrer Kindheit entwuchs, doch war ich es selbst schon ein wenig leid geworden, daß sie mir immer wieder auf den Bauch plumpste.

Unweigerlich kam der Tag, da Cozcatl mich wieder besuchte, mit rotgeränderten Augen und heiserer Stimme, die Hände verschränkt und verdreht, als ob sie miteinander kämpften.

Liebevoll fragte ich ihn: »Du hast geweint, mein Freund?«

»Dazu habe ich zweifellos Grund«, sagte er mit gebrochener Stimme. »Doch nein, habe ich nicht. Worum es geht . . .« Er löste die Hände voneinander und machte eine fahrige Bewegung. »Seit einiger Zeit scheinen meine Augen und meine Zunge – sich zu verdicken – sich mit einer Schicht zu überziehen.«

»Das tut mir leid«, sagte ich. »Bist du bei einem Arzt gewesen?«

»Nein, und ich bin auch nicht gekommen, um darüber mit dir zu reden. Mixtli, bist du es gewesen, der es gemacht hat?«

Ich gab nicht vor, ahnungslos zu sein und sagte: »Ich weiß, was du meinst. Béu hat vor einiger Zeit so etwas angedeutet. Aber nein, tut mir leid, ich habe nichts damit zu tun.«

Er nickte und sagte kläglich: »Ich glaube dir. Aber das macht es nur noch um so schwerer. So werde ich nie erfahren, wer es war. Selbst wenn ich sie halb tot prügelte, glaube ich nicht, daß sie es mir sagen würde. Und ich könnte Quequelmiqui einfach nicht schlagen.«

Ich dachte einen Moment nach und sagte dann: »Ich muß es dir sagen. Sie *wollte*, daß ich der Vater würde.«

Er nickte abermals, wie ein hinfälliger alter Mann. »Das hatte ich mir gedacht. Bestimmt wollte sie ein Kind, das deiner Tochter so ähnlich wäre wie möglich.« Nach einer Pause fuhr er fort: »Wenn du es getan hättest, wäre ich zwar verletzt gewesen, aber ich hätte es ertragen.«

Mit einer Hand strich er sich über einen sonderbar bleichen, fast silbrigen Fleck auf der Wange. Ich überlegte schon, ob er sich wohl, ohne es zu merken, wieder verbrannt hatte, doch dann fiel mir auf, daß die Finger, mit denen er es tat, an den Kuppen ganz farblos waren. Er fuhr fort: »Meine arme Quequelmiqui. Ich glaube, sie hätte die Ehe mit einem geschlechtslosen Mann ausgehalten. Aber nachdem sie eine solche mütterliche Liebe für deine Tochter entwickelt hatte, war es ihr unmöglich, eine unfruchtbare Ehe zu ertragen.«

Er blickte zum Fenster hinaus und machte ein unglückliches Gesicht. Mein Töchterchen spielte mit einigen ihrer Freunde draußen auf der Straße.

»Ich hatte gehofft ... ich habe versucht, ihr eine Ersatzbefriedigung zu verschaffen. Ich habe eine Sonderklasse für die Kinder jener Diener eingerichtet, die meine Schule bereits besuchen, und wollte sie darauf vorbereiten, als Dienstboten in die Fußstapfen ihrer Eltern zu treten. Das eigentliche Ziel, das ich damit verfolgte, war jedoch, die Sehnsucht meiner Frau abzulenken und sie dazu zu bringen, diese Kinder lieb zu gewinnen. Aber es waren die Kinder anderer Leute ... und sie kannte sie auch nicht von klein auf, wie das bei Cocóton der Fall war ...«

»Schau, Cozcatl«, sagte ich. »Dieses Kind in ihrem Schoß stammt nicht von dir. Das hätte nie sein können. Aber bis auf den Samen ist es *ihr Kind.* Und sie ist deine geliebte Frau. Stell dir doch vor, du hättest eine Witwe mit einem kleinen Kind geheiratet. Hättest du denn Qualen ausgestanden, wenn das der Fall gewesen wäre?«

»Dasselbe hat sie mir auch schon gesagt«, erwiderte er rauh. »Aber verstehst du, das wäre kein Betrug gewesen. Nach all diesen Jahren einer glücklichen Ehe. Glücklich zumindest für mich.«

Ich rief mir die Jahre ins Gedächtnis, da Zyanya und ich einander alles gewesen waren, und versuchte mir vorzustellen, wie mir zumute gewesen wäre, wäre sie mir jemals untreu gewesen, und so sagte ich schließlich: »Ich habe aufrichtig Verständnis für dich, mein Freund. Aber es ist nun mal Sache deiner Frau. Sie ist eine schöne Frau, und das Kind wird bestimmt reizend. Ich kann dir fast versprechen, daß du es bald anerkennen und in dein Herz schließen wirst. Ich kenne dein freundliches Wesen, und ich weiß, daß du ein vaterloses Kind genauso innig lieben kannst wie eine mutterlose Tochter.«

»Nun, von vaterlos kann ja wohl gerade nicht die Rede sein«, knurrte er.

»Es ist das Kind deiner Frau.« Ich ließ nicht locker. »Du bist ihr Mann. Du bist sein Vater. Wenn sie nicht einmal dir gegenüber einen Namen nennt, plaudert sie es bestimmt nirgendwo anders aus. Und was die körperlichen Umstände betrifft – wer sonst weiß das noch? Béu und ich, gewiß, aber du kannst versichert sein, daß wir nie ein Sterbenswörtchen darüber verlauten lassen würden. Blut Schwelger ist längst tot, und der alte Palastarzt, der dich nach dem Unfall behandelt hat, auch. Ich wüßte niemand, der ...«

»Ich aber wohl«, fiel er mir verbittert in die Rede. »Der Mann, welcher der Vater *ist.* Wer weiß, vielleicht ist es ein Trunkenbold, der schon seit Monaten in jeder Hafenschenke mit seiner Eroberung herumprahlt. Wer weiß, vielleicht klopft er eines Tages an unsere Tür und verlangt ...«

Ich sagte: »Man sollte schon meinen, daß Kitzlig sich genau überlegt hat, wen sie sich aussucht, und mit der gebotenen Vorsicht vorgegangen ist«, wiewohl ich mir dessen insgeheim nicht so sicher war.

»Da ist noch etwas«, fuhr Cozcatl fort. »Sie hat jetzt das natürliche Geschlechtsleben kennengelernt ... Kann sie jemals noch von ... von meiner Art befriedigt werden? Steht nicht zu befürchten, daß sie sich wieder einen *Mann* sucht?«

Streng sagte ich: »Du quälst dich mit Möglichkeiten, zu denen es vermutlich nie kommen wird. Sie wollte ein Kind, das ist alles, und jetzt bekommt sie dieses Kind. Ich kann dir versichern, daß junge Mütter kaum Zeit haben, Männern nachzulaufen.«

»*Yya ouiya*«, seufzte er heiser. »Wärest *du* doch bloß der Vater, Mixtli! Wenn ich wüßte, daß es mein ältester und bester Freund gewesen ist ... gewiß, es hätte eine Zeitlang gedauert, aber irgendwann wäre ich darüber hinweggekommen ...«

»Hör auf damit, Cozcatl!« Er flößte mir das Gefühl ein, doppelt schuldig zu sein – daß nicht viel gefehlt haben würde, und ich hätte tatsächlich seiner Frau beigewohnt ... und daß ich es dann doch nicht getan hatte.

Aber er wollte sich nicht zum Schweigen bringen lassen. »Da sind noch andere Dinge zu berücksichtigen«, erklärte er unbestimmt. »Aber gleichviel. Wenn es dein Kind wäre, das sie trägt, könnte ich es über mich bringen zu warten ... hätte zumindest eine Zeitlang Vater sein können ...«

Er schien sich in sinnlosem Geplapper zu verlieren. Ich suchte verzweifelt nach Worten, um ihn wieder in die Wirklichkeit zurückzubringen. Doch plötzlich brach er in Tränen aus – in das harte, trockene Schluchzen eines Mannes; nicht in das sanfte, schmelzende, fast melodische Weinen einer Frau – und lief aus dem Haus.

Ich sollte ihn nie wiedersehen. Und der Rest ist häßlich, deshalb will ich ihn rasch erzählen. Noch am selben Nachmittag ließ Cozcatl alles stehen und liegen, sein Haus, seine Schule und seine Schüler – darunter alle ihm anvertrauten Palastbediensteten – und meldete sich freiwillig bei den Verbänden des Dreibunds, die in Texcála kämpften, und ließ sich von irgendeinem feindlichen Speer durchbohren.

Seine jähe Abreise und sein plötzlicher Tod stifteten ebensoviel Verwirrung wie Trauer im großen Kreis von Cozcatls Freunden und Kollegen, doch als Ursache dafür wurde allgemein seine übertrieben große Treue seinem Gönner, dem Verehrten Sprecher gegenüber, angenommen. Weder Kitzlig noch Béu noch ich ließen je irgend etwas verlauten, was Zweifel daran hätte aufkommen lassen oder – oder an der fraglos hingenommenen Annahme, daß er es war, welcher seiner Frau einen dikken Bauch gemacht hatte, ehe er in den Krieg gezogen war.

Was mich betrifft, so sagte ich nie ein Sterbenswörtchen zu unseren Bekannten; nicht einmal Béu gegenüber äußerte ich irgendeinen Verdacht. Ich erinnerte mich an Cozcatls nie zuende gesprochene Sätze: »Ich könnte es über mich bringen zu warten ... Könnte zumindest eine Zeitlang Vater spielen ...« Und ich sann über die Brandwunde nach, welche ihm seine Poquíetl gemacht hatte, von der er nichts gespürt, über die heisere Stimme, seine verglasten Augen und den silbrigen Hautfleck auf seinem Gesicht ...

Die Gedächtnisfeier wurde über seinem Maquáhuitl und seinem Schild gehalten, welche vom Schlachtfeld nach Hause gebracht worden waren. Dabei sprach ich genauso wie zahllose andere Trauergäste seiner Witwe kalt mein Beileid aus, doch hinterher vermied ich es mit Bedacht, sie wiederzusehen. Statt dessen suchte ich den Mexícatl-Krieger auf, welcher Cozcatls Waffen und andere Habseligkeiten nach Hause gebracht hatte, und wohnte ihrer Bestattung bei. Dann stellte ich ihm direkt eine Frage, und nachdem er zuerst von einem Fuß auf den anderen getreten war, rückte er mit der Wahrheit heraus:

»Jawohl, Gebieter. Als unser Truppenarzt den Kampfanzug aufschnitt und die Wunde freilegte, stellte er fest, daß sein Körper weitgehend mit Schwären und schuppigen Flecken auf der Haut übersät war. Ihr habt richtig vermutet, Gebieter. Er litt am Téococolíztli.«

Dieses Wort heißt: Von den Göttern gefressen werden. Offensichtlich kennt man diese Krankheit auch in der Alten Welt, aus der ihr kommt, denn die ersten Spanier, die herkamen, nannten sie »Lepra«, als sie hier Männern und Frauen ohne Finger, Zehen, Nase und – im letzten Stadium – auch ohne einen Großteil ihres Gesichts begegneten.

Er hatte gewußt, was ihn erwartete, doch liebte er seine Quequelmíqui so sehr, daß er das Von-den-Göttern-gefressen-Werden solange ertragen, ja, ihm getrotzt hätte, wie er es aushielt – oder vielmehr wie *sie* es aushielt, ohne bei seinem Anblick vom schieren Entsetzen gepackt zu werden. Selbst als ihm klar wurde, daß seine Frau ihn betrogen hatte, hätte Cozcatl es noch fertiggebracht, die Geburt abzuwarten und das Kind zu sehen – zumindest eine Zeitlang sein Vater zu sein, wie er es mir gegenüber ausgedrückt hatte –, wäre das Kind von mir gewesen. Doch das war es nicht; seine Frau hatte ihn mit einem Fremden betrogen. Infolgedessen verspürte er weder den Wunsch noch sah er irgendeinen Grund, das Unvermeidliche hinauszuschieben – ging hin und ließ sich einen Texcaltéca-Speer in die Brust jagen.

Ich empfand über den Verlust meines Freundes Cozcatl mehr als nur einfachen Schmerz. Immerhin war ich während eines Großteils seines Lebens für ihn verantwortlich gewesen – seit der Zeit, da er neun Jahre alt und in Texcóco mein Sklave gewesen war. Selbst damals schon wäre er meinetwegen ums Haar hingerichtet worden, weil ich ihn in meinen Racheplan gegen den Herrn Freude hineingezogen hatte. Später war er seines Mannestums verlustig gegangen, als er versuchte, mich vor Chimáli zu schützen. Dadurch, daß ich Kitzlig gebeten hatte, Mutterstelle an Cocóton zu vertreten, hatte ich in ihr das heftige Begehren geweckt, selbst Mutter zu werden. Dem Umstand, an ihrem Ehebruch unmittelbar beteiligt zu sein, war ich nur durch äußere Umstände knapp entgangen, nicht aber wegen meiner Redlichkeit oder meiner Treue Cozcatl gegenüber. Und selbst damit hatte ich ihm keinen guten Dienst erwiesen. *Hätte* ich ihr beigewohnt und sie geschwängert, Cozcatl hätte noch länger leben können und wäre womöglich sogar glücklich gewesen, ehe er ganz von den Göttern gefressen wurde . . .

Wenn ich darüber nachsinne, frage ich mich manchmal, warum Cozcatl mich überhaupt jemals seinen Freund genannt hat.

Cozcatls Witwe führte die Schule, das Lehrerkollegium und die Schüler noch ein paar Monde allein weiter. Dann kam ihre Zeit, und sie wurde ihres verfluchten Bankerts entbunden. Denn verflucht war er: Das Kind kam tot zur Welt, und ich erinnere mich nicht, auch nur gehört zu haben, welchen Geschlechts es war. Als Kitzlig wieder aufstehen konnte, verließ sie – genauso wie zuvor Cozcatl es getan – Tenochtítlan und kehrte nie wieder zurück. In der Schule ging alles drunter und drüber, und die Lehrer, welche nicht mehr bezahlt wurden, drohten, sie gleichfalls zu verlassen. Erbost von der Aussicht, seine Dienstboten nur halb ausgebildet wieder zurückzubekommen, befahl Motecuzóma, daß das zurückgelassene Vermögen eingezogen werde. Die Leitung übertrug er Priester-Lehrern, die er von einer Calmécac abzog, und so gab es die Schule, solange es die Stadt gab.

Etwa um diese Zeit feierte meine Tochter Cocóton ihren siebenten Geburtstag, wonach wir alle selbstverständlich aufhörten, sie Krümelchen zu nennen. Nach vielen Überlegungen, In-Erwägung-Ziehen und wieder Verwerfen, beschloß ich, ihrem Geburtsnamen – Ein Gras – den Erwachsenennamen Zyanya-Nochípa anzufügen, was *Immer Immer* bedeutet, zuerst im Lóochi ihrer Mutter, und dann noch einmal auf Náhuatl. Abgesehen davon, daß er an ihre Mutter erinnerte, fand ich, daß der Name eine sehr sinnvolle Verwendung der Wörter darstelle. Zyanya-Nochípa ließ sich, wenn man wollte, als »Immer und Ewig« übersetzen, stellte also durchaus eine Steigerung des ohnehin schon bezaubernden Namens ihrer Mutter dar. Man konnte darin aber auch die Bedeutung von »*immer* Immer« sehen in dem Sinne, daß die Mutter in der Person ihrer Tochter weiterlebte.

Mit Béus Hilfe richtete ich zur Feier des Tages ein Fest, an welchem unser kleiner Nachbar Chacálin und sämtliche Gespielen meiner Tochter samt ihren Eltern teilnahmen. Zuvor begleiteten Béu und ich das Geburtstagskind zur Eintragung ihres neuen Namens in die Liste jener Bürger, die den Namensgebungstag gefeiert hatten. Freilich begaben wir uns nicht zu dem Mann, welcher den Auftrag hatte, für die Vollständigkeit der Liste der gewöhnlichen Bevölkerung zu sorgen. Da Zyanya-Nochípa die Tochter eines Adlerritters war, begaben wir uns zum Palast-Tonalpóqui, welcher die Liste der erlauchteren Bürger führte.

Der alte Archivar brummelte: »Es ist mir eine Pflicht und eine Ehre, mein Tonálmatl-Buch und mein Talent als Deuter einzusetzen, um den Namen des Kindes auszusuchen. Es steht schlimm um uns, wenn Eltern einfach herkommen können und mir *sagen*, wie der neue Bürger heißen soll. Das ist an sich schon ungehörig, Ritter Mixtli, doch nun wollt Ihr dem armen Ding auch noch einen Namen geben, der aus zwei völlig bedeutungsgleichen, wenn auch aus zwei verschiedenen Sprachen stammenden Wörtern besteht, und überdies bezeichnen diese Wörter auch noch nicht einmal ein *Ding*. Könntet Ihr sie denn nicht zumindest Immer Juwelenbedeckt oder etwas ähnlich Verständliches nennen?«

»Nein«, erklärte ich mit Entschiedenheit. »Sie soll Immer Immer heißen.«

Völlig außer sich sagte er: »Warum nicht gleich Nie Nie? Wie soll ich auf ihre Seite im Namensregister ein Namenssymbol aus abstrakten Begriffen malen? Wie soll ich ein Bild von bedeutungslosen Lauten malen?«

»Sie sind keineswegs bedeutungslos«, erklärte ich gefühlvoll. »Allerdings habe ich einen solchen Einwand vorhergesehen, Herr Tonalpóqui. Deshalb habe ich mir erlaubt, die Wortbilder selbst auszudenken. Denn wißt, ich bin zu meiner Zeit selber ein Schreiber gewesen.« Ich reichte ihm das Wortbild, welches ich selbst entworfen hatte: eine Hand, welche einen Pfeil umfaßte, auf dem ein Schmetterling saß.

Laut las er die Worte für Hand, Pfeil und Schmetterling: »Noma, Chichiquíli, Papálotl. Oh, ich sehe, Ihr seid vertraut mit der Methode, etwas durch den Klang allein wiederzugeben. Ja, in der Tat, die ersten Laute der drei Wörter ergeben No-Chí-Pa. Immer.«

Er sagte das voller Bewunderung, doch schien ihn das gleichwohl einige Überwindung zu kosten. Schließlich begriff ich, daß der alte Weise fürchtete, um seine volle Bezahlung gebracht zu werden, da ich ihm nichts anderes zu tun gelassen hatte, als etwas abzumalen. Deshalb bezahlte ich mit einem Betrag in Goldstaub, für welchen er sich für etliche über seinen Seherbüchern verbrachte Tage und Nächte reichlich hätte belohnt fühlen müssen. Mit der nötigen Feierlichkeit und Sorgfalt und unter Verwendung von mehr Pinseln und Schreibrohren als nötig, malte er auf die für meine Tochter bestimmte Seite seines Namensregisters die Symbole: Den einen Punkt für Eins und das Grasbüschel und danach zweimal die von mir ersonnenen Symbole für Immer: Vollständig hieß meine Tochter also: Ce-Malináli Zyanya-Nochípa, wurde jedoch für gewöhnlich Nochípa gerufen.

Als Motecuzóma den Thron bestieg, hatte seine Hauptstadt Tenochtítlan sich erst zur Hälfte von den Verheerungen erholt, welche die Große Überschwemmung angerichtet hatte. Tausende von Einwohnern lebten immer noch auf engstem Raum mit jenen Verwandten zusammen, welche das Glück gehabt hatten, ihr Dach über dem Kopf zu behalten; oder hausten in rasch zusammengezimmerten Hütten aus den Trümmern, oder solchen, die aus den Blättern der Schwarzgrünen Agave zusammengesetzt wurden, welche man eigens vom Festland herübergebracht hatte; oder unter noch elenderen Umständen in Einbäumen, welche an den erhöhten Straßen der Stadt festgezurrt worden waren. Tenochtítlans Wiederaufbau samt Wohnhäusern für die Bevölkerung sollte unter Motecuzómas Leitung noch zwei volle weitere Jahre in Anspruch nehmen.

Und wo er schon einmal dabei war, baute er auch gleich für sich selbst am Ufer des Kanals an der Südseite Des Herzens Der Einen Welt einen schönen neuen Palast. Es war der größte, luxuriöseste und der am üppigsten geschmückte und ausgestattete Palast, der je in diesen Landen errichtet worden war, weit großartiger und prächtiger noch als Nezahualpílis Stadt- und Landpalast zusammengenommen. Motecuzóma tat alles, um Nezahualpíli auszustechen, und baute sich gleichzeitig auch noch einen eleganten Landsitz am Rande jener bezaubernden Bergstadt Quaunáhuac, welche ich schon des öfteren bewundernd erwähnt habe. Wie ihr vielleicht wißt, ehrwürdige Patres, falls der eine oder andere von euch dort gewesen ist, weil euer Capitán-General Cortés diesen Palast zu seiner Residenz gemacht hat, müssen die zugehörigen Gärten immens sein, die prächtigsten und mit der größten Vielfalt bepflanzten Gärten, welche ihr jemals habt sehen können.

Der Wiederaufbau von Tenochtítlan hätte schneller vonstatten gehen können – ja, überhaupt hätte das Wohlergehen des Mexíca-Reiches besser gesichert werden können –, wäre Motecuzóma nicht fast von dem Augenblick seiner Thronbesteigung an damit beschäftigt gewesen, einen Krieg nach dem anderen, manchmal sogar mehrere zugleich zu führen. Wie ich bereits berichtet habe, überzog er zunächst das oft angegriffene, vielbedrängte, aber immer unbeugsame Texcála neuerlich mit einem Krieg. Das freilich war zu erwarten gewesen. Ein neu inthronisierter Uey–Tlatoáni ließ bei Regierungsantritt fast immer seine Muskeln spielen, und Texcála war aufgrund seiner Nähe und seiner starren Feindseligkeit den Mexíca gegenüber das natürlichste Opfer, wenn es auch, hätten wir es wirklich erobert, kaum von irgendwelchem Nutzen für uns gewesen wäre.

Gleichzeitig jedoch – Motecuzóma hatte gerade begonnen, die Gärten seines Landsitzes zu planen – hörte er von irgendeinem Reisenden von einem ganz besonderen Baum, welcher nur in einem kleinen Gebiet im Norden von Uaxyácac wuchs. Der Reisende nannte ihn recht einfallslos den »Baum mit den rotgefärbten Blüten«, doch ließ Motecuzóma sich von seiner Beschreibung bezaubern. Die Blüten dieses Baumes, sagte der Mann, wüchsen dergestalt, daß sie genauso aussahen wie kleine Menschenhände; ihre roten Blütenblätter bildeten gleichsam Finger, denen ein Daumen gegenüberliege. Unglücklicherweise wußte der Reisende außerdem zu berichten, wachse dieser Baum ausschließlich im Gebiet eines unbedeutenden Unterstamms der Mixtéca. Dessen Häuptling oder Ältester, ein betagter Mann namens Suchix, habe diesen Baum mit den rotgefärbten Blüten nur sich persönlich vorbehalten – drei oder vier wüchsen im Umkreis seiner schäbigen Hütte – und halte seine Stammesangehörigen unentwegt an, jeden Schößling, der irgendwo aus dem Boden hervortreibe, auszureißen.

»Er frönt nicht nur der Leidenschaft, Dinge zu besitzen, die kein anderer sonst hat«, soll der Reisende gesagt haben. »Die handförmige Blüte ergibt eine Medizin, welche Herzkrankheiten heilt, bei der sonst keine andere Behandlung fruchtet. Der alte Suchix heilt die Siechen im Land ringsum und läßt sich hoch dafür bezahlen. Deshalb liegt ihm soviel daran, daß dieser Baum eine Seltenheit bleibt, die nur er allein besitzt.«

Motecuzóma soll nachsichtig gelächelt haben. »Ach, wenn es nur um Habgier geht, werde ich ihm einfach mehr Gold bieten, als er mit seinen Bäumen jemals verdienen könnte.«

Folglich schickte er einen mixtéca-sprechenden Schnellboten nach Uaxyácac, welcher ein Vermögen an Gold bei sich trug und den Auftrag hatte, einen dieser Bäume zu kaufen und jeden Preis zu zahlen, den Suchix verlange. Doch dieser alte Mixtécatl-Häuptling kann nicht nur habgierig gewesen sein; es muß auch noch eine Spur von Stolz und Redlichkeit in ihm gesteckt haben. Der Schnellbote kehrte bis auf das letzte Körnchen mit dem gesamten Gold wieder zurück und meldete, Suchix habe es hochmütig abgelehnt, auch nur einen Zweig von seinen Bäumen herzugeben. Als nächstes schickte Motecuzóma daher einen Trupp Krieger, die kein Gold, sondern nur Obsidian mit sich trugen. Suchix samt seinem ganzen Stamm wurde ausgerottet, und jetzt könnt ihr den Baum mit den handähnlichen Blüten in jenen Gärten außerhalb von Quaunáhuac bewundern.

Doch kümmerte der Verehrte Sprecher sich nicht ausschließlich um auswärtige Angelegenheiten. Brütete er nicht über neuen Kriegsplänen oder versuchte er nicht gerade, einen neuen Krieg vom Zaun zu brechen, oder genoß es, ein Heer persönlich anzuführen oder sich um die Fertigstellung eines seiner neuen Paläste zu kümmern, hockte er daheim herum und machte sich Sorgen um die Große Pyramide. Wenn euch das überspannt und verschroben erscheint, ehrwürdige Patres, so erging das vielen von uns, seinen Untertanen, nicht anders, als Motecuzóma sich in den Gedanken verrannte, das Bauwerk »stehe falsch«. Offenbar war es so, daß die Pyramide an zwei Tagen im Jahr, im Frühling und im Herbst, wenn Tag und Nacht genau gleich waren, genau zur Mittagszeit nach einer Seite hin einen kleinen, aber immerhin wahrnehmbaren Schatten warf. Nach Motecuzóma hätte die Tempelpyramide an diesen beiden Augenblicken im Jahr überhaupt keinen Schatten werfen dürfen. Daß das dennoch der Fall war, bedeute, so behauptete er, daß die Große Pyramide ganz leicht – vielleicht um die Breite eines Fingers oder zwei – von ihrer richtigen Lage in bezug auf Tonatíus Bahn am Himmel abweiche.

Nun, die Große Pyramide hatte seit rund neunzehn Jahren, seit ihrer Fertigstellung und Einweihung – und seit über hundert Jahren, nachdem Motecuzóma der Ältere mit dem Bau begonnen hatte – gelassen dort gestanden, und weder der Sonnengott noch irgendein anderer Gott hatte in dieser ganzen Zeit durch irgendein Zeichen zu erkennen gegeben, daß er dieserhalb ungehalten sei. Nur Motecuzóma den Jüngeren beunruhigte es, daß sie dieses winzige kleine Bißchen von der genauen Mittellinie abwich. Oft konnte man ihn mit finsterer Miene dastehen und das mächtige Bauwerk betrachten sehen, als sei er drauf und dran, einer der falsch ausgerichteten Ecken einen ärgerlichen und die Sache wieder ins richtige Lot bringenden Fußtritt zu versetzen. Selbstverständlich hätte man den Fehler des ersten ursprünglichen Baumeisters nur dadurch berichtigen können, daß man die Große Pyramide vollständig niedergerissen und von Grund auf neu wiederaufgebaut hätte – eine wahrhaft erschreckende Vorstellung. Gleichwohl glaube ich, daß Motecuzóma sich irgendwann dazu durchgerungen haben würde, genau das zu tun, wäre seine Aufmerksamkeit nicht mit Macht durch andere Ereignisse abgelenkt worden.

Denn in dieser Zeit kam es zu einer erschreckenden Reihe von Zeichen mit schlimmer Vorbedeutung: jenen merkwürdigen Geschehnissen, welche, wie heute jedermann fest überzeugt ist, den Sturz der Mexica ankündigten, den jähen Niedergang aller Kulturen, welche in diesen Landen blühten, den Tod all unserer Götter, das Ende Der Einen Welt.

Eines Tages gegen Ende des Jahres Eins Kaninchen kam eine Page vom Palast außer Atem mit der Aufforderung zu mir, augenblicklich vor dem Uey-Tlatoáni zu erscheinen. Ich erwähne das Jahr, da dieses selbst, wie ich später noch erklären werde, Schlimmes verhieß. Motecuzóma forderte mich zwar nicht auf, diesmal die vorgeschriebenen Gesten des Erdeküssens beiseitezulassen, trommelte jedoch ungeduldig mit den Fingern auf sein Knie, als wünschte er, ich solle mich mit meinem Näherkommen beeilen.

Freilich war der Verehrte Sprecher diesmal nicht von seinen Weisen Männern umgeben, und außerdem fielen mir zwei Dinge auf, die neu im Raum waren. Zu beiden Seiten seines Icpáli-Thronstuhles hingen in reich geschnitzten Rahmen an Ketten große Metallscheiben herunter. Die eine bestand aus Gold, die andere aus Silber; jede Scheibe wies dreimal den Durchmesser eines Kriegsschilds auf und beide waren über und über in erhabener und in gepunzter Arbeit mit Szenen aus Motecuzómas Triumphen sowie erklärenden Wortbildern bedeckt. Allein was das reine Gewicht des Metalls betrifft, waren die beiden Scheiben von unschätzbarem Wert; was ihren Wert jedoch noch unendlich erhöhte, waren der Kunstsinn und der Fleiß, welche auf ihre Herstellung verwendet worden waren. Erst viel später sollte ich erfahren, daß es sich dabei um mehr denn nur um Zierstücke handelte. Motecuzóma konnte den Arm ausstrecken und mit der Faust dagegenschlagen, woraufhin ein dumpfer Klang durch den gesamten Palast hallte. Da jeder einen leicht unterschiedlichen hohlhallenden Ton von sich gab, kam, wenn er gegen die Silberscheibe hieb, der Oberkämmerer zu ihm geeilt, während auf einen Schlag gegen die goldene Scheibe hin ein ganzer Trupp bewaffneter Wachen zu ihm stürzte.

Ohne jede förmliche Begrüßung und ohne seinen üblichen beißenden Spott, ja mit weit mehr weniger eisiger Ruhe als sonst sagte Motecuzóma: »Ritter Mixtli, du kennst die Mayavölker und -länder.«

Ich sagte: »Jawohl, Verehrter Sprecher.«

»Würdest du diese Menschen für leicht erregbar und unsicher halten?«

»Keineswegs, Hoher Gebieter. Im Gegenteil, die meisten von ihnen sind heutzutage genausowenig aus der Ruhe zu bringen und teilnahmslos wie Tapire oder Seekühe.«

Er sagte: »Das trifft auch auf viele Priester zu, was sie jedoch nicht daran hindert, Zeichen von böser Vorbedeutung zu schauen. Wie steht es in der Beziehung mit den Maya?«

»Ob sie Visionen haben? Nun, Hoher Gebieter, ich möchte meinen, die Götter vermögen auch noch dem stumpfsinnigsten aller Sterblichen eine Vision zu gewähren. Zumal dann, wenn er sich mit so etwas wie den Götterfleischpilzen in einen Rauschzustand versetzt hat. Aber die erbärmlichen Überreste der Maya nehmen kaum die wirkliche Welt um sie herum wahr, geschweige denn etwas Außergewöhnliches. Wenn der Hohe Gebieter mir vielleicht erklären würde, worum genau es geht . . . «

Er sagte: »Es ist ein Schnellbote von den Maya eingetroffen. Von welchem Volk oder welchem Stamm, weiß ich nicht. Er kam durch die Stadt gelaufen – und das alles andere als schwung- und teilnahmslos – und blieb nur lange genug, der Wache an meinem Palasttor schwer keuchend eine Botschaft zu übermitteln. Noch ehe man mir diese Botschaft überbringen konnte, war er bereits in Richtung Tlácopan weitergelaufen. Es scheint, daß die Maya Boten durch alle Lande eilen lassen, um von etwas Unerhörtem zu künden, das sie dort im Süden gesehen haben wollen. Es gibt dort eine Halbinsel, welche Uluümil Kutz heißt und weit in das Nord-Meer vorstößt. Du kennst sie? Nun gut, die Maya, welche an dieser Küste leben, sind in jüngster Zeit durch das Auftauchen von zwei Dingen überwältigt und in Schrecken versetzt worden, die sie nie zuvor gesehen haben.« Er ließ es sich nicht nehmen, mich durch eine Pause noch mehr in Spannung zu versetzen. »So etwas wie ein riesiges Haus, das auf dem Meer schwimmt. Etwas, was mit weit ausgebreiteten Flügeln dahingleitet.« Wider besseres Wissen mußte ich lächeln, woraufhin er die Stirn runzelte und sagte: »Willst du mir etwa erzählen, daß die Maya Wahnsinnsbilder sehen?«

»Nein, Hoher Gebieter«, sagte ich, immer noch lächelnd. »Aber ich glaube, ich weiß, was sie gesehen haben. Gestattet, daß ich eine Frage stelle?« Durch ein knappes Nicken gab er sein Einverständnis. »Diese Dinge, die erwähnt wurden – schwimmendes Haus, geflügeltes Wesen –, hat es sich dabei um ein und dasselbe Ding gehandelt oder um zwei verschiedene?«

Motecuzómas Miene verdüsterte sich noch mehr. »Der Bote war fort, ehe wir nähere Einzelheiten von ihm erfahren konnten. Immerhin hat er gesagt, daß *zwei* Dinge gesichtet worden seien. Ich würde meinen, das eine kann ein schwimmendes Haus, das andere ein Ding mit Flügeln gewesen sein. Aber was sie auch immer gewesen sein mögen, sie sollen ziemlich weit vom Ufer entfernt geblieben sein, so daß vermutlich niemand eine sehr zutreffende Beschreibung davon geben könnte. Warum behältst du dieses verfluchte Grinsen weiterhin bei?«

Ich versuchte, es zu unterdrücken und sagte: »Eingebildet haben die Leute sich diese Dinge nicht, Verehrter Sprecher. Sie sind nur zu träge, sie genauer untersucht zu haben. Wenn irgendein Beobachter zur Tat geschritten und beherzt hingeschwommen wäre, würde er erkannt haben, daß es sich um Meerestiere handelte – wunderschöne, wie man sie vielleicht nicht häufig zu sehen bekommt, aber nicht weiter geheimnisvolle – und dann würden die Maya-Boten jetzt keinen unnützen Schrecken verbreiten.«

»Soll das heißen, *du* hättest solche Dinge schon gesehen?« sagte Motecuzóma und blickte mich geradezu ehrfürchtig an. »Ein schwimmendes Haus?«

»Nein, kein Haus, Hoher Gebieter, aber einen Fisch – ehrlich und ohne Übertreibung größer als ein Haus. Die Fischer am Meer nennen ihn den Yeyemíchi.« Ich erzählte ihm, wie ich einst hilflos in einem Kanu auf dem Meer getrieben sei und neben vielen anderen merkwürdigen Tieren auch ein Riesenschwarm von diesen Ungeheuern mich so nahe umschwommen hätte, daß mein zerbrechliches Boot in Gefahr gewesen sei. »Dem Verehrten Sprecher fällt es vielleicht schwer, mir Glauben zu schenken, aber wenn ein Yeyemíchi mit dem Kopf gegen die Mauer vorm Fenster des Hohen Gebieters stieße, könnte sein Schwanz unter den Überresten des Palastes des verblichenen Verehrten Sprechers Ahuítzotl hin und her schlagen, welche sich auf der anderen Seite des Großen Platzes befinden.«

»Das sagst du?« murmelte Motecuzóma nachdenklich und schaute zum Fenster hinaus. Dann wandte er sich wieder mir zu und fragte: »Und während deines Aufenthaltes auf dem Meer, bist du da auch Meerestieren mit Flügeln begegnet?«

»In der Tat, Hoher Gebieter. Sie sind in Schwärmen um mich herum geflogen. Zuerst habe ich sie für riesige Meeresinsekten gehalten. Doch einer von ihnen ist in meinem Einbaum gelandet, und ich habe mich seiner bemächtigt und ihn verzehrt. Es war ganz unzweifelhaft ein Fisch, aber genauso unzweifelhaft besaß er Flügel, mit denen er flog.«

Motecuzómas starre Haltung entkrampfte sich ein wenig; offensichtlich war er erleichtert. »Nichts weiter als Fische«, murmelte er. »Sollen die Dummköpfe von Maya doch zur Míctlan fahren! Sie könnten mit ihrem zügellosen Gerede die ganze Bevölkerung in Schrecken versetzen. Ich werde dafür sorgen, daß die Wahrheit augenblicklich überall kundgemacht wird. Ich danke dir, Ritter Mixtli. Deine Erklärungen haben einen sehr guten Zweck erfüllt. Du verdienst eine Belohnung. Sei es diese: Ich lade dich und deine Familie ein, zu den wenigen Auserwählten zu gehören, welche nächsten Mond zusammen mit mir die Huixáchi-Hügel hinaufsteigen werden, um dort die Neufeuer-Zeremonie zu feiern.«

»Es wird mir eine Ehre sein, Hoher Gebieter«, sagte ich, und das war ehrlich gemeint. Die Entzündung des Neuen Feuers erlebte ein Mensch im allgemeinen nur einmal im Leben, und der Durchschnittsbürger konnte die Zeremonie niemals ganz aus der Nähe mitansehen, denn auf dem Huixáchi-Hügel konnten neben den ihres Amtes waltenden Priestern nur vergleichsweise wenige Zuschauer Platz finden.

»Fische«, wiederholte Motecuzóma. »Doch du hast sie weit draußen auf dem Meer gesehen. Wenn sie nun aber zum erstenmal so nahe ans Ufer herangekommen sind, daß die Maya sie haben sehen können, könnte das trotzdem etwas zu bedeuten haben ...«

Ich brauche auf das auf der Hand Liegende nicht besonders hinzuweisen, ehrwürdige Patres; ich kann nur erröten, wenn ich daran denke, zu welch einem übereilten Urteil ich mich habe hinreißen lassen. Bei dem, was die Maya an der Küste erblickt hatten – und was ich töricht als Riesenfisch und Geflügelten Fisch abtat – hat es sich selbstverständlich um seegängige spanische Segelschiffe gehandelt. Heute, wo ich mir darüber im klaren bin, in welcher Reihenfolge sich die Ereignisse vor langer Zeit abspielten, weiß ich, daß es sich nur um die beiden Schiffe eurer Forschungsreisenden de Solis und Pinzón gehandelt haben kann, welche zwar die Küste von Uluümil Kutz erkundeten, dort jedoch nicht an Land gingen.

Ich irrte mich, und es war in der Tat ein bedeutungsschwangeres Zeichen.

Diese Unterredung mit Motecuzóma fand gegen Ende des Jahres statt, als die Nemontémtin näherkamen, die Hohlen Tage. Und ich wiederhole, daß es im Jahre Eins Kaninchen war – nach eurer Zeitrechnung das Jahr eintausendfünfhundertundsechs.

Wie ich bereits berichtet habe, lebten wir während der namenlosen leeren Tage am Ende eines jeden Sonnenjahres in der Furcht, daß die Götter uns mit irgendeinem Unheil heimsuchen würden, doch niemals lebte unser Volk in so krankhafter Angst wie damals. Denn das Jahr Eins Kaninchen war das letzte eines Xiumolpíli oder eines aus zweiundfünfzig Jahren bestehenden Schocks Jahre, bei welchem uns Furcht vor dem schlimmsten Unheil überhaupt packte: der Vernichtung der gesamten Menschheit. Unseren Priestern, unseren Glaubensvorstellungen und Traditionen zufolge hatten die Götter bereits vier Male zuvor alle Menschen auf der Erde vernichtet und konnten es wieder tun, wenn ihnen der Sinn danach stand. Wir gingen mit der größten Selbstverständlichkeit davon aus, daß die Götter – falls sie beschlossen, uns auszurotten – dafür einen passenden Zeitpunkt wählen würden wie etwa eben jene letzten Tage des letzten Jahres, welches ein Schock Jahre zusammenband.

Infolgedessen war es während der fünf Tage zwischen dem Ende des Jahres Eins Kaninchen und dem Beginn seines Nachfolgers, Zwei Rohr – vorausgesetzt Zwei Rohr traf ein und wir erlebten es –, ebensosehr Furcht wie religiöser Gehorsam, welcher die meisten Menschen veranlaßte, sich auf die bewährte Weise kleinlaut und unauffällig zu verhalten. Die Menschen gingen zumeist buchstäblich auf Zehenspitzen. Jeder ungebührliche Laut verstummte, Lachen war verboten, und die Menschen sprachen nur im Flüsterton miteinander. Bellende Hunde, kollernde Truthähne und schreiende Babys wurden soweit wie möglich zum Schweigen gebracht. Sämtliche Herdfeuer und Lampen wurden gelöscht wie in den leeren Tagen am Ende eines gewöhnlichen Sonnenjahres auch, doch diesmal wurden auch noch sämtliche *anderen* Feuer gelöscht, selbst die in den

Tempeln, auf den Altären und in den Urnen, die vor den Standbildern der Götter brannten. Selbst das Feuer auf der Spitze des Huixáchi-Hügels, das die letzten zweiundfünfzig Jahre hindurch ständig unterhalten worden war – selbst dieses wurde ausgemacht. Im ganzen gesamten Land war in diesen fünf Nächten nirgends ein Lichtschimmer zu sehen.

Jede Familie, ob von Adel oder geringer Geburt, zerbrach sämtliches Tongeschirr zum Kochen, zum Aufbewahren von Speisen und zum Essen; die Metlátin-Steine zum Maismahlen und andere Gerätschaften aus Stein, Kupfer oder gar kostbarerem Metall wurden vergraben oder in den See geworfen; verbrannt wurden hölzerne Löffel und Teller, Schneebesen zum Schaumigrühren der Schokolade und anderes Gerät dieser Art.

Gekocht wurde in diesen fünf Tagen ohnehin nicht, man aß nur karg und benutzte als Teller Abschnitte der Schwarzgrünen Agave und aß mit den Fingern den kalten gebackenen Camótin, festgewordenen Atóli-Brei, oder was man sonst im Voraus an Speisen bereitet hatte. Es wurde weder gereist noch Handel getrieben oder irgendwelche anderen Geschäfte getätigt, man kam nicht gesellig zusammen, trug keinen Schmuck und keine Federn, sondern nur die einfachsten Kleidungsstücke. Kein Mensch – vom Uey-Tlatoáni bis herunter zum niedrigsten Tlacótli-Sklaven – tat etwas anderes als warten und sich während des Wartens so unauffällig wie nur irgend möglich zu verhalten.

Wiewohl während dieser düsteren Tage nichts Bemerkenswertes geschah, wurde unsere Angst und wurden unsere Befürchtungen verständlicherweise immer größer und erreichten ihren Höhepunkt, als Tonatíu sich am Abend des fünften Tages zur Ruhe begab. Wir konnten uns nur eine Frage stellen: würde er am nächsten Tage wieder aufstehen und einen weiteren Tag, ein weiteres Jahr, ein weiteres Schock Jahre bringen? Freilich würde ich meinen, nur dem gemeinen Volk blieb nichts anderes übrig, als sich dies zu fragen, denn Aufgabe der Priester war es, jedes Mittel der Überredung und Überzeugung einzusetzen, welches ihnen zur Verfügung stand. Kurz nach Sonnenuntergang, als die Nacht ganz dunkel geworden war, zog eine ganze Prozession – die Oberpriester eines jeden Gottes und einer jeden Göttin, ganz gleich, ob bedeutend oder unbedeutend, und jeder Priester bekleidet, maskiert und angemalt, daß er der Gottheit glich, welcher er diente – von Tenochtítlan über den südlichen Damm zum Huixáchi-Hügel hinüber. Hinter ihnen her zogen der Verehrte Sprecher und seine geladenen Gäste, alle in formlose Sackkleider gekleidet, so daß sie weder als hochstehende Herren, noch als Weise Männer, Zauberer und andere Würdenträger zu erkennen waren. Unter ihnen befand diesmal auch ich mich und führte meine Tochter Nochípa an der Hand.

»Du bist jetzt gerade neun Jahre alt«, hatte ich zu ihr gesagt, »und es bestehen gute Aussichten, daß du auch noch die nächste Neufeuer-Zeremonie miterlebst. Allerdings ist es fraglich, ob du dann eingeladen wirst, sie von nahem zu verfolgen. Du kannst von Glück sagen, daß du bei dieser dabei sein darfst.«

Sie war von dieser Aussicht ganz aufgeregt, denn es war die erste bedeutende religiöse Feier, zu welcher ich sie mitnahm. Hätte es sich nicht um einen so feierlichen und ernsten Anlaß gehandelt, sie wäre fröhlich an meiner Seite einhergesprungen. Statt dessen schritt sie jetzt gemessen, wie es sich gehörte, in einem unauffälligen Gewand und mit einer

Maske, die ich ihr aus einem Agavenblatt gefertigt, neben mir dahin. Als wir dem Rest der Prozession durch eine Dunkelheit folgten, welche nur durch eine schmale Mondsichel dämmerig erhellt wurde, mußte ich an jene längst vergangene Zeit denken, da ich wie gebannt meinen eigenen Vater über ganz Xaltócan begleitet hatte, um der Zeremonie zu Ehren des Gottes der Vogelsteller, Atláua, beizuwohnen.

Die Maske, die ihr ganzes Gesicht verdeckte, trug Nochípa deshalb, weil in dieser besonders heiklen und bedenklichen Nacht jedes Kind eine trug. Der Glaube – oder die Hoffnung – ging dahin, daß die Götter, falls sie beschlossen, die Menschheit auf der Erde zu vertilgen, die verkleideten Kinder fälschlich für irgendwelche andere als menschliche Geschöpfe halten und daher verschonen könnten, damit zumindest ein paar überlebten, unsere Rasse weiter fortzupflanzen. Erwachsene unternahmen keine solchen schwachen Versuche, sich zu verkleiden, doch legten sie sich auch nicht schicksalsergeben schlafen. Überall in dem lichtlosen Land verbrachten die Menschen diese Nacht auf den Hausdächern und knufften und zwickten sich, um sich wach zu halten; aller Augen waren dabei auf den Huixáchi-Hügel gerichtet, und man betete um das Auflodern des Neuen Feuers, welches ihnen sagte, daß die Götter die schlimmste aller Heimsuchungen noch einmal aufgeschoben hatten.

Der in unserer Sprache Huixáchtlan genannte Hügel liegt auf dem vorspringenden Bergzug zwischen Texcóco- und Xochimílco-See, südlich der Stadt Ixtapalápan. Der Name geht auf das Dickicht von Huixáchi-Sträuchern zurück, welche um diese Zeit der Jahreswende gerade ihre winzigen gelben Blüten öffneten, die einen unverhältnismäßig starken und betäubend süßlichen Duft verströmten. Ansonsten zeichnet den Hügel nichts Besonderes aus, war er wirklich nur ein kleiner Erdbuckel, verglichen mit den weiter entfernten Bergen. Doch unversehens aus dem Flachland um die Seen herum aufsteigend, war er hoch genug und lag er auch nahe genug, daß er von allen Einwohnern der am See gelegenen Gemeinwesen gesehen werden konnte – bis hin nach Texcóco im Osten und Xaltócan im Norden – und das war der Grund, warum man ihn irgendwann in der Frühzeit unserer Geschichte einmal erkoren hatte, als Stätte der Neufeuer-Zeremonie zu dienen.

Als wir den Pfad hinanstiegen, welcher sich sanft bis zum Scheitel des Hügels in die Höhe schraubt, ging ich dicht genug hinter Motecuzóma her, um ihn besorgt murmeln und leise zu einem seiner Berater sagen zu hören: »Die Chiquacéntetl *wird doch heute nacht aufgehen,* oder?«

Der Weise Mann, ein ältlicher Astronom, der allerdings noch sehr gut sehen konnte, sagte achselzuckend: »Bisher hat sie es immer getan, Hoher Gebieter. Nichts in meinen Beobachtungen deutet darauf hin, daß sie es nicht immer tun wird.«

Chiquacéntetl bedeutet soviel wie Sechsergruppe. Motecuzóma sprach also von jener dicht beieinander stehenden Gruppe von sechs schwach leuchtenden Sternen, deren Aufstieg am Himmel zu beobachten wir hergekommen waren – jedenfalls *hofften* wir, sie zu sehen. Der Astronom, dessen Aufgabe darin bestand, Dinge wie Sternenbewegungen zu errechnen und vorauszusagen, sprach so zuversichtlich, daß jedermanns Befürchtungen zerstreut wurden. Auf der anderen Seite war der alte Mann bekannt dafür, nicht an die Religion zu glauben und in dieser Beziehung auch kein Blatt vor den Mund zu nehmen. Er hatte schon so manchen

Priester erbost, indem er mit einer Entschiedenheit wie auch gerade jetzt wieder sagte: »Kein Gott von all den uns bekannten Göttern hat jemals bewiesen, daß er die Macht hätte, den geordneten Gang der Himmelskörper unterbrechen zu können.«

»Wenn die Götter sie dort hingesetzt haben, alter Ungläubiger«, erklärte einer der Seher bissig, »können die Götter mit ihnen umspringen, wie sie wollen. Nur haben sie in all den Jahren, da wir den Himmel beobachten, noch keinerlei Anzeichen erkennen lassen, daß sie das auch wollen. Doch gleichviel: Es geht weniger um die Frage, ob die Chiquacéntetl aufgeht, als vielmehr darum, ob die Sechsergruppe genau um Mitternacht an der richtigen Stelle am Himmel aufgeht.«

»Was nicht so sehr von den Göttern abhängt«, erklärte der Astronom trocken, »als vielmehr von dem Zeitgefühl des Priesters, welcher die Mitternachtstrompete erschallen läßt, und ich wette, daß er schon lange vorher betrunken sein wird. Doch was ich noch sagen wollte, Freund Zauberer, wenn Ihr Eure eigenen Prophezeiungen immer noch auf das sogenannte Sechsergestirn gründet, überrascht es mich nicht, daß Ihr Euch so oft irrt. Wir Astronomen wissen schon lange, daß es sich nicht um eine Sechsergruppe handelt, sondern um ein Chicóntetl, eine Siebenergruppe.«

»Ihr wagt es, die Richtigkeit der Seher-Bücher anzuzweifeln?« ereiferte der Seher sich speichelsprühend. »In allen steht und hat immer gestanden, daß es sich um ein Chiquacéntetl handelt.«

»Deshalb sprechen auch die meisten Menschen von einer Sechsergruppe. Der Himmel muß schon klar sein, und man muß auch ein sehr scharfes Auge haben, sie zu sehen – aber es befindet sich in der Tat ein blasser siebter Stern in dieser Gruppe.«

»Werdet Ihr nie mit Euren unehrerbietigen Verdächtigungen aufhören?« knurrte der andere. »Ihr wollt mich nur irremachen, Zweifel auf meine Vorhersagen werfen und meinen ehrwürdigen Beruf in Verruf bringen.«

»Nur mit Tatsachen, ehrwürdiger Zauberer«, erklärte der Astronom. »Nur mit Tatsachen.«

Motecuzóma gluckste angesichts dieses Wortgefechts vor Vergnügen und schien nicht mehr besorgt, was die Nacht bringen werde. Dann entfernten die drei Männer sich, und ich konnte nicht mehr hören, was sie weiter sprachen, als wir den Scheitel des Huixáchi-Hügels erreichten.

Eine Reihe von Jungpriestern war vor uns dorthingezogen und hatte alles vorbereitet. Säuberlich aufgeschlichtet lag ein Stapel von Kienholzfackeln da, ein hoher Haufen Anmachholz und dicke Scheite, welche das Signalfeuer abgeben sollten. Des weiteren lagen Dinge zum Feuermachen bereit: ein Feuerbohrer und die Unterlage, leicht entflammbarer Zunder, fein zerfaserte Borke, ölgetränkte Baumwollbäusche. Der für diese Nacht vorgesehen Xochimíqui, ein wohlgestalter junger Krieger, der vor kurzem in Texcála gefangengenommen worden war, lag bereits nackt mit durchgedrücktem Rücken auf dem Opferstein. Da es unumgänglich war, daß er während der gesamten Zeremonie still liegen blieb und sich nicht rührte, war ihm ein Getränk mit irgendeinem nur den Priestern bekannten Betäubungsmittel eingegeben worden. Infolgedessen lag er ganz entspannt mit geschlossenen Augen und lockeren Gliedern da; selbst sein Atem war kaum zu hören.

Das einzige bißchen Helligkeit stammte von den Sternen und dem schmalen Mond in der Höhe; und der Mondschein ließ den See zu unseren Füßen aufschimmern. Unsere Augen hatten sich allerdings mittlerweile so sehr an das Dunkel gewöhnt, daß wir Faltenwurf und Gestalt des Landes ringsum erkennen konnten: Städte und Ortschaften lagen wie ausgestorben da; dabei war man dort hellwach und wartete ebenso angespannt wie ängstlich auf das, was kommen sollte. Über dem östlichen Horizont lag eine Wolkenbank, und so dauerte es eine Zeitlang, bis die heiß erwarteten und herbeigeflehten Sterne dahinter aufstiegen und sich zeigten. Doch endlich erschienen sie, eine blasse Sternengruppe, und gleich darauf der leuchtend rote Stern, welcher ihr immer folgt. Wir warteten, wie sie langsam den Himmel hinaufwanderten, und warteten atemlos, doch verschwanden sie unterwegs nicht, stoben nicht auseinander und wichen auch sonst nicht von ihrer gewohnten Bahn ab. Endlich atmeten die auf dem Hügel Versammelten vernehmlich auf, als der die Zeit zählende Priester in sein Muschelhorn stieß, um Mitternacht zu verkünden. Etliche Leute erklärten leise: »Sie stehen an der richtigen Stelle und kommen zur richtigen Zeit.« Der Oberste Priester aller versammelten Priester, der Hohepriester Huitzilopóchtlis, befahl dann mit weithin hallender Stimme: *»Das Neue Feuer – es werde entzündet!«*

Ein Priester legte die Bohrunterlage auf die Brust des rücklings daliegenden Xochimíqui und häufte locker den Zunder darauf. Ein zweiter Priester auf der anderen Seite des Steins lehnte sich mit dem Bohrstab darüber und fing an, den Stab zwischen den Handflächen zu zwirbeln. Aufgeregt warteten wir Zuschauer alle, denn immer noch konnten die Götter uns den Lebensfunken versagen. Doch dann stieg ein feines Rauchwölkchen vom Zunder auf. Gleich darauf glomm es zaghaft auf. Der Priester, welcher die Unterlage mit einer Hand festhielt, benutzte die andere, um die winzigen Flämmchen weiter anzufachen und ihnen Nahrung zu geben: ölgetränkte Baumwollbäusche, trockene Borkenfasern – und dann war es in der Tat eine zwar noch kleine, flackernde, aber unverkennbar eine Flamme. Der Xochimíqui schien aus seinem Schlummer zu erwachen; seine Augen öffneten sich weit genug und erblickten das erwachende Neufeuer auf seiner Brust. Aber er sollte nicht lange hinsehen.

Behende zog einer der Priester die Unterlage mit dem Feuer darauf beiseite. Ein anderer zückte sein Messer und vollführte seinen Schnitt mit solcher Kraft, daß der junge Mann kaum zuckte. Als der Brustkorb freigelegt war, griff einer der Priester hinein, löste das pochende Herz und hob es heraus, während der andere die flammende Unterlage anstelle des Herzens in die klaffende Wunde legte und gleich darauf rasch, aber geübt mehr und immer mehr Baumwolle und Borke daraufhäufte. Als in der Brust des sich nur noch schwach regenden Opfers eine nunmehr ansehnliche Flamme aufloderte, legte der andere Priester das Herz vorsichtig in die Mitte des Feuers. Für einen Augenblick wurden die durch das Herzblut gedämpften Flammen wieder kleiner, um gleich darauf wieder kraftvoll aufzulodern, während das Herz darin zischte.

Ein Schrei entrang sich allen Umstehenden. *»Das Neue Feuer ist entzündet!«* ertönte es, und die Menge, welche bis zu diesem Augenblick nahezu in Regungslosigkeit verharrt hatte, geriet in Bewegung. Je nach Rang ergriff ein Priester nach dem anderen eine der Fackeln, die aufgestapelt dalagen, hielt sie an die rasch verschmurgelnde Brust des Xochimíqui, um sie am Neufeuer zu entzünden, und trug sie dann im Laufschritt davon. Der erste benutzte seine Fackel, um die wartende Pyramide aus Holz in Brand zu setzen, auf daß jedes Auge, welches aus noch so großer Ferne auf den Huixáchi-Hügel gerichtet war, den Holzstoß aufflammen sah und wußte: Alle Gefahr war vorüber, mit Der Einen Welt war immer noch alles in Ordnung. Mir war, als hörte ich die Hochrufe, das Lachen und das glückliche Geschluchze, welches von den Wartenden auf den Dächern aller Orte am See aufstieg. Dann liefen die Priester den Weg entlang, welcher den Hügel hinunterführte, und die Fackeln loderten hinter ihnen wie in Flammen stehendes Haar. Am Fuße des Hügels warteten weitere Priester, welche aus den Gemeinwesen von fern und nah hier zusammengekommen waren. Sie ergriffen die Fackeln und liefen auseinander, um die kostbaren Brände des Neufeuers in die Tempel der verschiedenen Städte, kleineren Orte und Dörfer zu tragen.

»Nimm deine Maske ab, Nochípa«, gebot ich meiner Tochter. »Jetzt darfst du das tun. Nimm sie ab, dann kannst du besser sehen.«

Seite an Seite standen wir auf der Nordseite der Hügelkuppe und sahen zu, wie die winzigen Brände und hellen Funken uns zu Füßen nach allen Richtungen auseinanderfuhren. Dann kam es zu anderen lautlosen Bewegungen des Feuers. Die nächstgelegene Stadt, Ixtapalápan, war die erste, in deren Haupttempel das Feuer wieder anging, dann kam Mexicaltzínco. Und in jedem Tempel warteten zahllose Einwohner der jeweiligen Stadt, welche ihre eigenen Fackeln ins Tempelfeuer hielten und liefen, die längst erkalteten Herdfeuer ihrer Familien und Nachbarn wieder zu entfachen. So wurde jede Fackel, die sich flackernd vom Huixáchi-Hügel entfernte, zu einem kaum noch erkennbaren kleinen Lichtpunkt in der Ferne, erblühte zu einem Tempelfeuer, welches seinerseits nach allen Seiten Funken versprühte, und jeder davonstiebende Funke ließ eine Spur von regungslosen Funken hinter sich. Dieses Vorgehen wiederholte sich immer und immer wieder, in Coyohuácan, in der großen Stadt Tenochtítlan, in weiter entfernten und weiter auseinanderliegenden Gemeinden, bis die gesamte riesige Seensenke zu neuem Licht und neuem Leben erwacht war. Es war ein herzerhebender, spannender und erheiternder Anblick – und ich bemühte mich, ihn mir dort einzuprägen, wo meine glücklicheren Erinnerungen saßen, denn ich konnte nicht hoffen, einen solchen Anblick je wieder zu erleben.

Als läse sie meine Gedanken, sagte meine Tochter leise: »Ach, hoffentlich lebe ich solange, daß ich eine alte Frau werde. Wie gern würde ich dieses Wunder nächstesmal noch einmal erleben.«

Als Nochípa und ich uns schließlich wieder dem großen Feuer zuwandten, hockten in seiner Nähe vier Männer und berieten sich sehr ernsthaft: der Verehrte Sprecher Motecuzóma, der Oberpriester Huitzilopóchtlis, der Seher und der Astronom, von denen ich schon vorher gesprochen habe. Sie beratschlagten, welche Worte der Uey-Tlatoáni am nächsten Tag sprechen sollte, um zu verkünden, was das Neue Feuer für die kommenden Jahre versprochen habe. Der Seher, welcher über etlichen Schaubildern hockte, die er mit einem Stecken in den Boden geritzt hatte, hatte offensichtlich gerade eine Prophezeiung von sich gegeben, dergegenüber der Astronom Zweifel anmeldete, denn dieser sagte spöttisch:

»Keine Trockenzeiten mehr, kein Elend, ein fruchtbares Schock Jahre, das da auf uns zukommt. Sehr tröstlich, Freund Zauberer. Aber seht Ihr denn überhaupt keine Zeichen von böser Vorbedeutung am Himmel auftauchen?«

Bissig versetzte der Seher: »Der Himmel ist Eure Sache. Ihr zeichnet die Karten, und ich komme dazu und werde verkünden, was die Karten uns zu sagen haben.«

»Ihr würdet mehr Anregung darin finden«, erklärte der Astronom erbost, »wenn *Ihr* ab und zu einmal zu den Sternen hinaufblicken würdet, statt auf die albernen Kreise und Winkel, die Ihr zeichnet.« Er zeigte auf die Krakel auf der Erde. »Dann lest Ihr also nichts von einer bevorstehenden Yqualóca?«

Das Wort bedeutet Sonnenfinsternis. Der Seher, der Priester und der Verehrte Sprecher wiederholten gemeinsam und mit unsicherer Stimme: »Sonnenfinsternis?«

»Eine *Sonnen*finsternis!« sagte der Sternkundige. »Selbst dieser alte Narr könnte sie vorhersehen, wenn er sich nur einmal mit unserer Vergangenheit, mit unserer Geschichte beschäftigte, statt so zu tun, als kennte er die Zukunft.«

Der Seher saß da und schluckte; er war sprachlos. Motecuzóma funkelte ihn an, und der Sternkundige fuhr fort:

»Aus den Niederschriften geht hervor, Verehrter Sprecher, daß die Maya des Südens im Jahre Zehn Haus eine Yqualóca hungrig nach Tonatíu schnappen sahen. Im nächsten Mond, am Tage Sieben Eidechse, werden seit jenem Vorkommnis genau achtzehn Sonnenjahre und elf Tage vergangen sein. Und nach den Unterlagen, welche ich und meine Vorgänger in den Landen im Norden und im Süden zusammengetragen haben, kommt es *irgendwo* in der Der Einen Welt in regelmäßigen Abständen zu einer solchen Verfinsterung der Sonne. Ich kann mit Sicherheit vorhersagen, daß Tonatíu am Tage Sieben Eidechse wieder von einem Schatten verfinstert werden wird. Da ich kein Zauberer bin, kann ich Euch unglücklicherweise nicht sagen, wie nachhaltig diese Yqualóca sein wird und in welchen Gegenden man sie wird sehen können. Doch diejenigen, die Zeuge davon werden, könnten, da sie so bald nach der Neufeuer-Zeremonie auftritt, ein ganz besonders schlimmes Vorzeichen darin sehen. Ich würde vorschlagen, Hoher Gebieter, daß alle Menschen vorher von dem Ereignis unterrichtet und vorgewarnt werden, auf daß ihre Angst nicht zu groß werde.«

»Du hast recht«, sagte Motecuzóma. »Ich werde Schnellboten in alle Lande aussenden. Selbst in die unserer Feinde, damit sie das Zeichen nicht dahingehend deuten, daß unsere Macht im Sinken begriffen sei. Ich danke Euch, Herr Astronom. Und was Euch betrifft...«, kalt wandte er sich dem zitternden Seher zu. »Auch noch der weiseste und tüchtigste aller Seher kann einem Irrtum erliegen, und das ist verzeihlich. Einer jedoch, der überhaupt nichts versteht, stellt eine echte Gefahr für das Volk dar, und das ist unerträglich. Sobald wir in die Stadt zurückgekehrt sind, melde dich zur Hinrichtung bei der Palastwache.«

Am Morgen des nächsten Tages, Zwei Rohr, dem ersten Tag des neuen Jahres gleichen Namens – Zwei Rohr –, war auf dem Markt von Tlaltelólco wie auf jedem anderen Markt Der Einen Welt Hochbetrieb und wimmelte es dort von Menschen, welche neue Haushaltsgeräte kauften, um die alten zu ersetzen, die ja zerbrochen worden waren. Wiewohl die Menschen nach der Entzündung des Neuen Feuers kaum noch Schlaf bekommen haben konnten, waren alle fröhlich und heiter, innerlich erhoben sowohl von der Tatsache, daß sie wieder ihre besten Kleider anziehen durften, wie von der Tatsache, daß die Götter es für richtig befunden hatten, sie noch einmal davonkommen zu lassen.

Um die Mittagszeit hielt der Uey-Tlatoáni von der Spitze der Großen Pyramide herab die traditionelle Ansprache an sein Volk. Zum Teil gab er weiter, was der inzwischen nicht mehr unter den Lebenden weilende Seher vorausgesagt hatte – gutes Wetter, reiche Ernten und so fort –, doch versetzte er den allzu süßen Honig klug mit bitteren Warnungen, daß die Götter nur dann fortfahren würden, sich den Mexíca gegenüber wohltätig zu verhalten, wie diese Götter ihr Wohlgefallen an den Mexíca fänden. Deshalb, so erklärte Motecuzóma, müßten alle Männer hart arbeiten, alle Frauen sparsam sein, alle Kriege machtvoll geführt und zu gebotener Zeit alle Opfer und Opfergaben dargebracht werden. Alles in allem erfuhren die Menschen, daß das Leben weitergehen würde, wie es das immer getan hatte. Motecuzómas Ansprache enthielt nichts Neues und oder besonders Aufschlußreiches, außer, daß er – beiläufig, als habe er dafür gesorgt, daß es zur öffentlichen Belustigung geschehe – die bevorstehende Sonnenfinsternis ankündigte.

Während er vom Gipfel der Pyramide herab noch redete, verließen seine Schnellboten Tenochtítlan nach allen Himmelsrichtungen. Sie trugen die Nachricht von der bevorstehenden Sonnenfinsternis zu allen Herrschern, Tecútlis und Gemeindeältesten und strichen die Tatsache heraus, daß die Götter unseren Astronomen vorzeitig von diesem Ereignis in Kenntnis gesetzt hätten, auf daß sie weder schlechte noch gute Folgen zeitige und keine Unruhe verursache. Doch daß Menschen gesagt wird, sie sollten einem furchterregenden Phänomen keinerlei Aufmerksamkeit schenken, ist eine Sache; eine andere ist es, wenn diese Menschen selbigem Ereignis gegenüberstehen.

Selbst ich, der ich doch einer der ersten gewesen war, die von der bevorstehenden Yqualóca erfahren hatten, konnte sie nicht mit gähnendem Gleichmut betrachten, als sie schließlich stattfand. Gleichwohl mußte ich so tun, als beobachtete ich es mit Ruhe und wissenschaftlicher Gelassenheit, denn sowohl Nochípa und Béu als auch unsere beiden Diener standen an diesem Tag, Sieben Eidechse, mit mir auf unserem Dachgarten, und ich mußte ihnen allen ein Beispiel an Furchtlosigkeit sein.

Ich weiß nicht, wie es in anderen Teilen Der Einen Welt dabei zuging, aber hier in Tenochtítlan schien Tonatíu vollständig verschluckt zu werden. Wenn es wohl auch nur wenige Augenblicke dauerte, uns wollte es wie eine Ewigkeit vorkommen. Der Tag war wolkenbedeckt, die Sonne nur eine blasse und mondähnliche Scheibe, als sie noch voll erstrahlte, und wir konnten, ohne geblendet werden, zu ihr hinaufblicken. Wir konnten sehen, wie sie zuerst am Rand angenagt wurde wie eine Tortilla, und dann beobachten, wie das über ihr ganzes Antlitz weiterging. Der Tag verdunkelte sich, die Frühlingswärme verflüchtigte sich, und Winterkälte strich über die Welt. Vögel umkreisten verwirrt unser Dach, und wir hörten die Hunde unserer Nachbarn heulen.

Der Halbkreis, welcher aus Tonatíu herausgebissen wurde, wurde größer und immer größer, bis zuletzt sein ganzes Antlitz verschluckt und so dunkel wurde wie das Gesicht eines Mannes aus dem Chiapa-Land. Einen Augenblick war die Sonne womöglich noch dunkler ais die sie umgebenden Wolken, gleichsam als starrten wir durch ein Loch im Tag in die Nacht hinein. Dann verfärbten sich die Wolken, der Himmel und die ganze Welt nahmen die gleiche dunkle Färbung dieses Nachtdunkels an, und Tonatíu war unseren Blicken vollständig entschwunden.

Das einzig tröstliche Licht, welches man von unserem Dach herunter sah, waren die wenigen flackernden Flammen, die vor den Tempeln brannten, sowie ein rosiger Schimmer unter dem Rauch, welcher über dem Popocatépetl stand. Die Vögel hörten auf, hin- und herzuschießen, und nur ein scharlachköpfiger Fliegenschnäpper fuhr zwischen mir und Béu hernieder und flüchtete sich in einen der Büsche unseres Dachgartens, barg den Kopf unter seinen Flügeln und schlief offenbar ein.

Während dieser langen Augenblicke, da der Tag Nacht war, wünschte ich fast, ich könnte meinen eigenen Kopf irgendwo verstecken. Von den anderen Häusern in der Straße hörte ich Schreie, Gestöhn und Gebete. Doch Béu und Nochípa standen lautlos da, und nur Stern Sänger und Türkis wimmerten unterdrückt; offenbar ging von meiner unerschütterlichen Haltung eine beruhigende Wirkung aus.

Dann zeigte sich wieder eine schmale Sichel am Himmel und wurde langsam breiter und heller. Der Bogen der sonnenverschlingenden Yqualóca zog sich widerstrebend zurück und entließ Tonatíu aus ihren Fängen. Die schmale Sichel wurde dicker und der weggebissene Teil kleiner, bis Tonatíu wieder eine Scheibe war und ganz und die Welt wieder im Tageslicht dalag. Der Vogel auf dem Zweig neben mir hob sein Köpfchen, blickte sich drollig verwirrt um und schwirrte davon. Meine Frauen und Diener wandten mir ihre bleichen Gesichter und ihr zitterndes Lächeln zu.

»Das ist alles«, erklärte ich herrisch. »Es ist vorüber.« Damit stiegen wir hinunter und nahmen unsere gewohnten Tätigkeiten wieder auf.

Ob zu recht oder zu unrecht, viele Menschen behaupteten hinterher, der Verehrte Sprecher habe mit Bedacht die Unwahrheit gesagt, als er behauptete, diese Sonnenfinsternis sei kein böses Vorzeichen. Denn nur wenige Tage darauf wurde der ganze Bereich der Seen von einem Erdstoß heimgesucht. Zwar handelte es sich nur um ein leichtes Beben, verglichen mit dem, welches Zyanya und ich einst durchstanden hatten, und wenn mein Haus auch erzitterte, wie alle anderen auch, hielt es doch so unerschütterlich stand, wie es der Überflutung standgehalten hatte. So gering ich persönlich es auch achtete, gehörte dieses Beben doch zu den heftigsten, zu welchen es jemals in diesen Landstrichen gekommen war, und viele Häuser in Tenochtítlan, Tlácopan, Texcóco und den kleineren Gemeinden stürzten zusammen und begruben viele der Bewohner unter sich, daß sie starben. Ich glaube, insgesamt kamen etwa zweitausend Menschen um, und der Zorn der Überlebenden auf Motecuzóma machte sich so lautstark Luft, daß er die darin liegende Warnung nicht in den Wind schlagen konnte. Womit ich nicht sagen will, daß er irgendwelche Entschädigungen zahlte. Vielmehr forderte er alle Menschen auf, sich im Herzen Der Einen Welt zu versammeln und Zeuge zu werden, wie jener Sternkundige, welcher die Sonnenfinsternis vorhergesagt hatte, öffentlich erwürgt wurde.

Doch damit hatten die schlimmen Vorzeichen, falls es wirklich Zeichen mit böser Vorbedeutung waren, noch kein Ende. Einige, das sage ich mit Entschiedenheit, waren es jedenfalls nicht. So fielen zum Beispiel in diesem einen Jahr Zwei Rohr mehr Sterne vom Himmel als in *allen* Jahren zuvor zusammengenommen, in denen unsere Sternkundigen solche Ereignisse gezählt hatten. In all diesen achtzehn Monden kam jedesmal, wenn ein Stern herabfiel, jeder, der es sah, in den Palast oder schickte einen Boten dorthin, es zu melden. Motecuzóma selbst durchschaute die trügerische Zählung, welche auf diesem Umstand beruhte, nicht, und da sein Stolz ihm nicht gestattete, sich noch einem weiteren Vorwurf auszusetzen, seine Untertanen in die Irre geleitet zu haben, ließ er diese offenbare Flut von fallenden Sternen, als die Zählungen erschreckende Ausmaße annahmen, öffentlich bekanntmachen.

Dieses fruchtlose Spiel, gefallene Sterne zu zählen, hätte auch unaufhörlich so weitergehen können, wäre unser Volk im folgenden Jahr, Drei Messer, nicht durch eine ganz andere Art von bösen Vorzeichen abgelenkt worden, welche wiederum mit Motecuzóma in Verbindung gebracht wurden. Seiner unverheirateten Schwester Pápantzin, der Dame Früh Vogel, beliebte es, in dieser Zeit zu sterben. An ihrem Tod war nichts weiter Bemerkenswertes, nur daß sie ziemlich jung starb und, wie es hieß, von einer typischen und unauffälligen Frauenkrankheit dahingerafft wurde. Was so unheilverkündend daran schien, war der Umstand, daß zwei oder drei Tage nach ihrer Bestattung zahlreiche Bürger von Tenochtítlan behaupteten, die Dame durch die Nacht wandern gesehen und beobachtet zu haben, wie sie die Hände rang und klagend Warnungen ausstieß. Den Berichten jener zufolge, welche ihr begegnet sein wollten – und deren Zahl von Nacht zu Nacht wuchs –, sei die Dame Pápan ihrem Grab entstiegen, um eine Botschaft zu übermitteln. Und diese Botschaft aus der Gegenwelt laute dahingehend, sie habe große Eroberungsheere aus dem Süden auf Tenochtítlan vorrücken sehen.

Insgeheim kam ich zu dem Schluß, daß den Gerüchtemachern nichts weiter zuteil geworden war als der vertraute und leidige Anblick der Weinenden Frau, welche *ewig* klagend die Hände ringt, und sie ihre ermüdende alte Klage fälschlich oder willentlich fehlgedeutet hätten. Motecuzóma konnte jedoch nicht so ohne weiteres das Gespenst seiner eigenen Schwester leugnen, welches gesehen worden sein sollte. Er konnte dem zunehmenden Getuschel nur dadurch ein Ende bereiten, daß er befahl, Pápans Grab zu öffnen und bei Nacht zu beweisen, daß sie friedlich darin liege und durchaus nicht klagend durch die Stadt ziehe.

Ich war nicht unter jenen, welche diesen nächtlichen Ausflug mitmachten, doch die unheimliche Geschichte dessen, was bei dieser Gelegenheit geschah, war später in aller Munde. Motecuzóma begab sich in Begleitung einiger Priester und etlicher Höflinge als Zeugen zum Grab. Die Priester hoben die Erde aus, welche über sie geschaufelt worden war, und hoben den prachtvoll in Tücher eingewickelten Leichnam heraus; Motecuzóma stand, unruhig von einem Bein auf das andere tretend, dabei. Die Priester wickelten die Tücher vom Kopf der Toten ab, um sich zu vergewissern, daß es sich auch wirklich um die Dame Pápan handelte. Sie stellten fest, daß die Verwesung noch nicht sonderlich fortgeschritten war und kein Zweifel daran herrschen könne, daß es sich wirklich um die Dame Früh Vogel handelte und daß selbige wirklich tot war.

Dann, so heißt es, habe Motecuzóma einen Schreckensruf ausgestoßen, und selbst die unerschütterlichen Priester seien zurückgewichen, als die Lider der Dame sich langsam öffneten und ein unirdisches, grünlichweißes Leuchten von dort ausgegangen sei, wo zuvor ihre Augäpfel gesessen hätten. Nach den Berichten, die umgingen, habe sie starr ihren Bruder angesehen, welcher daraufhin, von Entsetzen gepackt, eine lange, aber unzusammenhängende Rede an sie gehalten habe. Manche behaupteten, er habe sich bei ihr entschuldigt, sie in ihrer Ruhe gestört zu haben. Andere hinwiederum, es sei ein Schuldgeständnis gewesen – und behaupteten hinterher, die Krankheit, welche Motecuzómas – wie es hieß: jungfräuliche – Schwester dahingerafft habe, sei in Wirklichkeit eine Fehlgeburt mit tödlichem Ausgang gewesen.

Von dem, was die Leute hinterher redeten, einmal abgesehen, bezeugten alle Anwesenden, der Verehrte Sprecher habe sich schließlich umgedreht und sei von dem offenen Grabe geflohen – und zwar zu früh, um zu erkennen, daß die schimmernden grünlichweißen Augen der Leiche angefangen hätten, sich zu bewegen, sich zu entringeln und ihre eingefallenen Wangen herunterzugleiten. Dabei hatte es sich keineswegs um etwas Unnatürliches, sondern nur um zwei Petlazolcóatl gehandelt, jene langen, mit unendlich vielen Beinen bewehrten, grauslich aussehenden Hundertfüßler, die – den Glühwürmchen gleich – im Dunkeln eigentümlich hell leuchteten. Zwei von diesen Geschöpfen hatten sich offensichtlich in dem Leichnam verkrochen, waren durch die am leichtesten zugänglichen Öffnungen hineingelangt, hätten sich jeder in einer Augenhöhle zusammengeringelt, um es sich darin wohlergehen zu lassen und sich am Kopf der Dame gütlich zu tun. In dieser Nacht seien sie dann durch die unerwartete Bewegung langsam und blind aus den Höhlen gekrochen, wo zuvor die Augäpfel gesessen, hätten sich dann zwischen ihren Lippen gewunden und seien wieder verschwunden.

Pápantzin wurde, das ergeben zumindest die Unterlagen, nie wieder in der Öffentlichkeit gesichtet, doch wurde von anderen merkwürdigen Begebenheiten geredet, welche soviel zitternde Furcht erregten, daß der Staatsrat eine besondere Untersuchungskommission ernannte, um herauszufinden, was es mit der Sache auf sich habe. Soweit ich mich erinnere, konnte keine davon bestätigt werden, und die Mehrzahl davon wurde als Hirngespinste von Leuten abgetan, welche die Aufmerksamkeit auf sich lenken wollten, oder als Halluzinationen schwer Betrunkener.

Nachdem dieses aufregende Jahr geendet hatte, seine hohlen Tage vorüber waren und das nächstfolgende Jahr – Vier Haus – begann, traf unerwartet der Verehrte Sprecher Nezahualpili von Texcóco ein. Wie es hieß, sei er einzig zu dem Zweck nach Tenochtítlan gekommen, um an unseren Feierlichkeiten zu Der Baum Wird Aufgerichtet teilzunehmen, da er die Art und Weise, wie dieses Fest in Texcóco begangen wurde, schon zu häufig erlebt habe. In Wahrheit kam er jedoch geheimer Beratungen mit Motecuzóma wegen. Doch hatten sich die beiden Herrscher nur einen kleinen Teil des Vormittags über hinter verschlossenen Türen beraten, als sie befahlen, daß noch ein dritter hinzugezogen werde. Zu meiner Überraschung war ich es, nach dem sie schickten.

Im vorgeschriebenen Sackkleid betrat ich den Thronsaal und gebärdete mich womöglich noch unterwürfiger, als im Protokoll vorgesehen, da an diesem Morgen ja zwei Verehrte Sprecher hier versammelt waren. Ich war einigermaßen erschrocken zu sehen, daß Nezahualpíli fast einen Kahlkopf bekommen hatte und dasjenige an Haar, was ihm noch verblieben war, ganz grau war. Erst als ich mich schließlich vor dem Podest mit den beiden Icpáltin-Thronstühlen darauf aufrichtete, die nebeneinander zwischen dem goldenen und dem silbernen Gong aufgestellt waren, erkannte der Uey-Tlatoáni von Texcóco mich. Geradezu hocherfreut sagte er:

»Mein ehemaliger Höfling Kopf Neiger! Mein einstiger Schreiber und Bildermacher Maulwurf! Mein einst so tapferer Krieger Dunkle Wolke!«

»Dunkle Wolke, wahrhaftig«, knurrte Motecuzóma. Das war das einzige Wort der Begrüßung, welches er an mich richtete; sonst bedachte er mich nur mit einem finsteren Blick. »Dann kennt Ihr diesen Elenden also, mein Herr Freund?«

»*Ayyo,* es hat Zeiten gegeben, da wir uns sehr nahegestanden haben«, erklärte Nezahualpíli und lächelte gutmütig. »Als Ihr von einem Adlerritter Mixtli spracht, brachte ich ihn nicht damit in Verbindung. Dabei hätte ich mir denken können, daß er von einer Ehre zur anderen aufsteigen würde.« Und zu mir gewandt, sagte er: »Ich begrüße dich und beglückwünsche dich, Ritter des Adlerordens.«

Ich hoffe, daß ich murmelnd die geziemende Antwort darauf vorgebracht habe. Für mich war ich nämlich froh darüber, den langen Sack zu tragen, denn meine Knie schlugen leicht zusammen.

Motecuzóma fragte Nezahualpíli: »Ist dieser Mixtli *immer* ein Lügner gewesen?«

»Ein Lügner? Mitnichten! Niemals, mein Herr Freund, darauf verpfände ich mein Wort. Mixtli hat immer die Wahrheit gesprochen, wie er sie sah. Unseligerweise hat seine Sicht der Dinge nicht immer im Einklang mit der anderer Leute gestanden.«

»Die eines Lügners aber auch nicht«, knurrte Motecuzóma mit zusammengebissenen Zähnen. Dann schrie er förmlich, als er zu mir sagte: »Du hast uns alle glauben machen, es stehe nichts zu befürchten von . . .«

Nezahualpíli fiel ihm in die Rede und sagte beschwichtigend: »Gestattet, mein Herr Freund. – Mixtli?«

»Ja, Verehrter Sprecher?« sagte ich heiser. In welchen Schwierigkeiten genau ich mich befand, wußte ich nicht, doch *daß* ich in Schwierigkeiten war, dessen war ich mir nur allzu bewußt.

»Es sind jetzt über zwei Jahre her, daß die Maya Schnellboten ausschickten in diese Lande, um von merkwürdigen Dingen zu künden, welche sie vor den Küsten der Uluümil Kutz genannten Halbinsel gesichtet hatten – schwimmende Häuser, wie sie sagten. Erinnerst du dich noch daran?«

»Lebhaft, Hoher Gebieter«, sagte ich. »So wie ich die Botschaft deutete, hatten sie einen gewissen Riesenfisch und einen gewissen Flügelfisch gesehen.«

»Ja, das war die beruhigende Erklärung, die euer Verehrter Sprecher Motecuzóma in allen Landen verbreiten ließ und die von allen Menschen geglaubt wurde – zu ihrer unendlichen Erleichterung.«

»Und zu *meiner* unendlichen Verlegenheit«, erklärte Motecuzóma verbissen.

Nezahualpíli machte eine beschwichtigende Handbewegung in seine

Richtung und fuhr fort, zu mir zu sprechen. »Jetzt erst kommt es heraus, daß die Maya, welche diese Erscheinung sahen, Bilder davon malten, junger Mixtli, doch erst jetzt ist eines davon in meinen Besitz gelangt. Würdest du das Dargestellte immer noch einen Fisch nennen?«

Er reichte mir ein ziemlich mitgenommenes Stück Borkenpapier herab, welches ich mir genau betrachtete. Zu sehen war darauf eine typische Mayazeichnung, zu klein und im Stil zu verschnörkelt, als daß ich mehr tun konnte als erraten, was es wohl darstellen solle. Dennoch mußte ich sagen: »Ich gestehe, meine Hohen Gebieter, daß dies hier mehr einem Haus ähnelt denn dem riesigen Fisch, für welchen ich es hielt.«

»Oder dem Flügelfisch?« fragte Nezahualpíli.

»Nein, Hoher Gebieter. Die Flügel des Fisches stehen seitwärts ab. Soweit ich erkenne, scheint dieses Ding hier die Flügel auf dem Rücken zu tragen. Oder auf dem Dach.«

Er zeigte mit den Fingern darauf: »Und diese runden Punkte nebeneinander – zwischen den Flügeln oben und dem Dach unten. Wofür hältst du die?«

Voller Unbehagen sagte ich: »Es ist nach dieser rohen Zeichnung unmöglich, ganz sicher zu sein, aber ich würde vermuten, daß diese Punkte die Köpfe von Menschen darstellen sollen.«

Kläglich hob ich die Augen von dem Papier und blickte einem Verehrten Sprecher nach dem anderen gerade in die Augen. »Hohe Gebieter, ich nehme meine bisherige Deutung zurück. Als Entschuldigung kann ich nur vorbringen, daß ich höchst unvollständig unterrichtet worden war. Hätte ich damals dieses Bild gesehen, würde ich gesagt haben, daß die Maya zu Recht Angst hatten und uns anderen zu Recht eine Warnung haben zukommen lassen. Ich hätte gesagt, daß Uluümil Kutz von gewaltigen, bemannten und irgendwie mit Flügeln vorangetriebenen Acális besucht worden ist. Ich könnte weder sagen, welchem Volk die Männer angehören, noch woher sie kommen, nur daß sie Fremde und offensichtlich sehr tüchtig sind. Wenn sie derlei Kriegskanus zu bauen imstande sind, können sie auch Krieg führen – und zwar möglicherweise einen Krieg, schlimmer, als wir ihn jemals kennengelernt haben.«

»Na, also!« erklärte Nezahualpíli voller Befriedigung. »Selbst auf die Gefahr hin, sich den Unwillen seines Verehrten Sprechers zuzuziehen, schreckt Mixtli nicht davor zurück, die Wahrheit zu sprechen, wie er sie sieht – das heißt, *wenn* er sie sieht. Meine eigenen Seher und Sager lasen dieselben schlimmen Anzeichen heraus, als sie die Mayazeichnung sahen.«

»Wären diese Zeichen mit böser Vorbedeutung früher gedeutet worden«, murmelte Motecuzóma, »hätte ich mehr als zwei Jahre Zeit gehabt, die Küsten von Uluümil Kutz zu bemannen und zu befestigen.«

»Aber wozu?« fragte Nezahualpíli. »Wenn es den Fremden gefällt, hier zuzuschlagen – warum dann die nutzlosen Maya nicht die Hauptlast tragen lassen? Wenn sie jedoch, wie es aussieht, vom unendlichen Meer aus angreifen können, gibt es endlose Küsten, an welchen sie landen könnten, im Osten oder Norden, im Süden oder Westen. Wollte man alle Krieger aller Völker aufbieten, es wäre ein Ding der Unmöglichkeit, jede verwundbare Küste zu verteidigen. Ihr tätet besser daran, Eure Verteidigungsstellungen in einem dichteren Ring und näher der Heimat anzulegen.«

»Ich?« fragte Motecuzóma. »Und was ist mit Euch?«

»Ah, ich werde tot sein«, erklärte Nezahualpíli, gähnte und streckte sich genüßlich. »Das haben mir meine Seher fest versichert, und darüber bin ich froh, gibt es mir doch Grund, meine letzten Jahre in Frieden und Ruhe zu verbringen. Von jetzt an bis zu meinem Tode werde ich keinen Krieg mehr führen. Und auch mein Sohn Schwarz Blume nicht, wenn er mir auf den Thron nachfolgt.«

Voller Unbehagen stand ich vor ihrem Podest, doch offenbar sahen sie mich schon gar nicht mehr oder hatten mich vergessen; ich erhielt kein Zeichen, daß ich entlassen sei.

Motecuzóma starrte Nezahualpíli an, und sein Gesicht lief dunkel an. »Ihr nehmt Texcóco und die Alcólhua aus dem Dreibund heraus? Herr Freund, ich möchte nur höchst ungern von Verrat und Feigheit sprechen.«

»Dann tut es auch nicht«, versetzte Nezahualpíli bissig. »Ich will damit nur sagen, daß wir unsere Kriegskraft für die vorhergesagte Landung bewahren werden – ja, bewahren *müssen*. Und wenn ich sage, wir, meine ich damit *alle* Völker in diesen Landen. Wir dürfen unsere Krieger und unsere Mittel nicht mehr verschwenden, indem wir uns gegenseitig bekämpfen. Alle Fehden und Eifersüchteleien müssen ausgesetzt werden und alle unsere Kräfte und alle unsere Heere zusammengenommen, um den Eindringling wieder hinauszuwerfen. So sehe ich das, im Lichte der Zeichen mit böser Vorbedeutung und der Schlüsse, welche meine Weisen Männer daraus ziehen. Damit werde ich die mir noch verbleibenden Tage zubringen, und nach mir wird Schwarz Blume dasselbe tun – sich für einen Waffenstillstand und gegenseitiges Füreinander-Einstehen aller Völker einsetzen, damit wir eine vereinte Abwehrfront bieten, wenn die Fremden kommen.«

»Alles schön und gut für Euch und Euren gegängelten Kronprinzen«, sagte Motecuzóma verletzend. »Wir jedoch sind die Mexíca! Seit wir uns an die Spitze des Dreibunds haben stellen und die Oberhoheit in Der Einen Welt haben erringen können, hat kein Fremder ohne unsere Erlaubnis seinen Fuß auf unseren Boden gesetzt. So soll es immer bleiben, und wenn wir allein gegen alle bekannten und unbekannten Völker kämpfen müssen, wenn *alle* unsere Verbündeten uns im Stich lassen oder sich gegen uns wenden.«

Ich bedauerte nicht wenig, daß Nezahualpílis Gesicht sich angesichts dieser unverhohlen zum Ausdruck gebrachten Geringschätzung nicht seinerseits verdunkelte. Er sagte fast traurig:

»Dann werde ich Euch von einer Legende erzählen, Herr Freund. Vielleicht habt ihr Mexíca sie vergessen, doch in den Archiven von Texcóco kann sie noch nachgelesen werden. Laut dieser Legende hatten eure Aztéca-Ahnen, als sie aus ihrer Heimat Aztlan im Norden aufbrachen und ihre jahrelange Wanderung begannen, welche hier endete, keine Ahnung, welchen Schwierigkeiten sie unterwegs begegnen würden. Sie wußten nur, daß sie möglicherweise auf so abweisende Länder und so unfreundliche Völker stoßen würden, daß es sie weiser dünken könnte, umzukehren und nach Aztlan zurückzukehren. Wider diese Ungewißheit wappneten sie sich, indem sie dafür sorgten, sich unter Umständen rasch und sicher zurückziehen zu können. An acht oder neun Orten, an denen sie sich zwischen diesem Seenbereich und Aztlan länger aufhielten, legten sie gewaltige Vorräte an Kriegsmaterial und Vorräten an und versteckten sie. Würden sie gezwungen, den Rückzug in die ursprüngliche Heimat anzutreten, konnten sie das Tempo dafür selbst bestimmen, waren wohl dafür gerüstet und reichlich mit Proviant ausgestattet. Oder sie konnten an jeder dieser vorbereiteten Stellungen nochmals kehrt machen und dem Feind trotzen.«

Motecuzóma riß Mund und Nase auf; offensichtlich hatte er von dieser Legende noch nie etwas gehört. Ich allerdings auch nicht. Nezahualpíli schloß:

»Zumindest heißt es so in der Legende. Leider wird darin nicht verraten, an welchen Orten diese geheimen Lager angelegt worden sind. Ich schlage Euch mit allem Respekt vor, Herr Freund, daß Ihr Kundschafter in die nördlichen Wüstenländer ausschickt, sie zu suchen. Entweder diese zu finden, oder aber neue Vorräte anzulegen. Wenn Ihr zu dem Schluß kommt, daß Ihr nicht jedes Eurer Nachbarvölker zu Eurem Verbündeten machen könnt, wird die Zeit kommen, da keines mehr Euer Verbündeter sein will; ein Fluchtweg würde Euch dann sehr gelegen kommen. Wir Acólhua jedenfalls ziehen es vor, uns mit Freunden zu gürten.«

Lange saß Motecuzóma schweigend und in sich zusammengesunken da, geduckt, gleichsam als wappne er sich gegen einen aufkommenden Sturm. Dann setzte er sich kerzengerade auf, straffte die Schultern und sagte: »Angenommen, diese Fremden kommen gar nicht. Dann hätte man nutzlos auf der faulen Haut gelegen und würde womöglich von demjenigen seiner Freunde überrollt werden, der sich als erster stark genug dazu fühlt.«

Nezahualpíli schüttelte den Kopf und sagte: »Diese Fremden werden kommen.«

»Ihr scheint Euch sehr sicher zu sein.«

»Zumindest sicher genug, um eine Wette darauf einzugehen«, sagte Nezahualpíli plötzlich ganz aufgeräumt. »Ich fordere Euch heraus, Herr Freund. Spielen wir im Zeremonialhof Tlachtli. Keine Mannschaften, sondern nur Ihr und ich. Das beste von drei Spielen. Verliere ich, bin ich bereit, das als Zeichen zu nehmen, welches alle anderen Zeichen auslöscht. Ich nehme dann alle meine düsteren Warnungen zurück und stelle alle Waffen, Heere und Mittel der Acólhua unter Euer Kommando. Verliert Ihr . . .«

»Nun?«

»Gesteht Ihr mir nur eines zu. Daß Ihr mich und meine Acólhua aus allen Euren künftigen Verwicklungen herauslaßt, damit wir unsere letzten Tage friedlicheren und angenehmeren Dingen widmen können.«

Ohne zu zögern, sagte Motecuzóma: »Einverstanden. Das beste von drei Spielen«. Und er lächelte böse.

Das konnte er durchaus tun, denn er stand nicht allein da, wenn er Nezahualpíli für wahnsinnig hielt, ihn zu diesen Spielen herausgefordert zu haben. Selbstverständlich wußte außer mir – und mich hatte man schwören lassen zu schweigen – damals kein Mensch, worauf der Verehrte Sprecher von Texcóco sein Wort verpfändet hatte. Was die Bürger Tenochtítlans betraf, handelte es sich bei dem Spiel nur um eine weitere öffentliche Belustigung, welche ihnen geboten wurde, oder eine besondere

Ehrung Tlalocs während der Feiern des Der-Baum-Wird-Aufgerichtet-Festes in der Stadt. Allerdings war es kein Geheimnis, daß Motecuzóma mindestens zwanzig Jahre jünger war als Nezahualpíli, wie auch daß Tlachtli ein hartes Spiel ist, das am besten von den Jungen, den Kräftigen und den Ausdauerndsten gespielt wird.

Das Tlachtli-Spielfeld war ringsum von Zuschauern umgeben, und selbst hinter der Umfassungsmauer Des Herzens Der Einen Welt standen die Menschen dicht an dicht, Adlige genauso wie Gemeinfreie, wiewohl nicht einer von hundert hoffen konnte, vom Spiel auch nur das geringste mitzubekommen. Doch wenn eine besondere Passage des Spiels die Zuschauer auf den Plätzen in ein bewunderndes *»Ayyo«* oder stöhnendes *»Ayya«* oder in ihr inständiges *»Hoo-oo-ooo«* ausbrechen ließ, nahmen alle Leute auf dem Platz und außerhalb der Mauer diese Laute auf und verstärkten den Freudenruf, den Klagelaut oder den Eulenschrei, ohne überhaupt zu wissen, warum.

Die stufengleich von den inneren Mauern des Spielfelds schräg ansteigenden Zuschauerränge waren dicht an dicht mit den ranghöchsten Edelleuten aus Tenochtítlan und aus Texcóco besetzt, welche Nezahualpíli begleitet hatten. Möglicherweise als Entschädigung oder auch als Bestechung dafür, ihr Geheimnis zu bewahren, hatten die beiden Verehrten Sprecher mir einen der kostbaren begehrten Sitze dort zugewiesen. Wiewohl Adlerritter, war ich doch der Rangniedrigste in dieser erlauchten Gesellschaft – bis auf Nochípa, welcher ich einfach dadurch einen Platz verschaffte, daß ich sie auf den Schoß nahm.

»Halt die Augen offen und präg dir alles gut ein, Tochter«, flüsterte ich ihr ins Ohr. »Was du jetzt zu sehen bekommst, hat es noch nie gegeben. Sperr die Augen auf und präg es dir ein, damit du es dein Leben lang nicht vergißt. Ein solches Schauspiel wirst du nie wieder zu sehen bekommen.«

»Aber Vater«, sagte sie, »der Spieler mit dem blauen Helm ist ja *ein alter Mann.*« Mit dem Kinn wies sie unauffällig auf Nezahualpíli, welcher im Mittelpunkt des Spielfelds stand, ein wenig entfernt von Motecuzóma und dem Hohenpriester Tlalocs, welchem die Leitung aller Feierlichkeiten in diesem Festmond oblagen.

Ich sagte: »Nun, der Spieler mit dem grünen Kopfputz ist ungefähr so alt wie ich, also ist er auch nicht gerade mehr ein Springinsfeld.«

»Das hört sich ja an, als ob du für den alten Mann wärest.«

»Ich hoffe, du läßt ihn hochleben, wenn ich es tu. Ich habe ein kleines Vermögen darauf gesetzt, daß er gewinnt.«

Nochípa drehte sich halb auf meinem Schoß herum und lehnte sich zurück, um mir in die Augen zu blicken. »Ach, du törichter Vater! Warum?«

Ich sagte: »Eigentlich weiß ich das gar nicht genau.« Und das stimmte. »Jetzt sitz aber still. Du bist auch so schon schwer genug.«

Wiewohl meine Tochter gerade erst zwölf geworden war, ihre erste Blutung bekommen hatte und infolgedessen die Kleidung einer erwachsenen Frau trug und auch die ersten hübschen weiblichen Schwellungen erkennen ließ, hatte sie – und dafür sagte ich den Göttern Dank! – die Größe ihres Vaters nicht geerbt, sonst hätte ich es wohl nicht ausgehalten, zwischen ihr und dem kalten Steinsitz eingeklemmt zu sitzen.

Der Tlaloc-Priester sprach passende Gebete, rief seinen Gott an und verbrannte Weihrauch – was das ganze schier unerträglich in die Länge zog –, ehe er den Ball hochwarf, um das erste Spiel für eröffnet zu erklären. Meine Herren Skribenten, ich werde gar nicht erst versuchen, jeden Wurf, jeden Lauf und jedes Aufprallen des Balls wiederzugeben, zumal ich weiß, daß ihr mit den verzwickten Regeln des Tlachtli-Spiels ohnehin nicht vertraut seid und daher auch die besonderen Feinheiten des Spiels nicht zu würdigen wüßtet. Der Priester verließ das Spielfeld trippelnd wie ein schwarzer Käfer, so daß nur Nezahualpíli und Motecuzóma zurückblieben – und die beiden Torhüter an den beiden Schmalseiten des Feldes, doch diese beiden Männer blieben reglos und unbemerkt stehen und rührten sich nur dann, wenn der Spielverlauf es erforderte, daß sie das eine oder andere Torjoch versetzten.

Diese Torjoche – bewegliche niedrige Bogen, durch welche die Spieler versuchen mußten, den Ball hindurchzubringen – waren nicht einfache steinerne Halbbögen wie auf gewöhnlichen Spielplätzen. Sie bestanden genauso wie die Umfassungsmauern des Spielfelds aus feinstem Marmor, und waren gleich den hoch in der Mitte an den seitlichen Umfassungsmauern angebrachten Siegesringen reich beschnitzt, geglättet und mit leuchtenden Farben bemalt. Selbst der Ball war für dieses Wettspiel aus schmiegsamstem Óli geflochten und die sich überschneidenden Streifen abwechselnd blau und grün gefärbt.

Jeder der beiden Verehrten Sprecher trug ein gestepptes und weich gepolstertes Lederband um Stirn und Ohren, welches mit Riemen auf dem Kopf und unter dem Kinn festgehalten wurde; an Ellbogen und Knien schwere Lederschützer sowie fest um den Leib gewunden noch ein ausladend gestepptes Schamtuch, über welchem sie einen ledernen Hüftgürtel trugen. Die Kopfschützer prangten, wie ich schon gesagt habe, in den beiden Farben Tlalocs – blau für Nezahualpíli und grün für Motecuzóma –, doch selbst ohne diese Unterscheidungsmerkmale, ja, sogar ohne meinen Topas hätte ich die beiden Gegner mühelos auseinandergehalten. Der Körper Motecuzómas unter Polstern und Steppschutz war fest und glatt und muskulös. Der von Nezahualpíli war hager und sehnig, so daß man seine Rippen hervorstehen sah. Motecuzóma bewegte sich behende, gewandt und federnd wie Óli, und der Ball gehörte ihm von dem Augenblick an, da der Priester ihn in die Höhe geworfen hatte. Nezahualpíli bewegte sich steif und unbeholfen: es war ein Jammer mit anzusehen, wie er seinen flüchtigen Gegner zu jagen versuchte, gleichsam als wäre er Motecuzómas Schatten, der sich von diesem gelöst hatte und nun versuchte, ihn wieder einzufangen. Mir wurde ein harter Ellbogenstoß auf den Rücken versetzt; als ich mich umdrehte, erkannte ich den Herrn Cuitláhuac, Motecuzómas jüngeren Bruder und Oberbefehlshaber aller Mexica-Heere. Höhnisch grinste er mich an; er war einer der Männer, gegen welche ich ein erkleckliches Gewicht an Gold auf Nezahualpíli gesetzt hatte.

Motecuzóma lief, sprang, glitt und flog dahin. Nezahualpíli stapfte und keuchte, und seine kahle Kopfhaut glänzte unter den Riemen seines Kopfschutzes vor Schweiß. Der Ball flog hin und her – jedoch stets von Motecuzóma zu Motecuzóma. Vom einen Ende des Spielfelds trieb er den Ball mit der Hüfte hart gegen die Mauer, vor der unentschlossen Nezahualpíli stand, und Nezahualpíli war nie schnell genug, ihn abzufangen, so daß der Ball im spitzen Winkel von dieser Mauer bis ans äußerste gegenüberliegende Ende des Spielfelds sprang; und irgendwie schaffte

Motecuzóma es – was schier unmöglich schien – immer, zur Stelle zu sein und ihn abermals mit dem Ellbogen, dem Knie oder dem Gesäß zurückzuschlagen. Er schoß den Ball wie einen Pfeil durch dieses Torjoch, wie einen Speer durch jenes, wie ein Blasrohrgeschoß durch das nächste, und der Ball flog durch jedes der niedrigen Torjoche, ohne jemals eine Seite des Steins zu berühren und erzielte damit jedesmal ein Tor gegen Nezahualpíli, was selbstverständlich Beifallsgeklatsche aller Zuschauer mit Ausnahme von mir, Nochípa und Nezahualpílis Höflingen zur Folge hatte.

Das erste Spiel gewann Motecuzóma. Dieser sprang wie ein junger Rehbock vom Spielfeld, augenscheinlich nicht im mindesten ermüdet, ohne heftig zu atmen, trat zu seinen Betreuern, welche ihn abrieben und ihm einen erfrischenden Schokoladentrank reichten; hoffärtig stand er da und hoffärtig wartete er auf das nächste Spiel, während der mühselig sich dahinschleppende, schweißtriefende Nezahualpíli kaum den Ruheplatz zwischen seinen eigenen Betreuern erreichte. Nochípa drehte sich um und fragte mich:

»Werden wir jetzt arm sein, Vater?« Was der Herr Cuitláhuac hörte und worüber er sich ausschütten wollte vor Lachen; doch als das Spiel weiterging, sollte ihm das Lachen vergehen.

Noch lange hinterher stritten altehrwürdige Tlachtli-Spieler sich mit unterschiedlichen und sich widersprechenden Erklärungen über das, was hinterher geschah. Manche sagten, Nezahualpíli habe einfach das erste Spiel gebraucht, um Gelenke und Muskeln zu lockern. Andere hingegen behaupteten, Motecuzóma habe das erste Spiel so atemlos gespielt, daß er sich vollständig verausgabt hatte. Und es gab noch viele andere Theorien. Ich jedoch machte mir meine eigenen Gedanken. Ich kannte Nezahualpíli seit langer, langer Zeit, und ich hatte schon zu oft einen ähnlich hinfälligen, humpelnden und mitleiderregenden alten Mann gesehen – einen verhutzelten, kakaobraunen alten Mann. Ich glaube, an diesem Tag des Tlachtli-Wettspiels habe ich Nezahualpíli das letztemal so tun sehen, als sei er alt und klapprig, als er das erste Spiel spöttisch an Motecuzóma gehen ließ.

Doch keine Theorie, meine eigene eingeschlossen, vermag das Wunder zu erklären, zu dem es dann kam. Motecuzóma und Nezahualpíli stellten sich für das zweite Spiel auf, und da Motecuzóma das erste gewonnen hatte, stand ihm der Anstoß zu. Er stieß den Ball mit dem Knie hoch in die Luft. Und das war das letzte Mal, daß er ihn berührte.

Nach dem, was beim ersten Spiel vor sich gegangen war, waren aller Augen auf Motecuzóma gerichtet und erwarteten, daß er davonspringen und gleich darauf dort stehen würde, wo der Ball herunterkommen mußte, ehe sein betagter Gegner seine knarrenden Gelenke überhaupt in Bewegung brachte. Nochípa jedoch hatte aus irgendeinem Grunde Nezahualpíli beobachtet, und ihr begeisterter Aufschrei war es, welcher alle anderen aufspringen ließ. Plötzlich schrieen alle gemeinsam, wie ein Vulkan, der ausgebrochen war. Der Ball sprang fröhlich durch den hoch an der Nordwand sitzenden Marmorring, schien dort gleichsam lange genug zu verweilen, um bewundert zu werden, und fiel dann auf der Nezahualpíli abgekehrten Seite herunter, welcher ihn mit dem Ellbogen dort hinaufgetrieben hatte.

Jubelnde Aufschreie unter den Höflingen und auf den Rängen, und es ging weiter und weiter. Motecuzóma stürzte hervor, um seinen Gegner zu umarmen und ihn zu beglückwünschen, und Torhüter und Betreuer quirlten aufgeregt durcheinander. Der Tlaloc-Priester kam tänzelnd und mit wallenden Gewändern auf das Spielfeld, fuchtelte mit den Armen und redete verzückt, wovon man in dem allgemeinen Aufruhr jedoch nichts hörte; offenbar verkündete er, dies sei ein glückverheißendes Zeichen von Tlaloc. Die jubelnden Zuschauer sprangen auf ihren Plätzen auf und ab. Das vielstimmige *»Ayyo!«* schwoll zu einem ohrenbetäubenden Getöse an, als die Menge auf dem Großen Platz hinter dem Spielfeld erfuhr, was geschehen war. Ihr werdet inzwischen schon gemerkt haben, ehrwürdige Patres, daß Nezahualpíli dieses zweite Spiel gewonnen hatte. Einen Ball durch diesen senkrecht sitzenden Ring oben an der Mauer zu treiben, hätte dieses Spiel auch dann für Nezahualpíli entschieden, wenn Motecuzóma ihm um viele Tore voraus gewesen wäre.

Doch müßt ihr verstehen, daß ein durch diesen Ring getriebener Ballwurf für die Zuschauer fast ein genauso großes Wunder war wie für den Mann, dem dies gelungen war. So etwas geschah so selten, ja, kam so unglaublich selten vor, daß ich euch gar nicht sagen kann, *wie* selten. Stellt euch vor, ihr hättet einen harten Óli-Ball, groß wie euer Kopf, und einen Steinring mit einer Öffnung, nur um ein ganz geringes größer als der Ball, einen senkrechtstehenden Ring, in doppelter Mannshöhe an der Mauer über euch angebracht. Versucht einmal, diesen Ball durch dieses Ringtor zu schießen, ohne dabei eure Hände zu benutzen, nur mit Hüften, Knien, Ellbogen oder Gesäß. Ein Mann konnte tagelang dastehen und nichts anderes tun, als es ununterbrochen und ohne sich durch irgend etwas ablenken zu lassen, immer wieder zu versuchen und doch nicht ein einziges Mal zu schaffen. Es bei den raschen Spielabläufen und der Verwirrung des echten Spiels geschafft zu haben, grenzte ans Wunderbare. Während die Menge innerhalb und außerhalb des Ballplatzes weiterhin laut Beifall klatschte, nippte Nezahualpíli an seiner Schokolade und lächelte bescheiden, während Motecuzóma ein anerkennendes Lächeln aufgesetzt hatte. Er konnte es sich leisten zu lächeln, brauchte er doch nur noch das letzte der drei Spiele zu gewinnen, um den Gesamtsieg davonzutragen; der durch das Ringtor getriebene Ball würde – wenn auch das Werk seines Gegners – dafür sorgen, daß der Tag seines Sieges für alle Zeiten unvergessen blieb, sowohl in den Annalen des Sports als auch in der Geschichte Tenochtítlans.

Und man hat ihn nicht vergessen, diesen Tag, bis heute nicht; freilich – eine freudige Erinnerung ist es nicht. Als der Tumult sich allmählich gelegt hatte, nahmen die beiden Gegner abermals Aufstellung auf dem Spielfeld; diesmal stand der Anstoß Nezahualpíli zu. Er stieß den Ball mit dem Knie steil in die Luft, sprang im selben Augenblick hinüber zu jener Stelle, wo, wie er genau wußte, dieser Ball wieder herunterkommen mußte, und trieb ihn abermals – und zwar abermals mit größter Genauigkeit – in die Höhe und hindurch durch den hochsitzenden Ring. Nicht einmal Nezahualpíli selbst schien recht zu glauben, was ihm gelungen war. Den Ball *zweimal* nacheinander durch den Siegesring getrieben zu haben, das war mehr als ein Wunder, mehr als alles, was je an Ruhmestaten in den Annalen des Spiels aufgezeichnet worden war – es war einfach eine unfaßliche Leistung!

Kein Laut löste sich von den Lippen der Zuschauer. Wir wagten es kaum, uns zu regen, nicht einmal unsere Augen, welche fassungslos auf diesen Verehrten Sprecher gerichtet waren. Dann hob ein vorsichtiges Raunen unter den Zuschauern an. Etliche von den Adligen tuschelten Hoffnungsvolles: Tlaloc müsse sich so mächtig über uns gefreut haben, daß er höchstpersönlich in das Spiel eingegriffen habe. Andere deuteten Verdächtigungen an: Nezahualpíli habe die Spiele durch verschlagene Zauberei gewonnen – doch sagten sie das nicht laut. Die Edelleute aus Texcóco wiesen diesen Vorwurf entrüstet von sich, jedoch nicht laut. Überhaupt schien niemand ein lautes Wort sagen zu wollen. Selbst Cuitláhuac knurrte nicht vernehmlich, als er mir den schweren Lederbeutel mit dem Goldstaub darin überreichte. Nochípa betrachtete mich mit sehr ernstem Gesicht, gleichsam als argwöhne sie, insgeheim sei mir eine Vision über den Ausgang des Spiels zuteil geworden.

Jawohl, ich gewann an diesem Tag eine große Menge Gold – weil meine Ahnung mich nicht trog, oder weil ich mir einen Rest von Treue meinem ehemaligen Gönner gegenüber bewahrt hatte, oder was mich sonst getrieben haben mag, auf meinen einstigen Herrn und Gebieter zu setzen. Doch würde ich all das Gold hergeben – wenn ich es noch hätte –, ja, würde mehr als nur das hergeben, *ayya,* tausendmal tausendmal mehr als das – wenn ich an diesem Tage *nicht* gewonnen hätte.

Ach, meine Herren Skribenten, nicht nur, weil Nezahualpílis Sieg die Gültigkeit von Nezahualpílis Vorhersage bestätigte, daß es eines Tages zu einer Bedrohung vom Meer her kommen werde. Das hielt ich damals selbst schon für wahrscheinlich; die rohe Zeichnung der Maya hatte mich davon überzeugt. Nein, der Grund, warum ich Nezahualpílis Sieg so bitter beklage, ist darin zu suchen, daß er schon viel früher ein Unglück herbeibrachte – und zwar für niemand anderen als für mich.

Ich geriet augenblicklich wieder in Schwierigkeiten, kaum daß Motecuzóma zornbebend das Spielfeld verlassen hatte. Denn als die Zuschauer die Sitze und den Tlachtli-Platz an diesem Tag verließen, wußten sie irgendwie alle, daß es bei diesem Wettspiel um mehr als die beiden Verehrten Sprecher gegangen war – daß es ein Kräftemessen zwischen ihren jeweiligen Sehern und Sagern gewesen war. Alle begriffen, daß Nezahualpílis Sieg seinen schicksalschweren Prophezeiungen Glaubhaftigkeit verlieh – und wußten, um was es bei diesen Vorhersagen ging. Vermutlich war es einer von Nezahualpílis Höflingen, welcher diese Dinge durchsickern ließ, als er versuchte, im Keim das Gerücht zu ersticken, sein Herr habe die Spiele durch Zauberei gewonnen. Alles, was ich mit Gewißheit weiß, ist, daß die Wahrheit ans Licht kam und daß ich daran nicht beteiligt war.

»Wenn du nichts damit zu tun hattest«, erklärte der eisige Motecuzóma zornbebend, »wenn du also nichts getan hast, was eine Bestrafung verdient, dann bestrafe ich dich selbstverständlich auch nicht.«

Nezahualpíli hatte Tenochtítlan soeben verlassen. Die beiden Palastwachen hatten mich nahezu mit Gewalt vor Motecuzómas Thron gebracht, und der Verehrte Sprecher hatte mir gerade enthüllt, was mir blühte.

»Aber mein Hoher Gebieter befiehlt mir, ein kriegerisches Unternehmen zu leiten«, erhob ich Einspruch und verstieß dabei gegen jedes Protokoll. »Wenn das keine Bestrafung ist, so ist es eine Verbannung, und ich habe nichts getan . . .«

Er unterbrach mich. »Bei dem Kommando, welches ich dir übertrage, Adlerritter, geht es um eine Vorsichtsmaßnahme. Alle Vorzeichen deuten darauf hin, daß die einfallenden Horden, so sie überhaupt kommen, aus dem Süden kommen werden. Infolgedessen ist es unsere Pflicht und unsere Schuldigkeit, unsere südlichen Verteidigungsanlagen zu stärken. Wenn deinem Unternehmen Erfolg beschieden ist, werde ich andere Ritter ausschicken, weitere Auswanderer in jene Gebiete zu führen.«

»Aber Hoher Gebieter« – ich ließ nicht locker –, »ich habe keine Ahnung, wie man eine Kolonie gründet und befestigt.«

»Die hatte ich auch nicht, bis mir befohlen wurde, genau das zu tun, im Xoconóchco, vor vielen Jahren.« Dem konnte ich nicht widersprechen; in gewisser Hinsicht war das sogar auf mein Betreiben hin geschehen, war ich also verantwortlich dafür gewesen. Er fuhr fort: »Du nimmst etwa vierzig Familien, annähernd vierhundert Männer, Frauen und Kinder. Bauern, für die in der Mitte Der Einen Welt einfach nicht genug Land vorhanden ist. Diese Auswanderer wirst du auf neuem Land im Süden ansiedeln. Und dafür sorgen, daß sie ein anständiges Dorf bauen, das verteidigt werden kann. Hier liegt der Ort, den ich ausgewählt habe.«

Die Karte, die er mir zeigte, gehörte zu denen, die ich selbst gezeichnet hatte, doch das Gebiet, auf das er den Finger legte, enthielt überhaupt keine Einzelheiten, sondern war eine leere Stelle; noch nie war ich dort gewesen.

Ich sagte: »Hoher Gebieter, dieser Fleck liegt im Land des Teohuacána-Volkes. Sie könnten etwas dagegen haben, wenn eine Horde Fremder bei ihnen einzieht.«

Mit einem Lächeln, das bar war jeden Humors, sagte er: »Dein alter Freund Nezahualpíli hat uns doch geraten, Freundschaft mit allen unseren Nachbarn zu schließen, oder? Eine deiner Aufgaben wird darin bestehen, die Teohuacána zu überzeugen, daß wir als gute Freunde kommen und es uns um die Verteidigung *ihres* Landes genauso geht wie um die unseres Landes.«

»Jawohl, Hoher Gebieter«, sagte ich unglücklich.

»Der Verehrte Sprecher Chimalpopóca von Tlácopan war so freundlich, eine Eskorte von Kriegern anzubieten. Du wirst eine Abordnung von vierzig seiner Tecpanéca-Krieger übernehmen.«

»Nicht einmal Mexíca?« entfuhr es mir voller Entsetzen. »Verehrter Sprecher, eine Truppe von Tecpanéca – unter dem Befehl eines Mexícatl-Ritters –, das muß Mord und Totschlag geben.«

Er wußte das genausogut wie ich; doch gehörte das zu seiner Bosheit, zu meiner Bestrafung, weil ich ein Freund von Nezahualpíli gewesen war. Ohne im geringsten darauf einzugehen, fuhr er fort:

»Die Krieger gewährleisten den Schutz bis nach Teohuacán hinein; sie werden bleiben und die Feste bemannen, die du dort bauen wirst. Und du, Ritter Mixtli, wirst gleichfalls dort bleiben, bis alle Familien ein festes Dach über dem Kopf haben und sich selbst versorgen können. Die Siedlung wirst du einfach Yanquítlan nennen, Den Neuen Ort.«

Ich überwand mich und brachte den Mut auf zu fragen: »Gestattet Ihr, daß ich ein paar gute altgediente Mexíca als Unterbefehlshaber mitnehme, Hoher Gebieter?« Wahrscheinlich hätte er mir das rundheraus abgeschlagen, doch fügte ich noch hinzu: »Ein paar alte Männer, die ich kenne und die längst aus Altersgründen entlassen wurden.«

Er ließ ein verächtliches Schnauben vernehmen und sagte: „Wenn du dich sicherer fühlst, noch zusätzlich Krieger auszuheben, wirst du selbst für sie bezahlen.«

»Einverstanden, Hoher Gebieter«, sagte ich rasch. Da ich so schnell wie möglich fortkommen wollte, ehe er es sich anders überlegte, vollführte ich die Geste des Erdeküssens und murmelte dabei: »Hat der Verehrte Sprecher sonst noch etwas zu befehlen?«

»Daß du augenblicklich aufbrichst und dich auf dem Weg in den Süden beeilst. Die Tecpanéca-Krieger und die Familien deines Zugs werden im Augenblick in Ixtapalápan zusammengestellt. Ich will, daß sie in ihrer neuen Heimat Yanquítlan früh genug eintreffen, um die Frühjahrssaat noch rechtzeitig in den Boden bringen zu können. So geschehe es!«

»Ich breche sofort auf«, sagte ich und schlurfte barfuß zur Tür zurück.

Wenn es auch reine Rachsucht war, die Motecuzóma veranlaßte, mich zu einem Siedlungspionier zu machen, konnte ich mich doch nicht allzu sehr darüber beschweren. Schließlich war ich selbst es gewesen, der vor vielen Jahren Ahuítzotl dringlich auf die Notwendigkeit der Koloniebildung hingewiesen hatte. Außerdem hatte es mich, das muß ich ehrlich gestehen, in letzter Zeit ziemlich gelangweilt, das müßige Leben eines reichen Mannes zu führen.

Daher bereitete ich mich mit aller Kraft auf die Expedition vor und leitete alles in die Wege, so gut es mir möglich war. Als erstes rief ich die Frauen und die Bediensteten meines Haushalts zusammen und berichtete ihnen von dem Auftrag.

»Ich bin selbstsüchtig genug und möchte während dieses Jahres oder einer womöglich noch längeren Zeit nicht ohne meine Familie sein. Außerdem glaube ich, diese Zeit könnte vorteilhaft für dich, meine Tochter, genutzt werden, denn du bist ja noch nie weiter aus Tenochtítlan herausgekommen als über die Dammstraßen bis aufs Festland, und auch das nur selten. Die Reise mag beschwerlich sein, aber wenn du nichts dagegen hättest, mich zu begleiten – ich meine, es könnte dir nur von Nutzen sein, diese fernen Lande zu sehen und kennenzulernen.«

»Und du glaubst, du müßtest mich *bitten?*« rief sie begeistert und schlug entzückt die Hände zusammen. Dann wurde sie nüchterner und sagte: »Aber was ist mit meiner Ausbildung im Haus des Manierenlernens, Vater?«

»Sag deinen Lehrerinnen einfach, du gingest in die Fremde. Und dein Vater stehe dafür ein, daß du auf der Straße mehr lernst als in den vier Wänden.« Dann wandte ich mich Béu Ribé zu: »Ich würde es gern sehen, wenn auch du mitkämst, Wartender Mond, wenn du Lust hast.«

»Ja«, erklärte sie sich augenblicklich einverstanden, und ihre Augen blitzten. »Ich freue mich, Záa, daß du nicht mehr allein losziehen willst. Wenn ich dir eine gute ...«

»Du kannst. Eine Jungfrau im Alter von Nochípa sollte nicht ohne die Obhut einer älteren Frau reisen.«

»Ach«, sagte sie, und der Glanz in ihren Augen erlosch.

»Ein Trupp Krieger und ungeschliffene Bauersleute, nun, da herrschen manchmal rauhe Sitten. Ich möchte, daß du Nochípa nie allein läßt und jede Nacht ihr Lager teilst.«

»Ihr Lager«, wiederholte Béu.

Ich sagte zu den Dienern: »Damit obliegt es euch, Türkis und Stern Sänger, dafür zu sorgen, daß das Haus nicht leer steht und ihr unseren Besitz bewacht.« Sie versprachen, es zu tun; mochten wir auch noch solange fort bleiben, wir würden bei unserer Rückkehr alles in vollkommener Ordnung vorfinden. Ich sagte, daran zweifelte ich nicht. »Aber zunächst einmal habe ich einen Auftrag für dich, Stern Sänger.«

Ich schickte ihn aus, die sieben alten Krieger aufzustöbern, welche mir auf meinen Handelsreisen als Privatheer gedient hatten. Zwar erfüllte es mich mit Trauer, aber ich war nicht sonderlich überrascht, als Stern Sänger heimkehrte und berichtete, drei von ihnen seien gestorben, seit ich ihre Dienste das letztemal in Anspruch genommen hatte.

Die vier, die noch am Leben waren und die kamen, waren schon nicht mehr ganz jung gewesen, als ich sie durch Blut Schwelger kennengelernt hatte. Zwar waren sie nicht jünger geworden, doch kamen sie ungesäumt. Sie bemühten sich um einen aufrechten Gang und um festes Auftreten, um mich von ihren knotigen Muskeln und knubbeligen Gelenken abzulenken. Mutig traten sie vor mich hin, mit dröhnenden Stimmen und erwartungsfreudigem Lachen, damit ich die Falten und Runzeln in ihrem Gesicht nur auf ihre gute Laune zurückführte. Ich hütete mich, sie zu kränken und eine Bemerkung zu machen darüber, daß sie sich übertrieben jugendlich und energiegeladen gaben. Sie kamen so freudig, was für mich Beweis genug war, daß sie immer noch fähige Männer waren; ich würde mich ihrer Dienste auch dann noch versichert haben, wären sie humpelnd und am Stock gehend gekommen. Ich setzte ihnen ganz allgemein auseinander, um was es ging, und wandte mich dann an den ältesten von ihnen, Qualánqui, dessen Name soviel bedeutete wie Zornig Auf Jedermann.

»Unsere Tecpanéca-Krieger und die zweihundert Bauern warten in Ixtapalápan. Begib dich dorthin, Freund Zornig, und sorge dafür, daß sie bereit sind aufzubrechen, sobald wir es sind. Ich vermute, du wirst sie in vieler Hinsicht unvorbereitet finden; schließlich sind sie keine erfahrenen Reisenden. Und ihr anderen – geht und kauft alle Ausrüstung und allen Proviant, den *wir* benötigen, das heißt: ihr vier, ich, meine Tochter und meine Schwägerin.«

Wie meine Auswanderer den langen Weg schaffen sollten, bereitete mir mehr Sorge als der unfreundliche Empfang, welcher uns möglicherweise in Teohuacán bereitet werden würde. Genauso wie die Bauern, die ich begleitete, trieben auch die Bewohner von Teohuacán in der Mehrzahl Ackerbau, waren zahlenmäßig nicht stark und galten als nicht sehr kämpferisch. Ich erwartete sogar, daß sie meine Siedler freudig willkommen heißen würden als Nachbarn, mit denen sie sich anfreunden und mit deren Kindern sie ihre Kinder verheiraten könnten.

Wenn ich von Teohuacán und den Teohuacána spreche, verwende ich selbstverständlich die Náhuatl-Namen, welche wir Mexíca ihnen gegeben hatten. Eigentlich waren die Teohuacána ein Seitenzweig der Mixtéca oder Tya Nuü, die sich selbst und ihr Land Tya Nya nannten. Das Land war von uns Mexíca niemals mit Krieg überzogen oder tributpflichtig gemacht worden, denn außer den Erzeugnissen ihres Ackerfleißes gab es dort wenig zu holen. Eigentlich bestanden ihre Reichtümer nur in heißen Mineralquellen, die man ihnen nicht leicht wegnehmen konnte, und außerdem trieben die Tya Nya bereitwillig Handel mit ihren Krügen und Flaschen, die mit dem Wasser aus diesen Quellen gefüllt waren. Zwar schmeckte dieses Wasser abscheulich und roch auch noch schlecht, doch war es seiner Heilkraft wegen sehr gefragt. Und da Ärzte ihren Patienten oft verschrieben, nach Tya Nya zu ziehen und in diesen heißen, übelriechenden Quellen zu baden, lohnte es sich für die Bewohner auch noch, einige recht luxuriöse Herbergen in der Nähe dieser Quellen zu unterhalten. Alles in allem erwartete ich daher keine größeren Schwierigkeiten von einem Volk von Ackerbauern und Herbergswirten.

Zornig Auf Jedermann kehrte am nächsten Tag zurück, um mir Bericht zu erstatten. »Du hattest recht, Ritter Mixtli. Diese Bauerntölpel hatten alle ihre Mahlsteine für die Küche und die Statuen ihrer Lieblingsgötter mitgebracht, statt dasselbe Gewicht an Saatgut und Pinóli-Mehl als Proviant für unterwegs. Sie murrten zwar sehr, aber ich habe sie bewogen, alles, was überflüssig und hinderlich ist, zurückzulassen.«

»Und die Leute selbst, Qualánqui? Steht es zu erwarten, daß die sich als Gemeinwesen einmal selbst versorgen können?«

»Ich glaube, ja. Es sind alles Bauern, aber es sind auch Männer darunter, die als Ziegelstreicher, Maurer, Zimmerleute und dergleichen ihr Handwerk verstehen. Eigentlich beklagen sie sich nur darüber, daß eine Berufsgruppe unter ihnen fehlt. Man hat ihnen keine Priester zugeteilt.«

Säuerlich erklärte ich: »Ich habe nie von einer Gemeinde gehört, die sich irgendwo angesiedelt hätte, ohne daß nicht plötzlich ein Haufen Priester unter ihnen aufgestanden wäre, die verlangten, ernährt und verehrt zu werden.« Trotzdem meldete ich es an den Palast weiter, und so wurden uns sechs oder sieben frisch gebackene Tlamacázque verschiedener unbedeutenderer Götter zugeteilt, Priester, die noch so jung waren, daß ihre schwarzen Gewänder gerade erst anfingen, von Blut und Schmutz zu starren.

Nochípa, Béu und ich zogen am Vorabend des Tages, an dem es losgehen sollte, über die Dammstraße und verbrachten die Nacht in Ixtapalápan, damit ich die mir anvertrauten Auswanderer in aller Frühe zusammenrufen und mich ihnen vorstellen könne. Es galt nachzuprüfen, ob alle Traglasten gleichmäßig unter allen gesunden Männern, Frauen und älteren Kindern aufgeteilt waren, und dafür zu sorgen, daß wir möglichst frühzeitig aufbrachen. Meine vier alten Kämpen ließen die Tecpanéca Aufstellung nehmen, ich hielt meinen Topas vors Auge und inspizierte sie genau. Daraufhin wurde im Glied verstohlen gelacht, und die Krieger nannten mich hinterher unter sich – wovon ich eigentlich nichts wissen sollte – Mixteloxíxtli, eine recht geistreiche Verbindung meines Namens mit anderen Wörtern, welche ich ungefähr mit Urinaugen-Mixtli übersetzen würde.

Die Bauern belegten mich vermutlich mit noch weniger schmeichelhaften Namen, denn sie litten unter zahlreichen Kümmernissen, deren größtes wohl das war, nie vorgehabt oder den Wunsch verspürt zu haben, jemals auszuwandern. Motecuzóma hatte es wohlweislich unterlassen, mir zu sagen, daß es sich nicht um auswanderungsfreudige Freiwillige handelte, sondern um sogenannten Bevölkerungsüberschuß, Menschen also, die irgendwo von den Truppen aufgegriffen und zusammengetrieben worden waren. Mit einiger Berechtigung fanden sie daher, es sei ungerecht, sie einfach in die Wildnis zu schicken. Und die Krieger waren nicht minder unglücklich. Sie hatten etwas dagegen, »Kindermädchen« zu spielen, so lange zu marschieren, sich soweit von ihrer Heimat Tlácopan zu entfernen und als Ziel nicht ein ehrenvolles Schlachtfeld vor sich zu haben, sondern langweiligen Garnisonsdienst. Hätte ich nicht meine vier alten Kämpfer mitgebracht, Zucht und Ordnung unter den Kriegern aufrechtzuerhalten, ich fürchte, Ritter Urinauge hätte mit Meuterei oder Desertionen fertigwerden müssen.

Nun, ja. Wie oft habe *ich* nicht gewünscht, einfach davonlaufen zu können. Die Krieger konnten jedenfalls marschieren. Die Bauern hingegen trödelten, sie verliefen sich, bekamen Blasen an den Füßen und erlahmten, sie murrten und wimmerten. Keine zwei von ihnen konnten jemals gleichzeitig Pause machen, um ihr Wasser abzuschlagen; die Frauen verlangten, daß wir anhielten, damit sie ihren kleinen Kindern die Brust geben konnten; und die Priester dieses oder jenes Gottes verlangten, daß wir zu bestimmten Zeiten des Tages Pause machten, damit sie bestimmte rituelle Gebete verrichten könnten. Gab ich ein flotteres Tempo zum Weiterziehen an, beklagten die Trägeren unter ihnen sich, ich hetzte sie zu Tode. Und ließ ich sie langsamer vorrücken, klagten die anderen, sie würden noch an Altersschwäche sterben, ehe wir das Ziel der Reise erreicht hätten.

Was mir die ganze Reise jedoch zu einem Vergnügen machte, war meine Tochter Nochípa. Genauso wie ihre Mutter Zyanya auf *ihrer* ersten Reise von daheim fort, stieß Nochípa nach jeder Wegbiegung, bei jedem neuen Ausblick auf die Landschaft freudige Schreie aus. Keine Landschaft war so gewöhnlich, daß nicht irgend etwas darin ihr Auge und ihr Herz erfreut hätte. Wir folgten der Haupthandelsroute in den Südosten, und dort gibt es in der Tat viel Schönes zu sehen, doch war die Straße mir und Béu und meinen vier alten Kriegern schon im Übermaße vertraut – und die Auswanderer waren außerstande, sich über irgend etwas zu freuen; sie konnten nur über ihre Leiden und Beschwerden klagen. Doch selbst wenn wir die öden und toten Landstriche Míctlans durchquert hätten, Nochípa würde alles neu und wunderschön gefunden haben.

Manchmal trällerte sie Lieder wie Vögel, aus keinem anderen erkennbaren Grund, als daß sie geflügelte Geschöpfe waren und froh darüber, es zu sein. (Wie einst meine Schwester Tzitzitlíni, hatte Nochípa in ihrer Schule so manchen Preis für Singen und Tanzen errungen.) Wenn sie sang, hörten selbst die sonst immer und ewig Unzufriedenen unter den mir Anvertrauten eine Zeitlang mit ihrem Murren auf und lauschten. Und wenn sie nicht zu müde war vom Tagesmarsch, erhellte Nochípa die dunklen Nächte für uns, indem sie nach der Abendmahlzeit für uns tanzte. Einer von meinen alten Männern konnte recht gut auf seiner Tonflöte spielen und hatte sie mitgebracht. An den Abenden, da Nochípa tanzte, legte die ganze Gesellschaft sich weniger klagend auf dem harten Boden zum Schlafen nieder.

Abgesehen davon, daß Nochípa uns die lange und ermüdende Reise erhellte, erinnere ich mich nur an ein Begebnis unterwegs, das mir aus dem Rahmen des Gewöhnlichen herauszufallen schien. Eines Abends, als wir unser Lager aufgeschlagen hatten, entfernte ich mich, um etliche Schritte aus dem Lichtkreis der Lagerfeuer an einem Baum mein Wasser abzuschlagen. Als ich später zufällig noch einmal an diesem Baum vorüberkam, sah ich Béu – welche mich ihrerseits nicht sah – etwas Einzigartiges tun. Sie kniete am Stamm dieses Baumes und scharrte ein wenig von der Erde zusammen, die ich mit meinem Wasser genetzt hatte. Vielleicht, so dachte ich, will sie einen heilenden Breiumschlag machen für jemand, der sich die Füße wundgelaufen oder sich den Fuß verstaucht hat. Weder unterbrach ich sie bei ihrem Tun, noch spielte ich später jemals darauf an.

Gleichwohl sollte ich euch, ehrwürdige Patres, sagen, daß es unter uns gewisse Frauen gab, für gewöhnlich Greisinnen – ihr nennt sie Hexen –, welche sich in manchen Geheimkünsten auskannten. Eine ihrer Fähigkeiten besteht darin, ein rohes Abbild von einem Mann zu machen und dabei feuchte Erde von einem Fleck zu benutzen, wo er kurz zuvor sein Wasser abgeschlagen hatte, und diese Puppe dann bestimmten schmachvollen Behandlungen zu unterziehen, um auf diese Weise den Mann unerklärliche Schmerzen leiden zu lassen, eine Krankheit herbeizurufen, Wahnsinn oder Begierde oder Gedächtnisverlust, ja, selbst den Verlust all seines Habs und Guts, bis er völlig verarmt wäre. Ich hatte jedoch keinen Grund anzunehmen, daß Wartender Mond ihr Leben lang eine Hexe gewesen sei, ohne daß ich es jemals gemerkt hätte. Ich tat ihr Vorgehen an diesem Abend als reinen Zufall ab und vergaß es vollständig – bis es mir viel später wieder einfallen sollte.

Nachdem wir Tenochtítlan rund zwanzig Tagesmärsche hinter uns hatten – eine Strecke, die ein erfahrener und nicht durch schwere Traglasten behinderter Reisender in zwölf Tagen geschafft hätte –, langten wir in dem Dorf Huajuápan an, das ich von früher her kannte. Nachdem wir die Nacht dort verbracht hatten, bogen wir scharf nach Nordosten ab und folgten von jetzt an einem Handelsweg, den noch keiner von uns kannte und der für uns alle neu war. Der Weg führte uns durch angenehme Täler voller jungen Frühlingsgrüns, und wand sich zwischen niedrigen und bezaubernden blauen Bergen auf die Hauptstadt von Tya Nya zu, welche gleichfalls Tya Nya oder Teohuacán hieß. Freilich führte ich nicht den ganzen Auswandererzug bis ganz dorthin. Nachdem wir vier Tage lang dieser Route gefolgt waren, gelangten wir in ein ausgedehntes Tal und standen vor einer Furt, welche durch einen breiten, aber seichten Strom führte. Ich kniete nieder, schöpfte eine Handvoll Wasser, schnupperte daran und kostete es dann.

Zornig Auf Jedermann trat neben mich: »Was meinst du?«

»Nun, es stammt zumindest nicht aus einer der üblichen Quellen Teohuacáns«, sagte ich. »Das Wasser ist weder bitter, noch riecht es übel, noch ist es heiß. Es eignet sich gut zum Trinken und zum Bewässern von Feldern. Das Land sieht aus, als sei die Erde fruchtbar, und ich sehe auch keine anderen Siedlungen oder Pflanzungen. Ich meine, dies ist die richtige Stelle, unser Yanquítlan zu errichten. Sag ihnen das.«

Qualánqui drehte sich um und rief so laut, daß jeder es hören konnte: »Werft eure Lasten ab. Wir sind am Ziel!«

Ich sagte: »Laß sie sich für den Rest des Tages ausruhen. Morgen werden wir anfangen . . .«

»Morgen«, fiel mir einer der Priester ins Wort, der plötzlich neben mir stand, »und übermorgen und überübermorgen werden wir den Boden weihen. Mit Eurer Erlaubnis, versteht sich.«

Ich sagte: »Dies ist die erste Siedlung, die ich jemals gegründet habe, junger Priester, und ich kenne mich in den Formalitäten nicht aus. Doch tut unbedingt alles, was die Götter fordern.«

Jawohl, genau diese Worte sagte ich, ohne zu erkennen, wie diese Worte ausgelegt werden könnten – nämlich dahingehend, daß ich mein Einverständnis für jede Art religiösen Treibens gegeben hätte; ohne vorauszusehen, auf welche Weise diese Worte schließlich von den Priestern und den Leuten ausgelegt werden würden; und nicht im entferntesten zu ahnen, daß ich diese beiläufig geäußerten Worte mein Leben lang bedauern würde.

Das erste Ritual – die Weihe des Bodens ringsum – dauerte mit den Gebeten, den Anrufungen, dem Weihrauchverbrennen und dergleichen drei volle Tage. Manche von den Ritualen beschäftigten ausschließlich die Priester, an anderen mußten wir alle teilnehmen. Ich hatte nichts dagegen, denn Krieger wie Aussiedler erholten sich merklich in diesen drei Tagen der Ruhe und der Zerstreuung. Selbst Nochípa und Béu waren offensichtlich froh, daß die Feierlichkeiten ihnen Grund gaben, reicher geschmückte weibliche Gewänder anzuziehen als die Reisekleidung, welche sie so lange Zeit hindurch getragen hatten.

Und das bot einigen der Kolonisten eine weitere Zerstreuung – und mir selbst auch, da es mich erheiterte, dabei zuzusehen. Die meisten Männer unseres Zuges hatten Frauen und Kinder, doch befanden sich auch drei oder vier Witwer mit Kindern, aber ohne Frauen darunter, und diese nutzten die Gelegenheit der Festtage, einer nach dem anderen Béu den Hof zu machen. Unter den Männern befanden sich aber auch Knaben und junge Männer in einem Alter, da sie linkische Versuche machten, sich Nochípa zu nähern. Ich konnte das weder den jüngeren noch den älteren Männern verargen, denn Nochípa und Béu waren unendlich viel schöner, eleganter und begehrenswerter als die ungeschlachten, grobgesichtigen und paddelfüßigen Bauersfrauen und -mädchen des Zuges.

Wenn Béu Ribé meinte, daß ich nicht zusah, ließ sie die Männer, welche kamen, um sie zu bitten, einen der zeremoniellen Tänze mit ihnen zu tanzen, oder irgendeinen anderen Grund fanden, in ihrer Nähe zu sein, hochmütig abblitzen. Doch manchmal, wenn sie mich in der Nähe wußte, hielt sie die Einfaltspinsel fest, tauschte verliebte Blicke und schäkerte hemmungslos, lächelte verlockend und machte ihnen solche Augen, daß den Ärmsten der Schweiß ausbrach. Ganz offensichtlich ging es ihr darum, mich zu reizen, indem sie mir neuerlich vor Augen führte, daß sie immer noch eine sehr begehrenswerte Frau war. Doch daran brauchte ich nicht erinnert zu werden. Wartender Mond war in der Tat von Antlitz und Gestalt genauso schön wie Zyanya es gewesen war; doch im Gegensatz zu den Bauern, welche um sie herumscharwenzelten, war ich innerlich längst gegen ihre tückischen Listen gefeit, mit denen sie einen erst in Versuchung führte und dann von sich stieß. Ich strahlte und nickte nur wie ein wohlwollend zustimmender Bruder, woraufhin die Wärme aus ihren Augen wich und sie eiskalt wurden, ihre eben noch gurrende Stimme etwas Schneidendes bekam und der plötzlich abgewiesene Freier sich verwirrt zurückzog.

Nochípa trieb derlei Spiele nicht; sie war genauso keusch wie all ihre Tänze es gewesen waren. Jeden jungen Mann, der sich ihr näherte, bedachte sie mit einem so verwunderten, ja, erstaunten Blick, daß diesen – nachdem er ein paar schüchterne Worte gemurmelt hatte – aller Mut verließ und er mit brennendem Gesicht und wütend nach Steinen tretend von dannen zog. Sie war von einer Unschuld, der nichts etwas anhaben konnte, einer Unschuld, die offenbar jeden, der ihr sein fleischliches Begehren eingestand, in Verlegenheit brachte und ihm die Schamröte ins Gesicht trieb. Ich hielt mich abseits, und ein doppelter Stolz auf meine Tochter erfüllte mich: Stolz darauf, daß sie bezaubernd schön war, um viele Männer anzuziehen; und Stolz darauf, daß sie auf den einen Mann warten würde, den sie wirklich haben wollte. Viele Male seither habe ich gewünscht, die Götter hätten mich augenblicklich für meinen selbstgefälligen Stolz bestraft und mich niedergestreckt. Doch die Götter kennen grausamere Strafen.

Am dritten Abend, als die erschöpften Priester erklärten, die Weihe sei jetzt vollendet, es könne damit begonnen werden, das neue Gemeinwesen auf einem Boden aufzubauen, welcher nunmehr gastlich und sicher gemacht worden sei, sagte ich zu Zornig Auf Jedermann:

»Morgen sollen die Bauersfrauen beginnen, Äste für die Hütten abzuschlagen und Gras sammeln, ihr Dach damit zu decken, während die Männer anfangen sollen, unten am Fluß den Boden urbar zu machen, damit gepflanzt werden kann. Motecuzóma hat befohlen, daß die Saat so schnell wie möglich in den Boden kommt, und solange sie damit beschäftigt sind, brauchen die Leute nicht richtig ein Dach über dem Kopf. Später, jedoch noch vor Beginn der Regenfälle, werden wir Straßen und Grundstücke für ihre festen Häuser abstecken. Die Krieger haben in der Zwischenzeit nichts zu tun. Außerdem wird die Kunde von unserem Kommen bis in die Hauptstadt gedrungen sein. Ich meine, wir sollten uns beeilen, dem Uey-Tlatoáni oder wie immer die Teohuacána ihre Herrscher nennen, unsere Aufwartung zu machen und ihn von unserem Vorhaben in Kenntnis zu setzen. Die Krieger nehmen wir mit. Sie sind zahlreich genug, um zu verhüten, daß wir ergriffen oder hinausgeworfen werden, und doch ist ihre Zahl nicht groß genug, daß man denken könnte, wir kämen in feindseliger Absicht.«

Qualánqui nickte und sagte: »Ich werde die Bauernfamilien davon in Kenntnis setzen, daß die Festtage morgen zu Ende sind, und den Tecpanéca sagen, daß sie sich abmarschbereit halten sollen.«

Als er ging, wandte ich mich an Béu Ribé und sagte: »Deine Schwester, meine Frau, hat einmal ihren ganzen Zauber für mich eingesetzt, einen anderen fremden Herrscher für uns einzunehmen, einen Mann, weit furchteinflößender als irgendeiner hier in diesen Landen. Wenn ich auf ähnliche Weise in Begleitung einer wunderschönen Frau am Hof von Teohuacán einziehe, könnte meine Mission auch dort weniger als tollkühn und mehr freundlich betrachtet werden. Dürfte ich dich bitten, Wartender Mond . . .?«

»Dich zu begleiten, Záa?« sagte sie eifrig. »Als deine Gemahlin?«

»Nur dem Anschein nach. Wir brauchen ja nicht zu sagen, daß du nur meine Schwägerin bist. Und in Anbetracht deines Alters würde niemand etwas dabei finden, wenn wir um getrennte Schlafkammern bitten.«

Sie überraschte mich damit, daß sie aufbrausend sagte: *»unseres* Alters!« Doch beruhigte sie sich ebenso rasch wieder und murmelte: »Selbstverständlich. Nichts sagen. Die Frau, die nichts weiter ist als deine Schwägerin, steht stets zu deinen Diensten.«

Ich sagte: »Vielen Dank.«

»Gleichwohl, Schwager – ursprünglich hast du befohlen, daß ich bei Nochipa bleibe, um sie vor dieser rohen Gesellschaft zu schützen. Wenn ich mitkomme – was ist mit Nochipa?«

»Ja, was ist mit mir?« fragte meine Tochter und zupfte mich an der anderen Seite am Umhang. »Komme ich gleichfalls mit, Vater?«

»Nein, du bleibst hier, Kind«, sagte ich. »Ich erwarte eigentlich keinerlei Schwierigkeiten auf der Straße in die Hauptstadt, doch die Gefahr besteht eben doch immer. Hier, unter den vielen, bist du sicher. Und sicher in der Obhut von Priestern, die bestimmt nicht von feindlichen Stämmen angegriffen werden. Diese Bauernlümmel werden so hart schuften, daß sie abends viel zu müde sein werden und kein heiratsfähiger Mann auch nur den Versuch machen wird, dir schöne Augen zu machen. Auf jeden Fall, Tochter, habe ich beobachtet, daß du durchaus imstande bist, sie in die Schranken zu weisen. Du bist hier sicherer, Nochipa, als unterwegs, und im übrigen bleibe ich ja nicht lange.«

Sie schien jedoch dermaßen enttäuscht, daß ich noch hinzufügte: »Wenn ich wieder da bin, werden wir viel Muße und die ganze Freiheit dieses Landes für uns haben. Ich verspreche dir, daß du dann mehr davon zu sehen bekommen wirst. Nur du und ich, Nochipa – wir werden unbeschwert umherstreifen.«

In ihren Augen leuchtete es auf, und sie sagte: »Ja, das wird sogar noch schöner werden. Nur du und ich. Dann bleibe ich auch bereitwillig hier, Vater. Und abends, wenn die Leute von ihrer Arbeit müde sind, kann ich sie vielleicht ihre Müdigkeit vergessen machen. Ich kann für sie tanzen.«

Selbst ohne die hinderlichen Bauern sollte es mich und Béu und unsere Eskorte von vierundvierzig Tecpanéca-Kriegern fünf weitere Tage kosten, ehe wir die Stadt Teohuacán oder Tya Nya erreichten. So viel weiß ich noch, und ich erinnere mich auch, daß wir sehr gnädig vom Herrscher empfangen wurden, wiewohl ich seinen Namen und den seiner Königin vergessen habe und auch nicht mehr weiß, wie lange wir ihre Gäste waren in dem recht baufälligen Gebäude, das sie Palast nannten. Nicht vergessen habe ich aber die Worte, die er sprach:

»Das Land, welches Ihr besetzt habt, Adlerritter Mixtli, gehört zu unseren fruchtbarsten und angenehmsten Gegenden überhaupt.« Um dann jedoch hastig hinzuzufügen: »Nur können wir keine Leute vom Landbau oder den anderen Beschäftigungen abziehen, es zu bearbeiten. Eure Siedler mögen es bebauen; wir heißen ihre Anwesenheit willkommen. Jedes Volk hat sein Gutes davon, wenn ihm neues Blut zugeführt wird.«

Er sagte noch viel mehr ähnliches Wichtiges und überreichte mir Geschenke im Austausch für jene, welche ich von Motecuzóma mitgebracht hatte. Und ich erinnere mich, daß man uns – meine Männer genauso wie Béu und mich – zu vielen üppigen Gelagen einlud. Wir überwanden uns sogar, jenes faulige Wasser zu trinken, auf welches die Teohuacána so stolz sind, ja, wir schmatzten sogar vernehmlich, um – wider unsere Überzeugung – so zu tun, als fänden wir es köstlich. Auch weiß ich noch, daß niemand merklich die Brauen in die Höhe zog, als ich für Béu und mich um getrennte Schlafkammern bat, wenngleich ich mich blaß daran erinnere, daß sie während einer der Nächte, die wir dort weilten, zu mir in meine Kammer kam. Sie sagte etwas, sie bettelte um etwas – und ich fertigte sie barsch ab –, woraufhin sie mich anflehte. Ich glaube, daraufhin habe ich sie geschlagen ... doch jetzt kann ich mich nicht erinnern ...

Nein, ehrwürdige Patres, seht mich nicht so an. Es ist keineswegs so, daß mein Gedächtnis mich hier plötzlich im Stich ließe. All diese Dinge sind mir in den vielen Jahren, die seither vergangen sind, unklar geblieben. Und zwar wegen etwas, was hinterher geschah – etwas, was sich so sehr in mein Gedächtnis eingebrannt hat, daß es alle Erinnerungen an das, was vorausging, auslöschte. Ich weiß noch, daß wir uns von unseren Tya-Nya-Gastgebern unter vielen gegenseitigen Bekundungen herzlicher Achtung verabschiedeten und die Leute von Tya Nya die Straßen säumten, um uns zuzuwinken; nur Béu schien nicht recht zufrieden mit dem Erfolg unserer Gesandtschaft. Und ich nehme an, daß wir für den Rückweg auch wieder fünf Tage brauchten ...

Es herrschte Dämmerung, als wir zurückkehrten und auf der anderen Seite von Yanquítlan auf das Ufer des Flusses stießen. Viel gebaut worden schien während unserer Abwesenheit nicht zu sein. Auch als ich meinen Topas vors Auge hielt, konnte ich nur einige wenige Hütten erkennen, die dort, wo das Dorf entstehen sollte, errichtet worden waren. Wieder schien irgendein Fest gefeiert zu werden, viele Feuer brannten und loderten hoch, obwohl es noch gar nicht ganz Nacht war. Wir schickten uns nicht sofort an, die Furt zu durchqueren, sondern standen da und lauschten den Rufen und dem Lachen auf der anderen Seite des Wassers, denn einen solchen Frohsinn hatten wir von dieser schwerfälligen Gesellschaft noch nie gehört. Dann tauchte ein Mann vor uns aus dem Dämmer auf dem Fluß auf, sah unseren haltenden Trupp, kam durch das flache Wasser geplanscht und begrüßte mich voller Hochachtung:

»Mixpantzínco! In Eurer erlauchten Gegenwart, Adlerritter, willkommen zurück. Wir hatten schon Angst, Ihr würdet überhaupt nichts von der Feier mitbekommen.«

»Was für einer Feier?« fragte ich. »Ich kenne keine Zeremonie, bei der die Mitwirkenden baden gehen sollen.«

Er lachte und sagte: »Ach, dazu hatte ich selbst Lust. Mir war so warm vom Tanzen und vom Lustigsein, daß ich mich abkühlen mußte. Aber ich bin schon oft genug mit dem Knochen gesegnet worden.« Mir schnürte sich der Hals zusammen. Er muß mein Schweigen für ein Zeichen von Nichtverstehen genommen haben und erklärte deshalb: »Ihr selbst habt doch den Priestern gesagt, sie sollten unbedingt alles tun, was die Götter fordern. Gewiß wußtet Ihr doch, daß der Tlacaxipe-Ualízli-Mond schon recht fortgeschritten war, als Ihr uns verließet, und der Gott noch nicht beschworen worden war, das urbar gemachte Land zu segnen.«

»Nein«, sagte ich oder stöhnte ich vielmehr. Nicht, daß ich ihm nicht geglaubt hätte; ich wußte, um welches Datum es ging. Ich versuchte nichts weiter, als den Gedanken zu verdrängen, welcher mein Herz sich zusammenkrampfen ließ wie eine Faust. Als wäre er stolz darauf, es mir als erster zu berichten, fuhr der Mann fort:

»Einige wollten Eure Rückkehr abwarten, Gebieter, aber die Priester mußten mit den Vorbereitungen vorankommen. Ihr wißt ja, daß wir keine Leckereien hatten, um die Erwählte zu verwöhnen, und auch keine Instrumente, um die richtige Musik dazu zu machen. Aber wir haben laut gesungen und viel Copáli verbrannt. Und da wir auch keinen Tempel hatten, die nötige Entjungferung darin vorzunehmen, haben die Priester ein Stück weichen Grases, das ganz von Büschen eingerahmt ist, zum Heiligtum erklärt; und an Freiwilligen war auch kein Mangel; viele haben es sogar mehrmals hintereinander gemacht. Da alle dafür waren, unseren Befehlshaber zu ehren, selbst in seiner Abwesenheit, fiel die Wahl derjenigen, die den Gott darstellen sollte, einstimmig aus. Und jetzt seid Ihr doch noch rechtzeitig zurückgekehrt, um den Gott zu sehen, dargestellt in Person . . .«

Er hielt unvermittelt inne, denn ich hatte mein Maquáhuitl in seinen Hals sausen lassen, daß dieser bis zum Knochen hinten aufsprang. Béu stieß einen leisen Schrei aus, und die Krieger hinter ihr reckten die Hälse. Einen Augenblick schwankte der Mann, die Augen entsetzt aufgerissen; schweigend öffnete und schloß er den Mund und die weit geöffneten roten Lippen unterhalb seines Kinns. Dann kippte sein Kopf nach hinten, die Wunde klaffte auf, Blut schoß hervor, und er stürzte zu meinen Füßen zu Boden.

Von Entsetzen gepackt, sagte Béu: »Záa, *warum*? Warum hast du das getan?«

»Schweig, Weib!« herrschte Zornig Auf Jedermann sie an.

Dann packte er mich beim Oberarm, womit er vielleicht verhinderte, daß auch ich zu Boden stürzte, und sagte: »Mixtli, vielleicht kommen wir noch rechtzeitig, um das Schlimmste zu verhüten.«

Ich schüttelte den Kopf. »Du hast ihn gehört. Er ist mit dem Knochen gesegnet worden. *Alles*, was dieser Gott fordert, ist getan.«

Qualánqui seufzte und sagte heiser: »Es tut mir leid.«

Einer von seinen alten Kameraden nahm meinen Arm und sagte:

»Uns allen tut es leid, junger Mixtli. Möchtest du lieber hier warten, während wir – während wir den Fluß überqueren?«

Ich sagte: »Nein. Ich führe immer noch das Kommando. Und ich werde befehlen, was in Yanquítlan zu geschehen hat.«

Der alte Mann nickte, hob dann die Stimme und befahl den Kriegern, die auf dem Pfad zusammengedrängt standen: »Ihr Männer! Zieht euch auseinander und bildet eine Linie wie zu einem Überfall! Das ganze Flußufer entlang. Macht schon!«

»Sag mir, was geschehen ist!« schrie Béu und rang die Hände. »Sag mir, was wir hier tun!«

»Nichts«, sagte ich, und meine Stimme krächzte. »Du tust gar nichts, Béu.« Ich schluckte den Kloß hinunter, den ich im Hals hatte, zwinkerte, sodaß die Tränen fortgewischt wurden, und tat mein möglichstes, um kraftvoll und aufrecht dazustehen. »Du tust nichts weiter, als hierzubleiben und auf dieser Seite des Wassers zu warten. Was immer du von drüben hören wirst und so lange es auch dauert – beweg dich nicht von der Stelle, bis ich dich hole.«

»Allein hierbleiben? Mit dem da?« Sie zeigte auf den Leichnam.

Ich sagte: »Den brauchst du nicht zu fürchten. Freu dich für ihn. In meinem ersten Zorn habe ich übereilt gehandelt. Diesem da habe ich einen leichten Tod geschenkt.«

Zornig Auf Jedermann schrie: »Ihr Männer – vorrücken über den Fluß. Keinen Laut von jetzt an. Kesselt das Dorf ein. Es darf niemand entkommen! Treibt sie alle zusammen und wartet dann auf Befehle! Komm, Mixtli, wenn du meinst, daß es sein muß.«

»Ich weiß, daß ich es tun muß«, sagte ich und war der erste, der ins Wasser hineinwatete.

Nochípa hatte davon gesprochen, für die Leute von Yanquítlan tanzen zu wollen, und genau das tat sie jetzt. Aber es war nicht der zurückhaltende und sittsame Tanz, den ich sie immer hatte tanzen sehen. Im rötlichen Dämmer, in dieser Mischung aus Zwielicht und Widerschein des Feuers sah ich, daß sie vollständig unbekleidet war, daß sie ohne jede Anmut tanzte, vielmehr mit unzüchtig gespreizten Beinen, und dabei zwei weiße Knochen überm Kopf schwenkte und gelegentlich damit hinauslangte, um jemand zu berühren, der auf sie zugetanzt kam.

Wiewohl ich es nicht wollte, hob ich meinen Topas, um sie deutlicher zu sehen. Das einzige, was sie trug, war die Halskette aus Opalen, welche ich ihr geschenkt, als sie vier Jahre alt gewesen war, und der ich an jedem ihrer folgenden acht Geburtstage – den ach so wenigen Geburtstagen –, welche sie seither gefeiert, einen neuen Glühwürmchenstein hinzugefügt hatte. Ihr für gewöhnlich sauber geflochtenes Haar hing ihr wirr und zerzaust um den Kopf. Ihre Brüste waren immer noch feste kleine Hügel und ihr Hinterteil immer noch wohlgeformt, doch zwischen ihren Beinen, wo fast unsichtbar ihr Tipíli hätte sitzen sollen, war ein Riß in ihrer Haut, und durch diesen Riß hindurch ragte ein wippender männlicher Tepúli, und ein schlenkernder Olóltin-Sack hing heraus. Die weißen Stecken, welche sie schwenkte, waren ihre eigenen Oberschenkelknochen, doch die Hände, welche sie hielten, waren die eines Mannes, und ihre eigenen, halb abgetrennten Hände baumelten schlaff von seinen Handgelenken herunter.

Ein Freudenruf entrang sich den Lippen der Leute, als ich in den Kreis derer hineintrat, die umtanzten, was einst meine Tochter gewesen war. Sie war ein Kind gewesen, ein strahlendes Kind, und sie hatten ein Stück Aas aus ihr gemacht. Diese Puppe, welche einst Nochípa gewesen war, kam tanzend auf mich zu, hatte einen schimmernden Knochen erhoben, als ob sie mich segnend damit berühren wolle, ehe sie sich ihrem liebenden Vater in die Arme warf. Das schaurige Wesen kam so nahe, daß ich ihm in die Augen schauen konnte, doch es waren nicht Nochípas Augen. Dann stockten die tanzenden Füße, hörten ganz auf zu tanzen, blieben kurz vor mir stehen, gebannt und zum Stillstand gebracht durch den haßerfüllten, angewiderten Blick, mit dem ich sie bedachte. Und als das tanzende Wesen stillstand, kam auch die durcheinandertanzende und -springende Menge zum Stillstand, legte sich der freudige Lärm, und die Leute standen da und schauten mich und die Krieger, welche den Tanzplatz eingeschlossen hatten, unsicher an. Ich wartete, bis alles still geworden war und man nichts mehr hörte als das Knistern der Freudenfeuer. Ohne mich an jemand im besonderen zu wenden, sagte ich:

»Ergreift dieses abscheuliche Wesen – aber packt es sanft, denn es ist alles, was von einem einst lebendigen Mädchen übriggeblieben ist.«

Der kleine Priester in Nochípas Haut zwinkerte ungläubig, dann hatten zwei meiner Krieger ihn gepackt. Die anderen fünf oder sechs Priester drängten sich durch die Menge und erhoben zornig Einspruch gegen meine Unterbrechung der Zeremonie. Ich achtete ihrer nicht und sagte zu den Männern, welche den Gottesdarsteller festhielten:

»Ihr Gesicht ist von ihrem Körper abgelöst. Nehmt ihm das Gesicht ab – aber geht behutsam damit um – und tragt es ehrfürchtig zu jenem Feuer dort drüben, sprecht ein kleines Gebet für sie, die ihm Schönheit verliehen, und verbrennt es. Bringt mir die Opale, welche sie um den Hals trug.«

Ich wendete den Blick ab, als sie taten, wie geheißen. Die anderen Priester erregten sich immer mehr, bis Zornig Auf Jedermann sie so fürchterlich anherrschte, daß die Priester genauso verstummten und ergeben dastanden wie die regungslose Menge.

»Es ist geschehen, Ritter Mixtli«, meldete einer meiner Männer. Er reichte mir die Halskette; einige von den Glühwürmchensteinen waren noch von Nochípas Blut gerötet. Ich wandte mich wieder dem gefangenen Priester zu. Er trug nicht mehr das Haar und das Antlitz meiner Tochter, sondern sein eigenes Gesicht, in dem es vor Furcht zuckte.

Ich sagte: »Legt ihn rücklings auf den Boden, dorthin, und seid vorsichtig, hütet euch, roh mit dem Fleisch meiner Tochter umzugehen. Treibt ihm Pflöcke durch Hände und Füße und heftet ihn auf den Boden.«

Wie alle anderen Priester auch, war er ein junger Mann. Und er schrie wie ein Knabe, als der erste spitze Pflock ihm durch die linke Hand getrieben wurde. Viermal insgesamt schrie er. Es kam Bewegung in die anderen Priester und Auswanderer, und sie murrten zurecht aus Furcht vor ihrem eigenen Schicksal, doch meine Krieger hielten ihre Waffen kampfbereit erhoben, und keiner wagte es, als erster zu fliehen. Ich sah hinunter auf die groteske Gestalt auf dem Boden, die sich wand und versuchte, sich von den vier Pflöcken zu befreien, welche seine vier ausgestreckten Glieder an den Boden hefteten. Nochípas jugendliche Brüste reckten ihre braunroten Brustwarzen stolz nach oben, doch das eben noch starrende Gemächt, welches sich zuvor zwischen ihren Beinen in die Höhe gereckt hatte, war erschlafft und in sich zusammengesunken.

»Bereitet Kalkwasser vor«, befahl ich. »Nehmt reichlich Kalk und tränkt die Haut damit. Tränkt die Haut die ganze Nacht damit, bis sie sich ganz vollgesogen hat. Dann warten wir, bis die Sonne aufgeht.«

Zornig Auf Jedermann nickte zustimmend. »Und die anderen? Wir erwarten deine Befehle, Mixtli.«

Von Entsetzen getrieben, sprang einer der anderen Priester zwischen uns und warf sich vor mir auf die Knie, packte mit seinen blutbefleckten Händen den Saum meines Umhangs und sagte: »Gebieter, wir haben dieses Fest mit Eurer ausdrücklichen Zustimmung begangen. Jeder andere hier hätte gejubelt, wenn sein Sohn oder seine Tochter zum Gottesdarsteller erkoren worden wäre, doch Eure Tochter war es, welche den Erfordernissen am besten entsprach. Nachdem sie von der Einwohnerschaft gewählt und diese Wahl durch die Priester gebilligt worden war, *hättet Ihr Euch nicht weigern können*, sie für die Zeremonie herzugeben.«

Ich sah ihn an. Er senkte die Augen und stammelte dann:

»Zumindest – in Tenochtítlan – hättet Ihr Euch nicht weigern können.« Er zupfte nochmals an meinem Umhang und sagte flehentlich: »Sie war eine Jungfrau, wie es sich gehört, aber sie war reif genug, zur Frau gemacht zu werden, was auch geschah. Ihr habt mir selbst gesagt, Gebieter: Tut unbedingt alles, was die Götter fordern. So hat der Blumentod des Mädchens jetzt Euer Volk und die neue Kolonie gesegnet, und es ist gewährleistet, daß dieser Boden reiche Frucht trägt. Ihr hättet Euch diesem Segen nicht widersetzen können. Glaubt mir, Gebieter, es ging uns nur darum, Xipe Totec zu *ehren* ... und Eure Tochter ... und Euch!«

Ich versetzte ihm einen Stoß, daß er auf die Seite fiel, und ich sagte zu Qualánqui: »Du weißt, womit die zur Xipe Totec gewählten für gewöhnlich *geehrt* werden?«

»Ich weiß es, Freund Mixtli.«

»Dann weißt du auch, was der unschuldigen und makellosen Nochípa angetan wurde. Das gleiche tut diesem Dreckshaufen an, tut es, wie und auf welche Weise immer es euch gefällt. Ihr habt genügend Krieger. Sollen sie ihre Lust haben, und sie brauchen sich nicht zu beeilen. Sollen sie sich doch etwas einfallen lassen und sich Zeit lassen. Aber wenn all das getan ist, will ich, daß niemand – und *nichts* hier in Yanquítlan zurückbleibt.«

Das war der letzte Befehl, den ich dort gab. Zornig Auf Jedermann übernahm das Kommando. Er drehte sich um und erteilte genaue Anweisungen, und die Menge heulte, als läge sie bereits im Todeskampf. Aber die Krieger taten mit Freuden, wie ihnen geheißen. Einige von ihnen trieben alle erwachsenen Männer zu einer besonderen Gruppe zusammen und hielten sie mit ihren drohend erhobenen Waffen in Schach. Die anderen Krieger legten ihre Waffen ab, zogen ihre Kleider aus und gingen ans Werk – oder ans Spiel –, und wenn einer von ihnen es müde wurde, konnte er mit denen tauschen, die Wache standen.

Was Qualánqui befohlen hatte und was tatsächlich geschah, war folgendes: Alle kleinen Kinder – solche, die noch nicht oder eben gerade laufen konnten – wurden von den Kriegern gepackt und in Stücke gehackt – nicht rasch, sondern langsam, so wie man eine Frucht zerteilt, die man essen will –, während ihre Eltern zusahen und weinten und drohten und fluchten. Dann wurde allen übrigen Kindern, allen, die alt genug waren, mißbraucht zu werden, die Jungen ebenso wie die Mädchen, von den Tecpanéca Gewalt angetan, während ihre älteren Schwestern und Brüder, Mütter und Väter gezwungen wurden, zuzusehen.

Nachdem die Kinder zerfetzt waren, daß sie keine Lust mehr bereiteten, warfen die Krieger sie beiseite und ließen sie sterben. Als nächstes ergriffen sie die älteren Kinder sowie die mannbaren Mädchen und Knaben und danach die jüngeren Frauen und Männer – ich habe schon erwähnt, daß die Priester alle junge Männer waren – und nahmen sie sich gleichfalls vor. Der an den Boden gepflockte Priester sah alles und wimmerte und blickte ängstlich auf sein eigenes, ungeschütztes Gemächt. Doch selbst in ihrem Schändungsrausch respektierten die Tecpanéca, daß dieser nicht angerührt werden dürfe, und sie taten es auch nicht.

Von Zeit zu Zeit versuchten die erwachsenen Männer, die auf der einen Seite zusammengetrieben worden waren, auszubrechen, wenn sie sahen, wie ihren Frauen, Schwestern, Brüdern, Söhnen und Töchtern Gewalt angetan wurde. Doch der Ring der Wachen hielt sie unerbittlich in Schach und ließ nicht einmal zu, daß sie sich von dem abkehrten, was vor ihren Augen geschah. Zuletzt, als jedes andere verwendbare Stück Fleisch geschändet war, bis nichts mehr mit ihm anzufangen war, als es tot dalag oder dalag und wünschte, es wäre tot, und zu sterben versuchte, wandten die Tecpanéca sich den älteren Leuten zu. Wiewohl inzwischen ihre Gier und ihre Kraft merklich abgenommen hatten, schafften die Krieger es dennoch, sich auch noch die reifen Frauen und selbst die zwei oder drei älteren Großmütter vorzunehmen, welche die Reise mitgemacht hatten.

Die Sonne stand am nächsten Tag bereits hoch am Himmel, als all dies vorüber war und Zornig Auf Jedermann befahl, die zusammengetriebenen Männer loszulassen. Sie, die Männer und Väter und Onkel der Geschändeten, liefen hinzu und warfen sich auf diesen oder jenen schlaffen, zerbrochenen und blut-, speichel- und Omícetl-beschmierten Leib. Manche von den Geschändeten lebten noch – lebten und mußten mitansehen, wie die Krieger auf Qualánquis nächsten Befehl hin ihre Männer und Väter und Onkel packten. Was die Tecpanéca diesen Männern mit ihren Obsidianmessern antaten und mit den Dingen machten, die sie abschnitten, entehrte jeden Mann, während er dalag und verblutete.

Der an den Boden gepflockte Priester hatte sich inzwischen ganz still verhalten; vielleicht hatte er gehofft, man würde ihn vergessen. Doch als die Sonne höher stieg, begriff er, daß er einen weit schrecklicheren Tod sterben sollte als all die anderen, denn das, was von Nochípa noch übriggeblieben war, begann Rache zu nehmen. Ihre mit Kalkwasser getränkte Haut trocknete und zog sich dabei langsam und quälend zusammen. Was einst Nochípas Brüste gewesen waren, wurde in dem Maße flacher, wie die Haut ihren Würgegriff verstärkte. Der Priester fing an zu stöhnen und zu schnauben. Vielleicht wollte er seinem Entsetzen mit einem Schrei Luft machen, doch mußte er nach Luft ringen, um überhaupt noch atmen zu können, um noch ein bißchen länger leben zu können, brauchte alle Luft, die er noch bekommen konnte.

Unerbittlich zog die Haut sich weiter zusammen und behinderte den Kreislauf des Blutes in seinem Körper. Was Nochípas Hals sowie Hand- und Fußgelenke gewesen waren, wurde immer enger – wie eine Würgeschlinge, die langsam zugezogen wird. Gesicht, Hände und Füße des Mannes wurden gedunsen, trieben immer mehr auf und nahmen eine häßliche violette Färbung an. Seinen offenstehenden Lippen entrang sich ein »Ughh . . . ughh . . .«, das jedoch immer mehr abgewürgt wurde. Und dasjenige, was Nochípas kleines Tipíli gewesen war, zog sich um die Wurzel des Gemächts des Priesters zu immer jungfräulicherer Enge zusammen. Sein Olóltin-Sack schwoll an zur Größe eines Tlachtli-Balls, und sein eingezwängter Tepúli wurde dick und lang wie mein Unterarm.

Die Krieger gingen umher, untersuchten jeden Körper, um sich zu vergewissern, daß er entweder tot war oder im Sterben lag. Die Tecpanéca schenkten denjenigen, die noch lebten, nicht gnädig den Tod, sondern stellten nur fest, daß sie auch wirklich starben, wann der Gott es wollte – um, wie ich befohlen hatte, nichts Lebendiges in Yanquítlan zurückzulassen. Es war nichts mehr, was uns hier hielt – es galt nur noch, das Sterben des letzten Priesters zu beobachten.

So stand ich mit meinen vier alten Kameraden über ihm und betrachtete die im Todeskampf sich noch leicht hebende und zitternd senkende Brust, während die immer weiter sich zusammenziehende Haut seinen Rumpf und seine Gliedmaßen immer dünner und seine sichtbaren Glieder immer dicker machte. Seine Hände und Füße waren wie schwarze Brüste mit vielen schwarzen Brustwarzen daran, sein Kopf ein gesichtsloser, schwarzer Kürbis. Er fand noch Atem genug, um einen letzten lauten Schrei auszustoßen, als sein prall aufgerichteter Tepúli dem Druck nicht mehr standhielt, die Haut platzte, schwarzes Blut verspritzte und er zerfetzt zusammensank.

Er lebte zwar immer noch schwach, aber er war erledigt, unserer Rache war Genüge getan. Zornig Auf Jedermann befahl den Tecpanéca zu packen und sich auf den Rückmarsch vorzubereiten, während die anderen drei alten Männer mit mir zurückwateten durch den Fluß auf die andere Seite, wo Béu Ribé wartete. Schweigend wies ich ihr die blutbefleckten Opale. Ich weiß nicht, wieviel sie sonst noch gesehen oder gehört oder geahnt hat, und ich weiß nicht, wie ich in diesem Augenblick aussah. Aber sie richtete entsetzensgeweitete Augen auf mich, in denen Vorwurf und Kummer standen – vor allem aber Entsetzen –, und einen Moment schrak sie vor meiner Hand zurück, die ich nach ihr ausstreckte.

»Komm, Wartender Mond«, sagte ich wie versteinert. »Ich bringe dich heim.«

IHS
✠
S.C.C.M.

Seiner Allerkatholischsten Majestät, Kaiser Karl V., Unserem Allerdurchlauchtigsten König und Herrn:

Scharfsinnigster und Hochweiser Fürst: aus der Stadt Mexíco, Hauptstadt Neuspaniens, entbiete ich Euch drei Tage nach dem Fest Mariä Lichtmeß im Jahre des Herrn eintausendfünfhundertundeinunddreißig meinen alleruntertänigsten Gruß.

Sire, wir können nur unsere Bewunderung zum Ausdruck bringen ob der Tiefe und Kühnheit, mit welcher unser oberster Lehnsherr in das Gebiet der spekulativen Hagiologie eingedrungen ist. Die glänzenden Mutmaßungen, so Euer Majestät in Ihrem letzten Schreiben dargelegt haben, erfüllten uns wahrhaft mit Ehrfurcht. *Viz.*, daß es sich bei der Lieblingsgottheit der Indianer, Quetzalcóatl, auf welche in der Geschichte unseres Azteken so oft angespielt wird, in Wahrheit um *den Apostel Thomas* handeln könnte, welcher vor fünfzehn Jahrhunderten in diese Lande gekommen ist, um den Heiden allhier das Wort Gottes zu bringen.

Selbstverständlich können wir nicht einmal als Bischof von Mexíco einer derart kühnen Hypothese das kirchliche Imprimatur erteilen, Sire, ehe sie nicht höheren Ortes geprüft worden ist. Gleichwohl können wir bestätigen, daß es eine ganze Menge von Indizien gibt, welche geeignet sind, Euer Majestät originelle Theorie zu stützen.

Primus: Die sogenannte Gefiederte Schlange war das einzige übernatürliche Wesen, welches von allen verschiedenen Völkern und unterschiedlichen Religionen, so uns bisher in ganz Neuspanien begegnet sind, anerkannt wurde und hieß in der Náhuatl-Sprache Quetzalcóatl, in der Sprache der Maya Kukulkán und unter den Völkern noch weiter im Süden Gukumatz etc.

Secundus: Alle diese Völker stimmen in der Überlieferung überein, daß Quetzalcóatl zunächst ein Mensch war, sterblich und die Verkörperung eines Königs oder Kaisers, welcher eine ganze Lebensspanne auf Erden lebte und wandelte, ehe er in eine rein geistige und unsterbliche Gottheit verwandelt wurde. Da der Kalender der Indianer zum Verzweifeln unbrauchbar ist und da nicht einmal Bücher über die mythische Geschichte existieren, wird es vielleicht nie möglich sein, genauer zu bestimmen, wann Quetzalcóatl gelebt haben soll. Es könnte daher durchaus möglich sein, daß er ein Zeitgenosse des heiligen Thomas war.

Tertius: Alle diese Völker stimmen gleichfalls darin überein, daß Quetzalcóatl nicht so sehr ein Herrscher war – oder ein Tyrann, wie es die meisten ihrer Herrscher gewesen sind –, sondern ein Lehrer und Prediger und wohl nicht von ungefähr aus religiöser Überzeugung ehelos. Ihm wird die Erfindung oder Einführung zahlloser Dinge, Sitten und Gebräuche und Glaubensvorstellungen zugeschrieben, welche sich bis heute erhalten haben.

Quartus: Unter den zahllosen Gottheiten in diesen Landen gehörte Quetzalcóatl zu der kleinen Zahl jener, die nie Menschenopfer gefordert oder geduldet haben. Die Opfergaben, welche ihm dargebracht wurden, waren immer harmlos: Vögel, Schmetterlinge, Blumen und dergleichen.

Quintus: Für die Kirche ist es eine historische Tatsache, daß der heilige Thomas bis in das Indien des Ostens gezogen ist und dort viele heidnische Völker zum Christentum bekehrt hat. Könnte es daher nicht, wie Euer Majestät mutmaßen, »vernünftig sein anzunehmen, daß der Apostel auch in das bis dahin unbekannte Indien des Westens gelangt ist?« Ein verruchter Materialist könnte dem entgegenhalten, daß der heilige Thomas vom Heiligen Land aus immerhin über Land ins Indien des Ostens gelangt sein könne, wohingegen es ihm fünfzehn Jahrhunderte vor der Entwicklung von Schiffen und Navigationsinstrumenten, wie sie den Forschungsreisenden heute zur Verfügung stehen, einigermaßen schwergefallen sein dürfte, den Ozean zu überqueren. Doch jede spitzfindige Kritik an den Fähigkeiten eines der zwölf Apostel wäre genauso unangebracht wie jener Zweifel, den Thomas selbst einmal äußerte und welcher vom auferstandenen Christus zurückgewiesen wurde.

Sextus et mirabile dictu: Ein einfacher spanischer Soldat namens Díaz, welcher sich in seiner Mußezeit damit beschäftigt, die alten Ruinen in diesem Gebiete zu untersuchen, hat vor kurzem die verlassene Stadt Tolan oder Tula besucht. Selbige Stadt gilt bei den Azteken als besonders verehrungswürdig, da sie einst Sitz des legendären Volkes der Tolteken gewesen sein soll – und ihres Herrschers, jenes Königs, aus welchem später die Gottheit Quetzalcóatl werden sollte. Unter den Wurzeln eines Baumes, welcher aus einem Spalt in einer der alten Steinmauern hervorwuchs, hat Díaz ein reichgeschnittenes Onyxkästchen indianischer Arbeit, doch unbestimmbaren Alters gefunden, und in selbigem Kästchen fand er eine Anzahl von weißen Oblaten hauchdünnen Brotes, ganz anders als alles, was diese Indianer allhier backen. Díaz erkannte sie allsogleich, und wir – als sie uns gebracht wurden – bestätigten, daß es sich um heilige Hostien handelte. Wie es kommt, daß diese heiligen Hostien dorthin gelangten, und noch dazu in einem Behältnis von eingeborener Arbeit, wie viele Jahrhunderte sie dort verborgen gewesen sein mögen und wie es angehen kann, daß sie nicht schon vor langer Zeit völlig vertrocknet und zerbröselt sind, vermag niemand zu erraten. Sollten Euer Hochgelehrte Majestät die Antwort auf diese Fragen gefunden haben? Könnte es sein, daß diese heiligen Hostien als Beweis von dem Evangelisten Thomas zurückgelassen wurden?

Wir unterbreiten all diese Dinge heute noch der Congregatio de Propaganda Fide in Rom, werden gebührend auf Euer Majestät erleuchteten

Beitrag dazu hinweisen und ungeduldig darauf warten, was jene Theologen in Rom, so um soviel weiser sind als wir selbst, dazu zu sagen haben.

Möge Unser Herrgott Euch weiter huldvoll in Seine besondere Hut nehmen, alle Unternehmungen Euer Kaiserlichen Majestät fördern, der grenzenlose Bewunderung gebührt und von allen unseren Untertanen gezollt wird, nicht zum geringsten Teil von Euer S.C.C.M. Kaplan und Diener,

(ECCE SIGNUM)
ZUMÁRRAGA

Decima Pars

Aus demselben Grund, aus dem ich mich kaum noch der Dinge entsinnen kann, welche kurz vor der Vernichtung von Yanquítlan geschahen, erinnere ich mich auch nicht deutlich an jene, die sich hinterher zutrugen. Ich, Béu und unsere Eskorte marschierten in nördlicher Richtung wieder nach Tenochtítlan, und ich vermute, daß auf der Reise nichts Bemerkenswertes geschah, denn ich weiß kaum noch etwas davon. Nur zwei Gespräche sind mir im Gedächtnis haften geblieben.

Das erste pflegte ich mit Béu Ribé. Sie hatte beim Marschieren geweint, wie sie eigentlich unausgesetzt weinte, seit ich ihr von Nochípas Tod berichtet hatte. Doch eines Tages, irgendwo auf unserer Rückreise, hörte sie unvermittelt auf, blieb stehen, blickte sich um wie jemand, der gerade erwacht ist, und sagte zu mir:

»Du hast mir gesagt, du würdest mich nach Hause bringen. Aber wir ziehen gen Norden.«

Ich sagte: »Selbstverständlich. Wohin sonst?«

»Warum nicht gen Süden? Nach Tecuantépec?«

»Du hast dort kein Zuhause«, sagte ich. »Keine Familie, wahrscheinlich nicht einmal mehr Freunde. Es sind immerhin – wie viele? – acht Jahre her, seit du von dort fortgegangen bist.«

»Und was habe ich in Tenochtítlan?«

Ein Dach überm Kopf, hätte ich sagen können, aber ich wußte, worauf sie eigentlich hinauswollte. Deshalb sagte ich einfach: »Das gleiche wie ich, Wartender Mond. Erinnerungen.«

»Keine besonders angenehmen, Záa.«

»Das weiß ich sehr wohl«, sagte ich ohne sonderliches Mitgefühl. »Es sind die gleichen, die ich auch habe. Und sie werden uns begleiten, wohin wir uns auch wenden, oder was immer wir Zuhause nennen. Immerhin kannst du in Tenochtítlan in Ruhe deinem Kummer nachhängen und trauern, aber es zwingt dich keiner, dorthin zu gehen. Komm mit uns oder geh deiner eigenen Wege, wie du willst.«

Ich marschierte weiter und blickte mich nicht um, daher weiß ich nicht, wie lange sie brauchte, um sich zu entscheiden. Doch als ich das nächstemal meinen Blick von innen nach außen wendete, schritt Béu wieder neben mir aus.

Die nächste andere Unterhaltung führte ich mit Zornig Auf Jedermann. Viele Tage lang hatten die Männer mich voller Hochachtung meinem brütenden Schweigen überlassen, doch eines Tages trat er neben mich und sagte:

»Verzeih mir, wenn ich dich in deinem Schmerz störe, Freund Mixtli. Aber wir nähern uns der Heimat, und da sind ein paar Dinge, die du wissen solltest. Es geht um ein paar Fragen, über die wir Älteren uns unterhalten und die wir uns vorgenommen haben, unter uns zu lösen. Wir haben uns eine Geschichte ausgedacht, und wir haben die Tecpanéca-Krieger angewiesen, das gleiche zu tun. Und zwar folgendes. Als wir alle – wir und die Krieger – dem Hof von Teohuacán diesen Besuch abstatteten, waren wir ja mit gutem Grunde fort; in dieser Zeit wurde die Kolonie von Räubern überfallen, gebrandschatzt und hingemetzelt. Bei unserer Rückkehr nach Yanquítlan sind wir selbstverständlich voller Wut hinter den Räubern hergewesen und haben sie gesucht, fanden jedoch keine Spur von ihnen. Nicht einmal einen Pfeil, dessen Fiederung uns immerhin verraten hätte, welchem Volk sie angehörten. Daß wir also nichts über die Räuber sagen können, wird Motecuzóma davon abhalten, den unschuldigen Teohuacána augenblicklich den Krieg zu erklären.«

Ich nickte und sagte: »Genau so werde ich es auch erzählen. Es ist eine gute Geschichte, Qualánqui.«

Er räusperte sich und sagte: »Leider nicht gut genug, als daß du sie erzählen könntest, Mixtli. Jedenfalls nicht Motecuzóma ins Gesicht. Selbst wenn er dir jedes Wort glaubte, er würde dich nie für unschuldig am Mißlingen der Mission halten. Er würde dich entweder durch die blumenumwundene Würgschlinge erdrosseln lassen, oder, wenn er dir etwas freundlicher gesonnen sein sollte, dir vielleicht noch einmal eine Chance geben. Was darauf hinausliefe, daß du nochmals einen Zug von Kolonisten anführen müßtest, und möglicherweise sogar an denselben unaussprechlichen Ort.«

Ich schüttelte den Kopf. »Das könnte ich nicht, und das würde ich auch nicht tun.«

»Ich weiß«, sagte Zornig Auf Jedermann. »Und außerdem, früher oder später muß die Wahrheit doch durchsickern. Sobald sie wieder sicher nach Tlácopan heimgekehrt sind, wird einer der Tecpanéca-Krieger mit der Rolle großtun, die er beim Massaker gespielt hat. Daß er sechs Kinder geschändet und erschlagen hat und noch einen Priester dazu, oder was auch immer. Irgendwie würde es Motecuzóma doch zu Ohren kommen, und man hätte dich bei einer Lüge ertappt; dann würde dir bestimmt die Würgschlinge blühen, falls nicht Schlimmeres. Ich meine, das Lügen überläßt du besser uns alten Männern. Wir sind ja schließlich nur Söldner, Leute, die für Motecuzóma überhaupt nicht zählen, und daher weniger in Gefahr. Ich meine, du solltest überlegen, ob du überhaupt nach Tenochtítlan zurückkehrst – zumindest vorläufig nicht –, denn was dir dort blüht, kann eigentlich nur die Wahl zwischen Todesstrafe oder einer erneuten Verbannung nach Yanquítlan sein.« Abermals nickte ich. »Du hast recht. Ich habe die dunklen Tage und Wege hinter mir betrauert und die Tage und die Wege vor mir, welche in die Zukunft führen, nicht gesehen. Ist es nicht ein altes Sprichwort, daß wir geboren sind, zu leiden und auszuharren? Und ein Mann muß darüber nachdenken, wie er ausharrt, oder? Ich danke dir, Qualánqui, guter Freund und weiser Ratgeber. Ich werde mir das, was du geraten hast, durch den Kopf gehen lassen.«

Als wir nach Quaunáhuac kamen und in einer Herberge übernachteten, ließ ich ein Speisetuch nur für mich und Béu und meine vier alten Kameraden decken. Nachdem wir gegessen hatten, nestelte ich den Beutel mit Goldstaub von meinem Leibriemen, ließ ihn auf das Tuch fallen und sagte:

»Hier, das ist der Lohn für eure Dienste, meine Freunde.«

»Das ist viel zu viel«, sagte Zornig Auf Jedermann.

»Für das, was ihr für mich getan habt, könnte es gar nicht zuviel sein. Ich habe aber noch den Beutel mit Kupferplättchen und Kakaobohnen, und das reicht für das, was ich jetzt vorhabe.«

»Was du jetzt vorhast?« wiederholte einer der alten Männer.

»Heute abend gebe ich das Kommando ab, und dies hier sind meine letzten Befehle für euch. Meine Freunde, ihr werdet von hier am Westufer des Sees entlangziehen und die Tecpanéca-Krieger in Tlácopan abliefern. Von dort aus werdet ihr über die Dammstraße nach Tenochtítlan ziehen, die Dame Béu nach Hause bringen und euch erst dann beim Verehrten Sprecher melden. Erzählt ihm die Geschichte, welche ihr euch ausgedacht habt, fügt jedoch hinzu, ich hätte mir eine Sühne für das Scheitern des Unternehmens auferlegt. Sagt ihm, ich begäbe mich freiwillig in die Verbannung.«

»Es wird getan werden, wie du befohlen hast, Mixtli«, erklärte Zornig Auf Jedermann, und die anderen drei murmelten ihr Einverständnis.

Nur Béu stellte eine Frage: »Wohin willst du ziehen, Záa?«

»Ich will einer Legende auf den Grund gehen«, sagte ich und erzählte ihnen die Geschichte, welche Nezahualpíli in meiner Gegenwart Motecuzóma erzählt hatte, und ich schloß: »Ich werde diesen langen Marsch nachvollziehen, welchen unsere Vorväter unternahmen, als sie sich noch Aztéca nannten. Ich werde mich nach Norden wenden und ihrer Route folgen, so gut ich kann und so weit ich ihr zu folgen vermag . . . den ganzen Weg zurück bis in ihre Heimat Aztlan, falls es diesen Ort gibt oder jemals gegeben hat. Und wenn diese Wanderer unterwegs wirklich heimliche Waffen- und Vorratslager angelegt haben, werde ich auch die finden und auf einer Karte einzeichnen, wo sie zu finden sind. Eine solche Karte könnte für Motecuzóma eines Tages von größtem Nutzen sein. Versucht, das ihm gegenüber besonders herauszustreichen, wenn ihr ihm Meldung erstattet, Qualánqui.« Ich setzte ein klägliches Lächeln auf. »Möglich, daß er mich dann bei meiner Rückkehr mit Blumen willkommen heißt statt mit einer blumenumwundenen Würgschlinge.«

»Wenn du zurückkehrst«, wiederholte Béu.

Darüber vermochte ich nun nicht zu lächeln. Ich sagte: »Es will mir scheinen, als ob mein Tonáli mir noch immer bestimmt hätte zurückzukehren, freilich, jedesmal ein wenig einsamer.« Ich hielt inne und sagte dann zwischen zusammengebissenen Zähnen hindurch: »Eines Tages werde ich irgendwo einem Gott begegnen, und dann werde ich ihn fragen: Warum strecken die Götter nie mich nieder, wo ich doch soviel getan habe, ihren Zorn zu erregen? Warum strecken sie statt dessen jeden nieder, der mir nahegestanden und es nicht verdient hat?«

Den vier älteren Männern schien nicht recht wohl in ihrer Haut, sich meine bittere Klage anhören zu müssen, und sie schienen erleichtert, als Béu sagte: »Alte Freunde, würdet Ihr so freundlich sein, jetzt zu gehen, damit Záa und ich noch ein paar Worte unter vier Augen sprechen können?«

Sie erhoben sich, vollführten flüchtig die Geste des Erdeküssens, und als sie sich auf ihre Kammern begaben, sagte ich barsch: »Wenn du mich bitten willst, mich begleiten zu dürfen, Béu, bitte, sprich es nicht aus.«

Sie tat es nicht. Lange Zeit hindurch schwieg sie, schlug die Augen nieder und betrachtete ihre unruhig sich verschlingenden Finger. Zuletzt sprach sie doch, und ihre ersten Worte schienen nichts Besonderes zu bedeuten. »An meinem siebenten Geburtstag erhielt ich den Namen Wartender Mond. Früher habe ich mich oft gefragt, warum wohl. Doch dann habe ich es erfahren, weiß es jetzt seit Jahren und meine, Wartender Mond hat lange genug gewartet.« Sie hob ihre wunderschönen Augen auf und sah mich an, und irgendwie schaffte sie es, ihnen zur Abwechslung einmal nichts Spöttisches, sondern etwas Flehendes zu verleihen, ja, schaffte es sogar, jungfräulich zu erröten. »Laß uns jetzt endlich heiraten, Záa.«

Das also war es, sagte ich mir, und mir fiel wieder ein, daß sie verschiedentlich die Erde zusammengeklaubt hatte, wo ich mein Wasser abgeschlagen hatte. Früher, freilich nur für kurze Zeit, hatte ich überlegt, ob sie wohl ein Abbild von mir forme, um Unglück auf mein Haupt zu beschwören, und ob es wohl das war, was mich Nochípa gekostet hatte. Doch diesem Verdacht hatte ich nur flüchtig nachgehangen und mich sogar geschämt, diesen Gedanken überhaupt gedacht zu haben. Ich wußte, daß Béu meine Tochter von Herzen geliebt hatte, und ihre Tränen hatten bewiesen, daß ihr tränenreicher Kummer genauso echt war wie mein tränenloser. Deshalb hatte ich das Erdfigürchen vergessen – bis mir ihre eigenen Worte klarmachten, warum sie es gemacht und wozu. Nicht um mich zu vernichten, sondern nur, um meinen Willen zu schwächen, um es mir unmöglich zu machen, ihren vorgegebenermaßen aus der Regung des Augenblicks geborenen, im Grunde aber von langer Hand geplanten Antrag abzulehnen. Ich ließ mir Zeit zu antworten; ich wartete, während sie ihre sorgsam ausgeklügelten Gründe vor mir ausbreitete:

»Vorhin hast du erklärt, du wärest jetzt einsamer denn je. Mir ergeht das genauso, wie du sehr wohl weißt. Wir sind jetzt beide ganz allein. Wir haben niemand mehr als uns beide.«

Und sie sagte: »Es ging an, daß ich bei dir lebte, solange ich die Beschützerin und Gefährtin deiner mutterlosen Tocher war. Aber jetzt, wo Nochípa ... nun, wo ich nicht mehr die Tante sein kann, die bei euch wohnt, würde es als unschicklich gelten, daß ein unverheirateter Mann und eine unverheiratete Frau im selben Haus zusammenwohnen.«

Und neuerlich errötend, sagte sie: »Ich weiß, unsere geliebte Nochípa kann dir niemand ersetzen. Aber es könnte ... ich bin noch nicht zu alt ...«

Womit sie ihre Stimme verklingen ließ, eine gekonnte Vorspiegelung von Sittsamkeit und der Unfähigkeit, mehr zu sagen. Ich wartete und hielt ihren Blick gebannt, bis die feine Röte, mit der sich ihr Gesicht überzogen hatte, zu einem glühenden Kupferton geworden war, und dann sagte ich:

»Es hätte nicht der Beschwörungen und der Überredung bedurft, Béu. Ich hatte ohnehin vor, dir heute abend genau dies vorzuschlagen. Da du einverstanden scheinst, werden wir morgen heiraten, so früh, wie ich einen Priester wachkriegen kann.«

»Wie bitte?« sagte sie mit versagender Stimme.

»Wie du mir deutlich gemacht hast, bin ich jetzt vollkommen allein. Außerdem bin ich aber auch ein Mann von beachtlichem Vermögen, und wenn ich ohne Erben sterbe, fällt dieses Vermögen an den Schatzmeister. Mir wäre es lieber, es würde nicht Motecuzóma zufallen. Infolgedessen werden wir morgen vom Priester ein Dokument aufsetzen lassen, in welchem bestätigt wird, daß du die Erbin bist, und ein weiteres Dokument über unsere Eheschließung.«

Langsam stand Béu auf, blickte auf mich herab und sagte: »Das ist es nicht, was ich ... Daran habe ich nie gedacht, Záa ... Ich wollte nur sagen ...«

»Und ich habe dir die Vorstellung verdorben«, sagte ich und sah lächelnd zu ihr auf. »All diese Schmeicheleien und das gute Zureden waren nicht nötig. Aber du brauchst sie nicht als vergeblich zu betrachten, Béu. Vielleicht ist das heute abend eine gute Übung gewesen, die dir später einmal zustatten kommt, wenn du eine reiche, aber einsame Witwe bist.«

»Hör auf, Záa!« rief sie. »Du willst einfach nicht hören, was ich dir in vollem Ernst begreiflich machen möchte. Es fällt mir schwer genug, denn für gewöhnlich ist es nicht Sache der Frau, diese Dinge zu sagen ...«

»Bitte, Béu, hör auf«, sagte ich und zuckte zusammen. »Wir haben lange genug zusammengelebt und haben uns lange genug an unsere Abneigung gewöhnt, die doch auf Gegenseitigkeit beruht. Zu diesem späten Zeitpunkt noch Süßholz zu raspeln, würde uns beiden schwerfallen und vermutlich sämtliche Götter in Erstaunen versetzen. Doch zumindest läßt sich unsere gegenseitige Verachtung formell besiegeln und wäre damit nicht zu unterscheiden von der der meisten anderen verheirateten ...«

»Du bist grausam!« fiel sie mir in die Rede. »Du wehrst dich gegen jede zärtliche Regung und willst die Hand nicht sehen, die sich dir entgegenstreckt ...«

»Dazu habe ich zu oft den harten Rücken deiner zarten Hand zu spüren bekommen, Béu. Und stehe ich nicht im Begriff, sie abermals zu spüren zu bekommen? Schickst du dich nicht gerade an zu lachen und mir klarzumachen, daß dein Gerede von Heirat nichts weiter ist als wieder einmal ein übler Streich?«

»Nein«, sagte sie. »Ich habe es ernst gemeint. Und du?«

»Ich auch«, sagte ich und erhob grüßend meinen Becher mit Octli. »Mögen die Götter sich unser beider erbarmen!«

»Ein beredter Antrag«, sagte sie. »Aber ich nehme ihn an, Záa. Ich werde dich morgen heiraten.« Damit lief sie auf ihre Kammer.

Ich blieb sitzen, trank trübsinnig meinen Octli und betrachtete die anderen Gäste der Herberge. Die meisten von ihnen waren Pochtéca auf der Heimreise nach Tenochtitlan, die ihre gewinnträchtigen Reisen und die glückliche Heimkehr feierten, indem sie sich gewaltig betranken, worin sie von den zahlreichen feilen Frauen der Herberge noch ermuntert wurden. Der Herbergswirt, dem bereits aufgefallen war, daß ich für Béu eine eigene Kammer genommen hatte, trat jetzt, wo sie gegangen war, zu mir und sagte:

»Würde der Herr Ritter gern etwas Süßes haben, seine Mahlzeit abzuschließen? Eine von unseren bezaubernden Maátime?«

Ich knurrte: »Besonders schön sieht kaum eine von ihnen aus.«

»Oh, aufs Aussehen allein kommt es nicht an. Der Herr müssen das wissen, wo seine eigene wunderschöne Gefährtin ihm offenbar die kalte Schulter zeigt. Schönheit vermag in anderen Dingen zu liegen als in Gesicht und Gestalt. Seht Euch zum Beispiel jene Frau dort drüben an.«

Er zeigte auf eine Frau, die ganz gewiß die am wenigsten reizvolle von allen in der Herberge gewesen sein muß. Ihre Gesichtszüge und ihre Brüste waren weich wie feuchter Ton. Ihr Haar war vom vielen Bleichen und Neufärben wie Rispengras, das zu einem spröden Heu getrocknet ist. Ich verzog das Gesicht, doch der Herbergswirt lachte und erklärte:

»Ich weiß, ich weiß. Wenn man über diese Frau nachdenkt, sehnt man sich geradezu nach einem Knaben. Auf den ersten Blick würdet Ihr gewiß meinen, sie könnte Eure Großmutter sein. Dabei weiß ich genau, daß sie noch keine dreißig ist. Und ob Ihr es glaubt oder nicht, Gebieter – *jeder Mann*, der Quequelyéhua einmal gehabt hat, will sie *unbedingt* wiederhaben, wenn er das nächstemal wieder hier absteigt. Jeder Kunde wird bei ihr zum Dauerkunden und will von einer anderen Maátitl nichts wissen. Ich gebe mich zwar selber nicht mit ihr ab, aber man hat mir glaubwürdig versichert, sie verstehe sich auf Dinge, die einen Mann in höchstes Entzücken versetzen.«

Ich hob meinen Topas und faßte die Schlampe mit dem verfilzten Haar und den triefenden Augen genauer ins Auge. Ich hätte gewettet, daß sie eine wandelnde Pustel der Nanáua-Krankheit sei, und daß der weibische Herbergswirt das wußte und es ihm ein boshaftes Vergnügen bereitete zu versuchen, sie arglosen Gemütern aufzunötigen.

»Im Dunkeln sind alle Frauen gleich, Gebieter, oder nicht? Nun, Knaben auch, versteht sich. Folglich sind es andere Dinge, die zählen, oder? Bei der so überaus tüchtigen Quequelyéhua stehen die Gäste für heute nacht wahrscheinlich schon Schlange, doch ein Adlerritter hat selbstverständlich Vorrang vor einfachen Pochtéca. Soll ich Quequelyéhua für Euch rufen, Gebieter?«

»Quequelyéhua«, wiederholte ich, da der Name eine Erinnerung in mir wachrief. »Ich habe einst ein außerordentlich schönes Mädchen namens Quequelmíqui gekannt.«

»Kitzlig?« wiederholte der Herbergswirt und gluckste vor Vergnügen. »Ihrem Namen nach muß sie eine höchst vergnügliche Gemahlin gewesen sein. Aber diese hier sollte es eigentlich noch weit mehr sein. Quequelyéhua, Kitzler.«

Mit einem außerordentlich flauen Gefühl im Magen sagte ich: »Besten Dank für Eure Empfehlung, aber nein, ich verzichte.« Ich nahm noch einen großen Schluck von meinem Octli. »Das dünne Mädchen, welches dort drüben in der Ecke sitzt – was ist mit der?«

»Feiner Regen?« sagte der Herbergswirt gleichgültig. »So wird sie genannt, weil sie die ganze Zeit über weint, während sie – nun ja – zu Diensten ist. Sie ist neu hier, aber gleichfalls recht tüchtig, wie man hört.«

Ich sagte: »Schick sie auf meine Kammer. Sobald ich betrunken genug bin, selbst dorthin zu gehen.«

»Wie Ihr befehlt, Adlerritter. Ich enthalte mich zwar jeden Urteils über den Geschmack anderer Menschen, aber gelegentlich packt mich doch eine gelinde Neugier. Dürfte ich fragen, warum mein Gebieter ausgerechnet Feinen Regen wählt?«

Ich sagte: »Einfach deshalb, weil sie mich an keine andere Frau erinnert, die ich je gekannt habe.«

Die Hochzeitszeremonie verlief schlicht und ruhig, zumindest bis gegen Ende. Meine vier alten Kämpen waren unsere Trauzeugen. Der Herbergswirt ließ Tamáltin für die rituelle Mahlzeit bereiten. Einige von den Frühaufstehern unter den Gästen wurden von uns eingeladen. Da Quaunáhuac die größte Gemeinde der Tlahuíca ist, hatte ich einen Priester der Hauptgottheit der Tlahuíca gewählt, des guten Gottes Qzetzalcóatl. Und der Priester unterließ es, nachdem er gemerkt hatte, daß das Paar, welches vor ihm stand, über das erste Grün der Jugend bereits hinaus war, taktvoll, der vorgeblich unschuldigen Braut die üblichen Warnungen und dem vorgeblich allzu lüsternen Mann gegenüber die nicht minder üblichen vorsichtigen Ermahnungen auszusprechen. Infolgedessen war seine Ansprache ebenso kurz wie nichtssagend.

Doch selbst dieses flüchtig-mechanische Ritual war imstande, in Béu Ribé Gefühle zu wecken, oder zumindest tat sie, als ob dem so wäre. Sie vergoß ein paar jungfräuliche Tränen und lächelte zaghaft durch diesen Tränenschleier hindurch. Ich muß zugeben, daß ihre Vorführung ihre ohnehin bereits überwältigende Schönheit noch erhöhte, welche, wie ich nie geleugnet habe, jener erhabenen Lieblichkeit ihrer verstorbenen Schwester in nichts nachstand und von dieser kaum zu unterscheiden war. Béu war außerordentlich reizvoll gekleidet, und als ich sie ohne Zuhilfenahme meines Topases betrachtete, kam sie mir immer noch genauso jugendlich vor wie meine für alle Zeiten zwanzigjährige Zyanya. Das war der Grund, warum ich in dieser Nacht zu wiederholten Malen dem Mädchen Feiner Regen beigewohnt hatte. Ich wollte auf keinen Fall Gefahr laufen, daß Béu es schaffte, mein Begehren zu wecken, nicht einmal rein körperlich, und so begab ich mich jeder Möglichkeit, gegen meinen Willen erregt zu werden.

Zuletzt schwang der Priester ein letztes Mal sein qualmendes Weihrauchgefäß um uns. Dann sah er zu, wie wir uns gegenseitig einen Happen der dampfenden Tamáli in den Mund steckten und verknotete sodann einen Zipfel meines Umhangs mit einem Zipfel von Béu Ribés Rocksaum und wünschte uns alles Glück für unser neues Leben.

»Ich danke Euch, Priester«, sagte ich und reichte ihm seinen Lohn. »Ich danke Euch besonders für die guten Wünsche.« Damit nestelte ich den Knoten auf, welcher mich an Béu band. »Es könnte sein, daß ich dort, wohin ich jetzt ziehe, auf die Hilfe Eures Gottes angewiesen bin.« Damit warf ich mir mein Bündel über die Schulter und sagte Béu Lebewohl.

»Lebewohl?« wiederholte sie, und das klang wie ein kurzer Aufschrei. »Aber Záa, es ist doch unser Hochzeitstag.«

Ich sagte: »Ich habe dir gesagt, daß ich fortziehe. Meine Männer werden dich sicher nach Hause bringen.«

»Aber – ich dachte – ich dachte, wir würden wenigstens noch eine Nacht hierbleiben. Um . . .« Sie blickte um sich, auf die wartenden Gäste, die uns ansahen und zuhörten. Ihr Gesicht übergoß sich mit flammendem Rot, und sie erhob ihre Stimme und sagte laut: »Záa, ich bin jetzt deine Frau.«

Ich verbesserte sie: »Du bist jetzt, wie du es wolltest, mit mir verheiratet, und du wirst meine Witwe und meine Erbin sein. Zyanya war meine Frau.«

»Zyanya ist aber schon über zehn Jahre tot.«

»Ihr Tod hat das Band zwischen uns nicht aufgelöst. Ich kann keine andere Frau haben.«

»Heuchler!« fuhr sie mich wütend an. »Du hast schließlich diese zehn Jahre hindurch nicht enthaltsam gelebt. Du hast andere Frauen gehabt. Warum willst du nicht die haben, welche du gerade eben geheiratet hast? Warum willst du mich nicht haben?«

Bis auf den Herbergswirt, der ein verruchtes Grinsen aufgesetzt hatte, traten die anderen Menschen im Raum von einem Fuß auf den anderen und machten ein unbehagliches Gesicht. Das erging sogar dem Priester so, welcher sich immerhin dazu durchrang zu sagen: »Gebieter, es ist üblich, daß die Versprechen jetzt besiegelt werden mit einem ... nun, damit, daß ihr einander richtig kennenlernt.«

Ich erklärte: »Daß Ihr so denkt, spricht für Euch. Aber ich kenne diese Frau bereits allzu gut.«

Empört erklärte Béu: »Wie kann man nur eine so abscheuliche Lüge aussprechen! Wir haben kein einziges Mal ...«

»Und werden es nie tun. Wartender Mond, ich kenne dich auf andere Weise gut genug. Ich weiß auch, daß ein Mann immer dann am verwundbarsten ist, wenn er sich mit einer Frau einläßt. Ich werde nicht riskieren, es soweit kommen zu lassen, um dann zu erleben, daß du mich voller Verachtung zurückweist, oder in dein spöttisches Gelächter ausbrichst, oder mich auf irgendeine andere Weise kleinmachst, in welcher Kunst du dich seit so langer Zeit übst und vervollkommnest.«

Sie rief: »Und was machst du mit mir in diesem Augenblick?«

»Genau das gleiche«, räumte ich ein. »Doch diesmal, meine Liebe, bin ich dir zuvorgekommen. Doch es wird spät und ich muß fort.«

Als ich ging, tupfte Béu sich die Augen mit dem zerknüllten Saum ihres Rocks, welcher unser Eheknoten gewesen war.

Um den Auszug meiner Ahnen aus dem Norden zurückzuverfolgen, brauchte ich weder unbedingt vom Endpunkt Tenochtítlan auszugehen noch von irgendeinem anderen Ort, den sie im Seenbereich bewohnt hatten, denn diese Stätten konnten keine unentdeckten Geheimnisse der Aztéca bergen. Doch den alten Berichten zufolge, hatte eine der Siedlungen der Aztéca, bevor sie das Seenbecken entdeckt hatten, irgendwo nördlich von diesen Seen gelegen, an einem Ort namens Atlitalácan. Infolgedessen wandte ich mich von Quaunáhuac zunächst nach Nordwesten, dann nach Norden und dann nach Nordosten, umrundete also das Herrschaftsgebiet des Dreibunds und hielt mich in gehöriger Entfernung davon, bis ich in das spärlich besiedelte Land hinter Oxitípan gelangte, die nördlichste von einer Mexíca-Garnison bemannte Grenzstadt. In diesem mir völlig fremden Land, in dem ich nur selten auf irgendwelche Dörfer stieß und zwischen denen auch nur selten Reisende verkehrten, begann ich, mich nach Atlitalácan durchzufragen. Doch auf meine Fragen begegnete man mir nur mit verständnislosen Blicken und Achselzucken, denn ich hatte es mit einer doppelten Schwierigkeit zu tun.

Die eine bestand darin, daß ich keine Ahnung hatte, was Atlitalácan *war* oder *was es gewesen war*. Es war möglich, daß es zur Zeit, da die Aztéca sich dort aufgehalten hatten, eine feste, seit langem bestehende Gemeinde gewesen war, die es heute jedoch längst nicht mehr gab. Denkbar war es jedoch auch, daß Atlitalácan nur ein besonders günstiger Ort gewesen war, dort sein Lager aufzuschlagen – ein Hain oder eine Weide –, dem die Aztéca nur vorübergehend diesen Namen gegeben hatten. Meine zweite Schwierigkeit bestand darin, daß ich nunmehr in den südlichen Teil des Landes des Otomí-Volkes eingedrungen war, oder genauer gesagt in jenes Gebiet, in welches die Otomí sich zähneknirschend zurückgezogen hatten, als sie von den nacheinander eindringenden Wellen von Culhua, Acólhua, Aztéca und anderen náhuatl-sprechenden Eindringlingen aus dem Seengebiet verdrängt worden waren. Infolgedessen stellte sich mir in diesem offenen Grenzgebiet ein Sprachproblem. Einige von den Menschen, an die ich mich wandte, sprachen ein recht passables Náhuatl oder das Poré ihrer Nachbarn weiter im Westen. Manche jedoch sprachen nur Otomíte, eine Sprache, in welcher ich mich keineswegs fließend ausdrücken konnte, und noch andere sprachen einen schrecklichen Mischmasch aus allen diesen drei Sprachen. Wiewohl meine hartnäckigen Bemühungen, mit Dorfbewohnern, Bauern und Reisenden ins Gespräch zu kommen, mich instand setzten, mir im Otomíte einen Wortschatz anzueignen, mit dem sich durchaus etwas anfangen ließ und welcher es mir ermöglichte zu erklären, was ich wollte, gelang es mir dennoch nicht, einen Einheimischen aufzutreiben, der mir hätte sagen können, wie ich das verlorene Atlitalácan erreichte.

Ich mußte es selbst finden, und es gelang mir auch. Glücklicherweise barg der Name der Stadt oder des Ortes selbst den Schlüssel dazu – denn Atlitalácan bedeutet »Wo das Wasser sprudelt« – und eines Tages kam ich in ein hübsches, sauberes kleines Dorf namens D'ntado Dehé, was auf otomíte fast das gleiche bedeutet. Dieses Dorf war errichtet worden, weil dort dem Felsen ein Süßwasserquell entsprang – die einzige Quelle innerhalb eines recht ausgedehnten Trockengebiets. Hier konnten die Aztéca durchaus haltgemacht haben auf ihrem Zug in den Süden, denn von Norden her führte eine alte Straße in das Dorf, eine Straße, die dann ganz allgemein in südlicher Richtung auf den Tzumpánco-See zuführte.

Die wenigen Bewohner von D'ntado Dehé betrachteten mich selbstverständlich voller Argwohn, doch eine ältere Witwe war zu arm, um es sich leisten zu können, allzu viele Bedenken zu haben, und überließ mir gegen entsprechendes Entgelt für ein paar Tage ihren Kornspeicher unterm Dach ihrer nur aus einem einzigen Raum bestehenden Lehmhütte. Während dieser Tage versuchte ich, mir die wortkargen Otomí lächelnd zu Dank zu verpflichten und sie zu bewegen, sich doch mit mir zu unterhalten. Als das fehlschlug, erkundete ich in immer weiteren Kreisen die Umgebung des Dorfes und suchte nach irgendwelchen Vorratslagern, welche meine Ahnen dort angelegt haben könnten, wiewohl ich davon ausging, daß eine solche unsystematische Suche von vornherein zum Scheitern verurteilt war. Wenn die Aztéca wirklich irgendwelche Waffen oder Vorräte auf ihrem Zug verborgen hatten, hatten sie mit Sicherheit dafür gesorgt, daß diese Vorräte von der einheimischen Bevölkerung oder späteren Vorüberziehenden nicht ohne weiteres ausgegraben werden konnten. Sie mußten ihre Verstecke mit irgendwelchen Zeichen gekennzeichnet haben, welche nur ihnen selbst etwas sagten. Und keiner ihrer Mexíca-Abkommen, zu denen auch ich gehörte, hatte eine Ahnung, um was für Zeichen es sich gehandelt haben könnte.

Gleichwohl schnitt ich mir einen langen, kräftigen Stecken, spitzte ihn an und stocherte damit tief in jedem auffälligen Merkmal des Geländes herum, das möglicherweise *nicht* bereits seit der Erschaffung der Welt dagewesen war: verdächtig abgelegene Erdbuckel, auffällig wucherndes Gebüsch, die eingefallenen Überreste alter Gebäude. Ich weiß nicht, ob mein Tun und Verhalten die Einwohner amüsierte oder ob Mitleid in ihnen sich regte für diesen fremden Verrückten, oder ob es einfach ihre Neugier weckte; jedenfalls forderten sie mich zuletzt doch auf, Platz zu nehmen und den beiden ehrwürdigsten Ältesten zu erklären, worum es mir eigentlich gehe.

Diese alten Männer beantworteten meine Fragen so schlicht und in so knappen Worten wie nur möglich. Nein, sagten sie, sie hätten nie von einem Ort Atlitalácan gehört, doch wenn der Name das gleiche bedeutete wie D'ntado Dehé, handele es sich offenbar um ein und denselben Ort. Denn ja, durchaus, laut den Vätern der Väter ihrer Väter habe sich ein verwahrloster, roher und abgerissener Stamm von Fremden an dem Quell niedergelassen – und dort ein paar Jahre hindurch gelebt –, ehe er weitergezogen und nach Süden entschwunden sei. Als ich mich äußerst behutsam nach irgendwelchen möglichen Grabungen oder Lagerstätten erkundigte, schüttelten die beiden betagten Männer den Kopf. Sie sagten *n'yéhina,* was soviel bedeutete wie Nein, und sprachen dann noch einen Satz, welchen ich sie mehrere Male zu wiederholen bat, ehe es mir unter Mühen gelang, zu verstehen, was sie damit sagen wollten:

»Die Aztéca sind hiergewesen, aber sie haben nichts mitgebracht und haben nichts zurückgelassen, als sie fortzogen.«

Nach nur wenigen Tagen hatte ich jene Gebiete hinter mir, in denen auch noch die letzten Spuren eines verballhornisierten Náhuatl oder Poré gesprochen wurde, und befand mich in einer Region, in der ausschließlich otomíte sprechende Otomí lebten. Die Otomí-Männer sind kleine, untersetzte, vierschrötige und – wie die meisten Bauern – mürrische und unfreundliche Burschen. Die Otomí-Frauen sind zwar auch klein, jedoch von schlanker Gestalt und weit lebhafter als ihre sauertöpfischen Männer. Ich würde diese Frauen sogar hübsch nennen – von den Knien aufwärts – was, wie mir sehr wohl klar ist, ein merkwürdiges Kompliment ist. Was ich meine ist, daß sie einnehmende Gesichter haben, hübsch gerundete Schultern, Arme und Brüste, Hüften, Gesäß und Oberschenkel; die Waden und Fesseln unterhalb der Knie hingegen sind enttäuschend gerade und mager. Sie laufen gleichsam spindelförmig nach unten zu bis zu ihren winzigen Füßen, und das verleiht diesen Frauen das Aussehen von Kaulquappen, die auf ihren Schwänzen laufen.

Eine weitere Besonderheit der Otomí besteht darin, daß sie ihr Aussehen mit Hilfe einer Kunst verschönern – oder sich zumindest einbilden, das zu tun –, welche sie N'detade nennen, was soviel bedeutet, wie mit *dauerhaften* Farben färben. Sie färben sich die Zähne schwarz oder rot oder abwechselnd rot und schwarz. Sie verzieren ihren Körper mit Mustern aus blauer Farbe, welche mit Dornen in die Haut hineingedrückt wird, so daß die Bilder nicht mehr fortgehen. Einige schmücken sich nur mit kleinen Verzierungen auf der Stirn oder einer Wange, andere hingegen unterwerfen sich ständig weiter dieser N'detade auf ihrem gesamten Körper, so oft sie den Schmerz ertragen können. Sie scheinen ständig halb unter dem Netz einer sonderbaren Spinne verborgen, welche ihr Netz blau spinnt.

Was mich betrifft, so macht dieser Schmuck die Otomí-Männer weder schöner noch ist er ihnen abträglich. Eine Zeitlang hielt ich es für eine Schande, daß so viele von den ansonsten hübschen Frauen ihre Schönheit hinter diesen Netzen und Wirbeln und anderen Mustern verbergen, welche sie nie wieder abstreifen können. Als ich mich jedoch an die N'detade gewöhnt hatte, muß ich gestehen, betrachtete ich sie mit anderen Augen und sah darin eine feine Art, auf sich aufmerksam zu machen. Diese Art von Verschleierung machte diese Frauen in gewisser Weise unerreichbar und infolgedessen zu einer Herausforderung, ja, zu einer Qual . . .

Im äußersten Norden der Otomí-Lande lag an einem Fluß das Dorf M'boshte, und eine der Einwohnerinnen war eine junge Frau namens R'zoöno H'donwe, was soviel bedeutet wie Mond Blume. Und eine Blume war sie in der Tat: Alles, was von ihr zu sehen war, war über und über mit blaugestochenen Blüten, Blättern und Zweigen bedeckt. Unter diesem künstlichen Gerank besaß sie ein hübsches Gesicht und einen Körper von großer Wohlgestalt – bis auf die enttäuschenden Fesseln, versteht sich. Sah man sie zum erstenmal, war man versucht, ihre Kleider auseinanderzunehmen und festzustellen, wieviel von ihr nun blütenblättrig an ihr war und dann durch die Blütenblätter hindurch bis zu der Frau selbst vorzustoßen.

Mond Blume fühlte sich von mir gleichfalls angezogen und zwar, wie ich vermute, so ziemlich auf die gleiche Art. Was sie empfand, war der Drang, etwas Ungewohnt-Besonderes zu genießen, da meine Größe und Breite, die selbst unter den Mexica ungewöhnlich war, mich unter den Otomí geradezu zu einem Riesen machte. Sie vertraute mir an, im Augenblick unterhalte sie keinerlei Beziehung zu irgendeinem anderen Mann, denn sie sei vor kurzem verwitwet, da ihr Mann im R'donte Sh'mboi, dem Schieferfluß, umgekommen sei, der an dem Dorf vorbeiplätschere. Da das Wasser dieses Baches nur etwa eine Spanne tief war und überdies so schmal, daß ich fast hätte hinüberspringen können, meinte ich, ihr Mann müsse schon *sehr* klein gewesen sein, wenn er darin hätte ertrinken können. Darüber mußte sie lachen, erklärte mir aber dann, er sei gefallen und habe sich den Kopf am Schiefer des Flußbettes aufgeschlagen.

So kam es, daß ich die eine Nacht, welche ich in M'boshte verbrachte, mit Mond Blume zusammen war. Zwar kann ich es nicht von den anderen Otomí-Frauen sagen, doch diese war an jeder möglichen Stelle ihres Körpers mit N'detade geschmückt – eine Ausnahme bildeten nur die Lippen, ihre Lider, die Fingerspitzen und die Brustwarzen. Ich erinnere mich noch, darüber nachgedacht zu haben, wie entsetzlich sie gelitten haben müsse, als der heimische Künstler die Blumenmuster bis ganz nahe heran an ihre zarten Tipíli-Gewebe hineingestochen hatte. Denn im Laufe der Nacht bekam ich jede, aber auch jede Blüte zu sehen, welche sie auf der Haut trug. Die Paarung wird auf otomíte *Agui n'degue* genannt und begann – oder zumindest wollte Mond Blume, daß es so begann – mit der Untersuchung, dem Nachziehen und Liebkosen, ja, Auskosten auch noch des letzten Blütenblatts jeder einzelnen Blume ihres Körpergeranks. Ich kam mir vor wie ein Hirsch, der auf einer süßen und üppigen Weide äste, und ich fand, Hirsche müßten in der Tat sehr glückliche Tiere sein.

Als ich am nächsten Morgen aufbrechen wollte, gab Mond Blume mir zu verstehen, sie hoffe, durch mich schwanger geworden zu sein, was ihr bei ihrem verstorbenen Mann nie gelungen sei. Ich lächelte und glaubte, sie wolle mir nur ein Kompliment machen, doch dann vertraute sie mir auch noch den Grund für diesen Wunsch an. Ich sei ein großer Mann, und infolgedessen könne das Kind gleichfalls zu stattlicher Größe heranwachsen und demzufolge viel Hautfläche aufweisen, welche durch eine Fülle schöner N'detade-Bilder geschmückt werden könne; damit wäre es dann eine Seltenheit, welche wiederum M'boshte zum Neid aller anderen Otomí-Gemeinden machen würde. Ich seufzte und machte mich auf den Weg.

Solange mein Weg mich am Ufer des R'donte Sh'mboi entlangführte, war das Land grün von Gras und Blättern und mit dem Rot, Gelb und Blau vieler Blüten gesprenkelt. Drei oder vier Tage später bog der Schieferfluß jedoch nach Westen ab, entfernte sich damit von meiner nach Norden führenden Route und nahm all das kühle und lebhafte Grün mit. Vor mir lagen immer noch graugrüne Mízquitin-Bäume und die silbergrünen Yucca-Palmlilien-Gruppen sowie ein dichtes Gewirr von staubiggrünem Unterholz, aber ich wußte, daß die Bäume und Büsche nach und nach spärlicher werden und weiter auseinander stehen würden, je weiter ich nach Norden hinaufkam, bis sie in der offenen und sonnenversengten, nahezu völlig unfruchtbaren Wüste schließlich ganz verschwinden würden.

Einen Augenblick hielt ich inne, war ich versucht, kehrt zu machen, doch dem Fluß zu folgen und im gemäßigten Otomí-Land zu bleiben, doch gab es für mich keine Entschuldigung, das zu tun. Der einzige Grund meiner Reise war, die Spur der Aztéca zurückzuverfolgen, und soweit ich wußte, waren sie von irgendwoher aus der Wüste selbst oder jenseits der Wüste hergekommen – falls es hinter dieser Wüste überhaupt noch etwas gab. Infolgedessen füllte ich meinen Wasserbeutel mit dem Wasser aus dem Fluß, holte in der kühlen Luft noch einmal tief Luft und schritt weiter nach Norden aus. Ich wandte dem lebenden Land den Rücken zu, zog hinein ins leere Land, in das ausgebrannte Land, in das Land der Toten Knochen.

Die Wüste ist eine Wildnis, welche die Götter martern, sofern sie es nicht vorziehen, sie überhaupt nicht zur Kenntnis zu nehmen.

Nichts lockert dieses eintönige und nahezu gleichförmig flache Land aus graugelbem Sand, graubraunem Gestein und schwarzgrauen Felsen auf. Kein Erdbeben stört seine Ruhe. Keine Vulkane speien Feuer und es gibt keine heißen Quellen oder Dämpfe, die irgendwo aufsteigen.

Wenig lebt in jenem heißen, unwirtlichen und trockenen Land. Selbstverständlich sah oder hörte ich gelegentlich einen Kojoten. Außerdem gab es auch Kaninchen, die offenbar einzig und allein zu dem Zweck da waren, den Kojoten als Nahrung zu dienen. Des weiteren gab es Zaunkönige und Eulen, nicht viel größer als die Zaunkönige, welche in Löchern nisteten, die sie in die Kakteen hineinhackten, und ständig zogen ein oder zwei Aasgeier ihre Kreise über mir. Doch alle anderen Wüstenbewohner scheinen der Gattung Kleingetier anzugehören und unter der Erde oder unter den Felsen zu leben – die giftigen Klapperschlangen, peitschenlange Eidechsen, andere Eidechsen, über und über mit Warzen und Hornhaut bedeckt, Skorpione, so groß fast wie meine Hand.

Gewiß, selbst dort treibt der Nopáli-Kaktus im Herbst seine süßen roten Tonáltin-Früchte und der riesige Quinámetl-Kaktus bietet am Ende seiner hochgereckten Arme süße, violett überhauchte Pitaáya-Früchte, doch die meisten Wüstenkakteen treiben nichts weiter als Stacheln und Dornen, Haken und Widerhaken. Was die Bäume betrifft, so gibt es nur hin und wieder einen knorrigen Mizquitl, die Yucca-Palmlilie mit ihren lanzettförmigen Blättern, und die Quaumátlatl, die über und über von einer seltsam hellgrünen, dabei jedoch leuchtenden Farbe ist: Blätter, Zweige, Äste, sogar der Stamm. Zu den kleineren Sträuchern gehört der nützliche Chiyáctic, dessen Saft etwas Öliges hat und dafür sorgt, daß sich daraus ein leicht brennendes Lagerfeuer machen läßt, und der Quauxelolóni, dessen Holz härter ist als selbst Kupfer, sich fast überhaupt nicht bearbeiten läßt und so schwer ist, daß es im Wasser untergehen würde, wenn es so etwas wie Wasser dort gäbe.

Alles, was das menschliche Leben lebenswert macht, fehlt in der Wüste entweder ganz oder kommt nur selten vor. Ein Mensch, der keine Ahnung von der Wüste hat, nicht darauf vorbereitet ist und es unternehmen wollte, sie zu durchqueren, würde bald darin zu Tode kommen – und zwar nicht zu einem leichten und raschen Tod. Doch wenn ich selbst auch zum erstenmal in dieses Ödland vorstieß, kam ich nicht gänzlich unwissend und unvorbereitet. In meiner Schulzeit, da wir Knaben in den Künsten des Krieges unterwiesen worden waren, hatte der Cuachic Blut Schwelger darauf bestanden, uns auch beizubringen, wie man in der Wüste überlebt.

So mangelte es mir dank seiner Unterweisung niemals an Wasser. Den bequemsten Quell stellt der Comitl-Kaktus dar, weshalb er ja auch Comitl oder Krug genannt wird. Ich suchte mir ein größeres Exemplar des Kaktus aus, häufte einen Kreis von Zweigen drum herum auf, setzte diese in Brand und wartete, bis die Hitze die Feuchtigkeit bis ins innerste Mark trieb. Danach brauchte ich bloß den obersten Teil des Kaktus abzuschlagen, das Mark auszudrücken und die Feuchtigkeit darin in meinen Lederbeutel auszupressen. Gelegentlich fällte ich einen der hoch und gerade gewachsenen Kakteen und legte ihn mit den Enden auf irgendwelche Felsen, damit er in der Mitte durchsackte. Gegen Morgen hatte der ganze Saft sich am Knick in der Mitte gesammelt, ich brauchte nur ein Loch hineinzuschneiden und das Naß in meinen Beutel tröpfeln lassen.

Fleisch hatte ich nur selten, um es abends an meinem Lagerfeuer zu braten, höchstens einmal eine Eidechse, und das waren kaum zwei Happen – und einmal ein Kaninchen, das noch gezuckt hatte, als ich den Geier vertrieb, der daran herumhackte. Aber Fleisch ist nicht unentbehrlich für die Erhaltung des Lebens. Das ganze Jahr über ist der Mizquitl-Baum mit Samenschoten behängt – frischen grünen diesjährigen und verschrumpelten braunen vom letzten Jahr. Die grünen Schoten lassen sich in Wasser zart kochen, zu Brei zerdrücken und ergeben dann ein schmackhaftes Mahl. Die trockenen Samenkörner in den braunen Schoten lassen sich zwischen Steinen zermahlen und ergeben gleichfalls ein Gericht. Das geschrotene Pulver läßt sich wie Pinóli mitführen, und wenn kein frischeres Essen vorhanden ist, mit Wasser vermischen und kochen.

Nun, ich habe überlebt und bin in dieser furchtbaren Wüste ein ganzes Jahr lang umhergewandert. Aber ich brauche bei der Beschreibung nicht weiter zu verweilen, da ein Ein Langer Lauf sich vom anderen durch nichts unterschied. Ich möchte nur noch hinzufügen – falls ihr, ehrwürdige Patres, euch die Weite und Leere der Wüste immer noch nicht recht vorstellen könnt –, daß ich mindestens einen Mond lang darin umhergezogen war, ehe ich auf ein anderes menschliches Wesen stieß.

Da sie genauso staubfarben war wie die Wüste, hielt ich sie aus der Ferne für nichts weiter denn einen sonderbar geformten Sandhaufen, doch als ich näherkam, erkannte ich, daß es sich um eine menschliche Gestalt handelte. Da ich nun so lange allein gewesen war, rief ich ihr freudig erregt einen Gruß zu, erhielt jedoch keine Antwort. Im Weitergehen rief ich deshalb noch einmal und erhielt immer noch keine Antwort, wiewohl ich mittlerweile nahe genug herangekommen war, um zu erkennen, daß die Gestalt den Mund weit aufgerissen hatte, so daß ich hätte meinen können, sie schrie.

Dann stand ich über diese Gestalt gebeugt, einer nackten Frau, die auf dem Boden saß und mit einer feinen Sandschicht bedeckt war. Wenn sie tatsächlich geschrien hatte – jetzt tat sie es nicht mehr, denn sie war tot, wiewohl sie Mund und Augen aufgerissen hatte. Die Beine weit von sich gespreizt, und die Hände fest auf den Boden gesetzt, saß sie da, als ob sie im Sterben versucht hätte, sich mit aller Macht in die Höhe zu stemmen. Ich berührte sie an der staubbedeckten Schulter; ihr Fleisch war weich und nachgiebig und noch nicht erkaltet; lange konnte sie also noch nicht tot sein. Sie stank vor Ungewaschenheit, wie ich zweifellos auch, und in ihrem Haar wimmelte es derart von Sandflöhen, daß es sich bewegt hätte, wäre es nicht so verklebt gewesen. Gleichwohl – hätte man sie tüchtig gebadet und gewaschen, wäre sie von schönem Gesicht und angenehmer Gestalt gewesen. Un da sie jünger war als ich und keinerlei Zeichen von irgendeiner Krankheit oder Verwundung erkennen ließ, fragte ich mich verwirrt, woran sie wohl gestorben sein mochte.

Ich warf mein Bündel und meinen Wasserbeutel zu Boden und begann, mit meinem Maquáhuitl den Boden in der Nähe aufzuscharren. Doch wollte es mir scheinen, als hätte sie die Augen vorwurfsvoll auf mich gerichtet, und so fand ich, sie könne sich genausogut hinlegen und ausruhen, solange ich ihr Grab schaufelte. Ich ließ daher meine Klinge fallen und packte die Frau bei den Schultern, um sie hinzulegen – und sollte eine Überraschung erleben. Sie widerstand dem Druck meiner Hände, ja, wollte unbedingt sitzen bleiben, als ob sie eine ausgestopfte Puppe wäre, so zusammengenäht, daß sie in der Mitte eingeknickt blieb. Mir wollte nicht in den Kopf, warum dieser Körper sich so widersetzte; die Leichenstarre hatte noch nicht eingesetzt, was ich mir dadurch bewies, daß ich einen ihrer Arme in die Höhe hob und feststellte, daß er ganz schlaff war. Abermals versuchte ich, sie zu bewegen, und ihr Kopf wackelte auch hin und her, aber der Rest ihres Körpers wollte sich nicht von der Stelle rühren. Ein aberwitziger Gedanke kam mir. Ob Wüstenmenschen, wenn sie starben, wohl Wurzeln schlagen, die bewirkten, daß sie blieben, wo sie einmal waren? Ob sie sich wohl allmählich in jene riesigen, oft jedoch menschenähnlich geformte Quinámetin-Kakteen verwandelten?

Ich trat zurück und betrachtete den unbegreiflich störrischen Leichnam – und erlebte abermals eine böse Überraschung, als ich unversehens einen scharfen Druck zwischen meinen Schulterblättern verspürte. Ich fuhr herum und stand inmitten eines Halbkreises von starrend auf mich gerichteten Pfeilen. Jeder dieser Pfeile saß auf einer angespannten Bogensehne, die Bogen wiederum wurden von zornig die Stirn runzelnden Männern gehalten, und jeder dieser Männer trug nichts weiter als ein fettiges Schamtuch aus zerfetztem Leder, eine Kruste Körperschmutz und einige Federn im strähnigen Haar. Insgesamt waren es neun Männer. Zugegebenermaßen war ich vollauf mit meinem sonderbaren Fund beschäftigt gewesen, und sie hatten sich alle Mühe gegeben, lautlos näherzukommen, doch hätte ihr Geruch sie verraten müssen, längst ehe sie bei mir waren, denn ihr Gestank war der gleiche wie der der toten Frau, nur verneunfacht.

»Die Chichiméca«, sagte ich zu mir, oder vielleicht sagte ich es auch laut. Auf jeden Fall sagte ich zu ihnen: »Ich bin gerade zufällig auf diese unglückliche Frau gestoßen. Ich habe versucht, ihr zu helfen.«

Da ich das in aller Eile sehr hastig hervorstieß und hoffte, sie dadurch davon abhalten zu können, ihre Pfeile auf mich abzuschießen, hatte ich in meiner Muttersprache Náhuatl gesprochen. Gleichwohl unterstrich ich meine Worte mit Gebärden, von denen ich meinte, daß auch Wilde sie verstehen müßten. Doch zu meiner Verwunderung sagte einer der Männer – und zwar derjenige, welcher mir die Pfeilspitze in die Schultern gedrückt hatte, ein Mann etwa meines Alters und auch annähernd so groß wie ich – in leicht verständlichem Náhuatl:

»Die Frau ist meine Frau.«

Ich räusperte mich und sagte mitfühlend, wie man es tut, wenn man etwas Trauriges mitzuteilen hat: »Ich bedauere sagen zu müssen, daß sie deine Frau *war*. Sie scheint vor kurzem gestorben zu sein.« Der Pfeil des Chichimécatl – die Pfeile aller – blieben weiterhin auf mich gerichtet, und so beeilte ich mich hinzuzufügen: »Ich habe ihren Tod nicht verursacht. Ich habe sie schon so vorgefunden. Und ich wollte sie auch keineswegs belästigen, selbst wenn ich sie noch lebend angetroffen hätte.«

Der Mann stieß ein mißtönendes, humorloses Lachen aus.

»Ja«, fuhr ich weiter fort, »ich wollte ihr den Gefallen tun, sie zu begraben, ehe die Aasgeier über sie herfielen.« Ich zeigte auf die Stelle, wo mein Maquáhuitl lag.

Der Mann sah auf die Mulde, die ich angefangen hatte zu machen, dann hinauf zu einem Aasgeier, welcher bereits zu unseren Häupten kreiste, dann wieder auf mich, und sein Gesichtsausdruck wurde etwas freundlicher. Er sagte: »Das war gut gemeint von dir, Fremder«, senkte den Pfeil und entspannte die Bogensehne.

Die anderen acht Chichiméca taten es ihm nach und steckten sich die Pfeile ins struppige Haar. Einer von den Männern ging hin, hob mein Maquáhuitl auf und betrachtete es anerkennend; ein anderer wühlte unter meinen Habseligkeiten. Vielleicht mußte ich mich damit abfinden, noch der wenigen Dinge beraubt zu werden, die ich bei mir hatte, doch offenbar sollte es mir erspart bleiben, sogleich als Missetäter getötet zu werden. Um die Atmosphäre von Freundschaftlichkeit aufrechtzuerhalten, sagte ich zu dem frischverwitweten Ehemann:

»Dein Verlust betrübt mich sehr. Deine Frau war jung und hübsch. Woran ist sie denn gestorben?«

»Daran, daß sie eine schlechte Frau war«, erklärte er düster. Dann sagte er: »Sie ist von einer Klapperschlange gebissen worden.«

Ich konnte keine Verbindung zwischen seinen beiden Äußerungen sehen und wußte nichts anderes zu sagen als: »Merkwürdig. Sie scheint überhaupt nicht krank gewesen zu sein.«

»Nein, von dem Gift hat sie sich erholt«, knurrte er, »aber erst, nachdem sie Kot Fresserin ihre Beichte abgelegt hatte, und ich war dabei. Die einzig böse Tat, welche sie Tlazoltéotl beichtete, war, daß sie einem Mann von einem anderen Stamm beigewohnt hatte. Und dann hatte sie das Pech, nicht am Schlangenbiß zugrunde zu gehen.«

Betrübt schüttelte er den Kopf. Ich tat desgleichen. Dann fuhr er fort:

»Wir haben gewartet, bis sie wieder ganz gesund war, denn es hätte sich nicht geziemt, eine sieche Frau hinzurichten. Als es ihr wieder gut ging und sie wieder bei Kräften war, haben wir sie hierhergebracht. Heute morgen. Zum Sterben.«

Ich starrte die sterbliche Hülle der Verblichenen an und überlegte, welche Hinrichtungsart es gewesen sein könne, welche kein anderes Zeichen hinterließ als starrende Augen und einen schweigend aufgerissenen Mund.

»Jetzt sind wir gekommen, um sie zu holen«, schloß der Witwer. »In der Wüste findet man nicht so leicht eine gute Hinrichtungsstätte, und so wollen wir diese hier nicht entweihen, indem wir unsere Leiche hierlassen, damit Aasgeier und Kojoten von ihr angezogen werden. Es war sehr zuvorkommend von dir, Fremder, gleichfalls daran gedacht zu haben.« Kameradschaftlich legte er mir die Hand auf die Schulter. »Aber wir wollen dafür sorgen, daß sie verschwindet, und dann würdest du vielleicht gern mitkommen und unser Mahl in unserem Lager mit uns teilen.«

»Mit Freuden«, sagte ich, und mein leerer Magen knurrte. Doch was dann geschah, hätte mir ums Haar jeden Appetit verdorben.

Der Mann trat zu seiner im Sand sitzenden Frau hinüber und bewegte sie auf eine Art, auf die ich nie verfallen wäre. Ich hatte versucht, sie hinzulegen. Er packte sie unter den Achseln und hob sie in die Höhe. Gleichwohl wollte sie sich nur widerstrebend von der Stelle bewegen, und er mußte sichtlich alle Kraft aufbieten. Es gab einen schaurigen, schmatzenden und reißenden Laut, gleichsam als hätte das Gesäß der Toten nun doch Wurzeln in die Erde geschickt. Dann löste sie sich von dem spitzen Pfahl, mit dem sie gepfählt worden war.

Da begriff ich, warum der Mann gesagt hatte, es sei nicht leicht, eine gute Hinrichtungsstätte in der Wüste zu finden, mußte doch ein Baum von gerade der richtigen Größe zur Verfügung stehen, einer, der kerzengerade in die Höhe wuchs und überm Boden keine Wurzeln aufwies, welche hinderlich im Weg gewesen wären. In diesem Fall war der Pfahl ehemals ein junger Mizquitlstamm gewesen, ungefähr von der Dicke meines Unterarms, in Kniehöhe gekappt und dann zugespitzt, doch sonst mit der rauhen Borke belassen, wie er war. Ich überlegte, ob der betrogene Ehemann seine Frau wohl behutsam auf die Spitze des Stamms gesetzt und sie nur langsam das grausam borkenbesetzte Ende hatte herunterrutschen lassen, oder ob er gnädiger von oben nachgeholfen haben mochte. Ich sann darüber nach, aber nachzufragen wagte ich nicht.

Als die neun Männer mich in ihr Lager führten, wurde ich dort herzlich willkommen geheißen und mit größter Zuvorkommenheit behandelt, solange ich bei ihnen blieb. Sie hatten all meine Habseligkeiten gründlich durchsucht, jedoch nichts gestohlen, nicht einmal meinen kleinen Vorrat an halbmondförmigen Zahlungsmitteln aus Kupferblättchen. Gleichwohl, meine ich, würden sie mich wohl ganz anders behandelt haben, hätte ich irgend etwas von Wert bei mir gehabt oder eine Kolonne schwerbeladener Träger angeführt. Immerhin waren diese Männer Chichiméca.

Dieser Name wird unter uns Mexíca immer voller Verachtung, Hohn, oder Abscheu ausgesprochen, etwa so, wie ihr Spanier von »Barbaren« und »Wilden« sprecht. Wir leiteten die Bezeichnung von Chichíne her, einem unserer Wörter mit der Bedeutung »Hund«. Wenn wir Chichiméca sagten, meinten wir für gewöhnlich jene Hundsvolkmenschen, unter denen ich jetzt weilte: die heimatlosen, ungewaschenen, stets umherziehenden Nomadenstämme der Wüste nicht weit im Norden der Otomí-Lande. Diejenigen, die nördlich von uns lebten, wurden von uns Mexíca schon genügend verachtet, doch wurde allgemein angenommen, daß es noch andere, auf noch niedrigerer Stufe stehende Stämme gab. Nördlich von den Hundsmenschen sollten womöglich noch wildere Wüstenstämme leben, die wir als Téochichiméca bezeichneten – »Die Noch Schlimmeren Hundsmenschen«. Und im äußersten Norden der Wüste sollten noch furchterregendere Stämme leben, die wir Zácachichiméca nannten, was soviel heißt wie »Die Verruchtesten Aller Hundsmenschen«.

Das erste Lager, welches ich besuchte – das einzige Zuhause, das diese Menschen kannten –, war nichts weiter als ein Fleck Wüste, auf dem sie sich niedergelassen hatten, weil sie wußten, daß unter der Erde ein spärliches Rinnsal floß, an welches sie herankommen konnten, indem sie gerade an dieser Stelle ein tiefes Loch in den Boden gruben. Das einzige, was an diesem Lager vertraut war, waren die Feuerstellen der sechzehn oder achtzehn Familien dieses Stammes. Bis auf die einfachsten Kochtöpfe und Küchengeräte fehlte es an allem und jedem. Neben jedem Feuer lagen auf einem Haufen die Jagdwaffen und Werkzeuge der Familie: ein Bogen und ein paar Pfeile, ein Wurfspieß samt Atlatl, ein Messer zum Abhäuten, eine Axt zum Fleischhauen und dergleichen. Nur ganz wenige von diesen Gerätschaften wiesen Spitzen oder Schneiden aus Obsidian auf, da dieses Gestein in jenen Gegenden nur selten vorkommt. Die Mehrzahl der Waffen bestand aus kupferhartem Quauxelolóni-Holz, welches sie höchst geschickt mit Hilfe des Feuers zu formen und zu schärfen verstanden.

Selbstverständlich gab es keinerlei feste Häuser und nur zwei leichtgebaute Hütten, kunstlos aus roh zusammengestellten Ästen und Zweigen errichtet. In jeder Hütte, so erzählte man mir, liege eine Schwangere, welche ihrer Zeit entgegensah, aus welchem Grunde dieses Lager übrigens für längere Zeit aufgeschlagen worden war, also möglicherweise für ein paar Tage und nicht nur, wie sonst, nur für eine Nacht. Der Rest des Stammes verschmähte jeden Unterschlupf. Männer, Frauen, ja, sogar die kleinen Kinder schliefen auf dem nackten Boden, wie auch ich es in der letzten Zeit getan hatte, doch statt auf einer weichen Decke aus zu Filz verarbeitetem Kaninchenhaar, benutzten sie nur alte, schmutzigstarre und zerrissene Hirschfelle. Ähnlich verschmutzte Felle bildeten auch die wenigen Kleidungsstücke, die sie trugen: Schamtücher für die Männer, form- und ärmellose knielange Gewänder für die Frauen und gar nichts für die Kinder, nicht einmal für diejenigen, die fast schon erwachsen waren.

Das Schlimmste am ganzen Lager war jedoch der Gestank, den nicht einmal die unendliche freie Luft um sie herum zu vertreiben vermochte, und ihr Geruch war jener der Hundsmenschen, von denen jeder einzelne weit schmutziger war als nur je ein Hund. Es könnte bezweifelt werden, daß ein Mensch in der Wüste schmutzig werden kann, denn Sand ist schließlich so sauber wie Schnee. Doch diese Menschen besudelten sich hauptsächlich mit ihrem eigenen Schmutz, ihren eigenen Ausscheidungen, ihrer eigenen Nachlässigkeit. Sie ließen ihren Schweiß am Körper trocknen, welcher demzufolge alle anderen Fette und ihren Grind überkrustete, welche der Körper normalerweise in unmerklichen Flocken abstößt. Jede Runzel und Falte ihrer Haut wies deutlich die Spuren dieser Unreinheiten auf: Knöchel, Handgelenke, Hals, Armbeuge und Kniekehlen. Ihr Haar wippte ihnen verklebt um den Kopf und nicht als Strähnen, und auf diesem fettigen Filz wimmelte es von Flöhen und Läusen. Ihre Lederkleidung war ebenso wie ihre Haut außerdem durchtränkt mit dem Geruch von Rauch, getrocknetem Blut und ranzigem Tierfett. Alles in allem war dieser Gestank überwältigend, und wenn ich ihn zuletzt auch nicht mehr zur Kenntnis nahm, hielt ich die Chichiméca doch lange Zeit hindurch für die dreckigsten Menschen, die ich jemals kennengelernt habe – und für diejenigen, denen dieser Dreck nicht im geringsten etwas ausmachte.

Alle hatten außerordentlich einfache Namen – Zoquitl etwa oder Nacatl oder Chachápa – Schlamm, Fleisch und Wolkenbruch –, Namen, die jämmerlich schlecht zu ihrem unwirtlichen und kaum Nahrung bietenden Lebensraum paßten; vielleicht entsprangen diese Namen aber auch einem verständlichen Wunschdenken. Fleisch hieß zum Beispiel der junge Mann, der sich selbst gerade eben zum Witwer gemacht und mich aufgefordert hatte, ihn in sein Lager zu begleiten. Er und ich ließen uns an einem Kochfeuer nieder, welches – ein wenig abseits von den Feuern der Familiengruppen – von ungebundenen Junggesellen unterhalten wurde. Fleisch und seine Freunde wußten bereits, daß ich ein Mexícatl war, doch war ich mir voller Unbehagen bewußt, daß ich nicht wußte, welchem Stamm oder Volk ich sie zuzuordnen hätte. Während einer der Männer eine Schöpfkelle aus einem Yucca-Blatt benutzte, um jedem von uns ein unidentifizierbares Gericht auf ein gebogenes Stück Blatt Schwarzgrüner Agave zu füllen, sagte ich:

»Wie du wahrscheinlich weißt, Fleisch, sind wir Mexíca es gewöhnt, alle Wüstenbewohner als Chichiméca zu bezeichnen. Ihr habt doch aber ohne Zweifel einen Namen, wie ihr euch selbst nennt.«

Er deutete auf die verstreuten Lagerfeuer und sagte: »Wir hier gehören zum Tecuéxe-Stamm. Es gibt noch viele andere Stämme in der Wüste – Pame, Janámbre, Hualahuise und so weiter –, aber es stimmt, wir sind alle Chichiméca, denn wir haben alle eine rote Haut.« Bei mir dachte ich, daß er und seine Stammesgenossen mehr nach grauem Schmutz aussähen. Fleisch schluckte einen Happen von dem Gericht hinunter und meinte: »Du bist ja auch ein Chichimécatl. Nicht anders als wir.«

Als die Rarámuri mich so genannt hatten, war mir das wider den Strich gegangen. Daß aber ein Wilder aus der Wüste nun auch die Stirn hatte zu behaupten, er sei mit den hochzivilisierten Mexíca verwandt, empfand ich als ungeheuerlich. Aber er hatte es so gleichmütig gesagt, und mir ging auf, daß er keineswegs anmaßend sein wollte. Es stimmte ja auch: Unter dem ganzen Schmutz waren Fleisch und die anderen Tecuéxe von der gleichen kupferfarbenen Hautfarbe wie ich und jeder andere Mensch, den ich kannte. Bei den Stämmen und den einzelnen Menschen unserer Rasse gingen die Unterschiede vom blassesten Rotgold bis zum Rotbraun der Kakaobohne, doch allgemein gesprochen war die Bezeichnung »rothäutig« die unpassendste.

Und so begriff ich: Diese schmutzstarrenden, halbnackten, unwissenden Nomaden glaubten offensichtlich, daß sich ihr Name Chichiméca nicht vom Chichíne-Hund herleitete, sondern von dem Wort chichíltic – Rot. Und ein Mensch, der das meinte, konnte im Ausdruck Chichiméca selbstverständlich nichts Schimpfliches sehen. Damit bezeichnete man jeden Menschen in jeder Wüste, jedem Dschungel und jeder zivilisierten Stadt in Der Einen Welt.

Ich schlug mir weiterhin meinen dankbaren Bauch voll – das Gericht knirschte zwischen den Zähnen, denn es war Sand darin, doch sonst war es recht schmackhaft, und dachte weiter über die Verbindungen und Beziehungen zwischen den verschiedenen Völkern nach. Fleisch hatte von der unvorsichtigen Krankenbettbeichte seiner Frau vor Tlazoltéotl gesprochen, und so wußte ich bereits, daß die Chichiméca die Göttin Kot Fresserin kannten. Später erfuhr ich, daß sie die meisten anderen unserer Götter gleichfalls verehrten. Doch in ihrer Abgeschiedenheit und Unwissenheit hatten sie eine ganz bestimmte Gottheit ganz für sich allein erfunden. Sie hingen dem lachhaften Glauben an, daß die Sterne Schmetterlinge aus Obsidian seien und das Glitzern der Sterne nichts weiter als der Widerschein des Mondlichts auf den flatternden Flügeln aus eben jenem schimmernden Stein. Infolgedessen hatten sie eine Göttin erfunden – Itzpapálotl, Obsidian Schmetterling –, welche sie als höchste aller Götter verehrten. Nun, in der Wüstennacht schimmern die Sterne in der Tat strahlend hell und schienen – den Schmetterlingen gleich – eben außer Reichweite über einem in der Luft zu stehen.

Doch selbst wenn die Chichiméca etliches mit zivilisierteren Völkern gemein haben, ja, auch wenn sie meinen, ihr Name besage nichts weiter, als daß alle rothäutigen Völker irgendwie entfernt miteinander verwandt seien, machen sie sich kein Gewissen daraus, auf Kosten dieser Verwandten zu leben – seien es nun entfernte oder nahe. An jenem ersten Abend, da ich das Mahl mit den Tecuéxe teilte, bestand dieses aus Brocken zarten weißen Fleisches, welches sich leicht von zarten Knochen löste, die für meine Begriffe nicht die Knochen von Eidechsen oder Kaninchen oder die anderer Tiere sein konnten, denen ich in der Wüste begegnet war. Deshalb erkundigte ich mich:

»Fleisch, was ist das für ein Fleisch, das wir da essen?«

Er grunzte: »Baby.«

»Baby was?«

Er wiederholte nur: »Baby« und zuckte mit den Achseln. »Essen in schweren Zeiten.« Er erkannte, daß ich noch immer nicht begriff, und so erklärte er es mir: »Manchmal verlassen wir die Wüste und plündern ein Otomí-Dorf und nehmen unter anderem ihre Kleinkinder mit. Oder wir kämpfen mit anderem Chichiméca-Stamm in der offenen Wüste. Zieht der besiegte Stamm sich zurück, muß er diejenigen kleinen Kinder, die noch nicht laufen können, zurücklassen. Da solche winzigen Gefangenen zu nichts anderem zu gebrauchen sind, werden sie ausgeweidet und in der Sonne getrocknet oder über einem Mizquitl-Feuer geräuchert, daß sie sich lange halten, ohne zu verderben. Sie wiegen so wenig, daß jede von unseren Frauen ohne weiteres drei oder vier davon am Leibriemen tragen kann. Sie werden mitgenommen und erst dann zubereitet und verzehrt, wenn – wie das heute der Fall war – Obsidian Schmetterling es versäumt, uns Wild für unsere Pfeile zu schicken.«

Ich sehe es euren Gesichtern an, daß ihr diese Gepflogenheit als verwerflich betrachtet, ehrwürdige Patres. Freilich muß ich gestehen, daß ich gelernt habe, *fast* alles Eßbare zu essen, und zwar mit genausoviel Appetit und mit genausowenig Ekel wie irgendein Chichimécatl, denn im Laufe meiner Wüstenwanderungen erkannte ich, daß es kein Gesetz gibt, welches gebieterischer wäre als das von Hunger und Durst. Gleichwohl legte ich nicht alle Gewohnheiten und alle Unterscheidungskraft der Zivilisation ab. Die Chichiméca kannten andere ausgefallene Speisen, die ich auch unter den schlimmsten Entbehrungen nicht anrühren würde.

Ich folgte Fleisch und seinen Gefährten solange, wie ihre Wanderzüge mehr nach Norden als nach Süden führten, wo ich schließlich nicht hinwollte. Dann, als die Tecuéxe beschlossen, nach Osten abzubiegen, war Fleisch so freundlich, mich ins Lager eines anderen Stammes, der Tzacatéca, zu begleiten und machte mich dort mit einem Mann namens Gemüse bekannt, mit dem er oft gekämpft hatte. So kam es, daß ich – solange sie gen Norden zogen – mit den Tzacatéca dahinzog, und als unsere Wege sich schließlich trennten, machte Gemüse seinerseits mich mit einem Freund namens Festschmaus aus dem Hua-Stamm bekannt. Auf diese Weise wurde ich von einem Unterstamm der Chichiméca zum anderen weitergereicht – an die Tobóso, die Iritila, die Mapimí – und so kam es, daß ich alle Jahreszeiten eines ganzen Jahres in der Wüste kennenlernte, und so kam es auch, daß ich mit einigen wirklich abscheulichen Gebräuchen der Chichiméca bekannt wurde.

Im Spätsommer und im Frühherbst treiben etliche Kakteen ihre Früchte. Den hochragenden Quinámetl-Kaktus, der einem Riesen mit vielen hochgereckten Armen ähnelt, habe ich bereits erwähnt. Er trägt die Pitaáya genannte Frucht, die, wie man zugeben muß, recht schmackhaft und nahrhaft ist; doch daß sie so überaus begehrt ist, liegt, meine ich, daran, daß es so überaus schwierig ist, an diese Früchte heranzukommen. Da es für einen Menschen ein Ding der Unmöglichkeit ist, einen stachelstarrenden Quinámetl hinaufzuklettern, kommt man an die Frucht nur dadurch heran, daß man sie mit langen Stecken oder Steinen herunterschlägt oder herunterwirft. Auf jeden Fall ist die Pitaáya den Wüstenbewohnern die ihnen wohl liebste Leckerei – und stellt einen solchen Luxus dar, daß sie jede Frucht *zweimal* essen.

Ein Chichimécatl-Mann oder -Frau schlingt eine der violetten runden Früchte – Mark und Saft und schwarze Samenkörner – vollständig herunter und wartet dann auf das, was diese Leute *ynic ome Pixquitl* oder »zweite

Ernte« nennen. Was nichts weiter bedeutet, als daß die Esser die Frucht verdauen, den Rest ausscheiden und sich unter diesen Ausscheidungen die nicht verdauten Pitaáya-Samen befinden. Sobald jemand also seine Notdurft verrichtet hat, untersucht er den eigenen Kot, zerteilt ihn mit den Fingern, sucht die kleinen, nußähnlichen Samenkörner heraus und verzehrt sie nochmals, wobei er sie genüßlich zerbeißt und auf ihnen herumkaut, um das ganze Aroma zu schmecken und die ganze Nährkraft herauszuholen. Findet ein Mann oder eine Frau um jene Jahreszeit die Exkremente irgendeines anderen Menschen in der Wüste – wird er oder sie freudig hinzuspringen, sie untersuchen und mit den Fingern auseinanderklauben in der Hoffnung, Pitaáya-Samenkörner zu finden, die der andere vielleicht übersehen haben könnte, um sie sich anzueignen und genußvoll zu verzehren.

Es gibt bei diesen Menschen jedoch noch eine weitere Sitte, die für meine Begriffe noch abstoßender ist, doch um die zu beschreiben, muß ich zuvor etwas erklären. Nachdem ich nunmehr seit fast einem Jahr in der Wüste unterwegs gewesen war und das Frühjahr kam – damals weilte ich gerade beim Iritíla-Stamm – erlebte ich, daß Tlaloc sich eben doch herabläßt, der Wüste etwas von seinem Regen zukommen zu lassen. Er läßt es ungefähr einen ganzen aus zwanzig Tagen bestehenden Mond hindurch regnen. An manchen dieser Tage wütet er dermaßen, daß die längst ausgetrockneten Wasserläufe in der Wüste zu reißenden Wildwassern werden. Freilich schenkt Tlaloc seine Gunst der Wüste nicht länger als eben einen Mond lang, und das Wasser wird bald vom Sand verschluckt. Infolgedessen entfaltet sich in der Wüste nur während dieser zwanzig Regentage eine Farbenpracht ohnegleichen und zeigen sich Blüten an den Kakteen und anderen sonst dürren Büschen. Um diese Zeit wuchert an Stellen in der Wüste, welche die Feuchtigkeit lange genug festhalten, eine Pflanze, wie ich sie sonst noch nie gesehen hatte: ein Schwamm, der Chichinanácatl genannt wird. Er besteht aus einem faltigen Stamm mit einer blutroten Kappe darauf, welche durch weiße Warzen entstellt wird.

Die Iritíla-Frauen sammelten diese Schwämme eifrig ein, verwendeten sie jedoch nicht zur Herstellung irgendeines Gerichts, und das fand ich sonderbar. In demselben kurzen Frühling hörte der Häuptling der Iritíla auf, sein Wasser wie die anderen Männer auf den Boden abzuschlagen. In dieser Zeit trug seine Frau stets einen besonderen Tonkrug mit sich herum, und jedesmal, wenn den Häuptling das Bedürfnis überkam, sich zu entleeren, hielt sie den Krug vor ihn hin und er tat es dort hinein. Und noch zu einer weiteren Merkwürdigkeit kam es in dieser Jahreszeit: Jeden Tag waren einige von den Iritíla-Männern viel zu betrunken, um auf die Jagd und Nahrungssuche gehen zu können, und ich begriff einfach nicht, wo sie ein berauschendes Getränk herbekamen oder herstellten. Es dauerte eine Weile, bis ich begriff, welche Beziehung zwischen den verschiedenen Merkwürdigkeiten bestand.

Eigentlich war es gar kein großes Geheimnis. Die Schwämme zu essen blieb nur dem Stammeshäuptling vorbehalten. Und wenn er sie gegessen hat, schenken sie ihm eine Art Rausch, verbunden mit köstlichen Trugbildern ähnlich denen, die man nach dem Peyotl-Genuß bekommt. Den Chichinanácatl wird dadurch, daß sie gegessen und verdaut werden, nur wenig von ihrer berauschenden Wirkung genommen; welche magische Substanz sie auch immer enthalten, sie wandert durch den Körper und gelangt durch die Blase wieder ins Freie. Während der Häuptling sich in einem ständigen Zustand glückseliger Trunkenheit befand, schlug er sein Wasser häufig in besagten Krug ab, und der so gewonnene Urin war fast ein genauso starkes Rauschmittel wie der Pilz selber.

Die erste volle Schale teilten sich seine Weisen Männer und Zauberer. Gierig nahm jeder von ihnen einen großen Schluck, wankte bald herum oder lag beseligt träumend auf dem Boden. Die nächste volle Schale teilten sich die engsten Freunde des Häuptlings, die darauffolgende die tüchtigsten Krieger und so weiter. Es waren noch nicht viele Tage vergangen, und die Schale ging unter den geringeren Männern und Alten und zuletzt sogar unter den Frauen herum. Endlich genossen sämtliche Iritila zumindest eine kurze beglückende Zeit in ihrem ansonsten so glanzlosen und so wenig freudvollen Dasein, welches sie den Rest des Jahres über führten. Selbst mir, dem Fremden unter ihnen, wurde die Schale gastlich angeboten, doch ich lehnte das freundliche Angebot voller Hochachtung ab, und keiner schien verletzt oder traurig, daß ich nicht auch einen Schluck von dem kostbaren Urin trank.

Trotz der verschiedenen und offenkundigen Verruchtheiten der Chichiméca sollte ich gerechterweise sagen, daß diese Wüstenbewohner nicht völlig heruntergekommen und verabscheuungswürdig sind. Zum einen ging mir nach und nach auf, daß sie nicht deshalb unsauber sind, von Ungeziefer wimmeln und stinken, weil sie es *wollen*. In siebzehn Monden im Jahr muß jeder Tropfen Wasser, welcher der Wüste abgerungen werden kann – sofern er nicht augenblicklich gierig von einer durstigen Zunge aufgeleckt wird –, aufgehoben und gespart werden für den Tag, da nicht einmal ein Kaktus, der ein wenig Feuchtigkeit enthält, in Reichweite ist, und dieser Tage gibt es eine ganze Menge. Siebzehn Monde des Jahres hindurch hat das Wasser für das Körper*innere* da zu sein und nicht für das -äußere. Die kurze und flüchtige Zeit Anfang Frühling ist die einzige Zeit, in welcher es in der Wüste Wasser gibt, welches man auch für den Luxus des Sichwaschens und Badens verwenden darf. Genauso wie ich, machte jeder Angehörige des Iritíla-Stammes sich die Gelegenheit zunutze, so gründlich und so oft wie möglich zu baden. Und von seinem Schmutz befreit, sieht ein Chichimécatl genauso menschlich aus wie jeder andere zivilisierte Mensch auch.

Ich erinnere mich an einen bezaubernden Anblick. Es war später Nachmittag. Ich war müßig eine Strecke von dem Platz fortgeschlendert, auf welchem die Iritila gerade ihr Lager für die Nacht aufgeschlagen hatten, und stieß auf eine junge Frau, die offensichtlich ihr erstes Bad in diesem Jahr nahm. Sie stand inmitten einer kleinen und nicht besonders tiefen Regenlache, die sich in einer Felsmulde gesammelt hatte. Sie war allein und wollte ohne Zweifel das klare, saubere Wasser genießen, ehe die anderen es fanden und, sich gegenseitig stoßend, herbeigelaufen kamen, um es gleichfalls zu genießen und zu verschmutzen. Ich verriet meine Anwesenheit nicht, sondern beobachtete durch meinen Sehkristall, wie sie sich mit der seifigen Wurzel einer Amóli-Pflanze einseifte und dann wiederholt abspülte – das ganze jedoch langsam und genußvoll auskostete.

Im Osten, hinter ihr, ließ Tlaloc sich einen Sturm zusammenbrauen; die Wolken waren dunkel wie eine Schieferwand. Zuerst war das Mädchen davor kaum zu erkennen, dermaßen überdeckt war ihre eigentliche Hautfarbe vom Schmutz des Vorjahres. Doch nachdem sie eine Schmutzschicht nach der anderen abgeseift und heruntergespült hatte, trat ihre normale Hautfarbe immer klarer hervor. Tonatiu ging im Westen unter, und seine Strahlen unterstrichen noch den feinen kupfrigen Goldton ihrer Haut. In dieser unendlichen Landschaft, die sich flach und leer bis zu den dunklen Wolken hinüber erstreckte, war die junge Frau das einzige, was strahlend leuchtete. Die Wölbungen ihres nackten Körpers waren in der schimmernden Nässe besonders deutlich zu erkennen, ihr sauberes Haar glänzte, das Wasser, welches sie über sich goß, zersprang in tausend Tropfen, welche edelsteingleich glitzerten. Den drohenden Gewitterhimmel hinter sich, leuchtete sie in den letzten Sonnenstrahlen genauso hübsch wie ein kleines Stück glühenden Bernsteins auf einer großen matten Schieferplatte.

Es war lange her gewesen, daß ich bei einer Frau gelegen hatte, und diese, so sauber und so anmutig, stellte eine große Versuchung dar. Doch fiel mir eine andere Frau ein – eine, die man gepfählt hatte – und so näherte ich mich dem kleinen Teich nicht, bis das Mädchen diesen widerstrebend verlassen hatte.

Solange ich mit all den verschiedenen Chichiméca-Stämmen umherzog, hütete ich mich, mit ihren Frauen zu tändeln, eines ihrer anderen wenigen Gesetze zu verletzen oder sie in irgendeiner anderen Weise vor den Kopf zu stoßen. Aus diesem Grunde wurde ich von jedem Stamm als gleichberechtigter Mitwanderer angesehen. Niemals wurde mir irgend etwas gestohlen oder wurde ich ungerecht behandelt, und stets erhielt ich meinen Anteil von allem, was sie an jämmerlicher Nahrung und an Bequemlichkeit der Wüste abzuringen imstande waren – bis auf die gelegentlichen besonderen Leckerbissen, die ich ablehnte, wie etwa den Beseeligung schenkenden Urintrank. Der einzige Gefallen, um den ich sie bat, war, mir alles zu erzählen, was sie wußten von den Aztéca und ihrem langen Wanderzug vor vielen, vielen Schock Jahren, sowie von den Gerüchten über vergrabene Vorratslager, welche sie unterwegs angelegt haben sollten.

Fleisch von den Tecuéxe, Gemüse von den Tzacatéca und Festschmaus von den Hua erklärten mir alle gleichermaßen: »Gewiß, man weiß, daß ein solcher Stamm einmal durch dieses Land hindurchgezogen ist, aber wir wissen nichts von ihm, außer daß sie, wie wir – ja, wie alle Chichiméca – wenig mitbrachten und überhaupt nichts zurückließen.«

Es war immer die gleich entmutigende Antwort, die ich von Anfang meiner Nachfragen an zu hören bekam und immer wieder hörte, ob ich meine Fragen nun an die Tobóso, die Iritíla oder all die anderen Stämme richtete, ob ich nun nur kurz mit ihnen zusammen durch die Wüste zog oder für eine längere Zeit. Erst in meinem zweiten Sommer in der verfluchten Wüste, als ich ihrer und meiner aztekischen Ahnen schon von Herzen überdrüssig geworden war, erhielt ich auf meine Frage eine um ein weniges andere Antwort.

Ich hatte mich einem Stamm angeschlossen, welcher sich Mapimí nannte und der seinen Lebensraum im allerheißesten, trockensten und trostlosesten Teil Wüste hatte, den ich bisher kennengelernt hatte. Er lag so unvorstellbar weit nördlich von all den lebensvollen Landen, daß ich hätte schwören mögen, nördlich davon könne es einfach keine Wüste mehr geben. Freilich gäbe es die, erklärten die Mapimí, grenzenlos weite Wüstengebiete sogar und womöglich noch unwirtlicher als alles, was ich bisher kennengelernt hatte. Das zu hören, war für meine Ohren selbstverständlich entmutigend, und entmutigend klangen denn auch die ersten Worte des Mannes, dem ich gequält meine bis zum Überdruß wiederholte, ewige Frage nach den Aztéca stellte.

»Ja, Mixtli«, sagte er. »Es hat in der Tat einen solchen Stamm gegeben, und er hat genau eine solche Reise unternommen, wie du sie beschrieben hast. Aber sie haben nichts mitgebracht . . .«

»Und«, beendete ich den Satz für ihn mit bitterer Stimme, »ließen nichts zurück, als sie wieder weiterzogen.«

»Bis auf uns«, sagte er.

Es dauerte eine Weile, bis diese drei Worte durch meine Niedergedrücktheit hindurch in mein Bewußtsein drangen, doch dann starrte ich ihn offenen Mundes an.

Er lächelte sein zahnloses Lächeln. Es war Patzcatl, der Häuptling der Mapimí, ein uralter Mann, voller Falten im Gesicht, von der Sonne gegerbt und mit einem womöglich noch groteskeren Namen begabt als die meisten anderen Chichiméca; denn Patzcatl bedeutet »Saft«. »Du hast vom Wanderzug der Aztéca gesprochen, von einer unbekannten Heimat, welche du Aztlan genannt hast. Und von ihrem Ziel, der großen Stadt, welche sie weit, weit im Süden gegründet haben. Wir Mapimí und andere Chichiméca haben in all den vielen Schock Jahren diese Wüsten bewohnt und zwar von dieser Stadt und ihrer Pracht reden hören, doch ist keiner von uns ihr annähernd nahe genug gekommen, als daß er auch nur einen flüchtigen Blick darauf hätte werfen können. Nun überlege einmal, Mixtli! Findest du es denn nicht erstaunlich, daß wir Barbaren, die so weit, weit entfernt von eurem Tenochtítlan leben und im Grunde nichts davon wissen, nichtsdestoweniger dasselbe Náhuatl sprechen wie ihr?«

Ich sann darüber nach und sagte: »Jawohl, Häuptling Saft. Ich war überrascht und erfreut darüber, als ich feststellte, daß ich mich mit so vielen Stämmen verständigen konnte, habe jedoch nie innegehalten und weiter darüber nachgedacht, wieso das eigentlich möglich ist. Hast du eine Theorie, die das erklären könnte?«

»Mehr als eine Theorie«, sagte er mit einigem Stolz. »Ich bin ein alter Mann und stamme von einer langen Linie von Vätern ab, die sämtlichst ein hohes Alter erreicht haben. Aber ich und sie, wir sind nicht immer alt gewesen, und in unserer Jugend waren wir auch neugierig. Jeder von uns stellte Fragen und hat die Antworten nicht vergessen, die er darauf erhielt. So kommt es, daß jeder erfuhr, was seine Väter über die Ursprünge unseres Volkes zu berichten wußten, und hat es weitergegeben an seine Söhne.«

»Ich wäre dir außerordentlich dankbar, wenn du mich an diesem Wissen teilhaben ließest, ehrwürdiger Häuptling.«

»Wisse denn«, sagte der alte Saft, »daß in den Legenden von *sieben* verschiedenen Stämmen die Rede ist – darunter deinen Aztéca –, welche vor langer Zeit von Aztlan, dem Ort der Schneereiher, auszogen auf der Suche nach einem angenehmeren Ort, sich dort niederzulassen und zu leben. Diese Stämme waren alle miteinander verwandt, sprachen alle dieselbe Sprache, verehrten alle dieselben Götter und hatten dieselben Sitten und Gebräuche. Lange Zeit hindurch zog dieser bunte Haufen freundschaftlich gemeinsam durch die Lande. Gleichwohl kannst du dir ausmalen, daß es unter so vielen Menschen und auf einer so langen Reise zu Reibungen und zu Zwietracht kam. Viele lösten sich unterwegs von dem Zug – einzelne Familien, ganze Calpúli-Sippen, ja, ganze Stämme. Manche gerieten in Streit mit anderen und gingen ihrer eigenen Wege, andere blieben aus reiner Erschöpfung zurück, manche fanden Gefallen an einem Ort, an dem sie sich gerade befanden, und beschlossen, nicht weiterzuziehen. Heute ist es unmöglich zu sagen, wer wohin zog. In den vielen Schock Jahren, welche seither vergangen sind, haben diese säumigen Stämme sich gespalten und sind die einzelnen Gruppen wiederum ihrer eigenen Wege gegangen. Man weiß, daß deine Aztéca immer weiterzogen bis in jenes Land, in welchem heute euer Tenochtítlan steht, und es ist möglich, daß andere auch so weit gewandert sind. Wir jedoch gehören nicht zu ihnen, wir, die wir heute die Chichiméca sind. Deshalb sage ich dies. Als deine Aztéca die Wüsten hinter sich brachten, ließen sie keinerlei Vorratslager zurück, später Gebrauch davon zu machen; sie hinterließen überhaupt keine Spur. Sie ließen nichts zurück, nur uns.«

Was er da erzählte, klang durchaus glaubhaft und war nicht weniger beunruhigend als die Behauptung meines früheren Gefährten Fleisch, daß mit der Bezeichnung Chichiméca alle Völker unserer Hautfarbe gemeint seien. Worauf das alles jedoch hinauslief, war, daß ich – statt irgend etwas von möglichem Wert wie etwa die verborgenen Schätze zu finden – nur einen schrecklichen Haufen gefunden hatte, der behauptete, mit mir verwandt zu sein. Diese wenig angenehme Vorstellung wies ich daher rasch von mir und sagte seufzend:

»Trotzdem würde ich gern dahinterkommen, wo dieses Aztlan gelegen hat.«

Häuptling Saft nickte, sagte jedoch: »Das ist weit von hier. Wie ich dir gesagt habe, waren die sieben Stämme schon weit, weit von ihrer Heimat entfernt, als sie anfingen auseinanderzugehen.«

Ich blickte nach Norden, dorthin, wo, wie man mir gesagt hatte, sich nochmals eine schreckliche und grenzenlose Wüste dehnen sollte, und ich stöhnte: »*Ayya*, dann muß ich also weiter durch diese unwirtliche und verfluchte Ödnis . . .«

Der alte Mann blickte gleichfalls in diese Richtung, schien leicht verwirrt und fragte: »Warum?«

Ich selbst muß wohl ebenfalls einen verwirrten Eindruck gemacht haben angesichts einer so törichten Frage von einem Mann, den ich für einigermaßen vernünftig gehalten hatte. Ich sagte: »Die Aztéca sind aus dem Norden gekommen. Wohin sollte ich also sonst?«

»Der Norden, das ist kein *Ort*«, erklärte er, als habe er es mit einem zu tun, der recht begriffsstutzig war. »Norden ist eine Himmelsrichtung, und eine höchst unbestimmte dazu. Du bist bereits zu weit nach Norden gekommen.«

Ich rief: »Dann liegt Aztlan *hinter* mir?«

Er gluckste angesichts meines Entsetzens. »Hinter dir, neben dir und weiter zurück.«

Ungeduldig sagte ich: »Und du sprichst von ungenauen Himmelsrichtungen.«

Immer noch lachend, fuhr er fort: »Dadurch, daß du dich die ganze Zeit über nur an die Wüste gehalten hast, bist du zwar immer nach Westen und nach Norden weitergekommen, nicht jedoch weit genug nach Westen. Wärest du nicht durch die Vorstellung von dem Norden irregeleitet, hättest du Aztlan längst gefunden, ohne die Wüste jemals bezwingen, ja, ohne die lebenden Lande überhaupt jemals verlassen zu müssen.«

Ich stieß einen gurgelnden Laut aus, als würde ich erwürgt. Der Häuptling fuhr fort:

»Nach den Vätern meiner Väter, lag *unser* Aztlan irgendwo südwestlich von dieser Wüste, an der Küste, am Ufer des großen Meeres, und mehr als ein Aztlan hat es gewiß nie gegeben. Aber von dort aus sind unsere – und deine – Ahnen in den vielen, Schock Jahre vielen verschlungenen Pfaden gefolgt. Dabei ist es durchaus denkbar, daß die Aztéca auf dem letzten Abschnitt dieser Reise direkt von Norden dorthin gekommen sind, wo heute Tenochtítlan liegt. Doch wie dem auch sei, Aztlan müßte eigentlich nordwestlich von dort liegen.«

»Dann muß ich also wieder zurück ... südwestlich von hier ...«, murmelte ich und bedauerte all die vielen ermüdenden und anstrengenden Ein Langer Lauf, die ich zurückgelegt hatte, und den Schmutz und das Elend, das ich nutzlos auf mich genommen hatte.

Der alte Saft zuckte mit den Achseln. »Ich behaupte nicht, du mußt. Aber wenn du wirklich weitergehen *willst*, rate ich dir zumindest davon ab, noch weiter nach Norden zu ziehen. Dort liegt Aztlan jedenfalls nicht. Weiter im Norden gibt es nur noch mehr Wüste, schreckliche, erbarmungslose Wüste, in welcher nicht einmal die abgehärteten Mapimí leben können. Nur die Yaki können auf kurzen Raubzügen in die Wüste vorstoßen, doch vermögen sie das nur, weil sie noch grausamer sind als die Wüste selbst.«

Voller Traurigkeit angesichts dieser Erinnerung sagte ich: »Ich weiß, wie die Yaki sind. Ich werde umkehren, Häuptling Saft, wie du mir rätst.«

»Zieh dorthin!« Er wies gen Süden, wo Tonatíu, ohne seinen Federmantel auszubreiten, hinter unbestimmten grauweißen Bergen auf sein hartes Lager niedersank, Bergen, welche die ganze Zeit hindurch, da ich durch die Wüste gezogen war, mit mir Schritt gehalten hatten. »Wenn du Aztlan finden möchtest, mußt du zu diesen Bergen und über sie hinweg, mußt durch diese Berge hindurch. Du mußt auf die andere Seite dieser Bergkette gelangen.«

Und genau das tat ich: Ich wandte mich nach Südwesten, auf die Berge zu, über sie hinweg und durch sie hindurch, bis ich auf der gegenüberliegenden Seite ankam. Ich hatte diese blasse Bergkette jetzt über ein Jahr lang in der Ferne immer vor Augen gehabt und erwartete nun, steile Granitwände überwinden zu müssen. Doch als ich mich ihnen näherte, erkannte ich, daß sie nur aus der Ferne so furchtgebietend ausgesehen hatten. Die niedrigen Vorberge waren kaum mit dem für die Wüste typischen staubbedeckten Gesträuch bedeckt; vielmehr wurde der Pflanzenwuchs zunehmend dichter und grüner, je weiter ich vorankam. Die eigentlichen Berge erwiesen sich, als ich sie erreichte, als genauso bewaldet und gastlich wie jene, die ich im Rarámuri-Land kennengelernt hatte.

Ich stieß auf Höhlensiedlungen, deren Einwohner Ähnlichkeit mit den Rarámuri aufwiesen – selbst in bezug auf die Körperbehaarung –, auch eine sehr ähnliche Sprache sprachen und mir berichteten, sie seien Verwandte dieser Rarámuri, deren Gebiet, wie sie sagten, wesentlich weiter im Norden eben dieses selben Gebirgszuges liege.

Als ich dann endlich auf der anderen Seite der Bergkette von diesen Höhen herunterkam, stieß ich auf die Meeresküste, und zwar irgendwo südlich jenes Strands, an dem ich nach meiner unfreiwilligen Seefahrt vor über zehn Jahren gelandet war. Dieser Küstenstrich heißt Sinalobóla, wie ich von den Fischerstämmen erfuhr, deren Dörfer diese Küste säumten. Dieses Volk, die Kaíta, hatten nichts dawider, daß ich ihre Küste entlangzog, doch mich einladen, bei ihnen zu bleiben, taten sie auch nicht; es war ihnen einfach gleichgültig. Infolgedessen verweilte ich, als ich die Sinalobóla hinunter nach Süden zog, nicht länger in einem ihrer Dörfer als notwendig, ganz im Vertrauen auf die Versicherung des alten Häuptlings Saft, daß Aztlan irgendwo an dieser »Küste des großen Meeres« liegen müsse.

Den größten Teil des Wegs über hielt ich mich an die flachen Küstengebiete selbst, so daß ich das Große Meer stets zu meiner Rechten hatte. Manchmal mußte ich zurück ins Landesinnere, um ausgedehnte Lagunen oder Moräste oder ein undurchdringliches Gewirr von Mangrovenwäldern zu umrunden, und gelegentlich mußte ich auch am Ufer eines Flusses warten, in dem es von Alligatoren wimmelte, bis ein Kaíta mit seinem Boot kam und mich widerstrebend ans andere Ufer brachte. Im allgemeinen kam ich jedoch rasch voran, ohne daß ich irgend etwas Besonderes erlebt hätte. Eine kühle Brise vom Meer machte die Hitze tagsüber erträglich, und nach Sonnenuntergang bewahrte der Sand des Strandes diese Hitze, welche er tagsüber aufgesogen hatte, so daß es sehr angenehm war, dort zu schlafen. Während dieser Zeit ernährte ich mich von den gleichen merkwürdigen trommelnden Krebsen, welche mich so in Schrecken versetzt hatten, als ich ihnen vor Jahren das erstmal begegnet war. Auch sammelte ich zweischalige Muscheln – Venusmuscheln nennt ihr sie –, die ich im Sand vergrub und darüber ein Feuer von den heißbrennenden Palmwedeln machte, sodaß ihr Fleisch gleichsam im eigenen Saft garte.

Als ich die endlose Küste weiter hinunterzog, legten die Gezeiten nicht mehr glatte und zugängliche Teile des Meeresbodens frei, auf dem ich herumspazieren und Muscheln suchen konnte. Bei den Gezeiten hob und senkte sich einfach der Pegelstand des Wassers, welches in den endlosen Küstensümpfen stand, die sich mir in den Weg stellten. Diese Sümpfe waren Dickichte von fast dschungelartigem Unterholz zwischen moosbehangenen Mangroven, die sich hochnäsig über ihren verzweigten, freistehenden Wurzeln erhoben. Bei Niedrigwasser war der Sumpfboden ein aus Schlick und brackigen Wasserlachen bestehender Morast. Bei Hochwasser hingegen war er von ausgedehnten, trüben Salzwasserflächen bedeckt. Immer und zu jeder Zeit jedoch war der Sumpf heiß, feucht, übelriechend und von blutgierigen Moskitos verpestet. Ich bemühte mich weiter nach Osten zu gehen und einen Weg um die Sümpfe herum zu finden, doch schienen diese Sümpfe sich bis an die Bergketten zu erstrecken. Infolgedessen bahnte ich mir so gut es ging den Weg durch sie hindurch, sprang – wo immer das möglich war – von einem trockeneren Erdbuckel zum anderen und watete ansonsten niedergeschlagen und mühselig durch die stinkende Brühe und den Schlamm.

Ich weiß heute nicht mehr, wie viele Tage ich mich durch dieses häßlichste, widerwärtigste und unangenehmste Stück Land schleppte, welches ich je kennengelernt hatte. Ich lebte hauptsächlich von Palmsprossen, Mexixin-Kresse und anderen Pflanzen, die ich als eßbar erkannte. Schlafen tat ich des Nachts in der Astgabelung eines Baums, hoch genug, um vor vorüberziehenden Alligatoren und den tückischen Nachtnebeln sicher zu sein. Diese Astgabeln polsterte ich mit soviel grauem Paxtli-Moos aus, wie ich finden konnte, und zwängte mich dann hinein. Es überraschte mich keineswegs, daß ich keiner anderen Menschenseele begegnete, denn nur die unempfindlichsten und schwerfälligsten Menschen hätten in dieser ebenso unwirtlichen wie ungesunden Wildnis leben können. Ich hatte keine Ahnung, welchem Volk dieses Gebiet gehörte oder ob überhaupt jemals jemand Anspruch darauf erhoben hatte. Ich wußte, daß ich inzwischen die Gebiete der Sinalobóla und Kaíta hinter mir gelassen hatte und vermutete, daß ich mich dem Lande Nauyar Ixú näherte, doch konnte ich dessen nicht sicher sein, ehe ich nicht wenigstens einen Menschen ein paar Worte in ihrer Sprache hatte sprechen hören.

Und dann, eines Nachmittags, stieß ich mitten in diesem elenden Sumpf doch auf einen anderen Menschen. Ein nur mit einem Schamtuch bekleideter junger Mann stand neben einem verschlammten trüben Wassertümpel, spähte angespannt hinein und hielt einen rohen, am Ende mit drei Zacken aus spitzen Knochen bewehrten Speer wurfbereit erhoben. Ich war dermaßen überrascht, überhaupt jemanden zu sehen, daß ich etwas Unverzeihliches tat. Ich rief ihm laut einen Gruß zu – im selben Augenblick trieb er den Speer ins Wasser hinein. Er riß den Kopf hoch, funkelte mich an und erkärte knurrend:

»Jetzt habe ich ihn deinetwegen verfehlt.«

Ich stand da wie vom Donner gerührt – nicht seiner barschen Worte wegen, denn immerhin hatte er ja allen Grund, böse auf mich zu sein, da er meinetwegen sein Ziel verfehlt hatte –, sondern weil er nicht, wie ich erwartet hatte, in irgendeinem Poré-Dialekt geantwortet hatte.

»Tut mir leid«, rief ich weniger laut. Er wandte den Blick jedoch nun wieder dem Wasser zu, riß seinen Speer aus dem Schlick heraus, während ich mich ihm leise und unaufdringlich näherte. Als ich neben ihn trat, ließ er den Speer abermals herniederfahren und holte einen Frosch heraus, welcher sich zappelnd auf einem der Zinken aufgespießt hatte.

»Du sprichst Náhuatl«, sagte ich. Er grunzte und ließ den Frosch auf einen Haufen anderer fallen, welche in einem schiefen, aus Schlingpflanzen geflochtenen Korb lagen. Selbstverständlich fragte ich mich, ob ich wohl auf einen Abkommen jener zuhausegebliebenen Ahnen des alten Häuptlings Saft gestoßen war und fragte: »Bist du ein Chichimécatl?« Selbstverständlich hätte es mich überrascht, wenn er ja gesagt hätte, doch *was* er sagte, warf mich noch mehr um:

»Ich bin ein Aztécatl.« Abermals beugte er sich über den trüben Tümpel, hob wurfbereit den Speer und fügte noch hinzu: »Und ich habe zu tun.«

»Und du hast eine außerordentlich unhöfliche Art, Fremde zu begrüßen«, sagte ich. Seine Schroffheit ließ einfach nicht das überwältigende

Gefühl von Verblüffung in mir aufkommen, welches mich sonst zweifellos befallen haben würde, angesichts der Tatsache, einem offensichtlich lebendigen und atmenden Überbleibsel der Aztéca gegenüberzustehen.

»Höflichkeit wäre reine Verschwendung gegenüber einem Fremden, der den Wahnsinn besitzt hierherzukommen«, knurrte er und blickte mich nicht einmal an. Das Wasser wurde aufgerührt, als er noch einen Frosch aufspießte. »Wer außer einem Narren würde schon auf den Gedanken verfallen, dieses stinkende Sumpfloch zu besuchen.«

Woraufhin ich mich nicht enthalten konnte zu sagen: »Und ein Narr, der immer hier lebt, hat wenig Anlaß, jemanden zu beleidigen, der nur zu Besuch herkommt.«

»Du hast recht«, sagte er ungerührt und ließ den Frosch in seinen Korb fallen. »Warum stehst du da und läßt dich von einem anderen Narren beleidigen? Geh schon weiter!«

Mit zusammengebissenen Zähnen sagte ich: »Zwei Jahre lang habe ich Tausende und Abertausende von Ein Langer Lauf zurückgelegt auf der Suche nach einem Ort namens Aztlan. Vielleicht kannst du mir sagen . . .«

»Dann hast du ihn jetzt gefunden«, unterbrach er mich mit einer Stimme, die gleichmütiger nicht hätte sein können.

»*Hier?*« entfuhr es mir völlig überwältigt.

»Gleich dahinten«, knurrte er, zeigte mit dem Daumen über die Schulter und machte sich noch nicht einmal die Mühe, seine Augen von dem stinkenden Froschteich zu erheben. »Folge nur dem Pfad bis zur Lagune und ruf nach einem Boot, daß man dich hinüberbringt.«

Ich wandte mich von ihm ab und sah um mich, und in der Tat: da *war* ein Pfad, welcher durch das wuchernde Unterholz führte, und ich schickte mich an, ihm zu folgen, und wagte es kaum zu glauben, daß . . .

Doch dann fiel mir ein, daß ich dem jungen Mann gar nicht gedankt hatte. Abermals machte ich kehrt, ging wieder zu ihm, der mit erhobenem Speer wurfbereit dastand. »Vielen Dank«, sagte ich und versetzte ihm einen Tritt in die Kniekehlen, daß er aufspritzend in das übelriechende Wasser hineinfiel. Als sein Kopf von schlüpfrigen Schlingpflanzen bedeckt wieder zum Vorschein kam, warf ich den Korb mit den toten Fröschen auf ihn. Prustend und spritzend und nach einem Halt am schlüpfrigen Ufer suchend, ließ ich ihn zurück und ging den Pfad hinunter auf den Ort der Schneereiher zu, das langverlorene, legendäre Aztlan.

Ich weiß nicht, was ich eigentlich vorzufinden erwartete. Vielleicht ein frühes, nicht ganz so ausgedehntes Tenochtitlan? Eine Stadt der Pyramiden, Tempel und Türme, nur nicht ganz so modern? Ich weiß es wirklich nicht. Was ich jedoch vorfand, war jämmerlich.

Ich folgte dem trockenen Pfad, welcher sich durch den Sumpf schlängelte, und der Baumwuchs um mich herum wurde immer lichter, der Schlamm links und rechts von mir immer feuchter und wässriger. Zuletzt wichen die Mangroven mit ihren Stelzwurzeln einem Schilfdickicht, das in fußhohem Wasser stand. Dort endete der Pfad, und ich stand am Ufer eines Sees, welcher von der untergehenden Sonne blutrot übergossen war. Es handelte sich um eine ausgedehnte Brackwasserfläche, die – dem Schilf und den weißen Reihern nach zu urteilen, die überall standen – nicht sonderlich tief sein konnte. Unmittelbar vor mir lag eine Insel, vielleicht zwei Pfeilschüsse weit entfernt, und ich hob meinen Sehkristall ans Auge, um mir genau jenen Ort anzusehen, dem die weißen Reiher ihren Namen gegeben hatten.

Aztlan war eine Insel in einem See, so wie Mexíco-Tenochtítlan eine Insel war, doch damit, so schien es, endete jede Ähnlichkeit. Es handelte sich um einen flachen Landbuckel, den keine Stadt höher erscheinen ließ, als er in Wirklichkeit war, denn nirgends war ein Gebäude zu sehen, welches höher als einstöckig gewesen wäre. Keine einzige Pyramide stieß in den Himmel empor, nicht einmal ein Tempel, hoch genug, daß man ihn von dort aus hätte sehen können, wo ich stand. Über das Abendrot, welches sich über die Insel legte, trieb der blaue Rauch von abendlichen Herdfeuern. Vom See ringsum strebten zahllose Einbäume der Insel zu, und ich rief einen an, der dicht an mir vorüberkam.

Der Mann, welcher darin stand, trieb ihn stakend mit einem Pfahl voran. Der See war so flach, daß man nicht auf Ruder angewiesen war. Er ließ das Kanu durch das Schilf auf mich zugleiten, blickte mich dann argwöhnisch an, stieß einen Fluch aus und sagte: »Du bist gar nicht... du bist ein Fremder.«

Und du bist noch so ein schlechterzogener Aztécatl, dachte ich, hütete mich freilich, das laut zu sagen. Ich stieg in sein Boot, ehe er davonstaken konnte, und sagte: »Falls du den Frosch-Jäger suchst, so behauptet der, er hätte zuviel zu tun, und ich glaube, das stimmt. Bring mich bitte zur Insel hinüber.«

Er stieß nur nochmals einen Fluch aus, erhob sonst jedoch keinen Einspruch, bekundete aber auch keinerlei Neugierde und sagte kein weiteres Wort, als er mich durch das Wasser stakte. Am Ende der Insel ließ er mich an Land steigen und fuhr dann weiter – durch einen von mehreren Kanälen, welche netzförmig auf der Insel ausgehoben worden waren; die einzige andere Ähnlichkeit mit Tenochtítlan. Eine Zeitlang schlenderte ich durch die Straßen. Außer einer breiten Straße, welche rings um die Insel herumführte, gab es nur noch vier andere – zwei, welche von einem Ende der Insel zum anderen führten, und zwei quer dazu von einem Ufer zum anderen. Alle waren sie primitiv mit zerstampften Austern- und Muschelschalen befestigt. Die Häuser und Hütten, welche dicht an dicht an der Straße und die Kanäle entlang standen, waren, wiewohl ich vermutete, daß sie von einem Holzgerüst getragen wurden, mit einer gleichfalls aus zermahlenen Muschelschalen bereiteten weißen Tünche gestrichen.

Die Insel hatte die Form eines Ovals und war recht lang, etwa so groß wie Tenochtítlan ohne den nördlichen Stadtteil Tlaltelólco. Vermutlich gab es hier auch genauso viele Häuser, doch da sie alle einstöckig waren, bargen sie keineswegs eine zahlenmäßig so große Bevölkerung wie Tenochtítlan. Von der Mitte der Insel aus konnte ich den See ringsum überall erkennen; des weiteren konnte ich sehen, daß dieser See wiederum überall von demselben trüben Sumpf umgeben war, durch den ich hergekommen war. Immerhin waren die Aztéca nicht so weit heruntergekommen, daß sie in diesem Sumpf selbst lebten, doch hätten sie das im Grunde genausogut tun können. Das Wasser des Sees, welches sich zwischen Sumpf und Insel erstreckte, hinderte die Nachtnebel und üblen Ausdünstungen und Moskitos nicht, bis zur Insel vorzudringen. Aztlan war ein höchst ungesunder Lebensraum, und ich war froh, daß meine Ahnen so vernünftig gewesen waren, diesen Ort zu verlassen.

Die augenblicklichen Bewohner hielt ich für die Abkömmlinge jener, die zu träge und zu schwunglos gewesen waren, sie zu verlassen und sich auf die Suche nach einem besseren Ort zu begeben Soweit ich erkennen konnte, hatten die Zurückgebliebenen auch in all den Generationen seither nicht genug Unternehmungsgeist aufgebracht, um von sich aus etwas an diesem Zustand zu ändern. Sie schienen geschlagen und niedergedrückt von ihrer jämmerlichen Umgebung und hatten sich, wenn auch widerwillig, verbissen mit ihr abgefunden. Den Leuten, die ich auf der Straße traf, merkte ich an, daß sie mich als Fremden erkannten, und ein Fremder muß hier eine Seltenheit gewesen sein; gleichwohl verlor keiner von ihnen ein Wort über meine Anwesenheit. Keiner grüßte mich oder erkundigte sich freundlich danach, ob ich wirklich so hungrig sei, wie ich zweifellos aussah, oder zerriß sich den Mund über mich als einem unliebsamen Eindringling.

Die Nacht senkte sich hernieder, die Straßen leerten sich, und das Dunkel wurde nur von den spärlich aufglimmenden Herdfeuern und den Kokosnußölfunzeln ein wenig erhellt, deren Schein aus den Häusern herausdrang. Ich hatte genug von der Stadt gesehen und konnte jetzt ohnehin nur noch wenig erkennen, was bedeutete, daß ich jeden Augenblick Gefahr lief, in einen Kanal hineinzufallen. Ich fing daher einen jener Männer ab, die noch spät heimkehrten, und versuchten, unbemerkt an mir vorüberzueilen, und erkundigte mich bei ihm, wo ich den Palast ihres Verehrten Sprechers finden könne.

»Palast?« murmelte er. »Verehrter Sprecher?«

Ich hätte wissen sollen, daß ein Palast für diese Hüttenbewohner etwas war, was sie sich gar nicht vorstellen konnten, und es hätte mir gleichfalls einfallen sollen, daß die Verehrten Sprecher der Aztéca diesen Titel erst lange, nachdem sie zu Mexíca geworden waren, angenommen hatten. Infolgedessen wandelte ich meine Frage ein wenig ab.

»Ich suche euren Herrscher. Wo wohnt er?«

»Ah, den Tlatocapíli«, sagte der Mann, und Tlatocapíli bedeutet nichts Höheres als Stammeshäuptling, wie die Anführer jener barbarischen Wüstenhorden. Eilends bedeutete der Mann mir, wohin ich mich wenden solle, sagte dann: »Jetzt komme ich zu spät zum Essen« und verschwand in der Nacht. Für ein Volk, welches mitten im Nirgendwo festsaß und kaum etwas Vernünftiges zu tun hatte, schien es ihnen ein närrisches Vergnügen zu bereiten, stets so zu tun, als hätten sie es eilig.

Wiewohl die Aztéca von Aztlan Náhuatl sprachen, verwendeten sie viele Wörter, von denen ich annahm, daß die Mexîca sie längst aufgegeben hatten, und dazu andere, welche sie offensichtlich von ihren Nachbarstämmen übernommen hatten, denn einiges erkannte ich als Kaíta und verballhorntes Poré. Andererseits begriffen die Aztéca viele Náhuatl-Wörter nicht, die ich gebrauchte – Wörter, von denen ich annahm, daß sie erst lange nach ihrer Auswanderung in die Sprache Eingang gefunden hatten, inspiriert von Dingen und Gegebenheiten der Außenwelt, von denen diejenigen, die daheim geblieben waren, keine Ahnung hatten. Schließlich ändert unsere Sprache sich immer noch, um sich den neuen Gegebenheiten anzupassen. So sind erst in den letzten Jahren Worte wie Cahuáyo für Pferd dazugekommen, Crixtanóyotl für Christentum, Caxtiltéca für Castilier und Spanier im allgemeinen, Pitzóme für Schweine . . .

Der »Palast« der Stadt war immerhin ein anständig errichtetes Haus mit einer Fassade aus schimmerndem Muschelkalkstuck und mehreren Räumen. Am Eingang traf ich eine junge Frau, die sagte, sie sei die Frau des Tlatocapíli. Sie bat mich nicht, einzutreten, sondern fragte mich nur unruhig nach meinem Begehr.

»Ich möchte den Tlatocapíli sprechen«, sagte ich unter Aufbietung meiner letzten Geduld. »Ich komme von weit, weit her, eigens um ihn zu sehen.«

»Wirklich?« sagte sie und biß sich auf die Lippe. »Es kommen ihn nur wenige besuchen, und er möchte eigentlich noch weniger sehen. Aber gleichviel – er ist noch nicht daheim.«

»Dürfte ich denn eintreten und warten?« bat ich eigensinnig.

Sie überlegte einen Moment, trat dann beiseite und sagte unentschieden: »Warum eigentlich nicht. Aber er wird hungrig sein und essen wollen, ehe er irgend etwas sonst tut.« Ich wollte schon sagen, gegen etwas zu essen hätte ich selbst auch nichts einzuwenden, doch fuhr sie fort: »Er wollte heute abend unbedingt Froschschenkel essen, deshalb mußte er aufs Festland hinüber, denn dieses Wasser hier ist zu salzig für sie. Offenbar hat er nur wenige gefangen, denn er kommt sehr spät.«

Es hätte nicht viel gefehlt, und ich würde gemacht haben, daß ich wieder aus dem Haus verschwunden wäre. Doch dann überlegte ich: Kann die Strafe für das unfreiwillige Bad des Tlatocapíli schlimmer sein als das Bemühen, ihm dadurch aus dem Wege zu gehen, daß ich unter den Moskitoschwärmen auf dieser stinkenden Insel spazierengehe? Ich folgte der Frau durch einen Raum, in welchem eine Reihe von Kindern und ein paar sehr alte Leute eine Mahlzeit Sumpfgemüse verzehrten. Allen fielen fast die Augen aus dem Kopf, als sie mich sahen, doch sagen taten sie nichts, noch boten sie mir einen Platz am Speisetuch an. Die junge Frau führte mich in eine leere Kammer, in welcher ich mich dankbar auf einem rohen Icpáli-Stuhl niederließ. Ich fragte sie:

»Wie redet man den Tlatocapíli an?«

»Er heißt Tliléctic-Mixtli.«

Ums Haar wäre ich vom Stuhl gefallen. Dieser Zufall war zu erschrekkend. Wenn er auch Dunkle Wolke hieß – wie sollte ich mich da nennen? Ein Mann, den ich in einen Tümpel hineingestoßen hatte, würde mich für einen unverfrorenen Spötter halten, wenn ich mich auch noch mit *seinem* Namen vorstellte. Gerade in diesem Augenblick vernahm ich aus dem größeren Speiseraum Geräusche, die darauf schließen ließen, daß er endlich heimgekehrt sei, und sein furchtsames junges Weib eilte hinaus, ihren Herrn und Meister zu begrüßen. Ich schob mein Messer auf meinem Rücken in den Leibriemen, so daß man es nicht sehen könne, und hielt meine rechte Hand wie zufällig in der Nähe.

Ich hörte die Frauenstimme murmelnd etwas sagen, dann das Gepolter des Gatten: »Ein Besucher, für mich? Zur Míctlan mit ihm! Ich bin am Verhungern! Bereite diese Frösche zu, Frau! Ich mußte die verdammten Dinger zweimal fangen!« Abermals murmelte schüchtern die Frau noch etwas, und diesmal ertönte sein Gepolter womöglich noch lauter: »Was? *Ein Fremder?*«

Mit einem ungebärdigen Ruck riß er den Vorhang zur Tür jener Kammer auf, in welcher ich saß. Es war in der Tat derselbe junge Mann; er hatte immer noch Tümpelgrün in seinem Haar und war von der Hüfte an schlammbedeckt, starrte mich einen Moment an und bellte dann: »*Du?*«

Ich beugte mich von meinem Stuhl hernieder, um die Geste des Erdeküssens zu vollführen, und hatte die Rechte immer noch am Heft meines Messers, als ich höflich aufstand. Dann brach der junge Mann zu meiner größten Verwunderung in ein unbändiges, schallendes Gelächter aus und sprang vor, um mich brüderlich zu umarmen. Seine Frau und etliche von den jüngeren und älteren Verwandten spähten um den Türrahmen herum und hatten die Augen immer noch fassungslos weit aufgerissen.

»Willkommen, Fremder!« röhrte er und lachte nochmals ein wenig. »Bei den gespreizten Beinen der Göttin Coyolxaúqui, es ist mir ein Vergnügen, dich wiederzusehen. Sieh dir bloß mal an, was du mir angetan hast, Mann! Als ich endlich aus diesem Schlammloch herauskam, waren sämtliche Kanus für die Nacht schon fort. Und ich mußte über den ganzen See herüber *waten*!«

Vorsichtig erkundigte ich mich: »Und das hast du amüsant gefunden?«

Er lachte nochmals. »Beim kalten Loch der trockenen Tipíli der Mondgöttin – ja! Und ob ich das getan habe! Solange ich in diesem langweiligen und öden Nest lebe, war das für mich das erste Mal, daß mir etwas Ungewöhnliches und Unerwartetes widerfuhr. Ich danke dir, daß endlich mal etwas Ungewöhnliches in diesem Abgrund der Langeweile geschehen ist! Wie heißt du, Fremder?«

Ich sagte: »Mein Name ist – er – Tepetzálan«, und suchte beim Namen meines Vaters Zuflucht.

»Tal?« sagte er. »Dann bist du das größte Tal, daß ich je gesehen habe! Nun, Tepetzálan, hab' keine Angst, daß ich mich für das rächen werde, was du mir angetan hast. Bei den schlaffen Titten der Göttin, es ist mir ein Vergnügen, endlich mal einem Mann mit Eiern unter seinem Schamtuch zu begegnen. Falls meine Stammesangehörigen welche haben – zeigen tun sie sie höchstens ihren Frauen!« Er drehte sich um und belferte seine eigene Frau an: »Es sind genug Froschschenkel für meinen Freund und mich da! Bereite sie zu, während ich mir etwas von diesem Dreck von der Haut runterschwitze! – Vielleicht möchtest du auch ein erfrischendes Bad, Freund Tepetzálan?«

Als wir uns im Schwitzbad hinterm »Palast« auszogen – und ich feststellte, daß er am Körper genauso unbehaart war wie ich –, sagte der Tlatocapíli: »Ich nehme an, du bist einer unserer Vettern aus der fernen Wüste. Denn unsere Nachbarn rings um uns her sprechen unsere Sprache nicht.«

»Einer eurer Vettern, denke ich«, sagte ich. »Freilich nicht aus der Wüste. Hast du schon mal vom mächtigen Volk der Mexíca gehört? Oder von der großen Stadt Tenochtítlan?«

»Nein«, sagte er sorglos, als sei seine Unwissenheit nichts, dessen man sich schämen müsse. Er sagte sogar: »Unter den verschiedenen elenden Dörfern in dieser Gegend ist Aztlan die einzige Stadt.« Ich lachte nicht, und er fuhr fort: »Wir sind stolz darauf, völlig unabhängig zu sein und uns selbst zu versorgen, deshalb gehen wir auch selten auf Reisen und unterhalten kaum Verkehr mit irgendwelchen anderen Stämmen. Wir kennen nur unsere nächsten Nachbarn, verspüren aber keinerlei Lust, uns mit denen zu vermischen. Nördlich von diesen Sümpfen leben zum Beispiel die Kaíta. Da du aus dieser Richtung kommst, mußt du gemerkt haben, was für ein erbärmliches Volk das ist. Und in den Sümpfen südlich von hier gibt es überhaupt nur ein einziges, völlig unbedeutendes Dorf namens Yakóreke.«

Das zu hören, freute mich. Wenn Yakóreke die nächstgelegene Gemeinde weiter im Süden war, war ich längst nicht so weit von daheim fort, wie ich angenommen hatte. Yakóreke war als Dorf ein Außenposten der Nauyar Ixú, welche den Purémpecha tributpflichtig sind. Von Nauyar Ixú war es keine unmöglich lange Reise bis nach Michihuácan, und jenseits davon begannen schon die Länder des Dreibunds.

Der junge Mann fuhr fort: »Östlich von diesen Sümpfen liegen die hohen Berge, wo Völker leben, die Cora und Huichol genannt werden. Und hinter dem Gebirge erstreckt sich die Wüste, wo seit langem etliche von unseren armen Verwandten im Exil leben. Nur ganz, ganz selten findet einmal einer von ihnen zurück in das Land seiner Vorväter.«

Ich sagte: »Ich weiß von euren armen Verwandten in der Wüste. Aber ich wiederhole, ich gehöre nicht zu ihnen. Und ich weiß auch, daß nicht alle von euren entfernten Verwandten arm sind. Einige von denen, welche vor so langer Zeit von hier auszogen, um ihr Glück in der Welt draußen zu finden, haben in der Tat das Glück gefunden – und zwar einen Reichtum und ein Glück, wie ihr es euch nicht einmal vorstellen könnt.«

»Es erfreut mein Herz, das zu hören«, sagte er gleichgültig. »Und der Großvater meiner Frau wird sich noch mehr freuen. Er ist der Geschichtserinnerer von Aztlan.«

Diese Bemerkung machte mir klar, daß die Aztéca ja von der Bilderschrift keine Ahnung haben konnten, hatten wir Mexíca sie doch erst *nach* unserer Auswanderung ersonnen. Infolgedessen konnten sie auch keine Geschichtsbücher oder irgendwelche anderen Aufzeichnungen haben. Wenn sie sich auf einen alten Mann als Bewahrer ihrer Geschichte verließen, war er bestimmt nur der letzte in einer langen Reihe alter Männer, welche dieses Wissen von einem zum anderen weitergegeben hatten.

Der andere Mixtli fuhr fort: »Die Götter wissen, daß dieser Spalt im Gesäß der Welt nicht gerade ein angenehmer Platz zum Leben ist. Das Hochwasser schwemmt Meerestiere herein, wir brauchen also noch nicht einmal groß nach Nahrung zu suchen. Die Kokosnuß gibt uns Süßigkeiten, Öl für unsere Lampen, und die Milch darin läßt sich zu einem angenehm berauschenden Getränk vergären. Eine andere Palmenart liefert uns Fasern, Tuch daraus zu weben, noch eine andere schenkt uns Mehl, und noch eine weitere trägt die Coyacapúli-Frucht. Wir brauchen also wegen des Allernötigsten keinen Handel mit anderen Stämmen zu treiben, und die Sümpfe schützen uns davor, von ihnen belästigt zu werden . . .«

Er fuhr fort, wenig begeistert samtliche schaurigen natürlichen Vorteile aufzuzählen, die Aztlan vorzuweisen hatte, doch ich hatte aufgehört zuzuhören. Ich fühlte mich ein wenig benommen, als mir aufging, wie sehr entfernt ich mit meinem »Vetter« desselben Namens verwandt war. Zwar ist es möglich, daß wir beiden Mixtlis uns hingesetzt und unsere Vorfahren bis zu einem gemeinsamen Ahnen zurückverfolgt hätten, doch unsere unterschiedliche Entwicklung hatte uns weiter voneinander entfernt als die immerhin beträchtliche Entfernung zwischen Tenochtítlan und Aztlan. Was uns trennte, war ein unermeßlicher Unterschied in der Erziehung und in den Aussichten. Dieser Vetter Mixtli hätte genausogut im Aztlan jener Vorzeit leben können, das seine Ahnen sich geweigert hatten zu verlassen. Aztlan war immer noch, was es schon damals gewesen war: Wohnsitz von trägen Menschen, welche kein Abenteurerblut in den Adern hatten. Genausowenig, wie sie eine Ahnung von der Bilderschrift hatten, hatten sie auch keine Ahnung davon, was diese sie lehren konnte: Arithmetik, Erdkunde, Baukunst, Handel und Eroberung. Sie wußten sogar noch weniger als ihre barbarischen Vettern, die sie verachteten, die Chichiméca der Wüste, welche zumindest den Mut aufgebracht hatten, über den beschränkten Horizont von Aztlan hinauszuschauen.

Da meine Vorfahren diesen Abgrund des Nirgendwo verlassen und einen Ort gefunden hatten, wo die Kunst der Wortkunde blühte, hatte ich Zugang zu den Bibliotheken des Wissens, welches die Aztéca-Mexíca in all den nachfolgenden vielen Schock Jahre gesammelt hatten, ganz zu schweigen von den Künsten und den Wissenschaften noch älterer Zivilisationen. Kulturell wie intellektuell war ich meinem Vetter Mixtli überlegen, wie ein Gott mir überlegen sein mochte. Gleichwohl nahm ich mir vor, nicht mit dieser Überlegenheit großzutun. Es war schließlich nicht seine Schuld, daß ihm auf Grund der Trägheit seiner Ahnen alle Vorteile versagt geblieben waren, welche mir zuteil geworden waren. Mir tat dieser Vetter Mixtli von Herzen leid. Ich nahm mir vor, alles zu tun, um ihn aus seinem dumpfen Aztlan herauszulocken in die aufgeklärte moderne Welt.

Der Großvater seiner Frau, Canaútli, der betagte Geschichtserinnerer, leistete uns beim Essen Gesellschaft. Der alte Mann war einer jener gewesen, welche ich zuvor sich an dem unansehnlichen Sumpfgemüse hatte gütlich tun sehen. Jetzt sah er recht verlangend zu, wie wir beiden Mixtlis uns unsere köstlichen Froschschenkel munden ließen. Ich glaube, der alte Canaútli achtete mehr auf unser Geschmatze und Fingergelecke als auf meine Ausführungen. Denn wiewohl ich hungrig war, gelang es mir zwischendurch kurz darzulegen, warum ich hergekommen war und was aus den Aztéca geworden war, welche Aztlan verlassen hatten: wie sie erst als Tenóchca und dann als Mexíca berühmt geworden waren, dann als die Ersten Herrn in Der Einen Welt. Gelegentlich schüttelten der alte wie der junge Mann in schweigender Bewunderung den Kopf – oder vielleicht war es auch Unglaube –, als ich von einer Leistung und einem Fortschritt und Triumph in den Kriegen nach dem anderen erzählte.

Einmal unterbrach der Tlatocapíli mich und murmelte: »Bei den sechs Teilen der Göttin, wenn die Mexíca solche Größe erlangt haben, sollten wir vielleicht den Namen Aztlan ändern.« Sinnend schlug er zwei oder drei neue Namen vor: »Ort der Mexíca, Erste Heimat der Mexíca . . .«

Ich fuhr fort, ihnen eine kurze Beschreibung des augenblicklichen Uey-Tlatoáni der Mexíca, Motecuzóma, zu geben und lieferte ihnen dann eine überschwengliche Beschreibung unserer Hauptstadt Tenochtítlan. Der alte Großvater seufzte und schloß die Augen, gleichsam als könne er sie sich dann besser vorstellen.

Ich sagte: »Die Mexíca hätten es nicht so schnell so weit bringen können, wenn sie sich nicht der Kunst der Wortkunde bedient hätten.« Sodann deutete ich schwerfällig an: »Auch du, Tlatocapíli Mixtli, könntest Aztlan zu einer prächtigeren Stadt machen und dein Volk aufwärts führen, daß sie auf gleicher Höhe stehen wie eure Vettern, die Mexíca – wenn du lerntest, das gesprochene Wort in bleibenden Bildern zu bewahren.«

Er zuckte mit den Achseln und sagte: »Wir haben noch nicht darunter gelitten, daß wir diese Bilderschrift nicht kannten.«

Gleichwohl – sein Interesse schien doch wach zu werden, als ich ihm zeigte – indem ich einen schlanken Froschknochen nahm und auf den festgestampften Boden kratzte –, auf welch einfache Weise sein Name für immer eingegraben werden könne.

»Gewiß«, räumte er ein, »das ist die Gestalt einer Wolke. Aber wie kannst du sie zu einer *Dunklen Wolke* machen?«

»Dazu brauchst du sie nur mit einer dunklen Farbe – Grau oder Schwarz – auszufüllen. Ein einfaches Wortbild läßt sich unendlich abwandeln. Male dieses Bild zum Beispiel blaugrün an, und du hast den Namen Jadestein Wolke.«

»Ist das so?« sagte er und dann: »Und was ist Jadestein?« Wieder klaffte der Abgrund zwischen uns. Er hatte von dem Gestein, welches bei allen zivilisierten Völkern als heilig galt, nie etwas gehört, geschweige denn, daß er es gesehen hätte.

Ich murmelte, es werde spät, und morgen früh würde ich ihm mehr berichten. Mein Vetter bot mir ein Lager für die Nacht, wenn ich nichts dagegen einzuwenden hätte, den Raum mit ein paar anderen vermutlich männlichen Verwandten von mir zu teilen. Ich nahm dankend an und schloß die Rede des heutigen Tages damit, daß ich erklärte, wie ich nach Aztlan gekommen sei: Indem ich den Zug meiner Vorfahren zurückverfolgt und versucht hatte, dem Wahrheitsgehalt einer Legende auf die Spur zu kommen. Ich wandte mich an den alten Canaútli und sagte:

»Vielleicht weißt du es, ehrwürdiger Geschichtserinnerer: Als sie von hier fortzogen – führten sie da soviel Vorräte mit sich, daß sie Vorkehrungen getroffen haben könnten, falls sie gezwungen wären, wieder hierher zurückzukehren?«

Er antwortete nicht. Der ehrwürdige Erinnerer war eingeschlafen.

Doch am nächsten Tag sagte er zu mir: »Eure Vorfahren haben fast nichts mitgenommen, als sie von hier fortzogen.«

Ich hatte zusammen mit der ganzen »Palastfamilie« gefrühstückt; es hatte winzige Fische und zusammen mit ihnen gesottene Pilze sowie eine Art von heißem Kräutertrunk gegeben. Dann war mein Namensvetter fortgegangen, um irgendwelche Gemeindesachen zu erledigen, und hatte mich der Gesellschaft des alten Geschichtserinnerers überlasssen. Doch an diesem Tage war es im Gegensatz zum gestrigen Abend Canaútli, der die meiste Zeit über sprach.

»Wenn all unsere Erinnerer die Wahrheit sprachen, haben diejenigen, welche Aztlan verließen, nur das an Habseligkeiten mitgenommen, was sie in aller Eile zusammenpacken konnten, und auch nur wenig Proviant für unterwegs. Außerdem nahmen sie das Standbild ihres schaurigen neuen Gottes mit: ein hölzernes Bildnis, erst vor kurzem roh und in aller Eile hergestellt, weil sie es ja so eilig hatten fortzukommen. Doch das ist ungezählte Schock und Schock Jahre her. Ich bin überzeugt, euer Volk hat inzwischen viele neue Bildnisse geschaffen, dieses erste zu ersetzen. Wir auf Aztlan erkennen eine andere höchste Gottheit an und besitzen nur ein einziges Bildnis von ihr. Oh, selbstverständlich anerkennen wir all die anderen Götter und wenden uns gelegentlich an sie. Tlazoltéotl zum Beispiel reinigt uns von unseren Sünden; Atláua läßt die Vögel in die Netze der Vogelsteller gehen, und so weiter. Aber nur einer führt das oberste Regiment. Komm, Vetter, ich will ihn dir zeigen.«

Er verließ mit mir das Haus und führte mich über die Muschelschalenstraßen der Stadt. Als wir dahingingen, warfen mir seine vogelähnlichen kleinen schwarzen Augen aus ihren Runzelnestern heraus immer wieder einen klugen und belustigten Seitenblick zu, und er sagte:

»Tepetzálan, du bist sehr höflich oder zumindest zurückhaltend gewesen. Du hast uns nicht gesagt, welche Meinung du von uns, den zurückgebliebenen Aztéca, hast. Aber gestatte, daß ich rate. Ich würde wetten, daß du uns für den Bodensatz hältst, welcher hier in Aztlan zurückblieb, während die Tüchtigeren fortzogen.«

Richtig, dieser Meinung war ich. Ich hätte etwas sagen können, um das verbrämt in einem etwas günstigeren Lichte darzustellen, doch er fuhr fort:

»Du glaubst, unsere Vorväter wären zu träge oder schwunglos oder ängstlich gewesen, ihre Augen für den Ruhm zu öffnen, der sie lockte. Daß sie die Gefahr fürchteten und so die Gelegenheit verpaßten. Und daß deine eigenen Vorfahren sich im Gegensatz dazu kühn und in der Gewißheit aufmachten, es sei ihnen bestimmt, über alle Völker in der Welt erhoben zu werden.«

»Nun . . .«, sagte ich.

»Das hier ist unser Tempel.« Canaútli blieb am Eingang zu einem niedrigen Gebäude mit dem gewohnten Muschelkalkstuck stehen, in weichen freilich viele ganz und heil belassene schöne Muschelschalen und anderes Meeresgetier eingesetzt worden waren. »Unser einziger Tempel und noch ein bescheidener dazu, aber wenn du eintreten würdest . . .«

Ich tat es, betrachtete durch meinen Topas dasjenige, was dort stand, sagte: »Das ist Coyolxaúqui« und fügte dann wahrheitsgemäß und bewundernd hinzu: »Ein herrliches Kunstwerk.«

»Du erkennst sie also?« Die Stimme des alten Mannes klang ein wenig verwundert. »Ich hätte gedacht, daß deine Leute sie inzwischen längst vergessen hätten.«

»Verehrungswürdiger, ich gestehe zwar, daß sie uns heute nur als Göttin minderer Bedeutung unter vielen Göttern gilt. Doch ihre Legende ist eine der ältesten, und vergessen hat man sie mitnichten.«

Bei dieser Legende ging es kurz um folgendes, ehrwürdige Patres. Coyolxaúqui – die Glöckchenbehangene – war eines der Götterkinder der großen Göttin Coatlícue. Und diese Göttin Coatlícue wurde, wiewohl schon viele Male Mutter, eines Tages nochmals schwanger – und zwar von einer Feder, welche von den Himmeln herniederschwebte. (Wie dadurch eine Frau schwanger werden konnte, weiß ich nicht, aber derlei Dinge gab es in vielen alten Geschichten. Und offenbar ist die Tochter-Göttin Coyolxaúqui gleichfalls äußerst skeptisch gewesen, als ihre Mutter davon erzählte.) Coyolxaúqui rief alle ihre Brüder und Schwestern zusammen und sprach: »Unsere Mutter hat Schande über sich und uns, ihre Kinder, gebracht. Wir müssen sie daher umbringen.«

Doch das Kind in Coatlícues Schoß war der Kriegsgott Huitzilopóchtli. Er hörte diese Worte und entsprang augenblicklich dem Leib seiner Mutter, voll ausgewachsen und bereits mit einem obsidianbewehrten Maquáhuitl bewaffnet. Er erschlug seine ränkeschmiedende Schwester Coyolxaúqui, hackte sie in Stücke und warf die einzelnen Gliedmaßen in den Himmel, wo sie durch ihr Blut am Mond festklebten. Genauso warf er alle seine anderen Schwestern und Brüder in den Himmel, wo sie seither nicht von den älteren Sternen zu unterscheiden sind. Dieser neugeborene Kriegsgott Huitzilopóchtli war seither der oberste Gott von uns Mexíca, und wir maßen Coyolxaúqui keinerlei Bedeutung bei. Wir errichteten ihr weder Standbilder noch Tempel, und es wurden ihr zu Ehren auch keine Feste gefeiert.

»Für uns«, sagte der alte Geschichtserinnerer von Aztlan, »ist Coyolxaúqui immer die Mondgöttin gewesen und wird es immer sein; in dieser Gestalt verehren wir sie.«

Ich begriff nicht und fragte daher: »Warum den Mond verehren, ehrwürdiger Canaútli? Ich frage mit aller Ehrerbietung. Aber vom Mond kommt doch nichts Gutes für die Menschen, außer seinem nächtlichen Licht, und das ist bestenfalls ein schwacher Schimmer zu nennen.«

»Wegen der Gezeiten des Meeres«, sagte der alte Mann, »und die tun nun wirklich Gutes für uns. Der See, in welchem unsere Insel liegt, ist am westlichen Rand nur durch ein niedriges Felsenriff vom offenen Meer getrennt. Steigt das Hochwasser, spült es Fische, Krabben und Krebse in unseren See, die auch hierbleiben, wenn das Hochwasser sich zurückzieht und Niedrigwasser einsetzt. Diese Geschöpfe hier im flachen See zu fangen, ist wesentlich leichter als es draußen auf der hohen See wäre. Wir sind dankbar, daß man uns so im Übermaß und so pünktlich mit allem Nötigen versorgt.«

»Aber der Mond?« sagte ich verblüfft. »Glaubt ihr etwa, der Mond hätte mit diesen Gezeiten des Meeres etwas zu tun?«

»Ob er sie hervorruft, weiß ich nicht. Auf jeden Fall hält uns der Mond darüber auf dem laufenden. Wenn der Mond ganz dünn und schmal ist, und wieder, wenn er seinen größten Umfang erreicht hat, wissen wir, daß das Hochwasser eine ganz bestimmte Zeit später seinen Höchststand erreicht hat und die Nahrungsfülle, die es uns schenkt, am größten ist. So hat die Mondgöttin ganz offensichtlich *etwas* damit zu tun.«

Es war eigentlich kein Standbild, sondern eine Steinscheibe, genauso vollkommen rund wie der Mond und fast so gewaltig wie der große Sonnenstein von Tenochtítlan. Coyolxaúqui war in erhabener Arbeit darauf dargestellt, wie sie nach ihrer Zerstückelung durch Huitzilopóchtli aussah. Die Mitte des Steins – des Monds – nahm ihr barbusiger Oberkörper ein, die Brüste hingen schlaff herunter. Ihr abgeschlagener Kopf prangte in Seitenansicht in der Mitte oben auf dem Mond; er war mit einem Kopfschmuck angetan und auf der dem Betrachter zugekehrten Wange prangte das Glöckchensymbol, dem sie ihren Namen verdankte. Rings um sie her waren die abgeschlagenen Arme und Beine samt Arm- und Beinreifen zu sehen. Selbstverständlich trug der Stein keinerlei Inschriften in der Bilderschrift, doch waren immer noch Spuren der ursprünglichen Bemalung darauf zu erkennen: ein helles Blau auf dem steinernen Hintergrund und ein blasses Gelb auf den verschiedenen Körperteilen der Göttin. Ich erkundigte mich, wie alt sie sei.

»Das weiß nur die Göttin allein«, erklärte Canaútli. »Sie war schon hier, längst ehe deine Vorväter von hier fortzogen, seit unvordenklicher Zeit.«

»Auf welche Weise verehrt ihr sie denn?« fragte ich und blickte mich in dem Raum um, der sonst ganz leer war. Nur ein durchdringender

Fischgeruch hing in der Luft. »Ich sehe nirgends Zeichen, die auf irgendwelche Opfer hinweisen.«

»Du meinst, du siehst kein Blut«, sagte er. »Auch deine Vorväter suchten Blut, und das ist der Grund, warum sie von hier fortgingen. Coyolxaúqui hat niemals so etwas wie Menschenopfer verlangt. Wir opfern ihr nur niedere Lebewesen – Meeresgetier und Nachtgetier. Eulen und die nachtfliegenden Reiher und die großen grünen Mondfalter. Außerdem einen kleinen Fisch, dessen Fleisch so ölig ist, daß man ihn trocknen kann und er wie eine Kerze brennt. Die Gläubigen zünden sie hier an, wenn ihnen danach ist, mit der Göttin in Verbindung zu treten.«

Als wir aus dem nach Fisch stinkenden Tempel wieder auf die Straße hinaustraten, fuhr der alte Mann fort: »Erfahre denn, Vetter Tepetzálan, die Dinge, deren wir Erinnerer uns erinnern. In längst vergangener Zeit beschränkten wir Aztéca uns nicht auf diese eine Stadt. Aztlan war damals die Hauptstadt eines mächtigen Reiches, welches sich von dieser Küste bis hoch ins Gebirge hinein erstreckte. Damals gehörten zu den Aztéca eine Reihe von Stämmen, welche wiederum aus vielen Calpúltin-Sippen bestanden. Sie standen unter der Herrschaft eines einzigen Tlatocapíli, der nicht – wie mein Schwiegersohn – nur dem Namen nach ein Häuptling war. Sie waren ein starkes Volk, aber ein friedliebendes Volk, zufrieden mit dem, was es hatte, und sie fanden, daß die Göttin gut für sie sorge.«

»Bis einige von diesen Leuten einen größeren Ehrgeiz entwickelten«, meinte ich.

»Bis einige von ihnen Schwächen zeigten!« wies er mich scharf zurecht. »In den Geschichten wird berichtet, daß einige von ihnen während der Jagd hoch in den Bergen einem Fremdling aus einem fernen Land begegneten. Dieser übergoß sie mit Hohn, als er von ihrer schlichten Lebensweise und ihrer anspruchslosen Religion hörte. Dieser Fremdling erklärte: ›Warum verehrt ihr von den zahllosen Göttern, die es gibt, ausgerechnet die allerschwächste, die Göttin, welche verdientermaßen gedemütigt und erschlagen wurde? Warum verehrt ihr nicht den, der sie überwand, den starken und wilden und männlichen Gott Huitzilopóchtli?‹«

Ich überlegte: Wer mochte dieser Fremdling gewesen sein? Vielleicht einer von den alten Toltéca? Nein, wenn einem Toltécatl daran gelegen gewesen wäre, die Aztéca von der Coyolxaúqui-Verehrung zu befreien, hätte er ihnen als Ersatz den gütigen Gott Quetzalcóatl empfohlen.

Canaútli fuhr fort: »Das waren die ersten unseres Volkes, welche dem bösen Einfluß des Fremdlings erlagen und anfingen, sich zu verändern. Der Fremdling sagte: ›Verehrt Huitzilopóchtli!‹, und sie taten es. Nach unseren Erinnerern brachten sie die ersten Menschenopfer dar, welche jemals von Menschen dargebracht wurden, die nicht regelrechte Wilde waren. Sie feierten ihre Zeremonien heimlich, in den sieben großen Berghöhlen, und sie sorgten dafür, nur das Blut von überflüssigen Waisen und alten Leuten zu vergießen. Der Fremdling sagte: ›Huitzilopóchtli ist der Gott des Krieges. Laßt euch von ihm führen, reichere Lande zu erobern.‹ Und mehr und immer mehr von unseren Leuten hörten auf ihn, taten, wie geheißen, und brachten mehr und immer mehr Opfer dar. Der Fremde drängte: ›Gebt Huitzilopóchtli Nahrung, auf daß er noch stärker werde, und er wird euch führen, ein Leben zu gewinnen, besser, als ihr es euch jemals hättet träumen lassen.‹ Und der Fehlgeleiteten wurden immer mehr, sie wurden immer unzufriedener mit der hergebrachten Lebensweise und brannten immer mehr darauf, Blut zu vergießen ...«

Er hielt inne und stand schweigend einen Augenblick da. Ich sah um mich, auf die Männer und Frauen, welche auf der Straße an uns vorübergingen. Diejenigen, welche von den Aztéca übriggeblieben waren. Kleide sie etwas besser, dachte ich, und es könnten Mexica-Bürger sein, wie sie auf jeder Straße von Tenochtítlan herumlaufen. Nein, kleide sie ein wenig besser *und* ziehe ihnen ein kräftigeres Rückgrat ein.

Canaútli fuhr fort: »Als der Tlatocapíli erfuhr, was in jenen Randgebieten seiner Lande geschah, begriff er, wer die ersten Opfer des neuen Kriegsgottes sein würden, nämlich die friedliebenden Aztéca, welche sich immer noch mit ihrer unkriegerischen Göttin Coyolxaúqui zufriedengaben. Und warum auch nicht? Was bot sich denn als erste und leichte Eroberung für die Anhänger des Huitzilopóchtli an, wenn nicht sie? Nun, der Tlatocapíli verfügte zwar nicht über ein Heer, gebot jedoch über eine starke und ergebene Hausmacht aus Stadtwachen. Er und sie zogen in die Berge und fuhren herab auf die Fehlgeleiteten, überrumpelten sie und erschlugen viele von ihnen. Den Rest entwaffnete er, nahm ihnen alle Waffen weg, welche sie besaßen. Und belegte all diese verräterischen Männer und Frauen mit einem Bannfluch. Er sagte: ›Ihr wollt also eurem abscheulichen neuen Gott folgen? Dann nehmt ihn und nehmt eure Familien und Kinder und folgt eurem Gott weit in die Ferne. Ihr habt Zeit bis morgen; wer dann noch hier ist, wird hingerichtet.‹ Und so waren sie bis zum Morgengrauen fort; wie groß ihre Zahl war, weiß man heute nicht mehr.«

Nach einer Pause fügte er noch hinzu: »Ich bin froh, daß sie sich heute jedenfalls nicht mehr Aztéca nennen.«

Schweigend, wie vor den Kopf geschlagen und benommen, stand ich da, bis mir einfiel zu fragen: »Und was ist mit dem Fremdling geschehen, dem sie ihre Verbannung zu verdanken hatten?«

»Ach, die gehörte selbstverständlich zu den ersten, welche erschlagen wurden.«

»Sie?«

»Habe ich nicht erwähnt, daß es sich bei dem Fremdling um eine Frau handelte? Jawohl, alle unsere Geschichtserinnerer erinnern sich, daß es sich um eine entlaufene Yaki gehandelt hat.«

»Aber das ist ja unglaublich!« rief ich aus. »Was sollte denn eine Yaki-Frau von Huitzilopóchtli oder irgendeinem anderen Gott der Aztéca wissen?«

»Ehe sie zuletzt hierherkam, war sie weit herumgekommen und hatte ohne Zweifel viel gehört. Mit Sicherheit hatte sie unsere Sprache erlernt. Einige von unseren Geschichtserinnerern haben gemeint, sie müsse auch noch eine Zauberin gewesen sein.«

»Gleichviel« – ich ließ nicht locker –, »warum sollte sie zur Verehrung eines Gottes Huitzilopóchtli aufrufen, der keiner ihrer Götter war?«

»Oh, da sind wir nur auf Mutmaßungen angewiesen. Freilich ist es bekannt, daß die Yaki hauptsächlich von der Hirschjagd leben, und ihr Hauptgott ist jener Gott, der ihnen dieses Wild zutreibt, der Gott, den *wir* Mixcóatl nennen. Immer wenn die Yaki feststellen, daß das Wild abnimmt, feiern sie eine ganz bestimmte Zeremonie. Sie nehmen eine ihrer Frauen, die ihnen nicht so wichtig ist, und schlachten und zerteilen sie, wie sie es mit dem Hirsch tun würden, der ihnen lebendig in die Hände fiele, und tanzen um sie herum wie nach einer erfolgreichen Jagd. In ihrem einfältigen, wilden Glauben können sie ihren Jagdgott auf diese Weise dazu bewegen, den Hirschbestand in ihren Wäldern wieder aufzufüllen. Zumindest ist bekannt, daß die Yaki früher diese Dinge getan haben. Vielleicht sind sie heute nicht mehr ganz so wild.«

»Ich glaube, sie sind es«, sagte ich. »Aber ich begreife nicht, wieso das zu dem geführt haben soll, was hier geschehen ist.«

»Die Yaki-Frau ist ihrem Volk entflohen, um eben diesem Geschick zu entgehen, das nur den Frauen vorbehalten war. Ich wiederhole, es sind nur Mutmaßungen, aber unsere Erinnerer haben immer gemeint, daß diese Frau vor Begierde brannte, die Männer auf die gleiche Art leiden zu sehen. Alle Männer. Ihr Haß erstreckte sich blindlings auf alle. Und hier fand sie nun die Gelegenheit, die sie immer gesucht hatte. Vielleicht ist sie aber auch durch unsere eigenen Glaubensvorstellungen überhaupt erst darauf gekommen, denn vergiß eines nicht: Huitzilopóchtli hat Coyolxaúqui erschlagen und zerstückelt und dabei nicht mehr Bedauern bewiesen, als Yaki es getan hätten. Indem diese Frau so tat, als bewundere und verehre sie Huitzilopóchtli, hoffte sie, unsere Männer dazu zu bringen, sich zu bekämpfen, sich umzubringen, gegenseitig ihr Blut zu vergießen und sich die inneren Organe herauszureißen, wie es ihr bei den Yaki ums Haar widerfahren wäre.«

Ich war so erschrocken, daß ich nur flüstern konnte: »Eine Frau? Irgendeine unwichtige und namenlose *Frau* ist es gewesen, welche auf den Gedanken gekommen ist, Menschenopfer darzubringen? Jene Zeremonie, die jetzt überall praktiziert wird?«

»Hier wird sie nicht praktiziert«, wies Canaútli mich zurecht. »Und möglicherweise gehen wir mit unserer Mutmaßung völlig an der Wirklichkeit vorbei. Immerhin ist das alles lange, lange her. Doch hört es sich nach einer Rache an, auf die insbesondere eine Frau verfallen kann, oder? Und offensichtlich hatte sie damit Erfolg, denn *du* hast doch erwähnt, daß in der Welt draußen die Männer immer noch nicht aufgehört haben, sich im Namen dieses oder jenes Gottes gegenseitig umzubringen.»

Ich schwieg. Ich wußte einfach nicht, was ich sagen sollte.

»Du siehst also«, fuhr der alte Mann fort, »daß es sich bei den Aztéca, die Aztlan verlassen haben, keineswegs um die Besten und Kühnsten gehandelt hat. Es waren vielmehr die Schlimmsten und unsere Unerwünschtesten, und fortgezogen sind sie, weil sie dazu gezwungen wurden.«

Als ich immer noch schwieg, fuhr er fort:

»Du sagst, du seiest auf der Suche nach den Vorratslagern, welche deine Ahnen auf ihrem langen Weg von hier bis zu euch angelegt haben sollen. Gib diese Suche auf, Vetter. Du suchst vergeblich. Selbst wenn es diesen Menschen gestattet worden wäre, irgendwelche nützlichen Dinge oder Dinge von Wert mitzunehmen, sie hätten sie nicht an dieser Straße zurückgelassen, um sich eine Rückzugsmöglichkeit offenzuhalten. Sie wußten, daß sie nie wieder zurückkommen konnten.«

Ich blieb nicht mehr viele Tage in Aztlan, wiewohl mein Vetter, der andere Mixtli, es vermutlich am liebsten gesehen hätte, wenn ich mondelang geblieben wäre. Er hatte sich zu dem Entschluß durchgerungen, die Künste der Wortkunde und der Bilderschrift zu erlernen, und bestach mich gleichsam damit, es ihm beizubringen, indem er mir eine eigene Hütte und eine seiner jüngeren Schwestern gab, mir darin Gesellschaft zu leisten. Sie war in keiner Weise jener Schwester zu vergleichen, die einst Tzitzitlíni geheißen, doch war sie ein hübsches Mädchen, durchaus willfährig und eine angenehme Gefährtin. Gleichwohl mußte ich ihrem Bruder sagen, daß sich die Kunst der Wortkunde nicht so schnell erlernen ließ, wie, sagen wir, die Kunst des Fröschefangens. Immerhin brachte ich ihm bei, Dinge darzustellen, indem man vereinfachte Bilder von ihnen zeichnete, und dann sagte ich:

»Um zu lernen, wie man mit diesen Bildern gesprochene Sprache festhält, brauchst du einen Lehrer, der sich darauf versteht, die Bilderschrift zu lehren, und ein solcher bin ich nicht. Einige der besten findest du in Tenochtítlan, und so rate ich dir, dorthin zu gehen. Ich habe dir erklärt, wo es liegt.«

Er stieß ein enttäuschtes Knurren aus und verfiel damit wieder in seine anfängliche Säuerlichkeit: »Bei den steifen Gliedmaßen der Göttin, du willst einfach fort von hier. Und ich kann das nicht. Ich kann nicht mein Volk führerlos zurücklassen unter dem fadenscheinigen Vorwand, daß ich mir plötzlich in den Kopf gesetzt hätte, etwas Bildung zu erwerben.«

»Es gibt einen wesentlich besseren Grund«, sagte ich. »Die Mexíca haben ihren Herrschaftsbereich weithin ausgedehnt, doch an der nördlichen Küste dieses West-Meeres haben sie noch keine Kolonie. Der Uey-Tlatoáni wäre begeistert zu erfahren, daß er hier bereits Verwandte sitzen hat. Wenn du dich Motecuzóma vorstelltest und ein passendes Geschenk zur Einführung mitbrächtest, könnte es sehr wohl sein, daß er dich zum Herrscher über eine wichtige neue Provinz des Dreibunds bestellt, einer Provinz, die zu regieren wesentlich lohnender ist als sie es jetzt ist.«

»Was für ein passendes Geschenk?« sagte er finster. »Ein paar Fische? Oder Frösche? Oder eine meiner Schwestern?«

Ich tat so, als fiele es mir gerade in diesem Augenblick erst ein, und sagte: »Warum nicht den Stein der Coyolxaúqui?«

Erschrocken fuhr er zurück. »Unser einziges heiliges Bild?«

»Motecuzóma mag zwar von der Göttin nicht sonderlich viel halten, aber Kunstwerke schätzt er durchaus.«

Er schnappte nach Luft. »Den Mondstein wegschenken? Dann würde ich mehr gehaßt und geschmäht werden als die verfluchte Yaki-Zauberin, von der Großvater Canaútli erzählt.«

»Ganz im Gegenteil«, sagte ich. »Sie hat Zwietracht unter den Aztéca gesät und dafür gesorgt, daß sie sich spalteten. Du könntest dafür sorgen, daß sie sich wieder miteinander versöhnen – und mehr als nur das. Ich würde meinen, dieses Bildnis wäre ein geringer Preis für all die Vorteile, welche es böte, sich wieder mit dem mächtigsten Volk zu vereinigen, welches man in allen Landen kennt. Überleg es dir einmal!«

Und so kam es, als ich meinem Vetter Mixtli, seiner hübschen Schwester und den anderen Familienmitgliedern Lebewohl sagte, daß er murmelte: »Allein könnte ich den Stein nicht bis ganz nach Tenochtítlan rollen. Ich muß noch andere davon überzeugen . . .«

Ich hatte keinen Grund mehr, allein weiter auf Entdeckungsreisen zu gehen: wenn ich jetzt weiter umherzog, würde ich es nur um des Umherziehens willen tun. Es war Zeit, daß ich nach Hause zurückkehrte; und Canaútli riet mir, am schnellsten käme ich voran, wenn ich geradenwegs ins Landesinnere ginge, wo die Sümpfe zuletzt aufhörten, dann über die Berge der Cora und der Huichol hinüberzuwandern. Ich will euch aber nicht erzählen, wie ich durch diese Berge vorankam; es waren nichts weiter als abermals Berge – und auch nicht von den verschiedenen Völkern, welche ich dort kennenlernte; es waren nichts weiter als wieder Bergvölker. Offen gestanden erinnere ich mich auch kaum an etwas auf diesem Abschnitt meiner Heimreise, dazu war ich viel zu sehr mit vielen Dingen beschäftigt, die ich bereits gesehen und gelernt ... und zu überdenken gelernt hatte.

Je näher ich der Heimat kam, desto mehr wollte es mir vorkommen, als hätte die gesammelte uralte Vergangenheit meinen ganzen Geist, meine Muskeln und meine Knochen durchdrungen. Mir war, als trüge ich die Last all der vielen Schock Jahre, welche seit Beginn der Geschichte vergangen waren, und ich glaube nicht, daß ich mir diese Bürde nur einbildete. Es gab Beweise, daß sie in der Tat auf mir lasteten. Ich verlangsamte den Schritt, ging gebeugter dahin als zuvor. Wenn es höhere Berge zu überwinden galt, geriet ich außer Atem, und wenn ich mich besonders steile Hänge hinaufmühte, hämmerte mein Herz mir gegen die Rippen und beschwerte sich.

Wegen meines Gefühls, daß mir sämtliche Zeitalter der Welt aufgebürdet worden seien, schwenkte ich vom geraden Wege ab, als ich mich Tenochtítlan näherte. Die Stadt war für die Stimmung, in welcher ich mich befand, zu modern, und so beschloß ich, erst eine ältere Stätte aufzusuchen, einen Ort, den ich bisher noch nie besucht hatte, wiewohl er nicht weit östlich von jenem Ort liegt, wo ich geboren worden war. Ich wollte jene Stätte sehen, die im gesamten Gebiet als erste besiedelt worden war, den Boden, wo die früheste Zivilisation in diesen Landen geblüht hatte. Folglich schlug ich einen Bogen um die Seen-Senke; erst wandte ich mich nach Norden, dann nach Südosten, blieb auf dem Festland und gelangte zuletzt in die uralte Stadt, wo alle Zeitalter lebendig sind – nach Teotihuácan, Den Ort, Wo Die Götter Sich Versammelten.

Es ist nicht bekannt, wie vieler Schock um Schock Jahre die Stadt sich in träumerischem Schweigen entsinnt. Teotihuácan ist heute eine Ruine, wenn auch eine erhabene Ruine, und ist eine Ruine gewesen, solange die Aufzeichnungen über die Geschichte all der Völker zurückreichen, welche in diesem Gebiet gelebt haben. Das Pflaster ihrer breiten Alleen ist längst vom Treibsand zugeweht und von Unkraut überwuchert worden. Von den vielen Tempeln sind nichts weiter als die Trümmer ihrer Fundamente zu erkennen. Ihre Pyramiden ragen zwar immer noch über die Ebene hinaus, aber ihre obersten Spitzen sind abgestumpft, die geraden Linien und scharfen Kanten durch die Zeit und die Unbilden der Witterung so verwittert und verunstaltet, daß man sie kaum noch erkennen kann. Die Farben, in welchen die Stadt einstmals erstrahlte, sind längst abgewaschen – das Strahlen des weißen Stucks, der Schimmer getriebenen Golds, der Glanz vieler verschiedener Farben – und so ist die Stadt heute genauso falbfarben und grau wie die Felsen, welche einst ihre Grundmauern bildeten. Nach der Überlieferung der Mexíca ist die Stadt von den Göttern errichtet worden, als Stätte, wo sie sich versammeln konnten, um ihre Pläne zu schmieden für die Erschaffung der übrigen Welt. Daher der Name, welchen wir ihr gaben. Doch nach Ansicht meines alten Geschichtslehrers beruhte diese Legende nur auf einer romantischen Vorstellung; in Wirklichkeit ist die Stadt doch von Menschen erbaut worden. Gleichwohl – das vermochte ihr von ihrer Herrlichkeit kaum etwas zu nehmen, denn diese Menschen müssen die längst verschwundenen Toltéca gewesen sein, und diese Meisterhandwerker waren bewunderungswürdige Baumeister.

Ach, Teotihuácan zu sehen, wie ich es das erstemal sah – in einem besonders farbenprächtigen Sonnenuntergang, da seine Pyramiden aus dem Flachland in die Höhe ragten und in diesem Licht aussahen, als seien sie in das herrlichste Rotgold gekleidet, schimmernd vor dem violetten Hintergrund ferner Berge und einem tiefblauen Himmel! Das ist ein so überwältigender Anblick, daß man ohne weiteres glauben möchte, die Stadt sei doch ein Werk der Götter, oder, wenn doch von Menschen erbaut, zumindest von einem göttergleichen Menschengeschlecht.

Ich zog von ihrem Nordrand her in die Stadt ein und suchte mir den Weg zwischen den heruntergefallenen Steinquadern jener Pyramide, von welcher unsere Weisen Männer der Mexíca annahmen, sie sei dem Mond geweiht gewesen. Diese Pyramide ist mindestens eines Drittels ihrer ursprünglichen Höhe verlustig gegangen, die Spitze ist von der Zeit abgetragen worden, und die Treppe führt zu einem Durcheinander von lockeren Feldquadern hinauf, die dort umherliegen. Umgeben ist die Mondpyramide von gestürzten Säulen und Mauern von Gebäuden, welche einst zwei oder drei Stockwerke hoch gewesen sein müssen. Ein Bauwerk nannten wir Den Palast Der Schmetterlinge wegen der Fülle von diesen freundlichen Geschöpfen, welche auf den noch sichtbaren Wandmalereien zu sehen sind.

Dort hielt ich mich jedoch nicht lange auf. Ich schritt vielmehr die Hauptstraße der Stadt entlang, so lang und so breit wie die Sohle eines nicht gerade kleinen Tals, nur viel ebener. Wir nannten sie In Micaótli, Die Allee Der Toten, und wiewohl auf ihr überall dichtes Gesträuch wuchert, durch welches Schlangen gleiten und Kaninchen hoppeln, bietet sie immer noch einen angenehmen Spaziergang. Über einen Ein Langer Lauf lang, wird sie zu beiden Seiten von Tempelruinen gesäumt – bis man sie halb hinter sich hat. Etwa in der Mitte der Straßenlänge wird die Reihe der Tempel linkerhand unterbrochen von der unfaßlich gewaltigen Masse des Icpac Tlamanacáli, von der unsere Weisen Männer meinen, es sei die Sonnenpyramide gewesen.

Wenn ich sage, daß die gesamte Stadt Teotihuácan eindrucksvoll ist, die Sonnenpyramide jedoch alles andere als klein erscheinen läßt, könnt ihr euch vielleicht eine Vorstellung davon machen, wie gewaltig groß und majestätisch sie ist. Sie ist ohne weiteres noch ein halbes Mal größer als die Große Pyramide von Tenochtítlan, und das war immerhin die größte, welche ich jemals gesehen hatte. In der Tat, kein Mensch kann sagen, wie groß die Sonnenpyramide wirklich ist, weil ein Großteil ihrer Fundamente unter dem Erdreich vergraben liegt, welches Wind und Regen dort hingetragen und -geschwemmt hat in all den Zeitaltern, seit

Teotihuácan verlassen wurde. Was jedoch von ihr heute zu sehen und zu messen ist, ist gewaltig. Unten, zu ebener Erde, mißt jede der vier Seiten von einer Ecke zur anderen zweihundertundvierzig Schritt, und hoch ist sie, wie zwanzig gewöhnliche Häuser übereinandergestellt.

Die gesamte Oberfläche der Pyramide ist zerrissen und zerklüftet, weil die glatten Deckplatten sich von den vorkragenden Felsstümpfen, die ihnen Halt gaben, gelöst haben. Und lange bevor diese Schieferplatten herunterrutschten und zu Füßen der Pyramide in Tümmer gingen, hatten sie wohl, wie ich vermute, längst ihrerseits die Hülle aus weißem und farbig bemalten Gips abgestoßen. Das Bauwerk erhebt sich in vier Schichten, von denen eine jede in einem leicht unterschiedlichen Winkel ansteigt, aus keinem anderen Grunde denn dem, daß diese ausgeklügelte Anlage das Auge trügt und das ganze Bauwerk womöglich noch gewaltiger erscheinen läßt als es ist. Folglich laufen vier Terrassen um die vier Seiten herum und dehnt sich oben eine quadratische Plattform, auf welcher einst ein Tempel gestanden haben muß. Es kann jedoch nur ein sehr kleiner Tempel gewesen sein, völlig ungeeignet für Zeremonien, bei denen Menschenopfer dargebracht wurden. Die Treppe, welche die Vorderseite der Pyramide hinaufführt, ist heute zerbrochen und verfallen, so daß die einzelnen Stufen kaum noch zu erkennen sind.

Die Sonnenpyramide schaut nach Westen, also nach Sonnenuntergang, und diese Vorderseite war noch flammen- und goldfarben übergossen, als ich sie erreichte. Doch in diesem Augenblick, da die Schatten der Tempelruinen auf der gegenüberliegenden Seite länger wurden, krochen sie die Vorderseite der Pyramide hinauf wie gezackte Zähne, welche in sie hineinbissen. Eilig kletterte ich die Stufen hinan, die noch vorhanden waren, und bemühte mich, die ganze Zeit über im zirkonfarbenen Sonnenlicht zu bleiben und mich eben über und außer Reichweite der näherkommenden Schattenzähne zu halten.

Ich trat auf die Plattform oben hinaus im selben Augenblick, da das letzte Sonnenlicht von der Pyramide verschwand. Schwerfällig und schweratmend setzte ich mich nieder. Von irgendwo kam ein Schmetterling, der noch spät unterwegs war, emporgegaukelt und ließ sich gesellig in meiner Nähe nieder. Es war ein sehr großer und vollkommen schwarzer Schmetterling, welcher sanft seine Flügel hob und senkte, gleichsam als keuche auch er nach dem langen Weg herauf. Ganz Teotihuacán lag mittlerweile im Zwielicht da, und es dauerte nicht lange, und Nebel stieg vom Boden auf. Trotz ihrer Massigkeit schien die ganze Pyramide, auf der ich saß, ohne feste Verbindung auf der Erde zu schweben. Die Stadt, eben noch flammend rot und gelb, war jetzt mit einem gedämpften Blau und Silber übergossen. Man sah ihr das ehrwürdige Alter an. Sie sah älter aus als die Zeit und dabei so fest gegründet, daß sie immer noch überdauern würde, wenn alle Zeit längst vergangen war.

Ich ließ meinen Blick von einem Ende der Stadt zum anderen schweifen – von dieser Höhe aus war das möglich –, und unter Zuhilfenahme meines Sehkristalls erkannte ich die vielen, krautüberwucherten Vertiefungen und Erhebungen zu beiden Seiten der Allee der Toten: die Stellen, wo mehr Wohnhäuser gestanden hatten als in Tenochtítlan. Dann jedoch sah ich noch etwas, und das erschreckte mich so sehr, daß ich zusammenfuhr: ferne kleine Feuer, die aufblühten. Erwachte die tote Stadt wieder zum Leben? Dann jedoch erkannte ich, daß es sich um Fakkeln handelte, welche in einer langen Doppelreihe von Süden näherkamen. Vorübergehend wallte Ärger in mir auf, daß ich die Stadt nicht mehr für mich allein haben sollte. Freilich wußte ich, daß häufig allein oder in Gruppen – aus Tenochtítlan, aus Texcóco und noch anderswoher – Pilger hierherkamen, um zu beten und Opfergaben darzubringen an dem Ort, wo die Götter sich einst versammelt hatten. Sogar ein Lagerplatz war für solche Besucher vorhanden: ein großes, rechteckiges, tiefergelegenes Wiesenstück am südlichen Ende der Hauptallee. Dies soll ursprünglich der Marktplatz gewesen sein, und unter dem Gras müßten noch Umfassungsmauern und ein steingepflasterter Platz zu finden sein.

Die Nacht war vollends dunkel geworden, als die Prozession der Fakkeln diese Stelle erreicht hatte, und eine Zeitlang beobachtete ich, wie einige stehenblieben und einen Kreis bildeten, während andere sich hin- und herbewegten; offenbar waren die Fackelträger damit beschäftigt, ein Lager aufzuschlagen. Als ich sicher war, daß keiner der Pilger sich vor morgen weiter in die Stadt vorwagen würde, drehte ich mich auf der Plattform um und beobachtete, wie im Osten früh der Mond aufging. Er war voll, vollkommen rund und von einer Schönheit wie der Coyolxaúqui-Stein in Aztlan. Als er bereits ein ganzes Stück über der fernen gewellten Linie der Berge stand, drehte ich mich nochmals um und betrachtete in seinem milden Schein noch einmal Teotihuácan. Ein sanfter Nachtwind hatte die Bodennebel vertrieben, und so standen die vielen Bauten im blauweißen Mondlicht in jeder Einzelheit deutlich erkennbar da und warfen dunkle schwarze Schatten auf den blauen Boden.

Nahezu alle Wege und die Tage meines Lebens waren fiebrig und ereignisreich gewesen; geruhsame Pausen hatte es darin kaum gegeben, und ich erwartete, daß das so weitergehen würde bis an ihr Ende. Doch eine kleine Weile saß ich heiter und gelassen da, und der Augenblick und diese Ruhe galten mir viel. Ich fühlte mich sogar getrieben, ein Gedicht zu machen, das einzige, welches ich je in meinem Leben geschrieben. Es ging darin kaum um Tatsachen oder um Geschichte: Es wurde mir einzig von der mondübergossenen Schönheit und der Ruhe des Ortes und der Zeit eingegeben. Als ich das Gedicht in meinem Kopf fertig hatte, erhob ich mich, stand hochaufgereckt auf der Spitze der Sonnenpyramide und sprach das Gedicht laut auf die leere Stadt hinunter:

Einst, da nichts war als Nacht,
Versammelten sie sich, in unvordenklicher Zeit
– all die Götter mit der allergrößten Macht –
Und planten, wann es hell werden solle und Tag.
Hier ...
In Teotihuácan.

»Sehr schön«, ertönte eine Stimme, nicht meine eigene, und ich fuhr zusammen, daß ich fast von der Pyramide hinuntergesprungen wäre. Die Stimme sprach das Gedicht für mich noch einmal, Wort für Wort, langsam und jedes einzelne Wort auskostend, und ich erkannte die Stimme. Später habe ich es erlebt, daß bei anderen Gelegenheiten andere mein kleines Gedicht aufsagten, doch niemals wieder hörte ich es von Herrn Motecuzóma Xocóyotl, Cem-Anáhuac Uey-Tlatoáni, dem Verehrten Sprecher Der Einen Welt.

»Sehr hübsch«, wiederholte er. »Zumal Adlerritter sonst nicht dafür bekannt sind, daß sie eine dichterische Ader hätten.«

»Oder eine Ader für Ritterlichkeit«, sagte ich trübselig, denn ich wußte, daß auch er mich erkannt hatte.

»Keine Angst, Ritter Mixtli«, sagte er, ohne daß man seiner Stimme irgendeine Gemütserregung angemerkt hätte. »Deine alten Kämpen haben alle Verantwortung für das Fehlschlagen des Versuchs, in Yanquítlan eine Kolonie zu gründen, auf sich genommen. Folglich sind sie hingerichtet worden. Es steht also keine Schuld aus, die zu begleichen wäre. Und ehe sie sich die blumenumwundene Würgschlinge um den Hals legten, haben sie von deinem Forschungsvorhaben berichtet. Wie ist es dir damit ergangen?«

»Nicht besser als mit Yanquítlan, Hoher Gebieter«, sagte ich und unterdrückte den Seufzer für die Freunde, die an meiner Statt gestorben waren. »Ich habe nur bewiesen, daß es die legendären Vorratslager der Aztéca nicht gibt und nie gegeben hat.« Sodann berichtete ich ihm in kurzen Zügen von meiner Reise und schloß mit den Worten, welche ich in den verschiedensten Sprachen überall zu hören bekommen hatte. Motecuzóma nickte düster und wiederholte die Worte, starrte hinaus in die Nacht, als könnte er alle Lande seines Herrschaftsbereiches von hier aus überblicken, und aus seinem Munde klangen die Worte wie ein Grabspruch:

»Die Aztéca sind hier gewesen, aber sie haben nichts mitgebracht und haben nichts zurückgelassen, als sie fortzogen.«

Nach einer Weile unbehaglichen Schweigens sagte ich: »Über zwei Jahre habe ich nichts von Tenochtítlan oder dem Dreibund gehört. Wie stehen die Dinge dort, Verehrter Sprecher?«

»Ähnlich trostlos, wie du die Dinge des traurigen Aztlan beschreibst. Durch unsere Kriege gewinnen wir nichts. Unser Herrschaftsgebiet ist um keine Handspanne gewachsen, seit du es das letztemal gesehen hast. Der Zeichen mit böser Vorbedeutung werden immer mehr, werden immer geheimnisvoller und sprechen drohend von kommendem Unheil.«

Er war so gnädig, mir einen kurzen Überblick über das zu geben, was sich in den letzten Jahren ereignet hatte. Er hatte nie aufgehört, in unser eigensinnig auf Unabhängigkeit bedachtes Nachbarland Texcála einzufallen und zu versuchen, es zu unterjochen – ein Bemühen, welches sich durch eine erstaunliche Erfolglosigkeit auszeichnete. Die Texcaltéca waren immer noch unabhängig und Tenochtítlan womöglich noch feindseliger gesonnen als zuvor. Bei dem einzigen Kampf, welchen Motecuzóma immerhin einigermaßen erfolgreich nennen mochte, hatte es sich um einen Vergeltungsschlag gehandelt. Die Bewohner einer Tlaxiáco genannten Stadt irgendwo im Mixtéca-Land hatten die reichen, für Tenochtítlan bestimmten Tributlieferungen von Städten weiter unten im Süden abgefangen und für sich behalten. Motecuzóma hatte seine Truppen selbst angeführt und die Stadt Tlaxiáco in eine Blutlache verwandelt.

»Allerdings haben sich die Staatsgeschäfte nicht ganz so entmutigend entwickelt wie das, was in der Natur geschehen ist«, fuhr er fort. »Vor etwa anderthalb Jahren hat sich der ganze Texcóco-See in einen kochenden Kessel verwandelt, als wäre er das Große Meer. Einen Tag und eine Nacht lang brodelte und schäumte er und überflutete einige tiefgelegene

Gebiete. Und das alles aus keinem ersichtlichen Grund: Es tobte kein Sturm, und es gab auch keinen Wind und kein Erdbeben, welche den Aufruhr des Wassers hätten erklärlich erscheinen lassen. Dann, im vorigen Jahr und nicht minder unerklärlich, brach im Huitzilopóchtli-Tempel Feuer aus; er brannte lichterloh, bis er vollständig zerstört war. Er ist zwar wiederaufgebaut worden, und der Gott hat durch nichts erkennen lassen, daß er außer sich gewesen wäre. Nur, das Feuer oben auf der Großen Pyramide ist überall am See zu sehen gewesen und hat Schrecken in die Herzen aller fahren lassen, die es sahen.«

»Höchst merkwürdig«, stimmte ich zu. »Wie konnte in einem Tempel aus Stein Feuer ausbrechen? Selbst wenn ein Wahnsinniger eine Fackel darangehalten hätte? Stein brennt doch nicht.«

»Geronnenes Blut aber wohl«, sagte Motecuzóma, »und das Tempelinnere war mit einer dicken Schicht davon bedeckt. Noch tagelang hinterher hat der Gestank über der Stadt gelegen. Doch all diese Geschehnisse, welche Vorbedeutung auch immer sie haben mögen, liegen in der Vergangenheit. Und jetzt kommt *dieses* verfluchte Ding!«

Er zeigte zum Himmel hinauf. Ich hob meinen Kristall vors Auge, um hinaufzuspähen, und stieß unwillkürlich einen Grunzer aus, als ich das Ding sah. Ich hatte nie zuvor eines gesehen; vermutlich hätte ich auch dieses nie bemerkt, wenn meine schwachen Augen nicht darauf hingelenkt worden wären; doch dann erkannte ich in ihm das, was wir einen rauchenden Stern nannten. Ihr Spanier nennt es einen Sternschweif oder Kometen. Eigentlich sah er recht hübsch aus – wie ein schimmernder Daunenbausch, welcher sich unter die Sterne verirrt hatte –, doch selbstverständlich wußte ich, daß er voller Furcht betrachtet wurde, als ein unmißverständlicher Hinweis auf kommendes Unheil.

»Die Hofastronomen haben ihn vor einem Mond zuerst entdeckt«, sagte Motecuzóma, »und da war er noch so klein, daß kein ungeübtes Auge ihn hätte erkennen können. Seither ist er jede Nacht immer an der gleichen Stelle am Nachthimmel aufgetaucht, aber nur immer größer und strahlender geworden. Viele von unseren Leuten wagen sich nachts nicht mehr auf die Straße, und selbst die mutigsten sorgen dafür, daß sie drinnen bleiben und nicht seinem unheilbringenden Licht ausgesetzt werden.«

Ich sagte: »Und so bringt der rauchende Stern den Hohen Gebieter dazu, mit den Göttern dieser heiligen Stadt in Verbindung zu treten?«

Aufseufzend sagte er: »Nein. Jedenfalls nicht ganz. Diese Erscheinung ist an sich schon beunruhigend genug, doch ich habe noch nicht von den noch unheilverkündenderen Zeichen der allerletzten Zeit gesprochen. Du weißt selbstverständlich, daß der Hauptgott dieser Stadt Teotihuácan die Gefiederte Schlange war, und daß man lange geglaubt hat, irgendwann würden er und seine Toltéca zurückkommen und wieder Anspruch auf dieses Land erheben.«

»Ich kenne die alten Geschichten, Verehrter Sprecher. Quetzalcóatl hat sich eine Art Zauberfloß gebaut, ist auf dem Ost-Meer verschwunden und hat gelobt, eines Tages wiederzukommen.«

»Und erinnerst du dich auch, Ritter Mixtli, daß vor drei Jahren du und ich und der Verehrte Sprecher Nezahualpíli von Texcóco über eine Zeichnung sprachen, welche aus dem Maya-Land gebracht worden war?«

»Jawohl, Hoher Gebieter«, sagte ich voller Unbehagen; es war mir keineswegs angenehm, daran erinnert zu werden. »Ein Haus von beträchtlicher Größe, welches auf dem Meer schwamm.«

»Auf dem *Ost*-Meer«, betonte er. »Auf der Zeichnung sah es so aus, als ob sich Menschen in dem schwimmenden Haus befänden. Du und Nezahualpili nanntet sie Fremde.«

»Ich erinnere mich, Hoher Gebieter. Hatten wir unrecht, sie Fremde zu nennen? Wollt Ihr behaupten, die Zeichnung habe den zurückkehrenden Quetzalcóatl dargestellt? Der seine Toltéca zurückbrachte von den Toten?«

»Ich weiß es nicht«, sagte er mit ungewohnter Bescheidenheit. »Nur sind mir gerade Meldungen zugegangen, daß wieder eines der schwimmenden Häuser vor der Maya-Küste aufgetaucht ist, und es ist auf dem Wasser umgefallen, wie ein Haus, welches bei einem Erdbeben umgeworfen wird. Zwei von den Bewohnern wurden an Land gespült. Sie waren fast tot. Wenn noch andere in dem Haus waren, müssen sie ertrunken sein. Aber diese beiden Überlebenden kamen nach einiger Zeit wieder zu sich und leben jetzt in einem Dorf namens Tihó. Dessen Häuptling Ah Tutál hat einen Schnellboten geschickt und läßt bei mir anfragen, was er mit ihnen anfangen soll. Er versichert nämlich, sie seien Götter, und er wisse nicht, wie er Götter bewirten soll. Zumindest nicht lebendige Götter, welche man sehen und anfassen kann.«

Ich hatte mit wachsender Verwunderung zugehört. Und jetzt entfuhr es mir: »Nun und, Hoher Gebieter? Sind es Götter?«

»Ich weiß es nicht«, wiederholte er. »Die Meldung zeugt von der für die Maya typischen Beschränktheit. Alles klingt so krankhaft erregt, ist so unzusammenhängend, daß man nicht einmal erfährt, ob es Männer oder Frauen sind – oder ein Mann und eine Frau, wie das Erste Götterpaar. Aber die Beschreibung, wenn man sie überhaupt so nennen will, paßt auf keinen Mann und keine Frau, wie ich sie je kennengelernt hätte. Sie sollen von unmenschlich weißer Hautfarbe sein, schrecklich behaart im Gesicht und am Körper; und sie sprechen eine Sprache, welche selbst den Weisesten aller Weisen dort völlig unverständlich ist. Götter würden doch gewiß anders aussehen und anders sprechen als wir, oder nicht?«

Ich überlegte das und sagte schließlich: »Ich würde meinen, die Götter können jedes Aussehen annehmen, das sie wollen. Und jede menschliche Sprache sprechen, wenn sie sich wirklich verständlich machen wollten. Was mir schwer fällt zu glauben, ist, daß Götter mit ihrem Reisehaus kentern und halb ertrinken sollen wie ungeschickte Schiffer. Aber wozu habt Ihr geraten, Verehrter Sprecher?«

»Zunächst einmal, Stillschweigen zu bewahren, bis wir herausbekommen haben, um was für Wesen es sich handelt. Sodann, ihnen das Allerbeste an Essen und Trinken vorzusetzen, ihnen jede Bequemlichkeit zu bieten, und, falls sie wollen, auch Gefährten vom anderen Geschlecht anzubieten, so daß sie in Tihó zufrieden sind. Und drittens, was am allerwichtigsten ist, sie dort zu *behalten*, eingeschlossen, damit nicht mehr Augen sie zu sehen bekommen, als sie ohnehin schon gesehen haben, und ihr Vorhandensein so wenig wie möglich bekanntzumachen. Die stumpfen Maya mögen sich über dieses Vorkommnis nicht über Gebühr aufregen. Doch wenn die Neuigkeit unter Völkern bekannt wird, welche weiter denken können und Phantasie besitzen, könnte das zu einem Aufruhr führen, und das will ich nicht.«

»Ich bin in Tihó gewesen«, sagte ich. »Es ist mehr als ein Dorf, schon eher eine ansehnliche Stadt, und die Menschen, die darin leben, sind Xiu, welche die übrigen Maya weit überragen. Ich vermute, sie werden tun, was Ihr ihnen aufgetragen habt. Und die Angelegenheit geheimhalten.«

Im Mondlicht sah ich, wie Motecuzóma sich mir zuwandte; sein Kopf neigte sich scharf vor, als er sagte: »Du sprichst die Maya-Sprachen?«

»Den Xiu-Dialekt, ja, Hoher Gebieter. Zumindest einigermaßen.«

»Und bist auch mit anderen fremdländischen Zungen vertraut?« Er fuhr fort, ehe ich eine Antwort geben konnte, schien jedoch mit sich selbst zu sprechen. »Ich bin hierher nach Teotihuácan gekommen, der Stadt Quetzalcóatls, in der Hoffnung, daß er oder irgendein anderer Gott mir ein Zeichen geben würde. Irgendeinen Hinweis, wie ich am besten mit der Situation fertigwerde. Und wen finde ich hier in Teotihuácan vor?« Er lachte, wiewohl dieses Lachen etwas gequält klang, und dann wandte er sich wieder mir zu: »Du könntest viele Verfehlungen in der Vergangenheit wiedergutmachen, Ritter Mixtli, wenn du dich freiwillig bereitfändest zu tun, was über die Fähigkeiten anderer Männer hinausgeht, selbst über die der höchsten Priester der Menschen. Wenn du Sendbote der Mexica – ja, aller Menschen – für die Götter sein wolltest.«

Die letzten Worte sprach er witzelnd, gleichsam, als ob er selbst nicht an sie glaube, doch waren wir beide uns darüber im klaren, daß er sie gleichwohl nicht für völlig unglaubwürdig fand. Die Vorstellung war atemberaubend: daß ich der erste Mensch sein sollte, der mit Wesen, die vielleicht keine Menschen waren, die vielleicht sogar etwas unendlich Höheres als Menschen waren, sprach – nicht großsprecherisch auf sie einredete, wie die Priester es taten, oder durch irgendeine mystische Weise mit ihnen verkehren, sondern richtig mit ihnen *sprach.* Daß ich Worte sprechen und Worte *aus Göttermund* hören sollte!

Doch in diesem Augenblick verschlug es mir völlig die Sprache, und Motecuzóma lachte abermals – über meine Sprachlosigkeit. Er erhob sich, reckte sich auf dem Gipfel der Pyramide in die Höhe, beugte sich dann zu mir herab, klopfte mir auf die Schulter und sagte fröhlich: »Zu schwach, um ja oder nein zu sagen, Ritter Mixtli? Nun, meine Diener sollten inzwischen eine herzhafte Mahlzeit fertig haben. Komm, sei mein Gast und laß mich deine Entschlossenheit füttern.«

Wir suchten uns also auf der mondbeschienenen Seite der Sonnenpyramide vorsichtig unseren Weg hinunter, und der Abstieg war fast genauso schwierig wie der Aufstieg. Dann wandten wir uns auf der Allee der Toten zum Lagerplatz mit der dritten und kleinsten der Pyramiden von Teotihuácan daneben, wo von den rund hundert Dienern, Priestern, Rittern und Höflingen, die Motecuzóma begleiteten, Feuer entfacht worden waren, gekocht wurde und Lagerstätten mit Moskitonetzen auf dem Boden ausgebreitet wurden. Begrüßt wurden wir von jenem Hohenpriester, welcher, wie ich mich erinnerte, vor fünf Jahren die Zeremonie des Neuen Feuer geleitet hatte. Er schenkte mir nur einen flüchtigen Blick und schickte sich an, mit aufgeblasener Gewichtigkeit zu sagen:

»Verehrter Sprecher, was die morgigen Bittgesuche an die alten hiesigen Götter betrifft, so schlage ich als erstes vor . . .«

»Die Mühe kannst du dir schenken«, unterbrach Motecuzóma ihn. »Wir brauchen keine feierlichen Bittgesuche mehr. Wir werden nach Tenochtítlan zurückkehren, sobald wir morgen aufwachen.«

»Aber Hoher Gebieter«, erhob der Priester Einspruch. »Nachdem wir mit Eurem ganzen Gefolge und den erlauchten Gästen den langen Weg hierher gemacht haben . . .«

»Bisweilen gewähren die Götter ihre Gnade, ehe man sie auch nur darum bittet«, erklärte Motecuzóma und bedachte mich mit einem vielsagenden Blick. »Allerdings werden wir nie genau wissen, ob sie ernstlich gewährt wurde oder nur im Spaß.«

Also nahmen er und ich im Kreis seiner Palastwache und anderer Ritter, von denen viele mich erkannten und grüßten, Platz, um zu essen. Wiewohl ich inmitten der prächtig herausgeputzten, gefiederten und juwelengeschmückten Versammlung abgerissen, zerlumpt und verschmutzt wirkte, geleitete der Uey-Tlatoáni mich zu dem kissenbelegten Ehrensitz auf dem Boden zu seiner Rechten. Während wir aßen und ich mich heldenhaft bemühte, meinen Heißhunger zu zügeln, erging sich der Verehrte Sprecher ausführlich über meine bevorstehende »Mission zu den Göttern«. Er schlug Fragen vor, welche ich ihnen vorlegen sollte, nachdem ich ihre Sprache gelernt hätte, und überlegte, welchen von ihren Fragen man wohl tunlichst aus dem Wege gehen sollte. Ich wartete, bis er den Mund voll hatte mit einem Happen Wachtel und infolgedessen schweigen mußte, und wagte dann zu sagen:

»Hoher Gebieter, ich habe eine Bitte. Gestattet, daß ich mich zumindest für eine Weile daheim ausruhe, ehe ich mich wieder auf den Weg mache. Diese letzte Reise habe ich im Vollbesitz meiner Kraft angetreten, doch ich muß gestehen, daß ich das Gefühl habe, im Alter des Niemals heimzukommen.«

»Oh, gewiß«, sagte der Verehrte Sprecher verständnisvoll. »Du brauchst dich nicht zu entschuldigen. Dieses Schicksal blüht nun mal allen Menschen. Wir alle kommen zuletzt in das Ueyquin ayquic.«

Eurem Gesichtsausdruck entnehme ich, ehrwürdige Patres, daß ihr nicht begreift, was das Ueyquin ayquic ist, das »Alter des Niemals«. Nein, nein, ihr Herren, es bezeichnet nicht ein bestimmtes Alter von soundso viel Jahren. Manche erreichen es früher, andere später. Wenn man bedenkt, daß ich damals fünfundvierzig Jahre alt war, also in den mittleren Jahren stand, war ich ihm länger entgangen als die meisten Männer. Das Ueyquin ayquic ist jenes Alter, in dem Männer anfangen, mit sich selbst zu reden: »*Ayya*, so steil sind mir die Berge nie zuvor erschienen . . .« oder: »*Ayya*, früher hat mich mein Rücken doch nicht so geschmerzt . . .« oder: »*Ayya*, noch nie zuvor habe ich ein graues Haar bei mir entdeckt . . .«

Das ist das Alter des Niemals.

Motecuzóma fuhr fort: »Nur zu, Ritter Mixtli, nimm dir Zeit und komm wieder zu Kräften, ehe du dich nach Süden aufmachst. Doch diesmal sollst du nicht zu Fuß oder allein gehen. Ein offizieller Sendbote der Mexica muß in feierlichem Aufzug daherkommen, zumal, wenn er mit den Göttern sprechen soll. Ich werde dir einen prächtigen Tragstuhl und kräftige Träger sowie eine bewaffnete Eskorte zur Verfügung stellen, und du wirst den prächtigsten Schmuck der Adlerritter tragen.«

Als wir uns im Lichtschein des untergehenden Mondes und der erlöschenden Feuer schlafen legen wollten, rief Motecuzóma nach einem seiner Schnellboten. Er erteilte dem Mann seinen Auftrag, und der Läufer machte sich augenblicklich nach Tenochtítlan auf, um meinen Haushalt von meiner bevorstehenden Rückkehr zu unterrichten. Das zu tun, war sehr zuvorkommend von Motecuzóma und wohlgemeint, damit meine Diener und meine Frau Béu Ribé Zeit hätten, mir einen gebührenden Empfang zu bereiten. Doch die Wirkung dieses Empfangs sollte mich nahezu umbringen und machte mich so rasend, daß ich Béu beinahe umgebracht hätte.

Nächsten Mittag suchte ich mir meinen Weg durch die Straßen von Tenochtitlan. Da ich abstoßend war wie ein vom Aussatz befallener Bettler und nahezu ebenso unschicklich gekleidet wie ein auf seinen Schwanz stolzer Huaxtécatl, machten die Leute entweder einen weiten Bogen um mich oder sie zogen den Umhang mit Bedacht eng um sich, um nicht mit mir in Berührung zu kommen. Doch als ich jenes Stadtviertel Ixacuálco erreichte, in dem ich wohnte, traf ich auf einige Nachbarn, an die ich mich noch erinnerte, und diese grüßten mich immerhin höflich. Dann sah ich mein eigenes Haus; die Hausherrin stand oben an der Treppe an der Tür, und ich hob meinen Topas – und wäre um ein Haar mitten auf der Straße tot umgefallen. Es war Zyanya, die mich dort erwartete.

Sie stand im hellen Tageslicht da, nur in Bluse und Rock gekleidet, den wunderschönen Kopf unbedeckt – und die einzigartige weiße Haarsträhne war deutlich in ihrem wallenden schwarzen Haar zu erkennen. Der Schrecken war so groß, daß er alle meine Sinne und Organe durcheinanderbrachte. Plötzlich war mir, als ob ich von unter Wasser zu ihr aufblickte, mitten aus einem Strudel heraus; die Häuser und die Leute kreisten um mich herum. Mir schnürte sich die Kehle zu, und der Atem konnte weder herein noch heraus. Im ersten Augenblick machte mein Herz einen Freudensprung, dann hämmerte es wie wahnsinnig und wehrte sich, pochte sogar noch wilder als sonst in der letzten Zeit, wenn ich hohe Berge hatte erklimmen müssen. Ich wankte und suchte Halt an einem in der Nähe stehenden Fackelpfahl.

»Záa!« rief sie, als sie mich festhielt. Ich hatte sie nicht herbeilaufen sehen. »Bist du verwundet? Ist irgendwas nicht in Ordnung?«

»Bist du wirklich Zyanya?« gelang es mir mit leiser, versagender Stimme und durch den zugeschnürten Hals hindurch zu fragen. Die Straße hatte sich in meinen Augen verdunkelt, doch konnte ich die weiße Strähne im Haar immer noch schimmern sehen.

»Mein Lieber!« war alles, was sie antwortete. »Mein lieber ... alter ... Záa ...« und drückte mich fest an ihren weichen, warmen Busen.

Daraufhin sagte ich, was mir in meinem verwirrten Geist vollkommen klar zu sein schien: »Dann bist du nicht hier! Ich bin dort!« Und lachte, so glücklich war ich darüber, tot zu sein. »Du hast die ganze Zeit über auf mich gewartet ... an der äußersten Grenze des fernen Landes ...«

»Nein, nein, du bist nicht tot«, gurrte sie. »Du bist nur völlig erschöpft. Und von mir war das gedankenlos. Ich hätte mit der Überraschung warten sollen.«

»Überraschung?« sagte ich. Mein Blick wurde wieder klar und gefaßt, und ich hob meine Augen von ihrer Brust zu ihrem Gesicht. Es war Zyanyas Gesicht, und es war von jener Schönheit, welche über die Schönheit der Frauen hinausgeht, aber es war nicht die Zyanya mit zwanzig, die ich im Herzen trug. Das Gesicht war so alt wie meines, und Tote altern nicht. Irgendwo war Zyanya immer noch jung, Cozcatl noch jünger, und der alte Blut Schwelger immer noch von geiler Alterslosigkeit, und meine Tochter Nochipa würde für immer ein Kind von zwölf Jahren bleiben. Einzig ich, Dunkle Wolke, war in dieser Welt zurückgeblieben und mußte das womöglich noch wolkendunklere Alter des Niemals ertragen.

Béu Ribé muß etwas Schreckliches in meinen Augen gesehen haben. Sie ließ mich los und trat vorsichtig einen Schritt zurück. Das wilde Pochen meines Herzens und die anderen Anzeichen des Schocks waren von mir gewichen; ich spürte nichts weiter als eine unendliche Kälte. Aufrecht stand ich da und sagte ingrimmig:

»Diesmal hast du absichtlich so getan als ob. Diesmal hast du es mit Bedacht getan!«

Langsam weiter vor mir zurückweichend, sagte sie mit zittriger Stimme: »Ich dachte ... ich hatte gehofft, es würde dir Freude bereiten. Ich dachte, wenn deine Frau wieder so aussähe, wie du sie geliebt hast ...« Als die Stimme ihr versagen wollte, räusperte sie sich und erklärte: »Záa, du weißt, der einzig erkennbare Unterschied war ihr Haar.«

Mit zusammengebissenen Zähnen zischte ich: »Der einzige Unterschied!« und nahm meinen leeren Wasserbeutel von der Schulter.

Verzweifelt fuhr Béu fort: »Als gestern abend der Bote kam und deine Rückkehr meldete, bereitete ich mir Kalkwasser und bleichte mir nur diese eine Strähne. Ich dachte, es würde dich ... dazu bringen, mich anzunehmen ... eine Zeitlang zumindest ...«

»Ich hätte sterben können!« sagte ich zähneknirschend. »Und hätte das mit Freuden getan. Aber nicht für dich! Das kann ich dir versprechen, dies ist das letztemal gewesen, daß du mir mit deinen verfluchten Ränken und Zaubereien und Schändlichkeiten zu Leibe rückst.«

Unsinnigerweise rief sie: »Záa, du hast in deinen Haaren doch auch weiße Strähnen!«

Unsere Nachbarn und etliche andere Leute standen an der Straße und hatten einfältig gegrinst, als sie sahen, wie meine Frau gelaufen kam, den Heimkehrer in die Arme zu schließen. Sie hörten auf, freundlich zu lächeln, als ich anfing, auf sie einzuschlagen. Ich glaube wahrhaftig, ich hätte sie totschlagen können, würde ich die Kraft und die Ausdauer gehabt haben. Aber, wie sie selbst gesagt hatte, ich war erschöpft – und war nicht mehr jung, wie sie ebenfalls gesagt hatte.

Gleichwohl zerfetzte der herniedersausende Lederriemen ihre leichte Kleidung, ließ die Fetzen dann in alle Winde fahren, so daß sie nackt dalag bis auf die wenigen Lumpen um den Hals. Ihr honig- und kupferfarbener Körper, welcher Zyanyas Körper hätte sein können, war über und über mit dicken roten Striemen bedeckt, doch hatte ich nicht mehr die Kraft besessen, ihre Haut aufplatzen und das Blut hervortreten zu lassen. Als ich nicht mehr prügeln konnte, waren ihr vor Schmerz die Sinne geschwunden. Nackt, den Blicken aller preisgegeben, ließ ich sie liegen, es war mir alles gleichgültig, wankte die Treppenstufen hinan, war selber wieder halb tot.

Die alte Sklavin Türkis, noch älter geworden, steckte ängstlich den Kopf zur Tür heraus. Die Stimme versagte mir, ich konnte nicht mehr sprechen, konnte ihr nur noch durch Zeichen zu verstehen geben, sie solle sich um ihre Herrin kümmern. Irgendwie gelang es mir, die Treppe in den Oberstock hinaufzusteigen. Nur eine Schlafkammer war bereitgemacht worden: diejenige, welche Zyanyas und meine gewesen war. Das Lager aus dicken Decken war links und rechts einladend zurückgeschlagen. Ich stieß einen Fluch aus und schleppte mich in die Gästekammer nebenan, entrollte unter großer Anstrengung die Decken, welche dort aufgehoben wurden, und ließ mich schlaff, das Gesicht nach unten, darauffallen. Ich fiel in den Schlaf, so wie ich eines Tages in den Tod und in Zyanyas Arme fallen werde.

Ich schlief bis zum Mittag des nächsten Tages, und die alte Türkis drückte sich ängstlich vor der Tür herum, als ich erwachte. Die Tür zur Hauptschlafkammer war geschlossen, kein Laut war von dort zu hören. Ich erkundigte mich nicht nach Béus Zustand. Ich befahl Türkis Wasser für mein Bad heiß zu machen und die Steine im Schwitzbad zu erhitzen und dann anzufangen zu kochen und nicht aufzuhören damit, bis ich es ihr befahl. Nachdem ich endlich genug abwechselnd geschwitzt und mich im Badebecken geaalt hatte, ging ich nach unten und aß und trank ganz allein für drei.

Als die Dienerin den zweiten Teller vor mich hinstellte und vielleicht den dritten Krug Schokolade, sagte ich zu ihr: »Ich brauche meinen Kampfanzug samt allem Schmuck und den Zeichen des Adlerritters. Wenn du fertig bist mit dem Auftragen, hol sie bitte hervor, sorge dafür, daß sie gelüftet werden und alle Federn geputzt, und daß alles in Ordnung ist. Doch zunächst einmal schick Stern Sänger zu mir.«

Mit zitternder Stimme sagte sie: »So leid es mir tut, es Euch sagen zu müssen, Herr, aber Stern Sänger ist vorigen Winter an einer Erkältung gestorben.«

Ich sagte, das zu hören tue mir leid. »Dann mußt du einen Botengang für mich machen, Türkis, noch ehe du dich um den Kampfanzug und den Schmuck kümmerst. Du gehst zum Palast ...«

Sie fuhr zurück und sagte mit erstickter Stimme: »Ich, Herr? Zum Palast? Aber die Wachen werden mich nicht einmal bis zum Portal kommen lassen!«

»Sag ihnen, du kommst von mir, und sie werden dich durchlassen«, erklärte ich voller Ungeduld. »Was du zu sagen hast, hast du nur zum Uey-Tlatoáni zu sagen und zu niemand sonst!«

Abermals holte sie tief Luft und sagte: »Zum Uey ...?«

»Still, Weib! Dies ist es, was du ihm sagen wirst. Lern es auswendig. Nur dieses eine: ›Der Abgesandte des Verehrten Sprechers braucht sich nicht mehr auszuruhen. Dunkle Wolke ist bereit, zu seiner Mission aufzubrechen, sobald der Verehrte Sprecher die Eskorte bereitgestellt hat.‹«

Und so machte ich mich, ohne Wartenden Mond noch einmal wiederzusehen, auf, um mit den wartenden Göttern zusammenzutreffen.

IHS

✠

S.C.C.M.

Seiner Allerkatholischsten Majestät, Kaiser Karl V., Unserem Allerdurchlauchtigsten König und Herrn:

Allererhabenste Majestät, Erlauchtester unter den Fürsten: aus der Stadt Mexico, Haupstadt Neuspaniens, am Fronleichnamsfest im Jahre des Herrn eintausendfünfhundertundeinunddreißig, entbieten wir Euch unseren alleruntertänigsten Gruß.

Wir schreiben dies mit Kummer im Herzen, mit Zorn und voller Zerknirschung. In unserem letzten Schreiben haben wir unserer Freude Ausdruck verliehen ob unseres Souveräns kluger Überlegungen hinsichtlich der möglichen – nein, der offenbar unwiderleglichen – Ähnlichkeit zwischen der Quetzalcóatl genannten Gottheit der Indianer und unserem christlichen Heiligen Thomas. Aber ach, heute müssen wir Euch voller Bedauern und mit größter Verlegenheit eine Reihe schlechter Neuigkeiten mitteilen.

Wir beeilen uns zu erklären, daß nicht im geringsten Zweifel an Euer Allergnädigster Majestät glänzender Theorie *per se* aufgekommen sind. Doch müssen wir Euch sagen, daß Euer ergebener Kaplan vorschnell gehandelt hatte, als er Beweise zur Stützung jener Hypothese vorlegen zu können glaubte.

Was uns ein klarer Beweis für die Richtigkeit der Annahme Eurer Majestät zu sein schien, war die unerklärliche Auffindung der Hostien, welche in einem Kästchen eingeborener Arbeit in der alten Stadt Tula verborgen worden waren. Kürzlich haben wir jedoch erfahren müssen – und zwar, wie Euer Majestät der Lektüre der beigefügten Konvolute entnehmen werden, aus dem Munde unseres Erzählers, des Azteken –, daß wir einer Täuschung erlegen sind, handelte es sich doch um nichts weiter als um eine abergläubische Handlung seitens der Indianer, welche wohl erst vor vergleichsweise wenigen Jahren begangen wurde. Angestiftet wurden sie dazu von einem augenscheinlich gefallenen oder abtrünnigen spanischen Priester, welcher sich zuvor eines unaussprechlich profanen Diebstahls schuldig gemacht. Weshalb wir uns voller Bedauern schriftlich an die Congregatio de Propagande Fide gewandt, unsere Leichtgläubigkeit eingestanden und gebeten haben, unser falsches Beweismaterial nicht zur Kenntnis zu nehmen. Da alle anderen offenbaren Verbindungen zwischen dem Heiligen Thomas und der mythischen Gefiederten Schlange rein auf Indizien beruhen, steht zu erwarten, daß die Congregatio Euer Majestät Hinweis darauf, daß es sich bei der indianischen Gottheit in Wahrheit um den Apostel Thomas gehandelt haben könne, welchselbiger sich zwecks Bekehrung der Heiden in der Neuen Welt aufgehalten habe, *ad acta* legen wird – zumindest solange, bis neue Beweise vorgelegt werden können.

Es betrübt uns, Euer Majestät eine so enttäuschende Meldung machen zu müssen, doch möchten wir mit allem Nachdruck darauf hinweisen, daß es nicht an unserem Eifer lag, die scharfsichtigen Gedankengänge Eurer Allerbewundertsten Majestät noch deutlicher zu machen.

Es war ausschließlich die Schuld dieses Affen von Azteken!

Er war sich klar darüber, daß wir in den Besitz jenes Kästchens gelangt waren, welches das Sakrament enthielt, frisch und unversehrt erhalten und, wie wir meinten, fünfzehn Jahrhunderte hindurch. Er war sich im klaren über die ungeheure Erregung, in welche dieser Fund uns und jeden anderen Christen allhier versetzte. Besagter Indianer hätte uns schon damals sagen können, wie das Kästchen dorthin gekommen war, wo es aufgefunden wurde. Er hätte unsere vorschnelle Begeisterung ob dieser Entdeckung ebenso verhindern können wie die vielen Gottesdienste, welche abgehalten wurden, sie zu feiern, und die hohe Verehrung, welche dieser dem Anschein nach göttlichen Reliquie entgegengebracht wurde. Zuvörderst hätte er verhindern können, daß wir uns zum Narren machten, indem wir die Angelegenheit so überstürzt und fälschlich nach Rom meldeten.

Doch nein! Der schändliche Azteke beobachtete all die Aufregung und den Jubel, wobei er sich zweifelsohne insgeheim voller Bosheit darüber lustig machte, und sagte kein Wort, um uns vor unserem Irrtum zu bewahren. Erst zu spät, erst, als er in seiner Erzählung soweit war, und auch da nur beiläufig, erwähnte er, woher die Kommunionsoblaten wirklich stammten und wieso es dazu kam, daß sie in Tula verborgen wurden. Wir selbst fühlen uns nicht wenig gedemütigt, wissen wir doch, wie unsere Oberen in Rom sich amüsiert haben oder aber verzweifelt darüber waren, daß wir einem Schabernack aufgesessen sind. Was uns jedoch noch unendlich mehr zerknirscht macht, ist, daß wir, in unserem Eifer, die Congregatio dieserhalb zu informieren, Euer Allerverehrteste Majestät, unseren Kaiser und König dem Verdacht einer ähnlichen Leichtgläubigkeit ausgesetzt haben – und das ungeachtet der Tatsache, daß wir die Tat im guten Glauben getan, Euer Majestät die ganze Anerkennung zuteil werden zu lassen für etwas, was wahrhaftig Grund gewesen wäre, in der ganzen Christenheit zu frohlocken und zu jauchzen.

Wir bitten Euch und vertrauen darauf, daß Ihr die Schuld für das für uns beide peinliche Vorkommnis dort sucht, wo sie zu finden ist: Bei dem verschlagenen und hinterhältigen Indianer, dessen Schweigen, wie jetzt offenkundig, genauso unerhört sein kann wie manches von dem, was er äußert. (Auf den nachfolgenden Seiten – falls Ihr es glauben könnt, wenn Ihr es lest – Sire, benutzt er unsere edle castilische Sprache als Vorwand, um Worte auszusprechen, wie sie mit Absicht gewißlich noch nie den Ohren eines Bischofs zugemutet worden sind!) Vielleicht nimmt unser Oberster Lehensherr Kenntnis davon, daß, wenn dieses Geschöpf die Unverfrorenheit besitzt, den Stellvertreter Euer Majestät allhier zu foppen, er damit auch Euer Majestät selbst foppt, und zwar keineswegs unabsichtlich! Vielleicht, Sire, seid Ihr nunmehr gleich uns der Meinung, daß der Tag längst fällig ist, da wir auf die Dienste dieses verruchten alten Barbaren verzichten können, dessen unwillkommene Gegenwart und unheilsame Enthüllungen wir nunmehr seit über anderthalb Jahren über uns ergehen lassen müssen.

Bitte, verzeiht die Kürze, die Bitterkeit und ungehörige Knappheit dieses Schreibens, Euer Majestät. Wir sind im Augenblick allzu erbost und außer uns, als daß wir ausführlicher oder in größerer Milde schreiben könnten, wie sie unserem Amte eigentlich geziemt.

Mögen die Güte und die Tugend, so von Eurer Strahlenden Majestät ausgehen, weiterhin die Welt erleuchten. Darum bittet inständig im Gebet Euer S. C. C. M. ergebener (wenn auch gedemütigter) Kaplan

(ECCE SIGNUM)
ZUMÁRRAGA

Undecima Pars

Ayyo! Nachdem Euer Exzellenz uns solange vernachlässigt hat, gesellt Ihr Euch wieder zu uns. Aber ich glaube, ich kann den Grund erraten, stehe ich doch im Begriff, jetzt von den neueingetroffenen Göttern zu berichten, und Götter interessieren einen Mann Gottes selbstverständlich immer. Wir fühlen uns durch Eure Anwesenheit geehrt, Señor Obispo. Und um Eure Zeit nicht über Gebühr in Anspruch zu nehmen, will ich mich mit dem Bericht über dieses Zusammentreffen mit besagten Göttern beeilen. Zuvor möchte ich nur noch einmal kurz abschweifen und von einer Begegnung mit einem wesentlich kleineren und niedrigeren Wesen berichten, welches sich später freilich als keineswegs so klein erweisen sollte.

Ich verließ Tenochtítlan also einen Tag, nachdem ich dorthin zurückgekehrt war, von neuem, diesmal freilich mit großem Gepränge. Da der schreckenerregende rauchende Stern tagsüber nicht in Erscheinung trat, wimmelte es auf den Straßen von Menschen, welche mit großen Augen zusahen, in welcher Pracht ich diesmal davonzog. Ich hatte den Adlerhelm mit dem drohend aufgesperrten Schnabel auf dem Kopf und dazu trug ich den gefiederten Kampfanzug des Adlerritters sowie am Arm meinen Schild mit dem federgewirkten Namenssymbol darauf. Sobald ich jedoch die Dammstraße hinter mir hatte, vertraute ich diese Dinge dem Sklaven an, welcher den Wimpel und die anderen Insignien trug, die meinen Rang verkündeten, und zog für unterwegs bequemere Kleidung an. Meinen Ritterstaat legte ich immer erst dann wieder an, wenn wir unterwegs durch die eine oder andere bedeutendere Siedlung hindurchkamen, wo ich den örtlichen Herrscher mit meiner eigenen Bedeutung beeindrucken wollte.

Der Uey-Tlatoáni hatte mir einen vergoldeten und edelsteingeschmückten Tragstuhl zur Verfügung gestellt, in welchem ich mich tragen ließ, sobald ich nicht mehr gehen mochte. In einem zweiten Tragstuhl führte ich alle Geschenke mit, die ich dem Xiu-Häuptling Ah Tutál überreichen sollte, und daneben weitere Geschenke, welche für die Götter bestimmt waren – falls es sich herausstellen sollte, daß es sich wirklich um Götter handelte und falls sie derlei Angebinde nicht verächtlich von sich weisen sollten. Neben meinen Tragstuhlträgern und den Trägern, die unseren Reiseproviant schleppten, begleitete mich ein Trupp von Motecuzómas größten, kräftigsten und eindrucksvollsten Palastwachen, welche alle furchtgebietend bewaffnet und auf das prachtvollste gewandet waren.

Ich brauche wohl kaum zu erwähnen, daß Räuber und andere Bösewichter es nicht wagten, einen solchen Zug anzugreifen. Und brauche wohl auch die Gastfreundschaft nicht zu erwähnen, mit welcher wir unterwegs überall aufgenommen und bewirtet wurden. Ich will nur von einer Begebenheit berichten, zu der es kam, als wir eine Nacht in Coátzacoálcos übernachteten, jenem Marktflecken an der Nordküste, dort, wo das Land zwischen den beiden großen Meeren im Osten und im Westen die schmalste Stelle erreicht.

Ich und mein Gefolge trafen gegen Sonnenuntergang eines der offenbar geschäftigsten Markttage der Stadt ein, und so zogen wir nicht in die Stadtmitte, um als bedeutende Besucher untergebracht zu werden. Vielmehr schlugen wir einfach unser Lager auf einem Feld vor der Stadt auf, wo andere, spät eintreffende Händlerkolonnen das gleiche taten. Diejenige, welche gleich neben uns lagerte, war die Kolonne eines Sklavenhändlers, welcher eine stattliche Anzahl von Männern, Frauen und Kindern auf den Markt trieb. Nachdem wir gegessen hatten, schlenderte ich zum Sklavenlager hinüber und überlegte halb, ob ich nicht einen passenden Ersatz für meinen verstorbenen Sklaven Stern Sänger finden könnte und noch ein gutes Geschäft machte, wenn ich einen der Männer kaufte, ehe morgen auf dem Markt in der Stadt Angebote auf sie abgegeben wurden.

Der Pochtécatl erzählte mir, er habe seine Menschenherde einzeln oder höchstens paarweise von Olméca-Stämmen zusammengekauft, welche – wie etwa die Coatlícamac und die Cupílco – weiter im Landesinneren lebten. Seine Kette von männlichen Sklaven war wirklich eine Kette: Sie reisten und ruhten, aßen und schliefen sogar alle zusammengekettet durch ein langes Seil, welches durch die durchbohrte Nasenscheidewand eines jeden einzelnen von ihnen hindurchgeführt worden war. Die Frauen und Mädchen freilich durften sich frei bewegen, um solche Arbeiten wie Lageraufschlagen, Feuermachen, Kochen, Wasserholen, Holzsammeln und so weiter erledigen zu können. Als ich müßig umherging und die Ware betrachtete, trat bescheiden ein junges Mädchen mit einem Krug und einer Kalebassenschöpfkelle auf mich zu und fragte freundlich:

»Möchte der Herr Adlerritter vielleicht einen Schluck kühlen Wassers? Auf der anderen Seite des Feldes fließt ein Fluß, der ins Meer geht, und ich habe diesen Krug schon vor geraumer Zeit hineingehalten und gefüllt, so daß sich alle Unreinheiten gesetzt haben werden.«

Während ich trank, schaute ich sie über die Kalebasse hinweg an. Offenkundig handelte es sich um ein Mädchen aus dem Hinterland, klein und schlank, freilich nicht sonderlich sauber, und in ein knielanges Gewand aus billigem Sackstoff gekleidet. Aber sie war weder häßlich von Gesicht, noch von dunkler Hautfarbe; vielmehr mußte man sie – auf eine weiche und noch unreife Weise – eigentlich recht ansprechend nennen. Auch kaute sie nicht, wie sonst jede andere Frau rings umher, Tzictli und war offenbar auch nicht ganz so blöde, wie man hätte erwarten sollen.

»Du hast mich auf Náhuatl angesprochen?« sagte ich. »Wieso kommt es, daß du diese Sprache sprichst?«

Das Mädchen setzte ein tiefbekümmertes Gesicht auf und murmelte: »Man kommt viel herum, wenn man immer wieder gekauft und verkauft und gekauft wird. Das ist jedoch immerhin etwas, wobei man sich eine gewisse Bildung aneignet. Meine Muttersprache ist das Coatlícamac, Gebieter, aber ich habe einige Maya-Dialekte gelernt und die Handelssprache Náhuatl.«

Ich fragte sie nach ihrem Namen. »Ce-Malináli«, sagte sie.

»Ein Gras?« sagte ich. »Das ist aber nur ein Kalenderdatum und nur die Hälfte eines Namens.«

»Ja«, seufzte sie mit trauerumflortem Blick. »Selbst Sklavenkinder, die von Sklaveneltern geboren werden, bekommen am Namensgebungstag einen neuen Namen. Ich jedoch habe nie einen bekommen, Gebieter. Ich bin weniger als eine sklavengeborene Sklavin. Ich bin ein Waisenkind von Geburt an.«

Sie erklärte es genauer. Ihre unbekannte Mutter war eine Coatlícamatl-Schlampe gewesen, die von irgendeinem der vielen Männer schwanger geworden war, für die sie die Beine gespreizt hatte. Die Frau hatte sie irgendwann, während sie draußen auf dem Feld arbeitete, geboren – genauso gleichgültig, wie sie ihre Notdurft verrichtet haben mochte –, und hatte ihr Neugeborenes dort liegen lassen, genauso gleichgültig, wie sie ihren Kot hätte liegen lassen. Irgendeine andere, weniger herzlose, vielleicht aber selber kinderlose Frau hatte das ausgesetzte Baby gefunden, ehe es zugrundegegangen war, hatte es mit nach Hause genommen und durchgebracht.

»Aber wer diese freundliche Retterin war, weiß ich nicht mehr«, sagte Ce-Malináli. »Ich war noch ein Kind, als sie mich verkaufte – für Mais zum Essen –, und seither bin ich von einem Besitzer zum anderen gekommen.« Sie setzte das Gesicht eines Menschen auf, welcher lange gelitten hat und doch durchgekommen ist. »Ich weiß nur, daß ich am Tage Ein Gras des Jahres Fünf Haus geboren wurde.«

»Nein«, rief ich. »Das ist ja derselbe Tag und dasselbe Jahr, an dem meine eigene Tochter in Tenochtítlan geboren wurde. Sie hieß gleichfalls Ce-Malináli, bis sie an ihrem siebenten Geburtstag den Namen Zyanya-Nochípa erhielt. Du bist klein für dein Alter, Kind, dabei bist du genauso alt wie . . .«

Erregt fiel das Mädchen mir in die Rede. »Warum kauft Ihr mich denn dann nicht, Gebieter, als Dienerin und Gefährtin für Eure Dame Tochter!«

»Ayya«, murmelte ich voller Trauer. »Diese andere Ce-Malináli . . . sie ist gestorben . . . vor fast drei Jahren . . .«

»Dann kauft mich als Hausmädchen«, drängte sie. »Oder Euch aufzuwarten, wie Eure Tochter es getan hätte. Nehmt mich mit Euch, wenn Ihr zurückkehrt nach Tenochtítlan. Ich tue jede Arbeit oder« – züchtig senkte sie die Augen – »erweise Euch jeden *un*töchterlichen Dienst, den mein Gebieter von mir verlangen könnte.« Ich nahm neuerlich einen Schluck aus der Schöpfkelle und prustete das Wasser wieder heraus. Woraufhin sie sich beeilte zu sagen: »Oder Ihr könnt mich in Tenochtítlan verkaufen, falls mein Gebieter über das Alter hinaus ist, derlei Verlangen zu haben.«

»Unverschämter kleiner Balg«, fuhr ich sie an. »Die Frauen, nach denen ich verlange, brauche ich nicht zu kaufen.«

Sie fuhr bei diesen Worten nicht zusammen und wand sich nicht; vielmehr sagte sie keck: »Und ich möchte nicht nur meines Körpers wegen gekauft werden. Ich kann mit anderen Dingen aufwarten, Gebieter – ich weiß es –, und ich sehne mich danach, meine Fertigkeiten unter Beweis zu stellen.« Sie packte mich am Arm, um ihrer Bitte Nachdruck zu verleihen. »Ich möchte dorthin, wo man mich noch anderer Dinge wegen zu schätzen weiß und nicht nur, weil ich eine junge Frau bin. Ich möchte mein Glück in einer großen Stadt versuchen. Ich nähre ehrgeizige Pläne, Gebieter, ich habe Träume. Aber die werden fruchtlos bleiben, wenn ich verdammt werde, für immer als Sklavin in diesen elenden Provinzen zu verkommen.«

Ich erklärte: »Eine Sklavin bleibt eine Sklavin, selbst in Tenochtítlan.«

»Nicht immer, jedenfalls nicht unbedingt.« Sie war von ihrem Gedanken nicht abzubringen. »In einer Stadt gebildeter Männer erkennt man vielleicht meinen Wert, meinen Geist und mein Streben. Ein großer Herr könnte mich zu seiner Konkubine und hinterher sogar zu einer freien Frau machen. Lassen nicht einige Herren ihre Sklaven frei, wenn sie solches verdienen?«

Ich sagte, ja, derlei komme vor; ich selbst hätte das einmal getan.

»Ja«, sagte sie, als ob sie mir ein Zugeständnis abgerungen hätte. Sie drückte mir den Arm, und ihre Stimme bekam etwas Schmeichlerisches. »Ihr braucht keine Konkubine, Gebieter. Ihr seid als Mann stattlich und ansehnlich genug und braucht euch keine Frauen zu kaufen. Aber es gibt andere – alte oder häßliche Männer –, die darauf angewiesen sind, das zu tun und es daher auch tun. Ihr könntet mich mit Gewinn an einen solchen Mann in Tenochtítlan verkaufen.«

Ich hätte wohl Mitleid haben sollen mit dem Kind. Auch ich war einst jung gewesen, überschäumend und von Ehrgeiz durchdrungen, und hatte mich danach verzehrt, mein Glück in der größten aller Städte zu machen. Doch die Art und Weise, wie Ce-Malináli versuchte, sich bei mir beliebt zu machen, hatte etwas so Hartes und Eindringliches, daß ich es alles andere als angenehm empfand. Ich sagte: »Du scheinst eine sehr hohe Meinung von dir selbst zu haben, Mädchen, und eine sehr geringe Meinung von den Männern.«

Sie zuckte mit den Achseln. »Die Männer haben die Frauen immer zu ihrem Vergnügen benutzt. Warum sollte daher nicht einmal eine Frau die Männer benutzen, um weiter voranzukommen? Wiewohl ich den Liebesakt nicht mag – ich kann so tun, als ob er mir Vergnügen bereitete. Und obgleich man mich noch nicht sonderlich viel benutzt hat, bin ich darin schon ganz gut. Wenn diese Gabe mir hilft, mich aus meinem Sklavendasein herauszuheben ... nun ... ich habe gehört, daß die Konkubine eines hohen Herrn größere Vorrechte genießen kann als selbst seine legitime Erste Dame. Und selbst der Verehrte Sprecher der Mexíca hat viele Konkubinen, habe ich nicht recht?«

Ich lachte. »Kleine Hexe, dein Ehrgeiz geht wirklich sehr hoch.«

Beißend sagte sie: »Ich weiß, ich habe mehr zu bieten als nur ein Loch zwischen den Beinen, das immer noch einladend eng und zart ist. Wenn einem Mann der Sinn *danach* steht, braucht er nur ein Techíchi-Hündchen zu kaufen.«

Ich machte mich von ihrem Griff an meinem Arm frei. »Wisse denn, Mädchen! Manchmal hält ein Mann sich einen Hund, bloß um einen liebevollen Gefährten zu haben. Ich kann keine Liebesfähigkeit in dir erkennen. Und ein Techíchi gibt auch schon ein nahrhaftes Mahl ab. Du bist nicht sauber und appetitlich genug, um gekocht zu werden. Zwar verstehst du dich für ein Mädchen deines Alters und deiner niedrigen Herkunft auszudrücken. Aber du bist nichts weiter als eine hinterwäldlerische Range, die nichts zu bieten hat außer großmäuligem Gerede, schlechtverhohlener Gier und einer bemitleidenswerten Vorstellung von der eigenen Bedeutung. Du gibst zu, daß es dir nicht einmal Spaß macht, dein enges Loch, dessen du dich rühmst, und in dem dein einziger Wert besteht, nutzbar anzuwenden. Wenn du deine Sklavenschwestern in irgendeiner Weise überragst, dann nur in eitler Vermessenheit.«

Fauchend fuhr sie mich an: »Ich kann dort drüben an den Fluß gehen und mich sauberwaschen – kann mich reizvoll machen – und Ihr würdet mich nicht zurückweisen! In feinen Kleidern könnte man mich für eine feine Dame halten! Ich kann so tun, als ob ich liebte, und selbst Ihr würdet mir glauben!« Sie hielt inne, um dann höhnisch zu sagen: »Welche Frau ist jemals anders mit Euch verfahren, Gebieter, wenn all ihr Sinnen und Trachten darauf gerichtet war, mehr zu sein als ein Gefäß für Euer Tepúli?«

Es juckte mir in den Fingern, sie ihrer Unverschämtheit wegen zu züchtigen, doch diese herabgekommene Sklavin war schon fast eine Frau, und es ging nicht an, ihr das Hinterteil zu versohlen wie einem Kind; sie war aber auch zu jung, um geschlagen zu werden wie eine Erwachsene. So konnte ich ihr nur die Hände auf die Schultern legen, doch griff ich hart zu, um ihr wehzutun, und mit zusammengebissenen Zähnen sagte ich:

»Es stimmt, ich habe auch andere Frauen gekannt, die wie du waren: käuflich, betrügerisch und hinterhältig. Aber ich habe auch andere gekannt, die das nicht waren. Eine von ihnen war meine Tochter, geboren mit demselben Namen, den auch du trägst, und wäre es ihr vergönnt gewesen weiterzuleben, sie hätte diesen Namen zu etwas gemacht, worauf sie hätte stolz sein können.« Ich konnte meinen aufwallenden Zorn nicht unterdrücken, und meine Stimme erhob sich mit ihm: »Warum hat sie sterben müssen, während du lebst?«

Ich schüttelte diese Ce-Malináli so heftig, daß sie den Wasserkrug fallen ließ. Er zerbrach, und das Wasser spritzte auf, doch ich achtete nicht auf dieses Zeichen böser Vorbedeutung. Ich schrie so laut, daß sich überall im Lager Köpfe nach mir umdrehten, und der Sklavenhändler kam herbeigelaufen und flehte mich an, nicht so roh mit seiner Ware umzugehen. Ich glaube, in diesem Moment ist mir für einen kurzen Augenblick die Vision eines Sehers zuteil geworden, hatte ich einen kurzen Blick in die Zukunft werfen dürfen, denn was ich schrie, war dies:

»Du wirst diesen Namen zu etwas Unreinem, Schmutzigen und Verächtlichen machen, und alle Menschen werden ausspucken, wenn sie ihn aussprechen!«

Ich merke, Euer Exzellenz bekunden Ungeduld, daß ich bei einer Begebenheit verweile, die Euch bedeutungslos vorkommen muß. Aber diese Begegnung, so kurz sie war, war mitnichten bedeutungslos. Wer dieses

Mädchen war, zu wem sie als reife Frau wurde und was letzten Endes aus ihren frühreifen ehrgeizigen Plänen wurde – all diese Dinge sind von allergrößter Bedeutung. Wäre dieses Kind nicht gewesen, Euer Exzellenz wären möglicherweise heute nicht unser hochwürdigster Herr Bischof von Mexico.

Ich hatte sie selbst schon vergessen, als ich an diesem Abend unter dem Schlimmes verheißenden rauchenden Stern einschlief, welcher mir zu Häupten am dunklen Himmel hing. Am nächsten Tag zog ich mit meinem Gefolge über Coátzacoálcos hinaus weiter. Wir hielten uns an die Küste und kamen durch die Städte Xicalánca und Kimpéch und gelangten schließlich an jenen Ort, wo die mutmaßlichen Götter warteten, in die Stadt namens Tihó, Hauptstadt des Xiu-Zweiges der Maya in der nördlichsten Ecke der Halbinsel Uluümil Kutz. Bei unserer Ankunft war ich angetan mit der ganzen Pracht meiner Adlerritter-Insignien, und es versteht sich von selbst, daß wir von der Leibwache des Xiu-Häuptlings Ah Tutál voller Hochachtung empfangen und in feierlicher Prozession durch die Straßen dieser strahlend weißen Stadt bis zum Palast geleitet wurden. Freilich, ein richtiger Palast war es vielleicht nicht, aber wer erwartet schon prächtige Bauten unter den Nachfahren der Maya. Immerhin waren die einstöckigen, strohgedeckten Lehmziegelgebäude wie die gesamte übrige Stadt strahlend weiß getüncht, und die Palastgebäude waren im Quadrat um einen weitflächigen Innenhof herum errichtet.

Ah Tutál, ein hinreißend schieläugiger Herr meines Alters, war tief beeindruckt von der Pracht der Geschenke, welche Motecuzóma ihm schickte. Ich selbst wurde mit einem Festmahl willkommen geheißen, und während wir speisten, plauderten er und ich zwanglos über so überaus interessante Themen wie seine und meine Gesundheit sowie die aller unserer lebenden Freunde und Verwandten. Wir hätten keinen kleinen Finger für derlei nichtiges Geplauder gegeben; mir war jedoch darum zu tun herauszufinden, wie gut ich mit dem dortigen Dialekt der Mayasprache zurechtkam. Nachdem wir uns mehr oder weniger gegenseitig klargemacht hatten, wie weit es mit meinem Xiu-Vokabular ging, kamen wir auf den Grund meines Besuches zu sprechen.

»Herr Mutter«, sagte ich zu ihm, denn mit diesem lächerlichen Titel wird der Häuptling eines jeden Gemeinwesens dort unten angeredet, »sagt mir: sind sie Götter, diese Neuankömmlinge?«

»Ritter Ek Muyal«, sagte die Mutter und benutzte die Maya-Form meines Namens, »als ich Eurem Verehrten Sprecher die Nachricht zukommen ließ, war ich überzeugt, daß sie es wären. Aber jetzt . . .« Er setzte eine zweifelnde Miene auf.

Ich fragte: »Könnte einer von ihnen der langverschollene Gott Quetzalcóatl sein, welcher versprach wiederzukommen, jener Gott, den Ihr in diesen Landen Kukulkán nennt?«

»Nein. Zumindest hat keiner von diesen Fremden die Gestalt einer gefiederten Schlange.« Doch dann seufzte er und sagte: »Wenn einfach nichts Wunderbares an ihnen ist – wie soll man einen Gott erkennen? Diese beiden könnten durchaus dem Aussehen nach als Menschen gelten, wiewohl sie beträchtlich viel größer und wesentlich behaarter sind als alle anderen Menschen sonst. Sie sind sogar größer als Ihr.«

Ich sagte: »Nach der Überlieferung haben die Götter oft menschliche

Gestalt angenommen, wenn sie der Welt der Sterblichen einen Besuch abstatten wollten. Da wäre es doch durchaus verständlich, wenn sie Körper von einer Größe wählten, die geeignet wäre, uns einzuschüchtern.«

Ah Tutál fuhr fort: »Es waren ihrer vier in dem merkwürdig gebauten Kanu, welches nördlich von hier an den Strand geworfen wurde. Doch als man sie auf Tragbahren nach Tihó brachte, entdeckten wir, daß zwei von ihnen tot waren. Können Götter tot sein?«

»Tot . . . ?« sann ich. »Wäre es nicht denkbar, daß sie *noch nicht lebendig waren*? Vielleicht waren es Ersatzkörper, welche die beiden mit sich herumschleppten, um in sie hineinzuschlüpfen, sobald ihnen der Sinn nach Abwechslung stand?«

»Darauf wäre ich nie gekommen«, erklärte Ah Tutál sichtlich voller Unbehagen. »Ganz gewiß sind sie in ihren Gewohnheiten und ihren Begierden etwas Außergewöhnliches, und ihre Sprache übersteigt unser Verstehen. Sollte man nicht meinen, daß Götter, welche sich die Mühe machen, als Menschen zu erscheinen, sich auch noch die Mühe machen, eine menschliche Sprache zu sprechen?«

»Es gibt viele menschliche Sprachen, Herr Mutter. Vielleicht haben sie sich eine ausgewählt, welche man hierzulande nicht versteht. Möglich jedoch, daß ich sie auf Grund meines Aufenthalts in der Fremde kenne.«

»Herr Ritter«, sagte der Häuptling ein wenig verdrießlich, »Ihr habt auf alles eine Antwort wie die Priester. Aber könnt Ihr mir sagen, warum diese beiden um alles auf der Welt nicht *baden* wollen?«

Ich dachte darüber nach. »In Wasser, meint Ihr?«

Dem Blick nach zu urteilen, mit dem er mich bedachte, fragte er sich, ob Motecuzóma ihm womöglich seinen Hofnarren als Abgesandten geschickt habe. Er sagte und betonte jedes Wort sehr genau, als er sagte: »Jawohl, in Wasser. Was sollte ich sonst meinen, wenn ich von Baden spreche?«

Ich hüstelte höflich und sagte: »Woher wollt Ihr wissen, ob die Götter es nicht gewohnt sind, in reiner Luft zu baden? Oder gar im noch reineren Sonnenlicht?«

»Weil sie *stinken*!« erklärte Ah Tutál triumphierend und angewidert zugleich. »Ihr Körper riecht ungewaschen, nach Schweiß, üblem Atem und längstverkrustetem Schmutz. Als ob das noch nicht reichte, scheint es ihnen nichts auszumachen, Blase und Darm aus den Hinterfenstern ihrer Kammern zu entleeren, und sie genießen es offenbar auch noch, diesen Kot draußen sich türmen zu lassen. Jedenfalls macht es ihnen nicht das geringste aus, in diesem abscheulichen Gestank zu leben. Die beiden scheinen nicht zu wissen, was Sauberkeit ist, genauso wie sie Freiheit und das gute Essen nicht zu schätzen wissen, welches wir ihnen bieten.«

Ich sagte: »Was meint Ihr: wissen nicht, was mit der Freiheit anzufangen?«

Ah Tutál zeigte durch eines der schiefen Fenster seines Thronsaals hinüber auf ein niedriges Gebäude auf der gegenüberliegenden Seite des Hofes. »Sie sind dort drüben drin. Und sie bleiben drin.«

Da entfuhr es mir: »Ihr werdet doch keine *Götter* eingesperrt halten?«

»Nein, nein, nein! Sie bleiben aus freien Stücken dort drinnen. Ich habe Euch doch schon gesagt, daß ihr Verhalten höchst eigenwillig ist. Seit ihrer Ankunft hier, als man ihnen diese Kammern zuwies, sind sie noch nicht herausgekommen.«

Ich sagte: »Verzeiht meine Frage, Herr Mutter. Aber hat man sie vielleicht rüde behandelt, als sie hierherkamen?«

Ah Tutál schien gekränkt und sagte eisig: »Man hat sie vom ersten Augenblick an mit größter Herzlichkeit, Zuvorkommenheit, ja, sogar Ehrfurcht behandelt. Wie ich schon sagte: zwei waren tot, als sie hierherkamen – zumindest waren unsere besten Ärzte überzeugt davon, daß sie tot wären. Infolgedessen haben wir den Toten, wie es sich in der zivilisierten Welt gehört, ein würdiges Begräbnis und jede denkbare Ehre, die zeremonielle Zubereitung und das zeremonielle Verzehren ihrer edelsten Teile und Organe zuteil werden lassen. Das war der Augenblick, wo die beiden lebenden Götter machten, daß sie in ihre Wohnung kamen, aus welcher sie, bis jetzt schmollend, nicht herausgekommen sind.«

Auf gut Glück riet ich: »Vielleicht haben sie es übelgenommen, daß Ihr es so eilig damit hattet, etwas loszuwerden, was sie möglicherweise als ihre Ersatzkörper betrachteten.«

Verzweifelt warf Ah Tutál die Hände in die Höhe und sagte: »Nun, bei der Abgeschiedenheit, welche sie sich selbst auferlegt haben, wären die Körper, in denen sie jetzt sind, längst verhungert, wenn wir ihnen nicht regelmäßig Diener mit Essen und Trinken hineingeschickt hätten. Trotzdem essen die beiden nur sehr wenig – und nur Früchte und Gemüse und Körner, kein Fleisch, nicht einmal Leckerbissen wie Tapir und Seekuh, Ritter Ek Muyal. Ich habe mich redlich bemüht dahinterzukommen, was sie am liebsten mögen, aber ich gestehe, daß ich nicht recht schlau daraus geworden bin. Zum Beispiel, was die Frauen betrifft . . .«

»Dann bedienen sie sich der Frauen wie sterbliche Männer?« fiel ich ihm ins Wort.

»Ja, ja, ja«, sagte er ungeduldig. »Nach dem, was die Frauen erzählen, sind sie Männer in jeder Beziehung, bis auf ihre übertriebene Behaarung. Und ich darf wohl behaupten, daß ein Gott, welcher so ausgestattet ist wie ein Mann, mit diesem Organ auch umgehen wird, wie ein Mann es tut. Recht bedacht, Ritter Ek Muyal – was sonst kann man auch schon damit anfangen, selbst als Gott?«

»Ihr habt selbstverständlich recht, Herr Mutter. Fahrt fort.«

»Ich habe ihnen ständig Frauen geschickt, immer zwei auf einmal, doch haben die Fremden keine von ihnen länger als zwei oder drei Nächte hintereinander behalten. Sie schickten sie immer wieder hinaus – auf daß ich, wie ich vermute, andere hineinschickte, und infolgedessen tue ich das. Keine von unseren Frauen scheint sie länger zu befriedigen. Falls sie auf irgendeine besondere *Art* Frauen hoffen oder mir das zu verstehen geben wollen – woher soll ich wissen, was sie wollen oder wo ich sie hernehmen soll? Eines Nachts habe ich vorsichtshalber einmal zwei hübsche Knaben hineingeschickt, woraufhin unsere Gäste sich furchtbar aufgeregt und die Knaben erst verprügelt und dann hinausgeworfen haben. Jetzt gibt es kaum noch irgendwelche frei verfügbaren Frauen in Tihó und Umgebung, mit denen ich es probieren kann. Sie haben praktisch schon alle Frauen und Töchter eines jeden Xiu gehabt, bis auf meine eigenen und die der anderen Adeligen. Außerdem laufe ich Gefahr, daß *alle* unsere Frauen aufsässig werden, denn ich muß brutale Gewalt anwenden, um auch noch die niedrigste Sklavin in dieses übelriechende Loch hineinzutreiben. Die Frauen behaupten, das unnatürlichste und Schlimmste an den Fremden sei, daß selbst ihr *Gemächt* von Haaren umwachsen sei und sie überdies im Schritt womöglich noch übler riechen als aus dem Mund oder unter den Armen. Oh, gewiß, ich weiß, daß Euer Verehrter Sprecher behauptet, ich müsse es als eine hohe Ehre und Gnade empfinden, diesen beiden Göttern oder was immer sie sein mögen, Gastgeber zu sein. Aber ich wünschte, Motecuzóma wäre hier und könnte selbst einmal ausprobieren, wie das ist, Hüter von zwei so pestilenzialisch stinkenden Gästen zu sein. Ich sage Euch, Ek Muyal, ich empfinde diese Ehre nachgerade mehr als ein Ärgernis und eine Zumutung! Wie lange soll das noch so weitergehen? Ich möchte sie nicht mehr hier haben, doch wage ich es nicht, sie hinauszuwerfen. Ich danke all den anderen Göttern, daß ich die beiden ein gutes Stück von hier entfernt auf der anderen Seite des Palasthofs untergebracht habe; und dennoch, wenn es dem Windgott gefällt, trägt er mir den Geruch dieser beiden unwillkommenen Wesen herüber, und der wirft mich nahezu um. Noch ein oder zwei Tage, und ich glaube, es bedarf nicht einmal mehr des Winds, den Gestank bis hier herüberzutreiben. Im Augenblick leiden ein paar von meinen Höflingen schrecklich unter einer Krankheit, von der die Ärzte behaupten, sie seien ihr noch nie begegnet. Ich persönlich glaube, wir lassen uns nachgerade alle von dem Gestank dieser unsauberen Fremden vergiften. Und ich hege den starken Verdacht, daß das der Grund ist, warum Motecuzóma mir so viele reiche Geschenke geschickt hat. Er hofft, mich dadurch zu bewegen, diese beiden zu *behalten* und dafür zu sorgen, daß sie seiner sauberen Stadt nicht zu nahe kommen. Und ich sage außerdem ...«

»Es ist in der Tat eine schwere Bürde für Euch gewesen, Herr Mutter«, warf ich eilends ein, um der Aufzählung seiner Kümmernisse ein Ende zu bereiten. »Es ist Euch hoch anzurechnen, daß Ihr diese Verantwortung so lange Zeit hindurch auf Euch genommen habt. Aber jetzt, wo ich hier bin, könnte ich vielleicht ein paar hilfreiche Vorschläge machen. Zunächst einmal – ehe ich diesen Wesen in aller Form vorgestellt werde – würde ich gern Gelegenheit haben, sie sprechen zu hören, ohne daß sie wissen, daß ich lausche.«

»Das ist nicht weiter schwierig«, erklärte Ah Tutál mürrisch. »Ihr braucht nur über den Hof hinüberzugehen und Euch neben eines ihrer Fenster zu stellen, wo sie Euch nicht sehen können. Tagsüber tun sie überhaupt nichts anderes als unentwegt *brabbeln* wie die Affen. Aber ich warne Euch: Haltet Euch die Nase zu!«

Ich lächelte nachsichtig, als ich mich empfahl, denn ich nahm an, daß die Mutter in dieser Hinsicht ebenso übertrieb wie in manchem anderen seiner gereizten Einstellung den Fremden gegenüber. Aber ich hatte mich geirrt. Als ich mich ihrer Wohnung näherte, hätte der scheußliche Gestank mich fast dazu gebracht, mich zu übergeben. Ich schnaufte laut, um meine Nase von dem Geruch zu befreien und hielt sie mir dann mit zwei Fingern fest zu, als ich mich an die Mauer des Gebäudes drückte. Drinnen vernahm ich Stimmengemurmel, und zur Seite gehend schlich ich mich näher an die Türöffnung heran, in der Hoffnung, irgendwelche Wörter zu verstehen. Doch damals bedeutete mir der Klang Eurer spanischen Sprache überhaupt nichts, Euer Exzellenz. Jedenfalls sollte ich das bald feststellen, als ich die Ohren spitzte. Eines jedoch wußte ich – daß dies ein historischer Augenblick war, und ich stand wie gebannt und von einer Art erwartungsvollem Schrecken erfüllt da, als ich hörte, wie ein sonderbares neues Wesen, welches durchaus ein Gott sein konnte, voller Nachdruck erklärte, was ich bis auf den heutigen Tag nicht vergessen habe:

»Ich schwöre bei Santiago, ich hab's satt, nackte Mösen zu ficken!«

Und die andere Stimme sagte

Ayya!

Habt Ihr mich erschreckt, Euer Exzellenz. Mit welcher Behendigkeit Ihr aufgesprungen seid für einen Mann, der längst das Alter des Niemals erreicht hat. Ich beneide Euch offen gestanden um Eure

Mit allem Respekt, Euer Exzellenz, ich bedaure, daß ich diese Worte nicht zurücknehmen oder mich für sie entschuldigen kann, denn nicht ich habe sie gesprochen. Ich habe sie mir an diesem Tage nur eingeprägt wie ein Papagei, der alles nachspricht, ohne den Sinn dessen zu verstehen, was er sagt. Ein Papagei könnte derlei Ausdrücke sogar in Eurer Kathedral-Kirche vor sich hinplappern, denn ein Papagei kann ja nicht wissen, was sie bedeuten. Das könnte selbst der schlaueste aller Papageien nicht, zumal ein weiblicher Papagei ja nicht das besitzt, was Ihr zutreffend eine

Sehr wohl, Euer Exzellenz, ich will die Sache nicht weiter ausmalen und mich zurückhalten und nicht genau die Töne wiederholen, die der andere Fremde von sich gab. Es lief das, was er sagte, jedoch darauf hinaus, auch er vermisse und sehne sich nach den Diensten einer guten castilischen Hure, welche zwischen den Beinen reich mit Haarwuchs gesegnet sei. Und das war alles, was ich erlauschen konnte, ohne daß mir zuletzt von dem Gestank doch vollends übel geworden wäre und ich dadurch meine Anwesenheit verraten hätte. Ich eilte zurück in den Thronsaal, atmete unterwegs in großen Zügen frische Luft ein, und sagte dort zu dem Häuptling Ah Tutál:

»Was den Geruch betrifft, so habt Ihr wahrhaftig nicht übertrieben, Herr Mutter. Ich muß sie sehen und versuchen, mit ihnen zu reden, doch würde ich das wirklich lieber im Freien tun.«

Er sagte: »Ich kann ja irgendwelche Mittel unter ihr nächstes Essen mischen und sie dann herausschaffen lassen, wenn sie schlafen.«

»Das ist nicht nötig«, sagte ich. »Meine Wachleute können sie auf der Stelle herausziehen.«

»Ihr würdet es wagen, Hand an die Götter zu legen?«

»Wenn sie Blitz und Donner herniederfahren lassen«, erklärte ich, »wissen wir jedenfalls, daß sie wirklich Götter *sind*!«

Sie taten jedoch nichts dergleichen. Wiewohl sie sich wehrten und strampelten und schrien, als sie mit Gewalt aus ihrer Wohnung auf den offenen Hof herausgebracht wurden, waren die beiden Fremden bei weitem nicht so entsetzt darüber wie meine Wachleute, welche kaum an sich halten konnten, nicht zu erbrechen oder zu ersticken. Und als die kräftigen Männer die beiden losließen, sprangen diese auch nicht zornig umher oder stießen drohende Laute aus oder vollführten irgendwelche erkennbaren Zaubereien. Sie fielen vor mir in die Knie und begannen jämmerlich zu brabbeln, vollführten sonderbare Gebärden, legten die Hände erst vorm Gesicht zusammen, um dann immer dasselbe Zeichen zu machen. Heute weiß ich selbstverständlich, daß sie über ihren zusammengelegten Händen ein Gebet in der christlichen Sprache des Latein beteten und hastig ein über das andere Mal das Kreuzeszeichen schlugen: von der Stirn zum Herzen, und von einer Schulter zur anderen.

Auch brauchte ich nicht lange, um dahinterzukommen, daß sie sich nur deshalb in ihrer Wohnung verkrochen hatten, weil die wohlgemeinte Art und Weise, wie die Xiu mit ihren beiden toten Gefährten verfahren waren, ihnen Angst gemacht hatte. Wenn die Fremden schon vor den Xiu Angst gehabt hatten, die schließlich besonders sanft und einfältige Gemüter sind, so konnte ich verstehen, daß sie sich halb zu Tode ängstigten, als sie sich unversehens mir und meinen Mexíca gegenübersahen – ingrimmig dreinschauenden großen Männern, unverkennbar Krieger, furchterregend angetan mit unserem Kampfanzug, Helmen und Federn und Obsidianwaffen.

Eine Zeitlang besah ich sie mir nur durch meinen Sehkristall, was sie jedoch dazu brachte, nur noch unterwürfiger zu winseln. Wiewohl ich heute mit dem wenig ansprechenden Aussehen der weißen Männer vertraut bin und mich damit abgefunden habe – damals war das durchaus nicht so, und ich fühlte mich gleichermaßen fasziniert und abgestoßen vom Kalkweiß ihrer Gesichtshaut –, denn in unserer Einen Welt war Weiß die Farbe des Todes und der Trauer. Menschen von dieser Farbe gab es nicht, höchstens gelegentlich einmal einen bedauernswerten Tlacaztáli-Albino. Doch diese beiden hatten immerhin menschliche braune Augen und schwarzes oder doch zumindest dunkles Haar, letzteres freilich ungewohnt gekräuselt; außerdem sproß ihnen der gleiche Haarschopf, den sie auf dem Kopf hatten, noch einmal auf den Wangen, der Oberlippe, dem Kinn und der Kehle. Alles andere von ihnen war unter einem – für unsere Begriffe – Übermaß an Kleidung verborgen. Heute kenne ich Hemd und Wams, Hose, Handschuhe und Stulpenstiefel und was es noch an Kleidungsstücken gibt; trotzdem finde ich sie immer noch höchst unbeholfen, beengend und vermutlich unbequem im Vergleich zu unserem schlichten und in keiner Weise hinderlichen Anzug aus Schamtuch und Umhang.

»Zieht sie aus!« befahl ich meinen Wachen, welche erst aufmuckten und mich widersetzlich anfunkelten, ehe sie meinem Befehl gehorchten. Abermals wehrten die Fremden sich und kreischten womöglich noch lauter als zuvor, als ob man ihnen das Fell über die Ohren ziehen wollte, statt nur die Kleider aus Stoff und Leder. Dabei hätte es uns Zuschauern mehr angestanden, uns zu beschweren, denn jedes Kleidungsstück, das man ihnen auszog, gab eine weitere und womöglich noch erstickendere Wolke übelsten Geruchs frei. Und als man ihnen die Stiefel auszog – *yya ayya*! –, als sie von den Stiefeln befreit wurden, zog jeder im Palasthof, ich selbst eingeschlossen, sich eilends so weit zurück, daß die beiden Fremden nackt und sich windend im Mittelpunkt eines außerordentlich weiten Kreises von Zuschauern standen.

Früher habe ich irgendwo zuvor hochmütig vom Dreck und Schmutz der Chichiméca-Wüstenbewohner gesprochen, gleichwohl jedoch erklärt, daß ihr Schmutz das Ergebnis der Umstände war, in denen sie lebten, und daß sie sich sehr wohl badeten und wuschen und kämmten und lausten, sobald sie dazu Gelegenheit hatten. Die Chichiméca waren Gartenblumen im Vergleich mit den weißen Männern, welche offensichtlich nichts gegen ihren abstoßenden Schmutz und Gestank hatten und Sauberkeit als ein Zeichen von Schwäche oder Weibischkeit betrachteten. Selbstverständlich spreche ich nur von den weißen Soldaten, Euer Exzellenz, welchselbige durch die Bank, vom einfachsten Fußsoldaten bis zu ihrem Oberbefehlshaber Cortés dieser Eigenwilligkeit frönten. Ich bin nicht sonderlich vertraut mit den Badegewohnheiten der später Eingetroffenen wie etwa Euer Exzellenz, doch ist mir schon früh aufgefallen, daß solche hohen Herren reichlich von Duftwässern und Pomaden Gebrauch machen, um den süßriechenden Eindruck von Sauberkeit hervorzurufen.

Die beiden Fremden waren keine Riesen, wie Ah Tutáls Beschreibung mich zuerst hatte glauben lassen. Nur einer von ihnen war in der Tat ein wenig größer als ich, der andere hingegen etwa von meiner Größe, was allerdings bedeutete, daß sie größer waren als die Männer in diesen Landen allgemein. Nur standen sie jetzt mit gebeugten Schultern und zitternd da, als erwarteten sie jeden Augenblick, etwas mit der Peitsche übergezogen zu bekommen, und hielten überdies die Hände vor ihr Gemächt wie ein paar Jungfrauen, die fürchteten, daß ihnen Gewalt angetan werden solle. Infolgedessen war ihre Körpergröße nicht sonderlich beeindruckend. Vielmehr sahen sie ausgesprochen mickerig aus, denn die Farbe ihres Körpers war womöglich noch weißer als die ihres Gesichts.

Ich sagte zu Ah Tutál: »Ich schaffe es nie, näher an sie heranzugehen, um sie auszufragen, Herr Mutter – es sei denn, sie würden zuvor gewaschen. Wenn sie es nicht selbst tun, müssen wir es eben tun.«

Er sagte: »Nun, wo ich sie in unbekleidetem Zustand gerochen habe, Ritter Ek Muyal, muß ich es ablehnen, ihnen den Gebrauch meiner Badekammern und Schwitzbäder zu gestatten. Ich müßte sie ja hinterher abreißen und wieder aufbauen lassen.«

»Ganz meiner Meinung«, sagte ich. »Weist Eure Sklaven an, Wasser und Seife zu bringen und es einfach hier zu tun.«

Wiewohl die Sklaven des Häuptlings lauwarmes Wasser, sanfte Aschenseife und flauschige Badeschwämme benutzten, wehrten sich die Gegenstände ihrer Aufmerksamkeit und kreischten, als würde man sie mit Fett bestreichen, um sie am Bratspieß zu braten, oder sie überbrühen, wie man Wildleder abbrüht, um ihre Borsten abkratzen zu können. Während all dies unter viel Geschrei vonstatten ging, unterhielt ich mich mit einer Reihe von Mädchen und Frauen aus Tihó, die eine oder mehrere Nächte bei den Fremden verbracht hatten. Die Frauen hatten ein paar Wörter ihrer Sprache aufgeschnappt und sagten sie mir, doch waren das nur neue Ausdrücke für Tipíli und Tepúli, den Geschlechtsakt – Wörter, die für eine förmliche Befragung nicht sonderlich viel nützten. Die Frauen gestanden mir, die Fremden seien mit Gliedern ausgestattet, welche der Größe ihres Körpers entsprächen, und seien in aufgerichtetem Zustand durchaus beeindruckend, zumal im Vergleich zu den ihnen vertrauteren Gliedern ihrer Xiu-Männer. Jede Frau würde beglückt sein, einen so mächtigen Tepúli zu Diensten zu haben, erklärten sie, stänken sie nicht von der lebenslangen Ansammlung von käsigen Rückständen, bei deren Anblick oder wenn ihr der Geruch in die Nase steige, es einer Frau hochkomme. Wie ein Mädchen meinte: »Nur ein weiblicher Geier könnte es wirklich *genießen,* sich mit solchen Geschöpfen zu paaren.«

Gleichwohl, so bestätigten die Frauen, hätten sie sich pflichtschuldigst bemüht, den Fremden in jeder Hinsicht gefällig zu sein – und gestanden, es habe sie verwirrt, wie geziert und mißbilligend manche von ihren Zärtlichkeiten zurückgewiesen worden seien. Ganz offensichtlich, erklärten die Frauen, kennten die Fremden nur eine Art und eine Stellung, um Lust zu empfangen oder zu schenken, und weigerten sich verlegen und eigensinnig wie ganz junge Männer, sich auf irgendwelche Abwandlungen einzulassen.

Selbst wenn alles andere, was ich hörte und sah, darauf hingedeutet haben würde, daß es sich bei den Fremden um Götter handelte – die Aussagen der Frauen hätten mich daran zweifeln lassen. Denn wenn ich überhaupt etwas von den Göttern wußte, so dieses eine: daß sie mitnichten prüde waren, wenn es darum ging, ihren Lüsten zu frönen. Infolgedessen vermutete ich schon von einem sehr frühen Zeitpunkt an, daß diese Fremden etwas anderes seien als Götter, wiewohl ich erst viel später erfuhr, daß sie nichts weiter als gute Christen waren. Ihre Unwissenheit und Unerfahrenheit in bezug auf sexuelle Abwechslung spiegelte nur die Tatsache, daß sie sich an christliche Moral und Normen hielten, und ich habe nie einen Spanier kennengelernt, welcher von diesen strengen Regeln abgegangen wäre, nicht einmal während des stürmischen Aktes der Vergewaltigung. Ich kann wahrheitsgemäß erklären, daß ich nie einen einzigen spanischen Soldaten eine unserer Frauen habe anders schänden sehen als in jener einen Öffnung und einen Stellung, wie sie Christen erlaubt ist.

Selbst als man meinte, daß die beiden Fremden nun so sauber wären, wie man sie machen konnte, wenn man sie nicht geradezu einen oder zwei Tage lang kochte, bildeten sie gleichwohl immer noch keine gerade angenehme Gesellschaft. Die Sklaven vermochten mit Wasser und Seife nur wenig auszurichten gegen ihre grünen Zähne und ihren abscheulichen Mundgeruch. Immerhin reichte man ihnen saubere Umhänge, und ihre eigenen grausig stinkenden Kleider wurden fortgetragen und verbrannt. Meine Wachen brachten die beiden in eine Ecke des Hofes, wo Ah Tutál und ich auf niedrigen Stühlen saßen, und drückten sie hinunter, so daß sie vor uns auf dem Boden hockten.

Ah Tutál war so vorausschauend gewesen, einen der durchlöcherten Rauchtöpfe bereitzustellen und sie mit seinem aromatischsten Picíetl sowie etlichen anderen wohlduftenden Kräutern zu stopfen. Er setzte die Mischung in Brand, wir beide steckten ein Rohr durch je eines der Löcher im Topf und pafften große Wolken wohlduftenden Rauches, um gleichsam einen Duftvorhang zwischen uns und denen zu errichten, mit denen wir uns unterhalten wollten. Als ich sah, daß sie zitterten, nahm ich an, daß sie frören, weil ihr Körper noch nicht ganz trocken war, oder von dem unerträglichen Schock, plötzlich sauber zu sein. Später erfuhr ich, daß sie deshalb bebten, weil es sie entsetzte, zum erstenmal Männer zu sehen, die »Feuer atmeten«.

Nun, wenn unser Anblick ihnen nicht gefiel – ihr Anblick gefiel mir genausowenig. Nachdem etliche Schichten eingewachsenen Schmutzes von ihren Gesichtern abgeschrubbt worden waren, sahen sie womöglich noch weißer aus als zuvor; außerdem war die Haut, welche über ihren Bärten zu sehen war, nicht so glatt wie die unsere. Das Gesicht des einen Mannes war über und über mit Narben bedeckt wie ein Stück Lavagestein. Das Gesicht des anderen wies Pickel und offene Pusteln auf. Als ich ihre Sprache hinreichend beherrschte, um eine so heikle Frage formulieren zu können, zuckten sie nur gleichmütig mit den Achseln und sagten, fast alle Menschen ihrer Rasse, Frauen wie Männer, litten irgendwann in ihrem Leben an »Blattern«. Einige stürben daran, sagten sie, doch die meisten trügen nur entstellende Narben davon. Da jedoch so viele damit geschlagen seien, hätten sie nicht das Gefühl, daß ihre Schönheit darunter leide. Vielleicht empfanden sie das wirklich nicht so; ich jedoch meinte, es sei eine höchst unschöne Verunstaltung. Zumindest fand ich das damals. Heute, wo so viele von meinen eigenen Landsleuten vernarbte Gesichter haben wie ein Stück poröser Lava, versuche ich, nicht zusammenzuzucken, wenn ich sie ansehe.

Für gewöhnlich hatte ich beim Erlernen einer Fremdsprache damit begonnen, daß ich auf bestimmte Dinge gezeigt und die betreffenden Menschen dann ermutigt hatte, mir zu sagen, wie sie in seiner Sprache hießen. Eine Sklavin hatte mir und Ah Tutál gerade einen Becher Schokolade gebracht, folglich hielt ich sie fest und schlug ihren Rock hoch, um ihr Tipíli sichtbar zu machen, zeigte mit dem Finger darauf und sagte – nun, ich sagte jenen Ausdruck, von dem ich heute weiß, daß es ein höchst ungehöriger spanischer Ausdruck ist. Die beiden Fremden schauten höchst verwundert und auch ein wenig verlegen drein. Daraufhin zeigte ich auf meinen eigenen Schritt und sagte ein anderes Wort, von dem ich heute weiß, daß ich es in der Öffentlichkeit besser nicht ausspreche.

Diesmal war ich es, der überrascht war. Die beiden sprangen in die Höhe, und Schrecken stand in ihren rollenden Augen. Daraufhin begriff ich ihre Panik und mußte einfach lachen. Offensichtlich dachten sie, wenn ich Befehl geben könnte, sie von Kopf bis Fuß abzuschrubben, könne ich genausoleicht Befehl geben, sie zu kastrieren, weil sie sich der Frauen von Tihó bedient hätten. Immer noch lachend, schüttelte ich den Kopf und hob beschwichtigend die Hand. Sodann zeigte ich nochmals auf den Schritt des Mädchens und auf meinen eigenen und sagte: »Tipíli« und »Tepúli«. Sodann zeigte ich auf meine Nase und sagte »Yacatl«. Die beiden stießen einen tiefen Seufzer der Erleichterung aus und nickten einander verstehend zu. Einer zeigte mit immer noch zitterndem Finger auf seine eigene Nase und sagte: *»Nariz.«* Dann nahmen sie wieder Platz, und ich begann, die letzte fremde Sprache zu lernen, welche ich jemals lernen sollte.

Die erste Sitzung dauerte bis weit nach Einbruch der Dunkelheit, als sie anfingen, zwischen den Wörtern einzunicken. Offensichtlich hatte ihre Lebenskraft unter dem Bad gelitten, welches sie hatten nehmen müssen, und das vielleicht das erste Bad in ihrem Leben gewesen war. Ich ließ sie daher wankend ihre Wohnung aufsuchen und sich dort schlafenlegen. Allerdings sorgte ich dafür, daß sie am nächsten Morgen früh aufstanden und stellte es ihnen, nachdem ich kurz an ihnen geschnuppert hatte, frei, sich selbst zu waschen oder sich mit Gewalt abschrubben zu lassen. Wiewohl sie ebenso verwundert wie verärgert schienen, daß ein Mensch so etwas *zweimal* erleiden müsse, zogen sie es vor, es selber zu tun. Hinterher wuschen sie sich jeden Morgen und lernten es immerhin so gründlich zu tun, daß ich es ertragen konnte, den ganzen Tag mit ihnen zusammenzusitzen, ohne daß es unerträglich gewesen wäre. Unsere Sitzungen dauerten also bis abends; wir tauschten Wörter aus und aßen die Speisen, welche die Palastbediensteten uns brachten. Ich sollte vielleicht auch noch erwähnen, daß die Gäste zuletzt auch die Fleischgerichte verzehrten, nachdem ich ihnen hatte erklären können, von welchen Tieren sie stammten.

Um meine Lehrer für ihre Hilfe zu belohnen, manchmal aber auch, um sie aufzumuntern, wenn sie müde wurden und keine Lust mehr hatten, ließ ich ihnen zwischendurch auch ein oder zwei Becher Octli vorsetzen. Unter Motecuzómas »Geschenken für die Götter«, welche ich mitgebracht, befanden sich auch etliche Krüge vom besten und stärksten Octli, und diese waren die einzigen von den vielen Geschenken, welche ich ihnen je gab. Nachdem sie zum erstenmal davon gekostet hatten, verzogen sie das Gesicht und nannten es »saures Bier«, was immer das sein mochte. Bald schien es ihnen aber durchaus zu munden, und eines Abends ließ ich sie mit vollem Bedacht einmal soviel trinken, wie sie wollten. Es war aufschlußreich zu beobachten, daß sie genauso abscheulich betrunken wurden wie nur irgendeiner von meinen eigenen Landsleuten.

Als die Tage vergingen und mein Wortschatz größer wurde, erfuhr ich sehr viele Dinge, von denen das wichtigste dieses war: Die Fremden waren keine Götter, sondern Menschen, ganz gewöhnliche Menschen, mochten sie noch so ungewöhnlich aussehen. Sie gaben auch gar nicht vor, Götter zu sein oder auch nur irgendwelche Vorboten, welche den Weg für das Eintreffen ihrer göttlichen Herren bereiteten. Sie schienen aufrichtig erschrocken und sogar ein wenig entsetzt, als ich vorsichtig andeutete, unser Volk erwarte, daß eines Tages Götter zurückkehren würden in Die Eine Welt. Sie versicherten mir ernsthaft, kein Gott sei seit eintausendundfünfhundert Jahren mehr auf dieser Erde gewandelt, und von diesem sprachen sie so, als ob es der *einzige* Gott wäre. Sie selbst, sagten sie, seien nur sterbliche Menschen, die in diesem Leben und hinterher eingeschworene Anhänger dieses Gottes seien. Solange sie in dieser Welt lebten, sagten sie, seien sie auch noch gehorsame Untertanen eines Königs, welcher gleichfalls ein Mensch sei, wenn auch ein sehr hoch über ihnen stehender – offensichtlich ihr Gegenstück zu einem Verehrten Sprecher.

Wie ich später noch berichten werde, Euer Exzellenz, waren nicht alle meine Landsleute bereit, der Beteuerung der Fremden – und auch meiner – Glauben zu schenken, daß sie einfache Menschen seien. Ich jedoch habe daran nach meiner ersten Begegnung mit ihnen nicht im geringsten gezweifelt, und mit der Zeit erwies es sich selbstverständlich, daß ich recht hatte. Infolgedessen werde ich von nun an nicht mehr von Fremden sprechen und auch nicht mehr von geheimnisvollen Wesen, sondern von Menschen.

Der Mann mit den Pickeln und Pusteln war Gonzalo Guerrero, seines Zeichens Zimmermann. Der Mann mit dem vernarbten Gesicht hieß Jerónimo de Aguilar und war von Beruf Schreiber wie die ehrwürdigen Patres hier. Es könnte sogar sein, daß der eine oder andere von euch ihn gekannt hat, denn er berichtete mir, zuerst habe er Priester seines Gottes werden wollen und habe auch eine Zeitlang in einer Calmécac studiert oder wie immer ihr eure Priesterschulen nennt.

Die beiden seien, so sagten sie, aus einem Land im Osten gekommen, weit jenseits des Horizonts überm Meer. Das hatte ich mir selbstverständlich schon selbst gedacht, und so sagte es mir auch nicht viel mehr, als sie erklärten, dieses Land heiße Cuba und dieses Cuba sei nur eine Kolonie eines viel größeren und noch weit, weit ferneren Landes im Osten namens Spanien oder Castilien, und von diesem Machtzentrum aus regiere ihr König seine weit auseinanderliegenden spanischen Kolonien. Dieses Spanien oder Castilien, sagten sie, sei ein Land, in welchem alle Männer und Frauen von weißer Hautfarbe seien, mit Ausnahme einiger weniger niedrig stehender Personen, welche Mauren oder Mohren hießen und deren Haut vollständig schwarz sei. Letztere Behauptung hätte ich wohl dermaßen unglaubwürdig gefunden, daß ich geradezu allem, was die beiden Männer mir erzählten, mit größtem Argwohn begegnet wäre. Dann jedoch überlegte ich, daß in unseren Landen gelegentlich ein krankhaft weißer Tlacaztáli geboren werde. Warum sollte daher nicht in einem Land, in welchem alle Menschen weiß waren, gelegentlich auch ein krankhaft *schwarzer* Mensch zur Welt kommen?

Aguilar und Guerrero erklärten, sie seien einzig und allein durch einen Unglücksfall bei uns an Land gespült worden. Sie hätten zu den einigen hundert Männern und Frauen gehört, welche Cuba in zwölf der großen schwimmenden Häuser – Schiffe, nannten sie sie – unter dem Kommando eines Capitán Diego de Nicuesa verlassen hätten, welche ausersehen worden waren, eine weitere spanische Kolonie zu gründen, zu welcher er als Gouverneur bestellt worden sei und die Castilla de Oro heißen und irgendwo weit im Südosten von hier liegen solle. Die Expedition sei jedoch vom Unglück verfolgt gewesen, welches sie geneigt waren, auf den Einfluß des unheilbringenden »geschweiften Kometen« zu schieben.

Ein heftiger Sturm habe die Schiffe auseinandergetrieben, und dasjenige, auf dem sie gefahren seien, sei schließlich auf Felsen aufgelaufen, leck geschlagen, gekentert und zuletzt gesunken. Nur Aguilar und Guerrero und zwei anderen Männern sei es gelungen, das sinkende Fahrzeug in einer Art von großem Kanu zu verlassen, welches für derlei Notfälle an Bord dieser großen Schiffe mitgeführt werde. Zu ihrer Überraschung sei dieses Kanu kaum lange flott gewesen, als es hier in unserem Land an den Strand getrieben worden wäre. Die anderen beiden Insassen des Kanus seien in den gewaltigen Brechern ertrunken, und Aguilar und Guerrero würde wohl das gleiche Schicksal geblüht haben, wären nicht »die roten Männer« gelaufen gekommen und hätten sie gerettet.

Aguilar und Guerrero bekundeten ihre Dankbarkeit dafür, gerettet und so gastfreundlich aufgenommen worden zu sein, wohl genährt und unterhalten. Noch dankbarer würden sie jedoch sein, sagten sie, wenn wir roten Männer sie zurückbrächten an die Küste und zu ihrem Kanu. Guerrero, der Zimmermann, war überzeugt, jeden Schaden beheben zu können, welchen das Boot genommen habe, und außerdem Ruder machen zu können, um es vorwärts zu bewegen. Er und Aguilar waren gleichermaßen sicher, daß im Falle ihr Gott ihnen günstiges Wetter schenkte, sie nach Osten rudern und Cuba wiederfinden könnten.

»Soll ich sie ziehen lassen?« fragte Ah Tutál, für welchen ich dolmetschte, als wir mit den Befragungen weiter vorankamen.

Ich sagte: »Wenn sie das Land Cuba von hier aus finden können, sollten sie keine Schwierigkeiten haben, Uluümil Kutz von dort aus gleichfalls wiederzufinden. Und ihr habt ja gehört: Auf ihrem Cuba scheint es von weißen Männern zu wimmeln, die darauf brennen, überall neue Kolonien zu gründen, wo sie hinkommen können. Wollt Ihr, daß sie in großen Haufen hierher kommen, Herr Mutter?«

»Nein«, sagte er bekümmert. »Aber sie könnten einen Arzt herbringen, welcher die sonderbare Krankheit heilen kann, die sich unter uns ausbreitet. Unsere eigenen Heilkundigen haben jedes Mittel angewandt, das sie kennen, aber es erkranken jeden Tag mehr Menschen, und drei sind bereits daran gestorben.«

»Vielleicht kennen diese Männer selbst ein Heilmittel«, gab ich zu bedenken. »Laßt uns einen der Kranken ansehen.«

Ah Tutál geleitete mich und Aguilar in eine Hütte in der Stadt, in der ein Arzt stand, der sich das Kinn rieb, etwas Unverständliches brummelte und mit sorgengefurchter Stirn auf ein junges Mädchen hinunterblickte, das sich im Fieber auf seinem Lager hin und her warf; ihr Gesicht glänzte vom Schweiß, und ihre Augen waren glasig und erkannten nichts. Aguilars weiße Haut überzog sich mit feiner Röte, als er in ihr eines der Mädchen erkannte, die ihn in seiner und Guerreros Wohnung besucht hatten.

Langsam, damit ich es verstehen könnte, sagte er: »Ich muß Euch leider sagen, daß sie die Blattern hat. Seht Ihr? Die Ausbrüche beginnen ihr auf der Stirn zu wachsen.«

Ich dolmetschte das für den Arzt, der von Berufs wegen mißtrauisch aussah, aber sagte: »Fragt ihn, was seine Leute machen, um sie zu behandeln.«

Ich tat es, doch Aguilar zuckte nur mit den Achseln und sagte: »Sie beten.«

»Offensichtlich rückständige Menschen«, knurrte der Arzt, fügte jedoch hinzu: »Fragt ihn, zu welchem Gott.«

Aguilar sagte: »Selbstverständlich *Zum Herrgott.*«

Das half uns zwar nicht weiter, aber ich hielt es für richtig, immerhin zu fragen: »Betet Ihr zu diesem Gott auf eine Weise, die wir nachahmen könnten?«

Er versuchte, es zu erklären, doch die Erklärung war so verworren, daß ich sie nicht verstand. Infolgedessen deutete er an, das lasse sich leicht vorführen, und so eilten wir drei – Ah Tutál, der Arzt und ich – hinter ihm her zurück zum Palasthof. Er lief in seine Wohnung, während wir in einiger Entfernung davon stehenblieben, und er kam zurück und trug in jeder Hand etwas.

Eines der Dinge war ein kleines Kästchen mit einem dicht schließenden Deckel. Aguilar machte es auf und zeigte uns den Inhalt: eine Anzahl von kleinen Scheiben, die aus einem dicken weißen Papier herausgeschnitten zu sein schienen. Er versuchte es mit einer weiteren Erklärung, welcher ich entnahm, daß er dieses Kästchen zur Erinnerung an seine Tage in der Priesterschule gestohlen oder unrechtmäßigerweise behalten habe. Des weiteren entnahm ich seinen Worten, daß es sich bei diesen Scheiben um eine besondere Art von Brot handele, der allerheiligsten und mächtigsten aller Speisen, weil ein Mensch, welcher von ihr genieße, die Kraft dieses allmächtigen Gottes in sich aufnehme.

Bei dem anderen Gegenstand handelte es sich um eine Kette aus vielen kleinen Kugeln, zwischen denen in regelmäßigen Abständen größere aufgezogen waren. All diese Kugeln bestanden aus einer blauen Substanz, wie ich sie noch nie zuvor gesehen hatte: so blau und hart wie Türkis, gleichzeitig dabei aber so durchscheinend wie blaues Wasser. Aguilar begann mit einer weiteren, äußerst verzwickten Erklärung, der ich nur entnahm, daß jedes Kügelchen ein Gebet darstelle. Selbstverständlich wurde ich an unsere Gepflogenheit erinnert, den Toten einen kleinen Jadebrocken in den Mund zu stecken, und ich meinte, diese Kügelchen ließen sich auf ähnliche Weise wohltätig für die noch nicht Gestorbenen verwenden. Deshalb unterbrach ich Aguilar und fragte dringlich:

»Steckt ihr diese Gebete in den Mund?«

»Nein, nein«, sagte er. »Sie werden in der Hand gehalten.« Und stieß einen Protestschrei aus, als ich ihm Kästchen und Kügelchen wegnahm.

»Hier, Meister«, sagte ich zu dem Arzt, riß die Kette auseinander, gab ihm zwei von den Kügelchen und dolmetschte das wenige, was ich von Aguilars Erklärungen begriffen hatte. »Nehmt sie und laßt das Mädchen jeweils die Hand um eines schließen . . .«

»Nein, nein«, rief Aguilar klagend. »Was Ihr auch damit macht, es ist falsch! Zum Gebet gehört mehr als nur . . .«

»Schweigt still!« fuhr ich ihn in seiner Sprache an. »Wir haben keine Zeit für mehr.«

Ich holte einige von den papierenen kleinen Stückchen Brot aus dem Kästchen heraus und steckte eines mir in den Mund. Es *schmeckte* wie Papier und löste sich auf meiner Zunge auf, ohne daß ich es hätte kauen müssen. Allerdings fühlte ich nicht auf der Stelle etwas von der Gotteskraft in mich einströmen, doch erkannte ich immerhin, daß das Brot dem Mädchen selbst in halbbewußtlosem Zustand verabreicht werden könne. »Nein, nein!« rief Aguilar noch einmal, als ich das Ding aß. »Das geht einfach nicht! *Ihr* könntet das Sakrament nicht empfangen!«

Er betrachtete mich mit demselben Ausdruck des Schreckens, welchen ich jetzt auf dem Gesicht von Euer Exzellenz erkenne. Ich bedaure mein schockierendes und unüberlegtes Benehmen außerordentlich. Aber Ihr dürft nicht vergessen, daß ich damals noch ein unwissender Heide war und es mir um nichts anderes ging, als darum, dem Mädchen das Leben zu retten. Ich drückte also eine der kleinen Scheiben dem Arzt in die Hand und sagte zu ihm:

»Das ist Götternahrung, eine Zauberspeise, und leicht zu essen. Ihr könnt sie dem Mädchen auch mit Gewalt in den Mund stecken, sie wird nicht dran ersticken.«

Er nahm die Beine in die Hand und lief, so schnell es mit seiner Würde zu vereinbaren war . . .

Eigentlich nicht anders, als seine Exzellenz es gerade eben getan haben.

Ich klopfte Aguilar freundschaftlich auf die Schulter und sagte: »Verzeiht, daß ich Euch die Sache aus der Hand genommen habe. Aber wenn das Mädchen wieder gesund wird, wird das Verdienst daran ausschließlich Euch zugeschrieben werden, und diese Menschen werden Euch sehr ehren. Jetzt laßt uns Guerrero finden und uns hinsetzen und weiter über *Eure* Landsleute reden.«

Es gab immer noch sehr viele Dinge, die ich gern von Jerónimo Aguilar und Gonzalo Guerrero erfahren hätte. Und da wir uns mittlerweile ohne allzu große Schwierigkeiten, wenn auch immer noch stockend, verständigen konnten, waren sie genauso neugierig in bezug auf unsere Lande wie ich auf ihre. Sie stellten mir etliche Fragen, bei denen ich so tat, als verstünde ich sie nicht: »Wer ist Euer König? Verfügt er über große Heere? Besitzt er große Reichtümer an Gold?« Und manche andere Fragen, deren Sinn ich in der Tat nicht begriff: »Wer sind eure Herzöge, Grafen und Barone? Wer ist der Papst eurer Kirche?« Und einige Fragen, bei denen ich nicht anstehe zu behaupten, daß niemand sie beantworten könnte: »Warum haben eure Frauen dort kein Haar?« So wehrte ich ihre Fragen ab, indem ich selber welche stellte, und sie beantworteten sie alle ohne jedes Zögern, ohne Arg und ohne Verstellung.

Ich hätte mindestens ein Jahr bei ihnen bleiben können, mich in ihrer Sprache vervollkommnen und ihnen doch ständig neue Fragen stellen können. Dann jedoch entschloß ich mich, Hals über Kopf abzureisen; denn zwei oder drei Tage nach unserem Besuch bei dem siechen Mädchen kam der Arzt zu mir und forderte mich schweigend auf, ihn zu begleiten. Ich folgte ihm in besagte Hütte und blickte hinab auf das Gesicht des toten Mädchens, welches furchtbar aufgedunsen und von einer so schauerlich violetten Färbung war, daß ich sie nicht wiedererkannte.

»All ihre Blutgefäße sind geplatzt und ihr Gewebe ist angeschwollen«, sagte der Heilkundige, »auch die in ihrer Nase und in der Mundhöhle. Sie ist jämmerlich gestorben, einfach in dem Versuch, atmen zu wollen.« Und fügte noch geringschätzig hinzu: »Die Speise, die Ihr mir gegeben habt, hat keinen Zauber gewirkt.«

Ich fragte: »Und wie viele Leidende habt Ihr gerettet, ohne Zuflucht zu dieser Zauberei zu nehmen?«

»Keine«, sagte er aufseufzend, und wurde ganz kleinlaut. »Auch meine Kollegen haben keinen einzigen Patienten gerettet. Manche sterben wie dieses Mädchen hier, das heißt, sie ersticken. Andere sterben an einem Blutsturz aus Nase und Mund. Und noch andere bei einem Tobsuchtsanfall. Ich fürchte, sie werden alle sterben, und das heißt, sie werden elendiglich zugrunde gehen.«

Er sah die Tote an, die einst ein hübsches Mädchen gewesen sein mußte, und sagte: »Sie hat mir erzählt, dieses Mädchen hier, nur ein Geier könne von den weißen Männern Lust empfangen. Sie muß es wohl geahnt haben. Jetzt werden die Geier sich voller Lust über ihren Leichnam hermachen, und irgendwie hat ihr Sterben etwas mit den weißen Männern zu tun.«

Als ich in den Palast zurückkehrte und selbiges Ah Tutál meldete, sagte er mit größtem Nachdruck. »Ich will diese von Krankheit befallenen und schmutzigen Fremden nicht mehr hier haben!« Ich konnte nicht herausfinden, ob er mit seinen schielenden Augen mich anfunkelte oder sein Blick an mir vorbeiging; daß jedoch Zorn in ihnen geschrieben stand, konnte ich sehr wohl sehen. »Laß ich sie jetzt in ihrem Kanu fortfahren, oder nehmt Ihr sie mit nach Tenochtitlan?«

»Weder das eine noch das andere«, sagte ich. »Und tötet sie auch nicht, Herr Mutter, zumindest nicht eher, als bis Ihr die Erlaubnis dazu von Motecuzóma erhaltet. Ich würde vorschlagen, Ihr entledigt Euch ihrer, indem Ihr sie zu Sklaven macht. Schenkt sie irgendwelchen Häuptlingen, die sehr weit von hier entfernt leben. Die Häuptlinge sollten sich geschmeichelt und geehrt fühlen, so ein Geschenk zu erhalten. Nicht einmal der Verehrte Sprecher der Mexica hat weiße Sklaven.«

»Hm ... ja ...« machte Ah Tutál nachdenklich. »Da sind zwei Häuptlinge, gegen die ich ganz besonders etwas habe und denen ich mißtraue. Sollten die weißen Männer ihnen Unglück bringen, würde mir das nichts weiter ausmachen.« Jetzt betrachtete er mich mit größerer Freundlichkeit. »Aber Ihr seid ganz bis hierher geschickt worden, Ritter Ek Muyal, um mit diesen Fremden zu sprechen. Was wird Motecuzóma sagen, wenn Ihr mit leeren Händen heimkehrt?«

»Ganz mit leeren Händen nun doch nicht«, sagte ich. »Ich werde zumindest das Kästchen mit der Götternahrung und die kleinen blauen Gebete mit zurückbringen. Und außerdem habe ich viel erfahren, was ich Motecuzóma berichten kann.« Plötzlich kam mir ein Einfall. »Ach ja, Herr Mutter – und da wäre noch etwas, was ich ihm zeigen könnte. Falls eine von euren Frauen, die den weißen Männern beigewohnt haben, schwanger geworden ist und nicht den Blattern zum Opfer fällt – nun, falls das Kind geboren werden sollte, schickt das nach Tenochtítlan. Der Verehrte Sprecher kann es im Tierhaus der Stadt ausstellen. Sie müßten Ungeheuer ganz besonderer Art unter anderen Ungeheuern sein.«

Die Nachricht von meiner Rückkehr nach Tenochtítlan muß mir um mehrere Tage vorausgeeilt sein und Motecuzóma muß vor Ungeduld gekocht haben zu erfahren, welche Nachrichten – oder Besucher – ich wohl heimbringen mochte. Aber er war ganz derselbe alte Motecuzóma, und ich wurde nicht sofort bei ihm vorgelassen. Ich mußte auf dem Korridor draußen vor seinem Thronsaal warten, zunächst mein Prachtgewand aus- und das vorgeschriebene Sackgewand des Bittstellers anziehen und dann das vorgeschriebene kriecherische Ritual des Erdeküssens von der Tür bis zu der Stelle vollführen, wo er zwischen dem goldenen und dem silbernen Gong saß. Trotz der Kühle und Gelassenheit, mit welcher er mich empfing, war ihm offensichtlich daran gelegen, daß er meinen Bericht als erster zu hören bekam – vielleicht sogar als einziger –, denn Mitglieder seines Staatsrates waren diesmal nicht anwesend. Er gestattete mir, die Förmlichkeit, nur dann zu sprechen, wenn ich gefragt wurde, beiseite zu lassen, und so berichtete ich ihm alles, was ich auch euch berichtet habe, ehrwürdige Patres, nebst ein paar Dingen, welche ich von euren Landsleuten erfahren hatte.

»Wenn mir in meiner Rechnung kein Fehler unterlaufen ist, Verehrter Sprecher, müssen es etwa zwanzig Jahre her sein, daß die ersten ›Schiffe‹ genannten Schwimmenden Häuser aus jenem fernen Land Spanien ausgelaufen sind, um die westlich davon liegenden Meere zu erforschen. Unsere Gestade erreichten sie nur deshalb nicht, weil offenbar eine große Anzahl von größeren und kleineren Inseln zwischen uns und Spanien liegen. Auf diesen Inseln müssen bereits Menschen gelebt haben, und nach den Beschreibungen zu urteilen, müssen es so etwas wie die barbarischen Chichiméca in unseren nördlichen Landen gewesen sein. Einige von diesen Insulanern kämpften, um die weißen Männer zurückzujagen, manche gestatteten ihnen kleinmütig, sich auf ihren Inseln niederzulassen, doch inzwischen sind sie alle zu Untertanen dieser Spanier und ihres Königs gemacht worden. Im Laufe der letzten zwanzig Jahre sind die weißen Männer also damit beschäftigt gewesen, diese Inseln zu besiedeln, sie in bezug auf Bodenschätze und Erzeugnisse auszubeuten und zwischen diesen Inseln und dem spanischen Mutterland Handel zu treiben. Nur einige wenige von ihren Schiffen haben auf der Fahrt zwischen den Inseln oder auf Forschungsreisen oder wenn der Wind sie abgetrieben hatte unsere Lande erst flüchtig gesehen. Wir dürfen hoffen, daß diese Inseln die weißen Männer noch auf Jahre hinaus beschäftigt halten, doch bitte ich, in dieser Beziehung Zweifel anmelden zu dürfen. Auch die größte dieser Inseln ist nur eine Insel, die Reichtümer, deren sich die weißen Männer bemächtigen können, und auch das Land zur Besiedelung ist daher nur begrenzt. Auch scheinen diese Spanier unersättlich sowohl was ihre Neugier als auch ihre Habgier betrifft. Sie sind bereits jetzt dabei, jenseits dieser Inseln neue Entdeckungen zu machen und neue Gelegenheiten zu erkunden. Früher oder später wird ihre Suche sie in unsere Lande bringen. Es wird sein, wie der Verehrte Sprecher Nezahualpíli es vorausgesagt hat: eine Landung, auf die wir vorbereitet sein müssen.«

»Vorbereitet!« schnarrte Motecuzóma. Vermutlich versetzte es ihm einen Stich, daß Nezahualpíli diese Prophezeiung dadurch hatte stützen können, daß er das Tlachtli-Spiel gewonnen hatte. »Dieser alte Narr bereitet sich dadurch vor, daß er sich zurücksetzt und die Hände in den Schoß legt. Er will mir nicht einmal helfen, Krieg gegen die unerträglichen Texcaltéca zu führen.«

Ich hütete mich, ihn daran zu erinnern, was Nezahualpíli noch gesagt hatte: daß alle unsere Völker mit den alten Feindschaften aufhören und sich gegen die bevorstehende Landung zusammentun sollten.

»›Landung‹, hast du gesagt«, fuhr Motecuzóma fort. »Du hast aber auch gesagt, daß diese beiden Fremden ohne Waffen und völlig wehrlos gekommen sind. Das ließe doch auf eine friedliche Landung schließen.«

Ich sagte: »Was für Waffen mit ihrem leckgeschlagenen Schiff untergegangen sind, haben sie mir nicht anvertraut. Vielleicht brauchen sie überhaupt keine Waffen – jedenfalls keine Waffen in unserem Sinne –, wenn sie uns eine tödliche Krankheit bringen können, gegen die sie gefeit sind, als wäre es nichts.«

»Ja, das wäre allerdings eine mächtige Waffe«, sagte Motecuzóma. »Eine Waffe, wie sie bisher den Göttern vorbehalten geblieben ist. Gleichwohl behauptest du, sie sind keine Götter.« Nachdenklich betrachtete er das kleine Kästchen und seinen Inhalt. »Sie tragen eine gottgegebene Speise mit sich.« Er fingerte an einigen der blauen Kügelchen herum. »Sie haben Gebete bei sich, welche man anfassen kann, und die aus einem geheimnisvollen Stein bestehen. Gleichwohl behauptest du, sie sind keine Götter.«

»Das tue ich in der Tat, Hoher Gebieter. Sie werden betrunken wie Menschen, sie wohnen Frauen bei, wie Männer es tun . . .«

»Ayyo!« unterbrach er mich triumphierend. »Das sind genau die Gründe, warum der Gott Quetzalcóatl von hier fortging. Nach allen Berichten erlag er einmal dem Rausch und beging irgendeine sexuelle Missetat, was ihn so sehr mit Scham erfüllte, daß er auf seine Herrschaft über die Toltéca verzichtete.«

»Aber gleichfalls nach diesen alten Berichten«, erklärte ich trocken, »waren alle diese Lande hier zur Zeit des Quetzalcóatl von Blumenduft erfüllt, trug jeder Windhauch einen süßen Duft heran. Der Geruch der beiden Männer, die ich kennenlernte, wäre geeignet, den Windgott ersticken zu lassen.« Geduldig, aber nachdrücklich beharrte ich auf meiner Überzeugung: »Die Spanier sind nichts weiter als Menschen, Hoher Gebieter. Sie unterscheiden sich von uns nur dadurch, daß sie eine weiße Haut haben, behaart sind und im Durchschnitt vielleicht größer als wir.«

»Die Standbilder der Toltéca in Tolan sind *sehr* viel größer als wir«, sagte Motecuzóma eigensinnig, »und in welcher Farbe sie bemalt waren, läßt sich heute nicht mehr erkennen. Soweit wir wissen, können die Toltéca durchaus eine weiße Haut gehabt haben.« Ich stieß verzweifelt den Atem aus, doch er achtete nicht darauf. »Ich werde unsere Historiker beauftragen, all die alten Aufzeichnungen noch einmal peinlich genau durchzuarbeiten. Wir werden herausfinden, *wie* die Toltéca ausgesehen haben. Inzwischen werde ich unsere höchsten Priester beauftragen, diese Götternahrung in ein schön gearbeitetes Behältnis zu tun, mit allen Zeichen der Hochachtung und Verehrung nach Tolan zu bringen und in Reichweite der Standbilder der Toltéca aufzustellen . . .«

»Verehrter Sprecher«, sagte ich, »in der Unterhaltung mit diesen beiden weißen Männern habe ich den Namen Toltéca mehrere Male erwähnt. Er hat ihnen nicht im geringsten etwas bedeutet.«

Motecuzóma riß sich vom Anblick des Gottesbrotes und der Kugeln los und lächelte ein wirklich triumphierendes Lächeln. »Da hast du es! Einem echten Toltécatl *kann* dieser Name gar nichts bedeuten. Wir nennen sie die Meisterhandwerker, *weil wir nicht wissen, wie sie sich selbst genannt haben.«*

Damit hatte er selbstverständlich recht, und ich war verlegen. Ich wußte nichts darauf zu erwidern als zu murmeln: »Ich bezweifle, daß sie sich Spanier genannt haben. Dieses Wort – die ganze Sprache – hat nicht das geringste mit irgendwelchen anderen Sprachen zu tun, die in unseren Landen gesprochen werden.«

»Adlerritter Mixtli«, sagte er, »diese weißen Männer, können, wie du gesagt hast, Menschen sein – einfach Menschen – und *trotzdem Toltéca,* Nachkommen jener, die vor so langer Zeit verschwunden sind. Dieser König, von dem sie dir erzählt haben, könnte der Gott Quetzalcóatl sein, welcher freiwillig in die Verbannung gegangen ist. Er könnte bereit sein zurückzukehren, wie er es versprochen hat, und jenseits des Meeres darauf warten, daß seine Toltéca-Untertanen ihm melden, daß wir seiner Rückkehr nichts in den Weg stellen.«

»Stellen wir uns ihm denn nicht in den Weg, Hoher Gebieter?« erkühnte ich mich zu fragen. »Seid Ihr bereit dazu? Die Rückkehr Quetzalcóatls würde bedeuten, daß jeder Herrscher, welcher jetzt in diesen Landen regiert, abzudanken hätte, von den Verehrten Sprechern bis zu den niedrigsten Stammeshäuptlingen. Er würde die Oberherrschaft ausüben.«

Motecuzóma setzte eine Miene frommer Bescheidenheit auf. »Ein zurückgekehrter Gott wird zweifellos jenen dankbar sein, die seine Reiche bewahrt, ja sogar noch verbessert haben, und wird diese Dankbarkeit ohne Zweifel auch zeigen. Wenn er mir nur zugestände, eine Stimme in seinem Staatsrat zu sein, ich würde mich höher geehrt fühlen als jeder andere Sterbliche.«

Ich sagte: »Hoher Gebieter, ich habe mich früher geirrt. Ich kann auch jetzt fehlgehen in der Annahme, daß diese weißen Männer keine Götter oder Vorboten irgendeines Gottes sind. Aber könnte es nicht sein, daß Ihr einem womöglich noch schwererwiegenden Irrtum erliegt, wenn Ihr davon ausgeht, daß sie es sind?«

»Davon ausgehen? Ich gehe von nichts aus und nehme nichts an«, erklärte er streng. »Ich sage weder ja, ein Gott kommt, noch nein, er kommt nicht, wie du es so bedenkenlos tust!« Er stand aufrecht da und schrie fast, als er sagte: »Ich bin der Verehrte Sprecher Der Einen Welt, und ich sage weder dieses noch jenes, weder ja noch nein, weder Götter noch Menschen, bis ich darüber nachgesonnen, beobachtet und abgewartet habe, um ganz *sicher* zu sein.«

Daß er aufgestanden war, nahm ich als Zeichen dafür, daß ich entlassen war. Rückwärts gehend entfernte ich mich von seinem Thron, küßte wie vorgeschrieben die Erde, verließ den Raum, zog das Sackgewand aus und ging nach Hause.

Was die Frage – Götter oder Menschen? – betrifft, so hatte Motecuzóma erklärt, er werde abwarten, bis er sich sicher sei, und genau das tat er. Er wartete, und er wartete zu lange, und selbst als das schon keine Rolle mehr spielte, war er sich immer noch nicht ganz sicher. Und weil er in Ungewißheit abwartete, starb er zuletzt in Schande, und der letzte Befehl, welchen er seinem Volke zu geben versuchte, begann unsicher mit: »Mixchía . . .!« Ich weiß es. Ich war dabei. Und ich habe das letzte Wort gehört, welches Motecuzóma je in seinem Leben sprach: »Wartet . . .!«

Wartender Mond tat diesmal nichts, um mir meine Heimkehr zu verderben. Zwar hatte sich inzwischen manches natürliche Grau in ihr Haar eingeschlichen, doch was von ihrer verletzenden weißen Strähne noch geblieben war, hatte sie entweder abgeschnitten oder wieder dunkel gefärbt. Und wenn Béu aufgehört hatte, zu versuchen, so zu werden wie ihre verstorbene Schwester, war sie inzwischen überhaupt ein ganz anderer Mensch geworden als jener, den ich seit nahezu einem halben Schock Jahre gekannt hatte – seit ich sie zum erstenmal in der Hütte ihrer Mutter in Tecuantépec gesehen. Stets war es in all diesen Jahren so gewesen, daß wir uns bei jedem Zusammensein gestritten und gekämpft oder bestenfalls einen heiklen Waffenstillstand bewahrt hatten. Offenbar war sie jedoch inzwischen zu dem Entschluß gekommen, daß wir fürderhin die Rolle eines freundschaftlich verbundenen alternden Ehepaares spielen sollten. Ich weiß nicht, ob das daran lag, daß ich sie so gründlich gezüchtigt hatte, oder ob sie diese Rolle nur unseren bewundernden Nachbarn vorzuspielen gedachte, oder ob Béu Ribé sich damit abgefunden hatte, gleichfalls im Alter des Niemals zu stehen und sich sagte: »Nie mehr irgendwelche offenen Feindseligkeiten zwischen uns.«

Jedenfalls erleichterte mir ihre neue Einstellung es, mich zur Ruhe zu setzen und mich daran zu gewöhnen, wieder in einem Haus und in einer Stadt zu leben. Jedesmal, wenn ich früher, selbst schon in der Zeit, da meine Frau Zyanya und meine Tochter Nochípa noch lebten, heimgekehrt war, hatte ich es in der Erwartung getan, irgendwann wieder loszuziehen und ein neues Abenteuer zu bestehen. Doch bei dieser letzten Heimkehr war mir, als ob ich nunmehr für den Rest meines Lebens heimgekommen sei. Wäre ich jünger gewesen, hätte ich vermutlich gegen diese Aussicht aufbegehrt und gewiß bald eine Gelegenheit gefunden, wieder aufzubrechen, auf Reisen zu gehen und Neues kennenzulernen. Oder, wäre ich ein ärmerer Mann gewesen, hätte ich mich rühren *müssen,* nur um unseren Lebensunterhalt zu verdienen. Oder, wäre Béu immer noch so unausstehlich gewesen wie früher, hätte ich *jeden* Vorwand ergriffen, fortzukommen, und wenn ich irgendeinen Trupp Krieger in einen Krieg hätte führen müssen. Doch zum erstenmal hatte ich keinen Grund und lag auch keine Notwendigkeit für mich vor, weiterzulaufen und all die Wege und all die Tage bis zum Ende zu erforschen. Ich konnte mir sogar einreden, ich hätte diese lange Ruhepause und das leichte Leben *verdient*, welches mein Reichtum und meine Frau mir bieten konnten. Infolgedessen schickte ich mich nach und nach in ein geregeltes Leben, welches weder Anforderungen an mich stellte noch große Belohnung für mich bereithielt, mich jedoch immerhin beschäftigt hielt und nicht allzu langweilig war. Und zu alledem wäre ich nicht fähig gewesen, hätte sich nicht dieser Wandel mit Béu vollzogen.

Wenn ich sage, daß sie sich gewandelt hatte, meine ich nur, daß es ihr gelang, ihre lebenslange Abneigung und die Verachtung meiner Person zu verhehlen. Nie hat sie mir Grund zu der Annahme gegeben, daß diese Gefühle wirklich vergangen wären, aber sie ließ ihnen immerhin nicht mehr freien Lauf, und diese kleine Lüge genügte mir. Sie hörte auf, stolz und anmaßend zu sein und wurde sanft und fügsam wie die meisten anderen Frauen. In gewisser Weise vermißte ich die hochfahrende Frau sogar, die sie gewesen war, doch dieser Hauch von Bedauern wurde bei weitem aufgewogen durch die Erleichterung, es nicht mehr mit ihrem Eigensinn und ihrer Halsstarrigkeit aufnehmen zu müssen. Als Béu ihre einst überwältigende Persönlichkeit unterdrückte und die Unauffälligkeit einer Frau annahm, die ganz Ehrerbietung und Zuvorkommenheit war, konnte auch ich sie gleichermaßen zuvorkommend behandeln.

Die Hingabe, mit der sie jetzt Hausfrau spielte, ließ auch nicht den leisesten Hinweis darauf erkennen, daß sie erwartete, ich würde vielleicht doch irgendwann einmal einen jener einzigen Ansprüche an sie stellen, die ich nie an sie gestellt hatte. Sie ließ nie verlauten, daß wir die Ehe richtig vollziehen sollten; niemals wieder versuchte sie, mich mit ihrer Fraulichkeit zu verführen, und nie beklagte sie sich darüber, daß wir in verschiedenen Kammern schliefen. Und ich bin froh, daß sie das nicht tat. Derlei Versuche zurückzuweisen, hätte die Ausgeglichenheit unseres Zusammenlebens gestört, und ich hätte sie nun einmal nie als Frau in die Arme schließen können. So traurig es war, aber Wartender Mond war so alt wie ich, und man sah ihr dieses Alter an. Von ihrer Schönheit, welche einst genauso groß gewesen war wie die Zyanyas, war nichts geblieben als ihre schönen Augen, und die sah ich nur selten. In ihrer neuen Rolle der Unterwürfigkeit bemühte Béu sich stets, sie züchtig niedergeschlagen zu halten und auch nie wieder die Stimme zu erheben.

Früher hatte sie mich mit diesen Augen angefunkelt, hatte sie mich mit ihrer Stimme böse, kratzbürstig oder höhnisch angefahren. In ihrer neuen Verkleidung sprach sie jedoch nur noch leise und nicht viel. Verließ ich morgens das Haus, fragte sie wohl: »Wann möchtest du, daß das Essen für dich fertig ist, mein Gebieter, und was würdest du wohl gern essen?« Und wenn ich das Haus abends verließ, ermahnte sie mich wohl: »Die Nacht wird kalt, mein Gebieter, und du läufst Gefahr, dich zu erkälten, wenn du keinen wärmeren Umhang umnimmst.«

Ich habe die Regelmäßigkeit meines Tagesablaufs erwähnt. Nun, er verlief folgendermaßen: Ich verließ mein Haus am Morgen und am Abend, um die Zeit auf die einzigen beiden Weisen zu verbringen, die mir einfielen.

Jeden Morgen suchte ich das Haus der Fernhändler auf und verbrachte den größeren Teil des Tages dort, redete, hörte zu und trank die kräftige Schokolade, die von den Dienern gereicht wurde. Die drei Vorsitzenden, welche mich einst, vor einem halben Schock Jahre in diesen Räumen ausgefragt hatten, waren selbstverständlich längst gestorben. An ihre Stelle waren zahllose andere Männer wie sie gerückt: alt, fett, glatzköpfig, selbstgefällig und selbstsicher in ihrer Überzeugung, einen festen Platz in unserer Gesellschaft einzunehmen. Bis auf letzteres, war ich bis jetzt weder glatzköpfig noch fett geworden, noch *fühlte* ich mich wie ein alter Mann; sonst, vermute ich, hätte ich wohl als einer der ihren durchgehen können und tat kaum etwas anderes, als mich in Abenteuern zu sonnen, welche ich bestanden, und meinen augenblicklichen Wohlstand zu genießen.

Bisweilen gab mir die Ankunft eines Pochtéca mit seiner Trägerkolonne Gelegenheit, ein Angebot auf seine Waren insgesamt oder auf einen Teil davon abzugeben, der mir besonders ins Auge stach. Und ehe der Tag vorüber war, gelang es mir für gewöhnlich, mit einem anderen Händler zu feilschen, was für gewöhnlich damit endete, daß ich meine Ware mit Gewinn an ihn verkaufte. Um das zu tun, brauchte ich nicht einmal meinen Becher Schokolade niederzusetzen oder auch nur mit eigenen Augen gesehen zu haben, was ich eigentlich gekauft und wieder verkauft hatte. Manchmal traf ich auch einen jungen und ehrgeizigen Händler in dem Gildehaus, welcher Vorbereitungen traf, zu seiner ersten Reise ins Unbekannte aufzubrechen. Dann hielt ich ihn wohl solange zurück, wie es brauchte, um ihn alle meine Erfahrungen auf dieser ganz besonderen Route zuteil werden zu lassen oder jedenfalls solange er mir zuhörte, ohne unruhig zu werden und dringende Geschäfte vorzuschützen.

Doch an den meisten Tagen waren nur wenige andere Menschen dort außer mir und etlichen anderen Pochtéca, welche sich von den Geschäften zurückgezogen und keinen anderen Platz hatten, wo sie sich lieber aufgehalten hätten. So setzten wir uns nieder und tauschten lieber Erinnerungen als Waren miteinander aus. Ich lauschte ihren Erzählungen aus Tagen, da sie weniger Jahre gehabt und weniger wohlhabend gewesen waren, dafür jedoch von unermeßlichem Ehrgeiz besessen; jenen Tagen, da sie selbst unterwegs gewesen waren und manches Wagnis und so manche Gefahr auf sich genommen hatten. Selbst, wenn wir sie nicht ausgeschmückt hätten, wären unsere Geschichten noch aufregend gewesen – und ich hatte keinen Grund, bei meinen zu übertreiben –, doch da die alten Männer alle versuchten, sich in bezug auf die Einzigartigkeit und Vielfalt ihrer Erlebnisse sowie im Hinblick auf die Gefahren, welche sie bestanden und darauf, wie sie nur mit knapper Not irgendwelchen Mißgeschicken entkommen waren, auszustechen, fiel mir auf, daß manche von den Anwesenden, nachdem sie ihre Abenteuer zehn- oder zwölfmal zum besten gegeben hatten, anfingen, sie auszuschmücken ...

Abends verließ ich mein Haus nicht, um Gesellschaft zu suchen, sondern Einsamkeit, in der ich unbeobachtet ganz für mich allein meinen Erinnerungen nachhängen, meiner Sehnsucht und dem Aufbegehren gegen mein Geschick freien Lauf lassen konnte. Selbstverständlich hätte ich nichts dagegen gehabt, wenn diese Einsamkeit durch ein lang herbeigesehntes Wiedersehen unterbrochen worden wäre. Doch wie ich euch schon gesagt habe, ist das noch nie geschehen. Infolgedessen wanderte ich nur mit sehnsüchtiger Hoffnung, nicht mit irgendwelchen Erwartungen durch die nahezu menschenleeren Straßen von Tenochtítlan, von einem Ende der Insel zum anderen, erinnerte mich daran, was hier geschehen war und was dort.

Im Norden war die Dammstraße nach Tepeyáca, über welche ich damals meine kleine Tochter getragen hatte, als wir aus der überfluteten Stadt geflohen und auf dem Festland Sicherheit gesucht hatten. Damals hatte Nochípa nur Sätze sprechen können, die aus zwei Wörtern bestanden, doch mit manchen davon hatte sie viel ausgedrückt. Bei dieser besonderen Gelegenheit hatte sie gemurmelt: »Dunkle Nacht«.

Die südliche Dammstraße führte nach Coyohuácan und die dahinterliegenden Gebiete, jene Dammstraße, über welche ich zusammen mit Cozcatl und Blut Schwelger zu meiner ersten Handelsexpedition aufgebrochen war. In der Pracht der Morgendämmerung jenes Tages hatte der mächtige Vulkan Popocatépetl uns nachgesehen, und mir war gewesen, als hätte er gesagt: »Ihr zieht fort, meine Freunde, doch ich bleibe hier . . .«

Dazwischen lagen die beiden großen Plätze der Stadt. Auf dem weiten im Süden gelegenen, Dem Herzen Der Einen Welt, stand die große Pyramide, so wuchtig, so fest und unverrückbar, daß der Betrachter meinen könnte, sie habe genauso lange dort gestanden wie der Popocatépetl am fernen Horizont. Selbst mir fiel es schwer zu glauben, daß ich älter war als die fertiggestellte Pyramide und daß sie nur ein unvollendeter Stumpf gewesen war, als ich sie das erstemal gesehen.

Über den nördlicheren Platz, den riesigen, ausgedehnten Marktplatz von Tlaltelólco, war ich das erstemal an der Hand meines Vaters hinweggegangen. Dort hatte er großzügig einen unerhörten Preis bezahlt, um mich zum erstenmal in meinem Leben wohlschmeckenden Schnee kosten zu lassen, während er dem Verkäufer erzählte: »Ich erinnere mich noch an die Harten Zeiten . . .« Damals war ich auch zum erstenmal dem verhutzelten, kakaobraunen Mann begegnet, welcher mir genau vorhergesagt hatte, wie mein Leben verlaufen werde.

Die Erinnerung daran war leicht beunruhigend, mußte ich doch darüber nachdenken, daß die Zukunft, welche er für mich vorausgesehen, schon meine Vergangenheit war. Dinge, die ich einst erwartet, waren bereits Erinnerungen. Ich näherte mich dem Ende meines ersten Schock Lebensjahre, und nicht viele Menschen wurden wesentlich älter als zweiundfünfzig Jahre. Gab es denn für mich wirklich keine Zukunft mehr? Als ich mir gesagt hatte, ich genösse zu Recht mein müßiges Leben, für das ich mich immerhin abgerackert hatte – hatte ich mich da nicht geweigert zuzugeben, daß ich mich selbst überlebt hatte und zu nichts mehr nütze war? Daß ich alle Menschen überlebt, welche ich jemals geliebt oder welche mich geliebt? Nahm ich einfach nur Raum in dieser Welt ein, bis ich in eine andere abberufen wurde?

Nein! Daran wollte ich einfach nicht glauben, und wie zur Bestätigung blickte ich hinauf in den Nachthimmel. Wieder hing ein rauchender Stern dort, genauso wie ein rauchender Stern über meiner Wiederbegegnung mit Motecuzóma in Teotihuácan gehangen hatte und dann über der Begegnung mit dem Mädchen Ce-Malináli und schließlich auch über meiner Begegnung mit den weißen Männern aus Spanien. Unsere Sternkundigen konnten sich nicht einigen: War es nun ein und derselbe Komet, welcher in unterschiedlicher Gestalt und verschieden hell an einer anderen Ecke des Himmels auftauchte, oder war es jedesmal ein neuer Komet? Doch nach jenem, welcher mich auf meiner letzten Reise in den Süden begleitet hatte, tauchte in beiden folgenden Jahren *irgendein* rauchender Stern am Nachthimmel wieder auf und blieb jedesmal die ganzen Nächte eines Monds über zu sehen. Selbst die für gewöhnlich unerschütterlichen Astronomen mußten zugeben, daß es sich um ein Zeichen mit einer bösen oder guten Vorbedeutung handelte, daß in drei Jahren drei Kometen sich jeder Erklärung entzogen hatten. Infolgedessen ging etwas vor in der Welt, und – ob es nun gut war oder schlecht – es sollte sich lohnen, darauf zu warten. Es ist möglich, daß ich dabei eine Rolle spielte oder vielleicht auch nicht, aber ich wollte fürs erste jedenfalls noch nicht von dieser Welt abtreten.

Verschiedene Dinge geschahen in diesen Jahren, und jedesmal fragte ich mich: Ist es das, was die rauchenden Sterne verkündet haben? In irgendeiner Weise waren alle diese Ereignisse bemerkenswert, manche davon auch beklagenswert, doch keines schien ganz bedeutsam genug, als daß es gerechtfertigt gewesen wäre, wenn die Götter uns eine solche dunkle Warnung hätten zukommen lassen.

So war ich erst ein paar Monde von meinem Zusammentreffen mit den Spaniern zurück, als uns aus Uluümil Kutz gemeldet wurde, daß die geheimnisvolle Krankheit der Blattern wie eine Flutwelle über die gesamte Halbinsel hinweggegangen sei. Unter den Xiu, den Tzotxil, den Quiché und all den anderen Nachfolgestämmen der Maya waren drei von zehn Bewohnern dieser Krankheit zum Opfer gefallen – unter anderen mein Gastgeber, der Herr Mutter Ah Tutál –, und fast jeder derer, die überlebt hatten, sollte für den Rest seines Lebens durch die Blatternnarben entstellt werden.

So unsicher sich Motecuzóma in Hinsicht auf das Wesen und die Absichten dieser Besucher aus Spanien war – mochten sie nun Götter sein oder Menschen –, er legte keinen Wert darauf, sich irgendeiner Götterkrankheit auszusetzen. Endlich einmal handelte er schnell und entschlossen und verbot streng jeden Handel mit den Mayalanden. Unseren Pochtéca wurde verboten, dorthin zu ziehen, und unsere südlichen Grenzwachen erhielten Anweisungen, alle Produkte und Waren zurückzuweisen, die von dort kamen. Dann wartete der Rest Der Einen Welt ängstlich noch ein paar Monde länger. Aber die Blattern waren erfolgreich gebannt worden, hatten nur innerhalb der unglücklichen Mayastämme gewütet und setzten anderen Völkern nicht zu – jedenfalls *noch* nicht.

Es vergingen noch ein paar Monde, und eines Tages schickte Motecuzóma einen Boten, mich in seinen Palast zu holen, und abermals überlegte ich: bedeutet *dies*, daß die Prophezeiung des rauchenden Sterns sich erfüllt hat? Doch als ich mich ihm auf die übliche vorgeschriebene Weise des Bittstellers im Sackgewand im Thronsaal näherte, sah der Verehrte Sprecher mich diesmal nur leicht verärgert an, nicht von Furcht geschlagen, fassungslos oder mit irgendwelchen anderen größeren Gefühlen. Etliche Mitglieder seines Staatsrats, welche im Raum umherstanden, schienen eher belustigt. Ich selbst muß ziemlich blöde dreingeschaut haben, als er sagte:

»Dieser Wahnsinnige nennt sich Tliléctic-Mixtli.«

Dann ging mir auf, daß er nicht *von* mir sprach, sondern *zu* mir und auf einen finster dreinschauenden, abgerissen gekleideten Fremden zeigte, welcher von zwei Palastwachen festgehalten wurde. Ich hob meinen Sehkristall, um ihn genau ins Auge fassen zu können, und erkannte, daß es sich bei dem Mann nicht um einen Fremden handelte, lächelte erst ihm zu, dann Motecuzóma und sagte:

»Er heißt wirklich Tliléctic-Mixtli, Hoher Gebieter. Der Name Dunkle Wolke ist keineswegs selten unter . . .«

»Du kennst ihn!« unterbrach Motecuzóma mich oder beschuldigte er mich. »Vielleicht ein Verwandter von dir?«

»Vielleicht auch von Euch, Verehrter Sprecher, und möglicherweise nicht minder von Adel als Ihr.«

»Du wagst es, mich mit diesem dreckigen und einfältigen Bettler zu vergleichen?« sagte er aufbrausend. »Als meine Palastwachen ihn ergriffen, verlangte er, bei mir zur Audienz vorgelassen zu werden, er sei ein Würdenträger, der uns besuchen komme. Aber sieh ihn dir an! Der Mann ist wahnsinnig!«

Ich erklärte: »Nein, Hoher Gebieter. Dort, wo er herkommt, ist er genau das gleiche wie Ihr, nur, daß die Aztéca nicht den Titel Verehrter Sprecher benutzen.«

»Was?« sagte Motecuzóma verblüfft.

»Der vor Euch steht, ist der Tlatocapíli Tliléctic-Mixtli von Aztlan.«

»Von was?« fragte Motecuzóma erstaunt.

Ich bedachte meinen Namensvetter nochmals mit einem Lächeln. »Hast du den Mondstein mitgebracht?«

Er nickte kurz und zornig und murmelte vernehmlich: »Nachgerade wünschte ich, ich hätte es nicht getan. Aber der Stein liegt unten auf dem Platz, bewacht von den Männern, welche die Mühsal überlebt haben, ihn hierherzurollen, zu ziehen und mit dem Floß zu transportieren . . .«

Einer der Wachen, die ihn festhielten, murmelte vernehmlich: »Dieser verfluchte große Stein hat das halbe Pflaster zwischen hier und dem Damm von Tepeyáca aufgerissen.«

Der Neuankömmling fuhr fort: »Meine Männer und ich sind halb tot vor Erschöpfung und Hunger. Wir haben uns hier ein anderes Willkommen erhofft. Zwar hätten wir uns mit einfacher Gastfreundlichkeit zufriedengegeben. Aber man hat mich einen Lügner genannt, *bloß weil ich meinen eigenen Namen genannt habe.*«

Ich wandte mich wieder Motecuzóma zu, welcher ihn immer noch ungläubig anstarrte. Ich sagte: »Wie Ihr seht, Hoher Gebieter, ist der Herr von Aztlan selbst imstande, seinen Namen zu erklären. Und auch, welchen Rang er bekleidet, wo er herkommt und alles andere, was Ihr vielleicht über ihn erfahren möchtet. Ihr werdet das Náhuatl der Aztéca ein wenig altertümlich finden, doch ist es durchaus zu verstehen.«

Mit einem Ruck kam Leben in Motecuzóma, und er brachte Entschuldigungen vor und begrüßte meinen Namensvetter. »Wir werden uns eingehend unterhalten, Herr von Aztlan, wenn Ihr gegessen und geruht habt« – und gab den Wachen und seinen Beratern Befehl, die Besucher zu verköstigen, sie einzukleiden und unterzubringen, wie es hohen Würdenträgern gebühre. Mir gab er zu verstehen, ich sollte bleiben, als die Menge den Thronsaal verließ, und dann sagte er:

»Ich kann es kaum glauben. Ein Erlebnis, das mich genauso umwirft, als würde ich plötzlich meinem eigenen legendären Großvater Motecuzóma begegnen. Oder als träte eine Steinfigur plötzlich aus einem der Tempelfriese heraus. Man stelle sich das einmal vor! Ein echter Aztécatl, zum Leben erwacht.« Doch dann setzte sein angeborener Argwohn sich wieder bei ihm durch, und er fragte: »Aber was will er hier?«

»Er bringt ein Geschenk, Hoher Gebieter, wie ich es ihm vorschlug, als ich Aztlan wiederentdeckte. Wenn Ihr Euch hinunterbegebt auf den Großen Platz und den Stein Euch anseht, werdet Ihr es, wie ich annehme, viele zerbrochene Pflastersteine wert finden.«

»Das werde ich tun«, sagte er und fügte immer noch mißtrauisch hinzu: »Aber er will doch gewiß etwas dafür haben.«

Ich sagte: »Ich meine auch, daß der Mondstein es wert ist, daß man dem Geber einige hochklingende Titel verleiht. Und ein paar Federumhänge, edelsteinbesetzten Zierat, damit er seinem neuen Rang entsprechend gekleidet sei. Und vielleicht, daß man ihm ein paar Mexíca-Krieger gibt.«

»Krieger?«

Daraufhin unterbreitete ich Motecuzóma den Gedanken, welchen ich zuvor dem Herrscher von Aztlan schmackhaft gemacht hatte: Daß die erneuerten Familienbande zwischen uns Mexíca und diesen Aztéca dem Dreibund etwas geben würden, was er im Augenblick nicht hatte – eine starke Garnison an der Nordwestküste.

Vorsichtig sagte er: »Wenn man an all die vielen Vorzeichen denkt, ist dies vielleicht nicht der richtige Zeitpunkt, unsere Streitkräfte zu verzetteln, aber ich will weiter darüber nachdenken. Und eines ist sicher. Selbst wenn er jünger ist als du und ich, unser Ahne verdient einen besseren Titel als den eines Tlatocapíli. Ich werde zumindest das *-tzin* an seinen Namen anhängen.«

So verließ ich den Palast an diesem Tage mit dem nicht unangenehmen Gefühl, daß, wenn schon nicht ich selbst, so doch ein anderer Mixtli fortan den edlen Namen Mixtzin tragen sollte. Wie sich herausstellte, ging Motecuzóma auf alle meine Vorschläge ein. Unser Besucher verließ die Stadt und trug fürderhin den klangvollen Titel Aztéca Tlani-Tlatoáni oder Geringerer Sprecher der Aztéca. Außerdem nahm er einen beträchtlichen Trupp bewaffneter Krieger und eine Anzahl von Kolonistenfamilien mit, die eigens ihrer besonderen Fähigkeiten im Häuser- und Festungsbau wegen ausgesucht worden waren.

Ich führte, während er in Tenochtítlan weilte, nur eine einzige kurze Unterhaltung mit meinem Namensvetter. Er dankte mir überschwenglich für alles, was ich dazu beigetragen hatte, daß er willkommen geheißen, geadelt und zum Bündnispartner des Dreibunds gemacht worden war. Dann fügte er noch hinzu:

»Da ich jetzt das *-tzin* an meinen Namen anhängen darf, gilt das auch für den Namen meiner gesamten Familie und meiner Nachkommen, selbst jener, die von einer nicht so eng mit uns verbundenen Nebenlinie abstammen. Du mußt unbedingt wieder nach Aztlan kommen, Bruder, dann wirst du eine kleine Überraschung erleben. Du wirst mehr vorfinden als eine neue und schönere Stadt.«

Damals dachte ich, er hätte vor, eine kleine Feier zu veranstalten, und mich zu einer Art Ehrengebieter der Aztéca zu machen. Doch bin ich nie wieder in Aztlan gewesen, und so weiß ich nicht, was in den Jahren nach Mixtzins Rückkehr aus der Stadt geworden ist. Was den prachtvollen Mondstein betrifft, so zauderte Motecuzóma wie gewöhnlich und konnte sich zu keinem Entschluß durchringen, wo im Herzen Der Einen Welt er am besten aufgestellt werden solle. So lag der Stein, als ich ihn das letztemal sah, immer noch flach auf dem Pflaster des Großen Platzes und ist heute genauso verschüttet und verloren wie der Sonnenstein.

Es sollte jedoch noch etwas geschehen, und dieses Ereignis ließ mich und die meisten anderen Menschen rasch den Besuch der Aztéca vergessen, daß sie den Mondstein mitgebracht hatten und Pläne hätten, Aztlan zu einer großen Stadt am Meer auszubauen. Ein Bote kam über den See aus Texcóco; er trug den weißen Umhang der Trauer. Die Nachricht, welche er brachte, kam nicht völlig unerwartet, da der Verehrte Sprecher Nezahualpíli mittlerweile ein sehr alter Mann geworden war. Gleichwohl erfüllte es mein Herz mit großer Trauer, als ich hörte, daß mein frühester Gönner und Beschützer gestorben sei.

Ich hätte zusammen mit all den anderen Adlerrittern nach Texcóco gehen können, gemeinsam mit all den anderen Mexíca-Edelleuten und Höflingen, welche über den See fuhren, um der Beisetzung von Nezahualpíli beizuwohnen, und welche entweder gleich dort blieben, oder aber einige Zeit später noch einmal über den See hinüberfuhren, um der Krönung des Kronprinzen Ixtlil-Xochitl zum neuen Verehrten Sprecher der Acólhua beizuwohnen. Ich zog es jedoch vor, ohne Aufsehen und Gepränge hinzugehen, in schlichter Trauerkleidung und als privater Bürger. Ich ging als Freund der Familie und wurde von meinem alten Schulkameraden Prinz Huexotl empfangen, der mich genauso herzlich begrüßte, wie er es das erstemal vor dreiunddreißig Jahren getan, und zwar mit dem Namen, welchen ich damals getragen hatte: »Willkommen, Kopf Neiger!« Ich konnte nicht umhin zu bemerken, daß mein alter Schulkamerad Weide in der Tat alt geworden war; ich bemühte mich, mir nicht anmerken zu lassen, was ich empfand, als ich sein ergrautes Haar und sein verrunzeltes Gesicht sah; in meiner Erinnerung war er ein ranker junger Prinz, welcher mit seinem Lieblingshirsch im grünen Park spazierenging. Doch dann dachte ich beklommen: Er ist nicht älter als *ich*.

Der Uey-Tlatoáni Nezahualpíli wurde auf dem Boden seines Stadtpalastes bestattet und nicht auf dem ausgedehnteren Landsitz hinter dem Texcotzínco-Hügel. Infolgedessen standen die Menschen dichtgedrängt auf den Rasenflächen dieses kleineren Palastes, um diesem vielgeliebten und hochgeachteten Mann Lebewohl zu sagen. Da waren die Herrscher und Edelleute der Völker des Dreibunds sowie auch aus anderen Ländern, befreundeten und nichtbefreundeten. Die Abgesandten jener weiter entfernten Länder, welche nicht rechtzeitig zu Nezahualpílis Begräbnisfeierlichkeiten eintreffen konnten, waren gleichwohl in diesem Augenblick unterwegs nach Texcóco und beeilten sich, um rechtzeitig einzutreffen, seinen Sohn als den neuen Herrscher zu begrüßen. Von allen, die am Grabe Nezahualpílis hätten stehen *sollen*, war am auffälligsten das Fehlen Motecuzómas, der an seiner Statt seine Weibliche Schlange Tlácotzin und seinen Bruder Cuitláhuac schickte, den Oberbefehlshaber der Heere der Mexíca.

Prinz Weide und ich standen Seite an Seite am Grab und nicht weit entfernt von seinem Halbbruder Ixtlil-Xochitl, dem Thronerben der Acólhua. Dieser machte immer noch seinem Namen Schwarze Blume Ehre, denn er hatte immer noch die zusammengewachsenen Augenbrauen, welche dafür verantwortlich waren, daß er stets aussah, als runzele er die Stirn. Aber sonst hatte er das meiste Haar verloren, und ich dachte: Er muß jetzt zehn Jahre älter sein als sein Vater damals, als ich zuerst nach Texcóco kam, um hier die Schule zu besuchen. Nach der Beerdigung zog die Menge sich in die Festräume des Palastes zurück, um zu schmausen und zu singen, zu trauern und laut Taten und Verdienste des verstorbenen Nezahualpíli zu preisen. Doch Weide und ich besorgten uns ein paar Krüge besten Octlis, zogen uns in seine Privatgemächer zurück und betranken uns langsam, während wir die alten Tage an uns vorüberziehen ließen und über die Tage nachsannen, die da kommen sollten.

Ich erinnere mich, an einer Stelle gesagt zu haben: »Ich habe viel über Motecuzómas unhöfliches Fehlen heute murren hören. Er hat es deinem Vater bis heute nicht verziehen, daß er sich in den letzten Jahren von allem ferngehalten hat, insbesondere, daß er sich geweigert hat, sich an den kleineren Kriegen zu beteiligen.«

Der Prinz zuckte mit den Achseln. »Mit seinen schlechten Manieren wird Motecuzóma meinem Halbbruder keine Zugeständnisse abringen. Schwarz Blume ist der Sohn unseres Vaters und hängt denselben Vorstellungen an wie er – daß Die Eine Welt eines Tages, und zwar bald, von Fremden heimgesucht werden wird, und daß unsere einzige Sicherheit in unserer Einigkeit besteht. Er wird die Politik unseres Vaters fortführen, daß wir Acólhua unsere Kraft für einen Krieg aufsparen müssen, der nun wahrhaftig alles andere als ein kleiner Krieg sein wird.«

»Vielleicht ist das der richtige Kurs«, sagte ich. »Aber Motecuzóma wird deinen Bruder nicht mehr lieben als deinen Vater.«

Als nächstes erinnere ich mich daran, daß ich zum Fenster hinausschaute und ausrief: »Wie ist die Zeit nur vergangen? Es ist spät in der Nacht – und ich bin furchtbar betrunken.«

»Nimm die Gästekammer dort drüben«, sagte der Prinz. »Wir müssen morgen früh hoch und hören, wie die Hofdichter ihre Lobgesänge vortragen.«

»Wenn ich jetzt schlafe, habe ich morgen einen Brummschädel«, sagte ich. »Wenn du gestattest, möchte ich vorher einen Spaziergang in der Stadt machen und mir von Nacht Wind das Gehirn reinblasen lassen.«

Die Art, wie ich ging, muß umwerfend gewesen sein, doch war kein Mensch da, mich zu sehen. Die nächtlichen Straßen waren menschenleerer als gewöhnlich, denn alle Bewohner Texcócos weilten in ihren Häusern und trauerten. Offenbar hatten die Priester Kupferfeilspäne auf die Fackeln an den Straßenecken gestreut, denn ihre Flammen brannten blau, und das Licht, welches sie verbreiteten, war fahl und bedrückend. In meinem etwas benebelten Zustand gewann ich den Eindruck, als wiederholte ich den Spaziergang, den ich schon einmal vor langer, langer Zeit gemacht. Verstärkt wurde dies noch, als ich vor mir unter einem rotblühenden Tapachini-Baum eine Steinbank erblickte, auf welcher ich dankbar Platz nahm und eine Zeitlang saß und es genoß, mich von den vom Wind heruntergewirbelten scharlachroten Blütenblättern berieseln zu lassen. Dann wurde ich gewahr, daß links und rechts von mir noch jemand saß.

Ich wandte mich nach links, blickte blinzelnd durch meinen Topas und erkannte denselben verhutzelten, abgerissenen, kakaobraunen Mann, dem ich schon so oft in meinem Leben begegnet war. Ich wandte mich nach rechts und sah einen etwas besser gekleideten, doch staubbedeckten und erschöpften Mann, den ich nicht ganz so oft zuvor gesehen. Eigentlich hätte ich wohl erschrocken sein, aufschreien und davonlaufen müssen, doch gluckste ich nur trunken in mich hinein in dem Wissen, daß sie nur Trugbilder waren, erzeugt durch den vielen Octli, den ich genossen. Immer noch glucksend, wandte ich mich an sie beide:

»Verehrungswürdige Gebieter, hättet Ihr nicht mit Eurem Urbild unter der Erde verschwinden müssen?«

Der kakaobraune Mann grinste und ließ die wenigen Zähne sehen, welche er noch hatte. »Es hat eine Zeit gegeben, da du uns beide für Götter gehalten hast. Von mir dachtest du, ich sei Huehuetéotl, Der Älteste Der Alten Götter, derjenige, welcher lange vor all den anderen in diesen Landen verehrt wurde.«

»Und mich hast du für Yoáli Ehécatl gehalten«, sagte der Staubbedeckte. »Den Herrn Nacht Wind, der nächtliche Wanderer, welche nicht auf der Hut sind, entführt oder sie belohnt, je nachdem, wie ihm der Sinn gerade steht.«

Ich nickte und beschloß, sie ernst zu nehmen, wiewohl sie nur Trugbilder waren. »Es stimmt, meine Gebieter, einst war ich jung und leichtgläubig. Doch dann erfuhr ich von Nezahualpílis Vorliebe, in Verkleidung durch die Welt zu ziehen.«

»Und das hat dich dazu gebracht, nicht mehr an die Götter zu glauben?« fragte der Kakaomann.

Ich hatte einen Schluckauf und sagte: »Laßt es mich so sagen: Ich habe nie irgendwelche andere getroffen außer Euch beiden.«

Dunkel murmelte der staubbedeckte Mann: »Es könnte sein, daß die richtigen Götter sich nur dann zeigen, wenn sie im Begriff stehen abzutreten.«

Ich sagte: »Dann verschwindet besser dorthin, wo Ihr hingehört. Nezahualpíli kann nicht sonderlich glücklich sein, die schaurige Straße ins Míctlan entlangzuziehen, solange noch zwei Verkörperungen von ihm auf der Erde wandeln.«

Der Kakaomann lachte: »Vielleicht können wir es nicht ertragen, *dich* zu verlassen, alter Freund. Wir sind so lange Zeit hindurch damit beschäftigt gewesen, Wohlergehen und Geschick *deiner* verschiedenen Verkörperungen zu verfolgen: als Mixtli, als Maulwurf, als Kopf Neiger, als Hole!, als Záa Nayàzú, als Ek Muyal, als Su-kurú . . .«

Ich unterbrach ihn und sagte: »Ihr erinnert Euch meiner Namen besser als ich selbst.«

»Dann erinnere dich unserer Namen!« erklärte er ziemlich scharf. »Ich bin Huehuetéotl, und das hier ist Yoáli Ehécatl.«

»Wo Ihr doch nichts weiter als Erscheinungen seid«, brummte ich, »seid Ihr aber von einer vertrackten Hartnäckigkeit und Aufdringlichkeit. So betrunken wie jetzt, bin ich seit langem nicht gewesen. Es muß schon sieben oder acht Jahre her sein. Und ich erinnere mich . . . ich sagte damals, daß ich irgendwann und irgendwo einem Gott begegnen und ihm dann eine Frage stellen würde. Ich wollte ihn folgendes fragen: Warum haben die Götter mich so lange leben lassen, während sie jeden anderen

Menschen, der mir jemals nahegestanden hat, niedergestreckt haben? Meine liebe Schwester, meine liebe Frau, meinen neugeborenen Sohn und meine Tochter, über der ich gewacht habe wie über meinen Augapfel, soviel enge Freunde, selbst flüchtige vergängliche Lieben . . .«

»Diese Frage läßt sich leicht beantworten«, sagte die abgerissene Erscheinung, welche sich selbst Ältester Der Alten Götter nannte. »Diese Menschen waren gleichsam Hammer und Meißel, mit denen du geformt wurdest; sie wurden zerbrochen oder beiseitegeworfen. Du jedoch mitnichten. Du hast allen Schlägen, allen Meißelstößen und allen Versuchen, dich zu glätten, standgehalten.«

Ich nickte mit dem Ernst der Betrunkenen und sagte: »Wenn das keine betrunkene Antwort ist, habe ich nie eine gehört.«

Die staubbedeckte Erscheinung, welche sich selber Nacht Wind nannte, sagte: »Ausgerechnet du, Mixtli, solltest doch wissen, daß ein Standbild oder ein Denkmal nicht schon fix und fertig aus einem Steinbruch herauskommt. Es muß mit Axt und Meißel bearbeitet, mit Obsidiangrus geschliffen und dadurch gehärtet werden, daß man es Wind und Wetter aussetzt. Und erst, wenn sie herausgemeißelt, gehärtet und geglättet sind, sind sie von Nutzen.«

»Nutzen?« sagte ich schroff. »Jetzt, wo sich das Ende meiner Wege und Tage nähert – wozu soll ich da noch nütze sein?«

Nacht Wind sagte: »Ich habe ein Denkmal erwähnt. Ein Denkmal tut nichts weiter, als aufrecht dastehen, doch das ist nicht immer leicht getan.«

»Und es wird auch nicht leichter werden«, sagte Der Älteste Der Alten Götter. »Gerade in dieser Nacht hat euer Verehrter Sprecher Motecuzóma einen nichtwiedergutzumachenden Fehler begangen und wird noch andere begehen. Was kommt, ist ein Sturm aus Feuer und Blut, Mixtli. Du bist nur zu einem einzigen Zweck geformt und gehärtet worden. Ihn zu überleben.«

Ich hatte abermals einen Schluckauf. »Warum ausgerechnet ich?« fragte ich.

Der Älteste Der Alten Götter sagte: »Vor langer Zeit hast du eines Tages vor einem Hügel nicht weit von hier gestanden, unentschlossen, ob du hinaufklettern solltest oder nicht. Damals habe ich dir gesagt, kein Mensch habe je ein anderes Leben gelebt als das, welches er sich selbst erwählt. Du hast dich entschlossen zu klettern. Und die Götter haben beschlossen, dir zu helfen.«

Ich stieß ein schauriges Lachen aus.

»Oh, gewiß, du hattest nicht viel Sinn für ihre Hilfe«, räumte er ein, »genausowenig wie der Stein zu schätzen weiß, was Hammer und Meißel aus ihm machen. Und dennoch haben sie dir geholfen. Und jetzt wirst du ihnen ihre Gunst vergelten.«

»Du wirst den Sturm überleben«, erklärte Nacht Wind.

Der Älteste Gott fuhr fort: »Die Götter haben dir geholfen, ein Wortkundiger zu werden. Dann haben sie dir geholfen, in ferne Lande zu reisen, viel zu sehen und viel zu erfahren. Das ist der Grund, warum du besser als jeder andere Mensch weißt, wie Die Eine Welt gewesen ist.«

»Gewesen ist?« wiederholte ich echogleich seine Worte.

Der Älteste Der Alten Götter vollführte mit seinem faltigen Arm eine umfassende Bewegung. »All dies wird verschwinden, und kein Mensch wird es sehen, anfassen oder sonstwie mit seinen Sinnen wahrnehmen. Nur in der Erinnerung wird es weiterleben. Und dir ist es bestimmt, dich zu erinnern.«

»Du wirst überleben«, sagte Nacht Wind.

Der Älteste Gott packte mich bei der Schulter und sagte unendlich traurig: »Eines Tages, wenn all dies vergangen ist ... wenn niemand es jemals wieder sehen wird ... werden die Menschen die Asche dieser Lande durchsuchen und Fragen stellen. Du hast die Erinnerungen und besitzt die Worte, von der Pracht Der Einen Welt zu erzählen, auf daß sie nicht vergessen werde. Du, Mixtli! Wenn alle anderen Denkmäler in diesen Landen zerbrochen sein werden, wenn sogar die Große Pyramide fällt – du wirst nicht fallen.«

»Du wirst stehen«, sagte Nacht Wind.

Wieder lachte ich, tat die Vorstellung verächtlich ab, daß die mächtige Große Pyramide jemals fallen könnte. Immer noch in dem Versuch, die beiden mahnenden Trugbilder bei Laune zu halten, sagte ich: »Meine Gebieter, ich bin nicht aus Stein. Ich bin nur ein Mensch, und der Mensch ist das hinfälligste aller Standbilder.«

Aber ich erhielt keine Antwort mehr darauf, keine Zurechtweisung. Die beiden Erscheinungen waren so rasch verschwunden, wie sie gekommen waren, und ich redete mit mir selbst.

Ein wenig weiter weg, hinter der Bank, flackerten die trüben blauen Flammen der Straßenbeleuchtung. In ihrem trauervollen Licht waren die roten Tapachíni-Blütenblätter, welche auf mich herniederregneten, dunkel, von einem dunklen Rot, gleichsam als wären sie Blutstropfen. Ich erschauerte, und mich beschlich ein Gefühl, welches ich nur ein einziges Mal zuvor kennengelernt hatte – als ich das erstemal am Rande der Nacht und am Rande der Dunkelheit gestanden hatte –, das Gefühl, völlig allein zu sein in der Welt, verloren und verzweifelt. Der Platz, wo ich saß, war nur eine winzige Insel in dem fahlen blauen Licht, und rings um diesen Platz herum war nichts als Dunkelheit und Leere und das dumpfe Stöhnen des Nachtwinds, und der Wind stöhnte: »Erinnere dich ...«

Als mich im Morgengrauen ein Nachtwächter weckte, welcher dafür zu sorgen hatte, daß die Fackeln nicht ausgingen, lachte ich über mein wenig ansprechendes, betrunkenes Gehabe und meinen womöglich noch närrischeren Traum. Ich schlurfte zurück in den Palast, mit steifen Gliedern, weil ich auf der kalten Steinbank geschlafen hatte, und erwartete, daß der gesamte Hof noch schlief. Dort jedoch herrschte helle Aufregung, alle waren bereits auf, rannten erregt hin und her, und an den verschiedenen Portalen des Palastes hatte unerklärlicherweise eine Anzahl von Mexíca-Kriegern Posten bezogen. Als ich Prinz Weide fand und dieser mir mit umdüsterter Miene die Neuigkeit unterbreitete, fragte ich mich nachgerade, ob meine nächtliche Begegnung wirklich nur ein Traum gewesen sei. Denn die Nachricht lautete, daß Motecuzóma etwas sehr Niedriges und etwas Unerhörtes getan habe.

Wie ich schon gesagt habe, gehörte es zu den unverletzlichen Traditionen, daß feierliche Zeremonien wie die Bestattung eines Herrschers nicht durch Attentate oder andere verräterische Machenschaften besudelt wurden. Wie ich gleichfalls gesagt habe, war das Heer der Acólhua von dem verstorbenen Nezahualpíli so gut wie aufgelöst worden, und die wenigen Truppen, welche noch unter Waffen standen, waren nicht in einem Bereitschaftsstand, daß sie irgendwelche Eindringlinge hätten zurückwerfen können. Wie ich des weiteren gesagt habe, hatte Motecuzóma zur Bestattung seine Weibliche Schlange und seinen Oberbefehlshaber Cuitláhuac gesandt. Was ich jedoch nicht gesagt habe, weil ich es nicht wußte, war, daß Cuitláhuac mit einem Kriegs-Acáli gekommen war, welches mit sechzig ausgesuchten Mexíca-Kriegern bemannt war, die er heimlich außerhalb von Texcóco hatte von Bord gehen lassen.

In dieser Nacht, während ich in meiner Trunkenheit mit meinen Trugbildern des Gesprächs gepflogen – oder mit mir selbst gesprochen hatte –, hatten Cuitláhuac und seine Truppe die Palastwache vertrieben, die Gebäude besetzt, und die Weibliche Schlange hatte alle, welche hier Unterkunft gefunden hatten, zusammengerufen und ihnen eine Verlautbarung verlesen. Kronprinz Schwarz Blume werde *nicht* zum Nachfolger seines Vaters gekrönt werden. Motecuzóma habe als Oberster Herrscher des Dreibunds angeordnet, daß die Krone von Texcóco statt dessen an den weiter unten in der Nachfolge stehenden Prinzen Cacáma, Mais Kolben, gehe, den zwanzigjährigen Sohn einer von Nezahualpílis Konkubinen, welche nicht zufällig Motecuzómas jüngere Schwester war.

Einen solchen Zwang und eine solche Nötigung hatte es noch nie gegeben, es war unerhört und verwerflich, doch ließ sich nichts dagegen unternehmen. So bewundernswert Nezahualpílis Befriedungspolitik grundsätzlich auch gewesen sein mochte – durch sie war sein Volk beklagenswert unvorbereitet gewesen, sich Motecuzómas Einmischung in seine inneren Angelegenheiten zu widersetzen. Kronprinz Schwarz Blume führte sich auf wie ein wutschnaubender schwarzer Bär, doch mehr konnte er auch nicht tun. Oberbefehlshaber Cuitláhuac war kein böser Mensch, obwohl er Motecuzómas Bruder war und seinen Befehlen gehorchte. Er brachte dem abgesetzten Prinzen gegenüber sein Mitgefühl zum Ausdruck und riet ihm, ruhig irgendwo hinzugehen, ehe Motecuzóma auf den sehr naheliegenden Gedanken kam, ihn gefangennehmen und beseitigen zu lassen.

Folglich reiste Schwarz Blume noch am selben Tage in Begleitung seines persönlichen Hofstaats, seiner Diener und Wachen sowie einer Anzahl Adliger ab, die zutiefst empört waren über die Wendung, welche die Ereignisse genommen hatten. Sie alle schworen laut Rache für den Verrat, welcher durch ihren langjährigen Bundesgenossen an ihnen verübt worden war. Alle anderen in Texcóco konnten nur in ohnmächtiger Wut schäumen und mußten sich mit der Krönung von Motecuzómas Neffen Cacámatzin zum Uey-Tlatoáni der Acólhua abfinden.

Ich blieb nicht bis zu dieser Zeremonie. Ich war ein Mexícatl, und Mexícatl waren im Augenblick nun einmal nicht sonderlich gern gelitten in Texcóco, und ich war auch nicht sonderlich stolz darauf, ein Mexícatl zu sein. Selbst mein alter Schulkamerad, Weide, betrachtete mich nachdenklich und überlegte wohl, ob ich eine verschleierte Drohung ausgesprochen haben mochte, als ich ihm sagte: »Motecuzóma wird deinen Bruder nicht mehr lieben als deinen Vater.« Folglich reiste ich ab und kehrte nach Tenochtítlan zurück, wo die Priester jubelnd in fast jedem Tempel besondere Riten veranstalteten, um »unseres Verehrten Sprechers kluge List« zu feiern. Und Cacámatzins Gesäß hatte sich kaum auf dem Thron von Texcóco gewärmt, da verkündete er eine Abkehr, ja Umkehrung der Politik seines Vaters: Er ließ neue Acólhua-Truppen ausheben, um seinem Onkel Motecuzóma zu helfen, neuerlich eine Streitmacht gegen das ewig befehdete Texcála aufzustellen.

Auch diesem Krieg war kein Erfolg beschieden, was vornehmlich an Motecuzómas neuem jungen und kriegerischen Verbündeten lag, welcher – wiewohl persönlich ausgesucht und ihm blutsmäßig verbunden – ihm keine sonderliche Hilfe war. Cacáma wurde von seinen Untertanen weder geliebt noch gefürchtet, und sein Ruf nach Freiwilligen verhallte praktisch ungehört. Selbst als er diesem Aufruf schließlich eine unnachgiebige Aushebung folgen ließ, stellten sich vergleichsweise nur wenige Männer, die sich in der Schlacht auch noch als recht schwunglos erwiesen. Andere Acólhua, welche sonst gewiß eifrig zu den Waffen gegriffen hätten, schützten vor, sie seien während Nezahualpílis Friedensjahren alt geworden oder krank, oder sie hätten inzwischen viele Kinder bekommen und wären daher nicht abkömmlich. In Wahrheit hielten sie alle noch dem Kronprinzen die Treue, in dem sie ihren eigentlichen Verehrten Sprecher sahen.

Als Schwarz Blume Texcóco verließ, begab er sich irgendwo in den Bergen weit im Nordosten auf einen anderen Landsitz seiner Familie, wo er begann, diesen zu einer befestigten Garnison auszubauen. Neben den Edelleuten und ihren Familien, welche freiwillig in die Verbannung mit ihm gegangen waren, schlossen sich ihm noch viele andere Acólhua an: Ritter und Krieger, welche früher unter seinem Vater gedient hatten. Noch andere, die nicht ständig ihr Zuhause oder ihre Berufe im Herrschaftsgebiet von Cacáma verlassen konnten, suchten in Abständen immer wieder Schwarz Blumes Bergfeste auf, um dort mit den anderen Truppen zu üben. Alle diese Tatsachen waren mir damals genausowenig bekannt wie den meisten anderen Menschen. Es war ein wohlgehütetes Geheimnis, daß Schwarz Blume sich langsam aber sorgfältig rüstete, dem Usurpator den Thron wieder zu entreißen, selbst wenn das bedeutete, daß er dieserhalb gegen den gesamten Dreibund würde kämpfen müssen.

An Motecuzómas Gemütsverfassung, die man auch in den besten Zeiten nur als giftig bezeichnen konnte, änderte sich inzwischen nichts. Er argwöhnte, daß er in der Achtung der anderen Herrscher durch sein herrisches Eingreifen in die Angelegenheiten von Texcóco tief gesunken war. Er fühlte sich gedemütigt durch den letzten Fehlschlag, die Texcaltéca endlich zu schlagen. Er war nicht sonderlich mit seinem Neffen Cacáma zufrieden. Und dann – als hätte er nicht schon genug Sorgen und Ärger – begannen viel schlimmere Dinge.

Nezahualpílis Tod hätte fast so etwas wie ein Signal sein können, auf welches hin sich seine düstersten Vorhersagen erfüllten. In dem Mond Der Baum Wird Aufgerichtet, der auf seine Bestattung folgte, traf ein Schnellbote aus dem Mayaland mit der beunruhigenden Nachricht ein, daß die merkwürdigen weißen Männer wieder nach Kutz Uluümil gekommen seien, diesmal jedoch nicht nur zwei von ihnen, sondern hundert. Sie waren in drei Schiffen gekommen, hatten vor der Hafenstadt

Kimpéch festgemacht und waren mit ihren großen Kanus an Land gerudert. Die Bewohner von Kimpéch, diejenigen, welche nicht den Blattern zum Opfer gefallen waren, hatten sie ohne Widerstand landen lassen. Doch die weißen Männer waren dreist in einen Tempel eingedrungen und hatten begonnen, ohne jede vorherige Ankündigung und ohne irgendwelche Erlaubnis, den Tempel allen goldenen Zierats zu berauben, woraufhin die Bevölkerung nun doch zu den Waffen gegriffen hatte.

Oder es zumindest versucht, berichtete der Bote, denn die Waffen der Krieger von Kimpéch glitten klirrend von den *metallenen Körpern* der weißen Männer ab, und die weißen Männer stießen einen Kriegsschrei – »Santiago!« – aus und schlugen mit den Stecken zurück, welche sie bei sich getragen und keineswegs einfache Knüppel oder Stangen gewesen seien. Diese Stecken spien Donner und Blitz wie der Gott Chak, wenn er zornig ist, und viele Maya wurden in großer Entfernung von den feuerspeienden Stecken zu Boden gestreckt. Heute wissen wir selbstverständlich alle, daß der Schnellbote versuchte, die Stahlpanzer und die auf große Entfernung tötenden Arkebusen oder Hakenbüchsen zu beschreiben, doch damals klang das, was er berichtete, völlig verwirrt.

Immerhin brachte er zwei Dinge mit, um seinen Bericht zu untermauern. Zum einen handelte es sich um eine Aufstellung der Toten auf Borkenpapier: über zweihundert Männer, Frauen und Kinder von Kimpéch; zweiundvierzig von den Fremden – ein Beweis dafür, daß Kimpéch einen mutigen Kampf gegen die furchtbaren neuen Waffen gekämpft hatte. Auf jeden Fall hatte die Verteidigung die Eindringlinge zurückgeworfen. Die weißen Männer hatten sich in ihre Kanus zurückgezogen und waren mit ihnen zu ihren Schiffen zurückgefahren, welche ihre Flügel ausgebreitet und wieder hinter dem Horizont verschwunden waren. Als zweites brachte der Bote das Gesicht eines der toten weißen Männer, welches ihm samt Haupthaar und Bart über den Kopf gezogen, getrocknet und auf einen Weidenreif aufgespannt worden war. Ich hatte später selber Gelegenheit, es zu sehen, und es ähnelte sehr dem Gesicht der Männer, welche ich kennengelernt hatte – zumindest in der kalkweißen Gesichtsfarbe –, nur waren das Haupthaar und der Bart von einer womöglich noch erstaunlicheren Farbe, nämlich goldgelb.

Motecuzóma belohnte den Boten, ihm diese Trophäe gebracht zu haben, doch nachdem der Mann wieder fort war, soll er schrecklich geflucht haben, was für Toren diese Maya doch seien – »Man stelle sich das vor! Besucher anzugreifen, die Götter sein könnten!« –, um sich dann im höchsten Maße erregt mit seinem Staatsrat, seinen Priestern, Sehern und Zauberern einzuschließen. Ich wurde nicht aufgefordert, an dieser Beratung teilzunehmen, und wenn überhaupt etwas dabei herausgekommen ist, ich jedenfalls hörte nichts davon.

Jedoch etwas über ein Jahr darauf, im Jahr Dreizehn Kaninchen, dem Jahr, da sich mein Schock Jahre rundete, tauchten die weißen Männer wieder von hinter dem Horizont auf, und diesmal ließ Motecuzóma mich doch zu einer Unterredung unter vier Augen rufen.

»Diese Meldung«, sagte er, »wurde zur Abwechslung einmal nicht von den Maya mit der fliehenden Stirn und dem kleinen Gehirn gebracht. Sie stammt vielmehr von einer Gruppe unserer eigenen Pochtéca, welche zufällig an der Küste des Süd-Meeres Handel trieben. Sie befanden sich gerade in Xicalánca, als sechs von den Schiffen eintrafen, und haben soviel Verstand besessen, weder den Kopf zu verlieren, noch die Leute in der Stadt in Panik ausbrechen zu lassen.«

Wie gut ich mich an Xicalánca erinnerte! An diese so wunderschön zwischen dem blauen Meer und der grünen Lagune im Olméca-Land gelegene Stadt!

»Es kam also nicht zu Kämpfen«, fuhr Motecuzóma fort, »wiewohl die weißen Männer diesmal zweihundertundvierzig an der Zahl waren und die Einheimischen große Angst hatten. Unsere besonnenen Fernhändler nahmen die Sache in die Hand und sorgten dafür, daß alle Ruhe bewahrten. Ja, sie bewogen den regierenden Tabascoöb sogar, die Neuankömmlinge zu begrüßen. Infolgedessen machten die weißen Männer diesmal keine Schwierigkeiten, plünderten und verwüsteten keine Tempel, stahlen nichts und belästigten nicht einmal irgendwelche Frauen – sie zogen wieder ab, nachdem sie einen Tag lang die Stadt bewundert und von den Gerichten der Einheimischen gekostet hatten. Selbstverständlich konnte kein Mensch sich in ihrer Sprache mit ihnen unterhalten, doch unseren Kaufleuten gelang es mit Zeichen, sie zum Tauschhandel aufzufordern. Die weißen Männer hatten nicht viel mitgebracht, womit man hätte Handel treiben können. Aber immerhin haben sie im Austausch gegen einige Federkiele Goldstaub *diese hier* hergegeben.«

Und mit einer Geste wie ein Zauberkünstler auf der Straße, welcher für eine Kinderschar Süßigkeiten hervorzaubert, zog er mit einem Ruck etliche Perlenschnüre unter seinem Umhang hervor. Wiewohl sie aus unterschiedlichem Material und in verschiedenen Farben gemacht worden waren, waren sie alle gleich, was die Anzahl kleiner Kügelchen betraf, welche in Abständen von größeren getrennt wurden. Es handelte sich um Gebetsschnüre, genauso wie diejenigen, die ich vor sieben Jahren von Jerónimo de Aguilar erhalten hatte. Motecuzóma setzte ein nachtragendes Lächeln auf, als ob er erwartete, daß ich plötzlich widerwillig knurrend zugäbe: »Ihr hattet recht, Hoher Gebieter, die Fremden *sind doch* Götter!«

Statt dessen sagte ich: »Offensichtlich beten diese weißen Männer alle auf dieselbe Weise, was darauf hinweist, daß sie aus demselben Herkunftsland stammen. Aber das hatten wir ja ohnehin schon angenommen. Alledem können wir nichts Neues entnehmen.«

»Und was ist *hiermit*?« sagte er und zog triumphierend unter seinem Thron etwas hervor, was aussah wie ein silberner Topf. »Einer von den Besuchern nahm dies hier von seinem Kopf und tauschte es gegen Gold ein.«

Ich untersuchte das Ding. Es war kein Topf, und wegen seiner rundlichen Form hätte es auch nie aufrecht stehen können. Es bestand aus Metall, einer uns unbekannten Art Metall freilich, grauer als Silber und nicht so glänzend – selbstverständlich handelte es sich um Stahl –, und an seiner Öffnung waren am Rand Lederriemen befestigt, womit man es offensichtlich unterm Kinn befestigen konnte.

Ich sagte: »Das ist ein Helm, wie sich der Verehrte Sprecher gewiß schon selbst gedacht hat. Und ein außerordentlich praktischer Helm dazu. Kein Maquáhuitl könnte einem Mann den Kopf spalten, der einen solchen Helm trägt. Es wäre gut, wenn unsere eigenen Krieger mit so etwas ausgerüstet ...«

»Du übersiehst das wichtigste!« fiel er mir ungeduldig in die Rede.

»Dieses Ding hat die gleiche Form wie das, was der Gott Quetzalcóatl für gewöhnlich auf seinem verehrten Haupt trug.«

Zweifelnd, wiewohl respektvoll, sagte ich: »Woher wollen wir das wissen, Hoher Gebieter?«

Mit nochmaliger triumphierender Gebärde zog er endlich seine letzte große Überraschung hervor. »Hier! Sieh dir das an, du störrischer alter Ungläubiger. Das hat mein eigener Neffe Cacáma mir aus den Archiven von Texcóco geschickt.«

Es handelte sich um einen auf Kitzhaut geschriebenen Geschichtsbericht, in welchem die Abdankung und Abreise des Toltéca-Herrschers Gefiederte Schlange erzählt wurde. Mit leicht zitterndem Finger zeigte Motecuzóma auf eines der Bilder. Es zeigte Quetzalcóatl, welcher auf seinem Floß stand, zum Abschied winkte und hinausglitt aufs Meer.

»Gekleidet ist er wie wir«, sagte Motecuzóma, und auch seine Stimme zitterte ein wenig. »Doch auf dem Haupt trägt er etwas, was die Krone der Toltéca gewesen sein muß. Vergleiche sie einmal mit dem Helm, den du in diesem Augenblick in Händen hältst.«

»Wer wollte die Ähnlichkeit zwischen den beiden Dingen bestreiten«, sagte ich, woraufhin er vor Genugtuung grunzte. Ich jedoch fuhr vorsichtig fort: »Gleichwohl, Hoher Gebieter, dürfen wir nicht vergessen, daß die Toltéca längst verschwunden waren, ehe die Acólhua lernten, zu zeichnen und zu malen. Infolgedessen kann der Künstler, der das hier geschrieben hat, niemals gesehen haben, wie ein Toltécatl sich kleidete. Ich gebe zu, der Kopfputz hier auf dem Bild weist eine wunderbare Ähnlichkeit mit dem Helm des weißen Mannes auf. Aber ich weiß sehr wohl, daß geschichtenerzählende Schreiber in ihre Arbeit ihre eigenen Phantasien einfließen lassen können. Außerdem möchte ich meinen Hohen Gebieter darauf hinweisen, daß es so etwas wie Zufälle gibt.«

»*Yya!*« Motecuzóma brachte es fertig, daß dieser Ausruf sich eher anhörte, wie wenn jemand sich erbrach. »Bist du denn durch *nichts* zu überzeugen? Hör zu, es gibt sogar noch mehr Beweise. Wie ich vor langer Zeit versprochen, habe ich alle Historiker des Dreibunds darauf angesetzt, alles über die verschwundenen Toltéca in Erfahrung zu bringen, was sie finden konnten, und zu ihrer eigenen Überraschung – das geben sie freimütig zu – haben sie dabei viele alte Legenden ausgegraben, die an falscher Stelle abgelegt oder vergessen worden waren. Vernimm also dieses: Nach diesen wiederentdeckten Legenden sollen die Toltéca von ungewöhnlich bleicher Haut und ungewöhnlich behaart gewesen sein. Unter ihren Männern galt es als besonderes Zeichen von Männlichkeit, möglichst viel Haar im Gesicht wachsen zu haben.« Er lehnte sich vor, um mich besser anfunkeln zu können. »Schlicht gesagt, Ritter Mixtli, waren die Toltéca weiße und bärtige Männer genauso wie die Fremden, welche jetzt immer häufiger zu Besuch kommen. *Was sagst du dazu?*«

Ich hätte dem entgegenhalten können, daß unsere Historiker den Kopf so voll hatten von Legenden und abgewandelten Legenden und Ausschmückungen von Legenden, daß jedes Kind imstande wäre, ein paar davon zu finden, welche geeignet wären, die wildesten Annahmen und ausgefallensten Theorien zu untermauern. Und ich hätte ihm sagen können, daß ergebene Historiker wahrscheinlich alles tun würden, einen Verehrten Sprecher nicht zu enttäuschen, der von einer Idee besessen sei und Beweise fordere, diese zu stützen. Ich aber sagte dieses nicht:

»Wer immer die weißen Männer sein mögen, Hoher Gebieter, Ihr habt zu recht darauf hingewiesen, daß ihre Besuche sich jetzt häufen. Und des weiteren, daß sie jetzt jedesmal in größerer Zahl kommen. Auch sind sie jedesmal weiter westlich gelandet – erst in Tihó, dann in Kimpéch und jetzt in Xicalánca –, rücken also immer näher an unsere Lande heran. Was meint der Hohe Gebieter dazu?«

Er rutschte auf seinem Thron hin und her, als spürte er unbewußt, daß er darauf nicht sicher sitze, und nach einigen Augenblicken des Überlegens sagte er:

»Als man ihnen keinen Widerstand entgegensetzte, haben sie keinerlei Schaden angerichtet. Da sie immer mit Schiffen unterwegs sind, liegt es auf der Hand, daß sie sich am liebsten auf dem Meer oder in Meeresnähe aufhalten. Du selbst hast gesagt, sie kämen von irgendwelchen Inseln. Wer immer sie sein mögen – die zurückkehrenden Toltéca oder die Götter der Toltéca selbst –, sie bekunden keinerlei Neigung, weiter ins Inland vorzustoßen, welches einst ihnen gehört hat.« Er zuckte mit den Achseln. »Sofern sie zurückkehren wollen in Die Eine Welt, sich aber nur im Küstenbereich niederlassen wollen ... nun ...« Er zuckte abermals mit den Achseln. »Warum sollten wir mit ihnen nicht als freundliche Nachbarn nebeneinander leben können?« Er hielt inne, doch als ich schwieg, fragte er voller Bitterkeit: »Stimmst du mir nicht zu?«

Ich sagte: »Nach meiner Erfahrung, Verehrter Sprecher, weiß kein Mensch jemals, ob ein möglicher Nachbar einen Schatz oder eine Plage darstellt, bis dieser Nachbar für immer eingezogen ist, und dann ist es zu spät für irgendwelches Bedauern. Ich würde es mit einer überstürzten Eheschließung vergleichen. Man kann nur hoffen.«

Nach etwas weniger als einem Jahr zogen die Nachbarn gleichsam ein, um zu bleiben. Es geschah im Frühling des Jahres Ein Rohr, daß ein weiterer Schnellbote eintraf, abermals aus dem Olméca-Land, doch diesmal kam er mit höchst beunruhigender Nachricht; Motecuzóma schickte sofort nach mir und berief gleichzeitig den Staatsrat ein, damit dieser die Nachrichten vernehme. Der Cupílcatl-Bote hatte Borkenpapiere mitgebracht, auf welchen in Bilderschrift die traurige Geschichte wiedergegeben war. Doch während wir sie uns ansahen, berichtete er selbst in atemlosen, verängstigten eigenen Worten, was geschehen war. Am Tage Sechs Blume waren die Schiffe wieder auf ihren breiten Flügeln auf die Küste herniedergeglitten gekommen, und zwar nicht nur ein paar, sondern eine ganze *Flotte*, insgesamt *elf Schiffe*. Nach eurem Kalender, meine Herren Skribenten, muß das der fünfundzwanzigste Märztag gewesen sein oder Frühlingsanfang des Jahres eintausendfünfhundertundneunzehn.

Die elf Schiffe hatten vor der Mündung des Tabascoöb-Flusses festgemacht, weiter westlich als beim vorigen Besuch, und es waren von ihnen *Hunderte* weißer Männer auf den Strand gekommen. Alle bewaffnet und in Metall gekleidet, waren diese Männer haufenweise an Land gekommen, hatten »Santiago!« gerufen – offenbar der Name ihres Kriegsgottes – und waren diesmal offensichtlich in der Absicht gekommen, mehr zu tun, als sich nur die Sehenswürdigkeiten anzusehen und von der heimischen Küche zu kosten. Infolgedessen waren unter der Bevölkerung sogleich die Krieger ausgehoben worden – die Cupílco, die Coatzacuáli, die

Coatlícamac und andere aus jenem Gebiet –, alles in allem etwa fünftausend Mann. Binnen zehn Tagen waren viele Schlachten geschlagen worden, und die Leute hatten gekämpft wie die Berglöwen, doch habe alles nichts genützt, denn die Waffen der weißen Männer seien unbesieglich.

Sie besäßen Speere und Schwerter, Schilde und Körperschützer aus Metall, an welchen die Obsidian-Maquáhuime beim ersten Schlag zerbrächen. Sie hätten Bogen, die verachtenswert klein seien und unhandlich *quer* gehalten wurden, mit denen sich aber kurze Pfeile mit unglaublicher Zielgenauigkeit abschießen ließen. Sie hätten Stecken, welche Donner und Blitz spuckten und ein lachhaft kleines, aber todausteilendes Loch in die Opfer schlügen. Sie hätten Metallrohre auf großen Rädern, welche dem wütenden Sturmgott noch mehr ähnelten, denn diese ließen noch hellere Blitze und lauteren Donner und eine Fülle von auseinanderspritzenden Metallbrocken hervorschießen, welche viele Männer auf einmal niederstrecken könnten wie Maisstengel von einem Hagelsturm. Das Unfaßlichste jedoch, das Ungeheuerlichste und Erschreckendste von allem, sagte der Bote, sei, daß einige von den weißen Kriegern Tier-Menschen seien: sie hätten den Körper von riesigen, unbehörnten Hirschen mit vier hufbesetzten Beinen, auf denen sie dahinsprengen könnten wie Hirsche, während sie mit den beiden menschlichen Armen Speere schleuderten oder tödliche Schwerthiebe austeilten. Schon ihr Anblick sei geeignet, mutige Männer heillos auseinanderlaufen zu lassen.

Ihr lächelt, ehrwürdige Patres. Aber damals vermittelten uns weder die hastig hervorgestoßenen Worte des Boten, noch die rohen Cupílco-Zeichnungen eine richtige Vorstellung von Soldaten, welche auf Tieren ritten, die größer waren als alle Tiere in diesen Landen. Genausowenig begriffen wir, was der Bote meinte, als er von Berglöwen-Hunden sprach, welche einen laufenden Menschen einholen oder in seinem Versteck aufspüren konnten, wodurch er nicht minder furchtbar wurde als ein Jaguar oder ein Schwert. Jetzt sind wir selbstverständlich alle innig vertraut mit euren Pferden und Jagdhunden und wissen, wie nützlich sie in der Schlacht oder bei der Jagd sein können.

Als die vereinigten Streitkräfte der Olméca ihrerseits jedoch nur vierzehn von den weißen Eindringlingen hatten töten können, habe der Tabascoöb den Rückzug befohlen. Er schickte als Unterhändler Edelleute, welche die Waffenstillstandsflagge aus Goldgewirk trugen, und diese näherten sich den Häusern aus Stoff, welche die weißen Männer auf dem Strand errichtet hatten. Die Edelleute waren überrascht festzustellen, daß sie sich ohne Zuhilfenahme von Gesten und Zeichen verständigen konnten, denn ihnen wurde klar, daß einer von den weißen Männern einen verständlichen Dialekt der Maya-Sprache sprach. Die Unterhändler fragten, welche Bedingungen zum Waffenstrecken die weißen Männer stellten, auf daß der Friede erklärt werden könne. Einer der weißen Männer, offenbar ihr Häuptling, sprach ein paar unverständliche Worte, und der der Maya-Sprache Mächtige dolmetschte.

Ehrwürdige Patres, ich kann mich für die Richtigkeit dieser Worte nicht verbürgen, denn ich wiederhole nur, was der Cupílcatl-Bote an jenem Tage sagte, und schon er hatte sie selbstverständlich erst gehört, nachdem sie durch mehrere andere Münder und durch etliche Sprachen der verschiedenen Beteiligten gegangen waren. Er jedenfalls sprach folgende Worte:

»Sagt eurem Volk, daß wir nicht gekommen sind, um Krieg zu führen. Wir suchen Heilung von einer Krankheit. Wir weißen Männer leiden unter einer Krankheit des Herzens, gegen welche einzig Gold hilft.«

Als er das hörte, hob die Weibliche Schlange Tlácotzin den Kopf, blickte Motecuzóma an und sagte mit einer Stimme, welche ihn aufmuntern sollte: »Das zu wissen, könnte sich als sehr nützlich erweisen, Verehrter Sprecher. Jedenfalls sind diese Fremden nicht gegen *alles* gefeit und unverwundbar. Sie leiden unter einer merkwürdigen Krankheit, welcher die vielen Völker in unseren Landen noch nie ausgesetzt waren.«

Zögernd und unsicher nickte Motecuzóma. All die alten Männer seines Staatsrats folgten seinem Beispiel und nickten gleicherweise, als rängen sie sich zu keinem anderen Urteil durch. Nur ein alter Mann im Raum besaß die Unverfrorenheit, eine andere Meinung zu vertreten, und der war selbstverständlich ich:

»Verzeiht, wenn ich anderer Ansicht bin, Weibliche Schlange«, erklärte ich. »Ich kenne eine ganze Reihe von unseren eigenen Leuten, die Symptome dieser Krankheit aufweisen. Sie wird gemeinhin Habgier genannt.«

Sowohl Tlácotzin als auch Motecuzóma blickten mich verdrossen an, und ich sagte nichts mehr. Der Bote wurde aufgefordert, in seinem Bericht fortzufahren, doch gab es nichts weiter zu berichten.

Der Tabascoöb, sagte er, habe den Frieden dadurch erkauft, daß er sämtliches Goldgerät und alles Gold, dessen er in der Schnelle habhaft werden konnte, auf dem Strand aufgehäuft habe: Gefäße und Ketten, Götterbilder und Schmuck und Zierat aus getriebenem Gold, doch auch Goldstaub und -körner und Brocken des noch unbearbeiteten Metalls. Der weiße Mann, welcher offensichtlich den Oberbefehl führte, erkundigte sich fast beiläufig, wo die Leute denn das herzbeschwichtigende Gold herhätten. Der Tabascoöb erwiderte, man finde es an vielen Stellen in Der Einen Welt, doch das meiste davon gehe an den Herrscher Motecuzóma der Mexíca, folglich finde sich auch der größte Vorrat dieses Metalls in seiner Hauptstadt. Die weißen Männer schienen von dieser Bemerkung höchst angetan und erkundigten sich, wo denn diese Stadt liege. Der Tabascoöb sagte ihnen, sie könnten mit ihren schwimmenden Häusern in die Nähe gelangen, wenn sie weiter die Küste in westlicher Richtung entlangglitten und sich dann nach Nordwest wendeten,

Motecuzóma knurrte: »Schöne, hilfsbereite Nachbarn, die wir da haben!«

Des weiteren habe der Tabascoöb dem weißen Oberbefehlshaber zwanzig schöne junge Frauen zum Geschenk gemacht, welche er unter sich und seinen Unterbefehlshabern aufteilen solle. Neunzehn von den Mädchen seien bereits vom Tabascoöb persönlich ausgesucht worden als die begehrenswertesten Jungfrauen im unmittelbaren Umkreis. Sie seien nicht allzu glücklich gewesen, sich ins Lager der Fremden zu begeben. Das zwanzigste Mädchen habe sich jedoch selbstlos freiwillig gemeldet, damit die Zahl zwanzig voll werde, eine rituelle Zahl, welche geeignet schien, die Götter zu bewegen, den Olméca fürderhin solche Heimsuchungen zu ersparen. Also hätten die weißen Männer ihre Beute an Gold und jungen Frauen in ihre großen Kanus geladen und von diesen in ihre größeren schwimmenden Häuser, schloß der Cupilcatl, und dann hätten, wie alle glühend gehofft hatten, diese Häuser ihre Flügel entfaltet und sich nach Westen aufgemacht. Das sei am Tage Dreizehn Blume geschehen, und sie hätten sich nahe der Küste gehalten.

Motecuzóma knurrte noch mehr; die Angehörigen seines Staatsrats steckten die Köpfe zusammen und beratschlagten sich, und der Palastkämmerer führte den Boten hinaus.

»Verehrter Sprecher«, sagte eines der Ratsmitglieder schüchtern, »wir haben das Jahr Ein Rohr.«

»Vielen Dank«, sagte Motecuzóma säuerlich. »Das ist nun etwas, was ich bereits wußte.«

Ein anderer alter Mann sagte: »Aber vielleicht ist dem Verehrten Sprecher bislang entgangen, welche Bedeutung das möglicherweise hat. Zumindest aus einer Legende geht hervor, daß Ein Rohr das Geburtsjahr des Quetzalcóatl war, in welchem er in seiner menschlichen Gestalt geboren wurde und in der er Uey-Tlatoáni der Toltéca werden sollte.«

Und noch einer meinte: »Als Ein Rohr bezeichnet man infolgedessen auch jenes Jahr, in welchem Quetzalcóatl sein erstes aus zweiundfünfzig Jahren bestehendes Schock Jahre vollendete. Und – wieder laut Legende – war es *dieses* Jahr, in welchem er von seinem Widersachergott Tezcatlipóca verführt wurde, sich zu betrinken, so daß er, ohne es zu wollen, abscheulich sündigte.«

Und noch ein weiterer sagte: »Die große Sünde, welche er in der Trunkenheit beging, bestand darin, daß er seiner eigenen Tochter beiwohnte. Als er am Morgen neben ihr erwachte, brachte seine Reue ihn dazu, abzudanken und allein auf seinem Floß auf dem Ost-Meer zu verschwinden.«

Und noch ein anderer sagte: »Doch noch als er abfuhr, gelobte er wiederzukommen. Versteht Ihr, Hoher Gebieter? Die Gefiederte Schlange wurde im Jahr Ein Rohr geboren und verschwand im nächsten Jahr mit der Bezeichnung Ein Rohr. Zugegebenermaßen ist das nur eine Legende, und andere Legenden geben andere Daten an; außerdem gehen alle Legenden viele, viele Schock Jahre zurück. Da wir uns jedoch wiederum in einem Jahr Ein Rohr befinden, liegt da nicht der Gedanke nahe . . .«

Er sprach den Satz nicht zu Ende, da Motecuzómas Gesicht nahezu ebenso weiß geworden war wie das eines weißen Mannes. Was er gehört hatte, verschlug ihm die Sprache. Vielleicht lag das daran, daß die Aufzählung dieses zufälligen Zusammentreffens von Ereignissen unmittelbar auf das folgte, was der Schnellbote berichtet hatte: daß die Männer, welche von jenseits des Ost-Meeres kamen, offensichtlich beabsichtigten, seine eigene Stadt zu suchen. Vielleicht war er aber auch bleich geworden, da er den feinen Hinweis begriffen hatte, daß eine Ähnlichkeit bestehe zwischen ihm und Quetzalcóatl, welcher aus Scham ob seiner eigenen Sünde dem Thron entsagt hatte. Motecuzóma hatte mittlerweile von seinen verschiedenen Frauen und Konkubinen zahlreiche Kinder unterschiedlichen Alters bekommen, und seit einiger Zeit gingen sonderbare Gerüchte um über eine angebliche Beziehung mit zweien oder dreien seiner eigenen Töchter. Der Verehrte Sprecher hatte im Augenblick reichlich viel, worüber er nachdenken mußte, doch jetzt kam wieder der Palastkämmerer herein, küßte die Erde und bat um Erlaubnis, die Ankunft weiterer Boten melden zu dürfen.

Es handelte sich um eine Abordnung von vier Männern aus dem Totonáca-Land von der Ostküste, welche ihrerseits die Ankunft jener elf

Schiffe voller weißer Männer *dort* meldeten. Das Eintreffen der Totonáca-Abgesandten, unmittelbar nachdem der Cupílcatl-Bote gegangen war, stellte ein weiteres beunruhigendes zufälliges Zusammentreffen dar, wenn dieses auch nicht unerklärlich war. Rund zwanzig Tage waren vergangen, seitdem die Schiffe die Olméca-Lande verlassen und vor der Küste der Totonáca-Lande eingetroffen waren; letztere lagen aber nahezu geradewegs östlich von Tenochtítlan, und zwischen hier und dort gab es gut ausgetretene Handelswege. Der Mann aus dem Olméca-Land hatte eine wesentlich längere und mühseligere Strecke zurücklegen müssen. Infolgedessen eignete dem fast gleichzeitigen Eintreffen der verschiedenen Berichte nichts Bemerkenswertes; gleichwohl war keinem von uns im Thronsaal dieserhalb wohler in seiner Haut.

Die Totonáca sind kein sonderlich hochstehendes Volk und recht unwissend. Da sie die Kunst der Bilderschrift nicht beherrschten, hatten sie auch keinen schriftlichen Bericht über die Ereignisse gebracht. Bei diesen vier Abgesandten handelte es sich um Wort-*Erinnerer*, welche einen auswendig gelernten Bericht ihres Herrschers Patzínca Wort für Wort so hersagten, wie er sie gesprochen hatte. Ich sollte hier vielleicht erklären, daß Worterinnerer in einer Beziehung nahezu genauso nützlich waren wie schriftlich niedergelegte Berichte. Sie konnten das, was sie auswendig gelernt hatten, immer und immer wieder wiederholen, sooft es nötig war, und kein Wort auslassen oder an die falsche Stelle setzen. Gleichwohl unterlagen sie gewissen Beschränkungen – sie nach irgendwelchen Erläuterungen zu fragen, war völlig sinnlos. Bat man sie, irgendeinen unklaren Punkt näher zu erläutern, waren sie dazu nicht imstande – sie konnten das Unklare nur wiederholen. Sie brachten es nicht einmal fertig, eine Meldung zu erweitern, indem sie eigene Meinungen und Eindrücke dazu abgaben, denn da sie sich ausschließlich auf eine einzige Aufgabe konzentrierten, waren sie dazu außerstande.

»Am Tage Acht Alligator, Verehrter Sprecher«, begann einer der Totonáca und fuhr dann fort, Patzíncas Botschaft aufzusagen. Am Tage Acht Alligator seien die elf Schiffe plötzlich auf dem Meer aufgetaucht und hätten vor der Bucht von Chálchihuacuécan haltgemacht. Diesen Ort hatte ich seinerzeit selbst besucht – den Ort, Wo Es Eine Fülle Schöner Dinge Gibt –, doch sagte ich nichts, denn ich wußte, was es hieß, einen Worterinnerer zu unterbrechen. Der Mann fuhr fort zu berichten, am folgenden Tag, Neun Wind, seien die weißen und bärtigen Fremden an Land gekommen und hätten angefangen, kleine Häuser aus Stoff am Strand aufzubauen und große hölzerne Kreuze im Sand zu errichten, des weiteren große Banner, und dann etwas zu vollziehen, was wohl eine Art Zeremonie gewesen sein müsse, da in ihrem Verlauf viel gesungen und Gesten vollführt, niedergekniet und aufgestanden worden sei; außerdem seien etliche Priester dabeigewesen, unverkennbar Priester, denn sie seien alle schwarz gewandet gewesen wie jene in unseren Landen. Selbiges habe sich am Tage Neun Wind zugetragen. Am nächsten Tag...

Einer der alten Männer vom Staatsrat meinte nachdenklich: »Neun Wind. Mindestens einer Legende zufolge lautete Quetzalcóatls voller Name Neun Wind Gefiederte Schlange. Das heißt, er wurde am Tage Neun Wind geboren.«

Motecuzóma zuckte leicht zusammen, vielleicht, weil dieser Gedanke ihm unheilverkündend deuchte, vielleicht aber auch, weil derjenige, welcher diesen Gedanken ausgesprochen hatte, wissen mußte, daß es ein Fehler war, einen Worterinnerer jemals zu unterbrechen. Ein Worterinnerer konnte nicht einfach dort fortfahren, wo er unterbrochen worden war; er mußte zurückgehen und noch einmal ganz von vorn anfangen...

»Am Tage Acht Alligator...«

Er ratterte die Meldung herunter bis er wieder dort angekommen war, wo er vorher innegehalten hatte, und fuhr fort zu berichten, es hätten bis jetzt weder am Strand noch woanders Kämpfe stattgefunden. Das war verständlich. Die Totonáca waren nämlich nicht nur unwissend, sondern auch noch ein unterwürfiges und geradezu winselnd untertäniges Volk. Jahrelang waren sie dem Dreibund untertan gewesen und hatten regelmäßig, wenn auch stets unter Wehklagen, ihren Jahrestribut an Früchten, schönem Holz, Vanille und Kakao zur Herstellung von Schokolade, Picíetl zum Rauchen und andere Erzeugnisse der Heißen Lande abgeliefert.

Die Einwohner des Ortes, Wo Es Eine Fülle Schöner Dinge Gibt, so sagten die Boten, hätten der Landung der Fremden keinen Widerstand entgegengesetzt, sondern einzig ihren Herrscher Patzínca in der Hauptstadt Tzempoálan unterrichtet. Patzínca wiederum hatte mit reichen Geschenken beladene Edelleute zu den bärtigen weißen Fremden geschickt und eine Einladung überbringen lassen, sie möchten ihm doch an seinem Hofe einen Besuch abstatten. Infolgedessen hätten fünf ihrer mutmaßlich ranghöchsten Männer ihn besucht und eine Frau mitgebracht, welche mit ihnen an Land gekommen war. Sie sei weder weiß noch habe sie einen Bart, berichteten die Sendboten, sondern sei eine Frau von einem Volk aus den Olméca-Landen. Im Palast von Tzempoálan hätten die Besucher Patzínca Geschenke überreicht: einen Stuhl von eigentümlicher Machart, viele bunte Perlen, einen Hut aus einem schweren, flauschigen roten Tuch. Die Besucher hätten dann verkündet, sie kämen als Abgesandte eines Herrschers namens Reykárlos und eines Gottes namens Herrgott und einer Göttin namens Unsere Liebe Frau.

Jawohl, ehrwürdige Patres, ich weiß. Ich wiederhole ja nur, wie die Totonácatl ihn in ihrer Unwissenheit aussprachen.

Sodann fragten die Besucher Patzínca eingehend nach den Verhältnissen in seinem Land aus. Welchen Gott er und sein Volk verehre? Ob es hier viel Gold gebe? Ob er selbst ein Kaiser oder König oder nur ein Vizekönig sei? Patzínca war zwar ziemlich verwirrt von den vielen unbekannten Wörtern, welche bei dieser Befragung verwendet wurden, stand jedoch Rede und Antwort, so gut er konnte. Unter den zahllosen Göttern, die es gebe, erkennten er und sein Volk Tezcatlipóca als den höchsten an. Er selbst sei Herrscher aller Totonáca, sie jedoch drei mächtigeren Völkern weiter im Landesinneren untertan, von denen das Volk der Mexíca unter dem Verehrten Sprecher Motecuzóma das mächtigste sei. Gerade jetzt, vertraute Patzínca den Fremden an, weilten fünf Beamte des Schatzmeisters der Mexíca in Tzempoálan, um die Liste der Tribute durchzugehen, welche die Totonáca in diesem Jahre zu entrichten hätten...

»Ich möchte mal wissen«, sagte einer der Angehörigen des Staatsrats plötzlich, »wie diese Befragung geführt wurde? Wir haben zwar gehört, daß einer der weißen Männer die Mayasprache spricht. Aber keiner von den Totonáca spricht etwas anders als seine eigene Sprache und unser Náhuatl.«

Der Worterinnerer machte ein verdutztes Gesicht. Er räusperte sich und hob wieder ganz von vorn an: »Am Tage Acht Alligator, Verehrter Sprecher . . .«

Gereizt funkelte Motecuzóma den unseligen Staatsratsangehörigen an, der unterbrochen hatte, und zischte zwischen zusammengebissenen Zähnen: »Jetzt kannst du an Altersschwäche sterben, ehe dieser Dummkopf jemals soweit kommt, es zu erklären.«

Woraufhin der Totonácatl sich abermals räusperte. »Am Tage Acht Alligator . . .«, und wir alle saßen da und rutschten unruhig hin und her, während er nochmals die ganze Meldung herunterratterte, bis er wieder an dem Punkt angelangt war, wo wir Neues erfuhren. Und was wir erfuhren, war so aufschlußreich, daß sich das Warten fast gelohnt hatte.

Die fünf hochmütigen Mexíca-Tributeintreiber, so berichtete Patzínca den weißen Männern, seien außerordentlich zornig auf ihn, weil er sie – die Fremden – willkommen geheißen habe, ohne zuvor die Erlaubnis ihres Verehrten Sprechers Motecuzóma einzuholen. Infolgedessen hätten sie zu den bisherigen Tributforderungen noch die Lieferung von zehn halbwüchsigen Totonáca-Knaben und zehn jungfräulichen Totonáca-Mädchen hinzugefügt, welche zusammen mit der Vanille und dem Kakao und den anderen Waren nach Tenochtítlan geschickt werden sollten, damit sie dort geopfert werden könnten, wenn die Mexíca-Götter solche Opfer verlangten.

Als er dies hörte, habe der Häuptling der weißen Männer vor Empörung geschnaubt, laut sein Entsetzen bekundet und Patzínca bestürmt, das solle er nicht tun, sondern statt dessen die fünf Mexíca-Beamten ergreifen und einsperren lassen. Als der Herr Patzínca sich entsetzt gezeigt und gezögert habe, Hand an Motecuzómas Leute zu legen, habe der weiße Häuptling ihm versprochen, seine weißen Soldaten würden die Totonáca vor jeder Vergeltung schützen. Folglich habe Patzínca, wenn auch angstschwitzend, den entsprechenden Befehl gegeben. Die fünf Beamten seien in einen kleinen, durch Schlingpflanzen zusammengehaltenen Käfig eingesperrt worden: Dort hätten die Worterinnerer sie, ehe sie nach Tenochtítlan aufgebrochen seien, gesehen; man habe sie alle fünf hineingestopft wie Truthähne, die zum Markt gebracht werden sollten und ihre Federumhänge seien beklagenswert zerzaust und zerrupft gewesen – von ihrem Gemütszustand ganz zu schweigen.

»Das ist unerhört!« rief Motecuzóma und vergaß sich. »Den Fremden kann man vielleicht verzeihen, denn schließlich kennen sie unsere Tributgesetze nicht. Aber dieser hirnlose Patzínca . . .!« Er fuhr von seinem Thron auf, schüttelte die geballte Faust und drohte dem Totonáca, welcher gerade gesprochen hatte. »Fünf von meinen Beamten des Schatzamtes werden *so* behandelt, und ihr habt die Stirn, hierherzukommen und es mir auch noch zu *melden*? Bei den Göttern, ich werde euch bei lebendigem Leibe den Raubkatzen im Tierhaus vorwerfen lassen, wenn eure nächsten Worte diesen wahnsinnigen Verrat Patzíncas nicht erklären und entschuldigen!«

Der Mann schluckte, die Augen quollen ihm aus den Höhlen, doch was er sagte, war: »Am Tage Acht Alligator, Verehrter Sprecher . . .«

»Ayya, ouiya, halt den Mund!« tobte Motecuzóma. Er sank zurück auf

seinen Thron und schlug verzweifelt die Hände vors Gesicht. »Ich nehme die Drohung zurück. Eine Raubkatze wäre viel zu stolz, solchen Abschaum anzurühren . . .«

Einer der Weisen Männer des Staatsrats sorgte diplomatisch für eine Ablenkung, indem er einen der anderen Sendboten aufforderte zu sprechen. Dieser begann augenblicklich seinen auswendig gelernten Text herunterzurattern und das auch noch in einem Durcheinander verschiedener Sprachen. Wie sich zeigte, war er zumindest bei einem der Gespräche zwischen seinem Herrscher und den Besuchern zugegen gewesen und wiederholte nun jedes einzelne Wort, das zwischen ihnen gewechselt worden war. Nicht minder deutlich war es, daß der weiße Häuptling spanisch gesprochen hatte, was ein anderer Besucher in die Mayasprache gedolmetscht hatte, woraufhin es ins Náhuatl übersetzt wurde, auf daß Patzínca es verstehe. Patzíncas Antwort war dann in umgekehrter Reihenfolge der Sprachen an den weißen Häuptling zurückgegangen.

»Es ist gut, daß du hier bist, Mixtli«, sagte Motecuzóma zu mir. »Das Náhuatl ist schlecht gesprochen, doch wenn wir es uns oft genug wiederholen lassen, verstehen wir es vielleicht. Aber die anderen Sprachen – kannst du uns sagen, was sie bedeuten sollen?«

Ehrlich gesagt hätte es mir ein diebisches Vergnügen bereitet, mit einer glatten und aus dem Stegreif heraus wiedergegebenen Übersetzung aufwarten zu können, doch begriff ich von diesem Durcheinander von Worten kaum mehr als jeder andere auch. Schon die Aussprache des Totonáca konnte einen gelinde zur Verzweiflung bringen. Selbst sein Herrscher sprach das Náhuatl nicht besonders gut, denn für ihn war es eine Sprache, welche er nur erlernt hatte, um sich mit seinen Vorgesetzten unterhalten zu können. Des weiteren handelte es sich bei dem Mayadialekt, welcher als Zwischensprache diente, um den Dialekt des Xiu-Stammes, und wenn ich diesen auch einigermaßen beherrschte, von dem offenbar weißen Dolmetsch konnte man das nicht behaupten. Außerdem sprach ich damals selbstverständlich noch lange nicht fließend spanisch. Zu allem Unglück wurden auch noch viele spanische Wörter benutzt – wie etwa *emperador* und *virrey* –, für die es noch keine Entsprechungen in irgendeiner unserer Sprachen gab, und so wurden sie mehr oder weniger unverändert und ohne Übersetzung auf xiu und náhuatl vom Sendboten nachgeplappert. Nicht wenig beschämt mußte ich daher Motecuzóma gegenüber eingestehen:

»Vielleicht vermag ich, Hoher Gebieter, einigermaßen dahinterzukommen, was gemeint ist, wenn es mir oft genug wiederholt wird. Doch im Augenblick kann ich Euch nur sagen, daß das Wort, welches am häufigsten von den weißen Männern in ihrer eigenen Sprache verwendet wird, das Wort *cortés* ist.«

Mit umdüsterter Miene sagte Motecuzóma: »Ein Wort!«

»Es bedeutet ›höflich‹, Verehrter Sprecher, oder ›sanft, freundlich, manierlich‹.«

Woraufhin Motecuzómas Miene sich ein wenig aufhellte und er sagte: »Nun, es verheißt zumindest nichts allzu Schlimmes, wenn diese Fremden von Freundlichkeit und Höflichkeit reden.« Ich hütete mich zu sagen, daß sie sich bei ihrem Angriff auf die Olméca nun keineswegs sanft und freundlich gezeigt hätten.

Nach etlichem Hin und Her befahl Motecuzóma mir und seinem Bruder, dem Kriegshäuptling Cuitláhuac, mit den Boten woanders hinzugehen und uns das, was sie zu berichten hätten, sooft als möglich anzuhören, bis wir aus ihnen eine geraffte Darstellung dessen herausbekommen könnten, was sich im Totonáca-Land zugetragen habe. Wir gingen daher in mein Haus, wo Béu uns mit Essen und Trinken versorgte, während wir mehrere volle Tage damit zubrachten, uns die Worterinnerer anzuhören. Der eine ratterte immer und immer wieder herunter, was Patzínca ihm zu sagen aufgetragen hatte; und die anderen drei wiederholten immer und immer wieder das Durcheinander von Worten der vielstimmigen Unterredungen zwischen Patzínca und seinen Gästen. Cuitláhuac konzentrierte sich auf das, was auf náhuatl gesprochen worden war, ich auf jene Teile, die auf xiu und spanisch gesprochen worden waren, bis unsere Ohren und unser Hirn ganz benommen waren. Gleichwohl kamen wir auf diese Weise einigermaßen auf das Wesentliche, das ich dann sofort in Wortbildern niederschrieb.

Cuitláhuac und ich sahen die Lage folgendermaßen: Die weißen Männer äußerten sich entsetzt darüber, daß die Totonáca oder irgendein anderes Volk sich vor der Oberherrschaft durch einen »fremden« Herrscher namens Motecuzóma fürchten oder sich ihr unterwerfen sollten. Sie erboten sich, mit ihren einzigartigen Waffen und ihren unbesiegbaren weißen Kriegern, die Totonáca und alle anderen, die Motecuzómas tyrannische Herrschaft abschütteln wollten, zu »befreien« – unter der Bedingung, daß diese Völker statt dessen einem noch fremderen König, Carlos von Spanien, Treue schworen. Wir wußten, daß manche Völker bereit sein könnten, sich zusammenzutun, um die Mexíca zu stürzen, denn kein einziges war jemals *erfreut* darüber gewesen, Tenochtítlan Tribut zu zahlen, und Motecuzóma hatte in der letzten Zeit dafür gesorgt, die Mexíca in der gesamten Einen Welt noch unbeliebter zu machen, als sie es ohnehin waren. Allerdings knüpften die weißen Männer noch eine andere Bedingung an ihr Befreiungsangebot; jeder Bundesgenosse, welcher dieses Angebot annehmen wollte, verpflichtete sich damit zu einem weiteren Akt des Aufbegehrens, über den nachzudenken wahrhaft erschreckend war.

Unser Herrgott und Unsere Liebe Frau, sagten die weißen Männer, seien eifersüchtig auf alle Götter neben ihnen, und die Gepflogenheit, Menschenopfer darzubringen, entsetzte sie. Daher müßten alle Völker, welche die Mexíca-Herrschaft abschütteln wollten, Anhänger dieses neuen Gottes und der neuen Göttin werden. Sie würden Blutopfer von sich weisen, sollten alle Standbilder und Tempel ihrer alten Gottheiten stürzen, und statt dessen ihre Kreuze und Standbilder aufrichten, die Unseren Herrgott und Unsere Liebe Frau darstellten – und diese Kreuze und Bildnisse würden die weißen Männer bereitwillig zur Verfügung stellen. Cuitláhuac und ich gelangten übereinstimmend zu der Ansicht, daß die Totonáca und viele andere unzufriedene Völker einen großen Vorteil darin sehen könnten, Motecuzóma und seine allgegenwärtigen Mexíca zugunsten eines fernen und unsichtbaren König Carlos abzusetzen. Wir waren uns aber gleichermaßen einig darin, daß kein Volk ohne weiteres bereit sein würde, die alten Götter zu leugnen, welche unendlich mehr zu fürchten waren als *irgendein* irdischer Herrscher, und deshalb Gefahr zu laufen, ein Erdbeben hervorzurufen, welches sie selbst und die gesamte Eine Welt verschlingen würde. Selbst der wankelmütige Patzínca von den

Totonáca – das entnahmen wir den Nachrichten der Sendboten – war entsetzt bei dieser Vorstellung.

So also lautete der Bericht samt dem Schluß, den wir daraus zogen und welchen Cuitláhuac und ich in den Palast trugen. Motecuzóma legte sich mein Buch aus Borkenpapier auf den Schoß und begann zu lesen. Er faltete freudlos Seite um Seite auseinander, während ich den Inhalt für die Angehörigen des Staatsrates laut wiederholte, die gleichfalls im Raum versammelt waren. Doch genauso wie die vorhergehende Beratung wurde auch diese dadurch unterbrochen, daß der Palastkämmerer die Ankunft neuer Sendboten meldete, welche flehten, sogleich vorgelassen zu werden.

Diesmal handelte es sich um die fünf Beamten des Schatzamtes, welche in Tzempoálan gewesen waren, als die weißen Männer dort gelandet waren. Wie die meisten Beamten, die in den tributpflichtigen Ländern umherreisten, trugen sie ihre reichsten federgewirkten Gewänder samt Federkopfputz und Amtsinsignien – um Eindruck auf die Tributpflichtigen zu machen und sie einzuschüchtern –, doch als sie jetzt in den Thronsaal eintraten, sahen sie aus wie Vögel, welche von einem Sturm durch mehrere Dornbüsche hindurchgetrieben worden waren. Sie sahen zerrupft, schmutzig, ausgemergelt und außer Atem aus, weil sie, wie sie sagten, viele Tage und Nächte in Patzíncas verfluchtem Gefängniskäfig verbracht hätten, wo so wenig Platz gewesen war, daß sie sich nicht einmal hatten niederlegen oder ihre Notdurft verrichten können. »Was für ein Wahnsinn geht denn dort vor?« verlangte Motecuzóma zu wissen.

Einer von ihnen seufzte erschöpft auf und sagte: »Ayya, Hoher Gebieter, es ist unbeschreiblich!«

»Unsinn!« herrschte Motecuzóma ihn an. »Alles, was man überlebt hat, läßt sich beschreiben. Wie ist es euch gelungen zu entfliehen?«

»Wir sind nicht entflohen, Verehrter Sprecher. Der Anführer der weißen Fremden hat uns heimlich den Käfig geöffnet.«

Wir alle zwinkerten ungläubig, und Motecuzóma rief aus: *»Heimlich?«*

»Jawohl, Hoher Gebieter. Der weiße Mann, der Cortés heißt . . .«

»Er *heißt* Cortés?« Nach diesem Ausruf bedachte Motecuzóma mich mit einem durchbohrenden Blick. Ich konnte nur hilflos mit den Achseln zucken, denn ich war ja genauso verwirrt wie er. Die von den Worterinnerern wiedergegebenen und auswendig gelernten Unterredungen hatten keinerlei Hinweis für mich enthalten, daß *cortés* ein Name sei.

Geduldig und unter Mühen fuhr der Neuankömmling fort: »Der weiße Mann Cortés kam im Schutze der Nacht, als kein Totonáca weit und breit zu sehen war, heimlich zu unserem Käfig. Nur zwei Dolmetsche begleiteten ihn. Mit eigener Hand öffnete er die Käfigtür. Und über seine Dolmetsche ließ er uns wissen, er heiße Cortés, und wir sollten machen, daß wir fortkämen, falls uns unser Leben lieb sei. Er trug uns auf, unserem Verehrten Sprecher Grüße zu übermitteln. Der weiße Mann Cortés läßt euch sagen, Hoher Gebieter, daß die Totonáca in aufrührerischer Stimmung sind; Patzínca habe uns trotz eindringlicher Warnungen von seiten Cortés', mit den Sendboten des mächtigen Motecuzóma nicht so hart umzuspringen, eingesperrt; er ist ein großer Bewunderer des mächtigen Motecuzóma; er riskiert mit vollem Bedacht, sich den Zorn des verräterischen Patzínca zuzuziehen, wenn er uns als Zeichen seiner Hochachtung ungeschoren zurückschickt. Des weiteren wünscht er, daß

Ihr erfahren sollt, er werde seine ganze Überzeugungskraft einsetzen, einen Aufstand der Totonáca gegen Euch zu verhindern. Als Gegenleistung dafür, daß er für Frieden sorgt, wünscht der weiße Mann Cortés nur, daß Ihr ihn nach Tenochtítlan einladet, auf daß er persönlich dem größten Herrscher in all diesen Landen seine Aufwartung machen kann.«

»Nun«, sagte Motecuzóma lächelnd, setzte sich aufrechter hin und sonnte sich unbewußt in dieser Flut von Lobhudelei. »Der weiße Mann heißt zurecht Höflich.«

Doch seine Weibliche Schlange, Tlácotzin, ergriff das Wort und wandte sich an den Mann, welcher gerade gesprochen hatte: »*Glaubst* du, was der Fremde dir gesagt hat?«

»Herr Weibliche Schlange, ich kann nur berichten, was ich weiß. Wir sind von den Totonáca-Wachen eingesperrt worden, und befreit hat uns dieser Mann Cortés.«

Tlácotzin wandte sich an Motecuzóma: »Von Patzíncas eigenen Sendboten haben wir erfahren, daß er erst Hand an diese Beamten gelegt hat, nachdem ihm dieses von demselben Häuptling der weißen Männer befohlen worden war.«

Unsicher sagte Motecuzóma: »Patzínca könnte aus irgendeinem Grunde gelogen haben.«

»Ich kenne die Totonáca«, sagte Tlácotzin verächtlich. »Keiner von ihnen, auch Patzínca nicht, hat den Mut aufzubegehren. Auch ist er nicht klug genug, uns etwas zu verhehlen. Jedenfalls nicht ohne fremde Hilfe.«

»Wenn ich etwas sagen darf, Herr Bruder«, ergriff jetzt Cuitláhuac das Wort. »Ihr seid mit der Lektüre des von Ritter Mixtli und mir vorbereiteten Berichts noch nicht fertig. Die darin wiedergegebenen Worte sind jene, welche tatsächlich zwischen dem Herrn Patzínca und dem Mann Cortés gewechselt wurden. Es kann kein Zweifel herrschen, daß er Patzínca listig zum Verrat angestiftet und diesen Beamten gegenüber schamlos gelogen hat.«

»Das ergibt keinen Sinn«, wandte Motecuzóma ein. »Warum sollte er Patzínca zum Verrat anstiften, diese Männer zu ergreifen, und das dann zu leugnen und sie eigenhändig wieder zu befreien?«

»Er hat gehofft, dafür zu sorgen, daß wir den Totonáca die Schuld für den Verrat geben«, erklärte die Weibliche Schlange. »Jetzt, da die Beamten zu uns zurückgekehrt sind, muß Patzínca in Todesangst schweben und dabei sein, seine Krieger auszuheben, um sich gegen jede Vergeltung von unserer Seite zu wehren. Sobald dieses zur Verteidigung gedachte Heer steht, dürfte es dem Mann Cortés ein leichtes sein, Patzínca zu bewegen, es statt dessen dazu zu benutzen, *uns* anzugreifen.«

Cuitláhuac fügte noch hinzu: »Und das steht ganz im Einklang mit den Schlüssen, zu denen wir gekommen sind, nicht wahr, Mixtli?«

»Jawohl, meine Herren«, sagte ich und wandte mich an sie alle. »Der weiße Häuptling Cortés will ganz zweifellos *etwas* von uns Mexica, und er wird nötigenfalls Gewalt anwenden, um es zu bekommen. Die Drohung liegt doch sogar in der Botschaft, welche diese Beamten überbracht haben, die er auf so listige Weise befreit hat. Sein Preis dafür, daß er die Totonáca in Schach hält, besteht darin, daß er hierher eingeladen wird. Wird ihm die Einladung vorenthalten, wird er die Totonáca – und womöglich noch andere – benutzen, sich den Weg hierher freizukämpfen.«

»Dem können wir ja leicht entgehen«, sagte Motecuzóma, »indem wir die Einladung übermitteln, um welche er bittet. Schließlich hat er gesagt, er wolle uns nur seine Aufwartung machen, und dagegen ist nichts einzuwenden. Kommt er ohne Truppen, nur in Begleitung seiner Unterbefehlshaber, kann er hier gewiß keinen Schaden anrichten. Ich glaube, daß er uns um Erlaubnis bitten will, mit seinen Leuten an der Küste eine Kolonie zu gründen. Wir wissen bereits, daß diese Fremden von Natur aus Inselbewohner und Seefahrer sind. Wenn es ihnen um nichts weiter geht als um eine Zuweisung von etwas Land an der Küste . . .«

»Ich möchte nicht gern widersprechen, Verehrter Sprecher«, ließ sich eine heisere Stimme vernehmen, »aber die weißen Männer wollen mehr als eine Stellung an der Küste.« Der gesprochen hatte, war einer von den zurückgekehrten Beamten. »Ehe wir von Tzempoálan freikamen, sahen wir den Widerschein großer Feuer am Himmel an der Küste, und ein Melder kam von der Bucht, wo die weißen Männer ihre elf Schiffe festgemacht hatten. Zuletzt erfuhren sogar wir, was geschehen war. Auf Befehl dieses Cortés hin holten alle seine Krieger die gesamte bewegliche Habe von zehn der Schiffe herunter; und diese zehn wurden in Brand gesteckt und sind zu Asche verbrannt. Nur eines ist noch übrig. Es soll offenbar als Kurierschiff zwischen hier und dem Ort dienen, wo die weißen Männer hergekommen sind.«

Verwirrt sagte Motecuzóma: »Das alles ergibt immer weniger Sinn. Warum sollten sie sich absichtlich ihres einzigen Transportmittels berauben? Willst du mir weismachen, all diese Fremden seien Wahnsinnige?«

»Ich weiß es nicht, Verehrter Sprecher«, erklärte der Heisere. »Ich weiß nur dieses. Hunderte von weißen Kriegern sitzen jetzt an der Küste fest, ohne die Mittel, wieder dorthin zurückzukehren, woher sie gekommen sind. Der weiße Häuptling Cortés kann jetzt nicht mehr friedlich bewogen oder gezwungen werden, wieder abzuziehen, weil er das aufgrund seines eigenen Handelns nicht mehr kann. Er steht mit dem Rücken zum Meer, und ich glaube nicht, daß er nur einfach dort bleiben wird. Seine einzige andere Möglichkeit besteht darin, ins Landesinnere vorzustoßen. Ich glaube, der Adlerritter Mixtli hat es richtig vorausgesagt: daß sie hierhermarschieren werden. Nach Tenochtítlan.«

Offenbar nicht minder beunruhigt als der unglückliche Patzínca von Tzempoálan weigerte unser Verehrter Sprecher sich, sofort eine Entscheidung zu treffen oder auf der Stelle etwas zu unternehmen. Er befahl, daß alle den Thronsaal verließen und nur er allein zurückbleibe. »Ich muß gründlich über diese Dinge nachdenken«, sagte er, »und genau den Bericht studieren, den mein Bruder und Ritter Mixtli zusammengestellt haben. Ich werde mit den Göttern in Verbindung treten. Sobald ich entschieden habe, was als nächstes zu tun ist, lasse ich euch meine Entscheidung wissen. Im Augenblick möchte ich allein gelassen werden.«

So zogen die fünf gerupften und zerzausten Beamten fort, sich wieder herzurichten und frisch zu machen, und der Staatsrat ging auseinander. Ich selber begab mich nach Hause. Wenn Wartender Mond und ich auch selten miteinander redeten, und wenn, dann nur über belanglose Haushaltsangelegenheiten, verspürte ich in diesem besonderen Fall das Bedürfnis, mit jemandem zu sprechen. Infolgedessen erzählte ich ihr alles, was sich an der Küste und bei Hofe zugetragen hatte und vertraute ihr die drückenden Ängste an, die all das hervorrief.

Leise sagte sie: »Motecuzóma fürchtet, es ist das Ende unserer Welt Du auch, Mixtli?«

Unentschlossen schüttelte ich den Kopf. »Ich bin kein Weitseher. Ganz im Gegenteil. Doch das Ende Der Einen Welt ist schon oft prophezeit worden. Desgleichen die Rückkehr von Quetzalcóatl, gleichgültig, ob mit oder ohne seine Toltéca. Wenn dieser Cortés nichts weiter ist als eine neue Art von Räuber, können wir ihn bekämpfen und ihn wahrscheinlich besiegen. Doch wenn sein Kommen irgendwie die Erfüllung all dieser alten Prophezeiungen ist ... nun, dann wird es sein wie die große Überflutung vor zwanzig Jahren, gegen die keiner von uns etwas hat ausrichten können. Ich konnte es auch nicht, dabei stand ich damals in der Vollkraft meiner Jahre. Selbst der starke und furchtlose Verehrte Sprecher Ahuítzotl konnte es nicht. Jetzt bin ich alt, und ich habe wenig Zutrauen zu dem Verehrten Sprecher Motecuzóma.«

Nachdenklich ließ Béu ihre Augen auf mir ruhen, dann sagte sie: »Überlegst du, ob wir nicht besser unsere sieben Sachen nehmen, davonziehen und irgendwo einen sicheren Hafen aufsuchen? Selbst wenn es hier im Norden zu Not und Unheil kommen sollte – in meiner Heimatstadt Tecuantépec würden wir vermutlich außer Gefahr sein.«

»Ehrlich gesagt habe ich daran gedacht«, sagte ich. »Aber ich bin nunmehr seit Jahren so innig mit Wohl und Wehe der Mexíca verbunden, daß ich mir wie ein Verräter vorkäme, wenn ich in diesem Augenblick fortginge. Und es mag ja geradezu widernatürlich von mir sein, aber wenn dies hier so etwas wie ein Ende ist, möchte ich, wenn ich in die Míctlan eingehe, sagen können: Ich bin dabeigewesen.«

Motecuzóma hätte noch sehr lange fortfahren können, zu zögern und zu zaudern, wäre nicht in dieser Nacht noch etwas geschehen. Es handelte sich abermals um ein Zeichen von böser Vorbedeutung, und zwar um ein so erschreckendes, daß er sich immerhin bemüßigt fühlte, zumindest mich kommen zu lassen. Ein Page vom Palast kam, der selbst reichlich verstört schien, und holte mich aus dem Schlaf, damit ich ihn auf der Stelle in den Palast begleite.

Als ich mich ankleidete, vernahm ich draußen auf der Straße ein gedämpftes Durcheinander und brummte: »Was ist jetzt geschehen?«

»Das werde ich Euch zeigen, sobald wir draußen sind, Ritter Mixtli«, sagte der junge Page.

Als wir auf der Treppe standen, wies er zum Himmel hinauf und sagte mit leiser Stimme: »Schaut!« So spät es war, schon eine ganze Weile nach Mitternacht, waren wir nicht die einzigen, welche die Erscheinung beobachteten. Die Straße war voll von Menschen aus den Nachbarhäusern; alle blickten sie zum Himmel auf, und alle murmelten sie voller Unbehagen und erhoben die Stimme nur, um noch einen weiteren Nachbarn zu wecken. Ich hob meinen Kristall vors Auge und sah zum Himmel auf, und zunächst war ich überwältigt wie alle anderen auch. Doch dann stellte eine Erinnerung an eine längst vergangene Zeit sich in mir ein, was zumindest für mich dem, was ich sah, viel von seiner Bedrohlichkeit nahm. Der Page sah mich von der Seite an; vielleicht erwartete er, daß ich irgendeinen Schreckensruf ausstieß, doch ich seufzte nur und sagte:

»Das hat uns gerade noch gefehlt.«

Im Palast trieb ein halbangekleideter Kämmerer mich ins Obergeschoß hinauf und dann noch die Treppe, welche zum Dachgarten des großen Gebäudes hinaufführte. Motecuzóma saß auf einer Bank, und ich glaube, er zitterte, wiewohl die Frühlingsnacht keineswegs kalt und er überdies in mehrere dicke Umhänge eingehüllt war, welche er hastig umgeworfen hatte. Ohne den Blick vom Himmel zu wenden, sagte er zu mir:

»Nach der Neu Feuer-Zeremonie kam es zur Sonnenfinsternis. Danach kamen die Sternschnuppen und danach die Rauchenden Sterne. All diese Dinge in den vergangenen Jahren haben gewiß nichts Gutes verheißen, doch zumindest wußten wir, worum es sich handelte. *Das* hier jedoch ist eine Erscheinung, wie wir sie nie zuvor beobachtet haben.«

Ich sagte: »Verzeiht, wenn ich Euch berichtige, Verehrter Sprecher – nur, um Euch etwas von Euren Befürchtungen zu nehmen. Wenn Ihr Eure Historiker weckt, Hoher Gebieter, und sie beauftragt, in den Archiven nachzuforschen, werden sie Euch gewiß bestätigen, daß so etwas durchaus schon einmal vorgekommen ist. Im Jahre Ein Kaninchen im vorletzten Schock Jahre, unter der Regierung Eures Namensvetters und Großvaters.«

Er starrte mich an, als ob ich plötzlich gestanden hätte, eine Art Zauberer zu sein. »Vor sechsundsechzig Jahren? Lange Zeit, bevor du geboren wurdest. Woher willst du das jetzt wissen?«

»Ich erinnere mich, daß mein Vater von Lichtern wie diesen erzählt hat, Hoher Gebieter. Er behauptete, es seien die Götter, welche über den Himmel schritten, wobei freilich nur ihre Umhänge sichtbar wären, alle gefärbt in diesen kalten Farben.«

Und genau so sahen die Lichter in dieser Nacht aus: Wie durchsichtige Schleier, welche von einem Punkt ganz hoch am Himmel herunterreichten bis hinunter zu den Bergen am Horizont, und als ob sie in einer leichten Brise hin- und herwallten. Nur war von einer Brise nichts zu spüren, und die langen Lichtschleier rauschten auch nicht, als sie hin- und herwogten. Sie schimmerten nur kalt, in Farben, welche von Weiß und Hellgrün bis zu Hellblau gingen. Und während diese Schleier sanft wogten, veränderten sich die Farben und verschmolzen bisweilen miteinander. Es war ein wunderschöner Anblick, gleichwohl jedoch einer, bei dem einem auch die Haare zu Berge standen.

Viel später habe ich einmal das Schauspiel dieser Nacht einem von den spanischen Matrosen berichtet und ihm gesagt, wie wir Mexíca das als eine Warnung vor drohendem Unheil gedeutet hätten. Da lachte er und nannte mich einen abergläubischen Wilden. »Wir haben diese Lichter damals gleichfalls gesehen«, sagte er, »und es erstaunte uns ein wenig, ihnen soweit im Süden zu begegnen. Aber ich weiß, daß es nichts bedeutet, habe ich es doch in so mancher Nacht erlebt, wenn wir auf den kalten Meeren des Nordens dahinsegelten. Dort, in den Breiten, wo der eisige Nordwind über die Meere fegt, ist das ein recht häufiger Anblick. Daher auch die Bezeichnung, welche wir dafür haben: Nordlichter.«

Damals jedoch wußte ich nur, daß sich diese blassen, bezaubernden und furchterregenden Lichter in Der Einen Welt zum erstenmal seit sechsundsechzig Jahren zeigten, und ich sagte zu Motecuzóma: »Nach meinem Vater waren es die Zeichen, welche damals die Wiederkehr der Harten Zeiten ankündigten.«

»Ah, ja.« Mit umdüsterter Stirn nickte er. »Die Geschichte von diesen

Hungerjahren habe ich gelesen. Aber ich glaube, alle Harten Zeiten der Vergangenheit werden nichts sein im Vergleich zu dem, was uns jetzt bevorsteht.« Schweigend saß er eine Zeitlang da, und ich dachte, sitze nur da und blase Trübsal, doch plötzlich sagte er: »Ritter Mixtli, ich möchte, daß du noch eine Reise unternimmst.«

Ich erhob so höflich, wie es ging, Einspruch. »Hoher Gebieter, ich bin ein alter Mann.«

»Ich werde dir wieder Träger und Eskorte zur Verfügung stellen, und außerdem ist es keine besonders beschwerliche Reise von hier bis zur Totonáca-Küste.«

Woraufhin ich etwas energischer Einspruch erhob. »Die erste förmliche Begegnung zwischen den Mexíca und den weißen Spaniern, Hoher Gebieter, sollte niemand geringerem anvertraut werden als den Weisen Männern Eures Staatsrates.«

»Die meisten von ihnen sind womöglich noch älter als du und noch schlechter für eine solche Reise gerüstet. Keiner von ihnen ist imstande, Wortbild-Berichte zu verfassen oder die Sprache der Fremden zu sprechen. Doch am allerwichtigsten, Mixtli, ist, daß du imstande bist, Menschen zu zeichnen, wie sie wirklich aussehen. Das ist etwas, was wir noch nicht gehabt haben, jedenfalls nicht, seitdem die Fremden zuerst im Mayaland gelandet sind – ein gutes Bild von ihnen.«

Ich erklärte: »Wenn das alles ist, was der Hohe Gebieter begehrt, kann ich noch aus der Erinnerung die Gesichter der beiden malen, welche ich in Tihó aufgesucht habe, und es wird ein ganz gutes Porträt werden.«

»Nein«, sagte Motecuzóma. »Du hast selbst gesagt, sie seien nichts weiter gewesen als gemeinfreie Handwerker. Ich will das Gesicht ihres Anführers sehen, des Mannes Cortés.«

Woraufhin ich mir ein Herz faßte und fragte: »Dann ist der Hohe Gebieter zu dem Schluß gekommen, daß er ein Mensch ist?«

Er lächelte kläglich. »Du hast die Vorstellung, er könnte ein Gott sein, immer weit von dir gewiesen. Aber es sind so viele Zeichen am Himmel gesetzt worden, und so viele Dinge sind zusammengetroffen. Selbst wenn er nicht Quetzalcóatl ist und seine Krieger keine Toltéca, die wiederkehren – es könnte dennoch sein, daß die Götter sie geschickt haben. Vielleicht als Vergeltung für irgend etwas.« Ich betrachtete sein Gesicht, das im grünlichen Schimmer des Himmels recht leichenhaft aussah. Ich überlegte, ob er wohl – als er von Vergeltung sprach – daran gedacht hatte, daß er dem Kronprinzen Schwarz Blume den Thron entrissen hatte, oder ob er an andere, persönlichere, noch geheimere Vergehen dachte.

Doch plötzlich raffte er sich auf und sagte schon wieder mehr auf seine alte schroffe Weise: »Diese Seite der ganzen Angelegenheit braucht dich nicht zu bekümmern. Bring mir nur das Bild von Cortés und Wortbilder mit einer Aufstellung über die Stärke seiner Streitkräfte, eine Beschreibung seiner geheimnisvollen Waffen, der Art, wie sie kämpfen, alles, was uns hilft, sie besser kennenzulernen.«

Ich versuchte noch ein letztes Mal, Einwände zu erheben. »Was immer der Mann Cortés sein oder darstellen mag, Hoher Gebieter, ich würde meinen, ein Narr ist er nicht. Es steht nicht zu erwarten, daß er einen spionierenden Schreiber in seinem Lager hin- und hergehen lassen wird, wohin er will, daß er seine Krieger und seine Waffen zählt.«

»Du wirst auch nicht allein hingehen, sondern mit vielen Edelleuten, reich gekleidet, je nach ihrem Stand, und ihr alle werdet dem Mann Cortés als einem Adeligen von gleichem Rang begegnen. Das wird ihm schmeicheln. Außerdem wirst du eine Trägerkolonne mitnehmen und reiche Geschenke überbringen. Das wird seinen Argwohn beschwichtigen in bezug auf das, was ihr wirklich wollt. Ihr werdet hochstehende Sendboten des Verehrten Sprechers der Mexíca und Der Einen Welt sein, welche die Sendboten jenes König Carlos von Spanien geziemend begrüßen.« Er hielt inne und sah mich lange an. »Jeder einzelne von euch wird ein echter und vollgültiger Angehöriger des Adels der Mexíca sein.«

Als ich nach Hause kam, war Béu gleichfalls wach. Nachdem auch sie die Lichterscheinungen am nächtlichen Himmel betrachtet hatte, bereitete sie jetzt Schokolade für meine Heimkehr. Ich begrüßte sie weit überschwenglicher als sonst: »Ist das eine Nacht gewesen, meine Gemahlin Wartender Mond.«

Sie nahm das offensichtlich als eine Koseform und machte ein ebenso erfreutes wie erschrockenes Gesicht, denn ich glaube nicht, daß ich in unserer ganzen Ehe jemals etwas Zärtliches zu ihr gesagt habe.

»Aber Záa«, sagte sie und errötete vor Freude. »Wenn du mich nur Frau nennen würdest, so würde das schon mein Herz erfreuen. Aber *meine Gemahlin*? Wieso diese plötzliche Liebenswürdigkeit? Ist etwas . . .«

»Nein, nein, nein«, unterbrach ich sie. Ich war es nun seit Jahren zufrieden, daß Béu sich eines beherrschten und zurückhaltenden Benehmens befleißigte und wollte nicht, daß sie plötzlich Gefühle zeigte. »Ich habe dich nur angeredet, wie es sich fürderhin für dich geziemt. Du trägst jetzt den Titel *Dame*. Heute nacht hat der Verehrte Sprecher das *-tzin* an meinen Namen gehängt, und das gilt jetzt selbstverständlich auch für dich.«

»Oh«, sagte sie, als wäre ihr etwas anderes lieber gewesen. Gleichwohl faßte sie sich rasch wieder und war gleich wieder ihr kühles und ihr beherrschtes Ich. »Ich darf annehmen, daß du dich freust, Záa.«

Ich lachte etwas ironisch. »Als ich jung war, habe ich davon geträumt, große Taten zu vollbringen, Reichtümer zu erwerben und geadelt zu werden. Und erst jetzt, nachdem ich ein volles Schock Jahre hinter mir habe, bin ich zum Mixtzin geworden, dem Herrn Mixtli aus Mexíca, und vielleicht auch nur für eine kurze Zeit, Béu . . . Vielleicht nur solange, wie es überhaupt Herren, solange es überhaupt noch Mexíca gibt . . .«

Außer mir kamen noch vier Edelleute mit, und da ihre Titel ererbt waren, waren sie nicht sonderlich davon erbaut, daß Motecuzóma einem Emporkömmling wie mir den Befehl über diese Mission anvertraut hatte, welche wir zu vollbringen hatten.

»Ihr sollt dem Manne Cortés größte Hochachtung und Aufmerksamkeit entgegenbringen und ihn schmeichelhaft behandeln«, sagte der Verehrte Sprecher, als er uns seine Anweisungen erteilte. »Und nicht nur ihm, sondern jedem, von dem ihr annehmt, daß er von hohem Rang sei. Bereitet bei jeder sich bietenden Gelegenheit ein Festmahl für sie. Zu euren Trägern gehören fähige Köche, und sie führen reichlich Vorräte und köstliche Leckereien mit. Des weiteren sind sie mit vielen Geschenken beladen, welche ihr feierlich überreichen sollt. Erklärt, Motecuzóma schicke sie als Zeichen der Freundschaft und des Friedens zwischen unseren Völkern.« Er hielt inne und murmelte dann halblaut: »Neben den anderen wertvollen Dingen sollte genug Gold dabei sein, die Krankheit ihres Herzens zu heilen.«

Das sollte es wirklich, dachte ich. Denn neben den Medaillons und Diademen, den Masken und den Schmuckstücken aus purem Gold – den allerschönsten Stücken aus seiner eigenen Sammlung und den Sammlungen früherer Verehrter Sprecher – schickte Motecuzóma sogar die massiven Scheiben, die eine aus Gold, die andere aus Silber, welche neben seinem Thron gehangen und ihm als Gong gedient hatten. Des weiteren waren die prachtvollen Federumhänge und Kopfschmuck, köstlich geschnittene Smaragde, Bernstein, Türkis und andere Edelsteine, darunter eine beträchtliche Menge unserer heiligen Jadesteine.

»Doch vor allem tut dies«, sagte Motecuzóma. »Haltet die weißen Männer davon ab, hierherzukommen oder nur den Wunsch in sich aufkommen zu lassen. Wenn sie nur Schätze suchen, könnte dieses Geschenk ausreichen. Vielleicht suchen sie dann bei den anderen Völkern an der Küstenregion weiter. Ist das nicht der Fall, sagt ihnen, der Weg nach Tenochtítlan sei beschwerlich und gefährlich, daß sie die Reise nie lebend überstehen würden. Verfängt auch das nicht, sagt, euer Uey-Tlatoáni sei zu beschäftigt – oder zu alt oder zu krank – oder zu unwürdig, den Besuch so erlauchter Persönlichkeiten zu empfangen. Sagt ihnen alles, was geeignet sein könnte, ihr Interesse von Tenochtítlan abzulenken.«

Als wir über die südliche Dammstraße dahinzogen und uns dann gen Osten wandten, führte ich eine längere und reicher und schwerer beladene Kolonne an, als je ein Pochtécatl sie angeführt hatte. Wir schlugen einen Bogen um das unfreundliche Texcála und nahmen den Weg über Cholólan. Dort und in anderen Städten, Städten und Dörfern, welche am letzten Teil unserer Route lagen, setzten uns die besorgten Bewohner mit Fragen nach den »weißen Ungeheuern« zu, von denen sie wußten, daß sie beunruhigend nahe waren, und nach unseren Plänen, wie wir es fertigbringen wollten, sie von uns fernzuhalten. Als wir die untersten Hänge des mächtigen Vulkans Citlaltépetl umrundeten, begannen wir durch das letzte gebirgige Gelände unseren Abstieg in die Heißen Lande. Am Vormittag des Tages, an dem wir auf die Küste stoßen sollten, legten meine vier adeligen Begleiter ihre prächtigsten Gewänder an: den gefiederten Kopfputz, die Federumhänge und so weiter, doch ich tat es nicht.

Ich hatte beschlossen, unseren Plänen und Anweisungen noch von mir aus etwas hinzuzufügen. Zunächst einmal waren es acht Jahre her, seit ich das bißchen Spanisch gelernt hatte, das ich konnte, und dadurch, daß ich es nie benutzt hatte, war es selbstverständlich nicht besser geworden. Ich wollte mich unbemerkt unter die Spanier mischen, wollte sie in ihrer Sprache reden hören, diese neu in mich aufnehmen und wenn möglich ein wenig fließender sprechen können, ehe ich an irgendwelchen formalen Treffen zwischen unseren Herren und ihren teilnahm. Außerdem hatte ich den Auftrag, zu spionieren und mir Aufzeichnungen zu machen, und diese Dinge konnte ich besser tun, wenn ich unerkannt blieb.

»Aus diesem Grunde«, erklärte ich den anderen Edelleuten, »werde ich von hier bis zum Platz der Begegnung barfuß gehen, nur ein Schamtuch und eine der leichteren Lasten tragen. Ihr führt die Kolonne an, ihr begrüßt die Fremden, und wenn ihr das Lager aufschlagt, laßt die Träger auseinandergehen und sich ausruhen, wie sie wollen. Denn einer von ihnen werde ich sein, und ich muß frei sein, zu gehen, wohin ich will. Ihr bietet den weißen Männern Festgelage und unterhaltet euch mit ihnen. Von Zeit zu Zeit werde ich mich mit euch besprechen, heimlich, nach Einbruch der Dunkelheit. Wenn wir gemeinsam alle Informationen gesammelt haben, welche der Verehrte Sprecher begehrt, gebe ich das Zeichen zum Aufbruch, und wir werden alle wieder abziehen.«

Ich freue mich, daß Ihr Euch uns wieder zugesellt, Señor Obispo. Ich weiß, es verlangt Euch zu hören, wie die erste Begegnung zwischen eurer Zivilisation und unserer vonstatten ging. Euer Exzellenz werden Verständnis dafür haben, daß viele von den Dingen, die ich damals zum erstenmal sah, so neu und fremdländisch für mich waren, daß ich völlig verwirrt war. Und daß vieles von dem, was ich hörte, für mich unverständlich war wie Affengeschnatter. Ich will auch diesen Bericht nicht dadurch unnötig in die Länge ziehen, daß ich all meine klugen und oft irrtümlichen ersten Eindrücke noch einmal wiederhole. Ich werde nicht, wie unsere früheren Beobachter es getan haben, töricht etwa davon sprechen, die spanischen Soldaten hätten vier Beine gehabt wie Tiere. Ich werde die Dinge so berichten, wie ich sie im Lichte meiner späteren und klareren Erkenntnisse sah. Die Dinge, die ich hörte, werde ich so wiedergeben, wie ich sie mir später zusammenreimte, nachdem ich eure Sprache besser verstand.

Da ich so tat, als sei ich ein Träger, konnte ich nur selten und heimlich meinen Topas benutzen, um die Dinge genauer zu betrachten, doch dieses waren die Dinge, welche ich zuerst sah. Wie man uns zu erwarten gesagt hatte, lag in der Bucht nur ein einziges Schiff. Es lag nicht weit vom Ufer entfernt, doch ganz offensichtlich war es tatsächlich so groß wie ein stattliches Haus. Die Flügel hatte es offensichtlich eingerollt, denn von seinem Dach ragten nur ein paar hohe Stangen auf, von welchen wiederum ein Gewirr von Tauen herunterhing. Hier und da ragten in der Bucht ähnliche Stangen aus dem Wasser, wo die anderen Schiffe gesunken waren, nachdem sie in Flammen aufgegangen waren. Am Strand der Bucht hatten die weißen Männer drei Zeichen errichtet, um die Stelle zu kennzeichnen, wo sie zum erstenmal den Fuß auf diesen Boden gesetzt hatten. Da war ein sehr großes Kreuz aus schweren Balken, welche von einem der versenkten Schiffe stammten. Außerdem war da ein hoher Flaggenmast mit einem gewaltigen Banner in den Farben des Blutes und des Goldes, den Farben Spaniens daran. Und noch ein kürzerer Flaggenmast mit einer kleineren Flagge daran, dem persönlichen Wimpel von Cortés. Blau und Weiß mit einem roten Kreuz in der Mitte.

Der Ort, Wo Es Eine Fülle Schöner Dinge Gibt, den die weißen Männer Villa Rica de la Vera Cruz nannten, war zu einem ziemlich großen Dorf aufgeblüht. Etliche von den Häusern bestanden nur aus Tuchen, welche von Stäben getragen wurden, doch andere waren die typischen Küstenhütten aus Rohrwänden und mit Palmwedeldächern; diese Hütten waren von den unterwürfigen Totonáca-Gastgebern für die Besucher errichtet worden. Doch an jenem Tage waren nicht viele weiße Männer zu sehen – oder von ihren Tieren oder ihren Totonáca-Arbeitern, welche sie angefordert hatten –, denn die meisten von ihnen, so erfuhren wir später, arbeiteten an einem Ort ein wenig weiter im Norden, wo Cortés befohlen hatte, ein etwas dauerhafteres Villa Rica de la Vera Cruz zu bauen mit festen Häusern aus Holz und Stein und Lehmziegeln.

Das Nahen unseres Zuges war selbstverständlich von den Schildwachen bemerkt und an die Spanier gemeldet worden. Infolgedessen wartete eine kleine Gruppe von ihnen darauf, uns zu begrüßen. Wir hielten in respektvoller Entfernung, und unsere vier Edelleute entzündeten – wie ich ihnen empfohlen hatte – Weihrauchgefäße mit Copáli-Weihrauch, schwenkten sie an Ketten und ließen blaue Rauchspiralen um sich entstehen. Die weißen Männer nahmen damals und noch auf lange Zeit hinaus – bis auf den heutigen Tag, soviel ich weiß – an, daß das Schwenken von duftendem Rauch unsere traditionelle Art sei, erlauchte Fremde zu begrüßen. Dabei war es von uns nur der Versuch, einen abwehrenden Schleier zwischen uns und dem unerträglichen Geruch dieser nie gewaschenen Fremden zu legen.

Zwei von ihnen traten vor, um unsere Edelleute zu begrüßen. Ich schätzte sie beide auf rund fünfunddreißig Jahre. Sie waren wohlgekleidet und trugen, wie ich heute weiß, Samthüte und Umhänge, langärmelige Wämser und bauschige Pluderhosen aus Kammgarnstoff sowie kniehohe Stulpenstiefel. Einer der Männer war größer als ich, hatte breite Schultern, schien sehr muskulös und war überhaupt von sehr ansprechendem Äußeren. Er trug eine Fülle goldfarbenen Haars und einen Bart, der im Sonnenlicht flammte.

Er hatte leuchtende blaue Augen, und wenn seine Haut selbstverständlich auch sehr blaß war, zeigte er doch kräftige Gesichtszüge. Die einheimischen Totonáca hatten ihm seines strahlenden Aussehens wegen bereits den Namen ihres Sonnengottes Tezcatlipóca gegeben. Wir Neuankömmlinge hielten ihn selbstverständlich für den Anführer der Fremden, erfuhren jedoch bald, daß er nur der stellvertretende Befehlshaber war und Pedro de Alvarado hieß.

Der andere Mann war sehr viel kleiner und weit weniger beeindruckend. Er hatte krumme Beine und eine Hühnerbrust. Seine Haut war womöglich noch weißer als die des anderen, wiewohl er schwarze Haare und einen schwarzen Bart hatte. Seine Augen waren farblos und kalt und ausdruckslos wie ein Winterhimmel voller grauer Wolken. Diese wenig eindrucksvolle Person war, wie er uns großspurig sagte, der Capitán Don Hernán Cortés aus Medellín in der Estremadura, nachmals aus Santiago de Cuba, und er sei hier als Vertreter Seiner Majestät, Don Carlos, Kaiser des Heiligen Reiches und König von Spanien.

Damals – das habe ich bereits gesagt – konnten wir nur wenig von diesem langen Titel verstehen, mit dem er sich vorstellte, wiewohl er uns auf xiu und auf náhuatl von unseren beiden Dolmetschen wiederholt wurde. Diese waren nämlich gleichfalls auf uns zugekommen und hielten sich ein paar Schritte hinter Cortés und Alvarado. Der eine war ein Weißer mit blatternnarbigem Gesicht, gekleidet wie eure einfachen Soldaten. Der andere war eine junge Frau aus unseren eigenen Landen, gekleidet in jungfräulichen gelben Rock und Bluse, doch ihr Haar war von einem unnatürlichen rötlichen Braun, fast so auffallend grell wie das von Alvarado. Von den zahllosen einheimischen Frauen, welche den Spaniern vom Tabascoöb von Cupílco und vor kurzem auch noch von Patzínca von den Totonáca zum Geschenk gemacht worden waren, wurde sie von den spanischen Soldaten am meisten bewundert, weil ihr rotes Haar, wie sie sagten, »wie das unserer Huren in Santiago de Cuba war«.

Ich jedoch erkannte, daß sie sich das Haar mit einem Sud von Achíyotl-Samen künstlich gerötet hatte – und erkannte sowohl den Mann als auch das Mädchen. Er war jener Jerónimo de Aguilar, welcher während der letzten acht Jahre wider Willen Gast der Xiu gewesen. Ehe Cortés erst in den Olméca-Landen und jetzt hier gelandet war, hatte er sich in Tihó aufgehalten und den Mann gefunden und gerettet. Der andere Schiffbrüchige, Guerrero, war, nachdem er das ganze Mayaland mit seinen Blattern angesteckt hatte, dort selbst an ihnen gestorben. Das rothaarige Mädchen, welches damals rund dreiundzwanzig Jahre alt sein mußte, war immer noch klein, immer noch hübsch, immer noch die Sklavin Ce-Malináli, welcher ich auf meinem eigenen Weg nach Tihó vor nunmehr acht Jahren in Coátzacoálcos begegnet war.

Wenn Cortés spanisch sprach, war es Aguilar, welcher das Gesagte in das schwerfällige Xiu dolmetschte, welches er im Laufe seiner Gefangenschaft gelernt, woraufhin Ce-Malináli es in unser Náhuatl übertrug, und wenn unsere Abgesandten sprachen, nahm es den umgekehrten Weg. Es brauchte nicht lange, und ich merkte, daß sowohl die Worte der Mexíca als auch die der spanischen Würdenträger oft nur unvollkommen wiedergegeben wurden, und das lag durchaus nicht nur an dem umständlichen Dreisprachensystem. Gleichwohl sagte ich nichts, und keiner von den Dolmetschen nahm mich unter den Trägern wahr; ich nahm mir vor, es noch eine ganze Weile dabei zu belassen.

Ich war dabei, als die Mexíca-Edelleute feierlich die Geschenke überreichten, welche sie von Motecuzóma brachten. Ein habgieriger Glanz belebte selbst die kalten Augen von Cortés, als ein Träger nach dem anderen seine Last niederlegte und dessen Verschnürung löste – der große Goldgong und der große Silbergong, die feinen erlesenen Federarbeiten, die geschnittenen Steine und der Schmuck. Cortés sagte zu Alvarado: »Laß den flämischen Edelsteinschneider kommen!«, woraufhin sich noch ein weiterer Weißer zu ihnen gesellte, welcher offenbar ausschließlich zu dem Zweck von den Spaniern mitgenommen worden war, die Schätze zu begutachten, welche sie in diesen Landen finden mochten. Was immer ein Flame sein mag, er sprach spanisch, und wiewohl seine Worte für uns nicht gedolmetscht wurden, bekam ich doch das meiste von dem mit, was er sagte.

Er verkündete, daß die Gerätschaften aus Gold und Silber einen außerordentlichen Wert darstellten, desgleichen die Perlen, Opale und Türkise. Von womöglich noch größerem Wert, sagte er, seien die Smaragde und Zirkone – vor allem die Smaragde –, wenngleich er es lieber gesehen hätte, sie wären in Facetten geschliffen, statt zu winzigen Blumen, Tieren und dergleichen zurechtgeschnitten worden zu sein. Die Federarbeiten – Kopfputz und Umhänge – meinte er, könnten als Kuriosa von einigem Wert sein. Die vielen geschnittenen Jadesteine fegte er verächtlich beiseite, wiewohl Ce-Malináli versuchte ihm klarzumachen, daß sie wegen ihrer religiösen Bedeutung als besonders wertvoll zu erachten seien.

Der Edelsteinschneider tat das achselzuckend ab und sagte zu Cortés:

»Es ist nicht die Jade von Kathay, ja, könnte nicht einmal als falsche Jade durchgehen. Es sind nichts weiter als geschnittene Brocken grünen Serpentins, Capitán, kaum wertvoller als unsere Glasperlen, mit denen wir Tauschhandel treiben.«

Ich wußte damals nicht, was Glas sei und weiß bis heute nicht, was Jade von Kathay sein soll, aber ich habe immer gewußt, daß unsere Jadesteine nur einen rituellen Wert besaßen. Heute besitzen sie selbstverständlich nicht einmal mehr diesen; heute spielen die Kinder damit oder sie dienen ihnen als Beißsteine beim Zahnen. Damals jedoch bedeuteten sie uns noch etwas, und Zorn wallte in mir auf ob der Art und Weise, wie die weißen Männer unsere Geschenke in Empfang nahmen, alles sofort in Geldwert umrechneten, als wären wir nichts weiter als unverschämte Händler, welche versuchten, ihnen wertlosen Tand anzudrehen.

Was jedoch noch schmerzlicher war: Wiewohl die Spanier alles bewerteten, was wir ihnen schenkten – offensichtlich verstanden sie es überhaupt nicht, ein Kunstwerk zu schätzen, denn für sie galt nur der Wert des rohen, unbearbeiteten Materials. Sie brachen alle geschnittenen Edelsteine aus ihren goldenen und silbernen Fassungen, taten die Steine beiseite in Säcke und zerbrachen und verbogen die herrlich gearbeiteten Gold- und Silberfassungen und Gerätschaften, warfen sie in große Steintiegel, entfachten Feuer unter ihnen, welche sie mit Lederbeuteln, die sie zusammendrückten, zu größter Hitzeentfaltung brachten, so daß die Metalle schmolzen. In der Zwischenzeit gruben der Edelsteinschneider und seine Gehilfen kleine Rinnen in den feuchten Sand des Strandes, in welche sie das flüssige Metall hineingossen, auf daß es wieder abkühle und hart werde. So blieb von den Schätzen, welche wir gebracht hatten – selbst von den unersetzlichen Gold- und Silberscheiben, welche Motecuzóma als Gong gedient – nichts weiter als rohe Gold- und Silberbarren, genauso gesichtslos und unschön wie Lehmziegel.

Während ich es meinen Edelleuten überließ, sich als große Herren darzustellen, verbrachte ich die nächsten Tage damit, mich unter der Masse der gemeinen Soldaten zu bewegen. Ich zählte sie und ihre Waffen sowie ihre angepflockten Pferde und Jagdhunde und Ausrüstungsgegenstände, deren Zweck mir noch verborgen blieb: große Haufen von schweren Metallkugeln und eigentümlich gewölbte niedrige Ledersitze. Ich bemühte mich, nicht als müßiger Beobachter aufzufallen. Genauso wie die Totonáca, welche die Spanier für sich arbeiten ließen, sorgte ich dafür, daß ich immer etwas mit mir herumtrug, etwa ein Holzbrett oder einen Wassersack, daß es so aussah, als bringe ich es irgendwo hin. Da ein ständiges Kommen und Gehen von spanischen Soldaten und Totonáca-Trägern zwischen dem Lager Vera Cruz und der im Entstehen begriffenen Stadt Vera Cruz herrschte und die Spanier damals (wie übrigens auch heute noch) erklärten, sie »könnten die verdammten Indianer nicht auseinanderhalten«, blieb ich unbemerkt wie ein einzelner Halm Dünengras unter den vielen, welche auf dem Strand wuchsen. Was auch immer ich vorgab zu transportieren, es hinderte mich nicht daran, vorsichtig Gebrauch von meinem Topas zu machen, mir Notizen über die Dinge und die Menschen zu machen, welche ich zählte, und rasch Wortbild-Beschreibungen von ihnen hinzukritzeln.

Wie sehr ich mir gewünscht habe, ein Weihrauchgefäß zu tragen statt eines Brettes oder was auch immer sonst, wenn ich unter den Spaniern war. Doch muß ich zugeben, daß sie nicht alle so abscheulich rochen, wie ich es in der Erinnerung hatte. Wiewohl sie immer noch keine Neigung verspürten, sich zu waschen oder im Dampfbad zu schwitzen, zogen sie sich – nach einem Tag harter Arbeit – immerhin bis auf ihre erschreckend bleiche Haut aus, behielten nur ihre schmutzige Unterwäsche an und wateten hinaus in die Brandung. Keiner von ihnen konnte schwimmen, vermutete ich, doch spritzten und planschten sie genug, um den Tagesschweiß von ihren Körpern zu spülen. Damit dufteten sie zwar immer noch nicht nach Blumen, zumal sie hinterher sofort wieder in ihre verkrusteten und säuerlich riechenden Überkleider schlüpften, doch zumindest sorgte dieses kurze Eintauchen ins Seewasser dafür, daß sie nicht ganz so übel rochen wie die Aasgeier.

Ich streifte die Küste auf und ab und verbrachte die Nächte entweder im Lager von Vera Cruz oder in der Stadt Vera Cruz und hielt die Ohren genauso offen wie die Augen. Wiewohl ich selten etwas wirklich Aufschlußreiches erfuhr – die Soldaten unterhielten sich murrend über die mangelnde Körperbehaarung der »Indianer«-Frauen, verglichen mit dem angenehm behaarten Schritt und den Achseln ihrer eigenen Frauen auf der anderen Seite des Meeres –, erlangte ich doch ein besseres Verständnis der spanischen Sprache und verbesserte mein Sprechvermögen. Gleichwohl bemühte ich mich, daß keiner von den Soldaten mich hörte, wenn ich ihre Wörter und Sätze leise vor mich hinsprach.

Um mich weiterhin davor zu schützen, als Schwindler entlarvt zu werden, sprach ich mit den Totonáca auch nicht. Deshalb konnte ich auch niemand bitten, mir etwas Merkwürdiges zu erklären, welches ich immer wieder sah und was mich ganz verwirrte. An der Küste und insbesondere in der Hauptstadt Tzempoálan standen zahlreiche Pyramiden zu Ehren von Tezcatlipóca und anderen Göttern. Es gibt dort sogar eine Pyramide, welche nicht quadratisch ist, sondern ein Kegelstumpf aus sich immer mehr verjüngenden runden Scheiben. Diese Pyramide ist dem Gott Ehécatl geweiht und war so gebaut, daß der Wind ungehindert um sie herum streichen konnte, ohne durch irgendwelche Kanten und Ecken behindert zu werden.

Auf jeder Pyramide der Totonáca steht ein Tempel, doch all diese Tempel hatte man erschreckend verändert. In keinem einzigen davon stand mehr ein Standbild von Tezcatlipóca, Ehécatl oder irgendeinem anderen Gott. Einer wie der andere waren sie von dem verkrusteten Blut in ihrem Inneren befreit, saubergeschrubbt und dann mit weißer Kalktünche gestrichen worden. Vielmehr stand jetzt in jeder ein nacktes Holzkreuz und die einzelne kleine, gleichfalls aus Holz bestehende, recht roh geschnitzte Figur, die einer jungen Frau, welche die Hand offenbar mahnend in die Höhe hob. Das Haar war einfach schwarz angemalt, ihr Gewand blau, desgleichen die Augen und Haut rosig-weiß wie die der Spanier. Das Sonderbarste daran war, daß diese Frau eine vergoldete runde Krone trug, welche viel zu groß für sie war, so groß, daß sie nirgends auf ihrem Haupt ruhte, sondern hinten an ihrem Haar befestigt war.

Für mich war es klar, daß die Spanier, wiewohl sie keinen Kampf gesucht oder provoziert, die Totonáca bedroht, eingeschüchtert oder verängstigt hatten; sonst hätten diese niemals eingewilligt, all ihre mächtigen und alten Götter durch die blasse und sanfte weibliche Gestalt zu ersetzen. Ich vermutete zwar, daß es sich bei der Göttin um die Heilige Jungfrau handeln müsse, von der ich bereits gehört hatte, doch konnte ich nicht erkennen, was die Totonáca veranlassen sollte, sie als in irgendeiner Weise den alten Göttern überlegen zu akzeptieren. Ehrlich gesagt, konnte ich bei dem faden Aussehen, das sie hatte, nicht verstehen, warum selbst die Spanier in der Heiligen Jungfrau irgendwelche göttlichen Attribute sahen, um deretwillen sie sie verehrten.

Doch dann brachten meine Streifzüge mich eines Tages in eine grasbewachsene Mulde, ein wenig weiter im Inland, in welcher viele Totonáca versammelt waren, die mit dem Anschein aufmerksam lauschenden Nichtverstehens zuhörten, wie ihnen von einem der spanischen Priester, welche mit den Soldaten gekommen waren, mit schwülstigen Worten eine Ansprache gehalten wurde. Diese Priester, das sollte ich vielleicht noch erwähnen, machten nicht einen so fremden und unnatürlichen Eindruck wie die Soldaten. Nur ihre Haartracht unterschied sie von den unseren; sonst glichen sie in ihren schwarzen Gewändern diesen sehr und sie rochen auch so. Derjenige, welcher auf die Versammelten einredete, tat selbiges mit Hilfe der beiden Dolmetsche Aguilar und Ce-Malináli, welche er sich offenbar auslieh, sobald sie nicht von Cortés gebraucht wurden. Die Totonáca schienen stumpf zuzuhören; dabei wußte ich, daß sie keine zwei von zehn Worten begriffen, welche Ce-Malináli ins Náhuatl dolmetschte.

Neben vielen anderen Dingen erklärte der Priester, Unsere Liebe Frau sei nicht eigentlich eine Göttin, sondern vielmehr eine Menschenfrau, genannt Jungfrau Maria, welche irgendwie Jungfrau geblieben war, wiewohl sie sich mit dem Heiligen Geist des Herrgotts gepaart hatte, der nun wirklich ein Gott *war,* und dadurch den Herrn Jesus Christus geboren hatte, welcher der Sohn Gottes sei und auf diese Weise in menschlicher Gestalt unter den Menschen habe wandeln können. Nun, all das war nicht allzu schwer zu begreifen. In unserer eigenen Religion gab es viele Götter, welche sich mit Menschenfrauen gepaart hatten, und viele Göttinnen, welche in überreichem Maße sowohl Göttern als auch Menschenmännern beigewohnt – und woraus viele Götterkinder entstanden waren – und denen es gelungen war, ihren Ruf als Jungfrau zu bewahren und auch so genannt zu werden.

Bitte, Euer Exzellenz, ich berichte doch nur, wie die Dinge sich meinem ungeschulten Geist *damals* darstellten.

Ich hörte mir auch des Priesters Erklärung vom Heiligen Sakrament der Taufe an, und wie wir alle noch an diesem Tage seiner teilhaftig werden könnten – wiewohl es normalerweise Kindern gleich nach ihrer Geburt gespendet werde: daß man in Wasser eintauchen müsse, was einen für immer verpflichte, den Herrgott zu verehren und ihm zu dienen für alle Wohltaten, welche er dem Menschen auf Erden und in der Nachwelt schenkte. Ich vermochte nur wenig Unterschied zu den Glaubensvorstellungen und Praktiken unserer eigenen Völker zu erkennen, wiewohl sie bei diesem Eintauchen an andere Götter dachten.

Selbstverständlich versuchte der Priester in dieser einen Rede nicht, uns den Christenglauben mit all seinen Verzwicktheiten und Widersprüchen in allen Einzelheiten zu erklären. Selbst ich, der unter seinen Zuhörern an diesem Tage am besten die Worte verstand, welche auf spanisch, xiu und náhuatl gesprochen wurden – selbst ich irrte mich in manchen Dingen, von denen ich meinte, daß ich sie verstanden hätte. So glaubte ich zum Beispiel, weil der Priester so vertraut von der Jungfrau Maria sprach, und weil ich bereits die hellhäutigen, blauäugigen Standbilder von ihr gesehen hatte, daß es sich bei Unserer Lieben Frau um eine Spanierin handelte, welche bald über das Meer kommen könne, um uns in eigener Person zu besuchen und vielleicht ihren kleinen Jesusknaben mitbrachte. Desgleichen nahm ich an, der Priester spreche von einem Landsmann, als er sagte, dieser Tag sei der Tag des Heiligen Juan de Damasco, und daß wir alle geehrt werden würden, wenn wir bei der Taufe den Namen dieses Heiligen erhielten.

Damit forderten er und seine Dolmetsche alle jene auf, welche den Wunsch hatten, das Christentum anzunehmen, niederzuknien, was praktisch jeder anwesende Totonáca tat, obwohl die meisten von diesen in der Regel recht begriffsstutzigen Leuten nicht die geringste Ahnung hatten, was eigentlich geschah und möglicherweise sogar glaubten, sie würden jetzt rituell getötet werden. Nur ein paar alte Leute und kleine Kinder gingen fort. Die alten Männer – sofern sie überhaupt irgend etwas begriffen hatten – sahen vermutlich nicht den geringsten Vorteil darin, sich in ihrem hohen Alter noch mit einem weiteren Gott zu belasten. Und die Kinder kannten vermutlich angenehmere Spiele, die auf sie warteten.

Das Meer war nicht fern, doch ging der Priester nicht mit allen dorthin, um sie feierlich unterzutauchen, sondern schritt einfach durch die Reihen der knienden Totanáca hindurch, besprengte sie mit Hilfe eines kleinen Wedels, welchen er in der Hand hielt, mit Wasser und gab ihnen mit der anderen irgend etwas zu kosten. Ich sah zu, und als keiner von den Getauften tot niederfiel oder sonst irgendwelche unangenehmen Wirkungen erkennen ließ, beschloß ich zu bleiben und gleichfalls daran teilzunehmen. Offenbar schadete es nichts, und möglicherweise verschaffte es mir sogar irgendwelche dunklen Vorteile, wenn ich später mit den weißen Männern zu tun hatte. So erhielt ich denn ein paar Wassertropfen auf die Stirn und auf die Zunge ein paar Salzkörner von der Hand des Priesters – weiter war es nichts, ganz gewöhnliches Salz –, und er murmelte ein paar Worte über mir in jener Sprache, von der ich heute weiß, daß es die Sprache eurer Religion ist: Latein.

Zum Abschluß hielt der Priester noch eine kurze Ansprache in einem halb gesungenen Latein und erklärte uns, von Stund an hießen alle Männer unter uns Juan Damasceno und alle Frauen Juana Damascena; im übrigen sei die Zeremonie zu Ende. Soweit ich mich erinnern kann, war das der erste neue Name, den ich seit dem Namen Urinauge erhalten hatte, und der letzte neue Name, den ich seither bekommen habe. Ich darf wohl behaupten, daß es ein besserer Name ist als Urinauge, muß jedoch gestehen, daß ich mich in meinen eigenen Augen nur höchst selten als Juan Damasceno betrachtet habe. Allerdings nehme ich an, daß der Name länger bestehen bleiben wird als ich selbst, denn so hat man mich in der Volkszählungsliste und anderen Dokumenten aller Regierungsstellen von Neuspanien eingetragen, wobei die letzte Eintragung zweifellos lauten wird: Juan Damasceno, gestorben.

Im Verlauf einer meiner heimlichen nächtlichen Besprechungen mit den anderen Edelleuten in dem flatternden Tuchhaus, welches man für sie errichtet hatte, sagten sie mir:

»Motecuzóma hat sich den Kopf darüber zerbrochen, ob diese weißen Männer nun Götter oder die Toltéca-Gefolgschaft der Götter sind, und deshalb haben wir beschlossen, eine Probe aufs Exempel zu machen. Wir haben uns anerboten, ihrem Anführer Cortés zu opfern, für ihn einen Xochimíqui zu töten, vielleicht irgendeinen entbehrlichen Edelmann der Totonáca, doch hat ihn dieses Ansinnen sehr in Zorn versetzt. Er sagte: ›Ihr wißt sehr wohl, daß der gütige Quetzalcóatl niemals Menschenopfer gefordert oder zugelassen hat. Warum sollte ich das tun?‹ Und jetzt wissen *wir* nicht, was wir davon halten sollen. Woher sollte dieser Fremde von der Gefiederten Schlange wissen, wenn er nicht . . .?«

Ich stieß ein verächtliches Schnauben aus. »Das Mädchen Ce-Malináli könnte ihm diese alten Legenden von Quetzalcóatl erzählt haben. Schließlich wurde sie irgendwo an dieser Küste geboren, von wo der Gott abgereist ist.«

»Bitte, Mixtzin, nenn sie nicht bei diesem gewöhnlichen Namen«, sagte einer von den Edelleuten offensichtlich nervös. »Sie legt allergrößten Wert darauf, Malíntzin genannt zu werden.«

Belustigt sagte ich: »Dann hat sie es weit gebracht, seit ich ihr auf einem Sklavenmarkt begegnet bin.«

»Nein«, sagte mein Mit-Sendbote. »Sie war von Adel, ehe sie Sklavin wurde. Sie war die Tochter eines Edelmanns und einer Edelfrau der Coatlícamac. Als ihr Vater starb und ihre Mutter sich wiederverheiratete, hat der neue Ehemann sie aus Eifersucht und Niedertracht in die Sklaverei verkauft.«

»Wahrhaftig«, erklärte ich trocken. »Selbst ihre Phantasie ist besser geworden, seit ich sie kennenlernte. Aber sie hat tatsächlich gesagt, sie würde *alles* tun, um ihren Ehrgeiz zu befriedigen. Ich lege euch allen sehr ans Herz, sehr vorsichtig zu sein, was ihr redet, sobald die *Dame* Malináli in der Nähe ist.«

Ich glaube, es war am nächsten Tag, daß Cortés den Herren seine wunderbaren Waffen und die militärische Tüchtigkeit seiner Leute vorführte. Selbstverständlich stand ich unter der Menge unserer Träger und der einheimischen Totonáca, die sich gleichfalls einfanden, um zuzusehen. Diese Gemeinfreien waren zu Tode erschrocken von dem, was sie sahen; sie hielten immer wieder die Luft an und murmelten: *»Ayya!«* und riefen oft ihre Götter an. Die Abgesandten der Mexíca bewahrten undurchdringliche Mienen, gleichsam als seien sie nicht beeindruckt, und ich war viel zu sehr damit beschäftigt, mir die verschiedenen Ereignisse einzuprägen, um mir selbst irgendwelche Ausrufe erlauben zu können. Gleichwohl zuckten die hohen Herren und ich etliche Male genauso zusammen wie die Gemeinfreien, wenn es unversehens knallte.

Cortés hatte von seinen Leuten aus Treibholz und aus Trümmern der Schiffe am Strand eine kleine Hütte aufbauen lassen, soweit von uns entfernt, daß sie von dort, wo wir standen, kaum zu erkennen war. Vor uns hatte er eins von den schweren Rohren aus gelbem Metall und auf hohen Rädern aufstellen lassen . . .

Nein, ich will diese Dinge jetzt bei ihrem richtigen Namen nennen. Bei dem Rohr auf Rädern handelte es sich selbstverständlich um eine Messingkanone, deren Mündung auf die ferne Holzhütte gerichtet war. Zehn oder zwölf Soldaten führten auf dem festgetretenen feuchten Sand zwischen der Kanone und dem Wasser in einer Reihe Pferde heran. Die Pferde trugen einiges von jener Ausrüstung, auf welche ich mir zuvor keinen Reim hatte machen können: die Ledersitze, welche Sättel waren, auf denen man sitzen konnte, Lederriemen, um die Pferde damit zu lenken, und Schürzen aus gestepptem Material, ähnlich unseren Kampfanzügen. Hinter den Pferden standen andere Männer, welche die riesigen Jagdhunde an Lederriemen festhielten.

Alle Soldaten waren in voller Kampfkleidung angetreten und sahen mit ihren schimmernden Helmen und den blitzenden Stahlpanzern über ihren Lederwämsern außerordentlich kriegerisch aus. Sie trugen Säbel in Scheiden an ihrer Seite, doch als sie aufsaßen, wurden ihnen lange Waffen gereicht, welche unseren Speeren ähnelten, nur daß ihre stählernen Klingen nicht nur spitz zuliefen, sondern zu beiden Seiten Wölbungen aufwiesen, um die Schläge von Feinden, gegen welche sie anritten, abgleiten zu lassen.

Cortés setzte, als seine Krieger sich aufstellten, ein Lächeln auf, welches seinen ganzen Stolz auf diesen Besitz verriet. Neben ihm standen seine beiden Dolmetsche, und Ce-Malináli lächelte gleichfalls und verriet die leicht gelangweilte Überheblichkeit dessen, der die Vorführung schon einmal erlebt hatte. Über sie und Aguilar sagte Cortés zu unseren Mexíca-Edelleuten: »Eure eigenen Heere lieben die Trommeln. Ich habe ihre Trommeln gehört. Beginnen wir diese Vorführung mit einem Trommelschlag.«

Ehe irgend jemand etwas antworten konnte, rief er laut: »Für Santiago – *jetzt!*« Die drei Soldaten, welche die Kanone bedienten, machten etwas, was am Ende des Rohrs eine kleine Flamme aufzischen ließ, und dann erscholl ein einzelner Trommelschlag, ohrenbetäubend, laut wie er nur je von unseren Trommeln, welche das Herz herausreißen, hervorgerufen wird. Die Messingkanone machte einen Satz – genauso wie ich – und aus ihrer Mündung fuhr ein Rauch hervor wie Sturmwolken und ein Donner, welcher es ohne weiteres mit dem Tlalocs aufnehmen konnte, und ein Blitz, greller als jeder von den Zackenstäben der Tlalóque. Kaum, daß ich mich wieder gefaßt hatte, sah ich einen kleinen Gegenstand durch die Luft sausen. Das war selbstverständlich eine eiserne Kanonenkugel, und sie traf die ferne Hütte, welche in ihre einzelnen Bestandteile auseinanderflog.

Der plötzliche Donnerschlag ging – genauso wie das bei denen Tlalocs oft der Fall ist – in weniger lautes Donnergrollen über. Selbiges rührte von den eisenbeschlagenen Pferdehufen auf dem festen Sandboden her, denn die Reiter hatten ihre Tiere im selben Augenblick, da die Kanone aufbrüllte, zu vollem Galopp angetrieben. Seite an Seite sprengten sie den Strand entlang, so schnell wie ein durch nichts gehinderter Hirsch laufen könnte, und die Hunde, welche gleichzeitig losgelassen worden waren, nahmen es mühelos mit ihnen auf. Die Reitersmänner hielten alle auf die Trümmer der Hütte zu, und wir konnten ihre Speere blitzen sehen, als sie so taten, als machten sie etliche Überlebende der Zerstörung nieder. Dann wendeten sie ihre Tiere und kamen donnernd auf dem Strand wieder auf uns zugeritten. Die Hunde begleiteten sie nicht augenblicklich, und wiewohl es in meinen Ohren noch dröhnte, konnte ich in der Ferne die Jagdhunde gierig aufbellen und aufjaulen hören und vermeinte, auch Menschen schreien zu hören. Als die Hunde schließlich doch zurückkehrten, troff Blut von ihren angsteinflößenden Lefzen. Entweder hatten sich ein paar Totonáca in der Nähe der Hütte versteckt, um zuzusehen, was sich dort abspielte, oder Cortés hatte absichtlich und hartherzig dafür gesorgt, daß sie da wären.

Die näherkommenden Reiter bildeten inzwischen nicht mehr eine Reihe. Sie lenkten ihre Pferde in Schlangenlinien von einer Seite zur anderen. Das ergab ein verzwicktes Muster sich überschneidender und wieder auseinanderrückender Bewegungen, um uns vorzuführen, wie vollkommen sie selbst in dieser halsbrecherischen Geschwindigkeit ihre Tiere beherrschten. Der Rotbart – Alvarado – führte uns von sich aus und ganz allein etwas noch Erstaunlicheres vor. Im vollen Galopp schwang er sich aus dem Sattel, hielt sich mit nur einer Hand daran fest und *lief* neben seinem dahinfliegenden Pferd her, hielt mühelos mit ihm Schritt und schwang sich dann – ohne sein Tempo auch nur im geringsten zu verlangsamen – aus dem Lauf wieder auf seinen Ledersitz. Selbst für einen der flinkfüßigen Rarámuri wäre das eine bewundernswerte Leistung gewesen, nur schaffte Alvarado es, während er einen Panzer aus Stahl und Leder trug, der noch einmal genauso viel gewogen haben muß wie er selbst.

Als die Reitersmänner uns ihre Schnelligkeit und die sichere Gangart ihrer Tiere vorgeführt hatten, schwärmten ein paar Fußsoldaten auf dem Strand aus und gingen in Gefechtsformation. Einige von ihnen trugen die metallenen Hakenbüchsen, die genauso lang waren wie die Männer selbst, und die Metallständer, auf welche diese zum Zwecke des Zielens gesetzt werden mußten. Andere trugen jene quer auf schwere Schäfte montierten Bögen, welche man gegen die Schulter gedrückt trägt. Ein paar Totonáca trugen eine Anzahl von Lehmziegel herbei und stellten sie etwa einen Pfeilschuß von den Soldaten entfernt auf. Dann knieten die weißen Männer und schossen abwechselnd Armbrüste und Hakenbüchsen ab. Die Zielgenauigkeit der Armbrustschützen war lobenswert; sie trafen etwa zwei von fünf Ziegeln, nur waren sie nicht besonders schnell mit ihren Waffen. Nachdem sie einen Pfeil abgeschossen hatten, konnten sie die Sehne nicht einfach mit der Hand wieder zurückziehen, sondern mußten sie mit einer kleinen Kurbel zurückdrehen.

Die Hakenbüchsen waren als Waffen schon schreckenerregender; allein der Krach und die Rauchwölkchen und die Feuerblitze waren geeignet, jeden Feind, welcher ihnen das erstemal gegenübertrat, in Angst und Schrecken zu versetzen. Allerdings war der Schrecken nicht das einzige, was sie säten; es fuhren Metallgeschosse aus ihnen heraus, die so schnell flogen daß man sie nicht sehen konnte. Wo die kurzen Pfeile der Armbrüste, wenn sie trafen, nur in den Lehm hineinfuhren, trafen die Geschosse die Ziegel mit einer solchen Wucht, daß sie auseinanderflogen. Immerhin prägte ich mir ein, daß die Geschosse auch nicht weiter flogen als unsere Pfeile, und daß ein Mann, der eine solche Hakenbüchse oder Arkebuse benutzte, soviel Zeit benötigte, um sie neu zu laden, daß jeder von unseren Bogenschützen in dieser Zeit mühelos sieben Pfeile abschießen konnte.

Als die Vorführung vorüber war, hatte ich noch mehr Borkenpapier vollgemalt, um es Motecuzóma zu zeigen, und ihm noch wesentlich mehr zu berichten. Eigentlich fehlte mir nur noch das gemalte Gesicht von Cortés, welches er verlangt hatte. Vor vielen Jahren, noch in Texcóco, hatte ich geschworen, nie wieder ein Porträt zu malen, da alle, die ich malte, irgendein Unglück zu befallen schien. Nur hatte ich keinerlei Bedenken, den weißen Männern irgendwelche Schwierigkeiten zu bringen. So kam es, daß am nächsten Abend, als die Mexica-Edelleute sich zu ihrem letzten Treffen mit Cortés und seinen Unterbefehlshabern zusammensetzten, plötzlich fünf Edelleute dabei waren. Keiner von den Spaniern schien das zu bemerken oder irgend etwas dabei zu finden, daß unsere Zahl sich um einen Neuankömmling vergrößert hatte, und weder Aguilar noch Ce-Malináli erkannten mich in meinen prächtigen Gewändern, genausowenig wie sie mich erkannt hatten, als ich Träger gespielt hatte.

Wir ließen uns nieder und speisten, aber ich möchte mich jeder Bemerkung über die Eßmanieren der weißen Männer enthalten. Das Essen war von uns gestellt worden und infolgedessen vorzüglich zubereitet. Die Spanier hatten ein Getränk beigesteuert, das sie Wein nannten und aus großen Lederbeuteln ausgeschenkt wurde. Eine Sorte war blaß und sauer, eine dunkel und süß, und ich trank nur mäßig davon, denn es war genauso berauschend wie Octli. Während meine vier Mit-Sendboten die Last des wenigen an Gespräch übernahmen, saß ich schweigend da und versuchte so unauffällig wie möglich mit Kreide auf Borkenpapier Cortés' Bildnis lebensecht wiederzugeben. Da ich ihn zum erstenmal nahe vor mir hatte, bemerkte ich, daß sein Bartwuchs wesentlich spärlicher war als der seiner Gefährten. Jedenfalls vermochte er nicht ganz eine häßlich runzelige Narbe unter seiner Unterlippe und ein Kinn zu verbergen, welches fast so fliehend war wie das eines Maya. Diese Einzelheiten hielt ich in meinem Porträt fest. Plötzlich merkte ich, daß sich Schweigen über die ganze Runde gelegt hatte, und als ich aufblickte, sah ich, daß Cortés seine grauen Augen auf mich gerichtet hatte.

Er sagte: »Da werde ich für die Nachwelt abkonterfeit? Laßt mich sehen.« Er sagte das selbstverständlich auf spanisch, doch seine ausgestreckte Hand hätte denselben Befehl vermittelt, und so reichte ich ihm das Papier.

»Nun, nicht gerade schmeichelhaft«, sagte er, »aber immerhin ähnlich.« Er zeigte es Alvarado und den anderen Spaniern, und einige von ihnen glucksten und nickten zustimmend. »Was den Künstler betrifft«, sagte Cortés und starrte mich immer noch an, »betrachtet mal *sein* Gesicht, Kameraden. Nun, wenn man ihm all die Federn ausrupfte, die er trägt, und ihm die Haut ein wenig heller puderte, könnte er für einen Hijodalgo, ja selbst für einen Granden durchgehen. Begegnet ihm am Hofe von Castilien – einem Mann von seiner Statur und mit diesem zerfurchten Gesicht –, ihr würdet eure Hüte vom Kopf reißen und einen Kratzfuß machen.« Er reichte mir das Bild zurück, und seine Dolmetsche übersetzten seine nächste Bemerkung. »Warum werde ich porträtiert?«

Einer meiner Mit-Edelleute erklärte geistesgegenwärtig: »Da unser Verehrter Sprecher Motecuzóma unglücklicherweise nicht die Gelegenheit haben wird, Euch zu sehen, Capitán, bat er darum, daß wir ihm zur Erinnerung an Euren kurzen Aufenthalt in diesen Landen Euer Bild bringen.«

Cortés lächelte mit den Lippen, nicht jedoch mit seinen ausdrucks-losen Augen und sagte: »Aber ich *werde* Euren Kaiser kennenlernen. Dazu bin ich fest entschlossen. Wir alle haben die Schätze bewundert, welche er uns als Geschenk übersandt hat, und so brennen wir jetzt darauf, die anderen Wunder zu schauen, welche in seiner Hauptstadt zu sehen sein müssen. Ich denke nicht daran abzusegeln, ehe ich und meine Mannen uns nicht am Anblick jener Stadt erlabt haben, von welcher man mir berichtet hat, daß sie die reichste Stadt in diesen Landen sei.«

Nachdem dies umständlich hin- und hergedolmetscht worden war, setzte ein anderer meiner Gefährten ein bekümmertes Gesicht auf und sagte: »Ayya, daß der weiße Herr eine so lange, beschwerliche Reise unternehmen will, um hinterher nur enttäuscht zu werden! Wir wollten es nicht zugeben, aber der Verehrte Sprecher hat seine ganze Stadt geplündert und alles zusammengekratzt, um diese Geschenke herschicken zu können. Er hatte vernommen, daß die weißen Besucher das Gold besonders hoch schätzen, so schickte er alles Gold, welches er besaß. Des weiteren allen anderen Zierat von Wert. Die Stadt ist jetzt arm und leer. Es lohnt sich für die Besucher nicht, sie auch nur anzusehen.«

Als Ce-Malináli diese Rede für Aguilar in die Xiu-Sprache dolmetschte, klang das folgendermaßen: »Der Verehrte Sprecher Motecuzóma hat diese unbedeutenden Geschenke geschickt in der Hoffnung, daß der Capitán Cortés sich damit zufriedengeben und sofort abreisen werde. In Wahrheit stellen sie nur den geringsten Teil der unermeßlichen Schätze dar, welche Tenochtítlan besitzt. Motecuzóma wünscht, den Capitán davon abzuhalten, den *wahren* Reichtum seiner Stadt zu sehen.«

Während Aguilar das für Cortés ins Spanische dolmetschte, sprach ich zum erstenmal, und zwar leise, und nur für Ce-Malináli bestimmt, und in ihrer Muttersprache Coatlícamac, so daß nur sie und ich es verstanden:

»Deine Aufgabe ist es, zu sprechen, was gesprochen wurde, und nicht, Lügen zu erfinden.«

»Aber *er* hat gelogen!« entfuhr es ihr, und sie zeigte auf meinen Gefährten. Dann errötete sie, als ihr aufging, daß sie bei ihrem Doppelspiel erwischt worden war und gestanden hatte, ertappt worden zu sein.

Ich sagte: »Warum *er* lügt, das weiß ich. Es würde mich interessieren zu erfahren, warum *du* lügst.«

Sie starrte mich an, und ihre Augen weiteten sich, als sie mich erkannte. *»Ihr!«* hauchte sie und legte Angst, Haß und Abscheu in dieses eine Wort hinein.

Unser kurzer Wortwechsel war von den anderen nicht bemerkt worden, und Aguilar hatte mich immer noch nicht erkannt. Als Cortés wieder sprach und Ce-Malináli dolmetschte, klang ihre Stimme nur ganz wenig unsicher.

»Wir würden es dankbar aufnehmen, wenn euer Kaiser uns in aller Form aufforderte, ihn in seiner prachtvollen Stadt zu besuchen. Aber sagt ihm, meine Herren Gesandten, daß wir nicht darauf bestehen, offiziell willkommen geheißen zu werden. Wir werden dorthin kommen, ob mit oder ohne Einladung. *Versichert* ihm, daß wir kommen werden.«

Meine vier Gefährten begannen alle auf einmal zu protestieren, doch Cortés schnitt ihnen das Wort ab und sagte:

»Wir haben euch jetzt sorgfältig dargelegt, welcher Art unsere Mission ist, daß unser Kaiser, König Carlos, uns mit sehr genauen Anweisungen hergeschickt hat, eurem Herrscher unsere Aufwartung zu machen und ihn um die Erlaubnis zu bitten, den heiligen christlichen Glauben in diesen Landen einzuführen. Und wir haben sorgfältig das Wesen dieses Glaubens dargelegt, den Herrgott, den Herrn Jesus Christus und die Jungfrau Maria, welche nichts anderes wünschen, als daß alle Völker einander in brüderlicher Liebe zugetan seien. Des weiteren haben wir uns die Mühe gemacht, euch die unbesiegbaren Waffen vorzuführen, welche wir besitzen. Ich wüßte nicht, was wir unterlassen hätten, euch klaren Wein einzuschenken. Doch ehe ihr abreist – wäre da noch etwas, was ihr wissen möchtet? Irgendwelche Fragen, die ihr beantwortet haben möchtet?«

Meine vier Gefährten machten betretene und entrüstete Mienen, sagten jedoch nichts. Deshalb räusperte ich mich und sprach zum erstenmal direkt Cortés an, und zwar in seiner eigenen Sprache. »Ich hätte eine Frage, Señor.«

Die weißen Männer machten überraschte Gesichter, als sie sich auf spanisch angesprochen hörten, und Ce-Malináli straffte sich, denn ohne Zweifel fürchtete sie, ich hätte vor, sie bloßzustellen – oder vielleicht mich zu bewerben, ihre Stelle als Dolmetsch zu übernehmen.

»Ich bin neugierig zu erfahren ...« begann ich und gab mich unterwürfig und unsicher. »Könntet ihr mir sagen ...«

»Ja?« forderte Cortés mich zum Weitersprechen auf.

Dem Anschein nach immer noch schüchtern und zaudernd, sagte ich: »Ich habe von euren Männern gehört – von so vielen eurer Männer –, wie sie von unseren Frauen gesprochen haben, daß sie, nun in gewisser Weise unvollkommen ...«

Metall klirrte und Leder knarrte, als alle weißen Männer mir ihre Aufmerksamkeit zuwandten. »Ja? Ja?«

Ich fragte, als ob ich es wirklich wissen wollte, und fragte höflich, sehr ernst, ohne einen Hauch von Verschrobenheit oder Spott: »Sind eure Frauen ... ist eure Jungfrau Maria im Schritt, zwischen den Beinen, auch behaart?«

Abermals Geklirr und Geknarr von Rüstungen; ich meine fast, die Münder und Augen, die sie aufrissen, müssen gleichfalls gequietscht haben, als sie sich zurücksetzten und mich anstarrten – genauso, wie Euer Exzellenz es in diesem Augenblick tun. Entsetzte und unterdrückte Rufe wurden laut: *»Locura!«* und *»Blasfemia!«* und *»Ultraje!«*

Nur einer von ihnen, der große, flammenbärtige Alvarado, brach in schallendes Gelächter aus. Er wandte sich den Priestern zu, die mit uns aßen, schlug den beiden mit seinen großen Händen auf die Schulter und fragte zwischen neuerlichen Lachausbrüchen: »Padre Bartolomé, Padre Merced, hat man euch *das* schon je zuvor gefragt? Haben sie euch im Seminar beigebracht, was ihr auf diese Frage antworten sollt? Habt ihr diese Frage überhaupt schon mal *gedacht?* Eh?«

Die Priester blieben ihm die Antwort schuldig und funkelten mich nur an, knirschten mit den Zähnen und machten das Kreuzeszeichen, um das Böse abzuwehren. Cortés hatte die Augen nicht von mir gewandt. Mich immer noch mit seinem Falkenblick durchbohrend, sagte er: »Nein, Ihr seid weder ein Hijodalgo noch ein Grande noch ein Edelmann. Aber es wird gut sein, Euch nicht zu vergessen. Ja, ich werde mich Eurer erinnern.«

Am nächsten Morgen, als unsere Leute sich für den Abmarsch bereitmachten, kam Ce-Malináli, winkte mir eindringlich und gab mir zu verstehen, sie wolle unter vier Augen mit mir reden. Ich ließ mir Zeit, ehe ich zu ihr ging. Als ich es tat, sagte ich:

»Das dürfte interessant sein. Sprich, Ein Gras!«

»Bitte, nennt mich nicht mehr bei meinem Sklavennamen, den ich abgelegt habe. Ihr werdet mich Malíntzin oder Doña Marina nennen.« Sie erklärte es. »Ich bin auf den Namen der heiligen Margarita Marina getauft worden. Das sagt Euch selbstverständlich nichts, doch möchte ich Euch raten, mir den gebührenden Respekt zu bezeugen, denn der Capitán Cortés gibt große Stücke auf mich und fackelt nicht lange, wenn es gilt, Unverschämtheiten zu bestrafen.«

Kalt sagte ich: »Dann laß dir von *mir* raten, daß du sehr eng an deinen Capitán Cortés geschmiegt schläfst; denn auf ein Wort von mir wird dir jeder Totonáca hier mit Freuden eine Klinge zwischen die Rippen stoßen, wenn du nicht aufpaßt. Du sprichst unverschämt mit dem Herrn Mixtli, der sich sein -tzin redlich *verdient* hat. Die weißen Männer magst du damit täuschen, wenn du behauptest, von Adel zu sein. Du magst dich auch bei ihnen einschmeicheln, indem du dir das Haar färbst wie eine Maátitl. Aber die Angehörigen deines eigenen Volkes sehen in dir genau das, was du bist: Eine rothaarige Schlampe, die diesem Eindringling Cortés mehr als nur ihren Körper verkauft hat.«

Das traf sie, und, sich rechtfertigend, sagte sie: »Ich schlafe nicht mit dem Capitán Cortés. Ich diene ihm nur als Dolmetsch. Als der Tabascoöb uns ihm schenkte, wurden wir zwanzig Frauen unter die weißen Männer verteilt. Ich bin an den Mann dort gekommen.« Sie zeigte auf einen der Unterbefehlshaber, die mit uns gegessen hatten. »Er heißt Alonso.«

»Genießt du ihn?« fragte ich trocken. »Wie ich mich aus unserer früheren Begegnung erinnere, hast du erklärt, du haßtest Männer und das, was sie mit den Frauen machen.«

»Ich kann *alles* spielen«, sagte sie. »Alles, was meinen Zielen dient.«

»Und was sind deine Ziele? Ich bin sicher, die falsche Übersetzung, die ich gehört habe, war nicht die erste dieser Art. Warum stachelst du Cortés auf, weiter vorzudringen nach Tenochtítlan?«

»Weil *ich* dorthin möchte. Das habe ich Euch schon vor Jahren gesagt, bei unserer ersten Begegnung. Sobald ich erst in Tenochtítlan bin, ist es mir völlig gleichgültig, was aus den weißen Männern wird. Vielleicht werde ich dafür belohnt, daß ich sie dorthin gebracht habe, wo Motecuzóma sie zerquetschen kann wie Ungeziefer. Auf jeden Fall werde ich dort sein, wo ich immer habe sein wollen. Man wird mich bemerken, und ich werde bekannt sein, und es wird nicht lange dauern, bis ich nicht nur dem Namen nach eine Edelfrau bin.«

»Auf der anderen Seite«, gab ich zu bedenken, »wenn durch irgendeinen Zufall die weißen Männer *nicht* zerqetscht werden, würdest du womöglich noch mehr belohnt werden.«

Sie vollführte eine gleichgültige Handbewegung. »Ich möchte nur darum bitten . . . Euch inständig bitten, Mixtzin, wenn Ihr wollt . . . mir meine Chance nicht kaputtzumachen. Gebt mir nur Zeit, meine Nützlichkeit bei Cortés unter Beweis zu stellen, so daß er nicht mehr auf meine Hilfe und meinen Rat verzichten kann. Laßt mich nur nach Tenochtítlan kommen. Euch oder irgendeinem Menschen sonst kann das nicht viel bedeuten, aber für mich, für mich bedeutet es viel.«

Ich sagte achselzuckend: »Ich gehe keinen Schritt vom Wege ab, bloß um Ungeziefer zu zertreten. Ich werde mich deinem Ehrgeiz nicht in den Weg stellen, Sklavenmädchen, es sei denn, er kommt den Interessen in die Quere, denen ich diene.«

Während Motecuzóma das Konterfei von Cortés sowie die anderen Bilder betrachtete, die ich ihm gegeben hatte, zählte ich die Menschen und Dinge auf, die ich gesehen hatte:

»Den Anführer und seine verschiedenen Unterbefehlshaber eingeschlossen, sind es fünfhundertundacht Krieger. Die meisten von ihnen tragen Metallsäbel und Speere, aber dreizehn von ihnen haben auch die Feuerrohr-Hakenbüchsen und zweiunddreißig Armbrüste. Ich würde jedoch meinen, daß all die anderen Männer gleichermaßen imstande sind, diese besonderen Waffen zu gebrauchen. Außerdem sind da noch hundert Männer, die offenbar die Besatzung der Schiffe gebildet haben, welche verbrannt worden sind.«

Motecuzóma reichte die vielen Borkenpapiere über die Schulter hinweg. Die Mitglieder des Staatsrats, welche hinter ihm standen, ließen sie von Hand zu Hand gehen.

Ich fuhr fort: »Es sind vier weiße Priester da. Außerdem zahlreiche Frauen unserer Rasse, welche den weißen Männern vom Tabascoöb von Cupílco und von Patzínca geschenkt wurden. Des weiteren sechzehn Reitpferde und zwölf von den riesigen Jagdhunden. Außerdem zehn von den weittragenden Kanonen und vier kleinere Kanonen. Wie uns schon berichtet wurde, Verehrter Sprecher, schwimmt jetzt nur ein Schiff in der Bucht, und es sind Seeleute an Bord, doch konnte ich die nicht zählen.«

Zwei Ratsmitglieder und zwei Ärzte betrachteten eingehend und mit ernsten Mienen meine Zeichnungen von Cortés und unterhielten sich dann halblaut darüber.

Ich schloß: »Außer den erwähnten Personen scheint praktisch die gesamte Bevölkerung der Totonáca unter Cortés' Befehl zu stehen. Sie arbeiten als Träger, Zimmerleute, Maurer und dergleichen ... wenn ihnen die weißen Priester nicht gerade beibringen, das Kreuz und das Bildnis der Dame zu verehren.«

Einer von den beiden Ärzten sagte: »Verehrter Sprecher, wenn ich mir eine Bemerkung erlauben dürfte ...« Motecuzóma gab nickend sein Einverständnis. »Mein Kollege und ich haben uns das Gesicht dieses Mannes Cortés sowie die anderen Zeichnungen, auf denen er in ganzer Gestalt wiedergegeben ist, sehr genau angesehen.«

Woraufhin Motecuzóma ungeduldig sagte: »Und jetzt, vermute ich, erklärt ihr ihn als Ärzte offiziell zu einem Menschen.«

»Nicht nur das, Hoher Gebieter. Es gibt andere diagnostische Hinweise. Zwar läßt es sich nicht mit Gewißheit sagen – es sei denn, wir hätten irgendwann einmal Gelegenheit, ihn persönlich zu untersuchen. Doch nach seinen schwachen Zügen, dem spärlichen Haar und seinem schlechtproportionierten Körper zu urteilen, sieht es so aus, als ob er von einer Mutter geboren wurde, die unter der schändlichen Nanáua-Krankheit litt. Wir haben dieselben Charakteristika oft bei den Nachkommen der niedrigsten Maátime beobachtet.«

»Wirklich?« sagte Motecuzóma und seine Miene hellte sich merklich auf. »Wenn das stimmt und die Nanáua-Krankheit sein Gehirn zerfressen hat, würde das etliche seiner Handlungen erklären. Nur ein Wahnsinniger konnte diese Fahrzeuge zerstören, seine einzige Möglichkeit, sich in Sicherheit zurückzuziehen. Und wenn ein von der Nanáua-Krankheit zerfressener Mann der Anführer dieser Fremden ist, muß das andere Gewürm von noch geringerer Fähigkeit sein. Und du, Mixtzin, sagst uns, daß ihre Waffen nicht so furchtbar sind, wie andere sie beschrieben haben. Wißt ihr, ich glaube nachgerade, wir haben die Gefahr, welche uns von diesen Besuchern droht, weit übertrieben.«

Motecuzóma gab sich plötzlich wesentlich fröhlicher, als ich ihn seit langer Zeit erlebt hatte, doch ließ dieser rasche Umschwung von tiefer Niedergeschlagenheit in heitere Zuversicht mich nicht in den Fehler verfallen, es ihm nachzutun. Bis jetzt war er von den weißen Männern in Angst und Schrecken versetzt worden, hatte in ihnen Götter oder Götterboten gesehen, welche unsere Achtung und Sühne, ja möglicherweise sogar unsere Unterwerfung gefordert hatten. Nachdem er jedoch meinen Bericht sowie die Meinung der Ärzte gehört hatte, war er genauso rasch bei der Hand, die weißen Männer als etwas abzutun, was unserer Aufmerksamkeit und unserer Sorge unwürdig sei. Eine Haltung erschien mir genauso gefährlich wie die andere, doch konnte ich das selbstverständlich nicht sagen. Infolgedessen erklärte ich:

»Mag sein, vielleicht ist Cortés so krank, daß es schon an Wahnsinn grenzt, Hoher Gebieter. Aber ein Wahnsinniger kann gefährlicher sein als ein Normaler. Es ist nur wenige Monde her, daß dieses selbe Gezücht in den Landen der Olméca mühelos fünftausend Krieger besiegt hat.«

»Aber die Olméca-Verteidiger geboten nicht über die Vorteile, über die wir verfügen.« Es war nicht Motecuzóma, der sprach, sondern sein Bruder, der Oberbefehlshaber Cuitláhuac. »Sie sind auf die althergebrachte Weise des Nahkampfs gegen die weißen Männer vorgegangen. Doch dank deiner, Mixtzin, wissen wir jetzt einiges über die Fähigkeiten des Feindes. Ich werde die Hälfte meiner Truppen mit Pfeil und Bogen ausrüsten. Wir können uns außerhalb der Reichweite ihrer Metallwaffen halten, und dem Abfeuern ihrer unhandlichen Feuerwaffen können wir ausweichen und können sie mit einem Pfeilregen schneller eindecken, als sie Geschosse zurückschicken können.«

Nachsichtig sagte Motecuzóma: »Es steht zu erwarten, daß ein Oberbefehlshaber der Krieger von Krieg spricht. Aber ich sehe überhaupt keinen Grund, warum wir kämpfen sollten. Wir geben dem Herrn Patzínca einfach den Befehl, die Totonáca sollen völlig aufhören, den weißen Männern auf irgendeine Weise zu helfen, und ihnen keine Nahrung, keine Frauen und überhaupt nichts mehr zur Verfügung stellen. Die Eindringlinge müßten es bald leid sein, sich nur von den Fischen zu ernähren, die sie fangen können, und nur noch die Kokosnußmilch zu trinken und die Hochsommerhitze in den Heißen Landen zu ertragen.«

Der dagegen Einspruch erhob, war seine Weibliche Schlange, Tlácotzin. »Patzínca scheint den weißen Männern überhaupt nichts abschlagen zu wollen, Verehrter Sprecher. Die Totonáca sind uns nie gern tributpflichtige Untertanen gewesen. Es könnte sein, daß sie sich lieber einem anderen Oberherrn unterstellen.«

Einer von den Edelleuten, welche als Sendboten mit mir an die Küste gezogen waren, sagte: »Außerdem sprechen die weißen Männer von anderen weißen Männern, unzählig vielen mehr, die dort leben, wo immer sie hergekommen sind. Wenn wir diese hier bekämpfen und besiegen oder aushungern, so daß sie die Waffen strecken – woher wollen wir wissen, wann die nächsten eintreffen? Oder wie viele es sein werden, oder welche womöglich noch mächtigeren Waffen sie mitbringen?«

Motecuzómas neugewonnene Fröhlichkeit hatte sich bereits wieder verflüchtigt. Unruhig schossen seine Augen hin und her, als suchten sie unbewußt einen Ausweg – ob vor den weißen Männern oder vor der Notwendigkeit, eine Entscheidung zu fällen, vermag ich nicht zu sagen. Doch zuletzt blieb sein Blick auf mir ruhen, und er sagte: »Mixtzin, du trittst von einem Fuß auf den anderen, und das verrät deine Ungeduld. Was möchtest du sagen?«

Ohne zu zögern erklärte ich: »Steckt das einzige den weißen Männern noch verbliebene Schiff in Brand.«

Einigen der Männer im Thronsaal entfuhr ein: »Was?« oder »Schande!« Andere sagten: »Gäste angreifen, ohne herausgefordert zu sein?« oder: »Einen offenen Krieg, ohne vorher die Zeichen der Kriegserklärung zu übersenden?« Motecuzóma beendete das Gemurmel mit einer scharfen Handbewegung und sagte zu mir: »Warum?«

»Ehe wir die Küste verließen, Hoher Gebieter, wurde das Schiff mit dem zusammengeschmolzenen Gold und den anderen Geschenken beladen, die Ihr geschickt habt. Es wird bald auf seinen Flügeln nach Cuba oder gar nach Spanien davoneilen oder dem König Carlos persönlich Bericht erstatten. Die weißen Männer waren hungrig auf Gold, aber die Geschenke des Verehrten Sprechers haben diesen Hunger nicht gestillt, sondern ihnen höchstens noch mehr Appetit gemacht. Wenn diesem Schiff gestattet wird auszulaufen, mit den Beweisen an Bord, daß es hier Gold gibt, kann uns nichts davor bewahren, von mehr und immer mehr goldgierigen weißen Männern überschwemmt zu werden. Aber das Schiff besteht aus Holz. Ihr braucht nur nachts ein paar gute Mexíca-Krieger in Kanus auf die Bucht hinauszuschicken. Sie können so tun, als fischten sie bei Fackellicht und nahe genug herankommen, um das Schiff in Brand zu stecken.«

»Und dann?« Motecuzóma biß sich auf die Unterlippe. »Dann wäre Cortés mit seinen Mannen vollständig von seiner Heimat abgeschnitten. Dann würden sie sich mit Bestimmtheit *hierher* in Marsch setzen – und bestimmt nicht in friedlicher Absicht, jedenfalls nicht nach einem feindseligen Akt dieser Art von unserer Seite.«

»Verehrter Sprecher«, sagte ich mißmutig, »sie werden ohnehin kommen, gleichgultig, was wir tun oder nicht tun. Und sie werden mit ihren zahmen Totonáca kommen, ihnen den Weg zu zeigen, ihre Vorräte für unterwegs zu tragen, zu gewährleisten, daß sie lebendig über die Bergpässe hinüberkommen und ihre Begegnungen mit anderen Völkern unterwegs überleben. Doch auch das können wir verhindern. Ich habe mir das Gelände unterwegs genau angesehen. Es gibt nur ganz bestimmte Wege, um von der Küste zu den höhergelegenen Landen hinaufzugelangen, und alle diese Wege führen durch tiefe und enge Schluchten. An diesen Stellen werden die Pferde und die Hakenbüchsen den weißen Männern nicht viel nützen und schützt auch ihr Metallpanzer sie nicht. Ein paar gute Mexíca-Krieger, die an diesen Pässen Posten beziehen, brauchen nichts weiter als Felsbrocken, um jeden einzelnen Mann von ihnen zu zermalmen.«

Abermals erhob sich auf meinen Vorschlag hin ein Chor von entsetzten Ausrufen, die Mexíca sollten aus dem Hinterhalt angreifen wie die Wilden. Trotzdem fuhr ich fort, lauter sogar als zuvor:

»Wir müssen ihrem Eindringen ein Ende setzen, gleichgültig, welche häßlichen Mittel wir einsetzen. Hauptsache, sie wirken; sonst bleibt uns keine Hoffnung, weiteren Invasionen zu entgehen. Möglich, daß dieser Mann Cortés wahnsinnig ist – zumindest hat er uns unsere Aufgabe erleichtert. Er hat bereits zehn von seinen Schiffen verbrannt, so daß wir nur noch eines zu zerstören brauchen. Wenn dieses Botenschiff niemals zu König Carlos zurückkehrt, wenn kein weißer Mann am Leben bleibt oder imstande ist, sich auch nur ein Floß zu zimmern, um zu entkommen, wird König Carlos niemals erfahren, was aus dieser Expedition geworden ist. Vielleicht glaubt er dann, daß sie immer weiter gefahren sind, ohne jemals Land zu finden, oder daß sie auf einem der Meere verschwunden sind, wo ständig Stürme herrschen, oder daß sie von einem überaus mächtigen Volk vernichtet wurden. Wir könnten dann hoffen, daß er nicht noch einmal eine Expedition ausschickt.«

Lange herrschte tiefes Schweigen im Thronsaal. Keiner wollte der erste sein, etwas dazu zu sagen, und ich bemühte mich, zumindest nach außen hin Ruhe zu bewahren. Zuletzt war es dann Cuitláhuac, der sagte: »Das klingt nach einem brauchbaren Vorschlag, Herr Bruder.«

»Ungeheuerlich klingt das!« murmelte Motecuzóma. »Erst das Schiff der Fremden zerstören und sie dadurch geradezu aufstacheln, weiter ins Inland vorzustoßen, und dann heimtückisch über sie herzufallen, wenn sie sich nicht wehren können. Darüber muß gründlich nachgedacht werden; wir müssen uns mit den Göttern beraten.«

»Verehrter Sprecher!« sagte ich drängend, verzweifelt. »Es könnte sein, daß das Botenschiff gerade in diesem Augenblick seine Flügel ausbreitet.«

»Was nur auf den Willen der Götter hindeuten würde«, sagte er unerschütterlich, »daß es abfährt. Unterlaß es bitte, deine Hände in meine Richtung zu öffnen und zu schließen!«

Meine Hände wollten ihn wirklich erwürgen, doch zwang ich sie, nur eine resignierte Geste zu machen, um anzudeuten, daß ich die Ablehnung meines Vorschlags annähme.

Laut dachte er nach: »Wenn der König Carlos nicht mehr von seinen Leuten hört und annimmt, daß sie in Gefahr schweben, könnte es sein, daß dieser König nicht zögert, Rettungsmannschaften und Verstärkungen auszuschicken. Unzählige Schiffe vielleicht, welche unzählige weiße Männer bringen. Wenn man die leichte Hand bedenkt, mit welcher Cortés diese seine zehn Schiffe verbrannt hat, muß man doch annehmen, daß der König Carlos viele solcher Schiffe in Reserve hat. Es ist ja möglich, daß Cortés nichts weiter ist als die Speerspitze einer riesigen Streitmacht, die bereits im Anrücken ist. Vielleicht ist doch am klügsten, so vorzugehen: Auf der Hut zu sein und friedlich mit Cortés umzugehen, zumindest solange, bis wir genau wissen, wie mächtig der Speer hinter ihm ist.« Motecuzóma erhob sich, ein Zeichen dafür, daß wir entlassen waren. Als er hinausging, sagte er noch: »Ich werde gründlich über alles nachdenken, was vorgebracht worden ist. Inzwischen werde ich Quimíchime ins Totonáca-Land und in alle Lande zwischen Tenochtítlan und der Küste ausschicken, auf daß sie uns berichten, was die weißen Männer tun.«

Quimíchime bedeutet Mäuse, doch wird das Wort auch im Sinne von Spionen gebraucht. Zu Motecuzómas Sklavenheer gehörten Männer aus allen Völkern in Der Einen Welt, und die vertrauenswürdigeren unter ihnen benutzte er häufig, in ihrer Heimat für ihn zu spionieren, waren sie doch in der Lage, sich völlig unerkannt unter ihre Landsleute zu mischen und sich unter ihnen zu bewegen. Selbstverständlich hatte ich selbst vor kurzem im Totonáca-Land Spion gespielt und auch bei anderen Gelegenheiten in dieser Eigenschaft gearbeitet – selbst dort, wo ich nicht als Einheimischer durchgehen konnte –, doch ich war nur ein Mann und ganz auf mich allein gestellt gewesen. Ganze Scharen von Mäusen, wie Motecuzóma sie jetzt ausschwärmen ließ, konnten wesentlich mehr erfahren und weit mehr an Informationen heimbringen.

Als die ersten Quimíchime zurückkehrten, rief Motecuzóma den Staatsrat und mich wieder zu sich. Die Mäuse berichteten, das einzig verbliebene schwimmende Haus der weißen Männer habe in der Tat die großen Flügel aufgespannt und sei im Osten hinter dem Horizont verschwunden. Wiewohl mich diese Nachricht in Schrecken versetzte, hörte ich mir auch den Rest dessen an, was sie zu berichten hatten, denn die Mäuse hatten gute Arbeit geleistet, die Augen offen gehalten und die Ohren gespitzt und sogar mehrere gedolmetschte Unterhaltungen belauscht.

Das Botenschiff war mit soviel Männern, wie nötig waren, abgefahren; hinzu war noch ein Mann von Cortés' Soldaten gekommen, welcher offenbar den Auftrag hatte, das Gold und die anderen Geschenke abzuliefern und König Carlos in Cortés' Namen Bericht zu erstatten. Dieser Mann war der Offizier Alonso, dem Ce-Malináli gehört hatte, doch selbstverständlich hatte er diese wertvolle junge Frau nicht mitgenommen. Die allem Anschein nach nicht sonderlich betrübte Malíntzin – wie sie von allen immer mehr genannt wurde – war nun nicht mehr nur Cortés' Dolmetscherin, sondern auch seine Konkubine geworden.

Mit ihrer Hilfe hatte Cortés eine Ansprache an die Totonáca gehalten. Er hatte ihnen gesagt, das Botenschiff werde zurückkehren und die Bestätigung seiner Beförderung mitbringen. Diese Beförderung werde er jetzt vorausnehmen und fürderhin nicht mehr nur den Titel Capitán, sondern den eines Capitán-General führen. Im Vorgriff auf die Befehle seines Königs gebe er Cem-Anáhuac, Der Einen Welt, einen neuen Namen. Das Küstengebiet, von welchem er bereits Besitz genommen habe, so sagte er, sowie alle Lande, welche er in der Zukunft entdecken werde, würden fürderhin die Capitaná-General Neuspanien bilden. Selbstverständlich bedeuteten uns diese spanischen Wörter damals nicht viel, zumal der Quimíchi sie uns auch noch in seiner Totonácatl-Aussprache wiedergab. Gleichwohl war deutlich, daß Cortés – entweder bedauernswert von Sinnen oder unglaublich kühn oder, wie ich vermutete, aufgrund der Einflüsterungen seiner ehrgeizigen Konkubine – grenzenloses Land und unzählige Völker zu seinem Eigentum erklärte, welche er noch nicht einmal gesehen, geschweige denn durch Kampf oder durch andere Mittel erobert hatte. Zu dem Land, auf welches er Besitzrechte anmeldete, gehörte auch *unseres,* und zu den Völkern, über welche er Oberherrschaft beanspruchte, gehörten auch *wir,* die Mexíca.

Cuitláhuac schäumte fast vor Empörung, als er sagte: »Wenn das keine Kriegserklärung ist, Verehrter Bruder, dann möchte ich einmal wissen, was eine Kriegserklärung ist.«

Unsicher sagte Motecuzóma: »Bis jetzt hat er noch keine Kriegsgeschenke oder andere Zeichen geschickt, welche diese Absicht erkennen lassen.«

»Wollt Ihr warten, bis er eine von diesen Donner-Kanonen in Euer Ohr abfeuert?« wollte Cuitláhuac hochfahrend wissen. »Offenbar hat er doch keine Ahnung davon, daß es bei uns Sitte ist, so etwas geziemend anzukündigen. Vielleicht geschieht das bei den weißen Männern einfach durch anmaßende und herausfordernde Worte, so wie er es getan hat. Laßt uns daher diesem Emporkömmling beibringen, was sich gehört. Schicken wir *ihm* ein symbolisches Geschenk von Waffen und Bannern. Dann laßt uns zur Küste ziehen und das unerträgliche Großmaul zurückdrängen ins Meer.«

»Beruhige dich, Bruder!« sagte Motecuzóma. »Bis jetzt hat er noch niemand belästigt als die erbärmlichen Totonáca, und auch ihnen gegenüber hat er nur Lärm gemacht. Was mich betrifft, kann dieser Cortés für alle Ewigkeit an dieser Küste stehen, sein Gefieder spreizen und große Töne spucken. Wir jedenfalls – solange er nicht wirklich etwas *unternimmt* –, wir werden warten.«

IHS

✠

S.C.C.M.

Seiner Allerkatholischsten Majestät, Kaiser Karl V., Unserem Allerdurchlauchtigsten König und Herrn:

Geschätzte Majestät, unser Königlicher Herr: aus der Stadt Mexíco, Hauptstadt Neuspaniens, am Vorabend des Auferstehungsfestes im Jahre des Herrn eintausendfünfhundertundeinunddreißig, entbieten wir Euch unseren alleruntertänigsten Gruß.

Da wir von Eurer Erhabenen Majestät keine Anweisung erhalten haben, die Erstellung dieser Chronik abzubrechen, und da sie uns mit den folgenden Seiten endlich vollständig zu sein scheint, und sintemalen der Erzähler, der Azteke, selbst erklärt, er habe nunmehr nichts mehr zu sagen, fügen wir hiermit das letzte und abschließende Konvolut bei.

Ein großer Teil dessen, was der Indianer über die Eroberung und das zu berichten hat, was hernach geschah, wird Euer Alleslesende Majestät aus den Berichten bekannt sein, welche der Capitán-General Cortés und andere Offiziere geschickt, so Aufzeichnungen über die Geschehnisse gemacht haben, an welchen sie persönlich teilgenommen. Wenn nichts anderes, so wird durch die Erzählung unseres Azteken jene prahlerische und bis zum Überdruß wiederholte Behauptung des Capitán-General widerlegt, nur »er und eine Handvoll tapferer castilischer Soldaten« habe diesen ganzen Erdteil ohne jede fremde Hilfe erobert.

Jetzt, wo wir und Ihr, Sire, diese Geschichte vollständig vor uns haben, und über sie nachdenken können, stellt sich wohl über jeden Zweifel erhaben heraus, daß sie keineswegs das ist, was Euer Majestät im Auge hattten, als Ihr befahlt, damit zu beginnen. Wir brauchen wohl kaum noch einmal darauf hinzuweisen, wie unzufrieden wir mit dem waren, als was sie sich zuletzt erwies. Gleichwohl, wenn sie jedenfalls einigermaßen aufschlußreich war für unseren höchsten Souverän, oder in ihrer Fülle von abstrusen Einzelheiten und Hintergründen auch nur im geringsten erbaulich, werden wir uns sagen, daß unsere Geduld und Nachsicht sowie die unendlichen Mühen unserer Mönchs-Schreiber nicht umsonst gewesen sind. Wir bitten, daß Euer Majestät in Nachahmung des gütigen Herrn im Himmel nicht den kläglichen Wert der zusammengetragenen

Bände sehen möge, sondern die Redlichkeit, mit welcher wir ans Werk gingen und den Geist, in welchem wir es darbieten; und daß Ihr es und uns mit Nachsicht betrachten möget.

Des weiteren möchten wir, ehe wir nunmehr davon Abstand nehmen, die Dienste des Azteken noch weiter in Anspruch zu nehmen, wissen, ob Euer Majestät wünschen, daß wir ihn noch um zusätzliche Informationen oder um Zusätze zu seinem bereits umfangreichen Bericht befragen? Sollte das der Fall sein, werden wir dafür sorgen, daß er weiterhin zur Verfügung steht. Doch wenn Ihr keine weitere Verwendung für besagten Azteken habt, Sire, würdet Ihr uns dann das Vergnügen bereiten zu befehlen, was wir jetzt mit ihm anfangen sollten; oder ziehen Euer Majestät es vor, daß wir es einfach Gott überlassen, darüber zu entscheiden, was ihm zusteht?

Daß bis dahin wie zu aller Zeit die Gnade Gottes ständig auf der Seele Eurer Preisenswerten Majestät ruhen möge, ist das ständige Gebet Eures S.C.C.M. ergebenen Dieners,

(ECCE SIGNUM)
ZUMÁRRAGA

Ultima Pars

Wie ich euch schon gesagt habe, meine Herren Skribenten, bedeutete der Name unseres elften Monds, Ochpaníztli, Das Fegen Der Straße. In diesem Jahr gewann dieser Name insofern eine neue und unheimliche Bedeutung, als gegen Ende eben dieses Monds die Regenzeit nachließ und Cortés seinen Marsch ins Landesinnere antrat, wie er es angedroht hatte. Er ließ seine Seeleute und einige wenige seiner Soldaten zurück, um seine Garnisonsstadt Villa Rica de la Vera Cruz besetzt zu halten, und zog mit etwa vierhundertundfünfzig weißen Soldaten und rund eintausenddreihundert bewaffneten und kriegsmäßig ausgerüsteten Totonáca-Kriegern in westlicher Richtung auf die Berge zu. Außerdem begleiteten ihn noch weitere tausend Totonáca, welche ihm als Tamémime dienten und Ersatzwaffen, die auseinandergebauten Kanonen und die schweren Kanonenkugeln, Marschverpflegung und dergleichen trugen. Unter diesen Trägern befanden sich etliche von Motecuzómas Mäusen, die sich mit anderen unterwegs wartenden Quimíchime in Verbindung setzten und uns in Tenochtítlan über die Zusammensetzung und das Vorrücken der Fremden unterrichtet hielten.

Cortés führe, so berichteten sie, die Kolonne an. Er trage seine schimmernde Metallrüstung und reite ein Pferd, das er spöttisch und liebevoll zugleich Mauleselin nenne. Sein anderer lebendiger Besitz – Malintzin – trage sein Banner und schreite stolz neben seinem Sattel an der Spitze des Zuges einher. Nur noch einige wenige der anderen Offiziere hätten ihre Frauen mitgebracht, denn selbst die niedrigsten weißen Soldaten erwarteten, daß man ihnen unterwegs andere Frauen gebe oder sie sich welche nehmen könnten. Dafür hätten sie sämtliche Pferde und Hunde mitgenommen, wiewohl diese Reittiere, wie die Quimíchime berichteten, auf den Bergpfaden nur sehr langsam und unter Mühen vorankämen und oft störrisch seien. Außerdem ziehe Tlaloc seine Regenzeit in den Bergen noch in die Länge, der Regen sei kalt, komme in Sturmböen und sei oft mit Hagel durchsetzt. Da die Reisenden unter Nässe und Kälte litten, genössen sie ihre Reise kaum.

»Ayyo!« sagte Motecuzóma hocherfreut. »Sie finden das Landesinnere

nicht so wirtlich wie die Heißen Lande. Jetzt werde ich ihnen meine Zauberer entgegenschicken, auf daß sie ihnen das Leben noch unbehaglicher machen.«

Cuitláhuac sagte ingrimmig: »Es wäre besser, Ihr ließet mich Krieger nehmen und ihnen das Leben *unmöglich* machen!«

Motecuzóma sagte immer noch Nein. »Ich möchte den Anschein von Freundschaftlichkeit solange aufrechterhalten, wie dies unseren Zwecken dient. Sollen doch die Zauberer dem Zug mit ihren Flüchen und Beschwörungen zusetzen, bis die weißen Männer aus eigenem Antrieb wieder umkehren, ohne zu wissen, daß es unser Werk war. Sollen sie doch ihrem König berichten, das Land sei ungesund und undurchdringlich, gleichwohl jedoch nichts Schlechtes über uns berichten.«

Folglich schwärmten die Hofzauberer in der Verkleidung gewöhnlicher Reisender nach Osten aus. Nun, Zauberer vermögen zwar viele merkwürdige und erstaunliche Dinge zu vollbringen, zu welchen gewöhnliche Menschen nicht fähig sind, doch die Behinderungen, welche sie Cortés in den Weg legten, erwiesen sich als jämmerlich unwirksam. Als erstes spannten sie auf dem Weg vor den Anrückenden dünne Fäden, an denen blaue Papiere mit geheimnisvollen Zeichen flatterten. Wiewohl diese Hindernisse außer für die Zauberer selbst als unüberwindlich galten, zerriß Cortés' Pferd an der Spitze des Zuges sie voller Gleichmut; weder Cortés noch irgend jemand sonst schien sie überhaupt bemerkt zu haben. Woraufhin die Zauberer nach Tenochtítlan meldeten, nicht sie hätten versagt, sondern die *Pferde* seien mit irgendeiner Zauberkraft begabt, gegen welche diese besondere List nichts ausrichte.

Als nächstes trafen sie sich heimlich mit den Quimíchime, welche unerkannt in der Kolonne mitmarschierten, und ließen durch diese Mäuse etwas Ceiba-Saft und Tónaltin-Früchte unter das Essen der weißen Männer mischen. Der Saft des Ceiba-Baums macht jeden, der davon genießt, so heißhungrig, daß er gierig alles ißt, was ihm in die Hände fällt oder zwischen die Zähne kommt, bis er binnen weniger Tage so dick wird, daß er sich nicht mehr bewegen kann. Zumindest behaupteten das die Zauberer; ich selbst bin nie Zeuge dieses Phänomens gewesen. Doch die Tonal-Frucht bewirkt nachweislich Böses, wenn auch nicht auf so spektakuläre Weise. Bei der Tonal-Frucht handelt es sich um das, was Ihr Feigenkaktus nennt, die Frucht des Nopáli-Kaktus, und die ersten Spanier, welche in unsere Lande kamen, verstanden nicht, sie sorgfältig zu schälen, ehe sie in sie hineinbissen. Infolgedessen erwarteten die Zauberer, daß die weißen Männer die feinen, unsichtbaren und doch schmerzhaften Nadeln, welche sich ihnen in die Finger, Lippen und Zungen bohrten, unerträglich fänden. Doch bewirkt die Kaktusfeige noch etwas anderes. Jeder, der ihr rotes Fruchtfleisch genießt, scheidet einen womöglich noch leuchtenderen roten Urin aus; und jemand, der diesen für Blut hält, kann zu Tode erschrocken sein und fürchten, von einer tödlichen Krankheit befallen zu sein.

Falls der Ceiba-Saft irgendeinen von den weißen Männern dick machte, so zumindest keinen so fett, daß er bewegungsunfähig gewesen wäre. Und wenn die weißen Männer über die Tonáltin-Nadeln fluchten und sie Entsetzen packte, wenn sie meinten, Blut auszuscheiden, so hielt sie das gleichermaßen nicht davon ab weiterzumarschieren. Vielleicht gewährten ihre Bärte ihnen Schutz gegen die Nadeln, und soweit ich weiß, schieden sie *immer* rotgefärbten Urin aus. Viel wahrscheinlicher jedoch ist es, daß die Frau Malíntzin, die sehr wohl wußte, wie leicht ihre neuen Gefährten vergiftet werden könnten, genau acht gab auf das, was sie aßen und ihnen zeigte, wie man Tonáltin aß und ihnen sagte, was man hinterher zu gewärtigen hätte. Auf jeden Fall drangen die weißen Männer unerbittlich weiter nach Westen vor.

Als Motecuzómas Mäuse ihm meldeten, daß die Zauberer nichts hätten ausrichten können, brachten sie gleichzeitig aber noch beunruhigendere Nachrichten. Cortés' Truppe zog durch die Lande vieler kleiner Stämme, welche dort in den Bergen lebten, Stämme wie die Tepeyahuáca, die Xica und andere, welche nie sonderlich erfreut gewesen waren, dem Dreibund Tribut zu zahlen. In jedem Dorf riefen die mitmarschierenden Totonáca-Krieger aus: »Kommt! Schließt euch uns an! Schart euch um Cortés! Er führt uns an, uns von dem gehaßten Motecuzóma zu befreien!« Und alle diese Stämme stellten bereitwillig viele Krieger zur Verfügung. So kam es, daß, wiewohl inzwischen etliche weiße Männer in Tragstühlen getragen werden mußten, weil sie von ihren strauchelnden Pferden gefallen waren und sich dabei verletzt hatten, und wiewohl viele von den Tiefland-Totonáca zurückgeblieben waren, weil sie in der dünnen Hochlandluft Atembeschwerden bekamen, Cortés' Truppe nicht kleiner wurde, sondern an Stärke immer mehr zunahm.

»Jetzt hört Ihr es, Verehrter Bruder!« bestürmte Cuitláhuac Motecuzóma. »Diese Elenden wagen es sogar, sich damit zu brüsten, sie kämen, sich *Euch persönlich* entgegenzustellen. Wir haben jede Entschuldigung, über sie herzufallen, und jetzt ist der Augenblick, dies zu tun. Wir brauchen weder ihre Tiere noch ihre Waffen zu fürchten. Ihr könnt jetzt nicht mehr sagen: *Wartet!*«

»Ich sage: Wartet!« erwiderte Motecuzóma unerschütterlich. »Und dazu habe ich guten Grund. Wenn wir abwarten, retten wir viele Menschenleben.«

Cuitláhuac fauchte ihn buchstäblich an: »Sagt mir, *wann* in unserer gesamten Geschichte ist auch nur ein einziges Menschenleben *gerettet* worden?«

Motecuzóma sah verstimmt aus und sagte: »Nun denn, ich sage, es soll nicht das Leben eines einzigen Mexícatl-Kriegers vergeudet werden. Wisse dies, Bruder! Diese Fremden nähern sich jetzt der Ostgrenze von Texcála, jenes Landes, das bis jetzt die schlimmsten Angriffe selbst von uns Mexíca abgeschlagen hat. Es wird auch nicht bereit sein, einen Feind von einer anderen Hautfarbe willkommen zu heißen, der aus einer anderen Richtung kommt. Sollen doch die *Texcaltéca* gegen die Eindringlinge kämpfen. Wir Mexíca werden mindestens in zweierlei Hinsicht unser Gutes davon haben. Die weißen Männer und die Totonáca werden ganz bestimmt vernichtet werden; aber ich bin gleichfalls sicher, daß die Texcaltéca so große Verluste erleiden werden, daß wir unmittelbar hinterher über sie herfallen und ihnen eine endgültige Niederlage beibringen können. Sollten noch irgendwelche weißen Männer am Leben bleiben, werden wir sie pflegen und ihnen Unterkunft geben. In ihren Augen wird es sich dann so darstellen, daß wir ausschließlich gekämpft haben, um sie zu retten. Damit erringen wir uns ihre Dankbarkeit und die von König Carlos. Und wer weiß, was wir noch Gutes davon haben werden? Infolgedessen werden wir also warten.«

Wenn Motecuzóma dem Herrscher von Texcála, Xicoténca, vertraulich mitgeteilt hätte, was wir über die Kampfkraft, aber auch über die schwachen Seiten der weißen Männer in Erfahrung gebracht hatten, wären die Texcaltéca bestimmt so klug gewesen, diese irgendwo in ihren steilen Bergen anzugreifen, von denen sie so viele hatten. Statt dessen entschloß sich Xicoténcas Sohn und Kriegsführer, Xicoténca der Jüngere, sich den weißen Männern ausgerechnet auf einer der wenigen Ebenen ihres Gebietes entgegenzuwerfen. Er stellte seine Truppen auf die traditionelle Weise auf und bereitete sich auf einen traditionellen Kampf vor – bei dem die beiden Gegner ihre Streitkräfte antreten ließen, die traditionellen Formalitäten erfüllten, um dann gegeneinander vorzustürmen und Menschenkraft sich mit Menschenkraft messen zu lassen. Xicoténca mag zwar gehört haben, daß dieser neue Gegner mehr als menschliche Kräfte besitze; aber er wußte nicht, daß dieser neue Feind keinen kleinen Finger um die Traditionen und feststehenden Kriegsregeln unserer Welt gab.

Wie wir später in Tenochtítlan erfuhren, marschierte Cortés am Rande dieser Ebene aus einem Wald heraus und führte seine vierhundertundfünfzig weißen Soldaten sowie die inzwischen auf rund dreitausend Kriegei der Totonáca und anderer Stämme angewachsene Streitmacht an. Nun sah er sich auf der anderen Seite des Schlachtfeldes einer gewaltigen Mauer von Texcaltéca gegenüber, mindestens zehntausend von ihnen; in manchen Berichten hieß es, es seien bis zu dreißigtausend gewesen. Selbst wenn Cortés aufgrund der Krankheit seiner Mutter wahnsinnig gewesen wäre, wie behauptet wird, er hätte gleichwohl erkannt, welch furchtbarem Gegner er gegenüberstand. Sie waren in ihre gelben und weißen gesteppten Kampfanzüge gekleidet. Sie trugen ihre vielen großen Federbanner, abwechselnd mit dem weißgeflügelten goldenen Adler von Texcála und dem weißen Reihersymbol Xicoténcas geschmückt. Drohend schlugen sie auf ihre Kriegstrommeln und spielten auf ihren schrillen Kriegsflöten. Ihre Speere und Maquáhuime blitzten hell von dem sauberen schwarzen Obsidian, welcher danach dürstete, gerötet zu werden.

Cortés muß inzwischen gewünscht haben, er hätte bessere Verbündete als seine Totonáca mit ihren Waffen, welche in der Hauptsache aus Schwertfischschnauzen und gespitzten Knochen bestanden, ihren ungefügen Schilden, welche nichts anderes waren als die Panzer von Wasserschildkröten. Doch wenn Cortés sich überhaupt Sorgen machte, war er zumindest überlegen genug, seine fremdländischste Waffe noch verborgen zu halten. Die Texcaltéca sahen nur ihn und diejenigen seiner Streitmacht, welche zu Fuß gingen. Sämtliche Pferde, sein eigenes eingeschlossen, waren noch im Wald und blieben dort den Blicken der Verteidiger von Texcála verborgen.

Der Tradition gemäß traten etliche Texcaltécatl-Edelleute aus den Gliedern ihrer Truppen hervor, überquerten die grüne Ebene zwischen den beiden Heeren und überbrachten feierlich die symbolischen Waffen – Federumhänge und Schilde –, um zu verkünden, daß nunmehr Kriegszustand herrsche. Cortés zog diese Zeremonie absichtlich in die Länge und ließ sich ihre Bedeutung erklären. Ich sollte hier vielleicht erwähnen, daß Aguilar jetzt nur noch selten als Zwischendolmetsch gebraucht wurde; die Frau, Malíntzin, hatte sich eifrig bemüht, Spanisch zu lernen und dabei große Fortschritte gemacht; schließlich ist das Bett immer noch der beste Ort, eine Sprache zu erlernen. Folglich gab Cortés, nachdem er die Kriegserklärung der Texcaltéca angenommen hatte, selber eine ab, indem er eine Schriftrolle entrollte und sie verlas, während Malíntzin den wartenden Edelleuten dolmetschte. Ich kann sie aus der Erinnerung wiederholen, denn selbige Proklamation ließ er vor jedem Dorf, jeder Stadt und jedem Volk verkünden, welches sich seinem Näherrücken widersetzte. Erst verlangte er, ungehindert einziehen zu dürfen, und dann sagte er:

»Erklärt ihr euch jedoch nicht einverstanden, werde ich mit Gottes Hilfe den Durchmarsch erzwingen. Ich werde mit der äußersten Gewalt gegen euch vorgehen. Ich werde euch unter das Joch unserer Heiligen Kirche und unseres Königs Carlos zwingen. Ich werde eure Frauen und Kinder nehmen und zu Sklaven machen oder sie verkaufen, je nachdem, wie es Seiner Majestät gefällt. Ich werde euren Besitz nehmen und euch alles Böse zufügen, was in meiner Macht steht und euch als aufrührerische Untertanen betrachten, welche sich niederträchtig weigern, sich ihrem rechtmäßigen Souverän zu unterwerfen. Daher geht alles Blutvergießen und alles Leid zu euren Lasten und nicht zu Lasten Seiner Majestät oder zu meinen Lasten oder zu Lasten der Herren, die unter mir dienen.«

Es läßt sich vorstellen, daß die Texcaltécatl-Edelleute nicht sonderlich erfreut waren, Untertanen irgendeines Fremden geheißen zu werden oder sich sagen lassen zu müssen, sie seien einem Fremden ungehorsam, wenn sie ihre eigene Grenze verteidigten. Falls überhaupt, waren diese hochmütigen Worte nur geeignet, ihren Wunsch nach einer Schlacht noch zu erhöhen, je blutiger, desto besser. Infolgedessen erwiderten sie nichts, sondern kehrten um und stapften die weite Strecke bis zu ihren Kriegern zurück, welche laute und immer lautere Kriegsschreie ausstießen und ihren Flöten schrille Töne und ihren Trommeln dumpfe Klänge entlockten.

Doch dieser Austausch von Förmlichkeiten hatte Cortés' Leuten reichlich Zeit gegeben, ihre zehn großen und die vier kleineren Kanonen zusammenzubauen und in Stellung zu bringen und sie nicht mit häuserzertrümmernden Kugeln zu laden, sondern mit scharfen Metallbrocken, zerbrochenem Glas, spitzen Kieseln und dergleichen. Die Hakenbüchsen wurden geladen, auf ihre Stützen gesetzt und ausgerichtet und die Armbrüste fertiggemacht. Rasch gab Cortés Befehle, Malíntzin wiederholte sie den Kriegern der Verbündeten und begab sich dann eilends in Sicherheit, dorthin, wo sie hergekommen waren. Cortés und seine Männer standen oder knieten, während andere, die sich im Wald verborgen gehalten hatten, ihre Pferde bestiegen. Und sie alle warteten geduldig, bis die mächtige gelbweiße Wand sich plötzlich regte, ein Pfeilregen in hohem Bogen über das Kampffeld flog und die Mauer sich in Tausende von vorwärtsstürmenden Kriegern auflöste, welche auf ihre Schilde schlugen, wie die Jaguare fauchten und spitze Schreie ausstießen wie die Adler.

Weder Cortés noch irgendeiner seiner Männer machte Anstalten, ihnen auf die traditionelle Weise zu begegnen. Er rief nur: *»Für Santiago!«*, und das Aufbrüllen der Kanonen bewirkte, daß das Kriegsgeschrei der Texcaltéca sich plötzlich ausnahm wie das Zirpen von Zikaden während eines Gewitters. Sämtliche Krieger der vorwärtsstürmenden Reihen wurden zerfetzt: Knochen und Gliedmaßen flogen durch die Luft und Blut spritzte. Die Männer in den nächsten Gliedern fielen einfach tot hin, und das aus keinem sogleich erkennbaren Grund, da die Kugeln der Hakenbüchsen und die kurzen Pfeile der Armbrüste einfach in ihren dick gesteppten Kampfanzügen verschwanden. Dann ertönte ein anderes Donnergrollen; die Reiter kamen in gestrecktem Galopp aus dem Wald hervor, und die Jagdhunde liefen mit ihnen. Die weißen Soldaten ritten mit eingelegten Lanzen und fädelten ihre Beute auf, wie rote Pfefferschoten auf eine Schnur gefädelt werden, bis nichts mehr auf die Schäfte ihrer Lanzen paßte. Woraufhin die Reiter diese fallen ließen und die Stahlsäbel zogen und sie im Reiten durch die Luft wirbeln ließen, so daß abgeschlagene Hände und Arme und sogar Köpfe durch die Luft flogen. Und die Hunde stürzten sich auf die Texcaltéca, schlugen ihre Fänge in sie und rissen und zerrten, und ihre baumwollenen Kampfanzüge waren kein Schutz vor ihren Zähnen. Was Wunder, daß die Texcaltéca völlig überrascht waren. Erschrocken und von Entsetzen gepackt, verloren sie allen Kampfgeist und den Willen zu siegen; sie wurden versprengt, wurlten durcheinander und schwangen verzweifelt ihre unterlegenen Waffen, doch fruchtete das nichts. Mehrere Male brachten ihre Ritter und Cuáchictin sie dazu, sich wieder zu sammeln und sie neuerlich zum Angriff zu führen. Doch jedesmal waren die Kanonen, die Hakenbüchsen und die Armbrüste wieder geladen, feuerten ihre furchtbaren zerfetzenden und durchschlagenden Geschosse immer wieder auf die Reihen der Texcaltéca ab und richteten unaussprechliche Verheerungen an ...

Nun, ich brauche nicht über jede Einzelheit dieser einseitig geführten Schlacht zu berichten; was an diesem jenem Tag geschah, ist wohlbekannt. Außerdem kann ich es ohnehin nur nach dem berichten, was die Überlebenden dieses Tages danach erzählten, doch bin ich später Zeuge ähnlicher Schlächtereien gewesen. Die Texcaltéca flohen vom Schlachtfeld und wurden von Cortés' Totonáca-Kriegern verfolgt, die laut und feige über die Gelegenheit jubelten, an einer Schlacht teilzunehmen, bei welcher sie bloß noch dem fliehenden Feind Schläge zu versetzen brauchten. Etwa ein Drittel der gesamten Streitmacht der Texcaltéca blieb an diesem Tag auf dem Schlachtfeld zurück; sie selbst hatten dem Feind nur geringfügige Verluste zufügen können. Ein Pferd, glaube ich, stürzte, ein paar Spanier wurden durch den ersten Pfeilhagel verwundet, und ein paar andere trugen durch glückliche Maquáhuime-Schläge etwas schwerere Wunden davon; getötet wurde von ihnen jedoch keiner und lange kampfunfähig war auch keiner von ihnen. Als die Texcaltéca soweit geflohen waren, daß sie nicht mehr verfolgt werden konnten, schlugen Cortés und seine Männer mitten auf dem Schlachtfeld ihr Lager auf, um ihre wenigen Wunden zu verbinden und den Sieg zu feiern.

Bedenkt man die furchtbaren Verluste, welche die Texcaltéca erlitten haben, muß man es ihnen hoch anrechnen, daß sie sich nicht sofort Cortés ergaben. Die Texcaltéca waren ein tapferes, stolzes und trotziges Volk. Unseligerweise glaubten sie unerschütterlich an die Unfehlbarkeit ihrer Seher und Zauberer. Infolgedessen waren es diese Männer, mit denen ihr Oberbefehlshaber Xicoténca sich noch am Abend des Tages der Niederlage beriet und der sie fragte:

»Sind diese Fremden wirklich Götter, wie gemunkelt wird? Sind sie wirklich unbesiegbar? Gibt es eine Möglichkeit, ihre flammenspuckenden Waffen zu überwinden? Soll ich noch mehr gute Männer opfern und überhaupt noch weiterkämpfen?«

Nachdem die Seher alle magischen Mittel ausgeschöpft hatten, um sich zu einem Entschluß durchzuringen, erklärten sie:

»Nein, sie sind keine Götter. Sie sind Menschen. Doch daß ihre Waffen Flammen spucken, weist darauf hin, daß sie irgendwie gelernt haben, sich die Hitze der Sonne gefügig zu machen. Solange die Sonne scheint, können sie sich auf die Überlegenheit ihrer feuerspeienden Waffen verlassen. Doch sobald die Sonne untergegangen ist, erlischt auch ihre sonnengegebene Kraft. In der Nacht werden sie nichts weiter sein als gewöhnliche Menschen, welche auch nur mit ihren gewöhnlichen Waffen kämpfen können. Sie werden genauso verwundbar und nach den Anstrengungen des Tages völlig erschöpft sein wie alle anderen Menschen. Wenn Ihr sie vernichten wollt, müßt Ihr sie nachts angreifen. Heute nacht noch. Sonst werden sie bei Sonnenaufgang sich gleichfalls erheben und Euer Heer niedermähen wie Unkraut.«

»Sie nachts angreifen?« murmelte Xicoténca. »Das widerspricht jeder Sitte und Gepflogenheit. Es verstößt gegen alle Überlieferung des redlichen Kampfes. Außer bei Belagerungen haben unsere Heere niemals nachts gekämpft.«

Die Weisen nickten. »Richtig. Die weißen Fremden werden einen solchen Angriff nicht erwarten und völlig überrumpelt werden. Tut das Unerwartete!«

Die Seher der Texcaltéca erlagen genauso verhängnisvoll einem Irrtum wie Seher überall es so oft tun. Denn weiße Heere kämpfen in ihrer Heimat offensichtlich durchaus bei Nacht und sind es gewohnt, Vorsichtsmaßnahmen gegen derlei Überraschungen zu treffen. Cortés hatte rings um sein Lager herum Posten aufgestellt, Männer, die wach und wachsam blieben, während ihre Gefährten in Kampfmontur und Panzer schliefen, die geladenen Waffen in Griffnähe neben sich. Selbst in der Dunkelheit erspähten Cortés' Wachen ohne Mühen die ersten Kundschafter der Texcaltéca, welche auf dem Bauch über das offene Gelände gekrochen kamen.

Die Wachen lösten keinen Alarm aus, sondern huschten leise zurück ins Lager und weckten leise Cortés und den Rest seines Heeres. Kein Soldat ließ seine Umrisse vor dem Himmel sehen; alle verharrten in sitzender oder kniender Position; keiner machte Lärm. Infolgedessen kehrten Xicoténcas Kundschafter zurück und berichteten, offenbar liege das ganze Lager wehrlos schlafend da und ahne nichts. Was vom Heer der Texcaltéca noch vorhanden war, kroch in seiner Gesamtheit auf Händen und Knien heran, bis sie den Rand von Cortés' Lager erreicht hatten, doch hatten sie keine Chance, auch nur einen Kriegsschrei auszustoßen. Sobald sie sich aufgerichtet hatten und leicht erkennbare Ziele boten, erhellten Blitze die Nacht, donnerte es und zischten die Geschosse ... und Xicoténcas Heer wurde vom Schlachtfeld gemäht wie Unkraut.

Wiewohl er mit seinen blinden Augen weinte, schickte Xicoténca der Ältere am nächsten Morgen eine Abordnung seiner ranghöchsten Edelleute, welche die quadratische Flagge aus Goldgewirk, die Flagge des Waffenstillstands, trugen, um mit Cortés über die Bedingungen zu verhandeln, nach denen sie die Waffen strecken sollten. Zur größten Verblüffung der Abgesandten kehrte Cortés keineswegs das Gebaren des Eroberers hervor; er hieß sie mit großer Herzlichkeit und offenbarer Zuneigung willkommen. Mit Hilfe seiner Malíntzin pries er die Tapferkeit der

Texcaltéca-Krieger. Er bedauere, weil sie seine Absichten mißverstanden hätten, gezwungen gewesen zu sein, sich zu verteidigen. Denn, so sagte er, er wolle nicht, daß Texcála sich ergebe und nehme das Angebot des Waffenstreckens auch nicht an. Er sei in ihr Land gekommen, weil er hoffe, ihr Freund sein und ihnen helfen zu können.

»Ich weiß«, sagte er, wobei ihn ohne Zweifel Malíntzin gut informiert hatte, »daß ihr seit Generationen unter der Tyrannei von Motecuzómas Mexíca gelitten habt. Die Totonáca und einige andere Stämme habe ich bereits von diesen Banden befreit. Jetzt will ich euch gleichfalls von dieser ständigen Bedrohung befreien. Ich bitte nur, daß euer Volk sich mir in diesem heiligen und würdigen Kreuzzug anschließt und soviel Krieger wie möglich bereitstellt, um meine Streitkräfte zu vergrößern.«

»Aber«, erklärten die Edelleute, die überhaupt nicht mehr wußten, wo ihnen der Kopf stand, »wir haben gehört, daß Ihr von allen Völkern verlangt, sie müßten sich Eurem fremden Herrscher und Eurer fremden Religion unterwerfen, wir müßten alle unsere ehrwürdigen Götter stürzen und neue verehren.«

Cortés vollführte eine wegwerfende Geste. Der Widerstand, welchen die Texcaltéca ihm entgegengebracht hatten, hatte ihn zumindest gelehrt, klug und umsichtig vorzugehen.

»Ich erwarte keine Unterwerfung, sondern daß ihr euch mit mir verbündet«, erklärte er. »Sobald diese Lande erst einmal alle von dem bösen Einfluß der Mexíca gereinigt sind, werden wir euch mit Freuden die Segnungen des Christentums und die Vorteile eines Abkommens mit König Carlos erklären. Dann könnt ihr selbst urteilen, ob ihr dieser Wohltaten teilhaftig werden wollt oder nicht. Aber das Wichtigste zuerst: Fragt euren Herrscher, ob er uns die Ehre erweisen will, in Freundschaft unsere Hand zu ergreifen und gemeinsame Sache mit uns zu machen.«

Der alte Xicoténca bekam diese Nachricht von seinen Edelleuten kaum früher zu hören als wir in Tenochtítlan sie durch unsere Mäuse erfuhren. Uns allen, die wir im Palast zusammengekommen waren, wurde klar, wie erschüttert Motecuzóma und welcher Schrecken ihm in die Glieder gefahren sein mußte. Es wurmte ihn, erkennen zu müssen, was aus seinen zuversichtlichen Prophezeihungen geworden war und er geriet nahezu in Panik, als ihm aufging, was sein nicht wiedergutzumachender Irrtum für Folgen zeitigen könnte. Nicht nur, daß die Texcaltéca die weißen Eindringlinge *nicht* aufgehalten hatten, nein sie hatten sich nicht einmal als ein ernst zu nehmendes Hindernis für sie erwiesen. Und nicht nur, daß Texcála jetzt keineswegs eine leichte Beute für uns sein würde. Weit schlimmer: Die Fremden waren mitnichten entmutigt oder geschwächt; sie kamen immer noch auf uns zumarschiert, stießen immer noch Drohungen gegen uns aus. Am schlimmsten aber war es, daß die weißen Männer jetzt verstärkt durch die Macht und den Haß unserer ältesten, kämpferischsten und unversöhnlichsten Feinde näherrückten.

Nachdem er sich wieder gefaßt hatte, traf Motecuzóma eine Entscheidung, die zumindest ein wenig kraftvoller war als sein Befehl abzuwarten. Er rief seinen intelligentesten Schnellboten herbei, diktierte ihm eine Botschaft und schickte ihn augenblicklich los, sie Cortés zu überbringen. Selbstverständlich war diese Botschaft lang und in höchst schmeichelhaften Wendungen abgefaßt, doch im wesentlichen hieß es darin:

»Geschätzter Capitán-General Cortés, setzt kein Vertrauen in die verschlagenen Texcaltéca, welche Euch alle möglichen Lügen aufbinden werden, um Euch hinterher treulos zu verraten. Wie Ihr leicht in Erfahrung bringen könnt, wenn Ihr Euch erkundigt, ist Texcála eine Insel, die ringsum von Nachbarvölkern eingeschlossen ist, welche es sich zu Feinden gemacht hat. Wenn Ihr Euch mit den Texcaltéca anfreundet, werdet Ihr gleich ihnen verachtet, gemieden und von allen anderen Völkern abgelehnt werden. Hört auf unseren Rat. Sagt Euch los von den unwürdigen Texcaltéca und verbündet Euch statt dessen mit dem mächtigen Dreibund von Mexíca, Acólhua und Tecpanéca. Wir laden Euch ein, unsere verbündete Stadt Cholólan zu besuchen, welche in südwestlicher Richtung von dort liegt, wo Ihr Euch im Augenblick befindet, und die leicht zu erreichen ist. Dort werdet Ihr mit einer feierlichen Zeremonie willkommen geheißen werden, wie es einem so erlauchten Besucher wie Euch gebührt. Sobald Ihr Euch ausgeruht habt, werdet Ihr Eurem Wunsch gemäß nach Tenochtítlan geleitet werden, wo ich, der Uey-Tlatoáni Motecuzóma Xocóyotzin, nur darauf warte, Euch als meinen Freund in die Arme zu schließen und Euch alle Ehre anzutun.«

Vielleicht hat Motecuzóma genau das gemeint, was er sagte – den weißen Männern soweit nachzugeben, daß er bereit war, sie zu empfangen und dieweil zu überlegen, was er dann tun solle. Ich weiß es nicht. Er vertraute weder mir noch seinem Staatsrat seine Pläne an. Soviel aber weiß ich: Wäre ich Cortés gewesen, hätte ich über eine solche Einladung gelacht, zumal wenn ich eine gerissene Malíntzin zur Seite gehabt hätte, welche mir die Botschaft klipp und klar folgendermaßen gedolmetscht hätte:

»Verabscheuter Feind: Bitte, jage deine neugewonnenen Verbündeten von dannen, wirf die zusätzlich gewonnenen Streitkräfte weg und tue Motecuzóma den Gefallen, ahnungslos in eine Falle hineinzulaufen, aus der du nie wieder herauskommen wirst.«

Doch zu meiner Überraschung – schließlich kannte ich den Mut des Mannes einfach noch nicht – schickte Cortés den Boten mit der Annahme der Einladung zurück und marschierte tatsächlich nach Süden, um Cholólan einen Höflichkeitsbesuch abzustatten, wo er in der Tat wie ein erlauchter und willkommener Gast empfangen wurde. Am Rande der Stadt wurde er von den gemeinsamen Herrschern, dem Herrn Dessen, Was Oben Ist und dem Herrn Dessen, Was Unten Ist, sowie vom größten Teil der Bürger willkommen geheißen und keineswegs von Bewaffneten. Die Herren Tlaquíach und Tlalchíac hatten keine Krieger aufgeboten und von Waffen war nirgends etwas zu sehen. Alles geschah so, wie Motecuzóma es versprochen hatte, friedlich und gastfreundlich.

Gleichwohl hatte Cortés selbstverständlich nicht allen Vorschlägen Motecuzómas entsprochen; er hatte sich keineswegs seiner Verbündeten entledigt, ehe er nach Cholólan gekommen war. Inzwischen hatte Xicoténca Cortés' Angebot angenommen, gemeinsame Sache mit ihm zu machen, und seinem Befehl insgesamt zehntausend Texcaltéca-Krieger unterstellt – von all den anderen Dingen, die er ihm gab ganz zu schweigen: eine Reihe der schönsten und edelsten Texcaltéca-Frauen, welche unter Cortés' Offizieren aufgeteilt wurden, und sogar ein ganzes Gefolge von Zofen für die persönliche Bedienung der *Dame* Ein Gras oder Malíntzin oder Doña Marina. Folglich traf Cortés in Cholólan an der Spitze eines

Heeres ein, welches aus zehntausend Texcaltéca sowie dreitausend Totonáca und anderen Stämmen bestand – und seinen eigenen weißen Soldaten, seinen Pferden und Hunden, seiner Malíntzin und den anderen Frauen, welche in seinem Gefolge reisten.

Nachdem sie Cortés gebührend begrüßt hatten, betrachteten die beiden Herren von Cholólan furchtsam die Menge seiner Streitmacht, und ließen ihm kleinmütig durch Malíntzin sagen: »Auf Befehl des Verehrten Sprechers Motecuzóma ist die Stadt unbewaffnet und wird nicht von irgendwelchen Kriegern verteidigt. Sie kann Euch, Hoher Herr, sowie Eure persönlichen Truppen und Bedienten nebst Gefolge beherbergen, und wir haben alles vorbereitet, Euch alle bequem unterzubringen. Doch für Eure zahllosen Verbündeten ist einfach nicht genug Platz vorhanden. Außerdem sind, wenn Ihr gestattet, daß wir das erwähnen, die Texcaltéca unsere eingeschworenen Feinde, und es wäre uns im höchsten Maße unbehaglich, wenn sie in unsere Stadt einzögen . . .«

Entsprechend gab Cortés Befehl, daß der größere Teil seiner Streitmacht, der aus eingeborenen Kriegern bestand, außerhalb der Stadt blieb; allerdings sollte ihr Lager im Kreis um die Stadt aufgeschlagen werden, so daß sie vollkommen eingeschlossen wäre. Ganz gewiß fühlte Cortés sich mit all diesen Tausenden in der Nähe, welche er nur zu rufen brauchte, wenn er Hilfe benötigte, sicher genug. Nur er und die anderen weißen Männer betraten Cholólan, schritten stolz einher wie Edelleute oder ritten in überwältigender Majestät auf ihren Pferden, während die versammelte Bevölkerung jubelte und ihnen Blumen auf den Weg streute.

Wie versprochen, wurden die weißen Männer luxuriös untergebracht – noch der geringste Soldat wurde so unterwürfig behandelt, als wäre er ein Ritter –, stellte man ihnen Diener und Frauen für die Nacht zur Verfügung. Cholólan war, was die persönlichen Gewohnheiten der weißen Männer betraf, vorgewarnt worden, und so beklagte sich niemand – nicht einmal die Frauen, denen befohlen wurde, sich zu ihnen zu legen – jemals über den schrecklichen Geruch, den sie ausströmten oder über die geierhaften Eßgewohnheiten oder darüber, daß sie niemals ihre schmutzigen Kleider oder Stiefel auszogen oder sich jemals badeten oder nicht einmal die Hände wuschen, wenn sie ihre Notdurft verrichtet hatten oder sich zum Essen niederließen. Vierzehn Tage lang führten die weißen Männer ein Leben, wie heldische Krieger es sich wohl in der besten der Gegenwelten erhoffen mögen. Es wurden ihnen zu Ehren Festmähler gegeben, sie durften nach Herzenslust Octli trinken und sich so sehr betrinken und liederlich benehmen, wie sie wollten, durften mit den ihnen zugewiesenen Frauen tun und lassen, was sie wollten und wurden mit Gesang und Musik und Tanz unterhalten. Und nach diesen vierzehn Tagen erhoben die weißen Männer sich und brachten jeden Mann, jede Frau und jedes Kind in Cholólan um.

Wir erhielten diese Nachricht in Tenochtítlan wahrscheinlich noch ehe der Rauch der Hakenbüchsen über der Stadt verflogen war, und zwar durch unsere Mäuse, welche aus Cortés' eigenen Reihen herein- und hervorschlüpften. Ihren Berichten zufolge war es auf Anstiften der Frau Malíntzin zu diesem Massaker gekommen. Sie kam eines Nachts in das Gemach ihres Herrn im Palast von Cholólan, wo dieser Octli trank und sich mit etlichen Frauen vergnügte. Sie fuhr die Frauen an, sie sollten machen, daß sie hinauskämen, und warnte Cortés dann vor einer Verschwörung, die im Gange sei. Gehört habe sie davon, erklärte sie, als sie sich unter die einheimischen Frauen auf dem Markt gemischt und mit ihnen unterhalten habe; sie hätten sie in ihrer Arglosigkeit für eine Kriegsgefangene gehalten, welche nur darauf warte, aus der Gefangenschaft der Weißen Männer befreit zu werden. Der einzige Zweck, daß sie auf das üppigste bewirtet und unterhalten worden seien, sagte Malíntzin, sei gewesen, sie einzulullen und zu schwächen, während Motecuzóma, insgeheim eine Streitmacht von zwanzigtausend Mexíca-Kriegern schicke, Cholóloan zu umzingeln. Auf ein bestimmtes Zeichen hin, sagte sie, würden die Mexíca über die Streitkräfte der draußen kampierenden Eingeborenen herfallen, während die Männer in der Stadt sich bewaffnen und auf die völlig überraschten weißen Männer stürzen sollten. Und, sagte sie, als sie herbeigeeilt sei, diesen Plan aufzudecken, habe sie auf dem Hauptplatz bereits unter Bannern Bürger sich versammeln sehen.

Cortés stob mit seinen Unterbefehlshabern, welche gleichfalls dort untergebracht worden waren, zum Palast heraus, und gemeinsam riefen sie durch ihr lautes »Santiago!« ihre Soldaten herbei, welche ihre Frauen und Becher in den Unterkünften fahren ließen und zu den Waffen griffen. Wie Malíntzin gesagt hatte, fanden sie den Hauptplatz gestopft voll mit Menschen, von denen viele Federbanner, alle jedoch Zeremonialgewänder trugen, die vielleicht wie Kampfanzüge aussehen mochten. Diesen Menschen, die sich dort versammelt hatten, wurde keine Zeit gelassen, einen Kriegsschrei auszustoßen oder die Gäste zum Kampf herauszufordern – oder auf irgendeine andere Weise zu erklären, warum sie dort seien –, denn die weißen Männer feuerten augenblicklich ihre Waffen ab, und die Menge war so dicht, daß die erste Salve von Kugeln und Pfeilen und anderen Geschossen sie hinmähte wie Unkraut.

Als der Rauch ein wenig verflogen war, sahen die weißen Fremden, daß auf dem Platz nicht nur Männer, sondern auch Frauen und Kinder waren; vielleicht haben sie sich sogar gefragt, ob ihr vorschnelles Handeln überhaupt gerechtfertigt sei. Doch auf den Lärm ihrer Büchsen hin kamen die Texcaltéca und ihre anderen Verbündeten aus ihren Lagern in die Stadt. Sie waren es, welche die Stadt noch willkürlicher verwüsteten als die weißen Männer, die Bevölkerung unterschiedslos und erbarmungslos niedermachten und sogar die Herren Tlaquíach und Tlalchíac umbrachten. Ein paar von den Männern von Cholólan eilten tatsächlich zu den Waffen, um sich zu wehren, doch waren sie dermaßen in der Minderzahl und überdies auch noch eingeschlossen, daß sie nur ein Rückzugsgefecht liefern konnten, als sie sich die Hänge der berghohen Cholólaner Pyramide hinauf zurückzogen. Oben auf der Plattform lieferten sie ihren letzten Kampf und wurden zuletzt im großen Quetzalcóatl-Tempel eingeschlossen. Die Belagerer brauchten bloß Holz um den Tempel herum aufzuschichten, dieses in Brand zu setzen und die Verteidiger bei lebendigem Leibe zu verbrennen.

Das war vor nunmehr zwölf Jahren, ehrwürdige Patres. Der Tempel ging in Flammen auf, wurde geschleift und die Trümmer in alle Winde zerstreut. Es blieben nichts weiter als Bäume und Sträucher, weshalb so viele von euch einfach nicht haben glauben können, daß dieser Berg *kein* Berg ist, sondern eine vor langer Zeit von Menschenhand gebaute Pyramide. Selbstverständlich weiß ich, daß sie heute noch etwas anderes trägt als Bäume. Der Gipfel, von welchem Quetzalcóatl und seine Gläubigen in jener Nacht heruntergestürzt wurden, ist letzthin von einer christlichen Kirche gekrönt worden.

Als Cortés in Chololan eintraf, zählte es eine Bevölkerung von einigen achttausend Menschen. Als er abzog, war die Stadt leer. Ich wiederhole, daß Motecuzóma mich in keinen seiner Pläne eingeweiht hatte. Es kann durchaus sein, daß in der Tat Mexíca-Truppen heimlich auf dem Vormarsch auf die Stadt waren und er den Bewohnern befohlen hatte, sich zu erheben, sobald die Falle zuschnappte. Gleichwohl bitte ich darum, Zweifel anmelden zu dürfen. Zu diesem Massaker kam es am ersten Tag unseres fünfzehnten Monds, genannt Panquétzalíztli, was soviel heißt wie Das Schwenken Der Federbanner, und das überall mit Zeremonien gefeiert wurde, bei denen die Menschen genau dies taten.

Möglich, daß die Frau Malíntzin nie zuvor einem solchen Fest beigewohnt hatte. Vielleicht hat sie ehrlich geglaubt oder fälschlich angenommen, daß die Menschen sich unter Schlachtbannern versammelten. Möglich aber auch, daß sie die »Verschwörung« erfunden hat, vielleicht sogar aus Eifersucht auf die Aufmerksamkeiten, welche Cortés den Chololaner Frauen schenkte. Doch ob nun auf Grund eines Mißverständnisses oder aus Bosheit – sie brachte Cortés jedenfalls dazu, Chololan zur Wüste zu machen. Und wenn er das überhaupt jemals bedauert hat, dann jedenfalls nicht lange, denn es war seinem Glück womöglich noch förderlicher als selbst sein Sieg über die Texcaltéca. Ich habe bereits erwähnt, daß ich Chololan besucht und die Menschen dort durchaus nicht besonders liebenswert gefunden habe. Für mich war es gleichgültig, ob die Stadt weiter bestand oder nicht, und ihre plötzliche Verwüstung verursachte mir keinen Kummer außer vielleicht insofern, als sie zu Cortés' immer furchterregenderem Ruf beitrug. Denn als die Nachricht vom Massaker in Chololan durch Schnellboten in der gesamten Einen Welt verbreitet wurde, fingen die Häuptlinge und Herrscher vieler anderer Gemeinwesen an zu überlegen, welchen Verlauf die Ereignisse bis jetzt eigentlich genommen hatten, wobei sie zweifellos etwa folgendermaßen zu sich sprachen:

»Als erstes haben die weißen Männer Motecuzóma die Totonáca weggenommen. Dann besiegten sie Texcála, was weder Motecuzóma noch einer seiner Vorgänger jemals fertiggebracht hat. Dann vernichteten sie Motecuzómas Verbündeten in Chololan und gaben keinen kleinen Finger auf Motecuzómas Zorn oder Vergeltung. Es scheint so auszusehen, als ob die weißen Männer mächtiger sind als selbst die großmächtigen Mexíca. Es könnte klug sein, sich jetzt auf die Seite des Stärkeren zu schlagen ... solange wir dazu noch aus eigenem Willen in der Lage sind.«

Ein mächtiger Edelmann tat das ohne zu zögern: Kronprinz Ixtlil-Xochitl, von Rechts wegen eigentlich Herrscher der Acólhua. Motecuzóma muß bitter bereut haben, diesen Fürsten vor drei Jahren hinausgeworfen zu haben; denn er mußte erkennen, daß Schwarz Blume diese Jahre nicht einfach damit verbracht hatte, sich schmollend in seine Feste in den Bergen zurückzuziehen, sondern daß er Krieger um sich geschart hatte, um sich auf die Rückgewinnung des Throns von Texcóco vorzubereiten. Schwarz Blume muß die Ankunft von Cortés wie ein Göttergeschenk vorgekommen sein, welches gerade rechtzeitig eintraf, ihm zu helfen. Er kam aus seiner Bergfeste herunter in die verwüstete Stadt Cholólan, wo Cortés seine riesigen Heere neu ordnete, um den Marsch gen Westen fortzusetzen. Bei ihrer Begegnung hat Schwarz Blume Cortés ohne Zweifel gesagt, welche schändliche Behandlung und welches Unrecht ihm von Motecuzóma zuteil geworden sei, und Cortés soll ihm versprochen haben, es wieder gutzumachen. Auf jeden Fall war die nächste Hiobsbotschaft, welche in Tenochtítlan eintraf, daß Cortés' Streitmacht um den auf Rache sinnenden Prinzen Schwarz Blume und seine hervorragend ausgebildeten, nach Tausenden zählenden Acólhua verstärkt worden sei.

Ganz offensichtlich hatte sich das impulsive und möglicherweise überflüssige Massaker von Cholólan für Cortés als Meisterstück erwiesen, und er war seiner Malíntzin dafür zu Dank verpflichtet, gleichgültig, aus welchem Grunde sie es in Gang gesetzt hatte. Sie hatte bewiesen, daß sie seiner Sache mit Hand und Herz ergeben war, daß sie bereit war, ihm zu helfen, sein Ziel zu erreichen, selbst wenn sie dafür über die Leichen von Männern, Frauen und Kindern ihrer eigenen Rasse hinweggehen mußte. Wenn er sich ihrer auch fortan noch als Dolmetsch bediente, schätzte Cortés sie von Stund an als seine beste Ratgeberin, seine vertrauenswürdigste Unterbefehlshaberin und seine standhafteste Bundesgenossin noch höher ein. Vielleicht hat er die Frau sogar lieben gelernt, wer will das wissen. Malíntzin hatte zwei ihrer ehrgeizigen Ziele erreicht: Sie hatte sich bei ihrem Herrn unentbehrlich gemacht, und sie war mit dem Titel einer Edelfrau und allem, was dazugehört, auf dem Weg nach Tenochtítlan, ihrem langersehnten Traumziel.

Nun könnte es durchaus sein, daß es zu allen diesen Ereignissen, von denen ich berichtet habe, auch dann gekommen wäre, wenn das Waisenkind Ce-Malináli nie von ihrer liederlichen Coatlícamac-Sklavenmutter geboren worden wäre. Ich habe einen ganz persönlichen Grund, warum ich ihre kriecherische Anhänglichkeit an ihren Herrn und Meister und ihren Verrat an ihrer eigenen Rasse so verunglimpfe. Es könnte sein, daß ich einen ganz besonderen Haß auf sie hatte einfach deshalb, weil ich nicht vergessen konnte, daß sie denselben Geburtsnamen trug wie meine Tochter, daß sie genauso alt war, wie Nochípa jetzt gewesen wäre, so daß ihre schändlichen Taten für mich ganz persönlich Schande über meine makellose und schutzlose Ce-Malináli brachten.

Doch von meinen persönlichen Gefühlen ganz abgesehen – ich war Malíntzin in der Tat *zweimal* begegnet, ehe sie zu Cortés' wirksamster Waffe geworden war, und beide Male hätte ich verhindern können, daß sie dazu wurde. Als ich sie das erste Mal beim Sklavenmarkt sah, hätte ich sie kaufen können, und sie wäre es zufrieden gewesen, ihr Leben als Dienerin im Haus eines Adlerritters der Mexíca in der großen Stadt Tenochtítlan zu verbringen. Und als wir uns im Totonáca-Land wiedersahen, war sie immer noch eine Sklavin und das Eigentum eines unbedeutenden Offiziers, nichts weiter als ein Glied in der Kette der Übersetzung von Unterredungen und Gesprächen. Damals hätte ihr Verschwinden kaum jemand aufgeregt, und mir wäre es ein leichtes gewesen, dafür zu sorgen, daß sie verschwand. Infolgedessen hätte ich zweimal ihrem Leben eine andere Richtung geben können, ja, vielleicht hätte ich dadurch sogar dem Gang der Geschichte eine andere Richtung gegeben. Doch ich hatte es nicht getan. Als sich herausstellte, daß das Massaker von Cholólan auf sie zurückging, erkannte ich, was für eine große Bedrohung sie darstellte und wußte, daß ich ihr irgendwann wiederbegegnen würde – in Tenochtítlan, wohin es sie ihr Leben lang gezogen hatte –, und ich schwor mir, dafür zu sorgen, daß ihr Leben dort endete.

Kurz nachdem er die Nachricht von dem Massaker von Cholólan erhalten hatte, bewies Motecuzóma abermals, wie unentschlossen es aussehen konnte, wenn er entschlossen handelte – denn er schickte eine weitere Abordnung von Edelleuten aus, an deren Spitze diesmal seine Weibliche Schlange stand, Tlácotzin, Oberschatzmeister der Mexíca, der zweite Mann im Staate nach Motecuzóma selbst. Tlácotzin und seine adligen Gefährten führten abermals eine reich mit Gold und anderen Geschenken beladene Trägerkolonne an – Dinge, welche nicht dem Wiederaufbau und der Wiederbevölkerung der unglücklichen Stadt dienen sollten, sondern dazu, Cortés um den Bart zu gehen.

Mit diesem Schritt, so glaube ich, offenbarte Motecuzóma die ganze Verstellung, deren er fähig war. Die Bewohner von Cholólan waren entweder vollkommen unschuldig gewesen und hatten ihre Vernichtung überhaupt nicht verdient; oder aber, wenn sie doch einen Aufstand gegen Cortés geplant hatten, konnten sie das nur auf Grund von geheimen Befehlen von Motecuzóma getan haben. In der Botschaft, welche der Verehrte Sprecher Cortés durch Tlácotzin überbringen ließ, beschuldigte er seine Cholólaner Verbündeten, diese fragwürdige »Verschwörung« ganz allein angezettelt zu haben; er behauptete, nichts davon gewußt zu haben; er bezeichnete sie als »Verräter an uns beiden«; er pries Cortés für seine rasche und gründliche Ausrottung von Rebellen; und erklärte, er hoffe, dieses unselige Vorkommnis würde die erhoffte Freundschaft zwischen den weißen Männern und dem Dreibund nicht gefährden.

Ich finde es durchaus passend, daß Motecuzómas Botschaft von seiner Weiblichen Schlange überbracht wurde, denn sie war ein Meisterstück schlangenhafter Verschlagenheit. Denn weiterhin hieß es in ihr: »Falls jedoch Cholólans verruchter Verrat den Capitán-General und sein Gefolge davon abgebracht haben soll, noch weiter durch so gefahrvolle Lande und unberechenbare Völker vorzudringen, würden wir seinen Entschluß verstehen, umzukehren und nach Hause zurückzukehren, wiewohl wir aufrichtig bedauern, die Gelegenheit verpaßt zu haben, den tapferen Capitán-General Cortés von Angesicht zu Angesicht kennenzulernen. Falls Ihr uns daher nicht in unserer Hauptstadt besuchen werdet, bitten wir Mexíca Euch, diese Geschenke als kleinen Ersatz für unsere freundliche Umarmung zu betrachten und sie mit Eurem König Carlos zu teilen, wenn Ihr in Eure Heimat zurückgekehrt sein werdet.«

Später hörte ich, Cortés habe kaum an sich halten können, seine Belustigung nicht zu zeigen, als diese durchsichtig gewundene und von Wunschdenken zeugende Botschaft ihm von Malíntzin gedolmetscht wurde und er laut nachsann: »Ich freue mich darauf, einen Mann mit zwei Gesichtern von Angesicht zu Angesicht kennenzulernen.« Doch Tlácotzin antwortete er:

»Ich danke Eurem Herrn für seine Sorge und für diese Entschädigungsgeschenke, welche ich im Namen von Seiner Majestät König Carlos dankbar entgegennehme. Gleichwohl«, und hier, so berichtete Tlácotzin, gähnte er, »die Schwierigkeiten, welche wir hier in Cholólan vor kurzem erlebt haben, waren ja nicht sonderlich groß.« Und jetzt lachte er rundheraus. »Im Verhältnis zu dem, was wir spanische Soldaten als Schwierigkeiten erachten, war dies nichts weiter als ein Flohbiß, bei dem man sich kratzt. Euer Gebieter kann unbesorgt sein, wir werden keineswegs in unserer Entschlossenheit nachlassen, unseren Weg fortzusetzen. Wir werden weiter gen Westen ziehen. O gewiß, es kann sein, daß wir den einen oder anderen Abstecher machen, um andere Städte und Völker zu besuchen, welche den Wunsch haben könnten, sich uns anzuschließen. Doch zuletzt wird unsere Reise uns ganz ohne jeden Zweifel nach Tenochtítlan führen. Ihr könnt Eurem Gebieter unser feierliches Versprechen überbringen, daß wir ihn kennenlernen werden.« Er lachte nochmals. »Von Angesicht zu Angesicht zu Angesicht.«

Selbstverständlich hatte Motecuzóma die Möglichkeit vorhergesehen, daß die Eindringlinge sich nicht von ihrem Vorhaben abbringen lassen würden und hatte seiner Weiblichen Schlange befohlen, noch eine allerletzte Windung zu vollführen.

»In diesem Falle«, sagte Tlácotzin, »würde unser Verehrter Sprecher sich freuen, wenn der Capitán-General seine Ankunft nicht länger hinauszögerte.« Was nichts anderes bedeutete, als daß Motecuzóma ihn nicht unter den aufmuckenden tributpflichtigen Völkern umherziehen lassen und zusehen wollte, wie er sie auf seine Seite zog. »Der Verehrte Sprecher meint, in diesen unwirtlichen und primitiven äußeren Provinzen könntet Ihr nur den Eindruck gewinnen, daß unser Volk barbarisch und unzivilisiert sei. Es ist sein größter Wunsch, daß Ihr den Glanz und die Pracht seiner Hauptstadt seht, auf daß Ihr den wahren Wert und die wahren Fähigkeiten unseres Volkes erkennt. Er fordert Euch dringlich auf, jetzt ungesäumt nach Tenochtítlan zu kommen. Ich werde Euch dorthin führen, mein Herr. Und da ich Tlácotzin bin, welcher gleich nach dem Herrscher der Mexíca kommt, wird Euch meine Anwesenheit Gewähr dafür sein, daß Ihr von keinem anderen Volke Trug oder Hinterhalt zu gewärtigen habt.«

Cortés vollführte eine weit ausholende Geste, welche die rings um Cholólan aufgestellten und wartenden Truppen umfaßte. »Ich mache mir keine allzu großen Sorgen um Trug und Hinterhalt, Freund Tlácotzin«, erklärte er anzüglich. »Gleichwohl nehme ich die Einladung Eures Herrn in die Hauptstadt an und Euer freundliches Anerbieten, uns dorthin zu führen. Wir sind bereit loszumarschieren, sobald Ihr bereit seid.«

Es stimmt, Cortés hatte kaum einen offenen oder heimtückischen Angriff zu fürchten, und er war auch keineswegs darauf angewiesen, noch weitere Verbündete zu gewinnen. Unsere Mäuse schätzten, daß sein Heer beim Abmarsch von Cholólan zwanzigtausend Mann stark war, zu welchen noch einige achttausend Träger kamen, welche die Ausrüstung und den Proviant trugen. Die Marschkolonne war zweimal Ein Langer Lauf lang, und es dauerte einen viertel Tag, ehe sie an irgendeinem bestimmten Punkt vorübergezogen war. Übrigens trug inzwischen jeder Krieger und Träger ein Zeichen, welches ihn als Angehörigen von Cortés' Streitmacht auswies. Da die Spanier sich immer noch beklagten, sie »könnten die verdammten Indianer nicht auseinanderhalten« und daher im Schlachtengetümmel Freund und Feind nicht unterscheiden, hatte Cortés angeordnet, daß alle seine Eingeborenentruppen einen einheitlichen Kopfputz trügen: eine hohe Krone aus Màzátla-Gras. Als dieses aus achtundzwanzigtausend Mann bestehende Heer auf Tenochtítlan vorrückte, so sagten die Mäuse, sähe das aus der Ferne aus, als sei eine riesige, geheimnisvoll wogende Grasfläche unterwegs.

Motecuzóma hatte wahrscheinlich überlegt, ob er seiner Weiblichen Schlange sagen solle, sie solle Cortés ziellos um und durch das Bergland herumführen, bis die Eindringlinge entweder verzweifelt erschöpft seien oder sich hoffnungslos verirrt fühlten, daß man sie einfach sich selbst überlassen könnte; doch selbstverständlich befanden sich unter den Acólhua und Texcaltéca und den anderen Truppen aus Einheimischen viele Männer, welche bald hinter diese List gekommen wären. Gleichwohl scheint Motecuzóma Tlácotzin sehr wohl befohlen zu haben, ihnen den Marsch keineswegs leicht zu machen – immer noch in der sehnsüchtigen Hoffnung, daß Cortés die Expedition entmutigt abbrechen werde. Auf jeden Fall führte Tlácotzin sie nicht über eine der leichteren Handelsrouten durch die tiefergelegenen Täler gen Westen, sondern über hochgelegene Gebirgspässe zwischen den Vulkanen Ixtaccíuatl und Popocatépetl hinweg.

Wie ich bereits gesagt habe, liegt in diesen Höhen selbst in den heißesten Tagen des Sommers Schnee. Als das Riesenheer hindurchzog, setzte allmählich der Winter ein. Falls überhaupt etwas geeignet war, den weißen Männern allen Mut zu nehmen, so bestimmt die benommen machende Kälte, die eisigen Winde und das Schneetreiben, durch welches sie hindurch mußten. Ich weiß bis heute nicht, wie das Klima in eurer Heimat Spanien ist, doch Cortés und seine Soldaten hatten mittlerweile viele Jahre auf Cuba zugebracht, einer Insel, welche, so habe ich gehört, so sonnenversengt und feucht ist wie nur eines unserer an der Küste gelegenen Heißen Lande. Infolgedessen waren die weißen Männer genauso wie ihre Verbündeten, die Totonáca, mit ihrer Kleidung nicht darauf vorbereitet, der schneidenden Kälte standzuhalten, welche auf der Route herrschte, die Tlácotzin wählte. Später hat er voller Genugtuung berichtet, die weißen Männer hätten furchtbar gelitten.

Jawohl, sie litten und sie beschwerten sich, und vier weiße Männer starben unterwegs; desgleichen gingen zwei ihrer Pferde und mehrere von ihren Jagdhunden sowie vielleicht rund hundert von ihren Totonáca ein, doch alle übrigen standen es durch. Ja, zehn von den Spaniern machten, um zu zeigen, welchen Mumm sie hätten, einen Abstecher mit dem erklärten Ziel, ganz bis hinauf auf den Gipfel des Popocatépetl zu klettern, um in dessen Weihrauch ausstoßenden Krater hinunterzublicken. Soweit sind sie freilich nicht gekommen; aber das hatten ja auch kaum welche von unseren eigenen Leuten je getan oder auch nur versucht. Die Bergsteiger schlossen sich den anderen wieder an, blau und steifgefroren; einigen von ihnen sind später etliche Finger und Zehen abgefallen. Gleichwohl wurden sie sehr von ihren Kameraden dafür bewundert, den Versuch unternommen zu haben, und selbst die Weibliche Schlange mußte widerwillig zugeben, daß die weißen Männer tollkühn, von großer Unerschrockenheit und großer Energie waren.

Tlácotzin berichtete uns auch von den sehr menschlichen Ausrufen des Erstaunens, der Ergriffenheit und des Glücks, als sie endlich aus dem Westen des Passes herauskamen und auf den Berghängen standen, von welchen man das gewaltige Seenbecken unter sich liegen sieht, und wo der fallende Schnee für kurze Zeit seinen Vorhang auftat, um ihnen einen freien Ausblick zu gewähren. Unter ihnen erstreckten sich miteinanderverbundene und verschiedenfarbige Wasserflächen, eingebettet in eine Schale üppigen Grüns und winziger Städte, welche durch schnurgerade Straßen miteinander verbunden waren. Nach diesen unwirtlichen Höhen diesen Anblick unvermittelt vor Augen, muß ihnen das weit zu ihren Füßen daliegende Land wie ein Garten vorgekommen sein: verlockend und grün in allen möglichen Schattierungen, dichte grüne Wälder und säuberliche grüne Obstgärten, unterschiedlich grüne Chinámpa und Ackerflächen. Wenn auch nur sehr klein, können die Spanier die zahllosen an den Ufern der verschiedenen Seen gelegenen Städte und kleineren Ortschaften sowie die unbedeutenderen Gemeinwesen inmitten der Inseln selbst gesehen haben. Sie waren an dieser Stelle mindestens noch zwanzigmal Ein Langer Lauf von Tenochtítlan entfernt, doch die silberweiße Stadt wird geglänzt haben wie ein Stern. Monatelang waren sie nunmehr seit der gesichtslosen Meeresküste unterwegs, um unzählige Berge herum und über sie hinweg, waren durch felsige Schluchten und rauhe Täler gezogen, wobei sie nichts zu sehen bekommen hatten als bestenfalls schlichte Städte und Dörfer, welche sich durch nichts Besonderes auszeichneten – um nun plötzlich auf der gewaltigen Höhe dieses öden Passes zwischen den Vulkanen auf eine Szenerie hinabzublicken, welche sich – sie sagten das selbst – »ausnahm wie ein Traum ... wie ein Wunder aus einem alten Märchenbuch ...«

Da sie von den Vulkanen herunterkamen, betraten die Fremden selbstverständlich den Boden des Dreibunds, und zwar zunächst den der Acólhua aus Texcóco, wo sie vom Uey-Tlatoáni Cacámatzin begrüßt wurden, welcher ihnen mit einem eindrucksvollen Gefolge von großen Heeren und Edelleuten, Höflingen und Wachen entgegengezogen war. Obwohl Cacáma auf Anweisung seines Onkels eine freundliche Willkommensansprache an die Neuankömmlinge richtete, darf ich wohl behaupten, daß ihm alles andere als wohl in seiner Haut gewesen sein wird, als er von seinem entthronten Halbbruder Schwarz Blume angefunkelt wurde, welcher ihm in diesem Augenblick mit einer mächtigen Streitmacht von unzufriedenen, unter seinem Kommando stehenden Acólhua-Kriegern gegenüberstand. Daß die beiden einander hier begegneten, hätte auf der Stelle einen Kampf entfesseln können, nur hatten Motecuzóma und Cortés streng jeden Streit verboten, welcher auf ihre eigene, so unendlich bedeutsame Begegnung hätte einen Schatten fallen lassen können. Folglich verlief nach außen hin vorläufig alles sehr freundschaftlich, und Cacáma führte den gesamten Zug nach Texcóco, um sie alle dort unterzubringen, sie zu speisen und zu unterhalten, ehe sie weiterzogen nach Tenochtítlan.

Gleichwohl kann kein Zweifel herrschen, daß es Cacáma außerordentlich peinlich und er außer sich war, als seine eigenen Untertanen die Straßen von Texcóco säumten und den zurückkehrenden Schwarz Blume mit Freudenrufen begrüßten. Das allein war schon kränkend genug, doch dauerte es nicht lange, und Cacáma mußte die weit schlimmere Kränkung hinnehmen, daß seine Gefolgsleute in Scharen zu Schwarz Blume überliefen. Im Laufe der ein, zwei Tage, welche die weißen Männer sich in dieser Stadt aufhielten, holten vielleicht zweitausend Männer in Texcóco ihre lange nicht mehr benutzten Kampfanzüge und Waffen hervor, und als die Besucher weiterzogen, schlossen sich diese Männer freiwillig Schwarz Blumes Truppen an. Von diesem Tag an war das Volk von Acólhua verhängnisvoll gespalten. Die Hälfte der Bevölkerung blieb Cacáma untertan, welcher immerhin ihr Verehrter Sprecher war und als solcher auch von den anderen Herrschern der Bundesgenossen des Dreibunds anerkannt wurde. Die andere Hälfte schenkte ihre Treue Schwarz Blume, der eigentlich ihr Verehrter Sprecher hätte sein sollen; und taten das, wenn sie auch bedauern mochten, daß er sein Schicksal mit dem der fremden Weißen vereinigt hatte.

Von Texcóco aus geleitete die Weibliche Schlange Tlácotzin Cortés und sein riesiges Heer um den Südrand des Sees herum. Die weißen Männer konnten sich nicht genugtun über »das große Binnenmeer« und ergingen sich in womöglich noch höheren Tönen über den zunehmend zutage tretenden Glanz Tenochtítlans, jener Stadt, welche unterwegs von verschiedenen Punkten aus zu sehen war und an Größe und Pracht immer mehr zunahm, je mehr sie sich ihr näherten. Tlácotzin brachte die ganze Gesellschaft in seinem eigenen stattlichen Palast unter, der in der auf dem Bergvorsprung gelegenen Stadt Ixtapalápan lag. Dort brachten sie ihre Rüstungen, Klingen und Kanonen auf Hochglanz, striegelten ihre Pferde und richteten ihre abgerissenen Uniformen her, soweit das noch möglich war, damit sie einigermaßen eindrucksvoll wirkten, wenn sie die letzte Strecke über den Damm zur Hauptstadt zurücklegten.

Während all dies vonstatten ging, erklärte Tlácotzin Cortés, daß die Stadt, da sie eine Insel und bereits dicht bevölkert sei, keinen Raum habe, auch nur den kleinsten Teil seiner Tausenden von Bundesgenossen aufzunehmen. Des weiteren machte die Weibliche Schlange Cortés klar, er solle nicht so taktlos sein, einen so unwillkommenen Gast wie Schwarz Blume mit in die Stadt nehmen oder Truppen, die, wenn auch von unserer Rasse, doch bekanntermaßen uns nicht freundlich gesonnenen Völkern entstammten.

Da Cortés die Stadt, wenn auch nur aus der Ferne gesehen hatte, konnte er kaum etwas gegen die begrenzten Unterbringungsmöglichkeiten vorbringen und war diplomatisch genug in seiner Wahl derer, welche ihn dorthin begleiten sollten. Gleichwohl stellte er ein paar Bedingungen. Tlácotzin müsse dafür sorgen, daß seine Streitkräfte am Ufer des Sees auf dem Festland verteilt und untergebracht würden, und zwar in einem Bogen, welcher von der südlichen Dammstraße bis zur nördlichen Dammstraße reiche – womit der gesamte Verkehr von und nach der Insel von ihm kontrolliert werden konnte. Dafür werde er, Cortés, neben der Mehrzahl seiner Spanier, nur noch eine Handvoll Acólhua, Texcaltéca und Totonáca mit nach Tenochtítlan hineinnehmen. Außerdem müsse ihm zugesagt werden, daß diese Krieger die Insel ungehindert und zu jeder Zeit betreten und verlassen dürften, damit er sie als Kuriere verwenden könne, um die Verbindung mit seinen Streitkräften auf dem Festland aufrechtzuerhalten.

Tlácotzin erklärte sich mit diesen Bedingungen einverstanden. Er schlug vor, daß einige von den Eingeborenentruppen bleiben sollten, wo sie wären, nämlich in Ixtapalápan, welches ja bequem an der südlichen Dammstraße gelegen sei; andere sollten bei Tlácopan nahe der westlichen Dammstraße untergebracht werden; und noch andere in Tepeyáca in der Nähe der nördlichen Dammstraße. Infolgedessen suchte Cortés jetzt jene Krieger aus, welche er als Kuriere behalten wollte, und schickte die anderen mit den von Tlácotzin bereitgestellten Führern fort und ordnete an, daß etliche von seinen weißen Offizieren und Soldaten den Befehl über diese drei Truppenteile übernehmen sollten. Nachdem Läufer von jedem dieser Truppenteile zurückgekehrt waren, um zu melden, sie seien dabei, am angegebenen Ort ihr Lager aufzuschlagen und stünden solange wie nötig auf Abruf bereit, ließ Cortés Tlácotzin das wissen, und die Weibliche Schlange meldete Motecuzóma: Die Abgesandten des Königs Carlos und des Herrgotts würden am nächsten Tag in Tenochtítlan einziehen.

Es war der Tag Zwei Haus unseres Jahres Ein Rohr, das heißt, Anfang November eures Jahres mit der Zahl eintausendfünfhundertundneunzehn.

Die südliche Dammstraße hatte zu ihrer Zeit so manche Prozession erlebt, doch nie eine, welche mit soviel ungewohntem Lärm verbunden war. Die Spanier hatten keine Musikinstrumente dabei und sangen auch nicht oder machten irgendwelche andere Musik, um ihren Marsch zu begleiten. Dafür klirrten und knarrten und ratterten all die Waffen, welche sie mitführten, die stählernen Panzer und das Ledergeschirr ihrer Pferde. Wiewohl die Prozession feierlich langsam vorrückte, klapperten die Hufe der Pferde laut auf den Pflastersteinen, die großen Räder der Kanonen rumpelten dumpf und die ganze Dammstraße vibrierte, wobei die Oberfläche des Sees dieses Geräusch wie die Klangkörper einer Trommel verstärkte und das Getöse von den fernen Bergen widerhallte.

Voran ritt selbstverständlich Cortés auf seinem Pferd, der an einer hohen Stange das blutrot-goldene Banner Spaniens trug. Malíntzin schritt stolz neben dem Pferd einher und trug den persönlichen Wimpel ihres Herrn. Hinter ihnen kamen die Weibliche Schlange sowie die anderen Edelleute der Mexíca, welche den ganzen Weg nach Cholólan und wieder zurück gemacht hatten. Ihnen folgten die spanischen Berittenen, und an ihren aufrecht getragenen Lanzen flatterten kleine Wimpel. Dann kamen die rund fünfzig ausgewählten Krieger unserer eigenen Rasse, und ihnen wiederum folgten die spanischen Fußsoldaten mit ihren Armbrüsten und Hakenbüchsen in Paradehaltung, den Säbel in der Scheide an der Seite, die Speere lässig geschultert. Hinter diesen in Reih und Glied dahinziehenden Soldaten kam ein ganzer Schwall von Bürgern aus Ixtapalápan und anderen Ortschaften auf dem Vorgebirge, neugierig auf den noch nie dagewesenen Anblick kriegerisch aussehender Fremder, welche, ohne auf irgendwelchen Widerstand zu stoßen, in die bislang unangreifbare Stadt Tenochtítlan einmarschierten.

Als sie die Dammstraße bei der Feste Acachináneo halb hinter sich hatten, traf die Prozession auf die ersten offiziell zu ihrer Begrüßung abgeordneten Würdenträger: den Verehrten Sprecher Cacámatzin von Texcóco und viele Acólhua-Edelleute, welche mit Acáltin über den See gekommen waren, sowie Edelleute der Tecpanéca aus Tlácopan, der dritten Stadt des Dreibunds. Diese auf das prächtigste gewandeten Herren übernahmen demütig wie Sklaven die Führung, fegten die Dammstraße mit Besen und streuten Blütenblätter bis zu der Stelle, wo die Dammstraße auf die Insel traf. Motecuzóma war mittlerweile in seinem elegantesten

Tragstuhl aus seinem Palast herausgetragen worden. Ihn begleitete eine zahlreiche und eindrucksvolle Abordnung seiner Adler-, Jaguar- und Pfeilritter sowie sämtliche Damen und Herren seines Hofstaats, darunter ich, Herr Mixtli und meine Dame Béu.

Zeitlich war alles so abgestimmt worden, daß unsere Prozession am Rande der Insel – am Eingang der Stadt – genau im selben Augenblick eintraf wie die uns entgegenkommende. Die beiden Kolonnen hielten inne, als sie etwa zwanzig Schritt voneinander entfernt waren. Cortés schwang sich aus dem Sattel und reichte sein Banner Malíntzin. Im selben Augenblick wurde Motecuzómas von einem Baldachin überdeckter Tragstuhl von den Trägern abgesetzt. Als er aus den bestickten Vorhängen heraustrat, waren wir alle überrascht über sein Gewand. Selbstverständlich trug er seinen schillerndsten langen Umhang, denjenigen, welcher ganz und gar aus schimmernden Kolibrifedern bestand, und eine Krone aus Quetzal Tototl-Federn sowie viele Medaillons und andere Schmuckstücke von außerordentlicher Pracht. Aber er trug nicht seine goldenen Sandalen – er war barfuß –, und keiner von uns Mexíca war besonders erfreut darüber, daß der Verehrte Sprecher Der Einen Welt unbedingt diese symbolische Demut bekunden mußte.

Er und Cortés ließen ihr Gefolge stehen und schritten langsam über den freien Raum aufeinander zu. Motecuzóma vollführte die Geste des Erdeküssens, und Cortés erwiderte mit jener Geste, von welcher ich heute weiß, daß sie der Handgruß der spanischen Soldaten und Offiziere ist. Wie es sich gehörte, übergab Cortés das erste Geschenk, beugte sich vor und schlang um den Hals des Verehrten Sprechers eine moschusduftende Kette, die offenbar aus Perlen und blitzenden Edelsteinen bestand – billigem Tand aus Perlmutt und Glas, wie sich später herausstellte. Motecuzóma seinerseits legte Cortés eine Doppelkette aus den seltensten Meeresmuscheln um, gesäumt von einigen hundert fein gearbeiteten Anhängern aus purem Gold in Form verschiedener Tiere. Sodann hielt der Verehrte Sprecher eine lange und blumige Willkommensansprache. Malíntzin, eine fremdländische Flagge in jeder Hand, trat mutig vor und stellte sich neben ihren Herrn, um Motecuzómas Worte zu dolmetschen und hinterher die Ansprache von Cortés, die nicht ganz so lang ausfiel.

Motecuzóma kehrte zu seinen Tragstuhl zurück, Cortés bestieg wieder sein Pferd, und die Prozession von uns Mexíca ging jener der Spanier durch die Stadt voran. Die in Reih und Glied dahinstapfenden Soldaten marschierten nicht mehr ganz so geordnet, rempelten sich gegenseitig an, traten sich auf die Hacken und gafften mit großen Augen alles an – die wohlgekleideten Menschen, welche die Straßen säumten, die prachtvollen Gebäude und die hängenden Dachgärten. Im Herzen Der Einen Welt hatten die Pferde Schwierigkeiten, auf dem glatten Marmorboden des gewaltigen Platzes nicht auszurutschen; Cortés und die anderen Reiter mußten absteigen und ihre Tiere am Zaum führen. Wir zogen an der Großen Pyramide vorüber und wandten uns nach rechts, dem alten Palast des Axayácatl zu, wo ein gewaltiges Festmahl für diese Hunderte von Besuchern und die gleichfalls nach Hunderten zählenden Mexíca aufgetragen wurde, welche sie in Empfang genommen hatten. Es müssen unzählige verschiedene Gerichte dagestanden haben, auf Tausenden von Platten goldausgelegter Lackarbeit angerichtet. Als wir am Speisetisch Platz nahmen, führte Motecuzóma Cortés auf den für beide vorbereiteten erhöhten Platz und sagte dabei:

»Das hier war der Palast meines Vaters, welcher einer meiner Vorgänger als Uey-Tlatoáni war. Er ist gründlich gesäubert und eingerichtet und geschmückt worden, um würdig zu sein für so erlauchte Gäste. Er enthält Wohnungen für Euch und Eure Dame« – Letzteres sagte er mit einem gewissen Abscheu – »sowie für Eure hauptsächlichsten Offiziere. Für den Rest Eures Gefolges stehen weitläufige und passende Räume zur Verfügung. Ihr könnt über ein ganzes Gefolge von Sklaven gebieten, Euch aufzuwarten, für Euch zu kochen und sich um alle Eure Bedürfnisse zu kümmern. Der Palast soll Eure Residenz sein, solange Ihr in diesen Landen weilt.«

Ich glaube, außer Cortés hätte jeder andere Mann in einer so heiklen Lage dieses Angebot abgelehnt. Cortés wußte, daß er nur ein Gast war, der sich selbst eingeladen hatte und im Grunde eher als unwillkommener Eindringling angesehen wurde. Dadurch, daß er diesen Palast zu seiner Residenz machte – auch wenn noch rund dreihundert seiner eigenen Soldaten unter diesem Dach untergebracht waren –, brachte der Capitán-General sich in eine wesentlich gefährdetere und gefährlichere Lage, als wenn er in dem Palast in Cholólan geblieben wäre. Hier war er Motecuzóma stets unter den Augen und ständig in Motecuzómas Reichweite, sollte die ihm nur widerwillig in Freundschaft entgegengestreckte Hand plötzlich beschließen, zuzupacken und ihn in den Würgegriff zu nehmen. Damit wären die Spanier Gefangene – ungefesselt, aber gefangen – in Motecuzómas eigener Hochburg, dieser Stadt, die sich auf einer Insel erhob, einer Insel, umgeben von einem See, und einem See, wiederum umgeben von all den Städten und Völkern und Heeren des Dreibunds. Wenn Cortés in der Stadt blieb, konnte er nicht einmal seine eigenen Verbündeten ohne weiteres herbeirufen, und selbst wenn er sie rief, konnten diese Verstärkungen es schwer haben, ihm zu Hilfe zu eilen. Denn Cortés muß, während er über den südlichen Damm hinwegzog, bemerkt haben, daß man die Brücken über den verschiedenen Durchfahrten für die Kanus leicht hochziehen und entfernen konnte, um zu verhindern, daß man weiterkam. Er muß auch geahnt haben, daß die anderen Dammstraßen ähnlich gebaut waren, was selbstverständlich der Fall war.

Der Capitán-General hätte Motecuzóma taktvoll beibringen können, daß es ihm lieber wäre, seine Residenz auf dem Festland aufzuschlagen und die Stadt von dort aus zu den verschiedenen notwendigen Besprechungen aufzusuchen. Aber das tat er mitnichten. Er dankte Motecuzóma vielmehr für das gastliche Angebot, als ob ein Palast ihm mit größter Selbstverständlichkeit zustünde und als ob er es verächtlich von sich weise, auch nur darüber nachzudenken, daß die Annahme dieses Angebots mit irgendwelchen Gefahren verbunden sein könnte. Wiewohl ich Cortés keineswegs liebe und auch für seine Verschlagenheit und seine Arglist keinerlei Bewunderung hege, muß ich doch einräumen, daß er angesichts einer Gefahr stets ohne zu zögern und mit einer Unerschrockenheit handelte, die allem Hohn sprach, was andere Männer gesunden Menschenverstand nennen. Vielleicht spürte ich, daß er und ich uns in unserem Wesen sehr ähnlich waren, denn auch ich bin mein Lebtag gefährliche Risiken eingegangen, welche andere Männer als aberwitzig gemieden hätten.

Gleichwohl vertraute Cortés sein Überleben nicht gänzlich dem Zufall an. Ehe er und seine Mannen die erste Nacht in dem Palast verbrachten, ließ er unter größten Mühen mit dicken Stricken vier seiner Kanonen auf das Dach des Palastes hieven – ohne sich darum zu scheren, daß bei diesem Unternehmen der zu seinem Ergötzen neu angelegte Blumengarten zertrampelt wurde – und stellte die Kanonen dergestalt auf, daß sie jeden Zugang zum Palast bestreichen konnten. Außerdem gingen in dieser und in allen folgenden Nächten Soldaten mit geladenen Hakenbüchsen auf dem Dach und unten zu ebener Erde Wache.

An den folgenden Tagen führte Motecuzóma persönlich seine Gäste durch die Stadt – begleitet von seiner Weiblichen Schlange und anderen Weisen Männern vom Staatsrat sowie einigen seiner eigenen Palastpriester, welche in ihren Mienen äußerste Mißbilligung bekundeten, und von mir. Auf ausdrückliches Verlangen von Motecuzóma befand ich mich immer in seiner Begleitung, weil ich ihn vor Malíntzins verschlagener Neigung gewarnt hatte, falsch zu dolmetschen. Cortés erinnerte sich an mich, wie er es versprochen hatte, doch dem Anschein nach ohne Groll. Er lächelte schmallippig, als wir einander mit Namen vorgestellt wurden, ließ sich meine Gesellschaft gutmütig gefallen und sprach seine Worte genauso häufig durch mich wie durch seine Frau. Daß sie mich gleichfalls erkannte, versteht sich von selbst; sie machte aus ihrer Abneigung auch keinerlei Hehl, sondern brachte sie dadurch zum Ausdruck, daß sie mich überhaupt nicht ansprach. Wenn es ihrem Herrn und Meister gefiel, durch mich zu sprechen, funkelte sie mich an, als warte sie nur einen geeigneten Augenblick ab, mich umbringen zu lassen. Nun, das ist nur gerecht, dachte ich. Denn genau das hatte ich mir für sie auch vorgenommen.

Bei diesen Rundgängen durch die Stadt wurde Cortés auch stets von seinem Stellvertreter, dem großen, flammenhaarigen Pedro de Alvarado sowie den meisten seiner anderen Offiziere begleitet; des weiteren selbstverständlich von Malíntzin und zweien oder dreien seiner Priester, die nicht minder sauertöpfisch dreinblickten als die unseren. Für gewöhnlich schloß sich uns auch noch ein Schwarm gemeiner Soldaten an, wiewohl andere von ihnen die Stadt auf eigene Faust in kleinen Gruppen durchstreiften, wohingegen die eingeborenen Krieger es vorzogen, sich nicht allzuweit aus der Sicherheit ihrer Unterkünfte im Palast hervorzuwagen.

Wie ich bereits gesagt habe, trugen diese Krieger den neuen, von Cortés angeordneten Kopfputz, der aussah, als wachse ihnen eine Garbe hohen, schmiegsamen Grases aus dem Kopf. Doch auch die spanischen Soldaten hatten, seit ich sie das letztemal gesehen hatte, ihrer militärischen Kopfbedeckung einen deutlich erkennbaren Schmuck hinzugefügt. Jeder von ihnen trug ein sonderbares, blaßledernes Band, welches eben oberhalb des vorspringenden Rands rund um den stählernen Helm herumlief. Dieses Band schmückte nicht sonderlich und diente auch keinem erkennbaren Zweck, sodaß ich mich schließlich danach erkundigte und einer der Spanier mir lachend erzählte, was es sei.

Während des Aufruhrs in Chololan, in dessen Verlauf die Texaltéca unterschiedslos den größten Teil der Bevölkerung hinschlachteten, hatten die Spanier sich auf die Suche nach eben jenen Frauen begeben, mit denen sie sich während ihrer vierzehn Tage währenden Schwelgerei vergnügt hatten, und fanden die meisten dieser Frauen und Mädchen noch zitternd vor Angst in ihren Quartieren vor. Überzeugt, daß die Frauen sich nur mit ihnen abgegeben hatten, um ihnen ihre Kraft auszusaugen, hatten die Spanier zu einer einzigartigen Rache gegriffen. Sie ergriffen die Frauen und Mädchen, rissen ihnen die Kleider herunter und benutzten einige von ihnen ein letztes oder auch ein allerletztes Mal. Danach hielten sie sie am Boden fest und schnitten ihnen, wiewohl die Frauen schrien und um Gnade baten, mit ihren scharfen Stahlmessern ein handtellergroßes Stück Haut heraus, welches die ovale Öffnung ihres Tipíli mit umfaßte. Die verstümmelten und geschlechtslosen Frauen ließen sie verbluten und gingen fort. Die warmen und beutelförmigen Hautteile nahmen sie und streiften die Lippen über ihren Sattelknauf. Nachdem das Fleisch getrocknet, aber immer noch dehnbar war, hatten sie die so entstandenen Ringe über ihre Helme gestülpt, und zwar dergestalt, daß die kleine Xacapíli-Perle nach vorn wies – das heißt, der verschrumpelte, bohnenähnliche Knorpel, welcher einst ein zarter Xacapíli *gewesen war*. Ich weiß nicht, ob die Soldaten diese Trophäen als grausigen Scherz trugen oder als Abschreckung für jede andere ränkeschmiedende Frau.

Alle Spanier ließen sich anerkennend über die Größe, die Bevölkerung, den Glanz und die Sauberkeit von Tenochtítlan aus und verglichen sie mit anderen Städten, welche sie gesehen hatten. Die Namen dieser anderen Städte bedeuteten mir damals nichts, doch ihr, ehrwürdige Patres, kennt sie vielleicht. Die Gäste sagten, unsere Stadt sei flächenmäßig größer als Valladolid, ihre Bevölkerung größer als die von Sevilla und die Bauten *fast* so prächtig wie die des heiligen Roms, ihre Kanäle erinnerten sie an Amsterdam oder Venedig, und Straßen, Luft und Wasser seien sauberer als in *jeder* dieser Städte. Wir, die wir sie umherführten, enthielten uns der Bemerkung, daß die Ausdünstungen der Spanier diese Sauberkeit merklich beeinträchtigten.

Jawohl, die Fremden waren sehr beeindruckt von den Bauten, der Schönheit und der Ordnung unserer Stadt, aber wißt ihr, was sie am meisten beeindruckte? Was ihnen die lautesten Ausrufe der Verwunderung und des Erstaunens entlockte?

Unsere Aborte.

Es lag auf der Hand, daß viele von diesen Männern weit in eurer Alten Welt herumgekommen waren, doch war es genauso offenkundig, daß sie nirgends Einrichtungen unserer Art für die körperlichen Bedürfnisse begegnet waren. Sie waren schon überwältigt, daß sie derlei Aborte in dem Palast vorfanden, den sie bewohnten; was ihnen jedoch vollends die Sprache verschlug, war, als wir sie zu einem Besuch des Marktplatzes von Tlaltelólco mitnahmen und sie dort *öffentliche Aborte* selbst für das gemeine Volk sahen: für die Käufer und die Verkäufer dort. Als die Spanier diese Einrichtungen zuerst entdeckten, mußte jeder einzelne von ihnen, Cortés nicht ausgenommen, erst einmal hineingehen und sich entleeren. Auch Malíntzin tat das, da derlei Bequemlichkeiten in ihrer hinterwäldlerischen und unzivilisierten Heimat Coatlícamac genauso unbekannt waren wie im heiligen Rom Spaniens. Solange Cortés und sein Gefolge auf der Insel weilten, und solange es den Markt gab, waren diese öffentlichen Aborte die beliebtesten und am häufigsten aufgesuchten Attraktionen, welche Tenochtítlan überhaupt zu bieten hatte.

Während die Spanier entzückt waren von den Aborten mit der ständigen Wasserspülung, verfluchten unsere Mexíca-Ärzte diese selben Einrichtungen, war ihnen doch außerordentlich daran gelegen, eine Probe von Cortés' Exkrementen zu bekommen. Und während die Spanier sich gebärdeten wie die Kinder mit einem neuen Spielzeug, gebärdeten sich unsere Ärzte wie die Quimíchime-Mäuse, welche Cortés ständig folgten, wohin er auch ging, oder plötzlich um irgendwelche Ecken schauten. Selbstverständlich mußte Cortés diese verschiedenen älteren Herren bemerken, welche ihn überall, wo er in der Öffentlichkeit auftauchte, mit ihren Blicken verfolgten. Zuletzt erkundigte er sich sogar nach ihnen, und Motecuzóma, welcher sich insgeheim über ihre Possen lustig machte, sagte nur, es seien Ärzte, welche über Gesundheit und Wohlergehen ihres erlauchtesten Gastes wachten. Cortés zuckte nur mit den Achseln und erwähnte sie nicht mehr, wiewohl ich glaube, daß er zu der Überzeugung gelangte, unsere Ärzte müßten weit beklagenswerter krank sein als alle Patienten, um die sie sich kümmern mochten. Was die Heilkundigen taten oder vielmehr nicht taten, war der Versuch, ihre Vermutung zu beweisen, daß der weiße Mann Cortés in der Tat an der Nanáua-Krankheit leide. Sie bemühten sich, mit den Augen die verräterische Wölbung seiner Oberschenkelknochen zu messen, nahe genug heranzukommen, um festzustellen, daß er mit dem charakteristischen Geschnauf atme, oder zu erkennen, ob seine Schneidezähne die verräterischen Kerben aufwiesen.

Selbst ich empfand sie nachgerade als eine Belästigung, die uns noch dazu in Verlegenheit brachte, da sie uns auf unseren Spaziergängen ständig auflauerten oder an den unerwartetsten Stellen auftauchten. Als ich eines Tages buchstäblich nahezu über einen alten Arzt stolperte, welcher sich hingekniet hatte, um Cortés in Beinhöhe zu betrachten, nahm ich ihn wütend beiseite und erklärte: »Wenn ihr einfach nicht den Mut habt, um Erlaubnis zu bitten, den erlauchten weißen Mann zu untersuchen, könnt ihr doch bestimmt einen Vorwand finden, um seine Frau zu untersuchen, die doch nur eine von uns ist.«

»Das würde nichts nützen, Mixtzin«, erklärte der Arzt betreten. »Sie hat sich bestimmt nicht bei ihm angesteckt. Die Nanáua wird auf einen Geschlechtspartner nur in den frühen und offenkundigen Stadien übertragen. Wenn, wie wir vermuten, der Mann von einer an der Nanáua erkrankten Mutter geboren wurde, dann stellt er längst keine Gefahr mehr für irgendeine andere Frau dar, wiewohl sie ein daran erkranktes Kind empfangen könnte. Selbstverständlich möchten wir nur allzu gerne wissen, ob wir mit unserer Vermutung recht haben, doch das läßt sich so nicht beweisen. Wenn er bloß nicht so begeistert wäre von unseren Aborten, wenn wir seinen Urin nach Spuren des Chiatóztli untersuchen könnten ...«

Außer mir sagte ich: »Ich finde euch überall, nur nicht gerade unter den Aborten hockend. Ich schlage vor, daß ihr hingeht und ihren Palastkämmerer anweist, den Abort des Mannes dort sperren zu lassen und ihm zu erklären, er sei verstopft, und daß er ihm einen Topf zur Verfügung stellt, den er in der Zwischenzeit benutzen möge, und die Dienerin beauftragt, euch diesen Topf zu bringen ...«

»*Ayyo*, ein glänzender Einfall!« erklärte der Heilkundige und eilte davon. Fortan wurden wir auf unseren Ausflügen nicht mehr belästigt, doch habe ich nie erfahren, ob die Ärzte tatsächlich den Beweis dafür fanden, daß Cortés unter der schändlichen Krankheit litt.

Ich muß auch berichten, daß diese ersten Spanier nicht alles und jedes in Tenochtítlan bewunderten. Einige der Dinge, welche wir ihnen zeigten, mochten sie gar nicht, ja, bedauerten sie sogar. Zum Beispiel zuckten sie heftig vor dem Schädelgerüst im Herzen Der Einen Welt zurück. Sie schienen es abstoßend zu finden, daß wir den Wunsch hatten, die Schädel von berühmten Persönlichkeiten aufzubewahren, welche auf diesem Platz den Blumentod gefunden hatten. Gleichwohl habe ich eure spanischen Geschichtenerzähler von eurem eigenen Helden als alter Zeit, El Cid, erzählen hören, dessen Tod vor seinen Feinden geheimgehalten wurde. Sein steifer Leichnam wurde so zurechtgebogen, daß er auf ein Pferd gesetzt werden konnte, und so führte er sein Heer an, die letzte Schlacht zu gewinnen. Da ihr Spanier diese Geschichte so überaus schätzt, begreife ich nicht, warum Cortés und sein Gefolge unsere Zurschaustellung der Schädel bekannter Persönlichkeiten unheimlicher fand als die Erhaltung des Cid nach seinem Tod.

Was jedoch die weißen Männer am meisten abstieß, waren unsere Tempel mit ihren offenkundigen Beweisen für die vielen Menschenopfer aus jüngster und ältester Zeit. Um den Besuchern den besten Blick auf seine Stadt zu gewähren, nahm Motecuzóma sie mit auf den Gipfel der Großen Pyramide, welche ausgenommen während der Opferzeremonien ständig säuberlichst geschrubbt und glänzend gehalten wurde. Die Gäste stiegen die bannergesäumte Treppe hinauf und bewunderten die Schönheit und Größe des Bauwerks, die Lebhaftigkeit der Bemalung des gehämmerten Goldes an den Verzierungen, und ließen den Blick über die Stadt und den See schweifen, welcher sich immer mehr auftat, je höher sie stiegen. Die beiden Tempel oben auf der Pyramide waren von außen strahlend sauber, doch das Innere wurde nie gesäubert. Da eine Kruste von Blut gleichbedeutend war mit tiefer Verehrung, waren die Standbilder, Wände, Decken und Böden der Tempel mit einer dicken getrockneten Blutschicht bedeckt.

Die Spanier betraten den Tlaloc-Tempel und fuhren augenblicklich zurück, taten, als müßten sie sich übergeben und verzerrten voller Abscheu das Gesicht. Es war das erste und das letzte Mal, daß ich die weißen Männer jemals vor einem Geruch zurückschrecken, ja, überhaupt zu erkennen geben sah, daß sie so etwas überhaupt wahrnahmen. Freilich muß ich ehrlich gestehen, daß die Opferstätte in der Tat schlimmer stank als sie selbst. Als sie sich wieder gefaßt hatten, sich die Bäuche hielten und die sich verkrampfenden Mägen wieder unter Kontrolle hatten, gingen Cortés und Alvarado sowie der Priester Bartolomé noch einmal hinein und gerieten außer sich vor Empörung, als sie entdeckten, daß das hohle Standbild Tlalocs bis an den Rand seines aufgerissenen quadratischen Munds mit den verwesenden Menschenherzen gefüllt war, mit welchen er gespeist worden war. Cortés war dermaßen außer sich, daß er seinen Säbel herausriß und dem Standbild einen heftigen Schlag versetzte. Dabei löste sich zwar nur ein Brocken gestockten Bluts von Tlalocs Steingesicht, doch stellte das eine Beleidigung dar, angesichts derer wiederum Motecuzóma und seine Priester vor Verblüffung den Mund aufrissen. Gleichwohl – Tlaloc reagierte keineswegs mit einem vernichtenden Blitz, und Cortés bezähmte sich wieder. Er sagte zu Motecuzóma:

»Dieses Götzenbild ist kein Gott. Es ist etwas Böses, was wir einen Teufel nennen. Es muß gestürzt, herausgeholt und der ewigen Dunkelheit überantwortet werden. Laßt mich hier an seiner Stelle das Kreuz unseres Herrgotts und das Standbild der Heiligen Jungfrau aufstellen. Ihr werdet sehen, daß dieser Dämon es nicht wagt, etwas dagegen zu unternehmen; woran Ihr erkennen könnt, daß er minderwertig ist, daß er den Wahren Glauben fürchtet, und daß Ihr gut beraten seid, solch bösen Wesen abzuschwören und Euch unseren freundlichen Wesen zuzuwenden.«

Motecuzóma erklärte steif, so etwas sei undenkbar. Trotzdem wanden die Spanier sich abermals, als sie den danebenstehenden Tempel des Huitzilopóchtli betraten, und nochmals, als sie die Tempel oben auf der nicht ganz so hohen Pyramide von Tlaltelólco betraten; und jedesmal machte Cortés seinem Abscheu mit immer heftigeren und immer unbeherrschteren Worten Luft.

»Die Totonáca«, sagte er, »haben ihr Land von diesen Götzenbildern gesäubert und haben Unserem Herrgott und Seiner Jungfräulichen Mutter Treue geschworen. Der ungeheuerliche Bergtempel von Cholólan ist dem Erdboden gleichgemacht worden. In diesem Augenblick unterweisen einige meiner Priester König Xicoténca und seinen Hof in den Segnungen des Christentums. Ich sage Euch, an keinem dieser Orte haben die alten Teufelsgottheiten auch nur einen Finger gerührt. Und ich schwöre Euch bei meiner Ehre, auch diese werden es nicht tun, wenn *ihr* sie hinauswerft.«

Motecuzóma entgegnete – und ich tat, als ich sie dolmetschte, mein möglichstes, zu vermitteln, wie eisig seine Worte waren: »Capitán-General, Ihr seid hier mein Gast, und ein Gast, welcher weiß, was sich gehört, macht sich über den Glauben seiner Gastgeber ebensowenig lustig wie über den Geschmack, welchen er in seiner Kleidung oder in seinen Frauen bekundet. Weiter noch: Wiewohl Ihr mein Gast seid, wehrt ein großer Teil meines Volkes sich, daß sie gleichfalls gastfrei Euch gegenüber sein müssen. Wenn Ihr versucht, mit ihren Göttern Schindluder zu treiben, werden die Priester laut gegen Euch wettern, und was die Religion angeht, können die Priester sogar mich überstimmen. Dann wird das Volk auf seine Priester hören, nicht auf mich, und Ihr würdet von Glück sagen können, wenn Euch und Euren Männern nichts Schlimmeres geschieht, als lebendig aus Tenochtítlan hinausgeworfen zu werden.«

Sogar der draufgängerische Cortés begriff, daß ihm scharfe Vorhaltungen gemacht wurden und wie heikel seine Lage war. Er nahm daher Abstand davon, die Sache weiter zu verfolgen, und murmelte Worte der Entschuldigung. Woraufhin auch Motecuzóma ein wenig milder gestimmt wurde und sagte:

»Gleichwohl bemühe ich mich, ein gerechter Mann und ein großzügiger Gastgeber zu sein. Ich sehe wohl ein, daß ihr Christen hier keinen Ort habt, eure eigenen Götter zu verehren, und ich habe nichts dagegen, daß ihr das tut. Ich werde Befehl geben, daß der kleine Adlertempel auf dem Großen Platz von seinen Standbildern, seinen Altarsteinen und allen Dingen, welche eine Verletzung eures Glaubens darstellen, freigemacht wird. Eure Priester können darin aufstellen, was immer sie wollen, und der Tempel sei euer Tempel, solange ihr ihn haben wollt.«

Unsere eigenen Priester waren selbstverständlich keineswegs erfreut über dieses kleine Zugeständnis an die Fremden, doch murrten sie nur leise, als die weißen Priester den kleinen Tempel übernahmen. Danach wurde er übrigens häufiger aufgesucht, als er je zuvor aufgesucht worden war. Die christlichen Priester schienen ihre Messen und andere Gottesdienste ununterbrochen von morgens bis abends abzuhalten, ob die weißen Soldaten daran teilnahmen oder nicht – weil viele von unseren eigenen Leuten von Neugier getrieben zu diesen Gottesdiensten hineinschauten. Ich sage, unsere eigenen Leute; in Wahrheit handelte es sich vornehmlich um die Gefährtinnen der weißen Männer und verbündete Krieger von anderen Volksstämmen. Doch die Priester bedienten sich Malíntzins, ihre Predigten zu dolmetschen, und waren entzückt, als viele von diesen heidnischen Besuchern – immer noch von nichts anderem als von dem Neuen daran angezogen – es über sich ergehen ließen, das Salz zu essen, und sich bei der Taufe, bei der sie einen neuen Namen erhielten, mit Wasser besprengen zu lassen. Doch wie dem auch sei, daß Motecuzóma ihnen diesen Tempel zur Verfügung stellte, hielt Cortés vorläufig davon ab, energisch Hand an unsere alten Götter zu legen, wie er das an anderen Orten getan hatte.

Die Spanier waren etwas über einen Mond in Tenochtítlan, da geschah etwas, was sie für immer aus der Stadt, ja, vermutlich sogar aus der ganzen Einen Welt hätte vertreiben können. Ein Schnellbote vom Herrn Patzínca von den Totonáca traf ein und hätte er seine Meldung Motecuzóma überbracht, wie das bisher immer der Fall gewesen war, hätte das von einem Augenblick auf den anderen das Ende des Aufenthalts der weißen Männer bedeuten können. Nun überbrachte der Schnellbote seine Meldung an das Totonáca-Heer, welches sein Lager auf dem Festland aufgeschlagen hatte, und wurde von einem der Krieger in die Stadt gebracht, wo der Schnellbote sie unter vier Augen vor Cortés wiederholte. Seine Nachricht lautete, daß es zu schwerwiegenden Zwischenfällen an der Küste gekommen sei.

Folgendes war geschehen. Ein Mexícatl-Tributeintreiber namens Cuaupopóca, welcher wie gewöhnlich etlichen tributpflichtigen Stämmen mit einer Eskorte von Mexíca-Kriegern seinen jährlichen Besuch abstattete, hatte den Jahrestribut von den Huaxtéca eingesammelt, welche gleichfalls an der Küste lebten, allerdings nördlich von den Totonáca. Er war daraufhin mit einer Kolonne von Huaxtéca-Trägern, welche ausgehoben worden waren, ihre eigenen Tribute nach Tenochtítlan zu bringen, weiter nach Süden ins Totonáca-Land gezogen, wie er es nun schon seit vielen Jahren immer getan. Als er jedoch die Hauptstadt Tzempoálan erreichte, entsetzte er sich darüber, daß die Totonáca sich auf sein Eintreffen nicht im mindesten vorbereitet hatten. Es waren keinerlei Waren zum Weitertransport bereitgestellt worden; es standen keine Männer bereit, als Träger zu dienen; der Herrscher, Patzínca, hatte für Cuaupopóca nicht einmal eine Liste vorbereitet, aus der hervorging, worin die Tributzahlungen eigentlich bestehen sollten.

Da er aus den nördlichen Hinterlanden kam, hatte Cuaupopóca nichts von dem Mißgeschick gehört, welches die fünf Beamten des Schatzamtes erfahren, die ihm immer vorausgezogen waren, und hatte nicht die geringste Ahnung von all den Geschehnissen seither. Motecuzóma hätte ihm ohne weiteres Nachricht zukommen lassen können, hatte das jedoch versäumt. Und ich werde nie wissen, ob der Verehrte Sprecher das nun unter dem Druck so vieler anderer Ereignisse einfach vergessen hatte, oder ob er sich mit Bedacht entschlossen hatte, das Eintreiben der Tribute weitergehen zu lassen wie immer, nur um abzuwarten, *was* denn nun eigentlich geschehen würde. Nun, Cuaupopóca versuchte, seine Pflicht zu tun. Er verlangte von Patzínca die Tribute, und dieser drehte und wand sich wie gewöhnlich, weigerte sich jedoch, dem Begehren nachzukommen, und zwar unter dem Hinweis darauf, er unterstehe nicht mehr dem Dreibund. Er habe neue Herren, weiße, welche in einem befestigten Dorf weiter unten am Strand lebten. Winselnd schlug Patzínca vor, daß Cuaupopóca sich an den weißen Befehlshaber dort wende, einen gewissen Juan de Escalante.

Aufgebracht und ohne recht zu verstehen, was hier eigentlich vorging, jedoch entschlossen, führte Cuaupopóca seine Männer nach Villa Rica de la Vera Cruz, wo er in einer unverständlichen Sprache, die er nicht verstand und von der er nur merkte, daß sie beleidigend klang, mit Hohn übergossen wurde. Infolgedessen tat er, ein einfacher Tributeintreiber, was der mächtige Motecuzóma bis jetzt noch nicht getan hatte; er weigerte sich, sich derart von oben herab behandeln zu lassen und er weigerte sich heftig, unter Anwendung von Gewalt und mit Entschlossenheit. Möglich, daß Cuaupopóca damit einen Fehler beging, aber er beging ihn in der hochfahrenden und herrischen Art, wie man sie von den Mexíca erwartete. Patzínca und Escalante begingen den noch größeren Fehler, ihn dazu herauszufordern, denn sie hätten sich darüber im klaren sein müssen, wie verwundbar sie waren. Das gesamte Heer der Totonáca war zusammen mit Cortés fortgezogen und praktisch sein eigenes auch. Tzempoálan konnte nur noch wenige Männer aufbieten, die Stadt zu verteidigen, und Vera Cruz war auch nicht besser bemannt, denn zur Hauptsache bestand die Garnison dort nur aus den Seeleuten, die zurückgelassen worden waren, weil sie keine Schiffe hatten, auf denen sie hätten beschäftigt werden können.

Cuaupopóca, das wiederhole ich, war nur ein kleiner Mexícatl-Beamter. Es ist möglich, daß ich der einzige Mensch bin, der sich noch an seinen Namen erinnert, wiewohl viele sich noch des Schicksals erinnern, welches ihm sein Tonáli brachte. Der Mann war eifrig in seiner Pflichterfüllung des Tributeintreibens; dies war das erstemal, daß ihm von einem tributpflichtigen Stamm getrotzt wurde, er muß von aufbrausendem Wesen gewesen sein, wie es seinem Namen entsprach – er hieß Feuriger Adler –, und er wollte sich bei der Erfüllung seiner Aufgabe keine Knüppel zwischen die Beine werfen lassen. Er erteilte seiner aus Mexíca-Kriegern bestehenden Eskorte, welche sich längst bei dieser ereignislosen Aufgabe gelangweilt hatte, einen knappen Befehl. Sie ergriffen froh die Gelegenheit zu kämpfen beim Schopfe und wurden daran auch nicht von den paar Hakenbüchsen und Armbrüsten gehindert, welche hinter dem Palisadenzaun um das Dorf des weißen Mannes auf sie abgefeuert wurden.

Sie erschlugen Escalante und die wenigen Soldaten, die Cortés unter seinen Befehl gestellt hatte. Die anderen, die unkriegerischen Seeleute, ergaben sich augenblicklich. Cuaupopóca stellte dort und um den Palast von Tzempoálan Wachen auf und befahl dem Rest seiner Männer, das gesamte umliegende Land zu plündern. In diesem Jahr, so erklärte er den entsetzten Totonáca, bestehe ihr Tribut nicht in einem Anteil ihrer Waren und Erzeugnisse, sondern im Gesamten dessen, was sie erwirtschaftet hätten. Infolgedessen war es so etwas wie eine Heldentat für Patzíncas Schnellboten, aus dem abgeriegelten Palast zu entkommen und zwischen den alles, was nicht niet- und nagelfest war, mitnehmenden Kriegern Cuaupopócas hindurchzukommen und Cortés die schlechte Nachricht zu überbringen.

Ganz gewiß ging Cortés blitzartig auf, um wieviel gefährlicher seine eigene Lage plötzlich geworden war, wie unsicher die Zukunft aussah, doch verschwendete er nicht viel Zeit, erst lange zu überlegen. Er nahm den roten Riesen Alvarado und Malíntzin sowie eine Reihe Schwerbewaffneter mit, stürmte an den Palastkämmerern vorbei und drang ohne jedes Zeremoniell in Motecuzómas Thronsaal vor. Cortés schäumte oder tat so, als ob er schäumte, während er dem Verehrten Sprecher weitschweifig und empört die Nachricht wiederholte, welche er erhalten hatte. So wie er es erzählte, habe eine umherstreifende Bande von Mexíca-Räubern ohne jede Herausforderung seine friedlich an der Küste lebenden Leute angegriffen und abgeschlachtet. Das stelle einen schwerwiegenden Bruch des Waffenstillstands und der Freundschaft dar, welche Motecuzóma ihm versprochen habe; was Motecuzóma nun dagegen zu unternehmen gedenke?

Der Verehrte Sprecher war sich sehr wohl darüber im klaren, daß der Tributeintreiber samt seiner Eskorte sich gerade in jener Gegend aufhalten mußte; nach dem, was er von Cortés hörte, mußte er in irgendein Scharmützel hineingeraten sein und unter den weißen Männern in der Tat Schaden angerichtet haben. Freilich hätte Motecuzóma es nicht nötig gehabt, sich überstürzt mit Cortés zu versöhnen; er hätte Zeit genug gewinnen können, um herauszubekommen, was wirklich geschehen war. Und die Wahrheit sah folgendermaßen aus: Die einzige und befestigte Siedlung der weißen Männer in diesen Landen hatte sich Cuaupopócas Mexíca-Truppen ergeben; der einzige wirklich gefügige Bundesgenosse der weißen Männer, Patzínca, hatte sich in seinem Palast verkrochen und war praktisch ein Gefangener von Mexíca. Motecuzóma seinerseits hatte inzwischen fast den ganzen Rest der weißen Männer auf seiner Insel zusammen, so daß es ein leichtes für ihn hätte sein können, sie zu vernichten; des weiteren hätte man Cortés' andere weiße und eingeborene Truppen auf dem Festland leicht von der Insel fernhalten können, während die Festlandheere des Dreibunds sich versammelten, sie zu zermalmen. Dank Cuaupopóca hielt Motecuzóma sämtliche Spanier und alle jene, welche sie unterstützten, hilflos in der Hand. Er brauchte diese Hand nur zur Faust zu schließen und solange zuzudrücken, bis ihm das Blut zwischen den Fingern herausrann.

Er tat es nicht. Er brachte Cortés gegenüber sein Entsetzen zum Ausdruck und bekundete sein Mitgefühl. Er schickte eine Abordnung seiner Palastwache, damit sie sich in Tzempoálan und Vera Cruz entschuldigten, Cuaupopóca seines Amtes enthoben und ihn und die Befehlshaber seiner Krieger-Eskorte unter Arrest nach Tenochtítlan brachten.

Was jedoch noch schlimmer war: als der lobenswerte Cuaupopóca und seine vier nicht minder löblichen Cuáchictin-»Alte Adler« vom Heer der Mexíca unterwürfig vor dem Thron knieten, saß Motecuzóma schlaff in sich zusammengesunken da, flankiert von den streng und aufrecht dastehenden Cortés und Alvarado, und sprach in mit einer alles andere als herrischen Stimme zu den Gefangenen:

»Ihr habt die Grenzen eurer Befehlsgewalt überschritten. Ihr habt euren Verehrten Sprecher in größte Verlegenheit gestürzt und die Ehre des Volkes der Mexíca befleckt. Ihr habt den Waffenstillstand gebrochen, den ich diesen erlauchten Besuchern und all ihren Untergebenen versprochen habe. Habt ihr irgend etwas vorzubringen?»

Cuaupopóca war bis zuletzt von seiner Pflicht durchdrungen. Er war ganz offensichtlich mehr ein Mann, mehr von Adel und mehr ein Mexícatl als das willenlose Geschöpf auf dem Thron, zu welchem er sagte: »Es hat alles nur an mir gelegen, Verehrter Sprecher. Ich tat, was ich für richtig hielt. Kein Mann kann mehr tun.«

Motecuzóma sagte dumpf: »Du hast mir ernstlichen Schaden zugefügt. Doch der Tod und das Verderben, die du gesät hast, hat unseren Gästen noch ernstlicheren Schaden zugefügt als uns. Daher . . .« Und es war unglaublich, was der Verehrte Sprecher Der Einen Welt sagte: »Daher überlasse ich es dem Capitán-General Cortés, das Urteil zu sprechen. Soll er bestimmen, welche Strafe ihr verdient.«

Cortés hatte darüber offensichtlich schon früher nachgedacht, denn er fällte ein Urteil, von dem er sicher sein mußte, daß es jeden anderen Menschen abhalten würde, etwas gegen ihn zu unternehmen, und welches gleichzeitig eine Strafe war, mit welcher er allen unseren Überlieferungen Hohn sprechen und anderen Göttern trotzen wollte. Er befahl, daß die fünf des Todes sein, allerdings nicht den ehrenvollen Blumentod finden sollten. Kein Herz sollte irgendwelchen Göttern zur Speise gereicht, kein Blut zu Ehren irgendeines Gottes verspritzt werden, kein Fleisch oder Organ der Männer sollte auch nur im geringsten bei irgendeinem Opfer Verwendung finden.

Cortés ließ seine Soldaten eine Kette bringen; es war die längste Kette, welche ich jemals gesehen habe, wie eine aufgeringelte Boa Constrictor aus Eisen; später erfuhr ich, daß es sich um einen Teil von etwas handelte, was ihr Ankerkette nennt und was dazu dient, die schweren Schiffe auf dem Meeresgrund festzumachen. Die Soldaten hatten beträchtliche Mühe, sie herbeizuschaffen, und sie hat Cuaupopóca und seinen vier Kriegern gewißlich beträchtliche Schmerzen zugefügt; aber die gigantischen Kettenglieder wurden den Verurteilten mit Gewalt über den Kopf gestreift, so daß ein Kettenglied jedem Mann um den Hals saß wie ein eiserner Kragen. Sodann wurden sie ins Herz der Einen Welt gebracht, wo ein großer Holzbalken aufgerichtet worden war . . . dort drüben, auf dem Platz vor eurer Kathedrale, wo der Señor Obispo jetzt seinen Schandpfahl stehen hat, an welchem Missetäter der öffentlichen Verunglimpfung preisgegeben werden. Die Kette wurde oben an dem schweren Balken befestigt, so daß die fünf Männer im Kreis standen, den Rücken dem Pfahl zugewandt und diesem durch die Kette verbunden. Dann wurde zu ihren Füßen kniehoch ein Stoß chapopótligetränkten Holzes aufgeschichtet und in Brand gesetzt.

Eine solche Art der Bestrafung – eine absichtlich unblutige Hinrichtung – hatte man in diesen Landen nie zuvor gekannt, und so kam fast jeder in Tenochtítlan herbei, um zuzusehen. Ich jedoch sah zu, während ich neben dem Priester Bartolomé stand, welcher mir anvertraute, solche Verbrennungen seien in Spanien an der Tagesordnung und eigneten sich insbesondere für die Hinrichtung von Feinden der Heiligen Kirche, weil die Kirche ihren Klerikern von jeher verboten habe, Blut zu vergießen, selbst wenn es um die schlimmsten Sünder gehe. Es ist ein Jammer, meine Herren Skribenten, daß es eurer Kirche dadurch versagt ist, sich gnädigerer Hinrichtungsmethoden zu bedienen. Denn ich habe zu meiner Zeit viele Arten von Hinrichtungen und des Sterbens gesehen, doch keine war grauenhafter, meine ich, als diejenige, welche Cuaupopóca und seine Befehlshaber an diesem Tage erleiden mußten.

Eine Zeitlang ertrugen sie es standhaft, noch als die ersten Flammen an ihren Beinen hochzüngelten. Ihr Gesicht über dem Eisenkragen der Kettenglieder war ruhig und gefaßt. Sonst waren sie nicht an den Pfahl gebunden, doch sie strampelten weder mit den Beinen noch fuchtelten sie mit den Armen oder wehrten sich sonst auf irgendeine unwürdige Weise. Doch als die Flammen ihren Schritt erreichten, ihr Schamtuch wegbrannten und das ansengten, was darunter war, verzerrten sich ihre Gesichter vor Schmerz. Jetzt brauchte das Feuer nicht mehr durch Holz und Chapopótli genährt zu werden; es griff auf die natürlichen Körperfette der Haut und der darunterliegenden Gewebe über. Statt verbrannt zu werden, brannten die Männer jetzt selbst, und die Flammen schlugen so hoch, daß wir ihre Gesichter kaum noch erkennen konnten. Freilich sahen wir, daß ihr Haar lichterloh aufflammte, und dann hörten wir, wie die Männer anfingen zu schreien.

Nach einer Weile verstummten die Schreie und wurden zu einem hohen Gewinsel, welches über dem Knistern und Knacken des Feuers gerade noch eben zu vernehmen und unangenehmer anzuhören war als das laute Schreien zuvor. Als wir Zuschauer wieder einen Blick auf die Männer in den Flammen erhaschten, waren sie über und über schwarz und verschrumpelt, doch irgendwie innerhalb dieser Kruste lebten sie noch, und einer oder auch mehrere von ihnen fuhren fort, unmenschlich winselnd zu wehklagen. Zuletzt fraßen die Flammen sich unter ihre Haut und ihr Fleisch und nagten an den Muskeln, was die Muskeln dazu brachte, sich auf absonderliche Weise zusammenzuziehen, so daß die Körper der Männer sich verkrampften. Ihre Arme klappten an den Ellbogen zusammen; ihre Hände mit den zusammengeschmolzenen Fingern hoben sich vor ihr Gesicht oder dorthin, wo ihr Gesicht gewesen war. Was von ihren Beinen noch übriggeblieben war, zog sich an Knien und Hüften langsam zusammen; sie hoben sich vom Boden und preßten sich ihnen gegen den Bauch.

Als sie dort hingen und brieten, schrumpften sie auch, bis sie weder in der Größe noch im Aussehen mehr Männern glichen. Nur ihre verkrusteten und gesichtslosen Köpfe waren noch von Erwachsenengröße. Sonst sahen sie aus wie fünf Kinder, verkohlt und in jener Haltung zusammengekrümmt, in welcher Kinder häufig schlafen. Und wiewohl es kaum zu glauben war, daß in diesen bejammernswerten Wesen noch Leben herrschen sollte, ging das winselnde Wehklagen weiter – solange, bis ihre Köpfe platzten. Chapopótligetränktes Holz erzeugt, wenn es brennt, eine große Hitze, und diese Hitze muß das Hirn zum Kochen, Schäumen und Dampfen gebracht haben, bis der Schädel dem Druck von innen nicht mehr standhielt. Plötzlich ertönte ein Geräusch, als ob ein Tontopf in Scherben fiel, ertönte noch viermal und dann war nichts mehr zu hören außer dem Aufzischen einiger letzter Tropfen, welche von den Körpern ins Feuer fielen, und dem sanften Knacken, wenn Holz in ein Glutbett zusammenfällt.

Es dauerte sehr lange, bis die Ankerkette sich soweit wieder abgekühlt hatte, daß Cortés' Soldaten sie vom verkohlten Balken abnehmen konnten und fünf verschrumpelte Körper in die Glut fallen ließen, wo sie endgültig zu Asche verbrannten; woraufhin die Soldaten die Kette forttrugen, sie für künftige Gelegenheiten aufzubewahren, wiewohl es seither zu keinen Hinrichtungen dieser Art gekommen ist. Das war vor elf Jahren. Doch gerade voriges Jahr, als Cortés von seinem Besuch aus Spanien zurückkehrte, wo euer König Carlos ihn beförderte und ihn zum Marqués de Valle machte, entwarf Cortés höchstpersönlich sein neues Adelswappen. Dieses Wappenschild ist jetzt überall zu sehen: Es ist ein Schild mit verschiedenen Symbolen darin, und der Schild wird umringt von einer Kette, und in den Kettengliedern dieser Kette stecken fünf Menschenköpfe. Cortés hätte auch andere Triumphe wählen können, sich zu verewigen, doch er wußte sehr wohl, daß das Ende des tapferen Cuaupopóca den Beginn der Eroberung Der Einen Welt darstellte.

Da die Hinrichtung von den weißen Fremden verfügt und vorgenommen worden war, denen eine solche Autorität eigentlich nicht zustand, verursachte dies zitternde Befürchtungen und Unruhe in der Bevölkerung. Doch das, was dann geschah, kam womöglich noch unerwarteter, war noch unglaublicher und verwirrender; Motecuzóma verkündete nämlich öffentlich, er ziehe aus seinem eigenen Palast aus und werde eine Zeitlang unter den weißen Männern leben.

Die Bürger von Tenochtítlan strömten auf Dem Herzen Der Einen Welt zusammen und sahen steinernen Gesichts zu, wie ihr Verehrter Sprecher gemächlich Arm in Arm mit Cortés offenbar ohne jeden Zwang und ohne sichtbare Gewaltanwendung über den Platz hinwegschritt und den Palast seines Vaters Axayácatl betrat, jenen Palast, welcher den fremden Besuchern als Wohnung zugewiesen worden war. In den folgenden Tagen herrschte auf dem Großen Platz ein ständiges Kommen und Gehen, als die spanischen Soldaten Motecuzómas Trägern und Sklaven halfen, seinen gesamten Hof von einem Palast in den anderen zu schaffen: Motecuzómas Frauen und Kinder, samt ihren Dienern, ihrer Garderobe und der Einrichtung aller ihrer Kammern, die Ausstattung des Thronsaals, Bibliotheken, der Aufstellungen des Schatzamtes, kurz, alles, was dazugehört, um die Hofhaltung zu gewährleisten.

Unsere Leute konnten nicht verstehen, *warum* ihr Verehrter Sprecher Gast seiner eigenen Gäste werden sollte oder, was auf dasselbe hinauslief, ein Gefangener seiner eigenen Gefangenen. Doch ich glaube, ich weiß, warum. Vor langer Zeit hatte man mir Motecuzóma als »hohle Trommel« beschrieben, und über die Jahre hatte ich diese Trommel laute Töne von sich geben hören, und bei den meisten dieser Gelegenheiten hatte ich gewußt, daß dieses Geräusch von Händen und Ereignissen und Umständen hervorgerufen worden war, über welche Motecuzóma keine Gewalt hatte ... oder von Dingen, von denen er nur behaupten konnte, er beherrsche sie ... oder welche er nur halbherzig zu beherrschen versuchte. Hätte jemals die Hoffnung bestanden, daß er eines Tages gleichsam selbst die Trommelschlegel in die Hand nehmen würde, schwand diese Hoffnung endgültig, als er die Lösung der Cuaupopóca-Angelegenheit Cortés überließ.

Denn unser Oberster Befehlshaber der Krieger, Cuitláhuac stellte bald darauf fest, was Cuaupopóca in Wahrheit erreicht hatte – einen Vorteil, welcher die weißen Männer und alle ihre Verbündeten in unsere Hand hätte geben können – und Cuitláhuac verwendete keineswegs brüderliche Worte, als er erklärte, wie überstürzt, kraftlos und schändlich Motecuzóma die einzige und beste Chance vertan habe, Die Eine Welt zu retten. Die Enthüllung seines letzten und schwerstwiegenden Fehlers preßte den letzten Rest an Willenskraft oder Herrschaftlichkeit heraus, welcher dem Verehrten Sprecher noch verblieben sein mochte. Jetzt wurde er endgültig zu einer hohlen Trommel, war nunmehr zu schlaff, um überhaupt noch ein Geräusch von sich zu geben, wenn auf ihm getrommelt wurde. Und während Motecuzóma immer mehr in Teilnahmslosigkeit und Schwäche versank, stand Cortés immer stolzer und unerschrockener da. Schließlich hatte er bewiesen, daß ihm Gewalt über Leben und Tod gegeben war, selbst innerhalb der Trutzburg der Mexíca. Er hatte seine Siedlung Vera Cruz und seinen Verbündeten Patzínca im letzten Augenblick vor dem endgültigen Untergang gerettet, nicht zu reden von sich selbst und den Männern, die sein Gefolge bildeten. Infolgedessen zögerte er nicht, an Motecuzóma das unerhörte Ansinnen zu stellen, sich seiner eigenen Entführung zu unterwerfen.

»Ich bin kein Gefangener. Ihr könnt das sehen«, erklärte Motecuzóma, als er zum erstenmal den Staatsrat einberief und mir sowie einigen anderen Herren befahl, ihn in seinem neuen Thronsaal aufzusuchen. »Hier ist reichlich Platz für meinen gesamten Hofstaat, es sind bequeme Kammern für uns alle da, und es ist alles vorhanden, die Staatsgeschäfte von hier aus weiterzuführen – in welchen, dessen versichere ich euch, die weißen Männer keine Stimme haben. Daß ihr in diesem Augenblick hier seid, ist Beweis dafür, daß meine Berater und Priester und Boten freien Zugang zu mir und ich zu ihnen habe, ohne daß irgendwelche von diesen Fremden dabei sind. Auch werden sie sich nicht in unsere religiösen Gepflogenheiten einmischen, auch nicht in solche, welche Opfer erfordern. Kurz, unser Leben wird weitergehen, wie es das immer getan hat. Ich habe mir vom Capitán-General Garantien geben lassen, ehe ich mich mit einem Wechsel der Residenz einverstanden erklärte.«

»Aber warum habt Ihr Euch überhaupt damit einverstanden erklärt?« fragte die Weibliche Schlange mit Zornesstimme. »Es hat sich nicht geziemt, Hoher Gebieter. Und es war nicht nötig.«

»Nötig vielleicht nicht, aber ratsam und vorteilhaft«, sagte Motecuzóma. »Seit die weißen Männer in meinen Herrschaftsbereich eingedrungen sind, haben meine eigenen Leute oder Verbündeten zweimal versucht, einen Anschlag auf ihr Leben und ihr Eigentum zu verüben – zuerst in Cholólan, und vor noch kürzerer Zeit an der Küste. Cortés macht mir das nicht zum Vorwurf, da diese Anschläge entweder ausdrücklich entgegen oder in Unkenntnis meines Waffenstillstandsversprechens unternommen worden sind. Nur können derlei Dinge wieder vorkommen. Ich selbst habe Cortés gewarnt, daß ein großer Teil meines Volkes etwas gegen die Anwesenheit der weißen Männer hat. Jede Verschlimmerung dieses Grolls könnte unser Volk vergessen lassen, wem es Gehorsam schuldet, so daß es abermals aufbegehrt.«

»Wenn Cortés sich wegen des Grolls Sorgen macht, der unser Volk erfüllt«, erklärte ein Angehöriger des Staatsrats, »so wäre es ihm ein leichtes, diesen zu beschwichtigen. Er kann nach Hause gehen.«

Motecuzóma sagte: »Genau das habe ich ihm auch gesagt, doch das ist selbstverständlich unmöglich. Er hat keine Möglichkeit, das zu tun, bis ihm, wie er erwartet, sein König mehr Schiffe sendet. Wenn er und ich bis dahin in einem Palast wohnen, beweist das zweierlei: daß ich Cortés traue, daß er mir nichts antut, und daß ich meinem Volk vertraue, ihn nicht soweit zu reizen, daß er irgend jemand etwas antut. Diese Leute sollten jetzt also weniger geneigt sein, weiteren Streit zu stiften. Das war der Grund, warum Cortés mich aufforderte, hier sein Gast zu sein.«

»Sein Gefangener«, sagte Cuitláhuac fast verächtlich schnaubend.

»Ich *bin* kein Gefangener«, wiederholte Motecuzóma mit Nachdruck. »Ich bin immer noch euer Uey-Tlatoáni, immer noch der Herrscher dieses Volkes, immer noch der führende Bundesgenosse des Dreibunds. Ich habe dieses kleine Zugeständnis nur gemacht, damit der Friede zwischen uns und den weißen Männern erhalten bleibt, bis sie wieder abziehen.«

Ich sagte: »Verzeiht, Verehrter Sprecher. Ihr scheint fest davon überzeugt, daß sie wieder fortziehen. Woher wißt Ihr das? Und wann?«

Er bedachte mich mit einem Blick, der erkennen ließ, daß er wünschte, ich hätte diese Frage nicht gestellt. »Sie werden fortgehen, sobald sie die Schiffe haben, sie fortzubringen. Und ich weiß, daß sie wieder abziehen, weil ich ihnen versprochen habe, daß sie mitnehmen können, was zu holen sie gekommen sind.«

Es folgte ein kurzes Schweigen. Dann sagte jemand: »Gold.«

»Ja. Viel Gold. Als die weißen Soldaten mir halfen, in diesen Palast umzuziehen, haben sie meinen Palast mit großer Gründlichkeit durchsucht. Sie haben auch die Schatzkammern gefunden, obgleich ich Vorsorge getroffen hatte, die Türen zumauern zu lassen, und . . .«

Hier unterbrachen ihn die enttäuschten und gedemütigten Aufschreie der meisten der Anwesenden, und dann begehrte Cuitláhuac zu wissen: »Ihr wollt ihnen den Staatsschatz geben?«

»Nur das Gold«, sagte Motecuzóma beschwichtigend. »Und die wertvolleren geschnittenen Steine. Das ist alles, woran sie interessiert sind. Federn und Farbstoffe, Jadesteine, seltene Blumensamen und dergleichen bedeuten ihnen nichts. Die werden wir also behalten, und diese Reichtümer werden das Volk unterhalten, während wir arbeiten und kämpfen und unsere Tributforderungen erhöhen, um den Schatz wieder aufzufüllen.«

»Aber das alles wegzu*schenken*«, rief jemand klagend.

»Wisset dieses«, fuhr Motecuzóma fort. »Die weißen Männer könnten das verlangen und den Reichtum eines jeden einzelnen Adligen außerdem – als Preis für ihren Abzug. Sie könnten einen Krieg deswegen führen und sich um Hilfe an ihre Verbündeten auf dem Festland wenden, es uns wegzunehmen. Ich ziehe es vor, etwas derartig Häßliches zu vermeiden, indem ich ihnen das Gold und die Edelsteine dem Anschein nach in großzügiger Geste anbiete.«

Mit zusammengebissenen Zähnen sagte die Weibliche Schlange: »Selbst als Oberschatzmeister der Mexica, *vorgeblich* Hüter und Bewahrer des Schatzes meines Herrn und Gebieters, muß ich zugeben, daß das ein geringer Preis für die Vertreibung der Fremden wäre. Nur muß ich den Hohen Gebieter auf folgendes hinweisen: Jedes andere Mal, wo wir ihnen Gold gegeben haben, hat sie das nur dazu angestachelt, mehr zu wollen.«

»Ich habe nicht mehr zu geben, und ich glaube, ich habe sie überzeugt, daß das wahr ist. Bis auf jenes Gold, was als Zahlungsmittel im Umlauf ist oder sich im Besitz von einzelnen Privatleuten befindet, gibt es kein Gold mehr in den Landen der Mexíca. Unser Goldschatz stellt die Ernte von Schock um Schock Jahren dar. Es ist dasjenige, was alle unsere vorherigen Verehrten Sprecher zusammengetragen haben. Es würde ein ganzes Leben erfordern, unseren Landen auch nur einen Bruchteil davon abzuringen. Außerdem habe ich Bedingungen an dieses Geschenk geknüpft. Sie bekommen es nicht, bevor sie nicht von hier fortgehen, und sie sollen es direkt ihrem König Carlos überbringen, als persönliches Geschenk von mir an ihn – ein Geschenk *aller Schätze, die wir haben.* Cortés ist es zufrieden, und ich desgleichen, und so wird auch ihr König Carlos zufrieden sein. Wenn die weißen Männer abziehen, werden sie nicht wiederkommen.«

Keiner von uns sagte etwas, das abzustreiten – das taten wir erst, nachdem wir entlassen worden, durch das Palasttor in der Schlangenmauer hinausgelangt waren und über den Großen Platz gingen.

Einer sagte: »Das ist unerträglich! Der Cem-Anáhuac Uey-Tlatoáni ein Gefangener dieser dreckigen und stinkenden Barbaren.«

Ein anderer sagte: »Nein. Motecuzóma hat recht. *Er* ist kein Gefangener. Das sind nur wir anderen alle. Solange er sich kleinmütig dafür hergibt, ihre Geisel zu sein, wagt kein anderer Mexíca, die weißen Männer auch nur anzuspucken.«

Noch ein anderer sagte: »Motecuzóma hat sich selbst, die stolze Unabhängigkeit der Mexíca und den größten Teil unseres Staatsschatzes ausgeliefert. Wenn es noch lange dauert, bis die Schiffe der weißen Männer eintreffen – wer will sagen, was er dann als nächstes preisgeben wird?«

Und dann sprach einer aus, woran alle dachten: »In der gesamten Geschichte der Mexíca ist noch nie ein Uey-Tlatoáni bei Lebzeiten abgesetzt worden. Nicht einmal Ahuítzotl, als er völlig unfähig war zu regieren.«

»Immerhin ist ein Regent ernannt worden, die Regierungsgeschäfte in seinem Namen zu führen, und das hat durchaus funktioniert, solange die Nachfolge nicht feststand.«

»Cortés könnte es sich in den Kopf setzen, Motecuzóma irgendwann umzubringen. Wer weiß, was in den Köpfen dieser weißen Männer vorgeht? Oder Motecuzóma geht an seinem eigenen Selbsthaß zugrunde. Er sieht ganz so aus, als ob es bald soweit wäre.«

»Jawohl, es könnte sein, daß der Thron bald leersteht. Wenn wir für diesen möglichen Fall Vorkehrungen treffen, hätten wir auch einen Herrscher bereitstehen ... falls Motecuzómas Verhalten sich derart entwikkelt, daß wir ihn kraft Staatsratsbeschluß absetzen *müssen.*«

»Darüber sollte insgeheim entschieden und alles in die Wege geleitet werden. Laßt uns Motecuzóma diese Demütigung solange ersparen, bis uns keine andere Wahl mehr bleibt. Auch sollte Cortés nicht der geringste Grund gegeben werden zu argwöhnen, daß seine kostbare Geisel plötzlich wertlos für ihn gemacht werden kann.«

Die Weibliche Schlange wandte sich an Cuitláhuac, der bis jetzt überhaupt noch nichts gesagt hatte, und redete ihn mit seinem Adelstitel an, als er sagte: »Cuitláhuatzin, als Bruder des Verehrten Sprechers wäret Ihr normalerweise der erste Anwärter, welcher bei seinem Tode als Nachfolger in Frage käme. Würdet Ihr den Titel und die Verantwortung eines Regenten annehmen, falls wir in ordentlicher geheimer Beratung übereinkommen, daß eine solche Stellung geschaffen werden sollte?«

Cuitláhuac ging noch ein paar Schritte weiter, runzelte nachdenklich die Stirn und sagte dann: »Es wäre mir entsetzlich, meinem eigenen Bruder die Macht abzunehmen, solange er lebt. Aber in Wahrheit, meine Herren, fürchte ich, daß er im Augenblick nur noch *halb* lebt und den größten Teil seiner Macht bereits abgegeben hat. Jawohl, wenn und falls der Staatsrat zu dem Schluß kommt, daß das Überleben unseres Volkes davon abhängt, werde ich in jeder Form regieren, welche von mir verlangt wird.«

Wie die Dinge sich entwickelten, bestand kein unmittelbarer Anlaß für den Sturz Motecuzómas oder irgendein anderes drastisches Vorgehen. Ja, über längere Zeit hinweg sah es so aus, als ob Motecuzóma recht gehabt hätte mit seinem Rat, wir alle sollten uns in Geduld fassen und abwarten. Denn die Spanier blieben diesen ganzen Winter über in Tenochtítlan, und, wären sie nicht so auffällig weiß gewesen, wir hätten ihre Anwesenheit womöglich überhaupt nicht zur Kenntnis genommen. Man hätte meinen können, sie wären Leute vom Lande, aber von unserer eigenen Rasse, welche zu Besuch in die große Stadt gekommen waren, um sich die Sehenswürdigkeiten anzusehen und sich friedlich zu amüsieren. Selbst während unserer religiösen Zeremonien verhielten sie sich tadellos. Einige von diesen Feiern, bei denen es nur um Musik, Gesang und Tanz ging, verfolgten die Spanier mit Interesse und manchmal sogar mit Belustigung. Ging es um Riten, bei denen Xochimíque geopfert werden mußten, blieben die Spanier diskret in ihrem Palast. Wir Bewohner der Stadt unsererseits duldeten die weißen Männer und behandelten sie zuvorkommend, aber mit Distanz. Infolgedessen gab es den ganzen Winter über keine Reibungen zwischen uns und ihnen, keine unglücklichen Zwischenfälle, ja, es kam nicht einmal mehr zu Zeichen von böser Vorbedeutung.

Motecuzóma, seine Höflinge und seine Ratgeber schienen sich mühelos an den Wechsel der Residenz gewöhnt zu haben, und die Art, wie er die Regierungsgeschäfte führte, schien von der Verlagerung des Regierungsschwerpunkts in gar keiner Weise beeinträchtigt. So wie er und jeder andere Uey-Tlatoáni es immer getan hatten, trat er regelmäßig mit seinem Staatsrat zusammen; er empfing Sendboten abgelegener Provinzen der Mexíca, der anderen Länder des Dreibunds und fremder Völker; er gewährte einzelnen Bittstellern, welche Klagen und Beschwerden vorbrachten, Audienz. Einer von denen, welche ihn am häufigsten aufsuchten, war sein Neffe Cacáma, der zweifellos – und zurecht – nervös war, weil sein Thron von Texcóco wackelte. Aber vielleicht hatte Cortés seine Verbündeten und Untergebenen gleichfalls geheißen, »Ruhe zu bewahren und abzuwarten«. Jedenfalls tat keiner – nicht einmal Prinz Schwarz Blume, welcher ungeduldig darauf wartete, den Thron der Acólhua wieder an sich zu reißen – etwas Unüberlegtes. Den ganzen Winter über schien das Leben in unserer Welt weiterzugehen wie immer – genauso, wie Motecuzóma es versprochen hatte.

Ich sagte: *schien* weiterzugehen, denn ich persönlich hatte immer weniger mit Staatsangelegenheiten zu tun. Es kam nur noch selten vor, daß man bei Hof meine Anwesenheit forderte – höchstens dann, wenn eine Frage auftauchte, zu welcher Motecuzóma die Meinung aller seiner in der Stadt lebenden Herren hören wollte. Meine weniger großartige Arbeit als Dolmetsch wurde auch immer weniger und hörte schließlich ganz auf, denn Motecuzóma war offenbar zu der Überzeugung gelangt, daß dem Manne Cortés zu trauen, bedeutete, der Frau Malíntzin trauen zu können. Die drei verbrachten viel Zeit miteinander. Das ließ sich wohl kaum vermeiden, wo sie doch alle unter einem Dach lebten, mochte der Palast auch noch so groß sein. Tatsache ist jedoch, daß Cortés und Motecuzóma ihre gegenseitige Gesellschaft genossen. Sie unterhielten sich häufig über die Geschichte und die augenblicklichen Verhältnisse ihrer beiden Länder, Religionen und Lebensweise. Um nicht immer ernste Gespräche zu führen und auch etwas Abwechslung zu haben, brachte Motecuzóma Cortés das Patóli-Bohnen-Glücksspiel bei, und zumindest ich hoffte, daß der Verehrte Sprecher um hohe Einsätze spielte und daß er gewann, damit er auf diese Weise zumindest einen Teil des Schatzes behielt, welchen er den weißen Männern versprochen hatte.

Cortés wiederum machte Motecuzóma mit einem anderen Zeitvertreib bekannt. Er ließ von der Küste einige seiner Seeleute kommen – jene Handwerker, die ihr Bootsbauer nennt –, welche die notwendigen Metallwerkzeuge, Geräte und Beschläge mitbrachten. Diese Bootsbauer ließen durch Waldarbeiter einige gute geradegewachsene Bäume fällen, aus denen sie fast wie durch Zauberhand Planken und Balken, Spanten und Masten fertigten. In überraschend kurzer Zeit hatten sie in der Hälfte seiner natürlichen Größe eines ihrer seegängigen Schiffe gebaut und ließen es auf den Texcóco-See vom Stapel laufen: das erste Schiff mit den Segel genannten Flügeln, welches jemals unsere Gewässer befuhr. Die Seeleute übernahmen das verzwickte Geschäft des Steuerns, und Cortés nahm Motecuzóma – manchmal in Begleitung von Angehörigen seiner Familie oder seines Hofes – häufig zu Ausflügen auf den fünf zusammenhängenden Seen mit.

Ich bedauerte es keineswegs, nach und nach von meinen Pflichten bei Hofe oder bei den weißen Männern entbunden worden zu sein. Ich war froh, mein früheres Leben eines reichen Mannes im Ruhestand wieder aufzunehmen und auch wieder viel Zeit im Haus der Pochtéca zu verbringen, wiewohl nicht mehr ganz soviel Zeit wie früher. Meine Frau verlangte es zwar nicht ausdrücklich von mir, aber ich spürte, daß ich mehr Zeit daheim und in ihrer Gesellschaft verbringen sollte, denn sie schien schwach und leicht zu ermüden. Wartender Mond hatte ihre freie Zeit von jeher mit weiblichen kleinen Tätigkeiten wie etwa Sticken verbracht, doch bemerkte ich, daß sie ihre Stickereien jetzt ganz dicht an die Augen hielt. Auch kam es häufiger vor, daß sie einen Kochtopf oder irgend etwas anderes aufnahm, fallen ließ und zerbrach. Als ich mich besorgt danach erkundigte, sagte sie nur:

»Ich werde alt, Záa.«

»Wir sind fast gleich alt«, erinnerte ich sie.

Diese Bemerkung schien sie zu kränken, als ob ich unversehens aufgesprungen und herumgetanzt wäre, um ihr zu zeigen, wie jugendlich ich im Vergleich zu ihr noch sei. Für ihre Verhältnisse recht scharf, sagte Béu: »Das ist einer der Flüche des Frauendaseins. In jedem Alter sind sie älter als die Männer.« Dann wurde sie weicher, lächelte und machte, daß es so klang wie ein harmloser Scherz. »Das ist der Grund, warum Frauen ihre Männer wie Kinder behandeln. Weil die nie alt zu werden scheinen ... oder auch nur erwachsen.«

Auf diese Weise tat sie die Angelegenheit leicht ab, und es dauerte eine ganze Weile, ehe ich erkannte, daß sie die ersten Symptome einer Krankheit aufwies, die sie nach und nach auf das Krankenlager warf, welches sie seither seit Jahren nicht mehr verlassen hat. Béu beklagte sich nie, daß es ihr schlecht gehe, forderte nie irgendwelche Aufmerksamkeit von mir, doch schenkte ich sie ihr trotzdem, und wiewohl wir wenig miteinander sprachen, merkte ich, daß sie dankbar dafür war. Als unsere betagte Dienerin Türkis starb, kaufte ich zwei jüngere Frauen – eine für den Haushalt und eine, welche sich ausschließlich um Béus Bedürfnisse und Wünsche kümmern sollte. Da ich es viele, viele Jahre hindurch gewohnt gewesen war, nach Türkis zu rufen, wann immer ich irgendwelche den Haushalt betreffenden Befehle erteilen wollte, brachte ich es nicht fertig, mit dieser Gewohnheit zu brechen; ich rief die beiden Frauen in gleicher Weise Türkis, sie gewöhnten sich daran, und so kann ich mich bis auf den heutigen Tag nicht erinnern, wie sie wirklich hießen.

Vielleicht hatte ich unbewußt etwas von der Verachtung der weißen Männer für Namen und richtiges Sprechen übernommen. Im Laufe der fast ein halbes Jahr währenden Zeit, da die Spanier in Tenochtítlan weilten, machte keiner von ihnen auch nur die geringsten Anstrengungen, unser Náhuatl oder die Grundlage seiner Aussprache zu lernen. Der eine Mensch unserer Rasse, mit dem sie sehr eng verbunden waren, war die Frau, welche sich selbst Malíntzin nannte, doch selbst ihr Gefährte, Cortés, sprach diesen angenommenen Namen unweigerlich falsch *Malinche* aus. Nach und nach taten das alle unsere eigenen Leute, entweder in höflicher Nachahmung der Spanier oder boshaft, um ihre Verachtung für die Frau zum Ausdruck zu bringen. Denn Malíntzin pflegte jedesmal mit den Zähnen zu knirschen, wenn sie Malinche gerufen wurde – weil dadurch ihr Adelsprädikat *-tzin* verloren ging –, doch konnte sie sich kaum über Mangel an Ehrerbietung beklagen, ohne dadurch gleichzeitig die schlampige Aussprache ihres eigenen Herrn und Meisters zu kritisieren.

Doch wie dem auch sei, Cortés und seine Männer machten darin keinerlei Unterschiede, denn sie sprachen auch die Namen eines jeden anderen falsch aus. Da es den sanften *sh*-Laut des Náhuatl im Spanischen nicht gibt, wurden wir Mexíca lange Zeit hindurch entweder Mes-síca oder Mec-síca genannt. Gleichwohl habt ihr Spanier in letzter Zeit geruht, uns unseren älteren Namen zu geben, weil es euch offenbar leichter fiel, uns Azteken zu nennen. Da Cortés und seine Männer den Namen Motecuzóma offenbar unbeholfen fanden, machten sie daraus Montezuma, und ich glaube, sie waren aufrichtig der Meinung, damit nichts Unhöfliches zu tun, da der neue Name ihr eigenes Wort für »Berg« enthielt, was immerhin noch als ein Hinweis auf Größe und Bedeutung gelten konnte. Mit dem Namen unseres Kriegsgottes Huitzilopóchtli kamen sie genausowenig zurecht, haßten diesen Gott aber ohnehin, und so wurde daraus Huichilobos, ein Name, in dem ihr eigenes Wort für ein Tier enthalten war, das »Wolf« heißt.

Nun, der Winter verging, der Frühling kam, und mit dem Frühling mehr weiße Männer. Motecuzóma erfuhr dies von Cortés, doch eigentlich nur nebenbei und durch Zufall. Einer von seinen Quimíchime-Mäusen, die noch immer im Totonáca-Land stationiert waren, war es langweilig geworden und war aus diesem Grund ein gutes Stück weiter nach Süden gewandert, als sie eigentlich gedurft hätte. So war es gekommen, daß die Maus nicht weit vom Strand eine ganze Flotte von Schiffen mit weit ausgespannten Flügeln gesichtet hatte, welche an der Küste nach Norden gefahren war und in Buchten und Flußmündungen gehalten hatte – »als hielten sie Ausschau nach ihren Kameraden«, wie die Quimíchi berichtete, als sie mit einem Borkenpapier in der Hand nach Tenochtítlan gelaufen kam, auf welches sie ein Bild gezeichnet hatte, aus dem hervorging, um wie viele Schiffe es sich handelte.

Ich, andere Edelleute und der gesamte Staatsrat waren im Thronsaal anwesend, als Motecuzóma einen Pagen schickte, den noch ahnungslosen Cortés herbeizuholen. Der Verehrte Sprecher, welcher die Gelegenheit nutzte, um so zu tun, als sei er allwissend, brachte ihm die Neuigkeit bei, und ich dolmetschte bei dieser Gelegenheit folgendermaßen:

»Capitán-General, Euer König hat Euer Botenschiff sowie Euren ersten Bericht über diese Lande und die ersten Geschenke erhalten, die Ihr ihm gesandt habt, und er ist sehr zufrieden mit Euch.«

Cortés setzte eine Miene auf, als sei er gebührend beeindruckt und überrascht. »Woher will der Don Señor Montezuma das wissen?« fragte er.

Immer noch Allwissenheit vorspiegelnd, sagte Motecuzóma: »Weil Euer König Carlos eine Flotte schickt, welche doppelt so groß ist wie die Eure – *ganze zwanzig* Schiffe, Euch und Eure Leute heimzubringen.«

»So?« sagte Cortés, zu höflich, um sich irgendwelche Zweifel anmerken zu lassen. »Und wo sollen sie sein?«

»Sie kommen näher«, sagte Motecuzóma geheimnisvoll. »Vielleicht seid Ihr Euch nicht darüber im klaren, daß meine Weitseher in die Zukunft und über den Horizont hinaus sehen können. Sie haben mir ein Bild gemalt, als sie noch mitten auf dem Ozean waren.« Er reichte es Cortés. »Ich zeige es Euch jetzt, weil die Schiffe bald vor Eurer eigenen Garnison auftauchen müssen.«

»Erstaunlich«, erklärte Cortés und betrachtete das Papier. Halblaut murmelte er: »Ja ... Galeonen, Frachter, Proviantschiffe ... falls die verdammte Zeichnung einigermaßen stimmt.« Er runzelte die Stirn. »Aber ... *zwanzig*?«

Gleisnerisch sagte Motecuzóma: »Wiewohl wir uns durch Euren Besuch geehrt fühlen und ich persönlich Eure Gesellschaft genossen habe, freut es mich, daß Eure Brüder gekommen sind und daß Ihr nicht länger in einem fremden Land isoliert seid.« Um dann noch etwas hartnäckig hinzuzufügen: »Sie *sind* doch gekommen, Euch nach Hause zu bringen, oder?«

»Das sollte man annehmen«, sagte Cortés, schien gleichwohl jedoch etwas verwirrt.

»Ich werde jetzt befehlen, daß die Schatzkammern in meinem Palast entsiegelt werden«, sagte Motecuzóma, und seine Stimme klang fast glücklich ob der Aussicht, daß die Beraubung seines Volkes nun so unmittelbar bevorstand.

Doch in diesem Augenblick kam der Palastkämmerer und etliche andere Männer und küßten an der Tür des Thronsaals die Erde. Wenn ich sage, daß Motecuzóma die Nachricht von der Ankunft der Schiffe kaum vor Cortés erfuhr, hatte ich das buchstäblich gemeint. Denn die Neuangekommenen waren zwei Schnellboten, welche Herr Patzínca schickte und welche eilends von den Rittern der Totonáca vom Festland herübergebracht worden waren, bei welchen sie sich gemeldet hatten. Cortés blickte sich voller Unbehagen im Raum um; es war ihm deutlich anzumerken, daß er die Männer am liebsten beiseitegenommen und unter vier Augen ausgefragt hätte; gleichwohl fragte er mich, ob ich bereit sei, allen Anwesenden zu dolmetschen, was die Boten zu sagen hätten.

Derjenige, welcher zuerst sprach, brachte eine von Patzínca diktierte Meldung: »Zwanzig von den geflügelten Schiffen, die größten, welche wir bis jetzt gesehen haben, sind in der Bucht der kleinen Villa Rica de la Vera Cruz eingetroffen. Von diesen Schiffen sind eintausenddreihundert bewaffnete und gepanzerte weiße Soldaten an Land gekommen. Achtzig von ihnen haben Hakenbüchsen und einhundertzwanzig Armbrüste neben ihren Säbeln und Speeren. Außerdem sechsundneunzig Pferde und zwanzig Kanonen.«

Mißtrauisch blickte Motecuzóma Cortés an und sagte: »Das hört sich ganz nach einem Kriegsheer an, mein Freund, das Euch da nach Hause bringen soll.«

»Ja, das tut es in der Tat«, sagte Cortés und machte keineswegs einen beglückten Eindruck. Er wandte sich an mich. »Haben die sonst noch etwas zu melden?«

Daraufhin sprach der andere Bote und entpuppte sich als einer jener umständlichen und ermüdenden Worterinnerer. Er ratterte jedes Wort herunter, welches er vom ersten Zusammentreffen zwischen Patzínca und den neuen weißen Männern mitbekommen hatte, doch es war ein Affengeschnatter von spanischen und totonáca-Worten, ganz und gar unverständlich, da bei dieser Gelegenheit keine Dolmetsche zugegen gewesen waren, das Gesagte verständlich zu machen. Ich zuckte mit den Achseln und sagte: »Capitán-General, ich verstehe nichts außer zwei Namen, die immer wieder vorkommen. Euren eigenen und einen anderen, der sich anhört wie Narváez.«

»Narváez hier?« entfuhr es Cortés, und er stieß einen besonders saftigen spanischen Fluch aus.

Motecuzóma hob wieder an: »Ich werde das Gold und die Edelsteine aus der Schatzkammer herausschaffen lassen, sobald Eure Trägerkolonne . . .«

»Verzeiht«, sagte Cortés, welcher sich erst von seiner offenkundigen Überraschung erholen mußte. »Ich schlage vor, daß Ihr den Schatz verborgen und sicher verschlossen haltet, bis ich weiß, was diese neu Angekommenen wollen.«

Motecuzóma sagte: »Es sind doch aber gewiß Eure Landsleute.«

»Jawohl, Don Montezuma. Aber Ihr habt mir gesagt, wie bisweilen auch Eure Landsleute zu Räubern werden. Genauso müssen auch wir Spanier auf der Hut sein vor unseren Seefahrerkameraden. Ihr beauftragt mich, König Carlos die reichsten Geschenke zu überbringen, welche jemals von einem fremden Monarchen geschickt wurden. Ich möchte nicht Gefahr laufen, sie an Seeräuber zu verlieren, welche wir Piraten nennen.

Mit Eurer Erlaubnis werde ich augenblicklich an die Küste eilen und nachsehen, um was für Männer es sich handelt.«

»Tut das, ja«, sagte der Verehrte Sprecher, der nicht glücklicher hätte sein können, als wenn diese verschiedenen Gruppen von weißen Männern beschließen sollten, sich gegenseitig an die Gurgel zu gehen und sich zu vernichten.

»Ich muß mich eilen, muß einen Gewaltmarsch unternehmen«, fuhr Cortés fort und entwickelte laut seine Pläne. »Ich werde nur meine spanischen Soldaten und einige besonders ausgewählte Krieger unserer Verbündeten mitnehmen. Die von Prinz Schwarz Blume sind die besten . . .«

»Ja«, sagte Motecuzóma zustimmend. »Gut. Sehr gut.« Doch verging ihm das Lächeln, als er die nächsten Worte des Capitán-General vernahm:

»Pedro de Alvarado, den rotbärtigen Mann, welchen Euer Volk Tonatíu nennt, werde ich hierlassen, damit er meine Interessen hier wahrnimmt.« Um diese Feststellung sogleich abzuwandeln: »Ich meine selbstverständlich, damit er hilft, Eure Stadt zu verteidigen, falls die Piraten mich besiegen und sich bis hierher durchkämpfen sollten. Da ich bei Pedro nur eine kleine Reserve von unseren Kameraden zurücklassen kann, muß ich sie verstärken, indem ich Eingeborenentruppen vom Festland in die Stadt hole . . .«

Und so kam es, daß Alvarado das Kommando über achtzig weiße Männer und vierhundert Texcaltéca innehatte, die sämtlichst im Palast untergebracht waren, als Cortés mit dem Hauptteil seiner weißen Streitmacht und allen Acólhua von Schwarz Blume gen Osten zog. Das war der Gipfel der Kränkung. Daß Motecuzóma den ganzen Winter über dort residiert hatte, war schon eine außerordentlich heikle Situation gewesen. Doch im Frühling befand er sich in einer noch weit erniedrigenderen Lage: Jetzt lebte er nicht mehr mit den weißen Fremden unter einem Dach, sondern auch noch mit einer Horde von widerborstigen, feindselig funkelnden, alles andere als ehrerbietigen Kriegern, die nun wirklich mit Fug und Recht als Eindringlinge zu betrachten waren. Hatte es so ausgesehen, als ob der Verehrte Sprecher durch die Aussicht, die Spanier endlich loszuwerden, für kurze Zeit wieder lebendig und rege geworden wäre, so wurde er wieder in griesgrämige und ohnmächtige Verzweiflung hineingestoßen, als er zum Gastgeber und Gefangenen seiner abscheulichsten und am meisten verabscheuten Feinde wurde. Nur einen mildernden Umstand gab es, wiewohl ich bezweifle, daß Motecuzóma daraus sonderlich viel Trost zog: Die Texcaltéca waren merklich sauberer in ihren Lebensgewohnheiten und rochen weit besser als die weißen Männer.

Die Weibliche Schlange sagte: »Das ist unerträglich!« – Worte, welche ich immer häufiger von immer mehr von Motecuzómas verärgerten Untertanen zu hören bekam.

Gesprochen wurden sie bei einer Geheimsitzung des Staatsrats, zu welcher viele weitere Mexíca-Ritter und Priester, Weise und Adlige hinzugebeten worden waren, unter anderen auch ich. Motecuzóma war nicht dabei und wußte von nichts.

Der Oberbefehlshaber der Krieger, Cuitláhuac, sagte aufgebracht: »Uns Mexíca ist es nur selten gelungen, auch nur die Grenzen von Texcála zu überschreiten. Und bis zu ihrer Hauptstadt sind wir bei unseren Kämpfen *niemals* vorgestoßen.« Während der nächsten Worte wurde seine Stimme immer lauter, bis er die letzten nahezu hinausschrie: »Und jetzt sind die verabscheuungswürdigen Texcaltéca *hier*! – in der uneinnehmbaren Stadt Tenochtítlan, im Herzen Der Einen Welt – im Palast des Kriegerherrschers Axayácatl, der ganz gewiß mit allen Mitteln versuchen muß, aus der Gegenwelt zurückzukehren in diese, um diese Beleidigung zu rächen! Die Texcaltéca sind nicht mit Gewalt hier eingedrungen – sie sind hier, weil man sie *eingeladen* hat, nur haben *wir* sie nicht eingeladen –, und in dem Palast dort drüben leben sie Seite an Seite auf gleichem Fuß mit unserem VEREHRTEN SPRECHER!«

»Aber Verehrter Sprecher nur noch dem Namen nach!« knurrte der Hohepriester Huitzilopóchtlis. »Ich sage euch, unser Kriegsgott will nichts mehr mit ihm zu tun haben.«

»Es ist an der Zeit, daß wir alle uns dazu durchringen«, sagte der Herr Cuautémoc, Sohn des verstorbenen Ahuítzotl. »Und wenn wir diesmal säumen – wer weiß, ob wir je wieder Gelegenheit dazu haben werden. Der Mann Alvarado strahlt wie Tonatíu, vielleicht, aber als Ersatz für Cortés ist er keine so große Leuchte. Wir müssen zuschlagen, ehe der stärkere Cortés zurückkommt.«

»Dann seid Ihr also sicher, daß Cortés wieder zurückkommt?« fragte ich, weil ich seit dem Abmarsch des Capitán-General vor zehn Tagen noch an keiner der Ratsversammlungen, weder einer offenen noch einer geheimen, teilgenommen hatte und ich über die letzte Entwicklung nicht auf dem laufenden war. Cuautémoc setzte mich ins Bild:

»Was wir von unseren Quimíchime an der Küste hören, ist alles höchst verwirrend. Cortés hat seine weißen Brüder nicht gerade als Brüder willkommen geheißen. Er hat sie nächtens überfallen, worauf sie nicht vorbereitet waren. Wiewohl sie mit ihren Streitkräften den seinen dreifach überlegen waren, hat er über sie gesiegt. Sonderbarerweise hat es auf beiden Seiten so gut wie keine Toten gegeben, denn Cortés hatte befohlen, so wenig wie möglich von ihnen zu töten, als ob sie einen Blumenkrieg führten. Und seither haben er und der Anführer der neuen Expedition nur verhandelt und sich gestritten. Wir können uns überhaupt keinen Reim darauf machen, was eigentlich vorgeht. Gleichwohl müssen wir davon ausgehen, daß Cortés darauf hinarbeitet, diese neue Streitmacht unter seinen Oberbefehl zu bringen, und daß er an der Spitze all dieser zusätzlichen Männer und Waffen hierher zurückkehren wird.«

Ihr werdet verstehen, ehrwürdige Patres, daß wir bei der Wendung, welche die Dinge in jenen Tagen nahmen, überhaupt nicht mehr wußten, wo uns der Kopf stand. Wir waren davon ausgegangen, daß die Neuankömmlinge von König Carlos kämen, und zwar auf ausdrückliches Begehren von Cortés hin. Infolgedessen war es unbegreiflich, wieso er – ohne herausgefordert oder gereizt zu sein – über sie hergefallen war. Erst viel später erfuhr ich das eine und das andere, reimte mir so manches zusammen und begriff erst da in vollem Ausmaß, wie sehr Cortés uns alle getäuscht hatte – sowohl mein als auch euer Volk.

Vom Augenblick seines Eintreffens in unseren Landen an hatte Cortés sich stets als Abgesandten eures Königs Carlos ausgegeben; heute weiß ich, daß er das mitnichten war. Euer König Carlos hat Cortés niemals ausdrücklich hierhergeschickt – jedenfalls nicht, um der höheren Ehre Seiner

Majestät willen, nicht, um Spanien zu vergrößern, nicht, um den christlichen Glauben hier zu verkünden und auch aus keinem anderen Grunde. Als Hernán Cortés zum erstenmal den Fuß auf Die Eine Welt setzte, hatte euer König Carlos von einem Hernán Cortés noch nicht einmal *gehört*!

Bis auf den heutigen Tag spricht sogar Seine Exzellenz, der Bischof, voller Verachtung von »diesem Heuchler Cortés« und von seiner niedrigen Herkunft, von dem Emporkömmling und seinem maßlosen Ehrgeiz. Den Bemerkungen von Bischof Zumárraga und anderer entnehme ich, daß Cortés ursprünglich weder von seinem König noch von seiner Kirche hierhergeschickt wurde, sondern von einer weit geringeren Autorität, dem Gouverneur der Inselkolonie Cuba. Cortés wurde mit keinem weitergehenden Auftrag hierhergeschickt als dem, diese Küsten zu erkunden, Karten von ihnen anzufertigen und unterwegs mit Glasperlen und anderem Tand vielleicht etwas einträglichen Handel zu treiben.

Doch selbst ich begreife, wie Cortés dazu kam, weit größere Möglichkeiten zu wittern, nachdem er die Olméca-Streitkräfte des Tabascoöb so mühelos besiegte und insbesondere, nachdem das schwächliche Volk der Totonáca sich ihm kampflos unterwarf. Das muß der Augenblick gewesen sein, da Cortés beschloß, der *Conquistador en Jefe* zu werden, der Eroberer Der gesamten Einen Welt. Ich habe sogar gehört, daß einige seiner Unterbefehlshaber, welche den Zorn ihres Gouverneurs fürchteten, sich seinen hochfliegenden Plänen widersetzten und er aus diesem Grunde seinen weniger kleinmütigen Gefolgsleuten befahl, ihre zehn Schiffe in Brand zu stecken. An diesen Gestaden gestrandet, blieb selbst denjenigen, welche dagegen waren, kaum eine andere Wahl, als sich für Cortés' Pläne einspannen zu lassen.

So wie ich die Geschichte gehört habe, hat nur ein einziger unglücklicher Zufall Cortés' Erfolg für kurze Zeit bedroht. Er schickte das Schiff, das er noch hatte, und seinen Offizier Alonso – den Mann, dem Malíntzin zuerst gehört hatte – aus, die erste Ladung von Schätzen abzuliefern, welche aus diesen Landen herausgepreßt wurden. Alonso sollte heimlich an Cuba vorbei und direkt über das große Meer nach Spanien fahren, dort König Carlos mit seinen reichen Geschenken blenden, damit der König Cortés seinen königlichen Segen gäbe und ihm gleichzeitig einen hohen Rang verleihe, um seinen Raub- und Eroberungszug nachträglich zu sanktionieren. Doch irgendwie – auf welche Weise weiß ich nicht – muß der Gouverneur Wind davon bekommen haben, daß dieses Schiff sich an seiner Insel vorbeistehlen wollte, und erriet, daß Cortés *irgend etwas* im Schilde führte, was seinen Befehlen ausdrücklich zuwiderlief. Infolgedessen zog der Gouverneur zwanzig Schiffe und die vielen Männer zusammen und unterstellte sie dem Kommando von Pámfilo de Narváez – um den ungehorsamen und eigenmächtigen Cortés zu jagen und ihn einzufangen, ihn all seiner Autorität zu entkleiden, Frieden mit allen Völkern zu schließen, welche er beleidigt oder mißbraucht haben mochte, und Cortés in Ketten zurückzubringen nach Cuba.

Doch unseren aufmerksam beobachtenden Mäusen zufolge hatte das Wild den Jäger überwältigt. Während Alonso, wie Cortés wähnte, vor eurem König Carlos goldene Geschenke und goldene Aussichten ausbreitete, tat Cortés ein gleiches in Vera Cruz – das heißt, er zeigte Narváez Beispiele der Reichtümer dieser Lande, überzeugte ihn, daß diese Lande so gut wie gewonnen seien, beschwatzte Narváez, sich ihm anzuschließen und die Eroberung zum Abschluß zu bringen, und versicherte ihm, daß sie keinen Grund hätten, den Zorn eines kleinen Kolonialgouverneurs zu fürchten. Denn bald würden sie dem allmächtigen König Carlos und nicht ihrem unbedeutenden unmittelbaren Vorgesetzten eine ganze neue Kolonie zu Füßen legen, größer und reicher als das gesamte Königreich Spanien und seine Kolonien zusammen.

Selbst wenn wir Führer und Weisen Männer der Mexíca all diese Dinge an jenem Tag gewußt hätten, an dem wir heimlich zusammenkamen – ich glaube, wir hätten auch nicht mehr tun können, als wir dann taten. Nämlich Motecuzóma Xocóyotzin als »vorübergehend regierungsunfähig« zu erklären, seinen Bruder Cuitláhuatzin zu bestimmen, an seiner Stelle die Regierung zu übernehmen und dessen erste Entscheidung gutzuheißen, die er in diesem Amte traf: schnellstens sämtliche Fremden zu vernichten, welche damals Tenochtítlan überschwemmten.

»Heute in zwei Tagen«, sagte er, »feiern wir die Zeremonie zu Ehren der Schwester des Regengottes Iztocíuatl. Da sie nur die Göttin des Salzes ist, wäre das normalerweise nur eine unbedeutende Feier, mit welcher nur wenige Priester zu tun hätten, doch das können die weißen Männer nicht wissen. Genausowenig wie die Texcaltéca, die nie zuvor an irgendwelchen religiösen Feiern in dieser Stadt teilgenommen haben.« Er stieß ein kleines, verzerrtes Lachen aus. »Also können wir froh sein, daß Cortés unsere alten Feinde hier zurückgelassen hat und nicht die Acólhua, die sehr wohl über unsere Feste im Bilde sind. Denn ich werde jetzt in den Palast hinübergehen und meinen Bruder bitten, keinerlei Überraschung zu zeigen, und diesem Offizier Tonatíu Alvarado eine offenkundige Lüge erzählen. Ich werde ihm nachdrücklich klarmachen, wie überaus wichtig unsere Iztocíuatl-Zeremonie sei und ihn um Erlaubnis bitten, daß an diesem Tag und in dieser Nacht alle unsere Leute sich auf dem Großen Platz einfinden, um die Göttin zu verehren und lustig zu sein.«

»Ja«, sagte die Weibliche Schlange. »Inzwischen werdet ihr anderen jeden erreichbaren kampffähigen Ritter und Krieger auffordern, sich bereitzuhalten, bis hinunter zum letzten Yaoquízqui, der imstande ist, Waffen zu tragen. Wenn die Fremden eine große Menschenmenge sehen, die harmlos in einem dem Anschein nach rituellen Tanz zu Musik und Gesang die Waffen schwingt, werden sie nichts weiter tun als nachsichtig und überheblich zusehen. Doch dann, auf ein Zeichen hin . . .«

»Wartet«, unterbrach Cuautémoc die Weibliche Schlange. »Mein Vetter Motecuzóma wird die Täuschung nicht verraten, denn er wird den Grund erkennen, weshalb wir es tun. Aber wir vergessen diese verfluchte Frau Malíntzin. Cortés hat sie zurückgelassen, damit sie während seiner Abwesenheit für den Offizier Tonatíu dolmetscht. Und sie hat es sich sehr angelegen sein lassen, viel über unsere Sitten und Gebräuche zu erfahren. Wenn sie sieht, daß der Große Platz voller Menschen ist, die keine Priester sind, wird sie wissen, daß es sich nicht um die herkömmliche Huldigung an die Salzgöttin handelt. Wir können sicher sein, daß sie dann bei ihren weißen Herren Alarm schlägt.«

»Die Frau überlaßt mir«, erklärte ich. Das war die Gelegenheit, auf die ich so lange gewartet hatte. Nun konnte ich mehr damit bewirken als nur meine persönliche Rache zu befriedigen. »Ich bedaure, daß ich schon ein wenig zu alt bin, um auf dem Platz zu kämpfen; wohl aber kann ich unseren gefährlichsten Gegner beseitigen. Verfahrt Ihr nach Euren Plänen,

Verehrter Regent. Malíntzin wird weder die Zeremonie sehen noch etwas argwöhnen oder etwas verraten. Sie wird tot sein.«

Der Plan für die Nacht des Iztocíuatl-Festes sah folgendes vor: Vorangehen sollte allem den ganzen Tag über Gesang und Tanz und ein Kampfspiel im Herzen Der Einen Welt, alles dargeboten von Frauen, Mädchen und Kindern. Erst wenn die Dämmerung sich auf die Stadt niedersenkte, sollten die Männer zu zweit und zu dritt eintreffen und die Plätze der Frauen und Kinder einnehmen, welche ihrerseits zu zweit und zu dritt tanzend den Großen Platz verlassen sollten. Wenn es ganz dunkel war und die Szene nur noch von Fackeln und Urnenfeuern erhellt wurde, waren die fremden Zuschauer es wahrscheinlich längst müde geworden zuzusehen und in ihre Unterkünfte zurückgekehrt; zumindest würden sie nicht merken, daß sämtliche Tänzer und Sänger jetzt erwachsen und Männer waren. Diese singenden und gestikulierenden Tänzer sollten nach und nach Reihen und Kolonnen bilden, welche sich von der Mitte des Großen Platzes aus in Schlangenlinien auf das in der Schlangenmauer befindliche Zugangstor zum Palast des Axayácatl zubewegen.

Das stärkste Abschreckungsmittel vor einem Angriff waren die drohend auf dem Dach aufgestellten vier Kanonen des Palastes. Eine oder mehrere von ihnen konnten mit ihren schrecklichen Splitterladungen den größten Teil des offenen Platzes leerfegen, doch würde es nicht so leicht sein, sie direkt nach unten zu richten und zu zielen. Infolgedessen sah Cuitláhuacs Plan vor, daß alle seine Männer sich so dicht wie möglich an die Palastmauern drängen sollten, ehe die weißen Männer überhaupt merkten, daß sie angegriffen wurden. Dann, auf ein Zeichen von ihm hin, sollte die gesamte Streitmacht der Mexíca an den Wachen am Portal vorbeistürmen und in den Räumen und Höfen, Sälen und Kammern im Inneren kämpfen, wo die zahlenmäßige Überlegenheit der obsidianbewehrten Maquáhuime mit der stärkeren, aber zahlenmäßigen Unterlegenheit der Stahlsäbel und unhandlichen Hakenbüchsen fertigwerden mußte. Inzwischen sollten andere Mexíca die Holzbrücken beseitigen, welche die Zufahrten für die Kanus in den Dammstraßen überspannten und mit Pfeil und Bogen jeden Versuch von Alvarados Truppen zurückschlagen, diese Lücken schwimmend oder sonstwie zu überwinden.

Ich selbst legte mir meinen Plan genauso sorgfältig zurecht. Ich suchte den Arzt auf, welcher seit vielen Jahren unseren Haushalt versorgt hatte, einen Mann, dem ich vertrauen konnte; ohne mit der Wimper zu zucken, gab er mir einen Gifttrank, auf welchen ich mich wie er schwor, felsenfest verlassen könne. Unter den Dienern von Motecuzómas Hof und unter den Küchenhilfen war ich selbstverständlich wohlbekannt. Sie waren mit ihrer augenblicklichen Lage unglücklich genug, so daß ich keinerlei Schwierigkeiten hatte, ihr Einverständnis zu erlangen, das Gift in der richtigen Menge und genau zur richtigen Zeit unter das Essen zu mischen. Dann sagte ich zu Béu, ich wünschte, daß sie während des Iztocíuatl-Festes aus dem Hause sei, sagte ihr jedoch nicht, warum: Daß es einen Aufstand geben werde und ich fürchtete, die Kämpfe könnten sich über die ganze Insel ausbreiten, und daß ich – meines besonderen Anteils an der ganzen Sache wegen – außerdem erwartete, daß die weißen Männer, wenn sie eine Gelegenheit dazu hätten, ihre ganze Wut und Vergeltung an mir und den meinen auslassen würden.

Béu war, wie ich schon gesagt habe, krank und gebrechlich und ganz offensichtlich alles andere als begeistert, unser Haus verlassen zu sollen. Gleichwohl war sie sich der geheimen Zusammenkünfte bewußt, an denen ich teilgenommen hatte; so wußte sie, daß irgend etwas im Gange war und fügte sich widerspruchslos. Sie sollte eine Freundin besuchen, welche in Tepeyáca auf dem Festland lebte. Als Zugeständnis an ihre geschwächte Gesundheit ließ ich sie sich daheim ausruhen, bis kurz vor dem Zeitpunkt, da die Brücken auf den Dammstraßen entfernt werden sollten. Am Nachmittag dieses Tages schickte ich sie in einer kleinen Sänfte fort; die beiden Türkise gingen neben ihr her.

Ich blieb allein im Haus zurück. Es war weit genug entfernt vom Herzen Der Einen Welt, daß ich weder von der Musik noch von den anderen Geräuschen der vorgetäuschten Belustigungen etwas hörte, konnte mir jedoch, als die Dämmerung einsetzte, lebhaft vorstellen, wie der Plan ablief: Die Dammstraßen würden unterbrochen und die tanzenden Frauen nach und nach von den bewaffneten Männern abgelöst werden. Was ich vor mir zu sehen glaubte, fand ich nicht sonderlich erhebend, denn mein eigener Beitrag zum Gelingen des ganzen sollte darin bestehen, daß ich – zum erstenmal in meinem Leben – heimtückisch tötete. Ich holte mir einen Krug Octli sowie einen Becher aus der Küche und hoffte, das starke Getränk werde meine Gewissensbisse ein wenig beschwichtigen. Dann saß ich, als es immer dunkler wurde, unten in der Vorderkammer, entzündete keine Lampen, versuchte, mich zu betrinken, und harrte der Dinge, die da kommen sollten.

Ich vernahm das Getrappel vieler Füße auf der Straße vor dem Haus, dann wurde heftig gegen meine Haustür gepocht. Als ich öffnete, standen vier Palastwachen da und hielten die vier Ecken einer Tragbahre aus Rohrgeflecht, auf welcher unter einem feinen weißen Baumwolltuch ein schlanker Körper lag.

»Verzeiht die Störung, Mixtzin«, sagte einer der Wachen, und es hörte sich an, als ob ihr gar nicht nach Verzeihen zumute wäre. »Wir sind angewiesen worden, Euch zu bitten, einen Blick auf das Gesicht dieser toten Frau zu werfen.«

»Das ist nicht nötig«, sagte ich, überrascht darüber, daß Alvarado oder Motecuzóma so rasch darauf gekommen waren zu erraten, wer der Mörder sei. »Ich kann die Hündin von einer Kojotin auch identifizieren, ohne sie gesehen zu haben.«

»Ihr sollt Euch das Gesicht trotzdem ansehen«, sagte die Wache streng.

Ich hob ihr das Tuch im selben Augenblick vom Gesicht, als ich meinen Topas vors Auge hielt, und muß wohl ein recht betroffenes Gesicht gemacht und dann einen kleinen Schrei ausgestoßen haben, denn es war ein junges Mädchen, das ich nie zuvor gesehen hatte.

»Sie heißt Lorbeer«, sagte Malíntzin, »oder vielmehr hat sie so geheißen.« Ich hatte nicht bemerkt, daß ein Tragstuhl zu Füßen der Treppe niedergesetzt worden war. Malíntzin stieg aus, und die Wachen mit der Tragbahre rückten ein wenig beiseite, um ihr Platz zu machen, als sie zu mir heraufstieg. Sie sagte: »Wir reden drinnen miteinander«, und zu den vier Wachen: »Wartet unten, bis ich wieder herauskomme oder bis ich rufe. Tue ich das, laßt alles stehen und liegen und kommt sofort.«

Ich machte die Tür für sie weit auf und schlug sie den Wachen vor der

Nase zu. In der Dunkelheit der Diele tappte ich herum und suchte nach einer Lampe, doch sie sagte: »Laßt das Haus im Dunkel. Schließlich bereitet es uns beiden kein sonderliches Vergnügen, einander zu sehen oder?« So führte ich sie in die Vorderkammer, und wir nahmen auf einander gegenüberstehenden Stühlen Platz. Sie war im Dunkel eine kleine, zusammengekauerte Gestalt, doch die Bedrohung, welche von ihr ausging, war übermächtig. Ich schenkte mir noch einen reichlichen Becher Octli ein und trank. Hatte ich zuvor nur Benommenheit gesucht, so schien bei den jetzt eingetretenen Umständen völlige Erstarrung oder Volltrunkenheit vorzuziehen zu sein.

»Lorbeer war eine von den Texcaltéca-Mädchen, welche mir als Dienerinnen geschenkt worden waren«, sagte Malíntzin. »Heute war sie an der Reihe, die Speisen vorzukosten, die ich essen sollte. Das ist eine Vorsichtsmaßnahme, die ich seit geraumer Zeit getroffen habe, von welcher die anderen Bediensteten und Bewohner des Palastes allerdings nichts wissen. Daher braucht Ihr Euch keine allzu großen Vorwürfe für das Mißlingen Eures Plans zu machen, Mixtzin. Allerdings könntet Ihr gelegentlich einen Augenblick opfern, Reue für die unschuldige junge Lorbeer zu empfinden.«

»Das ist etwas, was ich seit Jahren beklage«, erklärte ich mit dem übertriebenen Ernst der Betrunkenen. »Immer sterben die falschen – die Guten und die Nützlichen, die Unschuldigen und diejenigen, welche es nicht verdienen. Die Bösen hingegen und – noch beklagenswerter – die völlig Nutzlosen, Wertlosen und Überflüssigen – sie alle trampeln weiterhin durchs Leben, weit über die Lebensspanne hinaus, welche sie verdienen. Doch das zu erkennen, braucht man kein weiser Mann zu sein. Da könnte ich genausogut murren, weil Tlalocs Hagelsturm den nahrhaften Mais zerstört, niemals jedoch den unangenehmen Dornbusch.«

Ich plapperte wirklich sinnloses Zeug, erging mich weitschweifig über das auf der Hand liegende, doch wenn ich das tat, so nur deshalb, weil irgendein noch nüchterner Teil von mir fieberhaft mit etwas ganz anderem beschäftigt war. Der Anschlag auf Malíntzins Leben – und zweifellos ihre Absicht, mir das heimzuzahlen und zu vergelten – hatte sie bisher davon abgehalten zu bemerken, daß im Herzen Der Einen Welt irgendetwas Ungewöhnliches vor sich ging. Doch wenn sie mich rasch umbrachte und sofort dorthin zurückkehrte, würde sie es bestimmt merken, konnte sie ihre Herren immer noch rechtzeitig warnen. Abgesehen davon, daß ich nicht sonderlich darauf erpicht war, sinnlos zu sterben, wie es der unglücklichen Lorbeer ergangen war, hatte ich mich dafür verbürgt, daß Malíntzin Cuitláhuac mit seinen Plänen nicht in die Quere kam. Ich mußte sie am Reden halten, oder sie sich hämisch an mir weiden lassen – oder, falls nötig, sich anzuhören, wie ich feige um mein Leben bettelte –, bis die Nacht ganz dunkel war und vom Großen Platz der Lärm des Aufstands herüberdrang. Möglich, daß dann ihre vier Wachen dorthin eilten, um nachzusehen, was los sei. Doch ob sie es taten oder nicht, jedenfalls würden sie nicht länger Befehle von Malíntzin entgegennehmen. Wenn es mir nur gelang, sie festzuhalten, sie zu beschäftigen, nur noch ein kleines bißchen länger.

»Tlalocs Hagelschauer treffen auch Schmetterlinge«, schwadronierte ich weiter, »doch niemals, glaube ich, auch nur einen einzigen Quälgeist wie eine Hausfliege.«

Scharf erklärte sie: »Hört auf zu reden, als ob Ihr senil wäret oder ich ein Kind. Ich bin eine Frau, welche Ihr vergiften wolltet. Jetzt bin ich hier . . .«

Um die erwarteten nächsten Worte von ihr zu parieren, hätte ich alles gesagt, egal was. Doch was ich sagte, war: »Ich nehme an, in meinen Augen seid Ihr immer noch ein Kind, das gerade anfängt, eine Frau zu werden . . . so wie ich immer noch an meine verstorbene Tochter Nochípa denke . . .«

»Immerhin bin ich alt genug, daß man mich umbringen wollte«, sagte sie. »Mixtzin, wenn meine Macht so groß ist, daß Ihr sie für gefährlich haltet, solltet Ihr vielleicht einmal darüber nachdenken, ob ich nicht auch von Nutzen sein könnte. Warum es beenden, wo Ihr es zu Eurem Vorteil nutzen könntet?«

Ich zwinkerte sie eulenhaft an, unterbrach sie jedoch nicht, um sie zu fragen, was sie meine; sollte sie doch fortfahren zu reden, solange sie wollte.

Sie sagte: »Ihr steht in derselben Beziehung zu den Mexíca wie ich zu den weißen Männern. Wir sind beide keine offiziell anerkannten Mitglieder ihrer Ratsversammlungen und haben doch eine Stimme, auf die sie hören und auf die sie etwas geben. Wir werden uns niemals mögen, aber wir könnten einander helfen. Ihr und ich, wir wissen beide ganz genau, daß die Dinge in Der Einen Welt nie mehr so sein werden, wie sie einst waren, doch keiner von uns kann sagen, wem die Zukunft gehört. Wenn es den Mexíca gelingt, die Oberhand zu gewinnen, könntet Ihr mein starker Verbündeter sein. Obsiegen die Weißen, kann ich das gleiche für Euch sein.«

Mit beißender Ironie und mit einem Schluckauf sagte ich: »Wollt Ihr mir vorschlagen, wir sollten beide zu Verrätern an den sich gegenüberstehenden Parteien werden, welche wir unabhängig voneinander gewählt haben? Warum tauschen wir nicht einfach unsere Kleider und wechseln die Fronten?«

»Wisset dies! Ich brauche nur meine Wachen zu rufen, und Ihr seid ein toter Mann. Doch Ihr seid kein Niemand wie Lorbeer. Das würde den Waffenstillstand in Gefahr bringen, den unser beider Herren aufrechtzuerhalten sich bemüht haben. Hernán könnte sich sogar verpflichtet fühlen, mich zur Bestrafung auszuliefern, so wie Motecuzóma Cuaupopóca ausgeliefert hat. Zum mindesten könnte ich einiges von der Bedeutung einbüßen, welche ich bereits gewonnen habe. Doch wenn ich Euch nicht beseitigen lasse, muß ich ständig auf der Hut vor Eurem nächsten Anschlag auf mein Leben sein. Das würde mich ablenken und würde mich dabei stören, mich ganz auf meine eigenen Vorhaben zu konzentrieren.«

Ich lachte und erklärte voll ehrlicher Bewunderung: »Ihr seid wahrhaftig kaltblütig wie ein Leguan.« Diese Vorstellung fand ich belustigend, und ich lachte so laut, daß ich ums Haar von meinem niedrigen Stuhl gefallen wäre.

Sie wartete, bis ich mich wieder beruhigt hatte und fuhr dann fort, als wäre sie nie unterbrochen worden. »Laßt uns daher ein geheimes Abkommen miteinander schließen und, wenn auch gerade kein Bündnis, so doch jedenfalls Neutralität vereinbaren. Und laßt uns dieses Abkommen auf eine Art besiegeln, daß keiner von uns es brechen kann.«

»Es wie besiegeln, Malíntzin? Wir haben uns doch beide als verräterisch und vertrauensunwürdig erwiesen.«

»Wir werden miteinander schlafen«, erklärte sie seelenruhig, und das warf mich nun dermaßen um, daß ich tatsächlich vom Stuhl herunterrutschte. Sie wartete, bis ich mich wieder hochgerappelt hatte, und als ich wie vor den Kopf geschlagen auf dem Boden sitzen blieb, fragte sie: »Seid Ihr betrunken, Mixtzin?«

»Das muß ich wohl sein«, sagte ich. »Ich höre Unmögliches. Mir war, als hörte ich Euch vorschlagen, daß wir ...«

»Das habe ich getan. Daß wir heute nacht zusammenliegen. Die weißen Männer sind eifersüchtiger auf ihre Frauen als selbst die Männer unserer Rasse. Hernán würde Euch dafür erschlagen und mich umbringen, daß ich eingewilligt habe. Die vier Wachen werden es stets bezeugen können – daß ich viel Zeit hier bei Euch verbracht habe, im Dunkeln, und daß ich Euer Haus lächelnd verlassen habe und nicht außer mir vor Zorn oder in Tränen aufgelöst. Ist es nicht wunderbar einfach? Und so bindend, daß keiner von uns es brechen kann? Keiner von uns kann jemals wieder wagen, dem anderen zu schaden, weil sonst der andere das Wort spricht, welches unser beider Schicksal besiegelt.«

Selbst auf die Gefahr hin, sie zu erzürnen und sie zu früh fortgehen zu lassen, sagte ich: »Ich bin mit meinen zweiundfünfzig Jahren noch kein Greis, doch springe ich nicht mehr auf jede Frau an, welche sich anbietet. Ich bin nicht unfähig geworden, sondern nur wählerischer.« Ich hatte mit hochmütiger Würde sprechen wollen, doch die Tatsache, daß ich zwischen den Worten immer wieder einen Schluckauf hatte und dann noch auf dem Boden hockend sprach, war dieser Wirkung etwas abträglich. »Wie Ihr bereits bemerkt habt, mögen wir einander nicht. Ihr hättet stärkere Worte benutzen können. Abscheu träfe das, was zwischen uns herrscht, besser.«

Sie sagte: »Ich möchte gar nicht, daß andere Gefühle zwischen uns herrschten. Ich schlage nur einen Akt der Vernunft vor. Und was Eure Empfindlichkeiten betrifft, so ist es nahezu dunkel hier drinnen. Ihr könnt mich für jede Frau halten, welche Ihr begehrt.«

Muß ich es tun, fragte ich mich völlig verwirrt, um sie hierzubehalten und vom Großen Platz fernzuhalten? Laut erhob ich Einspruch: »Ich bin alt genug, Euer Vater zu sein.«

»Dann tut so, als ob Ihr es wäret«, sagte sie gleichmütig, »wenn Inzest nach Eurem Geschmack ist.« Dann kicherte sie. »Was mich betrifft, könnt Ihr ohne weiteres mein Vater sein. Und ich, ich kann *alles* spielen.«

»Dann tut das«, erklärte ich. »Laßt uns so tun, als ob unsere kleine verbotene Paarung stattgefunden hätte, wiewohl sie es nicht getan hat. Vertreiben wir uns die Zeit einfach durch Plaudern, dann können die Wachen bezeugen, daß wir lange genug beisammengewesen sind, es zu tun. Möchtet Ihr gern einen Schluck Octli?«

Schwankend eilte ich in die Küche, und nachdem ich im Dunkeln etliche Dinge zerbrochen hatte, kam ich schwankend mit einem Becher zurück. Als ich ihr einschenkte, sinnierte Malíntzin: »Ich erinnere mich ... Ihr sagtet, Eure Tochter und ich hätten denselben Geburtsnamen und seien im selben Jahr geboren.« Ich nahm noch einen tiefen Schluck. Sie nippte an ihrem und legte den Kopf fragend auf die Seite: »Ihr und Eure Tochter, habt ihr jemals ... Spiele zusammen gespielt?«

»Ja«, sagte ich mit schwerer Zunge. »Aber keine solchen, die Ihr meint.«

»Ich habe gar nichts gemeint«, sagte sie, ganz die Unschuld. »Wir plaudern doch nur, wie Ihr vorgeschlagen habt. Was für Spiele habt ihr gespielt?«

»Eines hieß: Vulkan-Schluckauf – ich meine, Vulkan-*Ausbruch.*«

»Das ist ein Spiel, welches ich nicht kenne.«

»Es war nur etwas ganz Einfältiges. Wir haben es selbst erfunden. Ich legte mich auf den Boden, so wie jetzt.« Ich legte mich nicht hin, sondern fiel vielmehr krachend zu Boden. »Und dann hab' ich die Knie angezogen: Das sollte der Vulkan sein. Und Nochípa hat sich dort draufgesetzt.«

»So?« fragte sie und tat es. Sie war klein und schwerelos, und im dunklen Zimmer hätte sie alles sein können.

»Ja«, sagte ich. »Und dann hab' ich immer mit den Knien gewackelt – das Erwachen des Vulkans – und dann habe ich sie hüpfen lassen . . .«

Sie quietschte leise vor Vergnügen und rutschte herunter auf meinen Bauch. Ihr Rock fuhr dabei in die Höhe, und als ich hingriff, um sie festzuhalten, entdeckte ich, daß sie nichts darunter trug.

Leise sagte sie: »Und dann brach der Vulkan aus?«

Ich war lange Zeit ohne Frau gewesen, es tat gut, wieder eine zu haben, und meine Trunkenheit lähmte mich nicht. Ich kam so mächtig und so oft, daß ich meine, mit meinem Omícetl muß auch ein Teil meines Verstandes verlorengegangen sein. Beim erstenmal hätte ich schwören mögen, tatsächlich das Zittern und das Grollen eines Vulkanausbruchs zu hören. Vielleicht ist es ihr genauso ergangen – gesagt hat sie jedoch nichts. Doch nach dem zweiten Mal keuchte sie: »Es ist anders – könnte fast Spaß machen. Ihr seid so – sauber – und riecht so gut.« Und nach dem dritten Mal, nachdem sie wieder zu Atem gekommen war, sagte sie: »Wenn Ihr kein Hehl aus Eurem Alter machtet – niemand würde es erraten.« Und zuletzt, als wir beide völlig erschöpft, nach Atem ringend und ineinander verschlungen dalagen, ging mir allmählich auf, daß es im Zimmer hell geworden war. Ich empfand eine Art Schock, und Unglaube kroch in mir hoch, als ich erkannte, daß das Gesicht neben dem meinen das Gesicht von Malíntzin war. Die ausgedehnte Paarung war mehr als angenehm gewesen, doch schien ich in einer Art Raserei, ja Wahnsinn, daraus hervorgegangen zu sein. Ich überlegte: Was mache ich mit *ihr*? Das ist die Frau, welche ich sosehr und solange verabscheut habe, daß ich sogar die Schuld auf mich geladen habe, eine unschuldige Fremde zu ermorden . . .

Doch welche anderen Gedanken und Gefühle mich auch überschwemmten in dem Augenblick, da ich wieder zu Bewußtsein kam oder zumindest zum Teil wieder nüchtern wurde – das, was mich zuerst packte, war reine Neugier. Ich vermochte mir die Helligkeit im Raum nicht zu erklären, ganz gewiß hatten wir es doch nicht die ganze Nacht hindurch getrieben. Ich drehte den Kopf zur Quelle des Lichts und konnte sogar ohne meinen Topas erkennen, daß Béu in der Tür stand und eine brennende Ölfunzel in der Hand trug. Ich habe keine Ahnung, wie lange sie schon dagestanden und zugesehen haben mochte:

»Du kannst – so etwas tun – während deine Freunde abgeschlachtet werden?«

Malíntzin drehte sich nur träge um und blickte zu Wartendem Mond empor. Es erstaunte mich nicht, daß es einer Frau wie ihr nicht viel ausmachte, in solch einer Situation überrascht zu werden; immerhin hätte ich erwartet, daß sie irgendwie Entsetzen bekundet, als sie hörte, daß ihre Freunde hingeschlachtet wurden. Statt dessen lächelte sie und sagte:

»Ayyo, gut. Dann haben wir noch einen besseren Zeugen als die Wachen, Mixtzin. Unser Pakt wird also noch bindender sein, als ich zu hoffen gewagt hatte.«

Sie erhob sich und machte sich nicht einmal die Mühe, ihre schweißglänzende Blöße zu bedecken. Ich griff nach meinem achtlos beiseitegeworfenen Umhang, besaß jedoch selbst in dem Durcheinander von Scham und Verlegenheit und den letzten Nachwirkungen der Trunkenheit genug Geistesgegenwart, um zu sagen: »Malíntzin, ich glaube, Ihr habt Eure Zeit verschwendet und Eure Gunst umsonst verschenkt. Kein Pakt wird etwas nützen.«

»Und ich glaube, *Ihr* seid es, der irrt, Mixtzin«, sagte sie und lächelte weiter. »Fragt die alte Frau dort. Sie hat von *Euren* Freunden gesprochen, die sterben.«

Plötzlich fuhr ich in die Höhe und rief keuchend: »Béu?«

»Ja?« seufzte sie. »Unsere Leute am Damm haben mich zurückgeschickt. Es tue ihnen leid, sagten sie, aber sie könnten nicht das Risiko eingehen, daß irgend jemand mit den Fremden auf der anderen Seite des Sees Verbindung aufnähme. Infolgedessen bin ich umgekehrt und über den Großen Platz gekommen, um den Tänzen zuzusehen. Dann ... es war schrecklich ...«

Sie schloß die Augen, lehnte sich an den Türrahmen und sagte wie benommen: »Es kam Donner und Blitz vom Dach des Palastes, und die Tänzer – wie durch einen schrecklichen Zauber –, sie wurden einfach zerfetzt. Dann kamen die weißen Männer und ihre Krieger aus dem Palast hervorgestürmt mit noch mehr Feuer und Lärm und blitzendem Metall. Eine solche Klinge kann eine Frau bis zur Hüfte spalten, Záa, hast du das gewußt? Und der Kopf eines kleinen Kindes rollt genauso wie ein Tlachtli-Ball, Záa, hast du das gewußt? Er ist mir geradenwegs bis vor die Füße gerollt. Als etwas meine Hand traf, bin ich geflohen ...«

Da erst sah ich, daß ihre ganze Bluse von Blut verschmiert war. Es lief ihr den Arm herunter von der Hand, mit welcher sie die Lampe hielt. Ich sprang im selben Augenblick auf die Füße, da ihr die Sinne schwanden und sie fiel. Ich fing die Funzel auf, ehe sie die Fußbodenmatten in Brand setzte. Dann hob ich Béu auf, um sie hinaufzubringen ins Bett. Malíntzin suchte in aller Gemütsruhe ihre Kleider zusammen und sagte:

»Wollt Ihr mir denn nicht wenigstens danken? Ich und die Wachen können bezeugen, daß Ihr daheim wart und mit dem Aufstand nichts zu tun hattet.«

Kalt starrte ich sie an: »Ihr habt es gewußt. Die ganze Zeit über.«

»Selbstverständlich, Pedro hat mir befohlen, mich außerhalb des Gefahrenbereichs zu halten, und deshalb beschloß ich, hierherzukommen. Ihr wolltet verhindern, daß ich die Vorbereitungen Eurer Leute auf dem Großen Platz sähe.« Sie lachte. »Und ich wollte sichergehen, daß Ihr keine von den unseren sähet: daß wir zum Beispiel alle vier Kanonen auf dem Dach auf die Seite zum Platz hin verlegten. Aber Ihr müßt zugeben, Mixtzin, langweilig war der Abend nicht. Und wir haben einen Pakt geschlossen, oder etwa nicht?« Abermals lachte sie unbekümmert und belustigt. »Ihr könnt nie wieder die Hand gegen mich erheben. Jetzt nicht mehr.«

Ich begriff keineswegs, was sie damit meinte, bis Wartender Mond wieder zu sich kam und es mir erzählte. Das war, nachdem der Arzt gekommen und sich um ihre Hand gekümmert hatte, die von einem Splitter aufgerissen worden sein mußte, welche die Kanonen der Spanier ausgespien hatten. Nachdem der Arzt fort war, blieb ich an ihrem Lager sitzen. Béu lag da, sah mich nicht an; ihr Gesicht war womöglich noch bleicher und sorgenzerfurchter als zuvor, eine einzelne Träne rann ihr über die Wange, und lange Zeit schwiegen wir beide. Zuletzt brachte ich es über mich, mit belegter Stimme zu sagen, daß es mir leid tue. Mich immer noch nicht anblickend, sagte sie:

»Du bist mir nie ein Ehemann gewesen, Záa, und du hast nie zugelassen, daß ich dir eine Ehefrau wäre. Deshalb lohnt es sich nicht, über deine Treue oder Untreue auch nur ein Wort zu verlieren. Doch daß du irgendeinem – irgendeinem eigenen Standard treu geblieben bist, ist etwas anderes. Es wäre schlimm genug, wenn du mit dieser Frau geschlafen hättest, die von den weißen Männern benutzt worden ist. Aber das hast du nicht. Ich bin dagewesen, und ich weiß es.«

Darauf drehte Wartender Mond ihr Gesicht mir zu und bedachte mich mit einem Blick, welcher den Abgrund an Gleichgültigkeit überbrückte, der uns so lange getrennt hatte. Zum erstenmal seit unseren Jugendjahren spürte ich, daß ein Gefühl von ihr ausging, von dem ich wußte, daß es nicht gespielt oder aufgesetzt war. Und da es sich um ein echtes Gefühl handelte, wünschte ich, es hätte ein herzlicheres sein können. Denn sie sah mich an, wie sie wohl eines der menschlichen Ungeheuer im Tierhaus angesehen haben würde, und sie sagte:

»Was du getan hast – ich glaube, es gibt nicht einmal eine Bezeichnung dafür. Während du ... während du in ihr warst ... ließest du deine Hände über ihren ganzen nackten Leib fahren und murmeltest liebevoll: ›Zyanya, meine Geliebte‹, sagtest du und ›Nochípa, mein Liebling‹.« Sie schluckte, als käme es ihr plötzlich hoch. »Weil die beiden Namen dasselbe bedeuten, weiß ich nicht, hast du nun bei meiner Schwester gelegen oder bei deiner Tochter, oder bei beiden, oder nacheinander bei beiden. Aber das eine weiß ich: Die beiden Frauen, welche Immer hießen – deine Frau und deine Tochter –, sind vor Jahren gestorben. Záa, du hast dich mit den Toten gepaart.«

Es schmerzt mich, ehrwürdige Patres, zu sehen, wie Ihr die Augen abwendet, genauso wie Béu Ribé sich von mir abwandte, nachdem sie in dieser Nacht diese Worte gesprochen.

Ach ja! Es kann sein, daß ich in dem Versuch, redlich Rechenschaft abzulegen über mein Leben und ehrlich von der Welt zu berichten, in welcher ich gelebt habe, gelegentlich mehr von mir preisgebe, als die Menschen, welche mir am nächsten standen und die ich am meisten geliebt habe, jemals von mir wußten, ja vielleicht sogar mehr, als *ich von mir selber* habe wissen wollen. Aber ich nehme nichts zurück und will auch nichts anders ausdrücken von dem, was ich erzählt habe, und ich möchte euch auch nicht bitten, irgend etwas von eurem Geschriebenem zu streichen. Soll es stehen bleiben! Vielleicht erkennt die freundliche Göttin Kot

Fresserin diese meine Chronik dermaleinst als Beichte an; die christlichen Priester ziehen ja kürzere Beichten vor, als meine es sein könnte; auch erlegen sie mir eine so lange Sühne auf, daß ich sie in diesem Leben nicht mehr ableisten kann. Auch sind sie nicht so nachsichtig menschlicher Schwäche gegenüber wie die geduldige und verzeihende Tlazoltéotl es war. Dabei habe ich diese fragwürdige Begegnung mit Malíntzin in dieser Nacht nur erzählen wollen, um zu erklären, warum sie heute immer noch lebt, obwohl ich sie hinterher womöglich noch glühender gehaßt habe als je zuvor. Mein Haß auf sie wurde durch den Abscheu, welchen ich in Béus Augen gesehen hatte, nur noch gesteigert, und diesen Abscheu habe ich infolgedessen später mir selber gegenüber gehegt. Doch wie dem auch sei, ich habe hinterher nie wieder versucht, Malíntzin umzubringen, wiewohl ich dazu später durchaus Gelegenheit gehabt hätte. Inzwischen stellte sich heraus, daß auch sie keinen Anlaß hatte, mir irgend etwas anzutun. Denn in den folgenden Jahren, in denen sie hoch aufstieg im neuen Adel diesen Neuen Spaniens, sank ich so tief, daß sie mich überhaupt nicht mehr wahrnahm.

Ich habe gesagt, daß Cortés diese Frau möglicherweise sogar geliebt hat, denn er behielt sie noch ein paar Jahre länger bei sich. Er versuchte nicht einmal, sie zu verbergen, als seine lange verlassene Frau, Doña Catalina, unerwartet aus Cuba eintraf. Als Doña Catalina binnen weniger Monate starb, behaupteten einige, sie sei an gebrochenem Herzen gestorben, andere hinwiederum schoben ihren Tod auf weniger romantische Gründe, doch Cortés selber leitete eine förmliche Untersuchung ein, welche ihn von jeder Schuld am Tode seiner Frau reinwusch. Nicht lange danach gebar Malíntzin Cortés' Sohn Martín; der Knabe ist heute ungefähr acht Jahre alt und soll, soviel ich gehört habe, bald nach Spanien gehen, um dort die Schule zu besuchen. Trennen tat Cortés sich von Malíntzin erst nach seinem Besuch am Hofe König Carlos', von wo er als Marqués de Valle zurückkehrte – mit seiner neu geehelichten Marquesa Juana am Arm. Dann sorgte er dafür, daß für die fallengelassene Malíntzin gut gesorgt war. Im Namen der Krone wies er ihr ausgedehnte Ländereien zu und sorgte gleichfalls dafür, daß sie in einer christlichen Zeremonie mit einem gewissen Juan Jaramillo, Schiffskapitän, getraut wurde. So kommt es, daß sie Euch, meine Herren Skribenten – und Seiner Exzellenz, dem Señor Obispo, welcher sie höchst ehrerbietig behandelt – als Doña Señora Marina Viuda de Jaramillo bekannt ist, Herrin des eindrucksvollen Insellandsitzes Tacamichápa in der Nähe der Stadt Espíritu Santo. Diese Stadt hieß früher Coátzacoálcos, und die Insel, welche ihr von der Krone geschenkt wurde, liegt in jenem Fluß, aus welchem mir die einstige Sklavin Ein Gras eine Kelle Wasser zu trinken gab.

Doña Marina lebt, weil ich sie leben ließ, und ich ließ sie leben, weil sie für mich für eine kurze Zeit eines Nachts etwas war ... nun, sie war jemand, den ich liebte ...

Entweder die Spanier hatten in törichter Übereilung gehandelt, als sie Das Herz Der Einen Welt verwüsteten, oder sie hatten mit voller Absicht dafür sorgen wollen, daß ihr Angriff rücksichtslos, hart und unvergeßlich ausfiel. Denn es war noch nicht ganz dunkel geworden, als sie ihre Kanonen abfeuerten und dann mit Säbeln, Speeren und Hakenbüchsen über die Menge herfielen. Über tausend der tanzenden Frauen, Mädchen und

Kinder wurden getötet oder furchtbar verwundet. Um diese Zeit der einsetzenden Dämmerung hatten sich erst verhältnismäßig wenige von unseren Mexíca-Kriegern unter die Tanzenden gemischt, und so waren weniger als zwanzig von ihnen gefallen; von den Rittern und Edelleuten, welche den Aufstand geplant und befehligt hatten, war überhaupt keiner ums Leben gekommen. Die Spanier gingen nicht einmal hin, nach den Hauptverschwörern zu suchen, um sie zu bestrafen; nach ihrem Ausfall aus dem Palast hatten die weißen Männer sich nur wieder in diesen zurückgezogen und hätten es nicht gewagt, sich in der zornerfüllten Stadt blicken zu lassen.

Um mich für meinen Mißerfolg bei der Beseitigung Malíntzins zu entschuldigen, ging ich nicht zu unserem Oberbefehlshaber Cuitláhuac, der vor Wut und Enttäuschung außer sich sein mußte. Ich ging vielmehr zu Herrn Cuautémoc, von dem ich mir mehr Verständnis für mein Versagen erhoffte. Ich kannte ihn seit seinen Knabentagen, da er zusammen mit seiner Mutter Gast in meinem Hause gewesen war. Das war zu Zeiten, da sein Vater Ahuítzotl und meine Frau Zyanya noch gelebt hatten. Damals war Cuautémoctzin Kronprinz gewesen und hatte als Erbe des Throns der Mexíca gegolten; nur widrige Umstände hatten dazu geführt, daß er nicht Uey-Tlatoáni geworden war und Motecuzóma dieses Amt übertragen bekommen hatte. Da Cuautémoc Enttäuschungen nicht fremd waren, meinte ich, er werde nachsichtiger darüber urteilen, daß es mir nicht gelungen war, Malíntzin zu hindern, die weißen Männer zu warnen.

»Kein Mensch macht Euch einen Vorwurf daraus, Mixtzin«, sagte er, als ich ihm erzählte, wie sie dem Gift entgangen war. »Ihr würdet Der Einen Welt einen großen Dienst erwiesen haben, wenn Ihr diese Verräterin beseitigt hättet, doch was spielt es jetzt für eine Rolle, daß Ihr es nicht getan habt?«

Verwirrt sagte ich: »Spielt keine Rolle? Warum nicht?«

»Weil sie uns nicht verraten hat«, sagte Cuautémoc. Er verzog das Gesicht, als ob er Schmerzen litte. »Das hat schon mein erhabener Vetter besorgt. Unser Verehrter Sprecher Motecuzóma.«

»*Was?*« entfuhr es mir.

»Cuitláhuac ging zu dem Offizier Tonatíu Alvarado und erhielt die Erlaubnis, die Iztocíuatl-Zeremonie abzuhalten. Sobald Cuitláhuac den Palast verlassen hatte, sagte Motecuzóma Alvarado, er solle vor Betrug auf der Hut sein.«

»*Warum?*«

Cuautémoc zuckte mit den Achseln. »Verletzter Stolz? Rache aus Trotz? Motecuzóma konnte wohl kaum erfreut sein, daß der Aufstand die Idee seiner Untergebenen war und ohne ihn in die Wege geleitet wurde, ohne seine Zustimmung oder Beteiligung. Aus welchem Grund auch immer, er redet sich darauf hinaus, er werde nicht dulden, daß der Waffenstillstand mit Cortés gebrochen wird.«

Ich stieß einen Fluch aus, mit dem für gewöhnlich nicht gerade Verehrte Sprecher belegt werden. »Was wäre unser Waffenstillstandsbruch im Verhältnis dazu, daß auf sein Anraten hin tausend Frauen und Kinder seines eigenen Volkes hingemetzelt wurden?«

»Nehmen wir nachsichtig an, daß er erwartet hat, Alvarado werde nur die Feier verbieten, und daß er nicht ahnen konnte, auf welche Weise die Feiernden auseinandergetrieben wurden.«

»Auseinandergetrieben!« knurrte ich. »Das ist ein neues Wort für rücksichtsloses Abschlachten. Meine Frau, die nur zugesehen hat, ist verwundet worden. Eine ihrer Dienerinnen wurde getötet und die andere hat sich vor Entsetzen irgendwo verkrochen.«

»Wenn nichts anderes dabei herausgekommen ist«, sagte Cuautémoc seufzend, »hat der Zwischenfall unser Volk zumindest in seiner Empörung vereint. Zuvor haben sie nur gemurrt und geknurrt; manche haben Motecuzóma mißtraut, andere ihn unterstützt. Jetzt sind alle bereit, ihn zusammen mit allen anderen in dem Palast in Stücke zu reißen.«

»Gut«, sagte ich. »Dann laßt uns das tun. Wir verfügen immer noch über die meisten unserer Krieger. Ruft die Städter auf – selbst alte Männer wie mich – und stürmt den Palast.«

»Das wäre reiner Selbstmord. Die Fremden haben sich jetzt im Palast verbarrikadiert und hinter ihren Kanonen, Hakenbüchsen und Armbrüsten verschanzt, die aus jedem Fenster auf uns gerichtet sind. Wir könnten nicht an das Gebäude heran, ohne daß wir niedergemäht würden. Wir müssen sie in Handgemenge verwickeln, wie ursprünglich geplant, und müssen abwarten, bis sich dazu wieder eine günstige Gelegenheit bietet.«

»Warten!« schnaubte ich und stieß noch einen Fluch aus.

»Aber während wir warten, bringt Cuitláhuac noch mehr Krieger auf die Insel. Wahrscheinlich ist Euch bereits eine Zunahme des Verkehrs von Kanus und Frachtkähnen zwischen der Insel und dem Festland aufgefallen. Dem Anschein nach bringen sie Gemüse und Blumen und dergleichen. Doch unter jeder Ladung sind Männer und Waffen verborgen – Cacámas Acólhuas, Truppen aus Texcóco, Tecpanéca-Krieger aus Tlácopan. Und während wir stärker werden, dürften unsere Gegner schwächer werden. Während des Massakers sind sämtliche Diener und Sklaven aus dem Palast geflohen. Jetzt wird ihnen selbstverständlich kein einziger Mexícatl-Händler Nahrung oder irgend etwas anderes liefern. Wir lassen die weißen Männer und ihre Freunde – Motecuzóma, Malíntzin und alle anderen – in ihrer Festung sitzen und eine Zeitlang schmoren.«

Ich fragte: »Hofft Cuitláhuac, sie auszuhungern und dadurch zum Waffenstrecken zu zwingen?«

»Nein. Zwar wird es nicht besonders angenehm darinnen sein, aber die Küchen und Vorratskammern sind so voll, daß es ausreichen dürfte, bis Cortés wieder zurückkommt. Wenn er kommt, darf er nicht den Eindruck gewinnen, daß offene Feindseligkeiten bestehen und wir den Palast belagern, denn dann brauchte er nur die Insel selbst auf ähnliche Weise abzuriegeln, um uns auszuhungern, so wie wir sie aushungern.«

»Aber warum ihn überhaupt wieder hierherkommen lassen?« wollte ich wissen. »Wir wissen, daß er auf dem Anmarsch ist. Ziehen wir doch hinaus und stellen wir uns ihm in offener Feldschlacht.«

»Habt Ihr vergessen, wie er die Schlacht von Texcála gewonnen hat? Und jetzt verfügt er über wesentlich mehr Männer, Pferde und Waffen. Nein, auf dem offenen Felde werden wir uns ihm nicht entgegenstellen. Cuitláhuac will Cortés hierherkommen lassen, ohne daß ihm irgendwelcher Widerstand begegnet. Er soll alle seine Leute im Palast vorfinden, ohne daß ihnen ein Haar gekrümmt worden wäre; es soll aussehen, als wäre der Waffenstillstand wiederhergestellt. Doch wenn wir ihn und *alle* weißen Männer in unseren Stadtgrenzen haben, werden wir angreifen –

wenn es sein muß, auch selbstmörderisch –, und wir werden sie hinwegfegen von dieser Insel und dem ganzen Seenbecken.«

Vielleicht hatten die Götter ein Einsehen und meinten, es sei Zeit, daß das Tonáli von Tenochtítlan sich zum Besseren wende, denn dieser letzte Plan gelang. Es gab nur wenige unvorhergesehene Schwierigkeiten.

Als uns die Meldung erreichte, daß Cortés mit seiner großen Streitmacht näherrücke, bemühte sich jeder in der Stadt nach einem Befehl des Regenten Cuitláhuac den Eindruck zu erwecken, als gehe das Leben ungestört und normal weiter; darin bildeten auch die Witwer und Waisen und anderen Angehörigen der erschlagenen Unschuldigen keine Ausnahme. Alle drei Dammstraßen erhielten wieder ihre Brücken, und Reisende und Träger zogen und trotteten hin und her. Die Kanus und Frachtkähne, welche auf den Kanälen der Stadt und auf dem See um die Insel herum verkehrten, beförderten in der Tat nur harmlose Fracht. Die Tausende von Acólhua und Tecpanéca-Kriegern, welche sie zuvor unbemerkt und vor der Nase von Cortés' Verbündeten auf dem Festland in die Stadt hineingeschafft hatten, ließen sich in dieser Zeit nicht blicken. Allein in meinem Haus lebten acht von ihnen, langweilten sich und brannten darauf, etwas zu unternehmen. Der einzige nahezu leere Teil der Stadt war Das Herz Der Einen Welt, dessen Marmorboden noch von Blut gefärbt war und über den nur die Priester der umliegenden Tempel hinwegeilten, die nach wie vor ihren täglichen Pflichten nachgingen, beteten und sangen, Weihrauch abbrannten und morgens, mittags und abends auf ihren Muschelhörnern die Zeit angaben.

Cortés war sehr mißtrauisch und fürchtete offensichtlich Feindseligkeiten, denn selbstverständlich hatte er von dem nächtlichen Massaker gehört und wollte nicht mit seinem riesigen Heer Gefahr laufen, in einen Hinterhalt zu geraten. Nachdem er Texcóco in einiger Entfernung vorsichtig umrundet hatte, stieß er wie zuvor um das südliche Seeufer herum vor, marschierte jedoch nicht über die südliche Dammstraße nach Tenochtítlan hinein. Wären seine Leute auf dem längsten Damm auseinandergezogen gewesen, hätten sie sich möglicherweise einem von Kanus vorgetragenen Angriff ausgesetzt sehen können. Er marschierte daher weiter um den See herum, ließ unterwegs Prinz Schwarz Blume und seine Krieger zurück, stellte in Abständen seine großen Kanonen mit Bedienungsmannschaft auf, welche alle über das Wasser auf die Stadt gerichtet waren. Er marschierte ganz bis nach Tlácopan, weil die von dort ausgehende Dammstraße den kürzesten Zugang zur Stadt bildete. Als erste galoppierten er und rund hundert Reitersmänner darüber hinweg, als erwarteten sie, daß der Damm unter ihnen weggerissen würde. Dann taten seine Fußsoldaten eiligst das gleiche, das heißt, es liefen immer Kompanien von je etwa hundert Mann auf einmal.

Nachdem er endlich wieder auf der Insel war, muß Cortés aufgeatmet haben. Es hatte weder einen Hinterhalt gegeben noch war er irgendwelchen Hindernissen begegnet. Zwar wurden sie von den Menschen auf den Straßen nicht stürmisch begrüßt, aber sie riefen ihnen auch keine Schmähungen zu. Sie nickten nur, als wären sie nie fortgewesen.

Außerdem muß Cortés sich mit den anderthalbtausend Soldaten, die seine eigenen Landsleute waren, wesentlich gestärkt vorgekommen sein – von den vielen Tausenden verbündeter Krieger, welche in einem Bogen rings auf dem Festland kampierten, ganz zu schweigen. Vielleicht hat er sich sogar in dem Glauben gewiegt, wir Mexíca hätten uns nunmehr damit abgefunden, seine Oberherrschaft anzuerkennen. Infolgedessen marschierte er vom Stadtrand oder vom Ende der Dammstraße an durch die Stadt, als wäre er der anerkannte Eroberer.

Cortés zeigte sich nicht überrascht, als er den Großen Platz so leergefegt daliegen sah; vielleicht glaubte er sogar, er sei eigens für ihn leergemacht worden. Jedenfalls machte das Gros seiner Streitmacht dort Halt und begann unter viel Lärm und mit viel Geschäftigkeit und unter Verströmen ganzer Wellen üblen Körpergeruches die Pferde anzuhalftern, Bettzeug auszurollen, Lagerfeuer anzulegen und sich überhaupt für eine unbestimmte Zeit häuslich dort niederzulassen. Sämtliche Texcaltéca mit Ausnahme ihrer Ritteranführer räumten den Palast des Axayácatl und schlugen ihr Lager gleichfalls auf dem Großen Platz auf. Motecuzóma und eine Schar ihm treu ergebener Höflinge kam zum erstenmal seit dem Iztocíuatl-Fest aus dem Palast heraus – und zwar, um Cortés zu begrüßen, welcher jedoch keinerlei Notiz von ihnen nahm. Er und sein neugewonnener Waffenkamerad, Narváez, stürmten an ihnen vorüber in den Palast.

Ich nehme an, daß sie als erstes nach Essen und Trinken riefen, und gern hätte ich Cortés' Gesicht gesehen, als er nicht von Dienern bedient wurde, sondern von Alvarados Soldaten – und überdies nur muffige alte Bohnen und Atóli-Brei oder was sonst noch an Vorräten geblieben sein mochte, vorgesetzt bekam. Desgleichen wäre ich gern Zeuge der ersten Unterredung zwischen Cortés und Alvarado gewesen, als dieser sonnengleiche Offizier ihm berichtete, wie heldenhaft er den »Aufstand« unbewaffneter Frauen und Kinder niedergeschlagen, gleichwohl jedoch verabsäumt habe, mehr als eine Handvoll von Mexíca-Kriegern zu töten, welche also immer noch eine Bedrohung darstellten.

Cortés und seine vergrößerte Streitmacht waren am Nachmittag auf die Insel gekommen. Offensichtlich blieben er und Narváez und Alvarado bis nach Einbruch der Dunkelheit zusammen, um zu beratschlagen, doch worüber sie sprachen und welche Pläne sie schmiedeten, wird niemand je erfahren. Ich weiß nur, daß Cortés zu einem bestimmten Zeitpunkt einen Trupp seiner Soldaten zu Motecuzómas eigenem Palast hinüberschickte, wo sie mit Speeren, Brechstangen und Rammböcken die Mauern durchbrachen, mit denen Motecuzóma die Schatzkammern hatte verschließen lassen. Hinterher schafften die Soldaten – Ameisen gleich, welche zwischen Honigtopf und Nest hin und her eilten – den gesamten Schatz an Gold und Edelsteinen in den Speisesaal von Cortés' Palast. Selbiges kostete die Soldaten den größten Teil der Nacht, denn die Beute war gewaltig und bot sich ihnen nicht in leicht transportabler Form dar aus Gründen, die ich vielleicht besser erklären sollte.

Da unser Volk glaubte, Gold seien die geheiligten Exkremente der Götter, horteten unsere Schatzmeister es nicht im Rohzustand von Goldstaub oder -klumpen und schmolzen es auch nicht in gesichtslose Barren oder schlugen Münzen daraus, wie ihr Spanier es tut. Ehe es im Schatzhaus verschwand, ging es durch die geschickten Hände der Goldschmiede, welche seinen Wert und seine Schönheit noch erhöhten, indem sie kleine Figürchen, edelsteinbesetzten Schmuck, Medaillons, Diademe, Filigran, Krüge, Becher und Schüsseln daraus fertigten – allerlei kleine Kunstwerke, zu Ehren der Götter geformt. Während Cortés also vor Zufriedenheit gestrahlt haben muß, als er den gewaltigen und immer größer werdenden Schatzhaufen sah, den seine Männer in seinem Speisesaal aufhäuften, so daß er diesen großen Saal nahezu füllte, muß er jedoch ob der Formenvielfalt dieser Gerätschaften die Stirn gerunzelt haben, da sie sich einfach nicht eigneten, auf Pferde oder Träger geladen zu werden.

Während Cortés also die erste Nacht auf der Insel damit verbrachte, blieb die Stadt um ihn herum ruhig, als ob kein Mensch sich um das kümmere, was er tat. Er legte sich irgendwann vor Morgengrauen schlafen, nahm Malíntzin mit und befahl auf höchst erniedrigende Weise, Motecuzóma und seine vornehmsten Berater hätten sich bereitzuhalten, vor ihm zu erscheinen, sobald er aufwache und nach ihnen rufe. Also schickte der kläglich gehorsame Motecuzóma in der Frühe des nächsten Tages Boten aus, seinen gesamten Staatsrat und andere, darunter mich, zusammenzurufen. Er hatte keine Palastpagen mehr, die er schicken konnte; es war einer seiner eigenen jüngeren Söhne, der in mein Haus kam, und der sah nach der langen Zeit des Eingesperrtseins im Palast recht abgerissen und verkommen aus. Wir Verschwörer hatten eine solche Nachricht erwartet und uns verabredet, uns in Cuitláhuacs Haus zu treffen. Als alle versammelt waren, waren aller Augen erwartungsvoll auf den Regenten und Oberbefehlshaber gerichtet, und einer von den Weisen Männern des Staatsrats fragte: »Nun, kommen wir der Aufforderung nach, oder tun wir so, als hätten wir sie nie erhalten.«

»Gehorcht«, erklärte Cuitláhuac. »Cortés glaubt, er hat uns in der Hand, weil er unseren nachgiebigen Herrscher in der Hand hat. Wir wollen ihm diese Illusion nicht rauben.«

»Warum nicht?« fragte der Hohepriester Huitzilopóchtlis. »Wir stehen zum Angriff bereit. Cortés kann nicht sein gesamtes Heer in den Palast des Axayácatl hineinstopfen und sich vor uns verbarrikadieren, wie der Tonatíu Alvarado es getan hat.«

»Das braucht er auch nicht«, sagte Cuitláhuac. »Alarmieren wir ihn auch nur im geringsten, kann er rasch das gesamte Herz Der Einen Welt zu einer genauso uneinnehmbaren Festung ausbauen, wie es der Palast war. Wir müssen ihn noch ein wenig länger in Sicherheit wiegen. Wir werden uns daher wie befohlen in den Palast begeben, als wären wir und alle Mexíca immer noch fügsame Puppen Motecuzómas.«

Die Weibliche Schlange erklärte: »Cortés kann aber die Eingänge versperren, sobald wir drinnen sind, und dann hat er auch uns als Geiseln in der Hand.«

»Darüber bin ich mir im klaren«, sagte Cuitláhuac. »Aber all meine Ritter und Cuáchictin haben bereits ihre Befehle; auf meine Person sind sie nicht mehr angewiesen. Einer meiner Befehle besteht darin, daß sie mit den verschiedenen Ablenkungsmanövern und Vorstößen beginnen, gleichgültig, welche Gefahren das für mich oder irgend jemand sonst birgt, welcher sich zur festgesetzten Stunde des Losschlagens im Palast befindet. Falls Ihr dieses Risiko lieber nicht eingehen möchtet, Tlacótzin – oder irgendeiner sonst von euch –, ihr habt hier und jetzt meine Erlaubnis, nach Hause zu gehen.«

Selbstverständlich drückte sich keiner von uns. Wir alle begleiteten Cuitláhuac bis zum Herzen Der Einen Welt und bahnten uns gleichsam mit zugehaltenen Nasen den Weg durch das überfüllte und übelriechende Lager von Männern, Pferden, Lagerfeuern, aufgestapelten Waffen und anderem Zubehör. Was mich überraschte, war eine Gruppe von *schwarzen* Männern, welche, als seien sie etwas Geringeres, abseits von den weißen Männern ein eigenes kleines Lager aufgeschlagen hatten. Man hatte mir zwar schon von solchen Wesen berichtet, doch bis dahin hatte ich noch nie eines davon zu Gesicht bekommen.

Neugierig ließ ich meine Gefährten weiterziehen und ging etwas näher an diese merkwürdigen Menschen heran. Sie trugen die gleichen Helme und Uniformen wie die Spanier, doch körperlich ähnelten sie den Spaniern wesentlich weniger als ich. Sie waren nicht ganz und gar schwarz, sondern von einem bräunlichen Schwarz wie das Kernholz des Ebenholzbaums. Sie wiesen auffallend flache, breite Nasen und große, wulstige Lippen auf – ehrlich gesagt, sahen sie jenen riesigen Steinköpfen ähnlich, welche ich einmal im Olméca-Land gesehen hatte – und ihre Bärte waren nur eine Art spröden schwarzen Flaums, erst zu erkennen, als ich ganz nahe bei ihnen war. Doch dann stand ich dicht vor ihnen, und mir fiel auf, daß einer von diesen schwarzen Mohren ein Gesicht hatte, das von Pickeln und schwärenden Pusteln blühte, wie ich sie das erstemal bei dem weißen Mann Guerrero gesehen hatte, und da beeilte ich mich, meine Gefährten wieder einzuholen.

Die weißen Wachen, die an dem Tor in der Schlangenmauer Aufstellung genommen hatten, tasteten uns alle nach verborgenen Waffen ab, ehe sie uns eintreten ließen. Wir gingen durch den Speisesaal hindurch, in welchem ein Berg von kunterbunt durcheinander geworfenem Goldgerät, Schmuck und Edelstein sich türmte, deren Metallteile und Edelsteine selbst in dem Dämmer, das hier herrschte, immer noch blitzte. Etliche Soldaten, welche den Schatz wohl bewachen sollten, fingerten an einzelnen Stücken herum, lächelten beseligt, und das Wasser lief ihnen förmlich aus dem Mund. Wir gingen nach oben in den Thronsaal, wo Cortés, Alvarado und zahlreiche andere Spanier warteten, darunter ein neuer, ein Einäugiger, welcher Narváez war. Motecuzóma machte einen eher umzingelten und belagerten Eindruck, denn bis zu unserem Eintreten war die Frau Malíntzin der einzige andere Mensch seiner Rasse weit und breit. Wir alle vollführten die Geste des Erdeküssens vor ihm, er nickte nur kühl und fuhr fort, sich mit den weißen Männern zu unterhalten.

»Ich *weiß* nicht, was die Leute vorhatten. Ich weiß nur, daß sie eine Zeremonie feiern wollten. Über Eure Malíntzin ließ ich Eurem Alvarado sagen, ich hielte es für besser, eine solche Versammlung so nahe bei seiner Garnison nicht zu gestatten; er solle einmal überlegen, ob es nicht besser sei, den Großen Platz zu räumen.« Motecuzóma seufzte tragisch auf. »Nun, Ihr wißt ja wohl, in welch beklagenswerter Weise er das tat.«

»Ja«, stieß Cortés zwischen zusammengebissenen Zähnen hervor, die Augen eisig auf Alvarado gerichtet, der dastand, die Hände rang und überhaupt so aussah, als hätte er nicht gerade eine angenehme Nacht hinter sich. »Du hast damit alles aufs Spiel gesetzt, was ich . . .« Cortés hüstelte und sagte statt dessen: »Damit hätte ich mir Euer Volk für alle Zeiten zu Feinden machen können. Was ich nicht begreife, Don Montezuma, ist, daß ich das *nicht* getan habe. *Warum* nicht? Wäre ich einer Eurer Untertanen, und mir wäre eine solche schändliche Behandlung widerfahren, ich hätte mich mit Kot beworfen, als ich hier einritt. Keiner in der Stadt scheint die geringste Verachtung zu bekunden, und das finde ich unnatürlich. Es gibt ein spanisches Sprichwort, das lautet: ›Ich kann dem reißenden Strom entgehen; Gott bewahre mich vor den stilleren Wassern.‹«

»Das liegt daran, daß sie alle *mir* die Schuld geben«, sagte Motecuzóma unglücklich. »Sie glauben, ich hätte irrsinnigerweise befohlen, daß mein eigenes Volk getötet werde – all diese Frauen und Kinder – und daß ich mich auf niederträchtige Weise Eurer Männer als Waffe bedient hätte.« Es standen sogar Tränen in seinen Augen. »Deshalb haben alle meine Bediensteten entsetzt das Weite gesucht, und seither ist nicht einmal ein Straßenhändler mit gesottenen Maguey-Würmern in die Nähe gekommen.«

»Jawohl, eine höchst mißliche Lage«, sagte Cortés. »Wir müssen versuchen, das wieder in Ordnung zu bringen.« Er wandte seinen Blick Cuitláhuac zu, gab mir zu verstehen, ich solle dolmetschen und sagte: »Ihr seid der Oberbefehlshaber. Ich will mich jeder Spekulation über diese sogenannte religiöse Feier enthalten. Ich werde mich sogar demütig für das vorschnelle Verhalten meines Lieutenants entschuldigen. Gleichwohl möchte ich Euch daran erinnern, daß wir immer noch einen Waffenstillstand haben. Ich meine, es fällt unter die Verantwortlichkeit des Oberbefehlshabers, dafür zu sorgen, daß meine Männer nicht ins Abseits gedrängt werden, und weder Nahrungsmittel bekommen noch Kontakt mehr mit ihren Gastgebern haben.«

Cuitláhuac sagte: »Ich befehlige nur Krieger, Capitán-General. Wenn die Zivilbevölkerung es vorzieht, diesen Palast zu meiden, besitze ich nicht die Macht, ihnen das Gegenteil zu befehlen. Dazu ist nur unser Verehrter Sprecher befugt. Es waren Eure eigenen Leute, welche sich hier eingeschlossen haben und der Verehrte Sprecher mit ihnen.«

Cortés wandte sich wieder an Motecuzóma. »Dann ist es an Euch, Don Montezuma, diese Menschen zu beruhigen und sie zu bewegen, daß sie uns wieder mit Nahrungsmitteln versorgen und uns dienen.«

»Wie soll ich das tun, wenn sie nicht mehr in meine Nähe kommen wollen?« sagte Motecuzóma fast wehklagend. »Und wenn ich zu ihnen hinausgehe – das könnte mein Tod sein.«

»Wir werden eine Eskorte bereitstellen ...«, begann Cortés, doch wurde er von einem Soldaten unterbrochen, der herbeigelaufen kam und auf spanisch zu ihm sagte:

»Capitán, die Eingeborenen fangen an, sich auf der Plaza zu versammeln. Männer und Frauen drängen durch unser Lager und kommen hierher. Unbewaffnet zwar, aber allzu freundlich sehen sie auch nicht aus. Werfen wir sie hinaus? Drängen wir sie zurück?«

»Laßt sie kommen«, sagte Cortés, wandte sich dann an Narváez und sagte: »Geht raus und übernehmt das Kommando. Der Befehl lautet: Nicht feuern! Kein Mann macht irgendeine Bewegung, ehe *ich* es nicht befehle. Ich werde auf dem Dach stehen, wo ich alles überblicken kann, was geschieht. Kommt, Pedro! Kommt, Don Montezuma!« Er griff sogar nach der Hand des Verehrten Sprechers und riß ihn vom Thron herunter.

Alle, die wir im Thronsaal waren, folgten ihnen, liefen die Treppe zum Dach hinauf, und ich hörte, wie Malíntzin atemlos Cortés' Anweisungen für Motecuzóma wiederholte:

»Eure Leute versammeln sich auf dem Platz. Ihr werdet zu ihnen sprechen. Schließt Euren Frieden mit ihnen. Schiebt alle Schuld und alles, was geschehen ist, auf uns Spanier. Erzählt ihnen, was Ihr wollt – Hauptsache, es bleibt ruhig in der Stadt.«

Das Dach war gerade vor der Ankunft der ersten Weißen zum Garten umgestaltet worden, doch war dieser seither nicht gepflegt worden und hatte überdies auch noch einen Winter über sich ergehen lassen. Wo der Boden nicht durch die Räder der schweren Kanonen aufgerissen worden war, dehnte sich eine Wüste aus trockenem Boden, verdorrten Stengeln, unbelaubten Sträuchern, verwelkten Blüten und vom Wind zusammengetriebenem braunem Laub. Eine ödere und verlassenere Plattform war für Motecuzómas letzte Ansprache nicht denkbar.

Wir alle traten an die Brüstung, welche auf den Platz hinausging, standen auseinandergezogen dahinter und blickten hinunter auf Das Herz Der Einen Welt. Das runde Tausend Spanier war an seinen schimmernden Rüstungen deutlich zu erkennen; sie standen unter den doppelt so vielen Mexíca oder bewegten sich unsicher unter ihnen, während diese in Massen unter uns zusammenströmten. Wie der Bote berichtet hatte, waren es zwar Männer und Frauen, doch trugen sie nur ihre Alltagskleidung und kümmerten sich offensichtlich nicht im geringsten um die Soldaten oder die unerhörte Tatsache, daß hier auf heiligem Boden ein bewaffnetes Lager aufgeschlagen worden war. Sie bahnten sich nur ihren Weg hindurch, weder hastig, aber auch nicht zögernd, bis sie dicht gedrängt unter uns standen.

»Der Korporal hatte recht«, sagte Alvarado. »Sie tragen keine Waffen.«

Bissig versetzte Cortés: »Genau die Art Gegner, die du am liebsten hast, was Pedro?« und Alvarados Gesicht wurde fast genauso rot wie sein Bart. Zu allen Anwesenden gewandt, sagte Cortés: »Laßt uns zurücktreten. Laßt die Leute nur ihren eigenen Herrscher und ihre Edelleute sehen.«

Er und Malíntzin und die anderen zogen sich bis zur Mitte des Daches zurück. Motecuzóma räusperte sich unruhig und mußte dreimal laut rufen, jedesmal lauter als das Mal zuvor, ehe die Menge ihn über ihrem eigenen Gemurre und dem Lärm aus dem Lager hörte. Einige von den schwarzen Punkten wurden fleischfarben, als sich die Gesichter nach oben wandten, dann wurden es mehr und immer mehr. Zuletzt hatten alle zusammengeströmten Mexíca die Gesichter nach oben gewendet, viele von den Weißen desgleichen, und das Gemurmel der Menge erstarb.

»Mein Volk . . .« begann Motecuzóma mit belegter Stimme. Er räusperte sich abermals und sprach dann laut und deutlich. »Mein Volk . . .«

»*Dein Volk!*« dröhnte es laut und feindselig von unten zurück, und danach kam ein Durcheinander von erregten Stimmen: »Das Volk, das du betrogen hast!« – »Dein Volk sind die weißen Männer!« – »Du bist nicht unser Verehrter Sprecher!« – »Diesen Titel hast du verwirkt!« Ich schrak zusammen, wiewohl ich dieses erwartet hatte und wußte, daß alles von Cuitláhuac in die Wege geleitet worden war, und daß die Männer in der Menge alle Krieger waren, nur vorübergehend unbewaffnet, um diese dem Anschein nach spontane, gemeinsame Schmähung zu veranstalten.

Ich sollte sagen, daß sie unbewaffnet waren in dem Sinne, daß sie keine gewöhnlichen Waffen trugen, denn in diesem Augenblick zogen alle Steine und Brocken von Lehmziegeln hervor – die Männer unter ihren Umhängen, die Frauen unter ihren Röcken – und begannen sie, immer noch Flüche und Verwünschungen heraufrufend, hinaufzuschleudern. Die meisten Geschosse der Frauen kamen nicht bis herauf und prallten dumpf gegen die Mauer des Palastes unter uns, doch erreichten genug andere das Dach, daß wir uns ducken und ihnen ausweichen mußten. Der Priester Huitzilopóchtlis stieß einen höchst unpriesterlichen Fluch aus, als die Steine ihn an der Schulter trafen. Etliche von den Spaniern hinter uns fluchten gleichfalls, als die Steine zwischen ihnen niederprasselten. Der einzige Mann – daß muß ich zugeben – der einzige Mann, der sich nicht rührte, war Motecuzóma.

Er stand immer noch da, die Arme in versöhnlicher Geste in die Höhe gereckt, und schrie über den Lärm hinweg: »Wartet!« Er rief es auf náhuatl: »*Mixchá* . . .« Und dann traf ein Stein ihn direkt an der Stirn, er machte schwankend ein paar Schritte zurück und verlor die Besinnung.

Cortés übernahm augenblicklich wieder das Kommando. Er fuhr mich an: »Kümmert Euch um ihn! Beruhigt ihn!« Dann packte er Cuitláhuac bei seinem Umhang, streckte den Arm aus, zeigte hinüber und sagte: »Tut, was Ihr könnt! Sagt irgend etwas! Der Mob muß beruhigt werden.« Malíntzin dolmetschte es für Cuitláhuac, und er stand an der Brüstung und schrie, während ich und zwei spanische Offiziere Motecuzómas schlaffen Körper hinuntertrugen in den Thronsaal. Wir legten den Besinnungslosen auf eine Bank, und die beiden Offiziere rannten hinaus, vermutlich, um einen ihrer Wundärzte zu holen.

Ich stand da und blickte hinab auf Motecuzómas Gesicht. Ganz entspannt und friedlich sah er aus, trotz der Beule, welche sich auf seiner Stirn bildete. Mir gingen in diesem Augenblick viele Dinge durch den Kopf: die Ereignisse und Begebenheiten, welche wir beide miterlebt hatten. Ich dachte daran, wie er während des Feldzugs in Uaxyácac treulos seinem eigenen Verehrten Sprecher Ahuítzotl getrotzt hatte . . . und wie er in seiner Verruchtheit versucht hatte, die Schwester meiner Frau zu schänden . . . und wie er mich aus Rache nach Yanquítlan geschickt hatte, wo meine Tochter Nochípa gestorben war . . . und sein schwächliches Zaudern, seit die weißen Männer an unseren Gestaden aufgetaucht waren . . . und sein Verrat an dem Versuch kühnerer Männer, unsere Stadt von den weißen Männern zu befreien. Jawohl, ich hatte viele Gründe, zu tun, was ich tat, und einige von diesen waren neu und zwingend. Doch ich vermute, ebensosehr wie aus irgendeinem anderen Grund tötete ich ihn aus Rache für das, was er vor langer Zeit Béu Ribé angetan, welche Zyanyas Schwester gewesen war und jetzt dem Namen nach meine Frau.

All diese Gedanken gingen mir blitzschnell durch den Kopf. Ich blickte von seinem Gesicht auf und sah mich im Raum nach einer Waffe um. Zwei Texcaltéca-Krieger waren als Wachen zurückgelassen worden. Einen winkte ich heran, und als er kam und mich finster anblickte, bat ich ihn um den Dolch, welchen er an der Hüfte stecken hatte. Sein Gesicht verfinsterte sich womöglich noch mehr, unsicher, wer ich sei oder welchen Rang ich bekleidete, oder was ich vorhatte, doch als ich die Bitte herrisch und in befehlendem Ton wiederholte, reichte er mir die Obsidianklinge. Ich zielte sehr sorgfältig. Ich hatte genug Opferungen beigewohnt, um genau zu wissen, wo das Herz in der Brust eines Menschen sitzt. Dann stieß ich den Dolch bis ans Heft hinein, und Motecuzómas

Brust hörte auf, sich leise zu heben und zu senken. Ich ließ den Dolch in der Wunde stecken, und so quoll nur wenig Blut rings um ihn hervor. Mit aufgerissenen Augen starrte der Texcaltéca mich fassungslos und entsetzt an, dann flohen er und sein Kamerad Hals über Kopf aus dem Raum.

Mir war gerade eben Zeit genug geblieben. Ich hörte, wie der Aufruhr der Menge auf dem Großen Platz allmählich abebbte und ein immer noch zorniges, aber nicht mehr ganz so wütendes Grollen daraus wurde. Dann kamen alle, die auf dem Dach gewesen waren, die Treppe heruntergeklappert, eilten durch den Gang und kamen in den Thronsaal. Aufgeregt und besorgt redeten sie in ihren verschiedenen Sprachen miteinander, doch dann verstummten sie unvermittelt, als sie unter der Tür standen, erkannten, was geschehen war, und über die Ungeheuerlichkeit dessen nachsannen, was ich getan. Langsam kamen sie näher, Spanier und Mexíca-Edelleute gemeinsam, starrten sprachlos auf den Leichnam Motecuzómas, den Dolchgriff, welcher aus seiner Brust ragte, und auf mich, der ich ungerührt neben dem Leichnam stand. Cortés richtete seine ausdruckslosen Augen auf mich und sagte mit unheilverkündend leiser Stimme:

»Was ... habt ... Ihr ... getan?«

Ich sagte: »Wie Ihr befohlen habt, Capitán-General, ich habe ihn beruhigt.«

»Zum Teufel mit deiner Unverfrorenheit, du Hurensohn!« sagte er, doch noch leise, mit beherrschter Wut. »Es ist nicht das erstemal, daß ich höre, wie du dich lustig machst.«

Gelassen schüttelte ich den Kopf. »Wo Motecuzóma beruhigt ist, Capitán-General, können wir anderen uns jetzt vielleicht auch beruhigen. Ihr selbst eingeschlossen.«

Er stieß mir einen steifen Finger vor die Brust, dann zeigte er in Richtung auf den Großen Platz. »Dort draußen braut sich ein Krieg zusammen! Wer wird jetzt diesen Mob zur Vernunft bringen?«

»Motecuzóma jedenfalls nicht, ob tot oder lebendig. Aber hier steht sein Nachfolger, sein Bruder Cuitláhuac, ein Mann mit einer festeren Hand, und ein Mann, den die Menge draußen noch achtet.«

Cortés drehte sich um und blickte zweifelnd den Oberbefehlshaber an, und ich konnte mir denken, was ihm durch den Kopf ging. Cuitláhuac mochte zwar die Mexíca zur Vernunft bringen, doch damit beherrschte Cortés noch lange nicht Cuitláhuac. Als ob auch sie seine Gedanken läse, sagte Malíntzin:

»Wir können den neuen Herrscher ja auf die Probe stellen, Señor Hernán. Laßt uns alle wieder hinaufgehen aufs Dach und der Menge die Leiche Motecuzómas zeigen. Laßt Cuitláhuac seine Nachfolge verkünden und uns sehen, ob das Volk seinem ersten Befehl gehorcht ... daß wir in diesem Palast wieder mit Lebensmitteln beliefert und bedient werden.«

»Ein kluger Gedanke, Malinche«, sagte Cortés. »Gebt ihm genau diese Anweisungen. Und sagt ihm auch, er soll ihnen unmißverständlich klar machen, daß Montezuma gestorben« – er riß den Dolch aus der Leiche und warf mir einen schneidenden Blick zu –, »daß Montezuma von der Hand seines eigenen Volkes gestorben ist.«

Folglich kehrten wir aufs Dach zurück, und wir anderen hielten uns ein wenig im Hintergrund, während Cuitláhuac den Leichnam seines Bruders in die Arme nahm, an die Brüstung hintrat und um Aufmerksamkeit rief. Als er ihnen den Leichnam zeigte und sagte, was geschehen sei, hörte sich das, was von unten heraufdrang, nach Zustimmung an. Doch noch etwas anderes tat sich: Ein sanfter Regen setzte vom Himmel ein, als ob Tlaloc, Tlaloc allein und kein anderes Wesen außer Tlaloc das Ende von Motecuzómas Straßen und Tagen und Herrschaft beweinte. Cuitláhuac sprach so laut, daß die Menschen unten ihn verstehen konnten. Gelassen dolmetschte Malíntzin für Cortés und versicherte ihm: »Der neue Herrscher spricht, wie Ihr es befohlen habt.«

Zuletzt drehte Cuitláhuac sich nach uns um und rief uns mit einer Kopfbewegung zu sich. Wir alle traten zu ihm an die Brüstung, und zwei oder drei Priester nahmen ihm Motecuzómas Leiche ab. Die Menge, welche zuvor dicht an dicht dagestanden hatte, löste sich auf und die Leute gingen durch das Lager hindurch wieder auseinander. Ein paar von den spanischen Soldaten machten immer noch mißtrauische Gesichter und fingerten an ihren Waffen herum, so daß Cortés hinunterrief: »Laßt sie ungehindert kommen und gehen, Leute! Sie bringen frische Verpflegung!« Die Soldaten brachen in Hochrufe aus, und dann verließen wir alle endgültig das Dach.

Als wir wieder im Thronsaal waren, sah Cuitláhuac Cortés an und sagte: »Wir müssen reden.« Cortés stimmte zu und rief nach Malíntzin, als ob er mir beim Dolmetschen nicht traute, ohne daß sein eigener Dolmetsch dabei war. Cuitláhuac sagte:

»Wenn ich meinem Volk auch erklärt habe, ich sei der neue Uey-Tlatoáni, bin ich es deshalb noch lange nicht. Es müssen bestimmte Formalitäten eingehalten werden, und zwar in der Öffentlichkeit. Wir werden heute nachmittag mit den Nachfolgezeremonien beginnen, solange es noch hell ist. Da Eure Truppen Das Herz Der Einen Welt besetzt halten, werden ich und die Priester und der Staatsrat« – er beschrieb eine ausladende Handbewegung, die alle im Raum versammelten Mexíca einschloß – »uns zur Pyramide von Tlaltelólco begeben.«

Cortés sagte: »Aber doch nicht gleich. Der Regen verstärkt sich. Wartet auf einen geeigneteren Tag. Ich lade den neuen Verehrten Sprecher ein, mein Gast in diesem Palast zu sein, wie Montezuma es war.«

Mit fester Stimme erklärte Cuitláhuac: »Wenn ich hierbleibe, werde ich noch nicht der Verehrte Sprecher sein und bin daher als Euer *Gast* wertlos. Was wählt Ihr?«

Cortés legte die Stirn in Falten; er war es nicht gewohnt, einen Verehrten Sprecher wie einen Verehrten Sprecher sprechen zu hören. Cuitláhuac fuhr fort:

»Selbst wenn ich in aller Form von den Priestern und dem Staatsrat in meinem Amt bestätigt worden bin, muß ich noch das Vertrauen und die Zustimmung des Volkes erlangen. Es würde mir helfen, das Vertrauen des Volkes zu erringen, wenn ich ihm genau sagen könnte, *wann* der Capitán-General und sein Gefolge vorhat, Tenochtítlan zu verlassen.«

»Nun ...«, sagte Cortés und zog das Wort in die Länge, um klarzumachen, daß er darüber selbst noch nicht nachgedacht und es auch nicht eilig habe, das zu tun. »Ich habe Eurem Bruder versprochen, ich würde mich von hier verabschieden, sobald ich in der Lage sei, den Schatz mitzunehmen, welchen er uns zum Geschenk gemacht hat. Den habe ich jetzt. Aber ich brauche noch etwas Zeit, um alles einzuschmelzen, damit wir ihn an die Küste transportieren können.«

»Das könnte Jahre dauern«, sagte Cuitláhuac. »Unsere Goldschmiede haben selten mit mehr als kleinen Mengen Gold auf einmal gearbeitet. Ihr werdet keine Anlagen in der Stadt finden, um all diese ungezählten Kunstwerke zu entweihen ... einzuschmelzen.«

»Und ich darf meinem Gastgeber nicht auf Jahre hinaus zur Last fallen«, sagte Cortés. »Dann werde ich das Gold aufs Festland bringen lassen und es meinen eigenen Schmieden überlassen, es einzuschmelzen.«

Rüde wandte er sich von Cuitláhuac ab und Alvarado zu und sagte auf spanisch: »Pedro, laß ein paar von unseren Kompaniehandwerkern hierherkommen. Mal überlegen ... sie können diese dicken Türen und all die anderen Türen im Palast herausnehmen. Laßt sie ein paar schwere Schlitten daraus bauen, mit denen wir das ganze Gold transportieren können. Und den Sattlern sage, sie sollen Geschirr für genug Pferde anfertigen, diese Schlitten zu ziehen.«

Dann wandte er sich wieder Cuitláhuac zu: »Bis dahin, Verehrter Sprecher, gestattet, daß ich und meine Männer noch eine vertretbare Zeit in der Stadt bleiben. Der größte Teil meines Gefolges war, wie Ihr wißt, während meines letzten Besuches nicht hier und ist selbstverständlich begierig darauf, die Sehenswürdigkeiten Eurer großen Stadt kennenzulernen.«

»Für eine vertretbare Zeit, also«, wiederholte Cuitláhuac und nickte. »Ich werde das dem Volk mitteilen und die Leute bitten, nachsichtig, ja freundlich zu sein. Jetzt werden meine Edelleute und ich Euch verlassen, um die Vorbereitungen für das Begräbnis meines Bruders und meine eigene Thronbesteigung zu treffen. Je schneller wir all dies hinter uns bringen, desto eher werde ich wirklich Euer Gastgeber sein.«

Als wir alle, die wir von Motecuzóma herbeigerufen waren, den Palast verließen, waren die spanischen Schreinersoldaten bereits dabei, den Berg von Schätzen unten anzustaunen und abschätzen, wieviel es wohl sei und was es wiege. Durch die Schlangenmauer traten wir hinaus auf den Großen Platz und blieben stehen, um zu sehen, was hier vor sich ging. Die weißen Männer waren mit ihren verschiedenen Lageraufgaben beschäftigt und schienen nicht gerade erfreut, bis auf die Haut naß zu werden. Aber es regnete stark. Eine Menge von unseren Männern bewegte sich geschäftig unter den Spaniern oder tat so, als ob sie geschäftig wären. Alle waren bis auf das Schamtuch nackt, und so machte der Regen ihnen nichts weiter aus. Bis jetzt lief alles so, wie Cuitláhuac es geplant und uns erklärt hatte – bis auf den unvorhergesehenen aber keineswegs ungelegenen Tod Motecuzómas.

Alles, was ich berichtet habe, ehrwürdige Patres, war von Cuitláhuac in jeder Einzelheit vorausgeplant worden, längst ehe wir vor Cortés erschienen. Auf seinen Befehl hin hatte die Menge der Mexíca-Männer und -Frauen sich versammelt, um vor dem Palast ihr Geschrei zu erheben. Und es war auch auf seinen Befehl geschehen, daß sie dann auseinandergingen, um Essen und Trinken für die weißen Männer herbeizuschaffen. Allerdings – und das hatte keiner der Spanier in der ganzen Aufregung bemerkt – es waren nur die Frauen, welche den Großen Platz auf seinen Befehl hin verlassen hatten. Als sie zurückkehrten, kamen sie nicht wieder ins Lager herein, sondern überreichten ihre Körbe und

Krüge den Männern, welche zurückgeblieben waren. Also befanden sich keine Frauen mehr im Gefahrenbereich bis auf Malíntzin und ihre Texcaltéca-Dienerinnen, um deren Sicherheit wir nichts gaben. Und unsere Männer kamen und gingen immer noch, in den Palast hinein und heraus, gingen hin und her durch das Lager, teilten Fleisch und Mais und andere Verpflegung aus, brachten frisches Holz für das Feuer der Soldaten, kochten in den Küchen des Palastes, taten alles mögliche, was als Grund für ihre Anwesenheit gelten konnte . . . und sie dort festhielt, bis die Muschelhörner die Mitternacht verkündeten.

»Um Mitternacht schlagen wir zu«, rief Cuitláhuac uns nochmals ins Gedächtnis. »Inzwischen werden Cortés und alle anderen sich an den ständigen Verkehr und die augenscheinliche Unterwürfigkeit unserer nackten und fast unbewaffneten Männer gewöhnt haben. Soll Cortés doch bis dahin Musik hören und Weihrauch aufsteigen sehen und das für die Jubelfeier halten, welche meiner Inthronisierung vorausgeht. Holt jeden Priester herbei, den ihr auftreiben könnt. Sie wissen bereits, daß sie Anweisungen bekommen werden, aber vielleicht müßt ihr sie ein bißchen antreiben, denn wie die weißen Männer werden sie etwas dagegen haben, sich von diesem Regen sauberwaschen zu lassen. Versammelt die Priester bei der Pyramide von Tlaltelólco. Sie sollen so laut feiern und soviel Fackeln und Urnenfeuer anzünden, wie sie es noch nie getan haben. Auch sollen sich dort alle Frauen und Kinder und alle Männer einfinden, die nicht mehr kämpfen können. Sie werden eine überzeugende Menge von Feiernden abgeben und außerdem sollten sie dort sicher sein.«

»Herr Regent«, sagte einer von den Weisen Männern des Staatsrats. »Ich meine, Verehrter Sprecher. Wenn die Fremden alle um Mitternacht sterben sollen, warum habt Ihr dann Cortés gedrängt, einen Tag für seine Abreise zu benennen?«

Cuitláhuac sah den alten Mann stumm an; ich wettete, daß der alte Mann nicht mehr lange Mitglied des Staatsrats sein würde. »Cortés ist nicht ein solcher Narr wie Ihr. Er weiß selbstverständlich, daß ich ihn gern los werden möchte. Hätte ich nicht ärgerlich und mit Nachdruck gesprochen, hätte er Verdacht schöpfen können, daß er mit Gewalt verdrängt werden soll. Jetzt kann ich immerhin hoffen, daß er sich in Sicherheit wiegt, denn ich habe mich ja zögernd damit abgefunden, daß er hier ist. Ich hoffe inständig, daß er keinen Grund hat, es sich zwischen jetzt und Mitternacht noch anders zu überlegen.«

Er tat es nicht. Doch wenn Cortés offenbar auch nicht ängstlich auf seine und seiner Genossen Sicherheit bedacht war, schien er ängstlich darauf bedacht, den geraubten Schatz aus der Reichweite seiner rechtmäßigen Besitzer fortzuschaffen – vielleicht hat er sich aber auch überlegt, daß die regennassen Straßen es den Pferden erleichtern würden, die Schlitten zu ziehen. Doch wie dem auch sei, obwohl sie im strömenden Regen arbeiten mußten, waren seine Schreinersoldaten nicht lange nach Einsetzen der Dunkelheit fertig und hatten roh zwei Landboote zusammengezimmert. Daraufhin halfen andere Soldaten zusammen mit unseren eigenen Leuten, die sich den Spaniern immer noch nützlich machten, das Gold und die Edelsteine aus dem Palast hinauszutragen und zu gleichen Teilen auf die Schlitten zu verteilen. Andere Soldaten benutzten ein Gewirr aus Lederriemen, um vier Pferde vor jede Ladung zu spannen. Es war immer noch etwas vor Mitternacht, als Cortés den Befehl zur Abfahrt gab, und die Pferde stemmten sich in das Ledergeschirr wie menschliche Träger, welche sich gegen die Stirnriemen stemmten, und die Schlitten glitten recht glatt über das feuchte Marmorpflaster Des Herzens Der Einen Welt.

Nun, wenn auch das Gros des weißen Heeres auf dem Großen Platz zurückblieb, begleitete doch eine beträchtliche Eskorte von Bewaffneten, unter dem Befehl der ranghöchsten Spanier die beiden Gefährte: Cortés, Narváez und Alvarado. Diesen gewaltigen Schatz zu transportieren, war keine Kleinigkeit, das kann ich euch versichern, erforderte aber kaum die Anwesenheit aller drei Befehlshaber. Ich vermute, daß sie alle mitgingen, weil keiner dem anderen oder den beiden anderen traute, auch nur für eine kleine Weile im Besitz all dieser Reichtümer zu sein. Malíntzin begleitete ihren Herrn und Meister gleichfalls, vermutlich bloß, um den kleinen erfrischenden Ausflug zu genießen, nachdem sie tagelang im Palast eingesperrt gewesen war. Die Schlitten glitten nach Westen über den Platz und auf die Straße nach Tlacópan zu. Keiner von den weißen Männern schöpfte irgendwelchen Verdacht, als sie feststellten, daß die Stadt außerhalb des Großen Platzes völlig menschenleer war, denn sie konnten das Getrommel und die Musik vom Nordende der Insel hören, sahen die niedrigen Wolken dort rot überhaucht vom Widerschein der Urnenfeuer und der Fackeln.

Genauso wie zuvor die unerwartete Gelegenheit, Motecuzóma zu beseitigen, stellte auch Cortés' unerwartet plötzlicher Abtransport des Schatzes einen Umstand dar, den wir nicht vorhergesehen hatten, und zwang Cuitláhuac, früher loszuschlagen als geplant. Doch genauso wie Motecuzómas Hinscheiden, wirkte sich auch Cortés überstürzter Abtransport des Goldes für Cuitláhuac zum Vorteil aus. Da die Schlitten mit dem Schatz auf die Straße von Tlacópan zufuhren, nahmen sie offensichtlich den kürzesten Weg, welcher zum Festland hinüberführte. Cuitláhuac konnte die Krieger zurückrufen, welche er aufgestellt hatte, die beiden anderen Dammstraßen zu bewachen, und sie seiner Streitmacht zufügen. Dann erteilte er an alle Ritter und Cuáchictin den Befehl: »Wartet nicht auf die Mitternachtshörner! *Schlagt jetzt zu!*«

Ich muß dazu sagen, daß ich während dieser Ereignisse, von denen ich berichte, daheim bei Wartender Mond weilte, denn ich war einer jener Männer, welche Cuitláhuac freundlicherweise als »von der Teilnahme am Kampf entschuldigt« bezeichnet hatte: Männer, welche dafür zu alt oder sonst ungeeignet waren. Folglich war ich persönlich nicht Zeuge der Ereignisse auf der Insel und auf dem Festland – doch überall hätte ein einzelner Zeuge ohnehin nicht sein können. Freilich war ich später dabei, als die Berichte unserer verschiedenen Befehlshaber einliefen. Deshalb kann ich euch, meine Herren Skribenten, mehr oder weniger genau berichten, was in dieser Nacht geschah, welche Cortés seither *Die Traurige Nacht* genannt hat.

Auf den Befehl zum Losschlagen hin gingen als erste etliche von unseren Männern zu Werke, die sich auf Dem Herzen Der Einen Welt aufgehalten hatten, seit Motecuzóma mit Steinen beworfen worden war. Ihnen war die Aufgabe zugewiesen worden, die Pferde der Spanier loszumachen und auseinanderzutreiben – und es mußten beherzte Männer sein, denn nie zuvor hatten unsere Krieger gegen etwas anderes gekämpft als gegen menschliche Gegner. Zwar waren einige der Pferde mit der Schatzkolonne fortgezogen, doch standen immer noch rund achtzig von ihnen in jener Ecke des Großen Platzes angehalftert, wo der Tempel stand, welcher zu einer christlichen Kapelle gemacht worden war. Unsere Männer lösten die Riemen des Kopfgeschirrs, rissen dann Feuerbrände aus einem Lagerfeuer in der Nähe und liefen damit zwischen den losgemachten Tieren hin und her. Die Pferde gerieten in Panik und stoben in alle Richtungen auseinander, sprengten in vollem Galopp durch das Lager, warfen die aufgestellten Hakenbüchsen um, rissen etliche von ihren Besitzern zu Boden und stürzten alle anderen weißen Männer in Verwirrung, so daß sie laut rufend und fluchend durcheinanderrannten.

Dann strömte die Masse unserer bewaffneten Krieger auf den Platz. Jeder von ihnen trug zwei Maquáhuime, von denen er eins den Männern zuwarf, welche schon länger auf dem Platz waren. Keiner von den Unseren trug den gesteppten Kampfanzug. Im Nahkampf gewährte der ohnehin nicht viel Schutz und wäre mit Regen vollgesogen nur hinderlich gewesen; unsere Kämpfer trugen nichts weiter als ihr Schamtuch. Der Große Platz war den ganzen Abend über nur schwach beleuchtet gewesen, da die Kochstellen der Soldaten vor dem Regen hatten geschützt werden müssen, indem man Schilder und andere Dinge über sie gelehnt hatte. Die dahinsprengenden und -stürzenden Pferde zertrampelten die meisten dieser Feuer und verwirrten die Soldaten dermaßen, daß sie völlig fassungslos waren, als sie plötzlich fast nackte Krieger aus den Schatten springen sahen, von denen manche auf jedes bärtige Gesicht und jeden gepanzerten Körper einhieben, während andere sich den Weg ins Innere des Palasts erzwangen, den Cortés vor so kurzer Zeit verlassen hatte.

Die Spanier, welche die Kanonen auf dem Palastdach bemannten, hörten das Getöse unten, konnten jedoch nur wenig von dem erkennen, was geschah und hätten ihre Waffen ohnehin nicht in das Lager ihrer Kameraden abfeuern können. Ein weiterer Vorteil war, daß die wenigen Spanier auf dem Großen Platz, welchen es gelang, ihre Hakenbüchsen zu ergreifen, feststellen mußten, daß es zu feucht war, als daß sie Blitz und Donner und Tod hätten speien können. Eine Anzahl von den Soldaten im Inneren des Palastes konnte ihre Hakenbüchsen nur ein einziges Mal abfeuern; ihnen blieb keine Zeit, wieder zu laden, da fielen unsere eindringenden Krieger auch schon über sie her. So wurde jeder weiße Mann und Texcaltécatl im Palast getötet oder gefangengenommen, und wir selbst erlitten dabei nur leichte Verluste. Unsere Krieger hingegen, welche draußen auf Dem Herzen Der Einen Welt kämpften, waren nicht so bald oder nicht so vollständig siegreich. Schließlich waren sämtliche Spanier und ihre Texcaltéca-Bundesgenossen tapfere Männer und ausgebildete Soldaten. Nachdem sie sich von ihrer ersten Überraschung erholt hatten, wehrten sie sich. Die Texcaltéca waren genauso bewaffnet wie wir, und die weißen Männer waren, selbst wenn sie ihre Hakenbüchsen nicht gebrauchen konnten, mit Säbeln und Speeren bewaffnet, welche den unseren überlegen waren.

Wiewohl ich nicht dabei war, kann ich mir die Szene lebhaft vorstellen: es muß ausgesehen haben, als ob in unserer Míctlan oder in eurer Hölle ein Krieg ausgebrochen wäre. Der riesige Platz war von den Resten der Lagerfeuer nur spärlich beleuchtet, und diese Glut stob immer wieder in Funken auseinander, wenn Männer oder Pferde durch sie hindurchpreschten. Der Regen fiel immer noch und breitete einen Schleier über alles, was verhinderte, daß eine Gruppe von Kämpfern sah, wie es ihren Kameraden anderswo erging. Über dem ganzen Marmorpflaster lagen wild verstreut Bettzeug und Gerät der Spanier. Die Reste des Abendessens, die Gefallenen und das Blut machten den Marmor womöglich noch schlüpfriger, als er ohnehin schon war. Das Blitzen von Stahlsäbeln, kleinen Stahlschilden und bleichen Gesichtern stand im Gegensatz zu den nackten, jedoch weniger sichtbaren Körpern unserer kupferhäutigen Krieger. Auf den Stufen der Großen Pyramide fanden Zweikämpfe statt, die Kämpfe wogten in den vielen Tempeln hin und her und entspannen sich unter den gelassenen Blicken der blicklosen Augen des Schädelgerüsts. Was die ganze Schlacht noch unwirklicher machte, war, daß die in Panik geratenen Pferde immer noch durcheinanderliefen, hochstiegen und auskeilten. Die Schlangenmauer war zu hoch für sie, sie konnten nicht hinübersetzen, doch gelegentlich fand eines der Tiere durch Zufall einen der Durchlässe in der Mauer und entfloh in die Straßen der Stadt.

An einem Punkt machte eine Anzahl weißer Männer kehrt und zog sich in eine Ecke des Platzes zurück, während eine Reihe ihrer Kameraden ihre Schwerter schwang, um unsere Männer davon abzuhalten, hinter ihnen herzusetzen – und dieser scheinbare Rückzug erwies sich als kluges Täuschungsmanöver. Die Fliehenden hatten im Laufen alle Hakenbüchsen an sich genommen und schafften es in dieser kurzen Pause, trockenes Pulver auf die Pfannen zu schütten, traten vor und feuerten ihre tödlichen Geschosse alle auf einmal in die Menge unserer Krieger hinein, welche sie bedrängt hatten, und viele von unseren Männern gingen in dieser einen Salve tot oder verwundet zu Boden. Doch ließen sich die Hakenbüchsen nicht so schnell wieder laden, wie unsere Männer vorwärtsstürmten. Danach wurde nur noch mit Steinwaffen gegen Stahlwaffen gekämpft.

Ich habe keine Ahnung, woran Cortés merkte, daß etwas mit dem Heer, welches er führerlos zurückgelassen hatte, nicht stimmte. Vielleicht kam eines der freigelassenen Pferde durch die Straßen auf ihn zugeprescht; vielleicht war es auch einem Soldaten gelungen, sich aus dem Kampfgetümmel zu entfernen; oder vielleicht war es auch die eine laute Salve, welche er hörte. Was ich jedoch weiß, ist, daß er und seine Kolonne die Dammstraße nach Tlacópan erreichten, ehe sie wußten, daß irgend etwas schief ging. Er brauchte nur einen Moment, um zu entscheiden, was er tun sollte, und wenn auch später niemand berichten konnte, wie genau die Worte lauteten, die er sagte – was er beschloß, war folgendes: »Wir können den Schatz nicht hierlassen. Laßt uns machen, daß wir ihn aufs Festland hinüberschaffen und dann zurückeilen.«

Inzwischen war die Hakenbüchsensalve auch überall auf den nähergelegenen Ufern des Sees gehört worden – von den dort lagernden Truppen von Cortés genauso wie von unseren wartenden Bundesgenossen. Cuitláhuac hatte unsere Festlandstruppen angewiesen, auf die Mitternachtshörner zu warten, doch waren sie so klug, sich sofort in Bewegung zu setzen, als sie den Kampfeslärm hörten. Cortés' Truppen hingegen waren ohne Anweisungen. Sie müssen bei dem plötzlichen Lärm gleichfalls aufgesprungen und hellwach gewesen sein, wußten jedoch nicht, was tun. Genauso hatten auch die weißen Männer an den Kanonen, welche um den See herum aufgestellt worden waren, diese geladen und auf ihr Ziel eingestellt, konnten jedoch ihre Geschosse kaum in die Stadt hinüberschicken, in welcher ihr Capitán-General und die Mehrzahl ihrer Kameraden sich aufhielten. Deshalb nehme ich an, daß die Festlandstruppen von Cortés einfach unentschlossen dastanden und erschrocken zu der im Regen gerade eben noch sichtbaren Insel hinüberblickten, als sie von hinten angegriffen wurden.

Hinter dem gesamten westlichen Bogen des Seeufers erhoben sich die Heere des Dreibunds. Wiewohl viele von ihren besten Kriegern in Tenochtítlan waren und zusammen mit unseren Mexíca kämpften, standen immer noch große Mengen guter Kämpfer auf dem Festland. Selbst aus dem fernen Süden, aus den Xochimílca- und Chalca-Landen waren insgeheim Truppen nach Norden verlegt und für diesen Augenblick zusammengezogen worden. Jetzt fielen sie über Prinz Schwarz Blumes Acólhua her, welche ihr Lager bei Coyohuácan aufgeschlagen hatten. Auf der anderen Seite der See-Enge griffen die Culhua Cortés' Totonáca-Truppen an, welche auf der vorspringenden Landzunge in Ixtapalápan lagerten. Die Tecpanéca erhoben sich gegen die Texcaltéca, welche ihr Lager bei Tlacópan hatten.

Etwa um die gleiche Zeit beschlossen die Spanier im Herzen Der Einen Welt das vernünftigste, was sie tun konnten: zu fliehen. Einer von ihren Offizieren fing ein Pferd ein, das durchs Lager galoppierte, schwang sich ihm auf den Rücken und fing an, auf spanisch etwas zu rufen. Was genau er rief, weiß ich nicht, doch lief es auf den Befehl: »Sammelt euch und folgt Cortés!« hinaus. Damit hatten die noch am Leben gebliebenen weißen Männer endlich ein Ziel. Sie kämpften sich aus allen Ecken des Platzes frei, in welche sie getrieben worden waren, und schafften es, einen dichten Haufen zu bilden, welcher von scharfem Stahl nur so starrte. Wie ein kleines Stachelschwein sich zusammenrollt und seine Stacheln ausstreckt, denen nicht einmal ein Kojote etwas anhaben kann, wehrten die Spanier die wiederholten Angriffe unserer Männer ab.

Den Anweisungen folgend, die der eine Mann auf dem Pferd ihnen zurief, bewegte dieser waffenstarrende Haufen sich zurück auf die westliche Öffnung in der Schlangenmauer. Dabei gelang es mehreren von ihnen, noch Pferde einzufangen und sich auf sie zu schwingen. Als all diese weißen Männer und die Texcaltéca vom Großen Platz verschwunden waren und auf dem Weg nach Tlácopan waren, bildeten die berittenen Soldaten die Nachhut. Mit geschwungenen Säbeln und den auskeilenden Hufen der Pferde schafften sie es, unsere sie verfolgenden Krieger lange genug aufzuhalten, daß es den Fußsoldaten gelang, in die Richtung zu fliehen, welche Cortés eingeschlagen hatte.

Cortés muß ihnen auf dem Weg zurück in die Stadt begegnet sein, denn selbstverständlich waren er und seine Schatzkolonne nur bis zu dem Punkt auf der Dammstraße gekommen, wo die erste Kanudurchfahrt diese unterbrach und wo sie sahen, daß die sie überspannende Brücke entfernt worden war, so daß sie nicht hinüber konnten. Infolgedessen ritt Cortés allein zur Insel zurück und stieß dort auf die fliehenden Reste seines Heeres, welche ihre Feinde verfluchten, über ihre Wunden stöhnten und alle um ihr Leben liefen. Nicht weit hinter ihnen hörte er das Kriegsgeschrei unserer sie verfolgenden Krieger, welche immer noch versuchten, sich an den sie aufhaltenden Reitern vorbeizukämpfen.

Ich kenne Cortés und weiß, daß er sich nicht erst lange damit aufhielt, sich im einzelnen erklären zu lassen, was geschehen war. Er muß diesen Männern gesagt haben, sie sollten dort Stellung beziehen, wo die Dammstraße auf die Insel stieß, und den Feind so lange wie möglich aufhalten. Denn er galoppierte augenblicklich wieder den Damm zurück, wo Alvarado und Narváez und die anderen Soldaten warteten, und schrie ihnen zu, sie sollten den Schatz in den See schütten, die Schlitten freimachen und sie dann über die Durchfahrt schieben, um eine behelfsmäßige Brücke zu bilden. Ich kann wohl behaupten, daß von Alvarado hinunter bis zum einfachsten Fußsoldaten alle in ein Protestgeheul ausbrachen, und ich stelle mir vor, daß Cortés sie mit einem Befehl zum Schweigen brachte wie: »Tut, was ich euch gesagt habe. Oder wir sind alle des Todes.«

Infolgedessen gehorchten sie ihm. Im Schutze der Dunkelheit, noch ehe sie halfen, die Schlitten zu entleeren, leerten die Soldaten, was immer sie an Behältnissen und Beuteln bei sich hatten und füllten diese sowie ihre Wämser und selbst ihre hohen Stulpenstiefel mit allem Goldgerät, das klein genug war, es zu stehlen. Aber der größte Teil des Schatzes verschwand im Wasser des Sees, und die Pferde wurden ausgespannt. Dann schoben die Männer die Schlitten über die Durchfahrt für die Kanus hinüber.

Inzwischen kam der Rest des Heeres über die Dammstraße von der Stadt her, und zwar nicht aus freien Stücken, denn unsere Krieger waren ihnen hart auf den Fersen. Als sie bis dorthin gekommen waren, wo Cortés und die anderen warteten, stockte der Rückzug eine Weile, und die vordersten Linien der Spanier und der Mexíca gerieten in ein Handgemenge, bei dem es weder vorwärts noch zurück ging. Wiewohl die Dammstraße breit genug war, daß zwanzig Männer nebeneinander darüber hinmarschieren konnten, konnten nicht genau so viele nebeneinander kämpfen, ohne einander ins Gehege zu kommen. Es konnten wohl nicht mehr als zwölf von unseren Kriegern mit zwölf von den ihren kämpfen, und das Gewicht unserer großen Zahl hinten nützte gar nichts.

Dann schienen die Spanier plötzlich nachzugeben und wichen zurück, doch während sie das taten, zogen sie die Schlittenbrücken mit sich hinüber, so daß unsere vordersten Kämpfer unversehens schwankend am Abgrund standen. Einer der Schlitten und etliche von unseren Leuten sowie mehrere Spanier fielen in den See. Aber die weißen Männer auf der anderen Seite hatten kaum Zeit, Atem zu schöpfen. Unsere Krieger waren fast unbekleidet und waren überdies gute Schwimmer. Sie sprangen aus freien Stücken ins Wasser, schwammen über die Durchfahrt hinüber und kletterten die Stämme hinauf, wo die weißen Männer standen. Gleichzeitig ging von beiden Seiten ein Pfeilregen auf die Spanier hernieder. Cuitláhuac hatte an alles gedacht. Kanus mit Bogenschützen waren mittlerweile auf dem See und strebten auf die Dammstraße zu. Cortés blieb keine andere Wahl, als sich kämpfend weiter zurückzuziehen. Da seine Pferde die größten und wertvollsten und verwundbarsten Ziele bildeten, befahl er einigen Männern, die Pferde ins Wasser zu treiben und sich an ihnen festzuhalten, während sie aufs Festland zuschwammen. Ohne daß man es ihr befohlen hätte, sprang Malíntzin zusammen mit ihnen ins Wasser und wurde von einem schwimmenden Pferd an Land gebracht.

Dann taten Cortés und die ihm noch verbliebenen Männer ihr Bestes, einen geordneten Rückzug anzutreten. Diejenigen, welche Armbrüste und funktionierende Hakenbüchsen hatten, schossen sie aufs Geratewohl links und rechts vom Damm ins Dunkel ab, in der Hoffnung, einen von den Angreifern in den Kanus zu treffen. Die anderen Spanier, welche abwechselnd mit dem Säbel kämpften und den ihnen noch verbliebenen Schlitten zogen, wichen immer weiter hinter den immer zahlreicheren Kriegern zurück, denen es gelungen war, die erste Lücke in der Dammstraße zu überwinden. Es gab noch zwei weitere dieser Kanudurchfahrten zwischen Cortés und dem Festland von Tlácopan. Der Schlitten half ihm, sich und seine Männer auf den nächsten Abschnitt hinüberzubringen, doch dort mußten sie diese Behelfsbrücke zurücklassen, da ihre Verfolger sie gleichfalls überwanden. Bei der nächsten Durchfahrt kämpften die weißen Soldaten und wichen zurück, bis sie vom Rand in den See hinunterfielen.

Doch in so großer Nähe des Ufers war das Wasser bereits so seicht, daß auch jemand, der nicht schwimmen konnte, durch eine Reihe von Hüpfern ans Land kommen konnte und den Kopf dabei über Wasser behielt. Nur trugen die weißen Männer schwere Panzer, und viele von ihnen wurden auch durch das noch schwerere Gold belastet, und so schlugen sie, als sie ins Wasser fielen, wild mit den Armen um sich und strampelten mit den Beinen, um nicht unterzugehen. Cortés und seine Kameraden, welche nach ihnen kamen, zögerten bei dem Versuch, den Durchlaß hinter sich zu bringen, nicht, auf sie zu treten. So kam es, denke ich, daß viele Männer, die ins Wasser fielen, versanken, wobei die untersten, wie ich vermute, tief in den Schlickgrund des Sees hineingestampft wurden. Da mehr und immer mehr von den Spaniern hineinfielen und ertranken, stapelten sich ihre Leichen so hoch, daß sie eine Brücke aus Fleisch bildeten, und auf diese Weise gelangten die letzten überlebenden Spanier hinüber.

Nur einer von ihnen schaffte die Überbrückung ohne Panik, sondern ihm gelang ein Sprung, welchen unsere Krieger so bewunderten, daß sie heute noch von »Tonatíus Sprung« sprechen. Als Pedro de Alvarado an den Rand gestoßen wurde, war er nur mit einem Speer bewaffnet. Er wandte seinen Angreifern den Rücken zu, steckte den Speer in die sich hebende und senkende und ertrinkende Masse von Leibern im Wasser und machte einen mächtigen Satz. Wiewohl schwer gepanzert, wahrscheinlich auch verwundet und bestimmt völlig erschöpft, *schwang* er sich vom einen Ende der Dammstraße über die Durchfahrt bis auf die andere Seite und brachte sich so in Sicherheit.

Denn dort kamen unsere Krieger, welche die weißen Männer verfolgten, nicht weiter. Sie blieben stehen. Sie hatten die letzten Fremden aus Tenochtítlan auf Tecpanéca-Gebiet hinausgedrängt und nahmen an, daß der Rest dort getötet oder gefangengenommen werden würde. Unsere Krieger kehrten auf der Dammstraße zurück – wo die Bootsmänner bereits die fehlenden Brücken wieder heranführten und einsetzten – und vollbrachten auf dem Rückweg die Arbeit der Feßler und der Garaus-Macher. Ihre gefallenen Kameraden nahmen sie mit; desgleichen diejenigen weißen Männer, welche als Opfer dienen sollten, und gaben mit ihren Klingen gnädig denjenigen Spaniern endgültig den Tod, welche dem Tode bereits nahe waren.

Cortés und die ihn begleitenden Überlebenden sahen sich nicht mehr bedrängt und konnten sich in Tlácopan ausruhen. Die Tecpanéca, die dort lebten, waren nicht so gute Kämpfer wie die Texcaltéca, welche Cortés bei ihnen einquartiert hatte; nur war ihnen bei ihrem Angriff das Überraschungsmoment zu Hilfe gekommen, und außerdem kannten sie das Gelände. Als Cortés also die Stadt erreichte, hatten die Tecpanéca seine Texcaltéca-Verbündeten von Tlácopan in nördlicher Richtung nach Azcapotzálco abgedrängt, so daß sie sich immer noch auf der Flucht befanden. Cortés und seinen Gefährten war eine Ruhepause vergönnt, in welcher sie ihre Wunden verbinden, sich einen Überblick über die Lage verschaffen und beschließen konnten, was sie jetzt tun sollten.

Unter den noch Lebenden fand Cortés immerhin die wichtigsten seiner Unterbefehlshaber: Narváez, Alvarado und andere – und seine Malíntzin –, aber sein Heer war kein Heer mehr. Im Triumph war er mit rund eintausendfünfhundert anderen weißen Männern in Tenochtítlan eingezogen. Jetzt war er mit nicht einmal vierhundert aus Tenochtítlan vertrieben worden – dazu etwa dreißig Pferden, von denen einige dem Kampf auf Dem Herzen Der Einen Welt entkommen waren und von der Insel herübergeschwommen kamen. Cortés hatte keine Ahnung, wo seine eingeborenen Verbündeten waren oder wie es ihnen erging. Tatsache ist, daß auch sie sich auf der Flucht vor den rachedurstigen Heeren des Dreibunds befanden. Bis auf die Texcaltéca, die in nördlicher Richtung von ihm fortgedrängt wurden, wurden alle seine anderen Streitkräfte, welche er am Seeufer entlang aufgestellt hatte, in diesem Augenblick nach Norden getrieben – dorthin, wo er erschöpft und niedergeschlagen saß.

Es heißt, Cortés habe genau das getan. Habe dagesessen, als ob er sich nie wieder erheben würde, mit dem Rücken gegen eine der »ältesten der alten« Zypressen gelehnt, und geweint. Ob er mehr über die vernichtende Niederlage weinte oder um den verlorenen Schatz, weiß ich nicht. Aber vor kurzem ist ein Zaun um jenen Baum errichtet worden, wo Cortés weinte, um eine Gedenkstätte für die »Traurige Nacht« daraus zu machen. Wir Mexíca, schrieben wir noch Geschichtsbücher, würden dieser Nacht einen anderen Namen geben – »Nacht des letzten Sieges der Mexíca« vielleicht –, aber es seid ihr Spanier, die ihr jetzt die Geschichte schreibt, und so nehme ich an, wird diese regengepeitschte und blutige Nacht – nach eurem Kalender der dreizehnte Tag des Mondes Juni im Jahre eintausendfünfhundertundzwanzig – wohl für immer als *La Noche Triste* in der Erinnerung bleiben.

In mancher Hinsicht war es auch für Die Eine Welt keine glückliche Nacht. Als am unseligsten erwies sich der Umstand, daß unsere Heere die Verfolgung Cortés' und seiner ihm verbliebenen Weißen sowie der Eingeborenen, die ihn unterstützten, abbrachen, bevor sie sie bis auf den letzten Mann erschlagen hatten. Doch wie ich bereits gesagt habe, wiegten die Krieger von Tenochtítlan sich in dem Glauben, eben dieses würden ihre Verbündeten auf dem Festland tun, und so kehrten sie auf die Insel zurück, um den Rest der Nacht einen Sieg zu feiern, von dem sie annahmen, daß er vollständig sei. Die Priester unserer Stadt und der größte Teil der Bevölkerung waren noch vor der Pyramide von Tlaltelólco versammelt, wo sie zum Schein eine Zeremonie gefeiert hatten, die unsere Feinde hatte ablenken sollen. Jetzt waren sie nur allzu bereit, in großen Scharen zum Herzen Der Einen Welt zu ziehen, um dort vor der Großen Pyramide eine richtige Dankzeremonie zu feiern. Auch Béu und ich verließen, als wir die frohen Rufe der zurückkehrenden Krieger hörten, unser Haus, um daran teilzunehmen. Und Tlaloc – gleichsam als wolle er dem Jubel seiner Anhänger besser zusehen – hob den Vorhang seines Regens auf.

In normalen Zeiten hätten wir es nicht gewagt, irgendeine Zeremonie auf dem Großen Platz zu feiern, bis nicht jeder Stein, jedes Standbild und noch der geringste Gebäudeschmuck geschrubbt, vom letzten Schmutzfleck gesäubert und von jeder möglichen Besudelung befreit worden wäre, bis Das Herz Der Einen Welt strahlte, auf daß es den Beifall und das Wohlgefallen der Götter finde. Doch in dieser Nacht bot sich der riesige Platz im Schimmer der Fackeln und Urnenfeuer als ein einziger Haufen Unrat dar. Überall lagen Leichen oder Leichenteile herum, weißhäutige ebenso wie kupferfarbene: außerdem viele Eingeweide, graurosa und graublau, so daß man nicht sagen konnte, von wem sie stammten. Überall lagen zerbrochene oder fortgeworfene Waffen herum, Exkremente der verängstigten Pferde und Menschen, welche sich im Sterben entleert hatten, und das strengriechende Bettzeug, die Kleidung und die anderen Habseligkeiten der Spanier. Aber die Priester erhoben keinen Einspruch gegen diesen grausigen Hintergrund für die Feier, und die Menschen strömten herbei, ohne allzu großen Abscheu vor den häßlichen Dingen zu bekunden, auf die sie oder in die sie traten. Wir waren alle überzeugt, daß die Götter gleichfalls dieses eine Mal keinen Anstoß an dem verheerenden Zustand des Platzes nehmen würden, waren es doch nicht nur unsere, sondern auch ihre Feinde gewesen, welche wir hier besiegt hatten.

Ich weiß, es hat euch immer mit Abscheu erfüllt, wenn ich beschrieben habe, wie Menschen geopfert wurden, ehrwürdige Patres, selbst wenn es sich um Opfer der von eurer Kirche verachteten Heiden handelte, und deshalb will ich mich nicht lange bei der Opferung eurer eigenen Landsleute aufhalten, die begann, als Tonatíu sich strahlend von seinem Lager erhob. Ich will nur sagen – selbst wenn wir in euren Augen damit als sehr töricht dastehen –, daß wir auch die ungefähr vierzig Pferde opferten, welche die Soldaten zurückgelassen hatten – denn, versteht ihr, wir konnten ja nicht ganz sicher sein, ob *sie* nicht auch gewissermaßen Christen wären. Ich sollte vielleicht auch noch sagen, daß die Pferde wesentlich würdevoller in den Blumentod gingen als die Spanier, die sich wehrten, als man sie auszog, und fluchten, als man sie die Treppe hinaufschleifte, und wie die Kinder weinten, als sie über den Opferstein gelegt wurden. Unsere Krieger erkannten einige der weißen Männer, welche am tapfersten gegen sie gekämpft hatten, und nachdem diese Männer gestorben waren, wurden ihre Schenkel abgeschnitten, um sie zu sieden und ...

Aber vielleicht mindert es euren Abscheu, meine Herren Skribenten, wenn ich euch versichere, daß die meisten der Leichen einfach den Tieren im Tierhaus der Stadt vorgeworfen wurden ...

Sehr wohl, ehrwürdige Herren, ich werde mich jetzt also den weniger glanzvollen Ereignissen dieser Nacht zuwenden. Während wir den Göttern Dank sagten, daß wir die Fremden nun endlich los wären, ahnten wir nicht, daß unsere Heere auf dem Festland sie nicht vernichtet hatten. Cortés saß immer noch in Tlácopan und blies Trübsal, da wurde er aus seinem Kummer herausgerissen durch den Lärm seiner anderen fliehenden Truppen – der Acólhua und Totonáca oder dasjenige, was von ihnen übriggeblieben war –, welche von den Xochimílca und Chalca nach Norden gejagt wurden. Cortés und seinen Offizieren und Malíntzin – die ohne Zweifel lauter schrie, als sie jemals in ihrem Leben hatte schreien müssen – gelang es, die heillose Flucht aufzuhalten und einigermaßen so etwas wie Ordnung herzustellen. Dann führten Cortés und seine weißen Männer – einige zu Pferde, andere zu Fuß, manche humpelnd und manche auf Tragbahren – die Eingeborenentruppen, welche wieder richtige Formationen bildeten, weiter nach Norden, ehe ihre Verfolger sie hatten einholen können. Und diese Verfolger, welche vermutlich glaubten, daß die Flüchtenden auch von anderen Streitkräften des Dreibunds zerschlagen werden könnten, oder weil auch sie darauf versessen waren, endlich mit ihren Siegesfeiern zu beginnen, ließen die Flüchtenden laufen.

Irgendwann gegen Morgengrauen am nördlichen Ausläufer des Tzumpánco-Sees erkannte Cortés, daß er ausgerechnet den mit uns verbündeten Tecpanéca dicht folgte. Und sie, welche wiederum den *ihm* verbündeten Texcaltéca dicht auf den Fersen waren, waren alles andere als erbaut, als sie überrascht feststellten, daß sie zwischen zwei feindlichen Streitkräften dahinzogen. In der Annahme, daß irgend etwas mit dem Schlachtplan schiefgelaufen sein müsse, brachen auch die Tecpanéca die Verfolgung ab, schlugen sich in die Büsche und kehrten heim nach Tlácopan.

Cortés holte zuletzt seine Texcaltéca ein, und so war seine gesamte Streitmacht wieder beisammen, wenn auch beträchtlich geschrumpft und in sehr gedrückter Stimmung. Immerhin mag es Cortés einigermaßen erleichtert haben, daß seine besten Eingeborenentruppen, die Texcaltéca, die geringsten Verluste erlitten hatten – eben, *weil* sie die besten Kämpfer waren. Ich kann mir denken, was Cortés dabei durch den Kopf ging:

»Wenn ich nach Texcála ziehe, wird der alte König Xicoténca anerkennen, daß ich die meisten Krieger, welche er mir zur Verfügung gestellt hat, gerettet habe. Folglich wird er nicht allzu böse und zornig auf mich sein können oder mir vorhalten, ich hätte völlig versagt. Vielleicht kann ich ihn sogar bewegen, dem Rest von uns dort Zuflucht zu gewähren.«

Ob er nun so gedacht hat oder nicht – auf jeden Fall führte Cortés seine erschreckend mitgenommenen Truppen um den Nordrand der Seen herum nach Texcála. Auf diesem langen Marsch erlag noch eine ganze Anzahl von Verwundeten ihren Verletzungen, und alle litten beträchtlich, denn sie machten klugerweise einen großen Umweg, mieden jeden größeren Ort und konnten daher nicht hingehen und um Nahrung bitten oder sie verlangen. Sie waren gezwungen, sich von wilden Tieren und Pflanzen zu ernähren, die sie fanden, und mindestens einmal mußten sie sogar einige von ihren kostbaren Pferden und Jagdhunden schlachten und verzehren.

Nur einmal wurden sie auf diesem langen Marsch in einen Kampf verwickelt. An den Ausläufern der Berge im Osten wurden sie von einer Streitmacht von Acólhua-Kriegern aus Texcóco überrascht, die dem Dreibund noch treu waren. Aber diesen Acólhua mangelte es sowohl an einem Anführer als auch dem Anreiz, überhaupt zu kämpfen, und so verlief dieses Gefecht nahezu so unblutig wie ein Blumenkrieg. Als die Acólhua sich eine Reihe von Gefangenen gesichert hatten – alles Totonáca, glaube ich –, zogen sie sich vom Schlachtfeld zurück und kehrten heim nach Texcóco, um dort selbst ihren »Sieg« zu feiern. Infolgedessen wurde die Cortés noch verbliebene Streitmacht auf der zwölftägigen Flucht zwischen der Traurigen Nacht und ihrer Ankunft in Texcála nicht sonderlich verringert. Der erst vor kurzem zum Christentum übergetretene Herrscher dieses Volkes, der alte und blinde Xicoténca, hieß Cortés willkommen und gestattete ihm und seinen Truppen, so lange zu bleiben, wie er wollte. All diese Dinge, welche ich gerade eben erzählt habe und die sich alle zu unserem Nachteil auswirkten, waren uns in Tenochtítlan unbekannt, als wir in dem strahlenden Sonnenaufgang nach der Traurigen Nacht die ersten spanischen Xochimíqui zum Opferstein auf der Großen Pyramide hinaufschickten.

Es geschahen in besagter Traurigen Nacht auch noch andere Dinge, die, wenn auch nicht besonders traurig, so doch etwas waren, was nachdenklich stimmte. Wie ich berichtet habe, verlor das Volk der Mexíca seinen Verehrten Sprecher Motecuzóma. Aber auch der Verehrte Sprecher der Tlácopan, Totoquihuáztli, fand in dieser Nacht bei den Kämpfen den Tod. Und der Verehrte Sprecher von Texcóco, Cacáma, welcher zusammen mit den Acólhua gekämpft hatte, die er Tenochtítlan zur Verfügung gestellt, wurde gleichfalls unter den Toten gefunden, als unsere Sklaven sich an das grausige Werk machten, Das Herz Der Einen Welt von dem ganzen Unrat der Nacht zu säubern. Keiner betrauerte sehr den Tod von Motecuzóma und seines Neffen Cacáma, doch war es schon ein beunruhigender Zufall, daß *alle drei* Herrscher des Dreibunds an einem Nachmittag und in einer Nacht den Tod gefunden hatten. Selbstverständlich hatte Cuitláhuac bereits den leerstehenden Thron der Mexíca bestiegen – wiewohl er nie dazu kam, alle Pracht und Feierlichkeiten einer offiziellen Krönungszeremonie zu genießen. Und das Volk von Tlácopan wählte als Nachfolger für ihren gefallenen Uey-Tlatoáni seinen Bruder Tétlapanquétzal.

Die Wahl des neuen Verehrten Sprechers von Texcóco war weniger leicht. Legitimer Anwärter auf den Thron war Prinz Schwarz Blume, welcher ohnehin hätte Herrscher werden sollen, und die meisten Acólhua hätten ihn gewiß gern auf dem Thron gesehen – nur, daß er sich mit den verhaßten weißen Männern verbündet hatte. Deshalb einigte sich der Staatsrat von Texcóco in Absprache mit den neuen Verehrten Sprechern von Tenochtítlan und Tlácopan darauf, einen so unbedeutenden Mann zu ernennen, daß er für alle Teile annehmbar war, gleichwohl jedoch jenem Führer Platz machen konnte, welcher sich später als der stärkste unter den zersplitterten Acólhua herausstellte. Sein Name war Cohuanácoch, und ich glaube, er war ein Neffe des verstorbenen Nezahualpíli. Es lag in der allgemeinen Unsicherheit und Zerrissenheit und an der schwächlichen Führung dieses Volkes, daß die Acólhua-Krieger die fliehenden Streitkräfte von Cortés nur so halbherzig angriffen, wohingegen sie sie vollständig hätten vernichten sollen. Nie wieder bewiesen die Acólhua das kriegerische Ungestüm, welches ich so sehr bewundert hatte, als Nezahualpíli sie vor so vielen Jahren gegen die Texcaltéca geführt hatte.

Ein weiteres merkwürdiges Vorkommnis in der Traurigen Nacht war, daß irgendwann im Laufe dieser Nacht die Leiche Motecuzómas aus dem Thronsaal des Palastes verschwand, in welchem er zuletzt gelegen hatte, und nie wieder gesehen ward. Ich habe viele Vermutungen darüber gehört, was aus ihr geworden ist – sie sei bösartig zerhackt und in Stücke geschlagen worden, als unsere Krieger den Palast stürmten; seine Frauen und Kinder hätten die Leiche heimlich weggeschafft, um ihr ein würdiges Begräbnis zu verschaffen; seine ergebenen Priester hätten die Leiche mit Konservierungsmitteln präpariert und versteckt und würden sie eines Tages, wenn ihr weißen Männer fort sein werdet und die Mexíca wieder regieren, durch Zauberei wieder zum Leben erwecken. Ich persönlich nehme an, daß Motecuzómas Leiche unter diejenigen der Texcaltéca-Ritter geriet, welche in diesem Palast erschlagen wurden, und unerkannt dort verschwand, wo auch sie verschwanden: als Futter für die Tiere des Tierhauses. Nur eines ist sicher. Motecuzóma verließ diese Welt genauso unbestimmt und unentschlossen, wie er in ihr gelebt hatte, so daß die Stelle, wo seine leibliche Hülle ruht, genauso unbekannt ist wie der Verbleib des Schatzes, welcher in dieser Nacht gleichfalls verschwand.

Ach ja, der Schatz: dasjenige, was heute der »verlorene Schatz der Azteken« genannt wird. Ich hatte mich schon gefragt, wann ihr mich danach fragen würdet. In späteren Jahren ließ Cortés mich des öfteren kommen, damit ich Malíntzin half zu dolmetschen, während er viele Menschen ausfragte, jeden einzelnen viele Male und oft auf sehr nachdrücklich überzeugende Weise; und oft hat er auch mich gefragt, was *ich* wohl über den Verbleib des Schatzes wisse, wenn er mich auch keinen ausdrücklich überzeugenden Methoden der Befragung unterwarf. Außer Cortés haben noch viele andere Spanier mich und ehemalige Höflinge gebeten, ihnen zu sagen: Woraus bestand der Schatz eigentlich? Und wieviel war er wert? Und vor allen Dingen: Wo ist er jetzt? Ihr würdet nicht glauben, welche Verlockungen man mir auf den heutigen Tag bietet, möchte aber immerhin soviel sagen, daß diejenigen, welche am hartnäckigsten fragen und sich dabei am großzügigsten zeigen, hochgeborene spanische Doñas sind.

Ich habe euch, ehrwürdige Patres, bereits gesagt, woraus der Schatz bestand. Was seinen Wert betrifft, so habe ich keine Ahnung, wie ihr diese unzähligen Kunstwerke abschätzen würdet. Selbst, wenn man den Wert des Goldes und der Edelsteine allein für sich nimmt, wüßte ich nicht zu sagen, wie man ihn in Maravedíes und Reales ausdrücken sollte. Doch nach dem, was man mir über den gewaltigen Reichtum eures Königs Carlos und eures Papstes Clemens und anderer reicher Persönlichkeiten in eurer Alten Welt erzählt hat, glaube ich, kann man füglich behaupten, daß ein Mann, welcher den »verlorenen Schatz der Azteken« besäße, der bei weitem reichste aller reichen Männer in eurer Alten Welt sein würde.

Aber wo ist er? Nun, die alte Dammstraße erstreckt sich auch heute noch von hier nach Tlácopan – oder Tácuba, wie ihr die Stadt lieber nennt. Wiewohl kürzer als damals, ist die westlichste Kanudurchfahrt immer noch da, und das ist die Stelle, wo viele spanische Soldaten vom Gewicht des Goldes in ihrem Gepäck, ihren Wämsern und Stiefeln in die

Tiefe gezogen wurden. Selbstverständlich müssen sie in den elf Jahren, welche seither vergangen sind, tief im Schlick auf dem Grund des Sees versunken sein und noch tiefer unter den Ablagerungen liegen, welche sich in denselben Jahren dort unten gesammelt haben. Wer jedoch habgierig genug ist und genügend Kraft aufbringt, um dort hinabzutauchen und zu graben, müßte viele gebleichte Knochen und unter ihnen viele edelsteingeschmückte goldene Diademe, Medaillons, Figürchen und dergleichen finden. Vielleicht nicht genug, um es mit König Carlos oder Papst Clemens aufnehmen zu können, aber genug, so daß er nie mehr habgierig zu sein brauchte.

Für jeden von echter Habgier getriebenen Schatzsucher wurde der größere Teil der Beute auf Cortés' Befehl an der ersten, in der Stadt am nächsten gelegenen Acáli-Durchfahrt in den See geworfen. Der Verehrte Sprecher Cuitláhuac hätte hinterher Taucher hinabschicken können, um ihn wieder herauszuholen, und vielleicht hat er das auch getan, doch habe ich gute Gründe, das zu bezweifeln. Auf jeden Fall starb Cuitláhuac, bevor Cortés ihn fragen konnte – entweder höflich oder unter Anwendung nachdrücklich überzeugender Methoden. Und wenn irgendwelche Mexíca-Taucher den Schatz des Volkes aus dem See herausgeholt haben, so sind diese Männer entweder gleichfalls gestorben oder bewahren in dieser Beziehung absolutes Schweigen.

Ich glaube, der größte Teil des Schatzes liegt immer noch dort, wo Cortés ihn in der Traurigen Nacht in die Tiefe werfen ließ. Doch als Tenochtítlan später dem Erdboden gleichgemacht wurde und auch hinterher, als die Trümmer fortgeräumt wurden, um die Stadt im spanischen Stil wieder aufzubauen, wurden die Überreste Tenochtítlans, die man nicht gebrauchen konnte, einfach über den Rand der Insel in den See gekippt – teils, damit sie euren Baumeistern nicht im Wege wären, teils auch, um die Oberfläche der Insel zu vergrößern. Dadurch wurde die Dammstraße nach Tlácopan verkürzt, und die der Stadt am nächsten gelegene Acáli-Durchfahrt liegt jetzt zugeschüttet da. Wenn ich mit meinen Berechnungen, wo der Schatz liegen müßte, recht habe, müßte er sich irgendwo in der Tiefe unter den Grundmauern der eleganten und herrschaftlichen Häuser befinden, welche die heutige Avenida Calzada Tácuba säumen.

Soviel ich auch im einzelnen von den Dingen erzählt habe, welche sich in der Traurigen Nacht abspielten, ein Ereignis habe ich nicht berichtet, eines, welches ganz allein die Zukunft Der Einen Welt bestimmte. Es handelte sich um den Tod nur eines einzigen Mannes. Er war niemand Bedeutendes. Wenn er einen Namen hatte – ich habe ihn nie gehört. Vielleicht hat er in seinem ganzen Leben weder etwas Rühmens- noch etwas Tadelnswertes getan – außer, daß seine Wege und Tage ausgerechnet hier enden mußten, wobei ich noch nicht einmal weiß, ob er tapfer starb oder feige. Doch als Das Herz Der Einen Welt am nächsten Tag gesäubert wurde, fand man seine von einem Maquáhuitl erschlagene Leiche, und die Sklaven schrien auf, als sie ihn fanden, weil er weder ein weißer Mann war noch einer von unserer Rasse, und weil diese Sklaven ein solches Wesen noch nie zuvor erblickt hatten. Ich hingegen hatte das. Er war einer von jenen unglaublich schwarzen Männern, welche zusammen mit Narváez aus Cuba gekommen waren; und es handelte sich um jenen, vor dessen verwüstetem Gesicht ich zurückgeschreckt war.

Heute lächle ich – kläglich und geringschätzig zwar, aber immerhin, ich lächle –, wenn ich sehe, wie stolz und aufgeblasen Hernán Cortés, Beltrán de Cuzmán und Pedro de Alvarado und all die anderen spanischen Veteranen daherkommen, welche sich heute brüsten, die eigentlichen *conquistadores* zu sein. O gewiß, sie haben manch kühne und verwegene Tat getan, das kann ich nicht leugnen. Daß Cortés seine eigenen Schiffe nach seiner Ankunft hier in Brand steckte, ist eine Tat, die an Waghalsigkeit wohl so leicht von niemand übertroffen wird, nicht einmal von irgendeiner Laune der Götter. Und es gab auch noch andere Dinge, welche zum Fall Der Einen Welt beitrugen – nicht zuletzt die beklagenswerte Tatsache, daß diese Eine Welt sich gegen sich selbst kehrte: ein Volk gegen das andere Volk, ein Nachbar gegen den anderen, und zuletzt sogar Bruder gegen Bruder. Doch wenn ein einzelner Mensch allein den Titel Conquistador verdient, so dieser namenslose schwarze Mohr, welcher die Blatternkrankheit nach Tenochtítlan brachte.

Er hätte auf der Überfahrt von Cuba Narváez' Soldaten anstecken können. Er tat es nicht. Er hätte Narváez' und Cortés' Truppen auf ihrem Marsch von der Küste hierher anstecken können. Er tat es nicht. Er hätte selbst längst an der Krankheit sterben können, ehe er hierherkam. Er tat es nicht. Er blieb am Leben, kam nach Tenochtítlan und brachte uns die Krankheit. Vielleicht entsprang es einer Laune der Götter, ihn das tun zu lassen, jedenfalls gab es nichts, was wir dagegen hätten unternehmen können. Ich wünschte, er wäre unter denjenigen seiner Kameraden gewesen, die entkamen, damit er seine Krankheit früher oder später mit ihnen hätte teilen können. Aber nein. Tenochtítlan wurde von den Blattern verwüstet, und die Krankheit breitete sich im gesamten Seengebiet aus, drang bis in jedes Gemeinwesen des Dreibunds vor, erreichte aber niemals Texcála und machte unseren dortigen Feinden nicht zu schaffen.

Die ersten Einwohner von Tenochtítlan erkrankten bereits, als wir noch nicht einmal wußten, daß Cortés und seine Streitmacht in Texcála Zuflucht gefunden hatten. Die ehrwürdigen Patres kennen die Symptome der Krankheit gewiß und wissen, wie das weitergeht. Gleichviel, ich habe euch einmal beschrieben, wie ich vor vielen Jahren im fernen Tihó ein Xiu-Mädchen an den Blattern sterben sah. Deshalb brauche ich euch nicht zu sagen, daß unser Volk auf die gleiche Weise zugrunde ging: sie erstickten an den geschwollenen Geweben in ihrer Nase und im Hals – oder auf eine ähnlich grauenhafte Weise: im heftigen Delirium um sich schlagend und schreiend, bis ihr Gehirn die Qual nicht mehr ertrug, oder indem sie Blut spuckten, bis kein Blut mehr in ihrem Körper war, bis sie im Tode mehr einer leeren Hülse glichen als einem Menschen. Selbstverständlich erkannte ich die Krankheit frühzeitig und sagte zu unseren Heilkundigen:

»Das ist ein verbreitetes Gebrechen unter den Weißen, doch sie achten nicht sonderlich darauf, denn sterben tun sie nur selten daran. Sie nennen das die Blattern.«

»Was machen die weißen Männer, um nicht daran zu sterben?« fragten die Ärzte mich.

»Es gibt kein Heilmittel. Zumindest haben sie mir das gesagt. Außer beten.«

Infolgedessen waren unsere Tempel fortan voll von Priestern und Gläubigen, welche Patécatl, dem Gott des Heilens, Opfer darbrachten und ihn verehrten. Der Tempel, den Motecuzóma den Spaniern überlassen hatte, war gleichfalls ständig überfüllt von jenen unserer Leute, welche sich hatten taufen lassen und die plötzlich inständig hofften, *wirklich* zu Christen geworden zu sein – womit ich meine, daß sie hofften, der christliche Gott der Blattern werde sie als Weiße ansehen und sie daher verschonen. Sie zündeten Kerzen an und bekreuzten sich, murmelten Dinge, an welche sie sich aus den Gottesdiensten erinnerten, an einen Glauben, in welchem man sie kaum unterwiesen hatte und dem sie noch weniger Aufmerksamkeit geschenkt hatten.

Aber nichts hielt die Ausbreitung der Krankheit und das Sterben auf. Unsere Gebete waren so fruchtlos und unsere Ärzte so hilflos, wie es die der Maya gewesen waren. Es dauerte nicht lange, und uns drohte auch noch eine Hungersnot, da unsere Krankheit nicht geheimgehalten werden konnte und die Menschen vom Festland sich fürchteten, uns nahezukommen. Infolgedessen hörte der Verkehr mit den Acáltin auf, welche uns Lebensmittel brachten, ein Verkehr, der für die Versorgung unserer Insel so unumgänglich notwendig war. Freilich dauerte es nicht lange, da trat die Krankheit auch in den Gemeinwesen auf dem Festland auf, und nachdem klar wurde, daß der gesamte Dreibund gleichermaßen heimgesucht wurde, nahmen die Bootsleute ihren Verkehr wieder auf – oder vielleicht sollte ich sagen, jene Bootsleute, welche noch nicht angesteckt worden waren. Denn wählerisch schien die Krankheit nur in einer ganz besonders grausamen Hinsicht zu sein. Ich selber wurde nie angesteckt, Béu auch nicht, überhaupt keiner in unserem Alter. Die Blattern schienen Menschen unseres Alters und diejenigen, welche bereits an einer anderen Krankheit litten, sowie jene, die von jeher von schwacher Konstitution gewesen waren, zu verschmähen. Ja, sie stürzte sich auf die Jungen, die Kräftigen und Lebensvollen und verschwendete ihre Tücke nicht an jene, welche aus anderen Gründen ohnehin nicht mehr lange zu leben hatten.

Daß wir mit den Blattern geschlagen wurden, ist einer der Gründe, warum ich bezweifle, daß Cuitláhuac jemals etwas unternahm, um den im See versenkten Schatz zu heben. Die Krankheit kam gleich nach dem Auszug der weißen Männer über uns – nur Tage, nachdem wir den Unrat fortgeschafft hatten, den sie hinterlassen hatten, ehe wir uns von der Belastung der langen Besetzung hatten erholen können, ehe wir unser Leben als Gemeinwesen überhaupt dort wieder angefangen hatten, wo es unterbrochen worden war – deshalb weiß ich, daß der Verehrte Sprecher damals keinen Gedanken daran verschwendete, das Gold und die Edelsteine zu retten. Später, als die Krankheit zu einer verheerenden Epidemie geworden war, hatte er andere Gründe, diese Aufgabe hintanzustellen. Versteht ihr, wir waren eine lange Zeit hindurch von allen Nachrichten über den Rest der Welt außerhalb des Seengebietes abgeschnitten. Kaufleute und Boten von anderen Völkern weigerten sich, unser befallenes Gebiet zu betreten, und unseren eigenen Pochtéca und Reisenden verbot Cuitláhuac, woanders hinzugehen und die Ansteckung womöglich dort hinzutragen. Ich glaube, es waren vier volle Monde nach der Traurigen Nacht vergangen, ehe einer unserer in Texcála stationierten Quimíchime-Mäuse den Mut aufbrachte, von dort zu uns zu kommen und uns zu berichten, was in dieser Zeit alles geschehen war.

»Wisset also, Verehrter Sprecher«, sagte sie zu Cuitláhuac und den anderen, darunter mir, denen sehr daran gelegen war, ihn zu hören, »Cortés und seine Leute ruhten sich zunächst einmal nur aus, aßen gierig, kurierten ihre Verwundungen aus und waren überhaupt mit nichts anderem beschäftigt, als wieder richtig auf die Beine zu kommen. Aber sie taten es nicht, um sich darauf vorzubereiten, weiter an die Küste zu ziehen, an Bord ihrer Schiffe zu gehen und diese Lande zu verlassen. Sie erholten sich nur zu einem einzigen Zweck: um Kraft zu sammeln und einen neuen Angriff auf Tenochtítlan vorzutragen. Jetzt, wo sie sich wieder erholt haben und aktiv sind, ziehen sie und ihre Gastgeber, die Texcaltéca, durch die gesamten Lande östlich von hier und rekrutieren immer mehr Krieger von Stämmen, welche den Mexíca nicht besonders freundlich gesonnen sind.«

Die Weibliche Schlange unterbrach die Maus, um eindringlich zum Verehrten Sprecher zu sagen: »Wir hatten gehofft, wir hätten sie für immer entmutigt. Da wir das nicht getan haben, müssen wir jetzt tun, was wir schon längst hätten tun sollen. Wir müssen sämtliche Streitkräfte zusammenziehen und gegen sie marschieren. Wir müssen auch noch den letzten weißen Mann töten, alle ihre Verbündeten und diejenigen, die sie unterstützen, jeden einzelnen von unseren abtrünnigen Tributpflichtigen, welche Cortés geholfen haben. Und wir müssen es *jetzt* tun, ehe er so stark ist, daß er genau dies mit *uns* macht.«

Matt sagte Cuitláhuac: »Welche Streitkräfte meint Ihr, sollen wir zusammenziehen, Tlácotzin? Es gibt in all den Truppen des Dreibunds kaum einen einzigen Krieger, der Kraft genug in beiden Armen hätte, seine eigene Klinge hochzuheben.«

»Verzeiht mir, Hoher Gebieter, aber es gibt noch mehr zu berichten«, sagte die Quimíchi. »Cortés hat auch viele seiner Männer an die Küste geschickt, wo sie und ihre Totonáca mehrere von den dort festgemachten Schiffen auseinandergenommen haben. Unter unvorstellbarer Mühe und Plackerei haben sie all diese vielen und schweren Stücke Holz und Metall den ganzen schwierigen Weg von der Küste über die Berge bis nach Texcála geschafft. Dort sind Cortés' Bootsbauer im Augenblick dabei, kleine Schiffe daraus zu bauen. Genauso, wie sie es hier zum Vergnügen des verstorbenen Motecuzóma getan haben, Ihr werdet Euch erinnern. Nur jetzt bauen sie viele davon.«

»Auf dem trockenen Land?« rief Cuitláhuac ungläubig. »In ganz Texcála gibt es kein Gewässer, das tiefer wäre, als daß mehr als ein Acáli darauf fahren könnte. Das klingt doch wahnsinnig.«

Zurückhaltend zuckte die Quimíchi mit den Achseln. »Cortés mag durch die Demütigung, welche er kürzlich hier erfahren hat, wahnsinnig geworden sein. Doch ich bitte ergebenst zu bedenken, Verehrter Sprecher, daß ich wahrheitsgetreu berichte, was ich mit eigenen Augen gesehen habe, und *ich* bin nicht wahnsinnig. Oder vielmehr: war es nicht, bis ich fand, was sich dort tue, sei so unheilverkündend, daß ich mein Leben aufs Spiel setzte, hierherzukommen und Euch zu unterrichten.«

Cuitláhuac lächelte. »Ob wahnsinnig oder nicht, es war die Tat eines tapferen und getreuen Mexícatl, und ich bin dankbar dafür. Du wirst reich belohnt werden – und dann noch reicheren Lohn erhalten: Meine Erlaubnis nämlich, diese verpestete Stadt zu verlassen, so schnell dich deine Füße tragen.«

Auf diese Weise also erfuhren wir von Cortés' Tun und zumindest einiges über seine Absichten. Ich habe viele – die damals nicht hier waren – sich kritisch über unsere scheinbare Gleichgültigkeit und Stumpfheit äußern hören oder über unsere Dummheit oder darüber, daß wir uns trügerisch in Sicherheit wiegten, weil wir in der Isolation blieben und nichts unternahmen, um Cortés daran zu hindern, seine Streitkräfte um sich zu sammeln. Doch der Grund, warum wir nichts taten, ist der, daß wir nichts tun *konnten*. Von Tzumpánco im Norden bis nach Xochimílco im Süden, von Tlácopan im Westen bis Texcóco im Osten war jeder Mann und jede Frau, welche nicht half, die Erkrankten zu pflegen, entweder selbst krank, lag im Sterben oder war bereits tot. In unserer Schwäche blieb uns nichts anderes übrig, als abzuwarten und zu hoffen, daß wir uns wenigstens einigermaßen wieder erholt haben würden, ehe Cortés zurückkehrte. Darüber gaben wir uns keinerlei Illusionen hin; wir wußten, daß er wiederkommen würde. Und es war in diesem traurigen Sommer des Abwartens, daß Cuitláhuac in meiner Gegenwart und der seines Vetters Cuautémoc folgende Bemerkung machte:

»Ich sähe es lieber, daß der Schatz unseres Volkes für alle Ewigkeit auf dem Boden des Texcóco-Sees liegt – oder immer tiefer hinabsinkt in die schwarzen Tiefen der Míctlan –, als daß die weißen Männer ihn jemals wieder in die Hand bekommen.«

Ich bezweifle, daß er später anderen Sinnes wurde, denn dazu blieb ihm kaum Zeit. Ehe die Regenzeit vorüber war, wurde auch er von den Blattern hinweggerafft, spuckte sein ganzes Blut aus und starb. Armer Cuitláhuac, er wurde unser Verehrter Sprecher ohne die geziemenden Krönungsfeierlichkeiten, und als er starb, wurde er auch nicht mit Begräbnisfeierlichkeiten geehrt, welche seinem Rang entsprochen hätten.

Um die Zeit konnte nicht einmal der edelste aller Edelleute in einer Zeremonie mit Trommeln und prächtigem Trauergefolge bestattet werden – nicht einmal der Luxus einer Erdbestattung wurde ihm zuteil. Dafür waren einfach zu viele Tote da, starben jeden Tag zu viele. Es war kein Platz mehr vorhanden, wo sie hätten bestattet werden können, oder Männer, welche das Grab ausgehoben hätten, oder genug Zeit, all die Gräber zu graben, welche nötig gewesen wären. Statt dessen stellte jedes Gemeinwesen irgendein Stück nicht genutzten Landes zur Verfügung, auf welches die Toten geschafft, sang- und klanglos aufeinandergeworfen und zu Asche verbrannt wurden – und selbst diese Massenbestattung war in den feuchten Tagen der Regenzeit nicht ganz einfach. Der Verbrennungsplatz von Tenochtítlan lag auf einem unbewohnten Gelände auf dem Festland hinter dem Hügel von Chapultépec, und zwischen ihm und unserer Insel herrschte der regste Verkehr von Frachtkähnen. An den Rudern saßen alte Männer, denen die Krankheit nichts anhaben konnte, und so ruderten sie immer hin und her, den ganzen Tag lang, einen Tag wie den anderen. Cuitláhuacs Leiche war nur eine von den Hunderten, welche an dem Tag, da er starb, hinübergeschafft wurden.

Die Blatternkrankheit war der Bezwinger von uns Mexíca und einigen anderen Völkern. Noch andere Völker wurden geschlagen oder werden noch heute von Krankheiten heimgesucht, welche zuvor in diesen Landen unbekannt waren; und wenn man an manche denkt, könnten wir Mexíca geradezu dankbar sein, daß wir nur von den Blattern befallen wurden.

Da gibt es jene Krankheit, welche ihr die Beulenpest nennt und bei der dem Opfer am Hals, im Schritt und unter den Achseln schmerzende schwarze Beulen wachsen, so daß er ständig den Kopf nach hinten reckt und seine Gliedmaßen verrenkt, als ob er sie am liebsten von seinem Körper abreißen würde, um den Schmerz endlich loszuwerden. Dabei sind alle seine Ausscheidungen – sein Speichel, sein Urin und seine Exkremente, aber auch sein Schweiß und sogar sein Atem – von einem dermaßen pestilenzialischen Gestank, daß weder abgehärtete Ärzte noch liebevolle Verwandte es in der Nähe des Opfers aushalten, bis endlich die Beulen aufbrechen, eine widerwärtige schwarze Flüssigkeit herausspritzt und der Leidende gnädig erlöst ist.

Da ist jene Krankheit, welche ihr die Cholera nennt, deren Opfer in jedem Muskel des Körpers von Krämpfen befallen werden, entweder willkürlich einer allein oder alle auf einmal. Da kann es vorkommen, daß jemand Arme und Beine angstvoll verrenkt, um sie gleich darauf von sich zu strecken, als wolle er sich selbst zerreißen, und sein Körper sich dann zu einem qualvollen Knoten verkrampft. Zusätzlich wird er noch von einem ständigen Durst gequält. Wiewohl er Mengen von Wasser in sich hineintrinkt, erbricht er es sogleich wieder und kann weder seine Blase, noch seinen Darm beherrschen. Da er keinerlei Flüssigkeit bei sich behält, sieht er zuletzt, wenn er stirbt, aus wie eine alte verschrumpelte Bohnenschote.

Da gibt es noch andere Krankheiten, welche ihr Masern und Warzenpocken nennt, die zwar nicht so qualvoll, aber gleich tödlich verlaufen. Die einzigen sichtbaren Symptome sind ein juckender Ausschlag im Gesicht und am Körper, doch ohne daß man es sieht, dringen diese Krankheiten ins Hirn ein, so daß das Opfer zuerst in Bewußtlosigkeit fällt und dann stirbt.

Ich berichte euch nichts, was ihr nicht bereits wüßtet, ehrwürdige Patres, aber habt ihr jemals darüber nachgedacht? Die grauenhaften Krankheiten, welche eure Landsleute uns brachten, breiteten sich häufig schneller vor ihnen aus, als sie selbst marschieren konnten. Einige der Menschen, welche sie unterwerfen wollten, wurden unterworfen und waren tot, ehe sie überhaupt wußten, daß sie unterworfen werden sollten. Diese Menschen starben, ehe sie jemals gegen ihrer Eroberer kämpfen oder sich ihnen unterwerfen konnten, ja, ohne die Menschen, welche ihnen den Tod brachten, jemals zu Gesicht bekommen zu haben. Es ist durchaus möglich, daß es in abgelegenen Gegenden dieser Lande noch Menschen gibt, welche ein ganz zurückgezogenes Leben führen – Stämme wie die Rarámuri etwa oder die Zyú Huave –, die noch nicht einmal ahnen, daß es so etwas wie weiße Menschen überhaupt gibt. Gleichwohl ist es denkbar, daß diese Menschen elendiglich an den Blattern oder der Beulenpest zugrunde gehen und sterben, ohne daß sie wissen, daß sie *erschlagen* werden, oder warum oder von wem.

Ihr habt uns die christliche Religion gebracht, und ihr versichert uns, daß der Herrgott uns nach unserem Tode mit dem Himmel belohnt, doch, wenn wir Ihn nicht anerkennen, wir zur Hölle verdammt sind, wenn wir sterben. Warum hat der Herrgott dann auch diese Heimsuchungen geschickt, welche töten und so viele Unschuldige zur Hölle verdammen, ehe sie Seine Missionare kennenlernen und von Seiner Religion hören? Die Christen werden ständig aufgefordert, den Herrgott und alle Seine Werke zu loben und zu preisen, wozu schließlich auch das Werk gehört, welches Er hier vollbracht hat. Wenn ihr, ehrwürdige Patres, uns nur erklären könntet, warum der Herrgott beschloß, Seine sanfte neue Religion im Gefolge dieser grausam-mörderischen neuen Krankheiten zu schicken, könnten wir, die wir sie überlebt haben, freudiger in die Lobgesänge auf Seine unendliche Weisheit und Güte einstimmen und Sein Mitleid, Seine Gnade und Seine väterliche Liebe preisen, die Er für Seine Kinder überall auf Erden hegt.

Durch einstimmigen Beschluß wurde vom Staatsrat Cuautémoc zum nächsten Uey-Tlatoáni der Mexíca gewählt. Es ist reizvoll, sich zu überlegen, wie anders unsere Geschichte und unser Schicksal verlaufen sein würden, wäre Cuautémoc vor achtzehn Jahren beim Tod seines Vaters Ahuítzotl Verehrter Sprecher geworden, wie es ihm eigentlich zugestanden hätte. Reizvoll, das zu überlegen, aber selbstverständlich fruchtlos. »Wenn« ist ein kleines Wort in unserer Sprache – *tla* – wie in eurer auch, doch ich bin nachgerade zu der Überzeugung gelangt, daß es das belastetste Wort aller Wörter überhaupt ist.

Der Tribut, welchen die Blattern forderten, senkte sich, als die Hitze des Sommers und der Regen nachließen, und zuletzt, als die ersten Winterfröste einsetzten, entließ die Krankheit das Seengebiet aus ihrem Würgegriff, ließ jedoch den Dreibund in jedem Sinne des Wortes geschwächt zurück. Alle Menschen waren zutiefst niedergeschlagen; wir grämten uns um die unzähligen Toten; wir bedauerten diejenigen, welche – für den Rest ihres Lebens grausam entstellt – überlebt hatten; wir hatten keine Kraft nach dieser schrecklichen langen Heimsuchung; wir waren jeder Einzelne und insgesamt völlig entkräftet. Unsere Bevölkerung war etwa um die Hälfte geschrumpft; zurückgeblieben waren hauptsächlich die Alten und ohnehin Siechen. Da diejenigen, welche zugrundegegangen waren, vornehmlich die jüngeren Männer gewesen waren, von den Frauen und Kindern gar nicht zu reden, waren unsere Heere um weit *mehr* als die Hälfte verringert. Kein vernünftiger Befehlshaber hätte ihnen befohlen, die sich zusammenziehenden Fremden anzugreifen, und selbst um ihren Verteidigungsnutzen war es zweifelhaft bestellt.

In diesem Augenblick, da der Dreibund schwächer war als jemals zuvor, zog Cortés wieder gegen uns zu Felde. Er rühmte sich nicht mehr des großen Vorteils der überlegenen Waffen, denn er verfügte nur mehr über weniger denn vierhundert weiße Soldaten, und wie viele Hakenbüchsen und Armbrüste diese noch mitführten, weiß ich nicht. Sämtliche Kanonen, welche er in der Traurigen Nacht zurückgelassen hatte – vier auf dem Dach von Axayácatls Palast und die rund dreißig, welche auf dem Festland aufgestellt worden waren –, hatten wir in den See geworfen. Aber er gebot immer noch über zwanzig Pferde und eine Anzahl von Jagdhunden sowie über alle schon früher oder erst in letzter Zeit gewonnenen eingeborenen Krieger – die Texcaltéca, die Totonáca und andere unbedeutendere Stämme sowie die Acólhua, welche immer noch Prinz Schwarz Blume folgten. Alles in allem verfügte Cortés wohl über eine Streitmacht von hunderttausend Mann. Wir vom Dreibund hingegen konnten in all den Städten und Landen – selbst wenn man weit abgelegene Gebiete wie Tolócan und Quaunáhuac dazuzählte, welche nicht eigentlich zum Bund gehörten, uns aber dennoch unterstützten – noch nicht einmal den dritten Teil an kampffähigen Männern auf die Beine stellen.

Als daher Cortés' lange Marschsäulen von Texcála auf die nächstgelegene Hauptstadt des Dreibunds – Texcóco – zumarschierten, nahmen sie sie. Ich könnte lange über die verzweifelten Verteidigungsbemühungen der geschwächten Stadt berichten, von den Verlusten an Gefallenen, welche die Verteidiger zufügten und erlitten, und von der Taktik, mit welcher sie schließlich zuletzt geschlagen wurden ... doch wozu? Man braucht eigentlich nur noch zu sagen, daß sie in die Hand von Räubern fiel. Und zu diesen Räubern gehörten auch Prinz Schwarz Blumes Acólhua, welche gegen ihre Acólhua-Brüder kämpften, die ihrem neuen Verehrten Sprecher Cohuanácoch – oder richtiger gesagt, wohl ihrer Stadt Texcóco – treu ergeben waren. Und so kam es, daß in dieser Schlacht so mancher Acólhuatl die Klinge mit einem anderen Acólhuatl kreuzte, welcher sein leiblicher Bruder war.

Zumindest wurden Texcócos Krieger nicht alle beim Kampf um die Stadt getötet, und vielleicht zweitausend konnten entkommen, ehe sie dort in die Falle gerieten. Cortés' Truppen hatten die Stadt von der Landseite her angegriffen, und so gelang es den Verteidigern, als sie dem Ansturm nicht mehr standhalten konnten, sich langsam bis an den See zurückzuziehen. Dort nahmen sie jedes Fischer-, Vogelsteller-, Passagier- und Fracht-Acáli und auch alle eleganten Acáltin des Hofes und ruderten hinaus auf den See. Ihre Gegner, denen kein einziges Fahrzeug geblieben war, um sie zu verfolgen, konnten nur einen Pfeilhagel nach dem anderen zu ihnen hinüberschicken, doch richteten die Pfeile nur geringen Schaden an. So ruderten die Acólhua-Krieger über den See und schlossen sich unseren Streitkräften in Tenochtítlan an, wo wegen der vielen Toten in der letzten Zeit reichlich Platz war, sie alle unterzubringen.

Cortés wird aus seinen Unterhaltungen mit Motecuzóma wenn nicht aus irgendwelchen anderen Quellen gewußt haben, daß Texcóco nach Tenochtítlan die stärkste Bastion des Dreibunds war. So war er, nachdem er Texcóco so mühelos erobert hatte, zuversichtlich, daß er alle unsere anderen und kleineren Orte am See noch müheloser in die Hand bekommen könnte. Deshalb setzte er nicht sein gesamtes Heer auf diese Aufgabe an und befehligte sie auch nicht persönlich. Zur größten Verwirrung unserer Spione schickte er eine volle Hälfte seines Heeres zurück nach Texcála. Die andere Hälfte teilte er in kleinere Truppenteile auf, welche von seinen Unterbefehlshabern befehligt wurden: von Alvaradao, Narvaéz, Montejo und Guzmán. Einige marschierten von Texcóco aus nach Norden, andere nach Süden, um den ganzen See herum, wobei sie unterwegs unabhängig voneinander oder gemeinsam die verschiedenen kleinen Gemeinwesen angriffen. Wiewohl unser Verehrter Sprecher Cuautémoc jene Flotte von Acáltin einsetzte, welche die Acolhua auf ihrer Flucht mitgebracht hatten, um diese selben Krieger und unsere eigenen Mexíca den belagerten Städten zu Hilfe zu schicken, waren der Kämpfe so viele und vollzogen sich diese auch noch auf so weit auseinanderliegenden Schauplätzen, daß er einfach nicht genug Hilfstruppen schicken konnte, um am Ausgang etwas zu ändern. Jeden Ort, welchen die von den Spaniern geführten Truppen angriffen, nahmen sie ein. Das beste, was unsere Männer tun konnten, war, aus diesen Städten an heimischen Kriegern zu uns zu bringen, was noch übriggeblieben war, um unsere eigenen Streitkräfte und unsere eigene Verteidigung zu verstärken, wenn wir an der Reihe sein würden.

Dem Vernehmen nach leitete Cortés durch Melder die allgemeine Strategie seiner verschiedenen Offiziere und ihrer Truppenteile, doch er – und Malíntzin – blieben in der luxuriösen Residenz des Palasts von Texcóco, in welchem ich selbst einst gelebt hatte, und behielt auch den glücklosen Verehrten Sprecher Cohuanácoch dort – als Zwangsgastgeber oder Gast oder Gefangenen. Denn ich sollte erwähnen, daß Kronprinz Schwarz Blume, welcher alt dabei geworden war, darauf zu warten, Uey-Tlatoáni der Acólhua zu werden, diesen Titel und diesen erhabenen Rang nie erlangte.

Selbst nach der Einnahme der Hauptstadt der Acólhua, an welcher Schwarz Blumes Truppen keinen geringen Anteil hatten, bestimmte Cortés, daß der harmlose und nicht umstrittene Cohuanácoch weiterhin auf dem Thron blieb. Cortés wußte, daß alle Acólhua mit Ausnahme derjenigen Krieger, welche so lange Zeit hindurch Schwarz Blume gefolgt waren, den einst geachteten Kronprinzen als Verräter an seinem eigenen Volk und als Werkzeug der weißen Männer haßten. Cortés konnte nicht einen künftigen Aufstand des gesamten Volkes riskieren dadurch, daß er dem Verräter einen Thron gab, um dessentwillen er zum Verräter geworden war. Selbst als Schwarz Blume sich soweit erniedrigte, sich taufen zu lassen, Cortés zu seinem Taufpaten zu wählen und in allzu durchsichtiger Unterwürfigkeit den christlichen Namen Fernando *Cortés* Ixtlil-Xochitl annahm, konnte das seinen Paten nur so weit in seiner Entschlossenheit wankend machen, daß er ihn zum Oberherrscher dreier unbedeutender Provinzen des Acólhua-Landes ernannte. Woraufhin Don Fernando Schwarz Blume ein letztes Aufflackern seines einst herrischen Wesens zeigte und zornig aufbegehrte:

»Ihr *gebt* mir, was ich bereits besitze? Was meinen Väter *immer* gehört hat?«

Aber er brauchte die ihm nicht gewährte Genugtuung und Erniedrigung nicht lange zu ertragen. Er stürmte aus Texcóco hinaus, um die Herrschaft in einer dieser hinterwäldlerischen Provinzen zu übernehmen und traf dort gerade in dem Augenblick ein, da die Blatternkrankheit gleichfalls dort eintraf, und war nach ein oder zwei Monden tot.

Bald erfuhren wir, daß der Capitán-General der sengenden und plündernden Heere nicht nur in Texcóco zurückgeblieben war, um sich im Luxus auszuruhen. Unsere Quimíchime kamen nach Tenochtítlan und berichteten nicht mehr Verwirrendes, sondern, daß die Hälfte von Cortés' Streitmacht sich auf dem Rückmarsch nach Texóco befinde und dabei auf dem Rücken oder auf Rollen die vielen und unterschiedlichen Rümpfe und Masten und anderen Bestandteile der dreizehn »Schiffe« heranschaffte, welche auf dem trockenen Boden von Texcála gebaut worden waren. Cortés war in Texcóco geblieben, um zur Stelle zu sein, als sie eintrafen und die Zusammensetzung und das Zuwasserlassen dieser Wasserfahrzeuge zu überwachen.

Selbstverständlich handelte es sich nicht um so schreckenerregende Fahrzeuge wie die seegängigen Schiffe, aus denen sie gebaut worden waren. Sie ähnelten mehr unseren dem Frachtverkehr dienenden Flachbooten, nur, daß die Bordwände in die Höhe gezogen und die Boote mit flügelgleichen Segeln ausgestattet waren, die es ihnen, wie wir zu unserem Kummer bald feststellen sollten, gestatteten, schneller zu fahren als unsere vielruderigen größten Acáltin und weit wendiger zu sein als unsere kleinsten. Außer den Seeleuten, welche sie bedienten, war jedes noch mit zwanzig spanischen Soldaten bemannt, welche auf Brettern hinter den hohen Bordwänden standen. So hatten sie den bedeutsamen Vorteil, bei jedem Wassergefecht hoch über unseren niedrigen Kanus aufzuragen, ja, so hoch, daß sie ihre Waffen sogar über unsere Dammstraßen hinweg abfeuern konnten.

An dem Tag, da sie ihre Probefahrt von Texcóco aus in den See unternahmen, stand Cortés selbst an Bord des Anführerschiffes, welches *La Capitana* hieß. Eine Anzahl unserer größten Kriegs-Kanus verließ Tenochtítlan durch die Lücken in dem großen Damm, um sie draußen auf dem freien See zum Kampf herauszufordern. In jedem Kanu aßen sechzig Krieger, jeder mit einem Bogen und vielen Pfeilen bewaffnet, einem Atlatl und mehreren Wurfspießen. Doch bei dem recht bewegten Wasser bildeten die schwereren Fahrzeuge der weißen Männer eine viel stabilere Plattform, ihre Geschosse davon abzufeuern, so daß sie mit ihren Hakenbüchsen und Armbrüsten eine größere Zielgenauigkeit erreichten als unsere Männer mit den freihändig gehaltenen Bogen. Außerdem brauchten ihre Soldaten nur ihren Kopf, ihre Arme und ihre Waffen herauszustekken und blieben unsere Pfeile in den hohen Bordwänden stecken oder flogen, ohne Schaden anzurichten, über sie hinweg. Unsere Männer in den niedrigen, offenen Kanus hingegen waren ihren Pfeilen und Metallkugeln schutzlos ausgesetzt, und viele von ihnen fielen oder wurden verwundet. So versuchten die Steuermänner der Kanus verzweifelt, sich in sicherer Entfernung von den Booten der Weißen zu halten, zu weit, als daß unsere Männer ihre Wurfspieße hätten schleudern können. Es dauerte nicht lange, und alle unsere Kriegskanus kehrten schmählich zurück, und die feindlichen Fahrzeuge nahmen überheblich Abstand davon, sie zu verfolgen. Eine Zeitlang tanzten sie fast fröhlich auf dem Wasser, kreuzten und fuhren allerlei Manöver, als ob sie uns zeigen wollten, daß der See *ihnen* gehöre, ehe sie dann nach Texcóco zurückkehrten. Am nächsten Tag waren sie jedoch wieder draußen, jeden Tag von nun an, und sie taten mehr als nur tanzen.

Inzwischen hatten Cortés' Unterbefehlshaber und ihre verschiedenen Truppen den ganzen Seenbezirk umrundet und jedes Gemeinwesen zerstört oder besetzt, das auf ihrem Weg lag, bis sie sich um diese Zeit zu zwei stattlichen Heeresgruppen vereint hatten, welche auf den vorspringenden Landkeilen nördlich und südlich unserer Insel Stellung bezogen. Sie mußten nur noch die größeren und zahlenmäßig stärkeren Städte am Westufer des Sees zerstören oder unterwerfen; dann hatten sie Tenochtítlan vollständig umzingelt.

Dabei ließen sie sich viel Zeit. Während die andere Hälfte von Cortés Heer sich in Texcóco ausruhte von ihrer unglaublichen Arbeit, die auseinandergenommenen Kriegsboote überland zu transportieren, kreuzten diese Boote selbst auf der gesamten Fläche des Texcóco-Sees östlich des Großen Damms, so daß kein anderes Kanu sich mehr hinauswagen konnte. Sie rammten oder brachten die Kanus zum Kentern, oder sie töteten die Insassen eines jeden Kanus, welches diese Gewässer befuhr. Und das waren keineswegs Kriegskanus, sondern vielmehr die Acáltin der Fischer und Vogelsteller sowie Frachtkähne, welche friedlich Waren von einem Ort zum anderen brachten. Sehr bald gehörte den geflügelten Kriegsboten dieser Teil des Sees tatsächlich. Kein Fischer wagte es mehr hinauszufahren, nicht einmal, um die Netze für seine eigene Familie auszulegen. Nur auf unserem Teil des Sees, innerhalb des Großen Damms, konnte der normale Verkehr auf dem Wasser weitergehen, doch auch das sollte nicht lange so bleiben.

Endlich holte Cortés sein ausgeruhtes Reserveheer aus Texcóco heraus und teilte es in zwei gleiche Teile, die unabhängig voneinander um den See marschierten, um sich den anderen, nördlich und südlich von uns postierten Truppen anzuschließen. Und während das geschah, schlugen die Kriegsboote Breschen in den Großen Damm. Ihre Soldaten brauchten nur die gesamte Länge des Dammes mit ihren Hakenbüchsen und Armbrüsten zu bestreichen und sämtliche unbewaffneten Dammarbeiter zu töten oder vertreiben, welche die Schutzschleusen gegen die Überflutung hätten schließen können, um sie daran zu hindern. Dann glitten die Boote durch diese Durchgänge und befanden sich in Mexíca-Gewässern. Wiewohl Cuautémoc sofort Krieger ausschickte, die sich Schulter an Schulter die nördliche und die südliche Dammstraße entlang aufstellten, konnten sie das Eindringen der Boote, welche sofort auf die Kanudurchfahrten zuhielten, nicht mehr verhindern. Während einige von den weißen Soldaten die Verteidiger mit einem Hagel von Metallkugeln und Armbrustpfeilen vertrieben, lehnten sich andere Soldaten über die Bordwand, um die Holzbrücken zu lockern und ins Wasser stürzen zu lassen, welche diese Durchgänge überspannten. Auf diese Weise kamen die Kriegsboote durch die letzten Hindernisse hindurch, und taten jetzt das gleiche, was sie schon draußen auf dem See getan hatten: sie unterbanden auch hier jeglichen Kanuverkehr von Kriegskanus, Fracht-Acáltin und allem anderen.

»Die weißen Männer beherrschen sämtliche Dammstraßen und Wasserwege«, erklärte die Weibliche Schlange. »Wenn sie die anderen Städte auf dem Festland belagern, können wir diesen keine Männer mehr zur Hilfe schicken. Was jedoch noch schlimmer ist, wir können überhaupt nichts mehr *vom* Festland bekommen. Weder zusätzliche Streitkräfte noch zusätzliche Waffen. Und keine Nahrungsmittel.«

»In den Lagerhäusern auf der Insel ist genug vorhanden, daß wir es eine Zeitlang aushalten können«, sagte Cuautémoc, um dann noch bitter hinzuzufügen: »Wir können den Blattern danken, daß wir längst nicht mehr so viele Menschen ernähren müssen, wie das sonst der Fall gewesen wäre. Und außerdem haben wir ja noch das, was wir von den Chinámpa ernten können.«

Die Weibliche Schlange sagte: »In den Lagerhäusern liegt nur getrockneter Mais, und die Chinámpa sind nur mit besonderen Leckerbissen bepflanzt: mit Tomaten, Pfefferschoten, Koriander und dergleichen. Das gibt schon ein merkwürdiges Essen ab – Armeleutetortillas und Brei, garniert mit eleganten Zutaten.«

»An dieses merkwürdige Essen werdet Ihr Euch noch liebevoll erinnern«, sagte Cuautémoc, »wenn Ihr statt dessen spanischen Stahl im Bauch habt.«

Jetzt, wo seine Kriegsboote unsere Krieger nicht mehr von der Insel herunterließen, nahmen Cortés' Landstreitkräfte ihren Marsch um die

Westkrümmung des Sees wieder auf, und eine nach der anderen wurden die Städte dort gezwungen, sich zu ergeben. Als erste fiel Tepeyáca, unser nächster Nachbar auf der nördlichen Landzunge, dann die auf dem bergigen südlichen Gegenstück gelegenen Städte Ixtapalápan und Mexicaltzínco. Sodann Tenayúca im Nordwesten und Azcapotzálco und schließlich Coyohuácan im Südwesten. Der Ring schloß sich, und so brauchten wir in Tenochtítlan keine Quimíchime mehr, uns zu berichten, was geschah. Jedesmal, wenn einer unserer Verbündeten auf dem Festland fiel oder sich ergab, flohen im Schutze der Nacht zahlreiche Krieger von dort auf unsere Insel; sie kamen entweder in Acáltin und schafften es, den patrouillierenden Kriegsbooten zu entgehen, oder krochen über die Dammstraßen und durchschwammen die Durchbrüche, oder legten überhaupt die ganze Strecke schwimmend zurück.

An manchen Tagen leitete Cortés hoch zu Roß den unaufhaltbaren Vormarsch seiner Landstreitkräfte. An anderen Tagen stand er an Deck seiner *Capitana* und lenkte durch Signalflaggen die Bewegungen seiner anderen Fahrzeuge sowie das Abschießen ihrer Waffen, die alle Krieger töteten oder vertrieben, welche sich am Festlandufer des Sees oder auf den unterbrochenen Dammstraßen zu unserer Insel zeigten. Um diese gefährlichen Boote abzuwehren, dachten wir uns auf Tenochtítlan die einzig wirksame Verteidigungswaffe gegen sie aus. Jedes brauchbare Stück Holz auf der Insel wurde an einem Ende zugespitzt; Taucher trieben sie unter Wasser schräg nach außen gerichtet in den Boden, und zwar rund um die gesamte Insel und eben unter der Wasseroberfläche. Würden wir das nicht getan haben, hätten Cortés' Kriegsboote einfach in unsere Kanäle einlaufen können und wären mitten in der Stadt gewesen. Diese Vorsichtsmaßnahme erwies sich als der Mühe wert, denn eines Tages wollte eines der Boote offensichtlich eines unserer Chinámpa verwüsten, auf denen wir Gemüse zogen, kam jedenfalls nahe genug heran und pfählte sich selbst auf einem oder zweien dieser zugespitzten Pfähle. Unsere Krieger deckten das Boot augenblicklich mit einem Pfeilhagel ein und haben vermutlich einige von der Besatzung getötet, ehe es ihnen gelang, das Boot wieder flottzumachen und sich aufs Festland zurückzuziehen, um es zu reparieren. Von da an hielten die spanischen Seeleute, die ja nicht wissen konnten, wie weit vom Ufer entfernt wir unsere spitzen Pfähle eingerammt hatten, sich immer in gehöriger Entfernung.

Dann fanden Cortés' Landtruppen die Kanonen, welche wir in der Traurigen Nacht in den See geworfen hatten – so schwere Dinge konnten ja nicht weit geworfen werden – und begannen, sie zu bergen. Leider hatte das Wasser den verfluchten Dingern nichts anhaben können, wie wir gehofft hatten. Sie brauchten nur vom Schlick gereinigt, getrocknet und neu geladen zu werden, und sie waren wieder einsatzbereit. Nach der Bergung ließ Cortes die ersten dreizehn auf seinen Kriegsbooten montieren, und diese Boote bezogen Stellungen vor den Städten, um welche seine Truppen noch kämpften, und trugen Blitz und Donner und einen Regen von männertötenden Geschossen hinüber. Unfähig, sich noch länger zu verteidigen, nachdem sie gleichzeitig von vorn und von den Seiten bestürmt wurden, mußten auch diese Städte sich ergeben, und als die letzte – Tlácopan, Hauptstadt der Tecpanéca, die drittstärkste Bastion des Dreibunds – fiel, trafen die beiden Arme von Cortés' Landstreitkräften aufeinander und schloß sich der Ring endgültig.

Jetzt wurden die Kriegsboote nicht mehr gebraucht, die Truppen an Land zu unterstützen, doch gleich am nächsten Tag fuhren sie wieder hinaus auf den See und schossen ihre Kanonen ab. Wir auf der Insel konnten sie beobachten, und eine Zeitlang begriffen wir nicht, was sie eigentlich vorhatten, denn sie zielten weder auf uns noch auf irgendwelche erkennbaren Ziele auf dem Festland. Dann jedoch, als wir den zerstörerischen Aufprall der Kanonenkugeln hörten und sahen, begriffen wir. Die schweren Geschosse zertrümmerten erst den alten Aquädukt von Chapultépec und danach den von Ahuítzotl erbauten von Coyohuácan.

Die Weibliche Schlange sagte: »Die Aquädukte waren unsere letzte Verbindung mit dem Festland. Jetzt treiben wir hilflos wie ein Boot ohne Ruder auf stürmischer See voll böser Ungeheuer. Wir sind umzingelt ungeschützt und sind ihnen hilflos preisgegeben. Jeder andere Stamm in der Nähe, welcher sich nicht freiwillig den weißen Männern angeschlossen hat, ist von ihnen überrannt worden und tut jetzt, was sie verlangen. Bis auf die geflüchteten Krieger an unserer Seite trotzt niemand außer uns – den Mexíca allein – Der ganzen Einen Welt.«

»Wie es sich geziemt«, erklärte Cuautémoc ruhig. »Sollte unser Tonáli es wollen, daß wir zuletzt nicht den Sieg davontragen, soll Die ganze Eine Welt sich auf ewige Zeiten daran erinnern – daß die Mexíca die letzten waren, welche besiegt wurden.«

»Aber Verehrter Sprecher«, gab die Weibliche Schlange zu bedenken, »die Aquädukte waren auch unsere letzte Verbindung mit dem Leben. Möglich, daß wir eine Zeitlang ohne frische Nahrungsmittel weiterkämpfen können, aber wie lange gelingt uns das ohne Trinkwasser?«

»Tlacótzin«, sagte Cuautémoc sanft wie ein Lehrer, welcher sich an einen zurückgebliebenen Schüler wendet, »es hat eine Zeit gegeben – viele Schock Jahre ist es her –, da waren die Mexíca auch ganz auf sich allein gestellt, hier, genau an dieser Stelle, ungewünscht und verachtet von allen anderen Völkern. Sie hatten nur Unkraut zu essen und nur das brakkige Wasser des Sees zu trinken. Unter den elenden und hoffnungslosen Umständen damals hätten sie sich den sie umgebenden Feinden beugen können; sie wären in alle Winde zerstreut worden, aufgesogen und von der Geschichte vergessen. Aber sie taten es nicht. Sie blieben aufrecht stehen, und sie blieben, und dann bauten sie all dies hier auf!« Mit weitausholender Geste umfaßte er die ganze Pracht Tenochtítlans. »Wie immer das Ende aussehen mag, jetzt kann die Geschichte sie nicht mehr vergessen. Die Mexíca standen aufrecht da. Die Mexíca stehen aufrecht da. Die Mexíca werden aufrecht stehen, bis sie nicht mehr stehen können.«

Nach den Aquädukten nahmen die Kanonen sich unsere Stadt zum Ziel – diejenigen, welche wieder auf dem Festland aufgestellt worden waren, und diejenigen, welche auf den Kriegsbooten montiert waren und ständig um die Insel herumfuhren. Die Eisenkugeln, welche aus Chapultépec herübergeflogen kamen, waren diejenigen, welche den meisten Schaden anrichteten und am meisten Angst machten, denn die weißen Männer hatten einige der Kanonen ganz bis oben auf den Kamm des Hügels hinaufgeschafft und konnten die Kugeln von dort aus in hohem Bogen fliegen lassen, daß sie nahezu senkrecht auf Tenochtítlan herniederfielen, gleich großen eisernen Regentropfen. Eine der allerersten, welche auf die

Stadt herniedergingen, das möchte ich noch erwähnen, zerstörte den Tempel des Huitzilopóchtli oben auf der Großen Pyramide, woraufhin die Priester »Wehe!« und »Unheilverkündendes Zeichen!« schrien und anfingen, Zeremonien abzuhalten, in welchen sie den Kriegsgott in unterwürfigen Gebeten um Verzeihung baten und denselben Kriegsgott in verzweifelten Gebeten gleichzeitig anflehten, sich für uns ins Mittel zu legen.

Wiewohl die Kanonen diesen ersten Donner über ein paar Tage durchhielten, schossen sie jedoch nur in großen Abständen, und das wirkte recht ziel- und planlos verglichen mit dem, was die Kanonen, wie ich wohl wußte, anrichten *konnten.* Ich glaube, Cortés hoffte, wir würden einsehen, daß wir von jeder Hilfe abgeschnitten waren, wehrlos und zur Niederlage verurteilt, auf daß wir uns kampflos ergäben, wie er es unter diesen Bedingungen von jedem vernünftigen Volk erwarten konnte. Ich glaube nicht, daß er irgendwelches Mitleid oder Bedenken hatte, uns zu vernichten; ihm war nur daran gelegen, die Stadt heil in die Hand zu bekommen, damit er seinem König Carlos die Kolonie Neuspanien mitsamt einer Hauptstadt zu Füßen legen konnte, welche einer jeden Stadt im alten Spanien überlegen war.

Doch Cortés ist und war ein ungeduldiger Mann. Er verschwendete nicht viele Tage darauf zu warten, daß wir Vernunft annähmen und uns ergäben. Er ließ seine Kompanieschreiner leichte, tragbare Holzbrücken bauen, die Durchfahrten in allen drei Dammstraßen damit zu überspannen, und ließ in einem Überraschungsangriff schwere Einheiten aus allen drei Richtungen auf einmal auf die Stadt zulaufen. Doch noch waren unsere Krieger nicht durch Hunger geschwächt, und die drei Kolonnen der Spanier und ihrer Verbündeten wurden aufgehalten, als wären sie gegen eine Mauer aus Stein gelaufen, welche die Insel umgab. Viele von ihnen fielen, und der Rest trat den Rückzug an, wenn auch nicht ganz so schnell, wie sie gekommen waren, denn sie mußten viele Verwundete mit zurückschaffen.

Cortés wartete ein paar Tage und versuchte es dann auf dieselbe Weise noch einmal, diesmal freilich mit womöglich noch schlimmerem Ergebnis. Als die Feinde diesmal auf die Insel strömten, schossen unsere Kriegskanus hervor, und die Krieger darin kletterten hinter den ersten Wellen der Angreifer auf die Dammstraßen. Sie ließen die tragbaren Brücken ins Wasser stürzen und schafften es auf diese Weise, einen nicht geringen Teil der Angriffstruppen zusammen mit uns auf der Insel einzuschließen. Diese in der Falle sitzenden Spanier kämpften um das nackte Leben; doch ihre eingeborenen Verbündeten wußten besser, was ihrer harrte, und kämpften, bis sie getötet wurden, statt sich gefangennehmen zu lassen. In dieser Nacht war die ganze Stadt feierlich von Fackeln, Urnenfeuern, Weihrauchbränden und Altarfeuern erhellt – insbesondere die Große Pyramide war hell erleuchtet –, so daß Cortés und die anderen weißen Männer sehen konnten, was geschah – wenn sie nahe genug herankamen, und falls ihnen überhaupt daran gelegen war, dabei zuzusehen, was wir mit ihren rund vierzig Kameraden machten, die uns lebend in die Hände gefallen waren.

Offensichtlich *wurde* Cortés Zeuge dieses Massenopfers oder zumindest sah er genug davon, um ihn in eine Raserei der Rache zu treiben. Jetzt wollte er uns alle in der Stadt ausrotten, selbst wenn er dabei einen großen Teil der Stadt, die er so gern unversehrt in die Hand bekommen hätte, in Schutt und Asche legen mußte. Er hörte mit seinen Versuchen einzudringen auf, unterwarf aber die Stadt dafür einem mörderischen Sperrfeuer, bei dem die Kugeln so rasch und regelmäßig abgeschossen wurden, wie das wohl möglich war, ohne daß die Kanonenrohre durch den ständigen Gebrauch anfingen zu glühen und zu schmelzen. Die Geschosse sausten vom Festland zu uns herüber und pfiffen von den uns umkreisenden Booten übers Wasser. Unsere Stadt begann zugrunde zu gehen, und viele von unseren Leuten fanden den Tod. Eine einzige Kanonenkugel konnte ein mächtiges Stück aus einem Gebäude herausreißen, selbst wenn es so fest gebaut war wie die Große Pyramide – und viele von ihnen taten das, bis das einst herrlich glatte Gebäude aussah wie ein Haufen Brotteig, welcher von riesigen Ratten angenagt war. Eine einzige Kanonenkugel konnte die Mauer eines festgebauten Steinhauses zum Einsturz bringen, und ein Lehmziegelbau sank einfach in Staub und Brokken zusammen.

Dieser Eisenregen zog sich mindestens zwei Monde lang hin, Tag für Tag, und ebbte nur des Nachts ab. Doch selbst in den Nächten noch schickten die Kanoniere in unregelmäßigen Abständen drei oder vier Kugeln zu uns herüber, nur, um dafür zu sorgen, daß wir nicht ruhig schlafen konnten, falls überhaupt, und daß wir keine Gelegenheit hatten, ungestört zu ruhen. Nach einiger Zeit waren die Eisengeschosse der weißen Männer aufgebraucht, und so mußten sie dazu übergehen, statt dessen gerundete Steine zu nehmen. Diese waren in der Wirkung nicht ganz so kräftig, doch dafür waren ihre umherfliegenden Splitter um so verheerender für die Leiber der Menschen.

Doch diejenigen, welche durch sie umkamen, fanden zumindest einen raschen Tod. Uns anderen schien ein langsamerer und qualvoll in die Länge gezogener Tod beschieden. Da die Vorräte in den Lagerhäusern so lange wie möglich halten sollten, gaben die mit der Verteilung beauftragten Männer den trockenen Mais nur in den allerkleinsten Mengen aus, welche uns gerade eben gestatteten, am Leben zu bleiben. Eine Zeitlang konnten wir auch noch die Hunde und das Geflügel auf der Insel verzehren und teilten die Fische, welche von Männern gefangen wurden, die sich des Nachts mit Netzen auf die Dammstraßen oder auf die Chinámpa schlichen, um zwischen ihren Wurzeln Angelschnüre hinabzulassen. Doch zuletzt gab es keine Hunde und kein Federvieh mehr und selbst die Fische mieden die Nähe der Insel. Sodann verteilten und aßen wir alle bis auf die absolut ungenießbaren und die allerseltensten und schönsten Geschöpfe im Tierhaus, von denen die Wärter sich nicht trennen konnten. Diese letzten Tiere wurden am Leben erhalten – ja, wurden besser am Leben erhalten als ihre Wärter –, indem man ihnen die Leichen unserer Sklaven vorwarf, die verhungert waren.

Dann gingen wir dazu über, Ratten, Mäuse und Eidechsen zu fangen. Unsere Kinder, die wenigen, welche die Blattern überlebt hatten, entwikkelten ein großes Geschick, fast jeden Vogel, welcher töricht genug war, sich auf der Insel niederzulassen, mit Schlingen zu fangen. Noch später schnitten wir die Blumen auf unseren Dachgärten, streiften die Blätter von den Bäumen und kochten sie wie Gemüse. Gegen das Ende suchten wir diese Gärten sogar nach eßbaren Insekten ab und schälten die Rinde von den Bäumen, kauten die Decken aus Kaninchenfell und Lederkleidung und die Kitzhautseiten von Büchern, um an Nahrhaftem aus ihnen herauszuholen, was herauszuholen war. Manche versuchten sogar, ihre Bäuche zu täuschen, indem sie sich einredeten, sie hätten gegessen, nachdem sie sie mit dem Bindekalk von zerstörten Gebäuden gefüllt hatten.

Die Fische blieben nicht aus Angst, gefangen zu werden fort, sondern hielten sich fern, weil das Wasser um die Insel herum faulig geworden war. Wiewohl wir mittlerweile wieder Regenzeit hatten, fiel der Regen nur zeitweise jeden Nachmittag. Wir stellten jeden verfügbaren Topf und jede Schüssel auf, um ihn aufzufangen; des weiteren hängten wir Stoffe auf, um diese auszuwringen, wenn sie sich vollgesogen hatten, doch trotz all unserer Mühen gab es selten mehr als einen kleinen Schluck frisches Regenwasser für jeden ausgetrockneten Mund. Infolgedessen gewöhnten wir uns, nachdem wir unseren anfänglichen Ekel überwunden hatten, daran, das brackige Wasser des Sees zu trinken. Doch da wir inzwischen keine Möglichkeit mehr hatten, die Abfälle und die menschlichen Exkremente zu sammeln und fortzuschaffen, gelangten diese Dinge in die Kanäle und durch sie in den See. Cuautémoc befahl, daß Leichen nur auf der Westseite ins Wasser geworfen werden dürften, da dort die größere Wasserfläche war und dieses Wasser durch die vorherrschenden Ostwinde mehr oder weniger ständig umgewälzt wurde; er hoffte, das Wasser auf dieser Seite weniger zu verseuchen als das andere. Aber die Abfälle und die verwesenden Leichen verseuchten das Wasser auf jeder Seite der Insel immer von neuem. Da wir es immer noch trinken mußten, wenn der Durst uns dazu trieb, seihten wir es vorher durch Tücher und kochten es hinterher ab. Gleichwohl brachte es uns alle Qualen von Durchfällen und Krämpfen. Viele von unseren älteren Leuten und den kleinen Kindern starben nur daran, daß sie dieses faulige Wasser tranken.

Eines Abends, als er nicht mehr länger zusehen konnte, wie sein Volk litt, rief Cuautémoc die gesamte Bevölkerung der Stadt auf Dem Herzen Der Einen Welt zusammen. Die Kanonen schwiegen gerade, und ich glaube, jeder, der noch gehen konnte, war dort. Wir standen um die Löcher dessen herum, was einst das glatte Marmorpflaster des Großen Platzes gewesen war, umgeben von den Trümmern dessen, was einst die gewellte Schlangenmauer gewesen war, und der Verehrte Sprecher sprach zu uns von der Höhe dessen herab, was von der Treppe der Großen Pyramide noch geblieben war.

»Wenn Tenochtitlan noch ein wenig länger ausharren soll, darf es keine Stadt mehr sein, sondern eine Festung, und eine Festung muß von jenen bemannt werden, welche kämpfen können. Ich bin stolz auf die Treue und das Durchhaltevermögen, welche mein ganzes Volk bewiesen hat, doch ist die Zeit gekommen, wo ich euch voller Bedauern bitten muß, eure Treue aufzugeben. Ein Lagerhaus ist bis jetzt noch nicht geöffnet worden, aber nur ein einziges . . .«

Die versammelte Menge brach weder in Hochrufe aus noch schrien sie irgendwelche Forderungen. Sie murmelten nur, doch zusammen ergab dies Gemurmel einen Laut, wie das hungrige Knurren eines sehr großen Magens.

»Wenn ich dieses Lagerhaus aufmache«, fuhr Cuautémoc fort, »wird der Mais an alle, die kommen, gleichmäßig ausgeteilt werden. Nun kann also vielleicht jeder, der noch in der Stadt geblieben ist, eine letzte karge

Mahlzeit erhalten. Oder es sollte vielleicht ausreichen, unseren Kriegern den Hunger etwas besser zu stillen und ihnen Kraft zu geben, bis zum Ende zu kämpfen, wann dieses Ende nun kommt und wie es auch aussehen mag. Ich werde euch nicht befehlen, mein Volk. Ich bitte euch nur, die Wahl zu treffen und euch zu entscheiden.«

Die Menschen sagten überhaupt nichts.

Er fuhr fort: »Ich habe heute abend Brücken über die Durchfahrten in der nördlichen Dammstraße schlagen lassen, man kann also hinübergehen. Argwöhnisch wacht der Feind auf der anderen Seite und zerbricht sich den Kopf darüber, was das zu bedeuten haben mag. Ich habe es getan, damit alle von euch, die fortkönnen und wollen, das auch tun können. Ich habe keine Ahnung, was euch drüben in Tepeyáca erwartet – Essen und Erleichterung oder der Blumentod. Aber ich bitte euch, die ihr nicht mehr kämpfen könnt: ergreift die Gelegenheit, Tenochtítlan zu verlassen. Ihr laßt uns nicht im Stich, es ist auch kein Eingeständnis einer Niederlage, und wenn ihr geht, so ist das keine Schande. Im Gegenteil, ihr setzt unsere Stadt dadurch nur in die Lage, dem Feind noch ein wenig länger zu trotzen. Das ist alles, was ich zu sagen habe.«

Keiner ging in Eile oder auch nur gern, alle gingen in Tränen und Kummer, doch erkannten sie an, daß Cuautémocs Bitte gerechtfertigt sei, und in dieser einen Nacht zogen alle alten und ganz jungen Menschen aus Tenochtítlan fort, alle Kranken, Verkrüppelten und Bresthaften, die Priester und Tempeldienerinnen, alle, welche im Kampf nicht mehr von Nutzen sein konnten. Sie trugen Bündel unterm Arm oder Lasten an Stirnriemen, nahmen ihre geliebtesten Habseligkeiten mit, welche sie im Fortgehen noch ergreifen konnten, sie zogen aus allen vier Stadtteilen Tenochtítlans gen Norden und trafen sich in der Gegend des Markts von Tlaltelólco, bildeten dort einen Zug und zogen über die Dammstraße. An ihrem Nordende wurden sie nicht mit Donner und Blitz empfangen. Wie ich später erfuhr, war den weißen Männern auf der anderen Seite ihre Ankunft einfach gleichgültig, und für die Texcaltéca, welche diese Stellung besetzt hielten, waren diese wankenden Schutzsuchenden viel zu ausgemergelt, sie bei einer Siegesfeier zu opfern, und die Bewohner von Tepeyáca – wiewohl selbst Gefangene der Besatzungsmächte – hießen sie mit Nahrung und frischem Wasser willkommen und boten ihnen Unterkunft.

Zurück blieben in Tenochtítlan Cuautémoc, die anderen Edelleute seines Hofes und sein Staatsrat, die Frauen und Kinder des Verehrten Sprechers und einiger anderer Edelleute, etliche Heilkundige und Wundärzte sowie sämtliche noch kampffähigen Ritter und Krieger – und ein paar eigensinnige alte Männer, darunter ich, welche vor der Belagerung in so gutem Gesundheitszustand gewesen waren, daß sie bis jetzt noch nicht ernstlich unter den Entbehrungen gelitten hatten und daher nötigenfalls immer noch kämpfen konnten. Außerdem blieben die Kräftigen und Gesunden unter den jungen Frauen zurück, welche gleichfalls noch von Nutzen sein konnten – und eine ältere Frau, die es trotz all meines Drängens ablehnte, ihr Krankenlager zu verlassen, welches sie nun schon seit geraumer Zeit hütete.

»Ich bin weniger eine Last, wenn ich hier liege«, sagte Béu, »als wenn ich auf einem Tragstuhl von anderen getragen werden müßte, die selbst kaum laufen können. Auch ist es schon lange her, daß ich großen Hunger gehabt hätte; ich kann genausogut überhaupt nichts mehr essen. Vielleicht finde ich, wenn ich bleibe, sogar früher Erlösung von meiner schrecklichen langen Krankheit. Außerdem, Záa, hast du selbst auch einmal eine Gelegenheit abgelehnt, dich in Sicherheit zu bringen. Es mag töricht sein, hast du gesagt, aber ich möchte das Ende der Dinge erleben.« Sie lächelte schwach. »Willst du es mir jetzt abschlagen, nach all deinen Torheiten, mit denen ich mich habe abfinden müssen, die eine mit dir zu teilen, welche wahrscheinlich deine letzte sein wird?«

Nach dem plötzlichen Auszug und dem Aussehen derer, die Tenochtítlan verlassen hatten, folgerte Cortés zurecht, daß auch die noch in der Stadt verbliebenen Bewohner beträchtlich geschwächt sein müßten. Infolgedessen trug er am nächsten Tag abermals einen direkten Angriff auf die Stadt vor, wenn auch diesmal nicht ganz so ungestüm wie zuvor. Der Tag begann mit dem schwersten Geschoßhagel, der überhaupt jemals auf uns herniedergegangen war; er muß seine Kanonen bis nahe heran an den Schmelzpunkt abgefeuert haben. Zweifellos hoffte er, daß wir noch lange in Deckung hocken würden, nachdem der verheerende Hagel aufgehört hatte. Aber selbst, als die Kanonen vom Festland her aufhörten zu feuern, ließ er seine Kriegsboote am Nordende der Insel kreuzen und jene Hälfte der Stadt von Geschossen eindecken, während seine Fußsoldaten über die südliche Dammstraße vorstürmten.

Wir hockten nicht in unseren Schutzlöchern. Ja, was sie vorfanden, ließ die ersten Glieder der weißen Männer so unvermittelt in ihrem Lauf innehalten, daß die nachfolgenden recht unordentlich hinter ihnen auflliefen. Denn dort, wo die Eindringlinge auf die Insel gelangen konnten, hatten wir einen der fettesten Männer unter uns – nun, zumindest rundlich im Vergleich zu uns anderen – aufgestellt, und die Spanier sahen ihn dort einfach umherschlendern, zufrieden rülpsen und auf einem Hundeschenkel oder einer Kaninchenkeule oder einem ähnlichen Stück Fleisch herumkauen. Hätten die Soldaten es von nahem gesehen, würden sie erkannt haben, daß das Fleisch schon in einem schrecklich grünen Zustand war, da es seit langer Zeit für eine solche prahlerische Gelegenheit aufgehoben worden war.

Aber sie sahen es nicht von nahem. Der fette Mann verschwand urplötzlich, und ein Haufe von wesentlich magereren Männern erhob sich unversehens aus den zerbrochenen Häusern und den Trümmern ringsum und schleuderten ihre Spieße. Wenn auch viele von den Angreifern in diesem Augenblick zu Boden gingen, preschten einige weiter vor, um sich plötzlich mit Maquáhuime bewaffneten Kriegern gegenüberzusehen; andere wichen zurück und wurden mit einem Pfeilhagel überschüttet. Alle, welche diese überraschend standhafte Verteidigung überlebten, zogen sich noch weiter zurück – bis aufs Festland. Ich bin sicher, sie meldeten das Auftauchen des wohlgenährten und immer noch essenden Mannes – und ich bin sicher, Cortés hat sich ausgeschüttet vor Lachen über diese rührende prahlerische Drohung unsererseits –, aber sie meldeten auch ganz sachlich, daß die Trümmer der Stadt ihren Verteidigern womöglich bessere Stellungen biete als die Stadt es getan haben würde, wäre sie noch heil und ganz.

»Nun denn«, soll der Capitán-General einem späteren Bericht zufolge gesagt haben, »ich hatte gehofft, zumindest einen Teil davon zu retten, zum Ergötzen unserer Landsleute, welche später als Kolonisten hierherkommen. Aber wir werden sie dem Erdboden gleichmachen ... jeden Stein und jedes Stück Holz darauf ... es so sehr dem Erdboden gleichmachen, daß nicht einmal ein Skorpion ein Versteck darauf findet, aus dem er auf uns zukriecher. kann.«

Und genau das tat er selbstverständlich, und zwar auf folgende Weise: Während die Kanonen von den Kriegsbooten weiterhin ihre Geschosse auf den Nordteil der Stadt abfeuerten, ließ Cortés auf den südlichen und westlichen Dammstraßen etliche seiner auf dem Festland aufgestellten Kanonen heranrollen; ihnen folgten die Soldaten, einige zu Fuß, andere zu Pferd, und alle begleitet von ihren Jagdhunden; und diesen wiederum folgten viele Männer, welche mit Äxten und großen Hämmern, Brecheisen und Rammböcken bewaffnet waren. Zuerst wurden die Kanonen abgefeuert, alles, was vor ihnen lag, fortzufegen und unsere Krieger, welche sich versteckt hielten, zu töten oder zumindest in gebückter Stellung kriechen zu lassen, damit sie nichts ausrichten konnten. Dann rückten die Soldaten in das verwüstete Gebiet vor; sobald unsere Krieger sich aufrichteten, um gegen sie zu kämpfen, wurden sie von den Reitern niedergeritten oder von den Fußsoldaten überrannt. Unsere Männer kämpften tapfer, aber sie waren vom Hunger geschwächt und halb betäubt von der Kanonade, welche sie gerade über sich hatten ergehen lassen, und so fielen sie entweder oder sie mußten sich weiter in die Stadt zurückziehen.

Einige versuchten, unentdeckt in ihren Verstecken zu bleiben, während der Kampf an ihnen vorüberrauschte, und hofften, wenn der Feind später nicht mehr so auf der Hut sei, zumindest noch einen tödlichen Spieß schleudern oder einen Maquáhuitl-Hieb austeilen zu können, ehe sie getötet wurden. Doch dazu erhielt keiner Gelegenheit; sie wurden immer rasch entdeckt, denn zu diesem Zweck hatten die Soldaten ja ihre Hunde mitgebracht. Diese riesigen Jagdhunde konnten mit ihrer Nase einen Mann aufspüren, mochte er sich noch so gut verborgen haben, und wenn die Hunde selbst ihn nicht in Stücke rissen, verrieten sie den Soldaten zumindest, wo er war. Dann erst, nachdem das Gebiet von den Verteidigern befreit war und keinerlei Gefahr mehr bestand, machten sich die Arbeitstrupps mit ihren Abbruchwerkzeugen ans Werk und räumten aus dem Weg, was noch übriggeblieben war. Sie rissen Häuser und Türme, Tempel und Denkmäler ein, und sie setzten alles in Brand, was brennen wollte. Und wenn das geschafft war, blieb nur noch ein flachgewalztes, gesichtsloses Stück Boden zurück.

Das war ein Tageswerk. Am folgenden Tag konnten die Kanonen dann über dieses eingeebnete Gebiet ungehindert weiter vorrücken und ein neues unter Beschuß nehmen, wonach dann wieder die Soldaten und die Hunde an der Reihe waren und danach die Arbeitstrupps. Und so wurde die Stadt von Tag zu Tag immer kleiner, gleichsam wie von der Krankheit heimgesucht, die wir Von-den-Göttern-gefressen-Werden nennen. Wir, die wir in den bisher noch nicht befallenen Teilen der Stadt lebten, konnten auf den Hausdächern stehen und zusehen, wie das Dem-Erdboden-Gleichmachen weiterging und auf uns zukam.

Ich erinnere mich noch an den Tag, da die Arbeitstruppe Das Herz Der Einen Welt erreichten. Zuerst vergnügten sie sich damit, brennende Pfeile in jene gewaltigen Federbanner hineinzuschießen, welche, wenn auch arg zerrupft, gleichwohl immer noch majestätisch über uns schwebten, und so verschwanden die Banner eines nach dem anderen in einem einmaligen Auflodern von Flammen. Immerhin sollte es viele Tage länger dauern, um die Zerstörung dieser Stadt in einer Stadt zum Abschluß zu bringen – des Tempels, des Tlachtli-Spielfelds, des Schädelgerüsts, der Paläste und Hofgebäude. Wiewohl die Große Pyramide bereits eine angefressene Ruine und weder eine Bastion war, noch ein Versteck bieten konnte, welches Cortés Sorgen hätte bereiten können, muß er gemeint haben, einfach deshalb, weil es Tenochtítlans prachtvollstes und vornehmstes Symbol sei, müsse sie abgetragen werden. Und es war nicht einfach, sie dem Erdboden gleichzumachen, nicht einmal, als Hunderte von Arbeitern ihr mit schweren Stahlwerkzeugen zu Leibe rückten, doch zuletzt gab sie nach, Schicht um Schicht, und gab die älteren in ihrem Inneren verborgenen Pyramiden preis, jede kleiner und jede gröber und weniger elegant als die über sie gestülpte, doch auch sie wurden dem Erdboden gleichgemacht. Als die Arbeiter daran gingen, Motecuzóma Xocóyotls Palast niederzureißen, wies Cortés sie an, etwas behutsamer vorzugehen, denn offenbar erwartete er, den Schatz unseres Volkes wieder in den darin befindlichen Schatzkammern mit den dicken Mauern vorzufinden. Als sich das als Trugschluß erwies, ging die Zerstörung nur um so wütender weiter.

Ich erinnere mich auch noch, wie das ein wenig außerhalb der zertrümmerten Schlangenmauer gelegene Tierhaus in Flammen aufging, denn an jenem Tag sah ich vom Dach eines Hauses zu, welches nahe genug stand, daß ich die Schreie, das Gebrüll und das Aufheulen der Insassen hören konnte, welche dort lebendigen Leibes verbrannten. Gewiß, die Zahl der Insassen des Tierhauses hatte sich stark verringert, denn wir waren ja gezwungen gewesen, viele von ihnen vorher zu verzehren. Trotzdem waren noch viele erstaunliche Tiere, Vögel und Reptilien zurückgeblieben. Manche von ihnen sind heute vielleicht nicht mehr zu bekommen, solltet ihr Spanier jemals beschließen, ein ähnliches Schauhaus zu errichten. So gab es in der Tierhalle damals zum Beispiel einen vollkommen weißen Jaguar, eine Seltenheit, welche wir Mexíca nie zuvor gesehen hatten und die vielleicht nie wieder ein Mensch zu sehen bekommen wird.

Cuautémoc, der sehr wohl wußte, wie entkräftet seine Krieger waren, hatte vorgehabt, nur mehr Rückzugskämpfe zu bestreiten, das Vorrücken des Gegners so weit wie möglich in die Länge zu ziehen und dabei soviele Eindringlinge zu töten wie nur irgend möglich. Aber die Krieger selbst waren dermaßen außer sich vor Wut über die Entweihung Des Herzens Der Einen Welt, daß sie weit über ihre Befehle hinausgingen. Ihr Zorn verlieh ihnen noch einmal soviel Kraft, und so tauchten sie mehrere Male aus den Trümmern um den Großen Platz herum auf, stießen ihre Kriegsschreie aus und trommelten gegen ihre Schilder und griffen wieder an, statt nur zu verteidigen. Selbst unsere Frauen waren außer sich vor Empörung, warfen von den Hausdächern Wespennester und Steine und andere unaussprechliche Dinge auf die Schänder hinab.

Zwar gelang es unseren Kriegern in der Tat, einige von den gegnerischen Soldaten und von den Arbeitern zu töten, und vielleicht hat das ihr Zerstörungswerk ein wenig verlangsamt. Weit mehr Männer fielen jedoch dabei, und sie wurden auch jedesmal wieder zurückgeworfen.

Gleichwohl, um sie von weiteren solchen Unternehmungen abzuhalten, schickte Cortés seine Kanonen weiter in Richtung Norden, auf daß sie noch mehr von der Stadt hinwegfegten, und seine Soldaten und Hunde und die Arbeitstrupps mußten den Kanonen folgen, um das, was noch stehengeblieben war, dem Erdboden gleichzumachen. Und weil sie plötzlich die Richtung wechselten, kam es, daß sie versäumten, dieses Haus des Gesanges abzureißen, in welchem wir heute sitzen, und noch ein paar andere Gebäude ohne besondere Bedeutung hier auf der Südhälfte der Insel.

Doch es blieben nirgends viele Häuser stehen, und diese wenigen ragten aus der eingeebneten Ödnis auf wie die letzten weit auseinanderstehenden Zähne im Kiefer eines alten Mannes, und mein Haus war nicht darunter. Ich nehme an, ich sollte froh sein, daß ich, als mein Haus fiel, nicht darin war. Zu der Zeit hatte die gesamte noch verbliebene Bevölkerung im Tlatelólco-Viertel Schutz gesucht, und zwar genau in der Mitte, um sich so weit wie möglich von dem ständigen Hagel von Kanonenkugeln und Feuerpfeilen von den uns umkreisenden Kriegsbooten entfernt zu halten. Die Krieger und die Kräftigeren von den Überlebenden lebten im Freien auf dem Marktplatz, wohingegen alle Frauen und alle Schwächeren sich in den bereits von den Nachbarn, welche hier Schutz gesucht hatten, überbelegten Häusern zusammendrängten. Cuautémoc und sein Hof lebten in dem alten Palast, der einst Moquíhuix, dem letzten Herrscher von Tlaltelólco gehört hatte, als Tlaltelólco noch eine unabhängige Stadt gewesen war. Als Edelmann war auch mir eine kleine Kammer darin zugewiesen worden, welche ich mit Béu teilte. Wiewohl sie abermals Einspruch dagegen erhoben hatte, aus ihrem Haus herausgeholt zu werden, hatte ich sie auf meinen Armen dorthin getragen. Und so stand ich zusammen mit Cuautémoc und vielen anderen oben auf der Pyramide von Tlaltelólco und blickte hinüber, als Cortés' Arbeitstrupps in das Ixacuálco-Viertel eindrangen, in welchem ich gelebt hatte. Des Kanonenrauchs und des Kalkstaubs wegen konnte ich nicht genau sehen, wann mein Haus einstürzte. Doch als der Feind am Ende dieses Tages abzog, war das Ixacuálco-Viertel genauso wie der größte Teil der Südhälfte eine Wüste.

Ich weiß nicht, ob Cortés hinterher darüber aufgeklärt wurde, daß jeder reiche Pochtécatl unserer Stadt in seinem Hause eine verborgene Schatzkammer hatte – wie auch ich. Damals jedenfalls hat er das ganz offensichtlich nicht gewußt, denn seine Arbeitstrupps rissen unterschiedslos und aufs Geratewohl jedes Haus ein, und in dem Rauch und dem Staub, welche aufwölkten, sobald es zusammenbrach, erhaschte niemand jemals einen Blick von den Paketen oder Ballen mit Gold und Edelsteinen, Federn und Farbstoff und dergleichen, die unter den Trümmern noch unsichtbarer vergraben und später bei den Aufräumungsarbeiten und der Vergrößerung der Insel einfach beiseitegeschoben wurden. Doch selbst wenn Cortés all die Wertgegenstände der Pochtécatl in die Hand bekommen hätte, wäre das selbstverständlich alles zusammen weit weniger gewesen als der immer noch verlorene Schatz; gleichwohl hätte das ein Geschenk ergeben, welches seinen König Carlos erstaunt und entzückt hätte. So beobachtete ich das Zerstörungswerk dieses Tages mit einer gewissen ironischen Genugtuung, wenngleich ich am Ende dieses Tages ein armer alter Mann war, ärmer noch als das kleine Kind, welches ich gewesen war, als ich Tenochtítlan zum erstenmal gesehen hatte.

Nun, das erging keinem Mexícatl anders, der damals noch am Leben war, unser Verehrter Sprecher nicht ausgenommen. Das Ende kam nicht lange danach, und es kam schnell. Wir waren seit ungezählten Tagen ohne jeden Happen zu essen gewesen, und unsere Fähigkeit, überhaupt zu gehen, ja, selbst miteinander zu reden, war derart geschwächt, daß wir ganz stumpf geworden waren. Cortés und sein Heer – so erbarmungslos, zahlreich und gefräßig wie jene Ameisen, welche ganze Wälder leerfressen können – erreichten endlich den Marktplatz von Tlaltelólco und fingen an, die Pyramide dort abzutragen, was bedeutete, daß wir Flüchtlinge, die wir uns dort auf engstem Raum zusammendrängten und verbargen, kaum noch Platz hatten, bequem zu stehen. Gleichwohl, Cuautémoc wäre wohl auch dann noch stehengeblieben, wenn er auf einem Fuß hätte stehen müssen, doch nachdem ich und die Weibliche Schlange und einige andere Ratgeber unter uns beratschlagt hatten, gingen wir zu ihm und sagten:

»Hoher Gebieter, wenn Ihr von den Fremden ergriffen werdet, fällt das ganze Volk der Mexíca mit Euch. Doch wenn Ihr entkommt, wird die Herrschaft dort sein, wo ihr hingeht. Selbst wenn jeder andere Mensch auf dieser Insel getötet oder gefangengenommen wird, wird Cortés die Mexíca nicht besiegt haben.«

»Fliehen«, sagte er wie benommen. »Wohin? Und um was zu tun?«

»Um nur mit Euren engsten Angehörigen und ein paar Eurer vornehmsten Edelleute in die Verbannung zu gehen. Es stimmt, daß wir keine vertrauenswürdigen Verbündeten mehr in den Landen ringsum haben. Aber es gibt fernere Lande, von denen Ihr Unterstützung bekommen könnt. Es mag lange dauern, ehe Ihr hoffen dürft, mit Macht und im Triumph wieder zurückzukehren, aber solange es auch dauern mag, die Mexíca werden immer noch unbesiegt sein.«

»Welche ferneren Lande?« fragte er ohne große Begeisterung.

Die anderen Edelleute blickten mich an, und ich sagte: »Aztlan, Verehrter Sprecher. Kehrt zurück zu unseren Anfängen.«

Er starrte mich an, als ob ich wahnsinnig wäre. Doch dann erinnerte ich ihn daran, daß wir vor vergleichsweise kurzer Zeit unsere Bande mit unseren Vettern aus unserer allerersten Heimat erneuert hätten, und ich gab ihm eine Karte, welche ich gezeichnet hatte, um ihm den Weg dorthin zu zeigen. Ich fügte hinzu: »Ihr könnt eines herzlichen Willkommens gewiß sein, Hoher Gebieter. Als ihr Sprecher Tliléctic-Mixtli von hier fortging, hat Motecuzóma ihm einen Trupp unserer Krieger und eine Anzahl von Mexíca-Familien mitgegeben, welche geübt waren in allen modernen Künsten des Städtebaus. Vielleicht haben sie aus ihrem Aztlan schon ein kleines Tenochtítlan gemacht. Und wenn alles zu Ende ist, könnten die Aztéca die Samenkörner sein, aus denen – wie schon einmal – ein ganzes neues und mächtiges Volk erwächst.«

Es bedurfte schon wesentlich mehr an Überredung, um Cuautémoc zu bewegen, sich einverstanden zu erklären, doch möchte ich das nicht alles erzählen, denn es führte ohnehin zu nichts. Ich meine immer noch, daß der Plan durchaus hätte klappen können; er wurde gut vorbereitet und ausgeführt; doch die Götter beschlossen, daß nichts daraus werden sollte. Als die Dämmerung hereinbrach und die Kriegsboote mit ihrem Bombardement aufhörten, welches den ganzen Tag über angedauert hatte, und sich anschickten, zum Festland zurückzukehren, begleitete eine stattliche Anzahl von uns Cuautémoc und seine ausgewählten Gefährten hinunter ans Wasser. Alle stiegen in Kanus, und auf ein Zeichen hin ruderten die vielen Acáltin auf den See hinaus, alle gleichzeitig, doch jedes in eine andere Richtung, und ruderten schnell, daß es wie eine plötzliche Massenflucht von der Insel aussah. Das Acáli mit Cuautémoc und seinem verkleinerten Hof an Bord lief auf die kleine Festlandbucht zwischen Tenayúca und Azcapotzálco zu. Da dort nur sehr wenige menschliche Behausungen standen, wurde sie vermutlich nicht von einem von Cortés' Lagern oder Wachen bewacht, und es hätte Cuautémoc nicht sonderlich schwerfallen dürfen, von dort ins Landesinnere zu verschwinden und sich nach Aztlan durchzuschlagen.

Doch die Kriegsboote, welche beobachtet hatten, wie plötzlich die vielen Acáltin von der Insel ablegten, wendeten und begannen, geschäftig zwischen ihnen hin- und herzufahren und versuchten herauszubekommen, ob sie wirklich auf der Flucht wären. Und wie das Schicksal es wollte, war einer der Schiffskapitäne scharfsinnig genug zu erkennen, daß einer der Insassen in einem der Kanus eigentlich zu reich gekleidet war, um ein einfacher Krieger zu sein. Dieses Boot warf Eisenhaken und zog das Kanu längsseits, holte den Verehrten Sprecher an Bord und brachte ihn geradenwegs vor den Capitán-General Cortés.

Ich war bei dieser Begegnung nicht zugegen, erfuhr jedoch später, daß Cuautémoc über den Dolmetsch Malíntzin gesagt habe: »Ich habe mich nicht ergeben. Daß ich Euch zu entkommen trachtete, tat ich nur um meines Volkes willen. Aber Ihr habt mich ehrlich erwischt.« Er zeigte auf den Dolch an Cortés' Gürtel. »Da ich im Kriege gefangengenommen worden bin, verdiene ich – und verlange ich – den Tod eines Kriegers. Ich bitte Euch, mich zu töten, hier, wo ich stehe.«

Im Sieg großmütig, oder zumindest überschwenglich, sagte Cortés: »Nein, Ihr habt Euch nicht ergeben und Ihr habt nicht aufgehört zu herrschen. Ich lehne es ab, Euch zu töten, und ich bestehe darauf, daß Ihr die Herrschaft über Euer Volk beibehaltet. Laßt uns Eure Stadt zusammen in neuer Pracht und Größe aufbauen, mein erlauchter Herr Cuautémoc.«

Cortés hat den Namen vermutlich Guatemoc ausgesprochen; jedenfalls hat er es später immer getan. Ich glaube, ich habe schon vor langer Zeit erwähnt, ehrwürdige Patres, daß Cuautémoc Rauschender Adler bedeutet, doch ich glaube, es war unvermeidlich und wohl auch passend, daß der Name unseres letzten Verehrten Sprechers nach diesem Tag – nach unserem Kalender der Tag Ein Schlange des Jahres Drei Haus; nach eurem Kalender der dreizehnte Tag des August im Jahre eintausendfünfhundertundeinundzwanzig – immer als Stürzender Adler ins Spanische übersetzt wurde.

Nach dem Fall von Tenochtítlan änderte sich im größten Teil Der Einen Welt eine ganze Zeitlang nicht viel. Außerhalb des zum Dreibund gehörenden Gebietes war kein anderer Teil dieser Lande so sehr verwüstet worden wie dieser, und es gab vermutlich sogar noch viele andere Teile, wo die Leute sich noch gar nicht bewußt geworden waren, daß sie nicht mehr in Der Einen Welt lebten, sondern in einem Land namens Neuspanien. Wiewohl sie grausam von den geheimnisvollen neuen Krankheiten heimgesucht wurden, bekamen sie nur selten einen Spanier oder einen Christen zu sehen, wurden ihnen auch keine neuen Gesetze oder Götter aufgezwungen und fuhren sie in ihrer gewohnten Lebensweise fort. Sie ernteten, jagten oder fingen Fische, wie sie es all die vielen Schock Jahre zuvor getan hatten.

Doch in den Landen des Seenbeckens änderte sich das Leben sehr, und es war hart, und es wurde niemals leichter, und ich bezweifle, daß es das überhaupt jemals werden wird. Von dem Tag nach Cuautémocs Gefangennahme an richtete Cortés seine ganze Aufmerksamkeit und Energie – *unsere* Energie, sollte ich vielleicht zutreffender sagen – auf den Wiederaufbau dieser Stadt. Denn er verfügte, da es ja ausschließlich die Schuld von uns störrischen Mexíca sei, daß Tenochtítlan zerstört worden war, solle ihre Wiedererstehung als Stadt Mexíco ganz allein auf unseren Schultern liegen. Wenn auch seine Baumeister die Pläne zeichneten und seine Handwerker die Arbeit überwachten und seine brutalsten Soldaten die Peitsche schwangen, damit sie getan werde, waren es unsere Leute, welche die Arbeit taten, waren wir es, welche das Baumaterial lieferten, und wenn wir nach getaner Arbeit essen wollten, war es an uns, auch dieses Essen zu beschaffen. Infolgedessen arbeiteten die Steinbrucharbeiter von Xaltócan härter, als sie es jemals in ihrem Leben zuvor getan hatten, und die Waldarbeiter schlugen die Hänge am Seeufer kahl, um Balken und Bretter zu schneiden, und unsere ehemaligen Krieger und Pochtéca wurden Furiere und Träger und schafften an Nahrungsmitteln und anderen lebensnotwendigen Dingen herbei, was sie aus den umliegenden Landen herauspressen konnten, und unsere Frauen – wenn sie nicht offen von den weißen Soldaten belästigt und vor den Augen aller geschändet wurden – wurden als Träger und Boten zum Frondienst gezwungen, und sogar kleine Kinder mußten beim Mörtelmischen Hand anlegen.

Das wichtigste kam selbstverständlich zuerst an die Reihe. Die zerstörten Aquädukte wurden ausgebessert und dann die Grundmauern gelegt zu dem, was später eure Kathedralkirche werden sollte. Direkt davor wurden Schandpfahl und Galgen errichtet. Das waren die ersten Dinge, welche funktionierten in der neuen Ciudad de Mexíco, und sie wurden viel gebraucht, um uns zu unablässiger und gewissenhafter Arbeit anzuspornen. Diejenigen, welche bei der Arbeit nachlässig waren, wurden am Galgen aufgeknüpft, oder sie wurden mit dem *G* für Kriegsgefangene auf der Wange gebrandmarkt und dann an den Schandpfahl gestellt, damit die Fremden sie mit Steinen und Pferdeäpfeln bewerfen könnten, oder sie wurden durch die Peitschenhiebe der Aufseher gefügig gemacht. Doch diejenigen, welche arbeiteten, starben genausooft wie die Säumigen, etwa daran, daß sie gezwungen wurden, Steine zu heben, die so schwer waren, daß es ihnen die Eingeweide zerriß.

Ich war wesentlich günstiger dran als die meisten, denn Cortés gab mir Arbeit als Dolmetsch. Wo es so viele Befehle und Anweisungen von den Baumeistern an die Arbeiter weiterzugeben galt und bei all den Gesetzen, Proklamationen, Erlassen und Predigten, welche für das Volk übersetzt werden mußten, war mehr zu tun, als Malíntzin allein hätte schaffen können, und der Mann Aguilar, welcher bis zu einem gewissen Grade hätte helfen können, war vor langer Zeit in irgendeiner Schlacht gefallen. Deshalb stellte Cortés mich ein und zahlte mir sogar einen kleinen Lohn in spanischer Münze – und brachte mich und Béu überdies auch noch in der prachtvollen Residenz unter, dem einstigen Landsitz Motecuzómas in der Nähe von Quaunáhuac, welchen er für sich und Malíntzin sowie für seine ranghöchsten Offiziere und ihre Konkubinen beschlagnahmt hatte und in welchen er auch Cuautémoc und seine Familie und Höflinge unter den Augen hatte.

Vielleicht sollte ich um Verzeihung bitten, wiewohl ich nicht weiß, bei wem, daß ich Arbeit bei den weißen Männern annahm, statt lieber trotzig zu sterben. Aber da die Schlachten alle geschlagen und wir darin nicht untergegangen waren, schien es mir in meinem Tonáli bestimmt, daß ich noch ein wenig länger wenigstens ums Überleben weiterkämpfen sollte. Einst hatte ich den Auftrag erhalten: »Stehe aufrecht! Harre aus! Erinnere dich!«, und genau das zu tun war ich entschlossen.

Eine Zeitlang bestand der größte Teil meiner Dolmetschertätigkeit darin, Cortés' unablässige und eindringliche Forderungen zu dolmetschen, zu erfahren, was aus dem verschwundenen Schatz der Mexíca geworden sei. Wäre ich ein jüngerer Mann und imstande gewesen, irgend etwas anderes zu tun, mit dem ich mich und meine kränkelnde Frau hätte über Wasser halten können, ich hätte auf der Stelle diese erniedrigende Arbeit niedergelegt. Ich mußte nämlich zusammen mit Cortés und seinen Offizieren sitzen, als wäre ich einer von ihnen, während sie meine Freunde, die Edelleute, einschüchterten und beleidigten und sie »verdammte, lügnerische, habgierige, verräterische und störrische Indianer« hießen. Ganz besonders schämte ich mich, als ich an den wiederholten Verhören des Uey-Tlatoáni Cuautémoc teilnehmen mußte, welchen Cortés nicht mehr mit salbungsvollen Worten anredete und dem er auch nicht mehr die geringste Hochachtung entgegenbrachte. Auf Cortés' wiederholte Fragen konnte oder wollte Cuautémoc mit nichts anderem antworten als:

»Nach bestem Wissen, Capitán-General, kann ich nur sagen, daß mein Vorgänger Cuitláhuac den Schatz im See hat liegen lassen, wo Ihr ihn hineingeworfen habt.«

Woraufhin Cortés fauchte: »Ich habe meine und eure besten Schwimmer hinuntergeschickt – sie finden nichts anderes als *Schlamm*!« Woraufhin Cuautémoc nur immer wieder entgegnen konnte oder wollte: »Der Schlamm ist weich. Eure Kanonen haben den ganzen See Texcóco erzittern lassen. Alle Dinge, die so schwer sind wie Gold, müssen immer tiefer in den Schlick hineingesunken sein.«

Am meisten schämte ich mich an dem Tag, da Cuautémoc und zwei der alten Weisen Männer vom Staatsrat, welche ihn zu dieser Sitzung des Verhörs begleitet hatten, der »Überredung« unterworfen wurden. Nachdem ich dieselben Sätze so viele Male gedolmetscht hatte, bekam Cortés einen Tobsuchtsanfall. Er befahl seinen Soldaten, drei große Schalen mit Glut aus der Küche herbeizuschaffen und zwang die drei Edelleute der Mexíca, mit den nackten Füßen in diesen glühenden Kohlen zu sitzen, während er dieselben Fragen noch einmal stellte und sie – der Martern wegen mit den Zähnen knirschend – dieselben Antworten gaben. Zuletzt warf Cortés die Hände in einer Gebärde des Abscheus in die Höhe und stapfte hinaus. Die drei richteten sich vorsichtig von ihren Stühlen auf, traten aus den Schalen heraus und machten sich mit größter Vorsicht auf, in ihre Quartiere zurückzukehren. Die beiden alten Männer und der jüngere taten ihr möglichstes, sich gegenseitig zu stützen und humpelten auf ihren brandblasenbesetzten und geschwärzten Füßen, und ich hörte, wie einer der älteren stöhnte:

»*Ayya*, Verehrter Sprecher, warum sagt Ihr ihnen nicht irgend etwas anderes? *Egal, was?* Es tut unerträglich weh!«

»Schweig!« fuhr Cuautémoc ihn an. »Glaubst du vielleicht, ich erginge mich im Augenblick in einem Lustgarten?«

Wiewohl ich Cortés und mich und unsere Verbindung verabscheute, enthielt ich mich jeder Tat oder Bemerkung, welche geeignet gewesen wäre, sein Mißfallen zu erregen und mich in meiner heiklen Lage zu gefährden, denn nach ein oder zwei Jahren gab es viele von den Meinen, welche mich mit Freuden als Mitarbeiter von Cortés abgelöst hätten und auch in der Lage gewesen wären, das zu tun. Immer mehr Mexíca und Angehörige anderer Stämme – ob sie nun zum Dreibund gehörten oder nicht – beeilten sich, Spanisch zu lernen und sich taufen zu lassen. Das geschah weniger aus Unterwürfigkeit, als vielmehr aus Ehrgeiz, wo nicht gar aus Notwendigkeit. Cortés hatte schon früh verkünden lassen, daß kein »Indianer« eine höhere Stellung als die eines einfachen Arbeiters bekleiden könne, es sei denn, er sei gläubiger Christ und spreche die Sprache der Eroberer.

Ich selber hieß bei den Spaniern bereits Don Juan Damasceno, und Malíntzin war Doña Marina, und die Konkubinen der anderen Spanier waren Doña Luise und Doña María Immaculada und dergleichen. Selbst einige Edelleute erlagen der Versuchung, der Vorteile teilhaftig zu werden, welche sie genossen, wenn sie Christen wurden und spanisch sprachen; die ehemalige Weibliche Schlange zum Beispiel wurde zu Don Juan Tlácotl Velásquez. Doch wie zu erwarten stand, verschmähten die meisten der ehemaligen Pípiltin – allen voran Cuautémoc – Religion und Sprache und Namen der weißen Männer. So bewundernswert ihre Einstellung auch sein mochte, sie erwies sich als Fehler, denn nun blieb ihnen nur noch ihr Stolz. Dafür belagerten die Angehörigen der untersten Klassen sowie die Niedrigstgeborenen der Mittelschicht und sogar die Sklaven der am allertiefsten stehenden Tlacótli-Klasse die Kapläne und Missionsbrüder, um im Christentum unterwiesen und mit spanischen Namen getauft zu werden. Sie waren es auch, welche – um Spanisch lernen zu können – jenen spanischen Soldaten, welche gebildet oder klug genug waren, sie zu unterrichten, eifrig ihre Schwestern und Töchter in Bezahlung gaben.

So kam es, daß das Mittelmaß und der Bodensatz der Gesellschaft, der keinerlei eingeborenen Stolz über Bord werfen mußte, sich von der Fronarbeit befreite und sich als Aufseher von Fronarbeitern einsetzen ließ – jenen, welche früher ihre Vorgesetzten, ihre Anführer und sogar ihre Besitzer gewesen waren. Diese Emporkömmlinge oder »Weißen-Nachäffer«, wie andere von uns sie nannten, erhielten schließlich Stellungen in der zunehmend verzwickten Verwaltung der Stadt und wurden zu Vorstehern weiter entfernt liegender Gemeinden, ja, sogar zu Gouverneuren etlicher unbedeutender Provinzen gemacht. Man sollte das als lobenswert betrachten: daß ein Niemand zu einer bedeutenden Persönlichkeit aufsteigen konnte – nur kann ich mich nicht eines einzigen entsinnen, welcher seine hohe Stellung zum Guten von irgend jemand anders genutzt hätte, außer für sich selbst.

Ein solcher Mann war plötzlich allen, welche zuvor seine Vorgesetzten oder Ebenbürtigen gewesen waren, überlegen, und weiter reichte sein Ehrgeiz nicht. Ob er nun den Posten eines Provinzgouverneurs erlangte oder nur den eines Aufsehers bei irgendeinem Bauvorhaben, er wurde zu einem Despoten für alle, die unter ihm standen. Der Aufseher konnte als Faulpelz oder Trunkenbold jeden Arbeiter anzeigen, welcher nicht vor ihm katzbuckelte oder ihn bestach. Er konnte diesen Arbeiter zu allem verurteilen, vom Brandmarken auf der Wange bis zum Aufgeknüpftwerden am Galgen. Der Gouverneur konnte ehemalige Edelleute und Edeldamen zu Müllträgern und Straßenfegern erniedrigen und ihre Töchter zu dem zwingen, was ihr Spanier die »Rechte der Señorío« nennt. Gleichwohl muß ich in aller Gerechtigkeit sagen, daß die neue Adelsschicht der spanischsprechenden Christen sich *allen* ihren Landsleuten gegenüber genauso verhielt. So wie sie die ehemals höchststehenden Klassen demütigten und quälten, schurigelten sie die Unterschicht, welcher sie selbst entsprungen waren. Sie behandelten alle – mit Ausnahme ihrer eigenen Vorgesetzten, versteht sich – weit schlechter, als noch der niedrigste Sklave früher behandelt worden war. Zwar betraf mich diese vollkommene Umkrempelung der Gesellschaft physisch nicht, doch was mich bestürzte, war die Erkenntnis, wie ich es Béu gegenüber einmal ausdrückte, daß »diese Weißen-Nachäffer es sind, welche unsere Geschichte schreiben werden«.

Wiewohl ich selbst für mich in jenen Jahren eine angenehme Nische in der neuen Gesellschaft Neuspaniens gefunden hatte, ist mein Zögern, sie zu verlassen, vielleicht ein wenig damit zu entschuldigen, daß ich meine Stellung bisweilen nutzen konnte, um anderen außer mir zu helfen. Zumindest gelegentlich, und wenn Malíntzin oder einer von den später eingestellten Dolmetschern nicht dabei war, mich zu verraten, konnte ich meine Übersetzung dergestalt formulieren, daß die Eingabe eines Bittstellers, welcher um eine Gunst bat, dringlicher klang, oder die Bestrafung eines angeklagten Missetäters gemildert wurde. Da Béu und ich freie Kost und Logis genossen, konnte ich meinen Lohn sparen für den Tag, da ich – vielleicht durch eigene Schuld oder weil Béus Zustand sich merklich verschlechterte – meiner Stellung verlustig gehen und ich aus dem Palast von Quaunáhuac hinausgejagt werden würde.

Wie es sich ergab, gab ich meine Stellung aus freien Stücken auf, und das kam so: Im dritten Jahr nach der Conquista wurde der ungeduldige Mann Cortés seiner nunmehr alles andere als abenteuerlichen Rolle als Verwaltungsbeamter, welcher sich mit vielen Kleinigkeiten befassen und als Schiedsrichter in vielen nichtigen Streitereien dienen mußte, überdrüssig. Ein großer Teil der Ciudad de Mexico war inzwischen wieder aufgebaut worden, und was noch nicht fertig war, sollte bald fertig werden. Damals wie heute trafen jedes Jahr rund tausend neue weiße Männer in Neuspanien ein – die meisten von ihnen mit ihren Frauen –, ließen sich im oder in der Nähe des Seengebietes nieder, schufen sich auf den besten Ländereien ihr eigenes Kleinspanien, bemächtigten sich unserer kräftigsten Leute als »Kriegsgefangene« und ließen dieses Land bearbeiten. All diese Neuankömmlinge festigten ihre Stellung als Oberherren so rasch, daß jedes Aufbegehren gegen sie undenkbar war. Aus dem Dreibund war endgültig Neuspanien geworden, und es funktionierte, vermutete ich, so gut wie Cuba oder jede andere spanische Kolonie; die Eingeborenenbevölkerung wurde unterdrückt und ergab sich in ihr Schicksal, wenn sie in dieser Unterdrückung auch nicht gerade glücklich oder zufrieden war; und Cortés schien zuversichtlich, daß seine Unterbefehlshaber und die von ihm ernannten Weißen-Nachäffer in der Lage waren, den Zustand so zu erhalten, wie er war. Ihn selbst dürstete es, neue Lande zu erobern, oder – genauer gesagt – er wollte mehr von den Landen in Augenschein nehmen, welche er bereits als die seinen betrachtete.

»Capitán-General«, sagte ich zum ihm, »Ihr kennt bereits das Land zwischen der Ostküste und hier. Die Lande zwischen hier und der Westküste unterscheiden sich nicht sonderlich von diesen, und im Norden erstrecken sich zumeist öde Gebiete, die anzusehen sich nicht lohnt. Aber im Süden – *ayyo,* südlich von hier – ragen gewaltige Bergketten und grüne Ebenen und eindrucksvolle Wälder und noch weiter im Süden der Dschungel, welcher ehrfurchtgebietend und weg- und steglos und unendlich gefährlich ist, gleichwohl jedoch so voll von Wunderbarem, daß kein Mann sein Leben beschließen sollte, ehe er sich nicht einmal dort hingewagt hat.«

»Dann auf nach Süden!« rief er, als ob er einer Truppe befehle, in diesem Augenblick dorthin auszurücken. »Du bist dort gewesen? Du kennst das Land? Du sprichst seine Sprachen?« Ich sagte ja und ja und ja, woraufhin er tatsächlich einen Befehl gab: »Du wirst mich dort hinführen.«

»Capitán-General«, sagte ich. »Ich bin zweiundfünfzig Jahre alt. Das ist eine Reise für junge Männer voller Kraft und Unternehmungsgeist.«

»Tragstuhl und Träger werden bereitgestellt – und auch noch ein paar interessante Gefährten für dich«, sagte er, ließ mich einfach stehen, ging hin und wählte die Soldaten für diese Expedition aus, so daß ich nicht mehr dazu kam, ihm zu sagen, daß Tragstühle auf steilen Bergen und im Dschungelgewirr nicht zu gebrauchen sind.

Doch widersetzte ich mich nicht lange. Es müsse gut tun, eine letzte lange Reise durch diese Welt zu machen, ehe ich meine allerletzte und längste – bis in die nächste – antrat. Wenn auch Béu während meiner Abwesenheit einsam sein würde, so wußte ich sie doch in guten Händen und versorgt. Die Diener im Palast wußten, wie es um sie stand, pflegten sie liebevoll und gut und waren diskret; Béu brauchte nichts weiter zu tun, als achtzugeben, daß sie bei den hier lebenden Spaniern nicht auffiel. Und wenn ich selbst den Jahren nach auch schon alt war, fühlte ich mich doch noch keineswegs hinfällig. Wenn ich die Belagerung von Tenochtítlan hatte überstehen können, so sagte ich mir, konnte ich auch alle anderen Beschwernisse überstehen, welche mit Cortés' Expedition verbunden waren. Wenn das Glück mir hold war, konnte ich ihn dort sogar *verlieren* oder die Kolonne unter Völker führen, welche durch den Anblick weißer Männer dermaßen von Abscheu erfüllt wurden, daß sie uns *alle* um brächten, und dann diente mein Tod sogar noch einem guten Zweck.

Was mich ein wenig verwirrte, war, daß Cortés »interessante Gefährten« für mich erwähnt hatte, und an dem Herbsttag, an dem wir loszogen, war ich offen gestanden erstaunt, als ich sah, um wen es sich handelte: um die drei Verehrten Sprecher der drei Völker des Dreibunds. Ich überlegte, ob Cortés sie unbedingt mitnehmen wollte, weil er fürchtete, sie könnten während seiner Abwesenheit ein Komplott schmieden, oder weil er wollte, daß es Eindruck auf die Völker im Süden machen würde, wenn sie sähen, daß so erlauchte Persönlichkeiten so demütig in seinem Gefolge mitreisten.

Sie waren wirklich sehenswert, denn ihre reichgeschmückten Tragstühle waren auf so vielen der Reiseabschnitte derart ungefüge, daß die erlauchten Persönlichkeiten aussteigen und zu Fuß gehen mußten – und weil Cuautémoc für immer verkrüppelt war, als er von Cortés einer nachhaltig-überzeugenden Behandlung unterzogen worden war. So wurde den Eingeborenen an vielen Orten auf dieser Reise der Anblick des Verehrten Sprechers Cuautémoc von den Mexíca geboten, wie er sich humpelnd und auf die Schultern zweier anderer gestützt vorwärtsbewegte: auf der einen Seite der Verehrte Sprecher Tétlapanquétzal von Tlácopan und auf der anderen der Verehrte Sprecher Cohuanácoch von Texcóco.

Doch keinem von den dreien kam je ein Wort der Klage über die Lippen, wiewohl sie nach einiger Zeit erkannt haben müssen, daß ich Cortés und seine Reiter und Fußsoldaten mit Absicht über schwierige Wege durch Lande führte, welche ich gar nicht kannte. Das tat ich nur zum Teil in der Absicht, die Expedition für die Spanier nicht zu einer Vergnügungsreise werden zu lassen, und in der Hoffnung, daß sie niemals von ihr zurückkehren würden. Ich tat das auch, weil es *meine* letzte große Reise sein sollte und ich fand, ich könne sie genausogut nutzen, auch noch einige neue Länder kennenzulernen. Daher brachte ich sie, nachdem ich sie durch die schroffsten Berge von Uaxyácac geführt hatte und hinterher durch die häßlichen Ödlande der Landenge zwischen dem Nord-Meer und dem Süd-Meer, nach Nordosten in das sumpfige Innere des Cupílco-Landes. Und dort, der Gesellschaft weißer Männer endgültig überdrüssig und überdrüssig der Tatsache, überhaupt etwas mit ihnen zu tun zu haben, machte ich mich selbständig und setzte mich von ihnen ab.

Ich sollte noch erwähnen, daß Cortés – zweifellos, um überprüfen zu können, daß ich unterwegs auch immer wahrheitsgemäß dolmetschte – noch einen zweiten Dolmetsch mitgenommen hatte. Zur Abwechslung diesmal nicht Malíntzin, da diese damals noch ihren kleinen Sohn Martín Cortés nährte, und ich bedauerte geradezu ihr Fehlen, denn sie war immerhin angenehm anzusehen. Bei dem zweiten Dolmetsch handelte es sich gleichfalls um eine Frau, eine Frau jedoch mit dem Gesicht und dem Gewinsel und dem Wesen eines Moskitos. Sie war eine von jenen Emporkömmlingen aus der untersten Schicht, welche dadurch zur Weißen-Nachäfferin geworden war, daß sie Spanisch gelernt und den Christennamen Florencia angenommen hatte. Da ihre einzige andere Sprache jedoch das Náhuatl war, nützte sie hier in der Fremde gar nichts, außer Nacht für Nacht einen der vielen spanischen Soldaten zu bedienen, welchen es nicht gelungen war, mit Geschenken oder dem Reiz der Neugier jüngere und begehrenswertere leichte Mädchen auf ihr Lager zu ziehen.

Eines Abends lagerten wir, nachdem wir uns Anfang Frühling den ganzen Tag lang durch einen besonders häßlichen und unangenehmen Morast hindurchgemüht hatten, auf einem trockenen Stück Boden in einem Hain von Ceiba- und Amatl-Bäumen. Wir hatten unsere Abendmahlzeit zu uns genommen und lagen um die verschiedenen Lagerfeuer herum, als Cortés herüberkam, sich neben mich hockte, mir kameradschaftlich den Arm um die Schulter legte und sagte.

»Sieh mal dort hinüber, Juan Damasceno. Ist das nicht wirklich ein bewundernswürdiger Anblick?« Ich hob meinen Topas vor die Augen und blickte in die angegebene Richtung: auf die drei Verehrten Sprecher, die – etwas abseits von den anderen – beisammensaßen. So hatte ich sie auf dieser Reise schon viele Male zusammensitzen sehen, wie sie offensichtlich über Dinge diskutierten, über welche Herrschern, welche nichts mehr haben, über das sie herrschen können, zu diskutieren bleibt. Cortés sagte:

»So etwas bekommt man selbst in der *Alten* Welt kaum noch zu sehen – drei Könige, die friedlich beisammensitzen –, und vielleicht bekommt man es auch hier bald nie wieder zu sehen. Daran möchte ich gern eine Erinnerung haben. Zeichne mir ein Bild von ihnen, Juan Damasceno, einfach so, wie sie dasitzen, die Gesichter einander zugeneigt und in ernster Unterhaltung begriffen.«

Mir wollte das als eine harmlose Bitte erscheinen. Ja, es schien sogar von tiefer Einsicht zu zeugen, daß ein Mann wie Hernán Cortés einen Augenblick als erinnerungswürdig erkannte. Ich schälte also ein Stück Borke von einem der Amatl-Bäume und zeichnete auf der sauberen Innenseite mit einem verkohlten und angespitzten Aststück aus dem Feuer das beste Bild, welches ich mit solch rohem Material zeichnen konnte. Die drei Verehrten Sprecher waren jeder einzeln durchaus zu erkennen; ich fing ihren feierlichen Gesichtsausdruck ein, so daß jeder, welcher das Bild betrachtete, sofort erriet, daß sie von bedeutenden Dingen sprachen. Erst am nächsten Morgen hatte ich Grund zu beklagen, meinen Schwur von vor vielen Jahren gebrochen zu haben, nie wieder irgendwelche Bildnisse zu malen, damit ich den Abkonterfeiten kein Unglück bringe.

»Heute wird nicht marschiert, Leute«, verkündete Cortés, als wir aufstanden. »Heute haben wir die unangenehme Pflicht, ein Kriegsgericht abhalten zu müssen.«

Seine Soldaten machten ein ebenso verdutztes und erschrockenes Gesicht wie ich und die Verehrten Sprecher auch.

»Doña Florencia«, sagte Cortés und zeigte auf die einfältig lächelnde Frau, »hat sich die Mühe gemacht, die Unterhaltungen zwischen unseren drei erlauchten Gästen und den Häuptlingen der Dörfer, durch welche wir hindurchgekommen sind, mitanzuhören. Sie wird bezeugen, daß diese Könige mit den Völkern hier ein Komplott geschmiedet haben, um einen Massenaufstand gegen uns in die Wege zu leiten. Desgleichen habe ich dank Don Juan Damasceno« – er wedelte mit meinem Stück Borke herum – »eine Zeichnung, welche unwiderleglich beweist, daß sie sich verschwörerisch zusammengetan haben.«

Die drei Verehrten Sprecher hatten die niederträchtige Florencia nur mit einem verächtlichen Blick bedacht, doch die Augen, mit denen sie mich ansahen, waren voll Traurigkeit und Enttäuschung. Ich sprang vor und schrie: »Das stimmt nicht!«

Augenblicklich zog Cortés den Säbel und setzte mir die Spitze auf die Kehle. »Ich meine«, sagte er, »was diese Verhandlung betrifft, so dürften deine Zeugenaussagen und deine Übersetzung nicht ganz unparteiisch sein. Doña Florencia wird als Dolmetsch dienen – und du *schweigst!*«

Folglich bildeten sechs seiner Unterbefehlshaber das Tribunal, und Cortés brachte die Anklagen vor, während seine Zeugin Florencia die fadenscheinigen Beweise vorbrachte, auf welche sie sich stützten. Cortés hatte ihr im voraus gesagt, wie sie sich verhalten solle, doch ich glaube, das wäre gar nicht nötig gewesen.

Niedrige Menschen wie sie – welche es der Welt nie verzeihen können, daß es ihr völlig gleichgültig ist, ob es sie gibt oder nicht – werden jede Gelegenheit beim Schopfe ergreifen, um anerkannt zu werden, und sei es auch nur ihrer unerhörten Boshaftigkeit wegen. Und so ergriff Florencia die Gelegenheit, einmal bemerkt zu werden: dadurch, daß sie höher und über ihr Stehende verleumdete, selbiges ungestraft tun konnte und noch dazu vor einer aufmerksamen Zuhörerschaft, welche so tat, als glaubte sie ihr. Sie ließ ihrer Enttäuschung über ihre eigene Nichtigkeit freien Lauf und stieß einen Schwall von Lügen und Erdichtetem und Anschuldigungen aus, welche einzig und allein dazu dienen sollten, die drei Edelleute als Wesen hinzustellen, welche noch verächtlicher waren als sie selbst.

Ich konnte nichts sagen – bis heute nicht –, und die Verehrten Sprecher *wollten* nichts sagen. In ihrer Verachtung für den Moskito, welcher sich zu einem Geier aufplusterte, taten sie nichts, um die Verunglimpfungen zurückzuweisen oder sich zu verteidigen oder sich anmerken zu lassen, was sie von dieser Farce von einer Gerichtsverhandlung hielten. Florencia hätte womöglich zehn Tage lang weitergemacht und das Blaue vom Himmel heruntergelogen, um zu beweisen, daß die drei Verehrten Sprecher Teufel aus der Hölle seien, hätte sie nur soviel Grips besessen, auf derlei Dinge zu kommen. Doch zuletzt wurde das Tribunal es leid, sich ihr dummes Geschwätz anzuhören, befahl ihr kurz und bündig innezuhalten und verkündete dann genauso kurz und bündig, die drei Edelleute seien schuldig, eine Verschwörung gegen Neuspanien angezettelt zu haben.

Ohne Einspruch zu erheben, ohne Protest und ohne einander mit ver decktem Spott Lebewohl zu sagen, ließen die drei sich nebeneinander ter einen dicken Ceiba-Baum stellen, die Spanier warfen Stricke über einen passenden Ast, und dann wurden die drei zusammen in die Höhe gezogen. In dem Augenblick, da die Verehrten Sprecher Cuautémoc, Tétlapanquétzal und Cohuanácoch starben, verschwand auch die letzte Spur, daß es so etwas wie den Dreibund jemals gegeben hatte. Ich weiß nicht das genaue Datum des Jahres, da ich auf dieser Expedition kein Tagebuch geführt habe. Vielleicht könnt ihr, meine Herren Skribenten, den Tag errechnen, denn nachdem die Hinrichtung abgeschlossen war, rief Cortés fröhlich:

»Und jetzt laßt uns jagen, Leute, irgendein Tier erlegen und ein Festmahl bereiten. Heute ist Fastnachtdienstag, der letzte Tag des Karneval.«

Sie zechten die ganze Nacht hindurch, und so war es mir nicht schwer, mich unbemerkt vom Lager fortzustehlen und den Weg zurückzugehen, welchen wir gekommen waren. In wesentlich kürzerer Zeit, als wir gebraucht hatten hinzukommen, kehrte ich nach Quaunáhuac und in Cortés' Palast zurück. Die Wachen waren mein Kommen und Gehen gewöhnt und nahmen gleichgültig meine Bemerkung zur Kenntnis, ich sei nach Hause vorausgeschickt worden. Dann begab ich mich in Béus Kammer und berichtete ihr alles, was geschehen war.

»Jetzt bin ich ein Vogelfreier«, sagte ich. »Aber ich glaube, Cortés hat nicht die geringste Ahnung, daß ich eine Frau habe und daß sie hier wohnt. Und selbst wenn er dahinterkäme, ist es nicht sehr wahrscheinlich, daß er seinen gerechten Zorn an dir ausläßt. Ich muß fliehen, und am besten verbergen kann ich mich unter den vielen Menschen in Tenochtítlan. Vielleicht finde ich eine Hütte im Viertel der Arbeiter. Ich möchte nicht, daß du in soviel Schmutz und Elend lebst, Wartender Mond, wo es doch möglich ist, daß du hier bleibst und es gut hast . . .«

»*Wir* sind jetzt Vogelfreie«, unterbrach sie mich mit belegter, aber entschiedener Stimme. »Vielleicht schaffe ich es sogar, bis zur Stadt zu gehen, Záa, wenn du mich führst.«

Was ich auch sagte und wenn ich auch flehte, sie wollte sich nicht davon abbringen lassen. So schnürte ich ein Bündel aus unseren Habseligkeiten, deren es nicht mehr viele gab, verlangte nach zwei Sklaven, sie im Tragstuhl zu tragen, und so zogen wir über den Bergrand zurück ins Seengebiet und über die südliche Dammstraße nach Tenochtítlan, und dort sind wir seither die ganze Zeit über gewesen.

Willkommen nochmals, Euer Exzellenz, nachdem Ihr solange nicht dabeigewesen seid. Seid Ihr gekommen, den Schluß meines Berichts anzuhören? Nun, ich habe alles erzählt, bis auf ganz weniges.

Etwa ein Jahr, nachdem ich ihn heimlich verlassen hatte, kehrte Cortés mit seinem Gefolge zurück und ließ es sich als erstes angelegen sein, die erlogene Geschichte von dem geplanten Aufstand der drei Verehrten Sprecher zu verbreiten, zum »Beweis« für ihre Verschwörung meine Zeichnung vorzuweisen und mit Nachdruck zu vertreten, wie gerecht es gewesen sei, sie ihres Verrats wegen hinzurichten. Für alle, welche einst zum Dreibund gehört hatten, war es ein Schock, denn ich hatte die Nachricht niemandem außer Béu anvertraut. Alle Menschen trauerten und hielten verspätet Gedenkfeiern ab. Unter sich murrten sie selbstverständlich auch, aber es blieb ihnen gar nichts anderes übrig, als nach außen hin so zu tun, als schenkten sie Cortés Glauben. Ich möchte noch darauf hinweisen, daß er sich hütete, Florencia mit zurückzubringen, um sich seine Geschichte von ihr bestätigen zu lassen. Er wollte nicht riskieren, daß sie nochmals Mittelpunkt der Aufmerksamkeit wurde und Anerkennung fand, indem sie Gelegenheit bekam, womöglich öffentlich ihre Lügen als Lügen hinzustellen. Wo und wie er sich dieser Person entledigte, hat nie jemand gehört; aber es hat wohl auch niemand interessiert, sich zu erkundigen.

Zweifellos hat es Cortés' Zorn erregt, daß ich mich von seiner Expedition abgesetzt hatte, doch muß dieser Zorn im Laufe des folgenden Jahres ziemlich verraucht sein, denn er befahl nie, Jagd auf mich zu machen, jedenfalls nicht, daß ich wüßte. Keiner seiner Männer kam je, sich zu erkundigen, wo ich abgeblieben sei; keiner seiner Hunde wurde ausgeschickt, mich aufzustöbern. Béu und ich durften weiterleben, so gut es eben ging.

Inzwischen war der Markt von Tlaltelólco wiederhergestellt worden, wenn auch bei weitem nicht so groß, wie er früher gewesen war. Ich ging dorthin, um zu sehen, was dort gekauft und verkauft wurde und zu welchen Preisen. Auf dem Markt wimmelte es genauso von Menschen wie früher, wenn auch mindestens die Hälfte der Menge aus weißen Männern und Frauen bestand. Mir fiel auf, daß unter meinen Landsleuten die meisten Waren im Tausch den Besitzer wechselten – »Ich gebe dir diesen Truthahn für diese Schale« –, die spanischen Käufer hingegen zahlten mit Geld: Ducados, Reales und Maravedíes. Wenn sie auch zur Hauptsache Lebensmittel und andere Waren des täglichen Gebrauchs kauften, erstanden sie doch auch eine Menge Dinge, welche eigentlich so gut wie keinen Nutzwert besaßen oder schön gewesen wären. Ich lauschte ihren Unterhaltungen und erfuhr auf diese Weise, daß sie »lustige Eingeborenenhandarbeiten« kauften, um sie als Kuriosa aufzubewahren oder als »Erinnerung an Neuspanien« an ihre Verwandten daheim zu schicken.

Wie Ihr wißt, Euer Exzellenz, haben in den Jahren seit dem Wiederaufbau viele verschiedene Flaggen über der Ciudad de Mexíco geweht. Da ist Cortés' Hausstandarte gewesen: Blau und Weiß mit einem roten Kreuz darin; und die blutrotgoldene Flagge Spaniens; und diejenige mit der Heiligen Jungfrau in, wie ich meine, wirklichkeitsgetreuen Farben darin; und diejenige mit dem doppelköpfigen Adler des Kaiserreiches; und andere, deren Bedeutung mir unbekannt ist. An diesem Tage sah ich auf dem Markt viele Handwerker unterwürfig kleine Kopien dieser verschiedenen Flaggen feilhalten, gut oder schlecht ausgeführt, doch selbst die besten schienen den müßig suchenden Spaniern keine Begeisterung zu entlocken. Und ich sah, daß keiner von diesen Händlern ähnliche Abbilder unserer *eigenen* stolzen Zeichen des Volkes der Mexíca anboten. Vielleicht hatten sie Angst, man könne ihnen vorwerfen, Sympathien zu hegen, welche sich gegen den Frieden und die gute Ordnung wendeten.

Nun, dergleichen Ängste hatte ich nicht. Oder vielmehr hätte ich mich ja längst wesentlich schwerwiegenderer Vergehen wegen zu verantworten gehabt, so daß mir diese harmlosen keinerlei Sorgen bereiteten. Ich kehrte zurück in unsere armselige kleine Hütte und fertigte eine Zeichnung, kniete mich neben Béus Lager hin und hielt sie ihr dicht vor die Augen.

»Wartender Mond«, sagte ich, »kannst du dies deutlich genug erkennen, um es nachzumachen?« Sie strengte die Augen an, und ich zeigte ihr die verschiedenen Bestandteile. »Schau, das ist ein Adler, die Schwingen ausgebreitet wie zum Flug, und er hockt auf einem Nopáli-Kaktus, und im Schnabel hält er das Kriegssymbol ineinander verschlungener Bänder . . .«

»Ja«, sagte sie. »Ja, jetzt, wo du es mir sagst, kann ich die Einzelheiten besser erkennen. Aber sie nachmachen, Záa? Was meinst du damit«

»Wenn ich das Material dafür kaufe, könntest du dies dann nachmachen, indem du es mit verschiedenfarbenen Fäden auf ein kleines Stück Stoff stickst? Es braucht nicht so köstlich zu sein wie die Dinge, welche du früher geschaffen hast. Einfach Braun für den Adler, Grün für den Nopáli und vielleicht Rot und Gelb für die Bänder.«

»Ich glaube, das könnte ich wohl. Aber wozu?«

»Wenn du genug davon machst, könnte ich sie auf dem Markt verkaufen. An die weißen Männer und Frauen. Sie scheinen derlei Dinge zu schätzen, und sie zahlen in klingender Münze dafür.«

Sie sagte: »Ich werde eines machen, und du siehst mir dabei zu, so daß du mich darauf aufmerksam machen kannst, wenn ich etwas falsch mache. Wenn ich eines richtig gemacht habe und es mit den Fingerspitzen ertasten kann, könnte ich das als Vorlage nehmen, um viele andere danach zu sticken.«

Selbiges tat sie, und sehr hübsch dazu. Ich bewarb mich um einen Stand auf dem Markt, wo mir ein kleiner Platz zugewiesen wurde, und dort breitete ich ein Tuch auf dem Boden aus und darauf die Abbilder des alten Wappens der Mexíca. Niemand von der Obrigkeit kam, mich zu belästigen oder hieß mich die Dinge wegnehmen; vielmehr kamen viele Leute und kauften sie. Die meisten von ihnen waren Spanier, doch selbst ein paar Landsleute von mir boten mir zum Tausch dafür dies oder das an, weil sie gedacht hatten, sie würden diese Erinnerung daran, wer wir waren und was wir gewesen waren, nie wieder zu sehen bekommen.

Von Anfang an beklagten viele Spanier sich über die Darstellung: »Das ist keine lebensechte Schlange, welche der Adler frißt.« Ich versuchte ihnen klarzumachen, daß es auch keine Schlange sein solle und der Adler sie auch nicht fresse. Doch sie schienen unfähig zu begreifen, daß es sich um ein Wortbild handelte, die verschlungenen Bänder, welche Feuer und Rauch darstellten und infolgedessen Krieg bedeuteten. Und Krieg, so erklärte ich, habe einen Großteil der Geschichte der Mexíca ausgemacht, was man von einer Schlange nicht behaupten könne. Sie sagten nur: »Mit einer Schlange würde es sich besser machen.«

Nun, wenn sie unbedingt wollten, sollten sie es haben. Ich fertigte nochmals eine Zeichnung an und half Wartendem Mond, eine neue Stikkerei danach zu machen, welche sie fortan als Vorlage benutzte. Als andere Händler auf dem Markt das Wappen nachmachten, was sich schließlich nicht vermeiden ließ, machten sie es samt Schlange nach. Keine der Nachahmungen war so gut wie die von Béu, und so litt mein Geschäft nicht sonderlich. Vielmehr belustigte es mich zu sehen, wie sklavisch die Leute sich an mein Vorbild hielten, freute es mich, daß ich eine völlig neue Industrie ins Leben gerufen hatte, und amüsierte mich auch darüber, daß ausgerechnet *das* mein letzter Beitrag zu Der Einen Welt sein sollte. Vieles war ich in meinem Leben gewesen, eine Zeitlang sogar der Edelmann Mixtzin, ein Mann, der etwas darstellte, der reich und hoch angesehen war. Gelacht hätte ich, würde mir damals jemand gesagt haben: »Du wirst deine Wege und Tage als gewöhnlicher Händler enden, welcher hochmütigen Fremden kleine Tuchkopien des Mexíca-Wappens verhökert – und eine schlechte Verfälschung noch dazu!« Ich würde gelacht haben, und so lachte ich wirklich, während ich Tag für Tag auf dem Markt hockte und diejenigen, welche stehenblieben und sich herabbeugten, mich für einen komischen alten Mann hielten.

Wie es sich ergab, endete ich nicht ganz damit, denn es kam der Tag, da Béus Augenlicht gänzlich versagte, ihre Finger auch nicht mehr wollten und sie nicht mehr sticken konnte. So mußte ich meinen kleinen Abstecher in den Kleinhandel abbrechen. Seither haben wir von den Ersparnissen gelebt, den Münzen, welche wir beiseitegelegt hatten, wiewohl Wartender Mond oft und ärgerlich den Wunsch geäußert hat, der Tod möge sie aus ihrem schwarzen Gefängnis der Langeweile, der Unbeweglichkeit und des Elends befreien. Mir selbst hätte ich diese Erlösung vielleicht gleichfalls gewünscht, doch dann fanden die Patres Eurer Exzellenz mich, brachten mich hierher, und Ihr ließet mich von vergangenen Zeiten erzählen und das ist Ablenkung genug gewesen, meinen Wunsch, noch weiterzuleben, weiterhin zu nähren. Wenn auch meine Beschäftigung hier für Béu eine womöglich noch traurigere und einsamere Gefangenschaft bedeutete, hat sie das ertragen, bloß, damit *ich* jemand hätte, zu dem ich heimkommen konnte in jenen Nächten, da ich heimgegangen bin in diese Hütte. Wenn ich für immer dorthin zurückkehre, werde ich vielleicht dafür sorgen, daß es sowohl für sie als auch für mich nicht mehr allzu lange dauert. Wir haben keine Aufgabe mehr und auch keine andere Entschuldigung, länger in dieser Welt der Lebenden zu bleiben. Und ich sollte vielleicht noch erwähnen, daß unser letzter Beitrag, welchen wir für Die Eine Welt leisteten, mich jetzt nicht mehr belustigt. Geht heute auf den Markt von Tlaltelólco, und Ihr werdet feststellen, daß das Wappen der Mexíca dort immer noch verkauft wird – samt Schlange. Doch was schlimmer ist – und weshalb es mich eben *nicht* belustigt –, Ihr werdet dort auch noch die Geschichtenerzähler hören, welche diese erfundene und unpassende Schlange in unsere ehrwürdigste Legende einflechten:

»Höret mich und wisset! Als unser Volk zuerst hierher in dieses Seengebiet kam, als wir noch die Aztéca waren, gebot unser großer Gott Huitzilopóchtli unseren Priestern, Ausschau zu halten nach einem Ort, wo ein Nopáli-Kaktus wächst, und darauf ein Adler, *der eine Schlange frißt*...«

Nun ja, Euer Exzellenz – soviel zur *Geschichte*. Ich vermag an den erbärmlichen kleinen Verfälschungen daran nichts zu ändern. Genausowenig, wie ich an der weit beklagenswerteren Wirklichkeit dieser Geschichte nichts ändern kann. Doch die Geschichte, welche ich erzählt habe, ist die Geschichte, welche ich erlebt und an welcher ich einigen Anteil gehabt habe, und ich habe sie wahrheitsgetreu erzählt. Darauf küsse ich die Erde, will sagen: Das schwöre ich.

Nun könnte es ja sein, daß ich in meiner Erzählung hier und da eine Lücke gelassen habe, welche Euer Exzellenz noch ausgefüllt haben möchte, oder es könnten Fragen aufgetaucht sein, auf welche Euer Exzellenz Antwort erheischt, oder Ihr könntet nach Einzelheiten fragen, welche das eine oder das andere betreffen. Allerdings bitte ich, daß sie noch für einige Zeit zurückgestellt werden und man mir gestattet, mich von meiner Arbeit auszuruhen. Ich bitte Euer Exzellenz um Erlaubnis, mich nun von Euch und den ehrwürdigen Patres und diesem Raum zu verabschieden, welcher in dem Haus liegt, welches einst das Haus des Gesanges gewesen ist. Nicht, daß ich es müde wäre zu sprechen, oder daß ich alles erzählt hätte, was gesagt werden könnte, oder weil ich vermutete, daß Ihr es überdrüssig wäret, mich erzählen zu hören. Ich bitte, mich verabschieden zu dürfen, weil gestern abend, als ich heimkehrte in meine Hütte und ich mich neben dem Lager meiner Frau niedersetzte, etwas Erstaunliches geschah. Wartender Mond sagte mir, sie liebe mich! Sie erklärte, sie liebe mich, habe mich immer geliebt und liebe mich immer noch. Da Béu nie in ihrem Leben so etwas zu mir gesagt hatte, meine ich, könnte jetzt das Ende ihres langen Sterbens gekommen sein, und daß ich bei ihr sein sollte, wenn es kommt. Mögen wir noch so verlassen und allein sein, sie und ich, wir sind alles, was wir noch haben ... Gestern abend hat Béu gesagt, sie habe mich geliebt seit unserem ersten Kennenlernen vor vielen Jahren, in Tecuantépec, in den Tagen unserer grünsten Jugend. Doch habe sie mich bei der ersten Gelegenheit verloren, und zwar für immer verloren, sagte sie, als ich beschloß, den Purpurfarbstoff zu suchen, als sie und ihre Schwester Zyanya die kleinen Zweige zogen, um zu entscheiden, wer von den beiden Mädchen mich begleiten solle. Da habe sie mich zwar verloren, sagte sie, doch habe sie nie aufgehört, mich zu lieben, und sei nie einem anderen Mann begegnet, den sie habe lieben können. Und als sie mir gestern abend diese erstaunliche Enthüllung machte, ging mir ein unwürdiger Gedanke durch den Kopf. Ich dachte: Wärest du, Béu, es gewesen, die mit mir gegangen wäre, und die mich bald hinterher geheiratet hätte, dann würde es Zyanya sein, welche ich jetzt immer noch bei mir haben würde. Doch dieser Gedanke wich einem anderen, der sich gleich darauf einstellte: Würde ich denn wünschen, daß Zyanya all das erlitten hätte, was du erlitten hast, Béu? Und mich dauerte das arme Wesen, welches da lag und sagte, es liebe mich. Sie klang so traurig, daß ich es wagte, mich ein wenig lustig darüber zu machen. Ich meinte, sie habe schon eine recht merkwürdige Art gehabt, mir ihre Liebe zu zeigen, und erzählte ihr, ich hätte gesehen, wie sie sich in der schwarzen Kunst versucht und ein Lehmbild von mir gefertigt, wie die Hexenfrauen es tun, wenn sie einem Mann etwas Böses wünschen. Béu sagte, und das klang noch trauriger, sie habe es nicht gemacht, um mir weh zu tun; sie habe so lange und vergeblich darauf gewartet, daß wir das Lager miteinander teilten; deshalb habe sie dieses Bild gemacht, um damit zu schlafen und mich vielleicht dadurch zu verzaubern, auf daß ich sie in die Arme schließe und sie liebe. Schweigend saß ich daraufhin neben ihrem Lager, und ich sann über viele Dinge nach und erkannte, wie blind und wie unzugänglich ich gewesen war in all den Jahren, in denen Béu und ich einander gekannt hatten; daß ich blinder und kranker an den Augen gewesen war als Béu jetzt, wo sie völlig erblindet ist. Es steht einer Frau nicht an zu erklären, daß sie einen Mann liebe, und Béu hatte dieses traditionelle Verbot stets beachtet; nie hatte sie es gesagt, sondern ihre Gefühle stets hinter einer Keckheit verborgen, welche ich eigensinnig immer für Hohn und Spott gehalten. Nur wenige Male hatte sie ihre damenhafte Zurückhaltung aufgegeben – und mir fiel ein, daß sie einst sehnsüchtig gesagt hatte: »Früher habe ich mich gefragt, warum ich Wartender Mond genannt wurde« –, und ich hatte mich stets geweigert, diese Augenblicke zu erkennen, wo ich doch nichts weiter hätte zu tun brauchen, als die Arme auszubreiten ... Gewiß, ich liebte Zyanya, habe sie immer geliebt und werde sie immer weiter lieben. Doch dem hätte es ja keineswegs irgendwelchen Abbruch getan, wenn ich später auch Béu geliebt hätte. *Ayya*, die Jahre, welche ich vertan habe! Schließlich hatte ich mich ja selbst um etwas gebracht; ich kann die Schuld daran auf niemand anders schieben. Und was mich im Herzen noch mehr schmerzt, ist die schroffe Art, in welcher ich Wartenden Mond zurückgestoßen habe, welche so lange gewartet hat, bis es jetzt zu spät ist, auch nur einen allerletzten Augenblick von all diesen vertanen Jahren zu retten. Ich würde es sie ja spüren lassen, wenn ich könnte, aber ich kann es nicht. Ich hätte sie ja gestern abend zu mir genommen und in Liebe bei ihr gelegen, und vielleicht hätte ich es gekonnt; aber was von Béu noch übriggeblieben ist, konnte es nicht. So tat ich das einzige, was möglich war, nämlich sprechen, und so sprach ich ganz aufrichtig, als ich sagte: »Béu, meine geliebte Frau, ich liebe dich auch.« Sie konnte nicht antworten, denn die Tränen kamen ihr und erstickten das bißchen Stimme, was ihr noch geblieben war. Aber sie streckte die Hand nach mir aus. Ich drückte sie zärtlich und saß da und hielt sie, und ich hätte auch unsere Finger verschränkt, doch nicht einmal das konnte ich tun, denn sie hat keine Finger mehr. Wie Ihr vermutlich schon erraten habt, ehrwürdige Patres, war der Grund ihres langen Sterbens der, daß sie an der Krankheit des Von-den-Göttern-gefressen-Werdens litt. Ich habe bereits beschrieben, wie das ist, und so möchte ich jetzt lieber nicht erzählen, was die Götter noch nicht gefressen haben von der Frau, welche einst so schön gewesen war wie Zyanya. Ich saß einfach neben ihr, und wir schwiegen beide. Ich weiß nicht, was sie dachte, doch ich erinnerte mich an die Jahre, da wir zusammen und doch nicht zusammen gelebt haben, und was für eine unverzeihliche Verschwendung das ist. Liebe und Zeit, das sind die einzigen Dinge in der ganzen Welt und im ganzen Leben, welche man nicht kaufen, sondern nur geben kann. Gestern abend haben Béu und ich einander endlich unsere Liebe gestanden. Ich erinnerte mich an jene Nacht, da mein Vater mich auf den Schultern unter den »ältesten der alten« Zypressen über die Insel Xaltócan dahintrug, und wie ich vom Mondschein in Mondschatten getragen wurde und dann wieder hinein in den Mondschein. Damals ist es mir selbstverständlich nicht bewußt gewesen, doch habe ich damals erfahren, wie mein Leben verlaufen sollte – abwechselnd in Licht und in Schatten, in gesprenkelten Tagen und Nächten, guten Zeiten und schlechten. Seit jener Nacht habe ich mein Teil an Ungemach und Kummer getragen, möglicherweise mehr als ein gerüttelt Maß. Doch daß ich Béu Ribé unverzeihlicherweise vernachlässigt habe, ist Beweis genug, daß auch ich anderen Ungemach und Kummer zugefügt habe. Nun, es nützt nichts, sein Tonáli zu bedauern oder zu beklagen. Und ich meine, alles in allem ist mein Leben eher gut als schlecht verlaufen. Die Götter haben mir viel Glück geschenkt und mir bisweilen auch Gelegenheit gegeben, Gutes zu tun. Wenn ich irgend etwas an meinem Leben beklagen sollte, so nur, daß die Götter mir das allerletzte Glück versagten: meine Wege und Tage zu enden, als meine wenigen guten Taten getan waren. Das ist lange her, und ich lebe immer noch. Selbstverständlich, wenn ich will, kann ich mir einreden, daß die Götter auch dafür gute Gründe haben. Wenn ich mich entschließe, mich jener fernen Nacht als eines trunkenen Traums zu erinnern, kann ich mir einreden, daß zwei von diesen Göttern mir ihre Gründe sogar genannt haben. Sie sagten mir, mein Tonáli sei es nicht, glücklich oder traurig, reich oder arm, tätig oder müßig ausgeglichen oder unausgeglichen, klug oder dumm, freudig oder verzagt zu sein – wiewohl ich auch all dies irgendwann einmal gewesen bin. Nach den Göttern sei es mir vom Tonáli einzig bestimmt zu wagen, jede Herausforderung und jede Gelegenheit wahrzunehmen mein Leben so voll zu leben, wie ein Mensch es nur kann. Dadurch, daß ich das tat, habe ich an vielen Ereignissen teilgenommen, großen und kleinen historischen und belanglosen. Aber die Götter – wenn es denn Götter waren und wenn sie wahr gesprochen – sagten auch, meine eigentliche Aufgabe bei diesen Ereignissen sei einzig und allein, mich ihrer zu erinnern, und sie denen zu erzählen, die nach mir kommen würden, auf daß diese Geschehnisse nicht vergessen würden. Nun, das habe ich jetzt getan. Bis auf ein paar Kleinigkeiten, von denen Euer Exzellenz vielleicht möchten, daß ich sie noch nachtrage. Sonst wüßte ich nichts mehr zu berichten. Wie ich gleich zu Anfang warnend gesagt habe, konnte ich nichts weiter als mein eigenes Leben erzählen, und das ist nun vorüber. Wenn es noch eine Zukunft gibt, so kann ich sie nicht vorhersehen, und ich glaube, ich würde es auch nicht wollen. Ich erinnere mich jener Worte, welche ich so viele Male während meiner Suche nach Aztlan zu hören bekam, jene Worte, welche Motecuzóma in jener Nacht, da wir im Mondschein oben auf der Pyramide von Teotihuácan saßen, wiederholte wie einen Grabspruch: »Die Aztéca sind hiergewesen, aber sie haben nichts mitgebracht, und sie haben auch nichts hiergelassen, als sie fortzogen.« Die Aztéca, die Mexíca – welchen Namen ihr auch vorziehen möget –, wir gehen jetzt, wir werden verstreut und aufgesogen, und bald werden wir alle fort sein, und es wird wenig dasein, was an uns erinnert. Auch all die anderen Völker, welche von euren Soldaten überrannt wurden, die ihnen neue Gesetze aufzwangen von euren Edelleuten und Besitzern, welche Sklavenarbeit fordern, von euren Missionspatres, welche neue Götter bringen – auch diese Völker werden vergehen, oder sich so sehr verändern, daß man sie nicht mehr wiedererkennt oder an Altersschwäche zugrunde gehen. Cortés siedelt in diesem Augenblick seine Kolonisten in den Landen am Süd-Meer an. Alvarado ist dabei, die Dschungelstämme Quautemálans zu unterwerfen. Montejo kämpft, um die zivilisierten Maya auf der Halbinsel Uluümil Kutz zu unterwerfen. Guzmán ist dabei, die trotzigen Purémpecha von Michihuácan zu unterwerfen. Zumindest können diese Völker wie wir Mexíca sich damit trösten, daß sie bis zum Letzten gekämpft haben. Mehr leid tun mir eigentlich jene Völker – selbst unsere alten Feinde, die Texcaltéca –, welche es jetzt so bitter bereuen, euch weißen Männern geholfen zu haben, Die Eine Welt so schnell einzunehmen. Soeben habe ich gesagt, ich könne die Zukunft nicht vorhersehen, doch in gewisser Weise *habe* ich sie bereits gesehen. Ich habe Malíntzins Sohn Martín gesehen und die immer größer werdende Schar von kleinen Jungen und Mädchen von der Farbe billiger, verwässerter Schokolade. Möglich, daß *das* die Zukunft ist: nicht, daß alle die Völker Der Einen Welt ausgerottet werden, sondern daß sie verwässert werden zu einer flauen Schwäche und Gleichheit und Wertlosigkeit. Vielleicht habe ich unrecht; ich bezweifle es; aber ich kann hoffen, daß ich unrecht habe. Möglich, daß es irgendwo noch Menschen in diesen Landen gibt, so abgelegen, so unbesieglich, daß man sie in Frieden läßt, und daß sie sich vermehren, und dann ... aquin ixnéntla? *Ayyo,* fast hätte ich Lust, so lange zu leben, daß ich noch erlebe, was dann geschieht! Meine eigenen Ahnen haben sich nicht geschämt, sich selbst die Unkrautmenschen zu nennen, denn mag Unkraut auch unansehnlich und unerwünscht sein, es ist ungeheuer stark, und es ist fast ein Ding der Unmöglichkeit, es ganz auszurotten. Erst nachdem die Zivilisation der Unkrautmenschen gedieh und zu großer Blüte gelangte, wurden sie niedergemäht. Blumen sind wunderschön, sie duften und sind begehrenswert, aber sie sind auch vergänglich. Vielleicht gibt es in Der Einen Welt andere Unkrautmenschen oder wird es geben, und vielleicht ist es ihr Tonáli, als nächste zu erblühen, und vielleicht werdet ihr weißen Männer nicht in der Lage sein, sie niederzumä hen, und vielleicht gelingt es ihnen, so hoch aufzusteigen, wie wir einst aufgestiegen sind. Es könnte sein, wenn sie marschieren, daß einige meiner eigenen Nachkommen in ihren Reihen mitmarschieren. Ich habe keine Ahnung, welche Samen ich in den fernen Südlanden gelegt habe; die Menschen dort sind seit so langer Zeit so verkommen, daß sie nie wieder etwas sein werden, nicht einmal dadurch, daß ihnen Mexícatl-Blut zugeführt worden ist. Aber im Norden – nun, unter den vielen Orten, wo ich geliebt habe, ist immer noch Aztlan. Und vor langer Zeit ist mir aufgegangen, was die Einladung bedeutet hat, welche der Geringere Sprecher übermittelt hat, der gleichfalls Tliléctic-Mixtli hieß. Er sagte: »Du mußt wieder nach Aztlan kommen, Bruder, dort erwartet dich eine kleine Überraschung«, doch erst später fiel mir wieder ein, daß ich viele Nächte hindurch bei seiner Schwester gelegen habe, und ich wußte, worin diese Überraschung bestehen muß. Oft habe ich mich gefragt: Knabe oder Mädchen? Doch das eine weiß ich: Er oder sie wird nicht stumpf in Aztlan zurückbleiben, sollte eine neue Völkerwanderung von dort ausgehen. Und ich wünsche dem jungen Unkraut allen Erfolg . . . Aber ich schwafle schon wieder, Seine Exzellenz werden unruhig. Wenn Ihr denn gestattet, Señor Obispo, werde ich mich jetzt verabschieden. Ich werde gehen und bei Béu sitzen, und ich werde ihr immer wieder sagen, daß ich sie liebe, denn ich möchte, daß das die letzten Worte sind, welche sie jede Nacht hört, ehe sie einschläft, und ehe sie den allerletzten Schlaf beginnt. Und wenn sie schläft, werde ich mich erheben und hinausgehen in die Nacht und durch die leeren Straßen wandern.

Explicit

Die Chronik, erzählt von einem älteren Indianer vom gemeinhin Azteken genannten Stamm, aufgezeichnet *verbatim ab origine* von

P. Gaspar de Gayana J.
P. Toribio Vega de Aranjuez
P. Jerónimo Muñoz G.
P. Domingo Villegas e Ybarra
Alonso de Molina,
interpres

Am Tag des Hl. Jacobus, Apostel
25. Juli A. D. *1531*

IHS
✠
S.C.C.M.

Seiner Allerkatholischsten Majestät, Kaiser Karl V., Unserem Allerdurchlauchtigsten König und Herrn:

Allergebieterischste Majestät: Aus der Stadt Mexico, Hauptstadt Neuspaniens, am Tag des Festes der Heiligen Unschuldigen Kinder im Jahre des Herrn eintausendfünfhundertundeinunddreißig, entbieten wir Euch unseren alleruntertänigsten Gruß.

Verzeiht, daß seit unserem letzten Schreiben soviel Zeit verstrichen ist, Sire. Wie Kapitän Sánchez Santoveña bezeugen wird, verzögerte sich die Ankunft seines Kurierschiffs allhier aufgrund widriger Winde bei den Azoren und einer ausgedehnten Windstille in den Breiten des Sargassomeeres. Aus diesem Grunde haben wir erst jetzt Eurer Großmütigen Majestät Brief erhalten, in welchem Ihr uns anweist, daß – »als Entschädigung für seine der Krone geleisteten Dienste« – unser aztekischer Chronist »für sich und seine Frau ein bequemes Haus auf einem geeigneten Stück Land erhalte nebst einer Pension, so geeignet ist, ihn für die ihm noch verbleibende Lebensspanne zu unterhalten«.

Wir bedauern sagen zu müssen, daß wir dem nicht entsprechen können, Sire. Der Indianer ist tot, und falls seine sieche Witwe noch leben sollte, haben wir keine Ahnung, wo.

Da wir uns schon früher erkundigt haben nach dem, was Euer Majestät hinsichtlich des Azteken zu tun geruhen, und was nach Beendigung seiner Aufgabe mit ihm zu geschehen habe, und da die einzige Antwort darauf in einem vielsagend langen Schweigen bestand, können wir uns vielleicht als entschuldigt betrachten, wenn wir annahmen, daß Eure Tiefgläubige Majestät den Glauben des Schreibers dieser Zeilen teilen, wie er schon anläßlich unserer Kampagne gegen die Hexen von Navarra zum Ausdruck gebracht wurde, daß »eine Ketzerei übersehen, bedeutet, der Ketzerei Vorschub zu leisten«.

Nachdem wir noch eine geraume Zeit verstreichen ließen, um auf Anweisungen von Euch zu warten, Sire, oder auf irgendeine Andeutung Eurer Wünsche betreffs angemessener Erledigung der Angelegenheit, haben wir zu dem Mittel gegriffen, welches wir für mehr als gerechtfertigt hielten. Wir haben eine förmliche Anklage wegen Ketzerei gegen den

Azteken erhoben, und er wurde zur Verhandlung überstellt. Selbstverständlich, wäre Eurer Verzeihenden Majestät Brief früher eingetroffen, hätten wir stillschweigend eine königliche Begnadigung erwirkt, und damit wäre von der Anklageerhebung Abstand genommen worden. Gleichwohl möchten wir Euer Majestät zu bedenken geben – könnte es nicht ein Hinweis auf den Willen Gottes sein, daß die Winde auf dem Ozean die Ankunft des Kurierschiffes verzögerten?

Auf jeden Fall erinnern wir uns sehr wohl unseres Souveräns eigenem Schwur, abgelegt vor unseren Ohren, daß Ihr »bereit wäret, Eure Herrschaft, Freunde, Blut, Leben und Seele für die Ausrottung der Ketzerei herzugeben«. Infolgedessen nehmen wir zuversichtlich an, daß Eure Kreuzzugführende Majestät unseren Versuch billigen werden, dem Herrn zu helfen, die Welt von noch einem Diener des Widersachers zu befreien.

Am Tag des Heiligen Martin wurde in unserer Kanzlei ein Inquisitionsgericht einberufen. Alle protokollarischen Vorschriften und Formalitäten wurden sorgfältig und peinlichst genau beachtet. Außer uns selbst als Eurer Majestät Apostolischem Inquisitor waren anwesend: Unser General-Vikar, welcher als Vorsitzender des Gerichts fungierte, unser Polizeihauptmann, unser Apostolischer Notarius und selbstverständlich der Angeklagte. Das Verfahren dauerte nur einen Vormittag lang, da wir in unserer Person den Anklagevertreter als auch den Richter vereinigten und der Angeklagte der einzige Zeuge war, welcher aussagte, und da das einzige Beweismaterial aus einer Auswahl von Zitaten bestand, exzerpiert aus der Chronik, wie sie von dem Angeklagten erzählt und von unseren Patres aufgeschrieben wurde.

Laut eigener Aussage hatte der Angeklagte das Christentum nur angenommen, weil er zufällig bei einer Massentaufe zugegen war, welche vor vielen Jahren von Pater Bartolomé de Olmedo vorgenommen wurde; und er habe sie genauso beiläufig über sich ergehen lassen, wie er sein Leben lang jede Gelegenheit zur Sünde wahrgenommen hatte. Doch welches seine Einstellung damals auch gewesen sein mag – leichtfertig, neugierig, skeptisch –, sie konnte in keiner Weise das Heilige Sakrament der Taufe ungültig machen. Der (neben zahlreichen anderen Namen) Mixtli genannte Indianer starb in dem Augenblick, da Pater Bartolomé ihn besprengte, er von all seinen bis dato verübten Sünden samt Erbsünde freigesprochen und er makellos in dem *character indelibilis* des Juan Damasceno wiedergeboren wurde.

Gleichwohl hat sich Juan Damasceno in den Jahren nach seiner Bekehrung und seiner bekannten Bestätigung im Glauben vieler und unterschiedlicher Vergehen schuldig gemacht, vornehmlich, indem er sich über die Heilige Kirche lustig machte oder sie verunglimpfte, was er entweder im Laufe seiner »Geschichte des Azteken« versteckt oder auf höchst unverfroren offene Weise zum Ausdruck brachte. Infolgedessen wurde Juan Damasceno angeklagt und ihm als einem Ketzer der dritten Kategorie der Prozeß gemacht, i. e. als jemand, der, nachdem er den Glauben angenommen und allen früheren Sünden abgeschworen hatte, später wieder in verruchten Irrglauben zurückgefallen ist.

Aus politischen Gründen unterließen wir es, einige der Sünden unter Anklage zu stellen, welche Juan Damasceno als nach seiner Bekehrung begangen ohne die mindeste Reue zugab. Zum Beispiel, wenn wir davon ausgehen, daß er (nach allhier herrschendem Gewohnheitsrecht) »verehelicht« war zu der Zeit seines zugegebenen Verkehrs mit der damals Malinche genannten Frau, so hatte er sich damit ganz offensichtlich der Sünde des Ehebruchs schuldig gemacht. Gleichwohl hielten wir es für unklug, die ehrenwerte und geschätzte Doña Sra. Marina Vda. de Jaramillo *sub poena* vorzuladen, um in dieser Sache auszusagen. Im übrigen ist der Zweck einer Inquisition nicht so sehr, die einzelnen Vergehen des Angeklagten zu untersuchen, als vielmehr seine unverbesserliche Neigung oder Empfänglichkeit für *fomes peccati* festzustellen, den anstoßgebenden »Zunder der Sünde«. Insofern gaben wir uns damit zufrieden, Juan Damasceno nicht wegen irgendwelcher seiner fleischlichen Sünden anzuklagen, sondern nur seiner *lapsi fidei* wegen, welche zahlreich genug waren.

Das Beweismaterial wurde gleichsam in Form einer Litanei vorgelegt, wobei der Apostolische Notarius eine Passage aus der Niederschrift der eigenen Worte des Angeklagten vorlas und der Ankläger respondierend die Anklage benannte, e. g. »Verunglimpfung der Heiligen Kirche«. Woraufhin der Notarius ein weiteres Zitat vortrug und der Vertreter der Anklage wiederum respondierte: »Verächtlichmachung und Respektlosigkeit gegenüber dem Klerus«. Worauf hinwieder der Notarius vorlas und der Anklagevertreter abermals respondierte: »Verbreitung von Lehren, welche im Widerspruch stehen zu den Heiligen Gesetzen der Kirche«.

Und so weiter, sämtliche Anklagepunkte durch: daß der Angeklagte Autor eines obszönen, blasphemischen und verruchten Buches sei; daß er den christlichen Glauben geschmäht habe; daß er dem Abfall vom Glauben Vorschub geleistet habe; daß er zum Aufruhr und zur Majestätsbeleidigung aufgerufen habe; daß er sich über das heilige Gelübde der Ehelosigkeit lustig gemacht habe; daß er Worte gebraucht habe, welche sich für einen frommen Christen und einen treuen Untertanen der Krone weder auszusprechen noch zu hören geziemt.

Da es sich bei allen Anklagepunkten um schwere Glaubensverfehlungen handelte, wurde dem Angeklagten jede Gelegenheit gegeben, zu widerrufen und abzuschwören, wiewohl vom Hohen Gericht selbstverständlich kein Widerruf anerkannt worden wäre, da ja alle seine ketzerischen Ansichten schriftlich festgehalten worden waren, folglich jeder Anklagepunkt gegen ihn bewiesen werden konnte und das geschriebene Wort untilgbar ist. Doch wie dem auch sei, als der Notarius ihm nochmals, eine nach der anderen, die ausgewählten Passagen aus seiner eigenen Erzählung vorlas: e. g. seine götzendienerische Bemerkung, daß »Eines Tages meine Chronik der gütigen Göttin Kot Fresserin als Beichte dienen wird«, und er nach jedem Zitat gefragt wurde: »Don Juan Damasceno, sind das wirklich Eure Worte?«, er bereitwillig und gleichmütig zugab, daß sie es seien. Er brachte keinerlei Rechtfertigung oder Milderung der Anklagepunkte vor, und als er höchst feierlich vom Vorsitzenden des Gerichts darauf hingewiesen und ermahnt wurde, welch schaurige Strafen er zu gewärtigen habe, so er für schuldig befunden werden würde, sagte Juan Damasceno nur dieses eine:

»Bedeutet das, daß ich nicht in den christlichen Himmel eingehe?«

Er wurde belehrt daß dies wohl die schlimmste seiner Strafen sein werde: daß er nämlich mit größter Gewißheit nicht in den Himmel kommen werde. Woraufhin sein Lächeln jede im Gerichtssaal anwesende Seele mit Entsetzen erfüllte.

Uns als Apostolischem Inquisitor oblag es, ihn auf seine Rechte hinzuweisen: daß, wiewohl ein Widerruf seiner Sünden unannehmbar sei, er dennoch beichten und Zerknirschung bekunden und daher als bußfertig, mit der Kirche versöhnt und daher nur den vom kirchlichen wie weltlichen Gesetz vorgeschriebenen minderen Strafen unterworfen werde, *viz.* verurteilt zu werden, den Rest seines Lebens auf einer von Eurer Majestät Gefängnisgaleeren zuzubringen. Desgleichen sprachen wir ihm die vorgeschriebene letzte beschwörende Bitte vor: »Ihr bereitet uns durch Eure schuldhafte Verstocktheit größten Kummer. Wir beten, daß der Himmel Euch mit dem Geist der Reue und der Zerknirschung erfüllen möge. Stürzt uns nicht in Betrübnis, indem Ihr an Eurem Irrglauben und Eurer Ketzerei festhaltet: erspart uns den Schmerz, gezwungen zu werden, die gerechten, aber harten Gesetze der Inquisition anzuwenden.«

Doch Juan Damasceno blieb verstockt, ging auf unsere Bemühungen nicht ein und blieb unseren Argumenten gegenüber uneinsichtig. Er fuhr nur fort, leise zu lächeln und etwas von einem Schicksal zu murmeln, welches ihm durch sein heidnisches »Tonáli« auferlegt sei, was an sich schon ketzerisch ist. Woraufhin der Polizeihauptmann den Angeklagten zurückbrachte in seine Zelle, während das Gericht sich zur Beratung zusammensetzte, sich bemühte, ein gerechtes Urteil zu finden, selbstverständlich auf Verurteilung, und Juan Damasceno der fortgesetzten Ketzerei für schuldig befand.

Wie von Kirchenrecht und Kirchengesetzgebung vorgeschrieben, wurde das Urteil am folgenden Sonntag in aller Form und öffentlich verkündet. Juan Damasceno wurde aus seiner Zelle herausgeholt und in die Mitte des großen Platzes gebracht, wohin sämtliche Christen der Stadt befohlen worden waren, sich einzufinden und zuzuhören. Infolgedessen war dort eine große Menschenmenge versammelt, zu welcher neben den Spaniern und Indianern unserer verschiedenen Gemeinden auch die Oidores der Audiencia, die anderen weltlichen Vertreter der Justicia Ordinaria gehörten, und der Provisor, welcher für das Auto-de-Fé verantwortlich war. Juan Damasceno trug das härene Sanbenito-Büßergewand und auf dem Kopf die Strohkrone der Schande. Es begleitete ihn Pater Gaspar de Gayana, welcher ein großes Kreuz trug.

Für uns von der Inquisition war auf dem Platz eigens eine erhöhte Plattform errichtet worden, und von ihrer Höhe aus verlas der Sekretär des Heiligen Offiziums vor der Menge laut den offiziellen Wortlaut der Vergehen und Anklagepunkte, die Entscheidung des Gerichts sowie das Urteil, welch alles von unserem Dolmetsch Molina in der Náhuatl-Sprache wiederholt wurde, auf daß die vielen anwesenden Indianer es verstünden. Dann sprachen wir in unserer Eigenschaft als Apostolischer Inquisitor den *sermo generalis* und überantworteten den verurteilten Sünder der weltlichen Gerichtsbarkeit zur Bestrafung *debita animadversione* und empfahlen wie gewöhnlich diesen Behörden, bei der Ausführung der Bestrafung Gnade walten zu lassen.

»Wir sehen uns gehalten, Don Juan Damasceno zu einem verstockten

Ketzer zu erklären und tun das hiermit. Wir sehen uns gehalten, ihn dem weltlichen Arm der Justicia Ordinaria dieser Stadt zu überantworten, tun selbiges hiermit und ersuchen selbige Behörde, menschlich mit ihm zu verfahren.«

Sodann wandten wir uns an Juan Damasceno direkt, sprachen die vorgeschriebene letzte Bitte aus, seine Verstocktheit aufzugeben, zu gestehen und der Ketzerei abzuschwören, welchselbiges ihm zumindest die schnelle Hinrichtung durch die Garotte eingetragen haben würde, ehe sein Leichnam dem Feuer übergeben worden wäre. Er jedoch verharrte in seiner Verstocktheit, lächelte und sagte nur: »Euer Exzellenz, noch als kleines Kind habe ich mir einmal geschworen, daß, würde ich jemals für den Blumentod auserwählt, und sei es auch auf einem fremden Altar, ich mich dabei nicht würdelos zeigen würde.«

Das waren seine letzten Worte, Sire, und zu seinen Gunsten muß gesagt werden, daß er sich weder wehrte noch bettelte, noch aufschrie, als die Konstabler die alte Ankerkette benutzten, um ihn vor unserer Plattform an den Pfahl zu binden, und die Reisigbündel hoch um ihn herum aufschichteten und der Provisor selbige mit einer Fackel in Brand setzte. Da Gott es zuließ und die Sünden des Mannes es verdienten, verzehrten die Flammen seinen Leib; so gefiel es Gott, daß der Azteke sterben sollte.

Wir bekennen uns durch unsere Unterschrift als unseres Gnädigen Souverän getreue Verteidiger des Glaubens und verpflichten uns, im Dienste Gottes in unserem Wirken für die Rettung der Seelen und der Völker nie wankend zu werden.

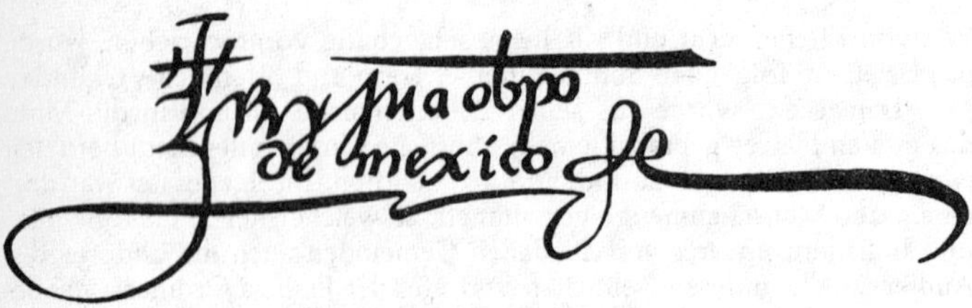

Bischof von México
Apostolischer Inquisitor
Beschützer der Indianer

In Otin Ihuan in Tonáltin Nican Tzonquíca

HIER ENDEN DIE WEGE UND TAGE

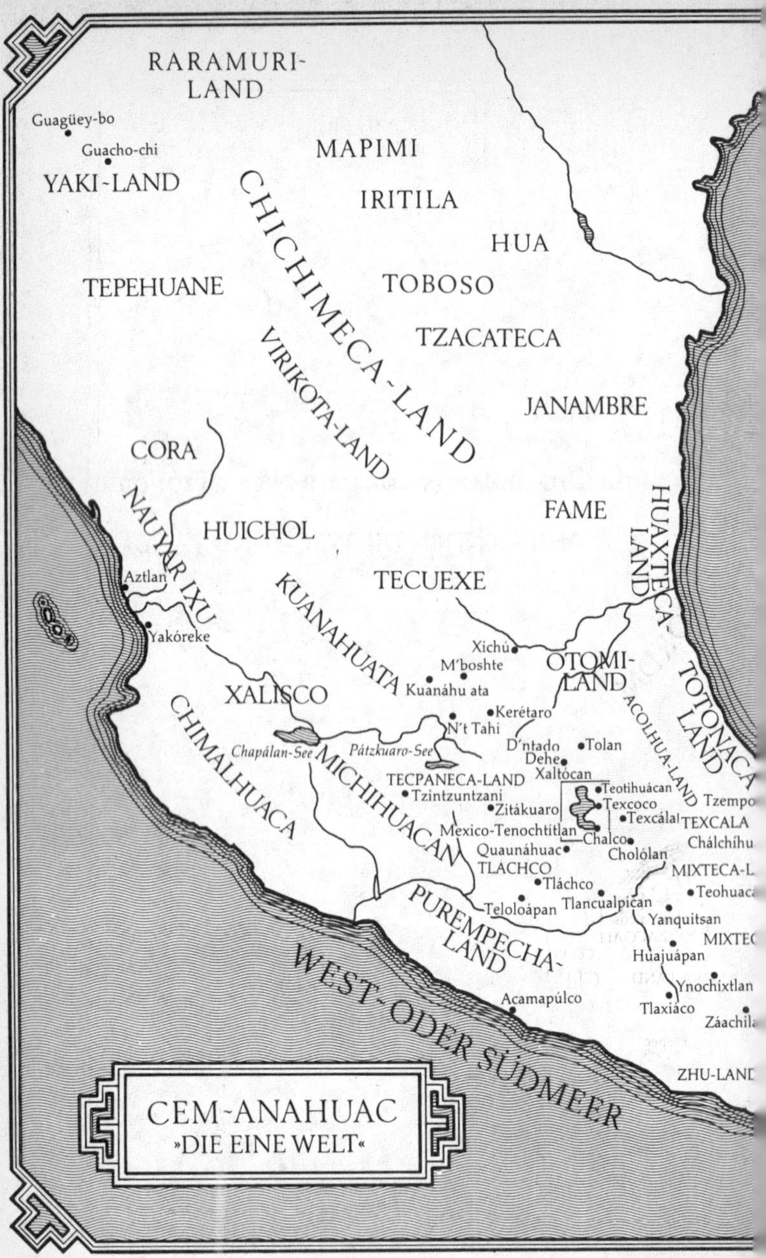
RARAMURI-LAND
Guagüey-bo
Guacho-chi
YAKI-LAND
MAPIMI
CHICHIMECA-LAND
IRITILA
HUA
TEPEHUANE
TOBOSO
TZACATECA
VIRIKOTA-LAND
JANAMBRE
CORA
FAME
HUAXTECA-LAND
HUICHOL
NAUYAR IXU
Aztlan
TECUEXE
KUANAHUATA
Yakóreke
Xichú
M'boshte
OTOMI-LAND
Kuanáhu ata
XALISCO
TOTONACA-LAND
Kerétaro
N't Tahi
CHIMALHUACA
Chapálan-See
Pátzkuaro-See
MICHIHUACAN
D'ntado Dehe
Tolan
ACOLHUA-LAND
TECPANECA-LAND
Xaltócan
Tzintzuntzani
Teotihuácan
Texcoco
Tzempo
Zitákuaro
Texcálal
TEXCALA
Mexico-Tenochtítlan
Chalco
Chálchíhu
Quaunáhuac
Cholólan
TLACHCO
MIXTECA-L
Tláchco
Teohuac
PUREMPECHA-LAND
Teloloápan
Tlancualpícan
Yanquitsan
MIXTEC
Huajuápan
Ynochíxtlan
WEST- ODER SÜDMEER
Acamapúlco
Tlaxiáco
Záachila
ZHU-LAND
CEM-ANAHUAC
»DIE EINE WELT«

Tzumpánco
Tzumpánco-See
Teotihuácan
Xaaltócan-See
Xaltócan
siehe nächste Seite
Texcóco
TEXCOTZINCO
Tenochtitlan
Texcóco-See
TLALOCTEPETL
nach Texcála
Tepepólco
Cuitláhuac
Xochimílco-See
Chalco
Xochimílco
Chalco-See
IXTACCIUATL
Ein Langer Lauf = ca. 4 200 Meter
nach Cholólan
0 5
Ein Langer Lauf
0 15
Kilometer
POPOCATEPETL
N
…T-ODER NORDMEER
Tihó
ULUUMIL
Uxmal
KUTZ
Kimpéch
MAYA-LAND
Chaktemál
OLMECA LAND
Xícalanca
CUPILCO
Tabascoöb-Fluß
Coátzacoálcos
COATZACOALI
COATLICAMAC
CHIAPA
Palemke
TAMOAN
CHAN
Yaxchilán
Bonampák
Toztlan
Chiapán
Tecuantépec
Nocibe
Tonalá
Suchiápa-Fluß
Tziskáo-See
Pijijía
Tapáchtlan
MAYA-LAND
QUAUTEMALAN
0 150
Kilometer
0 50
Ein Langer Lauf

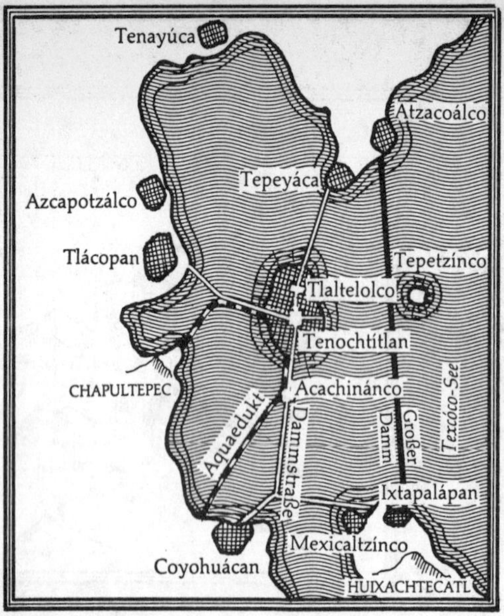

0 3
Kilometer
0 1
Ein Langer Lauf

Ein Langer Lauf = ca. 4 200 Meter

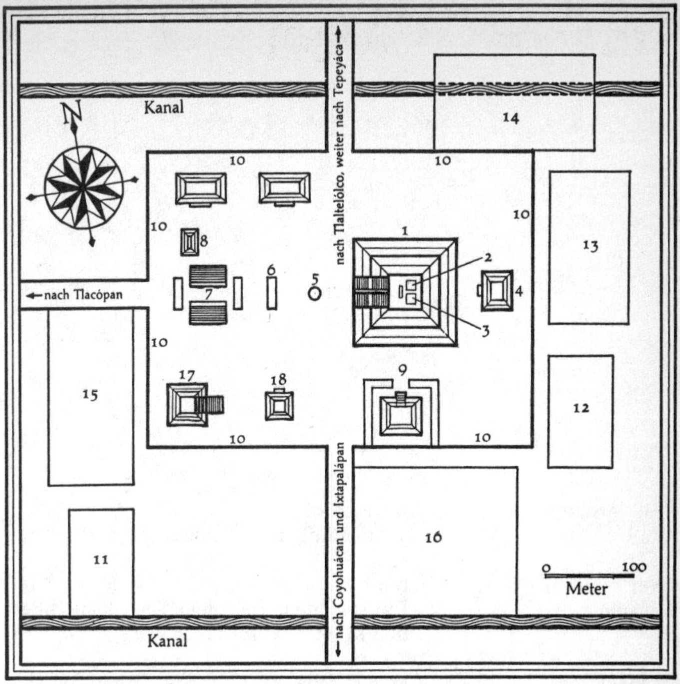

IN CEM-ANÁHUAC YOYÓTLI · DAS HERZ DER EINEN WELT

Großer Platz von Tenochtítlan, 1521

1 Die Große Pyramide
2 Der Tempel von Tlaloc
3 Der Tempel von Huitzilopóchtli
4 Früherer Tempel von Huitzilopóchtli, später (nach Fertigstellung der Großen Pyramide, 1487) von Coateocáli, bzw. Tempel für zahlreiche unbedeutendere Götter
5 Der Stein von Tixoc
6 Der Tzompántli oder Schädelpyramide
7 Der Tlachtli Ballspielplatz
8 Die Plattform des Sonnensteines
9 Der Tempel von Tezcatlipóca
10 Die Schlangenmauer
11 Das Haus des Liedes
12 Die Menagerie
13 Der Palast von Axayácatl, später von Cortés
14 Der Palast von Ahuítzotl, zerstört durch die Flut, 1499
15 Der Palast von Motecuzóma I
16 Der Palast von Motecuzóma II
17 Der Palast von Xipe Totec
18 Der Adlertempel

Glossar

Acáli, Acáltin	Kanu, Boot
Atlatl	Vorrichtung zum Schleudern eines Wurfspießes
Atóli	Mais
Auyaníme	Frauen, deren Leib dem Dienst an Rittern und Kriegern vorbehalten war
Blumenkrieg	kriegerische Auseinandersetzung zwischen feindlichen Ländern mit dem Ziel, Gefangene zu machen, die den Göttern geopfert werden konnten
Blumentod	Opfertod eines Menschen zu Ehren der Götter, bei dem ihm das Herz bei lebendigem Leib herausgerissen wird
Calmécac	Höhere Schule, Ausbildungsstätte für Angehörige des Adels
Chinampa	Schwimmende Gärten, auf denen besondere Gemüse und Gewürze angebaut wurden
Cuachic	Alter Adler, Krieger, der sich bereits in einer Schlacht bewährt hat
Cuilóntli	Homosexueller
Erdeküssen	Schwur- und Begrüßungsformel
Gishé	Hängematte
Huitzilopóchtli	Kriegsgott, Hauptgott Tenochtítlans
Kot Fresserin	Göttin, der ein Todgeweihter seine Verfehlungen bekennt

Maatítl, Maatíme	käufliche Mädchen
Macehuáltin	Angehöriger der Mittelschicht
Maguey	Schwarzgrüne Agave
Maquáhuitl, Maquáhuime	mit Obsidiansplittern besetztes Holzschwert
Metl	Schwarzgrüne Agave
Metztli	Mond
Míctlan	Der Dunkle Ort, Gegenwelt, Totenreich
Náhuatl	Sprache der Mexica (Azteken)
Nanáua	Geschlechtskrankheit
Nemontémtin-Tage	Hohle Tage, namenlose fünf Tage zwischen den Jahren, zum Ausgleich des Kalenders eingeschaltet
Octli	Pulque, berauschendes Getränk
Óli	Gummi
Ometecútli und Omecíuatl	die ersten Lebewesen, das erste Götterpaar, erste Herrscherpaar
Omexóchitl	Nacht, Blume, Abendstern
Omícatl	Sperma
Oxitl	Schwarzes Kiefernharz
Patlachúia	lesbische Liebe
Patóli-Bohnen-Spiel	Glücksspiel
Piciétl-Pflanze	Tabak
Pinóli	gemahlener Mais, mit Honig gesüßt
Pípiltin	Angehöriger des Adels
Pochtéca	Fernhändler, Handelsreisender
Poquiétl	Rauchröhrchen
Quetzalcóatl	Gefiederte Schlange, Gottheit der Azteken
Quimíchi, Quimíchime	Mäuse, Bezeichnung für Spione
Schock Jahre	Zeitabschnitt von zweiundfünfzig Jahren
Tamali	Tortilla
Tamémi, Tamémime	Lastträger
Tecútli	Gouverneur, Vorsteher der Ratsversammlung, auch Häuptling eines kleineren Dorfes
Tene	Mutter
Tepúli	männliches Glied
Tequíua	»Raubtier«, militärischer Rang
Tete	Vater
Tipíli	weibliche Geschlechtsteile
Tlachtli-Spiel	rituelles Ballspiel, wobei der kopfgroße Ball nur mit Hüften, Gesäß, Ellbogen und Knien bewegt werden darf
Tlaloc	Regengott
Tlalolíni	Erdbeben
Tlamatíntin	Weiser, Philosoph
Tonáli	Geschick, Bestimmung, Schicksal

Tonatíu	Sonnengott
Tozani	Maulwurf
Uey-Tlatoáni	Ehrwürdiger Sprecher, Verehrter Sprecher, Großer Sprecher, Anrede für die Herrscher der einzelnen Reiche, rangmäßig vergleichbar König oder Kaiser
Von-den-Göttern-gefressen-werden-Krankheit	Lepra
Weibliche Schlange	Oberschatzmeister, oberster Ratgeber des Uey-Tlatoáni, des Verehrten Sprechers
Ymáxtli	Körperhaare
Yoáli Ehécatl	Gott Nacht Wind
Xochimíque, Xochimíqui	Menschenopfer, das zu Ehren der Götter rituell getötet wurde, meist Kriegsgefangene, manchmal aber auch Freiwillige

Gary Jennings

Marco Polo
Der Besessene

Roman. Band 8201

Von Venedig zum Dach der Welt

Roman. Band 8202

Im Land des Kubilai Khan

»Als Marco Polo im Sterben lag«, berichtete der Zeitgenosse und erste Biograph des Reisenden, Fra Jacopo d'Acqui, »bedrängten ihn sein Priester, seine Freunde und seine Verwandten, endlich den unzähligen Lügen abzuschwören, die er als seine wahren Abenteuer ausgegeben; denn nur dann werde seine Seele geläutert in den Himmel kommen. Der alte Mann bäumte sich auf, verfluchte sie alle miteinander und erklärte: ›Ich habe nicht die *Hälfte* von dem berichtet, was ich gesehen und getan habe.‹ « Jene andere Hälfte, und noch einiges mehr, erzählt jetzt Gary Jennings – ebenso phantasie – wie kenntnisreich.

Fischer Taschenbuch Verlag

fi 251/1